日本思想大系 31

山崎闇齋學派

西　順蔵
阿部隆一
丸山真男

岩波書店刊行

JN149710

編集委員
家永三郎
石母田正
井上光貞
相良亨
中村幸彦
尾藤正英
丸山真男
吉川幸次郎
（五十音順）

題字 柳田泰雲

目次

解　説

凡例

一、本書に収載翻印せる諸書の底本は次の通りである。

大学垂加先生講義――小浜市立図書館蔵江戸末写本

本然気質性講説――慶応義塾大学附属研究所斯道文庫蔵江戸末写本

敬斎箴――慶応義塾大学附属研究所斯道文庫蔵江戸前期刊本

敬斎箴講義――名古屋市蓬左文庫蔵江戸末写「道学資講」巻一〇三所収本

闇斎敬斎箴講説――三原市立図書館蔵楢崎正員書入江戸前期刊「敬斎箴」

敬説筆記――名古屋市蓬左文庫蔵江戸末写「道学資講」巻一〇三所収本

直方敬斎箴講義――「佐藤直方全集」所収本（田原担庵手写「講学鞭策録講義」の影印）

絅斎先生敬斎箴講義――慶応義塾大学附属研究所斯道文庫蔵天明三年写本

敬斎箴筆記――慶応義塾大学附属研究所斯道文庫蔵正徳二年写本

拘幽操――慶応義塾大学附属研究所斯道文庫蔵江戸前期刊本（京・武村市兵衛）

拘幽操附録――慶応義塾大学附属研究所斯道文庫蔵元禄五年刊本（京・寿文堂武村市兵衛）

拘幽操辨――「佐藤直方全集」所収本（貞享三年写本の影印）

湯武論――小浜市立図書館蔵寛政十年写「韞蔵録」巻一六所収本

拘幽操師説――小浜市立図書館蔵江戸写本
拘幽操筆記――無窮会織田文庫蔵江戸写本
仁説問答――慶応義塾大学附属研究所斯道文庫蔵寛文八年序刊本(京・寿文堂)
仁説問答師説――慶応義塾大学附属研究所斯道文庫蔵江戸写本
絅斎先生仁義礼智筆記――慶応義塾大学附属研究所斯道文庫蔵文政八年深栖光亨写本
劄録――慶応義塾大学附属研究所斯道文庫蔵天保九年写本
中国辨――慶応義塾大学附属研究所斯道文庫蔵享保元年写本
中国論集――小浜市立図書館蔵寛政十年写「韞蔵録」巻一四所収本
学談雑録――小浜市立図書館蔵寛政十年写「韞蔵録」巻三所収本
雑話筆記――小浜市立図書館蔵江戸写本(山口春水自筆ヵ)

一、以上の各底本に基づき、他の諸本を参照して校訂を加えたが、その底本及び対校参照本の明細や略号については、解題を参照されたい。

一、本文校訂及び注解については、大学垂加先生講義・学談雑録・雑話筆記ならびに中国辨・中国論集は西が、その他は阿部が担当した。

一、底本の原形をできる限り忠実に翻印することを期したが、読解上の便宜と印刷技術上の制約から次の如き変更を加えた。但し左の操作により、なるべく底本の原形に復元できるように留意した。

1　適宜段落を設けて改行し、新たに句読点・濁点・返点等を加えた。底本に句点・濁点等が間々加えられている場合は、それを尊重参照したが、必ずしもそれによらず、校訂者が新たに補いなどして統一整斉を計った。

2 底本の漢字・仮名は、支障のない限り通行の活字体を用いることを原則とした。仮名遣いは底本のままとした。

3 振り仮名・送り仮名は、底本に従い片仮名で表記したが、訓みにくい所は校訂者が新たに新仮名遣いによる平仮名を以て補い、原形と補入との両者を区別した。なお振り仮名の「自《おのずか》ラ」は「自《お》ラ」、「自《みずか》ラ」は「自《み》ラ」と略記した。

4 底本の小字双行の注文は、〈 〉に括って小字単行にした。底本の○●▲等の標記符号はそのまま残したが、勾点・圏点は省略した。

5 □□は底本の脱字空格或は虫損等による判読不能の箇所を示す。底本の置字は一格を空けた。

6 漢文の訓点は、底本に従い片仮名を以て表記し、校訂者の補記は新仮名遣い平仮名を以て表記した。但し竪点は原則として省略した。

7 引用された漢文の訓点は校訂者が補った所が多い。阿部担当の分については、四書・小学・近思録・朱子からの引用文については、その訓みは原則として闇斎点の刊本或は闇斎表章校点刊本のそれに依拠し、或はそれからの類推に基づき、その他の引用についても朱子系の所謂新注により、私意によることを避けた。従って通行訓点と些少異る所がある。頭注引用の漢文の訓み下しや訓点についても同じ。

8 書名及び引用文は原則として「 」で括った。

9 底本の頭注・傍注・脚注等は概ね頭注に移し、或は一部本文の中に入れた所もあるが、皆その旨を注記した。

10 底本の文字語句の明かな誤脱を訂補した場合は、その旨を頭注に記した。

一、本文の注釈事項及び底本と対校諸本との校異は頭注・補記に記した。

1 注を施す語句には、その右肩に＊を付した。

2 頭注に収めきれない場合は各書末に一括した補記に譲り、頭注に「↓補記」を以て示した。各補記の見出し項目の下の（　）内は、本文の頁と行数（本文二段組の場合は上下の別）を示す。
3　他の頭注・補記を参照すべきときは「→」で示した。
4　頭注に於ける底本と他の参照諸本との校異については以下の方針をとった。
(a)対校に使用せる参照本の略号については、解題を参照されたい。
(b)単なる漢字と仮名との如き表記上の差異や対校参照本の明かな訛脱については明記しない。
(c)対校本を連記して差異を示す「　」内の語句は、連記の冒頭の本に拠り濁点・句点を附さず原文通りに引用した。
一、本書の刊行にあたっては、底本の使用ならびに閲覧調査複写等について御所蔵者各位の御厚誼にあずかり、また多くの方々に御協力頂きました。厚く御礼を申し上げます。

大学垂加先生講義（山崎闇斎）

山崎闇斎点 大学章句

山崎闇斎が訓点を施した江戸前期刊「倭板四書」中の「大学章句」の経伝文を参考として掲げる。ただし朱注を除き、また本文の段落ごとに〇印を付した。闇斎の講じ及んでいない伝の十章「治国平天下」以下は省略した。なお「講義」と「章句」との照合の便宜のため番号を付し、適宜平仮名でルビを付した。

大学章句序

大学之書、古之大学所以教人之法也。蓋《けだし》自《より》天降生民、則既莫不与之以仁義礼智之性矣。然其気質之稟《ひん》或不能斉《ひとし》、是《ここ》以《て》不能皆有以知其性之所有而全之也。一《ひとり》有聡明睿智能尽其性者出於其間、則天必命之以為億兆之君師、使之治而教之以復其性。此伏羲《ふっき》神農、黄帝堯舜、所以継天立極、而司徒之職、典楽之官、所由設也。三代之隆《さかん》、其法寖《ようやく》備。然後王宮国都以及閭巷、莫不有学。人生八歳、則自《より》王公以下至於庶人之子弟、皆入小学、而教之以灑掃《しゃそう》応対進退之節、礼楽射御書数之文。及其十有五年、則自天子之元子衆子以至公卿大夫元士之適子、与《と》凡民之俊秀、皆入大学、而教之以窮理正心脩己治人之道。此又学校之教、大小之節、所以分也。夫《おもんみ》以学校之設、其広如此、教之之術、其次第節目之詳、又如此、而其所以為教、則又皆本之人君躬《み》行心得之余、不待求之民生日用彝倫《いりん》之外。是以当世之人無不学。其学焉者、無不有以知其性分之所固有、職分之所当為、而各俛焉《べんえん》以尽其力。此古昔盛時、所以治隆《さかん》於上、俗美《うるわし》於下、而非後世之所能及也。及周之衰、賢聖之君不作《おこ》、学校之政不脩、教化陵夷、風俗頽敗。時則有若孔子之聖、而不得君師之位以行其政教、於是独取先王之法、誦而伝之以詔《つ》後世。若曲礼《きょくらい》、少儀、内則《だいそく》、弟子職《ていししょく》諸篇、固《まこと》小学之支流余裔、而此篇者、則因小学之成功以著《あらハス》大学之明法、外有以極其規模之大、而内有以尽其節目之詳者也。三千之徒蓋莫不聞其説、而曾氏之伝独得其宗。於是作為伝義以発其意。及孟子没而其伝泯《ほろビタリ》焉、則其書雖存而知者鮮《すくなシ》矣。自是以来、俗儒記誦詞章之習、其功倍於小学而無用、異端虚無寂滅之教、其高過於大学而無実。其他権謀術数、一切以就《なス》功名之説、与夫《かノ》百家衆技之流、所以惑世誣民、充塞仁義者、又紛然雑《まじはリ》出乎其間、使其君子不幸而不得聞大道之要、其小人不幸而不得蒙至治之沢。晦盲否塞、反覆沈痼、以及五季之衰而壊乱極矣。天運循環、無往不復。宋徳隆盛、治教休明。於是河南程氏両夫子出、而有以接乎孟氏之伝、実始尊信此篇而表章之、既又為之次《ついデ》其簡編、発其帰趣。然後古者大学教人之法、聖経賢伝之指、粲然復明於世。雖以熹《きガ》之不敏、亦幸私淑《ひそカニよくシテ》而与《あずかレリ》有聞焉。顧其為書、猶頗放失。是以忘其固陋、采《とりテ》而輯《あつメ》之、間亦竊《ひそかニ》附己意、補其闕略、以俟《まツ》後之君子。極知僭踰《せんゆナルコトヲ》、無所逃罪。然於国家化民成俗之意、学者修己治人之方、則未必無小補云《いう》。

淳熙己酉二月甲子　　新安朱熹序

大学

朱熹章句

子程子曰、大学、孔氏之遺書、而初学入徳之門也。於今可見古人為学次第者、独頼此篇之存、而論孟次

レ之ニ。学者必由テレ是ニ而学バゞ焉、則庶《ちか》カランニ乎其ノ不ルニレ差《たが》ハ矣。

四〇 大学之道ハ、在リレ明カニスルニ二明徳ヲ一。在リレ親《あら》タニスルニレ民ヲ。在リレ止マルニ二於至善ニ一。○四一 知テレ止マリヲ而后《のち》有リレ定マルコト。定テ而后能ク静ナリ。静カニシテ而后能ク安シ。安フシテ而后能ク慮《はか》ル。慮テ而后能ク得。○四二 物有リ二本末一。事有リ二終始一。知レバレ所ヲ二先後スル一、則近シレ道ニ矣。○四三 古之欲スルレ明カニセント二明徳ヲ於天下ニ一者ハ、先ヅ治ム二其ノ国ヲ一。欲スルレ治メント二其ノ国ヲ一者ハ、先ヅ斉《ととの》フ二其ノ家ヲ一。欲スルレ斉ヘント二其ノ家ヲ一者ハ、先ヅ脩ム二其ノ身ヲ一。四四 欲スルレ脩メント二其ノ身ヲ一者ハ、先ヅ正フス二其ノ心ヲ一。欲スルレ正フセント二其ノ心ヲ一者ハ、先ヅ誠ニス二其ノ意《こころ》バセヲ一。欲スルレ誠ニセント二其ノ意ヲ一者ハ、先致キハム二其ノ知ルコトヲ一。致ムルコトハレ知ルコトヲ在リレ格《いた》ルニレ物ニ。○四五 物格テ而后知ルコト至ル。知ルコト至テ而后意誠ニ。意誠ニシテ而后心正シ。心正フシテ而后身脩ル。身脩リテ而后家斉フ。家斉テ而后国治マル。国治リテ而后天下平ナリ。○四六 自リ二天子一以至ルマデ二於庶人ニ一、壹《いつし》ニ是皆以レ脩ムルヲレ身ヲ為レ本ト。○四七 其ノ本乱レテ而末治マル者ハ、否アラジ矣。其ノ所ノレ厚キ者薄シテ而其ノ所ノレ薄キ者厚キハ、未二之レ有ラ一也。

四八 右経一章、蓋孔子之言ニシテ而曾子述ベリレ之ヲ。其ノ伝十章ハ、則曾子之意ニシテ而門人記スレ之ヲ也。旧本頗《すこぶ》ル有リ二錯簡一、今因テ二程子ノ所ニレ定ル而更ニ考テ二経文ヲ一、別テ為スコト二序次ヲ一如シレ左ノ。

四九 康誥ニ曰、克《よ》ク明カニスレ徳ヲ。○大甲ニ曰、顧ミル《ミテあきらカニス》二諟《こ》ノ天之明命ヲ一。○帝典ニ曰、克ク明カニス二峻徳ヲ一。○皆自《みづから》明カニスル也。

右伝之首章、釈《と》クレ明カニスルコトヲ二明徳ヲ一。

五〇 湯之盤銘ニ曰、苟《まこと》ニ日ヒトヒ新《あらた》ナラバ、日日ニ新ニ、又日ニ新ナレ。○五一 康誥ニ曰、作オコス二新ニスル民ヲ一。○五二 詩ニ曰、周ハ雖二旧邦ナリト一、其ノ命維《こ》レ新ナリ。○是ノ故ニ君子無シレ所レ不ルレ用ヒ二其ノ極ヲ一。

右伝之二章、釈クレ新ニスルコトヲレ民ヲ。

五三 詩ニ云、邦畿《ほうき》千里、惟レ民ノ所レ止オル。○詩ニ云、緡蛮《めんばん》タル黄鳥、止マル二于丘隅ニ一。子ノ曰、於テレ止マルニ知ル二其ノ所ヲ一レ止マル、可《べけ》ン二以人トシテ而不ルレ如《し》カレ鳥ニダモ乎《や》。

[五四]○詩云、穆穆《ぼくぼくタル》文王、於緝熙《ア、しゅうきニシテ》敬止。為人君、止於仁、為人臣、止於敬、為人子、止於孝、為人父、止於慈、与国人交、止於信。[五五]○詩云、瞻《みレバ》彼淇澳《きノいくヲ》、菉竹《りよくちく》猗猗《いタリ》。有斐《あや》君子、如切如磋、如琢如磨。瑟《ひつタリ》兮僩《かんタリ》兮、赫《かくタリ》兮喧《かんタリ》兮。有斐君子、終不可諠《わすル》兮。如切如磋者、道学也。如琢如磨者、自脩也。瑟兮僩兮者、恂慄《じゆんりつ》也。赫兮喧兮者、威儀也。有斐君子終不可諠兮者、道盛徳至善民之不能忘也。[五六]○詩云、於戯《ああ》、前王不忘。君子賢其賢而親其親。小人楽其楽而利其利。此以没《おフレドモ》世不忘也。

右伝之三章、釈止於至善。

[五七]子曰、聴訟、吾猶《ごとし》人也。必《ずヤ》也使無訟乎。無情《まこト》者不得尽其辞、大畏民志。此謂知本。

右伝之四章、釈本末。

[五八]此謂知本。○此謂知之至也。

[五九]右伝之五章、蓋釈格《いたり》物致《きわムル》知之義、而今亡矣。間《このコロ》嘗窃《こころミニひそかニ》取程子之意以補之曰、所謂致《むルコトハ》知在格物者、言《いうこころハ》欲致吾之知、在即《つきテ》物而窮《きわむル》其理也。[六〇]蓋人心之霊、莫《なくシテ》不有知、而天下之物、莫不有理。惟於理有未窮、故其知有不尽也。是以[六一]大学始教、必使学者即《つきテ》凡天下之物、莫不[六二]因其已知之理、而益窮之以求至乎其極。至於用力之久、而[六三]一旦豁然《かつぜんトシテ》貫通焉、則衆物之表裏精粗無不到、而吾心之全体大用無不明矣。此謂物格、此謂知之至也。

[六四]所謂誠其意者、毋《なかラント》自欺也。如悪《にくムガ》悪臭、如好好色、此之謂自謙《こころよフスト》。故君子必慎其独也。[六五]○小人間居為不善、無所不至。見君子而后厭然、揜《おおいテ》其不善而著《あらハス》其善。人之視己、如見其肺肝然、則何益矣。此

謂下誠《アッテ》二於中《うチニ》一、形《あらわルト》中於外《ニ》上。故《ニ》君子必慎《ム》二其《ノ》独《ヲ》一也。○[六六]曾子《ノ》曰、十目《ノ》所レ視《ル》、十手《ノ》所レ指《ス》、其《レ》厳《ナルカナ》乎。○[六七]富《ハ》潤《シ》レ屋《ヲ》、徳《ハ》潤《ス》レ身《ヲ》。心広《ク》体胖《ゆたカナリ》。故《ニ》君子必誠《ニス》二其《ノ》意《ヲ》一。

[六八]右伝之六章、釈《ク》レ誠《ニスルコトヲ》レ意《ヲ》。

[六九]所レ謂脩《ルコトハ》レ身在《リト》レ正《フスルニ》二其《ノ》心《ヲ》一者、身有《レバ》レ所二忿懥《ふんちスル》一、則不レ得二其《ノ》正《キヲ》一。有《レバ》レ所二恐懼《スル》一、則不レ得二其《ノ》正《キヲ》一。有《レバ》レ所二好楽《スル》一、則不レ得二其《ノ》正《キヲ》一。有《レバ》レ所二憂患《スル》一、則不レ得二其《ノ》正《キヲ》一。○心不《レバ》レ在《ラ》焉、視《テ》而不レ見。聴《テ》而不レ聞《カ》。食《テ》而不レ知《ラ》二其《ノ》味《ヲ》一。○此《ヲ》謂二脩《ルコトハ》レ身在《リト》レ正《スルニ》二其《ノ》心《ヲ》一。

[七〇]右伝之七章、釈《ク》二正《フシテ》レ心《ヲ》脩《ルコトヲ》レ身《ヲ》。

[七一]所レ謂斉《ととのフルコトハ》二其《ノ》家《ヲ》一在《リト》レ脩《ルニ》二其《ノ》身《ヲ》一者、人之《おいテ》三其《ノ》所《ニ》二親愛《スル》一而辟《ヒガム》焉。之《テ》三其《ノ》所《ニ》二賤悪《せんおスル》一而辟《ム》焉。之《テ》三其《ノ》所《ニ》二畏敬《スル》一而辟《ム》焉。之《テ》三其《ノ》所《ニ》二哀《あい》矜《きょうスル》一而辟《ム》焉。之《テ》三其《ノ》所《ニ》二敖惰《ごうだスル》一而辟《ム》焉。故《ニ》好《テ》而知《リ》二其《ノ》悪《にくキコト》一、悪《テ》而知《ル》二其《ノ》美《キコトヲ》一者《ハ》、天下鮮《すくなシ》矣。○故《ニ》諺《ニ》有《リ》レ之《レ》曰、人莫《シ》レ知《ルコト》二其《ノ》子之悪《キコトヲ》一。莫《シ》レ知《ルコト》二其《ノ》苗之碩《おおキナルコトヲ》一。○此《ヲ》謂二身不《ンバ》レ脩《ラ》、不《ト》レ可三以斉《フ》二其《ノ》家《ヲ》一。

右伝之八章、釈《ク》二脩《メテ》レ身《ヲ》斉《フルコトヲ》レ家《ヲ》。

[七二]所レ謂治《ントナラバ》レ国《ヲ》必先《ヅ》斉《ヘヨト》二其《ノ》家《ヲ》一者、其《ノ》家不《シテ》レ可レ教《ユ》而能教《クル》レ人《ヲ》者《ハ》、無《シ》レ之。故《ニ》君子不《シテ》レ出《デ》レ家《ヲ》而成《ス》二教《ヲ》於国《ニ》一。孝者、所二以事《つかまツル》レ君《ニ》也。弟者、所二以事《フル》レ長《ニ》也。慈者、所二以使《フ》レ衆《ヲ》也。○康誥《ニ》曰、如《シト》レ保《ツガ》二赤子《ヲ》一。心誠《ニ》求《ムレバ》レ之《ヲ》、雖レ不《ト》レ中《ラ》不レ遠《カラ》矣。未レ有二学《デ》レ養《コトヲ》レ子《ヲ》而后嫁《スル》者一也。○一家仁《ニシテ》、一国興《ス》レ仁《ヲ》。一家譲《ニシテ》、一国興《ス》レ譲《ヲ》。一人貪戻《ニシテ》、一国作《ス》レ乱《ヲ》。其《ノ》機如《シ》レ此。此謂《ヲ》二一言偾《やぶリ》レ事《ヲ》、一人定《ムト》レ国《ヲ》。○堯舜帥《ひきいルニ》二天下《ヲ》一以《シテ》レ仁《ヲ》、而民従《フ》レ之《ニ》。桀紂《けっちゅう》帥《ルニ》二天下《ヲ》一以《シテ》レ暴《ヲ》、而民従《フ》レ之《ニ》。其《ノ》所レ令《スル》反《そむキテ》二其《ノ》所《ニ》レ好《ム》、而民不レ従《ハ》。是《ノ》故《ニ》君子有《テ》二諸己《ニ》一、而后求《セメ》二諸人《ヲ》一。無《シテ》二諸己《ニ》一、而后非《そしル》二諸人《ヲ》一。所レ蔵《ル》二乎身《ニ》一不《シテ》レ恕《オシハカラ》、而能喩《さとス》二諸人《ヲ》一者《ハ》、未二之有《レラ》一也。○故治《ムルコトハ》レ国在《リ》レ斉《フルニ》二其《ノ》家《ヲ》一。○詩《ニ》云、桃之夭夭《ようようタル》、其《ノ》葉蓁蓁《しんしんタリ》。之子《コノ》于《ここニ》帰《ル》、宜《よろシト》二其《ノ》家人《ニ》一。宜《フシテ》二其《ノ》家人《ニ》一、而后可三以教《ユ》二国人《ヲ》一。○詩《ニ》云、宜《ク》

レ兄《ニ》宜《シト》レ弟《ニ》。宜《ク》レ兄《ニ》宜《シテ》レ弟《ニ》、而后可《シ》三以教《ユ》二国人《ヲ》一。〇詩《ニ》云、其《ノ》儀《リ》不レ忒《たがハ》、正《くスト》二是《ノ》四国《ヲ》一。其為《レテ》二父子兄弟足《レリト》レ法《のつとルニ》、而后民法《ル》レ之《ニ》也。

〇此《ヲ》謂二治《ムルコトハ》レ国《ヲ》在《ト》レ斉《ルニ》二其《ノ》家《ヲ》一。

右伝之九章、釈《ク》二斉《テ》レ家《ヲ》治《ムルコトヲ》レ国《ヲ》。

大学垂加先生講義*　完

延宝七年己未十一月七日*　　垂加先生「大学」《を》講《じ》始《む》

「大学」を看《よ》むには、必ず「章句*」「或問《わくもん》*」を以つて之に爛熟《らんじゆく》す、而て朱説*の詳は、また之を「啓発集*」に審《つまび》らかにすべきなり。然らざれば、遂に聖経賢伝の微意に徹《いた》ること能はざらん。夫《か》の数家の膠説《こうせつ》*を逐《お》ひて止《や》む者の若《ごと》きは、またなんぞ与《とも》に語るに足らんや。

延宝七年己未霜月《しもつき》*十四日夜、燈下に之を書す。

延宝七年己未十一月七日　　垂加先生大学講始

看大学必以章句或問爛熟之。而朱説之詳又可審之啓発集也。不然遂不能徹聖経賢伝之微意。若夫逐数家之膠説而止者。復焉足与語哉。

延宝七年己未霜月十四日夜燈下書之

大学垂加先生講義　この講義は大学本文のほか朱子の章句・或問の言句の摘釈であって、原文なしにはよくわからず通読にたえない。ただ一には闇斎朱子学の基礎づくりの一端を察するに足り、二には崎門の口講筆授の作風をうかがうに足る。

延宝七年　一六七九年。

章句・或問　朱子（朱熹）の「大学章句」「大学或問」。

朱説　朱子の説。

啓発集　闇斎の編した「大学啓発集」六巻。朱子語類・朱子文集から択んで関係箇条を抜き書きしてある。

膠説　硬直した生半可な解釈。

霜月　十一月。

筆録　「文会筆録」二〇巻。闇斎の編著。朱子学関係の経典注釈、語録などを引用し、闇斎の考えも附してある。ここで直接には、その三、大学の部（垂加草一三）を指す。

経文・章句・集註　儒教経典ここで

は四書の本文、朱子の「大学章句」「中庸章句」、「論語集註」「孟子集註」。
出処 出典、典拠。
訓詁 字義、字意。

別ニ 以下欠文。 **蒙引** 「四書蒙引」一五巻。朱子学の末書。明の蔡清著。
ムサトシタ 無造作な、お粗末な。
既庶…曰教之 論語、子路「子、衛にゆく、冉有、僕(お附き)たり。子曰く、庶なる(人多き)かな。冉有曰く、既に庶なり、また何を加へん。曰く、富ませよ。曰く、既に富めり、また何を加へん。曰く、教へよ」。 底本欄外注「子路篇」。
反之 孟子、尽心下「堯舜は性のままなるもの、湯武は之に反るものなり」。その集註に「性のままとは…汚壊なく、脩為を仮らず、聖の至なり、反之とは脩為して其の性に復して、聖人に至るなり」。 底本欄外注「尽心下湯武、反之」。
洪範… 書経、洪範「皇(君)其の有極を建つ」。極は至極の中道、政教の根本をいう。有の字は助字。
皇極辯 朱子文集六六。
盛 原文「隆」。意は同じ。
三皇二帝…三代 伏羲・神農・黄帝の三皇、堯・舜の二帝、禹の夏朝・商(殷)朝・周朝の三代。三代は儒教伝説上の黄金時代。
関鍵 かぎ。肝要なところ。
夏商周ノ末…至治ニ非ズ 聖代とい

先生の「*筆録」の編は、*経文・章句・集註の本意に因り、諸《もろもろ》の*出処・*訓詁《くんこ》および諸儒の説を研究し、正意と正意を害する者とを得て、その精を尽せり。読者はまた之に因りて博く考へて之を精《くわし》くせよ。

先生筆録之編。因経文章句集註之本意。研究諸出処訓詁及諸儒之説。得正意与害正意者。而尽其精矣。読者亦因之博考精之。

「筆録」ニ吟味《ぎんみ》ヲノセ「啓発集」ニ出タル説ハ、載《のせる》ニ及《ば》ズ。其間引《く》レ之《を》者ハ別ニ*

○一大学章句序　此ラモ「蒙引*」ナドニ、「章句」ノ序カ「大学」ノ序カナンド云《いう》論ヲカケル、ムサトシタ*コト也。其ヤウノ吟味ヲスル合点《がてん》ナ朱子ノ本意ニハ非ズ。○二治而教レ之　既*《に》庶アリ且富《めり》、曰《く》教《えん》レ之《を》。此聖人成《す》ニ治之化《を》一トコロ也。○三復　「孟子」ノ反*《かえる》レ之《に》ノ字ヨリ云《い》来ルゾ。○四立《つ》レ極《を》　「洪範*《に》」皇《きみ》建《つ》ニ有極《を》一ノ字。「朱子文集」皇極辯*《は》、為《に》レ之《が》作《る》。○五三代之盛*　上ニ伏羲《ふつき》ヨリ堯舜《ぎようしゆん》ト三皇二帝*ヲツラネテ、三代トウケタルゾ。此《これ》文字ノ関鍵*《かんけん》也。三代モ、夏*商周ノ末ハイヅレモ至治ニ非ズ。故ニ盛ナルト云字ヲ以推《もつておし》コミテ書タルモノゾ。*寝《ようや》クノ字可レ見《みるべし》。▲学校ノコト　滕《とう》文公上「孟子」ノ庠序*《しようじよ》学校ノ所ト、「学記」ノ古之*《いにしえ》教ル者ハ家《に》有《り》レ塾トデ、古来注家*ニ小学校ト大学校トノ名ノ論アリテ一ニ帰セヌコト也。皆博ク考テ自《みずか》ラ見ベシ。○六サテ学校ニ入ルト云ニモ、先ヅ此序ニアル通《り》デ、サテ王公ノ高位ノ子弟モ庶人ノ賤キモ一ツ学校ニゴタマゼニ入ルト云コトニテハナシ。皆ソコ〲ノ国学ソコ〲ノ郷学、天子ノ都ニモ末々マデニモ、ソレ〲ニ小大学ガ各備リテ、差等ノアルコト也。サテ古今ノ伝記*ニモ色々ト入様《いりよう》ノ議ノアルコト也。其段ノアラマシハ三礼*《さんらい》ナドヲ考テ大略ヲ知ベシ。○七凡民ト云《う》中ニハ公卿大夫元士マデノ余子庶末マデモ、皆推《おし》コミテ云ゾ。○八窮*レ理　「易《の》」字。程子*、「大学」ノ致知格物ヲ「易」ノ窮理ニ引合《ひきあわ》セラル、、是

われた夏の末は暴君桀王、商の末は暴君紂王、周の末は春秋戦国の混乱。
寖ク　水がだんだんと浸透するさま。
庠序学校　↓補記　**古之教ル者**…　礼記、学記「古の教ふる者は、家に塾あり、党(五百家)に庠あり、術(州のこと)に序あり、国に学あり」。
注家ニ…　経書の註釈家。前出の集註にいう郷学が小学校、国学が大学校に当る、という説のほかにいろいろあること。
伝記　賢者の著述、個人の記述。
三礼　儀礼・周礼・礼記。儒教経典。周朝の礼に関する記述という。
窮理　易、説卦伝「(物)理を窮め(人)性を尽し以て(天)命に至る」。
程子大学ノ…コレ朱子ノ説　↓補記
八条目　大学経文の、平天下・治国・斉家・脩身・正心・誠意・致知・格物を朱子学で八条目という。
オツトリテ　押し取りて。概括して。
八字　章句序「窮理正心脩己治人」。
鞭朴　鞭扑。むち、しもと。体刑の軽いもの。教育のため。
五倫　父子・君臣・夫婦・兄弟・朋友。
俛焉　礼記、表記の文字。俛は勉と同じ意。　**ヲ字**　「ノ字」の誤りか。
サビシイテイ　孔子の時先王の法に心をよせるものなし。孔子のみ。
テキト　的と。明白適確に。
明徳ヲ…　人心に本具の理が即ち大学の明法だ、ということ。
外ハ…内ハ…　八条目を内外にわけ

ガ程子ノ発明也。コレ朱子ノ説ニ見エタリ。此序モ、其意ニ因テ八*条目ヲオ*ツトリテ、八*字ヲ以《て》云《い》コナシタモノゾ。〇[九]学校　此序ノ語ニ於テハ、学ヲ大学、校ヲ小学ニアテタ合《が》点《てん》也。サルホドニ、大小之節ト対セル文ゾ。〇[一〇]是《を》以《て》　段々吟味ヲカケテ教ノ至善ヲ極メ尽スコトヲ云テ、是以ト承《う》ケタ文也。如レ此ニシテモ順《したがわ》ヌ者アレバ、ソコデ*鞭朴《べんぼく》ノ刑ヲ施スゾ。三礼ヲ考テ、見ベシ。〇[一一]各　五*倫各《おのおの》也。〇[一二]*俛焉《べんえん》「礼記」ノ字。〇[一三]古昔盛時ヤツパリ上ノ三代之盛*ヲ字ヲ承テ書タルゾ。〇[一四]独《り》取《り》二先王　サ*ビシイテイヲヨク書キアラハセリ。〇[一五]因《て》二小学　此ガ朱子ノ一代ノ学術、聖学相伝ノ的所也。〇[一六]明法　此等ノ字モ、只《ただ》明ナル法ト云《いう》迄ニ説タルコトニテハナシ。テ*キト明*徳ヲ明ニスルト云《いう》明ノ字ヲ用テ書タル活法也。〇[一七]外・内——　外*ハ家国天下、内ハ身心意知トアテル正意也。サ*テ又規模之大ヲ至善トアテル説モアリ。「啓発集」ニノス。ソレハソレデキコエル説也。〇[一八]曾氏之伝「中*庸」ノ序ニハ顔・曾ヲ並《ならべ》テ云。此ニハ曾氏之伝独《り》トアルモ、書*面ニ即《つい》テカタレリ。〇[一九]及《びて》二孟子没《せるに》一而　及《びて》二周之衰《うるに》一ト書出シタル文法ト一例也。〇[二〇]鮮矣《すくなし》　鮮*矣仁ノ語ノ字。絶テ無《ない》ゾ。〇[二一]*寂滅《じゃくめつ》「涅槃《ねはん》経」四句ノ偈《げ》ノ語ニ出《づ》。コノ語ノサ*バキモ極テ高キコト也。其段ハ彼ガ説ヲ学バネバ知レズ。サテ先《まず》アラマシハ「釈*氏要覧」ナドニ説ガツケテアルモノゾ。〇[二二]其功倍《して》二——其高《きこと》過《て》二——　其功・其高トハヤツパリア*レガ手前ノナリデ云タモノゾ。カウ見ルデ能《よく》キコエタ文也。ソレヲカノ*馮貞白《ふうていはく》ガ、求是白ガ「求是編」ノ序ニ、此語ヲ引ツケテ、此*語ニ因テ見誤テアヤマル者多シト云。アシク見《みん》トシタモノゾ。ヒガコト也。〇[二三]百家衆技之流　歴代ノ間、様々ノ者ガアルコト也。漢ノ時既ニ六十七家アリト

た。外は斉家・治国・平天下、内は脩身・正心・誠意・致知。格物は致知に属す。これによれば、内の節目之詳は明徳＝脩己に属し、外の規模之大は新民＝治人に属する。

サテ又…　闇斎の大学啓発集の序例に、朱子語類一四「明徳新民は便ち是れ節目、至善に止まるは便ち是れ規模之大」を引く。この説によれば、大小と内外とは照応しない。

中庸ノ序ニハ…　中庸章句序に道統の系譜を説いて、孔子を継ぐものにつき、「ただ顔氏曾子の伝、其の宗(本旨)を得」と。

書面ニ即テ…　ここでは大学を伝えた曾子に限定していう。

鮮矣仁　論語、学而「子曰く、巧言令色、鮮し仁」。その集註に「専ら鮮と言ふは、絶無なるなり」。

寂滅　南本涅槃経の中の、いわゆる雪山の偈。「諸行無常、是生滅法、生滅滅已、寂滅為楽」。

サバキ　適正な判断、評価。

釈氏要覧　宋の道誠の編、三巻。仏教故事成語辞典というべきもので、類別に二九篇にわけてある。

アレガ手前ノ…　先方(俗学・異端)の立場から功・高といったものだ。

馮貞白　明の馮柯。「求是編」一〇巻を著わす。次の「求是白」は、馮貞白と求是編の錯雑か。

此語ニ因テ見誤　朱子が俗儒・異端の説を是なりと見ている、と見誤る。

見エタリ。此事*丘氏ノ「衍義補《えんぎほ》」ニ詳ニ論ゼリ、「*通鑑《つがん》」ニモアリ。○[二四]*無ニ往《きて》不《ること》レ復《ら》「易」ノ語。○[二五]宋徳《の》―― *此モ一字闕ヲシテ書合点《く》ナコト也。「*筆録」ニ、宋板《そうはん》ニ前ノ性矣ノ矣ノ字ナシト云。ソノ矣ヲトレバ、一字ヅヽクリコシテ此ニ至テ一字ノ闕ガ見エヤスキ也。此宋板ノ本、先生直《じき》ニ見ラル。信《まこと》ニ矣ノ字ナシト也。サレドモ「*文集」ノ載《のす》ルニモ矣ノ字アリ、諸本共ニ有《り》レ之。ユヱニヤハリ*ソレニ従《う》ト也。○[二六]大学教《ゆる》レ人《を》之法ハ学校ノ法ニツイテ云。○[二七]聖経賢伝之指ハ書ニツイテ云。*程氏ノ書、明道・伊川各改正ノ「大学」ト云アリ。考《え》見《る》ベシ。○[二八]*私淑「孟子」ノ字。○[二九]放ハ乱《り》レ散タル。○失ハ闕失《かけう》セタル也。○固《こ》陋《ろう》「礼記」ノ字。○[三〇]采《とりて》而輯《あつめ》レ之《を》 放ノ字ニアタル。○[三一]間亦《まま》窃《ひそかに》附《け》ニ己意《がを》一補《う》ニ其《の》闕略《を》一 失ノ字ニアタル。○[三二]*俟《まつ》ニ後之君子《を》一「論語」。「論語」冉有《ぜんゆう》ガ語ノ字。○[三三]*無《し》レ所レ逃《るる》レ罪《を》 知《る》レ我者《を》ハ「春秋」乎、罪《する》レ我者《を》ハ「春秋」乎ノ意。○[三四]*小補「孟子」ノ語。

○**大学或問《わくもん》 古キ書ニハ「*素問《そもん》」「*難経」ナンドガ、問ヲ設テ答述《えべ》タル書也。其後「*欧陽集」ニ「易ノ或問」ト云四首アリ、「童子問」ト云篇モアリ。サレドモ一書ト云ホドニ長クハナシ。サテ又議論モ善ナラズ。*テシト一書トナリテ編《あま》レタルハ此書ガ始也。「*朱子文集」ノ中ニ「論語或問ノ説」ト云モアリ。○サテ*首《はじめ》ノ或問ト云二字ガ最初ニアレドモ、此書ナンドハ学而《がくじ》・為政《いせい》ノ類ノ篇名ノアシラヒトハチガフコト也。○此「或問」ノ首ニ論ゼル所、聖学相伝ノ要約也。「*蒙」「啓」ノ二集モ、之ヲ承テ朱子ノ本意ヲ明サント欲ス。而シテ「*文集」「語類」ニ論辨スル所ノ*為学ノ沙汰数百千条、皆此一段ノワケナコトヲ彼《かれ》是《これ》ト云メサレタコト也。此段ノ意思ヲ見得テ*己《おのれ》ニ有セザル人ハ、与《とも》ニ聖学ヲ語ルニ足ラズ。

丘氏ノ衍義補・通鑑　↓補記

無往不復　易、泰卦、九三「平らかにして陂(かたむ)かざるは無く、往くものにして復らざるは無し」。

此モ一字闕ヲ　宋の国号を尊んで一字欠格にすること。

筆録…　文会筆録三。前ノ性矣ノ矣ノ字とは、章句序の初行「既莫不与之以仁義礼智之性矣」の矣の字。

文集　朱子文集七四、大学章句序。

ソレニ従ト也　欠字をしないでおく。

程氏ノ書…　↓補記

私淑　孟子、離婁下の語。私は直接正式でないこと、淑は善。遠く間接に崇敬して善道にいそしむ。

俟後之君子・無所逃罪　↓補記

小補　孟子、尽心上。少しは役に立つ。

○　底本欄外注「十三」。解題参照。

大学或問　この講義は、大学を朱子の章句によって講釈するが、中間にその段落に該当する同じ朱子の撰の大学或問を併せて講じている。ここは前記の大学章句序に当る或問を講ずる。或問とは、或る人問う、の意。これに答えたもの。

素問・難経・欧陽集…　↓補記

テシト　テシは方言で確証の意あり。

朱子文集…　朱子文集六六、論語或問説二篇。

首ノ或問ト云二字…　論語の篇名は篇首の二字、学而などをとったものだが、この大学或問の名はそのような意味の名でない。

○*古法之宜《よろしき》二於今《に》一――「*小学」題辞ヲ見合《みあわす》ベシ。只《ただ》ナミ〳〵ニ、考ヘデカナハヌコトヂヤトバカリ云終《おえ》タコトニ非ズ。深ウ思入《いれ》ノアル書様《き》也。其思ヒ入《れ》ノ所ヲ見*コマネバ、死底《しにてい》ニシテ終ルゾ。○*曰吾聞――*先《ず》伝ルニ近小ヲ以シテ、後《のち》教ルニ遠大ヲ以ス、ト云ガ聖学ノ卑《ひくき》ヨリ高キニ登ル正路、*程子、子夏ノ章ノ発明也。コヽニ問ヲ設ルハ、其遠近小大ヲ二ニ云截《きっ》タ「左伝」ノ語ヲ挙テ難《なん》ジタモノナリ。○*収《め》二其放心《を》一養《う》二其徳性《を》一「孟子」ノ*心ヲ存《し》性ヲ養《う》ノコト也。サテ其放心ヲ求ト云語ハ、本《もと》「*尚書《しょうじょ》」ニ出タリ。孟子之ヲ発シテ詳ニ尽シタ故ニ、「孟子」ヲ拠トスルゾ。▲*サテ朱子ノ序文ニ云ヘル所ハ、八歳ニシテ小学ニ入テ之ニ教《うる》ニ云云ト、段々アリ。先《ず》如《き》レ此《かくの》説デ小大学ノ教ル所ノ道ガヨクキコエテ、*今ノ「小学」ノ書ヲ見ルニ、已ニ胎教トテ「*列女伝」ヲ引テ、能《く》言《い》能《く》食《う》トキハ猶《なお》以《て》ノコト、ハヤ胎内ヨリシテ教ガアルコト也。是《これ》朱子ノ書ヲアメル教ノモト、目《め》出《で》度《たき》法也。如《く》レ此《の》ニシテ段々其長《ず》ルニ随テ、一歳一歳ノ教ガアルホドニ、吾知ラズニジツトシトヤカニナリテ、心収リ性養ハレテ「*大学」格致ノ基トナルゾ。如レ此等ノ細《こまか》ナ所ハ、序文ニハサウ尽サレヌホドニ、故ニ云《えり》、愚於《て》二序文《に》一、已《に》略《ほぼ》陳《べたり》レ之《を》ト。略ト云ヘルハ、此等ノ思入モアレバナリ。○察《し》二夫《かの》義理《を》一　小学ニ於テ已ニ*知ナ、此《ここ》ニ及デ細ニ窮《きわめ》テ到底ニ徹スルミガキナルホドニ、察スト云。小学ニ於テ已ニ行テ孝悌忠信ノ実行ヲナシテ、先《ず》ハ一段ノ善人也。サレドモ其分デ事止《や》メバ、国家天下ノ大業ヲ成《なす》ニ足ズ。此ニ及デ明徳・新民・至善ヲキハム。是措《おく》二諸《これを》事業《に》一也。其小学ニ行テ已ニ善人トナリテキルヲ、イヨ〳〵ミガキ窮テ至善ニ止《とどまる》ガ、成功ヲ収也。○*小長所《の》レ習之異《にする》レ宜《を》　八、九歳*十一、二十者ニ格物致知セヨ、*斉・治・平ヲ尽

蒙啓ノ二集　闇斎の編集した「小学蒙養集」と「大学啓発集」。
文集語類　朱子文集・朱子語類。
為学ノ沙汰　修学についての議論。
己ニ有セザル　自分の身につけない。
古法之宜於今…　大学或問の原文の要旨は、小学の古法のうち、現今にも妥当なのを輯めて「小学」をつくっておいた、参照せよ。以下、本文では大学或問・大学章句の語句の訓点は闇斎点に従った。
小学題辞　↓補記
見コマネバ　洞察しないと。
曰吾聞…　これは問い。大学を学ぶのに小学を知れとは何故かと問う。
先伝ルニ…後教ルニ…　左伝、襄公十三年にもとづく。　**程子**…　↓補記
収其放心養其徳性　以下二二頁五行目まで前の問への答の語。趣旨は、大学は小学の実習を基礎として之を心得に進める。原文は「小学を習はざれば、其の放心を収め其の徳性を養ひて大学の基本と為すことなし」。
心ヲ存…　孟子、尽心上の語。
尚書…　書経＝尚書、畢命。
▲　この印は、章句・或問などの語句に即せず、ひろく講釈するところ。
今ノ小学…　小学内篇、立教第一。
列女伝　漢の劉向の撰、七巻。
大学格致　大学にいうところの八条目の最後、根本の修学の格物致知。
知ナ　知ㇷ(知ルコト)、又は知テか。
小長…　小学原文「少長」。若年と

成年。学習すべきことが年齢にしたがって違う。**十二二十者** 「十二二ノ者」、または「十二才者」か。
斉・治・平 斉家・治国・平天下。

灑掃 水をまき塵埃を掃き去る。
応対 尊長者の呼び声に応答する。
唱喏万福 挨拶するときのことば。
非ヌ 非ズの誤り、又はアラヌ。
非若古今之辨… 或問の原文は、大学小学は段階の高低であり、古今の弁、義理の分や、薫蕕(香草と臭草)氷炭の区別とは違う、という趣旨。
今 底本「令」、或問原文により訂。
曰幼学之士… 質問者の言(七行目まで)。小学大学の修業の時を失った者はどうしたらよいか、という。
下学シテ上達… 論語、憲問の語。
是其歳月 以下次頁二行目までは答。趣旨は、時を失った者も、小学大学は敬の一字に貫かれているを知り、致知格物につとめて本源を養えば可。但し、格別の努力を要する。
駟モ不及 駟は四頭立ての馬車。極めて迅速に過ぎゆくこと。
朱子勧学ノ文 「謂ふなかれ今日学ばざるも来日有りと。…日月は逝く、歳は我をまたず云々」。
二程遺書… ↓補記
サシムイテ… さしあたって挙げるべき肝要顕著な語は。
指訣 要点。最重要の問題点。
イリワリ 道理のすじみち。

セヨト責テモ、成コトニ非ズ。十五以上成人ノ者ニ*灑掃《しやそう》*応対・*唱喏《しようだく》万福ヲ教テモオカシキコトニ非*ヌヤ。聖学ノ目出度ト云ガコレ也。チヤフド其分《ぶん》相応ニナルコトヲ教ルゾ。○*非《ず》下若《ごとく》二古今之辨—— 古今之辨、義利之分ノ判然タルト、薫蕕《くんゆう》氷炭之相反《して》而不《る》レ可《から》二以《て》相入《る》一ト、喩《たとえ》ヲ二ツ引テ云ゾ。○*今使《しめ》二幼学之士《をして》—— 是カラ又小学大学ノナリヲ説《き》カヘシタルモノゾ。丁寧反覆ナコト也。○*曰幼学之士—— 上マデ、小学大学並《び》行ハル、時右ノ如《き》デスツキトスムゾ。是ヨリ、其学校廃シテ以後ハ如何ト、難《なん》ヲ入《いれ》タモノ也。○不レ能《わ》二以自《ら》達《すること》一 *下学シテ上達スルコソ聖学ノ本意ナレ。○*是其歳月—— 此等ノ処ニツイテモ能々《よくよく》学者ノ光陰ヲ惜ムベキコト也。一刻〳〵ト遷リカハリテ、其過《ぎ》行タル歳月ハ*駟《し》モ不レ及《ば》。故ニ*朱子勧学ノ文ニ深ク警《いましめ》ヲナシ、古人ノ詩ニモ少年可《し》レ惜《む》不レ須《べから》レ怠《る》云云ト云ヘリ。猛省スベキコトニ非《ず》ヤ。○涵二養《かんようす》本源《を》一 収《め》二放心《を》一養《う》二徳性《を》一ガ本源涵養ト云コト也。○進《む》レ徳《に》 明《らかにす》二明徳《を》一。○修《む》レ業《を》 新《あらたにす》レ民《を》。○是《ここを》 以《て》程子発二明《して》格物之道《を》云云 「*二程遺書」「外書」「近思《の》」存養ニ説《き》オカレタルヲミヨ。許多《いくたの》箇条、何レモ親切適当ノコトデ、扨《さて》*サシムイテアラハレタル語ハ、此後《このあと》ニモ引《ひけ》ル所ノ、入《るには》レ道《に》莫《なし》レ如《しくは》レ敬《に》、未レ有《ら》二能《く》致知《して》而不《る》レ在《ら》レ敬《に》者一ト云ヒ、別シテハ涵養《は》須《べし》レ用《う》レ敬《を》、進学則《は》在《り》二致知《に》一ト云語也。此ガモハヤ聖学従《より》レ上相伝ノ*指訣《しけつ》ヲ直《じき》ニ言《い》トリタル妙語也。其段ノ*イリワリハ、詳《つまびらか》ニ朱子ノ「文集」「語類」ニ論辨シ尽セリ。ソレヲ采《とり》アツメテ、ヨク〳〵学者ノ気ノツクヤウニ欲シテ、「*近思筆録」「啓発集」ノ*此寸等ニ引ツケテ置《おけ》ルゾ。○養二其《の》*良知良能之本《を》一 即《ち》本源涵養ト云ト同《おなじ》コト也。

○顧《かえりみるに》*以《て》二七年之病《を》一—— 摧頽《さいたい》已甚《はなはだしき》者ハ云ニ及バズ、只歳月ノ既《に》往《き》タル者ニモセヨ、カウシタ力《つと》メデナクンバ、中々致《す》コト能《あた》マジキゾ。〇百ニ倍《す》其《の》功《を》一「中*庸」可ニ考《し》見《える》一。〇*致知力行之地　本源涵養ノ敬ガ致知力行之地也。▲*程子・謝・尹ノ四説　トカクニ敬ムト云コトヲトケルコト也。其段ノ説ハ「小学蒙養集」ノ第三巻ニ詳ニ尽タリ。能《く》意ヲ着テ見得ベシ。〇敬者《は》一心之主宰《にして》　而万事之本根也　是ガ敬ノ字ノ注也。朱子、敬ノ義ヲトケルコト数百箇条ニシテ、ツヾマル処ガ*主一箴ガ読《よみ》ヌイタル文ゾ。▲所謂　段々皆古キ*本語ヲ以引ツケテ証拠ヲ見《あらわ》ス。乃《ち》古昔ヲ則《のり》トシ先王ヲ称スルノ意也。

*三五*〇大学　*旧音ナレバ易有《り》ニ太極一ナドト云《う》、太《たい》ノ字ノコヽロ。朱子ノ見《みる》トコロハ大小ノコヽロ。和訓デオホキシチイサシト云《う》ヨミノ合点也。三六〇章句　本ニヨリテ集註トアル*唐本アリ、ソレハアシシ。三七〇子程子　*遺書ハ其人死シテ其書ノコレル也。遺衣服ナドト云モ、祭ニ、ナキ人ノ衣服ヲ陳《つらね》ルヲ遺衣服ヲ陳ト云コト也。三八〇入《る》レ徳《に》之門　思入《いれ》ノアルコト也。序文ニ云如ク、身ニ行《い》心ニ得《る》、コレガ即《ち》徳也。徳トハ理ヲ己《おのれ》ニ得テ心ト共ニ其《それ》ナリニナルガ徳也。サウナルト云ハ、此「大学」ノ*次序ノ教ニヨラネバナラヌゾ。三九*〇論孟次《ぐ》レ之《に》　次之ノ字、朱子*檃括《いんかつす》。「*或問」詳レ之也。〇由《て》レ是《に》　是ハ乃《ち》「大学」也。

四〇*〇大学之道——　*三綱領ハ、事ハ二ツニシテ、其中ノ目アテヲ至善トアゲテ、三綱領ト立タモノ也。〇*大学者《は》大人之学也　此段、「或問」ノ首ニ*小子之学ニ対シテ云《う》トコトハレリ。ソレヲ彼*末書《の》ナンドニ、大人トハ*孟子ノ所謂大人ヂヤナドト云。以《もって》ノ外ノコト也。〇*明徳者云云　*明徳ノ字、「易」「尚書」デモ見エテ、朱子ノ此解、前聖賢《の》ノ未《ざる》レ言《わ》処也。此モ、

近思筆録　文会筆録二の近思録の部。
此寸等　寸は「等(とう)」の衍か。
良知良能　天賦の道徳的能力。語は孟子、尽心上。
以七年之病…　孟子、離婁上の句。七年の病を治療するため三年間も乾かさねばものにならぬ艾(よもぎ)を求める。
中庸…　中庸二〇章「人一たびして能くすれば、已れは百たびす」。
致知力行　知の工夫と行の努力。
程子謝尹ノ四説　或問本文に、敬についての程子の説二条、弟子の謝上蔡・尹和靖の説各一条を載せてある。
主一箴　→補記
本語　経書の語句のこと。或問の本文に、論語・大学・中庸・孟子の語句を引いて敬の字を釈いている。
大学　以下、大学の本文についての講義。まず朱子の序言について。
〇　底本欄外注「十六」。
旧音ナレバ…　大学の大の字を旧注では泰(タイ)と読み、治者の学と解する。朱子は大(ダイ)と読み、成人おとなの学とする。
唐本　中国版本のこと。朱子の注は、大学・中庸には章句といい、集註とは論・孟の注。
遺書　本文は「孔氏(孔子とその門弟)之遺書」。大学のこと。
次序　大学の三綱領、八条目の順序。
論孟次之　朱子学では、大学で入門し、次いで論語・孟子、最後が中庸。次項の「由レ是」の是を大学のこと

末書ニ性ヂヤノ心ト性トヲ合セテ云ノナンドト、色々ト取沙汰スル、皆不《る》レ知《ら》者ノ論也。ベツタリト明徳ハ心ト見ルガヨキゾ。朱子ノ本意乃《ち》然リ。「啓発集」ニ詳ニアゲタリ。サウシテオイテ性ヲ以《て》モ云ヒ情ヲ以《て》モ論ゼリ。サレバ又ソレ〳〵ニキコユルコト也。○人之人トアルガ尤《もつとも》ナコト也。此等ハ*雑《まじえ》テ云ハネバナラズ。先《ず》アラマシハ「中庸」ニ云ヘル*天命ノ性。コノオクニ*天之明命トアル ニ明命者天之所二以《にして》与《うる》レ我《に》而云云トアリ。天之明命トアレバ天カラ云《い》起シタモノ也。サルホドニ、人之ト此方カラ云ゾ。サテ、人・物同ク天理ヲ受《く》トイヘドモ、人ニ限リテ明徳ト心ヲ云也。明徳ト云名ハ、物ニ通ジテハ云ハレヌゾ。サルホドニ今、人之ト、人バカリヲ以《て》云《う》、是《これ》也。「中庸」ニ至テハ、万物一源ヲ語ルホドニ、人・物ニ通ジテ注セルゾ。各《と》義理ノ当ルトコロアリ。○所《にして》レ得《る》二乎天《に》一 *為政ノ「集注」ニ、徳之為《たる》レ言得也、行《いて》レ道《を》得《る》二乎心《に》一者也トアリ。而シテソノ徳之為レ言得也ト云ハ「*礼記」ノ語也。ソレニ因テ得ト云字ヲ置《おか》レタモノ也。明徳ト云ヘバ也。所レ得二乎天一トハ明徳ノ出所ヲ云ゾ。*虚ハ無形ニシテ手ニトルベカラズ、サウシタモノガ活物デ、神妙ナヲ霊ト云。所謂*心本《もと》虚、応《じて》レ物《に》無《し》レ迹ト云、是也。以《て》具《そなえ》二衆理《を》一、ソノソナヘタモノハ何《の》衆理ヲ具《う》。「孟子」ノ所謂*仁義礼智根《ねざす》二乎心《に》一ト云モノ、*寂然不動ノ体也。応《ず》二万事《に》一ハ感《じて》通《ずる》二乎天下之事《に》一用也。*横渠《おうきよう》謂、心《は》統《すぶる》二性情《を》一者也ト。此ワケ也。寂然ニ本体、仁義礼智ノ衆理ヲ具ルハ、応二万事一者ニアラハル。用ヨリ体ヘオシコメバ、衆理ヲ具ルノ実、可レ見。○サテ「*啓発集」ニ詳ニ朱説ヲ具テ、而シテ名コソナケレ、「*孟子」ノ四端ヲ論ゼル所ガ、ベツタリト明徳也。所謂惻隠之心《は》仁之端也云云、細《こまか》ニ反覆シテ、各其義理*名色ノアタルトコロヲ見ベシ。其段

としているのは、大学を聖学の基本とするをいう。底本欄外注「筆録」。

檃括　矯正。整理。

或問　四八頁一六行以降。

大学之道　これより大学本文の講義。

三綱領ハ…　已れの明徳を明らかにするが第一、民の徳を明らかにし新たにするが第二。事はこの二つ。至善に止まるが両事の目あて。あわせて三綱領。

大学者大人之学也　以下二八頁六行目まで、三綱領を章句で講義する。

小子　十五歳までの子ども。小学に入る。

末書　前出の大学蒙引など末学の書。

孟子ノ…　たとえば孟子、離婁下「大人は赤子の心を失はず」。集註に「純一無偽の本然を全うす」。

明徳者云云　章句の文は「明徳は、人の天より得る所、虚霊不昧、以つて衆理を具へて万事に応ずる者なり。但、気稟に拘せられ人欲に蔽はれ、時に昏む。然して本体の明は息むことなし。故に学者は其の発(お)る所に因りて明らかにし、遂に其の初に復るべし」。二六頁終までこの講義。

明徳ノ字　易、下象伝・書経、梓材・君陳に見える。

雑テ云…　天の方から言うのに対し受ける人の方から言う。

天命ノ性　中庸、首章「天の命ずる(賦与する)之を(人・物の)性と謂ふ」。

ノ性命ノ沙汰ハ「*玉講附録」ニ詳ニ具ハレリ。〇但為《れば》ニ気稟《*きひんに》所《れ》レ拘《かかわさ》―― 其気質之稟、或《いは》不レ能《わ》レ斉《ひとしきこと》ト序文ニ云ヘル如ク也。人ノ性ニ金気ノ過テ木気ノ足ラヌ者ハ過剛ニシテ愛スクナク、水気ノ勝テ火気ノ少キモノハ察ニ過テ無礼ナ類也。而シテ人欲ハ又気質生ジテ以後、目ノ色ヲ欲《し》、耳ノ声ヲ欲《する》モノ也。〇当《*に》下因《て》ニ 因《の》字当《し》ニ重看《くみる》一。如《たとえば*》殷因《るの》ニ夏礼《のに》一因字《のなり》。因《て》ニ其《の》所《に》レ発《する》トハ、所レ発ハ無《し》レ他、乃《ち》方寸ノ間、明徳之地也。聖賢ノ千言万語ハ悉ク此ニ本ヅク。ヤレコレヲ明ニセネバナラヌハト、ヂツト方寸ニ覚ヘヲツケテ、ソレヲ常々ニ守テ放《さ》ヌ様ニヂツト敬《し》ンデ事ニ応ジ理ヲ窮《め》、何事モソコヲハヅサヌ守リヲ、因ニ其所レ発ト云。是ガ先《ず》学問、明《にする》ニ明徳《を》一第一着ノ手段也。サウシテモ亦ヨゴレ〳〵スルハ、己ガ*気習ノアシキユエ也。ソレヲ、ヤレカウデハナイゾト、ヒタト守リヲフミハヅサヌ様ニシテ、又ミガキ〳〵明ニシテ不レ已《やま》。必《ず》明ニシ得ベキゾ。サルホドニ遂ニトハ云ヘリ。遂ト云ヲ看ヨ。必アトカラ因《る》トコロヲハヅレルヲ、ヒタトミガキ〳〵テ為《し》トゲル合点ヲ云ゾ。復《*る》ニ其初《のに》一ハ程子ノ本語也。其性ニ復ルト云モ同コト也。善語也。ソレヲ此ニ用ラレタルデ、イヨ〳〵親切ナゾ。明《にする》レ之《を》ノコトニハ、或ハ鏡ニタトヘツナンドスルコト、詳ニ「*啓発集」ニノセタリ。▲朱子《の》経解、ドコトテモ其通《のり》デ、チヤフド経文ヲモリツメタ如クナ注ゾ。細ニ心ヲ潜《ひそめ》テ味ベキコト也。此章下ニツイテ見ニ、明明徳ノ三字ノ解ニ是ホドノ注解アリ、本文ノ外ニ一語モ附《ふ》裨《ひ》シテ云ヘルコトハナイゾ。先ヅ明明《はにする》レ之《を》也ハ、上ノ明ノ字ヲ釈シテ、コノ注ガナケレバ明明タル徳トモヨムベシ。明徳者ヨリ者也マデハ、云ニ及バズ明徳ト云モノヲ細ニ釈セリ。但為ニ気稟所レ拘ヨリ昏マデ、是ガ別ニ本経ニハナイコトノ様ナレドモ、サウデナシ。コ、

天之明命　大学、伝首章の語。その章句に「天之明命者、天の我に与へし所、我が徳たる所」。

為政ノ…　論語、為政の第一句「政を為すには徳を以てす」の注。

礼記ノ語　礼記、楽記「徳とは得なり」。

虚ハ…　以下、章句「虚霊不昧、衆理を具へ、万事に応ず」の講義。

心本虚…　程子の言。

仁義礼智…　孟子、尽心上。

寂然不動…　易、繫辞上「寂然不動、感而遂通ニ天下之故一」。故は事に同じ。朱子学では、これで体用の関係を説く。

横渠謂…　張横渠の性理拾遺の語。性は体、情は用、心はその現実態、という意。朱子学とやや異る。

啓発集ニ…　大学啓発集一に数条を載せる。

孟子ノ四端ヲ…　孟子、公孫丑上。惻隠・羞悪・辞譲・是非の心はそれぞれ仁義礼智の性の端緒である。集註に、仁義礼智は性、端緒は情。心は性と情を統べる者。発する情に因り本然の性が見える、と。

名色　事物の種別。

玉講附録　朱子文集六八、玉山講義に対し闇斎が関連する朱子の語文を集録したもの。三巻。

気稟　天授の気質。陰陽(健順)木火土金水(仁礼信義智)の諸要素があり、配合は人ごとに異なるとする。

ハ其明徳如《く》レ右《の》虚霊云云ナ者ナレバ、其ナリデアレバ、明《らか》ニ明ニスルト云コトハ入《いら》ヌ筈也。明ニスルト云カラハ昏《くら》クナリタル故也。サレバ、其昏ウナルト云ワケヲ云トリタル語ナレバ、ヤツパリ明明徳ト云《う》上ノ明ノ字ト下ノ明ノ字トノ間ノワケヲ云ゾ。明徳ヲ又明ニスルトアルカラハ、此解ガキラリト能《よく》アタリタルニ非《ず》ヤ。然以下ハ、ソレヲ明ニスルト云ニナリテ、一度クラウナリテ、モハヤベツタリト本マデガマツクラニナルモノカト云ヘバ、ヤツパリ本体ノ明ガヤマヌホドニ、昏ウナリタル中ニ彼《かの》明徳ガ存シテアル、ソレヲタノミニシテ明ニスル筋ヲタヅネヽバナラズ、其筋ハ乃《ち》ソノ本然明徳ノ発スル所、カレニ因テ遂ニ必明レ之ニシテト、明レ之ニスル手段ヲ語ラレタルゾ。復ニ其初ー、尤《も》面白キコト也。明徳ヲ大ニスルトナリトモアラバ、モトヨリ*カサヲツケテトモ云ベシ。本《もと》明ナル明徳ノ、気稟人欲ノクモリニカヽリタル、其クモリヲ除イテ、ヤツパリ其《の》本ノ明ニスルコトナレバ、ソツトモ人為ハナキゾ。是、復ニ其初ー也。如レ此細ニ一句一字モアダニ心ノナキハナク、而モ本経ノ外ニ増益スルコトモナク、牽合《けんごう》附会スルコトモナウ、秤《はかり》ニ物ヲカケテ毫釐《ごうり》ヲタガヘヌト同《じ》コト也。是、朱子経解ノ通例、「論」「孟」「中庸」ニ至テ皆悉ク如レ此。ソノ中「論」「孟」ニ、*圏外《けんがい》ノ注ニハ、経文ノ余意ヲ云ヘルコトアリ。サルホドニ圏ヲ以《て》分タレタゾ。其外圏内ノ分ハドコトテモ如レ此一所〳〵デ、一一如レ此コトハルニ及バズ。然ルホドニ、読者モ亦テフド*心ヲ以《て》志ヲ逆《むか》ヘ、沈潜反覆シテ細《こまか》ニ玩索セズンバ、中々得べキコトニ非《ざ》レドモ、亦カクイヘバ、ヤレ細ニ心ヲツケタガヨキト*云シマニ、ソデモナキ処マデニホリウガチテ、彼《かの》*穿鑿《せんさく》ノ理窟ニナリユク様ニナルハ、又学ノ病也。ソノ為ニ「啓発集」ハ作レリ。

当因　章句「其(性＝明徳)の発(おこ)る所に因りて之(性)を明らかにす当(べ)し」。底本欄外注「筆録掲出」。

殷因夏礼　論語、為政の文。因はもとづく、タネにする。殷は底本「説」、本文により訂。

気習　気質による習癖。

復其初　もと荘子、繕性の語。

啓発集…　大学啓発集一。朱子語類一四を引く。

カサヲツケテ　分量を加える。

圏外ノ注　集註は、経文に即した注解のあと、時に○を附して余談敷衍する。

心ヲ以志ヲ逆へ　趣旨を納得しようとする。

云シマニ　云シママニか。

穿鑿　見当はずれの探索、理会。

又当推以及人…・亦　経文の新民に対する章句の文、(己れの明徳を)人に推し及ぼして人にも亦旧染の汚を去らせるべし、の講義。

旧染之汚　書経、胤征「旧染汚俗」。

至善則…　三綱領の第三、止㆓至善㆒の章句。至善とは事理当然の極。明明徳も新民も、至善の地に止まって遷らざるべし。蓋し必らず天理の極を尽し一毫の人欲の私もあってはならぬ。ここの講義は二七頁一六行目まで。

事物当然　事理当然(之極)、の誤。

至善ト解ニ　至善ノ解ニ、または至善ヲ解(と)ニの誤りか。

些子恰好　まずはぴったりと具合よろしい。大学啓発集一に引く朱子語類一四の語。

古人都テ…　この句、大学啓発集一に引く朱子語類一二〇の句。

伝者ノ意…　伝者は曾子。大学、伝二章にこの句あり、章句に「自新、新民、皆至善に止まるを欲す」。

止者ノ止ノ字…　以下、経文の此節の章句「止とは、当に止まるべきの地、即ち至善の在る所なり。之を知れば志に定向あり。静は心の妄りに動かざるを謂ふ。安は処る所にして安んずるを謂ふ。慮は事に処すること精詳なるを謂ふ。得とはその止まる所を得るを謂ふ」の講義。

ワヅカ中　ワヅカノ中か。

或問ニ…　或問「止る所を知れば、方寸の間、事事物物皆定理あり、理既に定ることあれば、其の心を動かすことなく能く静かなり」。

○又*当《に》㆓推《して》以及《ぼして》㆑人《に》㆒云云　此《これ》所謂恕《じょ》也。ソノ段「或問」ニ詳也。亦*ノ字ノコヽロハ、吾明ニセシ如ク彼モ亦、也。旧*染之汚ハ「尚書」ノ字也。○至*善則《は》――　尋常「論」「孟」集註ニハ事物当然之理ト云《う》解アリ。ソレヲ事*物当然ト云《う》字デ推《おし》コミテ書レタルゾ。至善ト云ヘバ只善トバカリノコトニ非ズ、至極尽頭ノ善也。然レバ勿論事物当然之理ト云テカラガ此外ノ至善デハナケレドモ、至*善ト解ニ事物当然之理トナレバ語ガ慢《まん》ナゾ。ヨリテ、事物当然之理也ノ語ヲ事理当然ノ四字ニオツコメテ、而シテ極也ト云テ、至善ノ義ガ分明ナゾ。此ワケ「啓発集」ニ詳ニ論ゼリ。至善即*些《さ》子《し》恰好《かっこう》ノ処ト云、古*人都《すべ》テ自《より》㆑幼涵養シ善《よく》シ了テ後、因テ至善ヲ説、ト云。尤《もっとも》深意ノアルコト也。サテ此極ノ字モ、即《ち》*伝者ノ意、無《し》㆑所㆑不《る》㆑用《い》㆓其極《を》㆒ノ極ノ字ヲ以云ヘルゾ。序文ニ立《つ》㆑極《を》モ亦此コヽロ、堯舜、至善ニ止テ万邦ノ準則トナルユヱ也。○蓋必――　皆至善ト云ヲミガキタテテキラビヤカニ説尽セルゾ。只天理トバカリニ非ズ。天理之極、孝ハ天理、忠ハ天理、善也。未《る》㆑尽《さ》トコロアレバ大学ノ道ニ非ズ。必《ず》如《く》㆑舜《の》必《ず》如《き》㆓文王《の》㆒ガ孝忠ノ天理ノ極也、至善也。何事モ〳〵皆如㆑此。尽スト云字ヲ置《か》レタルモ、乃《ち》至善ノ場ニ云《い》至リタルモノ也。而無㆓一毫《いちごう》人欲之私㆒。已ニ天理ノ極尽ナレバ、不㆑言シテ人欲ハナキ筈也。サレドモカウ云デ弥《いよいよ》至善ヲミガキタテテ知セタモノ也。コレハ尽《す》㆓天理之極《を》㆒ト云《う》ウラヲ云《い》ツメタモノゾ。只人欲ノナイノ、少キノト云《う》分デハナシ。極メテ一毫ノ私モ必《かならず》ナキト云ニ至ルゾ。ユキツメテ云《い》キハメタモノ也。
四一○知《りて》㆑止《まるを》而后《のち》――　止*者ノ止ノ字ハ即知㆑止ノ止、所㆑当《べき》㆑止《る》ノ止ノ字ハ前《の》止㆓於至善㆒ノ字也。ワ*ヅカ中ニ細ニツカヒワケタモノ也。定向、「或*問」ニ定理アリト云《う》同《じ》心ニシテ定向ト云デ、能《く》知《る》ニ至善《を》一人ノ胸中ヲ言得《いいえたり》。「啓発集*」可レ見。静ノ字、尋*動静トワカツアタリマヘノ静ニハアラズ、妄《みだり》ニ動ヌヲ静ト云タモノ也。「易*」ニ動静其所ニ止ルノ意。安ハ、身ノ処ル所、富貴貧賤ノ地ニツイテ云。身ノ貧富豊約ニ居テ、トリサガスハ、己ガ心ノ妄動スレバ也。静ニシテ安ケレバ心身共ニトリシヅメテヰルナリゾ。ソレナレバ事ニ当テ能慮《く》ルゾ。前輩為《す》レ事《を》、多《く》周詳ナルモ是ユヱ也。〈「啓発集*」ニノスル図アリ。コノ章句ノアタリトハ違テアルゾ。サウシテヤツパリ主意ノアルコト、細ニ心ヲ付テ可レ見。〉

四二
○物有《り》ニ本末一――　コノ近*レ道ノ道ノ字ヤ大学之道ノ道ノ字ナンドモ、末書ニハ色々ト道トハ何ゴトヂヤト議論ヲツケタリ。何ノセン*モナイコトノ無用ナコト也。只カウズラリト読デ、何ノ不審モナウ、道ニ近《し》ト云テ、読者ノ心ニスミテアルゾ。ソレガ経文ノ心也。ソレニ彼不《る》レ入《いら》議論ヲツケルデ、事ヤカマシクナルコト也。道ト云字ヲ、釈セネバキコエヌ処ニハ、「中庸」「論」「孟」等ニモ、道路也、事物当然之理也トサシヲオロシテ云テアルコト也。モハヤ是ラノコトハカウ云コトモイラザルコトナレドモ、今ノ世ニ於テ経文「章句」ノ本意ヲ不レ得シテ、彼末書ヲ盛ニモテハヤシテ、ソレラノ議論ヲ得テハ、苟《まこと》ニサウヂヤ此論ガナケレバスマヌナンド思フ者ガ多キホドニ、辨説ヲ費シテ言シラスルゾ。

四三
○古之欲《する》レ明《にせんと》ニ明徳《を》於天下《に》一者　上《の》三綱領ニ於テ明明徳・新民ト並テ、明徳ハ己ヲ修《め》、新民ハ治レ人《を》ノコト也。明徳ヲ天下ニ明ニスルト云ヘバ、其《の》己ヲ修メタヲ推広《しめ》タモノゾ。明徳ト云ヘバトカク我ニアル物也。人人吾手ニ明ニシテ己修ル也。然レバ、明明徳ハ修レ己デ、ソレニ於天下ノ三字ヲ加ルデ、新民ガコモル、妙*ナ文字也。所謂明命赫然《かくぜん》、無《き》レ有《る》ニ内

啓発集　大学啓発集一。朱子語類一四を引く。

尋…　「尋」の下、「常」字を欠く。

易ニ…　易、艮卦に「動静其の時を失はず」、繋辞上に「動静常あり」。

啓発集ニノスル図　大学啓発集一に引く朱子語類一五の図。

近道　経文のこの節の最後の字。

センモナイ　詮ない。甲斐なし。

○　底本欄外注「十九」。

古之欲明…　この経文、平天下・治国・斉家・修身・正心・誠意・致知・格物、を八条目と謂う。

妙ナ　なんともいわれぬ含意のある。

外ニ者《もの》、人己合一ノナリガ能見ユルゾ。▲天下ト云モ国ノ多クアツマリタル也。国ト云モ、只ソノ山川バカリノコトデハナシ、家ノ多クアツマリタル也。家ハ何ゾ。父子兄弟夫婦ソレ〳〵ノ身ノアツマリタルゾ。一家ノ内ニ父子兄弟夫婦トワカレテ別々ナレドモ、畢竟《ひつきよう》皆一人〳〵ハ身也。サテ推テ国天下ニ及デモ、治シテ平ニナルトハ、其国・天下ノ人人ノ身ガ治リタルニ非ヤ。是、聖学ノ見コミドコロ、此身ヲ外ニシテトカクト云ハ、皆異*道也。「*中庸」《の》九経モ修身ガ本也。此段ノコトハ「筆録」ニ詳ニ辨ゼリ。▲[四四]テフド上ニ天下ニ国・家トアル如ク、身ト云《う》中デ心・意・知トワリ出シタモノ也。心意知ハトカク此身ニアルゾ。故ニ「或問」ニ「孟*子」ヲ引ツケテ、天下之本ハ在《り》レ国《に》、国之本《は》在《り》レ家《に》、家之本《は》在《り》レ身《に》ト、ヒシト云ツケテ、本ト云ヲ身ニオツツメテ心ト云ニナリテ、身*ノ主ニ至《て》ハ心也トアル。是、「章句」「或問」ノ朱子ノ精意也。サテ、心ト云ヘバ一身ニ充満スル者、動静共ニ心也。故ニ意モ知モ皆心也。ソノ中ニ心ト云ヘバ全体ニツイテクルメテ云ヒ、意ハソノ中ノ動処発処也。▲サテ今此心ヲ正セント欲スルニ、心ハ一身動静ヲ貫ケバ、視聴言動ベツタリト統《すべ》テキルヲ、サアト云テ其マヽ一度ニベツタリト能《よく》正《しく》スルト云コトハナラヌモノゾ。サラバシテ見ヨ、已ニ右ノ手ヲヨクスレバ又左ガユガミ、視ニ正セントスレバ聴ニヒガム。「孟子」ノ気*ハ体之充ト云如クニ泰然トシテ全クヨキハ即《ち》聖人、其次ハ顔*孟ノ如キ人ニシテ守テ不《ざる》レ失《わ》ゾ。今常人ノ学如何シテ乃《ち》如レ此コトヲ得ンヤ。故ニ正《しくせん》ニ其心《を》一ト欲《する》者ハ、先此一存ノ覚悟ニ善ヲ善トシ悪ヲ悪トスルヲ、カツキト真実ニ守《り》テタガヘマジキトスルガ誠《にする》レ意《を》ナリ。然ニイカニ覚悟ガサウ立ンコトヲ欲シテモ、知《ら》ヌコトナレバ向フコトガナイ

異道　異端の道。

中庸九経…　中庸二〇章「凡そ天下国家をおさめるに九経あり。曰く、修身也、尊賢也、親親也、敬大臣也…懐諸侯也」。大学筆録に惜陰録を引いて闇斎の論あり。

孟子　孟子、離婁上の句。

身ノ主ニ…　章句に「心は身の主とする所なり」、或問に「身の主に至りては心なり」。

気ハ体之充　孟子、公孫丑上「気は体の充なり。…浩然の気…至大至剛、直を以て養ひて害するところなければ、天地の間に塞がる。その気たるや、義と道とに配して餒うることなし」。

顔孟　孔子の弟子の顔回は亜聖といわれ、孟子は賢といわれる。

ゾ。タトヘ覚悟ノ立ト云テモ知至ラネバ、或ハ善ヲ悪トシ悪ヲ善トシテ、我知ラズノ*ジョナシニワキミチヘユクモノナリ。故ニ其意ヲ誠ニセント欲《する》者、先《ず》其知《る》コトヲ致《す》ゾ。○経文ノ先*欲ト在ノ字トノワケ「筆*録」ニ論アリ。ドチヘシテモ通ズルワケ、又在ノ字ニツイテ云ヘバ先欲ハ慢ナルワケ。○意*者心之所レ発《る》　意ハ只心ノフツト発《す》ルモノニ非ズ。コレヲカウセフズトヂツト心ニ覚悟スルトコロ、意思ナドト云義ニテ、力ノ入ル思《い》入《れ》ナリ。所ニヨリテ又只心ノ発スルトコロ迄ニモ云。「大学」ノ誠意ノ意ハ力ノアルトコロ也。故ニ「章句」ニモ又心之所レ発也トアル。細カナ註也。「論」「孟」ナドニアル注ナレバ、心之発也、心之動也ナドト、「語類」「文集」等ニモ云コト也。勿論ソノ註デモキコエタコト也。ソレニ所レ発也ト云デ細カニ知レルゾ。「孟子」ノ四*端、心之発ナドハ、皆フツトオコル念頭ヲ云コト也。○*必《ずみ》自慊《にして》　コレヲ一《なり》二於善《に》一ト云字トカハリノコト、「大*全」ニ新安陳《の》ハ必自慊ガ絶筆ノ改ル所デヨイト云、呉氏程ハ一於善ガヨキト云。「蒙引」亦呉氏ニ従《え》リ。然ルニ此両語、文字義理ノ上ノ優劣ハ何レトハカタヅケラレズ。只証拠ヲ以云ニ、必《ず》自慊ト云ガ絶筆ノ改ル所ト云ノ一証ガアルゾ。故《に》コヽハソレニ従也。「筆録」辨ゼリ。然ルニ其間ノ優劣ヲ陳氏ヤ呉氏ヤナドガ兎《と》ノカウノト云ハカル、ヒガゴト也。何トシテ彼ヅレガ見得《る》コトデハナキゾ。▲次ニ「中庸」ノ中ニモ四処箇《か》様《よう》ノチガヒアリ。皆ソコ〴〵ニイロ〳〵ト諸儒ノ論アリ。而シテコレモ新安陳《の》ガ考ル所是《ぜ》ニシテ、「蒙引」ノ云トコロ非也。サレドモ、ソレモ文字ノ上デ優劣ヲトカクト云ハ皆アハヌコト也。委《くわし》クハ「中*庸」ニ至テ論ズベシ。○知《*は》猶《ごとし》レ識《の》　此ガ尤《もっとも》思ヒ入《れ》ノアル解也。只シルコトモ知也。猶レ識ト云ヘバ、心ニ

ノ…　底本「本ノマヽ」と傍記あり。

先欲ト在ノ字　経文に「…せんと欲する者は先づ…す」とある。それに対する伝の文は「…するは…するに在り」とある。

筆録　文会筆録三。

意者心之所発　経文の誠意の章句の文。

四端　→二五頁注「孟子ノ四端ヲ…」

必自慊　誠意の章句の句「其心の発る所を実にするは其の必ず自慊し、自ら欺くことなきことを欲してなり」。必自慊の三字もと「一二於善一」であったのを朱子が没前の一ケ月に書きかえたという。

大全　「四書大全」三六巻。明の胡広等の奉勅撰。四書の朱注に関する宋儒の説を逐条輯める。陳氏・呉氏の説もあり。

中庸　「中庸」の講義は現存しない。

知猶識　経文の致知の知に対する章句の句。

功夫ヲ…験ヲ…　例えば致知の章句「吾の知識の推し極むるは、其の知る所尽さざること無きことを欲してなり」。
字義ニ分解　ここは「知猶レ識」の句。
此三…残ノ五　三は格物、致知、誠意。五は正心以下。
物猶事　格物の物の章句。

結語ニ…　章句「明レ徳を本と為し、新レ民を末と為す。知レ止を始と為し、能得を終と為す」。
二ツ　物と事と。
オツトリコフデ　概括して。
権陽村　朝鮮李朝、一四世紀の人。権近。「大学図説」二巻。
陸学…　朱子と同時の陸象山の学。物を拒否して心を保つ。
異端…　老荘と仏教、とくに後者。物を絶って心を無にする。

シルシツケテキル深キ知マデヲ云《い》コムル也。如何トナレバ、此大学ノ知以前ニ小学ニ於テ已ニ知ノガ識也。凡天下ノ事ニツイテコレハカウ、カレハカレト、ヂツト心ニシルシツケテアルコトモアルゾ。ソレヲ大学ニナリテイヨ〳〵開発シテキハメ尽スホドニ、カウ云コトノワケヲシラサンタメニ猶レ識ト云ゾ。○誠意格致ヲ解シテ、*功夫ヲ上ニ挙テ、験ヲ下ニアゲテサウナランコトヲ欲ト云ハ、此分ニハ先《ず》*字義ニ分解ノ入コトナルユヱデ、サテ*此三ノミニ非ズ、残《り》ノ五モ皆如レ此見ル心入《いれ》也。○*物《は》猶《し》レ事《の》　物トハ譬ヘバ刀デ云ヘバ刀ノ打出シテアルガ物也。ソレニキレル用ノアルガ事也。物アレバ必《ず》事アリ、事アリテ物ナキ者ナシ。然レバ、物ト云分デスムダコトナルニ物猶レ事トコトワリテアル、是ガ尤思ヒ入ノアルコト也。刀ガ物デコレハ只ナル物ヂヤトバカリ知テ其分ニテ止《る》ハ、刀ニ格《いた》リタルニ非。ソノ刀ノ如レ此ナガ善《よ》キレ、如レ此ハアシク、ソレヲツカヒ様ノ術ニ至ルマデ悉ク知ガ、刀ノ事ニ格ルト云モノ也。故ニ此ニ気ヲツケサセンタメニ、カウ云注ヲ下セリ。▲サテ、初ニ三綱領ノ*結語ニ、物有二本末一ハ明明徳・新民、事有二終始一ハ知止・能得トアテヽアリ。時ニ、明徳新民皆人ナレバ物也。知止能得ト云テカラガ其外ノコトナランヤ、ヤツパリ*二ツノウヘノ知止能得也。故ニカレハ物・事ト細ニワカチテ云テ、此ニ至テハソレヲ*オツトリコフデ物ニ格《いた》ルト書タルモノ也。▲「筆録」ニ、*権《ごん》陽村ガ物格《る》ノ物ハ上ノ物有二本末一ノ物ニ格コトヂヤト云説ヲノセタリ。ヨキ見ヤウ也。格物ト云テカラガ明徳新民ノ外ニ別ニアルト云コトニ非。ソノ上ニツイテ知《れば》レ所《を》二先後《する》一、則近《し》レ道《に》トアルゾ。故ニ彼*陸学ノ物ヲフセギ、*異端ノ物ヲ絶ハ、昔聖人ノ教ニ異ナル所ゾ。▲聖言ノ妙ナトコロハ如レ此。八ニツラネテ功夫ノ次第、為学ノナリヲ語レバ、此次第ヨリ外ニツラヌベキ様モナク、此ヨリ外ニ云マスベキコトモナシ。至極ツマリタコトデ、小ヨリ大、本ヨリ末、推ツメテ云終レリ。「論」「孟」ノ中ニモソコハ親切ニ此旨ナコトガアレドモ、ソレハ皆此中ノコトヲハナシテキレ〴〵ニカタレリ。故ニ云《う》、*古人為レ学之次第、独《り》此篇ニ頼テ見《る》ト。サテ、連ネテアル上デハカウデ、此レヲ一ツ〳〵キレ〴〵ニシテ読デミルニモ、尤ヨクキコユルゾ。是ガ妙語ト云モノ也。古之欲《する》レ治《めんと》ニ其国《のを》一者、先《ず》斉《ととのう》ニ其家《のを》一。ノコリモ皆々如レ此。「孟子」ナドニモ、*人之親《とし》ニ其親《のを》一、長《として》ニ其長《のを》一而天下平《らか》也ト云類ハ此ト同コト、此レガ古人ノ流也。ドコカラデアラフトモ皆本カラシテユクゾ。今ノ人ハ只其当リ〳〵バカリノ上ニツイテ計会スルゾ。如レ此ヨクキコエタルヲ八ツソロヘテアゲルデ、*学ニ遁《のがる》ルトコロナイゾ。

四五 ○物格《いたりて》 而后《のち》―― 而后ノ字ヲ置クハ、皆ソレカラソレニ間ノアルコト也。物格《て》而知《ること》至《る》、程子ノ物我一理、纔《わずかに》明《かなれば》ニ 於彼《に》一、便《すなわち》悟《さとる》ニ於此《に》一ト云ワケ、ソレハ一通《り》サウシタワケガ有テ、サテヤツパリ物格而后知至ルコトヲ得ベシ。コレハイカニモカウアルモノ也。此一事物ガ、コレヨリ外ニナイ、カウヂヤト云コトニキハマリテアリテ、ソレヲ又我ニ知《り》得テ、ア、誠ニカウヂヤト云迄ハ、アヒノアルモノ也。○意誠《にして》 而后《のち》心正《し》心正《しうして》 而后《のち》身修《まる》―― 段々皆次第ノアルコト也。孟子ノ上ニツイテ云ニ、心正《き》ハアノ如クナ人ナレドモ、身ノ動《き》ト云ニナリテハ或ハ*圭角《けいかく》ノアルゾ。正心以上皆如レ此。サテ又ヤツパリ*上ニ在ノ字ヲ悉《ことごとく》ニ加ヘテモ語ラル、スヂモアルゾ。ソレハ国ト云テモ家ノ外ニナク、家ト云テモ身ノ外ニナイト云《う》上カラ云也。○*知《ること》既《に》尽《くれば》 則意可《し》ニ得《て》而実《なる》一矣 知尽《ば》則《ち》オノヅカラ正トハ云ハヌゾ。

古人為学之… 大学の朱子序文の句（二一頁）。

人之親其親… 孟子、離婁上。

学ニ遁ル… 全部を尽した学問である。

圭角 かどかどしく円滑でない。

上ニ在ノ字… 例えば意誠而后心正を心正在意誠という類か。

知既尽… 経文の知至而后意誠の章句。

得而トアルハ、ソレデ見事《みごと》実ニナルベシト云コト也。○此ヲ所ワリテ云ヘバ、一物ノ上デ物格テ知至ルコトアリ、全体デモソノ通《り》。アトモ皆如レ此。

四六 ○自二天子一以至《るまで》二──　修身ヲ以為《てす》レ本《と》、カヘス〳〵詳ニ心ヲツイ*ベシ。〈筆録〉▲コノ所ノ見*コシノ合点ノユカヌ儒者ハ、ナニホド高妙ナ性命道徳ノ沙汰ヲ云トモ、皆為*《にする》レ己《の》ノ学トハ云レヌゾ。此ガスマズニアリテイロ〳〵ト云コトナルニヨリテ、今日学者ノナリヲ見ヨ。無上ニ只高上ナコトヲバカリ云タガリテ、切《せつなる》レ己《に》ノ実病ハサシノケテ、「論」「孟」ヲヨメバ、モー余ノ所ニハカマハズニ、ハヤ一*貫ノ、性*ト天道トノ、浩*然ノ気ノト云コトヲ云タガルゾ。〈会*津中将源君ノイヘリ。「論*語」ノ澹《たん》台滅明ガ章ヲ額《がく》ニシテ権貴ノ人ノ門ニオシツケテオカバ、人人省《かえりみ》ルコトヲエント。尤ナコトニ非ヤ。今人、滅明ガスルコトニモ至ラズシテ、ハヤ顔子以上ノコトヲエントス。火*ニカハレルコトニ非ズヤ。〉▲今日ノ上ニテモ見ヨ。只覚悟ノアシキ人ヂヤノ、気立ノアシイノト云ハ、誠意正心ノ場ノコト也。サレドモ、其分デハ猶《なお》一*分ノ損得デ士ガ立也。ナントゾ身ノフリヤウノコトニツイテ憶病《おくびょう》ヲハタラキタルカドウゾシタコトデハ、必其身上*ガハテルゾ。意デアシキコトヲ思ニハ誅《ちゅう》ハナラズ、身ニ悪ヲスレバ必誅スベキゾ。サレバ聖学ノ本トスル所モ、此身ト云所ニ截《せっ》シ来テ、本ト為《なす》ト目アテラル丶、余義モナキ、至極ノコト也。故ニ朱子ノ説ニ、先後ヲ以云ヘバ知ガ先ニシテ行《は》後、軽重デ云ヘバ行ヲ重トシ知ヲ軽シトスト、尤ナコト也。賞罰ヲ施スト云モ、此身ノハタラク上ニ従テ置施《おきしく》ゾ。クレ〳〵此ガ重キトコロ也。

四七 ○其《の》本乱《れて》──　今ノ世ニ己ガ親ニハ不孝ニシテ他人ニ厚イト云者アリ。ソレハ此《の》厚ニハ

ツイ　ツクの誤りか。心をつける。
見コシ　見通し。洞察。真意を知る。
為己ノ学　論語、憲問「古の学は己れの為めにし、今の学は人の為めにす」。
一貫　論語、里仁「子曰く、参(曾子)よ、吾道は一以て之を貫く、曾子曰く、唯」。集註に「吾道一以貫レ之は曾子のみさとり得るところなり」。
性ト天道　論語、公冶長「子貢曰く、夫子の文章は得て聞くべし。夫子の性と天道とを言ふは得て聞くべからず」。
浩然ノ気　↓二九頁注「気ハ体之充」
会津中将源君　保科正之。会津藩侯の初代。保科は源氏を称す。
論語ノ…　論語、雍也「子游、武城の宰となる。子曰く、女(なんじ)、人を得たるや。曰く、澹台滅明なる者あり。行くに径(近道)に由らず、公事に非ざれば偃(子游)の室に至らず」。
火ニ…　未詳。
一分ノ…　士としては些細な得失に過ぎず。
身上　一身の地位面目。

非《ず》。*マヒネ者デ作リゴト也。 ○本末厚薄、見ソコナヘバアシシ。〈「啓発集*」ニ詳ニ説アリ。〉○*本《は》謂《う》レ身《を》也 コレモ本ト云ヲ只ヒロウミセマイタメニ謂ヘルモノトミエタリ。 ▲退渓、*致格補伝ノ章ノコトヲ論ズル中ニヨキ見《み》トリアリ。〈「筆録*」ニノセタリ。〉前ニハ始終ニ対シテ本末ト云ヒ、此ニハ厚薄ヲ相手ニシテ本末ヲ云。始終ト厚薄トハカハリテアリテ本末ト云コトハノカズ。是ヲ以見《る》、「大学」一篇ノ結《び》ガ本末ト云ヲ以《て》ク、レリ。故ニ伝者ノ意ニモ、*本末バカリガ別ニ釈シテアルゾ。猶《なお》「孝経*」ニ始終ノ二字ヲ云《う》アヒシラヒト同ジ。本謂レ身モ、明《にするを》ニ明徳一為《す》レ本《と》モ皆一致也。

四八 ○右経一章 *曾子ノ思入ノ大学ハカウヂヤトノ存ジヲ門人ガ知テ、ソレヲ承テ伝十章ヲ記セルゾ。 旧本頗―― 伝十章ガ如レ此ゾ。経文ハイヅレモ同《じ》コト。*二程子所ニ改正《する》一「二程全書」ニノレリ。ソノ中朱子ノ因レルハ伊川ノ方也。 ○文理ハ文章ノスヂノコト也。○血脈 人身ノ血脈デタトヘテ云。文理接続ノナリヲ云ゾ。 深浅始終ノアテ様ヲ「大全」ニ輯氏古遺ガ一所〳〵デトリアゲ云テアリ。ワケモナキコト也。ナントソレテイノコトデ知レルコトナラバ、朱子云ハザランヤ。其段ノワケハ久ウシテ其妙ガ見エテ、ソレハ言ニノベラレヌゾ。故ニ云、*熟読《と》詳《みに》味《え》云云。カウシタコトデナケレバ見エヌゾ。

○**曰然《くらば》則此篇《のに》―― 「章句」ノ旨ヲ敷衍《ふえん》辯論セリ。 ○*其《の》説之詳《なることを》「孟子」博学詳説《するは》、将《す》ニ反《りて》説《かんと》レ約《を》ノ字ヨリ来ル。 ○天道*―― 発ハ発生、育ハ養育、ソダツ也。其《の》所三以為《す》ニ造化《を》一 造化ト云ガヤツパリ天道也。ソノ流行ノナリヲ云也。造ハ無ヨリ有ニ向ヒ、化ハ有ヨリシテ無ニ趣《おもむく》。一庭《と》ノ土ヲハラフテオクニ、自《お》ニ草苔ノ生ズルハ造也。ソレガ又漸《ようや》クニ消

マヒネ者 不明。マは接頭語。ヒネ者は古びた、いびつ者か。
啓発集二… 大学啓発集二に、朱子語類一五・朱子文集四四を引載。
本謂身 章句の語。「本とは身を謂ふ、所厚は家を謂ふ」。
致格補伝 八条目の最後の致知格物の二目には伝文がない。朱子はこれを欠落とし、程子の意によったとしてその伝をつくった。補伝という。大学本文の一三頁一〇―一四行。講義の五四頁以下。
筆録二… 文会筆録三に李退渓集一一、答李仲久別紙を引載する。
本末バカリガ… 伝には始終、厚薄のことなく、その四章に特に本末について説く。
孝経ニ始終… 孝経に、身体髪膚は父母にうけたもの、これを毀傷せざるは孝の始め、立身行道して父母の名を揚げるは孝の終り、とある。
曾子ノ… 経・伝の区別を説く。
二程子所改正 河南程子経説五に明道先生改正大学、伊川先生改正大学あり。
熟読詳味 章句の文。「つらつら読み、つまびらかに味はへ」。
○ 底本欄外注「廿二闕」「廿五」。
曰然則此篇 以下、経一章の或問の句の講義。
其説之詳 三綱領の詳細が知りたいという問いの語。孟子は離婁下。
天道… 以下答語。或問の文「天道

滅シ去《る》ハ化也。人ノ生ルハ造、而シテ漸《く》ニシテ死スルハ化也。天地之道、造《と》化《と》之両端ノミ。〈化、和訓ニバケル、バケモノト云ヘバ俗語デ、何ゾ別段ノモノノヤウナゾ。唐《から》デモ化ノ字ヲバケモノト云ニモ用也。造化ノ化モバケルト訓《よ》ム。バケルト云ハ今迄アリタモノガナクナリタルコト也。〉 ○「章句」ニ明徳者、人之所《にして》レ得《る》ニ乎天《に》一ト云。*人之ト云《う》デ、人心、禽獣草木ト異ニシテ妙ナル所デ、得ニ乎天一ト云《う》ガソノ出処也。故ニ、「或問」ニ至テ其説ノ詳ナルト云ヲ見《あらわ》ス故ニ、ソノ得ニ乎天一ト出処カラヲ穿鑿《せんさく》シタモノ也。○*而《して》所レ謂―― 是カラハ*理気ヲワリテ云。ヤツパリ天道流行云云ヲ説《き》ノベテ、其所ニ以造化一者、陰陽五行而已《のみ》ト云ヒ、ソレヲ又説ワケテ詳ニシタモノゾ。○又必有《りて》ニ是理《の》一而後―― *易有ニ太極一、太極ハ即理也。而後トアルホドニトテ、気ノナキ理ト云モノガ先ニフラリト有テ、サテ後ニ又別ニ気ガ出来ルト云コトニ非ズ。而後ト云ハ只辞字《の》也。サレドモ、理気ト云トキニ理ハ気ノ主タル也。故ニ如レ此辞ヲ立《て》タモノゾ。其段ノ議論、詳ニ「語類」「文集」ニ粲然《さんぜん》タリ。▲サテ「蒙引」ナドニワケモナキ論ヲ立テ、理ハ先、気ハ後ヂヤトアル、異ナコトヂヤ、ナンド云テ、「語類」ノ仁義礼智ノ説ハ天道ヲ云ニ非ズ誤ヂヤ、ナンドシタコトヲ云。沙汰ノカギリ、ワケモナイコト也。何ト*大賢人ノ道体ノ上ノ論ヲ云ニ見ソコナヒヤ云ソコナヒガ有ンヤ。只読者、*心ヲ逆《むか》ヘ志ヲ逆ヘテ其旨意ヲ考ヘバ可ナラン。何ゾカウアルト云テ、ソレヲ*辞質《ことばじち》ニ取テ、本意ノ在《る》処ヲ纔《わずか》ニモ闚《うかがい》得ズシテ、ビク〳〵トシタル発明ダテヲ云タリトテ、何ノ用ナランヤ。サレド彼《かれ》テイノヤウナコトデモ新シウカハリタコトヲ云ヘバ、人ニ知ラレテ*及第ノ一階半級ノタリニモナルコトアルニヨリテノ利心カ。○天道流行《して》云云ヨリ有《り》ニ是形《の》一ニ至 人之所レ得ニ乎天一ノ

流行し、万物を発育す。その造化を為す所以は陰陽五行のみ。而して所謂陰陽五行は又必ず是理有りて後是の気あり…」の講義。三六頁二行まで。

人之ト云デ 二四頁三行参照。

而所謂 底本欄外注「乃中庸天命之謂性ノ章句ノ意也」。その章句の文は「命猶レ令也、性即理也、天以ニ陰陽五行一、化ニ生万物一、気以成レ形、而理亦賦焉、猶ニ命令一也、於レ是人物之生、因ニ各得ニ其所レ賦之理一、以為ニ健順五常之徳一、所謂性也」。

理気 程伊川・朱子の学説の根幹の概念。理は体、気はその用。

易有太極太極ハ即理也 周濂渓、太極図説の朱子解。易は変易、天道流行造化。太極は根源。根源は理なりとする。

大賢人 朱子のこと。

心ヲ逆ヘ… 真意を洞察する。

辞質 言質。言葉じり。

及第ノ… 学界での評価評判を得るための。

天ノ字ノワケガ知レタゾ。▲人之所レ得二乎天一 上迄デ天ノ字ノワケハ詳ニシテ、是カラハソノ得《うる》ト云ヲ云ワリタモノ也。○*故《に》人物之生《る》 上ニ発二育《す》万物《を》一ト云テ、是ハソレヲワリテ人・物ト云ワケタモノゾ。○健順仁義礼智 上ニ天道一気ノ中ヲ陰陽五行ト二五*ニ見ワク。故ニ又健順仁義礼智ト云。乃《ち》健ハ陽ノ性、順ハ陰ノ性、仁義礼智ハ五行ノ理也。其詳ナルコト朱説ニ有テ、「玉講附録」ニ具《つぶさ》ニセリ。古ヨリ仁義礼智ト云来リタルニ、朱子ニ至テ健順ノ字ヲ加ヘラル、コト、陰陽五行ト云カラハ此ヲ加ヘネバナラヌト云ムネ也。○周*子《の》所レ謂—— 真ハ理ヲ以《て》云《う》名也。精ハ気ヲ以云名也。妙合ノ妙ノ字ガ、能言出セルモノ也。理ト気《と》相合ト云ハ、合ノ神妙ナルゾ。*蛤蚌《こうほうの》殻ヲ両手ニ持テ之ヲ合タル如《き》ハ妙合ニハ非ズ。水ト湯トノアフテアルガ如シ。正シク理ト云《い》気ト云テ云ワケテカラガ、理アレバ斯《ここ》ニ気アリ気アレバ乃《ち》理存ス。□*カト思ヘバ一、一カト思ヘバ二。カウシタナリガ妙合也。ソレガコリカタマリテ如レ此ソレ〴〵ノ人・物ゾ。○*然《に》以《て》二其《の》理《を》一而言《えば》レ之《を》—— 上ニ人・物共ニ云コメテ、万物一源ノ上デ云ヘバ唯一理也。サレドモ、人之得ル所ニシテ明徳、ト語ルカラハ、カウ云《い》ワリガ入ネバナラヌゾ。其理ハ、乃《ち》*妙合ノ中ニツイテ理ヲ引抜テ云。以《て》二其気《を》一而言《えば》レ之《を》 二気五行ノ数アル中ニハ*偏《かた》イキガアル筈也。而シテ理ハ跡ナクシテ気ハ跡アリ。有《る》レ跡ハ形而下、乃《ち》寒熱温涼ノ類、可レ見。サレドモ、理ニ合セテ云ヘバコソ其跡ヲ形而下ト指《さし》タレ、手ニトラル、モノニハ非ズ。*正通偏塞ト云モノ、如何シテ知ンヤ。マ近ク取テ云ハヾ、今日ノ天気ニツイテ見ヨ。天気モ打ハレテ自《お》ラニ正シク通リタト云《う》テイガアルモノ也。又ナニトヤラ打オホフテウツタウシキ、偏ニシテ塞《ふさが》リタト云《う》テイガアル*モ

故人物之生 以下の講義(三六頁一一行まで)は或問の、故に人物の生は、この気を得てこそ健順仁義礼智の性をもち、この気を得てこそ魂魄五臓百骸をもつ。周子のいう無極の真、二五の精妙合して凝る、とはこのことなり、について。
二五 陰陽の二、五行の五。陰陽は気、五行は質とする。
周子所謂 周濂渓の太極図説の語。「無極之真、二五之精、妙合而凝」。底本欄外注「筆録」。
蛤蚌 貝の類。
□カト 「二一カト」か。理と気と。
然以其理… 以下三九頁五行まで、或問の、人・物ともに理気の妙合であること、気の偏正で人・物の違いあること、人の中にも気の清濁で違いがあるが人である以上はすべて聖人となる可能性をもつこと、を述べた文の講義。底本欄外注「人ト物ト相ワカル丶ナリヲ云」。
妙合 前掲太極図説の「無極之真(理)二五之精(気)妙合して凝る」。
偏イキ 片行き。かた上り。正に対する語。
正通偏塞 受けた気が正ならば通じて明徳が顕われ、偏すれば明徳が閉塞する。
アルモノ也 底本欄外注「以上人之所得乎天ト云ガ詳トゾ。」

ノ也。○*彼《の》賤《うして》而云云 人・物ト云ナラブ中ニ人之得《る》、尤貴《しと》シテ明徳タルコトヲ云ワカツゾ。○*方寸「列子」ニ出。或ハ三国ノ徐庶ガ方寸忙ノ字ヲ引ハ、不《る》レ考《え》也。方寸ハ心ノ臓ノコト也。尋常ノ仁義之心ナドト汎《ひろ》ク云ハ、此一身ニ充満ス、神明不測ナモノヲ云ゾ。方寸ト云ニナリテハ其神明ノヤドリ所ヲ指《さし》アテ、云也。「章句」ニハ虚霊不味云云ト書、乃《ち》明徳ニ解シテ心ノナリヲカタリ出シ、此ニ至テハ、キツカリトソノ虚霊不味ノ舎《やど》リドコロヲ云出ス。明カナコト也。神明之舎ト心ノ臓ヲ云也。〈「素問」ニ出字。〉○*正在《にて》二於此《に》一 上ノ周子云云正《に》謂レ此《を》也ノ正ノ字ト同ジ。テツシリトサシ出シテ明ニ云キカセタモノ也。○可レ為《る》二堯舜《と》一「孟*子」。○参《て》二天地《に》一而賛《たすく》中化育《を》上「中*庸」。○然《に》其通《のるや》也—— 上迄デ人ト物トノ分ガスミテ、虚霊不味、具《えて》二衆理《を》一而応《ず》二万事《に》一ノ明徳ト云コトハスミタゾ。是カラハ、又其人ノ中ニ差等ガ有テ、明徳、本分明ナレドモ、味クナル故ニ、明ニセネバナラヌト云ワケヲ云。▲清《すみ》テ通リ濁《り》テ通リ、正キ中ニ又美キトアラキトガアルゾ。清濁ヲ智愚、美悪ヲ賢不肖トアテ、アレバ、清濁ハ知、美悪ハ行デ語ルゾ。サレバ序文ニ気質之稟《ひん》、或不レ能レ斉《ひとしき》ト説ル、ガ*余義モナキコト也。或ハ清シテ美、或ハ濁テ悪、コ、ハ勿論アル筈デ、清シテ悪キ、或ハ濁テ美ナルアリ。是ガ陰陽錯綜《さくそう》也。近ウトリテ云ヘバ、人ノ性《うまれ》ツキヲ見ニ、キレイニ質《うまれつ》キテナリノミトモナキモアリ、*又質キハキタナケレドモナリノヨキモアリ。是ハ質ノシレヤスキ上デ云。知行賢愚ノ上モテフド如レ此。是ハナベテノ人ヲ云。又ト云カラハ、スグリ出シテ云。古来カラノ人物ニモ此入《り》マジリガアルモノ也。*温公ノ行ノ美ナルモ智未レ足。朱子ノ弟子*陳北渓《ほくけい》ガ智デモ俗儒ナレバ賢ナラズ。此類モ亦多キモノ也。○*必其《れ》上智——無《し》二

彼賤 賤とは気が偏塞した物のこと。人は正通して本体が全うされている、という。

方寸 列子、仲尼「方寸之地虚矣、聖人にちかし」。徐庶の語は三国志、蜀志、諸葛亮伝。胸のおもい、の意。

正在於此 或問本文の文脈は、人と禽獣との異は「正に此に在り」。

孟子 孟子、告子下「人皆以つて堯舜となる可し」。

中庸 中庸二二章「天下の至誠(聖人)は(已れ、人、物の)性を尽くす、(故に)天地之化育を賛(たす)く可く、…天地と参たる可し」。

余義モナキ ほかの意味ではない。

又… 或問「又同じきこと能はざる者あり」。普通は清美・濁悪照応するが、中には照応しないのがある。

温公 宋の司馬光。

陳北渓 陳淳。「性理字義」の著がある。

必其上智… 或問「必ず其れ上智大賢之資は乃ち能く其の本体を全くし、少しの不明もなし」。気質の清なるもののこと。

已不能… 或問「其の明徳は已に蔽なきこと能はずして其の全を失ふ」。気の濁なる者をいう。

少《しの》不《ること》レ明《なら》　明徳ガソコネズニ、ヤツパリ本然ノ明デアル也。○*已《に》不《して》レ能――失《う》二其《の》全《を》一　或ハ義ハアリテモ仁ニ不レ足《ら》、仁アリテ義ニ不レ足。水気ガカテバ智アリテ無《く》レ礼、金気カテバ剛ニ過テ不仁ナ類。○況《いわんや》乎又　以上ハ「章句」デ但ト説起シテ気質《に》所《れ》レ拘《かかわさ》ト云トコロヲ云。〈拘ノ字ヲカヘテ、カイナラシテ蔽ト云。実ハ同ジコヽロ也。〉　*以二――気質有《る》レ蔽之心《を》一　即《ち》明徳ナルモノ也。但コレハ明徳ガクラクナリタルゾ。鏡ハ鏡デクモリタ鏡ノ如シ。○又豈《あに》可《けん》二勝《げて》言《う》一也哉　耳目口鼻四肢ハ右ノ如ク、其上ニツイテハ色々サマ〴〵勝《て》数《え》テ尽サレヌゾ。是迄ニ人欲《の》所《の》レ蔽《う》コトヲ云。○二《の》者相因《り》――　気質人欲ヲ合セテ云。気質ノ拘ノアル方ニハ必《ず》人欲ガ盛ナモノゾ。是、気質ニ因テ人欲ガ生ズ。気質ハ左マデアシカラヌモ、事物無窮ノ変ニ接《する》カラ、人欲ニヒカレテ気質モソコネル。是、人欲ニ因テ気質ヲ害ス。○此《の》心之霊《なる》其《の》所《の》レ知《る》――　*補伝ノ人心之霊、莫《し》レ不《る》レ有《ら》レ知《る》ト云書様ト同ジ。情欲ハ人欲、利害ハ浮世ノ利ヲ見《て》走リ害ヲ見テ避ル也。アノ情欲利害ノ才覚ノカシコサ、マコトニ明徳ニ非ズバ不レ能。*雑書ニアルモノニ伯夷《はくい》ト盗跖《とうせき》トガ糖ヲ見テノ云分、同ジ物ニツイテモソレ〴〵デ、知ノイキドコロガチガフテユク也。而シテ其知ル者ハ云ニ及バズ、盗跖ガ知ル者モ、知ハ乃《ち》明徳也。○*実《は》何《を》以《て》遠二於禽獣《に》一――　*「小学」ニ相鼠《そうそ》茅鴟《ぼうし》――ト云如ク、相鼠ノソシルトコロ、省ルベシ。*充ノ字、「孟子」ニ出。▲此ザマナレバベツタリト禽獣也、猿モ同コト。是、所謂*有《りて》レ時而昏《し》ト云トコロ也。○然《して》而本明之体《は》――　*「章句《の》」然其本体――未二嘗息《てやま》一者《の》トコロニ当。○是《を》以――　右ノ如《く》ビツシリト禽獣ニ同クナリタルハ、昏蔽之極《り》也。*介然《かいぜん》之頃一《たび》有《れば》レ覚《ること》　所謂孺子《じゅし》井ニ入ヲ見テ怵惕惻隠《する》トキノ如シ。○空隙之中　人欲昏

以…　或問「気質有レ蔽之心を以て」。
補伝　朱子の大学格致補伝。
雑書…　未詳。伯夷は廉清の聖人、盗跖は盗賊団長といわれる。
実何以…　或問の前後の文は、人間の形をしているが、実のところ何を以て禽獣に遠からんや。堯舜となる可けれども自ら充たすこと能わざるなり。然れども本明の体は天に得ていて、得て味ます可からざるなり。
小学ニ　小学、嘉言第五、広立教の項、宋の范魯公、名は質の言。「自ら卑くして人を尊び、彼を先にして己れを後にし、相鼠、茅鴟、詩人の刺(そし)りに鑑みるべし」。相鼠は詩経、鄘風の詩、在位者の礼なきを刺る。茅鴟は逸詩、これも無礼不敬を刺る。両詩とも左伝、襄公二十八年に引く。
充　或問「自ら充たす」の充。孟子、公孫丑上の四端拡充の章の集註に、四端は随処に現わる、此に即して本然の量を推広充満すれば、日に新たに又新たにして、已むことなからん、と。
有時而昏　明明徳の章句の語。
章句…　明明徳の章句「其の本体の明は未だ嘗て息まざる者あり」。
介然之頃　わずかなあい間。
孟子ノ四端　↓二五頁注
是以聖人…　以下四一頁四行まで、聖人の教えは各人具有の明徳にもとづいて、明徳を明らかにし民を新たにして至善に止まるべき教えである

蔽ノ中ニフツト発見《はつげん》スルガキラリト堯舜ニ同キ良心也。其チョツト発スル所ハ、乃《ち》人欲昏蔽ノ中ノ纔《わずか》ノ空隙ノ間也。「小学」ノ題辞ニ藹然《あいぜんたる》四端、随《つて》㆑感《に》而見《あらわる》。藹然ガ衆盛ノ貌ニテ、其良心ノ発スル、日用ノ間ニ自然ニチラリ〳〵ト見《ゆ》ルゾ。カウシタコトガ有ニヨリテ、聖人ノ教ガ立ラレタモノ也。モハヤベツタリト塞タ牛馬ニハ、如㆑此教ハナラヌゾ。其段、「孟子」*ノ四端ノ章、発明シ尽セリ。○是*以《を》聖人――小学*・大学ヲ立テ教ラル、コトヲ云。▲養*《いて》㆓之《を》於小学之中《に》㆒、而復《た》開《くに》㆑之《を》以《てせり》㆓大学之道《を》㆒ト云並ベテ、其《の》必《ず》先《にするに》㆑之《を》ト云《い》、下ハ「大学」ノ教バカリヲ云。既已ニト云オハリタモノ也。所㆜以使《むる》㆛之《をして》即《つきて》㆓其《の》所㆑養《う》之中《に》㆒因《る》㆓小学之成功《に》㆒也。○因《りて》㆓其《の》所《に》㆒㆑発《る》 常ノ人サヘ良心発《して》自然ニ不《ず》㆑已《やま》、況ヤ小学ニシテ既已《すで》ニ養タ人《は》猶以《て》也。▲周子*ノ蘊《たくわえて》㆑之為㆓徳行㆒ト云ハ即《ち》誠・正・修マデ也。行㆑之為㆓事業㆒ト云ヘルハ斉・治・平也。○反*《して》㆓之《を》於身《に》㆒――之実《を》㆙也 是ハ己ガ身ニアルカ、是ハナキカト反リ務ル也。而シテ身ト云所《う》ニ本テ云《い》、即大学ノ本意。知タ分デ行ザレバ虚也。是迄デ明ニスルト云コトハスムゾ。 夫既* 又クリカヘシテ云起スゾ。○吾之 人之ト云ヲヒキカヘテ吾之ト云ゾ。○豈不《ん》㆘超然《として》―― 其初ニ復ル也。○非《ず》㆑有《に》㆑所㆑作《する》㆓為於性分之外《に》㆒序文ノ復《かえる》㆓其性《に》㆒ト云、「章句」ノ復㆓其初㆒也。○然其《の》所《に》㆑謂 是カラ新民ヲ云。○非㆑有《に》㆓我《が》之得《て》私《すること》㆒ 横渠*《おうきょ》ノ語ニアリ。是ハ余義モナキコト也。彼晨門*《しんもん》・荷蓧《かじょう》ヤ異端ノ徒ハ是心《の》ガチガフゾ。カウ入ワリヲ説テ、必《ず》私セヌ筈ト云ツメテオイテ、下ヘ段々説《て》ユクゾ。○物*欲 前ノ気質・人欲ヲ物欲ノ二字ニオヒコミテ云ゾ。○サテ朱子以前ニ気質ノ沙汰ヲ云ハ、勿論ソレト云アラハシテコソナケレ、皐陶《こうよう》ノ九徳*ヤ性相近*ト謂玉ヘル、皆是也。サレドモ、

旨の、或問の文を講義する。

小学大学 学校のこと。書物でない。

養之於小学… 或問「既已養㆓之於小学之中㆒、而復開㆑之以㆓大学之道㆒。其必先㆑之以㆓格物致知之説㆒者、所㆜以使㆛之即㆓其所㆑養之中㆒、而因㆓其所㆒㆑発以啓㆚其明㆑之之端㆙也」。

周子… 周濂渓、通書、陋第三四「聖人之道…蘊㆑之為㆓徳行㆒、行㆑之為㆓事業㆒」。

反之於身… 或問本文、其の已に明らかなる端に因り、之を身に反して其の明を実のものとする。

夫既 以下三行の旨は、心の明を得るということを言をかえて述べて、明とは気質物欲を超えて本体之全を得ることで、天賦の性の外に作為することでない、という。

横渠ノ語 正蒙、動物第五「性は万物の一源、我の私するを得ること有るに非ず、ただ大人のみ能く其の道を尽す」。

晨門荷蓧 論語、憲問に、石門の晨門(関守り)、孔子のことを、其の不可なることを知りつつも為す者と評す。集註に賢人の隠れたるものとする。論語、微子に、荷蓧の(かごを背にした)男あり、孔子のことを、四体勤めず、五穀の弁別もできぬと評す。孔子、之を隠者なりと曰う。隠者や異端(老荘釈氏)は性の明徳を私して、他に及ぼさず、新民のことがない、をいう。

人欲ト云ノ害ハ人ノ云コトデ、気質ノ拘ルトコロハ未レ言。程*・張ニ及デ始テ発明シ置《けり》。サレドモ猶ソレホドニ明ニ知者ナシ。朱子ニ至テ発揮シ尽セリ。故ニ大関節処ノ論ニハ必《ず》気質ト人欲トヲ並テ論ジ出サル、コト也。○方*《に》且甘心《し》―― 是デ善事ガスムト思テ自《み》足《り》テキルゾ。必カウアルモノ也。〈今ノ諸国ノ家老ヂヤノ、又ハ一国一城ノ主ニ至テモ、多クハ自ラ云、必学デ聖賢ノ道ヲ知ラデモ見事《みごと》政モナルモノヂヤ、学ズトモ苦カラヌ、ナンド云。実ニソレガ、善ト思テキルモノナリ。〉サテソレガスル所ハト云ヘバ、彼《の》卑汚苟賤ノコト、サテ〳〵見苦キザマ、笑止千万ナコト也。○故*《に》必推《て》下吾之《が》所《の》三―― 「章句」ノ言、既自《み》――又当《に》二推《して》――ト云《う》推ノ字也。○始*《り》二於斉家《に》一―― 前《の》明明徳ノ格・致・誠・正・修ヲ分テルハ、知行並テ云。ソレデ己ハ已《すで》ニ修《む》、コ、ニ至テハ民ヲ新ニスル事業ノ上ナレバ、行《の》一段ヲ云タモノゾ。○是則*《れ》――亦非《ず》レ――也前《の》*格致誠正修シテ性分ノ外ニ作為スル所ナキ。新民ト云ニナリテモ、亦テフド其己ガ復ル如ク其性ニ復ラシムル也。○然《に》徳之―― 是ヨリ至善ヲ説《く》。ド*チニモソナハリテアル明徳本分ナレバ、在《て》レ己《れに》ハ当《に》《き》レ明《かにす》ハズ、人ニ在《る》ハソレ亦教テ新ニシ明ニセシムルハズト、当然ヲ二ツニ云ワケテ置テ、下ヘ段々論也。○是《れ》其《の》所《の》下以得《て》二之《を》於天《に》一ハ明徳、見《あらわる》二於日用《に》一ハ其発見《はつげん》也。○本然一定之則 無極之真ハ万物一源ニシテソレ〳〵ニ具リテアリ。「詩」*ニ所謂有《れば》レ物有《り》レ則《のり》ト云、ソレ〳〵ノ筋々ガ一定之則也。○精*微之極 「中庸」ニ精微ヲ致《す》ト云如ク、ミガキタテタル也。○衆人之心 ヤツパリ君ノ仁、臣ノ敬、本然一定之則ガ各々具リテアル也。○所*下以慮《る》乙―― 此ハ克*己復礼ノ字デ書《け》ルゾ。其理ハ我ニ在テ、仁義礼智具足ノ明徳、乃《ち》本《と》一定ノ則也。有《り》レ不《こと》レ純《なら》 マジリガアル也。○故《に》必指《て》レ是《を》―― 只天理

物欲　気質人欲は主体からいい、物欲は対象からいう。

九徳　書経、皐陶謨に「寛而栗、柔而立…」と九徳を挙げる。気質に偏りのないこと。

性相近　論語、陽貨の語。集註に「ここに謂ふ所の性は気質を兼ねて言へる者なり」。

程張　程伊川・張横渠。

方且甘心　他の人の明徳には心を動かさず、自分のことだけで満足する。前頁の晨門・荷蓧の徒。

故必推吾之所…　或問「故に必ず吾の自ら明かにせるの者所を推して及ぼし」。これは章句の「既に自ら其の明徳を明かにして、又当に推して人に及ぼして…すべし」に当る。

始於斉家…　人に推及するひろがり。或問に斉家…治国平天下、という。

是則…　或問「是れは所謂新民にして、亦た付畀増益する所あるに非ざるなり」。

格致…　格物、致知、誠意、正心、修身。「性分ノ外」は三九頁一三行目。

ドチニモ…　己れにも人にも明徳が具っている。

詩ニ所謂…　詩経、烝民の「物有れば則あり」を孟子、告子上が引用し、集註に「物は事、則は法…父子有れば慈・孝の心有り」。

精微之極　或問「義理精微之極」。至善の語の含意。

ニ復《り》、人欲ニ克《っ》ト大方ニシテ置ハ、タヾ善也。至善ト云ヲ目アテニスルカラハ、粗《ほぼ》復《し》粗克《っ》分デハオカズ。故ニ云、則其《の》所《の》下以去《て》二人欲《を》一而復《る》中天理《に》上者、無《し》二毫髪之遺恨一矣。○乃有《り》下不《して》レ務《め》レ明《にすることを》ニ —— 彼ガ□底ニ於テ明明徳ト云ノデスルト云コトハナケレドモ、ヤツパリコツチノ字ヲ用テ語レル也。

*○*曰程子之改《めて》レ親《を》云云　伝《る》レ疑《を》ハ「春秋伝」也。孔子ノ詞ニモ闕レ疑ト云ヘリ。故ニ是ヲ以難ズルゾ。▲マンザラ親民ト云コトハナキコトヂヤ、キコヱヌコトヂヤト云コトハアラズ。*親レ親《を》トシテ仁レ民ト云ヘリ。サレドモ、親ト云ヘバ只親愛スルト云*一片デシサルゾ。*伝文ニ因《れば》、斉・治・平、皆新民ノ場也。ソレヲタヾ親《し》ムトノミ云ヘバ足ヌコト也。況ヤ又伝文ニ自《お》ラ新ノ字ガアルゾ。▲サテ彼《の》*陽明ガ類ナ異ヲ好ム者ガ、ヤツパリ親ムト云テキコユル、ナンド云。カタノ如クノヒガゴト也。而《て》馮貞白ガ徒、又「伝習録」ヲソシリシ*マニ、ヤツパリ親ノ字デカラガ新ト通ズル、古カラ例ガアルナンド、「求是編」ニ云マハレリ。是モ役ニタヽヌコト也。此ホド「或問」ノ旨ノ明ナル上ニ最早《もはや》ナンノカノト云異論ハナキゾ。惣別《そうべつ》、程朱以後ノ儒者ノ何事ヲ云モ、皆ソノ本意ヲ得ズニ兎角《とかく》ト云ホドニ、云ホドノコトガ皆違フゾ。*「四書図解」ナンドニハ、程朱ノ衍文《えんぶん》ヂヤト云置レタホドノ処ヲ、皆カレコレト云マハシトリアハセテ、一ツモ衍文デナイ様ニシタゾ。何ト云ヤウモナキタワケタコト也。或ハ又*「異端辨正」ナンドニ、程朱ノ説ヲイクラモ引ルニ皆己ガ心ニ合タヤウニトリナヲシキリアハセツメ、間ニアフ様ニシテアリ。末書ノ流ガ皆サウシタモノ也。私ナコトト云モノニ非ヤ。▲*「大」「中」共ニ或問ノ体ガ、経一章ト首章トノ分ガ皆本文ヲ

所以慮…　或問「(大学の教の)理は粗(ほぼ)復すると雖も純ならざるもの有り、己れに粗克(かつ)と雖も尽さざるものあり…を慮る所以なり」。

克己復礼　論語、顔淵の語。前注の「克」字を解す。

○　底本欄外注「八」。

程子之改親　章句に、程子が親民の「親」は「新」字であるはずとしたのに対して、質問者が、経文をむやみに改めてよいものか、疑わしきはそのまま伝えるという春秋穀梁伝、桓五の語もある、と非難した。次の「闕疑」は論語、為政「多く聞きて疑わしきは闕く」か。

親親トシテ…　孟子、尽心上「親(身うち)に親しみ、民には仁にし、物は愛す」。

一片デシサル　片づけてしまう。

伝文ニ…　伝の二章。大学本文五〇・五一・五二参照。自ラ…とは、伝の文自体にも「新」字があるではないか。

陽明…　王陽明。大学古文旁釈において「親」を「新」と改めるのは不可である旨を説く。

マニ　マ、、またはママニ。

四書図解　不詳。

異端辨正　明の詹陵の著。程朱の学の中の仏教臭を指弾する。

大中共ニ…　大学或問では経第一章、中庸或問ではその第一章と、最も重要なところはその全文にわたって説いてある。

ノコラズ悉ク挙タリ。如何サマ心入《れ》ノアルベキコト也。朱子ノ明説ヲ見ネバ、タシカニカウトハ云ワケラレヌゾ。

○知《*て》レ止《りを》而后云云此推《れ》本《しづいて》――之由《を》上也　由ト云字ニ目ヲツケテ置ベシ。明徳・新民、事ニツニシテ、止《る》ニ至善《に》一ガ標的ニテ、サテ止ルト云ニナリテハ、コノ知止ヨリ能得ニ至ル迄ノ自然ノ工夫ノ功効ガ歴ネバナラヌワケゾ。○知《ると》レ止《りを》云者云云　最前*経文「章句」ノ中ニ云シ如ク、「啓発集」ニ載《のせ》タル「語類」ノ図ノ思入《れ》、是ラノ所ニ於テ眼ヲツケテ看ベシ。ドウシテモ聖賢ノ学ニ、知行偏ニシテ止《る》ト云コトハナキコト也。其段ハ補伝*ニ於テ論ズベシ。サテ又「啓発集」ニノセオケル「答呉晦叔*」知行ノ論ガ細密ニ説破セリ。於《て》ニ天下之事《に》一皆有《り》三以知《ことの》ニ其至善之所《を》レ在《る》ガ、物格《り》知《る》レ止《りを》デ、止《り》ヲ知《る》ト云ナレバ、修身新民ノ事ハ悉ク其知中ノ事也。ソレヲ只知《り》テバ*セリト云コトハナキモノ也。行ハネバ知《る》コトモ真ニ徹セズ、知コト真ナレバ必行《なわ》ズニ置《く》ト云コトハナキ也。是ガ聖学ノ正路也。故ニ知レ止ト云コトニナリテ、朱子ノ説ニモ程子*ノ虎傷ノ喩ヲ引合セテ言《う》モアリ。皆此《れ》思入アリテノコト也。サウシテ置テ、又ヤツパリ指《さし》ムイタ当リハ、「章句」「或問」ニ知止ヲ物格知至ノ知、能得《く》ハ誠意以下ノ行トアテルガ経文ノ正意ニシテ、図ニ修身以上ヲ知止ニアテタルモ余義ナイト云コト也。猶意ヲツケテ看ベシ。○定理*〈或問〉定向〈章句〉　理ト云ヘバ、事物ニ至ル迄ソレ〲ノ至善ノアル所、向ト云ハ、応ズル人ノ胸中ヲ移シテ言。而シテヤツパリ一般ニナルゾ。○能安《くければ》　則日用之間　聖人分上ヲ以云ヘバ*申々《しんしん》天々如《ようようじょ》タルモ是ヨリ外ニハナキゾ。○極《*め》レ深研《をき》レ幾《を》　道理ノ深キ所ヲ必《ず》極メ尽シテ幾微ノ

知止而后…　或問「知止…定…静…安…慮、慮而后能得とは何ぞ。曰く此れ…明徳新民して至善に止まる所以の由を言ふ」。由は由来の意。

最前経文…　二七頁一七行。

補伝ニ於テ　五四頁一三行以下。

答呉晦叔　大学啓発集二に引く朱子文集四二、答呉晦叔。先知後行を論じている。

程子ノ…　二程遺書二上に、真知と常知と異るとして、実際に虎に傷を受けたことのある農夫のことを挙ぐ。**バセリ**　バカリの誤りか。

定理…定向…　二七頁末行参照。大学啓発集一に引く朱子語類一四に「問ふ、(経文の)止を知りて后に定まる有りの注(章句)に、之を知れば定向ありと謂ふ。或問には、能く止まる所を知れば方寸の間事事物物皆定理ありと謂ふ。語異なるが如し、如何と。曰く、また只一般なり」。一般とは、同じことを表と裏とから謂ったもの、の意。

申々夭々如　論語、述而「子之燕居、申申如也、夭夭如也」。集註「申申は容舒、夭夭は色愉し」。子とは孔子。

極深研幾　易、繋辞上の語。ここは経文の「能く慮る」を解くために用いた。**ナビラカ**　なびやか。柔軟で周到の意。

幾字　大学、伝六誠意章の章句に、己れが独知の所において慎んで「其の幾を審らかにす」。幾とはわずかな動き。大学啓発集六に朱子語類九

間マデモ研《みが》キツメテ、遺《のこ》サズキツカリト胸裡ニ見ワクルト云《う》コ、ロ、是ガ此ニ云ヘルトコロ、*ナビラカナル正意也。サテ、「易」デ云本意ヲ細ニアテ、云ヘバ、極レ深ガ格致ノ場、知ノ上ニツイテ語テ知《る》レ止《を》トコロニアタリ、研レ幾ガ誠意ノ場デ、行ニカ、ル能慮《はかる》トコロニアタル。故ニ誠意ノ「章句」ニ*幾字ヲ掲出セリ。此ワケ、「語類」ニ如レ此イリワリテ問二朱子《に》一者アリテ、朱子ノ答アリ。乃《ち》「啓発集」ニノセオキヌ。○*其間——所二以然《る》一之故《の》字、前ノ*由字ト見合スベシ。同ジ合点也。○*非レ如《きに》下孔子——　*孔子自ラ得テ至ル段節ヲノ玉フ。生知ノ聖ト云ワケハ「集註」デスミテ、サテ其語ニツイテ見《る》ニ、十五、三十、四十ト段々年数ガワケテアリ。「*孟子」ノ善人信人ヨリ神人ニ至マデモ皆別々ニ人ガチガフテアル也。サテ*慮而后能得《るは》、雖《も》二顔子《と》一未レ能ト云、朱子「答南軒書」ノ意、高上ノ意也。然ルニ高上ナト云テモ「大学」ハ初学入徳之書ナレバ、初学ノノケルワケニハ非ズ。其段ノ見ヤウ、「*自省録」ニ詳ニ論ゼリ。

○**曰古之云云　○*各親《とし》二其《の》親《を》一——　親《とし》レ々《を》長《とす》レ々《を》ハ斉家治国ノナリヲ云テ「孟子」ノ本語ヲトル。　○*至《ては》二於身之主《に》一——　*本ト云ハズ主ト云ワケ。〈筆録〉　*一《つも》有《れば》レ不《こと》レ得二——　八条目、正心ト工夫ニカタレル字ヲオツトリナヲシテ、本然之正ト道体ニカタルゾ。伝文ニ於モ、正ノ字ヲ此ワケニ使テアリ。ソレナガラヤツパリ工夫トモ見、工夫ト見テ又ヤツパリ道体ニマハス説アリ。　○心之発——　敷衍辯論ノ上カラナビラカニ只発トバカリ云。然シテ「章句」ノ所レ発ト云ト一意也。　▲上ニ至二於身之主一則心也ト云ハ、動トモ静トモ云ハズ、*オンボリト云テ、動静共ニ心也。心之発《は》則意也ト云ハ、其心ト云中デ用処ニツイテ分テ云

五の幾についての問答を引く。
其間…　或問「其間の四節(定・静・安・慮)は、亦たその然る(止まる所を得)所以の故に此の四者あるを言ふ」。　**由字**　四二頁三行参照。
非如孔子…　或問の旨は、この四節の段階は孔子や孟子の段階(次の項)とはちがうと。
孔子自ラ…・孟子ノ…　↓補記
慮而后…　朱子集二二。
自省録　朝鮮李朝、李滉、号は退渓の著。この項は大学啓発集三に載す。
○　底本欄外注「十二月朔」。
曰古之…　或問、八条目の順序について問う語。
各親其親…　或問の答語「人皆その明徳を明らかにすれば…各親二其親一、各長二其長一、而天下無レ不レ平矣」。孟子の本語は離婁上。
至於身之主…　或問「天下…国…家…家之本は身に在り。…身之主に至つては心也」。　**本ト云ハズ**…　文会筆録三に闇斎自身の語を載す。
一有不得　或問「(心に)一つも其の本然之正を得ざること有れば、身、主とする所なし」。ここの講義の趣旨は、八条目の中で正心、心を正す、と努力工夫の面から言ってあるのを、ここでは天然本具の道体の面から正と名詞で言ってある。大学の正心を説いた伝七章にも「忿、懼などすると不レ得二其正一」と名詞に用いた字がある。　**オンボリ**　ぼんやり。

也。総体心ト云ハ体用動静ヲ推コミテ云名也。情ノ、意ノ、志ノ、念ノ、ト云ハ皆用処デ云ワクル名也。故ニ程子ノ説ニモ、心一也、有《り》二指《して》レ体《を》而言《う》一、*寂然不動《なり》、有《り》二指《して》レ用《を》而言《う》一、感《じて》而遂《に》通《ずるなり》ト云ヒ、朱子平常ノ議論ノ正意、「語類」「文集」ニ粲然《さんぜん》タリ。○知《は》則——「大学」ニ云知ノ字ハ*平声デ、シルト云コト也。知ノ字モ智ト通ジテ去声ナレバ、智ノ字ノ合点デ、性分ニ具リタル理ノ名也。知ルト云ハ、ソノ知ノ発見スル上也。ヤツパリ一枚ノ理デ、別々ト云ニ非《ざれ》ドモ、ソノ字義ノ当ル所、体用ノナリハ如レ此ゾ。所謂*孩提《がいてい》之童ノ愛《し》レ親《を》敬《する》レ兄《を》良知モ、ヤツパリ発所デ云コト也。*▲サテ「*孟子集註」ニ於テ、心者人之神明、具《えて》二衆理《を》一而応《ずる》二万事《に》一者也ト云ヘリ。此ニ至テ*知ヲ語ルニ亦、心之神明、妙《にして》二衆理《を》一而宰《つかさどる》二万物《を》一者也ト云。先ベツタリト心ト云《い》知ト云、皆明徳也。而シテ人之神明云云ト語レルハ、テフド三綱領ノ下ノ明徳ノ解ト一ナレバ、ヒシト心トサセルガ明徳全体也。コヽニ心之神明ト云ニナリテハ、ソレヲ又モ一ツ切コミテ云トリタルモノ也。人之一身ノ主ハ心、是人ノ神明、ソノ心ノ神明ナルト云ハ此知ガアルホドニ神明也。然レバ人之神明ト云ヒ心ノ神明ト云《い》、神明ト云ハベツタリト一也。サテ具・応ト云ハ、心全体ノ上カラ語ルユヱニ穏当ニ云。妙ニシテ宰ルト云ハ、*サシタツテ云ゾ。明徳ハ*理ズリテ云、知ハ気ズリテ云モノ也。故ニ「語録」ノ説ニ〈「啓発集」ニ載〉、此語ヲ*不レ穏《なら》ト云ヘリ。コレモ、不穏ト云ガ、下シソコナヒヂヤト云コトニハ非ズ。知ヲ語ルニカウヨリ外ニハ云ハレヌゾ。妙ノ字ヲオカデカナハヌゾ。宰ト云ニ応ノ字ガアタレバ、コヽハ一意ニ見ユル也。妙ノ字ニ具ノ字ヲ当レバ、格別ナヤウナレドモ、尤ナコト也。已ニ明徳ヲ語テ、具二衆理一而応二万事一ト云ヘバ、具ハソノナ

寂然不動…感而遂通　易、繋辞上の語を用う。周濂渓、通書もこの語を用う。↓二五頁注

平声…去声　古典漢字に平上去入の四の声調あり。平は動詞に読み、用に当り、去は名詞に読み、体に当る。

孩提之童　孟子、尽心上「良知…良能…孩提之童も無下不レ知レ愛二其親一者上。及二其長一也、無レ不レ知レ敬二其兄一也」。

▲　底本欄外注「誠意ハ前ニモ云ゴトク俗語デ近テ云ヘバカクゴノ立也。カクゴガ違テアリテト云者ハ必其心ノ全体ハ累サル、モノ也」。

孟子集註　尽心上、首章。

知ヲ語…　或問「知則心之神明…」。

サシタツテ　差立って。差は接頭語。

理ズリテ　理の側に近づけ合せて。

不穏　啓発集二、朱子語類一七「妙の字は稍精彩、但只是不二甚穏当一。具字ならば平穏」。

神者妙…　易、説卦の語。

誠妄悪　未詳。程伊川、易伝、无妄の卦に誠、真妄、不正の関係を説く。

蒙養集ニ　小学蒙養集二に朱子語類一三〇・一二六を引く。温公司馬光の妄語せずの語は排仏護教の語であるという。

所以然之故与…　或問「然る所以の故とその当に然るべき所の則…は、

リデ只ナンノコトナウ穏ニ云テ、知ト云ニナリテハ、ハヤ其本体ノナリニ明ノキラリ〱トハタラク運用テイガ知ゾ。時ニソノ心ノ明ノハタラキト云ガドウモ云ハレヌゾ。サルホドニ、ソノ知ヲ云《いて》、妙ノ字ヲ下セリ。ドウトナリトモ云ハルレバ妙ノ字ハツケラレヌゾ。ツント不測ノナリゾ。サルホドニ神者*妙《にして》ニ万物《に》ニ而為《す》レ言《を》ト云モ此ワケ也《なる》ホドニ、是ヲ謂テ不穏トハ云ハレタモノゾ。已ニ格致ト云ヲ語ラバ理ヲ窮ルト云。理辨トモ云べシ。只知ト云《う》一分ヲ云ヘバ、未ダソレマデニイカヌ上カラヲ云ホドニ、妙ト云ハデカナハヌ也。ソレヲアシク心得テハ、彼《の》「蒙引」ヅレ等ガ、「語類」ニ不穏ト云ハレタ、「或問」ノガ下シソコナヒヂヤ、ナンドシタコトヲ云也。サン〱ワケモナキコト、二ツナガラ知ラヌモノ也。

○真妄錯雑　妄字ヲ下セル、細《こまかい》也。誠妄*悪ノワカチ、程子ノ語ニ詳ナゾ。此真妄ノ間ヲ察シテ無妄ニトスルガ誠意也。然ニソレヲ知《る》コトガ洞然《どうぜん》タラネバ、真ヲトメテ妄トシ、妄ヲ認《とめ》テ真トスルホドニ、心得グルミニ妄ニナリテキル筈也。如何シテソコニ克己ガ施サレンヤ。「蒙養集*」ニ引ル「語類」ノ温公ノ釈氏ヲ排《す》ト云コトヲ論ゼル説、引合セテ見べシ。

○所*ニ以然《る》ニ之故与中其《の》――　尋常理ト云ヲ当然ノ則ト語レリ。所ニ以然ニ之故ト云ハ程子ノ本語デ、ソレヲ当然ノ則ト打合セテ云ハ此ガ始也。「論語」ノ四十不レ惑ガ当然ノ則ヲ云《い》、五十知ニ天命一ガ所ニ以然ニ之故ヲ云テ、「集注*」ニアテテアリ。理ト云カラハ一也。ソノ理一ノ手前デワカチテ云アテタモノ也。サテ「啓発集」ニ陳北渓*ガ問ノ語アリテ、段々細カニ云テ論ジ尽シテ、当然ト云バカリヲ云テカラガヤツパリ所以然之故ハノガレヌト云ワケ、当然ノ則ト云ガ子ノ孝、臣ノ忠ソレ〱ノ則、此外ニ別ニ為《たる》レ道アリテ所ニ以然ニ之故ト云ニ

いはゆる理なり」。

集注ニ…　論語、為政「四十而不惑」集註「事物の当に然るべき所…」、「五十而知天命」集註「乃ち事物の当に然るべき所以の故…」。

陳北渓ガ…　大学啓発集五に引く朱子文集五七、北渓陳淳の語、二条あり。

人莫不知　或問の趣旨は、(理を)知らざる人はなけれど、表裏精粗、徹底して尽さぬものもある。理を窮めつくさないと必ず知に蔽があって、知を致(きわ)めることができぬ。

啓発集　大学啓発集五に朱子語類一七を引く。

故致知之道　或問「故に知を致むるの道は、事に即き理を観てかの物に格(いた)るに在り」。本文ノナリとは大学本文「致知在ニ格物一」の在の字。

至唐韓子…　或問の趣旨、大学八条目は聖道であるのに伝承者がいなかった。唐の韓愈になってこの大学をとりあげたが、格物致知の妙旨には気づかなかった。

筆録　文会筆録三に闇斎の考えとして、韓愈の原道篇は大学に注目したが、仏教老荘批判だったので格物のことは見のがした。格については、格を至ると訓むことは知っていたが、格物の格を至と訓むことは知らなかったためだ、という。

郊　天子が天を祭る祭り。

非ズ。然レバ、当然之則ト指向《さしむけ》テ実処ニ因テ云テ、所ニ以然一之故モ包デアル筈也。サテ又格致ト云ヲ語ルニナリテハ、ハギムイテ所ニ以然一之故ト云アラハスハ、余ナキコト也。所ニ以然一之故ハ一重推《し》窮《め》タモノ也。当然之則ト云外ニハ非《ざ》レドモ、一理ノ中、天道人道高下浅深アリ。緬密ナコト也。○人*莫《して》レ不《こと》レ知《ら》 細ナ書様也。先《まず》ハ聖賢ニアラネドモ、此ハカウ彼ハドウスル者ヂヤ、孝スルモノ忠スル筈、トハ知テキルモノ也。○精粗隠顕 「啓発*集」細《こまか》ニ言ワリテアリ。是デ理ノ全キト云モノ也。○理所レ未レ窮《ら》 ツメテ云ヘバ九分九釐《りん》知テモ一釐知ラヌト云ノデモ、ソノ窮ラヌホド知《る》コト蔽ル也。○故*致《に》《むる》レ知《ことを》之道《は》―― 本文ノナリニ因テ在ノ字ヲ下セリ。○至《て》ニ唐《の》韓子《に》一―― 「筆録*」所レ考。韓子「原道」ニ郊*《して》而天神格《いたる》――ト云ヲ引バ、格ノ字ヲ至ト訓ズルコトハ知レリ。勿論、格《る》ニ于文祖《に》一、格レ物ト云字ニアハセテ云ヘバ、彼*ヨリ此ニ至ルト此ヨリ彼ニ至ト云意《こころ》イキハチガヒタレドモ、ヤツパリ天神格ノ字ヲ証拠ニトリテ云テモ云ハレル也。〈格ニ于文祖一ト云ガアレバ、又ソレハマシナルホドニ此ニ引。〉韓子常ニ釈氏ヲ排《する》コト力《つと》メリ。格物ヲ読デ、物ヲフセグト云ハ、古ヨリ如レ此ニシテ、温*公ト云ヘドモ其ニ従ヘリ。故ニ韓子、彼釈老異端ノ物ヲ絶《たち》フセグ病ヲ見テ深ク非レ之トスルヨリ此ヲ遺《のこ》セバ、コレガ韓子ガ見所ニテ、サテソレヲ格ノ字ヲ至ト云義ヲ知ナガラ読得ラレナンダルガ落度《おちど》也。サルホドニソレホド学術ニ落《おち》ガ見エテアルゾ。

○曰物*格《て》――覆説《す》 打カヘシテ説ヲ云。*絜矩《けつく》ノ章ノ覆解ト云章句モ此意也。○豈*外《にして》レ此《を》而―― 如レ此格致誠正ヲ修《む》レ身《を》、此度ヲ外ニシテ国天下ニ及《ぶ》ハ管商ガ徒、皆是也。

○曰*篇首之―― 三綱領デミレバ明明徳ハ已ヲ治ニアタリテ、八条目ノ所デミレバ人ヲ治《むる》

彼ヨリ…此ヨリ 天から人界へが彼ヨリ、人から物の理へが此ヨリ。

温公… 司馬光の大学説では格を扞、ふせぐと訓む。外物が人の欲をひきまわすから、これを拒絶するの意。

物格…覆説 大学本文㍍の物格・知至・意誠…天下平が、㍍の平天下…誠意・致知・格物の次序と逆になっていることを説明する。

絜矩ノ章 大学、伝一〇章。治平の道として絜(はかり)矩(けたにする)を説き、次にそれを解説する。その解説の文を章句は覆解だと注している。

豈外此而 或問の趣旨、格物致知誠意正心修身をぬきにして天下・国・家のことをよくせんとするのは智謀功利の末説である。管は斉の管仲、商は秦の商鞅で、実利実功のみを意図した法家者流。

曰篇首之 この項の趣旨、明明徳は己れをおさめることとも見え、また人を治めることとも見える、如何。

吾心之体… 或問「天下大と雖も吾心の体かねざることなく、事物多しと雖も吾心の用貫かざることなし」。

必析之… 明明徳の体と新民の用を分けていう。**合之…** 体と用とを合して「明ニ明徳於天下一」という。

此両言 前の二項をいう。

真西山 南宋の真徳秀。「大学衍義」の著がある。

曰自天子… 或問の趣旨は、治国平天下の本は修身であり、修身とは其

コトノヤウデ、外ヘ云ヤウニ、三綱領デミレバ新民ハ人ニアタリテ、コヽデハ又明明徳ト一ツニナレバ、マチガフテアルハ如何ト云ノ問也。ヨキ難《なん》ノ入《れ》ヤウ也。○*吾心之体――吾心之用　明二明徳於天下一ヲ云ニ、如レ此云ヘバ、ベツタリト明徳ハ心也。○*必析《て》レ之《を》――　三綱領デ云ワケテアリ。又明明徳ヲ格致誠正修、新民ヲ斉治平。サシムイタ正意ハ三綱領。○*合レ之――　明二明徳於天下一ト云デ合レ之《を》。〈又斉治平ヲ合テ新民、格致誠正修ヲ明明徳。〉▲*此両言《は》尤名言也。*真西山ナド此ニ得《る》レ意《を》ノ深キ人也。

○*曰自二天子一云云不レ親《とせ》二其親《のを》一――　孝弟《にして》而欲レ犯レ上者鮮《すくなき》ナレバ、不孝弟ナ者ガ*カサニナリテカラハ、如何シテ治平ヲ致サンヤ。

○*曰治《め》レ国《を》平《にする》二天下《を》一者――非《ず》レ有《るに》二我《が》之得《て》私《すること》一　横渠ノ、*性《は》万物之一源、非レ有二我之得私一也ノ語ニ拠。○亦未二嘗不《んば》レ在《ら》二其《の》分内《に》一也　天之明命者ヨリ此迄、先ヒロク人トナリテノ分限ニ付テ、テツキトカウアル筈ト云心也。*又況ヤ、ト云ヨリハ一キリ段ヲ立テ云。○*後世――為《る》二人《の》君父一者――　今ノ国家ノ権ヲトル守相ノナリヲ見ヨ。只己ガ親ノナシ置タ威ニヨリテ、何ノ分モナキニホコリオゴリテ、常ノ者ヨリハ*クハツト人ガワルキゾ。○*為二己《れが》事之所《と》レ当《べき》レ然《る》――　孔子ノ古之学者為《めにす》レ己《の》云云ノ語ニ拠テ云。○割《き》レ股《を》　*朱子ノ説ニ論ゼリ。退渓「*自省録」ニ詳レ之。○*張子敬夫之言　「南軒集」孟子口義序ノ説。*朱子、「南軒ノ神道ノ碑」ニ、孟子《の》性善ヲ言 功《える》ト同《じ》トアリ。*利ノ辨ヲ剖判《ぼうはん》シテ論ゼリ。○善利之間「孟子」ノ字、南軒ノ本語ノ立トコロガ義利ノ辨ヲ剖判シテ論ゼリ。

○*曰子謂二正経《は》――　言近《して》而指遠《し》「孟子」ノ語。○*左験ノ左、佐ト同《じ》。○古昔先民

の親・長を親・長とする孝弟である。

カサニ…　勢にのる。

曰治国平天下者…　この項と次の項の或問の意は、人の心は天下と一体だから、匹夫でも天下を聖世にするのは、その分内のことである。

性万物之…　張横渠、正蒙、誠明第六。

又況ヤ　以下は、人のうち特に治平の責に任ずる者について論ずる。

後世…　世が下って、民の君たる者が治平を己れの心のこととしなくなった、という。

クハツト　くゎっと。大差がある意。

為己事…　論語、憲問「古之学は己れの為めにす、今之学は人の為めにす」。己れとは己れの心、明徳のこと。人の為めとは人に売りこむこと。

朱子ノ説　割股は己れの股肉を割いて親の悪病の薬とすること。朱子語類一七に、親の病に心痛んですることだが、今は世誉を求めてするものがあるという。　**自省録**　↓四三頁注

張子敬夫ノ言　或問「己れが為めにする者は、為めにする所なくして然る者なり」。張子は朱子の高弟、張敬夫、号は南軒。　**朱子**…　朱子文集八三、右文殿修撰張公神道碑。

利ノ辨　義利または善利の弁か。孟子、梁恵王上にある。

曰子謂…　或問本文、或人が、先生が経は孔子の言、伝は曾子の伝だというわけを問い、朱子が、正経は言近而指遠と答えた(孟子、尽心下の

聖人ト云テカラガ孔子一人ニ非ズ。文王周公ノ類モアリ、其《の》ノ玉ヒシヲ先民ガ言伝ヘタカモシレヌゾ。先民ノ古言ヲ伝ヘシハ、「詩」ニイクラモウタフテアリ。○疑*《て》ㇾ之《を》而不㆓敢《て》質《たださ》㆒「小学」ニ不㆓質言㆒ト引《け》ル語モ思ヒ合スベシ。○曾*氏門人之手ト云カラハ、則《ち》子思《の》作《りし》「中庸」ノ手ガ加レルハズ也。目*出度書《き》也。○常*《に》言《う》之序　本語ハ恒ノ字、諱ヲ避《く》。○亦*可ㇾ見　小序ニ「大学」デ古人《の》為学ガ見エルト云。然ルニ「論」「孟」デモ亦可ㇾ見ト云意ト、「蒙引」ノ旨如ㇾ此。然ルニ、只サウアデズニカウシタコトデ亦可ㇾ見。程子之意ト云デモスムゾ。朱子ノ明説ヲミズ。○曰*程子――「遺書」「外書」、「中庸」ヲ云《え》ル許多《あまた》也。然ニ此間ハ、只小序ニ付テ小序ヲ全語ニ立テ、難ヲ入レ、コレデ書ノナリガ埒《らち》ガアク也。○問*《う》者非《ず》㆓一人《に》㆒、記《す》者非《ず》㆓一手《に》㆒「孟子」ハ手ヅカラ作ルト云《う》方ニ朱子ヨレリ。コヽハ「論語」ト一ツニ云ニ付テ、カイナラシテ云《え》ルゾ。○提㆓挈《ていけいして》綱領《を》㆒――コレガ「大学」ヲ読《む》ノ功也。聖学ハカウシタコトト綱領ノノミコミガアルホドニ、其カラハ「論」「孟」ノ精微ガミエルゾ。○融*貫会通《して》精微ヲ尽シテテフド綱領ノ合点ガ熟セルガ――――也。為学ノ道ハカウト合点ノイタ上デ、「論」「孟」ニ参《まじ》ヘテ、誠ニ聖賢ノ旨ハカウヂヤ、コレヨリ外ハナイト合点ノ能《よく》ユクコト也。○其*《の》極　則「大学」ノ至善ノ字デ書《け》リ。「中庸」ノ誠ヲ云モ皆「大学」ノ至善ノコト也。○以ㇾ是《を》――　上迄ハ書ノ上デ論ジテ学ノ次第ヲ明《す》。是カラハ別*ニ論ジ起ス。○四書ノ号、程門未ㇾ言、朱門始《て》言《い》ㇾ之テ、此ガ出処也。○亦*已明《にけし》矣　上ニ論ズル段々ガ程子ノ正意、書ノナリ也。朱子ノ此意ハ程子ノ意ヲノベテ、読《む》ㇾ書《を》ノ上亦カウト云意也。　サテ「大学」「論」「孟」「中庸」ト

語)。なお以下四八頁七行目までは、孔子(論語)曾子(大学)子思(中庸)孟子のいわゆる四書の道統を説く。

左験　左右のものが検証証明すること。「佐ト同」とは未詳。

疑之…　正経が孔子の言か否か、疑わしいが無理に証明はしない。

曾子門人之手　朱子は中庸を子思の作とし子思は曾子の門人とする。或問では以下に大学と中庸との継承関係、中庸に次ぐ孟子との関係を説く。

目出度　讃嘆すべき。

常言之序・亦可見　↓補記

曰程子…　大学小序の程子の言では中庸に言及していない。この小序の言に限定しこれで全部として、中庸に言及しないのは何故か、という難＝疑問があるが、実は二程遺書・外書には中庸への言及が多くあるのだ。

問者非一人…　朱子は、孟子は孟子自身の筆であり論語とちがうという考えだが、ここでは孟子も論語も問答体だという点で同類としている。

融貫会通　――――は融貫会通。ここの或問本文、大学を学んでこそ、学問の要領をつかんで論孟の精微を尽すことができる。論孟にも通じてこそ、融貫会通してかの中庸の趣旨をきわめ得る。

其極　或問「其の極を中庸に会す」。大学論孟の極意を中庸で集約して示す。

別ニ論ジ…　問題を改めて四書

次第ヲ云ハ勿論コヽノワケ。サテ又朱子ノ説ナドニモ「論語」「大学」「中庸」「孟子」ト云アリ。〈「*周子祠ノ記」〉是ハ書ノ成《り》タ次第也。又「大」「中」「論」「孟」ト、コレハ*書ノ類スル上デ云。猶「大」「中」ヲ章句、「論」「孟」ハ集註ト云《う》ト同。六経ヲ云ニモ、「易」「書」「詩」「礼」「楽」「春秋」ト云ヒ、或ハ「詩」「書」「礼」「楽」「易」「春秋」ト云類也。「*経名考」可レ見。○*虚空　功利　或ハ初ヨリ高遠ニ鶩《はせ》テ「中庸」トイク様ナレバ虚空ニ溺レ、初ヨリ「孟子」ヲ読《ま》ントテハ功利ニ流ルル類ゾ。

*延宝八庚申年正月十六日

四九*○康誥曰《に》克《よく》明《かにす》レ徳《を》　克ノ字、能ノ字ニ比スレバ力アルコト、朱説「*啓発集」ニノス。而ルニ、末書ノ説却テ云、克・能カハリハナシ、ドレニシテモ同ジ心ト云。書ヲミルコトノ不レ詳モノ也。「*或問」ノ旨明也、可二見得一。

右伝之首章――　此《れ》通《じて》三――　*古註ノ本、引合セ可レ見。

五〇*○湯之《の》盤銘《に》――苟《まことに》日《ひとひ》新《ならば》――　此初頭ノ苟ニト云《う》思入ガ大事ノトコロ也。只フツト、ヤレコレハ明徳ヲ明ニスル筈ヂヤト、志ヲ立《て》タト云《う》分ノコトデハナイゾ。其分デハドウシテモ又々アトカラクラクナルゾ。苟ハ誠也。真実ニ奮発シテ緊《きっ》ク力ヲ用ル也。*集注ノ旨明也。

○*盤《は》沐浴――　コレモ末書ナドニ、*沐浴ト云ハアヤマレリ、*盥漱《かんそう》ノ盤ヂヤ、沐浴ハ五日三日ニ一度ヅヽ、ナレバソレデハアハヌ、ナンド云。サウアルコトデハナイゾ。沐浴ノ説ハ*古註ノ説也。ソノ様ニキツシリト、盥嗽ハ毎日ヂヤホドニ日新ト云コトヲカキ、沐浴ハ盥嗽

が聖学を守る書である旨を論ずる。

亦已明矣　或問本文、四書の中、大学が先きだということが明らかだ。

周子祠ノ記　朱子文集七六、隆興府濂渓先生祠記。但し、原文の順は論語・中庸・大学・孟子。

書ノ類　大学中庸は礼記中の一篇、論語孟子は孔子孟子の問答の記録。

経名考　闇斎の垂加草、附録、経名考。

虚空功利　朱子学が異端として非難した二つ。虚空は形而下の実践を抜きにした心性の説で仏教老荘をさし、功利は心性の説に渉らぬ実利の説で商鞅・管仲などの法家をさす。

延宝八庚申年　一六八〇年。

康誥曰…　康誥は書経の篇名。以下は伝(曾子の解説)の第一章。

啓発集…　大学啓発集三に引く朱子語類一七に、大学章句では克は能なりとするが、能よりも克の気が重く、力あり、と。

或問ノ旨　他人では明徳できないのを文王はできた、それを克の字であらわした、という。

古註ノ本…　古本即ち伝来のテキストに対し朱子が校訂し改訂したこと。

湯之盤銘…　以下伝の第二章の講釈。

集注　大学章句の誤り。章句に「苟は誠なり」とある。

盤沐浴…　章句の文「盤とは沐浴の盤なり」。**沐浴**　髪を洗い身を洗う。

盥漱　顔を洗い口をすすぐ。漱＝嗽。

古註　漢代伝来の注釈。

ノ如《く》ハセヌホドニ是ニハ書《か》レヌ、ト云ヤウナカタヅマリタコトデハナキゾ。其上沐浴五日十日ナンド云コトハ、漢以来ニ専ラ云ナスコトナレバ、古亦如レ此カ、ソレモ知レヌコト也。タトヘ左ニモセヨ、ソレテイノコトヲ兎角ト云《う》分デハ、湯ノ日新ト云玉ヘルコトハ知レマイゾ。○*銘《は》名《して》ニ其器《に》一　惣ジテ後世マデニ諸銘ノ始ガ此《の》湯ノ盤銘也。此後、「*戴記《たいき》」ニ見エタル、武王、師《し》尚父《しょうほ》ニウクル「丹書」ノ言ニ因テ、門戸堂室剣杖几席等迄ニ銘シテ戒《いましめ》ヲナサレシコト、湯ノ風ヲ聞テ興起セルモノ也。学者亦不レ可レ不レ詳レ之。ソノタメ「*武銘考註」ヲ作リ置《け》リ。○則*当《に》下因《て》ニ其新《の》 者《なるに》一　因ノ字緊《きつ》ク見ベシ。首《はじ》メ三綱領ノ下ノ当*下因ニ其所レ発ノ因ノ字ト一也。已《すでに》新者ニ因《る》ナレバ、ソコニ打因テ、モーソレヨリアトヘ又モドラヌ也。一旦フツト思ヒツケテ又ソレガ打カヘルナレバ因ト云モノニ非ズ。ソレハ、彼《の》或《いはなし》作或《いは》輟《やむ》者ニシテ、伊川、復*ノ屢《しばしば》復《かえ》ルヲ説《け》ルヲ、「*近思録」ニ引テ、張*思叔ガ屢復《し》テ不《れ》レ已《ま》バ後迷テカヘルニナルト云語ヲ引ツケル意也。ソノ分デ苟ニ新ナルモノニ非ズ。ソノ奮厲シテ新ニナリタルトコロデ、ハヅサズニモハヤソレヨリアトヘイゴカヌゾ。サウアレバ日日ニ新ノ功可レ用。故ニ程*子《の》日新《に》ハ日進《にむ》也《とは》、尤《もつとも》名言也。

五一*○康誥《に》曰——鼓《うち》レ之《を》——　「礼記」ノ語。○其自《のみ》新《あらたにする》 之民　此ヲ以《て》見ヨ、明徳ハ修《め》レ己《を》自《み》新ニシ、新民ハ治《め》レ人《を》テ民徳ヲ明ニストワカチテ、サテ伝ニナリテ、盤銘ヲ引テ自新《み》ニスルコトヲ言テ新民ノ始トシ、「康誥」ニ至テハ則《ち》推テ民ニ及ボシテ、其レヲシテ亦テフド己ガ如クセシムルハ、鼓舞シテ上ヨリ政教法令ヲナス。是民ヲ新ニスル上ノ為様《しよう》也。然ルニ、鼓舞シテ作興スルハ、誰カ其教ニタガハンヤ。サレドモ、民モ亦自《み》新ニスルデナケレ

銘名其器　章句の文「銘は其の器に名して自ら警むるの辞なり」。銘とは金石や器物に刻みつけた文。人を頌し、または自ら警める。

戴記ニ…　大戴礼記、武王践阼篇に、周の武王が師とする尚父、大公望に、黄帝顓頊の道はのこっているかと問い、尚父答えて、丹書に在り、と云々。或問に「武王践阼の初め、師尚父の丹書の戒を受く。曰く、敬の怠に勝つは吉、怠の敬に勝つは滅ぶ、義の欲に勝つは従ひ、欲の義に勝つは凶なりと。…退きてその几席觴豆刀剣戸牖に銘せざるなし」。

武銘考註　闇斎の著。

則当因…　章句の文「則ち当に其の已に新たなる者に因りて日日に之を新たにし、又日に之を新たにして、略ゝ間断ある可からざるべきなり」。

当因…　↓二六頁注

復ノ屢復ル　易、復、六三「頻(しばしば)復れば厲(あやう)けれど咎めなし」。

近思録　近思録一二。

張思叔　張繹。程伊川の門人。近思録では劉絢、字は質夫とある。

程子…　近思録二、程伊川の語。

康誥…　章句に「之を鼓(う)ちて之を舞はす、之を作といふ。言ふこころは、其の自ら新にするの民を振ひ起すなり」。

是故　是故君子無レ所レ不レ用ニ其極一の章句に「自ら新にし民を新にするは皆至善に止まることを欲する也」。

バ、只イカニ上カラノ鼓舞ノ教ガ有テモナラヌゾ。スレバ先《まず》自新ニスルノ盤ノ銘ガ首《はじめ》ニナウテカナハヌコトデ、自新ノ新ハ則《ち》新民ノ本、明ニ明徳於天下一ノ明ハ則《ち》己ガ徳ヲ明ニスルノ及ブトコロ、明徳、新民一貫ナルコト可レ見。

○五二詩《に》曰周《は》—— 詩ノ意ハ、新ト旧トヲ相対シテ、今マデ幾年フルキ邦、文王ニナリテ真《ま》新《あたら》シニナリタト云ヘルコヽロ也。○*是《の》故《に》—— 自《み》新《にし》新《にする》レ民《を》 此伝ハ新民ヲ釈《する》伝也。然ニ「集註」* 自新新民トボツコメテ云テ且新民ヲ初ニアゲザル者ハ、テフド此伝ノ意ガ右康誥ノ下ニコトハル通リノ意ニシテ、サテ是故君子——ト云テ無《し》レ所トアルカラハ、唯一ノコトニアラザルコト、ミルベシ。是等*ラガテフド脈絡貫通ト云ヘルガチラリ〳〵ト見ユルゾ。明徳新民ト云ズシテ自新ト云モ、亦ヤツパリ新民ノ伝ノ中ナルユヱ也。極ノ字則《はち》至善、三綱領ノ「章句」ノ至善則*——極也ト云《い》、序文ノ極ヲ立《つ》ト云《う》、皆是也。「書*」ニ在テ皇極、「易」ニ在《て》太極、皆一貫ス。

○或問一章*—— ○*是《れ》其《の》全体大用 明徳ノ全体大用、此意思、能《よ》ク認得《す》ベシ。○人惟不レ察《せ》ニ於此《に》一 是等ノ察ノ字ノ用ヒヤウ、諟*ハ審也ノ意ニヒヾクゾ。省察ノ意ヲフクメリ。

○或問盤之*—— ○各因《て》ニ其《の》事《に》一 各ト云ヘルハ、湯ノハ盤ノ銘バカリノコレリ。カレヲ以《て》見ルカラハ、余ノ器ニモ亦銘セル筈也。サテ武銘ノテイヲ以《て》見ベシ。故ニ各ト云。

○五三*詩《に》云邦畿—— 「章句」ノ物各有《り》ニ所レ当《べき》レ止《まる》之処一也ノ止ノ字ハ至善ノ地ヲサス。本文ニ民《の》所レ止《おる》ノ止ハ、只民ノ居集ルノ意也。故ニ止ハ居也ト注シテ、オルトヨム。軽々ニ説テ力ナキ字也。文王*ノ詩ニ至テ、敬止ノ止ヲ実字ニトリテトヾマルトヨマセタレバ、此モ

集註 「章句」の誤り。大学章句。

等ラ 等かラかいずれか衍字。

至善則 経一章の章句「至善とは事理当然の極なり」。

書ニ在テ… 皇極は書経、洪範の語。太極は易、繫辞上の語。

或問一章 この項は伝の首章に対する或問の語を釈す。

是其… ここの或問の本文「人の明徳は…天の我に命(たあ)ふる所以、至善の存する所なり。是れその全体大用、けだし、時として日用の間に発見(はつげん)せざることなし。人はただ此を察せず云々」。

諟… 伝文の「顧諟天之明命」の諟を章句に、第一義では「此」の意だとし、第二義として「審」の義とするのもある、とある。闇斎点の板本にはこの両方の訓点が併記(一二頁)。

或問盤之… この項は伝の二章に対する或問。武銘→前頁注「武銘考註」

詩云邦畿… 以下、伝の第三章。

文王ノ詩… 五二頁五行参照。

詩云穆々… 章句に「穆穆は深遠の意。…緝は継続なり、煕は光明なり。敬止は敬せざること無くして止まる所に安んずるを言ふ。…聖人の止は至善に非ざること無きことを言ふ」。

読書録 明の薛瑄の著。

咸有一徳 書経の篇名。「徳に常師なし、善を主とするを師となす。善に常主なし、克(よ)く一なるに協(なか)

実字ニ取ベキ筈ナレドモ、ヤツパリ詩人ノ歌ヘル本語ノ通ニ読下シテ、伝者ノ引《け》ル意ハ、物各有ニ所レ当レ止之地一ヲ云ヘルト見タモノ也。此等大義ニ非レドモ、彼俗儒穿鑿ノ知ノ見エザルコト、虚心平気ニシテソレ〴〵ノ文意ノ軽重ヲ得《る》ニ非ズンバ、「章句」ノ旨ヲ知ルコトアタハジ。

五四* ○詩《に》云穆々《たる》――　文王ノ心、明徳常ニ明也。故緝熙《にしゆうき》ト云。無レ不レ敬《ことま》　経文、ナニヲト云ハズニ敬止ト云カラハ、無不敬ト云筈也。「読書録*」ノ説可レ見。○無レ《ことを》非ニ《こと》至善一《に》――　仁敬孝慈信、コレガ則善也。「咸有一徳*」ノ篇ノ徳無ニ常師一云云ノ蔡伝*、幷セ案ズベシ。又平*天下ノ「章句」ニ章内三《たび》言《て》ニ得失一《を》、而語益《ゝ》加《う》レ切《を》、蓋至《て》レ此《に》而天理存亡之幾決《りぬ》矣ト云コミタル心ノ如ク、敬止ト云《い》、至善ト云《う》分デ、ナニガト切ニトラヘテ云ヘバ則仁敬孝慈信ト、実ヲ指《し》出セル意也。○精微之蘊*　精蘊ノ義、周子ノ「通書」ニ詳ニセリ。仁ト云《う》テカラガ、ソノ中ニ精《くわし》キ意思アリ。敬孝慈信皆然リ。ソノ精キ中ニ猶色々ノ意味ヲ包メルガ蘊也。「論*」「孟」集註ノテイデ云ハヾ、圏内ノ注ハ本文精意、圏外ノ説ハ其《の》蘊也。

五五* ○詩《に》云瞻《みれば》ニ彼淇澳《のきのいくを》一――有《る》レ斐《あや》君子　威儀見事ナ人也。切磋《せつさ》琢磨《たくま》ハソノ君子ノ学ヲシテ行ハル丶コトヲ云。○自《み》修《むる》　八目ノ修身ノ修也。○瑟《は》厳密　厳ハ心ニユルサヌトコロアリ、密ハ大マカニナク念ノ入《る》也。○武毅《ぶき》ハズルウナキ也。○学《は》謂ニ講習――　尋常学*而ノ学ナンドハ知行ヲ相兼テ云。此ハ知一偏デ云。故《に》、章句云云。章句《に》、謂《う》ナリトアナガチ*ニ下セルモ、テフド本文ニ道《い》レ《う》学《を》也ト道ノ字ヲ下セルニ貼*《ちよう》シテ也。昔《むか》シハ道学也ノ字ヲ直ニ読デ道学《どうがく》也ト見シコトモアリ。アシキ見ヤウ也。○威《は》可《し》レ畏《る》――　威儀*ノ二字、「小学」ニ引《け》ル

はしむ」。

蔡伝　宋の蔡沈の書(経)集伝。朱子の旨を伝えるという。

平天下…　伝一〇章に「衆を得れば国を得、衆を失へば国を失ふ。…天命(天子の任命)は常ならずとは、善ならば之を得、不善ならば之を失ふ。…大道は忠信ならば之を得、驕泰ならば之を失ふ」とある。

精微之蘊…　周濂渓の通書、精蘊第三〇に「聖人の精は卦を画して示さる。聖人の蘊は卦に因つてひらかる」。また同書聖蘊第二九に「聖人(孔子)の蘊は顔子なかりせば殆ど見るべからず」。

論孟集註…　論語孟子の朱子の集註では、まず自ら注解し、そのあとにしばしば〇圏を施して、その含意を、諸家の語をひきながら敷衍する。

詩云…**有斐君子**　章句に「瑟は厳密の貌、僩は武毅の貌、…学は講習討論の事を謂ふ。自脩とは省察克治の功…学を道(い)ふと自ら脩むとは、其の之を得る所以の由を言ふ」。

学而ノ学　論語「学んで時に習ふ」の学のこと。　**アナガチニ**　特別に。

貼シテ　…にはりつけて、照応して。

威儀　左伝、襄公三十一年「威ありて畏る可きを威と謂ひ、儀ありて象(かたど)る可きを儀と謂ふ」の語あり。

慮而后能得　大学経文の語。

啓発集　大学啓発集三の答趙蔡文書(文集五九)。

「左伝」ノ北宮文子ガ語、之ヲ悉《つく》セリ。○言下其《の》所ニ以得《る》レ之《を》——此《の》得ノ字、慮*而后能得ノ得ノ字ヨリ来ル。

五六 ○詩云於戯《ああ》 文武ノ徳ヲ仰グガ賢《とする》レ賢《を》也。御孫《の》親ミ尊ベルガ親《とする》レ々《を》也。四ノ其ノ字、皆文・武ノ身ヲ云。民ノ楽、民ノ利ハ則文武ノ楽利トスルトコロ也。乃《ち》君民一体ノナリ也。朱子ノ説、「啓発集*」ニノス。▲サテ此文義ノトリアハセハ、「孟子*」ノ与レ民同《じくす》レ楽《を》章デヨクスム也。○此《の》*両節詠歎淫佚《えいたんいんいつ》 此四字、「詩」ヲ云。是ヲ誦《する》者ノコトニ非ズ。詩中ノ詠歎スルトコロガ淫佚ナリ。「礼記」ノ字也。

右伝之三章——

五七 ○子曰—— 此章ノコトヲ朱子*アゲテ、高柴《こうさい》、政ヲ為テ民ノ不善ヲ改《め》シコトヲ引《き》、矧《いわん》ヤ聖人ヲヤ、ト云ヘル説アリ。

右伝之四章——

○曰*引《て》ニ綿蛮—— 此一問答ハ入《いら》ヌコトノヤウナレドモ、此吟味ガイラネバ、只伝ニ詩ト子曰ト二ツヲ引アゲテ有テ、二ツナガラ伝者ガトリアツメタルモ、亦夫子ノ只此語バカリヲ云ヘルモ知レヌゾ。如レ此ニ細ニ辨ジテオケルヲ以、人ガ云ハズシテモ知ルホドナハ、此カゲ*也。

○曰*引《て》ニ文王之詩《を》——是《れ》皆天理人倫之極致、発《て》ニ於人心之不《る》レ容《べから》レ已者《むに》—— 君臣父子朋友ノ際、仁敬孝慈信ガ立テバ、君トナリテ不仁ニシテカラハ、ナニホド余ノ行ニ見ベキコトガ有テモ、其止リヲ得タルニアラズ。故ニ云《う》ニ人心之不レ容レ已者ニ出《づ》ト。○学者於《て》レ此《に》——本心

孟子ノ… 孟子、梁恵王下。

此両節… 章句の語。両節とは前の五六と五七に引用する詩の文句を指す。詠歎淫佚は礼記、楽記の詠歎淫液。詠歎してやまぬ、の意。

朱子… 未詳。高柴は孔子の弟子。論語、先進・礼記、檀弓上に記事あり。

曰引綿蛮… 以下、伝三章の或問の講義。伝の文は「緡蛮たる黄鳥、丘隅に止まると。子曰く、(鳥も)止に於て其の止まる所を知れり。人にして鳥に如(し)かざる可けんや」。或問の此一問答とは、詩の句とこれを意味づけた孔子の語との関係について。

カゲ おかげ。

曰引文王之詩… 以下は五二頁五行目以下に該当する或問の講義。

ヱシヤクモナキ 会釈も無き。人為分別以前の。

詩所謂上天之載… 詩経、大雅文王「上天の載(こと)は声も無く臭も無し。文王に儀(のっ)とり刑(のっ)とらば、万邦作りて孚(まこと)とせん」。人欲不萌の所をいう。

手ヲサイテ 作為して、分別して。

コヽロヨキ 適切な。

截章取義 詩などの一句をとりあげ、原文とは無関係にその文句に意味づけして、孔子が考えを述べること。

総名之… 五二頁一〇行目に、仁の中に敬孝慈信の蘊があるという。それは総要すれば仁の一字ですむ。

之不《る》レ容《べから》レ已《む》　今日人々ノ上デモ、ナンノヱ*シヤクモナキ人欲不レ萌《きざさ》トキノ心カラ見ヨ、必カウナウテカナハヌコトニ非ヤ。○*詩《に》所レ謂上天之載《ことは》――　上天ノ載ニナリテハ何モナイ、手*ヲサイテ学ブベキヤウナシ。只文王ニ儀刑シ、則《ち》文王ノナリガスグニ上天ト一ナルホドニ云。コ*、ロヨキ引アハセ也。○曰子之説《くに》レ詩《を》　古人引《くに》レ詩《を》、*截《たち》レ章《を》取レ義コト、周公当時詩ヲ以《て》化ヲナシテ、孔門ニ在テ教ヘ来テ、其法アキラカナルベシ。サレバ其時ノ人モキ、ナレテ、アシラヒ様ヲ自《お》ラシレルナラン。其ワケ、丘氏ノ「衍義補」ニ詳ニ論ズ。○*総《て》名《づくるは》レ之《を》――　人ノ君ハ仁ト云デスム、是也。

○*曰復《た》引《くは》ニ淇澳――　*已《に》密《にして》而益《と》――　密ノ字能下レリ。検《しらべる》レ身《を》ノナリ也。○*恂慄《じゆんりつ》者――威儀者――　中外ハ身心ヲ截シテ云。○*盛徳者――　恂慄威儀也。

○*或問《う》聴《く》レ訟《を》――　分《ち》レ争《を》辨《う》レ訟《を》　争ハ両*下《の》言《い》ヤフ也。訟ハ目*安ナンドノ如《き》ノ言《こと》アゲ也。

[五八]○*此謂知本　「大全」ニ許東陽・饒雙峰《じようそうほう》ガ説ヲ引テ、格物ノ字、知本ニ誤レルカトモ云ヘリ。

[五九]*右伝之五章――　嘗ハコ、ロミトヨマセ来ル。曹日川ガ「詳説」ニ試也ト注ス。[六〇]○人心之霊ハ内ニシテ主、天下之物――ハ外ニシテ賓ト、カウ云ヒワカチテ置テ、其《の》物理ヲ窮《きわめしる》知ト正面ノ意ニシテ、サテ物ト云ニナリテ、則人*心モ亦物トコロ也。段々「或問」ニ詳レ之。[六一]○大学《の》始教　聖学ノ全体始終ヲ云ヘバ、小学《は》始教、大学《は》終教也。十*五以上大学者《の》始教ハ則《ち》格物致知也。[六二]○因《て》ニ其《の》已《に》知《る》之理《に》一　因ノ字、*前《の》序文《の》因・著ノ因、及《び》三綱領下ノ「章句」、湯ノ盤銘ノ下ノ「章句」ニ用ル因《の》字ノ意ト一也。緊切ノ字也。殷《いん》

曰復引淇澳　以下、五二頁一三行目以下に対する或問の講義。

已密而益…　或問本文は、琢磨とは身を修めること、密なるうえにも密にと心がける、の意。

恂慄…威儀…　或問本文に、恂慄とは厳敬の中(心)に存するところ、威儀とは輝光の外(身体)にあらわるるところ。

盛徳者…　或問本文は「盛徳とは、身の得る所を以て言ふ」。

或問聴訟…　この項、伝の第四章に対する或問の講義。　**両下**　原告被告の両造。　**目安**　訴訟陳状。

此謂知本　以下、伝五章の講義。この句、章句では程子の衍文説をとっている。

伝之五章　いわゆる大学補伝。朱子が八条目の基本の致知格物の伝が欠けているのを補うのだ、としたところ。嘗＝試みとは、かつて、の意から区別したこと。以下は補伝の講義。

人心モ亦物トコロ也…　トコロには文字の誤脱があるようである。次に段々或問ニとは例えば五六頁二行目以下のこと。その趣旨は、心も物も太極の一理が本で、それが分れて物心となっているのだから、元来内外一致するはず、その一致を実現させる努力が格物致知、一致のところが脱然貫通の覚・悟だという。

十五　十五歳。一〇頁七行参照。

前序文…　一一頁一行「小学の成功

因ニ夏之礼一ナド云字ノ旨也。テシトソコデヨリテ、後《あ》トヘ去ラヌ也。○[六三]一旦豁然《いったんかつぜんとして》貫通《す》 孔門ニ在テハ*曾子・子貢ノ聞ケル一貫ノ地也。然ニ曾子ニ語玉フハ行ヲ主トシ、子貢ニ語玉フハ知ヲ主トス。サレバ此《の》豁然貫通モ知ヲ主トシテ云ゾ。サテ「*呉晦叔ニ答ル書」ヲ見ヨ、行ソロハネバ此地ニハ至ラレヌゾ。

○*曰此《の》経之序云云 補伝ノ旨ハ悉《く》程子ニ本ヅイテ、サテ又程子ノ言ヒノコセル所ヲイヘルアリ。心ヲツケテ見ベシ。 ○*或問《て》ニ於程子《に》一 程子ノ説、合《せて》十六条、其次第モ亦意思ノアルコト也。○又有下問ニ進修之術 *進修ハ「易《の》」文言《の》字也。○箇《の》覚《る》処 *有《る》ニ悟《る》処一 貫通《する》 処知ト云、其字義デ云ヘバソレ〴〵ニカハリアレドモ此ニイヘルヲミヨ、皆一様也。脱然・豁然《かつぜん》モ亦同《じ》。「中庸」ノ序文ニ*一旦豁然云云トイヘルモコヽノ場ノコト也。○其《の》他《は》可《し》ニ以類推《す》一云云 *此《の》クヽリニ用レ力之地ト次第功程トヲ云《う》トアリ。此ラガ皆功程ヲ云也。功程ハホドヲ立テ、カウ〳〵ト合点シテユク也。次ノ*如レ欲レ為レ孝ノ説モ功程ヲカタレル者也。○*或問《う》観レ物《を》 観物ノ字ハ荘子云云。邵子《しょうし》ナドモ云ヘリ。○*合《する》ニ内外《を》一之道 「中庸」ト語脈同《じく》シテ、内ハ身、外ハ物也。而シテ此ハ又格物致知ノ上カラ截断シテ云ホドニ、心ト立テ内ヲ緊《きっ》クトリコシテアテタルコヽロ也。細ニ心得ベシ。○*一草一木―― 「伝習録」ニ是ヲアゲテ、其レ我ハ不《ず》レ暇《あら》ナンドト小《こ》ニクイ言分《いいわけ》ヲスル、以《て》ノ外ノコト也。○*大軍之遊騎 八陣ノ図デハ後ノ偃月《えんげつ》ノ如キ陣ヲ遊兵ト云。 ○*立《て》ニ誠意《を》一 君子不《れば》レ重《から》 則不レ威《あら》 云云ト伝ヘルモ此意也。 ○*入《るは》レ道《に》―― 此語ハ敬ヲ主トシテトキ、 ○*涵養《は》云云ノ語ハ存養致知相並《べ》テ云ユヱ、「近思録」ニノスル上ノ語ハ存養類、下ノ語ハ為学類ニノセヌ。其朱説、具ヘテ「近思筆

に因つて大学の明法を著(あら)はす」。

曾子子貢…一貫ノ地 ↓補記

呉晦叔ニ… ↓四二頁注

曰此経之序 以下は補伝に当る或問の講義。何故格物致知を治国平天下の基本とし、重視するかを説く。

或問於程子 或問には、補伝が本づくところの程子の言の十六条を挙げている。以下はその講義。

進修 易、乾文言「君子は徳に進み業を修む」。進修の第一歩は格物致知だ。

有悟処 或問本文に「窮理とは、必ずしも天下の理を尽く窮むと謂ふに非ず、またただ一理を窮め得て便ち到ると謂ふに非ず、ただ積累多くして、自ら脱然として悟る処あるべきなり」。

一旦豁然・此クヽリニ… ↓補記

如欲為孝ノ説 程子の説。孝も先ず孝を為す所以の理を悟るべし、と。

或問観物…・合内外之道 ↓補記

一草一木…・大軍之遊騎… ↓補記

立誠意… 程子の語。格物窮理は、誠意を立ててこそできる、の意。君子云々は、論語、学而の語で、この項の集註に程子の「人道はただ忠信に在り、誠ならざれば物なし」を引く。

入道 或問に引く程子の語。「道に入るには敬に如(し)くはなし、敬に在らずして知を致し得る者はなし」。

涵養 或問に引く程子の語。「涵養には敬を用ふべし、進学は知を致すに在り」。近思筆録は文会筆録二。

録」ニアリ。○収二其《の》心《を》一「尚書」ニ収二放心一ノ字出《づ》。其義ハ「孟子」発揮シ尽セリ。○曰然*《らば》則——心之為《たる》レ物　尋常経伝ニ、心ヲ指《す》二理ヲ主トシテ云ヘル、多シ。然ルニ心ハ理気妙合ス。其形、外*ヲ円ニシ中ヲ竅《きょう》シテ膻《せん》中ニ存ス。是性情ノ包ム所、所謂心《しん》ノ臓、コレヲ指テ為レ物ト云。然シテ末儒ノ説、指テ為レ物ヲイツテ心ノ臓ヲ云ナスコト能ズ。為レ物ト云テモ心ヲ気ト云ニアラズ、ヤツパリ心ハ理ナレドモソレヲ為レ物ト云ナスナンド云。ヒガコト也。独《り》「大全」此下ノ真西山ノ説、朱子ノ旨ニ合。其詳、「筆*録」ニ論ゼリ。○各有《て》レ攸《ところ》レ主《る》——　ソレ〴〵ノ持分《もちぶん》、惻隠ハ仁、羞悪ハ義ト云如シ。程子ノ説ニモ求《む》二之《を》於心身性情《に》一ト云。ソノ求ルニナリテハ、カウミテイカネバナラヌゾ。○極《れば》二其《の》大《を》一——　此理ノ大ヲ極レバ、天地古今ノ運ト変ト、則《ち》理ノナストコ*ロ。○段々説来ルトコロ分明ニ太*極ノ妙ヲトケリ。太極ト語リ出シテハナケレドモ、則《ち》此理也。サレドモ、初学ノ一旦ニモハヤ此デ太極モ合点ト云分《う》ノコトニハ非《ず》。先《ず》カウシタナリガ太極ノ妙ヲトクニ合《え》ルト云迄ニ知テ居《おく》ベシ。○是《を》以《て》於二其《の》始教《に》一「補*伝」大学始教ト云ヘバ格致也。此ハ聖学トアゲテ其始ヲ云ホドニ、「小学《の》」誠敬ニアタル也。所謂已知ノワケ也。○吾之知識　経ノ八目ノ「章句」ニ知猶《ごとし》レ識《の》ノ意ト同ジ。○使*下於《けるより》二身心——草木之宜《に》一　上*ニ段々心之為レ物ト云ヨリノ意ヲオツコメテ反覆シテ云。○当《べし》レ然《る》　所二以然《る》一　前*八目ノ下ノ「或問」ニ言ヘリ。○於*《て》二天下之物《に》一——　格物。○吾之聡明睿智《も》——　致知。○程子十六条ノ中ニハ良知ヲ云ハズ。「補伝」ニ於テ人心之霊云云ト云ハ、良知ヲ云ヘリ。然《る》ニ程子*入道《の》云云ト云ヒ、涵養云云ト云ハ乃良知《ち》自然ノ本原培養ノ上カラ云。本旨云ハネドモ明《ら》ケシ。扨《さて》、此外「遺書」ノ中、

収放心…　書経、畢命。孟子、告子上。
然則…　この項からは朱子の語。心もまた物であって天地万物と同じく天道流行のなかのもの、と説く。
外ヲ円…　心臓は外形は円、中は竅(空隙)。膻中とは漢方医学の用語で両乳の間にある気海とされている。
筆録　文会筆録三に「其の臓(心)の中虚にして霊なる、即ちこれ神妙にして徳妙なり」。
トコロ　或問本文このあとに「小を尽せば一塵一息もこの理に外れず」。
太極ノ妙　→補記
補伝…　大学の始教とは格物致知だが、ここの始教は聖学全部の中の始教だから、小学の学習によって已に知ったところ、のこと。ここから大学の格物致知に進む。これが次の、吾之知識。
使於身心…　ここの或問本文、身心性情の徳、人倫日用の常から天地鬼神、鳥獣草木の宜に至るまで、それぞれに所当然と所以然とがあることが分る。　**上ニ段々**…　心も物であり、物も物であって、ともに一理である。
前八目ノ…　四五頁一三行以下参照。
於天下之物…**吾之聡明睿智**…　或問本文、天下万物についてはその義理の精微を極め、吾が聡明睿知については心の本体を尽す。
程子…　→五五頁注「入道」
支離　孟子集註序説に引く、楊子雲(楊雄)の語に、孟子が異端の説を正

格致《の》良知ニ本ヅクコトヲ云ヘル説アリ、「程書抄略」ニ取レリ。○*支離「揚子」ガ語ニ見《ゆ》。○*人之所《は》二以為レ学《を》——*陽明ガ「伝習録」ニ此語ヲ引テ、心《と》与《と》レ理ノ与ノ字ヲ付レバ心理ヲ二ツニス、見《けん》ガ過《あやま》レリ、心ハ即理ナルモノヲ、ト云ヘリ。ヒガコト也。朱子已ニ首《はじめ》ニ於テ心之為レ物云云所謂理也ト云ヘリ。而シテ学デ理ヲ窮ント欲ストモ、心放テバ知コト不レ可レ致。故ニ此ワケヲ云ンタメニ初ニ此語ヲ掲《げ》リ。固ヨリ心ト理トヲ相分テ蛤蚌ヲ二ツニシタ如キ意ニハ非ズ。其陽明ガ説ノ辨、「求是編」ニ悉《つく》セリ。○*然《に》或《は》——此《これ》前ニ「小学」ノ中ニシテ誠敬ヲ習ト云ト思ヒ合スベシ。此段々居敬《と》窮理デトキワカテリ。而シテ此両箇上下ニ貫徹ス。前《に》小学《の》者ノコトヲ云ニハベツタリト頭カラ誠敬ニ習《わ》スト云、此ハ大学《の》者ノ上ニシテカタルホドニ、此心之霊ヲ知テ存スルト云《い》キタレリ。○無《し》三以窮《ること》二衆理之妙《を》一格物。無《し》三以尽《すこと》二此心《の》之全《を》一致知。○是《を》以聖人設《くる》レ教《を》——此ハ専《ら》大学《の》者ヲ相手ニシテ云。○*巨ハ存心、尊徳性。細ハ窮理、道問学。○*真積《に》力《りつとむること》久《して》「荀子」ノ字。○*果《して》無《し》二内外一——所謂明命赫然、無レ有二内外一、想象ノ語リ得ル所ニ非《ず》。○*今必——蔵《し》レ形《を》匿《し》レ影《を》——以下専ラ*陸学ヲ当テテ云テ、仏老ノナリモカウシタモノ也。其段「*商量集」ニ悉《つく》セリ。

○曰*近世《の》大儒——推《す》二其《の》説《を》一者　温公ノ門人、孔周翰ガ説也。○曰云云　右云ヘル所ノ説モ一スヂイハレノナキニシモ非ザレドモ、コレガスグニ「大学」ノ格物ノ義ナルト云《う》デ、アハヌゾ。○*飲食男女之欲——飲食ノ中、天理人欲ノ辨、「語類」力行ノ部ノ説可《べし》レ見《る》。○*是《れ》必閉《じ》レ口枵《むなしうして》レ腹《を》——「孟子」仲子ヲ論ジテ蚓《いんにして》而可ナル者ト云ヘル如ク、難題ヲ云カケルニ似テ、サテ道理ノツマリタコト也。明道ノ語ニ、人々皆成仏セバ、是天下ニ人絶《え》ン

したからこそ中国は左衽(夷狄の風俗)を免れ、言説の支離を免れたのだ、と。

支離は滅裂。学を為すに外物の理に求めて内心に求めたのでは支離になるのでないか、という問い。

人之所以為学…　朱子の答。心と理とは一であって、心は万物の理を管り、万理は一心に外ならず。

陽明ガ…　↓補記

然或…　此の項、或問本文は、居敬と窮理と相まって心の霊を知り存すべきをいう。これが小学の誠敬を承ける大学の学習である。

巨…　或問本文「巨細相涵(ふく)み、動静交ゝ養ひて、もとより内外精粗のちがひなし」。中庸二七章「故に君子は徳性を尊び問学に道(よ)る、広大を致し精微を尽す、高明を極め中庸に道る」。

真積力久　荀子、勧学「真に力を積むこと久しければ…」。訓みが違う。

果無内外　外に物の理を窮め、内に居敬を積む、その結果は物心内外が渾然一致して、天の明命が顕現する。

今必…　或問本文の旨は、必ず万物の理を窮めよというは浅近支離だとして、形を蔵(おさ)め影を匿(かく)し、別に幽深恍惚艱難阻絶の論をなし、学者の心を文字語言の外におかせようとするもの。

陸学　陸象山の学。陸象山・王陽明の心即理の学。仏老は仏教老荘。

商量集　闇斎の「大家商量集」。朱

ト云《う》説、「遺書*」ニ見エタリ。亦、絶二滅《して》種類《を》一——ト思ヒ合スベシ。○裔戎《えいじゆう》*——ヘツシリト仏法ヲ指《す》。

○曰*自下程子以二格物一——「易」ノ窮理ヲ以《て》「大学」ノ格物致知ヲトケル、程子ノ発明也。格ヲ扞《ふせぐ》也ト見、正《ただす》也ト見テモ、皆誠意以上《の》行ノコトニナリテ、更ニ知ノ分ニ非。呂与叔ノ説ハ、只万物〳〵ト場ビロウ一ナデニユク様ニトケリ。是、程子ノ旨、格致ノ実ニ異ナリ。○上蔡《の》*以レ恕《じよを》為《して》レ本《と》 恕《は》則是求レ仁—— 然レバカイシキ格致ニアハヌコト、サウ塗《と》轍《てつ》モナイコトヲ云ハル、筈ハナシ。其主意ヲ按ズルニ、先《ず》凡ソ人ノ学ヲスルヲ看ヨ。只己ガ私ヲ先ダテ、人ニハカマハズ我サヘヨケレバト思ヒ、アレニハ云マイ誰ニハ聞《かせ》マイナンド、意地ムサキ心根《こころね》ナルホドニ、遂ニ物理ヲ窮メテ是処《ぜしよ》*ニ至ルコトガナラヌゾ。サルホドニ、サウシタコトデハナラヌ、先《ず》此恕ノ心ガナウテハ学ハ至ラレヌ、ト云ヘル心ナルベシ。亀山反《る》*レ身《に》ノ説ノ意モ亦此意ノ通《り》ト同《じ》。サレドモ、「大学」格致ヲ解スルト云ニナリテハ一ツモアハヌゾ。○中庸《の》*学問思辨 篤行ヲ云ハザルハ、格致ヲ語ルニツイテ也。○其《の》*所二以為一 則《ち》当然ノ則ト云ト同ジ。程子十六条ノ中ニ天*地之所二以高深一——ト云ヘルハ是所二以然一也。又*如レ欲レ為レ孝、則当レ知下所二以為一レ孝之道上ト、コレ所二以為一也。其他程子ノ説ニ於テ此旨ヲ云ヘル、多シ。○五峯ノ即*《き》レ事《に》即《き》レ物《に》云云ノ説ハ、場ハ違ハズ、只アマリキビシスギタゾ。

六四 ○所レ謂誠《にす》二其《の》意《を》一—— 誠意ノ伝ノ文義、緊《きつく》看《る》ベキコト、朱子ノ旨也。○皆務《めて》* 決《して》 去《て》而——決ノ字、必ノ字緊切。或ハ悪ヲ去ニ九分九釐《りん》、好《む》レ善《を》モ九分九釐《なる》モ、一釐ノ処ハヨキ

子の陸学批判の文を輯めた二巻。

近世大儒… 或問本文に、近世大儒(司馬光)、格物致知の説を為して曰く、格は扞の如し、禦ぐ也。能く外物を扞禦して而る後に能く至道を知る、と。さらに其の説を推(す)める者(孔周翰=道翰)曰く、人は生れながら静にして其の性は不善なし、不善を為すは外物が誘えばなり。

飲食男女之欲… 以下は前項の格物=外物扞禦説に対する反論。朱子語類一三に、問う、飲食に於てどれが天理、どれが人欲か。答え、飲食は天理、美味を要求するのが人欲。

是必閉口枵腹… 飲食男女の外物を扞禦すれば腹がからになり、人類が絶滅する。孟子、滕文公下に、陳仲子は衣食住に義不義を峻別して飢寒に堪えた廉士といわれるが、つまりは妻や母に依存していた、蚓(みみず)のように生きられるならよかろうが、と。

遺書 程氏遺書二上。

裔戎… 中華から遠い夷狄。或問本文の意は、君父の道を無視する裔戎の教といえども外物扞禦の説を満足させまい。

自程子以格物… 或問本文は、程子の格物窮理の説を承けた弟子たちの説のあやまりを指摘する。以下の呂与叔・謝上蔡・楊亀山・胡五峯など程門諸子の名は闇斎が挙示したもの。

以恕為本… 或問本文は、恕が本だ

というものがあるが、恕は仁を求める方であって窮理のみちでない。以下の講義の説は或問の真意を説くかたちで以恕為本の説を弁護する。恕は、人への思いやり。

是処　万理が一理に通ずるところ。

反身　或問本文、身に反りて誠なれば天下の物われに在らざるなし、と曰うものあり。然れども誠というには格物致知を要する。

中庸…　中庸二〇章「博く学び、審に問ひ、慎んで思ひ、明らかに弁じ、篤く行ふ」。程子の、今日一物(の理)に格り明日また一物に格るの説に当る。

其所以為　或問「程子の所謂、其所二以然一と其所二以為一との妙を求む」。

天地之所以…　或問本文、天は吾その高を知る、地は吾その深を知ると曰うのみならば、是れは已に然るの詞にして理は問題になっていない。

又如欲為孝…　この語のあとの或問本文、孝の一字のみを守っていたのでは其の場その場の孝養ができぬ。

即事即物…　或問本文、事に即(つ)き物に即き、厭棄することなく、身をもってこれに格(たい)り、知を精にするというのは致が裏(ちう)に向う意味であることを得ているが、語意が急迫に過ぎて、その過程のあることを看過している。

皆務決去而…　以下は伝六章の章句の講義。章句は、ことの善悪を自分

ハト云ヒ、悪ヲ去コト十分ナレドモ善ノナスニ未レ尽二一分一。皆決《して》去《て》必《ず》求《める》ニハ非《ず》。ヅント表裏ナシニ一マイニナル也。○徇《したがいて》レ外《に》而為《にす》レ人《の》　*自《み》自《み》ト本文ニ云ハ此旨也。○謹《*て》二之《を》於此《に》一此ハ則《ち》独ノ場。○審《かにす》二其機《のを》一焉　此《の》幾ト云ニナリテ、至テ細密ノ場也。心ハ動静ヲ貫《き》、意ハ其発動ノ上ヲ云テ、幾ハ其《の》意《の》発ノ*頭頂起頭一些子《さし》ノトコロ、此ヲ審《か》ニスルガ、克己ノ至リ誠意ノ極也。先《ず》幾ト云時ヲ已ガ念頭デオボユルト云迄ガナラヌモノ也。此ヲ審ニスルト云ニ当ルハ、孔門ニ於テハ顔子一人キケルトコロノ克己復礼、是也。サルホドニ、*「集註」ニ於テ非《れば》二至明《に》一、不レ能レ察二其幾一トハ、知ニツイテ云《い》テ、幾ノ字ヲ説《け》ルハ則《ち》此ト一也。非《れば》二至健《に》一、不レ能レ致二其決一トハ則《ち》此ニ説ケル決ノ字ト一意也。サテ又「近思録」克己ニ引《け》ル夬《かい》九五ノ*「程伝」ノ決ノ字ノ旨、又*「通書」誠ノ章ニ果而確則無レ難《かたきこと》焉ト云テ、朱子ノ「解」ニ果者陽之決ト云ヘル、皆此ニ云《う》決ノ字也。此所ハ儒学ノ大関要、此ラノ意旨ヲ能々認《め》得テ子細《しさい》ニ已《おのれ》ニ切ニスベシ。幾ノ字ノ義ハ「周書抄略」ニ於テ朱説ヲ詳ニス。サテ西山ノ「衍義」ニ瓊山《けいざん》「補」ヲ作テ、審レ幾ト云ヲ類ヲ立テ、知上ノ幾、行上ノ幾ツマビラカニ載セテ首巻ト定《め》ラル。則《ち》此章句ノ旨ニヨリテ也。右「通書」ノ果ノ字ガ則《ち》決ノ字ト同意也。日本ノ士《さむらい》ノ言ニ相殺スヲ果《はた》スト云。自《お》ラヨキコトバ也。「小学」外篇、広敬身中《の》ニ引《け》ル呂舎人ガ言ニ、夫指引者《は》、師之功也。行《いて》有《れば》レ不レ至、従容《として》規戒《するは》者、朋友之任也。決レ意而往《くは》、則須《べし》レ用《う》二已力《のを》一ト云ヘル決ノ字ナド、思ヒ合スベシ。

六五 ○小人閑居《して》——則何益《のあらん》　タトヘ欺キ得タリトテ其小人ガ身ノ益ニ非《ず》。根ヲオシテ云ヘバカウ也。然《る》ニコ、ハソレ迄ニイキ立タコトニ非。只カウ難ヲ入テ、トテモ欺《か》レヌナラバ益

ナキコトヨ、ト云迄也。○前*一節ハ毋《なかれ》レ欺《く》、トカクカウ云テ、此《ここ》ハソノ欺ト云ナリヲ云ゾ。サテ我・人《の》ナリヲ見ヨ。コヽニ小人閑居云云トアルヲ見テハワケモナイコト哉ト思フテ、我ハカウシタナリハナイト思テ気ガツカヌゾ。勿論小人ニモ幾等モアリ。此ヨリ以下ハ則《ち》*穿窬《せんゆ》大逆ノ人、ソレラハ云ニ及《ば》ズ、我・人ノテイガ則此《ちここ》ニ云《う》小人――ノコト也。思ヒカヘシテミヨ。誰々モ皆覚《え》アルベシ。「章句」ノ中ノ実*ノ字皆正文ノ誠ノ字ニアタル。○重《く》以為《て》レ戒《を》―― クリ反シテ君子必慎《む》二其《の》独《を》一ト云ヘリ。

○[六六]曾子《の》曰―― 十目《の》視《る》如ク十手《の》指ス如ク、ナド、見《る》ハ、ヌルシ。「大全」其外ノ末書ニ多ク此旨ニ解シテアル、皆正意ニ非ズ。此ハ先《ず》タトヘバ、此《ここ》ニ、アレハ諂《へつら》フ人ヂヤトナリトモサ*、ヘコトヲ云人ヂヤトナリトモ云者アルベシ。時ニソレガ存念*カラガ人ニサウシタコトヲシラレタキ覚悟デナキカラハ、随*分トカクシテ密ニスル筈也。ソノ如ク密ニ何ホドカクシテモ必《ず》人ガ知テ云《い》立《っ》ルモノ也。サテソノ云タテル十目十手ガチツトモ違ハズニ必《ず》諂ヒ者サヽヘ者ニ必定ナルモノ也。カウ云《う》*ホドキノ文意也。

○[六七]富《は》潤《し》レ屋《を》―― 心広《く》ハ心正也、体胖《ゆたか》ハ身修《まり》タルニ非ヤ。ソノ如クナルモ兎角此誠意ノ覚悟カラデナケレバ至ラレヌゾ。○誠意一ツデ正心修身迄ヲ推コメテ云。前格致《の》「補伝《の》」吾心之全体大用ト云意モ同ジ。則《ち》至善ノミガキテ云ツメタルモノ也。○蓋*《し》善之実《みちて》二於中《に》一―― 誠《あって》二於中《に》一ヲオツトリテカク也。誠ノ字、善悪ニツイテ云コト、「中*庸或問」ニ詳ニス。

右[六八]伝之六章　章*下ノ「章句」、伝《の》言ノ言ザル旨ニシテ、経文デ見トキニ、功夫ノ条目

を欺くことなく自分で判断し、皆務めて決し去って、求めて必ず得て、自ら已れに快足する。かりそめにして外に徇(したが)いて人の為めにするべからず。

自自　大学本文の、自欺、自謙。

謹之於此　章句に、実(誠)か不実かは「已れ独り知る所なり、故に必ず之を此に謹しみて、其の幾を審かにす」。

頭頂起頭一些子　ほんのわずかなきざし。

集註ニ…　論語、顔淵「顔淵仁を問ふ、子曰く、已れに克ち礼に復るを仁となす」の集註の語。

程伝　程伊川の易の伝注。→補記

通書　周濂渓の著。果は果決(すっぱりと)、難は難渋、陽は積極の意。

前一節　五八頁一七行目からに当る。

穿窬大逆　穿窬は壁を掘り破って盗みをする。大逆はお上に逆らう行い。

実ノ字　この伝六章の章句に例えば「心の発る所に実ならざることあり」など実の字がある。正文とは大学の本文。

サヽヘコト　障言。中傷、ざん言。

存念　所存、意図。

随分トカクシテ　できる限りは隠して。　**ホドキ**　意味あい。

蓋善之…　章句「…中に実(み)ちて外に形(あら)はる」。

中庸或問…　中庸二〇章「善を明らかにせざれば身に誠あらず」の或問

カラデモ効験ノ条目カラデモ、トカク知至ラネバ誠意ノナラヌト云ニ議定シテアル也。○蓋*心体之明《なる》—— 己ガ心ノドミタ*上ナレバ、意ノ発スルトコロニタシナムトデモヨイ加減ニシテヤム也。ソレデハ誠意ノ実ニ非。知至テノ誠意ニ猶トギタテタ鏡ノ上ニ一点ノ塵ヲモキラフ如ク、知至ラヌ中ハドミタル鏡ヲトコロ〳〵スリハガス如ク、少々塵ホコリ有テモ知レズシテアトカラクモル也。○然或*《には》云云 格致サヘ至《れ》バモハヤ誠意ハ自然ニナルト云テ、已《む》ベカラズ。故ニ又然或ト云起ス也。○進《む》レ徳《に》之基 「易*」ニ忠信進徳ハ力行ノコト也。其力行ノ昔*ハ誠意則《ち》基也。経文ノ旨段々如《く》レ云《う》ナレバ、伝文ニ誠意バカリヲアゲテ二*ツ取アハセテナケレドモ、ヤツパリ取アハセテ云ト同ジ本意ヂヤト云コト也。○序*不レ可レ乱《る》 然或ト云ヨリ上ノ旨也。○功*不レ可レ闕《く》 然或ト云ヨリ下ノ旨也。

○或*問六章之指——天*下之道—— 「孟*子」ノ、道二《つ》云云ト云ヘル語意也。則韓*子ノ所謂虚位之字、本原ヨリ云来レバ実理ノ本善也。○然*《ども》 既有《て》二是形《の》体—— 「近思録」克己ノ部ニ、程子ノ、大抵人有《れば》レ身、便《ち》有《り》二自私之理一ト云ヘリ。思ヒ合スベシ。物欲《の》蔽ノ根ヲ云也。○真《に》知《ること》二其《の》可《く》レ好《む》—— 此中ニ云ヘル真ノ字、「章句」ノ実ノ字ト一也。○須臾*《しゆゆ》之頃 時ヲ以云。○繊芥*《せんかい》之微 事ニ付テ云。○曰然*《らば》則——字書《に》 朱子ノ諸書ニ引《け》ル字書ト云ヘルハ何《いず》レト定リテ指《す》ベカラズ。「切韻《せついん》」「広韻」「玉篇」、「爾雅《じが》」「説文《せつもん》」ナドノ類、広ク考テ見ベシ。「広部通韻」「礼部通韻」ナド考ベシ。

○[六九]所レ謂修《ることは》レ身《を》—— 懥《ち》ノ字、末書ニハ怒ノ字ノ中《うち》ニアルヲ云ト注セリ。「大全」ノ説ニ

をさす。

章下ノ章句… この節の趣旨は、経文では、知至らねば意の誠がならぬといってあるが、章句では逆に、意を誠にするのでなければ知も至らず心の体が明らかにならぬという。

蓋心体之明… 以下は章句の講義。

ドミタ どんより曇った。

然或… 章句の本文「然れども或いは、已に明らかなれども此に謹しまざれば…また已れの有に非ずして進徳の基となることなし」。

易ニ… ↓五五頁注「進修」

昔 基の誤りか。 **二ツ** 誠意と力行。

序…・功… 序は致知から誠意への順序、功は誠意の努力によって致知を十分にする功程。

或問… この節は伝六章の或問に対する講義。

天下之道… 或問本文、天下の道は二、善と悪とのみ、然れども、善は天命の賦(あた)えし本然、悪は物欲から生れた邪穢なり。

孟子ノ道二… 孟子、離婁上「孔子曰く、道は二つ、仁と不仁とのみ」の集註に「二端の外さらに他道なし…謹まざる可けんや」。

韓子ノ… 韓愈の「原道」に道を虚位という。虚位とは善悪仁不仁などの規定のないこと。本原ヨリ云来レバとは、規定がないのだからこそ本源を指したことばであり、それは実理、本心の善のことだ、という。

モ見エタリ。「語類」ニモ此旨ノ説アリ。皆「章*句」ノ本意ニ非《ず》。忿懥《は》怒也トアレバ只怒トバカリニ見テヨシ。若猶《もし》ソレニ、懥ハ怒ノ包ムノ、過《ち》ノト云ヲ加レバ、有*レ所ト云ニ及ズシテ正ヲ失フニ非ヤ。五*ノ者モ亦気稟人欲共ニ蔽アリ。気稟ノ上デ云ヘバ、アレハ怒ノアル人デ物ゴトニ腹立《っ》カタギヂヤト云者アリ。ソレガ其ナリデ節スルコトヲ知ネバ、必《ず》心ノ正ヲ得ヌモノ也。人欲ノ上デ云ヘバ、勿論事々ニシテ或《は》怒リ恐レ好憂《みうる》中ニソレガ大過スルカ、胸裡ニノコリテアリカシテ、必《ず》心ノ正ヲ得ヌ也。

○心*不レ在《れば》焉《ら》云云　敬以直《して》レ之《を》　直ノ字ヲ以《て》正ノ字ヲトク。

七〇*右伝之七章――　真《に》無《して》レ悪　実《に》有レ善　真・実ノ二字、誠ノ字ニアタル。○密察《にすることの》ニ此心――　我・人只ウロリトセズニ胸中ニ覚ヘアレバ、モハヤ此デ存心ナルト思フ。ソレハ功夫アラキカラ見《る》ユヱ也。誠意ヲ歴タル人ノ程朱如キノ人ノ功夫カラ見バ、幾《いく》バカリカ心ノ正カラヌコトアラン。サレバ存スルト云上ニ正ト云ガ一*等也。心サヘ存スレバモ一正《し》ト云ニ非、心ハ放《た》ネドモ正《し》カラヌト云コトガアルゾ。サレドモ、先《ず》存否ヲ密察スルコトノナラヌ中ニ正不正ハ云ハレヌゾ。○此章ニアテ、アル敬直ハ皆心ト緊《きっ》ク取《り》来《る》也。故ニ君*子必察《す》ニ乎此《に》一トサス。此ハ則《ち》心也。上ニ心有――其身トアルニツイテ、ソレヲ承《け》テ心身トモニ察スルヲ此トサスト見ベカラズ。○サテ、存心正心ト云《う》存心ハ、初学盛徳共ニ通ジテ云。「小学」ニシテ誠敬ニ習《う》カラガ則《ち》存心也。正心ハ「大学」格致誠意ヲ歴タ上ノ名也。名義ノアタル所如レ此。心得《こころえ》分ツベシ。サテ又朱子ノ説ニ存心デ自《お》ラ心ノ正《し》ト云《う》説モ幾ラモアリ。ソレハ泛《ひろ》ク示セル上カラ自由ニ説ケリ。

然既…　或問本文、然れどもこの形体の累(わずらい)があるからは私の物欲に蔽われて天命の本然があらわれ得ず。
須臾…・**纖芥**…　或問本文の意は、須臾の瞬時、纖芥の小事にも、一念一念、間断なく怠ってならぬ。
然則…　或問本文は、自慊の慊の字の意味についてもろもろの字書の解、用例があるとしながら、ここでは快(すっきり)の義だという。

章句ノ本意　章句本文「忿懥は怒なり。けだしこの四は、皆心の用にして人の無き能はざる所、然るに一つもこれ有て察する能はざれば、欲動き情勝ちて、その用の行はるる所、其の正の失はれざる能はざることあり」。講義の趣旨は、忿懥などの四は誰にでもある、それ自体は過ちでも不正でもない。けれどもそこのところを察しておさえねば心の正が保たれぬ、という。
有所　伝の本文の「有所忿懥…」。
五ノ者　未詳。底本、五の字の上が一字分空白。
心不在焉　章句に「心の存せざること有れば以て其の身を検すること無し、君子必ず此に察して敬以て之を直(なお)くして、然るのち此の心常に存し身修らざることなし」。正ノ字の正は前項の「其の心を正す」の正。
右伝之七章　以下、「正心して修身」の章の章句の総論。章句「意誠なれサルホドニトテ、存心モ正心モカタウ*カハリハナイト、取マゼテ論ズベカラズ。別ニ指意ノ在《る》トコロヲ見ベシ。

○或問*――人之一心、湛然*虚明――　尋常心ハ形ノ主ナドト云如キハ、初学ノ者モ誠ニトウツルベシ。人之一心、湛然虚明ト云ニナリテハ中々初学ノ覚ヘノナキコト也。コトワリ哉。此ハ格致誠意ノ人ノ上カラ云コト、サレバ則《ち》明徳ノ全体明ナルナリヲ云也。○其*《の》真体之本然――　皆ミガキタテ、語ルゾ。気稟人欲相雑ル上カラ云ヘバ、聖愚已ニ異也。此ハ「孟子」性善ノスヂデベツタリト聖愚一ニ、本体ノ上カラミガキタテ、云ヘルゾ。○妍蚩*《けんし》　鑑之空ニアタル。○俯仰　衡*之平ニアタル。○雖二鬼神《と》一――　天地鬼神ノ明白ニシテ洋々タル、僅ニ些ノ発スレバ則感ジテ欺クベカラズ。只未発寂然ノ際ハ吉トモ凶トモ善トモ悪トモ測ラレヌゾ。已ニ幾ニ発スレバ即《ち》善悪アリ。○応*《ずること》レ之既或《は》不レ能レ無《こと》レ失　応ズル時已ニ過不及アル也。○且又――　応ジテノ後ニ、事過《ぎ》テモアトニノコル也、ソレヲオフ也。○動*《く》二乎中《に》一――　ハヤ未発ノ時カラガ妄動ナルホドニ湛然虚明ノ本体ヲ失《う》也。

○耳*目――動静――　皆身ニツイテ云。

七二○所*レ謂斉《うることは》二其家《のを》一――　人謂*《はう》二衆人《を》一　格致誠正以上ノコトナレバ衆人底ノ過《ち》デハナキ筈ナレバ、人ト云ハ、フット出タコトノ様ナレドモ左《さ》デナシ。格致誠正以上ノ人ナレバ孟子以上ノ人也。モハヤ其人ノ上ニ細緊ノトコロニトリ落シハナキ也。自然ニモ過チアルハヤツパリ衆人ナミノ軽々地ノ所ニアル筈也。緊要ナキトコロナレバ也。故ニソノミガキヲ入《れ》ルトキニ、則《ち》ソレガ衆人ナミノ過《ち》ノ所ナルユヱニ、人ヲ以《て》カタル也。面白キ意旨也。

ば真に悪なく実に善有り、所以(ゆえ)に能くこの心を存しその身を検す。然るに、ただ意を誠にするをのみ知りて此の心の存否を密に察すること能はざれば、内を直くして身を修むることなし」。

一等　存の上の正の段階。

君子必察乎此　↓前注「心不在焉」

カタウ　堅く、きっかりと。

或問…　以下、伝七章の或問の講義。或問本文は心の本体の虚明なること、しかも心は妄動することを説く。

湛然　湛は清明沈静。

其真体之本然…　或問本文の趣旨、心の真体本然にもかかわらず、感に随って喜怒憂懼が起り、外物に因って妍蚩俯仰の形をとる、これは心の已むを得ざる用である。ミガキタテ、とは心の用をとりさってその本体をつかまえること。

妍蚩　美と醜、は用。鑑之空は本然。

衡之平　衡はさお秤り。さおの平衡。

応之既…　或問本文、応じて失なきこと能わざれば、且又これにひきずられて、喜怒憂懼の中に動くところがあり、それで心の用に正を得ぬものができてくるのだ。

動乎中　動は動揺混乱。中は心。

耳目…動静…　心の正を得れば、耳目動静もすべて正を得る、という。

所謂斉其家…　以下、伝八章、家を斉うるは修身に在り、の講義。

人謂衆人　この章の章句。伝八章の

○或＊問──或有《はり》レ所レ偏《なる》 或ノ字可レ見。アルモノヂヤト云《う》コヽロ。
○[七二]＊所レ謂治《んとならば》レ国《を》── 身修《らば》則── 此ヲ始ニアグ。本ヨリシテ云。経文、以レ修レ身為レ本ト云ヘル、一書ニ貫通ス。此旨猶《なお》平天下ノ「或問」ニ見《ゆ》。
○[七三]詩云《に》──其《れ》為《て》二父子兄弟 「蒙引」ニ、人一人ノコトヲ云、父子兄弟ガ悉ク善《よく》ナリテ人ノ法ニナルト云ニ非、サウハナラヌモノ、堯ノ子、舜ノ父子、周公ノ兄ナンド、聖人ノ上サヘ如レ此ナレバ、此ハ其人ガ父トナリ子トナリ兄弟トナリテ皆法《のつとる》ニ足《る》ト云コト、トイヘリ。然レバ、父子兄弟ト為《なり》テトヨム合点也。サン〳〵ワケモナイコト也。ヤツパリ其一家ノ作法《さほう》ヨク、父子兄弟下々《しもじも》マデガ悉ク人ノ法ニナルヤウニ斉《ととのえ》ルト云コト也。ソレニ、舜ノ父子ヤ周公ノ兄ハト云ヘバ、サレバソレ故メヅラシキコトデ、変＊ト云ハソレ也。其如キコトヲ云ガ皆邪智ノスヂカラ理屈ヲ云コト也。猶「啓発集」ニ朱子ノ明説アリ。
○或＊問 事《つる》レ君《に》之孝── 皆端的ナ教也。「小学」ニモ「孝経」ヲ引テ此旨ヲ云ヘリ。
○其《の》細 保二赤子《を》一ハ慈中之一端、慈ガ此デ尽ルニ非、只親近ナ所ニツイテ云ヘリ。大《なる》者ハ老＊弟慈也。
○曰＊此《の》章── 此《れ》為《に》下治《むる》二其《の》国《を》一── 治国者ノ手前カラ云ヘバ推《して》二吾《が》所《を》レ有《る》与レ民共《に》由《る》、ベツタリト君民一体ニシテ、我サヘ善《く》修レバ民モ自《お》視《み》効《なら》フワケ也。サテ＊条教法令賞罰ヲバカイシキセヌト云コトデハナキ也。ソレハ是非ニナウテハナラヌコト也。○此章、蔵《する》二諸身《に》一ノ恕ヲ云ハ、治《る》レ己《を》之心ヲ以《て》治《む》レ人《を》ト云ニアタリ、下＊章ノ絜矩《けつく》ヲ云ヘルハ、愛《する》レ己《を》之心ヲ以《て》人ヲ愛スルノ恕也。如レ此心得ワケテ置テ見ベシ。○格致誠正修身ノ上ノ人ノ恕ナルホド

本文に、人はその親愛賤悪…する所において辟《ひが》(偏)む、そこに過ちがおこるという、その人とは衆人、なみの人であるという。

或問… 伝の八章の或問。或問の本文は「或いは偏する所ありとは、一たび事に接して必ず偏する所ありと為すには非ず」。

所謂治国… 以下、伝九章。「国を治むるには先づ其の家を斉へよ」。その章句「身修まれば家教ふべし…然して国の君に事へ長に事へ衆を使ふ所以の道も此に外ならずして…教へ下に成る」。治国の本の斉家をさらにさかのぼって身を修めるをいう。

変 普通一般に対する例外の異変。大学啓発集六に引く朱子語類一六に「聖人はその常を論ず、堯舜のことは其の変なり」。

或問… 以下、伝九章の或問の講義。その或問に、けだし、かの衆を使うの道はただその幼を慈しむより推すのみ、而して幼を慈しむの心は外よりおしつけ強いて為すに非ず、君に事えるの孝、長に事えるの弟というもこれに外ならず。細小のところをいえば大なるところも知るべし、と。君に事えるの孝とは、実は父母への孝がそのまま君への忠になるのだ、長に事える弟とは、兄に事える徳が、おのずから長者に事えることになる。

小学二、通論に孝経広揚名を引く、

ニ恕ノ正キヲ得ル、忠恕也。ソレニ至ラヌ人ノ己ヲ推《さん》ト思《い》テモ、我《わが》イガメル心ヲ推《す》ナレバ恕ノ正ニハ非。

右、山崎先生大学説一篇、何人の録する所なるかを記せず。予、これを三木氏に得。三木の先世は神道を梨木祐之*に学ぶ。而して此の篇は其の伝書に属する也。然らば則ち疑ふらくは梨木氏の録する所也。因りて謄写《とうしゃ》し、以て其の左験《さけん》すべき者を俟《ま》つと云ふ。

*嘉永辛亥季冬　　後学上原正福 謹識

右山崎先生大学説一篇。不記何人所録。予得諸三木氏。三木之先世学神道於梨木祐之。而此篇属於其伝書也。然則疑梨木氏所録也。因謄写以俟其可左験者云。

嘉永辛亥季冬　　後学上原正福 謹識

曰く、「君子の親に事ふること孝、故に忠君に移すべし、兄に事ふること悌、故に順長に移すべし」。

老　伝の本文は「孝」。老は誤り。

曰此章…　或問の語「此れ其国を治むる者の為めにして言へば」。以下講義のとおり。

サテ　さりとて、とはいえ。

下章ノ絜矩　伝十章の本文「上に悪むところ、以て下を使ふなかれ。…右に悪むところ、以て左に交はることなかれ…此れを絜矩の道といふ」。絜とは度(はかる)、矩とは規準とする、の意。なお治己之心ヲ以治人、愛己之心ヲ以人ヲ愛スルは或問の語。

梨木祐之　桂斎。闇斎の門人。下鴨の神官。

嘉永辛亥　嘉永四年(一八五一)。

補記

庠序学校(一八8)　孟子、滕文公上に、先ず民の恒産を保障する政道を述べ、次に恒心を治める法として、「庠序学校を設為して之に教ふ。…皆人倫を明らかにする所以なり」。集註によれば、庠は養老、校は民を教える、序は射を習う。この三者は郷学で、学は国(の大)学である。

程子大学ノ…コレ朱子ノ説(一八15)　大学の経文の八条目のうち、前六条には伝(曾子の解釈)があるが、後二条の致知・格物にはない。朱子の章句ではこれを「今亡びぬ」とし、さらに曰く、「竊かに程子の意を取りて補ふ、曰く、所謂致知は格物に在りとは、吾が知を極致せんとすれば、物に即いて其の理を窮むるに在り、と言ふなり」。

丘氏ノ衍義補(二〇1)　明の丘濬の「大学衍義補」一六〇巻。宋の真徳秀が朱子学の大学解釈を項目別に解説した「大学衍義」四三巻を補ったもの。

通鑑(二〇1)　宋の司馬光の「資治通鑑」二九四巻。この書にもとづく朱子撰「資治通鑑綱目」五九巻がある。

程氏ノ書…(二〇6)　河南程子経説(二程全書の

中)第五に、明道先生改正大学・伊川先生改正大学がある。

俟後之君子(二〇9) 論語、先進に、孔子が弟子に政治の抱負を問い、冉有は、小国ならば三年くらいで豊かにできようが、礼楽のことは「以俟二君子一」と謙遜した。

無所逃罪(二〇9) 春秋左氏伝、襄公三年の語。これを解説して孟子、滕文公下に曰く、世道衰微して君臣父子の道が乱れたのを、孔子が懼れ春秋を作ってこれを筆誅した。しかしこれは元来天子のやることであるから、「故に孔子曰く、我を知る者はそれ春秋か、我を罪する者はそれ春秋か」と。

素問(二〇11)「黄帝内経素問」二四巻。医書。黄帝とその臣の岐伯との問答の形式をとっている。

難経(二〇11) 二巻八一篇。周の扁鵲の撰と伝えられる。「素問」に対する疑難に答える形式をとっている。

欧陽集…(二〇11) 宋の欧陽脩の「欧陽永叔集」。「易或問」はその中の居士集第一八巻にあり、別に「易童子問」三巻がある。

小学題辞(二一1) 朱子の小学の題辞。その趣旨は、小学の聖教が亡びて風俗が悪くなり善良の人物も出なくなった、いま復興したい。

程子…(二一4) 論語、子張「子夏曰、有レ始有レ卒者、其惟聖人乎」の集註に引用した程子の文中に、上記の左伝の語がある。

二程遺書…(二三11) 「二程遺書」「外書」は程明道・伊川兄弟の遺文集。「近思録」は二程などの肝要語を項目別に採輯した書。いずれも朱子などの編。存養は近思録の篇名。

主一箴(二三5) 論語、学而の集註に「敬は主一無適の謂なり」とあり、程伊川の「敬とは主一(一に主たり)、一とは無適(ゆくことなし)のこと」という説を引く。

孔子自ラ…(四三6) 論語、為政「子曰く、吾十有五にして学に志し、三十にして立ち、四十にして惑はず、五十にして天命を知り、六十にして耳順ひ、七十にして心の欲する所に従ひて矩を踰えず」。集註に「愚謂ふ、聖人は生れながらに知り安らかに行ふ。固より積累の漸なし」。

孟子ノ…(四三8) 孟子、尽心下「善人、信人…欲すべきを善と謂ひ、已れに有するを信と謂ひ、充実を美と謂ひ、充実して光輝あるを大と謂ひ、大にして化するを聖と謂ひ、聖にして知るべからざるを神と謂ふ」。

常言之序(四八4) 孟子、離婁上「人に恒言あり、皆天下国家と曰へども、天下之本は国に在り、国之本は家に在り、家之本は身に在り」。集註「其の言に序あり」。この恒言の序の点でも大学・中庸・孟子は一貫しているという旨。本語とは孟子本文の語。「諱ヲ避」は未詳。なお亀山天皇の諱は恒仁。

亦可見(四八5) 意は、小序の程子の言によると大学で古人の学問がわかるというが、孔曾思孟は一貫していること上に説いたとおりだから、論孟でも古人の学問はわかると、これが蒙引の説。然しまた、そうやかましく言わないでも、論孟でもわかるというのが程子の意であるとしてよいのだ。朱子ははっきり説いていない、という意。

曾子子貢…一貫ノ地(五五2) 論語、里仁「子曰く、参(曾子)や、吾が道は一以て貫く」。論語、衛霊公「(子貢に対して)子曰く、予、一以て貫く」。集註に前者は行について、後者は知について、とある。

一旦豁然(五五9) 中庸章句の序には「一旦恍然」(底本傍記「恍然」)とある。脱然はすっぽりと、豁然はからりと、恍然は忘我、の意。

此クヽリニ…(五五10) 程子の語十六条のうち前の九条について、朱子が、以上は、努力すべき要所とその順序とを説いた、と総括していること。

或問観物…(五五11) 物を観て己れを察するというから、物を見るのが先きではないか、という問いに対して程子が答える。邵康節の皇極経世書、観物内篇に、聖人が万物の情を一つにしうる所以は聖人が反観しうるからである。反観とは、我を以て物を観ず、物を以て物を観ることである。

合内外之道(五五12) 中庸二五章「誠は、自ら己れを成すのみに非ず、物を成す所以なり、已れを成すは仁、物を成すは知なり。性の徳なり。内外を合する道なり」。

一草一木…(五五14) 程子の本文は「一草一木皆理有り、察せざるべからず」。王陽明の伝習録上に、陽明曰く、夫れ我にはそんな暇はない、おまえも自己の性情を理会して云々。

大軍之遊騎…(五五15) 或問本文、至善の所在を知らずに汎然と万物の理を観ようというのは、大軍之遊騎の出ることはなはだ遠くして帰する所無きが如しと。八陣は黄帝の創始といわれる八の陣型、偃月陣はその一つ。偃月とは半弦の月。遊(騎)兵は非常に備える機動隊。握奇経にもとづく。

太極ノ妙(五六9) 太極図説の朱子の解に、太極は万化の枢紐、品彙の根柢なりと。太極は即ち一理、一理は即ち万理で、大を極め小を尽し、物にも心にも通じている、これを妙という。

陽明ガ…(五七2) 伝習録一。朱子は、人の為学は心と理にあるのみというが如何。陽明曰く、心即性、性即理なり、との字を加えているのは心理を二つにしているのだ。

程伝(五九9) 「曰く、人、心正しく意誠なれば…心に比昵(なず)するところあるも、義の不可なるを以て決し、中正の義を失はず」。

本然気質性講説

（山崎闇斎）

本然気質性講説

垂加先生、*性論ノ会ニ講説シ玉ヘリ。譬テ云ヘバ、本性ト気質ノ性ハ、先《まず》*薬種《やくしゅ》ヲ紙袋ニ入レテ*置タ時ハ、天ノ元亨利貞ノ*四徳ノ様ナルモノナリ。其薬ハ譬ヘバ、*四君子湯ノ*薬味、人参・*白朮《びゃくじゅつ》・*茯苓《ぶくりょう》・*甘艸《かんぞう》、此四味ヲ一コネニシタイト云時ハ、粉薬ニシテモ、マタ分《わけ》ラルヽ様也。ソコハ如何様ニスレバ、四味一コネニ成テ、コレ〳〵ト見ヘヌ様ニ成ゾナレバ、水ヲ入レテ煎ジ合セネバ、一コネニナラヌ也。其煎ジタ時ハ、何レガ白朮、何レガ人参ト分ケガ見エヌナリ。ソコデ初テ湯ト云名ガ出テ、四君子湯トモ云、始テ煎薬《せんじぐすり》ト云名ガ出ル也。其如ク元亨利貞ノ四徳ヲ気質ヲ以テ一コネニセネバ、人ノ形モ出ズ、尤《もっとも》性ト云名ガ出ヌゾ。則《すなわち》ソコデ*夫《か》ノ元亨利貞ノ四徳ヲ陰陽五行ノ気ニ合セテ、人ヲ生ジ、*ソレ〴〵ヲ人ニ得タ処ヲ仁義礼智ト云ナリ。扨《さて》白朮・人参・茯苓・甘艸ノ四味ノ薬種ハ本然ナリ。水ハ気質ナリ。薬モ水デ煎ジ合セネバ、煎薬ノ名ナク、理モ気ニ具ラネバ、性ナシ。扨四味ノ薬ヲ煎ジ出シタ時ハ、人参・白朮・茯苓・甘草ノ*気、一コネニベツタリト成テ、雑《まじっ》テ*訳《わけ》ガナイカト思ヘバ、人参ハ人参、白朮ハ白朮、ソレ〴〵ガ性ヲバ*ズンド交ヘズオル也。水ノ内ニ其理ノ筋々ガ*分レテ、人参ハ気ヲ補フ、白朮ハ脾胃ヲ補フ、茯苓ハ痰《たん》ヲ去《さる》ト云様ニ、ソレヲ用タ時ハ、己々ガ*受取前《うけとりまえ》ヘバカリユク也。ソフナクテ一コネニナラバ、*瀉《しゃ》

性論 朱子学では、天から賦与されたのが性で、性即ち理であるが、現実界は理と気からなり、天よりうけた性は同じくとも、各のうける形気は異るので形気の性は過不及を免れない。前者の性即理の性を本然の性、後者を気質の性と呼ぶ。気質の性に克ち変化せしめて、本然の性に復し存養するのが学問修養である。

薬種 薬の材料、調合しない前のきぐすり。

置タ 小甲本新本「掛テ置タ」。

四徳 天が万物を化育する四徳、即ち元亨利貞(→二五八頁注)。易、乾卦、文言伝にあり。

四君子湯 漢方の薬の名。

薬味 薬の品類。

白朮 菊科の草、山野に自生し、根が薬用になる。

茯苓 担子菌類サルノコシカケ科の菌の菌核。利尿の効あり、漢方で水腫・淋疾等に用いる。

甘艸 マメ科の多年草。鎮痛・鎮咳剤によく使われる。

夫ノ 新本「天ノ」。

ソレ〴〵 小甲本新本「ソレ」。

気 小甲本新本「気ガ」。

訳 底本等「訣」、今改む。

ズンド 打消を伴って、全然、決して。

分レテ 小甲本新本「分レテイテ」。

受取前 本来賦与されている持ち前。

瀉 もどす、或はくだすこと。

トモ補トモツカズ、ソレデハ病ヲ去ルコトモナイ筈也。已々ガ性ヲ具ヘテ、ソレハ一コネニナラズ、屹《きっ》ト其*筋々ガ分レテ有ユヘニコソ、ソレ〱ノ所ハ治《なお》シテユク也。其如ク人ノ心ノ内ニモ理気ベツタリトシテハイルケレドモ、仁義礼智ガ一コネデハナシ。仁ハ仁ノ筋、義ハ義ノ筋ト、ハキト分*レテアルコト也。仁ガ起*レバ惻*隠、義ガ発《おこ》レバ羞悪ト云様ニ、ソレ〱ノ根ヨリ其ツルハ発テ出タモノナリ。ソレデモ仁ノ筋ガ義ノ筋ニタガフコトナク、義ノ筋ガ仁ニ取違ヘズ、屹ト分レテ有ユヘ、孺子ノ井ニ入ヲ見テハ、惻隠ノヤマレヌ心ガヲコリ、又悪ヲ見テハ憎ミ、善ヲ見テハ愛スルモ、仁ノ筋、義ノ筋カラ、段々発テ出タモノ也。扨茶碗一杯ノ煎薬モ、亦小指ノ上ノ一滴ノ煎薬モ、四味ノ薬ガコ*レニアリ、コレハナシト云コトナク、四味ナガラ、ドレ〱ニモ大小ヲ分タズ当*分ニアルナリ。爰ヲ以テ見タ時ハ、イヨ〱其筋々ガ分レテ具リアルガ知《しら》ル丶ナリ。然レドモ其気質ノ清濁アルハ又分《わけ》ガアリ。ナゼナレバ、水デ煎ジタルトキハ、其薬モ四味トモニ、四味ノ薬ノ性ダケニ一盃ヲ尽シタ者ナリ。爰ガ気質ノ明《あきらか》デ、ヨイ人ノ事ニシテ、即《ち》聖人ノコトヲ云。扨又水*ニモ色々アレバ、或《は》塩《シヲ》水モアリ、河水モアリ、或《は》湖水・泥水*・堀水ノ類アレドモ、畢竟清濁ノ二《つ》ノ外ナシ。濁水デ煎ジタ時ハ、中々一口モ飲ル丶コトデハナシ。其薬種ノ性モ失《うせ》タル様ニ見ユル也。尤《も》ソレハ飲デモアタルナリ。ソレカラハ其薬ノ性モ失セタ様ナレドモ、全ク失ハセヌ也。泥中《の》玉ノ如クニシテ、其濁水ノ内ニ、薬ノ気ガ屹ト有テ、失モセズ、又少モ薬力ガヘルコトナシ。其悪*水ハ濁《にごり》サヘスマセバ、ズンドヨク清《すん》デ、元ノ如クニ成*テ、其薬力ノ性ダケ一パイヲ尽スベシ。水ハ濁リテモ、澄シサヘスレバ、薬ノ性ハ減《へる》コトナシ。

其　新本なし。

分レテ　小甲本「分レノ」。

起レバ　新本「発レハ」。

惻隠　孟子、公孫丑上「孟子曰、人皆有二不レ忍レ人之心一。…所四以謂三人皆有二不レ忍レ人之心一者、今人乍(にわかに)見二孺子将レ入二於井一、皆有二怵惕惻隠之心一。非レ所三以内二交於孺子之父母一也。非レ所三以要二誉於郷党朋友一也。非下悪二其声一而然上也。由レ是観レ之、無二惻隠之心一、非レ人也。無二羞悪之心一、非レ人也。無二辞譲之心一、非レ人也。無二是非之心一、非レ人也。惻隠之心、仁之端也。羞悪之心、義之端也。辞譲之心、礼之端也。是非之心、智之端也。人之有二是四端一也、猶三其有二四体一也。…凡有二四端於我一者、知三皆拡而充レ之矣、若二火之始然、泉之始達一。苟能充レ之、足三以保二四海一。苟不レ充レ之、不レ足三以事二父母一」。

コレニ　小甲本新本「コレニハ」。

当分　分担の場合、自分が引受ける割り当てられた分の意。ここでは「等分」の宛字であろう。

水ニモ　小甲本「水モ」。

水　底本脱、小甲本新本により補。

悪水　新本「濁水」。

成テ　新本「ナリ」。

人ノ性モ即《ち》如レ此ナリ。何程気質ノ蔽《おおい》有テモ、其理ハ少モヘルコトナフシテ、仁義礼智ノ性ガ屹ト具リアル也。其証拠ニハ、何ホド悪人デモ、子ノ不便《ふびん》デナイ者ハナク、気質昏蔽ノ*至極デモ、仁義礼智ノ欠ケル*コトナシ。スレバ其気質ヲバ、何ニテ直シテ元ニ*反《かえ》ルナレバ、ソコガ学問ノ入ル所也。故ニ学問シテ気質ヲ変化シタ時ハ、自《お》本性ニ復《かえ》ル也。扨*煎薬ヲ薬バカリカト思ヘバ、水也。水カト思ヘバ、薬也。ドコガ薬デ、ドコガ水ト云訳《わけ》ガ見ヘヌナレドモ、其薬*力ノ性ハ、己々ガ受取前ヲ屹ト具テ、筋々ガシツカト分レテアル也。人ノ性モ其如クニテ、理カト思ヘバ、気質也。気質カト思ヘバ、其内ニ理ガ*具リアル也。一コネデナク、其筋々ガ分レテアレバ、本然気質本《もと》ハ一《つ》也。分テ云ヘバ二ツ也。*其一コネノ煎薬ノ内ニ四味ノ薬ノ性ガ分ル、如ク、人ノ性ニモ仁義礼智ガ屹ト分レテ、其筋々アルニ因テ、外ヘ発見スルニ、仁ニ感ズレバ惻隠発リ、義ニ感ズレバ羞悪発ル也。仁ノ筋ガ義ノ筋ヘ紛《まぎ》ル、コトナク、慥《たしか》ニタガヘズ。扨其薬ガ一方ヘ計《ばかり》行テ、人参ハ人参、茯苓ハ茯苓ト、吾ガ受取前計ヘ行テカマハヌカトスレバ、左様デモナシ。各*其筋々ガ主ニナリテ行モノハアレ*ドモ、タトヘバ人参ガ気ヲ*マシテ、ノコル三味ハカマハヌト云コト*デハナシ。人参ニ付テノコル三味モ行コト也。茯苓ガ痰ヲ去レバ、ノコル三味ハカマハヌト云コトデナシ。ノコル三味モソレニ付テ*行ク也。但主ニナルトナラヌトノ違*也。人ノ性モ其如ク也。仁ニ感ズレバ、仁ノ筋バカリデ惻隠ガ発テ、義礼智ハ屹トシテイルカトスル、左様デハナシ。義礼智モ仁ニ付テ発レドモ、是モ主ニナルト、付テ行《く》トノ違イ*計也。扨理ハヨイケレドモ、気質ガワルイ時ハ、気質ニ因テ悪アルト雖《も》、*左計《さばかり》*デハナシ。一段深ク云タ時ハ、理ガ主ニ

至極　新本「極」。
コト　小甲本「コトハ」。
反ル　底本系の諸本「及ル」、小甲本新本により訂。
煎薬　新本「其煎薬」。
力　新本なし。
具リアル也　小甲本「具テアリ」。
其　底本脱、諸本により補。
其　小甲本なし。
ド　底本系脱、小甲本新本により補。
マシテ　増して(気を補って)。小甲本「マワシテ」。
デハ　小甲本「テ」、新本「ハ」。
行ク　小甲本「行コト」。
也　新本「アリ」。
計　小甲本なし。
左計　新本「左様ハカリ」。
デハ　小甲本「デ」。

ナリ、結句気質ヲ引廻シテ悪ヲ為ルコトアリ。ソレハワルイトハ知ナガラ、悪ヲ為ルコトノアルハ、彼《の》理ガ却テ気質ヲ引マハス故也。譬ヘバ、濁水デ煎ジタ薬ヲ飲時ハ必《ず》アタル也。ソレハ水ノ濁タユヘヂヤトハ見ヘレドモ、水計デナシ。薬ガ手伝フコト也。只ノ濁水ヲ飲ダヨリハ烈《はげし》クテ、アタル所ガ強ヒ筈也。其品ハ薬力ヲ以テ水ノ性ヲ烈フスル也。ソコデ唯ノ濁水ヲ飲ダヨリハ、結句アタルコトハ強イ筈也。此事ハ*末ニ段々見ヘタリ。先《ず》大概気質本然ノ分レ、理気妙合ノ沙汰ハ、是ニスギタル教*ハナシ。尤《も》大切ニ思惟、妄ニ人ニ説ベカラズ。

遊佐好生 記聞

末ニ段々　新本「段々末ニ」。

ハ　新本なし。

敬斎箴（山崎闇斎編）

敬斎箴講義（山崎闇斎）

〈付〉闇斎敬斎箴講説

敬説筆記（佐藤直方）

〈付〉直方敬斎箴講義

絅斎先生敬斎箴講義（浅見絅斎）

敬斎箴筆記（三宅尚斎）

敬斎箴

敬斎箴序

人之一身五倫備《リテ》焉、而主《タル》二乎身《ニ》一者《ハ》心也。是《ノ》故《ニ》心敬《スレバ》、則《ち》一身修《リテ》、而五倫明《カナリ》矣。程子《ノ》曰《く》、主一之謂《ヒ》レ敬《ト》、無適之謂《フ》レ一《ト》。此《レ》合《セテ》二動静表裏《ヲ》一言《のタマフ》レ之《ヲ》。朱子《ノ》此《ノ》箴凡《テ》十章、自《リ》二首章一至《マデハ》二第六章《ニ》一、言《タマフ》二持敬之目《ヲ》一。次《ノ》一章《ハ》結《シタマフ》二前六章《ヲ》一。其《ノ》曰《タマフ》レ従《フト》レ事《ニ》者、必有レ事焉之意。能《ク》如《クナレバ》レ是、則動静無《ク》レ違《フコト》、表裏交《ヒ》正《シ》。何《ソノ》身之不《ラ》レ修、倫之不《ルコト》レ明《カナラ》之有《ン》。次《ノ》二章《ハ》言《タマフ》二不敬之害《ヲ》一。夫《レ》須臾之間毫釐之差、豈可《ケン》レ忽《ゆるがせニス》哉。苟《モ》忽《セナレバ》則一身無《くシテ》レ主、而為《テ》レ君不《ト》レ足レ為《ルニ》二臣《ノ》綱《ト》一、為《テ》レ父不《ト》レ足レ為《ルニ》二子《ノ》綱《ト》一、為《テ》レ夫不《ト》レ足レ為《ルニ》二妻《ノ》綱《ト》一。且《ツ》臣弑《シ》二其《ノ》君《ヲ》一、子弑《シ》二其《ノ》父《ヲ》一、仏氏《ガ》一切《ニ》殄二滅《てんめつスルコト》五倫《ヲ》一、非《ズ》二一朝一夕之故《ニ》一。其《ノ》所《ノ》二由来《テル》一者漸《ナリ》矣。末章《ハ》総結《テシタマフ》二一篇《ヲ》一。嗚呼丁寧訓戒至《テリ》為二親切一。願《フ》レ治《ヲ》之君、志《ス》レ学《ニ》之士、所レ当《キ》《ニ》二拳拳服膺《シテ》而弗《ル》レ失《ハ》也。

明暦改元夏四月十三日

山崎嘉敬義序

敬斎箴

読《テ》二張敬夫《ノ》主一《ノ》箴《ヲ》一、掇《ひろつテ》二其《ノ》遺意《ヲ》一、作《リ》二敬斎《ノ》箴《ヲ》一、書《シテ》二斎壁《ニ》一、以自警《てみずからいましムト》云《フ》

正《フシ》二其《ノ》衣冠《ヲ》一、尊《フシ》二其《ノ》瞻視《せんしヲ》一、潜《ひそメテ》レ心《ヲ》以居《てテ》、対《ス》二越上帝《ニ》一。〈越《ハ》於也。上帝《ハ》天也。以二主宰《ヲ》一而言《フ》。書《ニ》曰、惟皇《ナル》上帝降《ス》二衷《ヲ》于下民《ニ》一。呉氏《ノ》曰、此《ノ》四句言《フ》二静《ニシテ》

無レ違。〉

足容必重、手容必《ず》恭《うやうやし》、択レ地而蹈、折二旋蟻封一。〈蟻封蟻垤《ぎてつ》也。熊氏曰、択レ地而行、猶レ回二旋於蟻垤中一。所レ謂蹜蹜如レ有レ循也。呉氏曰、此四句言二動無一レ違。〉

出レ門如レ賓、承レ事如レ祭、戦戦兢兢、罔二敢或易《かろん》一。〈戦戦恐懼貌。兢兢戒謹貌。呉氏曰、此四句言二表之正一。〉

守レ口如レ瓶、防レ意如レ城、洞洞属属、罔二敢或軽一。〈熊氏曰、謹二言語一、如二瓶貯レ水而不レ洩《もら》、杜《とざ》二私意一、如二城防レ寇而甚《あまね》周一、質慤《しっかく》専一、毋二敢軽忽一。呉氏曰、此四句言二裏之正一。〉

不二東以西一、不二南以北一、当レ事而存、靡《な》二他其適《ゆ》一。〈呉氏曰、此四句、言三心之無レ適而達二於事一。〉

勿レ貳《そえ》以レ二、勿二参《まじえ》以一レ三、惟精惟一、万変是監《み》。〈呉訥曰、精謂レ本レ心。一謂レ不レ二。呉氏曰、此四句、言三事之主レ一而本二於心一。〉

従二事於斯一、是曰レ持レ敬、動静無レ違、表裏交正。〈呉氏曰、此四句総二結前六章之義一。〉

須臾有レ間《ひま》、私欲万端、不レ火而熱、不レ氷而寒。〈朱子曰、須臾之間以レ時言。呉訥曰、不レ火而熱者、為二忿怒一所レ乗。不レ氷而寒者、為二憂懼一所レ動。呉子曰、此四句、言二心不一レ能レ無レ適之病一。〉

毫釐有レ差《たが》、天壌易レ処、三綱既淪《しず》、九灋《ほう》亦斁《やぶ》。〈朱子曰、毫釐之差以レ事言。三綱謂下君為二臣綱一、父為二子綱一、夫為中妻綱上。九灋説見二書洪範一。呉氏曰、此四句、言二事不一レ能レ主レ一之病一。〉

於乎《ああ》小子、念《おもへ》哉敬《つつしめ》哉。墨卿司レ戒、敢告二霊台一。〈墨卿墨之号。霊台謂レ心。呉氏曰、此四句総二結一篇一。〉

考異〈勿一作レ弗、又作レ不。精一作レ心。無一作レ弗、又作レ不。於乎一作二嗚呼一。司一作レ可。〉

附録

朱子跋徳本所蔵南軒主一箴曰、敬之一字、学者若能実用其力、則《ち》雖《も》程子両言之訓、猶為剰語。如其不然、則言愈多、心愈雑、而所以《て》病《む》乎敬者、益深矣。誦敬夫之箴者、要当以《て》識此意云。 慶元己未初伏 雲谷老人書。

問敬斎箴。朱子曰、此是敬之目。説有許多地頭去処。

問敬斎箴蟻封。朱子曰、蟻垤也。北方謂之蟻楼。如小山子。乃蟻穴地、其泥墳起如丘垤、中間屈曲如小巷道。古語云、乗馬折旋於蟻封之間。言《いうココロハ》蟻封之間、巷路屈曲狭小、而能乗馬折旋於其間、不失其馳驟之節、所以《て》為難也。鸛鳴《かんく》于垤《てつ》、垤即蟻封也。天陰《くもり》雨下、則蟻出。故鸛鳴于垤、以俟《まち》蟻之出、而啄食之也。王荊公初解垤為自然之丘、不信《ぜ》蟻封之説、後過北方、親見有之、遂改其説。

朱子曰、蟻封乃小巷屈曲之地。是折旋中《あたル》矩、不妄動也。

問、旧見敬斎箴中云択地而蹈、折旋蟻封、遂欲如行歩時、要歩歩覚得他移動。要之無此道理。只是常常提撕《ていせいス》。朱子曰、這《こ》箇病痛須一一識得方《まさニ》得。

朱子曰、守口如瓶、是言語不乱出。防意如城、是恐為外所誘。

朱子曰、守口如瓶、不妄出也。防意如城、閑《ふせグ》邪之入也。

問、勿弐《そえテ》以《て》二、勿参《まじえテ》以《て》三、不東以西、不南以北、如何分別。朱子曰、都《すべテ》只是形容箇敬。敬須《く》主一。初来有二一箇事一、又添二一箇一、便是来弐レ他成二両箇一。元有二一箇一、又添二両箇一、便是来参レ他成二三箇一。不二東 以西一、不二南 以北一、只一心做《なシ》レ東去、又要二做レ西去一、做レ南去、又要二做レ北去一。皆是 不《あらず》二主一一。上面説三箇心不二 二三一、下面説三箇心不二 走作一。問二主一一。朱子曰、心只要二主一一。不レ可レ容《いるル》二両事一。一件事了、更加二一件一、便是 弐《そうるナリ》。一件事了、更加二両件一、便是 参《まじゆるナリ》。勿二弐以二一、勿二 参以三一、是不レ要二二三一。不二東 以西一、不二南 以北一、是不レ要二走作一。

李守約 上《たてまつりテ》レ書曰、敬斎箴云、須臾有レ間、毫釐有レ差。朱子答レ之曰、須臾之間以レ時言。毫釐之差以レ事言。皆謂レ失二其敬一耳。非二両事一也。

或問、敬斎箴後面《の》、少二些従容不迫之意一、欲三先生添二 数句一。朱子曰、如何 解二迫切一。今未二 曾下レ手在、便要二従容不迫一。却無二此理一。除非那人做二 工夫一大段厳迫、然 後勧三他勿二迫切一。如下人相殺、未二曾交レ鋒、便要中 引退上。今未三 曾做二工夫一在、便要レ開二 後門一。然亦不レ解二迫切一、只是不二曾做一、做着時不レ患二其迫切一。某但常覚二得緩寛底意思多一耳。李曰、先生猶如レ此説。学者当二如何《に》一 也。〈除惟也、非助辞。〉

黄勉斎曰、此箴是従レ粗説入レ精、従レ浅入レ深。又曰、動静不レ違、表裏交正。是一篇綱領。

問二毫釐有レ差天壌易一レ処。陳北渓曰、此非レ謂三些小事不レ敬便能做二大病一。是言下大病痛只在二微細処失一起上。故千里之繆《あやまり》差二之毫釐一。然亦当レ思下微細処差失似二甚小 可一、何故便到中 天地変乱三綱淪《しずみ》 九法 斁《やぶるる》上。殆難下以二空言一解釈上。須下多歴二 人情事変一之熟 乃 知中此不敬之為レ害端的処凜乎 甚可レ畏。而 非二理明 義精一、亦不レ能二発 到レ 此。真可レ為レ切レ已。箴之救レ人、免レ陥二 於夷狄禽獣之帰一也。

陳北渓曰、文公敬斎箴、正是鋪二序 日用間持敬工夫節目一、最親切。宜下列二諸座右一、常目在レ之、按 為二準則一做中工夫上。

久久ニシテオ自別ナラン。

真西山ノ曰、自リレ漢以来、世之諸儒、未レ有ラ下深ク知ルニ敬之為レ義コトヲ者上。惟程子有リレ曰タマヘルコト、主一之謂ヲレ敬ト、無適之謂ヲレ一ト。又曰、整斉厳粛ナレバ則心自オ一ナリ。而《して》朱子又為《つくりタマフ》ニ之ガ箴ヲ一。敬之為《たる》レ義、至テレ是ニ無シニ復タ餘蘊一。有ルレ志ニ於聖学ニ一者、宜シクレ熟ニ復ス之ヲ一。

草盧呉氏ノ敬堂ノ説ニ曰、淮西ノ楊応叔以レ敬ヲ而名ヅクニ其ノ読ムレ書ヲ之堂ニ一。噫大ナル哉名ヅクルレ堂ニ之義ヤ乎。古ノ聖人垂タマフレ世ニ之言、肇《はじまりテ》レ自リニ唐虞一而典謨之書ニ言フレ敬ヲ者不レ一ナラ。商人周人之詩、周公孔子之易ニ、継継トシテ言フレ之ヲ。論語大学中庸孟子ヨリしモ下逮《およんデ》ニ伝記諸家之言ニ一、又累累トシテ及ブレ之ニ。然ニ惟商頌周雅ノ聖敬日躋《ニのぼル》、於ア、緝熙《ニシテつつしみタマフノ》敬止《とどまり》、両辞為三以レ此ヲ賛ニ詠スルコトヲ湯文之徳ヲ一。其ノ餘言フコトレ敬ヲ各随テレ所ニレ指ス、鮮《すくなキ》下或ハ該《かねテ》ニ体用之全ヲ一而言フコト上也。夫子答テニ子路君子之問ニ一曰タマフハニ修ルニレ己ヲ以ストレ敬ヲ、所《かぬル》レ該則広シ矣。而ルニ子路會テ莫シテニ之ヲ悟ルコト一、反テ疑テニ聖人之言浅近ナルカト一、而不ルレ知ラニ其ノ甚ダ深ク甚ダ遠きコトヲ一也。千数百年之後ニ、程子始テ闡《せんめいシテ》ニ明之ヲ一、以極《めタマフ》ニ於天地位シ万物育スルニ一。而ルニ読ム者亦或ハ為メニレ之ガ茫然タリ。夫レ敬ト者人心之宰、聖学之基也。釈シテニ其ノ字義ヲ一、曰ヒレ欽ト曰レ寅ト曰レ祗ト。由テレ中ニ而外《あらわるるヲ》、曰レ恭ト曰レ荘ト曰フレ粛ト。独リ程子擺《はいだつシテ》ニ脱訓詁ヲ一、而謂タマフニ之ヲ主一無適ト一。其ノ開ニ示シタマフ学者ニ一之意至テ切也。応叔以テニ予之嘗テ有ルヲレ志シニ於程学ニ一也ヤ、請フ三予以文センコトヲ二其ノ堂之名ニ一。予レ不ルニ敢テ臆説セ一也。睎《こいねがハヾ》ニ程子之学ヲ一、当ニシ下自リニ朱子之言一入ル上。乃《イまし》演《えんえきシテ》ニ繹敬斎之箴ヲ一、以裨ニ益スル敬堂之義ヲ一。箴之首章潜テレ心ヲ以居《てト》者、静ニシテ而居処之敬也。其ノ次章択テレ地ヲ而蹈ト者、動テ而歩《ほ》趍《すう》之敬也。三章之如レ賓ノ如レ祭ト者ガ、形ニ見スル于表ニ一之気象也。四章之如レ瓶ノ如レ城ト者、保ニ持スル于裏ニ一之念慮也。故ニ総テレ之ヲ曰タマフニ動静無クレ違フコト表裏交ヒ正シト一。五章之不トハニ東西南北セ一、則心之無シテレ適《ゆくコト》而達スルニ於事ニ一也。六章之弗《ずトハ》ニ弐《そえテ》二ニシ参《まじえテ》三ニセ一、則事之主トシテレ一ヲ而本ヅクニ於心ニ一也。其ノ発シタマフコト二程子ノ四言之精蘊ヲ一、未レ有ニ若クレ是其ノ悉《レつキタル》者一。而衣冠瞻視、足容手容之間、出レ門ヲ承レ事ヲ、守レ口ヲ防レ意ヲ之際ハ、皆一身用ルレ功ヲ之実地ナリ。応叔謹《ハきんちよくノ》飭士也。於レ父ニ為ニ才子ナリ一、於レ弟ニ為ニ令兄ト一、於レ郷ニ為ニ良朋友ト一、於レ官ニ為ニ賢師儒ルコト一、進ムニ於是ニ一也ヤ、蓋シ不レ難カラ、亦在ルニ乎為ニレ之ヲ而已。自リニ堂之扁一熟究シテ而信ジテ蹈マバ焉、則敬不シテレ于《てセ》ニ其ノ堂ニ一而于スノニ其人ニ一。不ンバレ然ラ堂之名ハ虚名也、予之説虚文也。敬於レ何有。

黄東発曰、敬斎箴、則先生自《み》警《いましめ》者。作レ聖工夫於レ斯為レ至。

胡敬斎曰、敬斎箴、兼二内外動静一而言。所以《ゆへ》不レ偏。

胡敬斎曰、古今聖賢説二敬字一、曰レ欽、曰レ寅、曰レ恭、曰レ畏、曰レ翼、曰二戒懼一、曰二戦兢一、曰二斉荘一。字雖レ不レ同、其実一也。洪範貌曰レ恭、是外面之敬也。至レ曰二恭作《なす》レ粛、則心亦敬也、内外一致也。臨二深淵一履二薄氷一、形二容戒懼之意一最切。孔子言下出レ門如レ見二大賓一、使レ民如上レ承二大祭一、又画二出一箇敬底様子一出来、与レ人做。程子言二整斉厳粛一、是入レ敬処。朱子曰二畏字一、是敬之正意。程子主一無適、是就二存主処一説。謝氏惺惺法、是就二敬之精明処一説。尹氏収二斂身心一不レ容二毫髪事一、又以下人到二神祠一致上レ敬為レ喩、即是孔子見二大賓一承二大祭一之意、形容得最親切。朱子敬斎箴説得全備。毫釐有レ差、便流二於禅定一。故朱子有二三綱淪九法斁之戒一。

予教《しめ》二三子読二敬斎箴一、而蒐下輯朱先生以下数儒之言及二于此一者上、分註附録以与レ之矣。夫持レ敬之方、誠如三先生跋二主一箴一。然尚妄《みだりに》為レ之者、亦欲下反二復往来于其中一有中心熟之功上也。小子思レ之。若夫草廬之為二陸学一也、前輩定論既是云云。小子勿下以二其言一輒《たやすく》信中其人上。辛卯冬至日 敬義跋。

敬斎箴講義

*闇斎先生講説

夫《それ》*敬之一字ハ、儒学之成《し》レ始《を》成《すの》レ終《を》工夫ニシテ、其来ルコト久遠也。天地之開始《きまりし》ヨリ以来、代々之聖人*道統之*心法ヲ伝ヘ来リ玉フモ、*不レ過《すぎ》二此敬《のに》一矣。*伏義之時ハ*未レ有二文字一、敬ト云《える》名ハ無レドモ、既ニ乾坤之二卦ヲ画シ玉ヘル*上ニアリ〱ト敬之象見ヘテ、無名之敬ヲ示シ*玉ヘリ。到《て》レ堯《に》始テ敬《つつ》シミノ名アリキ。「尚書《ニ》」所謂「*欽明文思」、「*論語《ニ》」命《ズル》レ舜《に》、「允《まことに》執《とれ》二厥《その》中《を》一」*之詞アリ。至《て》レ舜《に》、*慎《つつしみて》徽《よくし》二五典《を》一、*恭《うして》レ己《を》而正《く》南面シ玉ヒ、*見《え》二瞽叟《こそうに》一夔《き》々《きとして》斉慄《せいりつ》シ玉イ、授《て》レ禹《に》、「惟《これ》精惟一」之語アリ。夏禹ハ堯舜二帝之「*惟精惟一《にして》允《に》執《る》二厥《の》中《を》一」之数言ヲ合セ伝ヘテ、「*文命敷《しき》二于四海《に》一、祗《つつしみて》承《うく》二于帝《に》一」之辞アリ。*皐陶《こうよう》ハ「都《アア》慎《み》厥《の》身脩《ル》」ノ言アリ。湯ハ*盤之銘《の》戒《め》及《ビ》「*聖敬日々躋《にのぼる》」之言アリ。*伊尹《は》太甲ヲ輔《たすけ》テ、「*顧《みる》二諟《この》天之明命《を》一」ト云ヒ、*傅説《フエツは》答《えて》二武丁《に》一、「*惟《これ》臣欽《つつしみてしたごう》若、惟《これ》民従《ておさまる》乂」ト云。文王《は》「*敬止」「*小心翼々」ノ言アリ。武王ハ「*丹書」ノ戒訓ヲ受テ、諸之器《に》銘ヲ記シ、*周公ハ坐《して》而以待《てり》。且《つ》*孔子《は》*毋《なかれ》レ不《ること》レ敬《せ》之語及《び》*操存之言アリ。朱子*感興之詩《に》「恭《うやうやしくおもんみれば》惟千載《の》心、秋月照《すと》二寒水《を》一」作ラセラルハ、件ノ列聖一箇之敬ヲ以テ道統之心法ヲ伝授シ玉《う》コトヲ述タリ。其外顔子之*四勿、曾子ノ*三省、子思ノ*謹独、孟子ノ*不動心、周子ノ「*主《として》レ静《かなるを》立《てり》二人極《を》一」、程子ノ「*四箴」

闇斎先生講説　高本なし。

敬之…　闇斎が敬に関する朱子の説として重んじた朱子著「大学或問」にこの語が見える。一〇四頁九行目参照。　**道統**　儒教の正統の道を受けつぐ学者の系統。程朱学派はその道学の系統を特にやかましく唱えた。

心法　精神修養の法。　**不過…矣**　高本「此敬ノ一字ニハ不過矣」。

伏義　シナ古伝説上の帝王。伏義が易の八卦を画したと伝える。

未有文字　高本「イマタ文義ナクシテ」。　**上ニ**　高本「上ニハ」。

玉ヘリ　高本「玉フ」。

欽明文思　書経、堯典。→一九七頁注

論語　堯曰篇。　**之詞**　高本「等ノ詞」。

慎徽五典　書経、舜典。五典は五常の教。　**恭己…**　→一〇七頁注「舜…」

見瞽叟…・惟精惟一…・文命…　書経、大禹謨。→補記

皐陶　帝舜の臣、司寇(法務長官)。舜の為に述べた典謨が書経の皐陶謨。

盤之銘　大学伝二章「湯の盤の銘に曰く、苟(まこと)に日(ひと)に新ならば、日日に新に、又日に新なり」。

聖敬…　詩経、商頌、長発。敬の徳が日ましにあがり進む。

伊尹…　→三八九頁注「伊尹ノ志」

顧諟天…　底本「諟」脱、高本により補。書経、太甲。→補記

傅説　→一〇九頁注「高宗」

惟臣…　底本「乂」を「人」、今訂。書経、説命。→補記

之銘及《び》*主一無適ノ発明、朱子《の》「敬斎《の》箴」、是皆世ニ古今アリ、人ニ聖賢ノ差別アレドモ、其道ヲ伝授スルコトハ一ケノ敬ニハ不レ過《スギ》。然ニ孟子没シテ後、久ク道統之伝*絶テ、敬之正意ヲ知《る》人無カリシニ、宋朝ニ至テ、程子《の》始テ此旨ヲ悟テ、主一*此《を》謂《う》レ敬《と》無適此《を》謂《う》レ一《と》ト注シ玉ヒテヨリ、再ビ敬ノ旨明白ナリ。今此「敬斎箴」ハ程子「四箴」之旨ヲ尽シテ、南軒*之欽夫ガ「主一箴」トイヘル文ニ習テ、四字一句*四句一章トシテ総テ十章、多ク経伝諸史之辞ヲ借《り》用イ、学者暗記ノ便リヲ計テ、間《マヽ》*韻語ヲ用*イテ作《れ》リ。抑《と》敬ト云ハ右ニ云《える》如クナレバ、専ラ聖賢分上ノコトニシテ、衆人ノ上ニハ与《アヅカ》リ渉ラヌ事ノ様ニ聞ユレドモ、全ク左*様ニハ非ズ。聖賢ト云《い》衆人ト云ヘドモ、天性受*伝ル心上ニハ毛頭モ明暗ノ優劣ハ無レドモ、気稟ノ差《たが》ヒニ因テ、聖賢愚不肖ノ差異アル也。故ニ聖賢ハ敬《の》自然ナル者ニシテ、愚者ハ勤苦シテ敬ヲ求メ、不肖者ハ一向《ひたむき》ニ不敬ニ陥《る》ゾ*。元来心上ニ相違ナキ証拠ニハ、孟子ノ云ヘル堯*舜モ人也ノ語及ビ性善四端*ノ語ヲ明メテ可《し》レ知《る》。扨《さて》敬ト云ヘルハ何ノ子細モ無ク、此心ヲ欝《ウ》乎《カ》々ト放チヤラズ、平生吃《きっ》ト照シツメルヲ敬ト云ゾ。キ*ツトノ字ハ仡ト可《きなり》レ書《く》。又急度ト書*ク文字ハキビシキコトニシテ、敬ノ工夫ニ取レバ、助ケ長ズル病アリテアシヽ。仡ノ字ナル時ハ、只此心ヲハツキリト呼《び》サマシテ、此ノ間一物モナク、活*潑々地ノ当体也。モシ急度ノ工夫ナレバ、此心一向ニ絞《しぼ》リツメタル様ニシテ、難《く》レ働《き》、従容不《ざる》レ迫《ら》ノ躰無《なし》。程明道云、*「約《つづめて》レ之《を》使《む》ニ反復《して》入《り》レ身《に》来《ら》ニ」ト云フ、烝*民ノ詩ニ小心翼々ト云ヘルハ、此心ヲ方寸ノ間ニ引*シメトルコト也。約小ノ二字引シメル意思ニシテ、仡ノ字ト意相同ジ。邵*康節云、「心ハ如レ鷹」、或人云、「心《は》如レ馬 係《つなげば》レ之《を》則雖《も》レ策《むちうつと》レ之不レ走」ト云ヘリ。各《と》*見取リアリト云

敬止・小心翼々　詩経、大雅。→補記
丹書　→補記
周公…　孟子、離婁下。→補記
孔子　高本「孔夫子」。
毋不敬　礼記、曲礼上「敬せざること毋れ、儼として思ふが若くせよ」。
操存　→一八七頁注「操則…」
感興之詩　→補記
作ラセラル　高本「ト作セル」。
四勿・三省　論語。→補記
謹独　中庸一章。→補記
不動心　孟子、公孫丑上に論述さる。
周子・主静…　→一〇〇頁注
四箴　宋の程頤作。視聴言動の四箴から成る。浅見絅斎はこれを表章し、校点並に考を附して元禄四年刊行した。**主一無適**　→一〇二頁注
伝　底本「伝統之伝」、高本により訂。
此謂敬無適　底本なし、高本により補。**南軒**　→一一五頁注
四句　底本なし、高本により補。
韻　底本「句(匀(いん)の訛)」、高本により訂。**イテ**　底本空格、高本により補。**左様**　高本「左様ノ儀」。
受伝ル　高本「ウケウル」。
ゾ　底本「メ」、高本により訂。
堯舜…　孟子、離婁下。→補記
四端　底本なし、高本により補。→補記　**キツト**　→補記
書ク文字ハ　高本「カクト」。
活潑々地　魚がはねおどる如く元気があふれて勢がよいさま。地は助辞。
約之…　→補記

へドモ、或人ノ説ハ心得ヲシテ了簡スベキコトナリ。伊川云、「*忘《て》レ敬《を》而無《し》レ不《る》レ敬《ことせ》」ト云ヘルハ、敬ノ自然ナル者ニシテ、通達自在ノ竟介*也。忘之字勿二妄《リニ》見過《スグ》一。抑《ゝ》儒者ノ工夫ハ心身相共ニ全ク養イ持テ、日用人事ヲ外ニセザルコトヲ旨トセリ。有*二此心一、有二此身之動一、有二身之動一者即事也。此三《の》モノハ須臾《シバラク》モ不二相離《いれ》一、処ニ付テ有《る》モノ也。故《に》孔子曰、「君子無*《き》レ不《る》レ敬《せ》也、敬《するを》レ身《を》為《す》レ大《と》」ト云ヘリ。朱子則《りて》レ之《に》、於《て》二小学*《に》一敬身ノ一篇ヲ書ケリ。皆是心身一致之工夫ナルコト可レ見《る》。身トハ何ゾヤ。口鼻耳目頭手足也。此数多《アマタ》ノ物ハ、譬バ門戸窓狭間*《さま》ノアルト同《う》シテ、終日心ノ出入スル処也。心者家ノ主人ノ如シ。故ニ心ヲ指シテ主人公トモ云ヘリ。此主人公出《て》レ門交*《をる》二外物《に》一時ニ、如*《し》レ見《るが》二大賓《を》一ノ心ヲ持チ、仡*トスルトキハ、紛リニ不《る》レ奪《われ》二外物《に》一者也。若《もし》当《て》二此時《に》一、欝*《うかうか》々々トシテ外物ニ奪ルレバ、家ヲ守ル主人公無キ程ニ、自《よりしては》レ是、足ノ貌*不レ重《から》、手ノ容不レ恭《から》、目容《の》不レ端《ただしから》、口容《の》不レ止*、声容《の》不レ静《なら》、頭容《の》不レ直《なおから》、気容《の》不レ粛《なら》、立貌《つ》不レ得、色容《の》不レ荘《なら》シテ、一身全体動静表裏*尽ク礼ニハヅレテ、法外ノ人トナル*。是《れ》心上ニ敬《つつし》ミ無シテ、身不《る》レ脩《ら》也。身不《るときは》レ脩則家不《して》レ斉《ととのわ》、而五倫*之間モ不レ明、五倫不レ明之至《り》ハ臣《として》弑二其君一、子《として》弑二其父一スルガ如キノ大乱ニモ及ブコトゾ*。

○古歌ニ、「色*ミヘデウツラウ物ハ世ノ中ノ人ノ心ノ花ニゾ有ケル」ト読シモ、此心外物ニ引カルヽコトヲ戒メテ也。又*「人*トカク生レツル身ノウレシサヲ徒ラニナス我心哉」ト読シモ同《じ》意也。孔子顔回ニ掲《カヽゲ》示シ玉フニ、「非*レ礼勿二視聴言動一」ト云*モ、一ケノ勿ノ字ニ敬ノ意思アリ。視聴言動《の》四ケ《の》文字ハ身ノ働キヲ指シテ云ヘリ。又曰《く》、「克*《ち》レ己《に》復《かえりて》レ礼《に》為《す》レ仁《を》」、此語モ心身ヲ共ニ養テ、仁ヲ存セヨトノ心也。如レ此心身共ノ工夫熟シテ、敬トコシナヘニ

忝民…云ヘル 高本なし。↓補記
引シメトル 高本「引シメル」。
邵康節 ↓三一五頁注「邵氏」
各見…ドモ 高本この句なし。

忘敬… 程氏遺書三。
竟介 高本「境界」、以下同。
有此心 底本なし、高本により補。
君子… 礼記、哀公問。底本「無」は「毋」、原文・高本により訂。
小学 ↓一八一頁注
狭間 外をのぞき、また矢・鉄砲を放つための窓。はざま。
門 高本「門戸」。
如見… ↓二九〇頁注「仲弓」
仡 底本「佗」、高本により訂。
欝 底本「爵」、今訂。
貌 高本「容」。下同。
止 「正」の訛か。
表 底本「衣」、高本により訂。
ナル 高本「ナルソ」。
五倫 人として守るべき五つの人倫の根本の道。父子の親・君臣の義・夫婦の別・長幼の序・朋友の信。孟子、滕文公上にあり。
コトゾ 高本「事也」。
色ミヘデ 古今集巻五、小野小町の歌。草木の花は変ってゆく色が見えるが、変る色が見えないで変って行くのは世の人の心である。
又 高本「又アル歌ニ」。
人トカク… 慈円の拾玉集巻四。
云モ 高本「ノ玉ヒシ」。

*有スレバ、自然ニ人心之大徳タル仁ノ域ヘモ至ルコト也。晋ノ大夫*臼季ハ、「*敬ハ徳ノ聚也」ト云ヘルハ、古今ノ*名言ゾカシ。*尚父ノ「丹書」ニ、「敬勝《っ》レ怠《に》者《は》吉《なり》、怠勝《っ》レ敬《に》者滅《ぶ》」ト云ヘル*ハ、敬スルト不レ敬トノ験《しる》シヲ云ヘリ。抑ゝ異端仏氏ノ徒*ガ克己シテ脩《る》レ心《を》コトハ有レ之、復《て》レ礼《に》脩《ることは》レ身《を》曾テナシ。是レ世間ヲ夢幻《まぼろ》シノ如クニ見、人事ヲ掃了《はらいおわ》ルヤフニシテ、心身相共ニ持養スルノ道ヲ知ラザルニ因テ也。故ニ世上貴賤ノ礼ヲ蔑《ナミ》シ、容貌ヲ異相ニ作リテ、人ノ見ル処ヲ駭《おどろ》カシ、口ニハ邪誕妖妄ノ説ヲ吐テ、人ノ聞《き》テ迷ハシ、事業ヲ行フニ不レ足トス。嗚呼是*開《き》レ物《を》成《す》レ務《つとめを》之功《に》、何ノ似タル処カアル。此道《に》陥溺スル*コト甚シキモノハ、物我一理ノワケヲ*訛《あやまつ》テ、或ハ捨身スルニ到ル。*是仁之蘊奥ヲ不レ味、敬之心身ヲ兼《かね》守ルコトヲ不《る》レ会《せ》弊也。遠ク異朝ニハ、梁《の》武帝此道ニ迷ヒ、達磨ヲ*請待シテ、邪法ヲ聞《き》入《れ》、民ノ困窮ヲモ不レ顧《み》、賦税ヲ重クヲサメテ、無用ノ堂塔ヲ多ク建立シ、或ハ浮屠ヲアマタ供養シテ、国ノ財ヲ費シ、剰《アマツ》サヘ自身ニハ*朝服ヲ脱《ヌイ》デ法衣ヲ着シ、国ノ政務モ*不レ顧《み》、*台城ニ閉《じ》籠リ断食シテ、終ニ死《し》ヌ。其外周《の》穆王・漢《の》武帝・唐《の》玄宗・宋《の》徽宗属ミナ*仏教ニ迷テ、国ヲ亡スニ至レリ。面《マノアタリ》ニ本朝《には》、聖徳太子与ニ蘇我氏ニ計テ、我国《の》神道《を》蔑《ナヒガシロ》ニシ、身《ミヅカラ》*三衣ヲ肩ニ掛テ南面シ、諸卿百官ヲ集メテ、浮屠ノ法ヲ説ケリ。是皆尽《く》天下ニ毒ヲ流シ、且ツ神道儒門ヲ塞グ棘《イバラ》ニ非ズヤ。彼又人倫ヲ絶滅スルコトヤ到テ罪重シ。元来人之一身ニハ、*五《つ》ノツイデ各具足*シ来レリ。此道ハ天地自然ノ理ニシテ不レ能レ止《むこと》、神道儒*家ノ旨トセル所也。然ルニ釈氏之門不レ立《て》二一倫《を》一、此何レノ由ゾ。天地之心《は》万物ヲ生々スルヲ常トセリ。其両間ニ*生ジテ、其理ヲ稟《うけ》得テ生ズル人間ナレバ、人倫生々シテ相続スルハ、正道ニ非ズシテ、如何トカ*云

非礼勿…・克己復礼…　論語、顔淵。↓九五頁補記「四勿」

有スレバ　高本「有ヌレハ」。

臼季ハ　高本「臼季ト云ヘル人」。

敬ハ徳…　左伝、僖公三十三年「敬は徳の聚なり。能く敬なれば、必ず徳あり。徳は以て民を治む」。

名言　高本「妙言」。

尚父ノ　高本「尚夫カ」。↓九五頁補記「丹書」

ハ　底本なし、高本により補。

ガ　底本「也」、高本により訂。

開物成務　易、繫辞上伝。人知を開いて、事業を成しとげさせること。高本「開」の上に「於」の字あり。

コト　底本なし、高本により補。

訛　高本「説」。

是　高本「是誠ニ」。

請待　招待に同じ、招いてもてなす。

朝服　朝廷に出仕する時着る服。

不顧　底本「不試」、高本により訂。

台城　六朝時代の皇居跡。高本「台城ト云ヘル処ニ」。

仏教　高本「仏道」。

三衣　僧が着用する三種のけさ。

五ノツイデ　五倫五常(仁義礼智信)。

シ　高本「生シ」。

家　高本「儒道」。

生ジテ　高本「生レテ」。

云也　高本「イハン」。

也。仏氏此道ニ*背テ、先ヅ夫婦婚合ノ次デヲ断ツ。故《に》父子モナク、且《つ》兄弟モナシ。若《もし》夫婦和合ノ道ナキコト五六十年*ニ及バ、、世界ニ人種ト云物*スキト絶ヘ果テ、暗夜ノ如クニ成リ、彼ガ道ヲ*施シ、法ヲ伝ヘ*ン人カラガ無ク成《る》ベシ。而レバ釈氏ノ道ハ*殄《テン》滅《めつ》《タチ》シ尽シテ、世ヲ*鴻濛ノ未判ニ移シ*替ヘントスルト見ヘタリ。是ハ此、外道ト謂ツベキ者ニシテ、且ツ天地生々ノ心ニ背クホドニ、天地ニモ容《いれ》ラレヌ罪人ト云者也。天地若《もし》罪《する》レ人《を》ノ手アラバ、此等ノ輩ニハ*面《マノアタリ》一鞭ヲ与ヘテ殺戮シ玉フベシ。彼此理ヲ聞*ナガラ遂《とげ》*テ此道ヲ行ハント思ハバ、天地ニ悪マル、輩ナル程ニ、天地ノ間《に》居住*セズシテ、天地ノ外ナル国アラバ、急ニ出走シテ可レ爾《シカル》。ツラ〳〵思ヒミルニ、今世捨身断食スル輩ハ、天地ノ間ノ物ヲ食セズ、天地ノ中ニ*居ヲ占《しめ》ズシテ、ソロ〳〵ト天地ノ外ナル国*バシ有テ、出走スルト見ヘタリ。嗚呼痛《ましき》哉、天地外《の》無《にし》二天地一ノ理ニ疎《うと》キ者乎。見ヨ、世《の》中ノ鳥獣艸木ダモ、夫婦ノ契《カタラヒ》、親子ノ親ミ、種ヲツギ相続スル道ハ自然トアルゾカシ。イハンヤ人間ヲヤ。彼若シ曰《ハン》、非レ絶《つに》二相続道《のを》一、弟子ヲ養テ*遺跡ヲ*令《ムルは》レ蹈《ふま》相続之道也ト。此ハ是、艸木ノ*ツギネスル心ニシテ、天倫自然《の》常道ヲ*枉《まぐ》ルト可レ答《フ》。彼亦云ン、昔釈尊十九*ニシテ出家セシ時、羅《ラ》*睺《ゴ》羅《ラ》ト云ヘル子ヲ生《うみ》残セシハ、子孫相続之心*タリト。我答《て》曰《ん》、彼《の》不二出《して》家《せ》一而成《す》二教《を》於国《に》一器量*ニ較レバ、教道狭ク、其上己ガ身近キ処ノ親ミヲ絶テ、疎遠ナル他人ヲ専ニ*化《け》度《ど》セントスルハ、本末ヲ不レ知者ニシテ、愛之理ヲ弁ヘヌト可レ責《む》。蓋天竺ハ夷狄ニシテ、邪淫ニ*沈溺スル者多キ故ニ、急ニ其害ヲ*除《はら》ヒ助ケテ暁《さと》サン為ニ、釈尊自《み》夫婦父子之親《み》ヲ*絶チタル者ニヤ。若シ*然ラバ、釈教ハ天竺ニ宜《よろしく》シテ、君子国風ノ道ニ正シキ中土ニハ不《に》レ習*不《る》レ若《しか》教

背テ　高本「ヲイテ」。　**ニ及バ、**　高本「ナラハ」。　**スキト**　すっきりと。
施　底本「絶」、高本により訂。
ン　底本「シ」、高本により訂。
殄滅シ尽シ　高本「倫理ヲ殄滅シ」。
鴻濛ノ未判　「濛」を底本「見」、高本「毛」、今訂。天地の未だ分れぬ状態。　**替ヘン**　高本「カヘサン」。
面　高本「面ノ中ヲ」。
ナガラ　高本「ナカラモ」。
テ　底本「ヲ」、高本により訂。
セズシテ　底本空格、高本により補。
居ヲ占ズ　底本「居住不□」、高本により補訂。
バシ　底本空格、高本により補。強調を表わす助詞。　**遺跡**　死者の跡目。
令蹈　高本「ツカシムルハ」。
ツギネ　高本「ツキホ」。
枉ルト　底本「狂ル」、高本「マクルト」。　**ニシテ**　高本「ニテ」。
睺　底本「睢」、高本により訂。
タリ　高本「ナリ」。　**ニ**　高本「ヲ」。
化度　衆生を教化済度すること。
沈　高本「陥」。　**除ヒ**　高本「除キ」。
絶チタル　高本「絶タ」。
然ラバ　高本「サモアラハ」。
不若　高本「苦カラヌ」。
向上ニ　高上に(おごりたかぶり、えらぶって)の意か。
倫　底本空格、高本により補。
拘　底本「均」、高本により訂。
残滅　そこないほろぼす。
所ニテ　高本「所ニ」。

也。彼又一転シテ*向上ニ説《き》来リ、我道ノ奥義ハ人*倫五常ノ沙汰ニ不レ*拘ト云《い》、或ハ人倫ヲ*残滅シタル*所ニテ、言句ニ出サレヌ味アリテ、頓《とみ》ニ難《し》レ説《き》ト云ハ、是孟子ノ所謂*遁辞タリト*闢《ひら》クベシ。釈迦ハ亦*似《じ》我《が》偈《げ》ト云ヘルモノヲ作テ、衆生我ニ似ヨ〳〵トスヽメリ。若シ*聴聞ノ時《の》者、是ヲ真受《まうけ》ニシテ、尺迦ニ似セ習《う》*タラ、世間皆鰥寡孤独ノ族耳《のみ》ト可レ成《る》。是*弥〻人種ヲ尽サントノコトニヤ。*又唐ノ人ヲ刑スル法*ヤ五ケ条アル中ニ、*斬罪ニ行フ者ハ不孝ノ者ノミ。*孟子《の》曰《く》、「不孝《に》有《り》レ三、無《きを》レ後為レ大《と》」、就《て》二此語《に》一*見レバ、不孝ノ中ニテモ、子孫ヲタツハ、別シテ責《せめ》重シ。而レバ*釈氏ノ如何様ノ荒ケ*ナキ*刑戮《けいりく》ヲ可レ受ヤ、イタハシキコト也。抑〻釈氏ノ門葉ニ、仏教ヲ*推《お》シテ破戒セル者ハ、唐ノ*曇鸞ト云《える》僧也。病気保養之*為ニ入《り》レ河《に》取《り》レ魚《を》、手ヅカラ料理シテ食シヌ。曇鸞ヲ崇敬セル徒ハ、曇鸞悟了之竟介ヨリ神通自在ヲ働キ給イ、所謂*入鄽《にってん》垂手スルノ機アリト称美ス。不審、曇鸞ハ*三蔵法師ガ流ヲ汲テ尊ンタレバ、三蔵ガ魚肉ヲ*食シテ破戒セシヲ似セタルト見ヘタリ。但シ*病気保養ノ為ナラバ、入《り》二医門《に》一乞《い》二*方薬《を》一求テ保養スルガ可二正道《たる》一。又本朝ノ新宗ニ親鸞流ト云《える》アリ。無《きを》レ後為レ大《と》ノ語ニ駭《おどろけ》ルカ、又ハ天罰ヲ免レン為ニカ、今更ニ子孫相続ノ道ヲ*専ニ行ヘリ。是レ非礼ノ礼、非義ノ義ト*云者也。其上釈迦ノ戒嫌《め》ハル、*コトヲ知ナガラ、推シテ妻子ヲ貯ルハ、クセ者*ト云也。可レ言、今若シ孔子釈迦同時ニ出世セバ、*彼《の》破戒無慙ノ輩ハ孔子ニハ責ラレ、釈迦ニハ面目ナク*テ、一生*閉レ戸可レ終《る》。抑〻釈氏ノ徒ニ持敬ノ脩練アリシハ*瑞岩ノミ。*常ニ自《ら》主人翁アリヤト、心ヲ喚《よび》サマシテ、又自《み》答テ、主人翁アリト云ヘリ。其心ヲ喚醒《よびさま》ス*コトヤ好シ。然レドモ、只呼《よび》醒シタルマデヨ。心中ニ具シタル衆理ヲ*照管スルト云コトヲ不レ知。畢竟心ヲ存《し》

遁辞 逃げ口上。孟子、公孫丑上「遁辞知二其所一レ窮」。 **闢ク** 底本「開ク」、高本により訂。弁駁する意。
似我偈 法華経巻六如来寿量品第十六のいわゆる「自我偈」を曲解したものか。 **聴** 底本「耆」、高本により訂。
タラ 高本「タラハ」。
弥 高本「弥以」。 **又** 高本「夫」。
ヤ 高本「カ」。 **斬** 底本空格、高本により補。 **孟子** 離婁上。
見 底本空格、高本により補。
釈氏ノ 高本「釈氏ノ徒ハ」。
ナ 底本なし、高本により補。
刑戮 刑罰。 **推** 底本空格、高本により補。押して、敢ての意。
曇鸞 北魏の僧。浄土教を中観思想を以て体系化した。
為ニ 高本「為ニトテ自」。
入鄽垂手・三蔵法師 ↓補記
食シテ 高本「喰テ」。
病気保養 底本「保食」、高本により訂。 **方薬** 医術と薬剤と。
専ニ 高本「専ラ」。 **云者也** 高本「云モノニヤ」。 **コトヲ** 高本「ヲ」。
ト云也可言 高本「トヤ云ヘキ」。
彼 底本なし、高本により補。
テ 高本「シテ」。 **閉戸可終** 高本「閉口終ルヘシ」。 **瑞岩** 高本「瑞岩ト云ヘル僧」。↓補記 **常ニ自** 高本「此僧常々自」、底本「自」空格。
コトヤ…ドモ 高本「コト好シトイヘトモ」。 **照管スルト云** 高本「照管スル」。てらし料って管理すること。

タト云計《たばかり》*ニテ、頑然トシテ不動心シバリ堅《かため》タルガ如シ。告子*ガ不動心ト何レゾ別タンヤ。心ノ本体ハ活物ニシテ、万事ニ応ズルト云コトヲ知ラズ。是レモ又敬身ト云コトヲ不二理会一故也。程子門人謝上蔡*持敬ノ工夫ハ、*常醒々《じょうせいせい》ノ法ト云コトヲ立タリ。是瑞岩ノ工夫ト頗ブル同シテ、実ハ不二相似一。謝氏与《と》二瑞岩一ノ弁ヲ*欲《せば》レ明《めんと》、「上蔡語録」ヲ通考*シテ、謝氏*平素ノ行状ヲ見テ可レ知《る》。又同門ノ学士*尹和靖*ノ工夫ハ、人ノ廟*社ノ中ニ入ル時、佗《きっ》ト慎ミヲ加ヘ、膝行頓首シタル時ニコソ、此心*収斂《しゅうれん》シテ、毫末モ外ヨリ邪念不レ障《え》、此時ニ当テヤ、敬ノ意味ヲ知ルト云ヘルハ、面白キ工夫也。昔シ西行法師春日大明神ニ詣《マフで》テ、「カシコマ*ル綿《シデ》手ニ涙ノ掛ルカナ*又イツカ*モト思フアワレ*ヨ」トヨメリ。是尹氏ノ心ニヤ。謝氏尹氏ノ両説各於《とて》レ理《に》当レリト云ヘドモ、然レドモ、程子ノ云ヘル、「只整斉厳粛*《なれば》、則心便《ち》一、一《なれば》則無《し》二非僻《の》之干《おかすこと》一」、是主一無適ノ当体ニシテ、此語ホド親切的確ナルハナシ。心身兼《ね》持《っ》敬ト云ハ、是ニ超*ヘタルコトナシ。故ニ朱子*三子ノ説ヲ併セ論ジテ、程説ヲ*巨擘《きょハク》トセリ。扨此「敬斎箴《の》」ホド丁寧ニ訓戒セル書ハ罕《まれ》也。願*レ治之君子、志*レ学之士、服膺刻骨、少間《しばらく》モ勿レ失《うこと》バ幸甚。

正《うし》二其《の》衣冠《を》一、尊《うし》二其《の》瞻視《を》一　此二句ハ敬身也。正二其衣冠一スルトハ、外ノ飾《かざり》ヲ佗トロク*ニ斉《ととの》フルコト也。外形ヲ正シテ、猥《みだ》リニ動ネバ、内心モ正キ者*、外形自《ジ》惰《ダ》落《ラク》ナレバ、内心モグツタリトシテ、無*二取締《シメ》一者ゾ。先此一句ニモ*、敬ハ心身共ニアヅカルト云*コトヲ可レ知。尊二其瞻視一トハ、向ヨリノ見カケ屹《きっ》トシテ、重々シク見ユルコト也。上ノ如クニ正二其衣冠一シテ、行儀*ミダリナラネバ、外ヨリノ見ツキ貴クミユル者ゾ。北宮佗*ガ「有レ威可《し》

ニテ　高本「ニシテ」。

告子　中国戦国時代の人、人の性は善でも悪でもなく、且つ感性・自然性的なる説を持して孟子と論争した。孟子、告子篇参照。

謝上蔡　→二六九頁注

常醒々　→一〇二頁注

欲明　高本「明メント思ハ、」。

通考　全体を通じて考察すること。

謝氏…ノ行状　二七一頁参照。

学士　高本「学者」。

尹和靖　→一〇二頁注

廟　底本「癩」、今訂。

心収斂…　→補記

カシコマル…　山家集下雑・玉葉集巻二〇等に収。詞書によれば、仁安二年十月十日夜京都の賀茂神社参詣の時の作。　**カナ**　高本「カモ」。

イツカモ　高本・山家集「イツカワ」。再び何時参拝できるか、の意。

アワレヨ　高本・山家集「アワレニ」。

只整斉…　底本高本「斉整」、また「之」なし、原文により補改。→一〇二頁注「整斉厳粛」

超ヘタル　高本「越ル」。

朱子　高本「朱文公」。

巨擘　仲間の中で、頭だったもの。

願治…　以下の句は「敬斎箴」の闇斎の序の末尾の句にほぼ同じ。

志学之士　高本「志文子(学の誤か)ノ士ハ」。高本この項の後に「敬斎箴」の題一行あり。

ロクニ　端正に、きちんと。

レ畏《る》、謂《うと》ニ之《を》威《と》一」云《える》詞ヲ可ニ*思合一。尊瞻視ト云ヘバトテ、ワザト作リ拵《こしら》ヘテ、人ヲ畏《ヲドサン》ト怒《シ》レ目《を》切《くいしバリ》レ歯《を》、*戎面《じゆうめん》*ナド作テ、オソロシゲニ構ヘルコトデハナシ。*色厲《はげしくシテ》而内温ナルハ穿《せん》*窬《ゆ》ノ賊ノ如シ*ト*文宣王モ嫌《い》玉ヘリ。只春ノ*雨ノ中ニアル気象ノ如ク和ニシテ厳ナルヲ好《よし》トスベシ。帝ノ舜恭《して》レ己《を》而正《しく》南面シ玉ヒ、*程明道終日端坐シテ、如《く》ニ泥塑《でいそ》人《の》一ナル、此等ハミナ*是衣冠正《しく》瞻視モ可《し》レ貴《とかる》ト思イヤラル、ゾ。此二句ハ上下*互ヒニ持合フト可レ知。

潜《めて》レ心《を》以《て》居《て》、対《す》ニ越上帝《に》一　僭心以居トハ、此心ヲ仡ト胸方寸ノ間ニ深ク収メテ、平生スワ*ルト云コトゾ。所謂*儼《として》而如《し》レ思《うが》之意思*也。対*越上帝ト*ハ、潜心ノナリヲ云ヘリ。上帝トハ、天理ヲ尊テ呼詞《ぶことば》也。天理ト云者ハ、*常ニ霊静ニシテ、毫末モ邪悪ナク、而モ*天妙ニシテ、不《くらからぬ》レ暗者*ナリ。今潜心ノ工夫*セルモ、此上帝ト*対スルガ如クナレト也。古歌ニ、「*底ヰナキ淵ヤハサハグ山川ノ浅キ瀬ニコソ褪浪《アダナミ》ハタテ」トヨメリ。是有徳人《ノ》潜レ心居ル体ヲヨメリ。以上四句ヲ第一章トシテ、皆静《か》ナル時ノ持敬ヲ云ヘリ。

足容《のは》必重《くし》、手容《のは》必恭《うし》　足容重トハ、蹈《ふむ》所ヲ*落シ付テ、シヅ〳〵ト蹈《ミ》、*狂《ケフ》トク*アリクナト也。鬱乎《ウカ》〳〵*トシテ、狂トク歩メバ、必足ノ過《チ》アル者ゾ。手容恭トハ、両ノ手ヲ*クンデ、臂ヲ張リ、高ク胸ニ指当《さしあて》ル*コト。ブラ〳〵ト手ヲ打フリテ歩《アル》キ、或ハ坐スル時モ手*モゾロイヲスルナト也。扨足《の》重ク、手《の》恭ク、各則《ノリ》ニ叶ハセント思ヘバ、手足ノ*動ノ上ニ、仡ト心ヲ存セネバナラヌゾ。其心ヲ存スル所、即チ敬也。

択《て》レ地《を》而蹈《て》、折《す》ニ旋蟻封《を》一　択地而蹈トハ、足ノ容必重ノ句ヲカサネテ明セリ。惣ジテ足ノ過ハ手ヨリ*多キモノナル程ニ、別シテ足《の》敬《つつし》ミニ念ヲ*入テ戒タルモノ也。択地トハ、一

者　高本「モノソ」。**無取締**　底本「締」空格、今補。高本「トリシメヌ」。**ニモ**　高本「ニテ」。**云コトヲ**　底本「云リ」、高本により訂。**行儀ミダリ**　底本「行義ニシ□ク」、高本により訂。**北宮佗**　底本「北宮括」、高本「此宮括」、今訂。春秋時代衛の大夫、成公の子孫、文子をいう。次の語は左伝、襄公三十一年に「有レ威而可レ畏…」。**思**　底本「仕」、高本により訂。**戎面**　渋面か、しぶい顔。**ナド**　高本「ナトヲ」。**色厲**…　論語、陽貨。→補記 **窬**　底本空格、高本により補。**ト**　底本なし、高本により補。**文宣王**　唐代に追諡の孔子の尊号。**雨**　高本「雪」。**程明道**…　→補記 **是**　高本なし。**互ヒニ**…　高本「相互ニ持合コトト云ヘルヘシ」。**ル**　底本空格、高本「ン」、今推して補。**儼而**…　→八一頁注「毋不敬」 **也**　高本「アリ」。**越・ハ**　底本脱、高本により補。**常ニ霊静**　高本「虚静」。**天妙**　高本「霊妙」。**ナリ**　高本「ソ」。**セルモ**　高本「セルモノ」。**対スルガ**　高本「対セルカ」。**底ヰ**…　古今集巻一四、素性法師作。**落シ**　高本「オシ」。**狂トク**　ケウトク(気疎く)の転じたキョウトクの宛字。すさまじい、さわがしいの意。

足蹈《み》出ス処ニ、ハヤ心ヲ付テ、足本《あしもと》ニサワルモノ無キカ、爰ハアブナキ場デハ無キ歟、モシヤ蹈モハズサン歟、跪《ツマヅ》キモセンカト念ヲ入《るる》コトゾ。如レ此ニシテ蹈《む》時ハ不レ危《から》不レ過《あやまた》、則《ノリ》ニ称《カナ》フゾ。折旋蟻封トハ、択地而蹈ノナリヲカサネテ*解ス。択地蹈ノコトハ、蟻ヅカノ中ヲ折旋《ヲリメグリ》テ行クガ如クセヨ*ト也。畢竟道筋ノサシ*定リタ所ヲ蹈ンデ、小径ヲ不レ行シテ、*オリ路ナドヲセズ、正キ本道ニ因テ行ケ*ト也。正路ヲ往来セバ不レ危、*物ニサワルト云コトモナシ。*澹台《たんだい》滅明ガ不《り》レ因《しら》レ径《に》ヲ、子游ヨキ人ヲ得タリト*孔子ヘ答ヘシモ、正シク敬スルコトヲ取ニヤ。*以上四句ヲ第二章ト*シテ、動ク時ノ敬也。

出《るに》レ門《を》如《くし》レ賓《の》、承《るに》レ事《を》如《くし》レ祭《が》　出門――トハ、惣ジテ我門ヲ一足歩《ふ》ミ出スト否《や》、必《ず》気ガ打晴《はる》ルニ依テ、内心モハツトシテ、敬《み》ガ放ルヽモノ也。去《る》程ニ一足*内ヲ蹈出サバ、早ヤ晴レケ間敷歴々ノ客人ニ*見ユル心ノ如クナレト也。承事――トハ、一事ナス上ニモ、ウカ〳〵トシテスレバ、其事ヲ不レ詳《にせ》、却テ仕害《シソコナヒ》モアル程ニ、喩ヘ軽キコトナリトモ、不レ慢《あなどら》シテ、大サウナル祭ヲ司テ、神霊ニ相交ル時ノ心ノ如クセヨト也。尹和靖入《る》二廟社之中《ニ》一時、敬ノ趣ヲ知ルト云ヘルモ、*爰ゾカシ。

戦々兢々、*罔《トシテし》二敢《て》或《は》易《ずること》一　戦々ハ、ヲソレヲノヽク貌*也。兢々ハ戒メ慎ム*ノ貌也。畢竟物事ヲアナドリ軽シメズシテ、大事ニカケ、過《あやま》リノ無キ様ニスルコト也。此ノ二句ハ、出門承事之二句ヲ弥々丁寧ニ示シタル語ニシテ、*戦々ノ字ハ、ヨク敬ノナリヲ尽シテ云タ*ゾ。*曾子一生持身ノ敬ミモ此二字*ゾカシ。*或易トハ、自然ニモ諸事ヲタヤスク致スナト云コト*ゾ。以上四句ヲ第三章トシテ、表ノ敬《つつし》ミヲ云ヘリ。

アリクナト也　高本「アリカヌヲ云」。**トシテ**　高本「ト」。
クン　底本空格、高本により補。
コト　高本「コトソ」。**手モゾロイ**　手をもぞもぞさせること。
動ノ　高本「動ク」。**多キ…程ニ**　高本「多ニナルモノホトニ」。
入テ戒タル　高本「入レ戒タ」。

解ス　高本「解セリ」。
ト也　高本「トソ」。
定リタ　高本「定リタル」。
オリ　底本空格、高本により補。より道の意か。
ト・物ニ　底本なし、高本により補。
澹台滅明　論語、雍也。→補記
孔子　高本「孔夫子」。
以上…敬也　高本この句なし。
シテ　底本なし、今補。
内ヲ蹈出サバ　高本「フミ出ス」。
見ユル　高本「メミヘスル」。
爰ゾカシ　高本「コレナリ」。
罔　底本「勿」、高本・原文により訂。以下同。
也　底本なし、高本により補。
ノ　高本なし。
戦々　高本「戦兢」。
ゾ　底本「リ」、高本により訂。
曾子…　→補記
ゾカシ　高本「ニテアリシソカシ」。
或易　底本「或軽」、高本により改む。
ゾ　底本「ヲ」、高本により改む。

富鄭公… 一九四頁八行目以下参照。
馬援 漢の光武帝に仕えた名将。以下の語は後漢書、馬援伝にみゆ。
言ノ箴 程頤の「四箴」の一。
興戎出好 書経、大禹謨「惟口出レ好興レ戎」をふまえる。戎は兵、好は善。言語は口より出て、一言の善事を生出し、一言の戦いを起し、吉凶栄辱の分れる所、苟もすべからず。
南宮括 底本「括」空格、高本・原文により補。孔子の門人、姓は南容、名は南宮に居り南宮とも言われる。名は縚、又の名は括、字は子容。↓補記
玉ヒキ 底本なし、高本により補。
駟馬 四頭だての馬車。論語、顔淵。↓補記
ロハ… 馮道の舌詩「口是禍之門、舌是斬レ身刀」、その他。
営計リ…是也 高本「イトナミハカリ頼ムコト也。人不知而已独リ知ル処ノ処ニ、俗ニトナヘテ意念再ヒ念妄想ト云ヘル是也」。
妄 底本「忘」、高本により訂。
守ル 高本「守ルカ」。
スベシ 高本「スヘシト也」。
云モノハ 高本「云ヘハ」。
且又…付テ 底本なし、高本により補。
守ラスル 高本「守ヲスル」。
以 底本脱、高本により補。
此二句ハ…非ズ 高本この句なし。
主事 心の工夫に対して、外万物の事との応接に対処すること。

守《ることを》レ口如《くしの》レ瓶、防《ぐことを》レ意如《くしの》レ城　守口——トハ、詞ノ敬ミヲ云《えり》。此二句ハ、元来宋朝ノ*富鄭公自書シテ、坐屏ニ銘シタル箴ノ語也。瓶ハ口アレドモ不レ云、水ヲ入テ不レ洩《もらさ》、当《て》レ時《に》傾ケ用ユル時ハ、能《く》洩シ出スモノナリ。人ノ口モ言語ヲ克《よく》敬《み》テ、妄リニ勿レ出ト也。後漢ノ*馬援ガ、兄ノ子ヲ戒メテ、「耳《は》可《し》レ得レ聞《くことを》、口《は》不レ可レ得レ言《うことを》」ト云モ、守口如瓶ナレトノ心ニヤ。抑《と》言語ハ妄リニ出易キ物ニシテ、而モ大切ノ与ル所ナリ。故ニ程子*言ノ箴ニモ、「*興《おこし》レ戎《を》出《す》レ好《よしみを》」トノ玉ヒテ、吉凶栄辱ノ枢機ナルコトヲ示ス。*南宮括三二復白圭之詩《を》一セシヲ、孔子賛美シテ、以二兄之女一妻《めあわし》レ之《に》*玉ヒキ。又一言ノ過ハ*駟馬《も》難《し》レ追《い》ト云《い》、*口ハ是《れ》禍ノ門ト云《える》語共ハ、能《く》言語ヲ慎ム人ノ云《える》ナラン。防意——トハ、意ハ営《み》二為《すり》謀度《ることを》一之謂也ト注シテ、一念フツト起テ、未《だ》言行ニ不二顕出《しさ》一シテ、心中ニ兎ヤ角ト*営計《みはか》リタリ、今也人不レ知己《レ》独《リ》知ル処ノ所、俗ニ意念*妄想ト云《える》是也。此意念ノ発《おこる》時《に》、ヤレト思反《い》シテ誠ニセネバ、本心ヲ悪ニ陥ル、者也。故ニ意ヲサシテ、心ノ病トモ云ヘリ。去《る》程ニ、此意念ヲ防ギ止ムルコトハ、城ヲ*守ル如《く》*スベシ。城ト*云モノハ敵ヲ防ン為、*且又甲乙ノ人ニマギレテ、ウサンナルモノ入ンカト常ニ番ヲ付テ、要害ヲ厳シフシテ、兼テ*守ラスル者也。如レ此キビシク意念ヲ防ゲト也。

洞々属々《として》、罔《し》二敢《て》或《は》軽《ずること》一　洞々ハスナヲニ慎ムコト。属々ハ専一ノ貌。此二句モ守口、防意ノ二句ヲ引結テ、念比《ねんごろ》ニ慎ムベキコトヲ云フ。或ノ字前ト同《じ》、軽忽ナド云心ニシテ、軽々シク疎《そ》忽《こつ》ナルコトヲ云也。此四句ヲ第四章トシテ、裡《うら》ノ慎ヲ云也。

不二東《して》*以西《せ》一、不二南《して》以北《せ》一　*此二句ハ*主事ノ敬ヲ云リ。主事ト云ヘバトテ、主一ノ敬ノ外ニアルト云ニハ非ズ。不東以西——ハ、東ヘ行カバ西ヘ不レ可レ転《ず》、南ニ行バ不レ可レ転

レ北ト云コト也。畢竟此事ヲナス時ハ、彼事ヲ取交ヘントスルナト云コト也。心ハ一ナル物ナレバ、両方ヘマタグコトハナラヌ者也。*朱子云、欲《し》レ着《けんと》レ衣《を》読《む》レ書《を》、一向《ひたむき》ニ着《け》レ衣《を》、読《み》レ書《を》去テ、他ノコトヲ勿レ交ト云モ、爰ノコト也。

当《て》レ事《に》而存《して》、靡《し》二他《に》其《れ》*適《くこと》一　*当事──トハ、一事ヲナス時ハ、其*一事ノ上ニ心ヲ置テ、他事ニ心ヲ遷スナト云也。此二句ハ、上ノ二句ヲ究メテ云タ者也。是モ亦主事ノ敬也。存ノ一字、尤《もっ》トモ眼ヲ可《し》レ付《く》、敬ノ存スル所也。*此四句ハ第五章、明《かせり》二程子無適《ノ》二字一。

勿《れ》二*弐《て》以二《にすること》一　勿《れ》二*参《て》以三《にすること》一　*此二句ハ心上ノ敬アル者ニシテ、主事ニ与カラ*ヌ敬也。*蔡覚軒云、「主一《の》敬*亦《モ》兼《ぬ》二動静《を》一」ト*云ヘバ、此二句ノ*心ハ、心ハ本一也、一ケノ理ヲ思慮スルトキハ、只一ケ当然ノ理ヲ思案シテ、アレコレト他念ヲ*取交ヘテ思フナト也。*二箇三箇モサバカントスルハ、却《て》混雑シテ、埒《らち》*明ヌ者也。唯一箇ノ理ヲサバカバ、第二件ノ事ヲ添《え》挾テ思フナト也。第三件ノ事モ同意ナリ。

惟《れ》精惟《れ》一《にして》、万変是《れ》監《よ》　惟精トハ、*心上ノ敬ニシテ、覚軒ノ所謂敬ノ静ナル者也。*至《ては》レ此《に》曾テ主事沙汰ヲ不レ可レ為《す》、一篇之骨子在《り》レ焉《に》。学者*必《ず》親切ニ可レ味《う》。抑《と》敬ニ主事ノ敬、主一ノ敬ト云コトアリ。*主事ノ敬ハアシクシテ、主一ノ敬ハ*ヨシ。喩ヘバ、見《るに》レ書《を》、向ノ書ヘ*写《うつし》レ心《を》奪ハレテ、手前アラクナルハ、主事也。手前ノ心ヲ仡ト正シクシテ、*書物ニ掛リ応ズルハ、主一ノ敬也。*問フ、今仕官*奉公人ナド、*使ヲ命ゼラレテ、口上ヲ承ハル時、イカニ手前ノ心ノミヲ正シテモ、向ノ詞ヲ主トセデハ、口上ヲ覚ヘマジ。又向ノ詞ノミヲ主トスレバ、主事ニナル者ニシテ、手前アラクナル。於《て》レ是《に》如何ナル工夫ヲセン。答《えて》曰、此間

朱子云…　→補記　**適**　底本「行」、高本・原文により訂。　**当事…一**　高本なし。　**一事**　高本「一事〳〵」。
此四句ハ…二字　高本「此四句ヲ第五章トシテ程子所謂無適ノ二字ヲ明カセリ」。
弐・参　底本各「二」「三」、高本・原文により訂。
此二句ハ…敬也　高本この句なし。
ヌ　底本空格、今推して補。
蔡覚軒　南宋の儒者、名は模、字は仲覚。学者覚軒先生と称す。
亦　底本「モ」、高本により訂。
云ヘバ　高本「去ハ」。
心ハ　高本「言ハ」。底本「心ハ□」、下の「心ハ…思案シテ」は上欄に補記。
取交ヘテ　高本「トリマセテ」。
二箇三箇モサバカントスルハ　高本「二箇三箇掩来トマヽヨサハク処ハ一箇ツヽサハクヨリ外ハナシ若シ一度ニ二三箇モサハカントスレハ」。ンは底本「シ」。
明ヌ者也　高本「明ヌ也」。
心上ノ敬ニシテ　高本この句なし。
至此…焉　高本「此一篇ノ骨子ノ処也」。　**必**　底本なし、高本により補。
主事ノ敬　高本「学者ノ敬ノミ」。
ヨシ　高本「ヨイソ」。　**写心**　高本「心ヲウツシ」。　**書物ニ掛リ応ズル**　高本「書物ヘカヽリタル」。
問フ　底本空格、高本により補。
奉公人…使ヲ命ゼラレ　使ヲは底本「使テ」、今訂。高本「奉公人ニナト

ノ事*ハ聖人分《の》上デナクバ、不《じ》レ全《から》。本《もと》聖人ハ声入《れば》心通ズル人ナレバ、聖人ハ主一ニシテ主事スルト云者也。兎角不《ずして》二主一一《なら》ハ、主事モナラヌゾ。是《れ》主一ニシテ主事スルガ全キ敬也。惟精トハ、善不善ノ両端ヲ択ンデ、不善ヲ捨テ取《る》レ善《を》也。是ハマダ工夫ノ場也。然レドモ、凡《そ》常ノ人ノ大方ニ善不善ヲ工夫シ分ルトハ各別也。コノ処ノ工夫ト云ルハ、到テ細密ニシテ、*毫釐《ごうり》ノ事程ノコトト可レ知。精ハク*ハシト訓ズ。物ヲ*シラゲ立ル心也。元来此二句ハ堯舜禹*三聖ノ道統ノ心法ゾ*。*漫爾トシテ勿《れ》レ視《みること》。惟一《という》ハ、善不善ノ*二端ヲ精シク仕《シ》御《ヲ》セテ、微塵モ不善ナク、善一枚ニ成《なり》スマシタル位也。是ヲ執《トル》ト名ヅクルゾ。執トハ文宣公ノ云シ操存ノ心也。善一マイニナリテ、握リ結タル様ナ心デナシ。抑《と》一ノ字ニ於テ、学者潜《めて》レ心《を》研究シ、豁然トシテ悟入セバ、正《ま》サニ曾子*一貫ノ旨ヲモ可レ窺《うかがう》。此一《とは》者則《ち》「*斉整厳粛《なれば》則《ち》心便一也」ト云《える》一ノ字ト相同ジ。「*知新日録《に》」云、「一者《は》心也云々」、*陳北渓《の》此説ヲ実ニモト美《ほめ》タモ、於レ理無レ違。是《れ》「*尚書」蔡氏ノ序ニ、「曰《い》レ徳《と》曰レ仁曰レ敬曰《う》レ誠《と》、言雖《も》レ殊《なりと》、*而理《は》則《ち》一《なり》、無《き》レ非《ざるは》レ所三以明《に》二《かにする》此心之妙《を》一也」ト云ヘルモ同意也。「*鎮座本紀《に》」、「外宮国常立尊者《は》虚《にして》而有レ霊、一《にして》而無《し》レ体」ト云ヘルハ、神道ノ奥義トナン云ヘリ。今此惟一モ、無体ノ一ニ非ンバ、万変ヲ監スルコトハ難《し》レ成《り》。伊川云、「忘《れて》レ敬《を》而無レ不《ることせ》レ敬」ト云《える》ハ、*槁木死灰ノ如ク浮《ウカ》々トシテ何ノ覚ヘモ無クセヨトニハ非ズ。只助ケ長ズルノ害ナクシテ、活潑々地ナドノコトナリ。此忘ノ字ノ裏面ニ無体ノ一ナルヲモハク有《り》。古語ニ云、「病去テ忘《る》レ薬《を》」ト云*也。コノ忘ノ字、伊川ノ心ニ叶フベキカ。万変是監トハ、惟一ノ当躰ニナレバ、千変万化ノコト触《れ》来レドモ、其レ〴〵ニ心ニ*移リテ道理ノ儘ニ明ニサバクコト也。所謂通達自在ニシテ、

使ヒヲ令セラレ」。
詞ノミヲ 高本「詞ヲノミ」。
事ハ聖人 高本「事ソ聖賢」。
毫釐ノ事程 高本「毫釐ヲアラソフ程」。毫釐は極めてわずか。
クハシト訓ズ 高本この句なし。
シラゲ立ル 玄米をついて白くする原意から、汚れや不純物を削り落して、精粋なものに仕立てて行くこと。
三聖 高本「三聖者」。
ゾ 高本「ゾカシ」。
漫爾トシテ 漫然と。高本「漫示ニ」。
二端 高本「両端」。
曾子一貫 論語、里仁。→補記
斉 底本「斎」、高本により訂。
知新日録 明の鄭維岳著。→補記
陳北渓 北渓著「性理字義」に「無事の時心常に這の裏に在て走作せず。固に是れ主一なり。有事の時心這の事に応ず…」「無適は心常に這の裏に在て西に走らず…」。→三〇六頁注
尚書蔡氏ノ序 宋の蔡沈が師朱子の意を承けて著せる尚書の注釈書たる「書集伝」六巻の自序。
而 底本「勿」、高本・原文により訂。
鎮座本紀 度会神道が重んじた神道五部書の一、「豊受皇太神御鎮座本紀」(略名「御鎮座本紀」)。闇斎の垂加神道もこの神道五部書を重視した。
槁木死灰 形は枯木の如く、心は死灰の如く生意のない様(荘子、斉物論)。
云也 高本「云云」。
ニ移リテ 底本「ノ移ヲ」、高本により訂。

*左右逢源ト云ヘルモ、*コヽゾ。且ツ*不偏不倚《の》中ヲ執《る》ト云《える》モ是也。監トハ、鏡ニ物ノ移ル心也。鏡ノ*本体ハ、常ニ明々トシテ*而モ無心ナル物ニシテ、物来レバ照シ*応ズルゾ。*妍媸《けんし》ヲ不レ違《たがえ》、物*去レバ、虚然トシテ自若タリ。人ノ一心モ惟一ノ域ニ至レバ、鏡ノ明ニ物ヲウツスト同シテ、不レ迎《え》レ物《を》不レ追《わ》レ物《を》、所レ応《ずる》邪正照*然タリ。本朝*三種ノ御宝ニ内侍所ト云ヘルハ、径八寸ノ御鏡トナン聞《きこえ》シ。是神明ノ著ル*シキヲ表セルニヤ。又「*宝基本紀《に》」云、「以二無相ノ鏡ヲ為二神明ノ御正体ト一云云」。是等ノ語ヲ按ズレバ、忝クモ天照御徳之万国ヲ照シ玉フモ、此敬ノ至リヨリ*仰ギナバ、ナド勿《なかラン》二納受一。是レ俗ニ云打《う》バ響クノ*意旨アリ。昔*帝舜ノ烈風雷雨ニ迷イ玉ハザルモ、万変是監ノ竟介ヨリノコトナルベシ。又伊川*涪州《ふうしゅう》ニ流サレシ時、乗《り》レ船《に》逢《えり》二*舟波ノ難《に》一。*従者愕然トシテ多クハ瞑眩ス。独《ひとり》伊川《は》自若トシテ神色不レ変。*是亦修敬ノ到レル者乎。又云、「敬者《は》勝《つ》二百邪《に》一」トハ、惟一ノ当体ニシテ、監ミル人ノ上ノコトナルベシ。*繋辞ニ云、「易無《し》レ思《うこと》也、無レ為《すること》也、寂然《として》不レ動、感《じて》而遂通《にる》二天下之故《ことに》一」、*是惟一ノ上ヨリ万変ヲ*監ル心ニ叶ヘリ。以上四句ヲ第六章トシテ、程子所《の》謂主一ノ二字ヲ明セリ。

従《う》二事於《に》斯《に》一、是《を》曰《う》レ持《すると》レ敬《を》

*従事――トハ、*カリソメニ一事ヲナストモ、上文之六章ニ云ヘル通リヲ違背セズシテ可レ従ト也。此事ノ字ハ究《きわ》メテ難レ見。「孟子」ニ所謂、「*必有《ずり》レ事焉」ノ事ノ字ノ意ニシテ、正・助長ノ害ヲ除テ、「無《く》レ適《も》也無《く》レ莫《も》也、義《と》之与《ともにしたがう》比」之竟介也。持敬ノ二字ハ、朱文公平生敬之修行ノ文字也。若シ持ノ字ヲ妄リニ見レバ、朱子《の》胸裡ニ常ニ敬ガ横ハルカト疑フ心モ可《し》レ生《ず》。此巻ノ中ニ熟復セバ、朱子《の》胸中*光風霽月《せいげつ》ノ如クニシテ、一塵モ不レ立コト見得《うる》コトアラン。

左右逢源 左右何れから取っても、その源に会う、道を自得した者の自由自在の境の形容(孟子、離婁下)。
コ、ゾ 高本「コヽソカシ」。
不偏不倚 中庸章句の朱注に「中者不レ偏不レ倚、無二過不一レ及之名」。
本体 高本「本然」。**而モ** 高本なし。
応ズルゾ 高本「応シテ」。
妍媸 美醜。妍を底本「併」、高本「奸」、今訂。
去 底本空格、高本により補。
然 底本なし、高本により補。
三種ノ御宝 底本「種」脱、高本により補、右傍に「神□(璽カ)宝剣」。
シ 底本なし、高本により補。
宝基本紀 「造伊勢二所皇太神宮宝基本紀」、神道五部書の一。
仰ギ…納受 高本「仰カハナト御受納ナカラン」。仰を底本「行」、高本により訂。
意旨アリ 高本「意思ナリ」。
帝舜… 史記、五帝紀「舜大麓に入る。烈風雷雨、迷はず。堯乃ち舜の天下を授るに足るを知る」。
涪州 四川省重慶府に属す。↓補記
舟波 高本「風波」。
従者 底本「徒者」、高本により訂。
是 高本「是モ」。**敬者…** 程氏遺書、明道語一(近思録、存養にも収)。
繋辞 底本「係辞」、今訂。易、繋辞上伝第一〇章。
是 高本「ト云ヘルハ」。
ヲ 底本「ニ」、高本により訂。

動静*無《く》レ違《うこと》、表*裏交《と》正《し》　上ノ如クニ、行歩*周旋之動クニモ、*安然黙座ノ静ナルモ、各法則ニ不《ソバ》レ違《ハ》、表ニアラハル、威儀容貌モ正シク、心上ニ仡ト正キ物也。如レ此ナレバ、心身全ク修マルト云モノ也。*心身トモニ全ケレバ、五倫ノ間モ明ニシテ、五ノ次デ各々所ヲ得テ、国家天下モ*安平也。交ノ字面*白シ。心一タビ正シク、身一タビ正シキト、時ヲヘダテタルコトニハ非ズ。交々トハ、*心身一致ニ持《ち》合フコト也。以上四句ヲ第七章トシテ、上文六章ニ総括シタ*者也。

須臾有《もれば》レ間《ひま》、私欲万端　以下ハ一転シテ、不敬ノ害ヲ云ヘリ。纔ニテモ敬断《たえ》ナバ、私欲ノ情アレ*コレト数多*発リ来ルベシ。千丈ノ堤壊《もる》ニ於二蟻穴《より》一ト云ヘルモ可《し》二思《い》合《わす》一。

不《して》レ火《なら》而熱《し》、不《して》レ氷《なら》而寒《し》　此二句ハ私欲万端ト云ヘル中デ、其尤《ケヤケキ》者ヲ*一二箇挙テ示シタゾ。不レ火而熱トハ、忿怒ノ甚シクシテ、胸ヲモヤシ顔ヲアカメテ、*義勢スルコトゾ。不レ氷而寒トハ、恐懼ノ甚キヲ云ヘリ。*寒毛《サムケ》卓《ダチ》堅スルホドニゾツトシテ、振ヒワナヽクコト也。此四句ヲ第八章トシテ、無適ナラヌ弊ヲ云ヘリ。

毫釐有《もれば》レ差《い》、天壌易《う》レ処《を》　毫釐ハ算用ノ*ホコリ*ノコト、只*纔カナルト云*コト。一念発スル処、微塵《ほど》デモ敬ナケレバ、末ニ至テハ、天地ノ入易《りかわ》ルホドノ大事ニ及ブト云コト也。

臣《として》弑《し》レ君《を》、子《として》害《し》レ親《を》、*妻ハ夫ヲ蔑如スルナドヲ、天地ノ処ヲカヘルト云ゾ。壊ハツチクレト訓ジテ、地ノ*字ト同ジ。

三綱既*淪《にみ》、九法亦《も》斁《ヤブル》　三綱トハ、君ハ臣ノツナ、父ハ子ノツナ、夫ハ妻ノツナニシテ、臣子妻ノ三ツハ、常ニ君父夫ノ三ツニ繋ガレ掛リテ養ハルヽ*者也。故ニ君父夫ヲ指シテ三

従事——トハ　高本なし。
カリソメニ一事　底本「惟初三事」、高本により訂。
必有事焉　↓一九一頁注「四字」
無適…　論語、里仁「子の曰く、君子の天下に於けるや、適も無く、莫も無く、義と与に比ふ」。適はそれでなければならぬときめること、莫はそれであってはならぬとすること。
光風霽月　雨後の風月の如く、心が清澄でからっとして高明なこと。
無・裏　底本各「弗」「裡」、高本・原文により訂。
周旋　たちいふるまい。
安然　高本「安居」。**心**　底本脱、高本により補。**安平**　高本「安静」。
白　底本脱、高本により補。
心身　底本「心一身」、高本により訂。
者也　高本「モノソ」。**レ**　底本「ル」、高本により訂。**発リ**　高本「発リテ」。
一二箇　高本「一箇二箇」。
義勢　過度に意気ごんでカンカンになること。
寒毛卓堅スルホドニ　高本「身ノ毛ノヨタツホトヲソロシク」。
ホコリ　数量のはした。
ノコト　底本なし、高本により補。
纔カナル　高本「纔ナ」。
コト　高本「コトソ」。**妻ハ…スル**　高本「妻トシテ夫ヲナミスル」。
字ト同ジ　高本「字ノ合点ナリ」。
淪　底本「沈」、高本・原文により訂。
者也　高本「筈ノモノ也」。

綱ト云ヘリ。五倫ノ*中デモ、此三ツハ別シテ重キ者也。毫釐デモ一念頭ニ違ヒアレバ、却テ臣トシテ君ニ弓ヲ引《き》、子トシテ親ヲ殺シ、妻トシテ夫ヲ*蔑如スル様ニナル大変ニ及ブ事ゾ。指《シテ》レ是《ヲ》、三綱《が》沈《み》退転スルト云也。抑《と》人ノ一身ニハ五倫畢《コトゴト》ク備テ、其身ノ主ト成ル物ハ心也。故ニ心敬スレバ、一身修ツテ五ツノ序《つい》デモ明《か》也。彼《の》*仏氏《は》*自然ニ一身ニ五倫ノ理ノ有コトヲ不レ弁。故ニ倫理ヲ外ト*スルゾ。悉達太子成道《して》帰《り》レ国《に》、*父王ノ頭上ニ自《ヲノガ》足ヲ載セ、其流レヲツゲル*黄檗ハ慈母ヲ*蹴殺ス。是明倫敬身ヲ不《る》レ知弊ニシテ、天地*易レ処《を》ト云モノ也。九法亦斁トハ、*「尚書」ノ*洪範ノ九疇也。天下ノ政ヲ九ノ数ヲ立《たて》テ施タ者也。言ハ只毫釐モ不敬ナレバ、国天下ノ政モ斁《やぶ》レ*廃《すた》レテ、法ガ立ヌト云コト也。法ハ心ヨリ出ルコトナレバ、九法ノ*治乱ハ敬不敬ノ間ニアリ。*紂王ハ不レ足《ら》レ行《うに》レ敬《を》トス。故ニ国法モ破レテ、万民ノ心離レ、其身*独夫トナリ*シゾ。*九法ハ、「尚書蔡伝」及《び》*「入学図説」ニ見ヘタリ。此四句ヲ第九章*トス。主一ナラヌ害ヲ云ヘリ。

於乎《ああ》小子、念《えや》哉敬《しめや》哉

於乎ハ打ナゲイテ親切ニ示ス詞也。小子ハ門人弟子及ビ後世ノ学者ヲサス。念哉敬哉トハ、到《てに》レ此*始テ敬ノ字ヲ出シテ丁寧ニ教ヘリ。念哉トハ、「*惟聖不《れば》レ思《わ》作《なる》レ狂《と》」ト云テ、道ノ蘊奥ニハ思ハネバ到ラレヌゾ。サレドモ敬ナキ思ニハ、姦思雑慮モアル程ニ、*敬哉云々。

墨卿《にて》司《て》レ戒《を》、敢《て》告《よ》二霊台《に》一

*墨卿トハ、墨ノコトヲ取ナシテ、人ノ様ニ*云タモノ。霊台《と》ハ、心ノ*異名也。畢竟此二句ノ意ハ、今此箴ヲ作テ、文章ニ書連《かきつらね》テ、*シツカト心中ヘ告《て》戒ルト云コトナリ。刻骨ナドト云文法ニ相同《じ》。以上四句ヲ第十章トシテ、全篇ノ結語トセリ。

中デモ 高本「中ニテ」。
蔑如スル様ニナル 高本「ナイカシロニ為ル様ナル」。
仏氏 高本「仏氏ノ輩ハ」。
自然…不弁 高本「自然固有ノ五倫ノ道アル事ヲ弁ヘヌ」。 **スルゾ** 高本「スルカソ」。 **父王** 高本「父大王」。
黄檗 高本「黄檗トアラン」。名は希運、唐の禅僧、断際禅師。禅風を盛にし、門下に臨済義玄等が出た。この話は太平記巻二等にあり。
蹴殺ス 高本「蹴殺シヌ」。
易処 底本「易地」、高本により訂。
尚書ノ 高本「尚書ニイヘル」。
洪範ノ九疇 →補記
廃レ 底本「廃シ」、高本により訂。
治乱 高本「治乱ル、」。
紂王ハ…故ニ 高本「昔シ殷ノ紂王敬ヲ行フニ不足ト云ヘルニヨツテ」。この語は書経、泰誓中にあり。
独夫 悪逆無道で民から見離された君主。 **シゾ** 高本「シソカシ」。
九法ハ 高本「九法ノ詳ナル事ハ」。
入学図説 朝鮮の権近著。底本「図」脱、高本により補。
トス 高本「トシテ」。
始テ…シテ 底本脱、高本により補。
惟聖… →補記 **敬哉云々** 高本「敬哉トハ辞ヲカサネ玉フ」。 **墨卿**
トハ 高本「墨卿ハ墨ノ事ソ卿字ハ」。
云タモノ 高本「云カケタモノ也」。
異名也 高本「異名ヲ云也」。
シツカト 高本「シツカリト」。

補記

見瞽叟…(八〇7)　舜の父瞽瞍は徳義を弁えず甚だ頑であった。舜は歴山に耕して、父母の歓心を得ないので、田に往き日日天に号泣し、又父母に号泣し、父母の罪を己の孝の至らざる故となし、益〻慎んで父に見えるに夔々然(恐れ慎むさま)として斉慄(敬謹のさま)して怠らず、終に至誠の孝心には瞽の頑愚も感じて信じ順うようになったと伝える(書経、大禹謨・孟子、万章上)。↓二六〇頁注

惟精惟一…(八〇8)　舜が禹に訓諭した言の中に「人心惟れ危く、道心惟れ微なり。惟れ精、惟れ一。允に厥の中を執る」(書経、大禹謨)とある。心は外物に誘発されて、私になって公になり難い、義理より発する道心は明かなり難く、くらみ易い。能く精察して人慾の私を雑えず、一以て道心を守って、義理の正きに純なれば、道心常に主となって、人心はその命を聴き、自ら過不及の差なくして、中庸を得ることができる。朱子学では心法上最も重じられた箴言である。

文明…(八〇9)　禹の教化は四海に及び、ここにその宏謨を陳べて、謹みて帝舜の心を継承する(書経、大禹謨)。

顧諟天…(八〇10)　先王湯王は上天が賦した明命(朱子学派は人が天から生れながら賦与された徳、本性と解する)を常に目前にあるが如く、常に省み顧みた(書経、太甲)。

惟臣…(八〇11)　臣下はただ天に法って至公である人君の心を体して上に欽若(敬んで順う)であれば、人民はそれに感化服従して自然に治る(書経、説命)。

敬止(八〇11)　詩経、大雅、文王「穆穆たる文王、於(ああ)緝熙にして敬て止まれり」(大学、伝三章にも引)。文王の徳は深遠にして、緝は継続、熙は明の意、敬止は敬せざることなくして、止る所に安ずるの意。

小心翼々(八〇11)　詩経、大雅、大明「維れ此の文王、小心翼翼たり」。

丹書(八〇12)　赤雀が銜(くわえ)て来て周に授けた瑞書で、古聖の道が記してあるという。大戴礼、武王践阼に「武王祚を践て三日、師尚父(太公望呂尚)を召して曰く、黄帝顓頊の道意に存す、亦忽ち得て見るべからざるか。尚父が曰く、丹書に在りと。其言に曰く、敬怠に勝つ者は吉、怠敬に勝つ者は滅ぶ云々」と。武王はそれによって戒書を作り、諸の器に銘を刻したと伝える。

周公…(八〇12)　孟子、離婁下「周公三王を兼て、以て四事を施さんことを思ふ。其の合はざる者有れば、仰て之を思ひ、夜以て日に継ぐ。幸にして之を得れば、坐て以て旦を待てり」。坐以待旦は行うに急なる意。

感興之詩(八〇13)　闇斎は、朱子文集巻四の「斎居感興五言詩凡廿首」は、孔門吟咏の遺法を得て直ちに周詩に続くものとなし、世人その名を知る者尠きを以て、此を表章して正保三年出版(無点)、後に訓点を加え、諸家の注を輯して事証訓詁を注し、「感興考註」と題して明暦四年刊行した。下の詩は、感興詩其十にあり、群聖人相継いで上下幾千年であるが、此の一心を同じうすることは、秋月の至明が寒水の至清を照すが如く、古今一貫不易である。

四勿(八〇14)　論語、顔淵「顔淵仁を問ふ。子の曰く、己(わたくし)に克ち礼に復(かえ)つて仁を為(す)。一日も己に克ち礼に復れば、天下仁に帰(き)す。仁を為ること己(おのれ)に由る、而も人に由らんや。顔淵の曰く、其の目を請ひ問ふ。子の曰く、礼に非して視ること勿れ。礼に非して聴くこと勿れ。礼に非して言ふこと勿れ。礼に非して動くこと勿れ」。

三省(八〇15)　論語、学而「曾子の曰く、吾れ日とに三つ吾が身を省る。人の為に謀て忠ならざるか。朋友と交て信ならざるか。伝て習はざるか」。

謹独(八〇15)　中庸一章「隠れたるより見(あらわ)はれたること莫く、微かなるより顕れたること莫し。故に君子は其の独りを慎む」。

堯舜…(八一10)　孟子、離婁下「儲子が曰く、王人をして夫子を瞯(うかがわ)せしむ。果して人に異なること有るや。孟子の曰く、何を以て人に異ならんや。堯舜も人と同じきのみ」。

四端(八一11)　孟子、公孫丑上に、孟子は人の性は善で、その自然にあらわれて、仁義礼智の道に進むいとぐちとして、惻隠・羞悪・辞譲・是非の心情を四端と称した。↓六九頁注「惻隠」

キツト(八一12)　闇斎の大和小学、敬身第三「○たゞ浮(うか)となく心をきつともちたる当体さらに物なし。活潑々地なり。卓たる彼先覚はみなつねにかくのごとし。操存といふもこれなり。主一といふもこれなり。○たゞしひことをきつとゝいふ時は矻度(きっと)とかくべし。きびしひことをきつとゝいふ時は急度(きっと)とかくべし。右の条のきつとは矻度と心得べし。もし急度とおもひなば、すなはち助(たすけ)長ずるのやまひとなり、久からずしてたふれる」と。

約之…(八一16)　程子遺書一「聖賢の千言万語は只是れ人已に放つ心を将て、之を約めて反復して身に入り来ら使め、自ら能く尋ねて上に向ひ去らんことを欲す。下学して上達するなり」(孟子集註、

告子上・近思録、存養にも収）。

烝民…云ヘル（八一16）　詩経、大雅、烝民「仲山甫之徳、柔嘉維則、令㆑儀令㆑色、小心翼翼」。なお「小心翼翼」の語は、同、大明にもあり。

入鄽垂手（八五10）　禅の心事修練の順序を図解せる「十牛図」の第十。最高の境地で、衆生済度のために慈悲の手を垂れて、市廛の塵境にもどる、即ち利他の境である。

三蔵法師（八五10）　菩提留支を指す。北天竺の人、魏の宣帝の時洛陽に来りて、多くの諸経を翻訳した。曇鸞に観無量寿経を授けたという。

瑞岩（八五16）　瑞巌。唐の禅僧、名は師彦。「大恵書」答㆓李宝文㆒書に「瑞岩和尚居常在㆓丈室中㆒、自喚云主人公、又自応云諾。惺惺着、又自応云諾。他時後日莫㆑受㆓人謾㆒、又自応云諾々」。「五燈会元」に「居㆓丹丘瑞岩㆒、坐㆓磐石㆒、終日如㆑愚。毎自喚㆓主人公㆒、復応諾、乃惺惺着。他復莫㆑受㆓人謾㆒」。

心収斂…（八六6）　心をひきしめること。和靖曰く「敬甚(なん)の形影か有ん。只身心を収斂する、便ち是れ主一。且つ人の神祠中に到て敬を致す時の如き、其の心収斂す。更に毫髪の事を着け得ず。主一に非して何ぞ」。

色厲…（八七2）　論語、陽貨「子曰く、色厲しくして内荏(やわらか)なるは、諸を小人に譬ふれば、其れ猶ほ穿窬の盗(壁に穴をあけたり塀をのりこえる如きこそ泥)のごときか」。

程明道…（八七4）　程氏外書一二「謝顕道云ふ、明道先生坐するときは泥塑人(土人形)の如し。人に接するときは、則ち渾(すべ)て是れ一団の和気なり」(近思録、観聖賢にも収)。

澹台滅明（八八6）　論語、雍也「子游武城の宰たり。子の曰く、女(なんじ)人を得たりや。曰く、澹台滅明なる者あり、行くに径に由らず、公事に非ざれば、未だ嘗て偃の室に至らず」。

曾子…　（八八17）　論語、泰伯「曾子疾あり。門弟子を召して曰く、予が足を啓(ひら)け、予が手を啓け。詩に云く、戦戦兢兢として、深き淵に臨むが如く、薄き氷を履むが如し。而今にして後吾れ免るることを知るかな。小子よ」。

南宮括（八九6）　論語、先進「南容白圭を三復す。孔子其の兄の子を以て之に妻(めあ)はせり」と。白圭は、詩経、大雅、抑「白圭(白き玉)の玷(きず)は尚ほ磨くべし、斯の言の玷は為すべからず」。言語の一失は救うことができない。

駟馬（八九7）　論語、顔淵「棘子成が曰く、君子は質のみ。何ぞ文を以て為ん。子貢が曰く、惜かな夫子の君子を説くや。駟も舌に及ばず」。一度口に出した言葉は四頭立ての馬車の速度で追いかけても取り返しができない。

朱子云…（九〇2）　朱子語類巻九六「主一は只是れ心専一にして他念を以て之を雑へず。無適は只是れ走作せず。書を読む時の如きは只書を読み、衣を着する時は只衣を着け、此の一件を了つて、又一件を做す。身這の裏に在るときは心も亦這の裏に在るなり」。

曾子一貫（九一9）　論語、里仁「子の曰く、参や、吾が道は一以て之を貫く。曾子の曰く、唯。子出づ。門人問うて曰く、何の謂ひぞや。曾子の曰く、夫子の道は忠恕のみ」。

知新日録（九一10）　「温陵鄭孩如観静窩四書知新日録」六巻。「黄葵軒曰く、一を主とするとは、或は此の一件の事を做すときは心主として定て此の一事に在りと云は非なり。蓋し一は心なり。主一は主とするに吾が心を以てするなり。言ふところは、其心常常内に主と為つて、事に当て在り、在る所にして存す。他に適くこと或ることなし」。

涪州（九二8）　伊川はその門人等の洛党と蘇東坡門下の蜀党との党論によって罪され、哲宗の紹聖四年涪州に流謫された。下の遺事は涪に貶せられて漢江を渡る時のことで、事は「邵氏聞見録」、それを引く「伊洛淵源録」等に見える。

洪範ノ九疇（九四7）　洪範は書経、周書の篇名で、箕子が周の武王に答えて、禹が洪水を治め天帝から受けたという天地の大法を述べたのが洪範で、天下を治める九種類(疇は類)の大法からなる。即ち九疇は五行・五事・八政・五紀・皇極・三徳・稽疑・庶徴・五福。

惟聖…（九四13）　書経、多方「惟れ聖も念ふこと罔ければ狂と作り、惟れ狂も克く念へば聖と作る」。資質美なる聖でも善を念って省察思慮しなければ、反て昏愚の狂となる、資質陋なる狂でも、よく省察思念すれば、気質が変化して、通明の聖となる。

〈付〉闇斎敬斎箴講説

敬斎箴序

人之一身五倫備焉云云五倫明矣　此語ガ某「敬斎箴」ノ*見取《みどり》ゾ。一身五倫ノ説ハ其理ハ有テ人ノカウハ云ヌコトゾ。敬一ツデグツトスムゾ。カウ緊《きつ》フ敬心ヲエトラヌ。敬サヘスレバ、今吾モ人モ敬ミサヘスレバ、家老ニ成テモ奉行ニナツテモ何ニ成テモヨイゾ。又云本ヨリ人ヲ相手ニセヌ。石ノ*カロウドノ中デ云タモノゾ。何ヲ一ツセマイド、国ノ中デベツタリト五倫ガ明ナト、キツシリトツメタモノ。此ヤウニギシ〳〵トキリデ身ヲツクヤウニ見ネバ敬デナイ。〔従事〕(左)「孟子」ノ語。　須臾――箴中ニ所謂須臾有レ間、私欲万端、毫釐有レ差、天壌易レ処、三綱既淪、九法亦ヤブリ、皆人ヲ相手ニシテハナイゾ。辞ノ上デ見ヘテヲル。須臾ガウリト云ハ*チツトモライハナイゾ。人ノ相手ハミヘヌ。不敬ナレバ後ニカウナル、ミタコトデハナイ、其一念ノ端的ガ天壌易レ処、三カウスデニシヅミタ者ト、セハシウ云タモノゾ。扨《て》今日ハカウデ、又明日ハヨイコトヲスルデモ有ラフ、ソレハ又戻タモノ、先《ず》端的ハ失フタモノゾ。又云一念差《つかえ》タ処ガベツタリト人デナイ。○非一朝――爰ハ緩《ゆる》フ云タヤウニ見ユト問、先生云《ク》、コ、ハ緩ゾ。前ハ暗ト云モノ。是ハ一向殄滅シタモノナレバ、カウナルハ漸ニ有ラフトヤラ云ヤウニ云レタゾ。　〔明暦改元〕(右)此序ヲ書《き》仕廻タ時或人ガ来テ、今日開元ヂヤト云タ。是ハ面白《い》コトヂヤト思テ開元ノ日ト書テヲイタトゾ。

敬斎箴

正其――此ナリヲ見ヨ。人ヲ相手ニシタ者デハナイ。檐《のき》ノ下デモ是ゾ。此箴ナドヲカウ見イデ朱子ノ心ニ合《ウ》モノデハナイ。ア、サウデハアルマジト行儀ヲ正フシテナド云ハ根ニ敬ム者ガナイ。又云此一篇ハ上ノ二句ノ意ヲ下ノ二句デ云タモノゾ。〔正其衣冠〕(右)此ナリガ即対二上帝一モノ。　潜心――上帝ハ正其――視ガ則《ち》ソレゾ。マ一ツ*ウゴツイタ者デハナイ。　〔択地〕(右)是〔足容〕(右)――ト云ヘバハヤ動タモノ。　〔足容〕(右)――ト云ヘバハヤ動タモノ。

◇広島県三原市立図書館に楢崎家から寄贈された、闇斎の直門人楢崎正員が闇斎の講説を書入せる「敬斎箴」(江戸前期刊第二次版)の書入のみを輯録した。書入は欄外(主に上欄)と行間、本文末には匡郭内の余白になされ、四カ所に小紙片の押紙が貼付されている。この附箋の書入は文を成さぬメモで内容がやや理解し難いが、首葉の分を除いて掲載した。行間の書入の一部は振仮名と字義である。行間の書入については、その箇所を示すために傍の本文の句を〔 〕にかこみ、その下に(左)(右)と注してどちら側にあるかを示した。

カロウド　唐櫃。

見取　広く見渡して多くの中から選び取る。

チツト…ナイゾ　ちっともらい(漏れ、すき)がない、の意か。

ウゴツイタ　動く、うごめく。

イヽギ　威儀。

書…　尚書のと、ここのとは意味が違う意。

説約　孟子、離婁下「孟子の曰く、博く学て詳に之を説くは、将に以て反て約を説んとすればなり」。

玉録　闇斎の助力を得て、保科正之が編せる「玉山講義附録」。↓二九二頁注「玉山講義」

ゴクムクロニ　極めてむき出しに。

ホウカラ　ほう殻。空っぽ。

フ　ヲの訛写か。

〔出門(注)表之正〕(左)イヽギ*ノツヽシミ。〔守口(注)質慤〕(左)テイネイ。　〔裏之正〕(左)心術ノツヽシミ。

〔不東(注)此四句〕(右)無適ヲ云タモノ。

〔勿弐〕(右)一心ニナツタモノ。　惟精「書*」トハ違フゾ。「書」ハ知デ云。コヽハジツト心ニ本《もとづく》ヲ云。　〔是監〕(左並に上欄)心ヲ付テ見ヨ。　〔(注)此四句〕(右)主一ヲ云タモノ。

(本文の後)右一篇ノ意ヲ合点シテ見ヨ。敬ト云一字ヲカウ見タモノゾ。カウ見ルデ敬ガ大事ヂヤゾ。格物致知モ何モ角モグツト皆其中ヘヲツ籠《こめ》テ云タモノゾ。又云此注ハアライヤウナゾ。サレドモ是ハカウスルデヨイ。云ホドワルイ。五倫ハ身備ニリ、身ハ心ガ主《つかさどつ》テヲルホドニ只心一ツデスムト云タモノガ、何ノ角ノト云コトノ入ラフヤウガナイ。

又云経学ハ精クトテ、クドイ者デハナイ。精ホド簡ナ者ヂヤ。

又云合点ヲシトルト云コトガ物ニ有コトゾ。又云孟子ノ説約*思ベシ。

又云居敬窮理ト行《く》ハ、居レ敬ニモ理ヲ窮メネバ暗トイツタモノ。「玉録*」ニ載タゾ。ソレハ其筋。今聖賢ノヤウニナクトモ、トカク敬《つゝし》マイデハト、ヅンド一篇《スジ》ニイツタ時ハト云タ時、何ントシタ者デ有ラフゾ。カウシタカウシタ者ガ有ラバ、ナンデ有ラフト、賢人デ有フゾ。カウシタ者ガ上ニ立テ治メタラ、ナント云コトナシニトカクヨカラフゾ。只敬バカリデモナイ、仁ニモセヨ、聖人ノヤウ、仁ハ勿論ノコト、先《ず》仁ハ愛シタ者ヂヤ。墨子ガ兼愛ノヤウニ、トント一枚ニ人ヲカハユガツタモノ、我ヲ悪ム者デモ好シ、我ニ讎スル者デ有ラフト、ゴクムクロニ*カハユガツタモノゾ。ナンデモアレ、カウシタ者ハ賢人ナハヅゾ。只ムツチヤト結構ナコト計《ばかり》云テ儒学ヲカウ見ルコトヲ知ヌトゾ。

附録

〔朱子跋〕(右)此跋ガ「敬斎箴」ノ目当ヂヤト云合点デ附録ノ始ニノセテヲイタ。　〔所以病〕(右)説カラ説ヘ移テ行《く》ホドニ我ハホウカラ*ニナツテヲル。　〔慶元己未〕(右)此年号ヲ存シタハ晩年ニ至テ説ノ誤ラヌト云コトヲ知セン為ゾ。七十ノ時《の》ネンゴウトル、是。

〔問敬斎箴許多〕(下欄)身一《つ》デスム。ツメロフ*小刀デツク。

手足口頭*。〔去処〕(下)手足サマ〴〵ニ云。

〔問敬斎箴蟻封 狭〕(右)ケウ。

〔朱子曰蟻封 折旋〕(右)カウ云コトヲ云タモノ。

〔朱子曰守口…是言語 防意如城〕(右)誠意デハナウテ嗚呼カウシタ意ハアルマイコトヂヤト思。

〔問勿 上面説箇心〕(上に押紙)一レ心誠、尽己忠、字有内外信。

〔問主一 事了〕(事の右)ニシ。(下も同じ) 〔弍〕(右)ソウル。

〔李守約 上《テ》〕(右)タテマツ。

〔或問 後門〕(上欄)カドロノスマヌニウラ門ヲ云。〔常覚得〕(右)殊勝ナコト。〔先生猶如此説〕(左)朱子サヘクワン〳〵トノ玉フ。イルガセニスルナト云心也。(上欄押紙)アヤカレ、朱子ノコニ答、油断《は》敵。

〔黄勉斎曰 又曰〕(右)是ガヨイ説ゾ。呉氏ガ説モコ、ニ本《く》クモノ。其合点デコ、ニ取テヲイタ。

〔問毫釐歴人情…〕(上欄押紙)王道三年一《ノ》下ハ不慮ノソナヘ、右油断ナレハツカヘ。

〔陳北渓曰 鋪序〕(右)シキノブルコト。(左)ミルトキハコフ、キクトキハコフト、ナラベシクコト。〔親切〕(右)――ノ字ヨク下イタ。ドレモヨイ説。

〔草廬呉 淮西〕(左)イヘヌシ。〔修己〕(右)湯文ノ敬ト同《じ》コト。〔以敬所該〕(右)トウブ、益*ト同。〔闡〕(右)ヒラキ。〔茫然〕(右)ヲナス。〔寅〕(右)ツ、シム。〔祗〕(右)ツ、シミ。〔擺脱〕(擺の右)ハイ。(左)トツテノケルコト。〔臆〕(右)フク*。(左)ムネ。〔睎〕(右)コイネガイ。〔演繹〕(左)ノベタヅネ。〔裨益〕(左)ヲギナイマス。〔趍〕(右)イ*。(左)ハシル。〔一身〕(右)ヨウ取タ。

〔胡敬斎曰古今 禅定〕(右)朱子ノ正意デハナイ。(左)朱子ノ説不レ如レ此。〔故〕(下欄)ドフシテモヨイ説ゾ。

〔跋蒐〕(左)カリモトム。〔反復往来〕(右)カウ合点スルデ何ンボウモ云ホド薬ニナルハヅ。〔有心熟〕(左)チウイランヌモノナレ共又如レ此。

口頭　原文の字識読困難、仮にかく翻字、意味未詳。

益　伯益ともいう。禹と共に舜の名臣。禹は位を益に譲ろうとしたが、箕山に避けた、と孟子に伝える。

フク　臆は漢音ヲク、慣音オク、フは「ヲ」の誤写か。

イ　趍は趨の俗字で、漢音シュ、慣音スウ。

敬説筆記

佐藤直方

夫《れ》聖学ハ居*敬窮理ノミ。コレ則《ち》求仁之功夫*、コレ外ニハナシ。古堯舜三代ノ時ノ教コノ二ツナリ。学問ノ根基ハ主静存養*ナリ。周*子曰、「主*《として》レ静《なるを》立《てり》ニ人極《を》一」ト云《わ》ル、デ、理会スベシ。孟子曰《く》、「*学問之道《は》無レ他、求《むるのみ》ニ其放心《を》一而已」トアレバ、心ノハナル、ヲトリトメテ存シテ、主《シテ》ニ一身《に》一、ソレカラ窮理セネバ、マコトノ窮理ニ非ズ。心ノ存スルハ主静存養ナリ。古聖人ノ教ハ小*学大学也。小学ハ居敬ニシテ、主静ナリ。大学ハ窮理ナリ。存養ハ小学大学トモニ貫ク也。孟子没セラレテ後、聖道絶タリ。秦漢隋唐ノ間、文学アツテ、漢唐ハイヨ〳〵学問盛ニシテ、聖人ノ法式ヲ以《て》政モアリタレドモ、絶学也。イカントナレバ、居敬窮理ノ学ガナカリシユヘナリ。記誦訓詁ノ学、窮理ニ似タリトイヘドモ、居敬カラデナキユヘニ、マコトノ窮理ニアラズ。居敬存養ノコトハ、スキト識《る》者ナシ。知行ノ学ヲナストイヘドモ、マコトノ知行ノ意ニアラズ。朱子曰、「敬《つつしみて》以《て》知《り》レ之《を》、敬《みて》以《て》行《う》レ之《を》」ト、敬ニアラザレバ、知行ヤクニタ、ズ。故《に》山崎先生ノ「近思録」ノ序ニ曰《く》、「夫《れ》学之道在《て》ニ致知力行之二《つに》一、而存養則《は》貫《ちける》ニ其二《つの》一者也。漢唐之間、非《ず》レ無《きに》ニ知《る》者一也、非《ず》レ無《きに》ニ行《う》者一也。未《れば》三嘗《て》聞《か》ニ存養之道《を》一、則其所《の》レ知《る》之分域、所レ行《う》之気象、終《に》非《ず》ニ聖人之徒《に》一矣」ト書レタルモ、コノ意也。朱子ノ「*漢儒説《く》レ夢《を》」ト謗《そし》ラルモ、コ、ヲ以《て》シルベシ。孟子ヨリ千四百年ノ後、宋ノ周子

居敬窮理　居敬は敬を以て身を持すること。窮理は物の理をきわめること。朱子学の学問修養の根本の道である。
功夫　工夫、方法。
存養　失わぬようにまもり育てること。
周子　北宋の周敦頤、字は茂叔、号は濂渓。宋学の創始者と仰がる。二程はその門より出た。
主静…　周子の「太極図説」(近思録、道体にも収)に出づ。次頁の引文参照。静は天の賦与せる本来の未だ発せざる状態で、已に発せる動に対する。人極は人に在る太極で、人の由て立つ根本の道。
学問…　孟子、告子上。
小学大学　中国では昔八歳にして小学に入り、十五歳にして大学に進んだと伝えられ、本書では小学での教、大学に於ける教の意味と、朱子が門人劉子澄に編纂せしめた「小学」と四書の「大学」と両方の意味に使われている。
漢儒…　朱子語類巻五一に「漢唐の諸人義理を説く、只夢を説くと相い似たり。程先生兄弟に至り、方に始て説き得て分明なり。唐人只退之有り。説き得て旁に近きこと有り。然も也(た《ま》)只夢を説くに似たり」と。

*継《て》二往聖《に》一而開《けり》二来学《を》一。始テ聖人ノ道、世ニ明ニナリタリ。「*太極図説」「*通書」ヲ著サレタリ。道体ヲカヽゲ出シ、主静存養ノ道コヽニヲイテミルベシ。「図説」ニ曰、「聖人定《むるに》レ之《を》以《てして》二中正仁義《を》一而主《として》レ静《なるを》立《てり》二人極《を》一」トカヽレタルヲミルベシ。程明道・程伊川コレヲ師トシテ教ヲ受《け》、道統ノ伝ヲ継レタリ。コヽニ於テ小学ノ教絶タルヲ憂テ、敬ノ字ヲ*拈出《ねんしゅつ》シ、門人ニ示シ、静坐ノ工夫ヲ教ラルヽコト、主静立人極ノ意ニ由テ、コレヲ発明シテ小学ノ闕ヲ補ハレタリ。古ハ存養省察ノ名ノミ。主静ノ、敬ノ、静坐ノト云コトモ、皆存養ノコト也。聖学絶テ後ニ周子ノ始テ主静ト云コトヲ説レ、程子コレニヨツテ敬・静坐ノ工夫ヲ教ヘラルヽナリ。「大学」ヲ表章シテ、格物致知ノ教ヲ詳ニセラレタリ。「中庸」ヲ表章シテ、道体ヲ詳ニシ、異端ヲ排《ひら》キ、未発ノ静、已発ノ動、存養省察ノ工夫、コヽニ詳也。敬ノ一字、聖門ニ有レ功テ先儒ノ未発《の》トコロ、朱子大ニ賞美セラレシナリ。孔子ノ仁ヲ説テ堯舜ニマサリタルト、程子ノ敬ヲ拈出セラルヽモ、其意同ジキト也。*楊亀山・*羅仲素・*李延平、道統ノ伝ヲツガルヽコト、主静存養之道也。孔門伝授ノ心法コヽニ不レ外《ほかなら》。朱子ハ李延平ヨリ受《け》伝テ道統ヲツガレ、集テ大成シテ、居敬窮理ノ学イヨ〳〵全シ。敬ニヲイテハ「敬斎箴」ヲ著シ、窮理ニヲイテハ「*大学」ノ第五章ノ闕ヲ補ヒ、格物致知ノ詳ナルコト、敬ノ意趣、「或問」ニ於テ詳ニ著シ、後学ヲサトサレタリ。「中庸」ノ「*輯略」「或問」、「太極図説」ノ解、「通書」ノ註ニヲイテ、主静存養ノ道ヲ詳ニ示サルヽ也。程子ノ敬ハ、十五ヨリ以上大学ヲナス者ノ為ニ、小学ヲ習ハズシテハ格物*致知ハヤクニタヽザルユヘニ、敬ヲ持シテ兼《ね》補フ意アリ。「大学或問《に》」曰《く》、「不幸《にして》過《て》レ時《を》而後学《ぶ》者、誠《に》能《く》用《て》二力《を》於此《に》一以《て》

継往聖… この句、闇斎の近思録序にもあり。往聖は古の聖人、来学は後世の学者或は学問。

太極図説 周敦頤著。天地人の生成し一貫する形而上的論理を図解した「太極図」を説明した書。宋学形而上論の基礎となり、朱子の「太極図説解」の注がある。

通書 →三八一頁注

拈出 選び考え出すこと。

楊亀山 北宋の儒者、名は時、字は中立。二程の高弟。

羅仲素 名は従彦、字は仲素。揚亀山の高弟。予章先生と呼ばれた。

李延平 名は侗、字は愿中、号は延平。朱子の父と共に羅従彦に学び、その学を朱子に伝えた。

大学ノ… 朱子は大学に錯簡脱文ありとして、独自の見識を以て経一章伝十章に改編し、格物致知の第五章は伝文を欠くとして、自ら伝文を作って補った。

輯略 「中庸輯略」二巻。朱子が宋の石墪編の「中庸集解」によって、その繁蕪を削って改編。章句序によれば、初めその末に附したらしいが、後別本として行われた。闇斎校点の「倭板四書」には本書を収めている。

致 底本「数」、今訂。

進《て》二乎大《に》一、而不レ害《んばせ》レ兼《ね》二補《うことを》 乎其小《を》一、則其所《の》二以進《む》一者、将《に》レ不《んと》レ患《うれえ》二於無《して》レ本而不レ能《わ》二以 自《みずから》達《すること》一 矣」ト書レタルデシルベシ。程子ノ*主一無適、*整斉厳粛、其門人*謝上蔡ノ*常惺々、*尹和靖ノ其心収斂シテ不レ容《いれ》二一物《を》一、コノ敬ノ工夫、皆大学ヲナス者ノ小学ヲ兼補《ねう》ガ為ナリ。故ニ朱子「大学或問」ニ於テ、詳ニ其*敬ヲ説《き》示サレタリ。サテ今日八歳カラ十五マデノ幼少ナ者ニ敬ヲ習ハスルニ、主一無適ノ教ハナラヌコトユヘ、「小学」ノ書ヲ編集セラレテ、読ナラハセ、其意モ教ル為ゾ。「小学」全体敬ナレドモ、其*事カラ習ハシムルユヘニ、小児ノ学ビヨク、オノヅカラ主静存養ガ熟スルヤウニシタモノゾ。「小学」ノ序ニ、「今頗《る》蒐輯、以為二此書一、授《けて》二之《を》童蒙《に》一、資《たすく》二其《の》講習《を》一。庶《ちかからんと》二幾 有《る》レ補《に》二於*風化之万一《に》一云《う》レ爾《しか》」ト書レタルデ考ヘ知ルベシ。風化之万一ニ補アルニチカキハ、古ノ小学ヲ再興セラレタル意ナリ。「大学」ノ序ノ「*支流余裔」ト云ハ、古ノ小学ノノコリ也。全ク古ノ小学ノ教ノトヲリヲ考ヘテカヽレタルモノナリ。深ク考ヘシルベシ。「小学」デ主静存養セネバ、「大学」ハヤクニタヽヌゾ。「小学」デ聖賢ノシタヂヲコシラヘテ、「大学」デ致《し》レ知《を》テ、脩己治人ノ道ヲ学ブコト也。今学問スル者ハ、幼少カラハ「小学」ヲ読セ、成人シテカラ学ニトリツク者モ「小学」ヲ読《み》、其意ヲ考ヘ、サテ敬ノ功夫ヲシテ、窮理スベシ。小学大学ノ教、小学カラ大学ニナルコト、別ノ人ニナルニアラズ。人ノ生レ落タルカラヨク養ヒ立テ、四支百骸ツヨクナリカタマリテ、ヨクナルヤウナコトゾ。「大学」ノ序ニ、「因《て》二小学之成功《に》一、以著《てわす》二大学之明法《を》一」ト云デシルベシ。朱子曰、「古者小学《*は》已自《にお》養《い》二得小児子這裏《をこのうちに》一、定《て》已《に》自《ら》是聖賢《の》*坯璞《はいはく》了《る》。但《ただ》未レ有《ら》二聖賢許多《の》知見一。及《て》二其長《ずるに》一也、令《む》レ入《ら》二大学《に》一。使《む》下之《をして》格《いたりに》レ物《きわめて》致《を》レ知、長《ぜ》中許多《の》

主一無適　程氏遺書、伊川語一（近思録、存養にも収）に「所レ謂敬者主レ一之謂レ敬、所レ謂一者無レ適之謂レ一」（謂ふ所の敬とは一を主とする之を敬と謂ひ、謂ふ所の一とは適(ゆ)くこと無き之を一と謂ふ）とあり、朱子はこれを合して「敬は主一無適の謂なり」（論語集註、学而）と。一つのことに心を集中して他に適かぬこと。朱子学派の有名な敬の字の根本解義。

整斉厳粛　程氏遺書、伊川語一（近思録、存養にも収）に「邪を閑(ふさ)げば、則ち固より一なり。然に一を主とすれば、則ち邪を閑ぐと言ふことを消(もち)ひず。一を以て見難し、工夫如何と下すべからずと為ること有り。一とは他無し、只是れ整斉厳粛なれば、則ち心便ち一、一なれば則ち自(おのずか)ら是れ非僻の干(かかわら)すこと無し。此の意但だ涵養して久しければ則ち天理自然に明なり」。

謝上蔡　北宋の儒者。↓二六九頁注

常惺々　放心を求めることで、心を常に呼びさまし呼びさましすること。上蔡語録巻中に「敬是常惺々法」と。

尹和靖　北宋末の儒者。名は焞、字は彦明。程伊川の門人。靖康の初、召されて和靖処士の号を賜う。↓九六頁補記「心収斂…」

敬ヲ　底本この下に「詳ニ」の二字あり、右傍に「恐衍」と朱記さる。

事　小学で教える灑掃応対進退の節、礼楽射御書数のこと。

知見《を》上」、又曰、「*古人於《て》二小学《に》一、存養*已《に》熟《し》、根基已《に》深厚《なり》。到《て》二大学《に》一、只就《て》二上面《に》一点-化《し》-出《す》二些《の》精彩《を》一」トアリ。トカク小学ノシタヂナケレバ、大学ノ格物ハナラザルコトナリ。ヨク〳〵考ベシ。此ノ段々ヲ考ルホド敬ハ尊キコトナリ。朱子曰、「*敬字《ノ》工夫《は》乃《ち》聖門《の》第一義、徹頭徹尾、不レ可《から》*二頃刻《も》間断《す》一」、又曰、「*敬之一字《は》、真《に》聖門之綱領、存養之《の》要法《なり》。一《に》主《とせば》二乎此《を》一、更《に》無《し》二内外精粗之間一」、コレデ敬ノ尊キヲ知テ、程子ノ大功考ベシ。居敬ト云ハ主静也。居敬窮理ト相対スレバ、居敬ハ静也、窮理ハ動也。敬トバカリ云時ハ、貫《く》二動静《を》一也。居敬ト云コトノ居ノ字ハ、ヲルト云意ニシテ、スハルコトナリ。敬ニキツトスワル、ベツタリト、ドフドスワツテヲル意也。敬ニスワツテヲルハ、心静ニ、身モズツシリトスレバ、身心収斂スル也。コレデ居敬ガ根本也。敬ト云テ貫二動静一コトナレドモ、本《もと》静也。朱子答*二張欽夫《に》一書《に》曰、「来教《に》又謂《う》、熹言《うは》二以《て》レ静《を》為《と》レ本《と》、不《と》レ若《しか》三遂《に》言《うには》二以《て》レ敬《を》為《と》レ本《と》、此固《に》然《り》也。然《ども》敬《の》字《の》工夫、通《して》二貫動静《を》一、而必以《て》レ静《を》為レ本《と》。故《に》熹向来《さいつころ》輒《ち》有《り》二是語《の》一。今若《もし》遂《に》易《かえて》為《せば》レ敬《と》、雖《も》レ若《ごとしと》二完全《なるが》一、然《ども》却《て》不《れば》レ見二敬之所レ施《す》有レ先有《ることを》レ後、則亦未レ得レ為《たることを》二*諦当《ていとう》一也」、コノ意ヲ以テミルベシ。故ニ敬ハ主静ニナル工夫也。居敬窮理ノ二ツハ、程子ノイハル、*斉頭ノ工夫ニシテ、朱子ノイハル、*車ノ両輪、鳥ノ両翼、人ノ両*脚ノ如シ。偏々廃《す》ベカラズ。一ツカケテハ聖学ニアラズ。然ドモ居敬ガ根本トナル也。居敬カラノ窮理ハ其明ヲ得ル、則《ち》本然ノ静ヲ不《れば》レ失也。主静ガ本ナレバ、居敬ナキ窮理ハ俗学ナリ。居敬ハ君子ニナルノ根基也。窮理ハ動ノバナレバ、主静ハナキヤウナレドモ、居敬カラノ窮理ハ、アルハヅナリ。程子曰、「*入《るは》レ道《に》莫《なし》レ如《しくは》レ敬《に》。未《だ》レ有《ら》二能《く》致《くわしうして》レ知《ることを》而不《る》レ在《ら》レ敬《に》者一」、コレ居敬カラノ致知ハタシカナ

風化　教を以て人を善に導くこと。
余裔　子孫。末流。朱子の大学章句序に「若二曲礼・少儀・内則・弟子職諸篇一、固小学之支流余裔云々」と。
古者…　朱子語類巻七。
坯璞　底本「抷樸」、原文により訂。坯は焼かない瓦、璞は掘り出したままでまだみがかない玉。即ち自然のままのきじ、したじ。
古人…　朱子語類巻七。
已　原文「且」。
敬字…・**敬之**…　朱子語類巻一二。
頃刻　しばらく、僅かの時間。
答張欽夫書　朱子文集巻三二。
諦当　はっきりとあてはまること。
斉頭　朱子語類巻一一七「知と行と須く是れ斉頭に倣して方に能く互に相ひ発す。程子の曰く、涵養は須く敬を用ふべし、学に進むことは則ち知を致すに在り。須の字在の字を下すこと、便ち是れ皆斉頭に力を着けんことを要す。知り得了て方に始て行ふと道(い)ふべからず」。斉を底本「斎」、原文により訂。一方に偏廃することなく、等しく同じ様にそろえてなすこと。
車ノ両輪鳥ノ両翼　朱子文集巻六三、答二孫敬甫一書に「程夫子の言に曰く、涵養は必ず敬を以てして、学に進むことは則ち知を致すに在り。此の両言は車の両輪の如く、鳥の両翼の如し。未だ其の一を廃して行くべく飛ぶべき者有ることあらず」。

レバ、窮理則《ち》タシカナリ。「大学」ノ「知《て》レ止《まることを》 而后有《のち》レ定、定《まること》而后能《て》静《くなり》」トアレバ、知止ハ至善ノ地ヲ知《る》也。而后定《て》窮《むる》レ理《を》也。ソレカラハ心妄動セヌハヅ也。止《る》二至善《に》一ト云モ主レ静立二人極一ト云所ナリ。居敬ナシノ功夫、ナンゾ定リ静ナラン《か》ヤ。程子曰、「*涵養《は》須《く》レ用《ゆ》レ敬《を》、進《むことは》レ学則在《り》レ致《くわしうするに》レ知《ることを》」、又曰、「*致《することは》レ知 在《り》二乎所《に》レ養《う》。養《うは》レ知 莫《なし》レ過《ぎたるは》二於寡欲《に》一」トアリ。周子曰、「*無《し》レ欲故静《に》ナリ」、トカク涵養ハ未発主静ナリ。「大学或問」ニ、此程子ノ語ドモヲ以《て》、「収《て》二其《の》心《を》一而不レ放也。又言《う》下涵二養《する》本原一之功、所《の》三以《て》為二格物致知之本一者《を》上也」、又曰、「聖人設《くる》レ教《を》、使下人《をして》 黙二識《して》 此心之霊《を》一、而存《して》二之《を》於端荘*静一之中《に》一、以為《さ》中窮《る》レ理之本《と》上」、コレ居敬カラ窮理スルノ意、主静ノ本タルコト考ベシ。敬ハ貫《け》二動静一バ、窮理ノ上モ又主静也。故ニ「或問《に》」曰、「敬之一字ハ聖学ノ所《の》二以《て》成《して》レ始而成《す》レ終《を》者也」ト。敬ハ心ヲ存スルコトナレバ、其心収斂シテ放タザレバ、主一也。主一ノナリハ如何トイヘバ、動静トモニ主静也。心主宰ナケレバ、妄動スル也。主宰アレバ静也。動ノバトイヘドモ、敬スレバ妄動セズシテ、本然ノ静ヲ不レ失也。定テ能《く》静也。動ノバデ本然ノ静ヲ不レ失ト云コトハ、「*当《て》レ事《に》而存《して》、靡《なし》二他《に》其適《ゆくこと》一」ノ意デシルベシ。ソノ事々ニ心アルハ主静也。主一ノ一ト云ハ何ゾヤ。マジラズト*ハスワレスシテ、主静ニシテ一也。主静ナレバ、則《ち》主宰キツト存シテ、静中ノ知覚アツテ、活シテ流行シ、無《し》二間断《すること》一。コレ活敬也。主静ニアラザレバ、不二活《して》 流行《せ》一、ヤンデ間断アツテ死物トナリ、死敬トナル。俗学ノ、敬ノ本意ヲ不《して》レ知《ら》而主静ノ意ヲ不レ味、タヾ容貌ノ間ニテノミ敬ヲスルユヘニ、シツケカタノヤウニナリ、形バカリキツトナルノミ。故ニ心ハ死敬トナル。主一主事ノ辨、不二分明《なら》一。タトヘバ今手紙ヲシタヽムルニ、

両脚 朱子語類巻九「致知力行功を用ふこと偏にすべからず。偏にし過ぐること一辺なれば、則ち一辺病を受く。程子の、涵養は須く敬を用ふべし、学に進むには則ち知を致すに在りと云へるが如き、分明に自ら両脚と作(な)して説けり」。

入道… 程氏遺書、伊川語三(近思録、存養にも収)。

涵養… 程氏遺書、伊川語四(近思録、為学にも収)。涵養は水がしみ込むように徐々に修養成すること。

致知… 程氏外書二(近思録、存養にも収)。

無欲… 太極図説。

端荘 正しくおごそか、きちんとして重々しい。

当事… 底本「当事存他其無適」、敬斎箴の原文により訂。

トハ…シテ 恐くは訛誤あり、或は「スワレスシテ」は衍か、或は「トラレズシテ」か。

心ニキヲツケズシテ、筆紙バカリニ心ヲハセテ書《く》ハ、主事バカリ也。放心ニシテ主一ニアラズ。故ニ書ソコナイ、落字アリ。明道*「写《す》レ字《を》時甚敬《だつつしめり》。固《より》非《ず》レ悪《にくむに》ニ字《の》好《よからんことを》一、亦非レ要《もとむるに》ニ字《の》不《んことを》ロ好、但《ただ》敬《むのみ》ニ於写《すことに》ロ字《を》而已」。*薛《せつ》敬軒《が》曰《く》、「*吾《が》性覚《おもう》ニ*疎快《なるを》一、写《する》時有《る》ニ差遺一者《は》、即《ち》此是敬不《る》レ属《せ》処、謹《む》レ之《を》」。手紙ヲカ、ント思フニハ、ハヤ心ヘチョツトキヲツケ、静ニシテ墨スリ、筆ヲ点シテ、サテ文言ハコウカ、ント思量シテカクニモ、又心ヘキヲツケ、静ニシテカケバ、手紙心カラカクユヘニ、書ソコナイナク、落字ナシ。コレ則《ち》主事ハ則《ち》主一也、主事主一ト、二ツニシテヤハリ一ツ也。心ニキヲツケズシテ、ウカト墨スリ、筆トツテ、手紙へ心ハセテカクト、心妄動シテ主一ナラズ。主一主事ノ辨、イロ〳〵ムヅカシクイヘドモ、ヒツキヤウチョツト心ニ気ヲツケ、静ニシテ其事ヲナスノミ也。主静ヲシラネバ、此ワケガテンセラレズ、主事主一ト二ツニナル也。「*自省録」《に》曰《く》、「主一《は》只是専一。《なり》無《けれ》レ事《ば》則《ち》*湛然《たんぜん》安静《にして》而不レ鶩《はせ》ニ於動《に》一。有《れ》レ事《ば》則随《い》レ事《に》応《じて》レ変《に》而不レ及ニ乎他《に》*一、是所レ謂主事《は》乃《ち》所ニ以《の》為《る》ニ主一ー者也」。コノ語ヨリ*主一主事ヲ詳ニ著シタル也。心ノ妙タルコト、敬ノ工夫ノ至静デナケレバシラレヌゾ。妙ナト云コト、ダレモ知テヲレドモ、工夫セネバ、ウハサデ*ミナツテヲルユヘニ、心ト近付ニナツテヲル者ナシ。心ハステ、ヲケバ、イロ〳〵ニナツテ、宿ナシノヤウニナルユヘ、不善ヲナス也。チョツト気ヲツクレバ、ハヤコ、ニ*在《り》、キヲツケズニ、心ノ出シダイニシテ、離レシダイニシテヲケバ、ラチモナクナルモノ也。仰《げば》レ面《を》食《りて》看《みる》レ烏《を》、回《せば》レ頭《を》誤《りて》応《ず》レ人《に》ト云コト、ヨク考ベシ。碁ウチノ碁ニウチカ、ツテ、燭デ頭ヲ焼キ、側ノ人ノモノ云モ聞シラヌ如キヤ、*ホウカスル者ガ豆ヲナゲ上ル間ニ小刀ヲナゲ入《れ》、*アヤヲマ

明道… 程氏遺書三(近思録、存養にも収)。但しこれと文に少異あり。

薛敬軒 明の朱子学者、名は瑄(せん)、字は徳温、号は敬軒、文清と諡さる。「読書録」「従政録」等の著あり、崎門派に重んぜらる。

吾性… 読書録巻三。

疎快 そそっかしい。

自省録 朝鮮李滉(→一六一頁注「李退渓」)の著。以下「答ニ金惇叙一」より引く。

湛然 深くたたえられた水の如く、落ちついて静かなさま。

他 底本なし、右傍に「恐有脱」の朱記あり。原本により今訂。

主一 文勢から考えるに「主」と「一」の間或は脱あるか。底本「一」の字より改丁にしてこの表裏一丁のみ筆蹟を他と異にす。

ミナツテ 訛脱ある如し。或は「ミナラツテ」或は「ノミシツテ」か。

在 底本「有」、右傍に「在」と朱筆。

ホウカ 放下。中世近世に行われた巷間芸能の一。頭巾の上に烏帽子をかぶった異様な僧形の者が、小歌を歌い手玉をとり、刀を使いわけ、小切子を打って竹のあやおり等をした曲芸。

アヤ あやおり。放下の演ずる、数本の竹管を手玉にとる曲芸。

ゼテトル如キ、主ニ似テ、放心ノナス所也。ソノ所ヘバカリ心凝テ、一身ヘワタツテヲラヌナリ。心ノヲク所ガチガフ也。敬ノ主一ハ書ヲ読テ居テモ、鳥ノ鳴声、風ノ音、側ノ人ノ云コトモ、心ヘヒヾイテヨク聞ル也。万変是監スト云、コレナリ。敬者ノ所二以《て》着《ける》レ心《に》之妙也ト、朱子ノイ*ハレ

程子曰《く》、「主一無適」「整斉厳粛」、謝氏曰《く》、「常惺惺」、尹氏曰《く》、「其心収斂、不レ容《いれ》二一物《を》一」、コノ四説ニモル、コトナシ。「大学或問」ニ、「観《て》二是《の》数説《を》一、足《れり》三以《て》見《るに》二其《の》用《る》レ力《を》之方《を》一矣」トアルゾ。主一無適ハ、前々ダン〳〵云トヲリ也。整ハ、モノノダ*ヽクサニナルヲ、トヽノユルコト、斉ハ、*ヒキシラベルコト、厳ハ、グツシヤリトセヌコト、粛ハ、ホドケズニ引シマツテヲルコト也。惺々ノ二字カサナツタガ面白ゾ。サマシ〳〵スル意切也。常ハ、朝カラ晩マデ、心ノグツシヤリトナルカ、ウツトリトナリネムケノクルヤウナ時、ヤレトヨビサマスコトナリ。ソコデハツキリト明ニナルコトナリ。其心収斂ハ、心ノウワツイテ上リ、ウカ〳〵スル時、チツト下ヘヒキシムルヤウニスレバ、心ガキツトヲサマリテ、ソコヘハ他ノ事一物モハイラヌ也。四ツトモニ皆ソウスル心ハ、主静トナルナリ。心ノ妄動ヲ収テ、平明ニシテヲクハ、ミナ主静存養ナリ。放心ト云モ、ミナ心ノ妄動スルユヘ也。未発ガ主静ナレバ、已発ノ動ハ妄動ナラズ、*中節本然ノ静ヲ不レ失也。ヂツトシ居ル時ハ静也、ソレカラ起テアルケバ動ナリ。サレドモ其静ナ体ハヤハリ動ノ主トナツテ往《く》ナリ。筆ヲ取テモノ書《く》モ、カケバ動ナリ、筆ノ体ハ静也、動静一理也。一ニシテ二、二ニシテ一也。体用一源、*顕微無レ間モ、コレ也。程子曰《く》、「*天地設《けて》レ位《を》易行《わる》二其中《に》一。天地之敬也」、故《に》朱*子曰《く》、

イハレ　底本は次の一行が空白になり、此でその丁が終り、次葉の下文に移る。この間脱丁があるか。

ダヽクサ　乱雑。

ヒキシラベル　整調する。

中節　中庸一章に「発して皆節(せつ)に中(あた)る」。ぴたりとその場その時の宜しきを得ていること。

顕微無間　あきらかなもの(動・用・現象)とかすかなもの(静・理・本体)との間が連続して断絶がない。程氏易伝序に「至て微かなる者は理なり。至て著るしき者は象なり。体用一源、顕微間(へだて)無し」と。朱子文集巻三〇、答二汪尚書一書に「蓋し理よりして言へば、体に即て用は其の中に在り、所レ謂一源なり。象よりして言へば、顕に即て微は外なること能はず、所レ謂間無し」と。

天地…　程氏遺書、明道語一(近思録、存養にも収)。原文は「明道先生の曰く、天地位を設けて易其の中に行はる、只是れ敬なり。敬めば則ち間断無し」。「天地…行其中」は易、繋辞上伝の文である。朱子語類巻九六に「問ふ、天地位を設けて、易其の中に行はる、只是れ敬なり。敬めば則ち間断無し。天地人只是れ一箇の道理、天地位を設けて変易の理窮まらず、所以に天地生生して息まず。人も亦此の理を全うし得。只是れ気稟物欲に昏まさる。故に須く敬を持て之を治むべし。則ち本然の理自ら間断無

「*仁《は》則心之道《にして》、敬《は》則心之貞《なり》」ト、天人合一ノ理、考ヘシルベシ。心之貞ハ主静根本也。聖人ノ動容周施中《あたる》レ礼《に》モ、コレ敬ナリ。*舜南面シテ天下治リ、「*為《するニ》レ政《を》以《てす》レ徳《を》、譬《えば》如《し》下北辰居《て》二其《の》所《に》一而衆星共《むこうが》上レ之《に》」モ、敬ニシテ、主静也。朱子曰《く》、「四書六経皆敬也」、又曰《く》、「聖賢之千言万語皆敬《なるのみ》而已矣」ト、深《く》考ヘ知《る》ベシ。

主静ノ字、深《く》考《え》レバ、主ノ字ノ意味深長也。動静無レ端、陰陽無レ始トイヘドモ、常ニ静ヲ主トスルナリ。動静々々ト流行スル中ニ、主タル処ハ静也。「太極図説《に》」曰《く》、「主《として》レ静《なるを》立《てり》二人極《を》一」ノ朱子ノ註ニ、「此《れ》言《う》下聖人全《うして》二動静之徳《を》一而常《に》本《づけることを》中之《を》静《に》上也」ト、コレヲ以《て》知ルベシ。人常ニ流《れ》ヤスシ。故ニ主静立人極、コレ工夫ノ根元也。朱子*畏ノ一字ヲ以《て》敬ノ工夫トス。常ニ天理ニ随ハンコトヲネガイ、天ニソムカンコトヲ畏ル。則《ち》其心主静也。「*戦々兢々、如《く》レ臨《むが》二深淵《に》一、如《し》レ履《ふむが》二薄氷《を》一」ト云モ畏ノ意、即《ち》敬也。

天地ノ間、四時運行、日月ノ流行、川流ノ不レ息《やま》ハ、皆動也。何ゾ主静ナルヤ。答《て》曰《く》、コレ妄動ナラズ。専一ニシテ流行ス。本然ノ静ヲ不レ失也。春ガ秋トナリ、夏ガ冬ト寒暖ヲトリチガヘテメグルナラバ、妄動ナリ。日月ノメグルモ、時ヲタガヘ、其道ヲタガハヾ、妄動也。川流モ今日ハ流テ、明日ハ息《や》ミ、又流《る》トイハヾ、妄動也。万古不易ニ四時日月ノ運行、川流ノ不レ息ハ、妄動ナラズシテ専一也。四時モ冬ノ貞ガ主トナツテ、成《し》終テ春ノ元ヲ始ルナリ。ミナ本《づく》二乎静《に》一也。動静二ツトイヘドモ相《い》離レズ、一動一静、互ニ為《り》二其根《と》一、道体ノ妙、本然ノ静、天人合*一ノ道、深《く》理会スベシ。

近世経学世ニ行レテ、居敬窮理ノ学ヲ説《く》者多シ。然レドモ程朱ノ本意ヲ詳ニ識《り》得《たる》者ス

からん。曰く、也(たま)是れ此の如し。天地も也箇の主宰有て方に始て恁地(かくのごとく)に変易するに似たり。便ち是れ天地底の敬」等とある。ここの引用は此等を併合したものであろう。

朱子　底本「子」脱、今補。

仁則… 朱子文集巻三二答二張欽夫一書。道の下原文「而」、貞の下「也」あり。

舜… 論語、衛霊公に「子の曰く、無為にして治る者は其れ舜なるか。夫れ何をか為るや、己を恭うして正く南面するのみ」と。君主の座は南面。

為政… 論語、為政。

畏ノ一字… 朱子語類巻一二「敬只是一箇畏字」。↓一八九頁補記

戦々兢々… 詩経、小雅、小旻。

合一ノ道　底本「合一ニシテ」、左傍に「合一ノ道ヵ」の朱記あり。今訂。

クナシ。吾党ノ学トイヘドモ、世儒ニ同ジキ者アリ。居敬ハ、時宜一トヲリ*ニ覚ヘテ、窮理博識ニ流ル者多シ。又誠意ノ工夫ノミヲ専《ら》トシ、居敬窮理ニ疎ナル者アリ。王陽明ガ学ヲ尊ンデ窮理ヲ捨ル者アリ。コレラハ静ニ偏ナルニ似タリ。窮理ニ偏ナレバ、俗学卑陋トナル。「敬斎箴」ノ講ズルモ、持敬ノ工夫ナスモ、主静ヲ本トセザレバ、敬モ窮理ノ気象トナル。主静ニ偏ナレバ、陽儒陰仏*ニシテ、異端ノ徒ト同ジ。慎ムベシ〳〵。「朱子文集」《に》曰《く》、「涵養*《は》須《もちい》ニ是《の》敬《を》一、進《むには》レ学則在《り》レ致《つくすに》レ知《ることを》。以《て》レ事言《ば》レ之《を》、則有レ動有レ静。以《を》レ心言《ば》レ之《を》、則周流貫徹、其工夫初《めて》無ニ間断一也。但《ただ》以レ静為《すのみ》レ本《と》爾〈周子《の》所レ謂主レ静者、亦是此意《の》《なり》。但言《ば》レ静《を》則偏《す》。故《に》程子又説《く》レ敬《を》〉」、程子曰、「敬*《つつしめば》則自《おのずから》虚静《なり》、以《て》ニ虚静《を》一不レ可レ喚《よびなす》ニ做敬《と》一」、コノ両条ヨリ味《いる》知ベシ。朱子《の》「敬斎箴」ハ静動表裏ノ、持敬ノ工夫、学者ニ示*スニ大ニ有レ功、主静ヲ本トシテ工夫スベシ。敬熟シテ常ニ主静ナラバ、仁ノ気象発見シ、惻隠ノ情随レ事《に》テ著*シ、義礼智モ自ラ正シク、羞悪辞遜是非之情、其用中《あたる》レ節《に》ベシ。体立《て》用行ルコト、コヽニ到テシルベシ。只平日涵養シ、存養ノ工夫、ユルガセニスベカラズ。

天ノ主宰ト云コト、天ニモノアツテ主宰トナルニ非ズ。主宰トイヘバ、玉ノ冠カブリテ天ニ坐シテヲルヤウニ覚ルハ、アヤシクナルナリ。上帝ノ、天帝ノト云モ、形ハナシ、主宰ヲサシテ云コトナリ。形ハナケレドモ、シメクヽリノ処アリ。天理トバカリ云テ、ハツトシマリナキコトニハアラズ。シメクヽリナケレバ、陰陽ノ流行、四時ノ序ヲミダサヌコト、万物ノ生生不変*、其形ノスコシモカハラズ、生ジ出ルコトアランヤ。コヽガ主宰也。「北辰*居《て》ニ其所《に》一、衆星共《むこう》レ之《に》」ト云、「太極*造化之枢紐*《すうちゅう》、品彙*《ひんい》之根柢」ト云ガ如キ、其シメ

時宜一トヲリ　通り一遍。

陽儒陰仏　外面は儒を奉ずる如く、内面真実は仏なること。

涵養…　巻六七。

敬則…　程氏遺書、伊川語一(近思録、存養にも収)。原文は「敬則自虚静、不レ可下把ニ虚静一喚中做敬上」に作る。

ニ　底本「ヲ」、右傍に「ニヵ」の朱記あり。今訂。

著シ　「著レ」の訛か。

不変　底本「不辺」、恐くは「不変」の訛か、今訂。

北辰…　論語、為政。

太極…　朱子の太極図説解に出づ。

枢紐　とぼそと結び目、即ち肝要の所。

品彙　もろもろのもの。

ク、リノ処ヲ云也。人心ノ主宰モ又同ジ。「朱子語類《に》」、「*或《ひと》問《う》、以《て》㆓主宰《を》㆒謂《う》㆓之《を》帝《と》㆒。孰《たれか》為《るや》㆓主宰㆒。曰《く》、自《お》有㆓主宰㆒。蓋《し》天《は》是《れ》箇《の》至剛至陽之物。自然《に》如《く》㆑此《の》運転《して》不㆑息《やま》。所㆓以《は》如《なる》㆑此必有《り》㆘為《る》㆓*之《が》主宰㆒者㆖。這様《この》処《の》、要《す》㆓人自見《み》得《んことを》㆒、非㆔言語《の》所㆓能尽《にくす》㆒也。因《て》挙《て》㆘*荘子《が》孰《たれか》綱㆓維《する》*是《を》㆒、孰《か》主㆓張《するの》是《を》㆒十数句《を》㆖、曰他也《かれもまた》見㆓得《たり》這《の》道理《を》㆒」、*又曰、「*高宗夢《む》㆓傅説《ふえつを》㆒、拠《れば》㆑此則是真《に》有㆓箇《の》天帝*㆒、与㆓高宗㆒対答《して》曰《く》、吾賚《たもうに》㆑汝以《てす》*㆓良弼《を》㆒。今人但《ただ》以《て》㆓主宰《を》㆒説《き》㆑帝《を》、謂《う》㆑無《きを》㆓形象㆒、恐《くはまた》也不㆑得。若《もし》如《き》㆓世間《の》所《の》㆑謂*玉皇大帝㆒、恐《は》亦不可。畢竟此理如何。学者皆莫《なし》㆓能答《うること》㆒」。コノ語ヲ以考《て》*ベシ。

天人一理也。吾心ヲ敬シテ、ソノ主宰アルヲトクト味ヘシラバ、天ノ主宰モ知ルベシ。心ハ妙ナルモノナレドモ、敬セザレバ放ルナリ。天人一理ナルニ、天ハ流行無㆓間断㆒、生々シテ不易也。人心ハイカンゾ放レテ妄動シ、天トタガツテ間断アルトイヘバ、人ハ血気ノ身ト云モノガアルユヘ也。天ノ陰陽五行ノ気ハ形質ナキユヘ也。人身ハ五行ノ気ノカタマツテアルユヘニ、其稟《うけ》得ル所ニ気ノ清濁昏明、純駁厚博偏塞アリ。五行ノ気モ全ト不全トアツテ、一気ヅツ多少厚薄ノ差アルユヘニ、気質ノ偏イロ〳〵アリ。此ニヨツテ未発ノ静、已発ノ動ハ流レ出ルトコロ気ヘワタツテ、生レツイタル気質ノマヽニ動出《き》ル也。気質ニツ*テ、人欲ノ私ガ出テ、スキ好ムコト、気質ニヨル。コレニヨツテ未発ノ中ガマヅ偏倚アル故ニ、已発ノ時過不及アツテ不㆑中《あたら》㆑節《に》、喜怒哀楽皆不和ナリ。聖人ハ五行ノ気全稟《くうけ》テ、シカモ純粋ニ清明ニ厚フシテ、秀気ノ中ノ秀気タリ。故ニ具ル所ノ理モ正シク、未発ノ中、無㆓偏倚㆒、主㆑静《ヲ》トシ、已発ノ動、無㆓過不及㆒、喜怒哀楽中㆑節《に》テ、和*ヲナシ、本然ノ静ヲ不㆑失、敬常ニ存ス。常人ハ右ノ如クナレバ、持敬ノ工夫セザレバ、皆不善ヲナシ、放蕩ト

或問…　巻六八。

之　底本なし、原文により補。

荘子…　天運篇に「天は其れ運るか、地は其れ処るか、日月は其れ所を争ふか。孰れか是を主張(主宰する)し、孰れか是を維綱(秩序だてる)し、孰れか無事に居て是を推行するや」。

是　底本「見」、原文により訂。

又曰　朱子語類巻七九。

高宗　殷の武丁。位につき、殷の中興を志し、三年黙して道を思い、人をして四方に聖賢を求めしめた。夢のしらせにより傅巌に隠れていた傅説を得て、之を挙げて相とし、殷大に治った。

帝　底本「命」、原文により訂。

良弼　輔佐の良臣。

玉皇大帝　道家で天帝をいう。

ベシ　底本「ヘ」、右に「ヘシカ」と傍記。今訂。

ツテ　誤脱あり、「ツイテ」或は「ノツテ」か。

ヲ　底本「ラ」、推定により今訂。

ナル。火ホドテウホウナルモノハナケレドモ、薪ヲ焼ニ、人ガツイテヨイホドニタカネバ、煮物モカゲンアシク、火盛ニナレバ、家ヘモヘツキ、焼亡ス。金モ天下ノ功用ヲナシ、宝ナレドモ、ソレヲソノマヽ出シヲケバ、盗ミトラル。メツタニツカヘバ、悪ヲナシ、用ヲナサズ。*掛硯ヘ入テ錠ヲロシテ、入用ノ時出シツカフユヘニ、宝トナル。ミナ宰領ガナケレバ、ヤクニタヽズ、カヘツテ禍ヲナス、眼前也。天下モ主ナケレバ乱世トナリ、国家モ主ナケレバ治ラズ。敬ハ主宰ヲキツトシテヲクタメノ工夫也。又敬ト云テ、常ニ敬ト云字ヲ胸中ニヨコタヘモツハ敬ニアラズ。*司馬温公ノ常々中ノ字ヲ念ズルトイハレシヲ、程子ノ謗ラレシモ、コヽ也。程子ノ、*敬《つつしみて》以《て》直《くす》レ内《を》ト云ハヨシ、以《て》レ敬《を》トイヘバ、アシヽトイハレシナリ。以ノ字下ニアレバ、敬テト云意也。以ノ字上ニアレバ、モチユル意ニナル也。敬ハ*敬ト云コトヲ忘テ敬也ト、程子ノイハレシ也。敬ノ端的ヲ得難キ病ハ、人人常々敬シテ心ヲ存シ得テ、其心ヲ以《て》物ニ応ゼントスルユヘ、常ニ心ト事ト*ヘダ〳〵ニナリテ、イツマデモ影ヲ逐テユク如ク、身ニ覚ヘガタシ。タヾ何ノコトモナク、敬ヲスルトモセヌトモ其意ナク、心ヲ静ニシテ、日用ノミル処、見レバ見ルナリニ、聞コトハキクナリニ、物ヲ言コトハ云ナリニ、親ニ向ヘバ親ナリ、奉公スレバ其ツトムルナリ、筆ヲモテバ持ナリ、食ヲクヘバクフナリニ、事々場ゴト、其ナリ〳〵ニマギレヌヤウニ、チラヌヤウニ、トリナヲシ〳〵、平生チョツ〳〵トキヲツケ熟スレバ、ヲノヅカラ心上ウカツカズ、静ナレバ静ナリニ、邪妄ニツラ〳〵ト気ノツレユカヌヤウニ、ワヅカニ心覚ヘヌヤウニアラバ、其マヽ、ヒキタテ〳〵シテユクベシ。其自得ノシルシハ歳月ノツミ、工夫ノ力シダイニウル也。

掛硯　かけご(他の箱の縁にかけて、その中にはまるように作った箱)のある硯箱。硯・墨・水入れ等をその上に入れる。

司馬温公…　北宋の大学者にして名臣。名は光、字は君実。程氏遺書二上(全書二)に「君実嘗て思慮紛乱を患ひ、時あつて中夜にして作(お)き、旦に達するまで寐ねず。良(まこと)に自ら苦むと謂ひつべし。人都来(すべ)て多少血気して此の若くせば、則ち幾何にしてか摧残して以て尽きざらん。其後人に告げて曰く、近ごろ一術を得たりと。常に中を以て念と為すと為る。中又何の形ぞ、如何ぞ念じ得ん。佗(かれ)只是れ名言の中に於て、一箇の好字を揀び得たり。其の中に乱さるることを為さんよりは却て一串の数珠を与ふるにしかず。佗に数珠を与ふるに及びて佗又受けず。殊に中の心を治るに益なき、数珠の愈(まさ)れるにしかざることを知らざるなり」。また同書二下(全書三、近思録、存養に引)に「君実自ら謂ふ、吾術を得たり。只管(ひたすら)に箇の中の字を念ずと。此又中に繋縛せらるることを為す。且つ中も亦何の形象あらん。…人胸中常に両人有るが若きこと有り。善を為さんと欲すれば、悪有て以て之が間(へだ)てを為すが如く、不善を為さんと欲すれば、又羞悪の心有るが若き者は、本二人なし。此始ヨリ験《しるし》ヲ見ントスレバ、イツマデモ得ガタシ。学問ニシルシヲ見ン〳〵トスルハ、ミナ人欲ナリ。チヨツ〳〵ト心ニキヲツケ、主静スルヤウニ、アタル処ノ場へ、ソレ〴〵ニソレナリニ心ヲ向フテミテ*ユケバ、主一無適ナリ。窮理上デノミセンサクシテ、工夫シテミネバ、無用ノ贅言トナル也。古ノ学者ハ身デスルナリ。今ノ学者ハ書ヲ知ルノミ。身心ニヒキウケ、チツトモユダンナク工夫スベシ。朱子ノ敬ノ一字、「*学者若《もし》能《く》実《に》用《いば》ニ其力《を》一、則雖《も》ニ程子《の》両言之訓《と》一、猶為《る》ニ剰語《と》一」トイハレシモ、ワレトシラネバ、ヤクニタヽヌユヘ也。両言ハ主一無適ノコト也。日用ノ間、心デ考フレバ、主一無適モヨク知ルナリ。文字ノ上デ主一ハドウシタコト、無適ハコウシタコトト、*ヒタモノセンサクバカリシテ、一時ノ上デモ敬ノ工夫ヲコヽロミザルハ、何ノヤクニタヽズ、一生敬ノウワサバナシトナル。コヽニチヨツトキヲツクルト、ハヤ主静ニシテ、心平ニナリ、活シテ流行シ、明ニナルコト、スコシノ間モ、天ト一ツニナルナリ。大切ノハ、学問ノ根本、ヨクガテンスベキコトナリ。敬ノ工夫シテ心常ニ主レ静ヲトメ、心ニキツカリ〳〵ト覚ノアル処ヲコヽロムベシ。心ハナレ存セズシテ常ニ動テヲレバ、覚ハナキモノ也、動ナリニ応ズルナリ。*経《の》理ヲ味フルモ、動ヨリ出レバ、聖賢ノ意アテ推量トナル。タマ〳〵アタツテモ、マグレアタリ也。敬ノ工夫熟セザレバ、静ナル場ニテ処《おく》レ事《ヲ》ハ放心モセヌコトアリ。イソガハシキ時ヤ、騒動スル場ノ、火事ヤ、喧嘩ヤト云コトノアルトキ、敬ハナレテ妄動スルナリ。「*居業録《に》」曰《く》、「心有《れば》レ主、雖《も》レ在《りと》ニ*閙中《とうちゆうに》一亦静《なり》。故《に》程子以為《らく》、*金革百万与《と》ニ*飲《み》レ水曲《る》レ肱《を》一也。然《れば》必《ず》知之深《き》、養之厚《き》、*心方《まさに》不レ動《か》」ト、コレヲ考ベシ。サリナガラ主静ニシテ不動トイヘバ、火事場デモ

れ正に交ゝ戦ふの験なり。其の志を持つて、気をして乱ること能はざら使めば、此れ大に験あるべし。之を要するに聖賢は必ず心疾に害せられず」。

敬以直内 程氏遺書、明道語一(近思録、存養にも収)「敬以て内を直くし、義以て外を方にすれば、仁なり。若し敬を以て内を直くすれば、則便ち直からず。必ず事とすること有て(預めその効果を計って)正してすること勿れば、則ち直し」。

敬ト… 八二頁一行目参照。

ヘダ〳〵 互いに間がへだたっているさま。

ミテ 底本「シリ」、右傍に「ミテカ」と記入。

学者… 朱子文集巻八四、跋徳本所蔵南軒主一箴。七六頁二行目参照。

ヒタモノ ひたすら。

経 経書。

居業録 八巻。明の胡居仁(敬斎)著。講学の語録。

閙 さわがしい、雑沓。

金革 金は刀や矛等の金属製の攻撃武器、革は甲鎧等の革製の防禦武器。戦争。

飲水… 論語、述而「子の曰く、疏食を飯ひ水を飲み、肱を曲げて之を枕とす。楽しみ亦其の中ちに在り」。

心 底本「必」、原文により訂。

ソロ〳〵往《き》、火ヲ消モソロ〳〵消《す》ヤウニナルハ、コレモ放心ナリ。金革百万ノ戦ノ場モ進ンデ戦フハヅナリ。又アトヨリソロ〳〵往《き》、タヽカフモソロ〳〵タヽカフハ、臆病者トイハン。大ナル放心ナリ。妄動セヌヲ心不動ト云ナリ。*貴人ノ前へ出ルニ、イカフ尊ム心アレバ、顔色モカハリ、袴ノスソニケツマヅクホドガ、尊ム心ニシテ敬也。珍客ヲフルマフニ、カツテサハギ、ドウゾチサウシタキトテウロタヘ、汁椀ニ汁ヲモラズニ出スホドガ、イカフチサウスル意ニテ敬也。「論語」郷党《に》、「過《れば》レ*位《を》、色*勃如《ぼつじょたり》也、足*躩如《かくじょたり》也。其言《えること》似《れり》二不《る》レ足《ら》者《に》一」「執《て》レ*圭《けいを》鞠躬如《たり》也、如《し》レ不《が》レ勝《たえ》。上《あぐること》如《く》レ揖《ゆうするが》、下《さぐること》如《し》レ授《くるが》。勃如《として》戦《おののく》色《あり》。足*踧々《しゅくしゅくとして》如《し》レ有《が》レ循《したがうこと》」トアルデ、敬ノソナハツタル孔子ノ顔色容貌ヲ以《て》考《え》シルベシ。其場〳〵*ニ当テ、心ノ不《る》レ差《たがわ》ガ敬也。不動心トテ、メツタト動ヌヲヨシトスルハ、皆放心也。静動一理ニシテ、本《づける》レ静《に》処敬ノ目アテナリ。

答《る》二*潘恭叔《に》一書《に》曰《く》、敬之一字、万善《の》根本。涵養省察、格物致知、種々《の》功夫、皆従レ此出《づ》、方《に》有二拠依一。平時講《ずる》レ学《を》、非レ不《に》レ知《ら》レ此《を》。今乃《ち》覚《り》三得《る》愈《ゝ》見《るを》二親切端的《を》一耳。願《は》益《ゝ》加《えて》レ功《を》、以《て》慰《せよ》二千里之望《を》一。〈文集五十〉

大抵敬有《り》レ二、有二未発一、有二已発一。所レ謂毋《なかれ》レ不《ること》レ敬《せ》、事《として》思《う》レ敬《を》、是《れ》也。曰《く》、雖《も》二是有《りと》レ二一、然《ども》但《ただ》一本、只是見《る》下於《て》二動静《に》一有《るを》上レ異《ること》。学者須《く》レ要《す》二常《に》流通《して》無《きを》一レ間。〈語類十七〉

*居《て》レ敬《に》行《う》レ簡《を》之居《は》、如《きか》二居室之居《の》一。先生応《ず》。〈三十〉

方《に》其《の》当《に》レ格《いたる》レ物《に》時《には》、便《ち》敬《つつしみて》以《て》格《る》レ之《に》。当《に》レ誠《にす》レ意《を》時《には》、便《ち》敬《て》以《て》誠《にす》レ之《を》。以《て》至《て》二正心脩身《に》一以後、節々常《に》要三惺覚執持《して》令《むることを》二此心《をして》常《に》在《ら》一、方《に》是《れ》能《く》持《す》レ敬《を》。〈十三〉

貴人… 底本この上欄に「此五行唯会更思」の朱筆書入あり。

位 人君の立つ座、ここでは君のいない時。

勃如 顔色を変えるさま。

躩如 たちどまり、うやうやしくするさま。

圭 珪(また)。元来天子が諸侯を封ずる時与えた玉版で、諸侯が他国を聘問する時、使臣をして君の敬意を伝えるに使った。圭を手にとる時は、その重さに勝えない如くにし、上げる時も下げる時も平衡にして高くても会釈するくらい、低くても物を授けるくらいにとること。

踧々… 小またに歩きすり足で規則正しいさま。↓一九四頁注「註ニ…」

ニ 底本「ノ」、右に「ニカ」の傍記。

潘恭叔 名は友恭、字は恭叔、兄友端(字は端叔)と共に朱子に学ぶ。

居敬行簡 論語、雍也「仲弓が曰く、敬に居て簡を行て、以て其の民に臨まば、亦可ならざらんや…」。簡は煩わしからざるをいう。

先生 底本右傍に「此間一条誤脱故写大尾」の朱記あり。↓一一六頁注「敬…」

提撕 ひっさげふるい起こすこと。

*先生語《て》㆓諸生《に》㆒曰《く》、人之為《す》㆑学《を》、五常百行、豈能《く》尽《ことごとく》常常《に》記《し》得《んや》。人之性、惟《ただ》五常《を》為《す》㆑大《なりと》。五常之中、仁尤《も》為㆑大《なりと》、而人之所《の》㆔以為《す》㆓是仁《の》㆒者《をは》、又但当《に》㆑守《る》㆓敬之一字《を》㆒、只是常《に》求《め》㆓放心《を》㆒、昼夜《に》相承《いうけ》、只管《ひたすら》*提撕《ていせいして》、莫《なければ》㆑令《むること》㆓廃惰《せ》㆒、則雖《も》㆑不《と》㆑能㆔常々《に》尽《く》記《すること》㆓衆理《を》㆒、而義礼智信之用、自然《に》随《て》㆓其事之当然《に》㆒而発見《す》矣。子細《に》思《うに》㆑之《を》、学者最《も》是《れ》此《の》一事《を》為《す》㆑要《と》。所㆔以《なり》孔門只是《れ》教《る》㆓人《に》求《ることを》㆑仁《を》。〈百二十一〉

「*文会」三曰〈廿七板〉

*八条目者、明徳新民之事。其道在《て》㆑止《に》㆓於至善《に》㆒、而伝者釈《して》㆑之《を》曰《う》㆓敬止《てと》㆒。*恂《じゅんりつ》慄者、敬之存《する》㆓乎中《に》㆒也。威儀者、敬之著《る》㆓乎外《に》㆒也。此《れ》則《ち》八条目皆由《る》㆓乎敬《に》㆒。誠意之慎《み》㆑独《を》、正心修身之不《して》㆑在《ら》焉而*辟《ゆがみ》、斉家治国之偾《やぶる》㆑事《を》之言、不《る》㆑忒《たがわ》之儀、皆丁寧之戒《にして》、而平天下章《の》亦復《また》示《すこと》㆓此意《の》《を》㆒、不㆓一《にして》而足《ら》㆒焉。「中庸」《に》曰《く》、「*篤恭《して》而天下平《なり》」。豈不《ん》㆑信《ぜ》哉。

居敬窮理ト合シテ云ハ、程子門人謝上蔡ヨリ始《る》也。「文会筆録」四曰《*にく》、「居《り》㆑敬《に》〈雍也〉窮《む》㆑理《を》〈説卦〉謝上蔡合《て》而言《えり》㆑之《を》。程子所《の》㆑謂涵養《は》須㆑用《ゆ》㆑敬《を》、進学《は》則《ち》在《り》㆑致《に》㆑知《を》、此也」。コレ居敬ノ字ハ「論語」雍也篇ニ始テ出、窮理ノ字ハ「易」説卦伝ニ出《づ》。窮理ト格物ト同《じ》コト也。有《れば》㆑物有㆑則《のり》、物ノ上ニ即《ち》理アリ。然ドモ窮理トバカリイヘバ、空虚ヘハスル意アリ。故ニ「大学」ノ格物ト云ハ、形アル物カラ格《いた》ルトアルデ、親切ニシテ的実也。格物ト致知ト二ツニシテ一ツ也。八条目「致《きわむることは》㆑知《を》在《り》㆑格《いたるに》㆑物《に》」ト云テ、*先ノ字ナシ。格物ハ外ニシテ理*、致知ハ内ニシテ心也。程子曰《がく》、「*纔《わずかに》明《なれば》㆓於彼《に》㆒、暁《さとる》㆓於此《に》㆒」トアルデ知ベシ。外ノ物ニ格《いたつ》テ理ヲキハムレバ、スグニ心ノ知キハマリ、明徳明也、内外一貫也。文義ノ上ニテ論ジテモ、格

文会 山崎闇斎著「文会筆録」。板は丁数を意味す。

八条目 「大学」の平天下・治国・斉家・修身・正心・誠意・致知・格物。

恂慄 恐れおののくさま。大学の伝三章「瑟たり僩たりとは恂慄なり。赫たり喧たりとは威儀なり」、さらに大学或問に「恂慄者厳敬之存㆓乎中㆒也、威儀者輝光之著㆓乎外㆒也」と。

辟 偏ること。

篤恭 親切でつつしみ深い。中庸三三章「詩に曰く、顕はれざる惟れ徳、百辟其れ之に刑(のっと)ると。是の故に君子篤恭して天下平かなり」。

四 底本右傍に「三十二板」と朱記。

先ノ字 七条目までは「欲㆑誠㆓其意㆒者、先致㆓其知㆒」の如く、全て先の字がつくが、八条目の、この格物にのみ先の字がついていない。

理 底本「理ニシテ」、右傍に「恐衍」の朱記あり。

纔明… 程氏遺書、伊川語四(全書一九、近思録、致知に引)に「問ふ、物を観(み)己を察するは、還て物を見るに因て、反て身に求るや否やと。曰く、必しも此の如く説かず。物我一理、纔に彼に明なれば、即ち此に暁る。此れ内外を合せたるの道なり。又問ふ、知ることを致す、先づ之を四端に求めば、如何と。曰く、之を情性に求む。固より是れ身に切なり。然に一草一木皆理有り。須く是れ察すべし」。

物シテ考《え》味ヘザレバ、意味シラレヌ者也。居敬モ窮理モ、体認シテ功夫スベシ。聖賢不《る》レ欺《か》レ我《を》コト眼前ニアリ。

存養ハ川ノ流ノ如シ、ズツト一スジトヲツタモノナリ。省察ハ其流ノ中ノ波ノ立ヤウナルモノ也。故ニ平日存養ト云、時々省察ト云。存養省察二ツニシテ、存養ノ中ニ省察ハアル也。〈孔門伝授ノ心法、聖賢ノ道統、コノ存養省察ニアルノミ。〉

「*自省録《に》」曰《く》、心《は》為《り》二万事之本一、性《は》是《れ》万善之原《なり》。故《に》先儒論《ずるに》レ学《を》、必以《て》下収《め》二放心《を》一、養《う》中徳性《を》上、為《す》二最初《に》下《す》レ手《を》処《と》一、乃《ち》所下以《にして》成二就《して》本原之地《を》一、以為《る》中凝《あつめ》レ道《を》広《むる》レ業《を》之基《と》上、而其下《す》レ功《を》之要《は》、何《ぞ》俟《たん》二於他《に》求《むることを》一哉。亦曰、主一無適也、戒慎恐懼也、主一之功、通《じ》二乎動静《に》一、戒懼之境、専《ら》在《り》二未発《に》一。二者不レ可レ闕《く》レ一《を》、而制《し》二於外《を》一、以《て》養《うこと》二其中《を》一、尤《も》為二緊切《と》一。

朱子答二*丁仲澄一書《に》曰《く》、夫《れ》涵養之功《は》、則非三他人所《に》二得《て》与《あずかる》一。在《て》二賢者《に》一加《る》二之《が》意《を》一而已。若《きは》二致知之《の》事一、則正《に》須《もちゆ》二朋友講習之助《を》一、庶幾《は》有二発明《らん》一。〈別集五〉

平日涵養ノ功ハ、人ダノミハナラヌモノナリ。謹《む》レ独《ひとりを》コトナレバ、人ニ*スキトカマハズ、ソレ一人シテナスコトナリ。格物致知ハ師友ノ助ニテ、一事ノコトモ聴ト、ハヤ致知也。世間書ヲ読《み》、学問ニ志《し》、道ヲ行ントスル者モアリ。儒者ト云テ、其見マチ〳〵ニシテ、一家ヲ立テ*ノヽシル、盛ナリト云ベシ。然ドモ実ニ人ニ成《り》タキトテ学ブ者ハ未レ見レ之。学ノ意文字ヲ学《ぶ》ニ非ズ。人之為《るヲ》レ人学《ぶ》ヲ学ト云、実学ト云ハコレ也。朱子曰《く》、「有二麁底《の》聖人之徒一、亦有下読《み》レ書《を》識《る》二文字《を》一底之盗賊之徒上」ト、可レ慎々々。

*勉斎黄氏曰《く》、心者神明之舎、虚霊洞徹、具《て》二衆理《を》一而応《ずる》二万物《に》一者也。然《れども》耳目口鼻之欲、

自省録… 以下「答二奇正字明彦一」より引く。

丁仲澄 朱子の門人。

スキト すっきりと、きれいさっぱり。

ノヽシル 大声を発する。

勉斎黄氏 名は幹、字は直卿、号は勉斎。朱子の高弟。

喜怒哀楽之私、皆足《る》三以《て》為《る》二吾心之《が》累《わずらいと》一也。此心一《たび》為《れば》二物欲所《の》レ累《わずらわす》、則*犇逸《ほんいつ》*流蕩《して》失《って》二其理《を》一、而無レ所レ不《る》レ至《ら》矣。是《を》以《て》古之聖賢《は》、戦々兢々《として》、静存《しは》動察《すること》、如《く》レ履《むが》二淵氷《を》一、如《し》レ奉《ずるが》二*槃水《ばんすい》《を》一。不《れば》レ使《め》二此心《をして》一少《も》有レ所レ放《つ》、則成《し》レ性《を》存《して》レ性《を》而道義行《わる》矣。此孟子求《むる》二放心《を》一之一語、所三以《て》警《むる》二学者《を》一之意切《なり》矣。自二秦漢一以来、学者所レ習、不《んば》レ曰《わ》二詞章之富《を》一、則曰《う》二*記問之博《きを》一也。視《みれば》二古人存心之学《を》一、為《んや》二何事《のと》一哉。及《んで》二周程《に》一、倡《となえ》二明《にして》聖学《を》一、以継《げり》二孟子不伝之緒《を》一。故其所《の》三以《に》誨《おしゆる》二門人《に》一者《は》、尤《も》先《とす》二於持敬《を》一。敬《すれば》則此心自存《らして》而所三以《て》求《むる》二放心《を》一之要旨歟。

*南軒張氏曰《く》、程氏教《ゆるに》レ人以《てす》レ敬《を》、即《ち》周子主静之《が》意《なり》。又曰《く》、*一二年来、頗《る》専《らて》於二敬字《の》上《に》一、勉《め》力《めて》愈《と》覚《ゆ》二周子主静之意為《すことを》レ有《りと》レ味。程子謂《の》《う》、於《て》二喜怒哀楽*未発之前《に》一、更《に》怎生《いかんか》求《めんや》。只平日涵養便是《ちなり》。此意当《に》二*深体《くす》レ之《を》也。〈*西山真氏曰《く》、南軒此言《は》、蓋合《して》二敬静《を》一為《と》レ一。学者宜《く》二深味《くう》レ之《を》。〉

答《に》二*林択之《に》一書曰《く》、*熹哀苦之余、無《の》二他外誘一。日用之間、痛自《くみ》*斂飾《れんしょくす》。乃知《る》下敬字之《の》功親切《にして》*要妙《なること》乃如《くにして》レ此《の》、而前日不《て》レ知《ることを》二於《に》レ此用《を》一レ力、徒《に》以《て》二口耳《を》一浪《に》費《し》二光陰《を》一、人欲横流《して》、天理幾《ほとんど》滅《するを》上。今《にして》而思《えば》レ之《を》、*怛然*震悚《たんぜんしんりつ》、蓋不《し》レ知《ら》レ所《を》三以《て》措《おく》二其身《を》一也。〈*文集〉

主敬窮理雖《も》二二端《と》一、其実《は》一本《なり》。〈語類九〉

文字講説得《して》、行《て》而意味未《だ》レ深《からは》者、正要《に》二本源上《に》加《えんことを》レ功《を》。須《く》二是持《すれ》レ敬《を》。持《するに》レ敬《を》以レ静《なるを》為レ主《と》。此意須《く》レ要《す》乙*于《おいて》下不《る》レ做《なさ》二工夫《を》一時《に》上頻々体察《することを》甲。久《くして》而自熟《おす》。但是着実自《に》做《みなし》二工夫《を》一、不《れ》レ干《かかわら》二別人事《のに》一。為《は》レ仁由《って》レ己而由《らんや》レ人乎哉。此語得《たり》レ当《を》。更看《にみよ》レ有《る》二何病痛《かをの》一。知《れば》レ有《ることを》二此病《を》一、必去《ずらん》二其病《を》一。此便《れ》是《ち》療《いやす》レ之之《を》薬《なり》。如《くんば》レ覚《るが》二言語多《きことを》一、便《ち》用《ゆ》二*簡黙《を》一。意思疎闊*《なれば》、便《ち》加《う》二細密《を》一。覚《え》二得《ば》軽浮浅易《なることを》一、便《ち》須《く》二深沈重厚《なる》一。程先生《の》所謂矯《ため》レ軽《を》警《いましむというは》レ惰《おこたれるを》、蓋如《し》レ此《の》。〈同〉

犇逸　はしりまわる。
流蕩　遠く遊びまわる。
槃水　たらい一ぱいの水。

記問　古書を暗誦し、人の問いに答えるだけの暗記のみの学問。

南軒張氏　南宋の儒者張栻、広漢の人、字は敬夫或は欽夫。孝宗の時、左司員外郎より秘閣修撰に除せられ、荊湖北路安撫使に至り、淳熙七年卒。年四十八。講学を以て名高く、朱子と親交あり、学者南軒先生と称す。
一二年…　南軒文集巻二五、寄二東萊一書。
楽　底本脱、今原文により補。
当　原文「須」に作る。
西山真氏　→一九一頁注「真西山」
林択之　朱子の門人。
哀　底本「衰」、原文により訂。
斂飾　ひきしめいましめる。
要妙　すぐれてよい、精妙。
怛然　驚きおそれるさま。
震悚　ふるえ恐れる。
文集　朱子文集巻四三。
于不　底本「于不不」、原文により衍字を削る。
簡黙　言葉数が少いこと。
疎濶　大ざっぱ。

問《う》下聖人定《むるに》レ之以《てして》二中正仁義《を》一而主《とすることを》上静《なるを》。曰《く》、此《は》是《れ》聖人脩《むる》レ道《を》之謂《う》レ教《と》処。因《て》云《う》、今且《しばらく》須《く》二涵養《す》一。如今看《るに》二道理《を》一未二精《く》進《ま》一、便《ち》須《く》乙於《て》下尊《ぶの》二徳性《を》一上《に》上用《ゆ》甲功《を》。於《て》二徳性上《のに》一有《らば》二不《る》レ足《ら》処一、便《ち》須《く》下於《て》二講学上《のに》一用《ゆ》上功《を》。二者須《く》二相《い》趲逼《*さんひつす》一、庶《くは》得《ん》二互《に》相《い》振《い》レ策《むちを》出来《でることを》一。若《し》能《く》徳性常尊《になれば》、便恁《ちかくのごとく》地広大、便恁《ちかくのごとく》地光輝《りく》。於《て》二講学上《のに》一、須《く》二更《*に》精密《なる》一、見処須《く》二更《に》分暁《なる》一。若《し》能《く》常《に》講《ぜば》レ学《を》、於《て》二本源上《のに》一、又須レ好《かる》。覚得《えたり》年来朋友《を》、於《て》二講学上《のに》一、却《て》説《くこと》較《やや》多《く》、於《て》下尊二徳性一上《に》上、説《くこと》較少《し》。所以《に》講学《の》処不二甚明了《なら》一。〈語類九十四〉

今説《くこと》二此話《*を》一、却《て》似《たり》二険《にして》難《に》レ説《き》一。故《に》周先生只説《けり》二一者《は》無レ欲也《と》一。然《に》這《この*》話頭高《し》、卒急《に》難《し》二湊泊《*し》一。尋常人如何《して》便得《ん》二無欲《を》一。故《に》伊川只説《て》二箇敬字《のを》一、教《に》レ人《を》只就《き》二敬字上《のの》崖一去《る》。庶幾《は》執捉得《して》、定《て》有《んことを》二個《の》下《す》レ手《を》処一。縦《い》不《とも》レ得、亦不レ至レ失《うに》。要《するに》レ之《を》皆只要《する》下人《の》于《て》二此心上《に》一見得《ること》分明《にして》自然《に》有《んことを》上得《ること》爾。然《に》今之言レ敬《を》者《は》、乃《すなわち》皆装《*》二点《して》外事《を》一、不《ら》レ知下直截《に》于《て》二心上《に》一求《むることを》上功《を》。遂《に》覚《ゆ》三累《*》墜《して》不《を》二快活《なら》一。不レ若《しか》下眼下于二求《むる》放心《を》一処《に》上。有《れば》レ功則尤《も》省《く》レ力《を》也。但《ただ》此事甚《だ》易《し》。只如レ此提醒《*して》、莫《れ》レ令《ること》二昏昧《なら》一。一二日《にして*》便《ち》可《し》レ見《る》レ効《を》。且易《くして*》而省《くは》レ力、只在《る》二念《う》不《と》レ念《る》之間《わに》一耳。何《ぞ》難《かたんじて》而不《る》レ為《さ》。〈語類十二〉

敬字《*のは》是徹頭徹尾*、自《り》二格物致知一至《る》二治国平天下《に》一、皆不レ外《れ》レ此《に》。〈十七〉

趲逼 追い走らせること。

更 底本「臾」、原文により訂。下同じ。

話 底本「語」、原文により訂。

話頭 話の材料、話題。

湊泊 あつまる。

装点 ととのえ調べること。

累墜 なやみ苦しむこと。

提醒 よびさまし〳〵すること。

便 底本「但」、原文により訂。

而省 底本「有」、原文により訂。

敬… 底本前行との間一行を空け、本行の右傍に「五十九板六十板ノ間脱之」の朱記あり。即ちこの引用文は一一二頁末行にあるべきを示す。

尾 原文この下「工夫」の二字あり。

〈付〉直方敬斎箴講義

読㆓張敬夫㆒――敬ノ工夫ソウタイヲヒツク丶ツテノコラヌハ「敬斎箴」ゾ。故ニ敬ノ*シマイニコレヲトル。南軒ノ云オカレタ遺意ニヨツテコレヲアツメテ我《ガ》イマシメニスル。　正㆓其衣冠㆒　コレカラ*段ヲキツテアケテオクガヨイ。コ丶ハ「鞭策録」ノ書ユヘゾ。コレガ書ヲアムテイ也。正㆓其衣冠㆒ト云ハ、衣服冠モユガマヌヤフニ、リント着スルコト。　尊㆓其瞻視㆒　モノヲミルニシリメヅカイナドヲシテミヌ、*マロクニミルコト。尊フスルト云ハ目八分《ぶん》ニ見テ、*リヨグワイノコトデハナイ。チヨツ〳〵ト目ヅカイスルハ下々ノテイニミユルモノゾ。歴々ノ*ノツシリトシテ、チヨツ〳〵ト目ヅカヒセヌ。　潜㆑心以居　チイソウヒソメテ*ハラケヌヤウニスルガ心ノモチマヘゾ。　対㆓越上帝㆒　天ト対座スルコト、聖人デナフテハ天地人*三才トナツテ*天帝ニ対坐スルコトハナラヌゾ。シカルニ此通リニサヘスルト、天帝ヘ対シテモハヅカシウハナイ。*カイシキナモノハ各別、チツトモ合点アルモノハ月ノ出ルヲミテハ、ホフラツナリデハオラレヌハヅ。コレカラ以下ハ容ニツイテ、ソノ場〳〵ノ敬ノ目ゾ。　足容必重　アシモトヲトク〳〵トシテアシバヤニセヌ、バタリ〳〵トスルコトデハナイ。　手容必恭　キツトスル。使者ニ出テ口上ヲ云トキノヤウニ手ヲスルト云コトガ、ツネニハソノヤウニハナラヌ*モノ。　択㆑地而蹈　不敬ナモノハムセウニアシモトミズニアリクユヘ、モノニケツマヅキ*□ナドヘフミコムゾ。　折㆓旋蟻封㆒　イロ〳〵ワケアルコト。ヒツケウ道ノイリマガツテムヅカシイ、トヲリニクイ処、ソコヲウツカリトアリクトケガヲスルユヘ、ソコヲバヨケテトホル。蟻封ハ蟻塚ト云テ、アリノ土ヲモチアゲタ小山ホドナガ唐デハ北方ニアル。　出㆑門如㆑賓　*公界《くがい》デハツ丶シムガ、宿ヲ出ルニ我一人デ人ノミヌ処ユヘ、ウツカリトシタガル。ソコデキツトシタ客ノムカイニ出ルヤウニ心ニオモフテ出ル。　承㆑事如㆑祭　ナニゴトデモスルニ、ジツト大事ニカケル処、祭ヲスルトキノゴトクニス。大事ニスルト云ニ、先祖ノ祭ヲスルトキホド大事ニスルコトハナイ。日本デハワルウナツテ、坊主マカセニシ

◇直方の敬斎箴に対する単行の注釈書や講義聞書は伝わっていないが、直方編「講学鞭策録」には、敬斎箴の全文が引載され、直方の自講になる「講学鞭策録講義」がある。ここに同書の敬斎箴の箇所のみを摘出した。

シマイニ　「講学鞭策録」には敬に関する朱子の文二十条を引載し、これはその最後に掲げてある。

段ヲキツテ　元来四句一章として、各段ヲキル、即ち改行すべきであるが、「講学鞭策録」では引載文の形であるから、章毎に改行しない。これはその本それぞれの趣旨から来る体式であるとの意。

マロクニ　まともに。真正面に。

リヨグワイ　慮外。無礼。

ノツシリ　ずしんと重みがあって、ゆるやかでこせつかぬさま。

ハラケヌ　ばらばらに散らぬ。

テ、料理バカリヲスルコトトオボヘテヲル。　戦々兢々　ツヽシミオソレテ、チツトモ事ヲムザウサニタヤスフセヌ。　守レ口如レ瓶　ソツジニモノヲ云ヌコト。ロニハロノ則《のり》アリテ、ムセウナコトヲバ云ハヌ。云《う》ハヅカ云ハヌハヅカトオモフガロノ則《のり》。ソレヲ大事ニカケルハ、瓶ノ内ニ水ヲ入テトリアツカウヤフニ思フ。チョツトワルウスルト、水ガコボレル。モノヲ一言云モソノヤウニ大事ニカケル。　防レ意如レ城　私意ヲ防テヨセツケヌハ、城ニオリテカタキヲフセグガ如シ。洞々属々　事ヲツヽシンデ*カルハズミセヌ。　不二東以西一、不二南以北一　トリニクイ、メヅラシイ字法ゾ。チョツトミルト東南ヘハユイテ、西北ヘハユクナト云コトノヤウニミユル。ソレナレバ東南ノ字不ノ字ノ上ニアルハヅゾ。ソウ云テマタ東南ヘモ西北ヘモユカヌト云コトデハナイ。ソコハ以ノ字デ云。主一ニナイノヲ云タモノ。東ヘユカウトシテソノマヽ西ヘヒキカヘシテユクコトゾ。心ノ両方ヘ出ヌナリヲ云タモノ。当レ事而存　上ヲ承テ云。ソノコト〳〵ニ心ガ一ズニ出ル。　靡二他其適一　心一事ニ存シテ他事ニイタラズ、所謂無適也。　勿二弐以二一、勿二参以三一　ナニナリトモ事アルニ、ソレヘマタ一ツソヘテ二ツニスルヤ、二ツアルウチヘソヘテ三ツニスルナト也。コレモ主一ニナイナリヲ云タモノ。　惟心惟一　トカク心一ニナケレバ役ニ立ヌ。一本心ヲ作ルレ精*ニ、ソレナレバ学問ノ知行ノコトニナル。「敬斎箴」ハ知ノコトハイラヌユヘ、心ノ字ガヨイ。　万変是監　コノ心一ツニナツテヲル*テツトメトスル。　是曰レ持レ敬　上皆ヲウケテ是ト云。コレヲコソ持敬ト云タモノナレ。コレマデ工夫ヲ云。此下効《しるし》ヲ云。タンテキノ大事ノ処ヲ語タ。　動静無レ違　ウゴキ、静《しずか》、トモニノリニタガワヌヤウニスル。　表裡交正　表裡ハ心身ヲサス。身モ心モタヾシイ。交ハドツチモ。　須臾有レ間　聖賢ニナラヌウチハ、チツトモヒマアルト私欲サマ〴〵ムラガツテ出ル。　不レ火而熱　心ガフダン浅間ノモユルヤウニハナイモノジャニ、私欲アルト心ガムシアゲルヤフナ、ハラタツトムネノアタリモヤ〳〵スルゾ。メイワクスルト火ノゴトクニナツタト云ゾ。欲アルユヘコレゾ。ソノ欲アルハ敬ニ*カンダンアルユヘゾ。天地モ人心モ寒熱ノケテ、*ヒヘルヲソフルフヤフニナル。　毫釐有レ差　ウノケホドデモ敬ニタガヒアルト天地ウチカヘシタヤウニナ

三才　人は天地の化育に参加するというので、天地人をいう。

天帝…スルト　底本なし、無本阪本により補。

カイシキ…　全くわけの分らぬ者はさておき、少しでもわけの分る者は。

モノ　阪本「モノソ」。

□　底本諸本ともに空格。恐くはミゾ、或はホリか。

公界　公の場、晴の場。或は人なか。

カルハズミ　無本阪本「カルハスミニ」。

精　底本諸本「性」、今訂。

テ　或はヲの訛写か。

カンダン　間断。底本「カッ□ン」、無本「カツタン」、阪本により訂。

ヒヘルヲ…ナル　意不明。訛脱あるか。

ル。君父ヲ弑スルヤフナ、チョツト一念キコヘヌ、ムリナト思フ心ガカサナツテ、アノ如クニナルゾ。ソコヲ聖人ノ「易*」ニ「履《で》レ霜《を》而堅氷至《る》」ト云テオカレタゾ。九月時分ノウス霜ガ、人《が》ノボツテモ何トモナイヤウナ氷ニナルゾ。チョツトムゴイトナリトモ、ムリナトナリトモ思フ心ガ初霜ゾ。ソレカラハネクビモカキカネヌ。ソノウス霜ノトキノ用心ハ敬ヨリ外ハナイ。コヽガ「敬斎箴」至極ノ処ゾ。　三綱既淪　父子君臣夫婦ノ三ツモシヅミ*ハテ、禽獣同前ニナル。　九瀍亦斁　コノ身オサムルカズ〳〵ノ法「書経」ニアリ。ソレモヤブレテ*ナクナル。　於乎小子　イヅレモタチ*、コノ心ヲワスレズタシナマレヨ。　墨卿司レ戒　モノヲカイテオクコト。此ダン〳〵ヲカキツケテオイテ、戒ヲ師ニタテオイテ。　敢告二霊台一　心ヘイサメヲキメツケテモラフタメ、此「敬斎箴」ヲカイテオクハ、ベツニ人ミセデハナイ。我心ヘイケンヲスルタメゾ。今人ノ戒ヲスルハ、探幽ガ掛ケ物ヲカケテヲクモ同《じ》コトゾ。手ヲギンミシテ、タレニカヽセテト云、或ハイロ〳〵ノ紙ヲギンミシ、朽木ニカイテノト云、本心ヘイケンヲセウト云オモヒ入デナサニゾ。霊台ニ告ル合点ナレバ、ワレガ書イテモ、手ノヨイワルイノセンギモイラヌ。朽木ニカクニモオヨバヌ*コトゾ。コレマデ敬ト云ノ大切ナト云テ云。コノ下*、学ノシヤウ敬ガ下地ニナツテ、知ノツマルト云ダン〳〵ヲ云。

易　易、坤卦。

シヅミ　底本無本「シツヽ」、阪本により訂。

テ　無本阪本なし。

イヅレモタチ　皆々様。

オヨバヌ　底本「オモハヌ」、無本阪本により訂。

コノ下　「講学鞭策録」のこの次からの掲載文を指す。

*絅斎先生敬斎箴講義

天地ノ人ヲ生ジテ、人ト立テ居ルナリハ、先《ず》身ニ有テ、口、鼻、耳、目、見タリ、聴タリ、見ルカラハ*色ガアリ、聞カラハ*声ガアリ、口デ言《う》筈ノ*訳《ワケが》アリ。子ト云《う》身ニモナリ、親ト云身ニモナリ、子ト云身カラハ親ガアリ、親ト云身カラハ子ガ有テ、凡《そ》一身カラ万物ヘ*ツキ続テ、機《ハタ》ヲ経タル如クニ成テ、天下ノ万事万物ハ、皆*人ヘ響テ居ル。其見ルニ付テ斯《カフ》見ル筈、聞《く》ニ*付テハ斯《コフ》聞ク筈、親ヘハ孝スル筈、子ヘハ慈スル筈《と》、一事々々目ニ*ツキ口ニ付テ、筋目ヲ詮議スルハ、尤《も》切務ナリト云ヘドモ、其ノ万事万物《へ》響テ*出ル処ハ、只一身主宰ノ根本、此*方寸ノ間ニ具ツテ居ル一心カラシテ行ハルヽ。目デ見ルト云モ、是ガ見サス。*耳デ聞ト云モ、是ガキカス。手ガ動ト謂テ*モ、手計《ばかり》ガ自由《ジ》ニ動ク物デナシ。*足ガヒトリ自由ニアルク物デ*ナシ。事《へ》レ親《に》接《まじわり》レ子《へ》、見タリ聞タリノ、日用*万事全体、心ノ為業《シワザ》、心ノ動《はたら》クナリ。*其働、ハタラキ様ハドウゾト謂ニナツテハ、一事々々ノ筋目ノ詮議ヘワタルコト、筋目*ニカナフカ叶ハヌハ、其上ノ詮議、ドウナリトモ、働ク物ハ此心ノ主宰カラナレバ、此《コ》ガ一大事ノ所、此《コ》ガ立ツテコソ日用モ視聴モ筋目ヲ得ル筈ジヤニ因テ、此僅カノ五尺ノ軀《からだ》デ天地ニ*並テ天下ニ蔓《はびこ》ル程ノ事ヲシテ出スモ、此一心ジヤニ、常人ノ哀《カナシ》サハ、其心ガ或ハ気ニヒカレ、或ハ事ニ誘ハレテ、一身ノ主宰ト立テ居ルナリヲ、

絅斎先生敬斎箴講義　無本「敬斎箴」、無本内題なし。
色ガ・声ガ　無本「ガ」なし。
訳　底本「訣」、今訂。下同じ。無本亨本「ワケ」。無本亨本両本の場合は以下両書名を省略。
ツキ　無本亨本「ツラヌキ」。
人ヘ響テ居ル　無本「人身ヘヒ、キテアル」。**付テハ**　亨本「付テ」。
ツキ口ニ　底本なし、無本により補。
出ル処ハ　無本「出トコロ」。
方寸　心のこと。
耳デ　亨本「耳ニテ」。
モ　底本無本なし、亨本により補。
足ガヒトリ　「足ガデニ」。
ナシ　無本「ナヒ」、亨本「ナイ」、下同じ。**万事…為業**　無本「万変全体ノシワサ」。
其働　亨本「其働クハ」。
ニカナフカ　底本亨本「ガ無テハ」、無本により訂。**並テ**　無本「ナラヒ」。
ツラリ　無本「ツラリ〳〵」。
ズ　亨本「ヌ」。**ト**　「トハ」。
シ　亨本「シテ」。**万機**　天下の政治。**全体**　無本「全体ニ」。
一日…　書経、皐陶謨「兢兢業業、一日二日万幾」。兢々は戒め慎むこと、業々は危ぶみ懼れること。幾＝機は微。天下の政事には、一日二日の間の至近微細のことは何でもないようであるが、一も違うことあれば積り重って万に至って悔えても及ばず、細微を慎み懼れねばならぬ。

ツラリト取《ら》レテユクニ因テ、ヲノヅカラ日用ノ筋目モ乱レテ、親ヲ見テモ響カネバ、君ヲ見テモ移ラズ。手足ガドウ働クヤラ、口鼻ガドウ狂《う》ヤラ不レ知《ら》シテ、アサマシイナリ*トナル程ニ、聖人ガ其《ソコ》ニ就テ、万世ノ則ヲ心法ト立テ、示サレテ、学ヲ*シ、道ヲ学ブノツマリトハ立《たて》テアル。サレバ其語ラル、旨ハ、「易」「詩」「書」ノ間ニ、学カラ謂テモ、人倫ノ上デモ、何程ノ政務万*機ノ沙汰《を》シテモ、全*体此《コ、》ヲ離レテユクコトナク、皆此心法トモニ、*一日二日万機、*天禄永終ト*語リテ、起居動静此《コ、》ヲ不レ失、*コ、ヲ覚《え》ノアル、凡為《そす》レ学《を》者此《ノ》筋目ヲ知ラネバ、義理ノ身ニツキ存スルト云根ガナイ程ニ、*一足モ*行《ゆか》レズ、随分シテミテカラガ、心ノ根本ガ怠*惰邪僻ニ沈ンデ有レバ、スル程*イガミガ強ナル。人トシテ禽獣ニ陥ラズ、*臣トシテ不レ失、家トシテ亡ビヌ、天理存亡ノ預ル処ゾ。サレドモ古聖賢ノ語ルニハ、イツデモ別ニ謂《い》出サズ。日用事務《と》トモニ、此*心ノ離レヌヤウニ*語リ、偶《タマ〳〵》此根本ヲ挙ラル、ハ、伝授ノ大事、聖徳ノ実ヲ語ル時ニ、*惟《れ》精惟《れ》一ノ語ヲ始トシテ、*湯ノ*日新敬躋、文王ノ*敬止ト、*根領ノ全ヲ指示《さし》シテ語ラル、語ハ、事ノ端ニヨツテ違ヘドモ、一身ノ本領ヲ失《わ》*ヌト云ヨリ外ハナシ。孔門ニ至リ心法ガ漸々ニ精ク開ケテ、「易」ニ*敬義トタテ、*脩《るに》レ己《を》以《てす》レ敬《を》、*敬《つつしんで》而不レ失ト、*事《の》上ヲ*除棄《ノケステ》、ズツカリト引《き》出シテ仰セラレタヨリ、「中庸」ノ*戒懼、「大学」ノ*正心、「孟子」ノ*求《む》二放心《を》一、*存心養性、段々此《ノ》心法ニ帰スルコトゾ*。サレドモ*束《ツカネ》テ本領ヲ謂コトハ少ク、ヤツパリ仁義ノ、明徳ノ、日用孝弟ノト、事《ノ》上カラ指テ、其《ノ》仁義ノ生《ハエ》処、明徳ノ*ミカケテ有《リ》処、日用ノ出ル処ハ、直《すぐ》ニ仁義忠信《と》トモニ養レ、身《と》トモニ覚ヘテ来ルト云旨ヲ知ヌカラ、漢唐以来守《ル》レ身《ヲ》者モアリ、道体ノ見処《みどころの》アル者モアレドモ、道ハ道デ説《キ》、

天禄永終　論語、堯日「堯曰く、咨(ああ)爾舜、天の暦数(帝王相い継ぐ次第)爾の躬に在り。允に其の中を執れ。四海困窮せば、天禄(天の恵み)永く終(たえ)ん。舜も亦以て禹に命ぜり」。

語リテ　享本「カタリ」。

コ、ヲ　無本「ココニ」。

一　底本脱、両本により補。

行レズ　無本「イカレヌ」。

惰　底本「憧」、両本により訂。

イガミ　ゆがみ。

臣　無本「国」。

心ノ　無本「心ヲ」。

語リ　無本「カタリテ」。

惟精惟一　↓九五頁補記

湯ノ…指示シテ　無本なし。

日新敬躋　↓八〇頁注「盤之銘」「聖敬…」

敬止　↓九五頁補記

根領　根本の要領。

ヌ　底本「ン」、両本により訂。

敬義　易、坤卦、文言。崎門学の有名な標語の出典。↓補記

脩己…　論語、憲問。↓一八一頁注

敬而…　論語、顔淵「君子敬んで失ふこと無く、人と与にすること恭ふしく礼有らば、四海の内皆兄弟ならん」。

事上　内(心)に対する外の万事。いま身の応接する事の処置の結果の善悪に関する面、即ち知の工夫に属する方面をのけての意。

除棄　無本「ノケテ」、享本「ノケズ」(非か)。

戒懼　中庸一章「道は須臾だも離るべからず、離るべくんば道に非ず。是の故に君子其の睹(み)ざる所に戒慎し、其の聞かざる所に恐懼す」。

正心　大学、経「其の身を修めんと欲する者は先づ其の心を正ふす。其の心を正ふせんと欲する者は先づ其の意を誠にす」。
求放心　一〇〇頁四行目参照。
存心養性　↓四一三頁注「知性…」
ゾ　無本「ナリ」。**束テ**　「タハネテ」。統括して。**ミカケテ**　明徳の端緒の見かけられるの意か。

理デ　底本なし、両本により補。
真義　底本「真木」、享本「シンギ」、無本なし。今訂。
見処　底本「見体」、両本により訂。
理　無本「理モ」。
一揆　一軌、同じ考え、同じ行ない、同じ立場。**筈ゾ**　享本なし。
凡　無本「タン〳〵」。
三千…　中庸二七章「礼儀三百威儀三千、待其人然後行」。
旋…段々　無本「メクルモミナコノ身カラ行レタモノソノ」。旋は底本「施」、今訂。
詮議…テ　「センキカツマリテ」。
詰　底本「詰」、今訂。下同じ。
主一・整斉　主一無適・整斉厳粛。↓一〇二頁注
得タ　享本「ヱラレタ」。
人ハ　無本「門人ハ」。
尹　尹和靖。↓一〇二頁注
謝　謝上蔡。↓二六九頁注
楊・羅氏・李氏　楊亀山・羅仲素・李延平。↓一〇一頁注

*理デ理ヲ守ル迄ノコト。肝腎ノ*真義真脈、身トトモニ道体ノ*見処モタツ。日用ノ*理行レテ、身ガ道デスルト云ヲ忘レテ、義理デ云タバカリジヤ。道統ノ伝ト云モ此《コヽ》ノ事、前聖後聖、実ニ人ハ替レドモ、*一揆ニナル*筈ゾ。*凡《そ》人心ノ生死ヨリ*三千三百ノ礼義、「易」トナリ、「詩」トナルヨリ、天地ノ天地ト立チ、古今ノ続キ、日用ノ昼夜ヲ*旋《メグル》、皆此ノ心法ジヤ。段々*詮議*詰《ツマリ》〳〵テ、程子ニ至リ、敬ノ一字ヲスグリ〳〵テ、孔門ノ語ニ本ヅキ、後学ノ標準トセラレタヨリ、或ハ*主一ト説《トキ》、或ハ*整斉ト説レテ、其旨ヲ全フ*得タ*人ハ、*尹・*謝・*楊*マデナリ。楊氏ノ心法ヲ*羅氏ニ伝ヘ、羅氏又*李氏ニ伝テ、朱子ニ及ブ。愈ヽ孔門、程門、心法ノ旨ガアイテ、即「大学或問」ノ最初、為学ノ源トシテ敬ノ義ヲシラベ、程門ノ説ヲ載《のせ》テ置レ、其外「*文集」「*語類」、此《コヽ》ヲ離ルヽコトハナシ。其中ニ敬ノ工夫端的全備、無ニ残《く》ル処一、朱子ノ朱子ニナラレタ身カラ*書調《カキシラベ》タハ、*此一篇ニ尽《ツキ》テ、「*近思」《の》存養モ此ニ外ナルコトハ*ナケレドモ、皆コレニ付テノサマ〴〵ノ詮議、心法ノ正脈ハ此篇デ明《アカ》サレタコトゾ。

●扨《て》朱子ノ同友ノ大賢ニ、*張敬夫ト云ガ、聖学ニ精イ人故ニ、敬ノ旨ヲ得ラレ、「*主一ノ箴」*ト云ヲ著《アラハ》シテ、存心ノ則ト*セラレシトキニ、今朱子ノ「敬斎」ノ旨ニ因テ見レバ、*尤モ存心主一ノ旨ハ得ラレタレドモ、サマ〴〵心法ノ精旨ニ雑リガ多シ。何ガサテ敬ト謂カラハ、日用孝弟ヲ離レテ外ニ有《あろ》フ*ヤウナイハ謂ニ及バヌコトデ、ドウ有フト*敬、其日用ノ理デ吟味スルコトハ窮理克己ト謂テ、其外ノ存心居敬ト立《たつ》ルカラハ、微塵余《ヨ》ノコト*マゼズ、日用ハドウ有フト、克己デ有フト、窮理デ有フト、此《コヽ》ハ*トント*心法一術ノ心法、一段克己シタリ、究理シタリスル者ノ詮議、コレデ家モ斉ル、コレデ親ヘモ事ル、国ヲモ治ルト云

者ノ詮議デ、ソレカラ貫ヌイテ見レバ、克己スルモ敬、究理スルモ敬、家ヲ治メ国ヲ治ルモ敬ジヤト、至極余ノコトマゼヌナリデ、日用全備一生処己ノ旨ハ、「敬斎箴ノ」ニ尽テアルゾ。*然ルニ南軒ハ敬《の》心法ノ中ヘ*ホウド理ヲモテイカル、ニ因テ、克己モ、究理モ、日用モ、敬モ、ヒトツニ成テ、親切有《る》レ余《り》*ヤウナガ、肝腎ノ旨ハ済《スマ》ヌ。兎角ナニモカモ残ラヌヤウニト云ト、心法相伝ノ旨ハ脇ヘナツテクル。「敬斎」ノ説キ様ハ、人欲綱常ノ事マデ謂テアレドモ、ヤツパリ敬戒心法ヲ離レテ謂ハヌ。*始ヨリ終マデ、微塵余《ヨ》ノコト*マゼズ、心法ノ正脈ゾ。斯《コフ》シタ訳ジヤニ因テ、「*主一箴」ヲ読レテ、如何ニシテモ学術ノ紛《まぎ》レ、学者ノ取《り》違ヘル*程ニ、ヌシガ又「敬斎箴ノ」ト云ヲ著ハサレ*タルゾ。

○読張敬夫――　遺意トアルハ、南軒ノ箴ニ十分大旨ヲ謂ヒ*竭《つく》サレテアル上ニ、*謂ヒ遺《のこし》置レタ*意ヲ、ソレニ付テ掇《ひろ》ヒ集メテ*書タルト*云ノ、謙退ノ辞ゾ。

○自警ト云ハ、是ヲ学者ヘ*示シニシタデハ無シ、*自分ノ書斎ニ*書《き》付テ置キ、*出ルニモ入《る》ニモ、仰俯語黙見*ルタビ毎ニ、ヒキサゲ、*気ヲ付テ、平生ニ警《いましめ》タト有ルコトゾ。

●サテ人ノ立タナリハ、此身*ニテ物ニマジハリ、此心デ事ヲ捌《さば》ク。自然ノ持タナリジヤ程ニ、敬ト云モ、事物ナリニ散《ちら》ズ雑《まじ》ラヌヤウニスルト、其ノ事物ニ応ズル、*ダタイ持タナリノ失《うせ》ヌヤウニスルト、斯《カフ》二端ニ立テアルコト。*其レ故上《の》四条ハ身ノ敬、下《の》二条ハ事ニ有テツヽシム、是レデ内外全備ジヤゾ。身ト云ニ就テ見レバ、人ノ身ノ斯《カフ》シタナリデ居ルハ静、ソノナリデ、ドウナリトモ、手ヲ挙ルカ、足ヲ*跋《ふむ》カ、*立テ居ルカスルト、動ト云モノ。其ノ動静ノ二ツニ就テ、表ヘ見《みえ》ル気象ト、心ノ真味ニ持テ居ル念慮ノ二ツガアル程ニ、ソレヲ表

マデナリ　「ニテ」。
文集・語類　朱子文集・朱子語類。
タハ　無本「ラレタハ」。
一篇　この「敬斎箴」を指す。
近思存養　近思録巻四存養類。
ナケレ　「ナヒケレ」。
張敬夫　→一一五頁注「南軒張氏」
主一箴　→一八五頁注
ト云ヲ著シテ　享本「ヲアラハサレ」。
セラレシ　享本「セラル」。
尤モ　底本「最モ」、両本により訂。底本は全て「最モ」に作るが、以下「尤も」の意の時は訂す。
ヤウ　無本「ヤフノ」、享本「様ハ」。
敬　無本なし。
マゼズ　享本「マゼヌ」。
トント　「ツント」。
心法…一段　無本「心法一術心地一段ノセンキ」。　**然ルニ**　「ソレテ」。
ホウド　ぽんと。ほとほと。全く。
ヤウナガ　無本「ヤフテ」、享本「ヤウナ」。　**始ヨリ**　「頭カラ」。
マゼズ　「マセヌ」。
主一箴　無本「已ニ主一箴」。
程ニ　無本「ハシトナルホトニ」。
タルゾ　無本「タリ」、享本「タ」。
竭　底本「謁」、今訂。
謂　底本「読」、両本により訂。
意　底本なし、両本により補。
書タル　享本「書タ」。
云ノ　無本「云」、享本なし。
示シニシタ　享本「シメシタ」。
自分　「ヌシ」。　**書付テ置キ**　享本

裏ト立《て》ラルヽ。此四ツデ、人ノ身ノ全体竪横《たて》スキマナクシテ、*動クナリカラ静ニ帰シ、静カラ動テ出テ、動クナリガ全体*静、静《しずか》ナナリガ全体動ト相根《ねざ》シテ、動ナリノ表裏ガアリ、静ナリノ表裏ガ*有テ、裏ナリガ表ニ見ヘ、表ナリガ直《すぐ》ニ裏ト*クサリアフテ居ル。動静表裏ノナリ、此《コヽ》ニ一ツモ透間《すきま》ガアルト、ソレ程ガ不敬ノ心デ、動静表裏ハ一心ジヤニ因テ、*只動カ、静カ、其一偏ニ疵ノ付《く》マデデ無シ、動ニ*疵付テモ、静デ失フテモ、心ニ傷《ヤブレ》ガ出来ルニ因テ、ベツタリト*一身ニ皆クルヒガ*ツキ、其レ故事物デナケレバ、工夫ハ立ヌゾ。ドコニ透間ガ有テモ、四ツヘ*届テ崩ルヽゾ。先《ず》全体ノ立様《たち》ヲ斯《カフ》合点シタガヨイゾ。

●正其衣冠 止上帝

人ノ動静ハ無レ端ト云ヘドモ、先《ず》斯《カフ》シタ持タナリ、自然ニ立テ、何ヲスルトモ、*アルクトモ、持ツトモナヒハ静デ、此ニ今ヒトツ*気《が》動イテクル程ニ、先《ず》静カラ語ラルヽゾ。人ノ静ナト謂《う》ナリハ、衣冠瞻視ノ*斯《カフ》々シタ持タナリジヤ程ニ、其ヲ語テ、其《ノ》指向《さしむい》テ身カラ全体ヲアヤナシ持テ居ル物ハ衣冠ジヤゾ。衣冠ト云ハ*皮膚ノ外ナ、心法ニ懸《カヽ》ルコトモナサソウナ物デ、ツキ出シタ人間ノ、人ラシウ見ヘ、人ノ身ヲアヤナシ飾リテ居ルハ、コレジヤニ因テ、必ズ身ノ脩リ心ノシマリノアル人ハ、先領《ずエリ》ツキモ*ソヽケヌモノ、取乱《り》シタ人間ハ帯ノ仕様モシドケナイモノ。カヽル処ノ大事ジヤ程ニ、指向テ先《ず》正其――ゾ。正トハ*ロクニスルゾ。領《エリ》ツマ揃《そろえ》テ、シドケナフナイ様ニ、ソヽケヌ様ニ、自堕落《ジダラク》ニナイ様ニスルヲ云。

○瞻視ハ目ヲ使フヲ云。瞻ハ見ワタス気味、視ハコチカラ目ヲ働《か》ス、其見渡スナリニ、目ノ瞳子《ひとみ》ノヲモムク処ゾ。人ノ斯《カフ》シタナリニ指向テ、外カラモ移リ見ユル、吾カラモ覚《おぼえ》ノ

「書付」、無本「カキツケテ」。
出ルニモ入ニモ　享本「出入」。無本「…気ヲ付テ」までの句なし。
ル　底本「ル、」、享本により訂。
気ヲ…コトゾ　享本「気ヲ付イマシメタソ」。　**ニテ**　無本「テ」。
ダタイ「ダタイノ」。本来。もともと。
其故　「ソレテ」、以下両本とも底本の「其故」を皆「ソレテ」に作る。
跋カ　「ハコブカ」。
立テ…スルト　無本「ヲルカスルハ」。

動クナリ…出テ　享本この句なし。「出テ」は無本「出ル」。
静　底本享本なし、無本により補。
有テ　享本「アリ」。
クサリアフ　互につながり交錯し合う。
只　享本なし。
疵　無本「キスノ」。
一身ニ　無本「一身」。
ツキ　「ツク」。
届テ　無本「ヒ、キテ」。
アルク　底本「有ル」、両本により訂。
気　両本なし。
斯々シタ　「カフシタ」。
皮膚　「皮」。
ソヽケヌ　乱れぬ。
ロクニ　きちんと、端正に。

目ホドノ　「目ホトナ」。
人柄　「人カラマテ」。
目ツキノ威儀モ　無本「目付ノカテンノイカヌモノ眼サシノ定ツタモノシヤト云コヽニシマリカアレハ自ソ(ラの訛か)一身ノ威儀モ」。
ハフド　ぼうっとの意か。無本「ハラ〳〵」。
尊トハ　「尊ハ」。
貴位ハ…云ヘドモ　無本「貴位高人ト云ヘハ」、享本「貴位高人トイヱトモ」。
アガマヘ　尊びうやまう。
定リタル　「サタマツタ」。
自然ニ　無本「自ア(ラの訛か)」、享本「自カラ」。
ウヅダカウ　気高く。
覚ウツヽ…モノゾ　無本「ヲホヘウツテアルモノ」、享本「ヲホヱウツヽデヲルモノハ」。
ウカ〳〵　無本「ウチ〳〵」。
汚サヌ　「ヨコサヌ」。
ウテタ　気おくれした。
見分ケスル　無本「ミ〳〵スル」、享本「ミワケル」。
或ハ…目ヅカヒ　「目ヲスヘテイル貴人ノヤフナ目アツカヒヲ(享本「目ツカイ」)」。
象ハ　享本「ナリノ」。
ネドモ　「ネド」。
離レタリ　享本なし。
アガリマチ　たかぶること。

ヤドリテアルニ、*目ホドノ物ハ無テ、是ガ一身ノキツスイノ聚リ処。凡ソ位ノ高卑、*人柄《ガラ》、先ず眼ザシヘ移リテ㥄《カクサ》レヌモノ。誰ニアフテモ、*目ツキノ威儀モ厳《ヲゴソ》カニ、心ノ神精ガスワツテ居ル、此《コヽ》ヲ麁末《ソマツ》ニスル者ハ、威儀モ崩レテ、心モドギマギト*ハフドシタリ、ウツカリトヌケタリスル。大事ノ処ジヤゾ。*尊トハ、只位ノ高イト云バカリデ無シ、*貴位ハ勿論、商売《セウバイ》人ト云ヘドモ、ドコトモナフ下ニ置レヌ、*アガマヘラルヽ処ノアルヤウナ家ノ主ヤ吾《が》君ヲ尊ブ気味ゾ。目ノアリ〳〵ト*定リタル者ハ、自ラヲ神明主宰ガ移リタツテヲルニ因テ、吾身カラ*自然ニ構ヘ恭《ウヤ〳〵》シク、*ウヅダカウ下ニ置レヌ様ニ*覚《おぼえ》ウツヽテ居ルモノゾ。*ウカ〳〵シタリ、沢山ニツカフタリ、チロカハスレバ、ドコトモナク目ノ貴ガ減テ位ガナイ程ニ、此《コヽ》ヲアダニセズ、*汚《ケガ》サヌヤウニ、*ウテタ目ニナラヌ様ニ、チロカハセヌ様ニ、貴人ノ目ツキノスハツタ様ニ、吾トサモシウナイヤウニスルゾ。明《アイ》テアリテ物ヲ*見分ケスル工夫デハナシ、見ヌナリデ自然ニ取《とら》レヌ様ニスルゾ。尊《たつとう》スルト謂テ、屹《キツ》トスルノ、*或ハ目ヲスヘテ居ルノ、或ハ貴人ノヤウニ目ヅカヒシタリ、常住上下《かみしも》ヲ着テ居ルヤウナ事デハナシ。自然ニ衣紋《エモン》ノソヽケヌ様ニ、目ノウツトリトウツロハヌ様ニ、ダラツカヌ様ニスルゾ。

○両ノ其ト云字ハ、其坐サラズ、斯《カフ》シタ今ノナリデ、直《すぐ》ニ其ノ衣冠其ノ瞻視トウケタ物ゾ。

○潜ㇾ心　潜ハ、水ノ底ヘ魚ノ沈デハマタ沈ミ、藻草ノ繁リ水ノ深《ふかい》デ魚ノ*象《ナリ》ハ見ヘ*ネドモ、有リ〳〵ト底ニヒソンデイルヤウナ字ゾ。心ト云モノガ、何ガ相手モナケレド、斯《カフ》坐シタ中《チ》ニモ、チロツイタリ、*離レタリ、根ノシマリヲ失ヒヤスイ物ジヤ程ニ、不ㇾ言《モノイハ》身モ不ㇾ使《ハ》、ドウト謂コトナイナリニ、*アガリマチニナイ様ニ、離レサウニ成ラヌヤウニ、広ガラヌ様ニ、ヂリ〳〵ト沈ミヒソミ、恐レタナリニ、吾心ノ覚テ*クルナリ。対ハ、鏡ヲ*向ヘアハシタヤウニ、コチガ濁レバ、濁ガ*移ル。清メバ、*清ガ移ル。*カヽハユヰナリデ、寸分節《すじ》チガヘズ、正面一向《まむき》ニ相対シテ居ルゾ。

○上帝トハ、其ノ潜《ひそ》ミ沈テ底ニ*アリ〳〵ト覚タナリニ、天帝カヽハユク移リテ、鬼神トトモニ心ニ守リテ、前後左右上帝ト共ニナリキツテ、肌《ハダ》ノ違ハヌ、背《ソム》ケニナラヌナリニ、相対シテ居ル、潜心繊密*吾ト心ノ覚ノアル著《し》イ上帝ト云人ハナイナリニ*対スル*心ノ則ヲ指《さされ》タゾ。*不レ慢《あなどら》ト云ハ、上帝ニ当ツテノ*意ゾ。対越ト云ハ、吾カラ自然ノ持タ*ナリ、*ソコガ吾心ノ未動ノ処ジャニ因テ、上帝ト云ゾ。理ノ見ヘタ、子トシテ孝ヲ不レ失、臣トシテ忠ヲ念トスルヤウニ、謂コトモナク、又心ノアヤノ見ヘタ、*恐《れ》慎テ不レ欺不レ慢、ソレガ対越ジヤトモ謂レヌ、ソレデ恐懼底ノ*字《と》ハ不レ同《じから》、潜只心未動底《の》潜ノ字デ*アツテ、対ノ字ガ上帝ヲ恐レタリ不レ欺ト謂デモナイ。吾*ナリ自然デ相対シテ居ルゾ。勿論其心ノ文《あや》ヲ語ル時ハ、不レ欺トモ不レ慢トモ云《イお》ウケレドモ、其文《あや》ノ見ヘタ心デ静潜ハ語ラレ*ヌゾ。上帝ニ対スル心ヲ忘レヌ様ニ持テ*居タリ、理ノカヽハユイ*ヲ心ニ覚テ居ヨト云ハ、*温公ノ念中スル*筋故ニ、心ガチロツキ、結句心ニイナ物ガ蔽ヒ*キサツテ、様々鼻ノサキ付テ*廻リテ、心ヲ*塞グ。兎角敬ニハ相手ヲ拵《こしら》ヘ、*アダテヲ取テ、ソレニ倚《より》カヽリテ、心ノ散ヌ様ニセウト謂コトハナイ。又コヽヲ此ノ様ナ心ガ対越ジヤト云ホド対越ニハナラヌ。トント潜レ心以居ト云外ニ、上帝ト云モノガ*別次ニハナイ。ヂリ〳〵ト*シマリテ、胸アイ洒落ニ覚タナリデ、頓《トン》ト上帝ト云*ズクナク凛トカヽハユウ、慢《アナドラ》レヌ吾心ガ上帝、鬼神ガ吾心ト、心ト共ニナリキツテ居

クルナリ　無本「イル」、享本「クル」。
向ヘ　無本「ツカヘ」。
移ル　ウツル（写る）の宛字。
清ガ　「スムト」。
カヽハユヰ　まぶしい、恐れ多い。
アリ〳〵ト　底本享本「アリト」、無本により補。
吾ト心ノ　無本「吾恐ノ」。
対スル　享本「相対スル」。
心ノ則…タゾ　底本この句なし。両本により補。
不慢…持タナリ　無本なし。
意ゾ　享本「心」。
ナリ　享本「ナリゾ」。
ソコガ　「コヽカ」。
恐　無本「ヲソレ〳〵」。
字ハ…アツテ　無本「字ト不同潜只是心未動処ソレテ」。
アツテ　享本「語リテ有テ」。
ナリ　享本「ナリノ」。
ヌゾ　底本享本「タソ」、無本により訂。
居タリ　享本「ヲリ」。
ヲ　享本「コトヲ」。
温公　宋の司馬光、事は一一〇頁参照。
筋　「スチ理」。
キサツテ…サキ　無本「キサツタヤウニ鼻ノサキニ」。
廻リテ　享本「迫リテ」。
塞グ　無本「フサクル」。
アダテ　目当て、あて。
別次ニハ　無本「別ニハ」。

ル、ソコガ対越ト云モノ。手水《ちょうず》モツカヒ、夢モ覚《サメ》タト云時ノ心ヲ看ヨ。ハツキリト吾ニ具テ、物モ見ヘヨシ、ヒヾキガ違ヒ、吾ナガラ慢レヌ物ト共ニナツテ居ル。白刃ヲ抜テ見レバ、何ト云コトナシニ、白刃ナリニ、妙ナ物ト共ニソビヘテ居ル、仰デ日ヲ観レバ、何ト云コトナシニ、日ナリニ、妙ナ物ト共ニ立テアル、此ガ対越上帝ゾ。

○総テ「敬斎」ハドコ迄モ、四句一意ト合点シテ、ソレデ語リヤウニ次第ガ就テアル。先指《ずさし》向《むい》テ衣冠ヲ正スト謂カラ、威儀ノ具ル、神宰ノ聚ル、瞻視ヲ尊ベト謂《かた》リテ、ヂリ〳〵ト此心ヲ潜《ひそむ》ルカラ、其ノ潜ムナリノ正*キ此ノ準則ヲ対越ト謂*リ、漸々ニキリ込《こん》デ、扨正スト謂ナリガ直《すぐ》ニ対*スル心、対スルト云心ガ其*ノ儘正シイナリ*ト立*テ、一マイ一時カウ*シタナリニ持タ処ヲ語リテ見レバ、此様ニ品《しな》ガキリ込デクルゾ。正シテカラ対スルト謂コトハナイゾ。

○*サテコノナリヲ静坐シテツクリテミル工夫デハナイ。サシムイテカフシタナリ*デ衣冠ヲ正シ、目ノウツロハヌ様ニト、其坐ヲ去ラヌ自然ノ工夫ジヤゾ。

○註　「敬斎」ノ註ニイカイコト詮儀ヲ云ホド理ニヲチル。今字訓バカリ註シテ外ニ云*ノナイガ朱子ノ旨ヲ得タ註ゾ。

○上帝ノ天ト云ハ、ヒロイコトハ其タツテ日月星辰トナリ、行レテ四時トナリ、雷トナリ、風トナリ、雨ヲフラセ*、草木ヲ生*ジタリ、人ヲ生タ*リ、全体天ト云ナリニ、フリマハシヲスル、アナドラレヌ、ヲカサレヌ、背クト忽《ち》成敗スルモノガ、アリ〳〵トイラル丶。譬《えば》則《のり》*法度ハソレ〴〵ノ役人ノサバクコトナレドモ、全体天下ノ主ト云モノガ上ニタツテ、*コレガサバキイタシ、コレカラフリマハシテ、コ丶ニソムクト成敗セラル丶ト、ヒ*ヱキリ

シマリテ　無本「シマリ〳〵テ」。
ズクナク　底本「ヌクナリ」、亨本「スクナノ」。無本により訂。
正キ此準則ヲ　無本「正味準則ヲ」。
謂リ　無本「カタリテ」。
対スル心　底本なし、両本により補。
其儘　「スクニ」。
イ　底本なし、両本により補。
立テ　無本「タツタ」。
カウシタ　底本亨本「カノシタ」、無本により訂。
○サテコノナリヲ　以下一三一頁八行目まで底本なし、脱落か。亨本により補い、無本を以て校す。
ナリデ　無本「ナリニテ」。
云ノ　無本「云コトノ」。
フラセ　無本「フラシ」。
生ジタリ　無本「ウムタリ」。
生タリ　無本「生シタリト」。
法度　無本「号令法度」。
コレガサバキイタシ　無本「コレカラサハキクタシ」。
ヒヱキリテアル　本書に頻出するヒエルという語は絅斎独特の使用法で、澄み冴えている、程朱学の所謂至って静かなる、湛然虚霊のさま。

テアルヤウナモノ。サラバト云テ、人貌《のかたち》ノアルモノデモ、目ニミヘルモノ、アラフヤウハナイニヨツテ、*タトヘテ上帝ト云ゾ。理ノ主宰カラ云タモノジヤト、スマシテヲクハアサイコト。サ云テ俗人ノ*ヤシロヲオガムデ、アノ中ニ*白ハリキテイル人ガ*ヲルゾト云コトデモナウテ、ナルホド白ハリキテゴザルト*云ヤウナモノガ、形ハナフテ立テヲルゾ。

〇*書曰――　サテソノ天帝ト云ハ、風ヲフカシタリ、雨ヲフラシタリスル主宰ガ、ナントシテ潜心《すれば》タイスルコトゾ、アリ〳〵ト吾心ニウツルコトゾ。サレバソノ全体ノ主宰トナリテ、物ヲ生ジ、人ヲ生ジト云ナリニ、ビツシリト無レ過無レ不レ及、天理ノ正ヲウミツケテ、コノ身ノ主宰ノ*本トナリテ、目デミサシ、耳デキカシ、是《ぜ》ヲワケ非《ひ》ヲワケト云ナリハ、スグニテラシタリ、フラシタリ、賞シタリ、罰シタリスル主宰ノ天帝、天帝ト云ガ則《ち》吾ガ主宰ジヤ。マ一ツ天ノ帝ジヤトアヲイデミルコトハイラヌ程ニ、ヒソムダナリニスグニ対スルゾ。ソレデモ常人ノ心ニナンニモタイスルモノ、ナイハ、タヾ*ヒロイ心デナガメタモノ、*イカサマ賞罰スル人モアルソウナト、ヲボエテ*スルガ、イリ〳〵テ心ヲ*ヒソメテユケバ、ドコトナフ、ワレカラ天ノウツリ、シタシサガチガウテ、ヂキニ天帝《に》カホツキ合セタ様ニピツタリト対スルゾ。ヨソノ*神主《しんしゅ》ヲ見テ拝スルハソノトヲリノ心、吾レト云トコロガ先祖ジヤゾ。吾ガ先祖ノ忌日ジヤト云テ、神主ヲヒライテミレバ、涙《が》コボレ、心ガヒソンデ、ソコニ*ヲルヤウニウツル。トカク潜心ト云ヨリ外ニ、*コチカラ上帝ニ対セフト云コトハ*ナシ。潜心ナリデ、自然*ニノツテクル心ノ則ジヤゾ。

〇或《ひと》曰、コノ註降衷ノ*ヒキツケ誤リ也。コレハタヾ天人相ハナレヌ正味ヲサシテ、ソ

タトヘテ…理ノ　無本「タ、上帝ト云ハ理ノ」。
ヤシロヲオガムデ　享本なし、無本により補。
白ハリ　白装束。
ヲルゾ　無本「イルソ」。
云ヤウナ　無本「云俗人ノ云ヤウナ」。
書　書経、湯誥「惟れ皇なる上帝衷を下民に降す」。皇は大。衷は孔伝は善、朱子学派の蔡注は中と注し、人には天の命により偏倚する所なき仁義礼智信の理が具有されていると解する。
本　無本「根本」。
ヒロイ　漠然とした。
イカサマ　いかにも。
スルガ　無本「イルカ」。
ヒソメテ　無本「ヒソメ〳〵テ」。
神主　位牌。儒教の葬祭で、祠堂に安置する霊牌。
ヲル　無本「イラル、」。
コチカラ上帝ニ　無本「上帝ニコチカラ」。
ナシ　無本「ナヒ」。
ニノツテクル　享本「デツクル」、無本により訂。
ヒキツケ　無本「ヒキツケハ」。この降衷の書経の文をこの所の注としてここにもってきたことはの意。
深切　無本「親切ハ」。
ウツリノ　無本「ウツリハタノ」。
理デ　無本「理ヲ」。
云ニナルゾト　無本「云ソニナルハ

レジャニヨリテ、イヤトイハレズ相対スルト云意デヒカレタ。*深切アマリアレドモ、コ、ハ天人ノ理ガ一《つ》ジャト云主意デハナイ。タベヒソムナリニ、上帝ノ*ウツリノ合フタト云コトナレバ、カウシタワケジャニヨリテト、*理デ云コトハナイハズゾ。ソノ上マギレアルハ、天ガコ、ヘクルモノデモナイ、対セラル、モノデモナイ、吾ニクダシテアル衷ガ、スグニ上帝カラクダサレタモノジャニヨリテ、コレニキヅヲツケズ、ヲトサネバ、ソレガ敬ジャ、対越ジャト*云ニナルゾト、一通リキコヘタ*様ナレドモ、ソフデナシ。*嘉先生ノコレヲヒカレタハ、*ワケヲ云タ分デナイ。潜心デ対スルモノハ天帝、*上帝ノ主宰ジャト云タ時ハ、吾心ト*天帝トハ二ツニナリテ、ハタシテ心ニイナモノガ一ツツイテ*アル、サ云テ心ガ上帝ジャ、心ヲ不レ失ガ対越ジャト云デモナイ。吾心ノヒソムナリガ、*スグニヲカサレヌ、アザムカ*レヌ、アリ〳〵ト*タツテ主宰、テラシタリ、フラシタリ、天地ノ主宰ト云ハ、ヤツパリソレナリノ全体ジャニヨリテ、天地トアゲテ、スグニ降《す》二衷《を》下民《に》一ト引ヲトシテ、其心ガスグニ上帝、上帝ト云ガスグニ其心、所謂「*明徳者天之所《にして》二以与《てる》レ我《に》、而我《が》之《の》所二以為《てる》レ徳者《と》」ト、「顧《る》二天之明命《を》一」ノ註ニセラレタガ、マヅコノ旨、ソノ「或問」ニ「*受《て》二天地之中《を》一以生《てる》」ト云カラ、*カタリデハナイガ至極シタ*註ゾ。

○*呉氏曰云云　是以下静動*表裏ノアテドコロハ、ナルホドヨイゾ。シカルニ無レ違《こと》ト*語リタハ誤ジャ。皆正シフシタリ、タツトフシタリ、ヒソメタリスルハ工夫、無レ違交正《とし》ト云ハ、ソレナリノ*立*タシルシジャ程ニ、工夫功効ガヒトツニナツタゾ。是ガワヅカナ誤ノヤウナレドモ、別シテ敬ニシルシヲ工夫ヱモテクルコトヲイカウキラフ。人ノ身ニスル工夫

ワルヒホトニコノ註ハアヤマリト云リ」。

様ナレドモ　無本「ケレトモ」。

嘉先生　山崎闇斎。

ワケヲ　無本「タ、ワケヲ」。

上帝ノ　無本なし。

天　享本なし、無本により補。

アル　無本「クル」。

スグニ・レ　享本なし、無本により補。

タツテ　無本「タツタ」。

明徳者…　大学、伝首章「大甲に曰く、諟(こ)の天の明命を顧る」の朱子の注。原文は「大甲は商書。顧は常に目之に在るを謂ふ。諟は猶此のごとし。或は曰く審なり。天の明命は即ち天の以て我に与る所にして、我が以て徳と為る所の者なり。常に目之に在れば、則ち時として明かならざること無し」。

受天地…　朱子の大学或問に「曰顧二諟天之明命一、何也。曰人受二天地之中一以生。故人之明徳非レ他也。即天之所二以命レ我而至善之所レ存也。是其全体大用。蓋無二時而不レ発二見於日用之間一。人惟不レ察二於此一。是以汨二於人欲一而不レ知レ所二以自明一。常目在レ之而真若レ見下其参二於前一倚中於衡上也、則成性存存而道義出矣」。

カタリ　説明の意か。

註ゾ　無本「註ジャゾ」。

呉氏　呉澄、字は幼清、号は草廬、元代前期の碩儒、朱子学と陸象山の

ト云ハ、致知ノ克己ノトサマ〴〵アレドモ、ソレハ事ニ*アタリテ理ニタイシテ*ユカヌ時ノ詮儀、トント打ハラフテ、タヾ吾コノ*心ノウセヌヤウニ、チラヌヤウニチラヌヤウニトワレトツヽシム、コノ心法敬ノ工夫ヲシヤウト云コトハナイ。天然自然ニ敬ムト云ホド工夫ハナイ程ニ、コノ心ノアランカギリハ、ツヽシムデ、工夫ノアガルホド、敬ノシルシヲウルホド、イヨ〳〵敬スル、イヨ〳〵吟味ガツヨウ、ハゲミツヨクナリテ、纔ニモ得タラシフ思ト、ソレガスグニウセタ心、学者□聖人ハ勿論、敬ヲ荷ニモツテヲルヤウニハナケレドモ、敬ノ自然ニナリキリテ、道体ナリノ敬、敬ナリノ道体、身ニウルコトノフカク委フナルホドフカフ精イ敬、ヤツパリ子供ノ手習スル、親ノシカルガコワイ心ジヤニヨツテ、聖人トハナツテ、心法ト立テアル。推シテ天地ノ天地トタチテ、四時流行、万物生育、イツガイツマデタヱズキレズ、水ノ流ルヽモ、山ノ峙《そばだつ》モ、コヽヲ大事ト云心ハナケレドモ、アレナリニ失ズ、チラズ、死人ヲミルヤウニナク、生《イキ》テヲルハ、此敬ジヤゾ。モシ□□ト云ト、其心ハ堯舜モ桀紂、天地モ*中々ノコトデ、ヲレガカクハ見事ニシタホドニト云ト、タツタ今、日月星辰ガミシ〳〵トキヘヤブレル筈。ソレジヤニヨツテ、ツヽシメバ聖人ノヤウニナルノ、天地ノヤウニ*ソムクルト云コトハ、イラヌ工夫ナリデ、血脈心法トナリテヲルゾ。皆敬ハ工夫ジヤト云コトヲシリテ、工夫ヲヌケテモ、ヤツパリ敬ノ工夫ジヤト云コトヲシラヌ。身ガ聖人ニナラヌニヨリテ、敬ト云工夫ヲスルトヲボヘテ、ハヤソノ心ガ不敬、不敬ナ心デ敬ヲスル、ナグサミニシテミヨカト云モ同ジコト、敬ヲシテ身ヲヨウシヤウ、一ツ容貌デ大事ニカケテト云分ハ、ヨイコトグルミニ人形ヲ*削ルモ同事《じ》、チツトシ

学に出入して、両派を折衷した。
表裏　享本なし、無本により補。
語リタハ　無本「云テカタリタハ」。
立タ　無本「タツ」。
シルシ　効験。

アタリテ　無本「アタリ」。
ユカヌ　無本「イカヌ」。
心ノウセヌヤウニ…　無本、以下一三七頁一五行目の「…兎角」まで欠丁。
中々ノコト　いうまでもないこと。
ソムクル　意未詳。
削ル　彫刻する。

テミテハ、イカサマ存養ヲヱタカシラ、又ト云様ニナル。皆シルシヲ工夫ヘモテクル故ゾ。無レ違ニナルヤラ、交正《としに》ナルヤラシラヌガ、タヾコヽガ大事ジヤ。失テワト、我ト我デ敬ムヨリ外ハナンニモナイ。ソレデ無レ違ト云コトヲヒクト、コヽノ工夫ハ無レ違ニスル為ニナルゾ。

○足容必重 止蟻封　今ノナリカラ、ドウナリトモ動テ出ルナリニツイテノ工夫、ソノ動テ出ル指向《さしむき》ハ先《ず》足容ヲ大事ニカクルゾ。

○重ハバタツカヌ、シト〳〵トアルク。テツシ〳〵トフミツケテアルコウトスルト、ケツク足ガモツレ、重《おも》トフナツテクル。サアルクト云ト、バタ〳〵ナル。

○恭トハ、得ト*有ルベキ所ニ手ノスワリ、手ソ*ボリヲセズ、指《ユビ》扱ヒセズ、手ヲ使フトテモ、ヒヨツヒヨト麁《ソ》末《マツ》ニナク、肘肩ダラケズ、慇懃ナリニ成ルヤウニスルゾ。

○必トハ、彼《カノ》静《な》ナリカラ動テ出ルト、必*シマリノ有ヤウニト受*タ物ゾ。静上ノ工夫ハ、動ヘトラレテ、持タナリヲ失ハヌ様ニト、手前ヘシマルガ主意ジヤゾ。

○択地而蹈　サ*テ動ト謂テ、無正ニ歩《アユ》マズ、トクト択《えらん》レ地《を》デ、ソコデ蹈行《ふみく》ナリ。択ト云ハ、気ヲ付テ、蹈マイ処ヲ蹈ヌヤウニスルゾ。蹈ト云《は》、足バカリノ様ナレドモ、コレハ一身ノ周旋全体ヲ云*タ物ゾ。其ノツテクル場カラ、足ガ《ヲ》自ラ主ニナルニ因テ、蹈*トハ云レタゾ。

○折旋――　折旋ハオリカヾミシテ行ゾ。蟻封ハ蟻垤《アリヅカ》*ナリ。僅*ニ土ヲ含ミ聚《あつめ》テ、螺ノ軸ノヤウニクル〳〵ト曲《マガリ》テア*ル。其中ヲ蟻*ノ崩サヌ様ニ、毀《ソコネ》ヌ様ニ、イ*リタリマガツタリ

得ト…スルゾ　享本「トクトアルヘイ処ニ手ノスハリヒヂ肩ダラケヌ様ニスル」。
手ソボリ　手をもじもじすること。
必　享本「必ト」。
受タ　享本「ウケタル」。
サテ…スルゾ　享本この句なし。
云タ物ゾ　享本「云」。
トハ　享本「ト」。
ナリ　享本なし。
僅ニ　享本「ワツカ」。
アル　享本なし。
蟻ノ　享本なし。
イリタリ　享本「居リタリ」。

シテ歩*ムガ如ク、択《エラ》ンデ適《ユク》ナリノ則ヲ示メサル丶ゾ。人ノ動処《く》ハ広*野モアリ、狭*谷モ有リ、大路ヲ往*来スルコトモアレバ、車*馬ノ集タ中ヲクヾリ歩ムコトモ有リ、如《き》ニ稲麻竹葦ノ群集ノ中ヲ通ルコトモアリ。其ノ何程広イ東海道ヲ往*来シ、千畳敷ヲ歩ムニモ、身ノ動キ容ル、所ハ、只一《たつた》条《スヂ》、車馬ノ間四五寸ヲ泳《クヾル》モ同ジコトナレドモ、有*無ニ動ト云ヘバ、場ナリニ、身モ足モハ*タバリ、心モ広フテ、跪《ツマヅク》マヒ処デ蹉《ツマヅキ》、倒*レマイ処デ倒レル程ニ、蟻封ヲ折*旋スルガ如ク、指ヅカヒ一ツアラフテモ崩レル処ヲ折旋スルトサ丶ルレバ、択《ブ》レ身《ヲ》処ハ只五六寸ノ身ノ幅ヲ容ル丶処ヨリ外ナイナリノ心ト成テ適《ゆ》ク。白刃ヲワタル心モ、畳ノ上*ヲ歩《アユム》モ、丸木橋*ヲワタルモ、海道*ヲ往来スルモ同意ジヤゾ。

○注蟻封中トアル、蟻垤《ありづかの》中ハクル〱回リテアル物ナレバ、中ト謂テモ聞ユル筈*ナレド、古人ノ使ヒヤウヲ看レバ、垤ノ地上へ見ヘテアル上ノ詮議デ、蟻封之間ト謂テアルゾ。

○所謂蹜*々――　是*ハ朝廷*ニテ奉《うけたまハル》レ事《ヲ》時ノ足《あし》使ヒヲ謂タ語ゾ。是ハ固*《モトヨ》リ蹜トハアレドモ、足バカリノコトデハナシ。静《な》ナリカラ動テ、模様ノ**ヒロガラヌ、取《とら》レヌヤウニト、全体動容周旋ト共ニ、心法織密ノ則ヲ指*タモノ。熊*氏ガ説デハ、足バカリノコトニ成テ、此一旦一事ノ諸礼ヲ引付テハ、只席*上デ無《ナケ》レバナラヌ事、*鵯《ヒヨドリ》越ヘモ折旋ジヤト云心法ノ則ハ言レヌゾ。所レ謂ト云ハ取テ除ルカ、但シ類例ニ如シト云字ヲ加ヘテ置《おき》タイ者ゾ。

●出門如賓　止敢或易

表へ見セル所カラ語ルゾ。威儀容貌周旋升降ト云ハ、動静ニアヅカルコト。表ト云ハ、其威儀ニモ周旋ニモセヨ、ドコトナフ外へワ*タツタ気象ヲ語タ者ゾ。吾ガ中ヲ主トシテハ

歩ムガ如ク　享本「アルクト」。
広野　享本「広」。
狭谷　享本「セハキ」。
往来スル　享本「通ル」。
車馬ノ…其何程　享本「車馬ノセメヤウデ□其何程」。
往来…歩ムニモ　享本「通リ千畳敷ヲアルケドモ」。
有無ニ　どうあっても。
ハタバリ　大きく構える。
倒レ…倒レル　享本「コケマイ所テヘコドケル」。
折旋…白刃　享本「折旋□白刃」。
上ヲ歩モ　享本「上モ」。
ヲ　享本なし。
ヲ往来…ジヤゾ　享本「通ルモ同心ソ」。
筈ナレド　享本「筈シヤケレトモ」。
蹜々　→一九四頁注「註ニ…」
是ハ　底本「是ヲ」、享本により訂。
ニテ奉事　享本「テ奉玉」。
固リ　享本「ダ丶イ」。
ノ　底本「ヲ」、享本により訂。
ヒロガラヌ　享本「ヒロガラズ」。
指タモノ　享本「サ丶レタモノ」、且つこの下に「本文ガ譬ヘジヤニ又タトヘヲ引コトハイラヌ所謂以下ケツリタラハヨカラン信義録」の小字双行の注文を挟む。信義は絅斎の門人山本復斎。
熊氏　熊剛大、宋の儒者、蔡淵・黄幹に学び、古渓先生と称せらる。これ等の注は熊節編熊剛大注の「性理

言ハヌ。外へ移ル処ノヌケタガ有ルカト云ノ詮議ジヤ程ニ、出門カラ語タモノ。僅ニ門ヲ出ルト、*見ハナシ*ガ強ク、場ガ広イナリニ、此方ヲ忘テ、向へパツト取ラレ、口鼻耳目一身惣体ノナリガ、譬ヒ衣冠ソヽケズ、動容ニ気ガ付テモ、惣体思ノ外ヌケテ有ル者*ジヤ程ニ、*ソコヲ放サズ、ソヽケヌヤウニ*セヨ。如レ賓トアレバ、如何ヤウナ麁末ナ者モ、荒イ者モ、今日*殿中ニテ、大事ノ晴ナ客ヲ会釈《アシラフ》ト云ヘバ、ドコトナフ衣冠瞻視言語立廻リ向フタ心ニ成テ放サズ、慢《あなど》ラヌナリヲ得テクル。扨如レ賓*ト、晴ナ客ニ対スルヤウニ大事スレバ、結句大賓ニ使ハレ、心ガ伸《のび》ズメイリテ、*不存モアルト云サマ、嚮《サキ》ヲ*オメタガワルイ、コチノ心ノ一盃ヲドコヘモ、モテイタガヨイト云ヘドモ、其強ミヲ拵《こしら》へ意デ張ルモ、ソレヨリ直ニ根ガスハラズ、透《スイ》テ有テ、果シテドコゾデハヌケガ有ルニ因テ、作ツタ物ハ、ソレガ直ニ不存ジヤ。何事モナイ、対《シ》レ賓《ニ》タトキハ、自《ヲ》ラ大事ニ懸《かけ》サウナ心ナルニ、サウハ出ズ、サ云テ大事ニ懸過《カケスギ》、ツイ心ガ縮《チヂ》ケルハ、勿論事ニ取《ら》レタナリジヤ。何《の》事モナフ、如レ賓ト指《し》示サルレバ、自然ニ脇目モフラズ、取リ放サズ、*シツスル心*ニ成テ居ル程ニ、僅ニ出レ門ト、*広野千里へ出タヤウナ心ニナラズ、*目ニ誘ハレズ、耳ニ取《ら》レズ、一身惣体ノ吾ニイル気象ノ具リヲ合点セヨ。

○承レ事如レ祭　承ト云ト*為トハ違フ。承ハ身ニ任シウケ身カラスル。此度ノ執持《とりもち》ハ此方ガ受トリタト、身ニ引受テ居ル*ナリ。其《レ》故承レ事ト云ハ、承テスルコトカラハ不レ言、引受タ身カラ云。是程式ノコトハ左ノ手デモスルト*ナグリタリ、*アマシタリセズ、事ハ事デ捌《さばい》テ取ラレヌ者、ヨイ位ニシテ置レヌ者ノ、則《ち》鬼神ヲ相手ニシテ、吾先祖ヲ饗応シ、誠敬

群書句解」に収められ、「性理大全」もそれに襲拠している。
席上デ　享本「タヽミノ上デ」。
鵯越へ　源義経が福原の平氏を襲撃しようとして越えた山路の難所。
ワタツタ　享本「ミヘタツタ」。
見ハナシ　見はらし、視野の意か。
ガ　享本なし。
ジヤ程ニ　享本なし。
ソコヲ　享本「ソコラヲ」。
セヨ　享本「セヨソ」。
殿中ニテ　享本「殿堂デ」。
ト…サウハ出ズ　享本脱落、空格。
不存　安存することができない、思いもよらぬこと。
オメタ　気おくれする。
シツスル　一所懸命にする。
ニ成テ居ル程ニ　享本なし。
広野　享本「野山」。
目ニ…耳ニ　享本「目カラ…耳カラ」。
為トハ違フ　享本「為ト云トハ」。
ナリ　享本なし。
ナグリ　なげやりにする。手を抜く。
アマシ　もてあます。

ヲ竭《つく》シ、何トゾ御受ナサルヽ様ニト、底《そこ》心カラ大事ニ懸ケ、三日前*ヨリ斎戒シテ、衣冠装束ヲ正シ、アナドラヌ心ニテ祭ル。僅ニヲコタリ慢リガ有レバ、其心ガ直ニ鬼神ハ無*ニナル。厳ニ*ヒヱキツテ居ル、其祭祀ヲ引受タ身ノヤウニアレト、示サルヽ也。

○戦々――　戦々ハ心*ニユルシノナイ、死生ノ場ニ臨テ居ル様*ナルヲ云ゾ。兢々ハ恐ルヽガ上恐レヲノヽキ、前ヘ〳〵ト敬ミ語テ行クゾ。コレ心ノ気象ノ*見《アラワ》ルナリジヤゾ。是レ裏ノ念慮ニマギルヽ様ナレドモ、サウデハナイ。固《モト》ヨリ事モ心モ身モ残サズ「敬斎」ノ旨ナレバ、自《ヲ》ラ一章毎ニ心事ノ二ツ離ルヽコトハ無テ、其心カラモ、表デ語ルト裏デ語ルトノアヤガ有ゾ。扨心ノ恐レト云ハ、斯《カク》ナルガ気ヅカヒサニ恐ルヽ、此訳《わけ》デ恐ルト謂コトハナイ。自然ニ心ト共ニヒヱキリ、詰リ〳〵テ、透間ノアカヌ心ハ全体恐レテアリ*。其自然ノナリヲ知ネバ、畏ト云サマ、ヒケメガ付*《つき》タガリ、コハガルニ成テ、何事聞テモ、ギヨツ〳〵トシタリ、騒イダリスルヤウニ成*ルゾ。ソレモ恐レノ様ナレドモ、皆アチカラ取ラレ、心ノ根ハ動テ、コワガルト云病ニ成テ居ル。サナケレバ、畏レヌガヨイト謂フテ、気デ張リシメテ持フトスル。自然ノ畏レト云ハ、心ト共ニヒヱキリ、ソ*ビヘ、取シマリタナリノ畏《ヲソレ》ジヤニ因テ、コワガルデハナイ。心ガ根ニ就テ有テ、雷霆ガ落テモ、山ガ崩レテモ、ハツト謂テ、取《ら》ルヽコトハ無ゾ。不*レ失ニ匕鬯《ひちょうを》一、心ガ直ニシマリ付タ畏敬ノ意*ゾ。イツデモ心ノ則ト斯《カク》マギレテ、喜怒愛懼皆ワルイコトデハナシ。身ニ持タ本然ナレバ、誰ガ心ニモ、喜怒愛懼スルハ同《じ》事ニテ、取*《ら》レヌカ、身カラ覚ヘテ出ルカ、物カラ畏《ヲソレ》テ出ルカト云処デ、違ガ有ルコ*トゾ。

前ヨリ…ヲコタリ　享本「前カラ斉シテアナトラヌ心テ祭ル僅ニクタヒレタリ」。
無ニナル　享本「ナイト」。
ヒヱキツテ　享本「ヒヘタツテ」。
心ニ　享本「心ノ」。
様ナルヲ云ゾ　享本「様ナゾ」。
見ル　享本「ミユル」。
アリ　享本「アル」。
付タガリ…成テ　享本「ツキタガルニ成テ」。
成ルゾ　享本「ナル」。
ソビヘ　心が緊張し、高まっているさま。
不失匕鬯　易、震卦「震(うご)きて百里を驚かせども、匕鬯を喪はず」。雷鳴遠近を震動せしめても、祭祀に当り誠敬を尽す者は匕(羹の匙)鬯(においの酒を盛るたる、共に祭器)を取り落さず。かくの如き人は用うるに足り、社稷を守り祭主たるべし。
意ゾ　享本「心ノ」。
取レヌカ　享本「トラレタカトラレズ」。
コトゾ　享本「コト」。
易トハ…スルゾ　享本この句なし。
語ラルヽナリ　享本「カタル」。
静ナル…見ヘルナリノ　享本「静ナカウシタナリノ」。

○易*トハ、心《キ》易《やす》ダテガ出ルト、ドウシテモ大事ガ崩ル丶、程ニ、敢テ易《かろ》ンズル心ナク、敬《つつし》ミヲ第一ニスルゾ。

●守レ口如レ瓶　止或軽

是裏ヲ*語ラル丶、ナリ。潜レ心ト云ハ、*静ナル、斯《カク》シタナリノ心ヲ語リ、択レ地ト云ハ、直ニ動ナリデ語リ、戦々ハ見ヘルナリノ心ヲ語リテ、此外ニ裏ノ心ト云ハ、ドコヲ指《さ》レタ物ゾ。サレバ動静表裏*ノ心ハ、ソレ〲ノナリガ見ヘタ通リ、裏ハ外ヘ見ヘズ、*吾手《わがで》ニ真味ニ此《コヽ》ヲ離レテハナラヌ、是ヲ取失フテハト、拳《コブシ》ニ物ヲ握リツメテ居ルヤウニ、嘗《なめテ》レ味《ヲ》口ニ覚ヘテ居ルヤウナ、身ニ就タ念慮ジヤゾ。総テ内外ト云ハ、内外相対シテ謂コト、表裏ト云界《サカイ》ヲ立テ、是*ヨリ奥、是ヨリ口ト云コトナク、立入《ち》リテト云ハ裏、見ヘタト云ハ表ジヤゾ。其故表裏ハ場デ言ヌ辞《コトバ》*ナルゾ。

○守レ口——　瓶*ト云ハ水瓶ナリ。人ノ全体持テ居ル道理、人倫デモ、国家デモ、天下デモ、身一盃ニ詰リ竭シテ、其出ル所ハ此口ニ有ツテ、我身ニアル程ノコトノ、人ヘ加*ヘルハ、天地ノ外モ、人倫モ、国家モ、此《コヽ》一ツニ有テ、扨僅ニ言出シテ取カヘシノナラヌ、一言デ傷*《ヤブレ》モスル、一言デ治リモスル。大事ノ道理ノ出ル処デ、ヤ丶トモスレバ一ツ〲出ヤスウ、湧出《き》*タガルコト、テウド水瓶ニナン〲ト汲込デ、*翻《こぼ》レル所ハ此口一所*デ、ワルフスルト、打アケサウニ、アブナヒ物ジヤ程ニ、如レ瓶ト指《さし》示サルレバ、吾口共ニコボレヌ様ニ、ウチアケヌ様ニ、守リガ就テ居ルゾ。ソレデハ一生水ヲ出スト謂コトモ、言ヲ吐ト謂コトモ有マイガト云ヘバ、サウデハ無シ。守ルト云ハ、翻レヌ様ニト謂コト、入*《り》用ノトキ

裏　底本なし、享本により補う。
吾手ニ　享本「吾ト吾ガ手ニ」。自分自身で。
是ヨリ　享本「是カラ」。下同じ。
ナルゾ　享本「ゾ」。
瓶…ナリ　享本「瓶ハ水ガタ(メの訛か)」。
加ヘルハ　享本「クワヽルハ」。
傷モ…治リモスル　享本「ヤブレモヲサマリモスル」。
出タガルコト　享本「出タガル」。
翻レル所　享本「コボレドコロ」。
此口一所　享本「此一所」。
入用ノ　享本「イル」。

兎角…イクコトゾ　享本この句なし。
或曰…　享本この条なし。
醓醢　ししびしお、肉醤。
ヲコリ　底本「驕」、享本により訂。
不言ニ　享本「イワズ」。
ジヤ　享本「ジャノ」。
味シメテ居ル底意ゾ　享本「底ニ味シメヲルトコロゾ」。
元来…遽ニ　享本「ダヽイツヽミヲ云今ニワカニ」。**洪水**　享本「大水」。
拵ヘハ　享本「コレヲシハ」。
干川　享本「ヒ川」、底本「セ」の振仮名あるが、今訂。
ガ出ルト謂テ　享本「ニナリタカルト云デ」。**常々**　享本「ダヽイカラ」。
東ヘ…ヤウニ　享本「キレヌ様ニ」。
元来…物ハ　享本「城ト云モノ」。
遽ニ　享本なし。

ハイル程取出サウシ、出ス時モコボサヌ様ニスルハ、同事《じ》ゾ。*兎角口共ニアル守ジヤニ因テ、ドレ程ニ言フノ、ヨイ位ニ言フノト謂コトハナシ。如レ瓶ト指《サヽ》ルナリニ、直ニ合点ノイクコトゾ。

○*或《ひと》曰、瓶者蔵《する》ニ*醯醢《たんかいを》一ノ器ジヤ。其口ヲ麁末ニスルト、風ヲヒキ虫ガ入ホドニ、随分紙デモ張タリ、取出《し》タアトモ、其儘蓋ヲシメルヤウニスル。守レ口ト云モ、其合点ジヤト云、穿《うがつ》タ説ジヤゾ。

○防意――　意ト云ハ、心ノ*ヲコリテ、兎セウ、角セウト、味ヲ覚ヘツヽ、人ニ*不レ言ニ、彼方此方《カナタコナタ》トスル者ゾ。誰モ言フニハ、アレガ意ハ合点ノユカヌ者*ジヤ、面白《い》意入《おもいいれ》ジヤト云、皆先《サキ》ノ人ノ持テ居ル*味シメテ居ル底意《そこい》ゾ。

○防ハ、*元来ツヽミト訓ズ字ナリ。防《ツヽミ》ハ遽《にわか》ニ此*洪水ヲフセギ留ルガ為《タメ》ニ*拵ヘハセヌ、*干《ひ》川ノ様ナレドモ、ワルウスレバ、*大水ガ出ルト謂テ、*常々用心シテ、*東ヘ切ウモ西ヘ切レウモ難レ計、水ヲドチヘツイテ来テモ、崩レヌヤウニ防《フセイ》デ置ゾ。

○城　*元来城ト云物ハ、敵ガ攻来《せめて》テカラ*遽ニ拵ヘハセヌ。*ナル程、太平無事ノ時ヨリ壁ヲ堅《く》シ、*壕ヲ深《く》シ、一重々々積《み》上テ、石垣一ツモ崩レヌ様ニ、地ノ底ヨリモ*金掘《かねほり》ノ入ラヌ様ニ、矢《ヤ》倉ノトリヤウ、狭間《さま》ノアケヤウニモ、意ヲ付、兵粮矢玉モ沢山ニ、軍兵モ多ク、兵法ヲ練リ、剣戟射騎ヲ常ニ学ビ、スハト追手ヨリ攻フト、*搦手ヨリ攻フト、大軍デモ、名将デモ、*譬ヒ*国崩《くにくずし》ト云*仏郎機《イシビ》ヲ発テモ、ギクトモセズ防《フセ》ガウト、建テ置キ、幼少ナ子ドモガ見テモ、城ト*云時ハ、屹ト守リノ有ルコトヲ*知テ居ルゾ。扨意ト云者ガワルイ敵ジヤ

ナル程…時ヨリ　享本「太平ノトキカラ」。
壕ヲ…スハト　享本「堀ヲホリ石垣一ツクスレヌヤウニ地ノ下カラモクヽラレヌ様ニ狭弓ノアケ様カラ兵粮モアレハ軍兵モヲク平生弓ノスビキシテ鉄鉋ノ声ヲタヱサススワトイヘハ」。　**金掘**　鉱山で鉱石を掘ること、またその人夫。ここは地下を掘って来る敵兵。
ヨリ　享本「カラ」、下同じ。
譬ヒ…子ドモガ　享本「ツフレスフセカフトタテ、ヲク子トモカ」。
国崩　国を亡すものの意から、大砲が初めて伝来した時の名称。
仏郎機　江戸初期西洋伝来の大砲の称。　**云時ハ**　享本「云ト」。
知テ居ルゾ　享本「シルソ」。
ドウ…斯フ　享本「カウ…ドウ」。
身ヲ…浮ム　享本なし。
視レバ　享本「ミレハシタワレチロカハ〱ト」。
除トハ　享本「ノケイトハ」。
好シヒト思フナリ　享本「心ニ好ナリニ」。　**ウツロハヌ**　心変りせぬ。
何角ニツケ　享本「ナニ、ツケカニツケ」。
スミヅヲツキ　水盛(水準器)で僅かな高低まで検査する如く、微細に厳格に吟味すること。
指ルレバ…ヨリ　享本「サス太平ノトキ敵ノナイサキカラ」。
弓砲ノ…愚将力　「弓矢ノケイコシ

ト謂デナケレドモ、人ニ不レ言、*ドウシタイ、斯《カフ》シタイト身ニヲボヘテ、アチコチトスル者ジヤニ因テ、アレ任セニシテ置ト、身勝手ナ方へ走リ込テ、理ニ考ヘテ見レバ、左右《そう》ハ有マイコトジヤニ、トデモナイ、アレガホシヒ、是ガ斯シタイ、*身ヲ栄曜ニスル者ヲ視レバ、ア丶アノヤウニシタイト浮ム。好色ヲ*視レバ、身ニシミ付テ、ウツロイヤスイ物ジヤ程ニ、是ニ気ヲツケ、由断セズ、其意ヲ*除《ノゾケ》トハ言ヌ。兎アリタイ、角アリタイ、目ニ視、耳ニ聴キ、口ニ味イ、*好《コノマ》シヒト思フナリ、全体ニ守リガ有テ、手放サズ、イナ者ニ*ウツロハヌヤウニ、耳カラモ目カラモ、*何角ニツケ、*スミヅヲツキ、透間ナフ禦ゲト云則《うのり》ニ如レ城ト*指《ささ》ルレバ、乱ノ萌《きざし》モナク、太平無事ノトキヨリ、壁ヲ高《く》シ、壕ヲ深《く》シ、*弓砲ノ稽古ヲ励《はげま》シテ、又其上ニ番ニ番シテ、小盗マデ用心*スレバ、敵ガ多勢ジヤ、強敵ジヤト謂テ、メツタニ破レル者デモナシ、水ニ渇シタカ、兵糧ニ尽キタカ、城主ガ愚将カ、士卒ガ弱イカ、ドウナリトモ、コチニ透間ガ有カラ、*破レタ物ゾ。*笠置ノ*城モ、門番ガ眠ラネバアノ小勢ガ*入ベキ透間ナイ筈、背《ウシロ》ガ険阻ナ程ニト云*由断カラ、*吉野ノ城モ落タレバ、*城壁厳《キビシ》ク、壕溝深ク、番ハ不《る》レ入《いら》者ト思ヘドモ、遠近ノ篝《カヽリ》火ハ不レ及レ言、*外聞《トギ丶》、*スツバ、物見、城戸番、夜回リヲ置ザレバ、ハヤソレ程怠リガツキ、透間ガアルニ因テ、ソコカラ忍者《シノビ》スツバモ入リテ、竟ニ落城ニ及ブ也。城ノ破ル丶ト云ハ、兎角手前ノ由断故ナリ。*マヅソノ如ク、人ノ心モ何程*艶色ガ*前ニ有テモ、*美味ヲ目ニ*見テモ、何トモナクバ、何トモセウヤウハナイガ、好色ガ移ルト、*ア丶ア丶艶美ト、此《ここ》へ邪ガ入タ者、美味ヲ見レバ、ア丶食《クヒ》タイ物ジヤト、*コ丶へ*沈デ来タ者ジヤ程ニ、取ラレヌサキカラ、我心トトモニ、全体スキマナク、*ツメヲカフ

ソノ上ニ番ニ番シテ小盗マデ用心スル如ク全体スキマナクフセケトアルコトソ人ノ城ヲヤブラル丶ハ敵ガ大勢ジヤ強ト云テヤフレルモノデハナイ水ニカツヘタトカ兵糧ニツキタトカ大将ガヌケタカ」。

スレバ 底本「スル丶ハ」、今訂。

破レタ物ゾ 享本「ツカレタモノ」。

笠置・吉野 ↓三五七頁注

城モ 享本「軍ニ」。

入ベキ…筈 享本「イラヌハヅ」。

由断 享本「スキ」。

城壁厳ク…由断故ナリ 享本「是ホト壁掘カケテイルナンノ番ニ番ハ入ソムナイモノナレトモ番ヲセヌハ大事カト云トハヤソレホトナマリガツキスキマガアルニ因テシノビガ有ヤラシレヌトカク手前ノスイタ故ジヤ」。

スツバ すっぱ。戦国大名が野武士強盗等中から召し抱えて、間牒や謀略や軍の先導などを勤めさせた者。 **外聞** スパイ。間者。忍びの者。

マヅ…心モ 享本「人ノ意モソノ如ク」、無本「心」は「意」。下同じ。

艶色 「好色」。 **前** 無本「器」。

美味ヲ 「美味カ」。 **見テモ** 享本「ミヱテモ」、無本「ミヘテ」。

ア丶ア丶艶美 「ア丶ウツクシイ」。

コ丶 底本なし、両本により補。

沈デ 無本「ツカレテ」。

ツメヲカフテ 無本「ツメヲコテ」。詰めこんでの意。

テ置ネバナラヌ*コトゾ。口ト云ハ、四支ノコトノヤウナレドモ、如レ瓶如レ城ト云裏《の》念ヲ主トシテ合点セヨ。

○洞々《どうどう》ハ、全フ、マツタヒ、ホガラカナ、上手ナ心ノナイ、有ヤウニ敬《つつし》ムナリゾ。サ謂テ*ヲロカナ、ウツケタト云デハナイゾ。心ニ*上手ダテ斯《カフ》シテモ、*高《たか》デハ斯《カフ》ジヤト云ヤウナ、積リノアル、頼ノアル心ナレバ、*ソレ程ガ怠《ヲコタ》リデ透アル間、律義真《マツ》法ニ守リ付ルガ、洞々ゾ。智恵ノアル学者ト云ホド、素人ノ物スルヤウナ心ハ、却テ得ニクヒ者ゾ。

○属々ハ、余念ナク、雑リナク、大事トスル心ノ、トツク〱ト敬テ適《ユク》マデノ味ゾ。

○*罔軽ハ、*シツバリト重フ受取リ放サズ、口デハ謂ガ、言ヒトムナイヤウニ、無正ニ意念ニコトヲ浮ベトムナイ様ニ、根カラ*取ラレテ、ツフト軽ク適《ユカ》ヌ様ニスルゾ。軽易ノ二字可レ味。仮初ニ物ヲ*書ニモ、*ドウ書《かい》タト大事カト云ハ、易ンズル心デ、*ザマクニ書散ス、サア筆取テ書フゾト*麁相ニスルガ、軽ンズル心。*心カラ*キレテ適ク病ハ、イツモ此二筋デ、易ト云ヘバ、自《ヲ》ラ気象*形見《けいけん》ニ当リ、軽ト云ヘバ、*心術意念ノシマラヌ*コトヲ語ルゾ。洞々属々*ハ裏ナリノ*意ゾ。

○註 杜《とずること》二私意《を》一云云　杜ハビツシリト、トヂツメル合点、甚周《ダあまねキ》ト透間ノナイヲ、ヨク謂タゾ。乍《ら》レ去《り》私意ト謂ガ*大ナル誤リ*ゾ。口ト云モ、意ト云モ、*元来悪キ物デハ無シ。*警戒ガナケレバ、兎角悪《あ》シクナリタガル、是《を》以《て》敬ハ入《いつ》タモノ。悪イ意ノ萌スト云ハ此《コヽ》ノコト。私意ト*立《て》テ置テ、ソレヲ相手ニハセヌ、私意ガ有テカラ、ソレヲ防ギハセヌ、私意ノナキサキカラ、*善《ヨキ》意ト共ニ、全体惣体ニ立テ、何《ナニ》モセズ、一番ニナツテ居ル*者ゾ。一家ノ主ガ

コトゾ　無本「ソ」、享本「コト」。
ヲロカナ　底本「洞カナ」、享本「ホカラカナ」、無本により訂。
上手ダテ　「上手ダテナ」。
高デハ　大したことでなく、せいぜい、たかが。
ソレ程…得ニクヒ者ゾ　無本「知恵ノアル学者ハ云ホトシロトノモノスルヤウナ心ハカヘツテ得ニクヒモノソソレホトカノツテイルスヒテアルホトニト云ト云事ナラ律義末法ニマモリツケルカ洞々ソ」。「ソレ程…透アル間」の部分、享本「ソレホトガノツテイルドウト云コトナク」。三本皆誤脱ある如し。
罔　底本享本なし、無本により補。
シツバリト　十分に強く身にしみこたえるように。　**取ラレテツフト**　底本「取レウト」、無本により訂。
書ニモ　無本「カクモ」。
ドウ…大事　無本「カウカイタラ大事」、享本「トウカイタ大事」。
ザマクニ　乱雑に。　**麁相**　無本「ソマツ」。　**心**　底本脱。両本により補。
キレテ　それて。
形見　底本「刑見」、両本により訂。形にあらわれたものの意。
心術意念　無本「心術ニ一念」。
コトヲ語ルゾ　無本「カタテアルソ」、享本「カタデカタルゾ」。
ハ　無本「ト云ハ」。　**意ゾ**　「心シヤソ」。
大ナル　「大ナ」。　**ゾ**　「シヤソ」。
元来悪キ　「タヽイワルヒ」。

*何ヲ捌《さばく》ト謂コトハナケレドモ、平生座敷ニナヲリテ、目使ヒ一ツデ、家ガ*シマル。*其ガ遊興スギタリ、酒色ニ*耽ル身持*ナレバ、一家中*蕩《トロケ》テ、乱家トナルゾ。*盗賊ガ来ツテ、鎗太刀ヲ執廻《トリマハ》サヌサキニ、*盗賊ノ入ラヌ様ニ、用心シテ居ルゾ。盗賊ヲ*擒《トリコ》ニスルハ*家僕ノ働、*擒ニセヨト下知スル者ハ主人。*其ノ主人ガ*留守ガ定ツテ居ルカト云ノ詮議、コ、ガヌケレバ、盗賊ニ鼻ヲソガル、*様ニナル。*天下ノ治ルモ、天子ノ心術気象一ツデ、*乱レウト、治マラフト、自由ニ成テ、*天子ノ何ヲ*ナサル、ト謂コトハナイ。*其レ故敬ト云ハ、私意ヲ相手ニシタリ、理ニ当テスル*コトデハナイ。全体ノ主《あるじ》ト成テ居ル者ヲ如《し》レ城《の》ト言フ。用心厳ク、*キラタメテ有ルカラ、ヤレイナ*旌旗ガ見ヘル、何者ヤラ*攻《め》来ルト、早移テ、ソレカラサキハ、窮理ヘナリト、克己ヘナリト渡シテ、其窮理克己センギカラ立テ、是レデ窮理ヲサシテ、*克己ヲサシテ、窮理シ克己スル間ニ、全体ツイテ回《マハル》*モノアリ、其レ故日用ト謂ガ心ノ主宰ト*謂レヒデ、日用ハ全ク敬デナケレバ立ヌト*云、心法ハ此《コヽ》ノコト、漢唐以来ノ*理デスマシテ置モ、コレジヤゾ。至極意ノワルイ小人間居ノヤウニ成タモ、意ノ悪イデハ有レド、*元来心法一念*離レタ、物体守リノナイカラ、アノ様ニハ成タモノ。風吹《く》ニ燈ヲ*置ニ、障子ヲサシテ置バ、自《ヲ》ラ火ハ*消ズ。如レ城ト指《さ》ル、ガ面白ヒ。*太平ノ時常ニ守テ居ル、何ヲ相手ニシトウ思フテ居ルト謂コトハ*無シ、ウカトセヌ者*ガアリ。敬バカリハ、象《かた》デ言レヌ、理デ圧《ヲサ》レヌ、ドコトモナフ知タガヨイ、*ソレガ敬ジヤ、主一ジヤゾ。右ノ旨ニ*因テ、本然トモニ*アル心法一念ノ大事ヲ忘レテ、私意ト立《て》テ、ソレヲ防ガウト*スルハ、防ギヲ、セテ、何《ナニ》モ身ニ得ルコトモナク、*扨杜《ふさ》ガル、者デ無シ。皆盗賊ノ入タ迹ノ詮議、学術《の》力量ニアヅカルコ

警戒…是以　無本「ソレガヤ、トモスレハワルフナリタカルトコ、テ」、享本「ワルフナリタガルトコ、デ」。
立テ置テ　無本「タテ、」。
善意　「エイ意」。**者ゾ**　「モノ」。
何ヲ　無本「ナニソ」。
シマル　無本「シツマル」。
其ガ…スギタリ　「コレカ游山スキシタリ」。**耽ル**　「ミタル、」。
ナレバ　「ヲスレハ」。
蕩テ…ナルゾ　無本「カトケテクル」、享本「トロケテクル」。
盗賊ガ来ツテ　「盗カハイツテ」。
盗賊ノ…居ルゾ　「盗ノイラヌヤウニシテイル」、以下「盗賊」ハ「盗」。
擒ニスルハ　無本「トラユルハ」、享本「トラヘレハ(レはルの訛)」。
家僕　無本「家類」、享本「家頼」。
擒ニセヨ　無本「トラマヘヒ(ヨの訛か)」、享本「トラヘヨ」。**其**　「コノ」。
ガ留守　無本「ガ御留守」、享本「ヲルス」。**様ニ**　「ヤウニモ」。
天下ノ　無本「天下中」、享本「天下中ノ」。**乱レウト**　「クツレウト」。
天子ノ　「天子ガ」。**ナサル、**　「スル」。**其故**　「ジャニヨツテ」。
コトデハナイ　「コトハナヒ」。
キラタメ　一つ一つよく吟味する。
旌旗　「ハタイロ」。**攻**　「ヨセテ」。
克己ヲ　無本「コレテ克己」、享本「克己」。
モノアリ其故　無本「モノカアルソレテ」、享本「モノアルソレテ」。

トヲ持来《もてき》タ者ゾ。

○寇　或《ひと》曰、コレモ相手ヲ取タ文字デ、悪イ字ジヤト云。尤モ熊氏ガ意ハ悪ケレドモ、寇ト云字ハ邪ノ字ニ当レバ、クルシウ*ナイ筈ゾ。

○質慤《しっかく》ハ洞々ナリ。専一ハ属々ナリ。物ノマジリノ有ルハ、ソレ程ガ切目《キレメ》ニナル。*ワカルレバ、ソレ程続カヌ。此《コヽを》大事ト余念ナク、雨ノシタヽル*ガ如ク、糸ノツヾク様ニ、得《トク》ト截《キレ》ズ絶ヌ意味ジヤ程ニ、属々ヲ専一ト昔カラ註シタゾ。頓ト是迄人ノ身ヲ縦横ニ語リヌイテ、*四《ヨ》ハナニ立レバ、全体敬身ト云ハ此《コヽ》ニ*ツキテ、其象《ナリ》デ日用ニ応ジ、コトニ当ル敬ヲ次ノ二章デ説ルヽゾ。

●不東以西　止他其適

此段《ノ》ト上ノ四章ト続キノ旨ガアル。上章ハ此事《ノ》ヲスル身、此二章ハ上章デノ身デスルコト。*上ノ根本ナリカラ、主一ノコトト成テ*クルゾ、シカレバ本ト末ト源ト流ト云ヤウニ、事二ツニナツテ、上デ十分身ニスル工夫ヲシ、下デ十分コトノ工夫ヲシ、上ノ身ヲ拵ヘ置テ、下ノコトニ懸ルカト云ヘバ、サウデハ無シ。上四章ノ工夫ノ数ハ*衣冠瞻視手足ノ*コトニテ、品多ケレバ、アレヲ一ツ〳〵心ニ一時ニ覚ヘテ居ラルヽ*コトデモ*ナク、又衣冠ノ時ハ正フセウ、瞻視ノトキハ尊《たっと》フセウト、別々ニナルコトデモ無シ。人ノ身ハ*今日直ニ衣冠瞻視動静表裏ヲ持タ*身ナレバ、此一身ノ工夫ガ、四章ナガラ、一時ニ就テ有テ、扨人ノ身ヲ視タ時ニ、*平生事ニ当テ居ル、心デ思フカ、身デスルカ、親ニ遇フカ、子ニ交ルカ、*立ツカ、居ルカ、寝ルカ、起ルカ、只坐スレバ*坐スル用、*寝ルトキハ明日ハドウシテ斯《カフ》シテ

謂レヒデ　無本「ナハイワレヒテ」。**ト云心法ハ**　無本「ト心法」、享本「ト心法ハ」。**理デ**　無本「理ニテ」。**元来**　無本「タヽ」、享本「ダヽイ」。**離レタ…守リノ**　無本「離レス(スは訛)惣体ノマモリカ」。**置ニ**　無本「オクカ如ク」、享本「ヲク如ク」。**消ズ**　「キヘヌ」。**太平ノ時常**　無本「乱ナヒナリノ平生」、享本「□平生」。**無シ**　無本「ナフテサテ」、享本「ナイ」。**アリ**　無本「アル」、享本「有」。**ソレガ敬ジヤ**　底本「敬」、享本「敬ジヤ」、無本により補。**ニ因テ**　「シヤニヨツテ」。**ニ**　底本なし、両本により補。**スルハ**　「スル分ニハ」。**扨**　享本「サテ〳〵」。

ナイ筈ゾ　享本「ナイソ」。**ワカルレバ**　無本「心カワカルレハ」。**ガ如ク**　享本「如ク」。**四ハナ**　四組。**ツキテ**　底本「付テ」、両本により訂。尽きての意。**上ノ・クルゾ…ナツテ**　底本なし、両本により補。**衣冠…手足ノ**　「衣冠ノ瞻視ノ手ノ足ノ」。**コト…多ケレバ**　「事多イ(無本「タヽヒ」は多ヒの訛か)コトナレハ」。**コト**　無本「モノ」。**ナク**　享本「ナイ」。**今日**　無本「今」、享本「今カ」。**身**　底本享本「心」、無本により訂。

ト*思案スル。日用親戚千筋ノ縄《ナハ》ヲ張タ如ク、事デナイ間ハ、一息モナケレバ、事ナリニ立ツ此身デ、ドウナリトモ、身ノナリモ只一ツヨリ外ハナイ*者ゾ。*ソレ看ヨ、其一ツナリノ身ハ、動静表裏ヲ持テ居ルカラハ、一事ニ主タル心ガ、衣冠カラソ丶ケズ、瞻視カラ*崩レズ、*足デモ全体透《スカ》ヌ*意ジヤ。一時ニ箇条書シテ、心ニ覚ヘ、身ニスルト謂デハ*ナイ。一事ナリガ全体、主一ナリガ動静、*少モ透《すか》ヌ心ゾ。其透ヌ心カラシタ主一ノ工夫ジヤゾ。是ガ動静表裏ノ工夫シテカラ、*其後身デ主一スルト、二ツニナル事ナレバ、主一ハ主一デ*シマワルレドモ、至極主一一事ヨリ外、人ノ身ハナイニ*ヨリ、其故《レ》動静表裏ヲ合セタ透《すき》ノナイ心デ無レバ、主一ハ*ナラヌゾ。家ノ主人モ身一ツナレバ、為《スル》コトハ一ツヨリ外ハ*ナシ。主人ジヤ程ニト謂テ、一家中ノ椀家具人数マデ、一時ニ*覚ヘテ居ネドモ、只《たつた》一事ヲスル心ナリガ、ドコトモ無フ全体ニ響テ居ル、其全体ニ響テ居ル心デセヌ事ハ、*事ノ立ツベキ様ハナイゾ。此《これ》身《と》事《と》ノ維《ツナギ》ナリ。

○総テ事カラ失テ適《ゆ》ク病ハ、心ノ散ルト*事ノ雑《まじわ》ルトノ二ツジヤ程ニ、心ノ散《ちる》カラ此段ハ語ラレタゾ。

○不ㇾ東《シテ》 以ㇾ西　既ニ東ト*指《さい》タニ、又*還テ西ヘ散《る》ナト云*文義デハナイ。適《く》ト云*カラ、東ヘ適モ*西ヘユクモ、皆散ト云*モノ。*其カラハ*東ヘ至リ、西ヘ至リセヌト云文義デモナイ。*ソレニテハ、以ノ字ガ済《スマ》ヌゾ。僅ニドチヘゾサイテ散ト、ハヤ其下カラ其ナリデ、又脇ヘ散ル、東ヘ散タナリデ西ヘ移ルゾ。ソレデモ一事一方ヘ散タ分デ仕廻フ*コトガアルカト*云ヘバ、一事一方デシマフト、マ丶一事一方ヘ散タ心ハ、二事ヘモ、三方ヘモ散テ居ル。兎

平生　「常住」。

立ツカ　無本「立ルカ」。

坐スル用　「タ丶坐ルト云コト」。

寝ルトキハ　無本「寝テイルウチニ」、亨本「ネテイルヤウニ」。

思案スル　無本「云事カアレハ」、亨本「云コトカアル」。

ソレ　無本「ソレニ」。　**者ゾ**　「モノ」。

崩レズ　無本「モクツサレス」、亨本「クツヲレズ」。

足デモ　無本「手モテ足モテ」。

意　「心」。　**ナイ**　底本「事ハナイ」、両本により訂。

少モ透ヌ心ゾ　「スカヌ心」。

其後　無本「ソシテソノ」、亨本「ソシテ」。

シマワルレドモ　無本「シマハレトモ」。　**ヨリ**　「ヨツテ」。

ナラヌゾ　「ナラヌ」。　**ナシ**　「ナク」。

覚ヘテ　無本「心ニヲホヘテハ」。

事ノ立ツベキ様　「事ガタトウヤウ」。

事ノ　底本亨本なし、無本により補。

指タニ　無本「サヒテイタニ」。

還テ　底本「却テ」、亨本「カヱツテ」、無本により訂。

文義　亨本「義」。　**カラ**　「カラハ」。

西ヘユクモ　底本なし、両本により補。　**モノ**　無本「モノソ」。

其カラハ　無本「又」。

東ヘ…西ヘ　「西ヘ…東ヘ」。

ソレニテハ　「ソレテハ」。

コトガ　無本「コトモ」。

云ヘバ　「イヘトモ」。

角心ノ根ハ浮《うい》テアル程ニ、東以西ト云ナリ*デ、心ノ散タト謂コトヲ知テ、是非トモ東一方*ジャ、西一方ジャト謂コトハ無*シ。*其事シテ居ル中《チ》ニ惑タリ、*移タリ、狂フタリ、*怠ツタリ、*ア丶、今ノ声ハ面白ヒト*気ヲ移シ、ヤア*先日ノ彼《の》事ハドウナツタト謂ヤウニ、*有無ニジ*ツトリト定ラヌ事ノナイ様ニ、落《ち》着《く》ヤウニ、*東西南北チロカハセヌヤウニスルゾ。

○当《て》レ事《に》而存《して》トハ、即チ上ノ正面ノコト*。後《ウシロ》ト云ズ、前ヲ見ズ、坐スレバ坐スルナリ、居《れ》バ居ルナリ、読バ読ムナリニ*、ドウナリト指前指向《さしまえさしむき》*ノ事ナリニ、ヅンド失ヌゾ。仮初《かりそめ》ニ字書ヲ引ニ、今引《ひく》ハ何ヤラ忘テ、序《ツイデ》*ニ外ノ字ヲ見出シ、此字《ノ》ハ珍イ字ジャト謂ヤウニ成タリ、*言語《モノガタリ》ノ中ノ趣向ハ脇ヘ成テ、*外ノ事ヲ話《ハナシ》、ハテ何ヤラ言タガト思フヤウニ成テ、*アゲクニハ雑リ合イ、抜《ヌケ》タリ、*ウジツイタリスルガ、*皆当ノ字ノ*指マヘ、其《ノ》坐去ズニ、取直シ〳〵テ散ヌ様ニスルヲ知ヌカラゾ。*扨主一ノ旨ヲ知ネバ、一事ヲシテ居ルニ、又一事ガ来《ク》レバ、応ゼネバナラヌカ*ラ、東シタリ西シタリセネバナラヌト云ガ、サウデハナイ。一事ノ上《うえ》百事ニ応ズルトテモ、応ズル事*デ応ズルハ散ルト云者デハナイ*ゾ。此一事ノ上ヘ又アノ事モコノコトモセネバナラヌト、バラ〳〵ト取《ら》レテ、当《て》レ事《に》而存スルニナラヌ所ヲ、*東西トハ云タ物。自ラ《ヲ》此《ノ》事シテ居テモ、余事ガ切務ナレバ、*其切務ヲ勤メテ、今マデノ事ハ、後日ニ思按セウト、先閣《マヅサシヲ》クナリ。静謐《せいひつ》安穏ニテ隙《ひま》ナ時モ、火事場ノヤウナ急変ニモ、ヤハリ心ノ精明不《る》レ失《わ》則《のり》ハ、*ドコ迄モ同《ジ》事*ゾ。

○扨上《の》四章ハ、本然自然ノ則ヲ示サレタ*ル物ジャニ因テ、正面カラ謂テア*リ。此章ハ当《テ》レ事《ニ》カラノ事ジャニヨツテ、失テ適ク端カラ語ラル丶ゾ。*不ニ東西南北一シテオヰテ、*事々

ナリ　底本「也」、両本により訂。
ジャ　「ジャノ」、下句同じ。
無シ　「ナヒソ」。**其事**　「コノ事」。
移タリ　「ウツリタリユラツタリ」、ユラフはためらうこと。
怠ツタリ　無本「スツトドミテイタリ」、享本「スツトイタリ」。
ア丶　無本「ハア」、享本「ハ丶ア」。
気ヲ移シ　「サヒテイタリ」。
先日ノ彼事　「先度ノ事」。**有無ニ**　どうしても。**ジツトリ**　享本「ヂツチリ」。**南北**　享本「南北ノ」。
ノコト　無本「ソ」。**ナリニ**　「ナリ」。
ノ事ナリニ　享本なし。
外ノ字ヲ　「コノ字モ」。
言語ノ中ノ　「ハナスウチニ言フ」。
外ノ事…成テ　「ナニヤライワウトヲモフタト云ヤウニナツテクル」。
アゲク…抜タリ　無本「アケクハニシリヤヒヌケテヲヒタリクタヒレタリ」、享本「アゲクハクタビレタリ」。
ウジツイタリ　ぐずぐずしたり。
当ノ字ノ　無本「当ト云」、享本「当ト云字ノ」。**指マヘ**　無本「マナクサシマヘ」。**扨**　享本なし。
カラ　無本「カラハ」、享本なし。
事デ　「ハス(筈)テ」。
ナイゾ　「ナヒソコカヤレ」。
東西　無本「東西スル」。
其切務…急変ニモ　「ソレカラスル先サシヲイテ後ニ思案シヤウト正月テモ火事場テモ」。
ドコ迄モ　無本「トコヘテモ」。

存スルデハナイ。不二南北一ハ*存シタリ、存スルハ不二南北一ゾ。ドコ迄モ四句一意デ、扨イツデモ失フ端カラサキヘ示シテアルハ、学術ノ旨ジヤゾ。

●勿《れ》二弐《そえて》以《て》二《にすること》一　止是監

事ノ雑《まじ》ルカラ謂ルヽゾ。弐ハ一ツアル上ヘソヱテ*居ル。参ハ一ツノ事ニアレヨコレヨト雑《マゼ》合スゾ。二三ト云ハ自然ノ詞《ことば》、弐参ト云ハコチ*ヨリ副《そえ》タリ雑《まぜ》タリスルゾ。人ノ*事業ハ百色アツテ*モ、一宛《ひとつずつ》ヨリ外ハナラヌ者ナレバ、其ノ一事ヨリ外ニ*志モナキ筈ノコトナレドモ、サア此ノ事スルト云中ニ、余ノコトガ雑リ、此書ノ*吟味モ済《スマ》ヌニ、又余ノ書ヲ読《ヨン》ダリ、*二半ニ仕《し》廻《ま》フテ、他事ヘ移リ、親ニ向テ居テモ、四《よ》方《も》山《やま》ノ事ガ心ニ*浮ミ、哀キ場デモ、可笑《オカシイ》コトヲ思ヒ出シタリ、何ノ*埒モ無フモジヤ〳〵ト交リ、一身ノナリガ百色ニモワカレ*チリタガツテ、為《スル》コトニ退屈ガ出来、トリ*シマリガナフナル程ニ、指向テスルコトハ、只《たった》一事一事ナリニ、交ラヌヤウニ、余ノ事持テ来《コ》ヌヤウニ、向イ切テ適《ユケ》ト謂コトゾ。勿レ弐勿レ参《まじえる》ノ*正面ノ準則ハ、則《ち》惟精惟一ゾ。精ハ米ヲ舂《ツキ》*ヌイテ、透徹《スキトウル》ヤウナ、雑リノナイキツスイゾ。事業ノ《ナリ》ハキツスイナリニ一ツナ物。坐スルト云ヘバ、*坐スル外ハナシ、*アソコニヅンド坐スレバ、*坐ナリノ外ハナイト云精ナリノ一ガアル。此畳ト云ヘバ、*隅カラ隅マデ畳ジヤト、精ナリノ一ナ物デ、心ノナリモマヅソノ如ク、キツスイナリニ*散ヌ者ゾ。砂糖ヲ嘗《なめ》テ甘《あまい》ト思フ、アソコニ*シツクリト覚ヘタニ因テ、ヅンド味ト云心ニナリキツテ*アリ。物書《く》トキニ、只物書ヨリ外心ニナイト謂バカリデ無シ。今把レ筆テ*書ト、アソコニシツクリト心ノ正味キツスイ共ニ*散ヌ程ニ、雑ラズ散ズ、雑ルコトヲ取*ノケテ、其主意其当然ヲ*シラゲ〳〵テ、指

ゾ　「シヤ」。　**タル**　「タ」。
アリ　無本「アル」、享本「有」。
不　「サテ不」。　**事々**　無本「事ニアタルト」、享本「事ニ」。
存シタリ　無本「存シタノソ」。
居ル　無本「クル」。
ヨリ　「カラ」。　**事業**　「スルコト」。
モ　底本なし、両本により補。
志　無本「心」。　**吟味モ**　無本「吟味ノ」、享本「吟味」。
二半ニ　どちらつかずに。
浮ミ　「ウカムタリ」。
埒モ無フ　無本「ヨシモナフ」、享本「カノト」。　**チリタガツテ**　底本「数ヲ」、両本により訂。
シマリ　底本「雑リ」、両本により訂。
正面　底本「五面」、上欄に「正カ」の注記あり、両本により訂。
ヌイテ　無本「ヌイタ」。
坐スル外ハ　無本「坐ト云ヨリ外」、享本「坐スルヨリ外ハ」。
坐ナリノ外ハ　無本「坐ト云ヨリ外」、享本「坐スリヨリ外ハ」。
アソコ　無本「アスコ」、下同じ。
隅カラ　無本「ヨノモノマセススマカラ」、享本「角カラ」。
散ヌ　無本「コリチラヌ」、享本「ユクチラヌ」。
シツクリト　無本「心ノキツスイニ」。
アリ　「アル」。　**書ト**　無本「カクソト」。　**散ヌ程ニ**　「チラヌソホトニ」。
ノケテ　無本「ノケ」。
シラゲ〳〵テ　無本「シラケシテ」。

向タ一事ノナリニ余念ナク余事ナク、キツスイ正味ニナリ切テ適*ケト謂《う》コトゾ。精一ト云ガ此旨。精*一ト云テ一ノ字ジヤゾ。精一ノ一ノ字ノ外ニ、今*一ツ精《くわし》フスルト謂コトガアルデハナイ。サウ合点シタトキハ、勿二弐参一ト云ガ即《ち》*主一ジヤト云端的存*心ガヌケテ、マ一ツ精フ切込コトガイヤニ成ゾ。

○惟*精惟*一ハ、元*来天理人欲ヲ雑*ヘヌヤウニ察シテ、其ノ択《より》出シタナリニ、身ヲハメテ適ク知行ノ学術ナレバ、此敬ノコトニ持来ラレヌ様*ナニ因テ、一説ニ、アノ語ヲ借テ、心ノ雑ラヌ事ヲ言タ物ト云ガ、是程ノ大事ノ伝授ノ法ヲ、此大事ノ全*体ヲ説ル、中デ、仮*借スルト云コトハ全*クナキ筈。又一説ニ、ナル程精フ一ニスルハ、「尚*書」ノ旨ノ通リデ、知行ノコトジヤ。事ヲ主トシテ謂*カラハ、其事ヲ按*ジタコト、其理ノ通リニ行*フテ適ク筈ノコトデ、惟精惟一ト云心法ガ、全体警戒惕*厲《てきれい》ノ意ジヤト云。是モ「尚書」ノ旨ニアルコトナレドモ、ソレデハ肝腎ノ警戒心法ノ中へ、又知行ノコトガ雑テ来《ク》ル*。此《コヽ》ハ何ノ事モナシ、「尚書」ノ精*一ハ理ヲ相手ニシテ謂フ。「敬斎箴」ハ其ノ心デ謂レタル者*ゾ。天下ノ理カラ云ヘバ、此様ニ数ソロイタツテ、イヅクモ目*ニスルヨリ外ハ何ニモ無テ、全体理ノナリガ心ジヤ。心*ト言フナリヲ看タケレバ、天下ノ理ナリゾ。ソレデ学術ハ知行ノ二ツヨリ外ニ頓ト無テ、全体知行ト云心ジヤ程ニ、理ノ見ヘヌハ心ノウロタヘ、負*《マケル》レ己《ニ》ハ心ノヌカリ、理ヲ磨キテ適キ、筋道ヲ得ト分《ワケ》テ適クハ直*ニ敬、ソレ程心ヲ明*ケテ、ソレ程心ガ開ケル、己ニ負《マケ》ズ、理ノ純一ヲ守リツケテ適ク、直ニ敬ジヤ。ソレ程心ヲスヽヒデ適ク、ソレ程心ガススムデ来《ク》ル。是看ヨ、理カラ語レバ、知行ノ二ツヨリ外ハ無テ、全体知テ適モ、行テ適

適ケ 無本「イケ」、亨本「ユク」。
精一ト…ジヤゾ 底本なし、両本により補。
今一ツ 「マヒトツ」。
即 底本なし、両本により補。
存心 無本「存心ノ旨」。
惟精 「トキニ惟精」。
惟一ハ 亨本「惟一ト云ハ」。
元来 「モト」。
雑ヘヌ 「マシラヌ」。
様ナニ因テ 「ヤウナカラシテ」。
全体 無本「敬ノ全体」。
仮借 かりにかりる。
全ク 亨本なし。
尚書ノ旨 →九五頁補記「惟精惟一」
謂カラハ 亨本「云ナラハ」。
按ジタコト 無本「察シタリ」。
行フテ 無本「専行フテ」。
惕厲 おそれあやぶみ謹んで身を修めること。
ル 底本「レバ」、両本により訂。
精一 無本「惟精」。
者ゾ 「モノシヤソ」。
目ニスル 無本「目ニミヘルナリ」、亨本「目ニスルナリ」。
心ト言フ…心ジヤ 無本この句欠。
負己 底本亨本「負之」、無本により訂。下同じ。
直ニ 底本なし、両本により補。
明ケテ 無本「アケテユク」。
心 「心シヤ」。

モ、知テ磨クモ、行テ守ルモ、皆*心、皆敬ジヤゾ。其《レ》故惟精惟一ト云知行ノ語ヲ、直ニ心ノ雑ラヌ、ザマクニナイ、キツスイナリニ*純一ナレト、敬デ説レタモノ。存心ノ精《くわしい》ト云*心ヲナリデ語レバ、知リヌイタト云心、*カノ砂糖ヲ嘗テ、ア、甘ト、理ノキツスイニ成テ居ル心ジヤ。存心ノ*一ヲナリデ語レバ、精一ノ一道ナリニ、向《むかい》キツタ心ゾ。*其《レ》故精フシテシカケタ、一ニシテ守リタ心ト云ハ、ヤハリ理ノ条《スヂ》ヲ立《て》テ、理ナリニ精フ、理ナリニ守リ、*仁ト云道ナリノ心ガアヒテ、仁ト云理ナリノ心《の》味ヲ*得ル、忠ト云理ナリノ心ガアイテ、忠ト云道ナリノ心ノ味ヲ得ルナレバ、ヤハリドコマデモ心トハ*云ヘドモ、理ヲ離レハセヌニ因テ、精フシツメテモ、一ツニ*シキワメテモ、存心精明心ノイキテ居ル所ニハ相アヅカラヌカト云ヘバ、サレバ其《レ》ハヤハリ理カラ語《る》ニ因テ、其《ノ》惑ガ出来ル。トント心カラ語ルト云ヘバ、全体ガ存心精明ヲ主トシテ適《ゆ》クニ因テ、知タト行ヒスマ*シタ、*知テ適《く》モ行テ適モ全体デ、心デハナイカ。サレバ聖学ノナリハ知行*精一ノ二ツヨリ外ハ無テ、至極物ノ上、理ノ上ニ即《つい》テスル*コトニテ、ツヾマル処、*要帰*枢紐《すうちゅう》ハ、精《くわしう》スル理モ心ヲ精フシタ物、一ツニスル行ヒモ心ヲ*行ヒタ物デ、物皆コヽヘ帰スル事ジヤニ因テ、*ソノ源頭枢紐ヲ説ク「敬斎箴」ジヤ程ニ、精一ト引レタハ、ヤハリ心カラ語タ者ジヤゾ。

○万変是《れ》監《よ》　万事ト云ト万変ハ違フ。只今《たつたいま》親ノ*コトヲスルカト思ヘバ、又君ノコトモ*出《て》来ル。針*ホドノ事ガ棒*ホドニモナリ、*治ルト思フ中ニ頓ト*乱レ、ドウ*仕損ゼフヤラ、取直サウヤラ、*欺カレウヤラ、不レ可レ測《ル》。イキ者ヲ相手ニシタ者ジヤ*ニ因テ、微塵ヌカラズ透《すかさ》ズ、鏡ヲ*ハツテ影ヲ残サヌヤウニ、目附ヲ付テ由断サセヌ如ク、ドチヘドウ成テモ、ハ

純一　無本「純一ニ」。
心ヲ　底本「心ノ」、両本により訂。
カノ　享本なし。
一ヲ　底本「一ノ」、両本により訂。
其故　無本「曰(衍字か)ソレテモ」、享本「ソレテモ」。
仁ト…アヒテ　底本この句なし、両本により補。
得ル　底本「得ルヲ」、両本により訂。
云ヘドモ　「云ツ、モ」。
シキワメ　為し極む、徹底的にしつくす。
シタ　無本「シテ」。
知テ…適モ　「シツテユク行フテユクトアレ」。
精一　無本「精明」。
コトニテ　「事テ」。
要帰　要旨の帰する所。
枢紐　万事の結び目、主眼。
行ヒタ物デ　「行ヒタテ」。
ソノ　底本なし、両本により補。
コトヲスルカト　「コトカト」。
出来ル　無本「出ル」。
ホドノ　「ホトナ」。
ホドニモナリ　無本「ホトナ事ニモナル」。
治ル　無本「治ル〳〵」。
乱レ　「乱ル、」。
仕損ゼフヤラ　「シソコナヲヤラ」(無本ラをフに訛)。
欺カレウヤラ　「タマサレウヤラト」。
ニ因テ　「ホトニ」。
ハツテ　無本「ワツテ」。

シノ*トラレヌ、吾カラ立テ適クヤウニセヨゾ。万変ト云ハ一ツニ構イサウナ物ナレドモ、至極万変不測ジヤニ因テ、一ツデ無レバナラズ。一ツジヤニ因テ、万変不測微塵モ透《すか》サズ、惟一ト謂カラ、直ニ万変ト云*ヘバ響イテ居ル。事カラ謂テ見レバ、指一ツ動スコトモ、天地ヘ響テ居*ル者ナレバ、僅ニ出レ門ト往《ユキ》アタラウヤラ、倒*レウヤラ、喧咜セウヤラ、討果サウヤラ、誰ニ遇フヤラ、宿*処ニ何事ガ有フヤラ、墨スル中ニモ手ヲ挫《クジカ》フヤラ、墨ヲ飛サウヤラ、遽*ニ親ノ呼ブヤラ、遽ニ君ノ召サウヤラ、兎角知レズ、ビツシリト只一事ヲスルナリガ、万変ヘ響キ渡ツテアルニ因テ、其一事当然ニ主タルナリニ、ドチヘ成テモ、紛《マギ》ラサ*レズ。何《ナニ》ニ変ツテモ、透ヌ心ニ成テ有ルゾ。

◬註* 呉氏曰此四句云云　此説二様ニ見ヘル。心之無《し》レ適《ゆくこと》ヲ此事*ニアテ、、達《す》二於事《に》一ヲ次《ノ》段《の》ヘアテ、次段註ノ事ノ主一ヲ勿二弐《て》以《て》二一《にすること》ニアテ、、本《づく》二於心《に》一ヲ不二東《して》以《て》西《せ》一ニアテタカ、扨ハヤハリ一章ノ中《チ》デ、不二東以西一不二南以北一ヲ心之無レ適ニアテ、、当《て》レ事《に》而存《して》靡《なし》二他其《これ》適《こと》一ヲ達二於事一ニトリ、勿二弐以二一勿二参以三一ヲ事ノ主一ト取リテ、精一万変ヲ本二於心一トアテ、、一章毎ニキ*リテ、心・事ノ二ツニワ*ツタカ。イカサマ後説ノヤウニ見ヘル。精《ハ》謂レ本レ心ト謂テ有レバ、別シテサウ見ヘルガ、先《ず》四句一意ノ旨ヲ知*ズ、二ツニキツタハイカヒ誤リ。扨心カラ事ヘ達シ、事カラ心ヘ達スルト、相根ザスノ旨ハアレドモ、此《コヽ》ハ各章心ト事トヲ言《いわ》ル、工夫ナレバ、相根スト云ハ自《ヲ》ラ見ヘタコト、此《コヽ》ノ主意デ*ハナイ。

○註　呉*訥曰本《づく》レ心《に》　只事デ事ヲ逐《ヲフ》テ、ヤ*レ思慮紛雑スルヲ止《やめる》*コトゾ。余念ナイ様ニセウト、張*面クル如*ク、寄《ヨセ》合セテ、ヤア忘レタ、トラレマイト謂テ、一ツニハナラヌ。得《トク》*ト

トラレヌ　亨本「トラレズ」。

サレズ　「サレヌ」。

云ヘバ　「云ヘ」。

居ル者ナレバ　「ヲルモノ」。

倒レウヤラ　「コケウヤラ」。

宿処　「宿」。

遽ニ親ノ…知レズ　「ソノ身カタツテヲヤヘ(亨本「ニ」)ツカヘヤウヤラ君ノ御前ヘ出ヤウヤラト」。

註呉氏曰　無本は本節を前条の末におき、右傍に「コレ次段エヲサムヘシ」の注記あり。亨本は右傍に「前ノ段ノ注カラソ」の注記あり。

事　「章」。

キリテ　無本「胴キリテ」。

ワツタカ　底本「ワツテ」、両本により訂。

知ズ　無本「シラレス」。

デハナイ　無本「テナヒソ」、亨本「デハナイソ」。

呉訥　明初の儒者、字は敏徳、号は思菴。

ヤレ　無本「アレ」。

止コトゾ　無本「ヤメウソ」。

張面　無本「帳面」、亨本「牒面」。

如ク　亨本「如クニ」。

得ト　「トツクリト」。

心ノ正味カラシテ、離レヌ*ヤウニ、取《ら》レヌ様ニト、落シツケ、根ザシテ出ヨトアルノ意味ハ、勿論面白ケレドモ、畢竟呉氏ガ合点ハ、胴中カラ二ツニシテ、精一カラハ心ジヤト取タ者ジヤ程ニ、此《こゝ》ノ主意ニハ当ラヌゾ。

○不二*ト云註ハクドカルベシ。　呉氏曰云云　前註ノ下ニ論ズ。

○*元来主一即《ち》無適ナレバ、心ト事トヲ分《ケ》タ主意デハナイ。*ソレトモ程子ハ、事ノ心ノトワケズニ、一マイニ謂ル丶。*其《レ》ヲ字ニ就テ分テ看レバ、主一ハ自《ヲ》ラ事ニ当《あたり》テ、無適ハ心ノ散ヌカラ*謂ゾ。無適カラ語《り》ツムレバ直ニ事主《ノ》一、*主一ヲ語《り》ツムレバ直ニ*無適ノ心、其《レ》カラ語レバ、向ヘ移ル、*雑ラヌカラ語レバ、心ノ散ヌヘ移ル。二章ニ語リ分テ、一ツニナルデ面白ゾ。サレドモ主一無適ノ端的ヲ言タトキハ、四字*一意、*主トナリト、一ツトナリト云ヘバ、早吾心ニ覚ガアリ、事ガ*雑ラズ、ノイタコトデハナイ程ニ、*只是主一ハ即《ち》無適ジヤゾト謂ナリニ就テ看レバ、心事ノアヤガ自《ヲ》ラ二ツニ見ヘテキタゾ。或曰、程子ノ一ト云ハ、敬ノ正面カラ謂テ、無適ト云ハ、其《ノ》一ノ正面ニ入《る》方カラ語リタ者ジヤ程ニ、此《ノ》「敬斎」モ無適カラ先ヘ*謂テアルト云。是《レ》ハ違*ジヤゾ。尤モ程子既ニ一ト謂テ、其《ノ》裏カラ無適ト語ラレタ旨ハアレドモ、*此《コヽ》ノ*動静表裏カラ語リ及ボセバ、自ラ心カラサキヘ謂テ、事ヘ渡ツテアル。況ヤ程子ノ主一無適ハ、一意*ニ説テ、事ノ心ノトワケガナイニ因テ、一ツガ即《ち》無適ジヤガ、コレハ心ニ無適ヲアテ丶、一*ニ事ヲ*当テルカラハ、*サウデハナイ筈ゾ。

○スレバ動静表裏、一身ノ全ヲツメテ、*透間《すきま》ナク事ニ及ビ、心ニ切込デ、敬ノ工夫ハ全ク尽テ、何モ子細ラシウ*敬ガホヲシタリ、ナリヲ違《ちがえ》ルコトハナイ。ヒツシ〱ト其坐去ラ

ヤウニ　享本「ヤウ」。
ト云　底本「トハ」、両本により訂。
元来　「サテ本」。
ソレトモ　無本「ケレトモ」。
其ヲ　「ソレヲクハシフ」。
謂ゾ　無本「云テ」。
主一　底本なし、両本により補。
無適…カラ　無本「無適心カラ」、享本「無適ノ心カラ」。
雑ラヌ　無本「心ノマシラヌ」。
一意　「一字」。
主　底本「主一」、両本により訂。
雑ラズ　「マシラヌ」。
只是　無本「敬只是」。
謂テ　無本「謂テハ」。
ジヤゾ　「シヤ」。
此ノ　無本「コヽハ」。
動静　無本「動静ノ」。
ニ説テ　底本「二説テ」、両本により訂。
ニ　底本享本なし、無本により訂。
当テル　底本「当テ」、享本「アテヽ」、無本により訂。
サウデハ　無本「ソウハ」。
透間　「スキマモ」。
敬ガホヲシタリ　底本「敬ガ応シタ」、両本により訂。

ズ、今ノ身ニツキ、事ニ就テ、ドウモ離レテハナラヌ端的六章ヲ読《む》中《ち》ニ、*身ドモニ万事ノ主宰根本ノ覚《おぼえ》ガ出来、此《こゝ》ヲ離ル丶ト、死人同然ノ身ニナルト、自《お》知タガヨイゾ。

●従《う》ニ事《に》於《に》斯一 止交正

斯ト云字ハ、イツデモソコト指付《さしつけ》タコト。即《ち》上段《の》敬ノ全体、其坐ヲ*云去ズ、一身ノ主宰ト、此《こゝ》ヲ頓ト一生ノ*家業トセヨゾ。

○従事ト云《は》、是ヲ吾平生ノシゴトト立《たて》テ、職人ノ*職ヲ*励《はげむ》ヤウニ、武士ノ武藝*ヲ稽古スルヤウニ、遽デハナイ、*平生崩レズ移ラズ、身ヲハメテ就テ適《ゆく》ゾ。

○持《す》レ敬《を》　敬ノ上ニ*今ヒトツ持テ居ヤウト謂デハナシ。持ト云ハ、手ニ持テ*放サズ、椀ニ水ヲ入テ捧テ居ルガ如ク、微塵揺《ユラガ》ヌヤウニ、翻《コボ》レヌヤウニ、*凜《リン》ト持《もち》ツメテ居ルヤウナ合点ジヤ程ニ、*是敬ナリニ*成《なり》切テ落サズ、*ヲソル丶心ヲ守ル意味、身ニ就《つく》処ノ味ゾ。即「孟子」*持レ志ノ字カラ出タ者ゾ。

○違ハ、理ニ*差《タガフ》タトハ言ヌ。サウハ適《ゆく》マイ筈ノ物ガ斯《カフ》ナツタ、左ヘ*適ベキ足ガ右ヘ*切レタト云様ニ、静ナ時分ニシヅマラヌ、条目《すじめ》ノ違フタ、摺《すれ》合フタナリゾ。

○頓《トン》ト持敬ト*云ヨリ外一生ノシワザハナイ。ソレナリニ得テ来ル効《しるし》ヲ標準シテ、無《し》レ違《うこと》交《こ》正《し》ト引結バル丶。惣テ工夫ハ効験*ト離レタ物デハ無シ。工夫ト云ハ、今シテユク苦労ナルコト。効験ト云ハ、其《レ》ヲ抜《スケ》タ安楽*ナルコト。工夫シツメルト効ニナルト云ヘバ、*二ツニ離レテアル。工夫ノ目当ガ効、*其ツマツタガ*験ジヤゾ。*衣冠正《し》瞻視尊《し》ハシルシ、正フシ尊フスルハ工夫、正フスルソレ正イ、尊フスルソレ尊イ、動静表裏ニ透間ノナイ心ジヤニ因

身ドモ　自分。**云**　両本なし。
家業　「シコト」。
職ヲ　亨本「シコト」。
励ヤウニ　「スルヤウニ」。
ヲ　亨本なし。
平生…適ゾ　無本「常住クツレスウツラス身ヲハメテユヒテイクソ」、亨本「常住身ヲハメテユクソ」。
今ヒトツ　「マヒトツ」。
放サズ…即孟子　亨本「ハナサスモチツメテイルコト孟子」。
凜　底本「廩」、今訂。無本「リン〳〵」。
是敬　底本「是故」、無本により訂。
成切テ落サズ　無本「ナリトツテハナサスヲトサス」。
ヲソル丶心　底本「ソ丶ル心」、無本により訂。
持志　孟子、公孫丑上「夫れ志は気の帥なり。気は体の充(み)るなり。夫れ志は至り、気は次ぐ。故に曰ふ、其の志を持て、其の気を暴する(そこなう)こと無し」。
差タ　「チカフタ」。
適ベキ　「ユキソウナ」。
切レタト云様ニ　「キレタトスレチカフテ動クハツノ恰好ニイユカヌ」。
云ヨリ…ナイ　底本「云ハ理ヨ一々生ノシワザハ」、無本により訂。
ト　無本「トハ」。
ナルコト　「ナ事」、下同じ。
二ツ　無本「ミナ二ツ」。
其ツマツタガ　「工夫ノツマツタノ

カ」。
ジヤゾ　「シヤ」。
衣冠正…正フスル　底本「衣冠瞻視ヲ尊フスルハ工夫シ正フスル筈」、無本により訂。
工夫ノ　無本「工夫ノカトヲホヘテコネハ」、享本「サウ覚ヘテコネハ工夫ノ」。
交正フ　底本「交正ト云サヤウニ」、両本により訂。
イツ迄モ　無本「イツテモ」。
無違　無本「コノ無違」。
交正…ナクナリ　無本「交正也ガホヲセネハナラストント」、享本「交正ガヲ丶セネハナラヌトント」。この句三本共に誤脱あるべし。
ナル　「ナ」。
云ガ　「云事カ」。
ヨイ　無本「ヱイ」。
燭ヲ灼セン　「火ヲアカフセウ」。
前　「前ナ」。
奇特ト　無本「奇特事ニ」、享本「キトクナ」。
灼　無本「アツフ」。
サテモ…言ヌゾ　享本この句なし。
心事　「身事」、下同じ。
効モ　無本「シルシニモ」。
バカリヲ　「ハカリテ」。
ノ場　底本なし、両本により補。
ナラヌ　「イラヌ」。
クドヒ　無本「クドヒソ」。
モ　底本なし、両本により補。
語ルゾ　無本「カタラル丶ソ」。

テ、無レ違交正ゾ。其故効マデ詰《ツマ》ラネバ、*工夫ノ一盃デナイ程ニ、無《く》レ違*交正《し》フ無《け》レバ、動静表裏ノ詰《ツマ》ツタデハナイ程ニ、工夫効験*イツ迄モ両端ガアゲテ有ルト謂テ、*無レ違交正ヲ工夫ノ中ヘ雑《まぜ》テ、アノ様ニセウト云ト、*交正《し》ガトントナクナリ、心法敬畏ノ念ハ隤《ツブレ》ル程ニ、従レ事持レ敬ト云ヨリ外ハ何《ナ》ニモ心ニナイナリ、工夫ナリカラ立タ効ゾ。其故動容周旋中《あたる》レ礼《に》ト云ヤウナ結構*ナルコトヲ*云ガ、敬ノ効デハナシ。ソレヲ持テ来ルト頓ト隤《ツブレ》テ、*ヨイコトヲセウト云覚悟デ、心ハ何モナイ程ニ、*燭《トモシビ》ヲ灼《アカフ》セントテ、油ヲ飜《コボル》ル程サシタリ、燈心ヲ一ツカミ入《れ》ル様ニ成テ来ル。只此段ノ効ト云ハ、斯《カフ》有フ筈ノコト、兼テ覚悟ノ*前、珍シウ*奇特ト誉《ホメ》ルコトデハナイ。掲《カヽゲ》タレバ*灼《アカク》ナツタ、堤《ツヽミ》切タレバ水ガ流レタト謂フヤウナ物、*サテモ気味ヨク流レタトハ言ヌゾ。

○時ニ*心事ノ全ヲ合セタ工夫ナラバ、其*効モ心事ノ全デ引結《きび》サウナ物ジヤニ、動静表裏*バカリヲ云タハ、ドウシタコトゾ。サレバ動静ノ工夫ヲシテカラ、主一ノ工夫ヲシハセヌ。動静*ノ場ハ直ニ事、事ト云バ直ニ動静ノ身ジヤニ因テ、動静表裏ニ透間ノナイハ、直ニ事ノ立タナリジヤ。マヒトツ言コトハ*ナラヌ。上ノ心事ノ維《ツナギ》デ合点セヨ。扨コレガ語ノ詰《ツマ》タ箴《の》体デナクバ、効モ全ヲツメテ語ル筈ナレドモ、語ライデ苦《クル》シウナイ。此旨ナレバ、此文字ノ詰タ箴ニ、一々ツメルコトハ*クドヒ。ソレデ*モ工夫ヲ説ナラバ、残シハセネドモ、効ジヤニ因テ、言ハヒデモ済《すん》デアルゾ。

●須臾《も》有レ間《ひま》

上段ニ正面ヲ語リ詰テ、其心カラ見ヘタ失フ端ヲ、二条《ふたすじ》ニ*語ルゾ。崩レタルヲ見テ、アレガイヤサニ、コチモ敬*セウトハ謂ヌ。自然ニ吾カラ、嗚呼大事ジャ*トシ*マツテ来ル。天下ノ理ノ行ハル、処ハ、只《たつた》一筋デ、紛レル処イク色モア*リ。仮初ニ正直《マッスグ》ナ物ヲ挽《ひく》ニモ、マツスグト云理ハ、天地ノ間ニ只一筋アツテ、脇《はた》ヘソレル*トコロ千里サキヘユガマウト、マヽニイク筋モツイテアル。理ト云カラハ、順ニ行ハレサウナ物ナレドモ、気ニアヅカラネバ、理ハ行ハレヌ程ニ、孝*ヲスルト云理ハ知レテモ、孝ヲスル身ハ面々ノ象気《カタギ》ノヤウニ行ハル、。善悪邪正ノ行ハル、義理ノ正中《ただなか》ハ只《たつた》一ツデ、ユガム方ハ東西南北ヘ散テアル。有無ニフル、ナリカラ、毀《ソコ》ネタガリ、ユガミタガル勢ノ自然*ジヤニ因テ自*レ古、難レ成而易レ敗、*禹悪《にくむ》ニ旨酒《を》一ノ、一*言僨《やぶり》レ国《を》、辟《するときは》*則為《なる》ニ天下之戮《りくと》一ト*、兎角敗《やぶれ》口ヲ大事*ト謂テアル*ゾ。サレバ敬デユク正面上段今ツキテ有テ、其イレ物ハ面々ノ気ニアヅカリ、其場*ハ万変ノ事ニ当ルニ因テ、正面ト謂ナリデ失フ端《はし》ハヒタ〳〵ト就テ有ニ因テ、其正面ノ敬ム心カラ、有レ間有レ差ト*見ヘテ、ヒヘキルゾ。敬ニ限リテ敗《れ》口ヲ*云ハ、是デ肝ヲツ*ブサシ、ヲドシヲカケルヤウナレドモ、サウシタコトデハナイ。上ノ心ジャニ因テ、斯《カウ》見ヘテクル、此心*直ニ上ノ心ノ裏ヲ返シタモノ。随*分ニ正面ニ敬ムト思ヘドモ、ドウヤラシタコトデ狼狽《うろた》ヘタ、何ニトヤラシ*テ蹈《み》違ヘタト云ヤウニナ*ル。十分身ニ得*タ藝ナラバ、ドチヘドウシテモ、仕損《しそこない》*スマイ物ナレドモ、ドチヘド*ウシテモト言フ心ガ乗ツテクルト、直ニ理ガダラケ、気*カラ狂テ、得タト云ナリガ直ニ失フテクル。敬ムト云心ナリニ、直ニヅ*リ込デ居ル、其ドウヤラシタ処デ狼狽ヘル。蹈違ルト云処ヲセリツメタ瀬戸ノ処デ、ド*コト云扣《ヒカヘ》ガヒヘ切テ有ノデ、正面ノ心ハ立ツタモノ。此《コヽ》ガ刃ヲ磨テ、ネ*タバ合*セタ様ナ物、釘ヲ打込デ裏ヲ返シタ

敬セウ　「ツ、シマフ」。
ジヤト　底本なし、両本により補。
シマツテ　底本「ソマッテ」、享本「シツマリテ」、無本により訂。
アリ　「アル」。**ルトコロ…行ハレ**　底本脱、両本により補。
孝ヲ　底本享本「孝ニ」、無本により訂。下同じ(無本「孝スル」)。
然　底本脱、両本により補。
自古　底本「自ラ」、両本により訂。
禹悪旨酒　孟子、離婁下「孟子の曰く、禹は旨酒を悪んで、善言を好めり」。
一言僨国　大学、伝九章「一言事を僨りて、一人国を定む」。
辟則…　大学、伝一〇章「国を有する者は以て慎まずんばあるべからず。辟(=僻、偏)するときは、則ち天下の僇(=戮、辱)と為る」。
ト　底本なし、両本により補。
大事ト　「大事ニ」。**アルゾ**　「アル」。
場　享本「端」。**ト見ヘテ**　無本「トミヘテキ」、享本「ト」。
ヲ云　底本享本なし、無本により補。
ツブサシ…カケル　底本享本「ツブサレウトシテ闕ル」、無本により訂。
心　無本「心テ」。**随分ニ**　「随分」。
シテ　無本「シタハシテ」。
ナル　無本「ナリタカル」。
得タ　「自得シタ」。**スマイ**「ソムナヒ」。**ドウシテモ**　無本「シテモ」。
気カラ　無本「気カ」。
ヅリ込デ居ル　無本「スリコンテクル」。**ドコト**　無本「トコヘト」。

様ナモノ、敬ノ切刃《リ》ヲ付タ所ノ心ガアル。*ソコデ敬ノ*全備ジヤゾ。其故《レ》敬ト云ガ斯《カフ》シタ*物ニ因テ、聖賢ノ敬ト云ハ、僅ニ感ズル*端カラ敗レ易ク、取《ら》レ易イヲ至極知リ切テ、敬ガサキヘ廻《マハ》ラヌト、モツテ返サル、程ニ、敗レヌサキ*ヨリ、*ヒヘキリ、用心シテ、アチカラ*恐レラレズ、此方カラ慢ラズ、オドサズ、*火ヲ燭《トモ》シタ様ニ成テ*アルゾ。*常人ハ元来懼ル、心ハ無テ、敗レテカラ気ガ付《く》ニ因テ、気ガ付テカラ*懼レ、敗レヲイヤガルニ因テ、*仕損ジヲセヌト言ガ*一盃《いっぱい》デ、シソコナヘバワルイト云ハ、後手ヘ廻《ま》ハタ穿鑿ゾ。其故《レ》アチカラヲドサル、ト、コチカラ見テ恐ルトデ、同ジ敗《れ》口ヲ云《に》違ガ有ル。其《ソコ》デ此《ノ》二段ハ別紙ニ離レテ言《イ》、ハセヌ。無《レ》違交正ト*云ガ、*至極正面ノモヘタツタホド立タ心カラ、*自然ト本然ノ筋目ノ紛レ易イガ、カ、ハユク、ヒヘ切テ、本心ナリカラユルサヌ、真味ノ懼レジヤ程ニ、正面ノ敬ヲ引*受テ、ヒヾキアフテ、毫釐――ハ説レタゾ。

○有《レ》間　人ノ身ノ立テユクナリハ、時ト事トノ二ツゾ。何ニモセズニ居ル中ノ続クハ時、ソレナリデ、何ゾスルト云ハ皆事デ、事カラ見レバ、事デナイ場モナク、時カラ見レバ、時デナイ*時モナイ程ニ、時事ノ二ツデ、失フ端ヲセリツメテ聞カサル、ゾ。

○間ト云ハ、トギレ透間《すきま》ノアル心、*ユルシノ出来タヲ云ゾ。敬ト云心ノアリカハ、ベツタリト血気ノ身ニハマツテ居ルニ因テ、サア事ヲシカ、ルトカ、精出シテ草臥《クタビレ》*タリ、目ニ*移リ耳ニ聞カラ、随分警《いましむ》ルト思ヘドモ、ドウヤラシタル*処デ、ツイト切レガ出来ル、其透《すい》タ所ガ直ニ私欲ジヤゾ。人欲ト云モ同事《じ》ナレドモ、私ト謂カラハ、此身一分ノ勝手カラ、*ムサクサトシミ付テ離レズ、*ドウシタイ斯《カフ》シタイト、イナ物ガ就テクルカラ、欲故ニ身ヲ

ネタバ　切れ味のなまった刃。「ねたばを合す」は刀の刃をとぐこと。ここでは下の喩えと共に、最後の仕上げ、点睛を意味している。
合セタ　「アテタ」。**ソコデ**　無本「ノテ」。**全備**　無本「全体」。
物ニ　「モノシヤニ」。
ル　底本脱、両本により補。
ヨリ　「カラ」。
ヒヘキリ　無本「ヒヘキリテ」。
恐レラレズ　享本「ヲソレヌ」。
火ヲ燭シタ　「火トホシタ」。
アルゾ　「アル」。
常人ハ元来　「常人ノ懼ハタ、イニ」。
懼レ　「アタフ(無本「ツ」に誤る)ダトチマヨ(無本「カ」)ゥ至極気カツイテ用心シテモヤツハリ心カラハ(享本「ハ」なし)ツ、シマイテ事テヲソレ」。**仕損ジ**　「シソコナヒ」。
一盃デ　無本「一ハイテ心ハモトノ物シヤソ」。**云ガ**　無本「云」。
正面　底本「至面」、両本により訂。
自然ト　無本「自カ」、享本「自ト」。
受テ　「ウケ」。
時モナイ　底本脱、両本により補。
ユルシ　ゆるみ、油断。
タリ　無本「タトカ」。
移リ…聞カラ　「ウツルカラカ耳ニキクカラカ」。
処デ　無本「トコロテハ」。
ムサクサト　無本「コセクサト」、享本「ブセクサト」。
ドウ…タイト　「カウシタイトウト」。

扱フテ、得マイガ得ヤウガ、成ラフガ成ルマイガ、身心気象モ動《か》サレテ、寒汗《ヒヤ》カイタリ、燃《もえ》立タリ、*寒《ヒヘ》タリ、*蒸《ムシ》タリ、人ニ不レ言ニ嬉イヤラ、又哀《かなし》イヤラ、只一念ノ敬ヲ失フタ透《すき》カラ、頓ト私欲ニウチコマレテ、寒熱往来スルヤウニ成タ*ゾ。*ウユル程食ニ乏シウテモ、食フマイ*物ヲ*食《くら》ハヌ筈ノ心ナレドモ、目ニ移ルト、*ズツト食ヒタウナル。*其ズツト*ト云処ガ、*有レ間ジヤニヨツテ、ア、ウラヤマシイ、朝夕ア、ラクヲシタイ物ト、守ル処ハ*脇ヘナツテ、本然ヲトリ*ソコナイ、*筒ガヘシヲシテクルゾ。

○不《して》レ火《なら》而熱《し》不《して》レ氷《なら》而寒《し》トハ、面々ノ身ニ取テ、*サリトハ*切ナルコトゾ。随分色ニ奪ハレ*惑フマイト思ヘドモ、僅ニ目ニ移ルト、ア、恋《シタワ》シヒト、今迄ノ大丈夫モ、シホ〳〵ト成テクル。随分利禄ニ目ヲ掛マイト思ヘドモ、*チヨト首尾ノヨイコトガアルト、*ソヽリ立ヤウニ嬉フナル。君ノ為トハ思ヘドモ、アマリナ物ノ仕様ジヤ、ア、是レデハ奉公モ面白ナイト、*モヤツイテクル。*成タ上カラ見レバ、アサマシヒ、恥カシイ、如何ナルコトデ、斯《カフ》ハ成タト思ヘドモ、只《たつた》一念ノ不敬有レ間ト云*ヨリ入タ者ジヤ程ニ、サテ〳〵大事ノコトデハナイカ。

㊂註　呉訥曰　コレハ忿ヲ火ニトツテ、憂ヲ氷ニ*当タルハ誤リジヤゾ。私欲万端ト謂カラハ、此憂怒ノ二ツバカリデ云ヤウハナイ。*ナルホド「*不《んば》レ得《られ》二於君《に》一則熱中《す》」ト「孟子」ニモ語リテ有ルニ因テ、憂懼ノ上デモ不レ火而熱不レ氷而寒ジヤ*ゾ。情欲カラ*云ヘバ、*彼《カノ》西行ガ親ノ異見ニ責ラレテ、トシテ斯《カフ》シテト胸ヲ悶《モダ》ヘテ、アゲクニ頓ト出家スル様*ナモノ。*利欲カラ云ヘバ、斯《カフ》盗フカ斯《カフ》欺フカ、シスマシタト思ヘバ、人ガ知フカト思フ。何カラ見

寒タリ　亨本「ヒヘキツタリ」。**ゾ**　亨本なし。
蒸タリ　「ムセタリ」。
ウユル…テモ　底本「サウスル程食ニ乏シウテ最モ」、亨本「ソウスルホト食ニ乏シフテ」。無本により訂。
物ヲ　「モノモ」。亨本この下より「ズツト」まで欠。
食ハヌ　無本「クラハレヌ」。
ズツト　ずいと、ぐっとの意。
其ズツト…物ト　亨本なし。
ト　底本脱、無本により補。
有間…ラクヲシ　底本「朝夕ア、遁(ガノ)レ」、無本により補訂。
脇ヘナツテ　無本「ツキハナツテ」、亨本「ワキヘナリ」。
ソコナイ　亨本「ソコナフソ」。
筒ガヘシ…クルゾ　亨本なし。筒ガヘシは意未詳。或いは突っ返しか。
サリトハ　「サリ(無本「ル」)トテハ」。
切ナルコトゾ　無本「□ナ事」、亨本「切ナコト」。**惑フ**　両本なし。
チヨト　無本「チツト」、亨本「少」。
ソヽリ立　無本「ソヽリニタツ」、亨本「ゾヽリタツ」。うかれ出すの意。
モヤツイテ　「モヤツカシテ」。気がむしゃくしゃする意。
成タ…ナイカ　亨本「皆タツタ一念ノ不敬カラソ」。
ヨリ入タ　無本「カライラレタ」。
当タ…ジヤゾ　無本「アケ(テの訛)タアヤマリシヤ」、亨本「アテタ誤ゾ」。
ナルホド　無本「サルホトニ」、亨本

テモ、皆本心顛倒、心中《のうち》ハ狂乱シタ様ニ、我ト汗カヒタリ、悪*寒スル様ナ語意親*切ノ主意ヲ知ベシ。

○其上コ丶ハ私欲ヲ主意ニシテ謂タ物ナ*レバ、寒熱ト云モ、ヤハリ私欲ナリカラ合点シタガヨイ。忿*怒憂懼ヲ持《て》来レバ、只放心ノコトニ成テクルゾ。

○呉氏曰　コレハ主一無適ノ語ニ泥ンデ、本文ヲマハシタ者ゾ。此《コ丶》ハ心事デ云ハセヌ。上ノ工夫ヲモツテ適クアタリ場ヲ、時ト事トデセツテ、聞《か》サレタ者ジヤゾ。

●毫釐《も》有《れば》レ差《たがい》

差*ハ雑リ合カラ蹈《ふみ》*違《ちが》へ、サ*ウ出ソムナイ処へ出タゾ。身ノ歴《ふ》ル、処ハ皆事デ、イ*クツト云数モナク、父子ヤラ君臣ヤラ夫*婦ヤラ其事業ハ数知レズ。然ルニ今スル一事ニ就テ、イク筋モアルト云中ニハマテ居ルト、疎*略カラ蹈違へ、目移リガシテ、嗚呼サウハセマイ物デ有タニト云ヤウニ成テクル。易《やす》イコト、是レト是レト二ツ並《べ》テ見セルト、早ウ*ツロウテ、狼狽《うろた》ヘル物。此僅ナ端《はし》ニ蹈違ガ出*来ルト、頓ト天地ハヒツクリカヘルゾ。

○天壤易《かう》レ処《を》ト云ハ、語*意一ツジヤゾ。地ト云ヘバ、天ト相対シタ詞《ことば》。壤ト云ハ、此*ノ重イ土ノカタマリガ、アノ天トカ*イザマニ成*ト、一分ノ違ガアレバ、一分ノ違*ガ戻ル。一尺ノ違*ガアレバ、一尺ノ違ガ戻ル。違フタトキハ、気ガ付ネド、ト*ゲタトキニ、ソレ看ヨ、頓トヒツクリカヘツタ、マツカヘザマニ*成タ、誰ガ何トシテ斯《カフ》シタゾト驚カル丶。此一事ノ僅ナ間デ違フタト謂テ、天壤ト云程ノ違ハ有ソムナイ者ナレドモ、筆一本持ソコナヘバ、筆持ツ天地ガ隤《ツブレ》タ。足ヲ歩*ミソコナヘバ、足ノ天地ガ隤レル。是ハ一*筋ソコナヘバ、一ツ

「ナルホトニ」。
不得…　孟子、万章上「仕ふれば君を慕ふ、君に得られずんば熱中す」。集註「不レ得失レ意也。熱中躁急心熱也」。
ゾ・彼　両本なし。
云ヘバ　「云テ」、享本下同じ。
様ナモノ　「ヤウニナツタモ」。
利欲…云ヘバ　無本「利害カラ」。
悪寒スル　両本「サムケタツタ」。
親切ノ　「親切ナ」。
ナレバ　「シヤニヨツテ」。
忿　底本享本「憂」、無本により訂。
差ハ　底本なし、両本により補。
違へ　無本「チカヘタ」、享本「チカタ」。
サウ　「ソウハ」。　**イクツ**　「イクラ」。
夫婦…就テ　「身ヒトツニコ丶ナリヨツテ其ノ今スル一事ニ」。
疎略カラ　「如在ナフ」。
ウツロウテ　心変りがして。
出来ルト　無本「ヒトツ出来ルト」。
語意一ツジヤゾ　無本なし。
此重イ　無本「コノヒクヒ重タヒ」、享本「コ丶ヒタト重ヒ」。
カイザマ　さかさま。
成ト　無本「ナルト云語意シヤソ」。
違ガ　「ト丶ケカ」。
違ガアレバ　「チカヒハ」。
トゲタ　そうなったの意。無本「ト丶ケタ」。
ニ成タ…一事　無本脱、空格。
歩ミ　「アルキ」。
一筋　無本「一ツシ」。

ノ天地ガ*隤《る》ルカト思ヘバ、僅ニ違フタト云ト、一身全体ノ天地ガヒツクリ*カヘテ居ル。天地ノ天地ト成テ有《る》ヲ看ヨ。天ガ微塵片時《かたとき》運転*ヲヤムルト、日月星辰ガベツタリト地ニ隕《ヲツル》。*地ガ微塵*震転スルト、山川艸木ハトケテノケル。一分ノ節度ガ違フト、春ガ冬ニナル*筈、因テ天ハ運《メグ》リ、地ハ*静ナ、アレナリニ定ツタ*神明ガアルニ因テ、天地ハ建ツタモノ。僅ニ麁相シタ、サウハセマイ物ジヤト云時ハ、*大ニモセヨ小ニモセヨ、一身ノ神明ハ、クロ〳〵ト成テ有レバ、其《れ》程一身ノ天壊顚倒ハナイゾ。

○三綱既淪《にしずむ》　*易レ処ト云事実ヲ語テ*ミレバ、*臣ガ君ニナリ、*子ガ父ヲ無《ナミ》シ、*夫トシテ婦ニ慢ラレテ適クヤウニ、毫釐ノ*差ヒアルト息モ切ズニ三綱ハ既ニ頓ト淪落シテ、オキモナヲサズ、天下ヲ治ル*上デ看レバ、*九法ノ建ツタナリモ、*御備モ敗ル、ゾ。別シテ人倫ト*挙ズ、三綱ト*書タハドウシタ*コトジヤ。サレバ人倫ト云ハ、人身自然ノ具ツタナリ、其ナリニ即テ、シメ処ヲ立《て》テ三綱ト語タ*者ゾ。父ハ統《べ》レ子《を》、君ハ統《べ》レ臣、夫ハ統《べ》レ婦、天地不レ可レ易、日月相照ス如ク、キツシリト*セキ*詰テ、ドウシテモ此ナリヲ崩スコトガナラヌ様ニ、僅ニ此《こ》ガホドケルト、人倫日用モ顚倒*シテ、綱紀ノナリモ、ソレガ*タヾナリデ推付タリ、法デ立タト謂テモ、ドコゾカラホツケヌト謂コトハナイ程ニ、其*三綱引シメル一身ノ主宰、根本カラ鎮《しまつ》テ有《る》ニ因テ、父ハ子ニ*無《ナミ》セラレズ、君ハ臣ニ取《ら》レズ、随分ノシアガル臣子ノ心モドウモ犯サレヌト立テクル。三綱ニハ成タモノ、此ノ神気*精明根本大黒柱ヲ抜テ捨テ、*根本ガユルムト、臣ガ弑《しいし》レ君、子ガ無レ父スルヤウニ成テ、三綱ノナリハ有フト、三綱ハベツタリト隤レタト*謂フ者ゾ。*如レ此故ニ三綱ト云ハ、敬バカリデ各別《かくべつ》ニ*謂コト、*其《レ》故敬デ語ル

隤ル　無本「ツフル、ハカリ」。**カヘテ居ル**　享本「カヘル」。**ヲヤムル**　底本享本「オトレル」、無本により訂。**地ガ…因テ**　享本なし。**震転**　無本「運転」。**筈**　無本「ハツシヤニ」。**静ナ**　「シ(無本「ヒ」)ツカナト」。**神明**　霊妙にして明かなるもの、心の意。**大ニモ**　「ソレ大ニモ」。**易処**　底本なし、両本により補。**ミ**　底本「有」、両本により訂。**臣ガ…ナリ**　無本「臣カ君ニナリ君カ臣ニナリ」。**子ガ…無シ**　「子カ父ヲノスヤウニ父カ子ニシカラレテクルヤフニ」。**夫ト…ヤウニ**　無本「夫トシテ婦ニフミツケラレ婦トシテ夫カヲオシツケテヲクヤウニ」、享本「夫トシテ婦ニフミツケラレ」。**差ヒアルト**　「差ト云」。**上デ**　享本「上ニテ」。**九法**　九疇とも。↓九六頁補記「洪範ノ九疇」。**御備モ**　無本「御供申シテ」、享本「□□モウシテ」。**挙ズ**　無本「アケスニ」。**書タハ**　無本「カタラレタハ」。**コトジヤ**　無本「事ソ」、享本「コトシヤソ」。**者ゾ**　「モノ」。**セキ**　無本「ヒキ」。**詰テ**　「シメテ」。**シテ**　無本「シテクル」。**タヾナリデ**　ただなりにの意か。ひたすら。**三綱**　無本「三綱ト」。**無セラレズ**　「ノラレス」。**精明根本**　享本なし。**根本…成テ**　無本「カユルソトマヒ

人倫日用ジヤゾ。サレバ臣ノ弑レ君モ、子ノ無*レ父スルモ、元*来コチラニ透《すい》タ処ガ有ルニ由テ、ソコカラ弑《し》モスル、無*スル様ニモ成テクル。何程聡*明ナ君デモ、是程治*リタル世ニ小人ガ居タト謂テ、面出《ツラダシ》ハサセヌト云ト、朝庭ハ*乱*レ、賢*臣ハ*棄《すた》レテクル。宋*《の》高宗ガアレ*程愚*ナルコトジヤト、後世*ヨリ思《フ》様ニ、アレガ身*ニハ思ヒハセヌ。如在ナフテアノ様*ニ秦檜ニ出シヌカレルヤウナ*浅猿《アサマシ》ヒ人君ニハ成タモ*ノ。父ノ愛《する》レ子《を》モ、ア、カワイヤ、アレ次第ニシテ置《け》ト、其*儘ニシテ置クトキハ、父子ノ綱モナクナル。宋*《の》文帝太子邵《しよう》ヲ愛スル様ニ、アゲクニ吾《が》首斬《ら》ル、モ不レ知《ら》ニ居*ルゾ。アマヤカスノ、愛スルノト言ヘバ、事カラ謂ヤウナレドモ、目ニ移テ、ズル〳〵ト蕩《とらけ》テ、ドウヤラシタコトデ斯《カフ》成ツタト謂ヤウニ失フテクルゾ。爰《ここ》ニ立《たつル》処ガナク、シメガ無テ、父子君臣ヲ「小学」ノ*教ノヤウニセウト云テモ、何ニモ形ノツクコトモナイ筈。舜ホドノ大*聖ニ成テモ、明日瞽*《こ》瞍《そう》ノ首ヲシメウヤラ知レズ*。三*仁ノ心モ此《コ、》ガナイト、紂《ちゆう》ガ*面《つら》ヲ蹈《む》ヤウニナル。兎角事ヲ離レハセイデ、全体事ヲ持テ居ル所ジヤニ因テ、天下ノ治ルト云モ、敬デシマルト云ガ、儒学治平ノ根本、今日人君斯《カフ》シタ一言ヲ仰セラレタ、扨々尤ナコトジヤト、只理デ服スル計リデナイ、言ノアヤヲ聞《き》分《け》ルデ*モナイ、全体ニ畏*ル、、此方へ受テ、心カラシマツテ覚ヘラル、。トデモナイコ*トヲ仰*セ出サルレバ、トツケモナイ事ト、アタマカラ何トモナウ移ル者*ゾ。其レ故日用ガ敬トハ言レイデ、是レガナイト日用ハ即坐カラ隤《つぶ》レテアル。ソレカラサキハ三綱大法ノ理ヲ吟味シテ、事ヲ行*テイ*カウズ。兎角爰ヲヌカシテ*ナラヌ括《クヽリ》所ジヤゾ*。

○扨此二ツノ戒ニ、須臾ノ間アルト、其儘不レ火而熱クナリ、毫釐ノ差アルト、即*坐ニ三

トツ事ヘヲクル事ハマタス臣カ君ヲ弑シテカラミルコトモイラヌ子ノ父ヲ逐タテ、カラミル事モナヒ」、享本「根本カユルムトマ一ツマタズ臣ガ君ヲ弑シテカラミルコトモイラヌ子カ父ヲ、イタテ、知コトモナイ」。

ト謂フ者 両本なし。

如此故ニ 無本「カウシタ事シヤニヨツテ」、享本「シヤニヨリテ」。

謂コト 「云コトシヤ」。 **其故** 「ソレカ」。 **無父** 「父ヲナヒカシロニ」。

元来 「タ、イ」。

無スル様ニモ 「ナヒカシロニモ(享本「モ」なし)スルヤウニ」。

聡明 底本「聴明」、両本により訂。

治リタル世ニ 「ヲサマリタ上ニ」。

ハ 無本「モ」、享本なし。

乱レ 享本「ミタル」。

賢臣ハ 「賢臣」。 **棄レテ** 無本「廃レテ」、享本「スタレテ」。

宋高宗 →補記 **アレ** 無本「コレ」。

愚ナル 「愚ナ」。 **ヨリ** 「カラ」。

身ニハ 無本「身ニ」、享本「身ハ」。

様ニ 「ヤウノアサマシイ」。 **浅猿ヒ** 両本なし。 **モノ** 無本「モノソ」。

其儘…ナル 「スル〳〵ト又(享本「スルト」)父子ノ綱ヲトヒテ出シテ」。

宋文帝 →補記 **居ルゾ** 「イル」。

ノ教 両本なし。 **大聖** 「人」。

瞽瞍 舜の父。→九五頁補記

ズ 「ヌ」。 **三仁** 殷の紂王の時の三人の仁者、微子・箕子・比干。論語、微子「微子去レ之、箕子為二之奴一、

綱ガ淪《しず》ムト有ヲ、アマリ厳*ク詰テ云テ、オ*ドシ懸タヤウニ聞*ヘルガ、全クサウデナ*イゾ。又私欲万端尽シタイ程尽シテ、ソコデ詮*議ニ遭フカト、胸ヲ寒《ひや》シ居ルヤウナ、延《のび》々ナコトデハ無シ。有*レ差バ竟ニハ三綱ガ淪ンデ、君ガ臣ニ弑サレ、子ガ親ヲ追*放スルヤウニナ*ル。又有レ差心ガ三綱ノ淪ンダ*心、有レ間心ガ私欲万端ノ心ジヤト、事実ヲ除《のけ》テ、心デサソウト云モ悪シ。成程私欲ト*始ルカラ、寒熱往来スルヤウニ成タナリヲ看ヨ。毫釐ノ差*ヨリ、事*実ニ君ガ臣ニ弑サレ、父ガ子ニ追*放セラル、様ナナリヲ看ヨ。ソ*レ有レ間ノ心カラ段々ナ*ツテキタ様ニ思ヒ、有レ差ノ心カラ漸々ニ崩レテ*キタ様ニ思ヘドモ、僅ニ有レ間ト直ニ寒熱往来スル心ニ成テクル。僅ニ有レ差ト直ニ三綱ハ頓ト淪デ、実ニ君ガ弑サレ、父ガ逐ル*、。其有レ間トキノ心ト不レ火而熱トキノ心ト、有レ差コトト*三綱ノ淪ンダト、別レテ有レバコソ、心ノホ*ツケカラ、事実ト共ニ合点セネバ、此《ここの》*指《さし》示サル、旨デナイゾ。サレバコソ、紂ガ*象箸《ザウゲノハシ》ヲツクルヲ見テ、箕*子ノ目ニハ酒*池肉林マデガ*見ヘテクル。傅*外郎ガ過*分ノ奢リヲスレバ、*慥《たし》カニ禍ニ累《カヽ》ルト云ガ見ヘヌ*イテアル。酒池肉林ヲシテカラ、迹*ヲ看*ルコトハ入《いら》ヌ。禍*ニ累《カヽツ》テカラ、迹*デ言ハセヌ。象箸ヲ為《ツクル》*ガ直ニ酒池肉林、過*分ノ驕奢ガ直ニ禍ニ累ルノ本ゾ。其故《レ》ニ既《に》ト云字ヲ下サレタ。既ト云ハ有テスムダ詞《ことば》。有《ル》レ差ト否《イナヤ》*、其マ、淪斁《シヅミヤブレ》テア*リ。

○斁ハ一所バカリニ非ズ、此《コヽ》モ彼《カシコ》モホツケルゾ。

● 於《あ》乎《あ》小子

於乎ト云ハ、歎息ノ辞《コトバ》、誉ルデモ、哀《かなし》ムデモナイ、心ノ思入《おもいいれ》ヲ移*シ、ア*、返ス〱大事

比干諫而死。孔子曰殷有三仁焉」。

面ヲ…ナル 無本「ツカウミヘテクル」(訛脱あり)、亨本「ツラフミヘテクル」。 **デモ** 無本「マテモ」。

畏ル、 「ヲソマル、」。

コトヲ 「言ヲ」。 **仰セ** 無本「言」。

者ゾ 「モノ」。 **行テ** 「行フテモ」。

イカウズ 無本「イカフゾ」、ズは意志又は推量をあらわす助動詞。

テ 底本なし、両本により補。

ゾ 亨本なし。 **即坐ニ** 「ソノマ、」。

厳ク 「キシラフ」。

オドシ 無本「ヲトシヲ」。

聞ヘルガ 無本「キコユル」、亨本「キコヘル」。 **ナイゾ** 「ナイ事」。

詮議…無シ 「人ニサカサリヤウカト胸ヲヒヤシナルマイカトヲモフテモタエルトノハス事テハナヒ」。

有差バ 「有差テカラ」。

追放スル 「逐タテル」。 **ナル** 「ナルトノバシ(無本「ヒ」)ハセヌ」。

ダ 底本「タル」、両本により訂。

ト 無本「ノ」。 **ヨリ** 「カラ」。

事実ニ 無本「実事ニ」、亨本なし。

追放セラル、 無本「逐タテラル、」、亨本「逐ル、」。 **ソレ** 無本「ソレカ」。

ナツテ 無本「ヤツテ」。 **テ** 底本脱、両本により補。 **ル、** 無本「ル、ソ」。

ト 底本「モ」、両本により訂。

ホツケ 無本「ホツテ」。ほつける(ほどける)の名詞。 **指** 亨本なし。

象箸…見テ 「為象箸」。

ノコト*ト言フ語意ゾ。

○小子ト*ハ、*曾子ノ臨レ死《に》テ、戦々兢々ノ語ヲ伝授セラル丶トキニ、門人ヲ呼懸ラレタ語ジャ程ニ、直ニ*自身ヲ指テ、小子ト挙ラレタゾ。

○念哉《おもえや》　「*惟聖不《れば》レ念《わ》作《なる》レ狂《と》」トアル語ヲ看ヨ。念ト云ハ、*繰返《クリカヘシ》〳〵テ、心ニ離サズ念《おもっ》テ看ルゾ。何程ノ聡明デモ、出次第ニスルト、気ニウカサレ、事ニ取《とら》レテ、バラ〳〵ト*仕損ズルゾ。何トシタ物ジャト取シメ、心ニ付テ*アダニ*セズ、思ヒ直シ〳〵テ適《ユケ》バ、自《オ》ラ倉《ソ》卒《ソウ》ナ*仕《し》落《おち》モナイモノ。事デ事ヲ捌《さばい》テ通ルハ常人ノシハザ。ヤレ〳〵大事ト言フ念カラ適《ゆく》デナケレバ、*心デスルトハ言レヌゾ。其念ズルト、*ツマリハ敬ジャ程ニ、敬哉《つつシメヤ》ト指《さし》出サレタゾ。

○墨卿　卿ト云カラハ、直ニ公卿大夫ノ役人ガ*法令書《き》付テ渡スヤウナ合点ゾ。司ト云モ、人君ノ仰ヲ受《け》、コレヲ役目ニシテ主《つかさ》ドル様ナ気味ゾ。只*空《ソラ》ニ広フ云タ分デハ、身ニ切ニナイガ、墨卿司戒デ、*ジキニ人君ノ命ヲ役人ガ*下知スル如ク、キツカリト司戒ヲ書記シテワタサル丶ゾ。

○敢告——　霊台《ダイ》トハ、心ノ事。此方寸ノ間ニ、アリ〳〵ト具テ、一身ヲフリ廻シ、万事ヲ載ル根本《と》成テ居ル物。正二衣冠一尊二瞻視一ト云モ、是カラシタ物、是ヲ失フナト云コト。私欲万端、三綱既《に》淪《む》ト云モ、此霊ヲヌカシタカラノ事ナ*レバ、其在《アリ》々ト吾ニ具テ居ル霊台ニ告テ、*隙ナク気ヲ覚《サマ》シ、霊台ノ霊ヲ失フナト*有リ。ツヾマル処、衣冠カラ謂タリ、瞻視カラ言タリ*スル、根本頭脳ノ目当正シタリ、尊《たっと》フシタリスルハ、乃《チノ》此方寸ノ霊、敬ト云ノタバネ所*ナルニ因テ、引シメテ、告《ぐ》二霊台《に》一ト指テ聞サレタゾ。

箕子　→二三二頁注「箕子操」
酒池肉林　史記、殷本紀「帝紂…好レ酒淫楽。…大最楽二戯於沙丘一。以レ酒為レ池。懸レ肉為レ林。使三男女倮相二逐其間一。為二長夜之飲一」。
ガ　両本なし。
傳外郎　無本「伝外郎」、享本「伝外」。
→補記　**過分ノ**　「分ニスキタ」。
慥カニ　「テツキリト」。　**ヌイテ**　「スイテ」。　**迹ヲ**　「アトテ」。
看ル　無本「ナカメル」、享本「詠ル」。
禍ニ…セヌ　享本なし。
迹デ言ハ　無本「アトヲナカメハ」。
為ガ　「シタカ」。
過分…本ゾ　無本「分ニスキタコトヲスルトトント禍ニカ丶ツテイル」、享本なし。　**否**　両本なし。
アリ　無本「アルソ」。　**移シ**　無本「ウツシテ」。　**ア丶**　無本「ヤ丶」。
ト　「シャト」。　**ハ**　「云ハ」。
曾子…・惟聖…　→九六頁補記
自身　「ヌシノ身」。
繰返〳〵　無本「クリカヘシ〳〵トツクリトカンカヘ」。
仕損ズルゾ　「シソコナフ」。
アダ　おろそか。　**セズ**　「セヌ」。
仕落　手ぬかり。　**心デ**　底本「心ニ」、享本「念」。無本により訂。
ツマリハ　「アケテノツマリハ」。
法令　「法令ヲ」。　**空ニ**　「ソラテ」。
ジキニ　底本享本「史記ニ」、無本により訂。直に。
下知スル　「云イツケル」。

○扨謂テ見レバ、是レ程精イ段々ノ吟味デ、其上ハ面々ノ熟処受用ホドデ無レバ、適《ゆか》ヌコトデ、ピツタリト今日「敬斎箴」ヲ読デ看レバ、指向テ衣冠ヲ正フシサウナモノ、事ハ紛《まぎ》レヌ様ニセネバ叶ハヌ*コトノ合点ガナイカラ、*成敗ニモカヽルホドノ事ヲ仕出ス。何《の》事モナイ、*貴賤尊卑大人小児高下浅深、是ヲ離ル、コト*ナク、*親切ナルコトデ、其レナリヲ詰テ看レバ、此様ニ*精イ旨ハ尽ヌゾ。コレガ敬ノ旨ジャ。不㆑知㆑之ヲニ、敬ハ浅キコトジャノ、イヤ深キコトジャト*云。鬼神ノ吟味スル様ニ各別《かくべつ》ニ思フハ、*二ツナガラ誤リゾ。

㊀註　総結㆓一篇㆒　コレニ動静無㆑違ノ段デ引結デ、爰ハ其上学者*面々ノ心デ戒ヨト有《る》コトナレバ、結語トハ言レマイ。「大学」ノ「*其本乱《れて》而末治《まる》」ト謂ヤウ*ナルガ、結語ト云フ者ゾ。

敬斎箴附録

朱子跋　学ト言カラハ、身デセネバ役ニ立ヌト謂ハ広イコト、別シテ敬ニ限テハ、致知ノ仕様ハ斯《カフ》シテ適ク、克己ノ*事ハ斯《カフ》シテ適クト云ヤウニ、理デ云レヌ。面々ノ覚悟カラ敬ム心ニ成テ適《ゆけ》バ、其レガ直ニ敬ジャ。*其レガ直ニ主一ジャニ因テ、*実用カラ、吾ト気ガ*就テ適バ、マヒトツ主一ト云《う》語ヲ尋ルコトハイラヌ。千差万別ニ言ヒ*広ゲテ、詰ル処ハ敬ト云《う》一字デ、吾《が》一心ヨリ*外ナケレバ、爰ニ力ヲ*附テ、合点ガノレバ、是程*端的ナコトハ無テ、主張ジャ、忘ル、ノ、覚《サマ》スノ、シメルノト云モ、身カラ覚ヘテ、ソコヘ付テクルコトゾ。扨*主一ト示サル、程、敬ニ入《る》端ノ親切ハナケレドモ、主一デ敬ト言コトガ*済《スム》ト思フト大ニ敬

ナレバ　「シャホトニ」。
隙ナク　無本「ハツキリト」、享本なし。　有リ　「アル」。
スル根本　無本「事カラ云タリスル根本」、享本「根本」なし。
ナルニ因テ　「シャホトニ」。

コトノ　無本「事コノ」。
成敗ニモカヽル　底本「成敗モ力量」、両本により訂。
貴賤…小児　「百姓モ小児モ」。
ナク　無本「ノナラヌ」、享本「ノナイ」。
親切ナル　無本「親切サシャナ」、享本「親切ナ」。
精イ　無本「精微ノ」。
ト云　享本「ノト」。
二ツナガラ　享本なし。
者　底本脱、両本により補。
其本乱…　大学、経の末「其の本乱れて末治まる者は否(あら)じ。其の厚き所の者薄うして、其の薄き所の者厚きことは未だ之れ有らざるなり」。
ナルガ　「ナカ」。
事　無本「シヤウ」、享本「章」。
其ガ直ニ　無本「ア、今マテウロタイタ事テアツタソレカスクニ心法シヤソレカク(スの訛か)クニ」。
実用カラ　無本「実用中テ」。
就テ適バ　無本「ツヒタトイヘハ」。
広ゲテ　無本「ヒロケテモ」。
外　「外ハ」。
ヲ　「カ」。

デナイ。其合点デ是《コヽ》ノ実用《に》レ*力ト云コトガ無レバ、「敬斎箴」ノヤウニ身ヲ持テモ、敬ト云コトガ至極済ンデモ、敬デハナイ。*心ガ済ヌ敬ジヤニ因テ、ドウモ斯《カウ》シタコトジヤト云程悪シ。用《い》レ力《を》ヅクナシニ適《ゆこ》フ様ガナイ。サレバ「敬斎箴」ノ旨モ*斯《カフ》シタコト、是カラ知ネバ、「敬斎箴」ノヤウニ身心《を》持フト合点シテモ、何ニモ属《ツク》レ身ニコトハナイ程ニ、敬ノ敬タル正味ヲヌキ出シテ、附録ノ第一*ニノセテ聴《キカ》サル、ゾ。別シテ「主一《ノ》箴」ノ道理カラ合点*サシタ。朝夕*紛綸《ふんりん》ノ間ハ、是デ無レバ*紛ラサルル程ニ、主一ニシヤウト言ヤウニ成テクレバ、「主一箴」ニシテ*カラ主一デナイ。只敬トサヘ云バ、ドウナル事モ斯《カフ》ナルコトモイラヌ、アダニセズ、離レズ、耳ニ*聞バ聞ナリニ散ヌ様ニ、視レバ視ルナリニ気ヲ付《け》、今ト云フ即坐ヲ去ズ、当《て》レ事《に》而存《ス》ト云ヨリ外ハナイニ、爰デ乗越シテ先ヘ目ガ就ト、百姓モ小児モ堯舜モ、*存養ノ部ヲ諳《ソラ》デ読《ヨン》デモ、其心ガ不敬デ、直ニ崩《くずれ》テアル。如何サマ*爰ガ合点ガイカヌ、何トシタ物ジヤゾト云、其心ヨリ外ハ何モ無テ、其レヲ精フシツメレバ、敬斎トモ存養ノ部トモ成テ、サマ〴〵ノ吟味ニ経テ適《ユク》コト、敬ノ字ヲ知ヌ意《こころ》デ*熟シテユク道具ジヤ。古今敬ヲ語ル者ガ、敬ヲ言フトスルニ因テ、理ハ聞ヘテカラ、敬ナラシヲ言タ分ニ成テ、其合点デ、存養ノ部デ敬ノ吟味ヲスル、「敬斎箴」デ詮議セウト言ホド、箇条書ニ成テ、*多ク知ル程、存スルト言テアレバ、*又主一トモ謂テ有リ、*整斉トモ*云テアレバ、ドコカラ入ウヤラ、愈《イヨ〳〵》塞リ紛*レテ、其上ニ敬ト云物ハ、サウ箇条デ云コトデハナイ。吾《が》*心ニ敬ムコトジヤト云吟味*シテモ、其心ニナラネバ、正二衣冠一ノ、尊二瞻視一ノ、主一ノ、惺々ノト言ガ、ハラリト離テ、身トハアヅカラヌニ因テ、知ネバ各別、敬ノ吟味ヲ多ク知ル程、知タ事ヲ皆持《て》来

端的ナ　「端的ナアキラカナ」。
扨　無本「サレハ」、享本「サレト」。
済ト　「スムタト」。
力　底本「心」に誤る、両本・原文により訂。
心ガ　「心ハ」。
斯シタコト　「マツカウシタ」。
ニノセテ　底本享本「テセメテ」、無本により訂。
サシタ　「サシテ」。
紛綸　乱れたるさま。
紛ラサルル　無本「マキルヽ」。
カラ　「カラガ」。
聞バ　底本なし、両本により補。
存養ノ部　近思録巻四存養類を指す。敬の工夫を多く説く。
爰ガ　無本「コヽノ」。
熟　底本なし、両本により補。
多ク　「イカヒ事」、下同じ。
又　両本なし。
整斉　「整粛」。
云テアレバ　無本「云テモアル」、享本「云テアル」。
レテ　「レテクル」。
心ニ　「一心ニ」。
シテモ　底本「ソモ」(朱筆でソに濁点、モに見消を付す)、両本により訂。

テアテガフテ置ネバナラズ*、存スル一ツデマ*タゲウトスレバ、惺《サマ》サウトスル、養フ筋ヘ入フトスレバ、ヌカラヌ筋ガ足《タラ》ヌ様ニナル*。其故「言愈多心愈《く》雑《まじわる》」トハ、至極親切ナ*ル語ゾ。

○此様ナ附録ニ載*《す》ルニ、年*号ハ入《いり》ソムナイ者ナレドモ、此年紀ガ朱子ノ晩年ニ当テ、一生敬デ身ヲシタテタ身カラ語ラレタ物ナ*レバ、各別年号マデ挙テ、晩年熟処ノ此説ジヤト言コトヲ示サレタ*ゾ。

●問敬斎箴　地頭*トハ、其場〳〵ノ当リ処、去《る》処ハ其一ツ〳〵ノ適キ当リ処ゾ。衣冠ノ、瞻視ノ、表裏ノト、必至《ひっし》〳〵ト場デセリ、事デセツタ者ゾ。ツヾマル処、敬ト云ハ、心ニアヅカルコトナレドモ、心ト云ハ直ニ身ナリノ主宰、視《ル》心ハ目デノ事、聞《ク》心ハ耳デノ事、歩《ム》心ハ足ニ有リ、持《ツ》心ハ手ニ有リ、心ト謂ナリガ見タケレバ、口鼻耳目ノ動ク*全体ナリノ心ジヤニ因テ、心ノ立タト云ハ、口鼻耳目ノシマツタナリ、口鼻耳目ノシマツタト云ハ、直ニ心ノ立タナリ、心上ノ病ハ身カラノヌケタ者《も》ノ、手カラモ足カラモヌケテ適《ユク》ニ因テ、心上ノ工夫ヲ心デハナラヌ。心*ノ心デスル程端的ハナサソウデ、結句ツカマヱ所ガナイ程ニ、視*《る》ニ付取《てら》レヌ様ニ、聞《く》ニ付テ紛レヌ様ニ、衣冠デ正シ、口デ守リ、必至〳〵ト適キ当ル地頭去処《ル》デセリツメ〳〵、手足動容透間ノアカヌ、全体ナリニ得テクル心ジヤゾ。何デモ目当ル処ヲ立《て》テヲ*イテ、其目当処ヲ直ニツカマヱテセウト言コトハナラヌ。家ヲ建*ルト云覚悟ヲシテ、指*図ノヤウニ、一時ニ頓*《トン》ト建ハセヌゾ。指図ノ様ニセウト、コチノ心ニ持テ居ル計リデモナラズ*。ジカニ下*手デモ、壁*モヌリ、柱モ削リ、土ヲコ*ネ、ホゾヲハメタリ、一ツ〳〵シテ適《ユク》*ヤウニ、全体家ヲ建*ルト云目当ト共ニ建立シアゲルゾ*。ツヾマル処、

ナラズ　「ナラヌ」。
マタゲウ　無本「ヌケウ」。共に意味未詳。ヌケウはヌコウ、つらぬこうの意か。
ナル其故　「ナツテ」。
ナル語ゾ　「ナ語ゾ」。
載ルニ　無本なし。
年号　七六頁三行目の「慶元己未初伏雲谷老人書」、己未は五年(一一九九)、初伏は夏至後の第三の庚の日。雲谷老人は朱子の号。時に朱子七十歳、翌年歿した。
ナレバ　「シヤホトニ」。
タゾ　底本「タリ」、両本により訂。
地頭　場所。
動ク　「ハタラク」。
心ノ　底本なし、両本により補。
視ニ　無本「スクニミルニ」。
ヲイテ　底本「於テ」、両本により訂。
建ル　「タテウ」。
指図　無本「其指図」。設計図。
ナラズ　「ナラヌ」。
頓ト…ゾ　「トントハタ、ヌモノ」。
下手デモ　無本「下手テ」、享本「下手」。或は下手は「下ﾚ手」か。
壁モ…削リ　「壁ハヌル柱ハケツル」。
コネ　「コネタリ」。
ヤウニ　無本「ウチニ」。
建ル　「タテフ」。
ゾ　両本なし。

心ヲ得《ウル》ト云コトデ、云ヘバ言《う》ナリ、視レバ見ルナリ、属《ツキ》レ口《ニ》、属《ツキ》レ意《ニ》、ヒタト場デセリアゲ、取《とり》直シテ適《ケ》バ、マヒトツ心ガ能《よう》ナルト謂ヒヅクナシニ、全体身ト共ニ立テアルゾ。心デ心ヲ持フトスレバ、意デ引張《り》、心ノナリヲ作リ拵テ、ジツト持テ居ネバ成ヌ程ニ、心ノ根ハ立ズ、ドコゾデ透間ヘ打込デ、屹《キツ》トセネバ置ヌ、随分*我《ガ》デ持オヽセテカラガ、動静表裏ニ密セヌ程、心ニ透ガアル。寐《ネ》匍匐《ハラバウ》テモ、心ハ弛《はず》サヌト云ヘドモ、寝匍匐タ時ト起ナヲツタトキノ*心ハドウアルゾ。去程ニ悪イ事ガ見タイ聞タイト云私欲ハ其上ノ詮議、耳ニツキ、目ニツキ、癖《クセ》ト云迄堅マリ付ゴトヲ不レ待シテ、サア今本法ノ則ニ身ヲハメウトスルト、様々ノ病ガツイテ、自由ニナラヌ程ニ、只管《ひたすら》*目ニツキ属《キ》レ耳《ニ》シツケ〳〵テ習《ヒ》込デ適《ユケ》バ、吾《レ》不レ知ニ、本法ノ身ト共ニシマリ付タ心ヲ得テ来ル。不レ知レ之《ヲ》ニ心計リデ守フトスレバ、身トトモニ生《ハヘ》ヌイテ吾《レ》ニ*有ルト云敬ニナラヌ程ニ、此地頭去《る》処ト言テ、各別ニ*李退渓*ニ重宝セラレテ、「敬斎」全篇ノ要旨ジャゾ。

●問敬斎箴蟻封　不レ及レ解《ニ》。

●朱子曰《ノ》蟻封　不二妄《りに》動《か》一ト云カラ看ヨ。蹜々《として》有レ循《うこと》ト云足バカリ*ノ事ニシタ註ハ入ヌコトゾ。

●問旧見　一歩〳〵ニ*足ヲ*重カツタリ軽クハナイカト*気ヲ付タリ、言語ノ乗テクル、ヤレト止メ、歩ムト云ヘバ跲《ツマヅカ》ヌヤウニ、小刀細工*シツヽ、四方《よも》山話《やまバナシ》スルト手ヲ*截《キル》、ソコデハツト気ガ付バ*提撕《ていせい》ジャ。気ガ付ト小刀ト*手ハ乗テ*クルト、*如レ此言ヘバ、*何ノヤライナ物ヲ心ニ分《ワケ》テ、心ニ結句コダハリ、杜《ふさ》ガツテクル。其ヤウニ則ヲ持来《て》テ*迫《セマ》ラズ、只是歩メバ歩

我デ　意地をはっての意。無本「中テ」。
心ハ　無本「心トハ」。
目ニツキ　底本なし、両本により補。
有ル　「有スル」。
李退渓　朝鮮李朝十六世紀の碩儒。名は滉。朱子学に専心し、創見多く、闇斎に影響する所が多い。
ニ　無本「モ」、享本なし。
ノ　底本脱、両本により補。
足ヲ　両本なし。
重…カト　享本「重ゾ軽フハナイソト」。
気ヲ…跲ヌヤウニ　底本恐くは脱あり。無本「気ヲツケフナラハ常住アルクヨリ外ニ用カナヒヤウニナル此道理ハナヒハツ提撕　サア物ヲ言テ乗興スルヤレ〳〵シテアルクト云ハケツマツカヌヤウニナニヤラマキレタトヽリナヲシ」、享本「気ヲ付フヤラサアモノ云テ乗キヤウスルヤレトヾメアルクト云ハケツマズカヌヤウニ何ヤラ紛レタトトリナヲシ」。
シツヽ　底本「シテ」、両本により訂。
截　「キッテノケル」。
提撕　心をふるい起すこと。
手ハ　無本「手ト」。
クルト　「クルモノゾ」。
如此言ヘバ　両本なし。
何ノ　「何ト」。
迫ラズ　「カフセツクナク」。

ムナリ、視レバ見ルナリ、時トモスレバ、*ワルイ処デ気ヲ*付《け》、何ト謂コトナク平生全体ニ気ヲ付テ、*気ノ付テ有《ある》ト言ヨリ外ハ無シ。ソレガ直ニ足デバタツカズ、手ヲ麁末ニ*ナサヌ則ガノツテ*有ル。常々ト*云ガ面白ヒ。是モ*動クトキニ提撕シ、静ナトキニ提撕スルト云バ、又提撕ト云則ヲ持テクルニナル。兎角何ト謂コトハナイ、ヌケソウナレバ気ヲ付ル、ヌカラズ吾ニ有ト*云ナリ、動容手足ノ則ヲ得テ来ルゾ。*是ガ至極ノ処ヲ見ラレタ。*此ノ合点ヲセネバ、「*敬斎箴《の》」ヲ*誦《よん》デモ、衣冠ヲ斯正《カフ》サウ、瞻視ヲ尊フセウ、足ハジツカ〳〵ト重タウ歩モフト、カタニハメテ適《ゆこ》フトスルニ因テ、衣冠カラ見レバ、*板天神《いたてんじん》ノヤウニ成テ、気苦労ニナル。*瞻視カラ見レバ、*ジツト尊フラシウスルニ因テ、*ドコヤラ*副寄《ソイヨリ》ノナイヤウニナル。手足カラ見レバ、ジツト蹈付テ歩ム、*足ニ石ハナイカ、怪我ハセマイカ、択《て》而蹈《ふむ》ト結句跲《ツマヅ》イタリ、コダハル者《も》ノ。*此間《ノ》ハ敬ヲスルニ因テ、太甚草臥《きつうくたびれ》タト云ヤウニナル。*正《うし》ニ衣冠《を》ニカラ告《げよ》ニ霊台《に》ニマデヨムウチニ、全体ニ吾ニヲボヘサメテクル其《ノ》一念一存ヨリ外ニ敬ハナイ。歩メバ歩ムナリニ心ガアリ、持テバ持ナリニ心ガアリ、*見レバミルナリニ心ガアリ、聴ケバキクナリニ心ガアル、其見タリ聞タリ、手足動容ノ則ハト云ヘバ、*其アルト云心ニ不レ言シテ乗テアル。衣冠ナレバソ、ケズ、瞻視ナレバ*ダラケズ、立ナリニジツトリト、歩ムナリニコマヤカニト、*此心ヨリ立タ則ジヤニ因テ、足ヲ重フセウト、外ヨリ持テコズニ、足ナリニ有《ル》心、ドウナリト麁末ニセヌ覚ガアリ、衣冠ナリニ有《る》心、ドウナリト自堕落ニナイト云覚ガアリテ、コダワルコトモ、ツカエルコトモ、イカメシイコトモ、有フ様ガナイゾ。易《ヤス》イコト、寐匍匐テ居ルニ、起直《き》ルガ則《のり》ジヤ程ニ、屹ト起テ居ヤウト云ト、ドウデ寐

ワルイ　無本「ノル、」。
付　無本「ツケ〳〵」。
気ノ付テ　享本なし。
ナサヌ　「ナラヌ」。
有ル　無本「アルソ」。
云ガ　無本「アルカ」。
動クトキ…静ナトキニ　無本「動クト動クトキ…静ナト静ナトキニ」。
ナリ　無本「ナリニ」。
是ガ　「問手カ」。**タ**　享本「タソ」。
敬斎箴…デモ　享本なし。
誦デモ　無本「ヨンテ」。
板天神　でくのぼう。
瞻視…者ノ　享本この句なし。
ジツト　無本「キツト」、下同じ。
ドコヤラ　無本「トウヤラ」。
副寄　よりそって頼みにするもの。
足　無本「先」。**此間**　「コノ中ハ」。
正衣冠…サメテクル・見レバ…心ガアル　底本なし、両本により補。
アルト云心　無本「アル存ト云」。
ダラケズ　「ソ、ケス」。
此心ヨリ　無本「コトナク存(ルア)心カラ」。**ゾ**　両本なし。
居ルヤ　無本「イルカ」。
云ト　無本「云ハ」。
家モ　無本「家カ」。
スル　無本「シヤラフ」、享本「シヤウ」。**カラ**　「カラカ」。
ツメゴト　いやおうない結論。
責付テ　「セツテ」。
イヤトモ言レヌ　無本「イヤトヲモワレヌ」。

タヤウニ楽ニ無テ、コダハル者ゾ*。寐ハラバウテ*居ルヤト気ガ付*云ト、直ニ起直ルト云則ガ付テ有テ、起直テ愈《イヨ〳〵》ハツキリトスル。何程人ニ異見云テ、是デハ*家モ持テヌ、サウハ*スル筈ガナイト随分異見シテ*カラ、ワケテ*ツメゴトデ*責《め》付テ、*イヤトモ言レヌ様ニ、*ソレナラバ左右《そう》モシマセウカト云気デ聞タ異見ナレバ、ドウモコダハテ、*ヅツノウテ、堪ラレヌ筈、先《サキ》ノ者ガ異見段々聞受《きけ》テ、嗚呼無調法イタシタ、*過《アヤマツ》タト云、其ノ心ニ家ノ持ヤウモ、身ノ立《て》ヤウモ、ベツタリト就テアル。最早則ト云コトハ言ヒトムナイ。只*此ノ*一心ノ存シテ有ル合点一ツジヤゾ。其レ故火事場デモ狼狽《うろたえ》ヌ、択《て》レ地《を》而蹈《む》ニナル。*戦場デ討死スルトキモ、手ノ容ハ恭《ウヤ〳〵》シクニナル。*譬バ鵯《ヒヨドリ》越デモ、東海道デモ、兎角此心得*コタヱテクレバ、ドウナリト場ナリニ狼狽《うろた》ヘヌガ「敬斎箴」ジヤ。此《コヽ》ヲ不レ知ニ、太平ノ*世、*席上デコソ、アノ様ナ*結構ナユルヤカナコトハナラウガ、*何ゾト云トキニ択レ地而蹈ト云コトハ成モノデナイト云ハ*皆誤。此ニ立テアルナリヲ合点シテ、ドチヘドウシテモ爰ヲ離ルヽコト*ハナラズ、狼狽ヘルト火事場デ怪我スル、*少《し》ヌケルト見苦敷《みぐるしい》*討死スル様ニ*ナルハ、此ノ心ガヌケルカラノコトゾ。ソレデモ「敬斎箴」ガ*セハシキ場ノ事迄云テナイハ、ヤハリ今指当《さしあたつ》タ動容表裏ノ正面ヲ*引《き》シラゲテ語テ、手ノ容ハ恭ク、足ノ容ハ重シト*指《ささ》レテ、直ニ*戦場デ駆挽《かけひき》スル*足モ此レナリ、討死スルモ此ノ手ジヤゾ。*然ラバ頓ト此ノ心一ツガ敬ナラバ、ナゼニ地頭去《る》処デ養テ適《ユケ》トハ言レタゾ。サレバ*其心ト云《は》動静表裏ナリデハナイカ、其心ノ存スルト云ハ無レ違交正ノ外ニアルカ。「敬斎」全篇立タ一心ジヤト云ナリハ、其衣冠ヘ正シウスルト云*気ガ付テアリ、其手足ニハ重恭ト云気ガ付テアリヤト、気ガ付テ起直ル、其気ノ付タト云ハ、起ナヲルデハ

ソレナラバ　「ソレナラ」。
ヅツノウテ　底本「ソ、ノウテ」、無本により訂。術なくて、仕方なく。
過タ　両本なし。**此**　享本なし。
一心　底本「一身」、両本により訂。
戦場　「軍場」、下同じ。
譬バ　両本なし。
コタヱテ　堪えて、もちこたえて。
世　無本「世中」。
席上　「タ、ミノ上」。
結構ナ…コト　無本「殊勝ナツマツタコト」、享本「ツマツタコト」。
何ゾト　無本「ナニコトソト」、享本「何トソ」。
皆誤此ニ　底本無本「皆語ニ」、享本「皆誤此」(以下の「ニ立テ…ニナルハ此」脱)、今推定して訂す。
ハナラズ　無本「ノナラヌ」。
少ヌケル　無本「チツトヌクル」。
討死　無本「打死ヲ」。
ナルハ此心　無本「ナルソコノ心」。
セハシキ…ナイハ　無本「イソカシヒ場ノコトニテ云テナヒ」、享本「忙イ場ノコトマデ云デハナイ」。
引シラゲテ　引は強調の接頭語。精密に究め尽して。
指レ　享本「サシ」。
戦場デ　享本「軍場ヲ」。
足モ此ナリ　無本「足ニモコノナリ」。
然ラバ　「ソレナラハ」。
其心ト　享本以下次頁一一行目「面白コトニテ」まで脱。
気ガ付テ…アリヤト　無本なし。

ナイカ、直ニ此則《のり》此《の》場ジヤゾ。*象《カタチ》モテキハセヌ、心サヘ有レバ、ドヲナリト*向ノナリニ成《る》モノジヤト云ヘドモ、*斯《こう》言《う》ト早《はや》即坐《に》、其《ノ》心サヘ有レバト云身ガ則ヲ除《のけ》テ論ズルニ因テ、其レ程心ガ其坐ニナイ、其心デ向ナリニ捌《さばこ》フトスルト、必《ず》*怪我アル者ジヤニ因テ、存心ト云ハ、*至極地頭去《る》処デナケレバイカヌ、至極場ニ*ナヅマヌニヨツテ、至極場ニスワテアル、至極場ニ居《すわ》ツテ有《る》ニ因テ、至極自由ニ働ク。存心ノ目当知ネバ、象《カタ》デ持《て》来テ、作《り》物ニナル。毎レ場ノ則ヲ知ネバ、心ヲ*引詰テモテ*居ルゾ。心ノ存シタト云ハ、恭敬礼義ノ場ヲ離《れ》ズ、場ヲ離レヌ、此《コヽ》ヲ大事ト云ハ、直ニ心ノ存シタナリジヤニ因テ、ドウノ斯《カフ》ノト云コトナク、ヅラ〳〵ベツタリト、正㆓衣冠㆒、尊㆓瞻視㆒ト読ム中《うち》ニ、則ト共ニ心ニ在リ、心ト共ニ則ヲ得テ居ル。*心身コマヤカニ相応ジ、ジツクリト適クアヂ、「敬斎」ノ要旨ゾ。即《ち》上ノ地頭去《る》処ノ条ト此条トセリ合セテ合点スベシ。　○右ノ存心端的ノ旨ヲ合点シテ問レタ程ニ、最モ面白《い》コト*ニテ、朱子ノ御答ハ、其端的ハ成程サウジヤガ、這箇《こ》ノ病痛、耳ニツキ目ニツキ、自堕落*ヲ止メ、麁相ヲ矯《タメ》テ、ジツカ〳〵ト場カラ*養フテ適《ゆけ》トアル。*親切著明ナルコトゾ。

○朱子曰　乱出　妄《リ》*ト謂ズ、乱ト云ハ、シドケナウ、*次第ナイゾ、*何角ト言《コトバ》ノ中ヲ折タリ、*ソコツニ言《い》出シタリスルヲ云。*言語スルナデハ無シ。自ラ守リノ有テ、ムザト*出サヌヲ、如レ瓶ト云語意デ合点セヨ。　○恐《ル》為《に》レ外《の》　是レ看ヨ、マダ外誘ノ来ヌサキニ、平生ニ*防ギ居ルゾ。敬ハ心ノ*ツヽミジヤニ因テ、事ガ*出テ拵ヘハ*セヌ。

○*朱子曰　*妄ニ覚ヘ考ナク、可レ言場ジヤト、*シマリガ有テ言ヘバ、言《ことば》ノ是非ハノケテ

象　無本「カタヲ」。**向ノ**　無本「向フ」。**斯言ト**　無本「ト云ト」。
怪我　無本「ヌケカ」。
至極…ヨツテ　底本脱、無本により補。**ナヅマヌ**　拘泥執着しない。
引詰テ　無本「ヒキツテ」。
居ルゾ　無本「イル」。
心身　底本「心ノ身」、無本により訂。
ニ・ヲ止メ　無本なし。
養フテ　底本「美ク」、無本「養フテ〳〵」、亨本「美フ」、今訂。
親切…コトゾ　無本「右親切ナコトシヤソ」、亨本「尤親切ナコトソ」。
ト　無本「トハ」。**次第**　無本「次第ノ」。**何角ト**　「モチヤカハ」。
ソコツニ　「ツコトニ」。
言語スルナ　無本「言ヲ云ナト云」、亨本「モノヲ云フナ」。**出サヌヲ**　「出サヌ」。**防ギ**　無本「防イテ」。
ツヽミ　堤防。「ツヽシミ」。
出テ　無本「出テカラ」。
セヌ　無本「セヌソ」。
朱子曰　亨本本条以下一六六頁一四行目まで欠。
妄ニ　無本「ニ」の字なく空格、是か。次の「覚へ考ナク」は次句には直接連ならず、「妄」の字義と解すべきで、即ち妄とは覚え考えなし云々の意で、この句三本とも訛脱ある如し。
シマリ　底本「雑リ」、無本により訂。
其故　無本「ソレシヤニヨツテ」。
者ゾ　無本「モノシヤソ」。
引　無本「ヒキヤウ」。

置テ、吾カラ覚ヘテ出タモノ。無《なし》レ考ナレバ、善事謂《い》テモ覚ヘハナイ、メツタト云者。其*故《ノ》自《オ》ラ吾カラ言出スコトハ跡先揃フテ、言《ことば》ヨイモノ、聞テ聞紛《ききまぎ》レノナイ者*ゾ。

○問勿レ弐　此条本文ノ*引《ひき》ガ*跡先ニ成テアル。旧本ハ斯《カフ》有テ、後ニ今ノ様ニ直《ナヲ》サレタカ、但シ*引サマニ、偶《と》跡先ニシタ*ソウナ。　○形容トハ、*色々ニ語レドモ、皆敬ノ*事イキタ実ヲ語リ出シテ、今読ム身ヘ直ニ移ル様ニシテ有ゾ。　○只一心　止做北去*　只一心ガ做《なシ》レ東去《を》ト一ツジヤニ、又要ニ做レ西去《ヲソコトヲ》一　ト文段ヲトレバ、做レ東去ト云ハ無適ニ成テ、做レ西去ヲ要スルカラガ*散ル病ニ当ルガ、左右デハナイ。只一心ト云ガ一句ゾ。只一心、ソレガ做レ東去、又做レ西去ト云合点、*要ノ字ニ泥《なず》ムベカラズ。　○走作　*彼《ア》シタナリ、此《カフ》シタナリ、アレヘ移リ、コレヘ移リテ、*チロカハト、其場ヲ去リ、*其当《あて》ヲノヒテ、一所ニ得定マラヌゾ。此ノ文字ガ不敬ヲ語ルゾ。*常語最モ親切ナ語ゾ。

○問ニ主一一——

○*李守約上レ書《を》　非ニ両事《ニ》一　心ノ取《ら》ル、ト云ハ、時・処同ジコト*ナレドモ、其取《ら》ル、場ヲ割テ、時・処ト指《し》示サル、ゾ。ヤレ〳〵大事ト思フ心カラ、*自然ト此両論ガ付テクルゾ。

○或問敬斎箴　アマリ厳密ニ*責テ、行儀ヲ謂テ、*カブリ振テモ*不敬ニナル様ニ、*動《き》ノトレヌ、アノ様デハユキニクイ程ニ、少《ちと》従容ユルガセニ、*キツシクニ成ヌ様ニ、書置《ておき》タイト云アツラヘジヤ。是ガ惰慢デ問デモナケレドモ、敬ノ合点ヲ知ヌ故ジヤ。ソコデ答《て》曰、是ヘ何ノ迫切ト云コトヲ持《て》来ルコトガ*イラフゾ。今微塵手ヲ下サズニ*居テ、早ドウヤラキ

跡先　敬斎箴の本文は「不東西」が先、「勿弐」が後になっているのが、ここの引用では逆になっていること。
引サマニ　引用する時に。
ソウナ　無本「ソウナソ」。**事**　無本なし。**色々**　無本「イクイロ」。
去・ガ　底本脱、無本により補。
要ノ　無本「要スルト云」。
彼シタ…ナリ　無本「アレシタリコレシタリ」。**チロカハ**　無本「チロカハ〳〵」。**当ヲノヒテ**　その場その時の目あてを除いて。**常語**　無本「吾カ□」、共に意不明。
李守約　→一九七頁注
ナレドモ　無本「シャケレトモ」。
自然ト　無本「自ラ」。
責テ　無本「〆セメナ」（〆はメか）。
カブリ　頭。**モ不敬ニナル**　底本「不敬ニナラヌ」、無本により補訂。
動ノ　無本「イコキカ」。**キツシク**　かたくて融通のきかぬこと。
イラフゾ　底本なし、無本により補。
居テ早　無本「イテカラ便」。

至極シテ見テ　ぎりぎりまでやってみて。**塞ノ多イノト**　無本「フサカリノ多イト」。
クルハヅ…アテテ　底本なし、無本により補。**用力シテ**　無本「用力ヒテ」。**務テ**　無本「シテ」。
コソ　無本「コノ」。**身体**　身代の意か。**ヨイ**　無本「エヒ」。
ノ　無本「ナ」。**ナル**　無本「ナ」。

ツシクナ、従容シタイ者ジャト言タガル。*至極シテ見テ、胸痛《ヲめ》気凝《ヲこら》シ、結句*塞《フサグ》ノ多イノト云程ニ持付《ち》テミレバ、其上ニ至極厳密デ至極ニ迫切ニナイト云則ハ謂テ聞サルヽ、身カラ覚ヘテ*クルハヅ。問手ノ合点ハ、ハヤアトノ手ヲアテテ、軍最中ニ逃道《ニゲ》ヲ詮議スルヤウナ物。乍レ去敬ト云ニ、微塵迫切ナコトハナイ。真実ニ*用力シテ見レバ、自《オ》ラ衣冠ハ自堕落ニセマイ事、瞻視ハ麁末ニセマイコトト、必至〳〵ト属《ツイ》テ来テ、自然ニ厳密ニセネバナラズ、厳密ナガ苦ニナラフ様ガナイ。皆*務《ツトメ》テ見ズニ、脇カラ詠《ながめ》テコソ、*「敬斎箴」ハ*身体ノ*ヨイ物ヤ*太平ノ時分ニハナラウコト、*此様ナルコトニ人間ガ立モノデナイト、*宰我ノ仁者ノ問ヲセラルヽ、合点ジヤ。其ヤウニ日用ニ害スルコトナ*ラバ、大不敬ト*云モノ。*タヾ今心ヲ取*離《し》、シ毀《そこの》ウタコトヲ思返シテ、*アゼカヘシテ見レバ、*実ニ有レ透《テすきガ》ナラヌト云気ガ付《く》、知《テ》為《にスルニハ》レ己《ガ》則自然着《ニク》レ敬《ニ》ト云、尤*ナルコト、*何程自堕落ナ者デモ、人君ノ前デハ、ドウモ寐ラレヌ、貴人ニ出会フト、其儘居直ル。只真実ニ敬心ガ有レバ、何ノ堅イコトガ有筈《フ》ガナイゾ。*常覚《にえ》ニ得《る》*緩寛《なるを》一ト云、是ガ敬ジヤ。此心ナク、ユルヤカニシタガル心デ、ナリカラ詠《ながめ》テ敬ヲスル程、窮屈ニナルト覚ヘル。此一《ノ》念ヨリ外ニ、寛《ユルウ》シタイト云コトハ微塵モナク、只*大事〳〵ト思ヒ詰テ居ル心ナレバ、*自然ニ自堕落ニハセラレヌ、急迫ニ有フ筈ガ無ゾ。

○*黄勉斎曰　指《さし》当テ正ニ衣冠一尊ニ瞻視一ト云コトハ、*大人デモ小児デモ、帯ヲシツカリトシメテ、*トバ〳〵セヌヤウニト謂コト。是程粗浅ナ*指《サシ》ジカナコトデ、ソレナリヲ*結デ*見レバ、三綱淪《しずみ》九法斁《やぶる》ト、天下ノ大ヲ治ルモ、只此一《ノ》念ジヤニ因テ、浅深高下、聖人モ悪人モ、*ドウシテモ就テ廻ルガ敬ジヤゾ。　○*又曰　四端《ヨはな》ニ場ヲ指ルヽ。是ガ「敬斎」ノ要

宰我　孔子の弟子、名は予。↓二八六頁注「罔ント」　**ナラバ**　無本「ナラ」。　**云モノ**　無本「云」。
タヾ今　底本「謂タイマ、テ」、無本により訂。　**離シ毀ウタ**　無本「ハナシテ今マテシソコナフタ」。
アゼカヘシテ　まぜ返して、反省しての意。無本「アセカイテ」。
実ニ　無本「マコトニ」。　**ナル**　無本「ナ」。　**何程**　無本「ナンホ」。
常　底本「当」、無本・原文により訂。
緩寛　ゆるいこと。朱子が自分でも、敬の修養については甚だゆるみ油断が多いことを常に覚えると言った。
大事〳〵ト　無本「大事ニ」。
自然ニ　無本「自ラ」。
黄勉斎　↓一一四頁注
大人　「百姓」。　**トバ〳〵**　そわ〳〵。
指ジカ　さし近か、ま近か。
結デ　無本「ツメテ」。
見レバ　無本「ミレハトント」、享本「ミレハドレ」。
ドウシテモ　「トチヘトウシテモ」。
又曰…説ゾ　享本この項なし。
ト云ハ　無本「シャト云ハ」。
説ゾ　無本この下に「動静表裏ノ四字ヲ主トシテ云タモノソ」の句あり。
此…斯言コトヲ　享本脱。
結論　無本「ツメ論」。
小所…ナリ　無本「ホ(小の訛か)トコロカラ漸々ニ大キウナル」。
詞違　「為違」の宛字か。無本「シソコナヒ」。　**初ノ…ナル**　無本「失ヒ

旨、地頭去《る》処ノ合点ジャゾ。是ヲ不レ違交正ト云ハ効《しるし》ジャニ、其レヲ綱領ト云ハ誤リト云*ハ穿《うがつた》*説ゾ。

○問ニ豪釐一—— 陳北渓曰 事実ニヨク説レタ。此*ノ本文三綱既ニ淪ムノ旨ジャ。斯《こう》合点セネバ、只結*論ニナル計リゾ。今人ガ皆小*キ所ヨリ漸々ニ大処ニナリ、僅ノ詞*違ヒカラ竟ニハ禍ニモ遭ヤウニナル。初*ノ小失、後ニハ広大無量ニナル。其一念ノ僅ナ仕*損ジガ大病痛ジャ。広*大ナル本ハ、始ル端ニ在ル。「岷*江浮《べ》レ觴《さかずき》ヲ 入テレ楚ニ浮ムレ船ヲ」ト云ヘリ、又倭歌ニ〈吉野川その水上を尋ぬれば葉々の雫萩の下露〉ト読メリ。敬ム処ハ最初小端ニ有リ。侮ルレ親《を》心ガ発《おこ》レバ、頓ト親ノ首ガ落テ見ヘル。政*務一ツ麁末ニスレバ、頓《ヤガ》*テ天下乱レテ見ヘル。其*レ故微塵モ透*間ノセラル、物デナイゾ。サレバ紂ガ象《の》箸ヲ作レバ、箕子ノ目ニ天下ハ潰《ツブレ》タ*ト見ル。宋*叔ガ聚《しゅう》鷁冠《いっかん》ヲ好メバ、君子ノ目ニ、命ハ絶タト見ル。魯*粛公ガ賑《しん》ヲ麁忽ニスレバ、再ビ不ルレ帰《ら》端ガ見ヘテアル。今ト云即坐ナコト、後*ニ詠《なが》メハセヌゾ。扨斯《カフ》言コトヲ、心ガ同事《じ》ジャ、理ガ一ツジャト不レ謂、ヤハリ人情事変デ語ラレタハ、扨々親切*ナルコトジャ。怪我モシテミタリ、欺*カレタリ、危*キ場モ歴テミル、面白《い》コトモシテ見ル、国政ノナリヲナガメ来タリ、人家ノ潰《つぶ》ル、様子ヲ見タリ、何*角ニツケ歴《へ》タイ程歴タ目ヨ*リ看レバ、実*ニ大分取返《し》ノナラヌ目*ニ出会タ。一念ノ不敬デ家ヲ亡*ス、一存ノ蹈《み》違デ天下ヲ乱ス、ヒツシリト三綱九法ノ立*敗ハ方*寸ノ間ニヒヘキツテ居ル。此ガ朱子ノ正意ジャ。只不敬ナレバ、斯《カフ》ナル程ニト、事実デ見ル計リデナイ。上*段ニ恐懼ノ心カラ見レバ、ピツタリト事実共ニ最早潰ル、ト*モ亡ルトモ見ヘテアル。其理ヲ語レバ、小モ大モ同*事《じ》。只律*義如ニ法理一ヲ言ヒヅクナク、老

ハシメハ小サフテサキヘイテカラヒロナルトコソヲモヘトモ」。
仕損ジ 無本「シソコナヒ」。 **広大ナル本** 無本「ヒロカツタ大キナ」。
岷江… 岷を底本「民」、觴を「触」、今訂。無本以下「小端ニ有リ」までなし。四川省岷山に源を発し揚子江に入る河で、昔は揚子江の上流と考えられた。宋の黄山谷の答ニ邢敦夫一詩に「岷江初濫レ觴、入レ楚乃無レ底」。
政務一ツ 無本「政ヒトツヲ」。
頓テ天下 無本「トント天下ハ」。
其故 無本「ソレシヤニヨツテ」。
透間…物 無本「スキマカアラサル、モノ」。 **ト見ル** 無本なし、下同。
宋叔 →補記 **魯粛公** 無本「晋粛公」。魯・晋共に粛公なし。成粛公の誤りか。→一八九頁補記「民受…」
後ニ 無本「後ニナツテ」。 **ナル** 「ナ」。
欺カレ 「タマサレ」、底本「斯カレ」、今訂。 **危キ** 「アフナヒ」。
何角ニ 無本「ナニ、ツケカニ」。
ヨリ 「カラ」。 **実ニ大分** 「マコトニイカイコト」。 **目ニ…合点セヨ** 享本以下本項末まで脱。
亡ス 無本「失フ」。 **立敗** 無本「立段」。 **方寸** 無本「胸」。
上段ニ 無本「上段々々」。
トモ亡ルトモ 無本「モ失フト」。
同事 無本この下に「其心ヲカタレハ失フタト云ハハヒロカツタモハシメモヒトツシヤノナンノカノト云事ハアル」。 **律義如法理** 律義真っ当。

人ノ物ヲアヤブム心ジヤト言コトヲ合点セヨ。ソレカラ見レバ、実ニ「民*受天地之中――」ニト云説モ出ル。「服*之不《ざるは》レ衷《かなわ》身之災《わざわい》」ト云義モアルガ、爰ハジカノ親切ナ心カラ合点セヨ。　○非ソバ二理明ニ義精キニ一　朱*子身カラ歴ラレタデ無*テハ、理デ分*テ詮議シテ、天壊易レ処ト*ハ云レヌゾ。面白イ語リヤウジヤガ、此ノ語ニハ少シ病*アリ。理ト云モ義ト云モ、皆知ル上カラ謂*モノ、迚《トテモ》*ノコトニ理明ニ義熟スト対シタイ物、何程理ガ明カニ義ガ精シト云バカリデハ、心法警戒ノ味ハ覚ヘラレヌ筈、義熟ト云デナケレバ、「敬斎」ノ正味ニハ成ヌゾ*。

○箴*之救レ人――　禽獣ト云ヘバ、キ*ヤウガル事ノ様ナレドモ、皆ナリカラ詠《ながめ》テ、マダ禽獣マデハ成ヌトコソ思ヘド*モ、禽獣ト人ト違タ瀬戸ヲセリ詰テ見レバ、此ノ心ガ有ル、此ノ身次第ニスル、タツタ二ツノ間ジヤニ因テ、爰ヲ取離《り》スト、三綱九法既ニ淪テ、其ナリハ人ノ皮ヲ被《カム》リテモ、人トハ云レヌ処ヲ、ヒツシリト指付《さしつけ》テ戒メラル、。此百字ノ間デ気ガツケバ人也、気ガ附ネバ禽獣ジヤゾ。天壊易レ処ト云*ハ、此*ノ旨ゾ。

○陳北渓曰　按　キツト書付、目ヤスニシテ、準則トス。

●真*西山曰　漢唐以来理デ身ヲ持デ、本心ノ敬ヲ忘レタゾ。程子ノ主一ハ存心ノ端的、整斉ハ直ニ準則ト、両端ニ語ラレタリシヲ、引結《き》デ「敬斎」ノ全備ト成タゾ。聖学トハ、聖人ノ理ヲロデ説*タト云コトデハナイ。聖人ノ身ニ成《なり》タイト云周*子ノ本意ジヤ程ニヨツテ、存養存心ノ学ハ聖学ト云ゾ。

●草廬ノ呉氏敬堂説《のニ》曰――　凡《そ》堯舜ノ聖徳カラ万世ノ学者ニ示サル、処マデ、只此ノ敬ノ一字ナレバ、大《なる》哉デハナイカ。面々ノ敬ヲ荷ニ持テ居ル不敬ナ身カラ詠《なが》ムレバ、聖人ニナ

民受…　底本無本「民者受」、今訂。↓補記
服之…　底本無本「服之不衷自之殃」、今訂。衷は適（かなう）。↓一八九頁補記「宋叔」　**朱子…ジヤガ**　享本なし。
身　無本「身上」。**無テハ**　無本「ナフテ」。**分テ**　無本「ツメタ分テ」。
ハ　底本なし、無本により補。
アリ　「カアル」。**モノ**　「モノシヤ」。
迚ノコトニ　いっそのこと、寧ろ。
ゾ　享本なし。
箴之…　享本本条及び次条なし。
キヤウガル　無本「ケウカツタ」。一風変った。
ドモ　底本「ハ」、無本により訂。
云ハ　無本「云カ」。**此**　無本「ソコノ」。**真西山**　↓一九一頁注
説タ　「トキタヒ」。**周子**…　↓補記
イリソムナイ　必要そうもない。
ナイナレ　無本「ナヒトヲモヘ」。
聖人ノ　底本脱、両本により補。
至ル　「ナル」。
苦労ナ　無本「ツヽナヒ」（術なし、苦しいの意）、享本「ジュツナイ」。
思ヘバ　無本「オモフハ」。
何程　「ナンホ」。**真実**　無本「真実ノ」。**ナラズ**　「ナラヌ」。
恐レ　「ヲソミ」、下同。
就テ　無本「ツキ〳〵テ」。
耿然　底本「映然」、両本により訂。光の明るいさま。**散ズ**　享本なし。
ヘ　無本「ヘハ」。**自然ト**　「自ラ」。
天王…　「拘幽操」（二〇〇頁）参照。

ル程従容自由、敬ト言コトハ*イリソム*ナイナレドモ、常人ノ常人タルハ不敬故、*聖人ノ聖人タルハ敬故、聖人ニ*至ル程、敬ミガ励《はげし》イゾ。敬ガ*苦労ナト*思ヘバ、*何程敬スルヤウデモ、意デ持《ち》気デ張タ分デ、*真実心ノ敬ミニ*ナラズ。敬ムホド心ニ*恐レガ*就《つい》テ、至極ヒヘキツテ有リ、至極大事ニカケテ、*耿《カフ》然ト火ノ燭《トボ》ツタ如ク、微塵紛レズ*散《ら》ズ、油ノ中へ*自然ト*水ノ持テイカレヌ様ニ、水ノ中へ火ノ入レラレヌ様ニ立テ、道体自然ノ実見共ニ不《ル》レ息《マ》ニ因テ、*至極大悪ノ紂王ニ出会テモ、「*天王聖《は》明、臣罪当《の》レ誅《にす》」「*不レ殖《あつめ》二貨利《を》一、不レ邇《ちかづけ》二声色《を》一」ノト謂テ*有テ、親へ至極孝、子《コ》へ至極愛ト云ナリ程、恐レノ強イ心ハナイゾ。*其《レ》*故唐虞ノ朝廷、上ハ堯舜、下ハ*稷契《しょくせつ》、アノ歴々ノ衆ガ寄合テ、*何ゾ俄ニ事ノ出来タ様ニ、イヤ*如《し》レ傷《めるが》ノ、*万機ノ、*念《おもう》レ茲《ここを》 在《あり》レ茲《に》ノト、*平生*詮議ニ懸テ居ラル丶、アノ心法ノ聖人ジヤト謂コトヲ知レ。常人ハ崩レテ、跡デビツクリスルニ*因テ、山ホドノ*コトモ目ガ附ヌ。聖人ハ崩レヌサキカラ、本然本心*ヨリ、毫釐千里ノスレ*アイ、ヒヱ切テ、一点ノ火デ*天下ガ焼ルト見ヘテ有ゾ。*日躋《ニのぼレ》*於緝熙《ア、しゅうきニシテ》トハ、敬ノ*タヾヂヲ云ヘバ、其坐《ノ》去ヌ、一念爰ニアル、惺《サメ》タヨリ外ハ無テ、一念是《コ、》ニ有ニ因テ、其《レ》ナリノ心ニ成テ、*ウ*ジナリニ成テモ北へ適《ゆく》ヤウニ*離レズ、イツ迄モ*続キ、ドコ迄モ広ガツテ、須臾有レ間毫釐有《と》レ差透ノ*アリヨイ物*ト、治ニモ、乱ニモ、立テモ、*イテモ、一時一事ノ間ニ、*全ク不レ忘、端的即坐ノ裏返*シ、切目ノ*ナク、其一念ナリニ不レ息*ト云敬ジヤ。*是《レ》デ敬ノ全備ジヤゾ。其《ソコ》ニ透ガアル、最早不敬ジヤ。*因テ徳ノ厚イ程、愈《いよいよ》敬ミ、*愈恐レテ、ヤハリ小児ノ手習スル心ゾ。敬ノ精イガ*実見ニナリ切テ*有ニ因テ、昨日モ敬シメバ、今日モ*恐レ、去年ヨリハ精フ成テ、明年ハ愈ケガレズ、向レ親《ヘ》テモ明ナレ

不殖… 貨利は底本「貨財」、両本により訂。書経、仲虺之誥「惟れ王声色を邇けず、貨利を殖めず」。
有テ 享本「アリ」。 **其故** 「ソレシヤニヨツテ」。 **唐虞・稷契** ↓補記
何ゾ俄ニ 「何事ソニワカ」。
如傷 孟子、離婁下「文王視レ民如レ傷」。 **万機** ↓一二〇頁注「一日…」
念茲… 底本「念ハ」、両本により訂。書経、大禹謨「帝念へや。茲を念ふ茲に在り。茲を釈(す)る茲に在り」、皐陶の功を思念して忘るる能わず、我が思念は茲の皐陶に在り。
平生 「常住」。 **詮議** 無本「コノセンキ」。 **ニ** 「シヤニ」。 **ノ** 「ナ」。
ヨリ 「カラ」。 **アイ** 無本「アヒカ」。
天下 「日本」。 **日躋** ↓八〇頁注「聖敬…」 **於緝熙** ↓九五頁補記「敬止」 **タヾヂ** 直路、正道。
ウジ 底本「牛」、両本により訂。雁は蛆になっても北に向って行き、初志を貫くという。 **ナリニ** 「ニ」。
離レズ 無本「ハナレスヲチス」。
続キ 「ツ丶ク」。
アリヨイ ありがちな。
ト…乱ニモ 「シヤト治テモ乱テモ」。
イテモ 底本なし、両本により補。
全ク不忘 「ツマリ」。 **シ** 「シテ」。
ナク 底本「ナリ」、享本「ナイ」、無本により訂。 **ト云** 無本「ト云ト」。
是デ 両本なし。 **因テ** 「ワツカニユルシ(享本「効」は非)カアルト実ニ聖人モ作狂シヤニヨツテ」。

バ、対《へ》レ君*シテモ不レ濁、本心実心ノ敬ミジヤニ因テ、一時一事ニ適キ詰テ、自然*ニ落ルコトモ切レルコトモ有フ様ガ*ナイ、日躋緝熙*ジヤゾ。扨々聖人ノ心敬ノ意味ヲ知タ語リヤウ最モ面白《い》コトゾ。常人ノ敬ムハ、今迄有カト思*フト、チ*ラリト移リ、或*ハ怠リ、或ハ勤テ見タリ、僅ニ効《しるし》ヲ得ルト、又自慢ガ*発ル。忠信驕泰ノ機ノ決シ所、実心ノ敬デナイ故ゾ。扨此聖敬敬止ノ両言ハ、忠トモ、孝トモ、仁トモ、義トモ、政*デモ、事デモ、不*レ言ゾ。聖人《の》本心本領体用ノ全キヲ抜出シテ、敬ト語*ラル、ゾ。　○各随レ所レ指　孝カラ語レバ、全*《くして》而帰《す》レ之《を》、衣*若《ごとし》レ不《るが》レ勝《たえ》、忠カラ見レバ、天王聖明、政事カラ云ヘバ、一*日二日万機アリ、ツヾマル処、何ヲ言ヒ、何ヲスルモ、皆敬不敬ノ一念へ帰シテアルト云*、面白《い》ゾ。　○子路會《テ》莫《し》二之《ヲ》悟《ルコト》一　修*《ルニ》レ己以《て》レ敬《を》*スルジヤニヨツテ、知テ行フモ、行フテ適クモ、家デモ、国デモ、皆不レ失ト云心ナリジヤニ因テ、子路モ是ヲ実ニ受熟《け》スレバ、*衛輒《えいちょう》ガ難*ヲイヤ〳〵ト云考ガ有テ、死《しに》ソコナイハセラレヌ筈、季*氏ガ家ヲ見テモ、扨モ見苦イ輩ジヤト見ヘテクル筈ジヤニ、只身ヲ敬ム、己*ニ汚《ケガレ》ヌヤウニト計《ばか》リ思テ、ハツタリト覚悟スルコトガナカツタゾ。　○千数百年之後　手ヲ麁相ニスルト茶碗ガ破《われ》ルト言*コトハ、誰モ知テ居レドモ、失レ之《ヲ》ト天地ガ隤《つぶれ》ルト云コトハ、海中《の》ヘ礫*打タヤウニ*、茶碗ノ破ルヤウニ、懼*レズ。エイヤツト理デツ*メタリ、事デ結*デ思ヱドモ、桀紂ガ七百年ノ天*下、ド*ウシテモ亡《ホロブ》ベキ様ハ無レドモ、只一念ノ不覚悟ニ*テ、一朝ニ滅*亡ス。天*子ノ身トシテ、民ヲ憐ムト云意*ヲ取失《り》*ヒ、象箸ヲ作レバ、頓ト天子ノ精明ハヌケテ有ルニ因テ、其儘天*下ハ亡*ルゾ。子トシテ親ノ事ヲヨイハト取違レバ、子ト云精明ハ亡*テ、天地ハ崩*レル。只《たった》一念ノ精明サヘ立《たて》バ、起《おき》モ直サ

恐レ　「ヲソム」。**実見**　実現。ここでは実体験の意か。**有ニ…成テ**　無本脱。**恐レ**　享本「ヲゾム」。

シテモ不濁　「シテトミス」。
自然ニ　「自ラ」。**ガ**　「ノ」。
ジヤゾ　「シヤ」。
思フト　享本「ヲモヘハ」。
チラリト移リ　「チロリトウツル」。
或ハ…見タリ　無本「トキレタリシナシタリ」、享本「ト切レタリシテミタリ」。**ガ発ル**　無本「カホスル」。
政…事デモ　底本「政事デモ」、両本により訂。**不言ゾ**　「イワス」。
語ラル、ゾ　享本「語ルソ」。
全而…　礼記、祭義「父母全くして之を生む。子全くして之を帰すは、孝と謂ふべし」。
衣若…　親の喪にあい、孝子はやせ衰えて、着物の重さにたえられぬ。
一日…　二は底本「ニ」、無本により訂。↓一二〇頁注　**云**　享本なし。
修己…　論語、憲問。↓一八一頁注
スルジヤニヨツテ　底本「スト謂リ」、両本により訂。**衛輒・季氏**　↓補記
難ヲ　無本「難ニ」。
己　底本享本「是」、無本により訂。
言コト　享本「云」。**礫**　「石」。
ニ　無本「ニシテ」。**懼レズ**　「ヒヘキラス」。**ツメタリ**　無本「ハメクリ」。**結デ**　無本「ツメテ」。
天下　享本「天下ガ」。
ドウシテモ亡ベキ　「トウシテツフ

ズ、子ト云天地ハ立タモノ、天子ト云天地ハ立テ、推《おし》テ草木山川天地モ居直リ、万物モ*得ト生育《ソダツ》コトノ敬ナレドモ、斯《カフ》*恐レ敬シマヌガ、即チ為《メニ》レ之《ガ》茫《ボウ》然*タリト云、*トツケモ無イ、手ツカマヱノ成《ら》ヌ事ト聞テ居ルゾ。○釈二其《ノ》字義一曰レ欽 敬ト云ニ即《つい》テ、其意味ヲ*主《に》トリタル方《たぐい》、色々ニ語テ――欽ハアダニセヌ、崇《アガマ》ヘ敬シミ慢ラヌ、鬼神ニ対シテ*卒爾ニサハルマイ、忠臣孝子ノ迹ヲ聞テ、サテ〳〵ト*ソビヘル様ナ意味ゾ。寅ハ、畏ノ字ト続テ、心カラ云字、マメヤカナ、*タマカナ、大事ニカケテ、微塵自慢ノ心ノユルメ切ルコトノナイゾ。祗ハ、*マサシイ*辞ゾ、*手足モツケズ、直実《まつしら》ニ成テ、ヤレ〳〵大事ジヤ、麁末ニセマイト、*厳《ヲゴソカ》ナ意味ゾ。由《テ》レ中《ニ》而外《あらわるる》トハ、容貌デ嗜ムヤウニ思ヘドモ、容貌ト云ガ、由《て》レ中《ニ》而現《アラハレ》タ*気象ゾ。*日比ニ心ヲツ、シムデ、*コレデ外ヘアラハル、ト云デハナヒ、ヤツパリ容貌ハ外面ニ即《つい》テ、ソレガ中ナリカラ見ヘタ*モノ。恭ハ*行儀慇懃《インギン》*ナリ。荘ハ揃ヒ立タ自堕落ニ*ナイコト。粛ハシマリ*ユルマヌコト。欽寅祗恭ハ、皆敬ト謂ニ即テ、其《ノ》意味気象ヲ語タ物。主一ト云ハ、直ニ其事《の》実場所カラ、*成程根ヲ浚《サラヘ》、場ヲ指付テ、主*一ト示サルレバ、仮初ノコトモ散ヌヤウニ、目ハ目デ不レ失《ハ》、言ハ言デ*不レ散、其場ト云バ、直ニ敬《の》地頭去処《る》ノ正中《ただなか》ヲ示サル、ニ因テ、是程切ナ工夫ノ*入《り》ヨイコトハ無テ、*爰ヘ力量ガツク。其散ヌ*意ハ、欽トモ、恭トモ、向ナリニ心ノ敬ミト成テ*適《ユク》コト。○形二見《スル》于表一《ニ》之気象トハ、只斯《カフ》シタナリヲ作《ツクル》デハナイ、持テ出ル気象ジヤゾ。気象ト云字デ、表ノ旨、表ノ敬ノ味ヲ看ヨ。○念慮トハ、大事ニ懸テ居ル心ノ念慮ゾ。念慮ヲ敬ムト謂デハ無ゾ。○如レ賓如レ瓶トハ、大方*譬ゴトデ、如レ賓如レ瓶ニ思テイヨト*心ヲモツテイルト云紛レガ*アリ。麁末ナ*意ガ出ヌ

レタ(享本「潰レウ」)」。 **ニテ** 「テ」。
滅亡ス 「ウチヤフレル」。
天子ノ身トシテ 「天子ノ身トシテ象箸ヲツクルホトノコトカナテ(享本「何ノ」)害ニナルハツハナケレトモ天子ノ身トシテ」。
意ヲ 享本「心ノ」。
失ヒ 無本「チカヘテ」、享本「違デ」。
天 底本享本「其」、無本により訂。
亡ルゾ 「ツフレル」。
亡デ 「ツフレテ」。
崩レル 「クツレルニョツテ」。
得ト…コトノ 無本「トツク〳〵トヲヒタツト」、享本「トツクリ〳〵ト生育」。
恐レ…即チ 「ヒヘキラヌカラ」。
タリト云 「ト」。 **トツケモ無イ** 「トテモナイ」。とんでもないの意。
主トリタル 享本「主タル」、無本「タル」の上約一字分空格。
卒爾ニ 軽はずみに。「リヤウシニ」。
ソビヘル 精神の高調したけ高いさまの意か。 **タマカナ** 実直な、つつましい。 **マサシイ** 正真正銘それそのもの。 **辞ゾ** 無本「コトハシヤソ」。 **手** 「手モ」。
厳ナ 享本「キビシイ」、無本「厳」。
気象…容貌ハ 底本なし、無本により補。 **日比** 享本「日々」。
コレ 享本「ソレ」。 **モノ** 無本「モノソ」。 **行儀** 無本「行儀ノ」。
ナリ 無本「ナ、リ」。
ナイコト 「ナイ」。 **ユルマヌコト**

ヤウニ、大賓鬼神ニ対スル様ニ、常*ニ思フタガヨイト、心ノ理ヲ一ツ思ヒ紛*ラス。其《レ》ナラバ皆温*公《の》念中ノ珠数ジヤゾ。是《ここ》ハ其《ノ》賓祭ノ意*ヲ拵ヘテ持テイヨト言デハナシ。既*ニ丸木橋ヲ渡レバ、凓《ヒイヤ》リト気ガ付テ、大橋ヲ渡ルトキハ、グワラリト窕《クツロイ》デ通ルハ、常人ノ意ジヤ。其大橋ヲ渡ルトキモ、丸木橋ヲ渡ルトキモ、ヤハリ大事ト*思テ渡*レバ、ヅンドヲ*ナジ物ガ一ツアル。何程ノ小事ヲスルモ、チヨト出レ門モ、大賓大祭ヲウケ扱フ意ノ気象ハ、ドコマデモ同ジ物ナ*レバ、誰モ大賓大祭ト云大事ニ懸《かけ》ル其心術気象ノ則ヲ、如《し》ト指シテ見セラル、。サレバコソ、如レ賓如レ祭ト読デ見レバ、自ラ仮初ノ事ヲスルモ、チヨツト出レ門モ、胸ニ凓《ヒエ》テアル則ハ自*然ニ乗テ来テ、其チヨト出*レ門、賓客ノヤウニ衣冠襞*束デ出ルト謂ヤウナ、持テ廻ハタコトハ自《オ》ラ其心ニ移テアルコト、今「*人《の》到《る》二神祠《に》一」ト云、尹氏ノ語モ此《コヽ》ノ旨ゾ*。○用レ功之実地　四*言ヲ*尽シタト云ニ付《て》、此《ノ》衣冠瞻視、今ト云今、ドウガ敬ジヤト言コトハ入ラヌ。当《ル》レ事《ニ》*迄不レ伸《のばサ》、爰*ヲ離レヌ蹈立《ふみたて》処ゾ。事ノ、無適ノ、主一ノト云ハ、其《レ》ナリノコト、此ヲ離レテ、事ハナイゾ。即*チソレガ敬ジヤゾ。最モ「敬斎」ノ旨ヲ得タ物、動静表裏バカリデ*結デ置レタモ、此《ノ》旨ゾ。

●黄*東発ノ曰　自警《ハ》者　門人ニ書テヤラレタデハナイ。朱子ノ自《ら》警ル処ナレバ、先生ノ先生タル、万世学者ノ則ハ此《ノ》一箴ゾ。警ト云ガ、惣体悪イコトヲセマイ計*リデハナイ。吾ト気ヲツケ、是*ヘヒゞキ、ヤレ由断ハナイカ、怠*ルマジト、怠ル処ヲ呼起ス合点ゾ。学ト謂カラハ、皆学ナレドモ、其《ノ》事ヤ理デスル分ハ外ノ事、其理デ学《ぶ》モ、事デスルモ、敬カラ出ネバ、身ニ属《つい》テ適カヌ。種《タネ》ハ幾種モ持テ居テ植付ヌヤウナ物。只用レ功之実地ニ蹈シ

無本「ユルマス」、享本「ユルマヌ」。
成程　無本「チルナト」。
一　底本脱、両本により補。
不散　無本「チラヌヤウニ」。
ノ　無本「ニ」。**爰ヘ力量ガツク**　無本なし。享本「量」なし。
意　「心」。**コト**　無本「ソ」。
譬ゴト　無本「ヨソヘ事」。
心ヲ…イルト　底本なし、両本により補。**アリ**　無本「アルソ」。
意ガ出ヌヤウニ　無本「心ニ出ルナラ」、享本「心カ出ルヤラ」。

常ニ　両本なし。
紛ラス　享本「紛カス」。
温公…　→一一〇頁注「司馬温公…」
意　「心」、下同。**既ニ**　「今」。
ト　「シヤト」。
渡レバ　「ワタリコムハ」。
ヲナジ　底本「落ス」、享本「ヲチヌ」、無本により訂。
ナレバ　享本「シヤホドニ」。
自然ニ　「自ラ」。**出門**　無本「出門ノ」、享本「出門ヲ」。**襞束**　「上下」。
人到…　→九六頁補記「心収斂…」
ゾ　「シヤソ」。
四言　程伊川の「主一無適」。
ヲ　享本「デ」。**ト迄**　無本「トコロ」。
爰　無本「ソコ」。**即チ**　両本なし。
デ　底本脱、両本により補。
黄東発　南宋後期の朱子学者。名は震、字は東発。
計リデハ　無本「ト云テハ」、享本

メテ適クガ、作《なル》レ聖ニ田地、致知克己ノ生《ハエ》処ゾ。
●胡*敬斎曰　敬ハ心ヲ不レ失ノ道デ、心乃《ち》耳目人倫、身ノ有ルナリハ皆心ジヤニ因テ、直ニジ*ツカ〳〵ト身カラハマツテ、目当《あて》ル処ハ心ニ有ゾ。其レ故身ヲ主トスルハ切ナレドモ、心ノ精《くわしい》ガ残ル。心ノ精ヲ主トスレバ、事ノ場*ガヌケル。ドコゾニ透《すき》ガアルト、身ニ熟シ養フヲ忘タリ、心ノ端的ヲ取落ス様ニナル程ニ、心身心事、ド*チドウツメテモ、透ヌト云テ、敬ジヤゾ。是*以《をて》主一ト指《させ》バ、端的存主、凜々ト照リキツテ、日用ハ済フケレドモ、整斉厳粛デ*無レバ、平生直《じか》ニ養イ育《ソダテ》テ身ニツク威儀ガ済ヌ程ニ、主一整斉全備デ、敬斎ノ旨*ゾ。
○胡*敬斎曰　畏ハ、畏《る》二天之命《を》一ノ義*、可レ畏ナ*リニアツテ、*オソル、意味ゾ。コハガルト言デハナシ。火ヲコハガツテ、ゾ*ヾガミハ立《たて》ネドモ、自然ニ火ノ中ヘハ手ヲ不レ入、焼ドヲセヌ様ニ、飛*火ノカヽラヌ様ニ、扣《ひか》ヘルデモ、オ*クレルデモ無テ、自然ニオソレノ有《る》ヲ云ゾ。是ヲカシコマルトモ訓ジテアル。主*君ノ前デ跪*坐膝行《きざしっこう》スルコトハ、小児デモスル*コト、アソコニ其レナリニオソレオゾム心ト共ニ見ヘタ気象ヲ、カシコマルトハ訓ジタ物*。其レ故威畏ト続テア*リ。威ハ人ヨリコチヲオソル、畏ハ我*ヨリ人ヲオソルヲ云。真実ニ理ニオソレガ有リ、慄《ひえ》キツテ居*レバ、置モ直サズ、脇《はた》カラモオゾマルヽ。我カラモ、ドコト*モナウ覚ヘテ、心ニ威ガアル物、何程自堕落ナ者デモ、今日賓*客ヲ迎ルト云トキハ、物*事大事ニ懸ル心カラ、我レト平*日ノ我*デナイ様ニ、気《ケ》高フ覚ヘラルヽ。キツシリト*畏タ気象ト*云ハ、譬バ白刃ヲ抜テ見ルニ、刃ガ身カラ凓《ヒエ》立テ、毛*髪デモ二ツニセウト云ヤウニ、一点違ヒソムナ*イ、敵トサヱ云ハヾ、遁《のが》スマイ、小児デモ中*々由断ハセヌゾ*ト云ヤウニ、刃ノ

「デハ」。**是**　無本「已」。
怠ル…起ス　「タルマイ(享本「タルマジト」)タルヒトコロヘ策ヲツケルヤウナ」。**胡敬斎**　→一九八頁注
ジツカ〳〵ト　無本「チツカシト」。**場**　享本「端」。**ドチ**　無本「トチカラ」。**是以**　「ソレテ」。
デ　無本「ト云テ」。**ゾ**　「シャソ」。
胡　底本「故」、両本により訂。
義　享本「畏」、無本の「長」は訛。
ナリニ　無本「ナトヽ」。
オソルヽ　「ヲソム」、下同。**ゾヾガミ**　ぞっとして身の毛がよだつこと。
飛　底本享本「尤モ」、無本により訂。
オクレル　享本「ヲソレル」。
主君　「主人」。**跪坐膝行**　ひざまずいて坐り、膝を地につけながら進み出る。**コト**　「コトシヤカ」。
物　両本なし。**アリ**　「アル」。
我…ヲ云　「吾カラヲソムテクル(享本「イル」)コトトントウラハラノヤウナレトモスヘテ先コハカル(享本「カワカル」)モノハ丈夫ナモノウハ(享本「ワ」)大胆ナモノホト心カナフテヲクヒヤウナ」。**居レバ**　無本「クレハ」。**トモ**　無本「ト」。
賓客　「大事ノ客」。**物事**　両本なし。
平日　「平生」。**我デ**　無本「ワレテモ」。**ト**　両本なし。
ト云ハ譬バ　無本「ソ」、享本「ノ」。
毛髪　「髪ノ毛」。**ナイ**　「ナク」。
中々　無本「乞児テモ」。
ゾ　無本なし。

*利《とき》コト身ニモアリ、脇《はた》カラモ詠《ながめ》ラル、。*又鈍刀ヲ抜テ見レバ、脇カラモナレヤスク、*刀ノ身ニ成テモ、何トモ無ゾ。理ノ実見ノオソレジヤニ因テ、自然ニ脇カラ*見テモオゾマル、*ゾ。朱子*晩年*畏ノ字ノ発明デ*聞サル。是程敬ノ正意ノ移リヨイハ無ゾ。翼ハ、些《チツ》トモヨイハ扨ト云テ置ズ、鳥ノ羽ヲヒロゲテ風ニ翔《かけ》ルヤウナ、*アノ羽ヅカイガ造化トトモニコシラヘテ使フタ物ジヤニ因テ、微塵羽使ヒ乱レルト、雲上《の》ニ飛デ居テモ、*忽チ隤《ヲチ》ル程ニ、妄リニ動サズ、茲《コ、》ヲ大事ト、一羽番《つが》イニ違《ちがい》モナク、張《り》キツテ飛デ適ク如クニ、ア、大事ジヤト云此《ノ》心持ガ微塵*ヌケタリ崩レタリ、最早ヨイハト云テ置ヌ心ノ*カセギニ使フテ適ク敬ジヤゾ。当《リ》レ事《ニ》承《ウケ》レ任《ヲ》タ気象デ見ヨ。*一盃ニ心ノ張テ、凜《リン》ト持テ適ゾ。揔テ敬ト云ト、扣《ひか》ヘメニナリ、跡ヘヨル様ニナリタガル。翼ヒロゲテ、千里ヲ翔ルナリノ翼ジヤニ因テ、ヤハリ日用全体蹈込テ適クナリニ*落サズ、心一盃ニ張テ適クガ、敬ト云モノ。ワルウスレバ、*見毀《ソコナウ》テ、扣ヘタガヨイト云ト、世俗ハ義理ヲ*逃テ適ク、仏氏ハ人倫ヲ蹈ヤブル様ニナルモ、此《ノ》翼々ト云敬ノ、弛《たる》マズ張テ適《ゆく》ト云処ニ透《すき》ノ出来タ*故ゾ。至極スルコトノアル日用ジヤニ因テ、敬デナケレバ*立ヌ。其《ノ》日用ノ用ニ立フ為ニ敬ヲスルト云モ、*簒《サン》逆ニナル。*タヾコノ翼々ノ心ジヤニヨリテ、自ラ日用ヲハナレズ、只此日用ジヤニ因テ、自然ニ翼々ノ*意ゾ。平生何ヲ相手ト云コトナク、翼々全体ノ心ジヤニ因テ、心カラ理ニ不レ差《ちがハ》不レ落《サ》、モツレヌ様ニ成テアルゾ。戒懼　戒ハ胸ニコタヘテ気ノツイテ有ル*意、ユルサヌ気味ゾ。懼ハ、*オヅ〱トスル様ナ意ヲ得テ*アルゾ。斉荘　心ハ一ツナレドモ、色々ト*雑リタリ、立テモ落着ズ、*寐テモドク〱シテ、彼事《あノ》ハドウ*ジヤ、此《ノ》コトハ何トナルヨト、*得《トク》ト取揃ヒ落着ヌ程

利コト・又　両本なし。
刀ノ　底本なし、両本により補。
見テモ　「ミレハ」。
ゾ　無本なし、享本「モノ」。
晩年　無本「晩年ニ」。
畏ノ字ノ発明デ　無本「畏ノ字ヲ発シテ」。→補記
聞サル　「キカサル、」。
アノ　底本なし、両本により補。
忽チ…妄リニ　「ハツタリトヲチテノケルホトニコ、ヲ」。
ヌケ　「ヲトシ」。
カセギ　木のまたで造った物をささえとめる具。
一盃ニ　無本「事一ハイニ」。
落サズ　無本「ヲトサスクツサス」。
見毀テ　「シソコナフニヨツテ」。
逃テ　享本「マゲテ」。
立ヌ　無本「タ、ヌソ」。
簒逆　君を廃してその位を奪う如く、道理が逆になること。
タヾ…ハナレズ　底本享本なし、無本により補。
意ゾ　「心シヤソ」。**意**　「心」、下同。
オヅ〱　享本「ヲスイ〱」。
アルゾ　無本「イル」、享本「アル」。
雑リタリ　「マシリ(享本「マジハリ」)タリウハツイタリ」。
寐テモ…シテ　無本「ネテイテモ胸簡モトク〱トシテ」。
ジヤ　無本「シヤウソ」。
得ト取揃ヒ　無本「カトクシツトリト」、享本「トカヲシルトツクリト

ニ、其《ノ》*病苦ノ口耳鼻目揃ヒ立テ、シツトリトオチ*ツキ、自然ニ清《すずし》ク精《シラ》ゲタ心ヲ得テ*ヲルガ、斉ト云モノ。ソレナリガ現《アラハ》レテ、威儀容貌ソロウテ、キツシリト立テ、*ウテタコトノ見ヱヌガ、荘ゾ。扨《て》、*洪範　心ノシメヤカニシマリシマルガ粛ゾ。恭ハ外面デ云タモノ。其外面ノ　恭《うやうやし》ヒ*ノト云ナリニ、ジリ〳〵トシマツテ、心《も》亦粛ゾ。只惣体ノ自堕落ヲ止《や》メ、身ヲ取《り》直シ、*ソヽル詞《ことば》ヲシヅメ、ヨリカヽツテ居ルヲ起《き》ナヲル*ト、ヤレ心ガヨウナルト言ヒヅクナシニ、ジリ〳〵ト脩テ*アルゾ。亦敬ト云語意ガ面白コトゾ。兎角容貌、*トカク威儀ヲ大事ニ*カケルト云ナリニ、亦敬デクル、其《レ》故内外一致ニナル。呉草廬《ノ》由《て》レ中《に》而　外《あらわるる》ト云モ、此旨ヲ内カラ語タ者ゾ。此《ノ》内外一致心《も》亦敬ト云《う》間デ、敬ノ至極場カラ言テ、至極場ニ泥《なずま》ヌコトヲ知レ。場ヲツカマヱ、形デ敬ヲシ、諸礼ヲ学ブヤウニ思フガ、サウ云コトヲ随分*タメツケ、勉《つとめ》ツケ、心《も》亦ト云吾ヘノ覚ヤウハドウアル。ソコデ看ヨ。果シテ心気ガ*悖《さかつ》テ、*セツナケレドモスルト云ヤウニ、結句トリ失フモノ。敬ノ目当ハ此*意ジヤニ因テ、自《オ》ラ上下《かみしも》着テ寐ルト云コトハ、ドウモ塞リテ、*早覚ヘニ来ル*者ゾ。由《ヨツ》テ*寐《ル》トキハ臥具アリ、人君ノ前デハ上下*ヲ着シ、恰好自然ナリガ吾心ニ覚ヘ、*オチツク。至極*場ト云ガ心ヘヒヾキ、恭ト*云ガ粛ジヤニヨツテ、其《レ》故聖人ノ示サルヽハ、イツデモ心デ不レ謂、*言忠信行篤敬、只場ヲ*指《さし》々サルレバ、直ニ心*平生養ヒ、平生恐レテ、就《キ》レ事《ニ》、場ニ*シキ適《ゆく》ナリ、全体ガ*普ク敬ジヤゾ。其《レ》ヲワルウ取テ、場ニ泥《ん》デ、貌デスルト、上ニ*謂《いう》処ノ上下着テ寐ヤウト云ヤウニナル。*又サナケレバ、敬ハ埒ノ明ヌ者ジヤ、*唐土デハナラウガ、日本デハナラヌコト、心サヘ得レバ、自《オ》ラヨイト覚ヘル人モ有ル者*ジヤガ、敬ヲ失フト、戦場デモ逃マハル、人君ヘ

トリソロヒ」。
病苦　無本「病」。　**ツキ**　「ツク」。
ヲル　無本「クル」、亨本「イル」。
ウテタ　気おくれした。
洪範　↓九六頁補記「洪範ノ九疇」
ノト　無本「ナト」、亨本「ト」。
ソヽル　そわそわさせ、うかれさす。
トヤレ　無本「ソレ」、亨本「ト」。
アルゾ　「アル」。
トカク　底本なし、両本により補。
カケル　無本「カケル〳〵」。
タメツケ　矯めつけ。
悖テ　「マツシフサカツテ」。
セツ　無本「ツヽ」、亨本「ズツ」(術)。
意　「心」。
早覚ヘニ　無本亨本「ハヤヲホヘテ」。早合点からの意。
者ゾ由テ　「モノシヤニヨツテ自ラ」。
寐…臥具　「ネルトキ夜物ガ」。
ヲ着シ　「キルト」。
オチツク　無本「ウチツクソ」。
場　底本亨本脱、無本により補。
云ガ　無本「云ト」。
言忠信行篤敬　論語、衛霊公。
指々サ　底本朱筆で「サシサヽ」。
平生養ヒ　亨本なし。
シキ　「シテ」。
普ク敬ジヤゾ　無本「ヘツタリト心ヘツクソ敬シヤ」、亨本「ヘツタリト心ヘヘツタリト敬ジヤソ」。
謂処ノ　「云タヤフニ」。
又　両本なし。　**唐土**　「唐」。
ジヤガ　底本「ゾ」、両本により訂。

モ不忠ニナル。指当テ寐《ね》匍匐《はらぼう》タヨリ起直ル心ハ各別ナ物、*遊里娼家ニ遊《ン》デ居テ心ヲ失ハヌト言サヌニ因テ、*遁辞ニ心サヘ得レバヨイト云心ガ、場デナケレバ得ラ*レイデ、ソレガ場ニ泥ムコトデハ無ゾ。臨ニ深淵ニ――トハ、ハマラズ、陥ラズ、只已前《ただいぜん》カラ具ツテ有ル*神気*実心ノ恐レジヤ。水ヲ*灌《ソヽイ》デ置バ、火ハ*固ヨリ消テ有ル。常人ノ恐レハ、火ニ出アフテカラ*水ヲカケルゾ。○画ニ出一箇敬――　*常平生、事ヲ鬼神会釈《アシライ》ニシタリ、賓客アシライニスルト云デハナシ、大賓大祭ノ*坐ツキヲスルト*謂デモナイ。此模様ヲ引受テ看ヨ。自ラ一時一事ニアダニハ成ヌゾ。此《ノ》二言デ迎ヘテ見レバ、*敬底ノ様子*ヲ味《う》ゾ。盆ノ上ニ玉ヲスヱテ、ドチラヘドウシテモ大事ジヤト云心法ヲ語リ出サレタ。大賓大祭ト唱ルナリニ、アダニセヌ気象ヲ合点セヨ。○正意トハ、或ハ事デ示シ、形デ言テ、敬ノ字ノ真味《しんみ》正面ノ意ハ、畏ノ字程ナコトハナイ。此《ノ》畏ノ字ハ、心ノ真味ノ意味ト共ニ恐ル丶ゾ。オゾムト訓《ヨム》ガヨク聞ヘル。白刃ヲ*見レバ、*アレ身ガ截《きれ》ルゾトオゾムダリ、火ノ中ヘ手ヲ入《いれ》ルト、手ガ*焼ルゾトオゾムダリ、日月ノ下ニ居テハ、鬼神ノ前デハト、身ノ膩《アブラ》シボツタ敬ミジヤ程ニ、是程*ノ敬ノ意味、身ニツク入《り》ヨイ文字ハナイゾ。○就《つく》ニ存主《ノ》処《に》トハ、*本《モト》主一ハ事ヲ主トシテ、*賓客ヲ迎《へ》バ馳走スル、*言語ハオチノナイ様ニ、坐スレバ坐ナリ、起バ起ナリニ、余事《の》*ヲマゼズ、専一ナヤウニト謂コトデ、心者《は》直ニソレナリデ得テ*居ルコト*ゾ。ソレデ主一ガ親切ナト云タモノ。*然ルニ存主ノ処トバカリ云ヘバ、専《ら》心ヲ指《さし》タヤウ*ニ紛《マギル》ル。尤モ一事〳〵ニ不レ入不レ適《ゆか》、ヅンド向ヒ切テ、ソコニ有ルト云ハ、心ノ存主ノ事ナレドモ、主トシテ言《フ》処ガ違テ有ゾ。○悜々ハ、「論」「孟」ノ間ニ*不《ル》レ見存養ノ法ナレドモ、「論」「孟」全体、斯《カフ》

遊里娼家　「遊女町」。
遁辞ニ　両本なし。
レイデ　享本「レヌ」。
神気　心身の気力。
実心　誠実な心。
灌デ　「出シテ」。
固ヨリ　「タ丶イカラ」。
水ヲ　「水」。
常平生　「常住」。
坐ツキ　席順や式次第、席上の取り持ち等。
謂デモ　「云テハ」。
敬底　底は助辞で、現代語の的とほぼ同じ。敬というもの。
ヲ味ゾ　「アシハヒノ」。
見レバ　「ヌイテミレハ」。
アレ　無本「アレテ」。
焼ル　「コケル」。
ノ　無本なし。**本**　「タ丶イ」。
賓客ヲ迎バ　「客ニ(享本「ニ」なし)ムカヘハ」。
言語ハ　「物ヲイヘハ」。
ヲ　両本なし。**居ル**　無本「クル」。
ゾ　無本なし。
然ルニ　「ソレシヤニ」。
ニ　無本「テ」。
不見　「ミヘヌ」。
旨ヲ…シテ　「旨(無本「者」)ニハツレハセヒテ」。
ジヤ　無本「シャニ」。
云ヲ　「云マテ」。
吾身　無本「吾気」。
鈍ナ　無本「トンタ」、享本「ドミタ」。

シタ*旨ヲハヅレズシテ、是デナケレバ何ニモ立ヌ、主一ノ上デモ、整斉ノ上デモ、専《ら》イル工夫*ジヤ。心ノ取《ら》レタリ、悪クナルト*云ヲ待《た》ズ、*吾身カラシテ、ドウヤラ*鈍《ドン》ナヤウニ、ウツカリトナリ易《ヤス》ク、上気*シタ、眠気ガ*出タト、*自然ニヅラ〳〵トナリ易フテ、*仕合《しあわし》テ気ガ清《スメ》バ神気モ落着キ、気ガ濁《にごる》ト取《ら》レテ適ク。其《そこ》ヲハキト持《ち》直シ、気ヲ附テ、ヤレ*ウツカリトナルゾト、手水《ちょうず》ツカフテ見タリ、衣《エ》紋デモ仕直セバ、自ラ神気ガ全フ惺テ居ルヤウニナルゾ。　○精明トハ、精ハ白ケレバ透《き》徹ルヤウニ、青ケレバ青ミ立テアル様ナ*気味、*ドミテ視ル目モ目デナイデハ無レドモ、ドウヤラハキトセヌモノ。自《オ》ラ目ノハキトシタト云バ、目ナリニ精《シラゲ》ヌイタ、ハツキリト見ヘルト謂モノガ具ハル、アレガ精ジヤ。人ノ身ハ*死ニ至ル迄ノ間ハ、昏味*デモ目《め》惺《ざめ》デモ、心デナイコトハ無レドモ、ハツキリト惺キツテ、精《しらげ》ヌキテ有ルトキハ、自《オ》ラ一身ト共ニ、*ドミヌ心ノ真体ガ*イキテ居ル者、アレガ精ジヤゾ。人ノ呼《よぶ》ニ、ウツカリト対《こたえ》タトキト、ハキト受テミタ時トハ、各別ナ物、吾ニ覚ヘ惺テ答タトキハ、自《オ》ラ*心ノ真体気ガヌケテ無ゾ。　○到二神祠一——　祠ノ前ト云ヘバ、ジツト心ヲ押ヘテ居ルト*思ハ違ゾ。敬ニジツト押ヘルト云コトハナイ。自然ニ鬼神祠ノ前ト云ヘバ、ドウナリトモ、心ニシマリガ出来テクルモノ、其《ソコ》ヲ示サレタ程ニ、大賓大祭ト云テ、*スグレテ大事ニセウト*スレバ、*重クレテ来ル。只大賓大祭ト云ヘバ、*自然ニ心ノシマツテ適《ユ》ク、其《ソコ》ノ味ヲ能《よく》知レ。是カラ云ヘバ、其場ナリ〳〵デシマル合点ヲスレバ、ドコツカマヱテ指テモ同ジコト*ゾ。君《の》前ヘ出ル合点デモ、親ノ事ヲ哀《かなし》ム*意カラ謂テモ、本心ヲ得テ居ル処ハ一ツ*ジヤゾ。　○流《る》二於*禅定《に》一——　敬ハ日用ノ外ニ別ニナイ*モノ、指向タ場《で》一念モ*散サズ、大

シタ　「ショク」。
出タ　「出タリ」。
自然ニ　「トコトモナフ」。
仕合テ　うまくつとめて。
ウツカリトナル　「トミ(無本「シ」)ルソウテル」。
気味　無本「気味ト云と」。
ドミテ視ル　無本「ドミル」、享本「ドミ〳〵テミル」。どろんとして見る。　**死ニ至ル**　「死ル」。
デモ　無本「シテモ」、享本なし。
ドミヌ　底本享本「ドミタ」、無本により訂。
イキテ　底本「イテヽ」、両本により訂。
心ノ真体気ガ　「心シヤ心ノ真体(享本「心ノシンミ気」)カ」。
思ハ違ゾ　「ヲモフ」。
スグレテ　無本「キツト」、享本「ハトツト」。
スレバ　無本「云トハヤ」、享本「ハ」。
重クレテ　おも苦しそうにもたもたして。
自然ニ　無本「トコトナフ」、享本「ドコトモナフ」。
ゾ・意　両本なし。
ジヤゾ　無本「ソ」。
禅定　梵語の音訳の禅と漢訳の定との合成語。一心に物を考え思いを静めること。坐禅。
モノ　「モノ敬ノ字ヲシラヌ合点」。
散サズ　無本「チラヌ」、享本「チラズ」。

事ト云心ヨリ外ハナイ*ト云ハ、敬ノ本理ヲ不レ知故ゾ。是ニ*多ク*条《スヂ》ノアルコト*ゾ。日用ノ外ニ敬ガ*無トハ難《シ》レ言、然ラバドウスルガ敬ジヤ、ナゼニ敬スルト云コトハナイ、只自然ナリニ、目デ視、耳デ聞、手デ持、足デ適ク、*皆敬ゾ。敬デナケレバ、目モ不レ視《みえ》、耳モ不レ聞《きこえ》、日用ガ敬、敬ガ日用、*兎角離レヌ本然自然ノ身*トトモノ敬ジヤ。畏ル、ト云モ、惺ルト云モ、此自然本然身《と》トモニシミ付テアル処へ帰スルコト*ナレバ、拵《こしらえ》ルト敬*デハナイ。学者ハ学者程ノ気*ツカイテ有リ、賢人ハ賢人程ノ気ツカイテ有リ、聖人ハ聖人程ノ気ツカイテ有ル、其《ソコ》デ敬ジヤニ因テ日用ジヤ、*日用ジヤニ因テ敬*ジヤ。サレバ僅ニ此《コヽ》ヲ合点セズ、敬ヲ一ツシテミヤウ、心ヲサマサウ、敬ヲシテ日用ニ応ゼウト云ト、日用ヲ離レハセヌ様ナレド、心ト日用《と》ハ別々ニ成テ不レ貫《カ》、思合《ひあわ》ヌゾ。其心ハ乃《ち》三綱五常ガ隮レテ有ル。其*心デ迎《むかえ》レ親《ニ》バ、*アヽ、何ト狼狽《うろたえ》*ハセヌカ、心ハ有カト、手前へ吟味シテ、迎《へ》レ親《ニ》親切ナ心ハナク、事ヲスル中ニ、何ト心ハ*有カト、ネヂモドレバ、事デ大事ニスル心ハナイゾ。禅定ト云ハ、頓ト父子君臣ヲ打破タ*太甚《はなはだし》キナリナレドモ、ツヾマル処、*本然自然ノ敬ヲ忘レ、拵《こしらえ》作テ心ヲ離スマイト*云、此カラ身ニ生《レ》付タ心ノ真体、ウルハシイ敬ヲ離レテ、アゲクハ、君臣父子ヲ*滅却《めつきやく》スル様ニ成テキタゾ。スレバ毫釐ノ差ヒ、大事ノコトデハナイカ。釈迦ガ当時生老病死苦《ク》ノ形勢《アリサマ》ヲ見テ、サマ〴〵心ヲ*ミダリ、身ヲ煩スガイヤジヤト云テ、*雪山へ入テ、王位富貴ヲ不レ顧ホド、義理ハ除テオキテ、*心ノ惺タ事ハ*アル様ナレドモ、其心ガ直ニ本然自然ノ身トトモニシミ付テアル実心ヲ失テ、心ノ*根本ガユルイデ*来ルゾ。子ノ*身トシテ親ヲ棄《て》テノク筈デ無ト、義理デハ*語ラヌゾ。子ノ身トシテ親ヲ棄テ退《のい》タ、其心ガ実心トハ言

ト云ハ…故ゾ　両本なし。
多ク　「イカイコト」。
条　無本「スシメ」。
ゾ　無本なし。
無トハ…然ラバ　無本「ナヒトモイント云ナヒ」、享本「ナイト云トムナイ」。
皆敬ゾ　「ヘツタリト敬シヤ」。
兎角　「トウモ」。
トトモ　底本なし、両本により補。
ナレバ　「シヤニョツテ」。
デハ　無本「テ」。
ツカイテ　無本「カツイテ」、下同。
日用ジヤ・ジヤ　底本なし、両本により補。
心デ　無本「心ニ」。
アヽ　無本なし。
ハセヌカ　「ヌカ」。
有カト　無本「アルカト〳〵ト」。
太甚キ　「大甚ナ」。
本然自然　「自然本然」。
云…付タ　無本「云タコ、ロヲ身ニウミツケタ」、享本「云タツタコ、カラ身ニウミツケタ」。
滅却　ほろぼしなくす。
ミダリ　底本「忘リ」、両本により訂。
雪山　ヒマラヤ山脈の異称。
心ノ　無本「心ハ」。
アル　底本享本「ナイ」、無本により訂。
根本　「根」。
来ルゾ　無本「アル」、享本「クル」。
身トシテ　「身テ」、下同。

レヌ。此《コヽ》デ合点セヨ、日用ガ心デハナイカ。其故レ心ノ毫釐ノ差ト云*ト、是程大事ノコトハナイゾ。胡敬斎ノ流ニ於禅定ニト言レタハ、先此ノ旨ジャ。面白イコトゾ。乍レ去吟味ガコマカ過テ、此《ここノ》正意ニ合ヌ。胡氏ノ謂レタヤウナレバ、敬ヲ取違ル。禅定ノ筋ヘ流ル、ト、学術ノ違デ云ル、。ソウデ*ハナイゾ。治テモ、乱テモ、聖人モ、小児モ*、此《コヽ》ニ有てレ差ガ、敬ヲ失フト、頓ト三綱五常ガ隤ル、ト*ノ警戒ゾ。布ノ子ガ無レバ寒*シ、食*セネバ*ヒダルイト云デナケレバ、「敬斎箴」ノ切ナ旨デナイ。此ノ様ニ子細ラシイ敬ノ学術吟味ヘ適クコトデハナイ*。扨ソレカラツメレバ、有テレ差、敬ヲ失フタカラシテ、楊*墨釈ノ三氏モ、アノ様ニ成タト*云レタリ。

右絅斎先生講説若林進*七之筆記直請之摸写之

跋

心熟之功トハ、墨デ不レ書、口デ不レ言、心ニ覚ヘノ出来ル敬ジャニ因テ、敬ノ吟味ヲ一ツセウト云ト悪イ程ニ、其端的一念ヲ得*る事ハ、慣*テ其心ナリニ、心熟ト云コトガ、多*ク入《いる》コトゾ。「敬斎箴」ヲ読デ、ア、実《まこと》ニ大事ニ懸イデハト覚ヘタ心ヲ、陳北渓ヤ、黄勉斎ヤ、様々ノ説デ調《シラベ》ル程、其ノ「為*るニ剰*語とニ」ト云心法ガイヨ〳〵属《ついテ》レ身ニクル。敬ト云*ハ、熟スルデナケレバ、立ヌ者《も》ノ。能《よくよく》一念サメタト思ヘドモ、其惺タ心ガナマジヒコダワツテ、有無ニ身ニツキニクイヲ、事デ当リ、身デ歴《へ》タリ、アチコチトスル程*、其一念ノ心ガ属レ身ニテ、去年

語ラヌゾ　無本「イワヌ」、亨本「云ス」。
云ト是程　「云ホト」。
デハナイゾ　無本「ソウテナヒ」。
モ　「布子キルモ」。
トノ警戒ゾ　無本「ト云ハ警戒」、亨本「ト警戒」。
寒シ　無本「寒モ」(モはヒの訛か)、亨本「サムヒ」。
食セネバ　「食クワヌト」。
ヒダルイ　ひもじい。
ナイ　無本「ナシ」。
楊…三氏モ　「楊氏モ墨氏モ釈氏モ」。楊氏は楊朱、戦国時代極端な利己個人主義をとなえた。墨氏は墨翟、戦国時代、兼愛・非戦・節倹を主張した。釈氏は釈迦。
ト云レタリ　無本「トハヒ、ヒタソ」、亨本「トハ云タソ」。
進七　底本「進大」、上欄に「七カ」の注記あり、今訂。
得事ハ　底本亨本「得ネバ」、無本により訂。
慣テ　「ナラヒテ」。
多ク　「イカイコト」。
為　底本なし、両本により補。
剰語　よけいな言葉。この句は七六頁の朱子跋にあり。
云ハ　「云モノハ」。
程　亨本「ホトニ」。

ヨリ今年ハ心モハキト覚《ヘ》ラル、、前月ヨリ今月ハドコトモナフ気象ガ落着タト成テクルモノ。其《ノ》初一念ノ惺タ心ジャニ因テ、心熟デナケレバ、其《ノ》初一念ノ心ヲ失フゾ。

序

古今敬ノ義ヲ論ズル者ガ、元明ノ間ニ多ケレドモ、此序ホド「敬斎」ノ正旨ヲ得タコトハナイ。敬ノ伝授ヲ知《リ》ヌイテ書レタ者ゾ。人ト生ル、カラハ、自然ニ此五*ツヨリ外ニ無*モノ。只此*五ツト数デ計《カゾ》ヘルコトハ*ナイ。倫ト云ハ条《スヂ》メジャニ因テ、先《ヅ》吾《レ》カラ見レバ、上ニ君父、下ニ臣子夫*婦兄弟、凡《ソ》天下ノ人ノナリモ、親トカ、子トカ、君トカ、臣トカ、ドコ迄モ、*維合《ツナギあい》クサリ合テ、其吾身ノスル事、朝カラ晩迄、親ノコトデ無レバ、子ノ事、君ヘ出仕スルカ、家*僕ニ下*知スルカ、天下中ノ事モ、親ノコトカ、君ノコトカ、治*乱デモ、起居デモ、五倫ノナリヨリ外ナク、キツシリト維《ぎ》合《せ》、メ*ツタニ不*レ可レ乱。爰《コヽ》ヲオトスト、禽獣ニ成ト云人ノ身ノナリ、筋目ジャ。マヅソノナリノ人ノ身*ジャニ因テ、キツシリト引シマリ、慢ラズ、*蕩《トロケ》ズ、*此《コヽ》デ大事ト立テアル人心ノ筋目、ソレガ敬ジャ。ソレガ主タルト云心ノ本然ゾ*。由テ生レタ身ナリノ自然ニ、五倫《と》敬ト相根ザシテ、生《うみ》ノマヽ、敬ハ人道ノ正《ただ》中《なか》ゾ。時ニ天下全体五倫ノ筋目、人ノ身ハ是デ繋《つない》デ有《る》ト云ハ其通リ、誰ガ思フニモ、子ニ成タトキハ臣ノ身デナイ、君ニ成タトキハ子ノ身デナイト、心ニ預ラヌ様ニ思ヘドモ、得《とつく》ト看レバ、維《ぎ》合セテアル人倫ジャニ因テ、直ニ吾此《ノ》一身デ、親ニ対スレバ子ト云身、子ニ対スレバ親ト云身、君ニ向エバ臣ト云身ナレバ、直ニ臣ニ対シテ見レバ君ト云身、直ニ生《ウミ》

五ツ　五倫をさす。
無モノ　無本「ナリノナヒモノ」。
此　両本なし。
ハナイ　無本「デハナヒ」。
夫婦兄弟　「夫ト婦兄ト弟」。
維合…合テ　「クサリアヒツナキアフテ」。
家僕　「家頼」。
下知スル　「云付ル」。
治乱…起居デモ　「治モ(無本「ル」と訛)乱モ起モ居モ」。
メツタニ　無本なし。
不可乱　無本「ミダルベカラズカクベカラズ」。
身　「心」。
蕩ズ　「ハナタス」。
此デ　「コヽヲ」。
ゾ　無本「ニ」。
幽室　奥まった静かな薄暗い部屋。
石櫃　石のひつ、石の箱。
ナイ　底本享本脱、無本により補。
ヲ　底本享本「テ」、無本により訂。
心　底本「意」、享本により訂。無本

ノマヽ、生レタ身ナリニ、キツシリト五倫ニ成テ居ル。マヒトツ五者ヲ、親ノ身トナリ、子ノ身ト成テ見ハセヌ、思《い》合スコトナク、ヨビ合セヅクナク、身ナリデ、父ジャ、子ジャ、君ノ顔ジャト謂テ、天地カラ別ニ生《ウミ》ツケハセヌ。臣ノ顔ジャト云テ、違フコトハナイ。此《ノ》一身ガ君トモ見ユレバ、臣トモ見ユル。君ノ諸礼ヲスルコトモ、親ノ坐列ヲ並ベルコトモナイ。身ナリ自然ウミノマヽ、*幽室独坐*石櫃《き》ニ入テ居テモ、五倫ノ身ジャ。其透間ノナ*イ筋目《の》タツ身ノフリマワシヲ*スル主ハ、則《ち》此《ノ》*心ト、斯相《カフ》結ダ人ノナリジャニ因テ、其心ガ敬ミシマツテ、キツシリト透間ノアカヌ、筋目ノ立タ主宰ノナリヲ得レバ、其ナリガ一身脩テ、耳目口鼻、ドコ迄モ稟整《ウケトヽノ》フテ、其ナリヲ置モ直サズ、子*ヨリ見レバ、キツシリト父ヲ崇《アガマ》ヘル身ニ成テアリ、臣カラ見レバ、キツシリト君ヲ敬フ身ニ成*テ有リ、夫トナツテ婦ヲ*下知シ、朋ト成*テハ信アル身ト、五倫明*ナゾ。明ト云*ハ、只父子ノ親君臣ノ義ガ立タト、理バカリデ謂ヌ。其君臣ノ義、父子ノ親ト云ガ、理デ立タ物デナイ。敬ム心カラ立《っ》人倫ナ*レバ、キツシリト雑ラズ乱レズ、子トシテ親ニ微塵不*敬ノ心ナク、臣トシテ君*ヲ侮ル心ナク、引シマツタナリニ、キツカリト倫理ヲ得ルゾ。斯《カフ》トント身心敬倫ノ本然ヲ明サル、デ、誠ニ人倫ナリノ心、心ナリノ五倫デ、要*帰会*極、只一念ノ間ニ有ル。人道ノ根本、一身ノタバネ、失レ之《ヲ》テナラヌ命脈ゾ。此《ノ》語ガ、古今ノ格言、敬ヲ精《しら》ゲテ語タト云ニ、是《レ》程ナ精*粋ハナシ。「小*学」ノ明倫敬身ト云モ此《ノ》旨、箴之《の》救《うこと》レ人免《れしむ》レ陥《ことを》ニ於夷狄禽獣一《ニ》ト云モ此*意《ノ》。人ト云ハ敬デ無レバ立ヌゾ。サレバ「篤*恭《して》而天下平《かなり》」「脩*《るに》レ己以《をてして》レ敬《しみを》而百姓安《ず》」ト云モ、効《しるし》ヲ詰《つめ》テ謂タヤウナレドモ、左右デハナイ。天下百姓ヘ渡シテカラ詠*《ながめ》ハセヌ。今此《ノ》身ニ主

「一心」。
ヨリ　「カラ」。
成テ有リ　無本「ナツテ」。
下知シ　「フリマワス身」。
成…アル　「ナツテ信ナ」。
明ナゾ　無本「明養」(養は矣の訛)、享本「明矣ゾ」。
云ハ　「云カ」。
ナレバ　「シヤニヨツテ」。
不敬ノ　「ノス」。
君ヲ　「ミシン君ヲ」。
要帰　要旨の帰する所。
会極　万事の会し集る極点。
精粋　「コト」。
小学　朱子の指授を受けて、門人劉子澄が、経・史から、童蒙の修養の資となる記事を抜いて編録し、朱子が校閲し、淳熙十四年に成る。立教・明倫・敬身・稽古の内篇、嘉言・善行の外篇の六巻からなる。
陥　底本脱。原文により補。
此意　「コ、ノコト」。
篤恭…　一一三頁参照。
脩己…　論語、憲問「子路君子を問ふ、子の曰く、己を脩るに敬みを以てす。曰く、斯の如きのみか。曰く、己を脩めて以て人を安んず。曰く、斯の如きのみか。曰く、己を脩めて以て百姓を安んず。己を脩めて以て百姓を安んずることは、堯舜も其れ猶ほ諸を病めり」。
詠ハセヌ　無本「ナカメヌ」、享本「詠メ」。

タル一存ノツマリガ、直ニ万事ノ根本、一存立《て》バ、天下ノ*事治テアル。一存失ヘバ、天下ノ事乱テアル。人倫ト結ビ合テアル其レナリノ心ジャニ因テ、君ノ心ノ*仁徳ナモ、*悪心ナモ、*忽チ天下ヘヒヾク筈ノコト。吾《おレ》ハソレデモ、身ハ二ツ有ル、三ツ有ル、又主ドリハセヌトコソ云ヘドモ、ソレハ事ニ見《アラハ》レテ数デ計《かぞ》ヘタモノ。明日主ドリスレバ、余ノ身ヲ不レ待《た》、此ノ心此ノ顔デ臣ノ身トナルニ因テ、引ヌイテ、身ガラ一ツデ、敬ミノアル者ハ、仕ヘテ役儀モスム、出テ朋友ニモ信ニナル。日比ニ奉公ハ得セマイ、妻ヲ持タラバ蕩《くずれ》フト、ドコトモナウ見ユルハ、事デシテ見ヌ*サキデ、全体不敬ノ気象ジャゾ。*桃ノ核ヲ蒔テ梅ノ咲ヌト云ハ、誰モ知テ*居ルガ、只種ガヨノ物ジャト云バカリデナイ、*元来ヅンド桃ハ梅ラシイ方ヘ顔向テイヌ処ガ有ゾ。*其レ故斯《カツ》今ノ一身ニ即《つい》テ、五倫ト云*意デナケレバ、ドコゾニ透ガ有テヌケテ居ル。此《コヽ》ニ敬ミガ立テバ、是デハ*国ガ治ル、天下ガ平ニナルト云コトヲ言ヒヅクナク、只大事ニ懸テ不レ失、取直シ〱ト云身心根本ノ工夫ナリデ、頓ト天下国家ハ治テ有ゾ。

○程子曰　此ノ語ハ*元来事ヲ主トシテ、合《て》ニ動静表裏《を》ニ而ソレナリノ事ヲ指レタ者ゾ。乃《ち》事ト云主一ノ目当ハ、日用五倫ニ有テ、其ノ日用ノコトニ主一スルハ、合ニ動静表裏ニ*而心ノナリカラ事トナル、是ガ敬ノ正意全旨ゾ。其ナリヲ稟《ウケ》テ、朱子ノ此ノ箴*ハ――　必有レ事焉　夏冬*トナク、老少トナク、隙《ひま》ガナイノ、奉公ノ身*ジャ、*病者ナト云コトハナイ、年寄*タラバ、老ボレヌ様ニ敬ム、無レ隙レバ、隙ノナイコトヲ大事ニカケル、奉公シテ居ルナラバ、*奉公前ヲ精出シテ務ムル。ドチヘドウシテモ、就テマハルガ主一ゾ。此《コヽ》ヲ失フト、老人ハ*老耄《もう》スル、忙《イソガ》シケレバ*仕損ジスル、奉公人ハ無精ニナル。兎角隙《ひま》デ居ル身ハ、遊山翫水ノ心ノ出ヌ様

ノ事　「中ノ事カ」、下は無本「中事ハ」、享本「中ノ事ノ」。
仁徳　無本「親切」、享本「深切」。
悪心ナモ　「ワルヒ心カケモ」。
忽チ天下　「ソノマヽ天下中」。
サキデ　無本「サキニ」。
桃ノ核ヲ　無本「カヌケテタカテニステアル桃ヲ」(意味不明)、享本「カヂケテミヘテアル桃ヲ」。
居ルガ　「イルシヤカ」。
元来ヅンド　「大根ニトント」。
其故　「ソレシヤニヨツテ」。
意　「心」。
国ガ　無本「国中」、享本「国カラ」。
元来　「タヽイ」。
而　無本「即」。
ハ――　無本「ハ――タン〱カタリテアル」、享本「云云」。
トナク　「ナク」、下同じ。
ジヤ　無本「シヤノ」。
病者ナト　無本「病君ナト」、享本「病ジヤト」。
タラバ　享本「タラ」。
奉公前　奉公人としての責任分担。
老耄スル　「ヲイホレル」。
仕損ジスル　「シソコナフ」。
無故…出ヌ　「居ハネムケノサヽヌ」。
立ツ…レヌ　「起ハコケヌ」。
歩ム…ヤウニ　両本なし。

ニ、無*レ故睡眠ノ出ヌヤウニ、立*ツ時ハ倒レヌ様ニ、歩*ムトキハ跲《ツマヅ》カヌヤウニ、兎*角離レ*ヌ敬、アチカラハ此《ノ》様ニ属テ廻《ツイ》レドモ、ソレヲ吾事業トセヌ哀《かなし》サハ、ウカ〳〵ト酔生夢死ノ覚ヘノナイ身ト成テ、心ノ霊ノマハルナリ、利害情欲ノ外ヲ得出ヌゾ。○豈可《けんや》レ忽《ゆるがせにす》哉 ソ*レ天地ノナリガ、何*《イツ》デモ一時ニ壊《ヤブル》ル物デナイ。壊ル丶ト云ハ、其*《ノ》壊《る》ル根ガ有テ、毫釐カラ始ルニ因テ、毫釐ヲ失*フハ、頓ト全体ノヤ*ブレト、敬《うや》マウナラバ、此《コヽ》デノ事、皆*身ニアルコ*トゾ。目*《ナ》ハ大小高下サマ〴〵有ル物ナレドモ、失フマイ、大事ニ懸ウト云ハ、毫釐須臾ノ失テ適ク僅ナ処デ敬*マハネバナラヌ。毫釐須臾ト云ハ、少キコト、僅ナトキト思フハ違*ゾ。事之大小デハ言ヌ。時ノ始終、事ノ端*末カラヒロガルト云コトジヤニ因テ、爰デ敬ムダ者ゾ。是ヲ随分僅ナ処ヘツメテ云タモノ。敬ヲ十*分ニス*マシテ、勝テ冑ノ緒ヲシムル、釘ノ裏ガヘシタ処ジヤ。随分コマカナ処マデ気ヲ付ルト云ハ誤リ、又千丈ノ堤モ蟻穴カラ破ル丶、此《コヽ》ヲ大事ニセヌト、サキデ悪イニ因テ、須臾毫釐ヲ敬シムト、釘*ノサキデコマカナ物*ヲ撰*《エリ》出スヤウニ思フモ、誤リゾ*。サキデワルウ成マデ待ズ、毫釐須臾デトリ違ヘタト云ガ、直ニ頓*ト三綱九法ガ壊《ヤブレ》テユクゾ。去程ニ是ヲ取違*レバ、君ト云身ハ有ツ丶、君ノ身ニ覚ヘガ無テ、臣下ニスカサ*レ、主宰ガ隤*レ、夫《ヲット》トシテ*ハ婦ニ誑*《タブラ》カサル丶様ニ成テ、夫《カノ》弑逆殄*《テン》滅《ホロブ》ノ大悪モ、ソレマデヒロガツテ目ニ附コトデ*ハナイ、頓ト是カラ主人ノ首ハ截《きれ》テアル、君ニ毒ヲ持テ居ルゾ。釈迦ガ雪山ヘ入サマニ、身ニツライ生老病死苦ノ哀《かなし》サニツラレ、頓ト今日吾ハ子タル身、親ガアルト謂コトヲ打忘レ、ヤ*レ大事ジヤ、先祖ノ迹ジヤ物*ト云気ガ付ヌカラ、ヅラ〳〵ト出家遁世シテノケタ。主一ノ念ヲ失フタモ*、釈迦ガトキ*、

兎角　「トフモ」。
レヌ　無本「ラレヌ」。
ソレ　両本なし。
何デモ　無本「ナンテモ」。
其　両本なし。
失フハ　「ウシナヘハ」。
ヤブレト　無本「ヤフレトナル」。
皆　両本なし。
コトゾ　「コト」。
目　名。品目。
敬マハ　「ツヽシマ」。
違ゾ　「チカヒ」。
端末　「ハシ」。
十分ニ　「十分」。
スマシテ　無本「シスマシテ」。
釘　無本「針」。
物　「トコロ」。
撰出ス　「ヨリタス」。
ゾ　両本なし。
頓ト　無本「トン〳〵ト」。
取違レバ　無本「トリチカヘルト」、享本「トリテ(チの訛)カヘルハ」。
スカサレ　だまされ。無本「ミスカサル丶」、享本「スカサル丶」。
隤レ　「ツフル丶」。
シテハ　「シテ」。
誑カサル丶　「カソヘラル丶」。
殄滅　残らず滅ぼすこと。
デハナイ　無本「ハナヒ」。
ヤレ　無本「ア丶」。
物ト　無本「モノシヤト」。
モ　「モノ」。
トキ　無本「トキニ」。

主*一ト云学ハナケレドモ、伏*義ノ教モ、四海ノ外モ、心ノ則ト云カラハ、是ヲ離レテ立ヌ*人倫、今ト云端的一念ヲ忘レタカラ、人倫ヲ滅却スルヤウニハ*ナツタゾ。総テ心ノ則ヲ失フト云ハ、大事ノコトヲ意*ニ不*レ覚、不埒ニナグル、ヱイハサテト云ハ放心ノ至極、ソレマデ不レ待、心ノ存不存*、思ヒ差ヒト云モノガアルゾ、是ガ放心ノ第一ノ処。今仕*損ゼヌコトヲ心ニアテ、見*ルハ違ゾ、ソ*レハ都合ガ合テアルモノ。何*ゾ仕損ジノ出来タトキニ心ニアテ、看ヨ。ドウヤラシタコトジヤ、何トヤラシテ斯《カフ》ナツタ程ニト云、アソコニ如在ナウテ、ウツカリト気ノ附ヌ、其《ソコ》ガ心ノ取《ら》レグチゾ*。「大学《の》」正*心之章ニ、「有レ所《れば》則《ち》不レ得二其《の》正《きを》一〈忿*懥恐懼好楽憂患〉」トモ云テ、喜怒憂懼、ヅラ〳〵ト適クナリニ覚ガナイ。嗚呼キコエ*ヌ主ノ仕方ジヤト、ズト出ルカラ、此国ハド*ウヤラ纂《ウバ》ハレサウナ物ジヤト云気ガ付テクル、其*ノ処デ、イヤ〳〵臣トシテ弑《ル》*レ君《ヲ》ト云コトヤ有ルト気モ付ズ、臣ト云主一ヲ失フニ因テ、折角今迄シ*タル忠節ヲ棄《て》テ、寡婦孤児ヲ欺《く》ヤウニナル程ニ、只敬ノ端的察ノ字ヲキビシク謂テアル。只一《たつた》念ノ覚《*おぼえ》ガヌケタト云処、其ナリヲ養ヘト云「敬斎箴」ガ存養ノ部ゾ。此語《こゝノ》リ様ヲ看ヨ。学問セウ、セマイ、和漢モ、古今モ、只*今デモ、何時《と》不レ言、取違ルト、頓ト壊《やぶれ》ルト、三綱釈氏マデ語リツメタモノ。禅定ニ紛レテ、敬ノ条《スヂ》ガ違フト謂コトデハ無ゾ。

○願《う》レ治《を》之君　大*小学ノ序ニ、風化《の》万一ト、天下ノ事ニ懸テアルモ、古人《の》教法カラ謂タモノ。此ノ「敬斎箴」モ、学者バカリ不*レ言シテ、願レ治之君トハ、ナゼニ謂テアルゾ。サレバ書*ヲ読ミ、礼*義習《を》フト云ハ、学者ニハマツテノ事業《シワザ》、ソレ迄*モ待ズ、一身ノ根本、万事ノ主宰ト成テ、是カラシマレバ、天下国家ノク丶リヲ得ル。是ヲ崩スト、三綱九法忽《ち》壊*テ、天下

主一ト云学　無本「主ト云字ハ」、享本「主一ノ学ト云ハ」。
伏義ノ教モ　享本脱。無本「モ」なし。
人倫　無本「人倫ト」。
ハナツタ　底本享本「離ツタ」、無本により訂。
ヲ　無本「カタカラ」、享本「カラ」。
不覚　「ヲホヘテ」。
不存　無本「不存ハ」。
仕損ゼヌ　「シソコナワヌ」。
見ルハ　「ミレハ」。
ソレハ　両本なし。
何ゾ…出来タ　「ナントソシソコナフコトノ出タ」。
ゾ　「シャニヨツテ」。
正心之章…　↓三三六頁注
忿…患　両本なし。
キコエヌ　納得できぬ。
ドウヤラ纂ハレ　「シテヤラレ」。
其…臣　「トコロテイヤ〳〵ト臣下」。
弑君…気モ　「君ヲウツト云ハト云(享本「ウツハト」)気カ」。
シタル　「シタ」。**覚ガ…ト**　無本「ヲホヘタカヌケタカト」。
只今…不言　「タツタ今何時イワセス(享本「イワズ」)」。
大小学ノ序　「大学章句」「小学」の朱子の序。大学序の末「於二国家化レ民成レ俗之意学者脩レ己治レ人之方一則未三必無二小補一云」。小学の序は一〇二頁七行目以下参照。
不言シテ　「云ハスニ」。
書ヲ読ミ　無本「ヒロフ書ヲヨムノ」、

国家ノシマリヲ失フト云敬ナレバ、是程指シ付テ、天下之ノ君主*、人倫ノタバネニ成テ居ル身ノ主薬ハナイ程ニ、唐虞ノ朝廷*、君臣上下、警戒兢々業々トシテ*、万機ノ政務、只大事〳〵トセラルヽハ、此ノ敬ノ一念ヲ不レ失シテ、天下綱紀ノタバネヲ立ル為《タメ》ジヤゾ。

主*一ノ箴

学ノ伝脈所レ得ト云ハ、心法一段ニカヽルコトジヤニ因テ、南軒ノ聖学ヲ得ラレタト云ハ、此ノ一箴ニ有リ。シラゲタ精《くわし》イ*ノコトゾ。然《さレ》ドモ今朱子ノ「敬斎」ヲ書レタ、アノ準則《かね》ヲアテ、看タトキハ、自ラ見る処所レ得ノ高下程、チガヒメノ有コトジヤニ因テ*、今朱子ノ箴ニヨリテ評論シテ看*ルコトゾ。

●人稟《うく》二天性を一至会二于極一　初メノ間ハ、心ヲコチカラ守ルヤウニ成テ、*有無《うむ》ニ心ノ方カラ下知ガ出ニクヒモノ。ツヾマル処、敬ノ熟処ツマリ〳〵テアレナリニ、一身万事ノタバネト成テ、フリマ*ハス柱ガ出来ルゾ。聖賢可レ則《のっとる》ニヨラヌ身デ、学*ブ似セウトシテハナラヌ。何サマ是ヘ足ノ立テ乗《ノル》*ト云コトナレバ、酌子《サクシ》ヲ定規ニスル様ニハ有マイ。自然ニ膚ノ合テクル処ガアル程ニ、身一ツ則ニシテ適《ユカ》レウゾ。扨人ノ生レタナリハ、頓ト此ノ一心ジヤ。ソレナリガ耳目口鼻君臣父子ノ身ト成テ、一生行ハルヽナリモ、亦此ノ一心ノ流行デ、ソレナリガ、見タリ、聴タリ、君ニ仕ヘタリ、親ヲ愛スルゾ。其*耳目口鼻君臣父子、見タリ聴タリ事ヘタリ愛スルト云コトヲ除テ看レバ、只此ノ*心ヨリ外何ニモ無テ、置モ直サズ、ピツタリト耳目口鼻、事ヘタリ愛スルナリ、兎角心ナリノ理ト*云コトヲ合点セヨ。其心カラ指

享本「書ヲヨム」。
礼義　無本「経義」。**迄モ**　「マテ」。
壊テ　「頽テ」。**君主**　「主」。
朝廷…上下　「廷君臣」。
ト…政務　「一日ニ(享本「二日」)万機アリ」。→一二〇頁注「一日…」
主一箴　張南軒の「主一箴」(南軒文集巻三六)全文は「人の天性を稟く、其の生るるや直し。克くその彝(人の常に守るべき道)に順へば、則ち忒(たが)ふことあることなし。事物の感、朝夕に紛綸たり。動て節無れば、生の道或は息(や)む。これ学ぶこと要あり、敬を持して失ふことなかれ。厥の操捨(とるとすてる)を験(ため)して、乃ち出入を知る。曷んすれぞ其れ敬む。妙は主一に在り。曷んすれぞ其れ一、これ以て適くこと無し。居は越える思無く、事は他に及ぶことなし。中に涵泳(ひたり泳ぐ)し、忘るるに匪ず、亟(すみやか)なるに匪ず。斯須造次も、是保ち是積む。既に久くして精し、乃ち極に会す。勉めよや倦むことなかれ、聖賢則とるべし」。原文→補記　**ノコトゾ**　「コトシヤ」。
ニ因テ　「ホトニ」。
看ルコトゾ　「ミルソ」。
有無ニ　どうあっても。
マハス　「マハスル」。
学ブ…シテハ　無本「学ハフノニセウノト云コトハ」。
乗　無本「クル」。**其**　両本なし。
心　「一心」。**ト**　「シャト」。

モヒトツ　「マヒトツ」。
ト　「シヤト」。
ヲ　底本「モ」、両本により訂。
己ガ　底本亨本「アレガ」、無本により訂。　**別**　「別々」。
根本ノ主意　亨本「大根ノ主客」、此より次行「因テ」まで無本なし。
外ハナク　無本「先ハ」、亨本「先ハナク」。　**ヨリ**　「カラ」。
仮令多　「随分イカイ事」。
兎角　「トント」。
可為…ヤラ　「スルハツヤラセヌハツヤラ」。　**ナラズ**　「ナラヌ」。
譬ヘバ　「ヤスイコト」。
痛　底本「痛ヲ」、両本により訂。
痛ム　「イタイ」、下同。　**素ヨリ**　無本「キレハタヽイ」、亨本「ダヽイ」。
ドウカ知ヌガ　「トウヤラシラヌ」。
自身ニ　無本「吾身ニ」、亨本「吾デニ」。　**ゾ**　両本なし。
多　「イカイコト」。
精ヒ　無本「精微」。
統帰　総体をすべくくり帰する所。
コト〳〵ク　底本亨本「ノ如クゾ」、無本により改む。
敬ミ　無本「敬ニ」。　**程ガ**　「ホト」。
ジヤゾ　亨本「シヤ」。
ニ因テ　「シヤニヨツテ」。
今　底本なし、両本により補。
是ニ　「コレニハ」。　**有ルコト**　無本「アルソ」、亨本「アルコトゾ」。
如何ナレバ　「ナセナレハ」。
四箴　宋の程伊川(頤)の作。視・

テシマツテ居レバ、*モヒトツ理ガ斯《カフ》スル筈*ト云コトヲ持テコズ、自然ニ一身脩《て》而五倫明ナリ。今理ガ斯スル筈ジヤニ因テ、其理ヲ失フマイ為ニ、心*ヲ持ト云コトナレバ、其《ノ》理ガ既ニ*己ガ心ト離レテ*別ニ成テアル。物ヲ持来テ心ヲ持フジヤニ因テ、*根本ノ主意ガ違テ、持ヲ、セテカラ附刃《ツケヤキバ》、理ガサウジヤニ因テ、サウスルト云ヨリ*外ハナク、何ニモ身*ヨリヒヾイテ出ル者ハ無ニ因テ、*仮令多《く》理ヲ知リ言ヒ立《て》テカラガ、敬ト云物ハ、*兎角理デ圧《ヲサレ》ヌ。理ハドウアルヤラ、*可レ為筈ヤラ、不レ為筈ヤラ、只吾ト吾身カラ、如何ニシテモ恐シイ、大事ジヤト、シミツキ、コタヱテ出レバ、置モ直サズ、其《レ》ガ理ノ至極、理カラ心ヲ持フト云コトハ*ナラズ。*譬ヘバ截《きって》レ身*痛《いたい》覚ヘノアルハ、*痛ム筈ジヤニ因テ、心ニ痛ムト思フト云コトハナイ。*素《モト》ヨリ痛ト覚エル、其《レ》程理ノ至極ハナシ。親ハイトシガル筈ジヤニヨツテ、イトシイト思フト云コトハナイ。*ドウカ知ヌガ、只大切ナリノ心ホド理ハナイ。是デ能《よう》合点セヨ。吾ト*自身ニ惺《さめ》ル*ゾ。敬ミト云処ニ、*多《く》味ヒ筋目ノ在ル所、ヅンドウミノマヽ、身ナリ自然ノ敬ジヤニ因テ、其味ガ親切*精ヒ離レラレヌ処ガアル。漢唐以来、学ノ違フタト云モ、「小学」ノ身ニ養フト云モ、聖学ノ*統帰*コト〳〵ク在レ此《に》テ、其《レ》故*敬ミ微塵モ理ヲ雑《まぜ》ルコトヲ嫌フ。至極理ヲ云ヌ*程ガ理*ジヤゾ。右段々ノ訳*ニ因テ、兎角敬ニ理ヲモテキテ謂ハ悪シ。*今「人稟二天性一」ト云ハ、理デ言タヤウナレドモ、*是ニ旨ノ*有ルコト。*如何ナレバ、程子ノ「*四箴」ノヤウナ合点デ、「*心兮本《もと》虚」「*人有レ秉《とる》レ彝《いを》」ト*云カラ*言タハ、根ヲ明シテ、是故ニ敬ヲセウト云コトデハナシ。視聴ノ失フ場ヲ示シタモノ。今張南軒モ、主一ト云敬ノコトカラ*入《る》端ヲ主トシテ言ルヽニ因テ、其持タナリヲ語テ、其《ノ》失フ場ヲ示サルヽニ因テ、人稟二天性一ト云*ヨリ語リ出サレタ者*ゾ。扨敬ト言フニナツテハ、目カラノ、耳カラノ、事カラノ、気カラノト云コトナク、全体敬ム心カラ云タ物ナレバ*、朱子ノ語リ様ハ、何*ニモ前置ヲ不レ言、ソロリト船場ヘ適クト、乗テ出ル、*モヒトツト読ナヲシヅクナク、其ノ坐其ノ身デ、直ニ正二其ノ衣冠一――ト乗テクル様ニハ語タ者ゾ。是ハ南軒ガ湖南*知見ノ学ヲセラレテ*、余習カラ出タ語。爰*ヲ示ストキニハ、験《して》二厥《その》操舎《を》一――「*操《とれば》則存シ舎《すつれば》則亡《ほろぶ》」ト、孟子ノ語ラレタ語ナレドモ、ソレハ広フナラシテ云フトキノコト、今ジカニ敬ヲ正シテユクニ、此ノ様ニ味カラサキヘ知テ適《く》ホド、斯《カウ》シタコトナレバ*、斯《カウ》心ヲ得ルヤウニセウト云方ヘコケテユキタガル。何ノコトモ無フ、「言忠信、行篤敬」「如レ見二大賓一、如レ承二大祭一」ト語ラル丶。是程ジカ*ニ親切ナ、*モヒトツ心モ存*スルト云コト*不レ言ニ、身《と》トモニ属《ツイ》テアル。此《ここ》ガ敬ノ語リヤウゾ。　会《す》二于極《に》一　敬ハ斯《カウ》シタ語リ様デ*ハナイ。田夫野人小児デモ、大人デモ、只大事ニカケルガ*敬ナレバ、此ヤウナ結構スギタコトハ微塵モ無テ、聖人ニ成テモ、ヤハリ其ノ心漸々ニ畏《おそ》レハ強フナル*ゾ。然ニ会二于極一ト云ヤウニ語ルト、早ク敬ヲシマフテ、此《コヽ》ヘ落着キタウ、苦痛ヲ止メテ、安楽従容ノ地ヘ入《いり》タウ成テ、灸ヲスヘルヤウニ思ハル丶。其レ故朱子ノ語リヤウハ、三綱既《に》淪《む》ト終*リニナル程、厳シクツキ返シテアル。動静無レ違ト云効《しるし》モ、ヤ*ハリ工夫ノ詰《ツマツ》タナリヲ言レタモノ。今敬メバ、ソレ程効ヲ得ル、今大事ニ懸《かけ》ルト、其レ程キツシリト引シマリテ居ル、万*民ガ敬*ムデ、動静無レ違ト云即坐ノ効《に》ツマルデ無レバ、敬デナイ。此ノ様ニ漸々ニヨイ処ヘ適クトハ語ラレヌゾ。　○扨全体「主一ノ箴」ノ旨《の》薄イコトガ有ル。最モ事ヲ主トシテ言*コトナラバ、斯《カウ》語ラネバナリハセネドモ、元*来事ノ

聴・言・動の四箴からなる。**心兮本**　底本「心本兮」、四箴の原文により訂。
人有秉彝　底本両本「有」なし、原文により補。秉彝は人が天の常道を執り守ること。詩経、大雅、烝民に「天生二烝民一。有レ物有レ則。民之秉レ彝。好二是懿徳一」。　**云カラ**　無本ナシ。
言タハ　享本「云レタハ」。
入端　無本「イルソノ端」。
ヨリ　「カラ」。　**者ゾ**　「モノ」。
ナレバ　「シヤニヨツテ」。
何…不言　「前ヲキモ(享本「ヲ」)ナンニモイワス」。　**モヒトツト**　無本「一度一度」、享本「マ一ツト」。
湖南　湖南学のこと。↓二八三頁注
セラレテ　無本「セラレタ」。
爰ヲ　「尤コ、ヲ」。
操則…　孟子、告子上「孔子の曰く、操れば則ち存し、舎(す)つれば則ち亡び、出入時無く、其の郷を知ること莫(な)きは、惟(た)だ心の謂ひか」、その集註「之を操るの道は敬以て内を直くするのみ」。　**ナレバ**　「シヤホトニ」。
ジカニ　無本「チカナ」、享本「ジカ」。
モヒトツ　「マヒトツ」。
モ　無本「カ」。　**コト**　享本「コトハ」。　**デハナイ**　無本「テナヒ」。
ガ　底本なし、両本により補。
ナルゾ…語ルト　無本「ナルニヨツテ会極ト云ナリナ事ヲ云ト」、享本「ナルニヨツテ会極ト云ト」。
終リニ　「シマヒニ」。

先ヒ場ヲ示サウヨリハ、ヤハリ主一ノ根本*カラ出ル身心ノ工夫カラ説*《トキ》タイ者ゾ。程子ノ主一ハ、主《として》レ事《を》而言テ、ソレガ事上《の》デ只大事ニカケルト云バカリデナイ、心ガ事ヲ敬ム、身ガ事ヲスルニ因*テ、動静表裏透間ノナイナリノ主一ジヤ。是《ここ》デ本法ノ主一ト云モノニハナル筈。此様《ノ》ニ事ノ上デ、サア大事ニ懸《かけ》フト云バカリヲ主トシテ、会二于極一マデ詰テ置ルレバ、*一生スル敬ノ工夫ガ、事デスル而已《のみ》ニナツテ、身心トモノ主一ト云程子ノ薀*ガツキヌニ因テ、今学者ノ身ニ稟《うけ》テ、如何ニシテモ、残逆*ナコトヲシスマシサヘスレバ、敬ニナルヤウ*ナゾ。其故主一整斉《レ》ト云デ無レバ、全デナイ。程子ノ主一ト云モ、主一ト云コトバカリデ説*タ物デハナイゾ。是《を》以《て》*トント朱子ノ改テ、「敬斎箴」ヲ著*シテ、衣冠容貌、動静表裏、全体ナリノ主一ジヤト云旨ヲ明《アカ》サレテ、ピ*ツタリト学者其身其坐ノ端的カラ、全体透間ノナイ敬ニ入《い》ラルヽゾ。

右絅斎先生講説若林進*七之筆記直請之摸写之

于時天明三癸卯初夏写之

ヤハリ　無本「ヤツハリヤツハリ」。
万民　「百姓」。**敬ムデ**　無本「敬シテ」。**言コト**　無本「イワフ」。
元来　「其事ノ大根」。

根本　「根」。
説…ゾ　無本「云タヒヒ(モの訛)ノ」、亨本「云タモノ」。
ニ因テ　「シヤニヨツテ」。
一生　底本亨本「一坐」、無本により訂。
薀　蘊に同じ。蘊奥のこと。
残逆　「サンキヤク」、訛脱あるか。意味未詳。
ナゾ其故　「ナソレテ」。
説タ　「云タ」。
是以　「ソレテ」。
著シテ　「アラハシ」。
ピツタリト　「ヘツタリト」。
進七　底本「進大」、今訂。

補記

敬義(一二一13)　易、坤卦、文言「直きは其の正しきなり。方(ただ)なるは其の義なり。君子敬以て内を直くし、義以て外を方にす。敬義立て徳孤ならず。直・方・大習はずして利(よろ)しからざることなければ則ち其の行ふ所を疑はざるなり」。程伝「君子は敬を主として以て其の内を直くし、義を守て以て其の外を方にす。敬立て内直く、義形(あら)はれて外方なり。義は外に形はる、外に在るに非ず。敬義既に立て其の徳盛なり、大なることを期せずして大なり。徳孤ならざる、用るとして周ねからざる所無く、施すとして利あらざる所無し。孰か疑ふことを為ん」。朱子語類巻六九「敬以直レ内、是持守功夫。義以方レ外、是講学功夫」。

宋高宗(一五五3)　徽宗の第九子、宋が金に倒され、徽宗、兄の欽宗が捕えられたので、江南に逃れて即位、南宋を樹て、金と講和し、南宋の基礎を築いた。暗君ではないが、主戦派の岳飛をしりぞけて、秦檜を用いた点で絅斎はかくきめつける。

宋文帝(一五五6)　中国南北朝時代三十年近い小康を保った元嘉の治績をあげたが、晩年衰え、その太子劭は過失が多く、屢ゝ帝に詰責されたので、女巫に帝を呪詛せしめたが発覚し、劭は帝を弑して自立したが、弟駿に殺された。

傅外郎(一五六11)　「傅粉郎」(白粉をつけたように色の白い美男子、魏の何晏をいう)の訛か。晏は魏の宮廷に育った貴公子で、王弼等と共に玄学を唱えて、一時の風気を為し、曹爽と結んだが、司馬懿に爽と共に殺された。三国志、魏書列伝九「晏性自喜二動静一、粉白不レ去レ手、行歩顧レ影」、「晏婦金郷公主、即晏同母妹。公主賢。謂二其母沛王太妃一曰、晏為レ悪日甚。将何保レ身。…俄而晏死。有二一男一、年五六歳。宣王遣レ人録レ之。晏母帰蔵二其子王宮中一。向二死者一搏レ頬、乞白活レ之。使具者以白二宣王一。宣王亦聞三晏婦有二先見之言一、心常嘉レ之。且為二沛王一故特原不レ殺」。

宋叔(一六七9)　左伝、僖公廿四年「鄭子華之弟子臧出奔レ宋、好二聚鷸冠一、鄭伯聞而悪レ之、使二盗誘一レ之、八月盗殺二之于陳宋之間一、君子曰、服之不レ衷、身之災也、詩曰、彼己之子、不レ称二其服一、子臧之服、不レ称也夫、詩曰、自詒二伊慼一、其子臧之謂矣、夏書曰、地平天成、称也」。鄭の子臧が聚鷸冠(かわせみの羽を聚めて作った冠)を好んだため、逃亡中でも目立って自ら禍をとった。

民受…(一六八1)　左伝、成公十三年「成子脤(出兵に際し先ず社に於て宜の祭を行う時の肉)を社に受く、不敬なり。劉子曰く、吾之を聞く、民は天地の中を受けて以て生る。所謂命なり。是を以て動作礼義威儀の則あり、以て命を定むるなり。能者は養ひて以て福に之(ゆ)く、不能者は敗りて以て禍を取る。是の故に君子(在位の者)は礼を勤め、小人(庶民)は力を尽す。礼を勤むるは敬を致すに如くは莫く、力を尽すは篤を敦くするに如くは莫し。敬は神を養ふに在り、篤は業を守るに在り。国の大事は祀と戎とに在り。祀に執膰あり、戎に受脤あり、神の大節なり。今成子惰る。其の命を棄つ。其れ反へらざらんか」。

周子…(一六八15)　通書「聖は天を希(ねが)ひ、賢は聖を希ひ、士は賢を希ふ。伊尹顔淵は大賢なり。…伊尹の志す所を志し、顔子の学ぶ所を学ばば、過ぎなば則ち聖、及ばば則ち賢、及ばずんば則ち亦令名を失はず」。

唐虞(一六九7)　堯は初め陶に居り、後唐に遷る、故に陶唐氏と号す。舜は世々虞に邑す、故に有虞氏と号した。

稷契(一六九8)　共に堯舜時代の名臣、稷は后稷となり農を、契は司徒となり五教を民に教えた。

衛輒(一七〇10)　衛侯輒、即ち衛の出公、国外にあった父の蒯聵が衛の大夫孔悝を脅かして輒を追放した。時に孔悝の邑宰であった子路は、孔悝を救おうとして、難に殉じて死んだ(史記、衛康叔世家・論語、子路)。

季氏(一七〇11)　魯の大夫。季氏が顓臾の国を伐たんとしていることを、季氏に仕えていた冉有・子路が孔子に告げた時、両人はその責任回避を孔子からたしなめられた(論語、季氏)。

畏ノ字ノ発明デ(一七四3)　朱子語類巻一二「然して敬甚(なん)の物か有る、只畏の字の如く相ひ似れり。是塊然として兀坐(こつざ)して耳聞くことなく、目見ることなく、全く事を省みざるの謂にあらず。只身心を収斂して整斉純一にして恁地(このごとく)に放縦せざれば、便ち是れ敬なり」、「敬は是れ万慮休置するの謂ならず。只是れ事に随て専一に謹畏して放逸ならざるのみ」、「敬は只是一箇の畏の字」。

主一箴(一八五4)　原文「人稟天性、其生也直。克順厥彝、則靡有忒。事物之感、紛綸朝夕。動而無節、生道或息。惟学有要、持敬勿失。験厥操捨、乃知出入。曷為其敬、妙在主一。曷為其一、惟以無適。居無越思、事靡他及。涵泳于中、匪忘匪亟。斯須造次、是保是積。既久而精、乃会于極。勉哉勿倦、聖賢可則」。

敬*斎箴筆記

三*宅重固

此書ハ本、朱子ノ書斎ニ敬斎・義斎トテ、二ツノ室ヲ築テヲカレシニ、或時門人ノ*汪清卿ト云モノ、処ヱ行《き》玉テ、為ニ此箴ヲ書レシナリ。汪清卿ガ為ニ書《き》玉シ事ハ、見《えたり》二于*朱子実紀《に》一。サテ此箴ノソコ意ハ、*張南軒ノ作ラレシ「*主一箴」ガ、朱子ノ気ニ入《いら》ヌ事ガアルユヘニ、ソレヲタメテ作リ玉ヒシ也。其ワケハ*此末ニ見《え》タリ。

序

人之一身五倫備《りて》焉

世人往々天下ヘヲシナラシテ五倫ノアル事ノ様ニ覚テ、一人ノ身上ニ五倫ノアル事ヲ知《ら》ズ。故ニ此一句ヲ*世儒皆疑《う》レ之《を》。蓋《し》ソレハ朱子ノ書ヲ考ズシテ、アヤマリ*タモノ也。「*文集」七十九、*瓊《けい》州学記曰《く》、「昔者聖王作《り》二民君師《を》一、設《け》レ官分《ち》レ職《を》、以レ長《を》以治《む》、而*其教《うる》レ民《を》之目《は》、則曰《く》父子有レ親、君臣有レ義、夫婦有レ別、長幼有レ序、朋友有レ信、五者而已《のみ》、蓋《し》民有《れば》二是《の》身一、則必《ず》有二是《の》五者一、而不レ能《て》二以一日離《るること》一、有《れば》二是《の》心一、則必有二是五者*之理一、而不レ可《て》二以一日離《もる》一也」ト、朱子ノ此言ヲミレバ、疑ハカ、ラ*ズシテ、*嘉先生ノ此一句《ハ》実《ニ》名言也。

主《たる》二乎身《に》一者《は》心也

敬斎箴筆記 底本内題なし(外題「敬斎箴講義」)、蓬本斯本により補。無本「敬斎箴」。
三宅重固 底本なし。無本「三宅尚斎先生」、斯本「尚斎先生」。蓬本により補。
汪清卿 字は湛仲。婺源の人。朱子の門人。
朱子実紀 一二巻。明の戴銑著。朱子の伝記。
張南軒 →一一五頁注
主一箴 朱子の「敬斎箴」との関係については前の絅斎の講義に詳述されている。→一八五頁注
此末ニ 蓬本斯本「此末ノ附録第一条ノ跋文ニ」。
世儒 世の一般の儒者達。
タモノ 無本「タル者」、下皆同じ。
文集七十九 朱子文集巻七十九の意、下同じ。
瓊州 広東省瓊山県。
其 底本脱、諸本・原文により補(以下無本蓬本斯本三本の場合は諸本と略記、或は書名を省略)。
之 底本「也」、諸本・原文により訂。
ズシテ 斯本「ヌゾ」。
嘉先生 山崎闇斎(名は嘉)を指す。

大学或問　朱子著。
四字　無本「此四字」。孟子、公孫丑上「必ず事あり。而して正(あて)すること勿れ。心に忘るること勿れ。助け長ずること勿れ」。浩然の気を養うには、常に其事を事として放棄するな、しかしその効果を予期してはならぬ、心に忘却せず、徒に効を急いで助長してはならぬ。
之語　底本なし。無本蓬本により補。
馬氏　漢の馬融。魏の何晏撰「論語集解」の為政篇子張問章に馬氏の注を引いて曰く「所レ因謂二三綱五常一」。
白虎通義　四巻。後漢の章帝建初四年諸儒を白虎観に会して、五経の同異を論ぜしめ、「白虎通徳論」を作る。後に班固が之を編して書と成す。
大学衍義　四三巻。宋の真徳秀(号は西山)の著。大学の義理を演繹した人君の修身書。
真西山　南宋の碩儒。名は徳秀、字は景元、後希元、学者西山先生という。朱子を宗奉し、程朱学が禁ぜられた時も、慨然として程朱学を興すを以て任とした。
始　底本脱す、原文・諸本により補。
易文言　無本「是易文言」。
物脳　総てをしめくくる肝腎の所。
云出シタ　斯本「云レタ」。
コトアルト　底本蓬本「ナイト」、無本により改む。斯本「ト」。
スキマガ　無本「スキヤレ」。
ノ　底本脱、諸本により補。

此六字、「*大学或問」ノ語。

必有レ事焉

*四字、「孟子」公孫丑上篇*之語。

臣綱《の》子綱《の》妻綱《の》

此語、*馬氏ガ語ニ本《もとづ》イテ、其源ハ「*白虎通義」ニ出タリ。馬氏語《が》ハ、為政篇ノ注ニ見《みえ》タリ。「白虎通義」〈漢章帝時《の》書《の》〉曰《く》、「三綱者《は》、何謂《のぞや》也、謂《う》二君臣父子夫婦《を》一也云云」。「*大学衍義」六、*真西山云、「三綱之名、*始《て》見《ゆ》二於此《に》一、非二漢儒之言《に》一、古之遺言也云云」。

臣弑《しいし》二其《の》君《を》一、子弑《しし》二其《の》父《を》一、非二一朝一夕之故《に》一、其所二由来《てる》一者漸《なり》矣

「*易」文言伝《ノ》語。

願《う》レ治《を》之君〈是承《うけ》二上文臣綱《のの》一来《る》。〉　志《す》レ学《を》之士〈是承二上文子妻綱《のの》一来。〉

敬斎箴

程子ノ主一無適、整斉厳粛、謝氏ノ常惺々ノ法、尹氏《の》身心収斂《して》不レ容《いれ》二一物《を》一、敬ノ端的*物脳ノ処ヲ*云出シタモノ。朱子ノ此箴ハ、「嘗曰、此是敬之目、説《く》下有《り》二許多《の》地頭一去《る》処《を》上」ト云リ。蓋《し》此箴凡《そ》十章ニシテ、第六章マデハ、敬ノ目ヲカゾヘ立テタモノ。実《に》是ガ「敬斎箴」ノ骨子ナリ。此目ノ内一ツモカク*コトアルト、最早*スキマガアリテ、所謂《ゆる》敬ト云モノニアラズ。第六章マデニ、盛水不レ漏《るもらさ》ヤフニ、一一カゾヘ立タテ、カク云内ニ、敬ト云モノ*ノ端的《は》コフヨト知シタ者也。敬ノ端的ヲ云ハヌヤフデ、実ニ敬ノ端的実所ヲ云タモノ也。

張敬夫ノ「主一箴」ノ朱子ノ気ニ入《ら》ヌト云モ、此意ニチガフタ故也。此箴ノ意ハ、「頼朝謂二義経一曰、敵自二八方一来《る》、義経答《て》曰、不レ然《ら》、自二十方一而来《る》、於《ては》レ天《に》有二流矢一、於レ地有レ阱」ト、実《に》此箴ノ意也。

掇《ひろつて》二其遺意《を》一

張敬夫ノ云《いい》ヲトサレタ処ヲ掇テト云コトニアラズ*、只張敬夫ノ意ヲウケテト云コト*。「敬斎箴」ハ、張敬夫死去已後ノ作也。故ニ遺意ト云タモノ。遺言遺書*ノ遺ト同《じ》コト也。サテ是ハ朱子ノアイサツニコソカク云ハレタリ。其底《そこ》意ハ、「主一箴」気ニ入ラヌユヘニ、「敬斎箴」ヲ作レリ*。朱子ノ跋ニアルヤウニ、「主一箴」ハ、言《ことば》多シテ、敬ノ端的ニカナワズ*、只ヒタ云ニ*云カサネテ、工夫ノ実処ハ云テナシ。「敬斎箴」ハ十章ナレドモ、皆敬ノ端的実処ノ外ハ、一言モ剰語ナイ書ヤウ也。「敬斎箴」ヲ読テ後、「主一箴」ヲ看バ、其是非優劣不《して》レ待《た》二辨説《を》一而可《し》レ知《る》矣。〔或云*、此箴ハ南軒死去後*ニ非ズ、故《に》「南軒集」ニ「敬斎箴」ノ事アリト。按《ずるに》如レ此ナレバ、則《ち》遺意トハ、ノコル意ト云コトニテ、南軒ノイマダ云レヌ言ヒノコシヲヒロフテ作《る》ト云テヨキ也。且《つ》或ハ小序*バカリハ南軒没後ニ書レタルカ。〕

正《し》二其衣冠《を》一尊《し》二其瞻視《を》一

「論語」堯曰篇ノ語*。

潜《め》レ心《を》

「楊子*」問神篇「顔淵潜《む》二心《を》於仲尼《に》一」。

アラズ只　無本「非スシテ」。
云コト　底本「云リ」、諸本により訂。
遺言遺書　「遺書遺言」。
作レリ　「作ラレタリ」。
ワズ　無本「ワヌ」。
ヒタ云ニ　無本「ヒタト」。
或云…書レタルカ　底本この条なし、無本により補う。但し蓬本斯本は六行前の「遺ト同コト也」と「サテ是ハ」の間にあり。初稿本と思われる底本になく、増補本と推される無本蓬本斯本に存する本条の如きは、以下〔　〕を以てかこみ、無本によって掲げ、特に注記しない。
後ニ　蓬本斯本「後ノ作ニ」。
小序　蓬本斯本「此小序」。
ノ語　底本なし、無本蓬本により補。
楊子　漢の揚雄著「揚子法言」。

対《す》二越上帝《に》一

*周頌清廟篇曰《にく》、「対《す》二越*在《るに》レ天《に》」ト、此語ニ本テ、在天ノ字ヲバ、「書経」ノ上帝ノ字ニ改タモノ也。サテ対ストハ、対向《し》フノ意。一説ニ*文王篇「克《よく》配《す》二上帝《に》一」ト、「大学章句」ニ「配ハ対也」トアレバ、配対之義ニテ、ナラビ立《つ》意也ト。今按《ずるに》此説恐《くは》不《ぜなら》レ是。清廟篇ノ注《の》意ヲミレバ、対向ノ義是也。且於《ては》二存養*義《の》《に》一為《せば》二対向義《の》一、則《ち》尤有《り》二親切意《の》一。後按《ずるに》、朱子ノ此句ハ、蓋本《く》下於程子《の》所謂《ゆる》「*毋《かれ》レ不《ること》レ敬《つつしま》、可《し》三以《て》対《す》二越上帝《に》一」之語《に》上。可ノ字ヲ以《て》ミレバ、対ハ配対ノ意乎。両説未《だ》レ知《ら》二孰《れが》是《なるかを》一。

此箴十章、毎章上句ハ工夫ヲ云《い》、下句ハ上句ノ意ヲ重ネテ、其気象ヲ云也。下句ヲ上句ノ効《しる》シヲ云*トニハアラズ。猶「*中庸」ノ序所謂《に》「曲暢旁通《つぶさにのべよこさにくぐして》、而各極《む》二其*趣《を》一」之字例也。カヤウノ例甚多《だし》矣。

越《へ》於也〈朱子「*詩伝」ノ語。〉　以《て》二主宰《を》一而言《う》〈本《と》「易」ノ*程伝ノ語也。〉　書《に》曰惟皇《なる》云云〈*商書湯誥ノ語。〉

足《の》容《は》必重《くし》　手《の》容《は》必恭《うし》

「礼記」玉藻《の》語。

折《す》二旋蟻封《を》一

玉藻《に》曰、「*折還《せん》中《あたる》レ矩《に》」。古語《に》云、「乗《て》レ馬*折《に》二還《す》於蟻封之間《を》一」。

蟻垤《てつ》

「*詩《に》」曰、「*鸛《かん》鳴《く》二于垤《てつに》一」。蟻垤《の》中トハ、垤ト*垤トノアハヒヲ云也。垤《の》穴《の》中ヲ*云ニアラズ。

周頌　詩経の篇名。
在天　在天の神。清廟は文王を祀った廟。この詩は周公が諸侯を率いて文王を祀った楽歌。
文王篇　詩経、大雅の篇。
義　底本なし、諸本により補。
毋不敬…　程子遺書、明道語一（近思録、存養にも収）。
トニハ　斯本「ト云ニハ」。
中庸ノ序　朱子の「中庸章句」序。
趣　底本「赴」、諸本・原文により訂。
詩伝　朱子著の詩経の注釈書「詩集伝」。
程伝　程頤（伊川）著の易経の注釈書「伊川易伝」。
商書湯誥　書経の篇名。この句の下に斯本「白鹿洞掲示敬斎箴ノ注先生中年ノ作也晩年意ニ満タズトノ玉ヘリ呉氏動静表裏ヲワリ付テ云タルハ甚不是カクワリ付ヲ云コトニハアラズ是等ノ説モ削去テ可也」の句あり。
折還中矩　君子は行きて横に折れ曲る時は、さしがねの如く直角に曲る。
折還　「折旋」。還・旋は通用す。
詩　詩経、豳風、東山。
鸛　水鳥、こうのとり。
垤ト　底本なし、諸本により補。
云ニ　無本「謂フニハ」。

蹜蹜《として》 如レ有《るが》レ循《こと》

「論語」郷党篇*ノ語、蹜々ノ註*ニ、挙《こと》レ足《を》促狭也。

出《るに》レ門《を》如《くし》レ賓《の》承《るに》レ事《を》如《くし》レ祭《るが》

「左伝」僖公三十三年《の》語。

戦々兢々《として》

詩小旻篇*ノ語。

或易《はかろんずること》 或ノ字ノ意、モシモト云コトニテ、俗ニ云《う》万ニ一ツモト云コト*。

守《ること》レ口《を》如《くし》レ瓶《の》防《ぐこと》レ意《を》如《くし》レ城《の》

此句、宋ノ宰*相富鄭*公自戒ノ詞也。言《う》心ハ、瓶ハ口アリテ言コトナシ。我口ヲ*守テ妄ナラズ、易《たやす》カラヌ様ニスルコト、瓶ノ如《く》スベシ。城ハ寇ヲ防グ者、我ガ意ニ用心シテ、私意ノ出起ラヌ様ニスル事、城ノ如クスベシ。カ様ニサラリト引合シテ説ベシ。意ノ字ヲ、注ニ私意ト云ハ、恐《くは》不レ是《なら》。凡テ熊*氏ノ註、アマ*リ説《き》過タヤウニミユル也。一説ニ、口ヲ瓶ニタトヘ、城ヲ意ニタトフ。瓶中ノ水不《れば》レ謹《ま》、必《ず》コボル、我守《ること》レ口《を》如レ謹《むが》レ瓶《を》、城不《れば》レ防《が》寇入《る》、我防《ぐこと》レ意当レ如レ防レ城ト*、此説恐《くは》不二穏当一《なら》。

洞々属々《として》

「礼記」祭義ノ語。

不二東《して》以《て》西《せ》二不二南《して》以《て》北《せ》一

或曰、此句本《づく》二於程子《の》所謂「主*《とすれば》レ一《を》則既《に》不レ之《ゆか》レ東《に》、又不レ之《か》レ西《に》、如《くなれば》レ此則只是《れ》中《あたる》」之

ノ語 底本なし、諸本により補。

註ニ… 朱子の論語集註に「蹜蹜、挙レ足促狭也。如レ有レ循、記所レ謂挙レ前曳レ踵。言ニ行不レ離レ地、如レ縁レ物也」。蹜々はすり足のこと。促狭は小さくせまいこと。

ノ語 諸本により補。

コト 無本蓬本「コトナリ」。

宰相 底本「見名臣言行録」の傍記あり。名臣言行録は前集一〇巻、後集一四巻、続集四巻、別集二六巻、外集一七巻。前後集は朱子の編、以下は李幼武の補編。宋の名臣の言行録。

富鄭公 北宋仁宗・神宗の名相、名は弼、字は彦国。河南の人。鄭国公に封ぜらる。

ヲ 底本「テ」、諸本により訂。

熊氏 熊剛大。→一三二頁注

アマリ 底本無本「アヤマリ」、蓬本斯本により訂。

ト 底本なし、諸本により補。

主一… 程氏遺書、伊川語一(近思録、存養にも収)。如此は原文「如是」に作る。

セヌ 諸本「セズ」。

ユカヌ 「ユカズ」。

塊然 ひとりぼっちの様。

アルコトヲ 無本「アルヲ」。

語《に》一。畢竟不二東西南北一《せ》、ドチヘモユカヌ意也ト。今按、此説似《たり》レ是《に》。シカルニ附録ニ云処ト以ノ字ノ意ヲミルニ、已ニ東シテ、又西スルコトヲセ*ヌ、已ニ南シテ、又北スルコトヲセズト云コト也。程子ノ所謂「主レ一則既不レ之レ東、又不レ之レ西」ト云モ、心ドチヘモ*ユカヌ、内ニ*塊然トシテ*アルコトヲ云ニ非ズ。心此事ニ専一ニシテ、東ヘモ西ヘモユカヌコト*ゾ。朱子ノ此句程説ニ本《く》ト云コトハ、*固リ然リ。

勿《れ》二弐《そえて》以《て》二《にすること》一　勿二参《まじえて》以《て》三《にすること》一

*大禹謨「*任《じて》レ賢《に》勿《れ》レ弐《する》」。程子曰、「*不《れば》レ一《なら》則二三《なり》矣」ト。此句本《づく》二於兹《に》一也。「参《まじえて》三《にす》レ之《を》」ト「礼記」ニアリ、*サレドモ「礼記」*ノハ、両ツニ一ツソヘルコト、此ト*チガフゾ。

惟心惟一

〔語類一《の》処《に》言《う》、心《は》要《す》二精一《なるを》一、精字《の》与二「書」《の》旨一不レ同。〕惟一ノ字出《づ》二於大禹謨《に》一。惟心ヲ「*文集」「*性理大全《に》」作《る》二惟精《に》一。「*性理群書《に》」作《る》二惟心《に》一。*註亦曰《く》、「此心惟主《として》二此一《を》一」トアリ。「*濂洛風雅」「*心経附註」「大学衍義」廿八〈四*版〉、並《に》作《る》二惟心《に》一。今按、作二惟心一、恐是《は》ナリ。大禹謨ノ様ニ惟精ト云テハ、敬ノコトニアヅカラズ。ソレユヘ註ニ「謂《う》レ本《くを》レ心《に》」ト。道統ノ大切ノ文字ヲ、如《く》レ此義理ヲトリ易ヘンコトハナキ筈也。*呉訥・*呉氏ガ註、皆惟精ト云字ニシテ云タモノ也。サテ五章六章《と》ト*ノ両章ハ、共ニ主一無適ノ事ヲ云タモノ。程子曰、「主一謂《を》二之敬《と》一、無適謂《を》二之一《と》一」トアレバ、主一ノ外、又別ニ無適ト云コトアルニアラズ。サレドモ主一ト云《い》、無適ト云ヘバ、*意ハ云《い》ワケレバ、云《わ》ル、コト也。故《に》五章ハ無適ヲ云ヒ、六章ハ主一ヲ云トモ、云コトアル也。

ゾ　底本「ヲ」、諸本により訂。
固リ　無本「固ク」。
大禹謨　書経、虞書の篇名。
任賢…　賢人に任じて、意を一つにし小人に間をさかしめることなかれ。
不一…　程氏遺書、伊川語一（近思録存養にも収）。
サレドモ　無本「ナレトモ」。
ノハ　無本「ノ趣ハ」。
チガフゾ　「違フ」。
文集　朱子文集。
性理大全　七〇巻。明の永楽帝の勅により、胡広等が宋の道学者の諸説を十三部門に分って集録す。
性理群書　「性理群書句解」二三巻、宋の熊節編熊剛大注。「性理大全」は本書に採る所が多い。
註　「性理群書句解」の熊剛大の注。この注の原文は「此篇心主二此一事一云云」に作る。
濂洛風雅　底本「濂渓」、諸本により訂。六巻、元の金履祥編。周敦頤以下四十八人の宋の道学者の詩を収む。
心経附註　宋の真徳秀が聖賢の心を論じた格言を集め、諸家の議論を附せる「心経」一巻に、さらに明の程篁墩が注を加えて四巻とした。
版　ここでは丁付即ち頁数を意味する。皆和刻本の頁数である。
呉訥　→一四六頁注
呉氏　→一二九頁注
ノ　底本脱、諸本により補。
意ハ　無本「意ヲ」。

主一無適合《て》ニ動静表裏《を》一言レ之ト序ニアリ。四章マデニ動静表裏ノ工夫ヲ云尽シタリ。此外工夫アルニアラズ。五章六章ハ主一無適ヲ云ヘバ、前《の》四章ノ外ニアル事ニアラズ。前四章ノ工夫ヲスレバ、五章六章ハ其中ニアル*コト也。去《され》ドモ*亦カク五章六章ノ詞ヲ立《て》玉フカラハ、カフ云処ニモ、*工夫ノ立《つ》筋一ツ*アルゾ。

不《して》レ火《なら》而熱《し》不《して》レ氷《なら》而寒《し》　「荘子《の》」語。

天壌　〔「列子」黄帝篇「示《すに》レ之以《てせり》ニ天壌《を》一」。〕「*楊子方言」可レ考、「壌《ハ》塊也、猶レ曰ニ天地一也」。

須臾《も》有レ間ハ、時ヲ以《て》、心ノ間断スルコトヲ云。　毫釐《も》有《バ》レ差《い》　事ヲ以《て》、心ノ差失ヲ云。

小子　指《して》ニ学者《を》一而言《う》。〔一説《に》、朱子自《らを》言《う》。*五賛亦《も》為《す》ニ自言《と》一。与ニ「*論語」一不レ同。告ヨト云点ヲ改テ、告グト読メ。〕

墨卿《ケイ》　「文選」長楊賦ノ語。〔卿ノ字尊之辞《は》、詳《は》見《よ》ニ「*韻会」庚韻卿字《の》下《を》一*矣。〕

霊台　「荘子」ノ語。

〔*於乎小子　四字、出ニ「*詩《の》」抑《に》一、「語類」以《て》為ニ穆公《の》自称《と》一。与ニ下文一相応《ず》。「*小学《の》」題辞《に》、「*嗟《あ》々《あ》小子」、指《して》ニ学者《を》一而言、与レ此自《ら》不レ同。五賛ノ内ニ*アルモ、自分ノコトニシテ*謂テアリ。

*欽　堯典「*欽明文思」。　寅　堯典「寅《つつしみて》*賓《す》ニ出日《を》一」。　祇　大禹謨「祇《つつしみて》承《う》ニ于帝《に》一」。

恭　堯典「允《まことに》恭《しくよく》克譲《る》」。　戒懼　「*中庸」。　*斉荘　「*中庸」。　戦兢　「詩」小旻。

敬　堯典「敬《つつしみて》授《く》ニ人時《を》一」。〕

コト・亦　蓬本なし。
工夫　無本「又工夫」。
アルゾ　無本「アルコト也」、蓬本「又アル也」、斯本「又アルコトナリ」。
楊子方言　漢の揚雄著、一三巻。当時朝廷に参勤する各地の使者の方言を集録す。
五賛　朱子が易の象占の学を教えるために作った、原象・述旨・明筮・稽類・警学の五種の賛。朱子著「周易啓蒙」に附さる。警学賛の末に「小子狂簡敢述而申」と。小子狂簡は朱子自身の謙辞。
論語　論語、先進「季氏周公より富て、求や之が為めに聚斂して、之を附益す。子の曰く、吾が徒に非ず。小子鼓を鳴して、之を攻めて可なり」の小子(門弟等を指す)とここは使用法を異にすの意。
韻会　恐らく明の方日升撰「古今韻会挙要小補」三〇巻を指すか。
矣　蓬本斯本なし。
於乎小子…謂テアリ　蓬本この条を前の小子の条の首におく。
詩抑　詩経、大雅、蕩之什抑の章。諸本「詩抑篇而」。
小学題辞　朱子編「小学」の巻頭自序(淳熙丁未三月)の次にあり、題辞は序とほぼ同意。その末に「嗟嗟小子敬受ニ此書一、匪ニ我言耄一、惟聖之謨」。
嗟々　蓬本「作嗟々」。
ニアルモ　斯本「ニモアル」。
謂テ　斯本なし。

欽…授人時　この条蓬本は次の附録の首に在り、上欄注記書入に「吉田氏本此八行在本文下附録上。吉田氏云此見聖経賢伝皆言那敬之意属本文下者為是。後蕃(中村蕃政、号は習斎)案附録呉胡二氏説中有数字」と。
欽明文思　欽は恭敬。欽敬にして通明に、文章著見して思慮深遠なること。堯の徳を形容す。
賓出日　初出の日を賓客に接するごとく迎える。
中庸　二章。
斉荘…　斯本なし。無本以下なし。
中庸　三一章。
表　表丁の意。
害ネル　「害スル」。
ニテモ　無本斯本「テモ」。
出於語類…　斯本「語類…ニ出」。
後　無本蓬本「表」、斯本「裏」。
云リ　無本「謂コト也」、蓬本斯本「云コト」。
裏　無本「左」。
如此…ミヨ　無本この句なし。
渾合ニ　綜合的にの意。
ヨク　蓬本なし。
デ　無本「ニテ」。

李守約　名は閎祖、字は守約。朱子の門人、「中庸或問」「輯要」の編に与った。
表　無本「右」、下同じ。
李敬子　名は燔、字は敬子、号は弘斎。朱子の弟子。

附　録

朱子跋徳本云云　「語類」十二〈十七版表*ニ〉、「操《とれば》則《ち》存《し》、舎《すつれば》則《ち》亡《ほろぶ》、只在《り》二操舎両字之間《に》一。要《するに》レ之《を》只消《もちう》二一箇操字《の》一。到《て》二緊要処《に》一、全《く》不レ消《もちい》二許多《の》文字言語《を》一。若《し》此意成熟《せば》、雖《も》二操《の》字《ト》一、亦不レ須《また》レ用《いることを》」ト、此《の》処ノ意ト相発ス。実ニ此ガ敬ノ一大事ノトコロ也。両言トハ、主一ノ二字ヲ云也。病《む》二乎敬《に》一トハ、敬ニ*害《そこ》ネルト云事ナリ。「中庸或問」ニ「自レ古衰乱之世、所《の》三以《て》病《める》二乎中和《に》一者多《し》矣」トアリ。此字例ト同《じ》コト也。或《ひとの》曰、病トハ、労スルト云コトニテモナシ、害スルト云コト*ニテモナシト。此説恐《は》不レ是。慶元己未ハ、朱先生死前一年也。然レバ則《ち》此跋ハ朱子晩年ノ見ナリ。

問敬斎箴云云　此条出*ニ於「語類」十二《に》一〈十六版後*〉。地頭トハ工夫《の》場処ノコト。去《る》処トハ工夫シテユク処ト云*リ。

〔問敬斎蟻封云云　鶴鳴ニ于垤一〈「詩経」ノ語。〉〕

問旧見云云　此条ハ出ニ於「語類」百十八一〈廿五版裏*〉。〔如*レ此病痛トハ、逐一ニ気ヲ付ズニ、渾*合ニ工夫ヲスルヲ指シテ云。本語ノ跡先ヲ*ヨクミヨ。〕

問勿弐以二云云　問ノ語ト答ノ様子トヲ以テミルニ、勿レ弐云云ノ語ガ上句デ*、不レ東云云ノ語ハ下段ナルベシ。ソレデハ主一無適ノ文字ノ次第モ順ニシテヨシ。今ノ本反《ス》レ之《ニ》、可レ疑。下ノ条ノ次第モ勿レ弐云云ノ句前ニ云テアリ。

李*守約上書曰云云　「文集」五十五《ノ》〈十一版表*ノ説〉。

或問敬斎箴後面云云　「文集」六十二〈三十四版表ニ〉。李*敬子モ如レ此云テ問タリ。是実ニ学者ノ通病、朱子「主一箴」ノ跋ハ是ヲ以テノ故也。「*近思筆録」二十二版、解ノ字、除非ノ字ノ吟味アリ。「*語類」十二《の》六版裏、「或問」初学恐云云ノ条、此段ノ意ト一致也。可レ考。

陳北渓曰文公云云　按トハ、按文ナドト云意ニテ、立《て》テヲイテ、手本目アテニスル義也。

草廬呉氏云云　呉氏ハ元ノ文宗ノ時ノ人、「*続綱目」二十六《の》七版可レ見。○夫子答子路云云

憲問篇ニミヘタリ。　○極於天地位云云　程子ノ此語、「*近思」存養部ニ見《え》タリ。

○擺脱《はいだつ》　ハラヒヌグト云コトニテ、トントヤカマシイ字義ヲ云コトナシニト云*コト。

○才子　左伝ノ字。ヨキ子ト云事。　○扁ハ、門戸ノ扁トテ、額ヤ*制札ノ類。

黄東発　*宋ノ末ノ人、「黄氏日抄」ノ*作者。

*胡敬斎曰古今云云　流《る》ニ於禅定《に》一　是ハ一事《に》就テ発明シタモノ。朱子ノ本意*ニハ、カク云バカリニアラズ、泛《ひろ》ク云*タモノ。

跋ニ、前輩定論トハ、「*読書録」「自省録」「*心経附注」ノ跋ニアリ。

正徳二辰十一月朔日清書之於赤坂寓居

近思筆録　闇斎著「文会筆録」の近思録の部を指す。「嘉按、徐惟也、非助辞。大学或問引ニ此条一、而潤ニ色此語一、作ニ惟其燭レ理之明一…又近思十三巻載程子語中、有ニ除是字一、是亦助辞、朱子語類亦間有ニ除是除非字一、自ニ唐人詩文一有レ之」。

語類　朱子語類巻一二「或ひと問ふ、初学恐くは急迫の病有んことを。曰く、未だ此の如く安排することを要せず。只須く常に恁地(このごとく)に執持し、急迫なる時を待ち到て、又旋て理会すべし」。

続綱目　「続通鑑綱目」二七巻。明商輅等奉勅編。

近思　無本「近思録」。

コト　無本斯本「コト也」。

制札　底本蓬本「製札」、無本斯本により訂。禁止の箇条を書いて道ばたに立てる立札。

宋　無本「宋朝」。

作者　斯本「著者」。

胡敬斎　明の朱子学者。名は居仁、字は叔心、聖学の始終を成すは敬にありとして、自ら敬斎と号す。

ニハ　無本蓬本「ハ」。

タモノ　無本「タル者也」。

読書録・自省録　ともに朝鮮の李退渓(滉)の著。

心経附注ノ跋　和刻本「心経附注」の巻末には退渓の「心経後語」(朱陸合一の説を論駁した文)が附さる。

拘幽操（山崎闇斎編）
拘幽操附録（浅見絅斎編）
拘幽操辨（伝佐藤直方）
〈参考〉湯武論（佐藤直方　三宅尚斎）
拘幽操師説（浅見絅斎）
拘幽操筆記（三宅尚斎）

拘幽操

文王羑里《ゆうりニシテ》作《りタマヘリ》

目窅窅《ようようタリ》兮。其凝《レこり》其盲《レめしヒヌ》。耳粛粛《しようしようタリ》兮。聴《クニ》不レ聞《か》レ声《ヲ》。朝不ニ日出《いで》一兮。夜不レ見ニ月与《と》レ星《ヲ》。

有《リヤ》レ知《ルコト》 無《シヤ》レ知《ルコト》 兮。為《セン》レ死《セリトヤ》 為《セン》レ生《ケリトヤ》。

嗚呼臣《ガ》罪当《リヌ》レ誅《ニ》兮。天王《ハ》聖明《ナリ》。

程子《ノ》曰《く》。韓退之作《テ》ニ羑里操《ヲ》一云《う》。臣《ガ》罪当《リヌ》レ誅《ニ》兮、天王《ハ》聖明《ナリト》。道《いヒ》ニ得《え》文王《ノ》心《ヲ》一出来《シレリ》。此《レ》文王至徳《ノ》処也。〈遺書〉

問《う》。君臣父子、同《ク》是《レ》天倫《ナリ》。愛《スル》レ君《ヲ》之心、終《ニ》不《ルハ》レ如《しカ》レ愛《スルニ》レ父《ヲ》何《ゾヤ》也。曰。離畔《レそむクモまタ》也只是《レ》庶民《ナリ》。賢人君子《ハ》便《チ》不レ如《くナラ》レ此《の》。韓退之《ガ》云《う》。臣《ガ》罪当《リヌ》レ誅《ニ》兮、天王《ハ》聖明《ナリト》。此語《ノ》何故《ガゾ》。程子道《いヘル》ニ是好《レよシト》一、文王豈不《ンヤ》レ知《タマハ》ニ紂之無道《ヲ》一。却《テ》如《ク》レ此説《のク》。是非《レズ》レ欺ニ誑《あざむキたぶラカスニ》 衆人《ヲ》一。直《ニ》是《レ》有《リ》レ説。須《ク》下是《レ》有《テ》ニ転語一方《まさニ》説《キ》ニ得《え》文王《ノ》心《ヲ》一出《ス》上。看来《みきたレバ》 臣子無《シ》下説《ク》ニ君父《ノ》不是《ヲ》底一道理上。此《レ》便《チ》見《み》ニ得《えタル》 是《レ》君臣之義《ヲ》一処《ナリ》。荘子《ガ》云《う》。天下之大戒二《ツ》。命也、義也。子之於《ケル》レ父《ニ》、無《シ》ニ適《ゆクトシテ》 而非《コト》レ命《ニ》也。臣之於《ケル》レ君《ニ》、無《シ》ニ適《クトシテ》 而非《コト》レ義《ニ》也。無《シ》レ所レ逃《ル、》ニ於天地之間《ニ》一。旧《もト》嘗《テ》題ニ跋《シテ》一《ツノ》文字《ニ》一、曾《テ》引《テ》ニ此語《ヲ》一以為《ヘリ》、荘子《ガ》此説《ノは》、乃《スなわち》楊氏《ガ》無《なみスル》レ君《ヲ》之説。似《ごとクナレバ》ニ 他這《かノこノ》意思《ノ》一、便《チ》是《レ》没《なクシ》ニ 奈何《いかントモスルコト》一 了《テ》、方《まさニ》恁地《かくのごとク》 有《リ》レ義。却《テ》不レ知《ラ》ニ此是《ハレ》自然《ニ》有《ル》底《ノ》道理《ナルコトヲ》一。〈語類〉

礼《ニ》曰《く》。天《は》先《ダチ》二乎地《ニ》一、君《は》先《ダツ》二乎臣《ニ》一。其《ノ》義一也。坤《こん》之六二、敬以《テ》直《なおフシ》レ内《ヲ》、大学之至善、臣止《マル》二於敬《ニ》一。誠《ニ》有《ル》レ旨《むね》哉《カナ》。泰誓云《ニう》。予《わレ》弗《レバ》レ順《わ》レ天《ニ》、厥《そノ》罪惟《これ》鈞《ひとシト》。是《レ》泰伯文王之所二深諱《くいみタマヘル》一、伯夷叔斉之所《ニシテ》二敢諫《テル》一、而孔子所二以《テ》謂《のタマフ》レ未《ダ》尽《サ》レ善《を》也《ト》。吾《レ》嘗《テ》読《ミ》二拘幽操《ヲ》一、因《テ》二程子《ノ》之説《ニ》一、而知《レリ》二此好《ノ》文字不《コトヲ》レ可二漫《みだリニみル》観一。既《ニシテ》而見《テ》下朱子以二程説《ヲ》一為《ヲ》上過《すぎタリト》、信疑相《ヒ》半《バス》。再《ビ》考《ルニ》レ之《ヲ》、朱子更《ニ》転語《シテ》、説《キ》二得文王心《ノヲ》一出《セリ》。夫《レ》然《シテ》後天《ニ》下之為《タル》二君臣一者定《マル》矣。遂附《ニスルト》二程朱之説《ヲ》于操後《ノニ》一云《う》。

山崎　嘉跋《ス》

二条通松屋町　武村市兵衛刊行

拘幽操附録

程子曰。君貴《ブ》レ明《ヲ》、不レ貴レ察《ヲ》。臣貴《ブ》レ正《ヲ》、不レ貴レ権《ヲ》。

○張子曰。司馬遷称《ス》。文王自二羑里一帰《リ》、与二太公一行《テ》二陰徳《ヲ》一、以傾《ト》二紂《ガ》天下《ヲ》一。如《ナレバ》レ此《ノ》、則文王《ハ》是乱臣賊子也。惟董仲舒以為《らく》。文王閔二悼《ス》紂之不道《ヲ》一、故《に》至《るト》二於日昃《カタブヒテ》不一レ暇《るニ》レ食《ニ》。至《テ》二於韓退之《ニ》一、亦能識《くリ》二聖人《ヲ》一、作《リ》二羑里操《ヲ》一、有《ガ》二臣罪当《ル》レ誅《ニ》兮、天王聖明之語一。文王之於《ル》レ紂《ニ》、事《テ》レ之《ニ》極《テ》尽《ス》レ道《ヲ》矣。

○朱子跋《シテ》二宋君忠嘉《ガ》集《ニ》一曰。荘周有レ言、子之愛《スル》レ親《ヲ》命也、不レ可レ解《ク》二於心《ニ》一。臣之事《ル》レ君《ニ》義也、無二適《トして》而非《ル》レ君《ニ》也。無レ所《しと》レ逃《るる》二於天地之間《ニ》一。古今以為二名言《ト》一。然《ニ》以レ予《ヲ》論《ズル》レ之《ヲ》、父子之仁、君臣之義、莫《なし》レ非《るは》二天賦之本然民彝《みんい》之固有《ニ》一。彼乃独以二父子《ヲ》一為二自然《ト》一、而謂三君臣之相属《スル》特《ニ》出《ト》二於事勢之不一《ニ》レ得レ已《やむヲ》。夫豈《レ》然《ン》哉。今読《ミ》二東海宋君之事《ヲ》一、観《ニ》三其出《シテ》レ身《ヲ》以報《ズルヲ》二国家之讎《ニ》一、履《ミ》二鋒鏑《ヲ》一、蹈《ミ》二危難《ヲ》一、浜《シテ》二九死《ニ》一、而不レ悔。及《テハ》下其一旦棄《テ》二妻子《ヲ》一去《リ》レ官《ヲ》、逃《ニ》中左衽之禍《ヲ》上、則窮困極《ル》矣。而《シテ》変《シ》二易姓名《ヲ》一、猶不レ能レ忘《コト》二於国家興復之念《ニ》一。夫豈有《レ》レ所レ不レ得レ已《ムヲ》而強《テ》為《ン》レ之《ヲ》哉。於《テ》レ此《ニ》観《レバ》レ之《ヲ》、則君臣之義、如《キ》二吾所《ノ》一レ論《ズル》、無二可《キ》レ疑者一。而荘生為《ニシ》レ我《ガ》、無《なミシ》レ君《ヲ》禽獣食レ人《ヲ》之邪説、亦可二以不《して》レ辨《ぜ》而自《オ》明《ナル》一矣。〈文集〉

○列荘本《はもと》楊朱之学。故其書多引《ク》二其語《ヲ》一。荘子説《ク》、子之於《ル》レ親《ニ》也命也、不レ可レ解《ク》二於心《ニ》一。至《テハ》二臣之於《ニ》レ君《ニ》則曰義也、無レ所レ逃二於天地之間《ニ》一。是他《かれみ》看《うル》二得那《なんの》君臣之義《を》一、却《て》似《タリ》下是逃《レ》不レ得不《ずして》二奈何《トモせ》一須《もちフルニ》上著《ルヲ》二臣服《ヲ》一。他《かれ》更無《ニ》下一箇自然相胥《まつテ》為《ル》二一体《ト》一処上。可レ怪《む》。故孟子以為レ無《なみすト》レ君《ヲ》。此類是也。〈語類下同〉

○問二泰伯事一。曰。這《こノ》事便《ち》是難《かたシ》。若《もし》論二有レ徳者興無レ徳者亡《ほろぶルヲ》一、則天命已去、人心已離。便《ち》当《に》レ有二革命之事一。畢竟人之大倫、聖人且《すら》要レ守《り》二得《うるヲ》這箇一。看下聖人反二復嘆三詠《して》泰伯及《び》文王事一、而於レ武又曰上未レ尽レ善。皆是微意《なり》。

○問。泰伯之譲、知《て》二文王将《に》レ有《たもたント》二天下一而譲レ之乎。抑知《て》二大王欲レ伝二之季歴一而譲レ之乎。曰。泰伯之意、却不二是如レ此。只見《る》三大王有二剪《うつ》レ商之志一。自《み》是不レ合二他《かれノ》意一、且度三見自家做《なシ》二不レ得此事一、便《ち》掉《ちよう》了《りようシ》去《る》。左伝《に》謂二泰伯不レ従是以不レ嗣《つが》。不レ従即是不レ従二大王剪レ商事一耳。泰伯既去。其勢只伝二之季歴一、而季歴伝二之文王一。泰伯初来思量正是相反。至三周得二天下一、又都《すべテ》是相成就処。看下周内有二泰伯虞仲一、外有中伯夷叔斉上。皆是一般所見、不レ欲レ去レ図《はかり》レ商。

○李堯卿問。大王有二剪レ商之志一、而太伯不レ従。大王欲下伝二位季歴一以及中昌上、則太伯遜《ゆずりて》レ位而去。莫《なからんヤ》下是剪レ商之事在レ我、雖レ不レ従而難レ必二於後人一、若不二遜レ位去一、則又兄弟争レ国、違二父之命一、已先失レ徳、此所二以固譲一也上。大王既有二避レ狄之心一。何故又萌二剪レ商之志於数十年之前一。莫《なきや》下是以三其理与《と》二天命一推レ之、知二商之必亡一、周家世世脩レ徳、知《ることヲ》中不レ能レ違二天命之眷付一邪。方《あたりテ》二其去レ豳《ひんヲ》也、為レ民之故、不レ欲レ駆《かるヲ》二之鋒鏑一。及下其伝二季歴一以及中昌上、亦為レ民之故、必欲レ捄《すくわント》二之水火之中一。故避レ狄剪レ商、亦時《なる》焉《の》耳《み》而已。事雖レ不レ同、其心則一《なり》。均《ひとしフスル》レ之為レ民、無レ所レ利也。曰。太伯只是不レ欲レ為二此事一耳。今亦未レ見二其曲折一。不レ須《く》二如レ此穿鑿附会一也。〈文集下同〉

○陳安卿問。当時商室雖レ衰、天命時勢猶未也。大王乃萌二是心一、睥二睨於其下一、豈得レ不レ謂《わ》二之邪志一。泰伯固譲、為レ成二父之邪志一。且自潔《して》二其身一而以二所レ不レ欲者一推二之後人一。何以為二至徳一。曰。剪レ商乃詩語。不レ従亦是左氏《の》所レ記《する》。当時必有レ所レ拠《る》。看四書中説下肇基中王迹上、中庸言三武王纉《つぐト》二大王王季文王之緒一、則可レ見矣。此聖賢処《おく》レ事之変、不レ可下拘以二常法一処《おく》上。而太伯之譲、則是守《て》レ常、而不レ欲レ承二当此事一者也。其心即夷斉之心《ニして》、而事之難レ処、則有レ甚《しき》焉。尚以レ成《すヲ》二父之邪志一、責之誤矣。

語類。問。泰伯与夷斉心同、而謂事之難処有甚《しき》焉者、何也。曰。夷斉処君臣間、道不合則去《る》。泰伯処父子之際、不可露形迹。只得不分不明且去。某書謂。大王有疾、泰伯採薬不返。疑此時去也。〈某書謂呉越春秋也。〉

○呉伯英問。泰伯知大王欲伝位季歴。故断髪文《もどろ》身、逃之《ゆ》荊蛮、示不復用《い》。固足以遂《とぐ》其所志《す》。其如父子之情何。曰。到此却《て》顧䘏《こじゆつ》不得。父子君臣一也。〈語類〉

文集。張敬夫問。天下之為父子者定。為子必孝。為臣必忠。不可易也。曰。羅先生云、只為天下無不是底父母。

　此説得之。

○答呂伯恭書曰。泰伯夷斉事、蓋逃父非正。但事須如此必用権。然後得中。故雖変而不失其正也。然以左伝為拠、便《ち》謂泰伯未嘗《て》断髪文身。此則未可知。正使《たとひ》断髪文身、亦何害也。〈文集〉

○伯豊問。集註云。大王固有翦商之志。恐魯頌之説、只是推本《おしもとづ》之辞。今遂拠以為説。可否。曰。詩中分明如此説。又問。如此則大王為有心於図商也。曰。此是難説。書亦云、大王肇基王迹。又問。大王方《まさ》為狄人所《れ》侵、不得已而遷岐。当時国勢甚弱。如何便《ち》有意於取天下。曰。観其初遷底規模、便自不同。規模才《わずか》立、便《ち》張大。

〈語類下同〉

○問。大王翦商。是有此事否。曰。此不可考矣。但拠《よる》詩云、至于大王、実始翦商。左伝云、泰伯不従、是以不嗣。要之周自日前積累以来、其勢日大。又当商家無道之時、天下趨《おもむ》周、其勢自《お》爾《しかり》。至文王、三分有二、以《て》服事殷。孔子乃称其至徳。若非文王、亦須取了。孔子称至徳只二人《のみ》。皆可《くして》為《す》而不《る》為《さ》者也。

○問。文王三二分天下一、有二其二一段。拠二本意一只是説二文王一。胡氏説、文兼二武王一而言。如何。曰。也《また》不レ消《べから》二如レ此説《く》一。這箇難レ説、而今《いま》都《すべテ》回二互箇聖人一、説《き》得忒《はなはダ》好、也《また》不レ得。如四東坡罵三武王不二是聖人一、又也《また》無礼。只是孔子便《ち》説《き》得来平、如二武未一レ尽レ善。

游酢曰。世之説者以謂《てう》、文王自《ら》称レ王。君臣之分、猶二天尊地卑一。紂未レ可レ去、而文王称レ王。是二天子也。服二事商一之道、固如レ是邪。当二六国時一、秦固以長二雄《して》天下一、而周之位号微矣。新垣衍欲レ帝レ秦。魯仲連以二片言一折《くじク》レ之。衍不二敢復出一レ口。蓋名分之厳如レ此。故以二曹操之英雄一、逡二巡《して》於献帝之末一、而不レ得レ逞《たくましくスル》。彼蓋知二利害之実一也。曾謂下至徳如二文王一、一言一動順二帝之則一、而反《て》盗二虚名一而払《もとるト》中天理上乎。〈中庸集略〉

○欧陽脩曰。伯夷叔斉譲レ国而去。顧二天下一、皆不レ可レ帰。往帰二西伯一。当二是時一、紂雖二無道一、天子在レ上。諸侯不レ称レ臣而称レ王。是僭叛之国也。彼二子者不レ非二其父一、而非二其子一。此豈近二於人情一邪。由レ是言レ之、謂二西伯称レ王十年一者、妄説也。

○蘇軾曰。孔子曰、必也《や》正《さン》レ名乎。儒者之患、患在二於名実之不一レ正。天下雖レ乱、有二王者在一而已《み》自王、雖二聖人一、不レ能三以服二天下一。昔高帝撃二滅項籍一統二一四海一。諸侯大臣相率而帝レ之。然且辞以二不徳一。惟陳渉呉広乃囂囂乎《として》急二於自《み》王一、而謂二文王亦為一レ之邪。故凡《そ》以二文王一為レ称レ王者、是資《たすケ》二後世之簒君一而為二之籍一也。〈三蘇集〉

○尭舜之禅授、湯武之放伐、分明有二優劣不一レ同。却《て》要三都回護教《しむるヲ》二一般一。少間便《ち》説不レ行。且如三孔子謂二韶尽レ美矣、又尽レ善也、武尽レ美矣、未レ尽レ善也一、分明是武王不レ及レ舜。文王三二分天下一、有《たもちテ》二其二一、以服二事殷一、武王勝レ殷殺レ紂、分明是不レ及二文王一。泰伯三以二天下一譲、其可レ謂二至徳一也矣。分明大王有二翦レ商之志一、是大王不レ及二泰伯一。蓋天下有二万世不易之常理一。又有下権《はかル》二一時之変一者上。如二君君《はたり》臣臣《はたり》父父《はたり》子子《は》一、此常理也。有二不レ得レ已処一、即是変也。然畢竟還二那常理底是一。今却要下以レ変来圧二著那常理底一説上。少間只見二説不レ行説不レ通了《おわる》一。若《もし》是以二常人一去レ比二聖賢一、則説三是与二不是一不レ得。若以二聖賢一比二聖賢一、則（以上十五字上欄に標記、今移し改む）自有下是与二不是一処上。須三与レ他分二箇優劣一。今若《もし》隠避回互不レ説、亦不可《なり》。又問。

尭舜揖遜雖二是盛徳一、亦是不レ得レ已否。曰。然。

蔡沈曰。仲虺之誥、以深慰レ湯而釈二其慙一。忠愛可レ謂レ至矣。然湯之所レ慙、恐三来世以為二口実一者。仲虺終不二敢謂一レ無《なみす》也。

君臣之分、其可レ畏如レ此哉。〈書伝〉

○問二泰伯可レ謂二至徳一。曰。這是於下民無《なき》二得而称一焉処上見。人都《すべて》不レ去レ看二這一句一。如レ此則夫子只説二至徳一句一便了《ちおわらン》。何必更下二此六箇字一。公更仔細去レ看二這一句一。煞《はなはだ》有二意思一。義剛言。夫子称二泰伯一以二至徳一、称二文王一亦以二至徳一。称二武王一則曰未レ尽レ善。若《もし》以二文王一比二武王一、則文王為二至徳一。若以二泰伯一比二文王一、則泰伯為二至徳一。文王三二分天下一有二其二一。比二泰伯一已是不レ得レ全二這一心一了《らん》。曰。是如レ此。義剛又言。泰伯若居二武王時一、牧野之師也自不レ容《いれ》レ已。蓋天命人心到二這裏一、無二転側処一了。曰。却恐、泰伯不レ肯二恁地《かくのごとくに》做一。聖人之制行不レ同。或遠或近、或去或不レ去、雖三是説二他心只是一般一、然也有二做得《なして》不レ同処一。范益之問。文王如何。曰。似《ごとき》二文王一、也自不レ肯二恁地做一了《らん》。義剛曰。武王既殺二了紂一。有二微子賢可レ立。何不レ立レ之、而必自立。何也。先生不レ答、但蹙《ひそめ》レ眉再言。這《この》事也《また》難レ説。

○答二楊志仁一書曰。至徳之論、又更難レ言。論語中只有二両処一。一為二文王一而発、則是対二武王誓レ師而言、一為二泰伯一而発、則是対二大王剪一レ商而言。若論二其志一、則文王固高二於武王一。而泰伯所《の》レ処、又高二於文王一。若論二其事一、則泰伯王季文王武王皆処二聖人之不一レ得レ已。而泰伯為下独全二其心一表裏無上レ憾也。不レ然則又何以有二武未レ尽レ善之嘆一。且以二夷斉一為レ得レ仁邪。前此諸儒説到此処、皆為愛惜人情、宛転回護、不敢窮究到底。所以更不敢大開口説。令人胸次憒憒《かいかいとして》自欺自詐。此病不小。想賢者尤当疑駭未敢以為然也。然当更思之。若信未及、即且放下、向後時時提起、略《ほぼ》一審玩。便自見得。〈文集下同〉

○答范伯崇書曰。来書謂《は》聖人未嘗以得天下為心是矣。但謂可取則取、未可以取則不取、莫非順乎天理。如此則是有待《て》而為《なす》也。語似《たり》有病。嘗謂。文王之事紂、惟知以臣事君而已。都不見其他。茲其所以為至徳也。若謂三分天下、紂尚有其一、未忍軽去臣位、以商之先王徳沢未忘、暦数未終、紂悪未甚《しから》、聖人若之何而取之、則是文王之事紂、非其本心、蓋有不得已焉耳。若是則安得謂之至徳哉。此説与来書云云固不多争。但此《の》処不容有毫髪之差。天理人欲王道覇術之所以分、其端特在於此耳。孟子論取之而燕民不悦、則勿取、文王是也、取之而燕民悦、則取之、武王是也、此亦止《ただ》為斉王欲取燕、故引之於文武之道。非謂文王欲取商、以商人不悦而止、而武王見商人之悦而帰己而遂往取之也。如言仲尼不有天下、益伊尹周公不有天下、豈益周公伊尹仲尼皆有有天下之願、而以無天子薦之与天意未有所廃而不得乎。直是論其理如此耳。凡此類皆須研究体味見得聖人之心脱落自在無私毫惹絆処。方見義理之精微、於日用中、自然得力。所謂知至而意誠也。蓋幾微之間、衆理昭晰、雖欲自欺、而不可得矣。至此方可説言外見意、得意忘言。不然止《ただ》是鑽《きざむ》故紙耳。

薛瑄曰。孔子以至徳称泰伯文王。乃万世之人極《なり》。〈読書続録〉

○只泰伯之逃、便見与大王之志有不合処。〈読書録下同〉

○夫子既称泰伯三以天下譲、則詩人之言為有自。大王果無剪商之志、則必不称泰伯三以天下譲。

○使下大王無二剪レ商之志一、天下無中帰レ周之勢上、周一侯国耳。泰伯之去、夫子当《べくして》レ称二其三以レ国譲一足矣。何至レ称下其三以二天下一譲上邪。以二夫子之言一証二詩人之語一、則集註尤為二確論一。而通考金熊之説有レ不レ然矣。

○程子曰。武王伐レ紂。伯夷只知二君臣之分不可一。不レ知下武王順二天命一誅中独夫上也。石曼卿有レ詩言。伯夷耻レ居二湯武干戈地一来死。唐虞揖譲墟亦有二是理一。首陽乃在二河中府虞郷一也。〈遺書〉

○劉用之曰。伯夷居二北海之浜一、若《ごとし》レ将レ終レ身焉。及レ聞二西伯善養レ老、遂来帰レ之。此可レ見二其不レ倚《かたよら》否《や》。朱子曰。此下更有二一転一、方是不レ倚。蓋初聞二文王一而帰レ之、及二武王伐レ紂而去レ之、遂不レ食二周粟一。此可三以見二其不レ倚也。〈語類〉

○呉伯豊問。横渠曰、太公伯夷避レ紂、皆不二徒然一。及レ帰二文王一、亦不二徒然一。一佐《たすケ》二武王伐レ紂、一諫二武王伐レ紂。皆不二徒然一。必大謂、二人之帰二文王一、特以レ聞二其善養レ老而已。竊恐不二為レ此而出一也。曰是。〈文集〉

唐順之曰。叩レ馬之諫不二経見一、而詳二于太史氏一。夫子止《たダ》称二伯夷求レ仁得レ仁。而孟軻氏以為《おもえらく》、夷与二太公一同避レ紂帰レ周、而倡《となえテ》二天下一以従レ周。然則助二成周之王業一者、夷与《と》二太公一也。太公鷹揚《はようようして》而夷諫、何歟。夫既已遠避レ之、而又諫レ伐レ之者、既已助二成其王業一、而又復諫二止之一、皆疑二于不レ類、嘗思レ之而得二其説一矣。夷之帰レ周、帰二文王一也。視下夫子称二文王至徳一、而未上レ尽レ善二于武一、則微意可レ知矣。夷之帰レ周不レ嫌下于同二其父一而不上レ同二其子一。其与二太公一亦不レ嫌二于始同而終異一也。遷之説其亦未二以為レ証哉。

○明宣宗宣徳二年、上御二文華殿一、儒臣進二講孟子一。上曰。伯夷太公皆処二海浜一、而帰二文王一。及二武王伐レ紂、太公佐レ之、伯夷叩レ馬而諫。所レ見何以不レ同。対曰。太公以レ救レ民為レ心、伯夷以二君臣之義一為レ重。上曰。太公之心在二当時一。伯夷之心在二万世一。〈皇明通記〉

○因テレ言《う》ニ武王既克《か》チレ紂ニ、武庚三監及《び》商民ノ畔《そむ》クヲ一曰。当初紂之暴虐、天下之人胥《あい》怨ミ、無レ不レ欲レ誅スルヲレ之ヲ。及テ下武王既順テ二天下之心ニ一以誅スルニ上紂ヲ、於レ是天下之怨皆解《とけ》テ而帰スレ周ニ矣。然ルニ商之遺民及与レ紂同スルレ事ヲ之臣、一旦見ミ下故王遭《ら》レ二人ニ殺戮セ一、宗社為ヲ上墟ト、寧《なん》ゾ不レ動サレ心ヲ。茲《これ》ヨリ固畔心之所ニ由テ起る一也。蓋始苦《み》テ二於紂之暴ニ一、而欲スル二其亡ヲ一、固ヨリ人之心なり。及テハ二紂既死スルニ一、則怨已ニ解、而人心復有レ所レ不レ忍、亦事勢人情之必然ナル者なり。又況商之流風善政、畢竟尚有下在二人心ニ一者上。及《び》其頑民感ズルガ二紂恩意ヲ一之深き、此レ其所ニ以畔《そむ》ク一也。後来楽毅伐レ斉ヲ、亦是如ノレ是。〈語類〉

蘇軾曰。大誥康誥酒誥梓材召誥洛誥多士多方八篇、雖ニ所レ誥《つぐ》ルト不レ一ナラ、然ドモ大略以ニ殷人《の》心不ヲレ服セレ周ニ而作ル也。予読ミ二泰誓武成ヲ一、常ニ怪ム二周取レ殷ヲ之易《やす》キヲ一。及テレ読ニ二此八篇ヲ一、又惟《おも》フ二周安ズルレ殷ヲ之難キヲ一也。多方所レ誥ル不レ止ラ二殷人ニ一、乃及ニ二四方之士ニ一。是紛紛焉《として》不ル二心服セ一者、非ニ独《り》殷人ノミニ一也。予乃今知ル、湯已下七王之徳深シ矣。方《あたり》テ二殷之虐ニ一、人如クレ在ルガ二膏火ノ中ニ一、帰スルニレ周ニ如クレ流るるガ、不レ暇《あら》レ念《おもう》ニ二先王之徳ヲ一。及テ下天下粗《ほぼ》定リ、人自二膏火ノ中一出ニ上、即念フコト二殷ノ先七王ヲ一如ク二父母ノ一、雖下以二武王周公之聖ヲ一相《い》継テ撫ト上之ヲ、而莫ニ能禦グ一也。夫以二西漢ノ道徳ヲ一比スルニ二之殷ニ一、猶ク三碔砆《ぶふ》ノ之与ニ美玉一然リ。王莽公孫述隗囂《かいごう》之流終ニ不レ能レ使二人ヲ忘レ漢ヲ。光武成スレ功ヲ若ク二建瓴《けんれい》ノ一然リ。使メバ三周無ラ二周公一、則亦殆《あやう》シ矣。此レ周公之所三以畏れて而不二敢去一也。

○熊禾曰。天下之治乱係リ二風俗ニ一、風俗之媺《び》悪《あく》係ル二人心ニ一。三代固ヨリ有道之長也。而シテ商之一代《の》風為ニ最媺《も》ト一。毎ニ下読ミ二商書ヲ一至ル中終篇ニ上、紂之将ルレ亡ブト、三人寧《ぞ》死シ、寧遯《のがレ》、寧佯狂《ようきょう》シテ為ルレ奴ト。所ノ二以《て》自《み》靖《やすんジ》自《み》献《たてまつ》ル一者、不下敢有中一毫《も》負《そむ》クニ二先王ニ一之心上。伯夷叩クレ馬ヲ一諫、凛《たるかな》乎万世君臣ノ大義、雖ニ聖人復起《た》ト一、不レ可レ易《かう》也。不《あらず》二但是ノミニ一也。当時為ル二商之臣若《もしクハ》民ニ一者、大率《おおむね》有二不レ肯レ臣タルをレ周ニ之心一。大誥洛誥多方多士ノ諸篇、斑斑《はんぱん》可レ睹《みる》。雖二周人目テレ之ヲ為トレ頑ト、在テハレ商ニ則不レ失為ヲレ義矣。所レ謂歴ニ三紀ヲ一而後、世変リ風移ル。蓋当テ二康王之世ニ一帰スルニレ周ニ、且ス二四十年ナラント一矣。壮者已ニ老ヒ、老者已ニ死シ、其逋播《ほは》遺黎《いれい》自《お》是至テレ死ニ不レ二ナラ。可レ見ニ商家一代ノ人心風俗ヲ一矣。夏未ハ二之前ヲ聞セ一也。周平王以後、奄奄《えんえん》如ク二一尫羸《おうるい》病廃之人ノ一、略《ほぼ》無レバ下能く出シテ二一匕《いっぴ》ノ強剤ヲ一、以起ス二其生ヲ一者上、則所レ謂養ニ成スル一代之人心風俗ヲ一、有ル二王者作ル一、誠ニ不レ可レ已ム也。〈通鑑綱目前編〉

拘幽操附録終

書ス二拘幽操附録ノ後ニ一

嗚呼自二放伐之事一タビ行レテ一、而千万世無窮之下、凡そ乱臣賊子弑シレ君ヲ竊《ぬす》ムレ国ヲ者、未四嘗不ハ三以二湯武ヲ一為二口実ト一。而忠臣義士、就キレ義ニ致スレ命ヲ者、又未下嘗不ハ中以二夷斉ヲ一而自み処おラ上也。士於レ是ニ亦可キレ知レ所ヲレ択《えらぶ》也。夫の韓子の此の操発二明スル文王之心ヲ一至レリ矣。山崎先生嘗標二章シ之ヲ一、附ルニ以二テ程朱之言ヲ一、以貽《のこス》二于世ニ一。其書約ニして而尽ス矣。今復因リレ此ニ謹テ集二録シテ程張朱及び諸儒之説ヲ一、以広メ二其義ヲ一、使下読ム者をして反二復精三熟シ於其中ニ一益とり識レ所ヲ二自み択ぶ一、而莫なカラ上惑うこと二乎彼の将命順命紛紛之論ニ一矣。

元禄辛未夏六月上弦日

浅見安正 敬書

元禄五年壬申仲夏　寿文堂刊行

拘幽操辨

*題 佐藤直方講

「拘幽操」ノ一書ハ、畢竟君臣ノ大義ヲ天下ニ明ニシテ、*湯武*孟子ノ*権道《けんどう》ヲ論ジツメテ開タモノゾ。唐ノ書ニ此ヤウ深切ニ君臣ノ大義ヲイヒヌイタ書ハナイゾ。程朱ノ段々細ニ論ジテ、平生*トツツオイツイワル丶ハ、畢竟コ丶ヲメアテニシテノコトゾ。サテ道ニツキ、*千緒万端、朱子ノメンミツナ人ガ書ヲシタレドモ、君臣ノコレラホドマギレルコトヲ書ニアラハシタハナイゾ。細ニトイタハアレドモ、コノ如クニ書ヲタテ丶、*大儀ヲトキ出シタハ、唐デモ日本デモ、天地開闢以来コレガ*イツチノ始ゾ。扨這《さてこの》段ハ湯武ノ大聖人ノシラレタコトヲ、サアトイ丶テ論ジ出スカラハ、殊ノ外コマカナコトデ、*ムセフニツイワルイナドト云コトデハナイゾ。ソンナアサハカナコトナレバ、聖人ガナントシテセフゾ。湯武ノ*放伐ノ段ニナツテハ、聖人ノ上ニナウテカナハヌ*経権一枚ノ権道デサバクコトゾ。ソノ権ガナフテカナハネバコソ、万代*卜筮ニナツテ、天地ノ奥マデツメカフダ「易」ノ書、革ノ卦ヲタテ丶、天地革命ノ説ヲタテ、*孔子ノ伝ニ「湯武順《いて》レ天《に》応《じ》レ人《に》革《あらたむ》レ命《を》」ト立テ、「中庸」ニ*時中《じちゆう》トタテラレタゾ。サア、ソコガ殷ノ世ガツキ〳〵テ天地真ニ革命、*人モ皆、東へ征伐ナサルレバ、西ノ方ウラムト云ヤウニ服化シテ、ソフシテテフド道ノ*大中*至正ニ合タコトゾ。扨*太伯文王ノ心カラハ、テフドソレヲ大中至正ジヤト云コトヲ知テイテ、ソコヲ

題佐藤直方講　底本なし、今補。

湯武　湯王・武王。湯王は夏朝の桀を放って商(殷)王朝を建て、武王は殷の紂を伐って、周王朝を開いた。

孟子　孟子、梁恵王下「斉の宣王問て曰く、湯桀を放(お)き武王紂を伐つと、諸(これ)有りや。孟子対て曰く、伝に於て之有り。曰く臣其の君を弑す。可ならんや。曰く仁を賊(そこな)ふ者之を賊と謂ひ、義を賊ふ者之を残と謂ひ、残賊の人之を一夫と謂ふ。一夫の紂を誅せることを聞く。未だ君を弑すことを聞かず」(放は闇斎点は集註の「放置也」によりオクと訓む)。湯武放伐是認論の端をなした。

権道　↓二三四頁注

トツツオイツ　あれやこれやと思案が定らぬさま、とやかくと。

千緒万端　種々様々のこと。

大儀　大義。　**イツチ**　第一、一番。

ムセフ　無性。むやみやたら一概に。底本右傍に「ムシヤウ」と注記あり。

放伐　徳を失った暴虐な君主を滅ぼしたり追放すること。

経権一枚　経道権道とも同じ道理から出ていること。

卜筮　卜は亀の甲を焼いて生じたひびによる占い、筮はぜい竹(めとぎ)を使う占い。

孔子ノ伝…　易、革卦、彖伝(十翼の一、易の哲理や組織等を説明せる注釈書、古来孔子の作と称されて来た)。↓二三四頁注「順天命…」

*シラレズニ、アノ如クニシラレタコトゾ。湯*王ノ詞ニ段々アツテ、「*惟有レリ慙《はず》ルコトレ徳ニ曰予《われ》恐ルト三来世以レ台《われヲ》為《センコトヲ》ニ口実《と》二」トアリ。武王ノ泰*誓三篇ヲミヨ。アノ如クニヤカマシクユ*イワケガアルゾ。是ミヨ、ドフデモブキビナ処ガアルハヅゾ。サテ孟子戦国ノトキ出テ、周室ノ未《まだ》アルニ、アノ如クニイヤツタモ*、尤ナコトゾ。皆此スジゾ。サルホドニ、「*語類《ゴルイ》」ニアノ時分ニ人心クロフシテ、仁義ガドフヤラ、王道ガドフヤラ、キカフトヲモフ者ガ一人モナカツタニ、シカモレキ〳〵ノ大名ガ召《めし》テ、王ニハナントシテナルコトゾト問ニ、孟子ア、答ヘル、ヨギモナイコトゾ。サテ此ヲ主意ニタテヽ、湯武孟子ノシカタ尤ト云コトヲバ、ヨク程子ノ「文集」、朱子《の》「語類」「文集」デ、コマカニ吟味シテ、ソフシテサテ太伯文王ハト、ツキアハセテカヽルコトゾ。サテ孔子ノ吟味ニナツテ、「*武《は》尽《せり》レ美《を》矣、未《だ》レ尽《さ》レ善《を》也」トイワルヽ。未レ尽レ善ト云カラハ、ア*タマクダシワルイト云コトデナイ。アタマクダシワルケレバ、アフハカヽヌゾ。サテ文王太伯ニヲイテ、「夫《*れ》至徳」ト称セルワケヲモ、細ニ「語類」「文集」程*張朱ノ説デ吟味シテ、マコトニ湯武ノシカタワルイコトト黙識ニ合点ノイクコト。カリソメナガラ大聖人ノシタコトヲ、大聖人ノ評判デワルイト云コトデ、聖人ドフシノコトナレバ、ソノヤウニアサハカナコトデハナイゾ。サテ朱*子・蔡九峯ノ「詩」「書」ノ集伝、一ツモ未レ尽レ善ノ意ヲウケテ云タモノデナイゾ。「語類」ノ七*十九巻ニ、程子ノ韓退*之ガ此語ヲ称美セラレタヲ、ワルイ説トイハルヽ、コトアリ。此説ワルシ。但《し》此書ヘヒカレタ程朱ノ語ヲ本ニシテ、サテ「語類」「文集」デモコヽヘアフガ皆ヨイ説ゾ。ソノ外七十九巻メノヤウナル邪説ハ、皆朱子弱*年ノ未《だ》合点セラレヌ時ノ語ゾ。サテ「語類」

時中 時に応じてよろしきにかなう、どんな場合でも中庸を得る。中庸二章「君子の中庸するや、君子にして時に中す」と。

人モ皆… 紂は文王を羑里に囚えたが七年にして許し、征伐を専らにすることを得しめた。文王は徳日に盛にして、西土ことごとく之に服して、天下の三分の二を有したことを指す。

大中 大にしてこの上ない中正、又その道。易、大有卦、彖伝に「大有は柔尊位を得、大中にして上下之に応ずるを大有と曰ふ」と。また書経の洪範「五に皇極、皇(みき)其の有極を建つ」の孔伝に「大中の道。大に其有中を立つ」と。

至正 底本「至誠」、「大中至正」が成語であるから、今訂。

太伯 泰伯とも書く。↓二三一頁注

シラレズニ せられずに(下のシラレタもせられた)の意。放伐革命をなされなかったこと。

湯王ノ詞 湯が桀を伐つ時師に誓った「湯誓」、放伐が古の堯舜の揖譲に漸愧する所あるので、臣の仲虺が之を釈明して臣民にさとした「仲虺之誥」、亳に帰って桀を伐った大義を天下に告げた「湯誥」が書経にある。

惟有… 書経、仲虺之誥。

泰誓 底本「大誓」、今訂。書経巻六周書にあり、上中下三篇。武王が紂を伐つに際し大(＝泰)いに軍を孟津

「文集」ニ聖人ノ*微意トアル、ヲモシロイ、*意指ノアルコトゾ。「*語類」卅五巻メニ段々此事ヲトヒツメテ朱子ノ答アリ。段々トヒツメテ、ソンナラバ殷ノ紂ガ一門ノ*微子ヲナゼニタテラレナンダゾト、*義剛ガトフタレバ、先生不ㇾ答、眉ヲシバメテ、這《この》事難ㇾ説《き》シト云説アリ。「文集」*答㆓楊志仁㆒書ニ端的ノ*スマシヤウノ説アリ。「*洪範皇極内篇」ニ、「父子有《り》ㇾ親、君臣有ㇾ義、夫婦有ㇾ別、*長幼有ㇾ序、朋友有ㇾ信、五品遜《ゆずって》而大和合《う》、皇極之世也。堯舜《は》父子之襄《おとろえ》也。湯武《ハ》君臣之欠《け》也。伏羲神農《ハ》日之中乎。堯舜三代《は》*時之中乎」。此説尤《も》好《し》。ナンデモアレ、泰誓ニモアルトヲリ、「惟《レ》天地《ハ》万物《の》父母、*惟《れ》人《は》万物之霊、亶《まことの》聡明作《なる》㆓元后《と》㆒、元后《ヲ》作《なす》㆓民《ノ》父母《と》㆒」、ソノトヲリ、君ハ天下ノ父也。ソレヲコロスハ我父ヲ殺スト同ジコトゾ。民ハ君ノ子、君ハ民ノ父母。故ニ*斉家治国平天下ノ章ニモ、我《が》ヲヤニツカフルノ道ヲ以テ、スグニ君ニツカヘヨトアルゾ。タトヘバ今ナンボウ悪人デモアロフト、マヽ親ヲコロスモノハ、百人ノ中デ一人ゾ。ソレモアルカナイカゾ。只*ムセフナ凡人ハ、トカフト云コトハナイゾ。キツカリト湯武ニ*保元ニ為義ヲスルヤウナコトヲセイト云テモ、セヌハヅゾ。サレバコソ孟子ノ*桃応ニ答ヘラレタガアノ道ゾ。スレバ君ハ民ノ父母ヨ。ソレヲコロスハ、ナンボウ大中至正ジヤト*云《おう》トマヽヨ、我親ヲ殺ト云ヤウナ*存ノ外ナコトハナイゾ。スレバ君ヲ殺《シイ》シヤウガナイゾ。*奥ノ跋ニ引ケル*郊特牲ノ吾ガ大事ノコトヲヨク云《いい》トツタモノゾ。君ニツカヘサマニ、紂王ナドニツカヘルハ、舜ノ瞽瞍ニツカヘルヤウデナクテカナハヌコトゾ。「語類」ノ十三ニ、「君臣ノ際、権不ㇾ可㆓略《すこしも》重《くす》㆒、纔《わずかに》重《ければ》則無《なみす》ㇾ君《を》」。チガフトコレゾ。サテ*ソウベツ、唐ノ風ガ君臣ノ方ガ日本ノヤウニキツカリトセヌゾ。サテ湯武ノシカタガ、

に会して之に誓った辞。
ユイワケ　いいわけ。
イヤツタ　言った、ヤルは尊敬の辞。
語類　朱子語類。
武尽…　論語、八佾。→二三四頁注
アタマクダシ　頭ごなし。
夫至徳　→二三一頁注「文王」
程張朱　二程・張横渠・朱子。
朱子・蔡…　朱子撰「詩集伝」(詩経の注釈書)・朱子の門人蔡沈(世に九峯先生と称さる)撰「書集伝」(書経の注釈書)。
七十九巻　→二四一頁注「朱子…」
退　底本脱、今補。　**弱年**　底本「晩年」、右傍に「弱歟」の校注。今訂。
微意　二〇三頁「問泰伯事」、二〇八頁「唐順之曰」参照。
意指　意味深長な趣旨。
語類卅五巻　二〇六頁「問泰伯」参照。
微子　紂の異母兄。→二一七頁注
義剛　朱子の門人。二〇六頁「問泰伯」参照。
答楊志仁書　二〇六頁参照。
スマシヤウ　理非をはっきりさせ、道理を明らかにした結論。
洪範皇極内篇　宋の蔡沈撰。書経の洪範の九数を借りて、易に擬した術数の書。闇斎は本書を編次校定し、末に自ら考述する所一巻を附して、全六巻として寛文七年刊行した。
長幼…有信　底本「――」、その他底本の引文の不備を原文により補。
時之中　原文の補註に「伏羲神農は

モハヤ此一事デ、アトニ*スキトハセヌコトゾ。ヨフヲモツテミヨ。孔子ノアノ如クデイヒ、程朱ノ説ガアノ如クナレバ、ヨシワレラテイニモセヨ、ソフ云《う》合点ハアルコトゾ。ソノ上ニ人欲デドフノカフノト云ハ、論ハナイゾ。サルホドニ湯武ノヤウナ大聖人デナキニモセヨ、スコシ志ノアルモノハ、*テツキリトセヌハヅゾ。明ノ*方遜志斎ガ*事スルニ湯王ノハマタサキニドフト云コトガナイニヨツテ、過トモイワレウガ、武王ガアノ*口実ノ言ヲミナンダカ。ソレモマダ征伐ガムセフニ徒《いたずら》デナイ、ヨイト思フハヅモアレドモ、孔子ノテツキリトカウジヤト未レ尽レ善ノ論ヲ孟子ガミナンダカ。ミヌモヲチド、ミタモワルシ。サルホドニ*東坡ガ何ノカノト云ゾ。是ミヨ、*千載ノ一会ト云事ガ決然トシレルゾ。コフ云*ネヲワスレテ、*今ノ者ガモシサキニ此ヤウナコトガデキタラ、ナントサバカフナド云、山モミヘヌ坂ゾ。此通《り》*屈段々ノコトヲ合点シテ、湯武孟子ハ謀逆人、*イキバツケニカケテモ大事ナイト云コトゾ。サテ太伯文王伯夷叔斉ヲ万代忠信ノ根トスルモ是ゾ。此スヂノ明カナハ日本ゾ。日本デハ伊弉諾・伊弉冊・天御中主ノ*天祚ヲウケテ、ソレカラ*ウツタツテ今ニイタルマデ、ドフアラフト、王ノチガフト云コトハナイゾ。皆御子孫ゾ。ナンボウ武烈ノヤウナ悪王デモ、トツテステヌゾ。サレバコソ朝敵ト云テ一度モヱシトゲヌゾ。日本デモ「太平記」ノ時分ニハ、アノ*通リナレドモ、アノ如クニ*ヤハリ天子ハアツタゾ。アチノハ堯亡テ舜ツギ、舜取《り》二天下《を》一、ソレカラ皆チギレタゾ。コレデミヨ。余ノコトハナントアロフト、本ガマヅアチニ日本ハマサツタト云コトガ、キツシリトシレルゾ。サテ此スヂノコトヲ合点セヌ中ハ、車ニ万乗之書ヲヨミ、仁ヲ*スフトマヽヨ、儒者ト云モノデハナイゾ。例ノコ

時・日倶に中。堯舜三代は日中を過て時猶ほ中なり」と。

惟人…作元后　底本「——」、原文により補。元后は天子のこと。

斉家…　大学、伝九章「故に君子家を出でずして教を国に成す。孝は君に事ふる所以なり」と。

ムセフ　無性。仏となる素質のないもの、どうにもしようのないもの。

保元　元を底本「之」、今訂。源義朝が保元の乱後、院方について敗れた父為義を朝命により斬ったこと。

桃応　孟子の弟子。→二六〇頁注「瞽瞍ガ殺人…」

云トマ丶ヨ　どう言おうと勝手にしろ、絶対の否定を示す。

存ノ外　慮外極まること、もってのほか。

奥ノ跋　二〇一頁の闇斎の跋文。

郊特牲　礼記の篇名。跋冒頭の「礼曰…其義一也」を指す。

ソウベツ　総別。全体、概して。

スキト　すっきりと。

テツキリ　間違ないさま、はっきり。

方遜志斎　名は孝孺、明初の朱子学者。明の恵帝の侍講。燕王棣(後の成祖永楽帝)が恵帝を攻めて位を奪った際、捕えられたが、正節を持して「燕賊簒位」と大書して、九族処刑された。孝孺に「武王伐レ紂」「夷斉」の文あり、「牧昂之兵、聖人之不幸也」、湯武革命を「天之命也」、夷

シヌケノ大ダワケゾ。ヨク吟味セイデカナワヌコトゾ。扨右ノ段々ハヒロフ湯武ヲツキアワセテノ事。「拘幽操」ノ根ハ是モ非モミズ、トカク君ヲミルコトヲ文王ノヤウシヤウマ*イカト云事。

右佐藤氏直方雅丈*講説　丹下元周録

貞享丙寅*閏三月六日書写

斉の粟を食むを恥じたのを「過二乎中一者也」と言っている。
事スルニ　意味不明。以下の句底本誤脱らしく、意をなさない。
口実　書経の泰誓・牧誓・武成等に見える、武王が殷紂王を伐つに際しての弁解の言葉を指す。
東坡　宋の蘇軾。二〇九頁「蘇軾曰」参照。
千載ノ一会　千年の間に一回しか会えない、めったにめぐり会えないよい機会。
ネ　根。
今ノ者　今の凡人が軽々に此を論ずるのは、山の入口へも達していない程度、との意。
屈　意味不明。衍字か。
イキバツケ　ハツケははりつけ。生きたままではりつけになって、まだ処刑されないでいるさま。
天祚　天子の御位。
ウツタツ　うちたつ、出発して。
通リ　底本「道」、右に「通リ歟」、左に「トヲリ」の傍記あり。
ヤハリ　底本右に「ヤツハリ」と校注記あり。
スフト　意不明。内田本は「言ハウト」に作る。
マイカ　底本「マヘカ」、今訂。マイは勧誘の意をあらわす助動詞。
雅丈　学者文人等に対する敬称。
丙寅　三年(一六八六)。

経権 経道権道。→二三四頁注「権道」
鉄定 鉄の如く堅く定った。
セヌカラ…合点 底本脱、諸本により補。
王勉 伝未詳。孟子、梁恵王下の湯武放伐章の集註に「王勉が曰く、斯の言や、惟れ下に在る者湯武の仁有て上に在る者桀紂の暴有れば則ち可なり。然らずんば是れ未だ簒弑の罪を免れざるなり」と引用。
ヲ 底本「ラ」、諸本により訂。
予畏… 書経、湯誓。
予弗… 書経、泰誓。其は原文「厥」。
堯舜… 孟子、離婁下に「先聖後聖(舜と文王)其揆一也」、万章上に「孔子曰く唐虞は禅(ゆず)り、夏后殷周は継ぐ、其の義一なり」とある如く、孟子の言葉で、程子のではない。
未尽善 →二三四頁注
アタマデ 頭から。

〈参考〉

湯武論

佐藤先生曰、経権*ノコト、学者紛々ノ論ヲナセドモ、何ノマギル丶コトナク、ヨク聞ヘタコトゾ。経ハ常道*鉄定当然ノ道理、学者ノ則トスル所ゾ。権ハ変ニ処《お》ルノ道ニテ、是ハ大賢以上ノコトデ、学者ノ手ノトヾク事デナシ。湯武ノ主ヲ討レタトテ、様々ノ事ヲ云ハ、孔孟程朱ノ説ヲ合点*セヌカラノコトゾ。湯武ニチリ程デモ天下ニ望ノアツタデナイト云コトハヨク誰モ合点シタコトゾ。スレバ何トシテアノ様ナコトヲセラレタゾト云ヘバ、桀紂ガ暴虐至ラザル所ナク、民ヲ煎リアグル様ナ其時節ヘ生レラレタ故、ソコデ天カラ云ツケテ放伐サセラレタゾ。時節ガ此ツボヘ打コンデ来タ故、湯武ニ限ラズ、ドノ聖人デモ此場ヘ出ラレタナレバ、アノ様ニセネバナラヌゾ。其レデ王*勉ガ「惟在《る》レ下《に》者有《て》二湯武之仁一云云」ト云タ。偖《さて》々ヨク云タゾ。爰デハ義ト云サウナモノガ、仁ト云タハ、湯武ノ旨ヲ能《よく》云タゾ。湯武カラ桀紂ヲ見レバ君臣ナレドモ、天カラ見タ時ハ、桀紂ハ家老、湯武ハ用人物頭ノ様ナモノゾ。然レバ天カラ放伐ヲ命ゼラレタレバ、イヤハイワレヌゾ。爰デイヤト云ト、家老ヲ大切ニシテ、君命ニ背《そむく》ト云モノゾ。天カラ云ハル丶ハ、桀紂ガ暴悪至極ス、其方放伐セヨト云付ラレタレバ、其時湯武ノ其レハ、何トモ難《き》レ仕《り》コトト云レタヲ*、イヤサウ云コトデナシ、此方ハ邪悪ノ者ヲ退テ天下ヲ恵ム役ユヘ、彼ヲ其儘ヲクコトハナラヌ、今天下ニ我《わが》名代ヲ云ツグベキモノ一人モナシ、其方ヲ名代ニ立ルゾト云付ラレタユヘ、然ラバ畏《おそれ》タト軍ヲ起サレタゾ。湯王ノ桀ヲウタル丶時、衆ニ誓テ云、「*予畏《る》二上帝《を》一不二敢不《てんばあらさ》一レ正」ト云。武王ノ紂ヲ討ル丶時、師ニ誓テ云、「*予弗レ順《わ》レ天《に》其罪惟《れひと》均シ」ト云レタヲ見ヨ。事体コソ違フタレ、堯舜ノ禅授ト何ノカワルコトハナイゾ。其レデ程子モ「*堯舜湯武其《のはかること》揆一也」ト云テアル。是ガ程子デナフテハ、此様ニ見取ルコトハナラヌゾ。然ラバ孔子ノ武王ヲナゼ「*未レ尽レ善」ト仰ラレタゾト云ヘバ、ソコニコソ訳ノアルコトゾ。湯武ハ雨フリニ花見ニ行レタト云モノゾ。武王ガソデナイコトヲセラレタナレバ、*アタマデ不善ト云モノゾ。尽スノ尽サヌノト云コトハイラヌゾ。花見ハ誰デモ能《き》天気ニ菅笠ニ草履デユクガヨウテ、雨降ニ合羽傘デ尻カラゲシテ花見ニ行ヲ好ムモノハナイコトゾ。丁ド湯武ハ雨降ニ合羽傘デ花見ニ行レタゾ。ナンボイヤデモ、雨降《る》時ハ雨襲束セネバナラヌ。雨天ノ花見ユヘ未レ尽レ善ト仰ラレタゾ。仕様ノワルイト云コトデナシ、雨降デ面白カラヌ花見ヲセラレタヲ未レ尽レ善ト云タモノゾ。其レデ論語ノ*註ニ、「舜之徳《は》性《のままにし》レ之《を》也、又以二*揖《ゆう》遜《そんを》一而有《たもてり》二天下《を》一。武王之徳《は》反《かえる》レ之《に》也、又以二征誅《を》一而得二天下《を》一。故《に》其実《の》有二不レ同《る》者《から》一」ト云テアルゾ。又程子ノ説ヲ引テ、「征伐《は》非《ず》二其《の》所《に》レ欲《する》。所レ遇《う》之時然《る》爾」ト云テアルデ、湯武ノ論ハ尽テアルゾ。偖《さて》是ガ堯舜文王ハイカナコトニモセラレヌト云ヘバ、武王ハ聖人デハナイ。其上湯王ノ「*後世以レ我為《を》二口実《と》一」ト云レタヲ見テ、又紂ヲ討ベキ様ナシ。其場ニ出合《う》カラハ、セネバナラヌコトデ、然モ聖人デナフテハナラヌコトゾ。是ガワルイナラバ、周公モ*ワケナシゾ。ナゼ其様ナ不義ヲダマツテ居テ、アマツサヘ武王ノ*跡乗《あとのり》ヲセラレタゾ。武王ト云聖人ニ周公ト云聖人ノ跡乗ヲセラレタハ、只ゴトデナキコトガ算用ヅメデモ能《く》シレタコトゾ。然ラバ伯夷叔斉ノ諫《め》タハドウゾ。アレハワルイカト云ヘバ、ソコニ訳ノアルコトゾ。夷斉ノ諫タガ、武王ヲ不義ジヤト云テトメタデナシ、討ル丶筈ト云コトハ疾《とく》ニ合点シテ居テ、先ヅマタレヨト止メタモノゾ。世ニ云*スイト云モノデ、武王モ伯夷モ心ハトヲリヌケテヲルゾ。又武王ノ天下ヲ取ズトモ、*微子ヲ立ラレサウナモノト疑《う》者アリ。其レハ微子ノ立《てら》レナンダト云ニハ事体アリタト見ヘル。微子モ武王ヲ主殺トハ思レヌ。天命如レ此ト云コトヲ合点シテ祭器ヲ抱テ退ル丶。*比干ハ兎角*笑止デナラヌト云テ諫《め》死ニセラル丶。*箕子ハ朝鮮ヘ封ゼラレテシマワレタゾ。アタマデ武王ガ主殺デアロフナラバ、イカナコトニモ朝鮮ノ封ヲウケラリヤウ様ナシ。爰デモ能《く》ミヘテアルゾ。道理如レ此アルベキ筈ナレバコソ、程子モ*朱子モ箕子ノ朝鮮ヘ封ゼラレタルコトヲ一言モワルイトハ云レヌ。トント疑ノナイコトミヘル。其上「殷有二*三仁一焉」ト孔子ノ*キハメ札《ふだ》ヲ出シテ置レタレバ、此札デドコヘモテイテモ、*千両道具ニハ極ツタゾ。*義剛ガ湯武ノ放伐ヲ問タレバ、朱子ノ*攅眉《さんび》セラレタヲ、神道者ガ見テ、ソリヤコソ放伐ヲ気ノ毒ガリテ攅眉セラレタト云ヘドモ、サウ云コトデハナイゾ。アレハ聖人体道ノ*大権ユヘ、説テキカセテ

註 朱子の論語集註。
揖遜 へりくだる。
後世… ↓二一二頁
「惟有…」
ワケナシ 道理を理解しないこと。
跡乗 行列のおさえとして最後に騎馬で行くこと、或は後陣となって城に乗り入れること。
スイ 純粋。生粋。また世故人情に通じ、ものわかりのよい意があるが、ここは後者か。
微子 紂の庶母兄、名は啓。紂の淫乱をしばしば諫めたがきかれず、遂に去る。周は殷の後として宋国に封じた。
比干 ↓二六二頁注
笑止 気の毒。
箕子 ↓二三二頁注
朱子モ 底本内本なし、諸本により補。
三仁 ↓一五五頁注
キハメ札 骨董等の鑑定書。
千両道具 黄金千両の価値のある道具。
義剛 ↓二一三頁注
攅眉 眉をひそめる。
大権 大きな権道。

ヅ　図。様子、光景。
堯舜　無本「是カ権道ト云モノソ大賢以上テナフテ権道ノ行レヌト云カコ、テ堯舜」。
アツテ　阪本「アタツテ」、下同じ。
ゴトク　底本「コドキ」、諸本により訂。
孟子ノ註…　↓補記
西伯　文王昌は羑里に囚えられること七年、後紂は之を許して西伯と為し、征伐を専らにするを得しめ、文王は黎国が無道なるを以て伐って之に勝った。事は史記に見え、書経にその記がないが、殷の臣祖伊が紂の悪を、その勢必ず殷に及ぶことを懼れ諫めた「西伯戡黎」の篇がある。
ル　「ヌ」とあるべきか。
テキト　必ず、きっと。
夏虫疑氷　夏の虫は氷を信ぜず、見聞の浅い者が妄りに事を疑う喩。
タチ　無本全本阪本「タチモ」。
嘉先生ノ…　↓補記
正信　稲葉黙斎。本注無本なし。

モ、アノ場ノコトハ人ガ合点ヲヱセヌト云カラ攢眉セラレタゾ。其レデ「此事難《し》レ説《とき》」ト云テアル。ワルイナラバ、ワルイト云《わ》ルベケレドモ、ミヂンモワルフハナイ。只アノヅ*ノコトハ合点ヲヱセヌト云コトゾ。神道者ガ堯舜ノ禅授ヲ正流ガツブレルトテ色々ノコトヲ云ハ目クラ論ト云モノゾ。堯ノ子ニユヅラルレバ、天下ノ乱レルコト分明ニミヘテアルユヘ、舜ニユヅラル丶。舜モ亦其通リデ禹ニユヅラレタゾ。子ニ譲ルコトヲ欲セザルニアラズ。其子ガ天下ヲ任ズルノ器量ナケレバ、聖人ヲヱランデユヅラル丶、筈ノコトゾ。堯*舜ノ時ニア*ツテハ如レ此。湯武ノ時ニアツテハ、又湯武ノゴ*トクアルベキ筈ゾ。孔子ヲ堯舜ノ時ニ置タラバ、アノ禅授アルベク、湯武ノ場ニ居ラシメバ、放伐セラルベキコト分明也。然ラバ文王ハナゼ紂ヲ其儘置レタゾト云ヘバ、其レハ何トゾ訳ガアツタデアロフゾ。聖人上ノコト後世カラウカヾハレヌゾ。我ハ討ズニ武王ニウタセフトテ、ノケテ置レタデナシ。諸儒ノ説ニ文王ノ時ハ紂王ガ暴悪未《だ》十分ニ至ラザル故、討レナンダト云ハ全クシレヌコトヲ臆度ノ論ゾ。紂王ガ暴逆未ニ十分一故ニ文王ハ討ヌト云ヘバ、文王モ時節ガ到レバ、ウツニハ定リタコト也。文王ハ権道ハセヌト云ナレバ、十分ニツマラヌノ算用ハイラヌ。諸儒ノ眼ニ夫レガ見ユルコトデハナイ筈也。ソコハ「孟子*」ノ註ニ「命之絶《たゆるや》否《やは》何以《をて》視《みん》レ之《を》云云」トアリ。是モ大抵ノ人デハ云コトハナラヌ。吾党ノ学者モ爰ニハキト見ル所ナキ故ニ、泰伯文王ハイカ様デモ権道ハ行ハヌト覚ヘテ居ル。故ニグドツイテハキトスマヌナリ。文王モ三分ニシテ二分ヲ保テ西*伯戡《かつ》レ黎《れいに》モアレバ、シカネル*人デハナイ、武王ニマケルコトデナイ。周公ハテキト*スルニ定ツタ。周公ハ泰伯文王ニヲトツタト云ンヤ。ソモヤ〳〵伯夷叔斉ニ周公ガ劣タ故ニ、主君ナリ兄ナルノ人ニワルイコトヲサセテ視テ居ルト云ハンヤ。権ハ大賢以上体道云云トアレバチツトモ疑フコトハナイ。放伐スルセヌハ其徳アツテ其場ニテウド出会シタ人ガ知ル筈也。夏*虫疑氷ノ論ハ無用ノ骨折リ也。或人言《う》、泰伯文王ハ幸ナリ、湯武ハ不幸也、御笑止也。世々ノ聖賢タ*チサゾ笑止ニ思召タデアロフ。夫ヲ常人トシテ、ニクイヤツヂヤ、ハリツケ道具ジヤト云ハ、不ニ忌憚一之大言也。学者衆ツ丶シマレヨ。嘉*先生ノ湯武論ハ決シテ程朱ノ意ニ非ズ。程朱ノ詳説《を》推シ右ノ意ヲモツテ反復セバ、旨意分明ナ

儀平　三宅尚斎。
間　底本「問」、諸本により訂。下同じ。
トヾメ　諸本「トメ」。
聖之清者　孟子、万章下。
惟命…　書経、康誥。蔡沈注に「天の命の与奪は常に於てせず、善なれば之を得、不善なれば之を失ふ」。
武　底本脱、諸本により補。**其**　底本内本脱、諸本により補。
騎牆両下　騎牆は両者の間のかきに跨がれば左すべく又右すべし、意見の定まらぬ喩え。両下はどちらにもおりられるの意か。両下は両可（どちらとも可否がきめられぬ）か。
塞礙　ふさぎ妨げる。
跋胡疐尾　進退に窮すること。
洒然脱落　心がさっぱりしわだかまりがない。
戊戌　享保三年（一七一八）。
脱然　重荷をおろした様なさっぱりしたさま。
其　底本内本脱、諸本により補。
為・出於…不当而　底本脱、諸本により補。

ルベシ。此外種々ノ学談アリ。　享保三年九月十四日夜　岩崎直好謹録。〈*正信按《ずるに》、旧本《に》曰、左ノ一文ハ*儀平記候而直方一覧、此処ニ附置候様ニ被二申付一候ト。蓋尚斎筆。〉

武王紂ヲ討《ち》、伯夷叔斉周ノ粟ヲ食ヲ恥《じ》、首陽山ニカクレテ餓死ス。武王ノ征伐義ナラバ、伯夷ノ粟ヲ食ヲ恥ルハ過タル仕方也。伯夷ノ恥ル処義ナラバ、武王ノ征伐ハ不義也。此*間是非明白ニワカレテ、一方ハ必《ず》不義ヲ免ルマジキ処也。然ニ武王モ伯夷モ各道理ノ当然、討ツモ道、恥ルモ道ニシテ、相悖《もと》ルコトハナイゾ。伯夷ノ武王ヲ諫タガ不義ナコトヲセラル丶トテ諫タコトデハナシ。天命如レ此時節征伐ハ尤《も》至極ナレドモ、紂ハ君、武王ハ臣也、先ヅマタレヨト*トヾメタモノ也。武王モソコハ成《る》程伯夷ノ云分尤ナレドモ、天ヨリ征伐ヲ命ゼラル丶カラハ討ベキ筈、紂ト我トヲ見レバ君臣ナレドモ、天命ノ重キニカヘルコトハナラヌトテウタレタゾ。是ガ権道也。然ラバ伯夷ハ天命ニハ構ヌカト云ヘバ、成程天命ヲ重ズレドモ、サシアタツテ君臣ナリトテ常道ヲ主ニシテ諫タモノ也。爰ガ所謂*聖之清《なる》者《にして》而伯夷之所三以為《たる》二伯夷一也。武王ハ天命ニシタガウテ権道ヲ行レタモノゾ。然ラバイツデモ天命ハ権道カト云ヘバ、常道スグニ天命、権道スグニ天命也。「*惟命不レ于《おいてせ》レ常《に》」ト云、其不レ于レ常トコロハ天命ノ変ズル処、爰ガ権道ヲ行フ場ゾ。伯夷ハイツモ天気ハヨイト定《め》、*武王ハ又雨フリモアルモノト雨具ノ用意ヲセラレタ程ノコトゾ。武王伯夷*其迹大ニ異ナルニ似テ*其帰着ノ処ハ一致也。爰ニ疑ハナイ事也。　九月十七日　直好謹録。

自レ有《て》二拘幽操編《の》一、吾党論《じ》二禅受放伐之事《を》一、明《す》二君臣之大義《を》一者、的々確々《なり》。然《して》雖《も》二湯武之聖《と》一、猶慊《あきたラズして》二其徳《に》一、而宋明諸儒*騎牆《きしよう》両下之説、皆以為レ不レ足《とら》レ繫《かくるに》二歯牙《に》一矣。而論孟程朱之説《も》亦似《たり》レ無《きに》レ所二*塞礙《さいがいする》一焉。重固近歳講説間《の》*跋胡疐尾《ばつこちび》覚《ゆ》レ有《る》下不二*洒然《しやぜん》脱落《なら》一者上。茲《この》歳*戊戌秋佐藤先生来《り》二于京師《に》一、一日談及《ぶ》二於此《に》一。其論卓然精微発《す》二前賢未発《ノ》処《を》一。令《む》二聞者《をして》*脱然《として》無《から》レ所レ疑《う》矣。其意大概謂《う》。湯武《は》聖人也。放伐《は》其権道也。権者聖人随レ時之大用、出《る》二於不《に》レ可レ已《やむ》者也。古之聖人皆応《まさに》レ行レ之。但*其幸《ニ》処《る》レ常者《に》行《ハて》二其常《を》一、而可《て》三以為二万世之法程《と》一矣。其《の》不幸《ニシテ》処《る》レ変者《には》行《て》二其変《を》一、而不レ可レ為《す》二天下之準則《ト》一矣。聖人謂《て》レ武《を》為レ未レ尽レ善者《ハ》、其所レ行不レ可《れば》レ*為二天下万世之法則《と》一也。非レ為《に》三放伐之不レ当《シテ》而*出《づと》二於聖徳之未《に》レ至矣。

若《し》以《て》為《ば》㆓放伐有㆑所㆑不㆑当而聖徳未㆑至、則非㆓聖人㆒矣、非㆓権道㆒矣。孔孟程朱之言欺《く》㆑人《をと》亦大《なり》矣。蓋経《ハ》万世之常法、雖《も》㆓愚不肖《と》㆒可《し》㆑行《う》。権《は》一時不㆑可㆑已《やむ》之変、非《レバ》㆓聖人《に》㆒則誤《ル》。故《に》湯不㆑曰㆑悔《ると》乱《せることを》㆑常《を》〈湯何《ゾ》悔〉《いん》、止《ただく》懼《ル》㆔後世為《さんことを》㆓口実《ト》㆒而已矣。後《ニシテ》㆓乎湯《ニ》㆒而武王亦有㆓孟津*之挙㆒、則当《ル》㆔不㆑可㆑已之時《に》㆒。雖㆓文王泰伯《と》㆒亦不㆑可㆑已者可㆑見。然伯夷叔斉諫《て》㆑伐《を》、義恥《て》㆑食《はむを》㆓周《ノ》粟《を》㆒、餓㆓死《せり》于西山《ニ》㆒。譬㆘諸《を》行路《ノ》人無㆓簑笠㆒而遇《うに》㆑雨。夷斉《は》猶㆘行《て》㆓正路《を》㆒不《るが》㆖厭《わ》㆓全身《ぬるるコトヲ》沾㆒。湯武《ハ》猶㆘行《て》㆓小径《ヲ》㆒不《るがさ》㆖沾《を》㆑身。必由㆓於正路㆒者《は》固《より》可《くして》㆑好《む》、而不㆑沾㆑身者《も》亦無㆓不可㆒。守《を》㆑経者《ハ》行《を》㆑経、行《を》㆑権者《は》行㆑権。故経《ハシ》還㆓於経《に》㆒、権《ハ》還《して》㆓於権《に》㆒而可《なり》矣。大抵近日《ノ》論不㆑明《かなら》㆓於経権之義《ニ》㆒、常欲《ニす》㆘以㆑経圧《おさんと》㆖権《を》。殊不㆑知《ハ》㆔権聖人之大用、湯武又聖人《にして》、圧《セバ》㆑権則圧《おしクルコトヲ》㆓聖人《を》㆒矣。況《ヤ》以㆑経為《し》㆓至善《と》㆒、以㆑権為《ば》㆓未㆑尽底《ノ》道《と》㆒、則権《ハ》非㆓聖人之道㆒。程子曰堯舜湯武其揆一也、征伐《は》非㆓其所㆑欲、所㆑遇《う》之時然爾《ルのみ》。多少明白《なり》。王勉曰《て》㆓湯武之仁《と》㆒而不㆑曰㆑義《と》、尤《も》切当《なり》。直好録《ガ》略備《ル》矣。重固摘《シ》㆓其要《を》㆒再録《して》附《す》㆓其後《に》㆒。　戊戌九月十八日

三宅重固謹《みて》識《す》。

湯武*身《は》《にして》㆑之《を》、聖人ニ至タト孟子ガ定メラレタデ、聖人也ト云コト慥《たしか》ナリ。然ドモ孟子ノ定メヲ信ゼヌモノアツテ、湯武ハ聖人デアルマイ、「論語」ニ「未㆑尽㆑善」トアレバ、堯舜道統ノ人トハ云ニクイト云モノアリ。予《が》曰《く》、湯武ヲ孟子ノ聖人ト定メテヲカレタレドモ、孟子ノ極メ札デハ少シ心モトナキ所アリト思フテ、昔*色々ノ論説アツテ、孟子グルミニ叛逆人ノ類ニスル意アリ。後ニトクト合点シテミレバ、湯武ノ放伐*ヲシラレタノデ、タシカニ聖人ト云コトガ知レタリ。ナゼニト云ヘバ、放伐ハ権也、権*ハ大賢以上道ト一ツニナツタ人ノスルコトトアレバ、湯武ノ聖人タルハ少モ紛ル、コトナシ。ソレデ孔子モ「革*《あらため》㆑命《を》応《じ》㆑天《に》革之時《の》義大《なるかな》矣哉」トヲ、セラレタ。サテモ明白也。諸侯デ天子ヲ殺シテ聖人ニ定ルト云コトガ、タヾノ人デナル**コトカ。扨《さて》々聖人様ナリ。愚儒共《が》曰《く》、我等共ノ手本ニハナラヌ。対《て》曰《く》、ヲノレラガザマデアノマネセフト思フハ猿猴*ガ月ヲ取ントスルガ如シ。推参至極*ノ俗儒ドモメト大ニシカル。世ノ神儒合一ト意得タル儒《の》先達モ、爰ガハキトスマヌ故ニ、孔子孟子ノ精ヲ出シテ云《い》ヒラカレタ義理ヲ莚《むしろ》ヲ掛テヲ、ヒ、世ニシラセ*ヌ様ニスル。夫ヲタ

孟津　河南懐慶府孟県。武王が諸侯を会し、率いて紂を伐った所。

湯武身之　孟子、尽心上「孟子の曰く、堯舜は之を性のままにす、湯武は之を身にす」。堯舜は生まれながらの性そのままで修養学習をかりないが、湯武は身を修め道を体し、自らつとめて本来の性に復ったの意。本条及び次条、無本巻初にあり。

昔　無本全本阪本「昔時」。

放伐…云ヘバ・権ハ　底本内本脱、諸本により補。**革命…**　↓二一一頁注「孔子ノ伝」

デ　全本「ノ」。

ナル　阪本「デキル」。

猿猴…　猿が水にうつる月を取ろうとして溺死した如く、身の程を知らぬ者は命を失うたとえ(僧祇律)。

推参至極　無礼出しゃばり至極。

セ　底本内本なし、諸本により補。

書物　浅見絅斎編「拘幽操附録」を指すか。

ワケタ諸生メラガ、有難イ、常道カラ見レバ湯武モハリツケ人ジヤ、鹿クラヒノ唐人メ、我邦正統万々世ノ御目出度《き》風ヲシラセタイト云テ、何ヤラ書*物ヲ作テ板行サセテ、諸人ノ眼目ヲ塞グ。嗚呼可レ悲哉。吾友三宅重固聴二此論一而大《に》感発《して》著《す》二一文《を》一。可レ謂二近世具眼之人《と》一矣。サテ湯武革命ノ道理ガ明白ニスマネバ、俗儒ト云ベシ。夫デハ凡《そ》道理ノカヽルコトハ皆ハキトナキ筈也。*精義ノ二字ノタノマレヌ学者也。孔孟ヲ実ニ尊信スル学者ナラバ、此論説ヲ謹テ頂戴シテ心服スベシ。穴賢。一日有レ所レ感、而為《に》二三宅氏《の》一言レ之。直方書《す》。

〈正信按、旧本曰、湯武伯夷均是聖人《なり》矣、而一《にし》二其事《を》一一《にす》二其時《を》一。却扣レ馬之諫似レ可レ疑。蓋湯武《は》天命《じ》レ之《を》人授《く》レ之《を》、其処也変。伯夷《は》天不レ命人不レ授、其地也常。以レ常諫レ変者、所二自処一者常《なれば》也。*以処レ変也。故曰湯武亦是、伯夷亦是。重固識。㊓恐ラクハ以レ権処レ変者所二自処一者権也ナルベシ。〉

或人曰、湯武ハ天ト同徳ナレバ、実ニ天ノ子也。桀紂ハ天徳ニ反シタナレバ、異姓也。父ノ遺跡ハ同姓ガ取《る》筈也。孟子曰《く》「仁*者宜レ在《る》二高位《に》一」。天カラ武王ヘ与タルニ、武王ノ我儘ニ微子ヘ譲ル筈ハナシ。ソレナレバ*燕王ガ其臣子之ニ与ヘタルト同ジ。微子モ受ヌ筈也。武王ガ天*吏トナツテ*伐《う》テバ、天下ハ武王ノ取《る》筈也。武王モ譲ラヌ筈、微子モ受ヌ筈ハ明白也。義剛ハ此アヤヲ知ヌ故ニ、「有二微子之賢可一レ立」ノ問ヲシタルガ、朱子之眉ヲシハメラレタハ、武王ノ権道故ニ何ノカノト云論アリ。泰伯文王ナレバ云分ハナシ。微子ニ与ユルガヨケレバ、武王ノ与ヘカネハセヌ。コノアヤヲ不レ知テ俗儒ガ泰伯文王ハ権道ヲセヌ様ニ逃ラレタト云ハメツタナコト也。夫ナラバ武王ハ逃ヲウセナンダト云ベキヤ。泰伯ノ去レタト、文王ノ二分デイラレタ心中ハドウモ伺レヌコト也。武王ノ時ハ其期ガ至テ何卒アノ訳デヨイデアラン。対曰、所論尤《も》善《し》。但泰伯文王ノ心中ハ我等式ノ察識スルコトハナシ。謀叛ノ心デハナイハ、ドレデモ一ツナ筈。事ハアタツタ処ノサバキデアロフ。武王モ紂王ノ何卒悪ヲ改ラレカシト思ヒ、民ノ辛苦《がふ》不便《びん》ナト思フノ外ニ心ハナイ筈也。天吏トナツテ民ヲ救ヒタイトモ、泰伯ノ様ニ逃レタイトモ、モハヤ天命ノ改ル時分ガトモ、ソコニ心ハナキ筈也。爰ハアナタヘワタシテヲイテ、コチノ了簡無用也。*聖賢亦何《の》心《ぞや》哉、視《る》二天命之改《まると》一与《を》レ不《る》レ改《まら》耳トハ、是ヲ云タルナラン。視トアル程ニ云テ、今カ〳〵ト心ヲ付テ

精義 義理をくわしく細かに究めること。
以処変也 無本全本阪本「以変不聞常者以処変也」。
仁者… 孟子、離婁上。
燕王 戦国時代燕の易王が卒し、子の噲が立ち、専らその相の子之に任じ、終に国を子之に譲って、反って臣となり、国大に乱れ、斉の宣王之を伐ち、噲は死し、子之は逃げ、斉が燕を取った。
天吏 天の命を奉じて行う官吏、即ち王者。孟子、公孫丑上に「無レ敵二於天下一者天吏也」、同下「為二天吏一則可二以伐一レ之」。
伐テ 底本脱、諸本により補。 **聖賢…** 二程外書(全書三七)。

大王 文王の祖父。
朱子ノ説 二〇四頁「伯豊問」参照。
ネメタ ぐっと睨んだ。
入部 大名等領主が初めて自分の領国に入る。
筈也 無本この下に「比干カ微子箕子ヲソ

視ルコトデハナイ筈也。アタツタ処ヲ云也。*大王ノ子孫ニ天下ヲ取セウト思ワレタルモ、道ノ行ル丶ヲ欲タモノナリ。天下ヲ取タイト謀叛ノ意デハアルマイ。聖賢ノ心ニハ道ノ行ワル丶ヲ欲スルガ切ナリ。孔孟ノ諸国流浪モ其心也。コノ処ハ常人ノ心ニハコタヱナキコト也。コノアヤヲ知ラズニ聖賢ノ権道ヲ謀叛人ノ様ニ云ハ非也。*朱子ノ説ニ大王ノ殷ノ天下ヲ*ネメタト云ハレタコトアリ。其ネメ様ノ意思ハ予不レ知也。畢竟大王湯武謀反デナヒト云《の》デ安堵シテヲルベシ。伯夷叔斉ガ武王ヲ非義ヲメサル丶ト云テソシル心モナク、微子ガ武王ヲ敵トモ不忠者トモ思ヤラズ、天下ヲ身共ヘクレル筈トモ思ヤラズ、箕子ガ武王ノ前デ講釈シテ聞カセマスルヲ心外トモ恥イトモウレシイトモ思ハレズ、微子ノ聞レテ箕子ハイナコトヲスルトモ思ヤラズ、箕子ガ朝鮮ヲモロフテ*入部スルニ、是ハウレシヤデカシタトモ思ヤラズ、心ナラヌ入部、人ガ何トカ沙汰ヲセフトモ思ヤラヌ*筈也。殷ノ*頑民ドモハ何ノカノト云フモ、夫ハ道理ノアツタ処ヲ知ヌ故ニ頑民也。彼神道方ノ人ハ殷ノ頑民ハ忠臣ナリト云テ、諸聖賢ヨリ上ニ思ハ、彼《の》惑也。司馬遷東坡ナドガタワケヲ云タト云モ是也。此等ノコトハ道理ノ筋ノ見エタ学者デナクバ、ハツキトスマヌ筈也。「古人見《ること》レ道《を》分明《なり》云云」之説可レ考。世之儒学ヲスル人、道ヲ見ルノ合点ナク、辨慶ガ七ツ道具ヲサシ飾タ様ニ文字ノ上事跡*諸説ノ上ニツイテ道具責デ合点シ様ト思ハ浅マシキコト也。黙識シタ人ハヲカシキ筈ノコト也。随分学問精出シテ黙識スル様ニ互ニ励ミマセフ。孔子曰《く》「*朝《に》聞《く》レ道《を》夕《に》死《すとも》可《なり》矣」ヲ終身ノ目当ニメサレヨ。世ノアホフラシイタワケタコト計リヲ学文ト覚テ日ヲ送ル学者ハ爰ノ望ガナイト見ヘタリ。其様ナ衆ハ随分無事デ煩ズニ詩ヲ作リ文ヲ作リ書史ニ渉リテ故事ヲ考ヘ、*禹貢ヤ「*晋」ノ天文志ヤ「*律呂新書」・*八陣ノ図・*洪範・卜筮・「*文公家礼」等ノ様ナコト計リニ*精出《し》、心理ノ方ハ櫃ノ中ニ納テ目出度往生極楽メサルベシ。*穴賢々々。戊戌初冬於《て》二*長嶋《に》一、為《に》二一学者《の》一*言レ之。〈正信謂、此下旧本有《り》下ヲカシキ戯《れ》ノ様ナレドモ、心中ニ思所《う》ヲ云テ慰也、カク云ヘバトテ権道好《ずき》ジャトコ思ハルレバ迷惑也、学者ハ経常ノ道ヲ好ガヨシ、異学ノ徒ガ日*用皆権ジャト云ハ、孔孟ヲ押ツブス云分也、ノ数句上。*野田先生曰此数句当レ削レ之、先生在世之時既改《メテ》レ之焉、今従レ之。〉

我邦　皇統ノ相続テ、姓ヲ易ヘ命ヲ革《あらたむ》ルコトノナキ

シル心モナシソコハ殷ニ三仁有テラチアイテヲル」の句あり。

頑民　殷滅亡後もその遺民は反覆して制し難く、周公は洛邑(洛陽)を作って東都となし殷の民を移した。その時周公が遺民に告げた書経、多士の前書に「成周既成。遷二殷頑民一」と。殷の遺民を頑(わからずやの)民と言った。

諸説　底本内本なし、無本全本により補。

朝聞…　論語、里仁。

禹貢・洪範　書経の篇名。

晋　晋書。

律呂新書　二巻、宋の蔡元定著。中国楽律研究の標準書といわれる。

八陣ノ図　兵書。↓三五六頁注

文公家礼　↓三四一頁注「家礼」。直方は絅斎強斎等の望楠軒派をあてつけている。

ニ　底本内本なし、諸本により補。

穴賢々々　底本等「穴穴」、無本により訂。

長嶋　伊勢桑名郡にあり。長島藩主は直方の

ヲ尚《たつとん》デ主張スルヨリ、文王泰伯ヲ推立《して》「拘幽操」ノ意ヲ重ンジ、終ニ湯武放伐ノ意ヲ深ク探ラズ、妄ニ湯武ヲ大賊ノ如ニ云ヒナス。是究理ノ精シカラズ、一偏ニ蔽ハル、ノ致ス処也。近日直方先生此ニ発明シテ、其論精微ヲ極メ、其説平実也。孔子モ「湯武革《ため》レ命《を》、順《て》ニ乎天《に》一応《ず》ニ乎人《に》一、革之時義大《なるかな》哉」ト「大易」ニ述ベ、「中庸」ニ「壱《たび》戎衣《して》而有《たもち》ニ天下《を》一、身不レ失《わ》ニ天下之顕名《を》一」トノ玉ヒ、孟子モ「*湯武身《にす》レ之《を》」ト云ヒ、又「堯舜湯武其揆《はかること》一《なり》矣」トノ玉ヘバ、湯武ハ聖人ニテ毫髪ノ私意ナク、放伐可ニ当ルコト何ヲ疑ンヤ。*文王泰伯ハ文王泰伯ノ理アリ*、湯武ノ放伐ハ夫モ亦理アルコト也。豈文王泰伯ノミヲ是トセンヤ。或云、湯武*ト泰伯文王ト何レモ聖人ノコトナレバ、*カイシキ義理ナキコトハシ玉ハザレド*、義理ノ精微ヲ*ツメニツメテ云時ハ、湯武ノ権道ハ善ヲ尽サズ、十分ト云ハレヌト云ヒ落スコトナルベシ。両方アレ程相反シタ仕方ナルニ、ドチモ*皆是《ぜ》ト云コトハアルベカラズ。天下ノ理両是ノ道ハアルベカラズ。曰《く》、*凡《そ》義理ハ幾ク筋モアルモノニテ、一概ニ片付《く》ベカラズ。独《り》泰伯文王ト商湯周武ノ仕方異ナルノミナラズ、*召忽《しょうこつ》ト管仲トアレ程相反シタ仕方ニテ、

管仲ハ仁者也ト孔子ノ定メヲカレ、召忽ガコトヲバ朱子ノ玉フニモ、管仲ガ才ノナキ者ハ召忽ガ仕方ヲスルガマサレリトアレバ、是モ両是也。孔門ノ顔曾閔ハ仕ヘズシテ、由ト求トハ季氏ニツカヘタリ。事《つか》ユルガ不義ナラバ、何ゾ孔子ノ抑留シ玉ハザル。是レモ両是也。程子ノ「易伝*」ハ理ヲ主トシ、朱子ノ「本義*」ハ占ヲ主トシテ、五賛*ノ中ニハ「程伝」ヲ「弥《わたって》ニ億万年《に》一永《く》著《わせり》ニ常式《を》一」ト賛シ玉ヘバ、是モ両是也。曾子*ハ越ノ讎ヲ避ケ、孟子ハ師命*アルサヘ去ルヲ請玉ハズ、是モ両是也。是ヨリシテ推セバ、陽ハ動テ進ミ、陰ハ静ニシテ順フ。如レ此相反シテ相無ンバアルベカラズ。是レモ亦*両是ニシテ、所謂「道並*行《われて》而不ニ相悖《いもとら》一」ト云モ*是《れ》也。譬バ南方ソレノ処ヘユクコトアランニ、一人ハ東ノ道ヨリシ、一人ハ西ノ道ヨリユカンニ、サキデヒシト一度ニユキツクコトハ多クハマレナルコトナレドモ、サレドヒシト一度ニユキツクコトモアル筈也。道理如レ此*。何ゾ疑ンヤ。況ヤ時異ニ勢殊ナレバ、其仕方モ各異ナリ。泰伯文王ヲシテ湯武ノ時ニ処《お》ラシメバ、放伐ノ事*アルマジト決定スベカラズ。此処コソ*直方先生ノ説ニ聖人ノ上ノコト我等式ノ伺ハレヌ処トシテヲクガ究竟

講を受けた。
言之 無本この下「直方先生之考」あり。
用 底本「月」、諸本により訂。 **野田先生** 野田剛斎、直方の高弟。
湯武… 孟子、尽心上。
堯舜… ↓二一六頁注
文王泰伯ハ・リ 底本脱、諸本により補。
武 底本内本「王」、諸本により訂。
カイシキ 全然、少しも。
ザレド 全本「ジサレト」。 **ツメニ** 底本なし、諸本により補。
皆・凡 底本内本なし、諸本により補。
召忽ト管仲 ↓補記
易伝 宋程頤撰、四巻。
本義 朱子撰「周易本義」一二巻。
五賛 ↓一九六頁注
曾子…・師命 ↓補記
亦…所謂 無本「両是ナリ是ヲ以テ中庸ニモ」。
道並… 中庸三〇章。
ト云モ…疑ンヤ 無本「トハノ玉ヒタリ」。
理 底本脱、諸本により補。
アルマジト 底本「アルヘカラストモ」。

此処…説ニ　無本「直方ノ玉ヘル如ニ」。**直方**　全本阪本「彼直方」。

中庸或問…　↓補記

ヨリハト　底本「ハ」脱、諸本により補。無本「カト」。**マ**　底本脱、諸本により補。

第五倫　後漢の人、字は伯魚。峭直無私清節の名あり。↓補記

ガ如キ…天職　底本脱、諸本により補。無本「カ如キハ天理ニソムキ」。**シ**　無本「シテ父ノ如クニ思ヒ付キ」。

独夫　無本「其職分ヲヱツトメス天ニサカヘ独夫」。**テヒラニ**　無本「集リ是非ニ紂ヲ」。ヒラニはひたすら、切に。

孔子ハ…アル也　無本「伯夷モナラヌコトナリ孔子南子ヲ見怫肸ニアワントシ玉フト同シコトニテ子路ハナラヌコトサテモ天トヒトシキ大聖孔子ナリ武王」。

南子　衛の霊公の夫人、淫行の評判があった。論語、雍也「子南子を

ノ論也。且《つ》湯武《の》権道ヲ行ハレタダケガ湯武ノ尽キヌ処也ト云ヘバ、権ガ元来ヨリアシキ道ニナル。権ハ聖人ノ大用ナルニ、却テ聖人大徳至極ノ人ハセヌコトニナル。朱子*「中庸或問」ニ湯武ノ放伐モ常也トノ玉ヘバ、権ニシテ宜ニ叶ヘバ、夫モ常道也。常人権ヲ行フ徳ナクテ、権ノ場デシソコナフテ大ニアヤマラン*ヨリハト、ヤハリ常道デドコモカシコモシテユクハ、却《て》不自由ニシテヱ尽サヌ所アル筈也。伯夷モ聖人、武王モ聖人、伯夷ノ常道ヲ守テ諫ラレタハ、武王ノ目カラハ、ヤフ〳〵義人ナリト云程ニ見ヘテ、ツキヌ所アリト思ハルヽ筈也。其上伯夷ノモ尤ナルハ、元来伯夷ハ聖人ノ清ト名ノ付《く》人ニテ、我ヘハ天アタヘ人アタフルノ命モ来ラザレバ、ソウシタ伯夷ノ身カラハ武王ヲ諫ム*マジキニ非ズ。放伐ガツキヌコトヲセラレタト云コトナレバ、孔孟ノアレ程ニ称シ玉フベキ様モナク、聖人ノ過チト云ニナル也。過《ち》デナキハ云ニ及バズ、放伐ハ湯武ノ湯武タル処也。「易」ト「中庸」ト「孟子」ノノ玉ヒタルニテ明白ニ知レテアリ。但武ヲ善尽サヌトノ玉ヒタルハ、湯武ノ心ニ尽ヌ所アルヲ見テ、ノ玉ヒタルニ似タリ。サレドアノ如クノ玉ヒシハ其意ニテハ非ズ。堯舜ノ道ノ万世君子モ小人モ法トスベキトハチガイ、此事ヤ、下ニアルモノ湯武ノ徳ナク、上ニアルモノ桀紂ガ悪ナキ時ハ、簒弑ノ罪ヲ免レヌト云程ノコトユヘ、善ヲ尽サヌトノ玉ヒタモノ也。都《すべ》テ教ヲカヽグル意ヨリシテハ、孔子モ如レ此ノ玉ヒ、朱子モ湯武ニアキタラヌ気味ニキコユル語ヲモ、ノ玉ヒタルコト多シ。湯武ノ心ヘカヽリテ過チトハノ玉ハズ。曰《く》、イカニ悪人ニテ天下ヲ虐スルトテモ、臣トシテ君ヲ殺コトアルベキ道ニ非ズ。我天ニ順ハザレバ其罪ヒトシトノ玉ヘド、遠キ天ハソノ通リ、近キ目前ノ主君何トシテ殺《さ》ルベキヤ。君父ト云ヘバ君モ父也。今父ガ悪人ナレバトテ、父ハ殺サレマジ。曰《く》、常道ヲ以テ教ヲ主トシテ云時ハ成程其理也。湯武ノ心ハ湯武ノ自《み》云出シテヲキ玉ヘリ。「書経」ニ見ヘタリ。孟子ホド湯武ノ心ヲ知リタル人ナシ。孟子ノ語一ナラズシテ足レリ。マコトニ君父ト云ヘバ君モ父ト同《じ》ケレドモ、父子兄弟ハ骨肉ユヘ去ルノ義ナク、君臣夫婦朋友ハ義合ユヘ三ツトモニ去ルノ義アルニテ考ヨ。今父ヲモチ来テ湯武ヲ論ズベカラズ。*第五倫ガ兄ノ子ト我子トノコト教ヨリ云時ハ此理アリ。故ニ朱子「小学」ニ収メ玉ヘリ。サレド兄ノ子ト我子

見る。子路説(よろこ)ばず。夫子之に矢(ちか)つて曰く、予が否(すまじ)き所の者は天之を厭(たた)ん、天之を厭ん」。

シ玉ヘバ 無本「スルカラハ文王モ同シ聖人シヤカラハ」。

天下…ドモ 無本「天下ヲ安シ」。

天下一人…トシ 無本「云ノ名ハトリ」。

ノ玉ヒタルコト 無本「ノ説ニモ」。

其心…レバ 無本「トノ聖人モ其心豪髪ノ私ナク天理ナレハ」。

シ玉フ 無本「ス」。

万ニ…放伐 無本「紂モ感化セハ文王ハ放伐ヲ」。 **モ** 無本「ハ」。

ガ 無本なし。

ノ如ニ…説可見 無本「ト同シテ八百ノ諸侯不期会セハ牧野ノ戦ハアルハツナリ是ニテハ理セメニ云時如此此以上聖人ノコト伺フヘカラス只朱子モ常ニ教ヲ云時ハ是マテニハツメテノ玉ワヌト見ヘタリ」。

牧野 殷都の南郊、こ

トハ元来親疎不レ同ト朱子ノ玉ヘリ。泛《ひろ》ク理ヲ論ズルト、教ヲカ、グルカラ云トハ自《お》差別アルコト也。朱子《の》湯武ノコトヲ気ノ毒ソフニノ玉ヒ、泰伯文王ヲ推《し》立《てて》ノ玉フハ皆教ノ意ヨリ出タルモノ也。偖《さて》天ハ父也。天下ノ主ハ天ノ宗子ニテ、天ニ代リ万民ヲ統治ス。是君ノ職也。桀紂ガ*如キハ天理ヲ亡シ天命ニソムキ天職ヲ空シテ民ヲ虐スレバ、実ニ父ニアダスル賊子也。湯武ハ今迄ハ臣デアリタレドモ、万民帰服シ*、桀紂ハ今迄ハ君デアリタレドモ、万民ハナレ背キ独*夫ニナリタレバ、モハヤ君ト云モノデハナシ。不《して》レ期《せ》八百ノ諸侯ツドヒテ*ヒラニ伐《ち》玉ヘト天命《ジ》レ之《を》人ス、メテアレバ、武王如何シテヤムヲヱン。此ニ於テ紂ヲ伐玉ハズ、天下ノ人民ノ心ニ背キ、民ノ火ニヤケ水ニ溺ル、ヲモ不レ構ステヲキ玉ハヾ、実ニ其罪ヒトシキト云モノデハアル也。此道理サシヌキナラヌ顕然タルコト也。夫レデモ君ジヤモノヲト云ヨリ外ノ理ハ伯夷ニナシ。理ヲセメテ云ヘバ、湯武ノ理ニ伯夷ハアタルベカラズ。直方先生ノノ玉ヘル如ク、放伐セラレタルハ偖モ湯武デハアル也。他人ノナラヌコト也。孔*子ハ南*子ヲ見玉ヘドモ、子路ハナラズ。偖モ大聖孔子デハアル也。壱《たび》戎衣シテ天*下ヲ取リ玉ヘドモ、過チトモ不義トモ天*下一人云フモノナク、万世聖賢モ不是トシ玉ハズ。曰《く》、文王ハ湯武ノ時ニアタルトモ放伐ノコトハアルマジト云筋ニ朱子ノ*玉ヒタルコトアリ。如何。曰《く》、文王モ聖人、湯武モ聖人、其*心全《く》天理ニシテ一毫ノ私ナケレバ、湯武ガ放伐シ*玉ヘバ、文王モ放伐シ*玉フベシ。サレド文王ノ徳ハ湯武ニマサリテ万*ニ一モ紂ガ感化シタナラバ、放伐セヌコトモアルベシ。子路ハ南子ヲ見ルコトナラズ、孔子ハ南子ヲ見玉フ。子路ハ孔子ニ及バヌユヘ南子ヲ見ズ。湯武モ*桀紂ガ感化セズ暴虐ガ*ヤマヌユヘ放伐シ玉フ。若《も》し暴虐ガヤミタラバ放伐セヌハ必定也。天下ニノゾミハナキ程ニナリ。文王ノ時紂ガ悪、武王ノ時ノ*如ニシテ八百ノ諸侯会セバ、牧*野ノ戦アル筈也。文王湯武皆聖人ナレバ、湯武ニ化セヌ紂ガコトナレバ、文王ニ化スベキ理ナシ。答《の》*二張元徳《に》一書曰《く》「大伯之事《は》正也。大王王*季文武之事《は》権也」。〈正*信按ニ、旧本無下答二張元徳一書焉上而有二下ノ三条一也。理ナシヨリ曰大王ノ剪商云々ノ間ニコレアリ。〉

○立教一ニ提二常道一泛ク論レ理、則有レ経有レ権。以二常道一圧二湯武一、則何ノ権之有哉。武王是武庚、箕子微子不二共ニ戴レ天之讎也矣。而箕子伝二洪範一、受二朝鮮之封一。孔子曰二三仁一。父子兄弟ヘ骨肉、

君臣朋友夫婦義合。骨肉無二去之理一、義合有《へ》二去絶一。〉「文王有二三分之二一則非二其正《に》一。故《に》亦謂《う》二之《を》権《と》一」ノ説可レ見。
曰《く》、大王之剪《うつは》レ商《を》、*直方先生《の》道ノ行ハレン為ナラント、無二心元一ニ似タリ。如何。曰《く》、大王モ大徳ノ人トアレバ謀叛ノ心ニテハナキ筈也。商ノ*天子ノ衰テ、日々ニ天下ノ人ノ心モカハリタル勢アルニ、周家ハ日々ニ盛ニナリテ来テ、剰ヘ文王ト云聖人ヲ子孫ニモチ玉ヘバ、天下ヲ安ジテ終ニ天下ヲ周家ニ帰セント思ヒタルナラン。謀叛デナキ証文ニハ孔子ノ*武王ノ武王タル大徳ヲ称スルトテ、「*武王纘《つぎ》二大王王季文王之緒《を》一云云」トノ玉ヘバ、是レデ知レタリ。謀叛ノ心ヲツギ玉フタコトナラバ、如レ此ハノ玉ハヌ筈也。*纘緒《さんしょ》トアレバ、大王ノ心モ武王ノ心ト同《じ》コトノ筈也。此迄ハ理ゼメニ云時如レ此。此以上ハ聖人ノコト伺フベキニ非ズ。如レ此湯武ノコトヲ云ヒ立レバ、*綱常ノ教ノ為ニハサハリアルニ似タリ。故ニ朱子モ常ニ是程迄ヘハツメテ湯武ノ心ヲノ玉ハザルニ似タリ。兎角教ノ意ヲ以テ湯武ノ徳ヲ貶スルハ大ナル誤リ也。三宅重固記。〈正信謂、剛斎先生所蔵之改本止二于此一焉、是也。〉

呈《する》二佐藤氏《に》一書付

〈正信謂、旧本有二此一条一、然此書大概不レ過二前所レ論一也。而因三其有二先生之跋文一而今附《すと》二于茲《に》一云。〉

比日「孟子」ヲ講ジ候節ノ筆記如レ此御坐候。御朱批奉レ願候。

*泰伯三譲ノ註ニ「以二泰伯之徳《を》一、当《り》二商周之際《に》一、固《より》足《れり》下以朝《し》二諸侯《を》一有《つに》中天下《を》上矣。乃《ち》棄《て》不《して》レ取《ら》而又泯《くらませり》二其《の》迹《を》一焉。則其《の》徳之至極為《ん》二如何《んと》一哉」、「*文王有二其二一」ノ註ニ「文王之徳足《れり》二以代《るに》レ商《に》。天与《え》レ之《に》、人帰《す》レ之《に》。乃《ち》不《して》レ取《ら》而服事《す》焉。所三以為《る》二至徳《と》一也」ト、二聖人ノ場、已ガ身へ天下ガコボレカヽリタレバ実ニ自然ニシテ、敢テ求ルニ非ズ。天ノ与ヘ人ノ帰スル止《や》マレヌト云程ノ時ナレバ、ソコヲ捨テ取ヌハ至徳ト云ベシ。然ルニ時ノ勢漸ニ進ミ来テ、文王ノ時ハヤ二分ヲ有《ち》タレバ、泰伯ノ時ヨリハ身ニ迫ルモノアルコト見ルベシ。泰伯ノ心カラハ紂ヲ片隅ヘセバメテ三分ノ二ヲ有テ我物ニスルモ中々セラレマジト思ヘドモ、文王ノ時天命《ジ》人帰スル已ムコトヲ得ヌモノアリト云コト見ルベシ。武王ノ時ニ至テハ文王ノ時トハ各別ニテ天命ジ人帰スルコト八百ノ諸侯不《して》レ期《せ》而至リ、是非々々征伐ヲト進メ、武王ガ同心セズバ、此者ドモ徒ニハ止ムマジキ勢ニナル。然

こで武王は殷と戦った。
答張元徳　朱子文集巻六二。
王季　底本「王」脱、内本全本により補。王季は文王の父、武王追尊して王季という。
正信…　底本上欄に有、今訂。内本小字低二格。

直方先生　無本「ヲ直方ノ」。
天子…日々ニ　無本「天子日々ニヲトロエ」。
武王ノ　底本内本脱、無本全本により補。
武王纘…　中庸一八章。
纘緒ト…重固記　無本なし。ただし前掲注の「立教一…義合有去絶」の本文六行あり。
綱常　人としての道、三綱と五常。
泰伯三譲ノ註　論語、泰伯篇(→二三一頁注「太伯」)の集註。
文王…ノ註　論語、泰伯篇(→二三一頁注「文王」)の集註。
帰ル　全本「反レ之」。
丹朱商均　丹朱は堯の子、商均は舜の子、共に不肖なるを以て、位

レバ文王ノ時モ天命ジ人帰スルナレドモ、武王ノ時ニ至テハ、マス〳〵迫ルコト甚《し》矣。是武王ノヤムコトヲ得ヌ処、故ニ朱子モ文王久シフ位ニアラバ牧野ノコトアラント云ヘル、尤ナル論也。往年ハ此説ヲ未定ナラント議シタレドモ、推シテ云ヘバ、如レ此二ツヲ有タレタデ見ルベシ。文王ヲシテ武王ノ時ニアラシメバ、処置ノチガイモアラント朱子ノ云ヘルハ、文王生知ノ徳ト湯武帰*ルノ徳トノ優劣ヨリ云ヘバ、又如レ此也。*丹朱商均ノ目前ニ居ラル丶ニ、ヲシノケテ置キ、舜禹ノ天下ヲ受ラレタト云モ、常理ヨリ云ヘバ、中々人心ノアルモノノナラル丶コトデハナキコトナレドモ、謳*歌獄訟スル者丹朱商均ニユカヌ。天命ジ人帰スルノ勢、此時ノ迫ル、常理ハ消ヘテノケル。是聖人権道ヘウツル場也。常人ハ私欲デ常理ヲ消ス。聖人ノ権ハ毫髪ノ私心ナクテ、爰ハ権道デヤラント云心ハナケレドモ、自然ニ常理ガキヘテ権ヘウツルコト也。常理ノ消ルト云コトハアルマジキガ如クナレドモ、今外ノ事デ云ンニ、象*常ニ舜ヲ殺スヲ事トス。舜不《に》レ知《ら》非ズ。舜ノ宮ニ来テ鬱陶《うつとうとして》 思《う》レ君《を》ト云タレバ、親愛ノ切ナルヨリシテ、象ガ我ヲ殺ントスルコトモ、偽デ如レ此云ト云コトモ心ニチツトモウカマズ、只于《おいテ》レ予《に》治《メヨト》ノ玉フゾ。象ガ我ヲ殺ントシ、偽テ云ト云コトヲ知ルハ常理也。其常理ガ象ガ見舞ニ来タト云ヲ見玉フ時ニハ消テ、只人情ノ切ナル而已也。舜禹湯武勢ノ迫ルヤマレヌ所ニハ常理ノ変ヘウツルト云味ヲ領会スベシ。伯夷叔斉ノ如キハ、天命ゼズ人帰セズ、常道ノ場ヲ蹈ンデヲラルレバ、其身ヨリシテハ湯武ヲ諫ル筈也。伯夷ノ馬ヲ扣ヘラレタ時ニ太公望ガ義人也ト云テ去ラセタト、コフアルベキコト也。大王王季文王ノ緒ヲ継グト武王ノコトヲ孔子ノ玉ヘバ、武王ノ征伐即《ち》是《れ》文王ノ心也。然ルニ孔*子或ハ善ヲ尽サヌト武*王ノ事ヲノ玉ヒテ、泰伯文王ニ至徳ヲノ玉フハ、変ハ万世人ノ法トセラレヌコト故、泰伯文王ノ変ヲ* *木口《コグチ》ニ当テ、ヤハリ常ヲ守ラレタヲ深《く》賛歎シテ万世ノ綱常ヲカ丶ゲ玉フ微意也。俗人近世泰伯文王ヲ主張シテ湯武ヲ大賊ト思ヒ、学者モ亦湯武ノ心ヲ知ラヌ故、此論爰ニ及ブノミ。 三宅重固識。

此論尤《も》精微。非《んば》下深《く》通《ずる》二常変経権之意《に》一者《に》上、則不レ能レ至《に》二如レ此之詳密一也。吾考《え》下看《るに》朱子之後《の》諸儒論二湯武一之説上、未《を》レ見下重固所《ずる》レ論之明正的当《なる》者《を》上矣。読者宜《く》二深《く》考一レ之《を》。直方識《す》。〈一本有二戊*戌臘二日之字一。〉

を譲られなかった。

謳歌獄訟 孟子、万章上「尭崩じ三年の喪畢り、舜尭の子に南河の南に避けり。天下の諸侯朝覲する者尭の子に之(ゆ)かずして舜に之く。獄を訟(うった)へる者尭の子に之かずして舜に之く。謳歌する者尭の子を謳歌せずして舜を謳歌す。故に曰く天也。夫れ然して後中国に之き天子の位を践めり」。

象 舜の異母弟。書経に性傲(おご)ると。孟子、万章上及び史記によれば、舜を殺そうと舜に井戸さらえをさせ上から蓋をしたが、舜は井戸の横穴から逃れた。象は舜が死んだと思い舜の宮に入る。↓補記

孔子・王 底本内本脱、諸本により補。

ヲ 無本全本阪本「ノ」。

木口 小口、物の端緒、また虎口、城郭陣営等の要所の出入口、或は戦場で一番重大な戦い。どちらの意でも通ずる。

戊戌臘 享保三年十二月(旧暦)。

補記

孟子ノ註…(二一八下)　孟子、梁恵王下、斉人伐燕章の集註「商、紂之世に文王天下を三分にし、其の二を有つて以て殷に服事せり。武王十三年に至て乃ち紂を伐て天下を有てり。張子の曰く、此の事間に髪を容れず。一日の間も天命未だ絶えざれば、則ち是れ君臣。当日命絶れば、則ち独夫為り。然に命の絶えるや否やは何を以て之を知らん。人情のみ。諸侯期せずして会する者八百。武王安んぞ得て之を止めんや」。

嘉先生ノ…(二一八下)　闇斎著、文会筆録、四之一「嘉嘗論曰。易曰下湯武革レ命順二乎天一応中乎人上、而論語独謂二武未レ尽レ善、而集註合レ湯言レ之者何耶。夫湯曰レ放焉、武曰レ伐焉。革命之権雖レ同而放之与レ伐則異矣。此所三以独謂二武歟。孟子答三斉宣問二湯武放伐一、曰レ誅レ紂而不レ及レ桀。蓋亦此之由也。然伊尹之放二太甲一也、権而尽レ善者也。湯放レ桀而得二天下一、則雖レ有二放伐之異一、而遂与二武王一同矣。此所三以合レ湯言レ之。夏曰二后氏一殷周曰レ人、曾謂レ此也。晋之嵆仲散非二湯武得レ国、宋之李易安詩、歎三仲散之薄二殷周一也。石曼卿詠二伯夷一言、恥レ居二湯武干戈地一、来死唐虞揖譲墟。程子嘗謂二湯武之別一而又称二曼卿詩一。朱子嘗論二湯武優劣一、而又称二易安詩一、則亦可三以見二其抑揚之微意一矣。又曰周雖二旧邦一其命維新而服二事殷一。此文王之至徳天地之大経也。湯武革レ命順レ天応レ人、是古今之大権也。三代之後漢唐宋明称二之盛世一。然溥天王土率土王臣、則漢高非二秦民一乎。唐高非二隋臣一哉。宋祖明祖不二周元之臣民一乎哉。孔子謂二武未レ尽レ善亦殷之臣也。夫天吏猶不レ免二斯議一。矧漢唐宋明権謀之主乎。其間漢光武之起也、其義最正而賢二於湯武之揚一矣。予故曰以二征伐一得二天下一不レ愧二于天地一者独光武耳」。

召忽ト管仲(二二三下)　斉の襄公は無道なるを以て管仲召忽は襄公の弟子糾を奉じて魯に奔り、鮑叔牙はその弟小白(後の桓公)を奉じて莒に奔る。襄公乱に斃れ、小白入って立ち、魯は斉を伐ち子糾を納れんとしたが敗れ、鮑叔の請により魯は子糾を殺し、召忽は殉死し、管仲は囚われた。鮑叔は管仲を桓公に薦めたので、之を相とし、管仲は公をして覇業をなさしめた。論語、憲問。

曾子…(二二三下)　孟子、離婁下「曾子武城に居り。越の寇(あだ)有り。或ひとが曰く、寇至る。盍ぞ去らざる。曰く人を我が室に寓して其の薪木を毀し傷ること無かれ。寇退けば則ち我が牆屋を修めよ。我将に反らんとす。寇退て曾子反れり。左右曰く先生を待つこと此の如く其れ忠にして且つ敬ふ。寇至れば則ち先づ去て以て民の望を為し、寇退けば則ち反れり。不可なるに殆(かち)し。沈猶行が曰く是れ汝が知れる所に非ず。昔沈猶負芻が禍ひ有り。先生に従ふ者七十人未だ与かること有らず。子思衛に居れり。斉の寇有り。或ひとが曰く寇至る。盍ぞ去らざる。子思の曰く如し伋去らば君誰と与にか守らん。孟子の曰く曾子子思道を同うせり。曾子は師也、父兄也。子思は臣也、微(やい)し。曾子子思地を易へば則ち皆然らん」。

師命(二二三下)　軍を出動させること。孟子、公孫丑下「孟子斉を去て休に居れり。公孫丑問て曰く仕へて禄を受けざるは古の道か(孟子が斉に於て客卿として仕えたが禄を受けなかったこと)。曰く非なり。崇に於て吾れ王に見ゆることを得、退て去る志有り。変ずることを欲せず、故に受けざるなり。継で師(さいく)の命有り。以て(去ることを)請ふべからず。斉に久しきは我が志に非ず」。

中庸或問…(二二四上)　「然らば則ち謂ふ所の平常は将た浅近苟且の云ひ為らざらんか。曰く、然らず。謂ふ所の平常は亦曰く、事理の当然にして詭異なる所無しと爾か云ふ。是れ固より甚高くして行はれ難きの事有るに非ず。而して亦豈流に同くして汙に合ふの謂ならんや。既に当然と曰へば、則ち君臣父子日用の常自り推して堯舜の禅授湯武の放伐、其の変窮り無きに至るまで亦適くとして平常に非ること無し」。

第五倫(二二四下)　小学、外篇「或ひと第五倫に問ふて曰く、公私有るか。対て曰く、昔人吾に千里の馬を与へる者有り。吾受けずと雖も、三公選挙する所有る毎に、心忘るること能はずして亦終に用ひず。吾が兄の子嘗て病みぬ。一夜に十たび往き退て安く寝ぬ。吾が子疾有り。省み視ずと雖も竟夕眠らず。是の若き者豈私無しと謂ふ可んや」。

象(二二七上)　孟子、万章上「象往て舜の宮に入る。舜牀に在して琴ひけり。象が曰く鬱陶として君を思ふのみと。忸怩たり。舜の曰く惟れ茲の臣庶(百官)、汝其れ予に于て治めよと。識らず、舜象が将に己を殺んとすることを知らざるか(以上万章の問)。曰く奚ぞ而も知らざらん。象憂へれば亦憂へ、象喜べば亦喜べり。曰く然らば舜偽て喜べる者か。曰く否なり。…彼兄を愛するの道を以て来る。故に誠に信じて之を喜べり。奚ぞ偽らん」。

拘幽操師説

浅見*絅斎講述　若林強斎筆録

「拘幽操*」ハ、唐ノ韓退之ノ作也。韓退之ハ、唐*ナラシテ第一番ノ文者デ、「韓文《かんぶん》」ト云テ、一家ノ文集ガアル。余程*アルモノ。其中ニ、此「拘幽操」モアル。惣テ古カラ文者ト云モノハ、先《ず》詞章*ヲ専一ノ務トシテ、義理ヲ知ラズニ書モノジヤガ、韓退之ニ於テハ、世ノツネノ文者トチガウテ、義理ヲ知テカヽレタ。深ク道ノ大本ヲ識《り》得ラレタトハ云ヘネドモ、孟子以来、見ル処アル人ハ、董仲舒*ト此人トヲ指《さす》コトデ、尋常ノ文章家トアシラウコトデナイ。故ニ程子*モ、韓退之ニ於テハ、常体《つねてい》ノ文者ノ様ニ容易*ニモ見ルナト仰ラレ、朱子モ「韓文」ノ為ニ「考異*」ヲナサレタ程ノコト。何故ナレバ、此様ナ作有テ、文王ノ文王タル処、至徳ノ肝心ヲ云ヒヌカレタニ依テノコト。「楚辞*」ナドニモ、此文ガノセテ有レドモ、程朱以来、是デ文王至徳ノ所ガ見ヘルト云ヲ識《る》人ハモトヨリノコト、名ヲ聞タ人モ希《まれ》ナコトデ、常ノ文章ナミニ心得テ居タ。ソレヲ山崎先生ニ至リ、此文ヲ表章*ナサレ、程朱ノ説ヲ後ニ附シテ、凡《そ》学者読《む》二論語《を》一モノ、至徳ト云ノ実ヲ知ラシメテ、忠孝ノ目当《めあて》トナセリ。古カラ君ニ仕ルモノガ、常ノ場デハ忠ナヤウニミユレドモ、ソレハ君ノアシライガ結構ナリ、太平無事ナ時ハ、皆サウアルモノ。或ハ何トゾ云場ニノゾンデ、君ノ為ニ身命ヲ捨テモスルケナゲナ者モナイデハナケレドモ、大ムネ名デスルカ、利デスルカ、又ハ一旦ノ感

浅見… 底本なし、今補記。

拘幽操　浅見絅斎の講義筆録と推定される別本「拘幽操師説」(九大・京大蔵)の冒頭に「人倫ノ中デ君臣父子ト云ガ仁義ノ実処大端ユヘ此二筋程大事ノ吟味ノ場ハナイゾ先父子之親者骨肉ノ間ユヘドコトナフ心ガ離ル、コトナシ君臣之義ト云ニナツテハ根本他人ユヘニドウシテモ理ニ渉テ心ニ関(カラアヅ)ヌニ由テ君臣之義古今ノ毀ヌルト云ハコ、ゾユヘニ其事ヲ理デ論ジタ分デハ実ノ吟味デナイ凡ト云ヘバ古今ノ大聖人ノ中デモ文王程至極ナハナイゾ君臣之吟味ト云君臣之間古今ノ手本ニナルハドレゾドノ聖人デモ優劣ハナイ様ナレトモ上ニ在テハ文王下ニ在テハ伯夷ニ帰シテアルコトゾソレヲ韓退之ノ能言ヒアラハサレタユヘ此ヲ程子ノ表章ナサレテ大学ニ為人臣止於敬トアルガ此文章程其旨ニ合タハナイニ由テ韓文多キ中カラ此ヲ表シ出サレ朱子モ此ヲ称セラレテ事ハ短カケレトモコレホト精微ニツマリタ詞ハナイゾ兎角古来忠孝ノ二字ハ知レテアレトモ理デ論スルバカリデ心テ吟味スルト云コトガナイゾ此篇デ忠孝ノ為様ノ吟味ハナイケレトモ其根ヲツメレバ何モ外ノコトハイラヌ心デ吟味スルト云ヨリ外ナフテ心デ吟味スルト云コトガ一大事ト知タガヨイ」と。

唐ナラシテ　唐代を通じて。

余程アルモノ　巻数が多い。

激デスルカ、根*ヲサラヘテ見タトキハ、真実君ガイトヲシフテ、忍ビラレヌト云《う》至誠惻怛*ノ本心ヲ尽ス本*法ノ忠トハイヘヌ。何トゾ気ニ入タイ、何トゾ立身ガシタイ、加増ガ取タイト云様ナキタナイ心入レデ、*御《お》鬚《ひげ》ノ塵ヲ取モノヤ、マサカノ場ニカイフツテ*逃ルモノハノケテヲイテ、随分忠義々々ト云フ合点デモ、畢竟君ガ愛《いと》シイト云《う》本心ヨリ出ネバ、少シ君ノアシライガワルフナルカ、或ハ讒《ざん》ニ逢カ、何ゾ我ガ意ニチガフタコトガアルト、ハヤイツノ間ニカ、御恩ガ有難イノ、身命ヲ献ラフノト思フタ心ハ、ドコヘカヤリテ、サリトテハキコヘヌコトヂヤ、主ニハ勝レヌニヨツテヂヤガ、アヽシヤル筈デハナイ、主君ナレバコソ、ダマリテ居レト云ヤウニ、君ヲ怨ル心ガ出来《て》ル。此怨ル一念ノ、主君ナレバコソト思フ心ガ、スグニ君ヲ弑スル心、敵ニ与《くみ》スル心、古カラ乱臣賊子ノ君ヲ弑スルノ、父ヲ弑スルノト云モ、此ワヅカナコトヲ怨ル一念ノ、積リ〳〵テノコトデ、一朝一夕ノ際ニ、フツトキザスモノデハナイ。スレバ何ホドケツカウナ奉公ブリデモ、働ガ有テモ、真味真実、君ガイトフシフテナラヌト云《う》至誠惻怛ノツキヌケタデナケレバ、忠デナイ。忠ハ中心ト書モ、ドコマデモ、君ガ大切デナラヌト云本心ノヤムニヤマレヌ意味カラノコトゾ。爰《ここ》ヲ目当トセネバ、一人扶持トルモノモ、ドウモ奉公ハナラズ、何ドキ*長田《おさだ》ニナラウヤラ、明智ニ成フヤラ知レヌゾ。ソレユヘ常人ヨリイヘバ、コレヲ目アテトシテ、若シ一念君父ヲ怨ム心ガキザサバ、ヤレ、コレガスグニ君父ヲ弑スル心ヂヤハト、イタクコラシ、イマシメテ、此意念ノ根ヲ抜キ、源ヲ塞《ふさ》ヒデ、君父ガ大切デ止《やま》レズ、真実愛《いと》シウテナラズ、イカ様ナコトニモ、ウツシカヘラレヌ迄ノ本心ヲ得ル迄ガ、此「拘幽操」ノ吟味ゾ。拘ハ、

詞章　詩歌文章。

董仲舒　前漢の大儒、武帝の時儒教が国教になったことに与って力ある。

程子モ…　二四二頁四行目参照。

容易ニモ　京本「容易ニ」。

考異　朱子撰「韓文考異」一〇巻、「韓昌黎集」の諸本の異同を校定した校勘記。

楚辞　朱子の楚辞の注釈書たる「楚辞集註」八巻、「弁証」二巻、「後語」六巻。

表章　ほめて世に広く明かにする。

根ヲサラヘテ　根本から徹底的に洗いさらってみると。

惻怛　いたみ悲しむ。

本法　本来の法則道理。

御鬚ノ塵ヲ取　上長にこびるさま。

カイフツテ　ふりきって。カイは振るの強めの接頭語。

長田　長田忠致。平治の乱に敗れた源義朝が東国のへ逃走中、尾張知多の忠致の邸に寄宿中、主家筋の義朝を謀殺して恩賞を受けた。

カヽヘルトモ、トラヘルトモ訓*ズ。トラヘテ牢ヘ入《いれ》ルコト。幽ハ、幽闇トテ、人跡ノ絶ハテタ、鳥ノ声モセヌ様ナ処ノコト。ソコニ文王ヲトラヘテヲイタゾ。文王ハ殷ノ紂ガ代ニハ、西伯ト云テ、西国ノ大名ノ頭デ有タ。紂王ガ悪虐甚*ニシテ、天下万民ウトミ*ハテ、、其亡《ほろび》ンコトヲ欲ス。文王ハ聖徳有テ、仁政ヲ行《わ》セラレテ、天下コレニ帰服スレドモ、ソムケル諸侯ヲヒキイテ、殷ニ服事ナサレテ、文王デ*カヽヘタル殷紂ガ代ゾ。然ルニ崇*侯虎ガ讒ヲ用テ、西伯ノ参勤ナサレタトキ、何ノワケモナシニトラヘテ、*羑里《ゆうり》ヘ押コメタ。西伯ハヌ*シノ身ニ少モヲボヘノナイコトジヤニヨツテ、常ノ者ナラバ、コヽデハ何カト云ワケモセウズ、本ヨリ大キニ怨ルデ有フガ、西伯ニヲイテハ、少シモ讒者ノ故ジヤト云ヤフナ心ナク、微塵モ君ノシカタヲム*タイナド云気モツカズ、タヾ火ノ常ニ熱ク、水ノ常ニ寒《ひやや》カニ、梅ノ常ニ酸《す》キ様ニ、君ヲ大切ニ思召ス*惓繾《けんけん》惻怛ノ心ヨリ外ニ、ミヂンモ他念アラバコソ。我身ニ罪コソアラ*フズ、罪アレバコソ、コウナサルレ。マタ君ノメグミ故ニ、カウヂヤト思召スヨリ外ナイ。コヽガ文王ノ至徳ト云処ニテ、臣子ノ本心ゾ。「論語」ニ至徳ト云コト二ツ出*ズ、一ハ太*伯、一ハ文*王ゾ。皆君臣ノ義ニアヅカルコトデ、至徳タルノ実ハ、君臣父子ノ際ヲハナレテ、外ナキヲ知ルベクシテ、臣子タルモノノ身トシテ、君父ノイトヲシク、ドウモハナレラレヌ味ガ、火ノモヘタガリ、水ノヌレタガルヤウニ、止《やむ》ニ止レヌ情ガ、桀紂ニモセヨ、誰ニモセヨ、讒ヲ用ルニモセヨ、ドチヘドフシテモ、只イトヲシイヨリ外ナイ。天*命ニシタガヒ、人心ニ応ズルト云様ナコトガ、イマ〳〵シフテ、ドウモナラレヌ処ガ至徳ニテ、身カラハヘヌイテ、雁ハ虫ニナツテモ北ヱユクト云様ニ、余義モ余

訓ズ　京本小甲本「訓ム」。

甚ニシテ　京本小甲本「甚シウシテ」。

ウトミ　嫌い。

カヽヘタル　庇護した。

崇侯虎　二三八頁参照。侯は底本京本「候」、史記、殷紀により訂。

羑里　河南彰徳府湯陰県の北にあり。

ヌシ　ここでは自分の意。

ムタイ　無代。無法。

惓繾　ねんごろな、情の厚いさま。

アラフズ　京本「アラウゾ」。

出ズ　出づの意。

太伯　泰伯とも書く。文王の父季歴の兄で、その父の古公が孫の文王へ位をつがせたい意向を見とって蛮夷に身をかくし、季歴に国を譲った。論語、泰伯に「子の曰く、泰伯をば其れ至徳と謂ふべきのみ。三たび天下を以て譲れり。民得て称すること無し」。

文王　論語、泰伯に「天下を三分にし、其の二を有て、以て殷に服事す。周の徳は、其れ至徳と謂ふべきのみ」。

天命ニ…　君を倒して革命を行うこと。二一一頁参照。

念モ無キヲ、至徳ト云。其至徳ト云ノ真味ヲ余《の》事マゼズニ、ハダカニシテ見セタハ、此文章ゾ。操ハ、琴操ト云テ、琴ニ調ヘ合セテウタフ歌ノ*セウガ、歌ノ一体デ、ヤハリ歌ト云ト一ツヂヤ。ソレヲ操ト云ハ、操ハミサホトモ、トルトモ訓《よ》ム。罪デモ有テ君ニ棄ラル丶ハ、其筈ジヤガ、罪モ*無シ、讒ニ逢テステラル丶様ナ時ハ、扨モ聞ヘヌコトジヤト云様ニ成ラネバヲカヌ。ソノ様ナ時デモ、微塵君ヲ怨ル心無ク、*「我ヲ思フ人ヲ思ハヌ報ニヤ我思フ人ノ我ヲ思ワヌ」ト云タ様ニ、真実君ヲ大切ニ思フ惓繾惻怛ノ心ノ、止《やむ》ニ*ヤマレズ、忘ル丶ニ忍ビヌ情カラ諷《うた》フ歌ヲ、操ト云。ソレデ常ノ歌ヨリハ、殊ニスグレテ、感慨アルゾ。*履霜操ノ、*箕子操ノト云類モ同《じ》コトナリ。

文王羑里《の》作

文王ハ、武王ノ天下ヲタモタレテ後ノ謚ニテ、此時ハ西伯ト云タゾ。羑里ハ、殷ノ代ノ獄屋ノ名ナリ。都カラ遙ニ程隔タリテ、人モ通ハズ、鳥ノ声モセヌ様ナ所ゾ。此操ハ文王ノ作ラセラレタト云デハナイガ、韓退之ノ文王ノ至徳ノ処ヲ知リヌイテ書レタ。ソレデ文王ノ文王タル真味ユヘ、文王作ト云テモ、是ヨリ外ハ無イ。

目窅々《ようようたり》 兮 云云

是カラ羑里デノ艱難ヲノベタモノゾ。窅々ハ、目ノヲチ入テ、クボミテ、見ヘヌコト。羑里ノ獄屋ノ月日ノ光モナク、アヤメモワカヌユヘ、目モ落チ入《り》クボミハテ丶、其凝《こる》ト云ハ、水ノコホリタ様ニ、目ノコリカタマリテ、動《く》コト無キヲ云。アヤメヲ見テコソ、目ノ働《く》コトモアルガ、アヤメヲモワカタネバ、コリカタマリテ、目シイタルゾ。

セウガ 唱歌、楽に合せてうたう歌。

無シ 京本「ナシニ」。

我ヲ思フ… 古今集巻一九、雑。

ヤマレズ 京本「ヤマレヌ」。

履霜操 周の尹吉甫はその後妻が先妻の子伯奇を讒したので、野に放った。伯奇が罪なくして逐われたのを傷みて作ったと伝える。韓退之にも同題の詩がある。

箕子操 箕子は殷の王族、紂を諫めて聴かれず、佯狂して奴となる、後に周の武王迎えて、天地の大法を問う。因って洪範を陳ぶ。王朝鮮に封じて臣とせず。箕子操は、箕子が宗廟の廃墟となるのを痛んで作ったという。史記、宋微子世家「紂始為二象箸一、箕子歎曰、彼為二象箸一、必為二玉栝一、為レ栝、則必思二遠方珍怪之物一、而御レ之矣。輿馬宮室之漸自レ此始。不レ可レ振也。紂為二淫泆一。箕子諫不レ聴。人或曰、可二以去一矣。箕子曰、為二人臣一、諫不レ聴而去。是彰二君之悪一、而自説二於民一。吾不レ忍レ為也。乃被髪佯狂而為レ奴。遂隠而鼓レ琴以自悲。故伝レ之曰二箕子操一」。

コト　京本なし。
サヲトナイ　内田本「オトナイ」、サは接頭語。物音がない。
ヅンド　底本「其レ」に見せ消を付して、右に「ツン」と朱記。京本「ソレト」。
音ナイ　訪問。
見ルニモ　京本「ミルニ」。
タバネ　恐くはバは衍字で、「タネ」か。小別本「タネ」に作る、是なるが如し。
紂王ノ　京本「紂王ガ」。
イヤマシナ　いよいよますますつのる。
嗚呼…　別本、拘幽操師説に「嗚呼ト涙ノコボレテ感シテ出ルソコガ聖人ノ心デソレジヤニ由テ忠孝ノ二字ハイツテモ心上デ論スルコトゾ此処ニ自然ニ得ル処アレバソレカラハ君臣之義ノ吟味ガ語ラル、ソレユヘニ如何様ニ在テモ変ゼヌト云本心デナケレハタノミニナラヌ何ト様ナコトデモカウスルハヅカウセヌハヅト云合点ナレバ理ニ責メラル、ヨリ先キハナイゾ其合点ノ人ニハ仁ノ字ナドハ始メヨリ論ゼラレヌホドニ忠孝ト云コトハナイゾ」と。
云詞ガ　京本小甲本「云ガ、詞ガ」。底本は「云カ詞カ」と記し、上のカを消してある。
耳粛々《しょうしょうたり》兮云云

粛々ハ、秋ノ気色ノモノサビシイ様ナコ*トニモ云。森々トシテ、サ*ヲトナイ貌《かたち》ゾ。目ニアヤメハミヱズトモ、セメテ耳ニ音信《おとずれ》ル声ハ聞ヘサフナ物ジヤガ、誰訪フ者モ無ク、ヅ*ンド音*ナイスル人モナイ。

朝不二日出《で》一兮云云

朝デコソアラウガ、日ガ出ヌ。夜デコソアラウガ、月星ノ光ガ見ヘヌゾ。

有《りや》レ知《ること》無《しや》レ知《ること》兮云云

ソモコレハ、知ル有カ、知ルナイカ、死ダト云ヲフカ、生キテイルト云ヲフカ、困苦惨痛、是ヨリ上ニ云ヲフ様ナイ処ニ至テモ、ヤツパリ紂王ガ愛シウテナラヌ御心ヨリ外ナイ。怨ミヌ筈ジヤノ、ドウジヤノト云コトハナイ。竹ノ子ノドフフミニジツテモ、ハヘタガルヨリ外ナク、火ヲドウタ、キケシテモ、モエタガルヨリ外ナイ如クゾ。常人ハ是マデ詰《つ》メテ見*ルニモ不レ及、僅ニキコヱヌト云ト、モウウラム。怨ミヲアラワスカ、アラワサヌカノ不同コソアレ、ヤハリ長田トナリ、明智トナルタ*バネハフクンデアル。扨々ヲソルベキコトゾ。文王ハ、是マデツメニツメテモ、雁ハ虫ニ成リテモ北ヘユクヨリ外ナキ如ク、唯紂*王ノイトフシウテナラヌ心ハ、コウナレバ、成程イ*ヤマシナ。ソレカラ下ノ詞ノ嗚呼云々ト出タモノゾ。

嗚呼臣《が》罪当《りぬ》レ誅《に》兮云云

此一句ガ、「拘幽操」ノ拘幽操タル所、至徳ノ真味真実ヲ知ル処ゾ。嗚*呼ト云*詞ガ真味カラ出ル語意ニテ、微塵意ヲツケ、*タシナムコトデナイ。前ノ辛苦ノ至リカラ、嗚呼ト出ル処、キワメテ肝心正味ノ処ゾ。嗚呼吾ハ*御成敗道具ジヤ、アナタハ聖明ノ君ジヤモノト、底心タヽイテ思召ヨリ外ナイ。爰ニ微塵アナタニ非ガミユル、モハヤ君臣ノ根ハキレタゾ。アナタハ、ドウアラウガ、コウアラウガ、愛シク大切ナ心ハ、フル、ナリニ、イヤマシナ、*伯兪ガ母ニタヽカル、杖トトモニイトフシイモ、マヅコウシタ心ゾ。親ノ子ヲ愛スルニ、ヨケレバヨイニツケテ、愈とカワユシ、アシケレバアシイニツケテ、イヨ〳〵カワユイモ、親子一体ノ、ハヘヌキユヘゾ。殷紂ガコトハ、誰知ラヌ者モナイ暴虐ノ天子、ソレヲ天王聖明ト*アリ。文王ハ却テ臣罪当レ誅トアルハ、*カイトツテ、*スマヌコトノ様ナガ、文王ノ心ヨリミレバ、親子一体ハヘヌキノ、イトヲシイ心ヨリ外ナイ如クユヘ、是ジヤノ、非ジヤノト、クラベルコトハナイ。唯フル、ナリニ、ドチヘドウシテモ、イトヲシイ、其心カラ、我事《がつか》ヘヤウガアシケレバコソカウアレ、アナタニハ聖明ジヤ者ヲト、思召スヨリ外ナイゾ。*順《いて》ニ天命《に》一応《ずる》ニ人心《に》一ノ、*権道ジヤノト云ガ、此心カラミレバ、イマ〳〵シフテドフモナラヌ。爰ガ文王至徳ノ処ニテ、*武未《だ》レ尽《つくさ》《る》レ善《を》処、天下万世臣子ノ目当、是ヨリ外ナイ。爰ガアカネバ、一人扶持トルコトモナラヌ。*ヲゾマシイ処ガアルゾ。可レ懼々々。

程子曰 云云

「拘幽操」デ、至徳ト云ノ真実ノ吟味ガツキルト云コトガ、此説デ*アイタゾ。

問君臣父子 云云

天倫ハ、天命自然ノ叙《ツイデ》ノコト。コチカラコシラヘタコトデハナイ。固有本然ゾ。大ムネ父

タシナム　強いてつとめること。

御成敗道具　成敗される者の意か。

伯兪　漢の韓伯兪が母に打たれて痛くなかったので、母が老いて力の衰えたのを悲んだという。蒙求に「伯兪泣杖」と。

アリ　京本「ナリ」。

カイトツテ　要約すれば。

スマヌ　合点がゆかぬ。

順天命…　易、革卦、象伝「天地革（あらたま）りて四時成る、湯武命を革め天に順て人に応ず、革の時大なるかな」。

権道　臨機応変の道、本来方法としては正しくはないが、その目的から見て正当化される得る場合の道。経の道に対す。

武未尽善　論語、八佾「子韶を謂はく、美を尽せり、又善を尽せり。武を謂はく、美を尽せり、未だ善を尽さず」。韶は堯から位を譲られた舜の音楽、武は紂を伐った武王の音楽。

ヲゾマシイ　おそろしい。

アイタ　明かになった。

云ト　京本小甲本「云ヘハ」、底本「云ヘハ」のヘハを消して「ト」と訂してある。
ラレズ　京本「ラレヌ」。

コトゾ　京本小甲本「コト」。

ヒタモノ　ひたすら。
怒ラル丶　京本「怨ラル丶」、底本「怨」を消して「怒」。
スマヌ　合点がゆかぬ、気にいらぬ。
カエヨフ　底本「カョフ」、京本小甲本「カエフ」、内田本「カヘ」、今訂。

子ハ骨肉一体ノ情ヲ得テ、自ラ離レラレヌ様ナガ、君臣モ天倫カラハ、父子一体ノ様ニ大切ニ思テ、止《やむ》ニ忍ビヌ様ニアル筈ナレドモ、君臣ト云*ト、他人ト他人トノツナギ合セノ様ニ思ヒ、ドウシテモ情ガ薄《く》テ、何ト云コトナフ、ヨソ外ニナリ、親ヲ大切ニ思様《う》ニ、真実君ヲイトヲシミテ、ドウモ忍ビラ*レズ、忘レラレヌト云様ニナイ。コレハドフゾ。曰離《れ》畔《そむくも》云云　庶民ハナミ〳〵ノ者ノコト。ハナレソムクト云ハ、世間ナミ〳〵ノ者ノコト。ソレハ父子デモソレ、君臣デモソレ、何デモ皆ソレ。賢人君子ハ、父子君臣一体ニ大切デ、ヤムニヤマレヌ本心ヲ得テ、動カヌゾ。　韓退之云云　文王ノ紂ガ無道ヲ知ラセラレヌデハナイガ、唯君ガイトウシウテナラズ、忘ル丶ニ忍ビラレヌ心カラ、聖明ノ君ジヤト仰ラレタ。親ノ子ヲ思様《う》ニ、何程子ニワルイコトガ有テモ、ソレヲ知ヌデハ無レドモ、其ワルイナリニ弥《いよいよ》カワユフテ忍ビラレヌト同ジコ*トゾ。　直《に》是《れ》有レ説云云　有レ説ハ、トキヤウガアルト云コト。転語ハ、一転語トテ、意ノドウモスグニ説ケヌ処ヲ、カフ云コトデトケルト、ヒト転ジテンジテ、語ヲ下スコトヲ云。ソコデ文王ノ心ガ説得《きえ》出サル丶ゾ。　看来《みれば》云云　ヨウ合点シテミルニ、天下ニ不是底ノ君父ハナイ。不是ト思フハ、モハヤ君父ノ寝首ヲ搔《かく》タネガ出来タゾ。ヲソロシイコトジヤ。何デアレ、アナタヲ是非スルコトハナイ。我ヨリ尽シテユクヨリ外ナイゾ。アナタノワルイト云ハ、皆我ヨリスルモノガ尽ヌユヘ、我ヨリ尽シテユクニ、何シニアナタノアシカロウ様ナイカラハ、アナタニ不是ト云コトハナイ。不是ト云ハ、臣子ノ口カラ云ニ忍ビヌコトジヤノ、云筈デナイノト云コトデハナイ。底心不是ト云コトハナイゾ。聖人ハマヅカウ云ナリニ、父子君臣一体ノ心ナリ。常人ハソレヲノリトシテ、*ヒタモノ*怒ラルヽニツケ、悦ビラルヽニツケ、敬ヲ起シ、孝ヲ起シテ、不是トミルタネノ残ラヌ様ニツトメテ、ドコマデモユクコトゾ。荘子云云　大戒ノ二字ガス*マヌコトゾ。戒ハ、物体ヒロフ、サウセナ、コウセナト云様ニ、イマシメルコトジヤガ、君臣父子ノ大倫ハ、天理自然ノ動カサフ様モ、*カエヨフ様モナイ本心ニ根ザシタコトジヤニ、大戒ト云時ハ、根ザシタコトハナクテ、イマシ*メヲ作リ付タモノ、其上、無《し》レ所レ逃《るる》二於天地之間《に》一トイヘバ、ノガルヽ処アレバ、ノガルヽガテン、*ノガレヌニヨツテ、セフコトナシニ、ヤムコトヲ得ズシテスルニナルゾ。旧《もと》嘗《て》云云　題跋ハ跋ノコト。一文字ハ*宋君忠嘉ガ集ノコト、見《ゆ》二文集《に》一。荘子ガ言分ノ通《り》ナレバ、君臣ノ義ハ、ドフモセフヤウガナサニ、義理ニツマリテスルコトニナル。ソレハ君ヲ無《なみ》スルト云モノ。此《は》是《れ》ト云ハ、君臣之義、父子之親ノコト。自然《に》有《る》底《の》道理ト云ハ、固有ハヘヌキノコト。

礼《に》曰《くは》天先《だち》二乎地《に》一云云

上下尊卑ソレ〴〵ニ名分ガ立テ、万古動カヌモノ。天地ノ位ト同ジコトデ、何デアレ、君ハ臣ヲスベテ引廻シ、臣ハドコマデモ君ニ従フテ、フタツナラヌガ、各当然ノ道理ゾ。*坤之六二云云　六二ハ臣ノ位ヲ云テ、敬ハドコマデモ君ニ事ヘテ、大切デハナレラレズ、アダヲロソカニ存ゼラレズ、日月ヲ仰グ様ニ思《う》ヨリ外ナイコト。マヅコノナリニ、文王ノ「*為《ては》レ臣《と》止《る》二於敬《に》一」デ、コレガ文王ニカギリタコトデナイ、誰トテモ、君臣ノ本然、山出シノハヘヌキガコウジヤ。其ナリノ全《まった》イガ文王デ、万世君臣ノ目当ゾ。*泰誓云云　天命ニモセヨ、何ニモセヨ、臣タル心ニ、ドフモソフ云コトハ、イマ〳〵シウテ忍ビラレズンバ、

メヲ　京本小甲本「メテ」。

ノガレヌ　京本小甲本「ノガレラレヌ」、底本「ラレ」が消してある。

宋君忠嘉ガ集　この集の跋は朱子文集巻八二にあり。二〇二頁参照。

坤之六二　易、坤卦、六二伝の辞。

為臣…　大学、伝三章「穆々たる文王、於(ああ)緝煕にして敬て止まれり。…人の臣と為ては敬に止まり…」。

泰誓…　別本、拘幽操師説に「武王ノ紂王ヲ討レタ至極ノ理ト云ガ泰誓云予弗順天云云是デ武王ノ心ニモ何ガサテ紂王ヲ討テ天下ヲ得タイト云望ミハ青天白日ノ如ク無コトゾナレトモ紂王ガヒタト親戚諸侯天下ノ人民ヲ責殺シテミタリアビヒルホド悪逆無道ヲスルニ天下ノ諸侯ハ次第ニ武王ニ帰スレバ予ヲノケテ天下ノ民ヲ安ンゼフ様ハナイト云様ニ待ヤ遅シト云ヤウニ事勢ガ乗テアルコヽガ即天下ト云モノゾドウモサフセネバナラヌ場ガ乗テアル漕出シタ舟ニノレト待チカケルヤウニゾロ〳〵ト向テアルニ由テコレニ逆テ討マイト云コトナレバ紂王ガ天ノ大事ノ生民ヲカタハシ殺スヲミス〳〵看テ居レバ弗レ順レ天ホドニ天下ヲ治ルコトガ身ノ任ニ成テイテサフセネバナラヌユヘニ討ツトアルコトゾ至極ノ理ト云ノデコレホドマデ其時ノ事勢ガツマリ切タコトゾコレヲ弗順天厥罪惟鈞ト云ナラハ其天ノ罪ヲ受タガヨイト云ニ由テ今死デモスマヌニ由テコヽヲ

*ナニトセウ。爰ガ*未ノ字ノハゲヌ処デ、君臣ノ義トサヘイヘバ、太伯文王夷斉ヲ目アテトスルヨリ、ヅンド外ニナイゾ。爰ガ孔子ヲ学《まなぶ》ノ肝要ゾ。

右絅斎先生説而若林先生所㆓筆記㆒也。

指テソレガイヤジヤトアルコト是泰伯文王云云ゾ諱ハ触ル、モサハルモイヤト云コトゾ泰伯文王ノ心ハゴマノゴウナ者ガモノ云様ニ其天命ト云天ガフツ〳〵イヤトアルコトゾ天命ニ順モ順ハヌモ何ニモセヨソレハノケテヲイテ唯大事ノ御主君様ト云心ヨリ外ナイ天ガミス〳〵セガムト云テモ弑スト云指一本出サレヌドウアラフト君ノ事ハ一言ワルフモ云ヒトムナイホドニ理ノキコヘ過タホドガイヨ〳〵イヤゾ厥罪惟鈞ト云グルミニ猶イヤジヤト云此合点デナケレバ僉儀ガヌケヌゾドレモ論者ガ武王ヲコスイ人ト思ニヨツテチガフサフデハナイケレトモ武王ノ心ニ天王聖明ト云ガ有ラバ何トセフジヤホドニ文王ノ心ガ武王ニ在タラバ惟鈞トハ中々出ヌホドニ武王ハ君臣ノツナギヨリ天地ノ方ガ重イニナルゾソコガ泰伯文王ノ頭ヲフツテ云ヒ出スコトモイヤガラル、伯夷叔斉ノ大事ノ先ヘ唯一人カケ出シテ涙ヲ流シテ諫メラル、心ヨリ外ナフテ天地ハ変ズルト云テモ君ト云字臣ト云字ハ闕レヌト思ヒ詰テイラル、敢諫ハドコマデモ君臣ノ義ニキズツケヌ様ニト押出シテ諫ル孔子ノ武王ヲ未㆑尽㆑善ト仰ラレタガスグニ至善ノ二字ノ裏ゾソコヲ得ヨトノコトゾ

ナニト 諸本「ナント」、底本ンの右傍に「ニ」と訂正。

未ノ字 「未㆑尽㆑善」の未。

拘幽操筆記

三*宅尚斎

此書ハ、唐ノ韓退之文王ニ代テ、文王ノ心ヲ云出シタ者也。昔殷ノ紂王トテ、悪虐無道ノ君アリ。其時ノ*三公ハ、九侯・鄂《がく》侯、サテ文王ト三人合テ、三人ノ大臣アリ。九侯ニ一人ノ美女アリ。紂王入レテ妾トセリ。然ルニ紂ハ淫乱ニシテ、其女ハ淫ヲ好マザレバ、怒テ其女ヲ殺シ、剰《あまつ》サヘ其親ノ九侯ヲモ殺シ、*醢《ししびしおにす》レ之《を》。鄂侯是ヲ諫メアラソウテ、キビシク云ケレバ、其鄂侯ヲモ*脯《ほじしにす》レ之《を》。文王コレヲ聞《き》玉ヒテ、私《ひそ》カニコレヲ歎キ、紂王ノ天下乱レンコトヲ憂《うれい》玉ヘリ。然ルニ崇侯虎トテ紂ガ*出頭人、其由ヲ紂王ニ告ス。紂王怒テ、羑里《ゆうり》ト云*処ニ文王ヲ獄屋ニ押込《め》トラヘ置タリ。ケ様ニ我君ヲ大切ニ思テ、ヒソカニナゲキ玉ヒシニ、ソレヲアシク聞ナシ、却テ獄中ニトラヘタリ。常ノ人ナラバ、此時紂王ヲ怨悪《み》ム心アルベキニ、文王ハ大聖人ナレバ、*毛頭怨ミ玉フ心ナクシテ、只我ニ罪アリト思召ス。此*処トコフ云ヘヌ聖人デナケレバナラヌコト也。臣ノ君ニ忠スルト云忠ハ、此ノコトニシテ、是ヨリ上ハナイコト。其文王ノ獄中ノ*心ニ韓退之酌《くん》デ書述《かきのべ》タリ。、サテ〳〵ヨク聖人ノ心ヲ得タモノ也。ソレ故程朱モ殊ノ外毎々称美ナサレタナリ。ソレヲ「拘幽操」ト名《なづ》ケタハ、拘ハ獄中ニカヽヘツナグコト、幽トハ獄中ノ幽暗ナルヲ云。操トハ人ノトリ守リ、ミサヲノ立タヲ云。其ヨク操ヲ守テ居《おる》ヲ歌ニ作タヲ、操ト云。ソレユヘ本ハミサヲノコトニテ、

三宅尚斎　底本なし、今補記。

三公　古代中国で、君王輔佐の三の最高の大官。

醢　醢は干し肉を刻んで麴と塩とをまぜ、酒につけたしおからで、人体を切りきざんでしおからにする刑。

脯　脯は薄く切ってほした肉で、殺した死体を干し肉にする刑。

出頭人　君側に侍って、政務に参与する重臣。

処ニ…獄屋ニ　内田本「処ノ獄屋ニ文王ヲ」。

毛頭　内田本「毛頭モ紂ヲ」。

トコフ云ヘヌ　とや角何とも言いようのない。

心ニ　内田本「心ヲ」。

歌ノ曲ノ名ニモナリタ也。「拘幽操」ヲ羑里操*ト云。○「韓文*」注《に》「孫曰、風俗通《に》云、凡《そ》琴曲《は》憂《い》愁《いて》 而作《る》レ之《を》、命《じて》レ之《を》曰《う》レ操《と》。操者《とは》言《う》ニ*困阨《こんやく》究迫《するも》 猶《お》不《る》レ失《わ》ニ其《の》操《を》一也」。

△文王羑里作

前ニ云如ク、実ハ韓退之ノ作也。文王ノ心ニ代*リテ書タユヘ、カクハ云タモノ也。羑里ハ処ノ名ト「史記」ノ注ニアリ。一説ニ獄ノ名トモ云。

△目窅

窅ハ深目ノ貌トテ、目ノ落コンダコト。凝トハ、目ノ動ヌ、スワリテアルコト。此段ハ文王ノ獄中ニテ、貌モヤツレハテヽ、目モ落コミ、ヒトミモスワリツブレタ底*ヲ云タモノ。○窅ハ絅斎曰、クラガリヨリアカルキ処ヲ見ルトキニ、目ノスボクナルヤウナヲ云。○窅 「韓文」作《る》レ揜《に》。注《に》曰、揜《は》覆也、音掩。

△耳粛々 云云

粛々ハ寂寥《の》貌。此段ハ獄中ニテ耳モサビシク、聞《きけ》ドモ音モナク、物サビシク、誰問《とう》モノモナキ底ヲ云。

△朝不ニ日出一兮 云云

此段ハ獄中ノ暗シテ、朝ハ日モ見《え》ズ、夜ハ月星ヲ見ヘヌ底ヲ云。

△有レ知無レ知兮 云云

此段ハ文王獄中ヘ押コメラレ、半死半生ノ底ヲ云。ソノ半死半生ノ底ヲ、マダ生《いき》テイテ、知リ覚ヘガアリト云ンカ、已ニ死シテ、知リ覚ヘモナイト云ンカ、已ニ死タリトセンカ、マ

ト 内田本「トモ」。

韓文 「朱文公昌黎先生集」巻一。

困阨 苦しみなんぎすること。

代リテ 内田本「ナリ代ツテ」。

底 ありさま、様子。

カタドリ　描写して。

ムタニ　無分別に、無法に。

聖明ト…　底本以下錯簡あり。今内田本により訂。

林希逸　南宋後期の学者。号は鬳斎。儒意を以て老子・列子・荘子を解し、「老子(列子・荘子)鬳斎口義」の著あり。和漢に流行した。引用はこの鬳斎口義の注。

ヲ　内田本「ハ」。

跋　底本「抜」、内田本により訂。二〇二頁参照。

ノ　底本「ヲ」、内田本により訂。

ダイキテ居《る》トセンカト、*カタドリ云タモノ也。已上四段ハ只獄中ノ底ヲ云タ分ノコト也。

△鳴呼臣罪

コノ段ガ「拘幽操」ノ骨本緊要ドコロ、文王ノ聖人タルユヘ也。韓退之ガ文王ノ心ヲ能《く》云《い》出シタ処。臣ノ大忠ト云モ、程朱ノ毎々称美シ玉フモ、此一段ニアルコト也。文王此度カゲニテ歎ジ玉ヒシハ、実ニ紂ヲ大切ニ思フテノコト也。シカルヲ*ムタニトラヘテ、獄中ニ拘ヘヲクコトハ、何ニタル大悪ゾヤ。此トキ他人ナラバ、豈紂ヲ怨ムルノ心ナカランヤ。爾ルニ文王ハスコシモ紂王ヲ咎ムル心ナクシテ、自《み》吾《が》過チト思召シ、天王紂ハ*聖明トサトク明ニシテ、少モ悪キコトナシ。只皆我《が》過チ、実ニ誅罰セラル丶ベキハヅト也。スコシモ紂ヲトガメ怨ミ玉フ心ナカリシ証拠ニハ、其後三二分《して》天下《を》一有《たもち》二二分《を》一玉フ時、ソノマヽ紂王ヲ天子ト貴ビ、二分ヲヒキイテ、紂王ニソムキ玉フコトナシ。若少シモ怨ノ心アラバ、有二二分一トキ、豈紂王ニ服事センヤ。此心舜ノ瞽瞍《こそう》ニ事ルト同ジ。瞽瞍舜ヲ殺サントセシカドモ、舜少モ怨レ父ノ心ナク、只吾孝ノタラヌコトヲ自身ニ哀《かなし》ミ玉フ。ソノ証拠ニハ、其後天子トナツテ、瞽瞍ニ事ルコト益ゝ至レリ。実ニ臣子ノ君父ニトガメヲカクル道理ハナキコト也。紂王瞽瞍ガ大悪ハ、天下ノシル処也。爾ルニ文王大舜ノ目ニハ、其悪ガ見ヘズ。コレガ大忠臣大孝子大聖人ノトコロナリ。人ニトガナクシテ、吾ガアシキサヘ、人ヲトガメ、吾ヲヨシト思フ人々ノ心ナルニ、トガナキ文王ヲ獄中ニトラヘヲク時ニ、文王吾《が》罪ト思召テ、紂王ノトガト思召ス心ロナキ、実ニ何ニタル聖人ニシテ、爾ルヤ。

附録

△程子曰云云　此段逐一解《とく》ニ及バズ。ヨクキコヘタリ。羑里操ノコト前ニ述タリ。

△問君臣父子云云　転語トハ、上ヨリ段々ト云ヒ下シテ置テ、其仔細ハトヒツクリカヘテ一言云フコトヲ転語ト云也。則《ち》下ノ看来《みれば》云云ノ十三字ガ転語也。「近思録」致知部、転ニ却《すと》一両字《を》ニアルト同《じ》。

△荘子云云　「荘子」人間世篇、「仲尼曰。天下有ニ大戒二《つ》一、其一《は》命也、其一《は》義也。子之愛《するは》レ親《を》命也。不レ可レ解《すっ》ニ於心《に》一。臣之事《うるは》レ君《に》義也、無ニ適《ゆくとして》而非《るは》レ君《に》也。無レ所レ逃《るる》ニ於天地之間《に》一、是之《を》謂《う》ニ大戒《と》一云云」。*林希逸云《く》「注云、大戒者大法也。命《は》得《る》ニ於天《に》一者《なり》。子之事《うる》レ親《に》与レ生倶《に》生《ず》ニ此心《を》一、豈能一日去《もすてんや》。故曰不《と》レ可レ解。義《は》人世之当《に》《き》レ為《す》レ之者也、臣之事《うる》レ君《に》、世間第一件、当《に》レ為《す》之事、名曰《て》ニ君臣《うときは》《と》一、則率土之《の》浜莫レ非ニ王臣《に》一、故曰何《くに》適《くとして》非《ざらん》レ君《に》、莫《し》レ非《ざるは》ニ臣子《に》一、何《の》処《にしてか》而可《き》レ逃《る》、故曰無《と》レ所レ逃《るる》ニ於天地之間《に》一」。荘子ガ合点ハ父子之道ハ人ノコシラヘタコトニ非ズ、自然也。故《に》命也ト云ヘリ。君臣ハ骨肉ノ親ニアラザレバ人ノコシラヘタ者ニシテ、人事ノ直キ処ナルホドニ義也ト云ヘリ。実ニ父子君臣ヲ*、天地自然ノ理ナルコトヲシラナンダモノ也。　△題ニ跋一《の》文字《に》一トハ、「文集」八十二ニ載スル処ノ宋君忠嘉集ノ跋*ノコト也。一文字トハ、猶レ曰《うが》ニ一書《と》一。○絅斎曰、無レ所レ逃ニ於天地之間一ハ、命也義也ノ二句ヲ兼テ云。無レ所レ逃而后有ニ父子君臣一、是荘子ガ誤也。命也ト云タレバ、父子ノ方ノ*云ヒヤウハヨキト云コトニアラズ。*重固按、此説未レ詳《にせ》ニ是非《を》一。○絅斎云、無レ所レ逃、*程子モ言レ之、見ニ于「近思録」為学篇一。朱子《も》亦初年用《う》ニ此語《の》一。至《て》ニ晩年《に》一始《て》知《り》ニ荘語之誤《を》一、而非《とす》レ之《を》。○後按《ずるに》、絅

重固…是非　底本なし、内田本により補。
程子…　近思録「父子君臣は天下の定理にして、天地の間に逃る所なし」。

先生説　文会筆録巻二「無レ所レ逃ニ於天地之間一〈程子以為ニ定理一、荘子以為ニ大戒一、所ニ以異一也〉」。
曲折　委細、仔細。
朱子…　朱子語類巻七九「拘幽操曰、臣罪当レ誅兮、天王聖明。伊川以為此説ニ出文王意中事一。嘗疑這箇説得来大過。拠ニ当日事勢一観レ之、恐不レ如レ此。若文王終守ニ臣節一、何故伐レ崇。只是後人因下孔子以服ニ事殷一二句上、遂委曲回ニ護箇文王一説。教ニ好看一。殊不レ知孔子只是説ニ文王不一レ伐レ紂耳。嘗見ニ雑説一云。紂殺ニ九侯一。鄂侯争レ之強。弁レ之疾。併醢ニ鄂侯一。西伯聞レ之竊歎。崇侯虎譖レ之曰、西伯欲レ叛。紂怒囚ニ之羑里一。西伯歎曰、父有レ不レ慈、子不レ可ニ以不一レ孝。君有レ不レ明、臣不レ可ニ以不一レ忠。豈有ニ君而可レ叛者一乎。於レ是諸侯聞レ之、以西伯能敬レ上而恤レ下也。遂相率而帰レ之。看来只這段説得乎」。
十六　底本「六十」、内田本・和刻本朱子語類により訂。　**此**　内田本「此是」。　**上ヘノ**　内田本「上ノ」。
泰伯ノ三譲　→二三一頁注「太伯」
伊尹　→三八九頁注「伊尹ノ志」
霍光　漢の武帝の遺詔を受けてその

説是也。更《に》此説ニ嘉先生ノ説ヲ合《せ》テ見テ、其論備《れり》矣。先生*《の》説《は》見㆓近思録筆録㆒。〈十六版ヲ〉

跋

此跋先生発《す》㆓前賢《の》所《を》㆑未㆑発《せ》。尤《も》有㆓*曲折㆒。深《く》可《き》㆑玩《ぶ》者《なり》矣。

△礼〈郊特牲〉。△坤之六二〈坤卦《は》臣《の》象、而六二《も》亦臣《の》位〉。△不㆑可㆓漫《みだりに》観《みる》㆒「二程全書」二十七「韓文不㆑可㆓漫《りに》観《る》㆒、晩年所㆑見尤《も》高《し》」。△朱子*以㆓程説㆒為《す》㆑過《すぎたりと》〈語類七十九之十*六版右〉。右ハ述㆓文義之大略㆒而已。此*《は》聖賢ノ上*ヘノ心法ヲ論ズルコトナレバ、甚有㆓曲折㆒。湯王放㆑桀、武王伐㆑紂、泰伯*ノ三譲、伯夷叔斉ノ諫《めて》而死《す》、伊尹*《の》於《ける》㆓太甲《に》㆒、霍光*《の》於《ける》㆓昌邑《に》㆒、其外孔子ノ「論語」「易」ノ語、「孟子」ノ論、各ワケアルコト、「語*類」「文集」等ノ書、宜㆓参考㆒矣。臣ノ道ヲ説ニ、或曰㆑敬曰㆑義、義ハ敬ヲ兼テアリ。義ハ進退去就ノ間マデモ云ベシ。「論語」「不*《るは》㆑仕《え》則無《し》㆑義」ノ注可㆑見。「拘幽操」ハ敬ヲ主ニ云コト也。故《に》先生ノ跋ニモ以《て》㆑敬《を》ノ玉ヘリ。敬《は》只是専一尊奉之意《なり》。

△文王紂ガ悪ヲシリ玉ハザル心ハ、君親ノ疾十分平愈セヌトシリツヽモ、臣子迫切ノ至情ヨリ祈リヲ行フ類也。又ハ公法ヲ犯シテハ、殺サルヽヲシリツヽ、博*奕ヲスルガ如シ。

*元禄二己巳暮春下弦後三日　三宅尚斎

元文四年己未之冬在《り》㆓於大坂《に》㆒、為《に》㆓講生《の》㆒解*《す》㆓拘幽操《を》㆒。以告*《ぐ》㆓三宅先生《に》㆒、先生*授《くるに》以《てす》㆓此筆記㆒。乃書写《して》以《て》蔵《すと》㆓*篋《きよう》裏《りに》㆒云《う》。　留守友信

子孝昭帝を輔佐した名臣。昭帝崩じ嗣なく、武帝の孫昌邑王賀を迎えたが淫戯度なく、光は群臣を率いて之を廃し昌邑の群臣二百餘人を殺した。
語類・文集　朱子語類・朱子文集。
不仕則無義　論語、微子「子路が曰く、仕へざるは義なし。長幼の節廃つべからず。君臣の義之を如何んぞ其れ之を廃てん。其の身を潔くせんと欲して大倫を乱る。君子の仕るや、其の義を行ふなり。道の行はれざることは已に之を知る」。集註「子路夫子の意を述ること此の如し。蓋し丈人の子路を接すること甚だ倨て、子路益〻恭す。丈人其の二子を見へしむるは、則ち長幼の節に於て、固より其の廃つべからざることを知る。故に其の明かなる所に因て以て之を暁す。倫は序なり。人の大倫五つあり。…仕るは君臣の義を行ふ所以。故に道の行はれざることを知ると雖も、而ども廃つべからず。然に之を義と謂へば、則ち事の可否、身の去就、亦自《おのずか》ら苟くもすべからざる者あり。是を以て身を潔くして以て倫を乱らずと雖も、亦義を忘て以て禄に徇ふに非ざるなり」。
博奕　ばくち。
元禄二　一六八九年。
元文四　一七三九年。
講生　内田本「諸生」。
解　内田本「講解」。
告　底本なし、内田本により補。
先生　内田本なし。
篋　大きな箱に対して小さな箱。

仁説問答（山崎闇斎）

仁説問答師説（浅見絅斎）

仁説問答

仁説問答序

玉山講義《ニ》云、孔門説《きタマフハ》二仁《ノ》字《ヲ》一、則《ち》是《レ》列聖相《ヒ》伝《ヘ》、到《テ》レ此方《ニ》漸《まさニ》次《ニ》説《タマヘル》二親切《ナル》処《ヲ》一爾《のみ》。夫子所三以《て》賢《まさりタマフ》二於堯舜《ニ》一、於《て》レ此《ニ》亦可《シ》レ見《ル》二其《ノ》一端《ヲ》一也。然《レバ》則宗《トスル》二孔氏《ヲ》一者、可《ン》レ不《ル》レ知《ラ》レ求《むるコトヲ》レ仁《ヲ》哉。蓋《シ》求《ル》レ之《ヲ》也《ヤ》、先《ヅ》理二会《シ》其《ノ》名義《ヲ》一、体二認《シテ》其《ノ》意味《ヲ》一、然《シテ》後《ニ》致《シ》二敬恕之功《ヲ》一、用《ヒバ》二克復之力《ヲ》一、則《ち》其《レ》庶《ちかカラン》二乎得《ルニ》レ之《ヲ》矣。此《レ》乃《スなわち》朱先生教《ル》二人《ニ》求《コトヲ》レ仁《ヲ》之意也。竊《ひそかニ》嘗《テ》合《テ》下先生之仁説並図《ニ》及《ビ》与二南軒東萊一論《ゼル》レ此《ヲ》者《ヲ》上以《て》為《し》二一巻《ト》一、題《シテ》号《ス》二仁説問答《ト》一。誠《ニ》能《ク》従《テ》二事《ニ》於論孟之間《ニ》一、而熟二復《セバ》于是《ノ》巻之中《ニ》一、則自《オのずから》有《ン》二仁之意思滋味親切《ナル》処一。子《ノ》曰仁遠《カランや》乎哉。我《レ》欲《スレバ》レ仁《ヲ》、斯《ここニ》仁至《ル》矣。嗚呼旨《うまキカナ》哉。

寛文戊申仲夏上浣　山崎嘉序

仁説問答

仁説

天地以レ生《なスヲ》レ物《ヲ》、為《ル》レ心《ト》者也。而《シテ》人物之生《ル》、又各得《テ》二夫《かノ》天地之心《ヲ》一、以為《ル》レ心《ト》者也。故《ニ》語《レバ》二心之徳《ヲ》一、雖《も》二其《ノ》総摂貫通《シテ》無《ト》レ所レ不《ル》レ備《ハラ》、然《ドモ》一言以《て》蔽《おおへバ》レ之《ヲ》、則《ち》曰《く》仁而已《のみ》矣。請《フ》試《ニ》詳《ニセン》レ之《ヲ》。蓋天地之心、其《ノ》徳有《リ》レ四《ツ》。曰《テ》二元亨利貞《ト》一、而元無《シ》レ不《コト》レ統《すべ》。其《ノ》運行《ハ》焉、則為《シテ》二春夏秋冬之序《ヲ》一、而春生之気無《シ》レ所レ不《ル》レ通《ゼ》。故《ニ》人之為《たる》レ心、其《ノ》徳亦有《リ》レ四《ツ》。曰《テ》二仁義礼智《ト》一、而仁無《シ》レ不《コト》レ包《かネ》。其《ノ》発用《ハ》焉、則為《シテ》二愛恭宜別之情《ヲ》一、而惻隠之心無《シ》レ所レ不《ル》レ貫《カ》。故《ニ》論《ズル》二天地之心《ヲ》一者《ハ》、則曰《ヘバ》二乾元坤元《ト》一、則四徳之体用不レ待《シテ》二悉数《クルコトヲ》一而足《ル》。論《ズル》二人心之妙《ヲ》一者《ハ》、則曰《ヘバ》二仁《ハ》人《ノ》心也《ト》一、則四徳之体用亦不レ待《シテ》二遍挙《クルコトヲ》一而該《カヌ》。蓋仁之為《る》レ道、乃《ス》天地生《スル》レ物《ヲ》之心、即《ついテ》レ物《ニ》而在《リ》。情之未《だ》レ発《おこラ》《シテ》、而此《ノ》体已《ニ》具《リ》、情之既《ニ》発《テ》、而其《ノ》用不レ窮《ラ》。誠《ニ》能《ク》体《シテ》而存《スレバ》レ之《ヲ》、則衆善之源、百行之本、莫《シ》レ不《コト》レ在《ら》レ是《ニ》。此《レ》孔門之教、所四以《て》必使《ル》三学者《ヲシテ》汲二汲《タラ》於求《ニ》レ仁《ヲ》也。其《ノ》言《ニ》有《リ》レ曰《のタマヘルコト》、克《かチ》レ己《ニ》復《かえりテ》レ礼《ニ》為《す》レ仁《ヲ》。言《のタマフコ、ロハ》能《ク》克《チ》二去《テ》己私《ニ》一復《かえレバ》二乎天理《ニ》一、則此《ノ》心之体無《シテ》レ不《コト》レ在《ラ》、而此《ノ》心之用無《シ》レ不《コト》レ行《ハレ》也。又曰《のタマフハ》二居処恭《フシ》、執《とるニ》レ事《ヲ》敬《つつしミ》、与《くみスルコト》レ人《ニ》忠《スト》一、則亦所三以存《スル》二此《ノ》心《ヲ》一也。又曰《タマフハ》二求《テ》レ仁《ヲ》得《タリト》レ仁《ヲ》、則以三譲《テ》レ国《ヲ》而逃《レ》、諫《テ》レ伐《ヲ》而餓《テ》、為《ヲ》二能《ク》不《コトヲ》レ失《ハ》二乎此《ノ》心《ヲ》一也。又曰《タマフハ》二事《マツルニ》レ親《ニ》孝《シ》、事《フルニ》レ兄《ニ》弟《シ》、及《スニ》レ物《ニ》恕《スト》一、則亦所三以行《フ》二此《ノ》心《ヲ》一也。又曰《タマフハ》二殺《シテ》レ身《ヲ》成《ト》レ仁《ヲ》、則以下欲《スルコト》甚《ク》二於生《ヨリ》一、悪《にくメルコト》甚《フシテ》二於死《ヨリ》一、為《ルヲ》中能《ク》不《コトヲ》上害《セ》二乎此《ノ》心《ヲ》一也。此《ノ》心《ハ》何《ンノ》心《ゾ》也。在《テハ》二天地《ニ》一則坱然《おうぜんトシテ》生《ス》レ物《ヲ》之心、在《テハ》レ人《ニ》則温然《トシテ》愛《シ》レ人《ヲ》利《スル》レ物《ヲ》之心、包《かねテ》二四徳《ヲ》一而貫《ケル》二四端《ヲ》一者也。或《ヒトノ》曰、若《ごとくナレバ》二子之言《ノ》一、則程子《ノ》所レ謂愛《ハ》情、仁《ハ》性、不《ル》レ可二以レ愛《ヲ》為レ仁《ト》者《ハ》非歟《か》。曰不《ラ》レ然。程子之所《ハ》レ訶《スル》、以二愛之発《ヲ》一而名《ヅクル》レ仁《ニ》者也。吾之所《ハ》レ論《ズル》、以二愛之理《ヲ》一而名《ヅクル》レ仁《ニ》者也。蓋所レ謂情性者、雖二其《ノ》分域之不《ト》レ同《カラ》、然《ドモ》其《ノ》脈絡之通《ズルコト》、各有《レバ》二攸《ところノ》レ属《スル》者一、則曷《なんゾ》嘗《テ》判然《トシテ》離絶《シテ》、而不《らン》二相《ヒ》管《セ》一哉。吾《レ》方《ニ》病《うれフ》下夫《ノ》学者誦《シテ》二程子之言《ヲ》一、而不レ求二其《ノ》意《ヲ》一、遂《ニ》至《コトヲ》中於判然《トシテ》離《テ》レ愛《ヲ》而言《ニ》上レ仁《ヲ》。故《ニ》特《ニ》論《ジテ》レ此《ヲ》以発二明《ス》其《ノ》遺意《ヲ》一、而《ニ》子顧《テ》以為レ異《ト》二乎程子之説《ニ》一、不二亦誤《ラ》一哉。或《ヒトノ》曰程氏之徒言《ヘルコト》レ仁《ヲ》多《シ》矣。蓋有《リ》下謂《テ》二愛《ハ》非《ト》レ仁《ニ》、而以二万物与レ我為《たるヲ》レ一、為《ル》二仁之体《ト》一者上矣。亦有《リ》下謂《テ》二愛《ハ》非《ト》レ仁《ニ》、而以三心《ヲ》有二知覚一、釈《スル》二仁之名《ヲ》一者上矣。今子之言若《ごとシ》レ是《の》。然《レバ》則彼《ハ》皆非歟。曰彼《ノ》謂《フ》二物我為《ト》レ一者《ハ》、可《シ》三以見《ル》二仁之無《ヲ》レ不《コト》レ愛《セ》矣。而《ドモ》非下仁之所二以為《てる》レ体之真《ニ》上也。彼《ノ》謂《フ》三心有《ト》二知覚一者《ハ》、可《シ》四以見《ル》三仁之包《かぬるコトヲ》二乎智《ヲ》一矣、而《ドモ》非下仁之所二以得《ル》レ名《ヲ》之実《ニ》上也。観《ミバ》下孔子《ノ》答《タマフと》二子貢《ノ》博《ク》施《シ》済《すくフコトおおキ》衆之問《ニ》一、与《とヲ》中程子《ノ》所レ謂覚不《ル》レ可《ズ》二以訓《ヲ》レ仁者上、則可《シ》レ見《ル》矣。予尚《ヲ》安《ンゾ》得《ン》二復《タ》以レ此《ヲ》而論《ズルコトヲ》レ仁《ヲ》哉。抑《そもそも》泛《ひろク》言《フ》二同体《ト》一者《ハ》、使《ム》三人《ヲシテ》含胡昏緩《シテ》而無《ラ》二警切之功一。其《ノ》弊或《は》至《ル》二於認《テ》レ物《ヲ》為《ニ》レ己《ト》者有《リ》レ之矣。専《ら》言《フ》二知覚《ト》一者《ハ》、使《ム》三人《ヲシテ》張皇迫躁《シテ》而無《ラ》二沈潜之味一。其《ノ》弊或《は》至《ル》二於認《テ》レ欲《ヲ》為《ニ》レ

理者有レ之矣。一忘一助、二者蓋胥《あひ》失レ之、而知覚之云者、於二聖門所レ云楽レ山能守之気象一、尤《も》不二相似一。予尚安得二復以レ此而論一レ仁哉。因并記二其語一作二仁説一。

仁説ノ図

〈按ズルニ仁説登二於朱子文集一、図載二于語類一。図蓋先生答レ問之際、指画示レ之爾。夫書二愛於性仁之間一、而自レ性直系二于愛一、自二性之情一亦系二于愛一、以二愛之理与一レ発、為二仁之体用一。非下知二未発之愛之為一レ仁者上、不レ能レ暁《さとる》二此図意一。〉

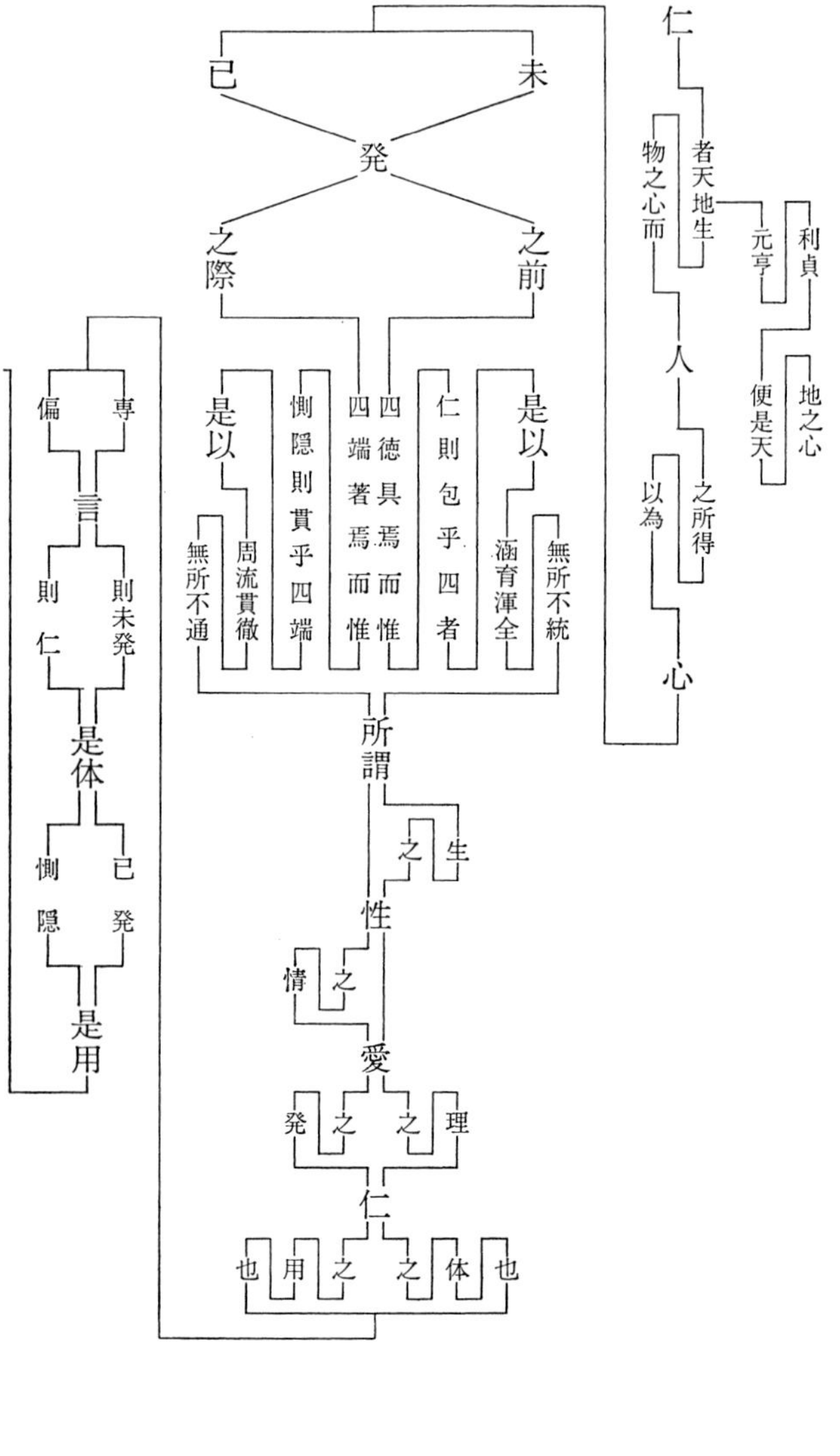

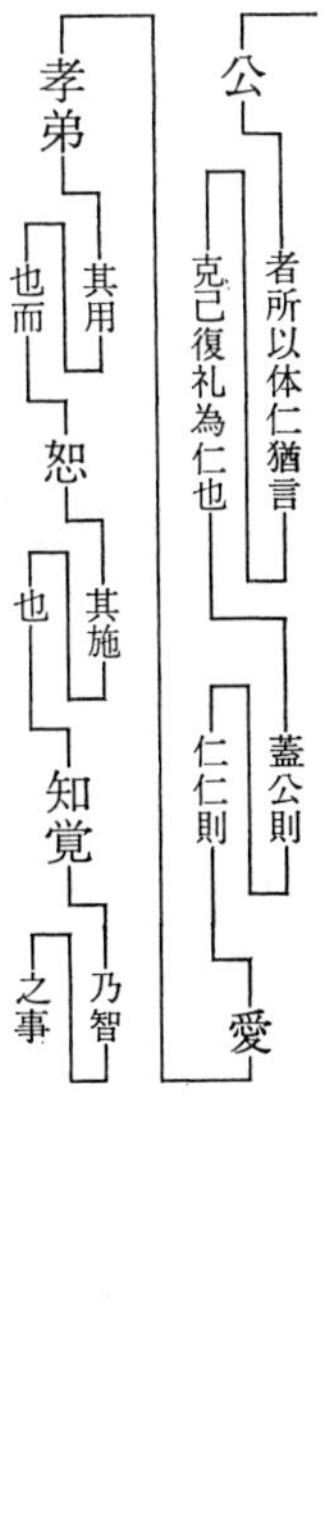
公
者所以体仁猶言
克己復礼為仁也
蓋公則
仁仁則
愛
孝弟
其用
也而
恕
其施
也
知覚
乃智
之事

答二張欽夫《ニ》一〈論二仁説一〇已下皆文集〉

天地以レ生《スヲ》レ物《ヲ》為レ心《ト》、此語《ノ》恐《クハ》未レ安《カラ》

熹竊《ニ》謂、此語《ノ》恐《クハ》未レ有レ病《ヒ》。蓋天地之間、品物万形、各有《リ》レ所レ事《トスル》。惟天《ハ》確二然於上《ニ》一、地《ハ》隤二然《たいぜんトシテ》於下《ニ》一、一《ツモ》無《シ》レ所レ為。只以レ生《スヲ》レ物為レ事《ト》。故易《ニ》曰《ニテ》二天地之大徳《ヲ》曰《ト》レ生《ト》、而程子《モ》亦曰《ヒ》二天《ハ》只是《レ》以レ生《ヲ》為《ト》レ道《ト》、其《ノ》論《ジテ》三復見《ハルヲ》二天地之心《ヲ》一、又以二動之端《ヲ》一言《ヘリ》レ之《ヲ》。其《ノ》理亦已《ニ》明《ケシ》矣。然《ニ》所レ謂以レ生《ヲ》為レ道者《トモ》、亦非レ謂《ニ》下将《もチ》レ生《ヲ》来《テ》做《スト》上レ道《ト》也。凡《ソ》若《ノ》レ此類、恐《クハ》当《ニシ》下且《ツ》認《テ》二正意《ヲ》一而不《ル》中以レ文害《ヲセ》上レ詞《ヲ》焉、則辨詰不《シテ》レ煩《カラ》、而所レ論《ズル》之本指得《ン》矣。

不《ル》レ忍《ビ》之心、可《ン》三以包《かヌ》二四者《ノヲ》一乎

熹謂、孟子論《ジ》二四端《ヲ》一、自二首章一至《テ》二孺子《ノ》入《ニ》レ井《ニ》一、皆只是発《セル》二明不《ル》レ忍《ビ》之心《ノ》一端《ヲ》一而已。初《ヨリ》無《シ》二義礼智之心一也。至《テ》二其《ノ》下文《ニ》一、乃《ス》云《ヘリ》下無《キハ》二四者之心《ノ》一非《ト》上人《ニ》也。此可《シ》レ見《ル》四不《ル》レ忍《ビ》之心足《レルコトヲ》三以包《ルニ》二夫《ノ》四端《ヲ》一矣。蓋仁《ハ》包《ヌ》二四徳《ヲ》一、故《ニ》其《ノ》用《モ》亦如《シ》レ此。前説之失、但不《テ》三曾分《チ》二得《え》体用《ヲ》一。若謂《シハ》二不《ル》レ忍《ビ》之心不《ト》レ足《ラ》三以包《ルニ》二四端《ヲ》一、則非也。今已《ニ》改《メ》正《ス》。

仁専《ら》言《ヘバ》、則其《ノ》体無《キ》レ不《コト》レ善《ナラ》而已。対《シテ》二義礼智《ニ》一而言《ヘバ》、其《ノ》発見《ハ》則為《ル》二不《ル》レ忍《ビ》之心《ト》一也。大抵天地之心粋然《タル》至善《ニシテ》、而人得レ之《ヲ》、故謂《ニ》二之《ヲ》仁《ト》一。仁之為レ道、無《シ》二一物之不《コト》レ体《セ》一。故《ニ》其《ノ》愛無《シ》レ所レ不《ル》レ周《あまねカラ》焉。

熹詳二味此言一、恐説二仁字一不レ著、而以三義礼智与二不レ忍之心一均為二発見一。恐亦未レ安。蓋人生而静四徳具焉。曰仁、曰義、曰礼、曰智。皆根二於心一而未レ発、所レ謂理也、性之徳也。及二其発見一、則仁者惻隠、義者羞悪、礼者恭敬、智者是非、各因二其体一以見二其本一、所レ謂情也、性之発也。是皆人性之所二以為一レ善者也。但仁乃天地生レ物之心、而在レ人者、故特為二衆善之長一。雖レ列二於四者之目一、而四者不レ能レ外焉。易伝所レ謂専言レ之、則包二四者一、亦是正指二生レ物之心一而言。非丙別有下包二四者一之仁上、而又別有乙主二一事一之仁甲也。惟是即二此一事一、便包二四者一。此則仁之所二以為一レ妙也。今欲三極言二仁字一、而不レ本二於此一、乃概以二至善一目レ之、則是但知二仁之為一レ善、而不レ知三其為二善之長一也。却於二已発見処一、方下二愛字一、則是但知二已発之為一レ愛、而不レ知二未発之愛之為一レ仁也。又以三不レ忍之心与二義礼智一均為二発見一、則是但知二仁之為一レ性、而不レ知二義礼智之亦為一レ性也。又謂二仁之為レ道無レ所レ不レ体、而不レ本二諸天地生レ物之心一、則是但知二仁之無一レ所レ不レ体、而不レ知三仁之所二以無一レ所レ不レ体也。凡此皆愚意所レ未レ安、更乞詳レ之復以見レ教。

程子之所レ訶、正謂二以レ愛名一レ仁者一

熹按、程子曰仁性也、愛情也、豈可二便以レ愛為一レ仁。此正謂レ不レ可下認レ情為上レ性耳。非レ謂下仁之性不レ発二於愛之情一、而愛之情不上レ本二於仁之性一也。熹前説、以二愛之発一、対二愛之理一而言。正分二別性情之異処一、其意最為二精密一。而来諭毎以レ愛名レ仁見レ病、下章又云下若専以レ愛命レ仁、乃是指二其用一而遺二其体一、言二其情一而略中其性上、則其察レ之亦不レ審矣。蓋所レ謂愛之理者、是乃指二其体性一而言、且見下性情体用各有レ所レ主、而不二相離一之妙上。与二所レ謂遺レ体而略レ性者一、正相南北。請更詳レ之。

元之為レ義、不三専主二於生一

熹竊詳二此語一、恐有二大病一。請観二諸天地一而以二易象文言程伝一反復求レ之、当レ見二其意一。若必以二此言一為レ是、則宜《うべナリ》、其不レ知下所三以為二善之長一之説上矣。此乃義理根源不レ容《ゆるサ》レ有二毫釐之差一。竊意《おもフ》高明非レ不レ知レ此。特命レ辞之未レ善爾。

孟子雖レ言二仁者無一レ所レ不レ愛、而継レ之以二急レ親レ賢之為一レ務。其差等未三嘗不一レ明。

熹按、仁但主レ愛。若其等差乃義之事。仁義雖レ不二相離一、然其用則各有レ主、而不レ可レ乱也。若以二一仁一包レ之、則義与二礼智一皆無レ所レ用矣。而可乎哉。〈無レ所レ不レ愛四字、今亦改去。〉

又論二仁説一

昨承レ開二論仁説之病一。似下於二鄙意一未上レ安。即已条具《つぶさニ》請レ教矣。再領二書誨一。亦已具暁然《たり》。大抵不レ出二熹所一レ論也。

請復因而申《のべン》レ之。謹按、程子言レ仁本末甚備。今撮《とる》二其大要一不レ過二数言一。蓋曰仁者《は》生之性也、而愛其情也、孝悌其用也、公者所二以体一レ仁、猶レ言二克レ己復レ礼為一レ仁也。学者於二前三言者一、可三以識二仁之名義一。於二後一言者一、可三以知二其用一レ力之方一矣。今不三深考二其本末指意之所一レ在、但《ただ》見三其分二別性情之異一、便謂三愛之与レ仁了《ついニ》無二干渉《あずかりわたルコト》一、見二其以レ公為一レ近レ仁、便謂下直指二仁体一最《もト》為中深切《なりと》上。殊不レ知下仁乃性之徳而愛之本、因二其性之有一レ仁、是以其情能愛上。〈義礼智亦性之徳也。義悪《にくム》之本、礼遜《ゆずル》之本、智知之本。因二性有一レ義、故情能悪《にくミ》、因二性有一レ礼、故情能遜、因二性有一レ智、故情能知、亦若レ此爾。〉但或蔽《おおわレバ》二於有一レ我之私一、則不レ能レ尽二其体用之妙一。惟克レ己復レ礼、廓然大公、然後此体渾全、此用昭著、動静本末血脈貫通爾。程子之言、意蓋如レ此。非レ謂三愛之与レ仁了無二干渉一也。〈此説前書言レ之已詳。今請復以二両言一決レ之。如二熹之説一、則性発為レ情、情根二於性一、未レ有下無レ性之情、無レ情之性、各為中一物上、而不中相管摂上。二説得失、此亦可レ見。〉非レ謂三公之一字便是直指二仁体一也。〈細観二来喩一、所レ謂公二天下一而無二物我之私一、則其愛無レ不レ溥《あまねカラ》矣。不レ知、此両句甚《いずレノ》処是直指二仁体一処。若以二愛無一レ不レ溥為二仁之体一、則陥二於以レ情為一レ性之失一。高明之見必不レ至レ此。若以下公二天下一而無中物我之

私上便為二仁体一、則恐所レ謂公者漠然無レ情、但如二虚空木石一。雖二其同体之物一、尚不レ能レ有二以相愛一。況能無レ所レ不レ溥乎。然則此両句中初未四嘗有三一字説二著仁体一。須レ知下仁是本有之性、生レ物之心、惟公為二能体レ之、非中因レ公而後有上也。故曰二公而以レ人体レ之故為レ仁。細看二此語一、却是人字裏面帯二得仁字一過来。〉由レ漢以来、以レ愛言レ仁之弊、正為下不レ察二性情之辨一、而遂以レ情為上レ性爾。今欲レ矯《ためント》二其弊一、反使二仁字汎然無レ所二帰宿一、而性情遂至三於不二相管一。可レ謂二矯レ枉《まがレルヲ》過レ直《すぐなルニ》。是亦枉而已矣。其蔽将レ使下学者終レ日言レ仁、而実未三嘗識二其名義一、且又并レ与二天地之心性情之徳一而昧《くらカラ》上焉。竊謂、程子之意必不レ如レ此。是以敢詳陳《のブ》レ之。伏惟《おもんみレバ》采《とり》察。

又論二仁説一

熹再読二別紙所レ示三条一、竊意、高明雖三已灼《あきらかに》知二旧説之非一、而此所レ論者、差《たがヒ》二之毫忽之間一、或亦未二必深察一也。謹復論レ之。伏幸裁聴。広仲引二孟子先知先覚一、以明下上蔡心有二知覚一之説上。已自不レ倫《たぐいせ》。其謂二知レ此覚レ此、亦未レ知二指レ何為レ説。要レ之大本既差、勿《なくシテ》レ論可也。今観レ所レ示、乃直以レ此為レ仁、則是以二知レ此覚レ此、為二知レ仁覚レ仁也。仁本吾心之徳、又将三誰使二知レ之而覚レ之耶。若拠二孟子本文一、則程子釈レ之已詳矣。曰下知是知二此事一、〈知二此事当レ如レ此也。〉覚是覚中此理上。〈知下此事之所二以当レ如レ此之理上也。〉意已分明。不三必更求二玄妙一。且其意与二上蔡之意一亦初無二干渉一也。上蔡所レ謂知覚、正謂下知二寒暖飽飢一之類上爾。推而至二於酬酢佑《たすくル》レ神、亦只是此知覚無二別物一也。但所レ用有二小大一爾。然此亦只是智之発用処、但惟仁者為二能兼レ之。故謂三仁者心有二知覚一則可、謂下心有二知覚一謂中之仁上則不可。蓋仁者心有二知覚一、乃以下仁包二四者一之用上而言、猶レ云二仁者知レ所二羞悪辞譲一云レ爾《しか》。若曰下心有二知覚一謂中之仁上、則仁之所二以得レ名、初不レ為レ此也。今不レ究下其所二以得レ名之故上、乃指二其所レ兼者一便為二仁体一、正如レ言二仁者必有レ勇、有レ徳者必有レ言、豈可二遂以レ勇為レ仁言為レ徳哉。今伯逢必欲二以レ覚為レ仁、尊兄既非レ之矣、至三於論二知覚之浅深一、又未レ免レ証二成其説一、則非三熹之所二敢知一也。

至下於伯逢又謂中上蔡之意自有二精神一、得二其精神一、則天地之用皆我之用上矣。此説甚高甚妙。然既未三嘗識二其名義一、又不レ論二其実下レ功処一、而欲三驟《にわかに》語二其精神一。此所下以立レ意愈高為レ説愈妙、而反《かえつて》之於身一愈無中根本可レ拠之地上也。所レ謂天地之用即我之用、殆亦其伝聞想像如レ此爾。実未三嘗到二此地位一也。愚見如レ此。不レ識高明以為二如何一。

又論二仁説一

来教云、夫其所下以与二天地万物一一体上者、以三夫天地之心之所レ有、是乃生生之蘊、人与レ物所二公共一、所レ謂愛之理也。熹詳二此数句一、似二頗未一レ安。蓋仁只是愛之理、人皆有レ之。然人或不レ公、則於二其所レ当レ愛者一、又有レ所レ不レ愛。惟公則視二天地万物一皆為二一体一、而無レ所レ不レ愛矣。若二愛之理一則是自然本有之理、不三必為二天地万物同体一而後有一也。熹向《さき》所二呈似一仁説、其間不レ免三尚有二此意一。方欲レ改レ之而未レ暇《いとまあら》。来教以為レ不レ如二克斎之云一是也。然於レ此却有レ所レ未レ察。竊謂、莫レ若《しくはもつて》下将三公字与《と》二仁字一、且各作《なし》二一字一、看得分明、然後却看二中間両字相近処一之為中親切上也。若遽《にわかに》混而言レ之、乃是程子《が》所三以謂二以レ公便為レ仁之失一。此毫釐間正当二子細一也。又看二仁字一、当下并二義礼智字一看、然後界限分明、見得端的上。今舎《すてて》二彼三者一、而独《ひとり》論二仁字一、所二以多説而易《やすき》レ差也。又謂三体用一源内外一致為二仁之妙一、此亦未レ安。蓋義之有二羞悪一、礼之有二恭敬一、智之有二是非一、皆内外一致、非二独《ひとり》仁為レ然也。不審《いぶかし》、高明以為二如何一。

答二呂伯恭一

仁説近《ゴロ》再改定。比レ旧稍分明詳密、已復録呈矣。此説固太浅少二含蓄一。然竊意、此等名義古人之教、自《より》二其小学之時一、已有二白直分明訓説一、而未レ有二後世許多浅陋玄空上下走作之弊一。故其学者亦暁然知二得如レ此名字一。但是如レ此道理不レ可レ不二着実践履《ふみふま》一。所以聖門学者皆以レ求レ仁為レ務。蓋皆已略《ほぼ》暁《さとり》二其名義一、而求三実造《いたらん》二其地位一也。若似二今人茫然理会不得、則其所汲汲以求者、乃其平生所不識之物、復何所向望愛説、而知所以用其力邪。故今日之言、比之古人、誠為浅露。然有所不得已者。其実亦只是祖述伊川仁性愛情之説、但別《さき》得《え》名義、稍分界分脈絡、有条理、免得学者枉《まげ》費心神、胡乱《うろん》揣摸《しも》、喚《よび》東作《なす》西爾。若不実下恭敬存養克己復礼之功、則此説雖精、亦与彼有何干渉《あずかりわた》耶。故却謂、此説正所以為《なす》学者向望之標準、而初未嘗侵過《おかしすぎ》学者用功地歩。明者試一思之。以為如何。似不必深以為疑也。

答呂伯恭

所論克己之功、切中《あた》学者空言遙度《ようど》之病。然向来所論且是大綱、要《もと》識得《しりえ》仁之名義気味、令有下落耳。初不謂只用力於此、便可廃《す》置《お》克己之功。然亦不可便将克己功夫占過講習地位也。中間有一書論古人小学已有如此訓釈一段、其詳。幸更考之。然克己之誨《おしへ》、則尤《も》不《あらず》敢不敬《つつしみ》承《う》也。

仁説問答終

仁説問答師説

仁*説問答

凡ソ聖人ノ道ヲ説ケルハ、必《ず》其《の》要領ノ処ト日用行事ノ法トアリ。サ云テ、要領ト日用ノ法ト二《つ》アリテ、各別ナルモノト云デハナイ。一事〳〵ノ筋目ヲイヘバ、親ニハ孝ト云ヒ、子ニハ慈ト云ヒ、君ニハ忠ト云ヒ、民ニハ仁《いつくし》ムト云。一ツ〳〵ノ法アリテ、其一ツ〳〵ノ法トナルトコロノ惣カブノタバネノ処アリテ、ソレガ親ニハ孝トナリ、子ニハ慈トナリ、君ニムカヘバ忠トナリ、民ニムカヘバ仁トナル故ニ、要領ハ日用ナリノ要領、日用ハ要領ナリノ日用ユヘ、二《つ》ハナイゾ。然ニタヾニ一事〳〵ノ法ヲ知テ、根本要領ノ貫ク処ヲ識《しら》*ザレバ、其法ト云モ、跡*ニ求メ作為ニナリテ、本法自然ノ法デナイ。コヽヲ以テ、執*中ト云、建*極ト云、皆是《れ》本領相伝ノ訣*旨ニテ、道統ト云ハコレナリ。孔子ニ至テ、堯舜以来ノ正脈ヲ伝《え》得テ、仁ノ一字ヲ以テ学者ニ示シテ、為学脩徳ノ標準トセリ。二*十篇ノ教、其人ノ高下浅深ニヨツテ、ソレ〴〵ニカハリアレドモ、ツヾマル処、反復シテトキツメテアル本領目当ハ、コノ一字ニ帰シテアル。スレバ学ヲスルモ此仁ニナレト云コト、道ヲ行《う》モコノ仁ニナレトア*ルコト。凡ソ聖学ノ要領ニアヅカルコトハ此一字ニツマル。然ドモ学不レ行《ハレ》、道明ナラズシテ、日用ノアトデ求メ、理屈デトクヨリサキナク、博*愛ヲ仁ト云ヒ、タヾ物

仁説問答　斯別本無丁本新丙本、この題下に「絅斎講義　若林進居打聞」とあり。京本「仁説問答筆記」と題す。

ザレバ　斯別本無丁本無戊本新丙本高本京本「サルハ」。

跡　日用行事の跡、単なる現象界の事象。

執中　書経、大禹謨「允に厥の中を執る」。↓九五頁補記「惟精惟一…」。

建極　書経、洪範の洪範九疇の中に「建つるに皇極を用ふ」「皇極、皇（みき）其有極を建つ」と。民の法則とすべき人倫の根本たる大中の道を用いたて、大中至正の道を標準とすること。

訣旨　奥義の要旨。

二十篇　「論語」二十篇。

アルコト　斯別本無丁本新甲本新丙本高本九甲本「云コト」。

博愛　↓二六七頁注「韓子」

ヲ愛スルノ、ミステヌノト云ノミニテ、聖門ノ目アテトスル本領ノ旨ガクラミタルゾ。程子ニイタリ始テ孔曾思孟*以来ノ正脈ヲ得ラレテ、仁ノ本旨復タ明ニナリタレドモ、其門人ニ至テ復タ其旨ヲ失テ、或ハ広大ニ云ヒ*、高尚ニ云ナシテ*、仁ノ仁タル実味ヲシラヌゾ。朱子ニイタリ、程子ノ血脈ヲ得ラレテ、仁ノ旨復タ明ニナツテ、天下万世学者ノ心法標的トスル為ニ、此説ヲカヽレタルゾ。此説サヘ存シテ、コレヲヨク読《み》得レバ、仁ノ正脈真味ハ失ヌゾ。然ドモコレヲヨンデ、ツイスマシテヲクコトデモナク、又此一字要領ト云ザマニ、サバキコトニナリ、理デホシ*、ワケデヲボヘテイルコトハ、大ナチガイナリ。マヅ此説ヲヨメバ、仁ノ仁タル名義ガ明ニナリテ、「論」「孟」ニトケル処ノ筋目ヲ失ヌ。ソレヨリヒタト反復シテ、致知存養ノ熟処ヲ経テ、ソコデ仁ノ正味実体ヲ相応ニ得ルト思フベシ。説ハ、イロ〳〵ニマギレミダレテアルヲ、ワケヲホドキ、旨ヲアカスコトヲ云。ソレニ付テ張氏*呂氏*ノ疑難*ヲコリテ、往復ノ書簡アリ。ソレヲ末ニ付ラレタルユヘ、問答トハ云ゾ。「延平答問」*ト云ハ、弟子カラ師ヘ問ユヘ、答ヲ主ニシテノアシライ、コレハ朋友講習討論ノナリユヘ、問答ト付ルトアルコトゾ。序ハ、「近思録」ノ序ヲアトニヨム旨ト同ジコトニテ、アトニヨムゾ。

仁*説

天*地以レ生《なすを》レ物《を》為《る》レ心《と》者也云云

仁ノ惣*ガネノ合点ハ、惻隠ハ用デノ、仁ハ体ジヤノト云ヨリ、サマ〴〵ニマギレテ、程子ノ旨モ失ゾ。マヅ大カクノ心ト云モノヽ合点ヲ明ニ理会セネバナラヌ。凡ソ人ノ心ト云

孔曾思孟　孔子・曾子・子思・孟子。曾子は孔子の門人。子思は孔子の孫、曾子に学び、「中庸」を著したと伝えらる。朱子学の道統では、曾子・子思・孟子とつなぐ。

広大ニ云ヒ…云ナシテ　無戊本「高大ニ云テ」。

高尚ニ云ナシテ　斯別本無丁本新丙本高本「或ハ高尚ニ云テ」、京本九甲本「高尚ニ云テ」。

ホシ　ほごし。ほぐす、解明しつくす。

張氏　→一一五頁注「南軒張氏」

呂氏　呂祖謙、字は伯恭、南宋の儒者、朱子・張南軒等と親しく交わり、互に切瑳す。東莱先生と称さる。朱子と共に「近思録」を編纂した。

疑難　疑問非難。

延平答問　宋の李侗の語録。侗は字は愿中、延平に住したので世に延平先生と称さる。朱子の父と共に羅従彦に学び、朱子は延平に師事し、朱が延平について学びて以来、其間に往来して学を論じた語を朱子が輯したのが本書である。

仁説　朱子文集巻六七所収。

天地…　易、復卦、象伝「復は其れ天地の心を見るか」の程伊川「易伝」の注に「一陽下に復(かえ)るは乃ち天地物を生ずるの心なり…」(二七五頁注「復見…」)。また二程全書、程氏外書三に「復は其れ天地の心を見る、一言以て之を蔽つて曰く、天地物を

ハ、一身ノ主宰ニシテ、喜ブモナゲクモ、日用全体皆心デ、内ノ外ノ、体ノ用ノ、性ノ情ノト、微塵*シナヲ云ヲフヤウナシ。人ニカギラズ、凡ソ何デモ、其物ナリノ物トナリ立テイル、其正体真味ヲ指テ心ト云。火ハアツイガ心、水ハツメタイガ心、甘艸《かんぞう》ハアマイガ心、其余ナンデモ皆然リ。サ云ヘバ理ヲ云ヤウナレドモ、甘キヲノケテ甘艸タル実ナク、何時デモナメレバアマシ。アノ、人ニアマガラスヤウナ*カタギ気象全体ノ、サフナリ立テアル、アソコノホネヲ指テ心ト云。ソレデ心ト云ヘバ、*内ノ外ノ、性ノ情ノ、体ノ用ノト、初ヨリ分ツコトナク、渾然全体、表裏徹底、マヅソノモツテイル、ソレナリノ、サフヲモイナスナリノカタギノ、ソレヨリ外ナイヤウニ、生ノマヽナリニナリキツテイル、*アソコガ心ト云モノゾ、ト云ナリデ天地ノ心ヲト、ミタトキハ、物ヲウムト云ナリガ天地全体ノ心ゾ。ウムト云ワザカラ云ヅクナシニ、ウミタリ、ハヤシタリ、ソダテタリ、天地ノカタギ惣体ガナリ立テイル、アソコノ真味ガ、以レ生レ物為レ心ト云モノゾ。其心ナリガワザニモナルゾ。サアルユヘ、タネヲマケバ生ジネバヲカヌ、ドフシテモハヤシタイ〳〵ト云心ユヘ、少《し》デモ水ガアルト魚ガワキ、ワヅカニシメルト屋上デモ苔ガ生《はえ》ル、草一本デモヘシ折《る》ト汁ガ出テ、イタ〳〵シウミヘル。ドチラカラドフミテモ、天地ノ心ガ生《な》スナリニ常住ナリテイルユヘゾ。コレモ物ヲナサフト今カラ心ヲ持《つ》ト云コトデナイ。今コチカラ天地ヲミレバ、ナスヨリ外ナイ。アレガ以レ生レ物為レ心ゾ。コチカラ云コトゾ。ナサネバ我トヤマレズ、生ゼン〳〵トスルヨリ外ナイ味カラシテ、以レ生為レ心ヲ合点セヨ。サレバコソ生ノママノ天地ノ生レ付《き》ヲミルニ、只物ヲアタヽメテハ生ジダシ、ウルヲシテハ生ジダシ、イカヤウ

生すを以て心と為す」。

惣ガネ　斯別本無丁本新丙本高本「惣ツカネ」。

シナ　品。或る特定の類別。

カタギ　それ本来固有の類型。

内ノ…渾然　無戊本京本「内外性情体用渾然」。

アソコガ…物ヲウムト云　京本「アソコガ天地全体ノ心ゾウムト云」。

ノ嶋デモハヱザル処ナクシテ、*ハヱルモノヽソダタヌコトハナイ。コレハ生ズルワザジヤガ、其ハヤシタリ、ウルヲシタリスルワザナリニ、長度《ちょうど》親ノ子ヲソダテルニ、乳ヲノマシタリ、アマヤカシタリト云内ニ、母ノ心トスル、心ノヤルセナイ真味ガミヱル。マヅソノ味ガ、コヽノ為レ心ト云ノ味ゾ。而《して》ト云ヲウケテ、其心トスルナリニハヱレバ、梅ト云、柳ト云、鳥ト云、獣ト云、魚ト云、虫ト云、人ト云物ガ生ズル。其物モウムナリノ心デ生ルレバ、生ルヽナリニ其心ヲ得テ心トスル。ソレユヘマヅ人デイヘバ、人ノ心ノ全体モ、体ジヤノ用ジヤノト云ヅクナシニ、五臓六腑骨肉皮毛ノ生《れ》付《き》ヤウモ、親ヘ向フト、君ニ向フト、何デモ角デモ、意味シミ〴〵ト、ヨイヤウニシタシ、アシウシトムナシ、我トサフセネバヤマレヌヤウニ、生付タナリノ心ゾ。ソレデ心ノ徳ヲカタレバ、心ノ正味ニ得テイルモノヲ徳ト云。ハヅカシイト云モ心ノ徳、イトヲシイト云モ心ノ徳、カナシイト云モ心ノ徳、ミナ*総摂貫通シテ、理ゴトノ心ニ感ゼヌコトハナイガ、一言デイヘバ、アノハヅカシイハ、ハヅカシイ心ノ徳ジヤガ、ハヅカシイト云身ニシミ〴〵トヤマレヌ味カラデナケレバ、ハヅカシウナイ。イトヲシイト云ハ、イトヲシイ心ノ徳ジヤガ、イトヲシイト云真味親切ノ味カラデナケレバ、イトヲシイ理ガ行ハレヌ。其外何デ云テモ皆然リ。コヽガ生レ物ノ心ヲ得テイル仁ト云モノゾ。天地ノワザカラ云ヘバ、物ヲ生ズルヨリ外ナイガ、生《うん》デモ〳〵イツガイツ迄モヤマレズ、生《ま》ン〳〵トスル、アソコノ真味自然ノ正味ノ処ガ天地ノ心ゾ。人ノ心モ、イトヲシムベキヲ*イトヲシガリ、宜フナイコトヲヨロシウナイト思フハ、ソレ〴〵ノ義理ジヤガ、アノイトヲシウテヤマレズ、不義ガハヅカシウテヤマレヌ、身ト

ハヱル　斯別本無丁本新丙本高本「其ハヱル」。

総摂貫通　絅斎の元禄年間講述の「仁説問答師説」(以下「元禄の師説」と略称)には「徳ト云ハ、我身ノモノトモツテイルコトヲ云。鼻ノ嗅ヲモツテイル如ク、目ノ見ルヲモツテイル如ク、生ノマヽ自然ニナリ得テアルヲ徳ト云。総摂ハナニモカモスベクヽリタルコト。貫通ハドコカラドコマデモツラヌキトヲルコト。総摂ハ体デ云、貫通ハ用デ云。人ノ一身スベテ心ノナリデ、心ノ生ノマヽノモツテイルナリヲカタレバ親ヲ愛シ兄ヲ敬スルヨリ天下ノ事物ニ応接スルニ至マデ、スベザルコトナク、ツラヌカザルコトナウテ、其道ハソレ〴〵ノ道ジヤ。…」と。

イトヲシガリ　斯別本無丁本無戊本新丙本京本九甲本「イトヲシミ」。

トモニシミ〴〵ト生付テ、自然ト忍ビラレヌ真味ガ仁ゾ。ソレデ心ノ生ノマヽナリニカウ立テアル、カタギノ正味真味ノ*実体実徳ヲ仁ト云ゾ。

請《う》試《に》詳《にせん》レ之《を》ト云ヨリ下ハ、物ニ感ゼザルサキト、感ジテ後ノワザト、体ト用トヲ語リテ、終ニ体用一源、内外一致、心ニ帰スルコトヲ語ラレタルゾ。生ゼヌサキカラミテモ、生ジタガル天地トミヘ、生ズレバ、生ジタナリノ天地トミヘルユヘ、心ト云ト、体ノ用ノト名付ヅクナシニ、天ノ天タル全体ノカタギ正味ヲナノレト云ヘバ、ハヤシタガル心ヨリ外ナイ。カタギト云ヘバ、俗ナヤウナガ、アノ人ハヨイカタギジヤ、ワルイカタギジヤト云カタギデハナイ。実情思ヒ入デ合点セヨ。ナメテミテ甘艸ノカタギハ甘ヒト云カタギジヤト云ヤウナ思ヒ入ゾ。何時デモアマウナリタツテ、甘フ出ヨウ〴〵トスル、アソコガカタギゾ。火ハアツウナラフ〴〵ト云カタギゾ。アツイハ火ノ徳ジヤガ、只カリソメニモアタヽメタガリ、カリソメニモ*ホメキタガル。カウイヘバ、ハタラクワザヲ云様ナガ、ハタラクワザデハ云ハヌ。ハタラカズシテ、ハタラクナリニムキキリデイルト云ト、其マヽサフナルヤウニ、イキ〳〵トナリ立テアル思入ガ、ソコガ心ゾ。ウタバヒヾカン、サワラバヌレント云、アソコノ思入ヲ知ルガ、コヽノ心ト云正味ノ大切ナル知リ処ゾ。湯ノアタヽムルハ湯ノ徳デ、マダアタヽメズシテ、サワラバアタヽメフト云様ナ、アノニコヤカナ思入ガ湯ノ仁ゾ。カタギトイハネバ、ドフモ云ニ云ハレヌゾ。心ト云ヲ、行ナフタ上デ云ヘバ、用ヲ説《く》ニナリ、用ヲイハネバ、体ニシテドフモ云ヤウナイ。アノマダサフ云コトノ行ハレヌサキカラ、ムキキリデイル、ワラフテカヽル様ナウツリノ味カラ合点セヨ。サルホドニ、何ホド寂滅

実体　斯別本無丁本無戊本新丙本京本九甲本、この二字なし。

ホメキタガル　ほてり、熱くなりたがる。

ト云テモ、人心自然ニナンギナコトト云ト、天地ヘナゲキ云ヤウニシタワシウナリ、春ト云ト、ウレシウ思ハルヽ、アノヲモワクガ、スグニ天地ノヲモワクゾ。物ヲハヤシ、花ヲサカスルト云ズシテ、自然トハヤシタガリ、サカシタガル、ソコガ天地ノ心ノ心タル処ノ、生ズルナリニ立テアル正味ゾ。天地人物、コチカラ云テモ、アチカラ云テモ、ベツタリト此心ヨリ外ナイゾ。体ノ用ノト云センサクナシニ、生ノ一字ニナリ立テイテ、生ゼヌサキノ持タナリカラミレバ体ト云、ナリノワザカラミレバ用、ソコデ体用一源トハ云ゾ。程門ノ衆コヽガ合点ユカヌユヘニ、体用性情ノ間ガ二《つ》ニワレテ、身トモ自然ニハヱヌキノ、仁愛一味、表裏一マイニ、沙糖ノ表裏内外ウマイト云意味ノヤウニ理会セラレヌゾ。故ニ本然日用二《つ》ニハナレテ、学ヲスルニモ実功ヲ得ヌゾ。天地以レ生レ物為レ心ト云ハ、内外体用云ヅクナシニ、只一ノ生ノ字デ、サフ云ナリノ徳カラ語レバ、*元亨利貞ト云。運行カラ語レバ、春夏秋冬ト云。人デ云テモ、亦然リ。コレヨリ心ト仁トヲ語レバ、体用一源ニカタリ、性ト情トカタレバ、体用スジヲ立《て》テ語ルト合点セヨ。元無《し》レ不《こと》レ統《べ》、春生之気無《し》レ所レ不《る》レ通《ぜ》ト云ハ、春ノ生気ガ天地ノ心ノハジマリノ正面デ、其ナリガ長ジ、其ナリガヲサマリ、其ナリガカクレテ、兎角生ズルト云ヨリナイゾ。トヲルモ何ガトヲルト云ハネバスマズ、トゲルモ何ガトゲルト云ネバスマヌ、貞モ本法ニスワルト云コトジヤガ、何ガスワルト云ネバナラヌ。春物ノ生ジタイヤウニ生ジタツテイクヲ元ト云テ、其ナリノ始終ヲ亨ト云、利ト云、貞ト云マデゾ。亦ト云ハ、スグ*ウツシナ詞ゾ。天地生レ物ノ心ナリニ生レテ、生レタナリガスグウツシニマヅソノナリゾ。惻隠之心ト云ハ、生レ物ノ心ノ身トモニハヱヌイテアル、シミ

元亨利貞 易、乾卦に「乾は元(おおい)に亨(とお)る。貞(ただ)しきに利(よろ)し」と。乾(天)の卦のもつ四つの徳。元は万物の始め、春に属し、その徳は仁。亨は万物の長、夏に属し、その徳は礼。利は万物の遂、秋に属し、その徳は義。貞は万物の成、冬に属し、その徳は智。元禄の師説に「天地ハ始終表裏生ズルト云ヨリ外ニワザモナケレバ徳モナイ。其生ズル始終ヲイヘバ、自然ト必春カラ冬マデノ次第ガナケレバ、物ヲ生ズルノ全備デナイ。其心ノ徳カライヘバ元亨利貞ト云、ワザカライヘバ春夏秋冬ト云。コレガ道具ナラベタヤウニ四アルデハナイガ、生レ物ノ心カラハ抑ミ生ズルネザシノ始マルモノヲ元ト云。ワヅカニ生ミ始ルト自然トドコマデモ発達セネバヲカヌヤウナ天地ノ気象ニツイテ亨ト云。次第ニソダツナリニシタテノ十分ニナリ立ヤウニセネバヲカレヌヤウニ天地ノカタギノアルガ利ト云モノ。亨ハ生ズルナリノノビテユク、利ハノビルナリノカタノ一ツ〳〵トゲ立コトヲ云。ソレナリニ十分シマイ得テ終ルナリニ存分ノトヲリニ安ズル名ヲ貞ト云。コレ即チ春夏秋冬ノ実ヨリ外ニナンニモナイガ、常人ノ目ニハ天地ノ生レ物ノ心徳ナリニ春夏秋冬トナルコトヲ不レ知シテ、ハヱレバ春トヲモイ、五穀成レバ秋トヲモイ、天地ノ日用ノワザバカリガミヘルヨリサキ

ハナイ。アノ春トイヘバ自然ト草木ノメグミ、鶯ノシホラシウ囀ル、気象意味ノナリニ、スグニ天地ノダタイノ本心ナリガサウアレバコソサウワザニアラハル丶ト云所ハシラヌゾ…春ハ生ズルデハアルガ、アノ生ジタガリ、ハヤシタガリ、秋ハ五穀成就スルデハアルガ、アノ五穀ヲ成就サシテクワル丶ヤウニ熟シタガル、アソコニセウズ〳〵ト自ヤムニヤマレヌヤウナ、アノ心徳ノ意味ヲ此方ヘムカヘテ、天地ノ本来ノ徳ヲ元亨利貞ト云コトヲ会得セヨ」。

ウツシナ詞　移し言葉。いいかえの言葉。

乾元坤元　易の彖伝に「大なる哉乾元、万物資(りと)て始む」(乾卦)、「至れる哉坤元、万物資て生る」(坤卦)。乾は天、坤は地。

即物而在　元禄の師説に「ダタイ天地ノ物ヲ生タガルナリニ、スグニ生ル丶人ユヘ、生タガルデ生レテ、生タガルナリノカタマリユヘ、イトヲシマヌサキカライトヲシムノ身ニ生得テイル。ソレデ仁之為レ道乃天地生レ物之心即レ物而在ト云ゾ。即ハ、ソノ場ヲサラヌ、スグナリヲ指スコトバゾ」。

〳〵トイタマシイ親切ナ心ヲ指テ云。イトヲシムハ愛ジヤガ、身ニシミ〳〵トイタマシイ、ヤマレヌナリガイトヲシイ。親ノ上ニ居ラレヌハ恭ジヤガ、居ヌ筈ト云ハ理ニシテ、イカニシテモ居ラレヌ、心上ノドフモヤマレヌ、シミ〳〵トシタルナリニ恭々《うやうや》シイゾ。宜・別、亦然リ。一篇始終皆コノ心ノコトゾ。名ハイカヤウニ云ヲフトマ丶ヨ。ドコカラドコマデモ、惻隠ノ心ノツラヌカヌコトハナイ。天地デイヘバ、ハヱヌサキカラ、ハヱネバヲカレヌ気象カタギガ自然ニアル、ソレガ生レ物ノ心ゾ。人デイヘバ、惻隠トイハヌサキカラ、不義ナラバニクマフズ、ハヅカシイコトハハヅカシウ思ハル丶、イカニシテモ君ニハソムカレヌト、ソムカヌコトノ出来ヌサキカラ、ハヱヌイテ身トモニ生付テイル根ヲイヘバ、仁義礼智ト云。ソレガイトヲシケレバ、イトヲシ丶。ウヤマヘバ、ウヤマフゾ。故ニ「易」ニ天地ノ心ヲ説《イ》テ*乾元坤元ト云テ、四徳ノ体用コト〳〵クカゾフルニ不レ及シテ、元ナリニ草トモナリ、花トモナリ、雨トモナリ、雪トモナリ、春トモナリ、夏トモナリ、秋トモナリ、冬トモナル。ナルハドフナラフトマ丶ヨ、皆ハヱルト云ナリノ心ノ発デナイコトハナイゾ。人デ云テモ、マヅコノ心ゾ。人心之妙ト云ハ、神明不測、シリガタイ妙デハナイ。ドフモ云ニ云ハレヌ、未レ感シテ感ジテヤマレヌ意味親切ノ妙アル、千歳ヘダテ丶モ、楠ガ物語ト云ト涙ガコボル丶。涙ノコボル丶理デハアルガ、アソコノ身ニツイテシミ〳〵トシタ味ガ、涙ト云ハヌサキカラハヱヌイテアル。沙糖ヲナメテ何時モアマガラス意味ノ妙ガ、ナメヌサキカラアル、アソコノ本心真味ノ実《ミ》ノアル処ガ人心ノ妙ゾ。

*即《て》レ物《に》而在《り》ト云ハ、火ヲトモシツケバ、トモスナリニサキヘトボル。生レ物ノ心ナリニ生

ルレバ、生ル、ナリニサフ云モノガ生ル、ヲ云ゾ。不レ窮ト云ハ、イトヲシイト云情ナレバ、家ニ対シテモ、民ニ対シテモ、ムクナリニ其情ノドコ迄モヒヾカヌコトハナイゾ。能《く》体《して》而存《すれば》レ之《を》ノ体ハ、我身ノモノト身トトモニ持《っ》コトヲ云。コノ体デナケレバ、此理ガサフセイデヲカルルモノカ、道理ジヤホドニカウセフノト云ヨリサキハ、道ノ行ハレルコトハナイ。何ヤウニヲドシテシタガヘト云テモ、ドフシテモソムカレヌハ、身トモニナリテイルユヘゾ。何デモツメレバイタシト云ヤウニ、何デモ親ノコトナレバ忘ラレヌ、ドチヘドフシテモ、沙糖ノ甘《く》、醋ノ酸《い》ヤウニ、身トモニ得ルガ体ゾ。面々ノ手足ヲツメレバイタシ、キレバイタシト云ハ、吾身ユヘゾ。理ハ理デ行ハレテモ、此意味カラ行レネバ、身デナイゾ。蘇*武ガ全体ハ仁者トハ云レヌガ、忠義ノ筋ハ仁ゾ。十九年ノ間ドフシテモ漢ニソムカレヌハ、身カラ得テイルユヘゾ。此心デナウテハ、威武デウツラフヤラ、厚禄デハゲフヤラシレヌゾ。舜*ノ五十ニシテ慕《う》ト云ガ、マヅコノ心ゾ。瞽*瞍ガ殺レ人ト、無理ジヤ理ジヤノセンサクナシニ、ドフアツテモ親ニキズツケトムナイ心ナリニ負テニゲルゾ。仁者ノ何事デモ応ゼヌコトナイト云ハ、理ガ明ナト云ヘバ、ナルホドクラウハナイガ、仁者ノ心ハ理ニヤマレズ、忍ビラレヌナリガ明ナゾ。コノ心デナケレバ、何ホド理ハ明デモ、身ノモノデナイユヘ、十年シテヤマフヤラ、腹ガ立テヤマフヤラシレヌゾ。火ノモヱタガル様ニ、水ノウルヲイタガル様ニ、自然ノ意味親切ノ身トモニヲボヘテイル味ガ体ゾ。コレヲ今体認シテトトルハワルイ、ソレハ功*夫ゾ。コヽハ実ニ我ト我身ニ失ヌ、実徳ノ身ニナリタ上カラ語ルゾ。源ト云、本ト云ヲミヨ。コレデナケレバ、ツトメテスルマデノ義理デ、真実固有ノモノデ

蘇武　漢の名臣。武帝の時匈奴に使いし、その地に十九年間抑留されたが、節を曲げず、宣帝の時漢と匈奴が和解したので帰国した。

舜ノ…　孟子、万章上「大孝は身を終るまで父母を慕ふ。五十にして慕ふ者は予れ大舜に於て之を見る」、同告子下「孔子の曰く、舜は其れ至孝なり。五十にして慕へり」。

瞽瞍ガ殺人　舜の父、頑であった。孟子、尽心上「桃応問て曰く、舜天子たり、皐陶士たり、瞽瞍人を殺さば、則ち之をいかんと。孟子の曰く、之を執へんのみと。然らば則ち舜禁ぜざらんかと。曰く、夫れ舜悪くんぞ得て之を禁ぜん。夫れ之を受る所有りと。然らば則ち舜之をいかんせんと。曰く、舜天下を棄るを視ること猶ほ敝(やぶれ)たる蹝(ぞうり)を棄つるがごとし。竊かに負ふて逃れ、海浜に遵(したがい)て処り、身を終るまで訢(=欣)然として楽しんで天下を忘れんと」。

功夫　工夫、つとめ思いめぐらし努力すること。

汲々 元禄の師説に「ソレニナリタサニ、孔門之教云々ト云デ、功夫ヲカタルゾ。汲々ハ此方デイヘバ、カキタグル(かきむしるの意から、つとめ努力するさま)ト云様ナ、ヤルセナイモヨウヲ云ゾ」。

シハ、ユウ 塩辛い。

サシハセヌゾ 斯別本無丁本「サストハカリ心得ルトヌケルゾ」、新丙本、右に傍記。

アマミ 斯別本無丁本「アノアマミ」、新丙本「アノ」を右に傍記。

ミスガラ 身すがら、単身、それ自身の意か。斯別本新甲本新乙本京本高本九乙本小乙本無丁本無戊本「自ラ」に作る。

ハナイゾ。ソレユヘニ孔門ノ教ニ、カウ云ガ仁ジヤホドニ、其仁ニナレト、二色三色サスデハナイガ、親ニ事ルモソレ迄ノ地位ニイタレ、君ニ事ルモソレ迄ノ地位ニイタレト、真実自然本法ノ身ナリ自然ノ得ルヤウニナレト、*汲々トシテ求メシムルゾ。其《の》言《に》有《り》レ曰《たまえること》云々ハ、上ニ已ニ孔門ノ教ハ仁ガ本ジヤト云テ、コレヨリ其教ノ語ヲシラゲ〱テ挙テ、ドチラカラドフ云テモ、此心徳ヲ全スルニ帰スルト云コトヲ語ラレタルゾ。人ノ身ハ火ノアツウ生《れ》付《き》、塩ノ*シハ、ユウ生《れ》付《く》ト同ジヤウニ、身ナリガスグニ忍ビザルヤウニ生付ク。サアルユヘハヅカシイコトハハヅカシウテ忍ビラレズ、イトヲシイコトハイトヲシウテ忍ビラレヌ。何時デモ火ノソバヘヨレバアタ、カニ、塩ヲナメレバシハ、ユキ如ク、ユクトシテ親切忍ビザル身デナイコトハナイ。忍ビザル心ノ理ヲ*サシハセヌゾ、忍ビザル心ノヤムニヤマレヌ*アマミヲ指テ仁ト云ゾ。ソコニカナシイコトハ、身ト生ル、ト、己ヒトリノ持マヘニナリ、己ガ身ナリニミヘテクルユヘ、親ニ対スレバイトヲシイ己ガナリノ筈ジヤニ、親ヲノケテ己ガ身ガ切ニミヘテ、親ノイトヲシイ筈ノ礼ガウセテ、己ガ身ナリガ、己ガ身ト云計《ばかり》ニナルト、ヲキモナヲサズスグニ私ト云モノゾ。己ガ身ハ同ジコトデ、己ヒトリガ切ニナルト私ユヘニ、己ト云字デカタルガ面白イ味ゾ。礼ハ身ノノリトナリテアルモノゾ。上カラハ下ヲアハレム身ノノリジヤニ、上ノ身ノ己ガ身ナリ計ニナルト、下ヲアハレム礼ガウセル。己ガ身ハ甘艸ノ*ミスガラ甘キヲ以テイル如ク、己ガ身ホド忍ビザル心ノ切ナルモノハナクテ、其ナリニ身ノスジメ〱ノ正味ノノリヲ礼ト云。親ノイトヲシイハ礼デ、其イトヲシイ、アソコノヤマレヌ味ノ心カラ云ト仁デ、ジヤニヨツテイトヲシム義理ヲ尽スカラ云ト礼ゾ。*比干ノ、心ヲ剜《えぐら》レテモ、主ノホロビラルヽガ*笑止デ、諫ネバヤマレヌハ、忍ビザル本心ナリノ君臣ノ礼ト云モノ。主ヲミステ、親ヲ何トモ思ヌハ、親ヘノ身、主ヘノ身ガ忍ビザル心デハナウテ、身ガカハユイト云心ナリガ、礼ナシニ、我計ノ身ニ忍ビザルニナルユヘゾ。ソコデ父子兄弟ノ間モ*胡越ニナレバ、況ヤ他人ヲヤ。ソレデ己ガ私ヲヲサメネバ、礼ナリニ*ホケヤカナ心ノ出ヨフ様ナイ。其ヲサメヤウノ名ヲ克《かつ》ト云。克ト云ハ、義理ノ心ガ主トナリテ、私ニ根カラ葉カラカチヲヽセテ、ドチラヘドフシテモ、フタヽビキザサヌ様ニシヲヽセルコトヲ云。長度敵ニ勝テ、葉ヲカラシ根ヲ抜テ、再ビ我ニ手ムカイサセヌヤウニシヲヽセルト同ジコトゾ。道ヲ行《う》ナドト云ズシテ、特ニ克ト云ガ切ナコトゾ。行レ道ト云ヤウナコトハ、日用事実ノアトデノリガ立ガ、コレハ身ニヘバリツイタアカヲサラヘルコトユヘニ、克《っ》ト云デナケレバイカヌコトゾ。中々大力量ヲ出シテイカネバナラヌコトゾ。ソコデ親ヘハカウガヨシ、主ヘハカウガヨシト、一ツ〳〵ノ礼ヲ学デハ行ヒ、行テハ熟シテユクガ復礼ゾ。復ハ本ノモノニモドルコトヲ云。子トシテハ親ノイトヲシイ筈ニ生《れ》得タダタイノノリナレドモ、私ニ*ヘダタリテ不孝ノ名ガツク。其私ト*云モ、一ツ〳〵私ノワケガアルモノ、或ハ妻子ニ私スルトカ、或ハ身ヲ奢ルトカ、何トカ角トカ、ヘバリタアカノ名ガアルモノデ、ソレガ自カラ覚《え》アルモノゾ。ソレヲ相手ニシテ、*根ヲサラヘテ克《ち》去テイケバ、ダタイモヱル筈ノ火ノ、フスボルモノヲ去テモヱル様ニ、ダタイ親ノイトヲシイ本心ノヤウニ、身トトモノノリニナルゾ。故ニ復ハ外カラ付ルコトモナク、本法ノ持マヘノノリニモドルコトゾ。カウアルト本法正味ノ忍ビザル心ナリノ身トナルホ

比干　殷の紂王の叔父。紂王を強諫したので、聖人の胸に七竅(しちきょう)があるといわれるが、これをためすといって胸を割かれた。→一五五頁注「三仁」

笑止　悲しく気の毒に思う。

胡越　北方の胡国と南方の越国と。互に極めて遠く隔たり、胡人と越人との如く、互に極めて疏遠なることの喩え。

ホケヤカナ　ほかほかと温い意か。

ヘダタリテ　斯別本新丙本無丁本「ヘダテラレテ」。

云モ…私ノ　斯別本新丙本無丁本「云モノ一ツ〳〵ノ」。

根ヲ　斯別本新丙本無丁本「根ヲサヘ」。

ドニ、「*克《ち》レ己《に》復《て》レ礼《に》為レ仁《を》」トハ仰ラレタルゾ。此心之体云々ハ、心ノイマダ物ニ感ゼザルカラ云ト、未ダモエズシテ何時モアツイト火ガナリテアル如ク、自然ト持タナリガ体デ、其ナリニ感ズル端アルハ用ゾ。心ハ惟々《ただただ》一ノ心デ、未レ感時ハ体、已ニ感ズル時ハ用、体ナリノ用、用ナリノ体、只一ノ心ノ場ヲカタルマデゾ。コレハ克己カラ仁ニ入《る》ヤウノ功夫ゾ。又曰*居処恭《うし》云々、人ノ心ハ忍ビヌ全体ナレドモ、平生利害ニ心ヲセメラレ、平生サモシクソダチ、*ザマクニソダテバ、何ト云コトナシニ此心ガソダツナリニソコネテ、自《おのず》カラソデナイコトニソミヤスク、ウツリヤスイ。「*矢人《しじん》豈函人《かんじん》ヨリ不仁ナラン哉」ト云ヤウニ、心上ノ親切ナ義理ノ味ガ、ソダツナリカラソコネルユヘ、*常住*ナリヤイニ心ノソコネヌ様ニ、カリソメニモ*アガリマチニナラヌ様ニ、事ヲ執レバ、トリナリニチラヌ様ニ敬ミ、人ト交レバ、其人ノ為ニイツハラズ、アザムカズ、*如在ナキ心ヲ尽ス様ニ平生養ヘバ、養ナリニイツト云コトナク、心ガウルハシウ漸々ニナツテクル。コレハ何モ相手ナシニ、心ノチラヌヤウニ、ソコネヌ様ニ〳〵、平生惣体風俗トトモニ養ル、様ニスルコトゾ。平生ソマツニ身ヲ持テイテ、俄ニ私ヲツカマヘテ克《かと》フノ、ヤメフノト云テモ、存ジノ外其場ニ臨テハ、実ニ力ガ出ヌモノゾ。故ニ平生養タ身カラデナケレバ、克己ノ力ガ出ズ、又平生養テモ、何ゾ病ガ見ヘテアルニ克《ち》去ラネバ、根ガヌケヌゾ。平生養生スルハ存養、今指当リ病ガアルヲ去ルハ克己ゾ。事ナイ時カラ城ノ*サマヲアケ、平生ニ用心スルハ存養、ココニ盗賊ガアルノ、此政ガワルイノト云ヲ詮議シテヲサメ去ルハ克己ゾ。此両端ハイツデモハナレズ相発シテイルゾ。*故ニコレハ存心カラ仁ニ入《る》ノ工夫デ、克己ト実ニ相須《あいまつ》ゾ。又曰事《まつる》レ親に

克己復礼… 論語、顔淵「顔淵仁を問ふ。子の曰く、己(わたくし)に克(か)ち礼に復て仁を為(す)。一日も己に克ち礼に復れば天下仁に帰(みく)す。仁を為ること己(おのれ)に由る、而も人に由らんや」。

居処恭 論語、子路「樊遅仁を問ふ。子の曰く、居処恭く、事を執るに敬(つつ)しみ、人と与にするに忠ある。夷狄に之(ゆ)くと雖ふとも棄つべからず」。

ザマク 乱雑粗こつなさま。

矢人… 孟子、公孫丑上「孟子の曰く、矢人(矢を作る職人)豈函人(鎧を作る職人)より不仁ならんや。矢人は唯人を傷はざらんことを恐る。函人は唯人を傷はんことを恐る。巫(みこ)匠(棺を作る職人)も亦然り。故に術(職業とする技術)慎まざるべからず」。

常住…心ノ 斯別本無丁本「常住事々ニ付キ心ヲ用平居(無丁本「平生居」)無時ノ時ニハ心ノ」。

ナリヤイ なりあい、なりわいの意か。

アガリマチ いばること。

如在ナキ 手ぬかりのない。

サマ 狭間。城壁・櫓等の外を窺ったり矢・弾丸等を放つための窓。

故ニ 斯別本無丁本新丙本「但此段ハ」。

孝《し》云々ハ、存養克己ハ脩身ノ功夫、コレハ親ニ事ヘ、長ニ事ヘ、日用行事ノ身ニ実ニフムコトヲ云。親ヘハイトヲシヒ心ガヤマズ、兄ヘハウヤマヒタウテナラヌ、ソレガ行《う》二此《の》心《を》一ト云モノ。行ハヲコナフナレドモ、イトヲシウテヤマレズ、ウヤマハデハヤマレヌ味カラ行《う》ゾ。漢唐以来親ニ事ヘ兄ニ事ルワザヲ仁ト思フテ、其ワザノ行ル、心上意味ヲ不レ察ユヘ、ツトメテスルヤラ、名デスルヤラ、利デスルヤラシレヌ。ソレデ此心ノイトヲシウテヤマレヌナリガ、イトヲシヒワザニ行ハル、ヲ孝ト云。ソレデ表裏内外一体デナウテハ仁デナイ。行フ上バカリデハ仁トハイハヌ。博愛ヲ仁ト云ハヌガソレゾ。堯舜ノ民ヲ愛スル事業モ、民ヲ我子ノ如クニ思《し》召《し》、其心ノ味カラ愛セラル、事業ガ行ル、、ソコヲ仁ト云。事業ハ堯舜ノヤウデモ、其心ヲ得ザレバ仁デナイ。ソレデ*子貢ノ「*博《ひろく》施《して》済《すくうこと》衆《おおし》、可レ謂《う》レ仁乎《と》」ト云ル、ガ、仁ヲシラヌ、*ノヘイホウナ問ジャト云コトゾ。此三言デ、克己存養ノ功ヨリ、日用事実ノ上迄ツキテ、此次ニハ変ニアフテモドフアツテモ、此心ノ全ヒ*コトヲ語リ尽サレタゾ。*求レ仁ハ、今仁者ニナリタヒト求テ学ヲスルコトデハナイ。求ト云ハ、叔斉ハ何分ニモ我兄ヲノケテ、弟ノ身トシテ、ドフシテモ国ガウケラレヌガ、火ノナンボウデモ水ノウケラレヌ如ク、本心ノ安ズル迄デナウテハ、自《お》ヤマレヌユヘ、逃レ去ル。伯夷ハ何分ニモ親ノ命ガドフモソムカレヌ、筋目ガドフジヤノカウジヤノト云処モ顧ルニイトマガナウテ逃レ去ル。コ、ガ求レ仁ノ味ゾ。其我心ノ安ズルマデ、ナウテハ、ドフモ自《お》ヤマレズシテ、其ナリニ安ズル心ニナリ得ルガ、得レ仁ト云モノゾ。夷斉ノ心ニ仁ヲ目当ルデハナイ。コレハ孔子カラ夷斉ノ心ヲ語ラレタルモノゾ。夷斉ノ心ニハ何タルコトニモ、

子貢　孔子の門弟。

博施済衆…　論語、雍也篇。

ノヘイホウ　のへいとう(野平等)。野放図、しまりのないこと。

コトヲ…タゾ　斯別本新丙本無丁本「ナリヲ悟トサレタソ」、無戊本京本「コトヲ語ラレタソ」、九甲本「コトヲ語サレタソ」。

求仁　論語、述而「冉有が曰く、夫子衛の君を為(た)けんか。子貢が曰く、諾、吾将た之を問ん。入て曰く、伯夷叔斉は何ん人ぞ。曰く古の賢人なり。曰く怨ありや。曰く仁を求めて仁を得たり。又何ぞ怨ん。出て曰く、夫子は為けず」。伯夷叔斉は殷の孤竹君の二子。父が弟の叔斉を立てたいとしたので、互に譲って国を去る。周の武王が紂王を討たんとした時、君臣の義を以て不可として諌めたが聞き入れられず、首陽山に隠れ、周の粟を食らうを恥じて、わらびを食って餓死したと伝える。

心ノ安ズルマデデナウテハヤマレヌト云心ヨリ外ハナイゾ。カウ云ガ仁ジヤノ、義ジヤノト云コトハナイゾ。ソレハ学者ノ上ノコト、コレハ成徳ノ上ノコトゾ。譲《て》ㇾ国而《を》逃《のがるる》ガ仁ジヤト云コトデハナイ。又コレガ義理ニアタリタユヘ仁ジヤト云デナイ。モトヨリ理ニアタラヌコトナレバ、初ヨリ仁ノセンサクニハ及バヌ。何タルコトニモ兄ヲ外ニシ、父ニ背テハ、ドフモ不ㇾ容《べから》二自已《らむ》一、*心徳自然ノ安ゼザルヲ安ジテ害スルコトガナラヌナリニ国ヲユヅリタ、ソコガ仁ゾ。其後ニ紂王ガ乱ヲ北海ノ浜ニサケ、文王起ルトキイテ周ニユイテ、コレニ居リ、其子武王紂ヲ伐《うつ》ニ至テハ、サリトテハイマ〳〵シイ、今迄カシヅキ奉ル主ヲ伐ツト云コトハト云テ諫テ、諫《め》不ㇾ聴バ、不義ノ粟ハドフモロヘ入《れ》ラレヌト云テ、首陽山ニ隠テ、終ニ本心自然ノ安ズルナリニ含《で》ㇾ笑《を》而餓死スルゾ。コヽニ微塵リキムコトモツトムルコトモナイ。義理自然ノヤマレヌ心ノ安ズルヨリ外ナイ。義理ガカフジヤニヨツテ、イカナコト不ㇾ変ト云ト、ソデナイ。義理ヲハナレテ外ニ仁ハナイガ、義理ナリ自然ニ此心ノ自カラヤマレザルナリガ仁ゾ。成《す》ㇾ仁《を》ト云ハ、本心ナリノ成就シテ、ムキズニナシ得《え》ルヲ云。仁ニキズ付ヌト云コトデナイ。成徳自然ノ地位ユヘ、胸ヲサカレテモ、土ノ籠《ろう》ヘ入《れ》テムサレテモ、*耿然《こうぜん》トシテ君ノイトヲシイナリニ心ガナリテアル。ソレユヘ其心ガ安ゼザルコトアレバ、安ズルマデデナウテハヤマレヌ。ソコガ成ㇾ仁ゾ。心ニ仁ト云モノガアルト知テ、ソレニキズツケヌヤウニスルト云コトデハナイ。コレハワキカラ仁者ノ心ヲカフ語リタモノゾ。義理ノヤマレヌナリノ欲スル処ガ生ヨリ甚シク、義理ノヤマレヌナリノ悪ム処ガ死ヨリ甚シイユヘニ、ドコカラドコ迄モ始終全フキズ付ヌゾ。害ハキズ付ルコトヲ云。

心徳…ナリニ　無戊本京本「本心也ニ」。

耿然　志操の堅いさま。

ヒタト此心〳〵ト、克己カラ云ヒ、存養カラ云ヒ、事ヲ行ヒ、変ニ処《お》ルカラ云テ、表裏徹底、此心ヲ成就スルコトデ、此心ハ何ノ心ゾ也《や》、在《ては》二天地《に》一云々ト語リタルヲトナヘテミヨ。全体ミズ〳〵トシタル生《す》レ物《を》ノ心ジヤハト云コトガ、トナヘルナリニ*藹然《あいぜん》トシテヲボヘラルヽゾ。坱然《おうぜん》ハ、ミチ盛ニ、ドコモカモ物ヲ生ゼン〳〵ト、ムセ〳〵トミチサカリテアルコト。或ハ霞トナリ、或ハ雨トナリ、或ハ春夏秋冬トナリ、或ハ人物草木トナリ、皆天地自然ノ忍ビザル心ゾ。サルホドニ物ヲ折ルトシルガ出テ、天地ノ心ノイヤガリサフニ見ヘル、我心ニモムゴ〳〵シウ思ハルヽ。アノヤウナ処デ天地ノ物ヲソダテタガル心ガ見ヘルゾ。其ナリニ生レタ人ノ心デ、温然トシテニコヤカニホケヤカナ、人ヲアシウ思ハヌ様ニ、物ヲトゲサシタイ、ヨイコトトイヘバウレシウ、何トゾヨウシタイト云ヤウニ、アノ意味気象ノミズ〳〵トウルハシイ、アノ味ガ生レ物ノ心ニテ、其心ガヨロシイトモナリ、ウヤマフトモナリ、是非ヲ知ルトモナルユヘニ、仁ハモヘルナリヲ火デサシ、シハヽユイナリヲ塩デサシテ、本カラ云ヘバ包《ね》二四徳《を》一、事カラ云ヘバ貫《く》二四端《を》一ゾ。モコレ迄デ仁ノ説ハ至リ尽タガ、コレカラ或問ヲ立テ、程門ノ衆ノ仁ノ旨ヲ失タルヲ辧ジテ、餘意ヲツクサレタルゾ。仁ノ旨ヲ失《う》ノアヤマリ三端アルゾ。ソレヲ一々挙テ辧ゼラルヽデ、天下万世仁ノ正旨ヲ失ハヌゾ。

或《ひとの》曰、若《ごとくなれば》二子之言《の》一云云

其方ノ云分ナレバ、人ハ愛ナリニ生《れ》得ルト云コトナレバ、程子ノ愛*ハ情、仁ハ性、愛ヲ仁トスルハアシイト仰ラレタル説ハ、アヤマリニセネバナラヌガ、ドウゾ。曰、サフデナイ。

藹然　なごやかに和いださま。

愛ハ情仁ハ…　二程遺書(近思録、道体所載)に「仁を問ふ。伊川先生の曰く、此れ諸公自(みずか)ら之を思ふに在り。聖賢仁を言へる所の処を将て類聚して之を観て体認し出し来れ。孟子の曰く惻隠の心は仁也と。後人遂に愛を以て仁と為す。愛は自(おのずか)ら是れ情、仁は自ら是れ性。豈専ら愛を以て仁と為すべけんや。孟子の曰く惻隠の心は仁の端也と。既に仁の端と曰へば、則ち便ち之を仁と謂ふべからず。退之が言く博く愛する之を仁と謂ふは非也。仁者は固より博く愛す。然ども便ち博く愛するを以て仁と為るは則ち不可なり」。

凡《そ》仁ノ本体正味真実ヲナノレバ、愛ノ一字デ語ルガ、ヅンド本旨正脈ゾ。然ニ常ニ人ノ愛々ト云ハ、子ヲミテカハユウ思ヒ、親ヲミテイトヲシイト思フ、已ニ心ノキザシカラデナウテハイハヌユヘ、ソレヲツカマヘテ仁トイヘバ、子貢・*韓子ノアヤマリニナリテ、孺子ノ井ニ入《る》ヲミザルサキハ、惻隠ノ心ハナイニナリ、親ノ顔ミヌサキハイトヲシヒ心ハナイニナル。ソコヲ程子ノシカラル、ゾ。皆情ヨリ外愛ノ字ヲ知ラヌユヘ、ソレヲ仁ト云ト、情ニ感ジテカラ仁ト云ニナルユヘ、アツウ覚ヘテ火ト云ヤウナモノデ、火ノ本然ノ、手ニアタラヌマヘニ生《れ》得テイル、正味真実ノアツイヲシラヌ故ニ、学ヲトクモ心ニキザスヨリ後ヲトキテ、心ノ本原ヲ知ラヌ。*デモ「論」「孟」ニ孝弟忠信トアリテ、本原ノコトニハ不レ及ト云ガ、アレハ人道為学ヲ主ニトイテ、其本然ニ至テハ、熟処ノ上ニテ得ヨトアルコトゾ。ソレヲ不レ知シテ、皆義理ノ行ル、アトヲミテ道ト思ヒテ、コレヨリサキハナイト思フ。ソレデ程子ノ、愛ヲスグニ仁ト思ヘバ、人ノ天地ニ生《れ》得タモノハ何モナウテ、人ト人トノ*モメアイデ道ガ出来ルニナルユヘ、ソコヲシカリテ、情バカリヲ愛ト思フハ仁デナイ。仁ハ情トイハヌサキノ愛ジヤモノトハ仰ラレタルゾ。*愛之理ハ、イトヲシヒヤウニ、イトヲシヒトイハヌサキカラ、大根ノ生《れ》付テイルヲ理ト云。別シテ愛之理ト云字ヲ朱子以来知《る》者鮮《すくなし》矣。コノ理ノ字ノ旨ヲ得ヌト、頓トチガフゾ。理ハソレ〳〵ノ筋目〳〵ヲ云ユヘ、愛《いとお》シミヤウノ筋目ジヤト云ト、ソデナイゾ。愛ミヤウト云ト義ノ字デ、仁デハナイ。又愛ハ仁デナイ、愛ノ理ガ仁ジヤト云モ、ソデナイ。愛ミト云身ニ生得テ、身体髪膚イトヲシミノ身ニナリテイルガ理ト云モノ。理ノ字ハ、真味親切、身トモニ生得テイル根ヲ云ドテ、

韓子… 唐の韓愈(退之)。その著、原道に「博愛之を仁と謂ふ」と言った。

デモ 斯別本無丁本新丙本なし。

モメアイ 交渉関聯。

愛之理 論語、学而の集註「仁者愛之理心之徳也」、孟子、梁恵王上の集註「仁者心之徳愛之理」等にある朱子の有名な仁の定義。

万一理　万殊一理か。天地万物は千種万別なれども、理は一つ。

理トハ仰ラレタルゾ。甘ハ沙糖ノ理ト云様ナモノデ、ナメテミテア、甘ト思ハスル真味ナリニ、マダナメヌサキカラ、沙糖ノ身トトモニ生得テイル真味親切ノ甘ガ理ト云モノゾ。天地生レ物ノ心ノハヱヌキユヘ理ト云ゾ。愛ミノ身ニヤマレヌト云ガスグニ理デ、サフ云ナリニ生《れ》得テイルゾ。愛ノシヤウデ理ヲトクト、トント仁ハツブル、ゾ。ソレガ我心《の》徳全体ノハヘヌキユヘニ、心之徳トモ云。心之徳ノ真味カライヘバ、愛之理ト云。ソレヲ知ラズニ、徳ハ体デ、理ハ用ジヤト云。サテ〳〵ニガ〳〵シイコトゾ。愛ハ仁デナイ、愛ノ理ガ仁ジヤト云モ、イトヲシマヌサキノイトヲシヒ正味ヲ知ズ、理ノ字ノ真味親切ノ意思ヲ知ズ、愛ノ体ト云ヤウニ思フユヘ、コレモソデナイ。諸儒ノ説ニ、万*一理ノ字ヲヤハリ愛ノ字デスグニサシテ云タト云説アレバ、仁ヲ知リタトユルサル、ガ、朱子ノ説ヨリ外ニハトント見ヘヌゾ。情ハ感ジテヲボヘアルヲ云。性ハ生ノマヽノ生付デ云。体用ノチガイコソアレ、アツイ火ジヤニヨツテアツク、ツメタイ水ジヤニヨツテツメタイ。香ヲ持タ生付ナレバコソ、伽羅ガ火ニノセルト香フ。スレバ性ナリノ情ヨリ外アラフ様ガナイカラハ、愛ハ仁デナイト云コトガアラフ様ガナイ。判然ハ二《つ》ニワカル、ヲ云。不ニ相《い》管《せ》一ハ、ソレトコレトカケカマイナキヲ云。程子ノ説ヲ天下ノ学者ガトナヘテ、其意旨ヲ失テ、判然トシテ愛ヲハナレテ仁ヲ云ユヘ、仁ノ字ガノヘイホウニナリテ、生レ物真味ノ妙旨、コレアツテコソ天地モ造化ヲナシ、人倫モ日用ガ行ル、ト云処ハ、ヅンド知ヌゾ。ソコヲ気ノ毒ニ思テ、程子ノ本旨ヲ発スルヲ、程子ト異タト云ハ、イカイ取チガヘゾ。仁ヲトクニ愛ヲキラフテ、程子ノ旨ヲカイサマニトナヘタ誤リガコレデ尽タゾ。

或《ひとの》曰程氏之徒云云、程門ノ衆ノ仁ヲトカル丶ハ多端ナレドモ、コノ二カブニ帰シテ、コレサヘ辨ズレバ、其余ハ不レ待レ辨而明ナゾ。蓋有《り》下謂《て》二愛《は》非《と》一レ仁《に》而以二万物与レ我為《を》一レ一云々、コレハ楊亀山*ノ説ゾ。トカク人ト我トヘダテアルカラシテ、我身バカリカワユウテ、人ハナントモ思ハズ、骨肉ハ大切デ、他人ハカマハヌト云ヤウニナル。万物我ト一マイジヤト云ナレバ、天下皆我ガ愛ノ分内デナイト云コトナイ。コレガ仁ノ量一パイノ体ジヤト云コトゾ。亦有《り》下謂《て》二愛《は》非《と》一レ仁《に》而以三心有《を》二知覚一云々、コレハ謝上蔡*ノ説ゾ。知覚ハ、理トシテ身ニヲボヘヒヾカヌコトナキヲ云。人ノ心ノ、寒ヒトヒイヤリト覚ヘ、刺スト痛ト覚ヘ、心ノウセズ死ナズ、親ト云トイトヲシ丶、長ト云トウヤマイ、理ゴトニヲボヘザルコトナク、何時モ感ゼザルコトナイ、神気ノ凜然*トシテ明霊*ニ生付テイルガ仁ジヤトアルコトゾ。今其方ノ説ノトヲリナレバ、コノ説ハ皆非歟。曰、物我為レ一ノ説ハ、自然ニ人ノ身ノ愛ニ生得テイルモノユヘ、親ノ病ヲミテハ自カラ憂ハシク、兄ノ達者ナヲミテハ自カラ喜シク、推《し》テイヘバ人ノ難義ナコトハ笑止ニ思ヒ、天下ノ困窮スルガ我身ヲキツテイタイトヲボヘル味ノヤウニキノドクニ思ヒ、一艸一木迄ミダリニ折テステザルニ至マデモ、イトヲシム心ノ貫カヌコトハナイ。仁ノ規模一パイヲ語レバカフジヤガ、其仁ト云ハ何ゾト云正真正味ヲ不レ知シテ、ムセフニ仁ノ全体ヲカネルコトヲ云ル丶ユヘ、仁ノ体ト云ル丶体ノ字ハ仁ヲトク大切ノ文字デ、程子ノ語ニアルガ、タダ何モ角モ、ヒロウカネルト云全体ノ合点サフデ、何ガ体ゾト云体タル処ノ正味正真ノ処デハナイゾ。真ハ正味正真ヲ指テ云。カウイヘバ義デモ礼デモ云ハル丶ゾ。ヨノコトニヒロゲルコトナシニ、仁ノ生付ハ何モノゾト

楊亀山　↓一〇一頁注

謝上蔡　北宋の儒者、名は良佐、字は顕道、上蔡の人、世に上蔡先生と称さる。程門四先生の一人、陸学の先駆となり、著に「上蔡語録」三巻等あり。

凜然　きりっとして犯し難い威厳ある様子。

明霊　明かで霊妙なるさま。

云真ヲ知ラヌゾ。サテ愛ニ生付タ身ユヘ、可レ恥コトハ恥カシク、可レ哀コトハ哀シク、寒ケレバ寒ク、暑ケレバ暑ク、ユクトシテ理ノ感ゼザルコトナイハ、仁ノ明ナナリニ智ヲカヌルト云モノデ、仁ノ仁タルモチマヘノ実デハナイゾ。観《みば》下孔子《の》答《えたまう》ニ子貢《の》云云一ハ、タヾ人ヲ愛スルガ仁ト云ハムカフヲミタモノ、ムカフヲミレバ、ドコ迄モヒロガルデナウテハ十分デナイト思ヒ、博施《く》済《しすくうこと》衆《おおき》ヲ仁ト思テ、仁ノ正味ヲ知ヌゾ。智覚ハ智ニ属スルユヘ、仁ノ智ヲ包ルトハ云ル丶、知覚ガスグニ仁ジヤトハイハレヌ。コノ孔子ノ答ト程子ノ説ヲミレバ、イヅレモ皆仁ノ真実ヲ知ヌト云ガ明ナゾ。

抑泛《ひろく》云云、コレヨリ両方一ツニツキ合テ、仁ノ正旨ヲ失タ弊ヲ語リツメラレタゾ。泛ハ*バイトシタコト、惣ヅカミニ仁ジヤト云コト。含胡ハワケノナイコト。昏緩ハ*ドミテヌンメリトシタコト。ドコヲ仁トサ丶フヤウナク、ナンノ差別ナイ云分デ、万物一体ジヤト云ヲ、ドフ功夫セフト云ト、何ヲ端ニイハフ様ガナイ。ハヾガヒロイヤウナレドモ、サシアタリ親ハ親ノヤウニ愛シ、長ハ長ノ様ニ敬フ。身ニ切ナナリカラ本心ヲ害セヌ功夫モアルガ、惣体カネタヲ仁ト云ト、心ニハツシリト*サメ、身ニ*ヒツシリト無《き》ニ餘義一功夫ハタ丶ヌゾ。警ハハツシリト性根ノツクコト。切ハ身ニヒツシリトキシリタコトゾ。認《て》レ物《を》為レ己《と》ハ万物ヲ惣体我《わが》ヤウニ愛シタガヨイトムセフニ云ト、卒ニハ他人モ親ノヤウニ思ヒ、釈氏ノ*六波羅蜜ノ行ノ身ノ肉ヲ割テ鳥ニ哺シ、身ヲ鬼口ニ投テ不レ惜ト云ニモ至ゾ。専言《う》ニ知覚《と》一者ハ、ヌカラヌ気象ニナリ、気象ガカハイテウルヲハズ。張皇ハ、ハリヲホイニスト訓《よ》ム。迫ミヂンデモ心ガヌカルトワルイ、今ノハヌカリタト云ヤウニ、ハリタテ〱スルコト。

バイ　漠然の意。

ドミ　曇み。どんよりと曇り、にごる。

サメ　覚醒。

ヒツシリト　斯別本無丁本新丙本「ヒツシリ〱ト」。

六波羅蜜ノ行　涅槃の彼岸に至るために菩薩が修する、布施・持戒・忍辱・精進・禅定・智慧の六種の行。

躁ハ理*ガ感速デ、ヤリ〱イラ〱トスルコト。皆気象デ合点セヨ。コレデハアノ仁ノ沈潜ナル味ノ、イハズシテ意思滋味ノシミ〲〵ト身ニ切ナ味ガカハイテナクナルゾ。認《て》レ欲《を》為レ理《と》ハ、シリヲボヘサヘスレバヨイト云ト、卒ニハ色ヲミテ好ミ、声ヲ聞テ面白ト云《う》心デモ何デモ心ニ感ジサヘスレバヨイト云ニナリテ、私意私欲デモ、ヌカルコトデナイガ本心ジヤト云ヤウニナルゾ。サレバコソ楊氏一生ノ学ガ、*タカノ理ハヨクキコユレドモ、タヾドコヘモアフヤウニ云ナラシテ、其物ニツイテ其理ヲ明スヤウナ切実的当ナル味ガナシ。謝氏ノ説ハ、*発越スルトコロハアレドモ、カリソメノ義理ヲトカル、ニモ、掀《あげ》レ髯ヲ*攘《はらい》レ臂ヲ以《て》見《ス》二*精采ヲ一ト云ヤウニナリテ、*優游*厭飫《えんよ》ノ味ガナイハ皆其験《しるし》ゾ。*忘ハ楊氏ノ病ゾ。万物一体ト云テ、本心ノ真味ヲシラヌユヘ、*汎然《はんぜん》トシテ身ニ覚ガナイハ忘ゾ。助ハ謝氏ノ病ゾ。本心自然ノ愛カラ理ガ自《お》カラミヘテクルニ、知覚ガ仁ジヤト云ト、ドコイ*ヌカラヌトヒキツルユヘ助ゾ。忘モ助モ、ヒツツレタチテ仁ノ旨ヲ失テ、就レ中知覚之云《いい》ガ害ガアルゾ。ナゼナレバ仁者ハ本心自然ニ安ジテ、*イラツコトモセハシイコトモナク、泰然トシテ楽《み》レ山《を》、従容トシテ能《く》守ル気象ジヤニ、知覚カラ云ト、イラ〱トカハイテ、ヅンドカフシタホケヤカナ気象ガミヘヌユヘ、別シテ仁ノ旨ニキラフコトゾ。楊氏ノ病ハマダ立ナヲルコトモアルガ、謝氏ノ病ハモハヤナヲリガタイ。小子ノ*シヤレスギ、コマシヤクレタガ、ナヲリニクイヤウナモノデ、キツウイヤナコトゾ。仁ノ旨ヲ失フ病ガ此二カブユヘニ、予《われ》尚《お》安《んぞ》得《ん》二復《た》以レ此《を》而論《ずることを》レ仁《を》哉ト、反復シテ云テ深《ク》戒レ之也。

仁説《の》図〈按《ずるに》仁説登《はせ》二於朱子文集《に》一、図載《はす》二于語類《に》一、図《は》蓋云云。〉

理ガ感速デ 斯別本「理ニ感スルコト速テ」、無丁本「理ニ感スルコト速ニシテ」。

タカノ 高遠な。

発越 振い起つこと、発揚。以下の謝氏の風姿の形容は朱子語類巻一〇一に見え、「伊洛淵源録新増」にも引載さる。

掀髯 笑って口ひげの動くさま。

攘臂 腕まくりする、奮い立つさま。

精采 いきいきとして元気のある様子。

優游 なごやかでのどかな様子。

厭飫 十分にゆったりした様子。

忘 元禄の師説に「忘ハヌカル、助ハユキスギルゾ」。

汎然 ひろくとりとめのない様。

イ 強めの接頭語。

イラツ いらだつ、いらいらする。

シヤレ 気のきくこと。

此図ハ仁説ノ為ノ図トハシレテイレドモ、説ハ「文集」*ニ載リ、図ハ「語類」*ニ載ルユヘ、各《おのおの》別ナヤウニ思フガ、「仁説」ヲ問ニツイテ、明白ニ諭サフトテ、図ニシテミセラレタルモノゾ。指画ハ、ユビデサシヅシテカクコトヲ云。ダタイ真一文字ニカク筈ナレドモ、板ニスルト、紙ノセバイ中へ入ル、ヤウニセネバナラヌユヘニカウスル*ゾ。真一文字ノ合点デミルベシ。サテ此図ノ正味ハ、仁・人・心・未発・已発相カネテ、性・愛・仁ト正中《まンなか》ニカイテ、人心体用渾然トシテ、正味ヒキヌイテイヘバ、愛ノ一字ニアルヲミセラレタゾ。程子前後ノ衆ガ愛ヲ身ニヲボヘ、ワザニミヘ、サキヘ及テ、始テ仁トサスユヘ、仁ノ根ヌケ*正真ノ、身トトモニ心トソナハル、沙糖ノ甘ク生付、梅ノ酸ク生付ヤウニ、身ノ物ヲ愛セヌサキカラ愛スルニ生付ク本原ヲシラヌゾ。故ニ愛ノ字ヲ性ト仁トノ正中ニカイテ、未発已発渾然トシテ、本体生レ物ノ心ナリニ生付テイル身ジヤト云コトヲ見セタ。水カラ生タ物ハツメタフ生付筈、火カラ生タ物ハアツウ生付筈、天カラ生タ物ハ生レ物ナリニ生付。コレヨリ外ニ仁ノ本旨ノヲクモクチモナイゾ。其愛ガ場ゴトノナリニソレ〳〵ニ行ル、。皆其ソレ〳〵ニ行ル、ヲミテ仁ト云ガ、クライコト、本然ヲ知ラヌゾ。「中庸」ニ未発之中*トアルガ、未発之愛ト云コトハ、始テ朱子ノ語*ニ見ユル而已ゾ。コレヲ知ラネバ、仁ノ意味ハ得ヌゾ。

仁者天地生レ物《を》之心《にして》而人之所ニ得《て》以《て》為レ心《と》云云

「仁説」ノ通リニカハルコトハナイガ、相貫ク大切ノ字ヲ正中《まんなか》ニ大書セラレタガ図ノ主意ゾ。生《ナル》之性ハ、コメノタネノ、ハヤサヌサキカラウルホフテ、熬米《いりごめ》ノヤウニナク、ハヱ

文集　朱子文集巻六七。
語類　朱子語類巻一〇五。
スル　底本「スルスル」、諸本により訂。
根ヌケ　生え抜き。
未発之中　中庸一章「喜怒哀楽の未だ発らざる、之を中と謂ふ。発て皆節に中(あた)る、之を和と謂ふ」。
朱子ノ語　例えば語類巻二〇に「仁是未発、愛是已発」「所謂愛之理者則正謂ニ仁是未発之愛、愛是已発之仁一爾」等と。

ツル　繋(かけ)る。ここでは系図の線を引くこと。

成リ得ルヲ　斯別本高本無丁本無戊本新甲本新丙本九甲本「ナリ得ルヤウニ身ニ得ヨウ〳〵トスルヲ」、小甲本新乙本「ヤウニ」以下の字を抹消。

サフニミズ〳〵ト意味ヲフクミテイルヲ云ゾ。自然トヨイコトハウレシガリサフニ、アシイコトハイヤガリサフニ、ウレシガリ、イヤガラヌサキカラ、気象トトモニ自然トサフアルハ、生ノマヽノ生ルト云ナリニ生付テイルユヘゾ。此愛ノ字ノ系図ヲ程門ノ衆ニサセテモ、韓退之ニサセテモ、皆左ノ方ノ情ヘ*ツルユヘ、本然未発ノ愛ヲ知ラヌ。身トトモニ生ル、ナリノ愛ト云コトヲ知ラヌガ気ノ毒ゾ。ソレガアラハル、ト、物ヲ愛スルノ、孝弟ノ、恕ノト云名ガツクゾ。サテ公ハ仁デハナイ、私ノナイコトヲ云テ、克己ノ目当ゾ。才《わずか》ニ私アルト、便《ハヤ》イトヲシイ親ガ身ニ切ニヲボヘラレヌユヘ、其私ヲ克《ち》去テ、自然トモユル火ノモユルヤウニ、親ガ大切ナ身ニ*成リ得ルヲ体レ仁《ヲ》ト云ゾ。孔子ノ顔淵ニ「克《かち》レ己《わたくしに》復《かえりて》レ礼《に》為《す》レ仁《を》」ト教ラレタルガコヽノコトゾ。公ノ字ノ取ソコナイガ亀山ノ病ゾ。公ハ心ニヘダツル私ヲ克去ルコトジヤヲ、亀山ハ何モカモヘダテズ、万物一体ノ思ヒナシカラ云タモノ。公ノシルシヲ仁ト思テ、公ノ実意デナイ、ハヾヒロウ、万民ハヨソノ物デナイト、惣ナラシカラ思ヒナシタマデヽ、真味自然ニ身トトモニヤマレヌナリニ、親ノイトヲシク君ノハナレガタイト云味ガナイゾ。聖賢ノ公ト云ハ、アトメノコトデ弟ニヘダテル意アルハ私ユヘ、ソコヲ克去ト真味自然ニ身トトモニ弟ガカワユイヤウニナル、ソコガ公ゾ。亀山ノハバヒロイヤウデカラ、ヲモヒナシデ云タマデゾ。孝弟ハ愛ノ日用ゾ。恕ハ人ハ我身ノカワユイ様ニ思レヌ処ヲ克去テ、ドコ迄モ我身ノカハユイ其心ヲ推シ及シテ、子弟ナレバ子弟ノヤウ、民ナレバ民ノヤウニ尽シテユクコトゾ。施ハドコカラドコ迄モ已ガ心ノ如ニ推《し》及シテユクコトヲ云ゾ。サテ知覚ハ智ニ属シテ仁ノコトデハナイ。コレハ上蔡ノアヤマリゾ。

一坐答問ノ際ニナサレタル図デモアラフガ、サテモ〳〵精微ナ図ゾ。学者審観熟玩シテ、其旨ヲ得ルヤウニスベシ。

答二*張欽夫一〈論二仁説一 〇已下皆*文集〉

天地以レ生《なすを》レ物《を》為レ心《と》此《の》語恐《くは》未レ安《から》

熹竊《に》謂云云

コレヨリシテ終篇ニ至マデ、張氏呂氏ヲ相手ニシテ、未発ノ愛ヲ反復説破セラレタルゾ。南軒ハ*五峯ノ胡氏ニ学デ、知覚カラ入ル学ゾ。恐《くは》未レ安《から》トアル南軒ノ旨ハ、天地ヲミレバ春トナリ、夏トナリ、雷霆ト発シ、日月トメグリ、悉ク天地ノ道デナイコトハナイニ、生レ物《ヲ》バカリヲ心トスレバ、天地ノ心ガ此一《つ》ニカタマル、少《ちいさ》ナコトジヤト思ハル、カラゾ。其四時ト行ハレ、雷霆ト奮ヒ、日月ト昭《てら》シテ、カクノ如ニ造化ノヤマヌハ生レ物ノ心ニシテ、仁愛自然ノ本原ジヤト云コトヲヱシラレヌ。サテ天ハ無心ナ物ジヤニ、為レ心ト云コトハナイト云ノ疑ハ、文義ノトリヤウガワルイユヘゾ。凡《そ》物ハ大デモ小デモ、コノ形アレバコノ事アリ。天地デイヘバ、*確然ハ天ノイツマデモカハラズクヅレヌ体。*隤然《たいぜん》ハ*ナダレカタニナリテイル体デ、地ノイツ迄モ此ナリニナリテ立テイルヲ云ゾ。確然隤然トシタルナリデ、何一ツスルトモ云ヤウハナウテ、天ノ気ガ地ヘ感ジテハ生ジ、地ノ気ガ天ニ感ジテハ生ジ、トカクナスヨリ外天地ノ事ハナイ。天地ノワザガカフナレバ、天地ノ心モカフゾ。サレバコソ「易」ハ聖人ノ晩年ニ天地ノ身体臓腑ヲトカレタル書デ、ソレニ、*天地ノ大徳ヲ生ト曰ト云テアル。大徳ト云ハ、徳ハヲホイコトジヤガ、惣ナラシヲクヽリ、一言

張欽夫 →一一五頁注「南軒張氏」

文集 朱子文集巻三二。

五峯 宋の儒者胡宏、字は仁仲、安国の季子。家学を伝え、衡山の下に優遊して学を講じ、学者称して五峯先生という。

確然・隤然 易、繫辞下「夫れ乾は確然として人に易きことを示す。夫れ坤は隤然として人に簡(ぶは)くことを示す」。確然は健なるさま、隤然は順うさま。

ナダレカタ 傾斜のあること。柔なるさま。

天地ノ… 易、繫辞下「天地の大徳を生と曰ひ、聖人の大宝を位と曰ふ」。

デアグルト、大徳ト云ゾ。何ホド生ジテモ〳〵生ジヤムコトモナク、此様ニ雷デ動シ、風デスカシ、日デアタヽメ、雨デウルホシ、親ノ子ヲソダテルト云テモ、コレヨリ外ナウテ、アノ生ズルワザナリニ生ジタウ〳〵思フ自然ノ意思気象ガミヘル。ソレガイツ始ルトモ、イツ終ルトモナク、生々無窮、コレ天地ノ心ノ本体ゾ。知《れば》二此言一、則釈老虚無寂滅之言、不レ待レ辨《を》而其謬可レ見。只是ト云詞ハ、何ノカハリタルコトモ、ヨノコトモナイ、生ヲ道トスルマデジヤト云コトゾ。*復見《はる》二天地云云一ハ、全体天地ノ心ナレドモ、一陽来復シテ、ニツコリトウルハシウ、春ニナリタラバ、花ヲバサカセウト云ハヌバカリニ、*メザシノミヘル処ガ、アソコデ天地之心ヲミヨトアルコトゾ。カレハテタル処デハ、天地ノ心トハ云ハズシテ、復ノ卦デ天地之心ヲミルトアルモ、此時ニ始テ天地ノ心アルデハナイガ、四時全体デハ、見ント欲シテモドコニ*端ヲ云ヤウナイユヘ、見ルベキヤウナイガ、冬ニナリ万物カレハテヽ、アタヽマリ気ノナイト云下カラ、ニツコリトメザス、アソコデ生《み》タウ〳〵思フ心ガミヘル、ソリヤコソ天地ノヲモハクガミヘタ、コレガ天地全体ノ心ジヤハト、指シ示サレタモノゾ。雞雛ノピヨ〳〵トシタシホラシヒ処デモ看ヨ。大ニナルト生レ物ノ心ガナイデハナイガ、生レ物ノ心ナリニ生レテ、コハバラヌ、ユブ〳〵シタル処デ、生レ物ノ心ガマジリナシニイチジルシイゾ。コレデ生ノ字ノ吟味ハスミテ、然ニト云ヨリ、以為レ心ト云文義ノトリチガヘヲトカレタゾ。程子ノ*以レ生為レ道トアル文義モ、天地ガ、ヲレハ何ヲ道ニシタモノデアラフ、生ムコトヲ道ニセフト云デハナイ、コチカラ天地自然ノナリヲ語ツタモノゾ。以為レ心ト云モ、コチカラ語レバ、生マフ〳〵トスルヨリ外ハ天地ノ心ハ

復見… 易、復卦、彖伝に「復は其れ天地の心を見るか」と。程伝(近思録、道体に引)に「一陽下に復るは乃ち天地物を生ずるの心なり。先儒皆静なるを以て天地の心を見ると為す。蓋し動くの端は乃ち天地の心なることを知らざるなり。道を知る者に非んば孰か能く之を識らん」と。

メザシ 芽が萌え出すこと。

端 元禄の師説に「マヅ其ナリニ生ル、人心ユヘ、全ク人欲ニウバハレテイテモ、我トアヽト悔ミナゲク、シミ〴〵ト身カラヤマレヌキザシハヤムト云コトハナイ。コレガ動之端ニシテ、ソコデ本心真味ノ愛ガミユルゾ。動之端ト云ハ、感動ノシホラシウ端ノミエテクルヲ云ゾ」。

以生… 二程全書二。

ナイト云コトゾ。水ハ以レ流為レ道、火ハ以レ燃為レ道ト云ヤウナモノ、此類ハヒタトアルコトゾ。以テ為ト云ニ、*ヲモクレテサウセウト云意ノアルヤウニ思フハ*ヒヨンナコトゾ。トクトソコノ正面ノ主意ヲ認テ、文字ニ拘ハリテ惣体ノ詞ヲ害セヌヤウニスレバ、*辨詰不《して》レ煩《から》而所レ論《ずる》之本指ヲ得ルゾ。此言「仁説」バカリニカギラズ、大抵読書ノ法ゾ。

不《る》レ忍《び》之心可《ん》三以包《てかぬ》二四者《のを》一乎

熹謂孟子論《じ》二四端《を》一云云

南軒ノ未発ノ愛ノ意味ヲ知ラレヌユヘ、不レ忍之心ヲ、フビンナコトヲミテ不便ナト思フバカリジヤト思フテ、四ヲカヌルト云コトハナイトアルコトゾ。ウヤマフハ礼ナレドモ、アノアナドラレヌ、シミ〳〵トシタ意味カラデナウテハ礼ハ出ヌ。恥カシイハ義ナレドモ、サテモ恥カシイコトジヤト、アノ身ニ安ゼラレヌ意味デナウテハ羞悪ノ心ガ出ヌ筈。ソレハヨウナイ、ソレハヨイト、忍ビヌ心カラデナウテハ、是非ノ心モナイ筈。不レ忍ノ心デナウテハ、本心ノ徳デナイ。性善ト云モ、此心アリテノ善ゾ。ソレ〳〵ニ行ル、スジメ〳〵ハ此心ノ場ト云モノゾ。*前説之失但不三曾《て》分《ち》二得《え》云云一ハ、「仁説」ノマヘノ本ハ、サヤウニコソ有タデアラフ。忍ビザルノ心ハ心ノ発ジヤヲ、体デ*ガナ、トカレツラフ。

仁専《ら》言《えば》則其体云云

熹詳《に》味《うに》二此《の》言《を》一云云

南軒ノ見、始終カフヨリ外ハナイ。其合点ガ仁ハ一字デイヘバ、何トヤウナ善モ仁デナイコトハナイ。仁ヲ「論語」ノ目アテトナリテアルモ、孝モ弟モ、ユクトシテ仁デナイコ

ヲモクレテ　もたもたと回りくどく。

ヒヨンナ　とんでもない。

辨詰　元禄の師説に「辨詰ハ、ドフデアラフ、カフデアラフト、セリツメテ云コトゾ」。

前説　元禄の師説に「前ノ仁説ハ体用ヲ分タズ、用処バカリデ云ル、ユヘワルイ。ソレデ今ノ仁説ハ改正セラレテ、体用ヲ分テトカレタゾ。程子ノ仁ハ性愛ハ用ト云ル、モ、コレデ分明ナゾ」。

ガナ　推量を表わす副助詞。恐く体で以て解かれたのであろう。

体　元禄の師説に「体ノ字ハ、モツテイル体段気象ヲ云」。

ハ　九乙本無戊本の外諸本なし。

包四者　元禄の師説に「包四者ト云モ、ヨセ人参ノヤウニ皮カブセルテハナイ。不レ忍之心ヨリ外ナウテ、其ナリニ不義ナ場デハハツカシイトナリ、ウヤマフ場デハインギントナルソ。長度料理ト、ノヘルニ、塩ノ味デサウ〳〵モツテイルヤウナモノ。アマイノスイノト云ハ、ソレ〳〵ノ場ト云モノ。真味ハ塩ニアルソ。仁之所二以為一レ妙也ハ、不レ忍之心ナリニ四ヲカヌル。四ヲカヌルガ袋ニ包ムヤウナコトテハナイ。不レ忍之心ヨリ外ニ、四ノ心カアルテハナイ。ソレ〳〵ノ場ヲ名サセハ四デ、四ナ

リノ真味ハ不レ忍ノ心ノハヱヌキソ。コヽガドフモワケヲ云ヤウナイユヘ、妙ト云ル、ソ」と。

熹按： 元禄の師説にこの項を「程子ノ愛ハ仁デナイトハ仰ラレヌ。愛スル情ヲトメテ性トヲモフユヘ、ソコヲシカラル、ソ。未レ愛サキノ本心生得テイル愛ヲシラヌトアルコト。性情ノ辨ゾ。ソレデ朱子ノ説ハ、トコ迄モ愛ノ字ヲハヅサズニ、未発ノ時ハ愛ノ理、已発ノ時ハ愛ノ発ト、性情ヲ分別シテ、愛ノ正味ハナレヌ。其意最為ニ精密一。シカルニ南軒ハ愛ヲ用デ云ト覚ラル、ハ、察レ之不レ審ソ。朱子ノ愛之理ト云ル、ハ、外ヘ出テ云コトデナイ。愛セヌサキノ、身トモ自然ニ生得テイル愛ヲ云。此理ノ字ヲ道理ノ理トヲホヘテ、愛ハ情ジヤガ、民ハ民ノヤウニ、親ハ親ノヤウニ、ソレ〳〵ノスジメノヤウニ愛スル理シヤト云。大全者諸儒ノ説ガ大ムネカフソ。コレハ義ノ筋ソ。仁ハイタ〳〵シウテタヽイラレヌト云コトノアサキカラ、サフ生得テイルモノヲ云ヲシラズニ、愛之理ヲワザデ云ヲフトスル、ニガ〳〵シイコトゾ。朱子ハ体也性也ト、ハヱヌキデ仰ラル、ソ。親ヲミテイトヲシイ、其イトヲシイト云サルサキノイトヲシイガ愛之理ト、愛ヲ未愛之前ヘヒツシリトモテキテ云ゾ。コレテ体用自カラワカレテ、サテ用ヲハナトハナイユヘゾ。義礼智ヲ相手ニトレバ、其発ハ忍ビヌ心デ、全体デ云ヘバ、義理ト云《う》義理ニソナハラヌコトハナイトアルコトゾ。ソコデ朱子ノ粋然《たる》至善ト云テハ、義礼智、皆粋然至善ユヘ、カフ云テハ仁ノ字ヲトキツケヌトアルコトゾ。仁ト云ハ、イトヲシムト云旨ジヤニ、ドコ迄モ心ニソナハラヌコトナイ、善ヲ皆カネテイルコトジヤトイヘバ、仁ト云字ノ旨ハナイゾ。孝ト云ヒ、弟ト云ヒ、皆善ジヤガ、此忍ビザル心カラデナケレバ出ヌゾ。此心ナウテハヲボヘナイユヘ、本心タヾ愛ノ一字デ、全体粋然至善ノ正味ゾ。カフ云コトヲ知ラレヌゾ。其体*ト云ハ、体用ノ体デナイ。アレガ持《もっ》タスガタノモヨウヲ云。恥カシイト云体ナレバ、恥カシイ根ガ心ニアルユヘゾ。宗廟ヲミテウヤマフト云体ナレバ、敬フ根ガアレバコソサフアルゾ。仁乃《はち》天地生《す》レ物《を》之云云、生ト云ナリニ生レテ、生ト云ナリニ心ガナリテアルユヘ、其心ニ感ズルト、孝トナリ、弟トナリ、ユクトシテ此心ナリノ善デナイコトハナイ*。ソレデ善之長ト仰ラレタ。此心カラデナウテハ、善ノ出ヤウ根ガナイユヘ、善ノカシラトアルコトゾ。*包《かぬる》ニ四《の》者《を》一トハ、外ニモ一ツ四《の》者ヲカヌル心ガアルデハナイ。恥カシイ、ソレ生レ物ノ心、ヲキモナヲサズ四《の》者ナリデ、スグニカネテイルゾ。四《の》者ノ名字ヲ云ヅクナシニ、正真正味ノ実ヲイヘト云ト、只一ノ愛デ、ト云ナリニスグニ四《の》者ヲカネテイル。コヽガ仁之所ニ以為レ妙ゾ。妙ト云ハ、何トモコヽガワケヲ云ヲフヤウナウテ、不レ忍ノ心ナリデ、カネザルコトナイ味ヲ云ゾ。此ト云ハ、不レ忍ノ心ヲ指テ云。朱子ノ未発之愛ト云コトヲ仰ラレタハ、コヽニ始テ出タゾ。何トモ名ヅケテイハフヤウハナウテ、身トトモニハヘヌイテアル正味ハト云ト、未発之愛ゾ。本心自然根ヌケノ愛ジヤト云コトゾ。

レテ体ヲ云ハズ。体ニ本ツカスシテ用ヲ云ハズ。コヽガ愛之理ト云ノ語意ノ妙ゾ。南軒ハ愛ヲ発処デ云テ、体ハトイヘハ善ナモノト云コトシヤガ、ソレデハ仁ノ名ハミエヌ。ソレジヤニ朱子ヲツカマエテ体性ヲ遺略スト云ハ、大ナチガイゾ。南軒ノ察シヤウガ精フイタラヌユヘ、請更詳レ之トアルゾ」と。

熹竊…　元禄の師説にこの項を「元ノ四徳ヲカネ、仁ノ五常ヲカヌルト云ハ、ヒロク空理デ云コトテハナイ。何ンノコトナイ、天地ノ実ガサウ、今ジキニ天地ヲナガメテ御覧ジヤレ。春生ゼサレハ四時ヲナサヌ、日月星辰トナリ、水火土石トナリ、草木万物トナルモ、生ン〳〵トスルカラ出来ルゾ。ソレ〳〵ノモチマヘカライヘバ、ソレ〳〵名ハカハレ、天地ノ生ミタカル親切真味ノ意思カラデナケレハ出ヌゾ。ソノ上文言・程伝ヲ反復シテミサツシヤレタラバ、自然ト生レ物ノ心ガ根ニナケレハ、天地万物カレハテ、寂滅スル筈。生シタカル心ナレハコソ、枯シホタレタ草木ニ水サヘカケルト其マヽ葉ヲ生スル。コレアレバコソ造化ヲナシ、万物ヲ生スルト云トコロガ合点マイラフゾ。若必南軒ノ仰ラルヽトヲリヲ是トスハ合点ナレハ、善之長ト云ヲシラレヌ筈ゾ。長ノ字ヲタヾカサナコトヽヲモハレタモノゾ。長ト云ハ、人君アリテ諸官諸臣天下ノ政トモナ

コヽガ「仁説」ノ大要領ゾ。又謂二仁之為レ道云云ハ、何モ角モ仁ニアルトバカリ云テ、天地生レ物ノ心デナケレバ、道ハナイト云根ヲ知ラネバ、不レ知三仁之所二以《を》云々ゾ。所以ハ、ナゼニ体セザルコトナイト云、真味ノトコロヲ云ゾ。

　程子之所《は》レ訶《する》　正《に》謂《えり》二以レ愛《を》名《づくる》レ仁《に》者《を》一

熹*按《ずるに》　程子《の》曰云云

非レ謂《には》下仁之性不《して》レ発《ら》二於愛之情《に》一而云云ハ、梅ハ梅ノ花ヲサキ、松ハ松ノミドリヲアラハス。イトヲシイ身カラハ、イトヲシム情ガ発スルゾ。下章又云《えるは》下若専《しら》以レ愛《を》云云、此語ハ、「南軒集」ニノラヌガ、「南軒集」モ朱子ノヱラマレテ全書トナツタユヘニ、人ヲマドハス様ナ説ハノケラレタサフナゾ。

　元之為《る》レ義不三専主《ら》二於生《なすを》一

熹*竊《に》詳《にするに》二此《の》語《を》一云云

天地ノ心ガ*ナスヲノケテアルゾナレバ、寂滅ノ見ト同ジ様ニ、本原知ラヌ、根ノカレタ病ニ、コレホドナコトハナイゾ。ナガイコトハナイ、天地ヲナガメテミヨ。生ヲ専ニセズシテ、何ガ天地ニアルゾ。孔子程子ノ言ヲトクトヨンデミレバ、其意ガ見ヘルゾ。義理根源ハ、コノ心ガ生レ物ノ心ナレバコソ、義理ハ出ルゾ。コノ心ガ枯テウルホヒナケレバ、義理ハツブルヽゾ。竊《に》意《おもう》　高明云ハ、アマリノコトニカウ云テヤラルヽゾ。

　孟子雖レ言《と》二仁*者《は》云云一

熹按《ずるに》　仁《は》但云云

南軒ノハ、仁ノカネル根ハ知ラズニ、ワザノカネルヲ云ル、ゾ。何モ角モ、ハヅサヌ様ニ無正ニ云タモノゾ。等差云々、ムセフニカハイガルトハイハヌ、シナ〳〵ヲワカチテアルト云ゾ。若《し》其等差云々ハ、賢ヲ親ムノ、親ヲ親ムノトシナ〳〵アレドモ、シタシムト云親切ノ心ハ愛デ、其ナリニシナ〳〵アルハ義ノスジゾ。南軒ノカネヤウハ、本心未発ノ愛ノ貫クコトハ知ラズニ、何モ角モ、善ト云善ハ皆仁ジャト、ムセウニ云タマデゾ。無《きの》ㇾ所ㇾ不《る》ㇾ愛《せ》四字今亦改《め》去《る》ト云ハ、始ノ「仁説」ニ無*ㇾ所ㇾ不ㇾ愛ノ言ヲヒカレタガ、其旨ヲシラズニコレヲツカマヘテ云ル、ゾ。此四字モマギレタガルユヘ、今改去トアルコトゾ。然バ反復改正ヲヘテ、此説ト成タトミヘルゾ。

*又論《ず》㆓仁説《を》㆒

昨承《わる》ㇾ開㆓諭《することを》　云云㆒

前ノ条ノ又返事アリテ、コレハ其再報ゾ。生*之性ハ、ハヘヌサキカラハヘタガル、生ノマ、ノ根ヌケヲ指テ云。生ㇾ物ノ心ナリニ生付、真味親切ナ本心ヲ仁ト云。ソレヲ知ズニ、愛シテ後ノ情ヲツカマヘテ仁ト云ユヘニ、ソレハ情ジャ、マダサフ感ズル端ナイサキカラ生ノマ、ノ愛ガ仁ジャト仰ラル、ヲ、トリソコナイ、真味生得タ愛ヲモ仁ニトクマイトスルハ、大ナルアヤマリゾ。以ㇾ公《を》為ㇾ近《しと》ㇾ仁《に》ハ、身ニ私ガアレバ、真味ノイトヲシヒ親切ナ情ガナイユヘ、其私ヲ克《かち》去レバ、未発本然忍ビザル心ガ、親ヲ愛スル心トナリ、君ヲイトヲシム心トナルユヘ、公ガ仁ニ近ヒト仰ラル、。公ハ私ヲ克《ち》去《る》功夫ノ力ヲ用ル字ジャヲ、何モ角モ一クルミニ天下万物同体ジャ、ソレガ仁ジャト思ハル、ハ、大ナトリチガヘゾ。

ルヤウニ、本心ノ愛アリテ天下ノ義理トナル根シヤト云コトヲ不ㇾ知シテ、ハヾナコトノ、何モカモカヌルコトヲ云トミタモノ。此乃義理根源ジヤ。コレナケレハ堯舜ノ事業ヲ行テカラカ、民ノカハユイ根ハナイユヘ、作花ノヤウナモノゾ。親ノイトヲシイ心アリテコソ舜ノ孝トモナルコトゾ。民ノカワユイ心アリテコソ堯舜ノ政トハナルコトゾ。コレカナイト老氏釈氏ガ云分ガ尤トナルソ。竊意云々ハ、アマリノコトニカウ仰ラル、ソ。文字ノカ、ツシヤレヤウガシラケイテ、拙者ノヨミソコナフテ旨ヲ得ヌサフナトアルコトソ。風シテノ云分ゾ。高明ハタヾヒロクサキヲアガマヘテ呼詞バカリデハナイ。ソコモトノ高明デゴザルカラハト云アシライゾ」と。

ナス　生す、生むこと。

仁者云云　孟子、尽心上「孟子の曰く、知者は知らざること無し。当に務むべきを急と為す。仁者は愛せざること無し。賢を親むことを急にするを務めと為す。堯舜之知にして物に徧(あまね)からず。先務を急にせり。堯舜の仁も人を愛するに徧からず。賢を親むことを急にせりと」。

無所…　二四五頁一三行目参照。

又論…　元禄の師説に「此書ハ仁ヲ論ズル本末具備、精密竭(きつ)尽セラレタ大切ナル書ニナリテアルゾ」。

生之性　↓二九五頁注

仁ハ生ノマヽノ身トトモニ持テイル性ノ徳デ、性ノ徳タル実ノ、身ニヤマレズ忍ビラレヌ、生ノマヽデ身ニ持テイルハ愛ノ本ゾ。愛ノ本ユヘ、感ズルトシテ忍ビラレヌ心デナイコトハナイ。因《て》ニ性有《に》レ義故《に》云云、故ノ字、因ノ字ヲヨク看ヨ。本ガサフアルユヘ、ソレデサフアル。人参ノ補ハ、ヲギナフ性ノ生付テイルユヘゾ。補ト云シルシヲイハヌサキニ、補ナリノ徳ゾ。然ニ我身ニヘバリツイタ私ト云モノガアレバ、不レ忍ノ本心ノ体用ノ妙ヲ尽スコトガナラヌ。ソレデ其私ヲ克《ち》去リ、*本法ノ礼ニ復テ、夫ノ身ニヘバリツイタ蔽モナウテ、ソコデ生ノマヽノ本心ヲ得ゾ。*廓然大公ハ「*定性書」ノ語ジヤガ、クハラリトハヾヲヒロゲテ云コトデハナイ。ネタムノ、ヘダテルノト云ヤウナ、イヤラシイ私意ノナイコトヲ云。アノ私ノ蔽ノナイ意味気象デミルベシ。情根《ねざす》ニ於性《に》一ハ、枝葉ハ根ガアレバコソハヘル、根ハ枝葉デコソ見《あら》ハルヽゾ。公《にして》ニ天下《に》ニ而無《れば》ニ物我云云一、ムセウニ天下一体ジヤト云ガ公デハナイ。ソレナレバ天下一統ニ愛セネバ、公ガイハレヌゾ。何ゾカゾ、一ツ〳〵ニヘダテル私ガアルモノ、サアレバ我身ヨリ外ハ感ゼヌモノゾ。其一ツ〳〵ニヘダテル私ヲ克去《ちる》ト、ソレ〴〵ノ筋目ナリニ心ガ感ズル、ソレヲ公ト云ゾ。*此《の》両句甚《いずれの》処《か》云云ハ、此語デドコヲサイテ仁ノ体トセフゾ。愛ガドコ迄モアマネカラヌト云コトナイト*云ゾナレバ、情ヘヒロガル上デ仁ヲ云ユヘ、*韓退之ノアヤマリト同《じ》コトゾ。若《し》以下公《にして》ニ天下《に》上云々ナレバ、一人モノコラズ、アマネク愛セネバ公デナイ。親バカリガイトヲシヒノト*云ハセマイコト、親モ民モ*ヘダテズ、万物全体デ云ハネバナラヌゾ。コレデハ公ノ本旨デモナク、漠然《として》無《く》レ情、但《ただ》如《し》ニ虚空木石《の》一ゾ。遠キセンサクマデモナク、*身スガラデモ、弟バカリカハイガリテモ、

本法　斯別本無丁本新丙本「本体」。

廓然大公　心が非常に広く大きく、えこひいきがないこと。

定性書　宋の程顥(明道)撰。張横渠に答えた文で、師の周濂渓の「太極図説」と相い表裏し、性に従って絶て錯乱せしめることなく、性に復帰し、動静将迎内外を超越せる学問修養の極至の境を説く。同書に「夫れ天地の常は其の心万物に普くして無心なるを以てなり。聖人の常は其の情万事に順て無情なるを以てなり。故に君子の学廓然として大公、物来て順応するに若くは莫し」と。

此両句　「公ニ天下ニ而無ニ物我之私一、則其愛無レ不レ溥矣」(二四九頁一五行目)を指す。

云ゾナレバ　斯別本高本無丁本無戊本新丙本九甲本「云ソレハ」、新甲本「云トナレハ」。

韓退之…　↓二六七頁注「韓子…」

云ハセマイコト　無戊本「イワセマイ」。

ヘダテズ　無戊本「ヘタテナク」。

身スガラ　自分のからだ一つ。

ヨソノ弟ヲカハイガラネバナラヌニナルユヘ、骨肉デモ他人ト同ジ様ニナリ、親切ノ心ハナウナリテ、相愛セヌニナリテ、溥《あま》ネヒ処ヘユキタヽヌ。此両句ニ、ドコニモ仁ノモツテイル正味ヲ説キ著タ処ハナイゾ。仁ハタヾ面々ノ身トトモニ生付テ、ツメレバイタイ、見ルトイトシイト云、至親至切ノ心ノ、マダイトヲシイトモ何トモ情ノキザサヌサキカラ、初ヨリ人参ノ補ト生《れ》付《き》、火ノアツイト生付如ク、身トモニアル根ヌケノ本心ヲ云ゾ。然ニ私ニヲヽハルヽト其心ガヘダタルユヘ、其何トゾヘダツルワケガアルモノ、ソレヲ克《ち》去テ、微塵モ私ナイヤウニスルト、生レ物ノ心ノ生ヘヌキノ身ユヘニ、ピツタリト至親至切、不レ忍之心ノ全ヒ身ニナルゾ。体スルハ、我身ノ物トナリテ、初カラ生ノマヽノ身ナリニ、キズガツカヌト云コト。風ヲヒイテ香気ノ鼻ヘイラヌハ、風邪ニヘダテラルヽユヘゾ。鼻ハ初ヨリ香臭ヲ聞クト云、聞カヌサキカラ本然ノ徳ゾ。故ニ風邪サヘ去レバ、香臭ヲヨク聞ト云マデモナク、鼻トトモニ身ニナリテアル、アソコガ体スト云モノゾ。公*《にして》而以レ人《を》体《す》レ之《に》故《に》為レ仁《と》、此語ホドソナワリタコトハナイ。程子ノ仁ノサバキニ此語ノ貫カヌコトハナイ。人ノ身デ持テイル、ハヘヌキノ徳ナレドモ、私ニヘダテラルヽト、身ナリニアル徳ガヒヾカヌ、其私ヲ克《ち》去《る》ト、ダタイノハヘヌキノ、人ノ身デモツテイルユヘ、忍ビヌ心ガ全ゾ。公デ、サフシテ人ヲ以《て》体スルト云デハナイ、初ヨリダタイ以レ人体レ之、生ノマヽナレドモ、ソレガ私ニヘダタルユヘ、ソレヲ克去レバ、スグニ人ノ此身ナリガ生レ物ノハヘヌキ全ヒ、ソレガ以レ人体レ之ゾ。キワメテ大切ナル旨ゾ。「近思録」ノ、「語類*」ニ、此説ガ何箇条モアルガ、聞ソコナフテ、或ハ体認ノ体トトリ、或ハ体骨ノ体トトル、皆非ナリ。

公而… 二程遺書(近思録、為学にも所載)に「仁の道は之を要するに只一の公の字を道(い)ふことを消(もち)ゆ。公は只是れ仁の理、公を将(もつ)て便ち仁と喚び做す可からず。公にして人を以て之に体す。故に仁と為す。只公なれば則ち物我兼て照すと為す。故に仁の能く恕する所以、能く愛する所以なり。恕は則ち仁の施し、愛は則ち仁の用なり」。元禄の師説に「体ノ字ヲ人ノ身デトメテミルト、功夫ノ語ニスルハアヤマリゾ。此説ガ至極ノ本旨ゾ。体ハ、ダタイ人ト生テイルナリニ身ニモツテイルコトヲ云。ソレガ私ニヘダテラルヽト覚ナイ身ニナルガ、公ニサヘアレバ、公ナリニ人ノ身ナリニアルト云コトデ、体レ之ト云。公而ト云而ノ字デ、功夫ノ所ハ已ニ公ニワタシテアルゾ。人ト云デ、仁ノ旨ガモ帯テアルゾ。私サヘナケレバ、ソレ其人ノ身ヲ看ヨ。自然ト親ニ対シテモ、君ニ対シテモ、身カラシミ〴〵トイトヲシイ、ソレハ感ジタ上ジヤガ、マダ用処ニ出ヌナリニ、打バヒヾカント云ヤウニ、身ニナリテアルヲ、体レ之ト云ゾ。南軒ノヤウニイヘバ、人ノ身ヲノケテ、公デ仁ヲトイテ、ハヾバカリデ、正味ハナンニモナイゾ」。

語類 巻九五に多い。↓三〇〇頁注コレハ人ノ身トトモニハヘヌイテモツテイルコトヲ云。身スガラナリニハヘヌイテイルヲ体ト云。火ノアツウ生付キ、沙糖ノ甘フ生付テイルガ体ゾ。然ニ私ニヘダテラル丶ト、ソレガア*ハシウナル。ソレヲ克去テ、ヘダタルモノナケレバ、人ナリノ初カラノナリニナルガ、以レ人体レ之ゾ。明*ニ明徳一ト云ト同ジ語意ニテ、明徳ト云ホド身トトモニ生得テイル明ナモノハナイガ、私意私欲ニヘダタルトクラム。ソコヲ相手ニシテヲサメミガイテ、ヘダタルモノサヘ去ルト、ダタイ生ノマ丶ナリニ明ナゾ。細ニ看《る》ニ此語《を》一、人ノ字ニ意味ノアルコトゾ。南軒ノヤウナレバ、公ノ字ガ仁ノサバキニナル。何モ角モ同体ジャ、ソレガ仁ジヤト云ニナルゾ。人ト云ト、ハヤ親切ナゾ。人ノ身ホド生ノマ丶デ至親至切ナモノハナイ。刺《さす》トイタシ、風ガフクト寒ヒ。刺ト痛シ、風ガフクト寒ヒハ理ジヤガ、アノ我身ト云ト、ドフモ不レ忍、シミ〴〵ト切ナゾ。子ト云ト、親ヲイトヲシムハ理ナレドモ、アノ子ト云ト、ハヤ身ニシミ〴〵トドフモ忍ビラレズ、イトヲシイ実味ガアル。コレガ人ノ身ジヤニヨツテゾ。「中*庸」ニ、仁ハ人也ノ注ニ、人ハ指《し》ニ人《の》身《ヲ》一テ云トアルモ、コ丶ノコトゾ。身ニシミ〴〵ト親切ニアルデ仁ゾ。熬米《いりごめ》ハ*サナガラハヘソムナウニミヘテ滋味ガナイ。生マ米ノサナガラマイタラバハヘサフニ、アノイキタナリデ、ミズ〳〵シミ〴〵ト、ドフモイハレヌ生意ガアルゾ。愛スベキハ愛シ、敬フベキハ敬フハ理ジヤガ、理ノヤウニ感ゼネバヲカヌヤウニ、感ゼヌサキカラ人ノ身ト云ト、シミ〴〵トハヘヌイテ生テイル。ツケバ痛フテ、一身コタヘラレヌ、マヅソノ心ナリニ、不義ハイヤニ、義理ハ切ニ、身ニシミ〴〵トヤマレヌ味デコソ本法ノ義理ナレ。能大夫ノ忠孝ノ態ヲスルヤウナハ、ワザハ似テモ、ソレハ

アハシウ　うすい。

明明徳　大学の冒頭に「大学の道は明徳を明かにするに在り」と。朱注に「大学者、大人之学也。明、明レ之也。明徳者、人之所レ得ニ乎天一而虚霊不レ昧、以具ニ衆理一而応ニ万事一者也。但為ニ気稟所レ拘、人欲所レ蔽。則有ニ時而昏一。然其本体之明、則有下未ニ嘗息一者上。故学者当下因ニ其所レ発而遂明レ之、以復中其初上也」と。

中庸　二〇章「仁者人也」の朱注に「人は人の身を指して言ふ。此の生理を具へて自然に便ち惻怛慈愛の意あり。深く体して之を味はば見るべし」。

サナガラ　(打消を伴って)全然。下の句のは、まるで、丁度の意。

仁ハ性… ↓二六六頁注「愛ハ情仁ハ…」。便は原文「専」。

上蔡 謝上蔡。二六九頁参照。

胡広仲 名は実、字は広仲、胡宏(仁仲)の従弟にして、仁仲に学んだ宋の儒者。

胡文定 宋の儒者、名は安国、字は康侯、諡は文定。「春秋伝」(春秋胡伝)の著あり。

仁仲 ↓二七四頁注「五峯」

湖南ノ学 胡安国並にその子致堂・五峯等が湖南嶽麓下に住して学を講じたので、その学派を言う。程門の揚亀山・謝上蔡の系統をうけ、五峯に儒学上の論説の随筆劄記「知言」があり、性を論じて禅に近いと言われる。上蔡の影響をうけ知覚を重んじたので知見の学と称される。南軒は五峯の門人。

思ヒマギラス 思い違いさせる。

カイサマ 裏返し、逆。

欲脩其身… 大学、経。

カラゾ。体スルト云身カラデナウテハ根ハナイゾ。身体髪膚骨肉臓腑、生レ物ノ心ナリノカタマリハヘヌキユヘ、人ノ字ニ仁ト云意味ハアルゾ。スレバ公ト云コトハイラヌ様ナガ、カナシイコトハ私ニヘダタルト、其身ガヲボヘナシナ身ニナルユヘ、私ヲ克去ネバナラヌ。私サヘ去レバ人ノ身ノ生ノマヽノ仁ゾ。故ニ公デ本心忍ビヌ未発ノ愛ヲ全フスルトアルコトゾ。由《り》レ漢以来以レ愛《を》云々ハ、程子ノ「*仁《は》性也、愛《は》情也、豈可《んや》ニ便以レ愛為ᅣ仁」ト云ハ、人ノ身ニ生ノマヽノ未発ノ愛ヲ知《しら》シタサニ仰ラレタコトジヤニ、愛ハ情ジヤト云サマニ、仁ハ万物一体ジヤトノヘイホウニナリ、学者終日仁ヲ云テ、実ハ仁ハ何ト云コトヤラ知ラヌニナリ、天地之心ハ生ノ一字、性情之徳ハ愛ノ一字、天地ノ心モ生ナリノ根ヌケ、人ノ心モ愛ナリノ生《はえ》ヌキジヤト云コトヲシラザラシム。程子ノ意ハ必ズカウデハアルマイゾ。

又論《ず》ニ仁説《を》一

熹再読《びて》ニ別紙《に》所《の》レ示《す》云云一

此条ヨリ知覚ヲ仁トスル*上蔡ノスジヲ辨ゼラレタルゾ。広仲ハ*胡広仲ト云テ、湖南ノ人ゾ。本《も》ト*胡文定ノ謝上蔡ニ学バレテ、文定ノ子*仁仲ヲ五峯ト号ス。「知言」ヲアラハシ、上蔡一派ノ学ヲ伝ヘラレタ。*湖南ノ学ト云ガコレナリ。広仲ハ五峯ノ子ゾ。南軒モ五峯ノ門人デ、皆知見ノ学ゾ。「大学」ハ三代ノ学術ニテ、格物致知ガ第最初ユヘ、湖学ハ知カラ入ネバナラヌト云ト*思ヒマギラスゾ。似タコトデ*カイサマゾ。「大学」ハ「小学」ト相根《ざ》シテ、以レ脩《を》レ身《を》為レ本《と》、ドフスレバ親ニ事ル道ニカナフ、ドフスレバ君ニ事ルノ道ヲ得ルト、身ニ実ニ行《おこない》タサニ知ヲミガクガ「大学」ノ致知ゾ。故ニ「*欲《する》レ脩《めんと》ニ其《の》身《を》一者《は》先《ず》正《ちす》ニ其《の》心《を》一」ト、段々欲スル者ハ先ヅ〳〵ト云テ、知ルカラデナケレバ行《ゎ》レヌト、卒ニ致知ニツマル。実行ト立テ、サフナルハ其理ノ実ヲ吟味セネバナラヌガ「大学」ノ致知ゾ。湖南ノ学ハ物ニツイテ推《す》コトモ窮《きわむ》ルコトモナク、何事デモキラリ〳〵ト心ニウツルガ本心ノ仁ジヤ、親ヲミルト自然ニ親トミヘ、タレガ教ネドモ子ト云トカワユイ、アノキラリ〳〵ト心ニミヘテクルヲ主ニシテ、其ナリニ行《う》ヤウニ、身ニヲボヘテクルトアルコトゾ。コレヲ知見ノ学ト云ゾ。心上ニフシギナモノアル、誰ガ教ネドモアツイハアツイトヲボヘサセ、カナシヒハカナシヒト覚ヘサスル、アレガ仁ジヤト云ユヘ、禅学ノ昭々霊々*タルモノアルト云ヤウニ、心ノ霊妙ナヲ見付ルヲ尊ブヨリサキハナイゾ。仁者ノ知ヲカヌルハ忍ビザルノ本心デ、自然ニイトヲシウ思ハレ、ウヤマハシウ思ハレ、仁ヲハナレヌナリノ明ユヘ、知ガ身ヲ脩メ己ヲ行フ事実ニナル。アノ衆ハ仰ゲバ日星トウツル、思ヘバ千歳ノ古モアラハル丶ト、理ノハゼテキラリ〳〵ト自《お》カラウツルコトヲ尊ブマデゾ。故ニ心ヲ存スルモ、ア丶ハセマイト云ハ仁ノ味ジヤガ、ヌカルマイ、ウツカリトセマイ、キラリツトウツルヤウニトスルユヘ、温然タル仁愛ノ気象ハナウテ、理屈ヅメデ、ガワ〳〵トシタ気象ニナルゾ。然レバ「大学」ノ致知カラ入《る》トハカイサマゾ。呉晦叔*モ胡氏ノ弟子デ、知カラ入ル学ユヘ、ソレヲ辨ゼラレタ「知行ノ書」アルゾ。サテ広仲ガ孟子ノ先知先覚*ヲ引テ、古人モ知覚デナウテハタ丶ヌト云テ、上蔡ノ説ヲアカスゾ。上蔡ハ自然ノ心ノ霊妙ニシリ得ルコト、孟子ハ理ヲキハメ心ノ明ニナリテイル知者ヲ指テ云タモノ、致知力行全ヒ成徳ノコトゾ。コ丶ノ証文ニハアハヌゾ。其《の》謂《うも》ニ知《り》レ此《を》覚《ると》レ此《を》、亦何ヲ知ルヤラ、覚ルヤラシレヌゾ。要《するに》レ之《を》トハ畢

昭々霊々　あきらかにして人知で測り得ぬ霊妙なるもの。

呉晦叔　南宋の儒者、名は翌、字は晦叔。胡宏に師事し、その没後は張南軒と交る。

先知先覚　孟子、万章上に伊尹の言として「天の此の民を生ずるや、先知をして後知を覚さしめ、先覚をして後覚を覚さしむ。予は天民の先覚なる者なり。予れ将に斯の道を以て斯の民を覚さんとす。予れ之を覚すに非して誰ぞや」と。

覚ツメテミタトキニト云コト。大根ガ知デ仁ヲ云コトハナイコトジャニ、知デ云ル、ユヘ、ユクサキガ皆チガフゾ。ソレデ何デアレステタガヨイニ、コナタノ広仲ノ説ヲ聞ヘルヤウニ、是非云ヲフドテ、此ヲ仁トシテ、知《り》レ仁《を》覚《る》レ仁《を》ト云合点ジャガ、知覚ハサキヨリ感ズルモノヲコチノ身ニヲボヘルコトヲ云。知二覚《スル》仁《ヲ》一ト云ゾナレバ、仁ハ生ノマヽノ身トトモニアル徳ジャニ、誰レカコレヲ知リ覚ヘサセフゾ。ツヾマル処、心上ニ、霊妙ニ誰ガ教ネドモ寒《い》トシリ痛ヒトヲボヘサセルモノアルト云ト、所謂「赤*肉団上有《ニ》二無位真人《ノしんにん》一」ト云ト同ジ合点ゾ。「孟子」ノ本文ハ程*子ノ説デ明ナゾ。知ハ、コレヲドフシテヨカラフ、親ハカウシタガヨイ、子ハカウソダテタガヨイト知ルヲ云。ソレヲノコラズ知ル人ヲ先知ト云。覚ハ、ナゼ子ハカハユイ、親ハイトヲシヒト、理ニ根ザス本法ノ所二以然《る》一ヲサトルヲ先覚ト云。ダタイガカウシタコトユヘカウジャト、根ノ理ヲサトルコトヲ云ゾ。上蔡ノ旨トハ頓トチガフテアヅカラヌゾ。上蔡ノハ、寒ヒト知リ暖カナト知リ、身ニ自然トヲボヘテクルト云コトヲ云レタモノゾ。酬酢《しゅうさく》ハ天下ノコトヲ取ツ置ツ、ソレ〴〵ニ応接スルコト。佑《たすく》レ神《を》ハ鬼神ノ妙モ我行ナリカラ明ニシテ、ウラナハズシテ吉凶ヲ知リ得ルコトデ、知ノ至《り》ゾ。上蔡ノ合点ハ、ソレ迄モ我身ニ明ニ知リヲボヘテイルコトヲ云レタモノ。マヅ指《し》当リテ云ヘバ、サムカラフガノ、アツカラフガノ、ソレミヤ、人ノ身ニアザムカレヌモノガアルハトアルコトゾ。ソレハ智ノ発用デ、仁者ノ私ノヘダテナク、忍ビヌナリノ本心ガ身トトモニウセズシテ、身ノ癢痛ヲ覚ヘルヤウニ、理トシテ感ゼザルコトナイハ、智ヲ兼ルト云モノ故ニ、忍ビザル心ノ明ナリヲ知覚トイヘバヨイガ、心有二知覚一ガ仁ト云ト、同《じ》コトデ本

赤肉… 赤肉は心臓をいい、仏教ではこれを肉団心という、真人は真理を体得した阿羅漢、別して仏をいう。臨済録に「赤肉団上有二一無位其人一」と。

程子ノ説 前掲の孟子の先知先覚の条の集註に「知は其の事の当に然るべき所を識るを謂ふ。覚は其の理の以て然る所を悟るを謂ふ。後知後覚を覚すは寐る者を呼て之をして寤めしむるが如し。天しからしむと言へるは、天理の当然之をしてしからしむるが若し。程子の曰く、予は天民の先覚は、我は乃ち天此の民を生ずる中ち、民の道を尽し得て先覚なる者を謂ふ。既に先覚の民為り。豈其の未だ覚らざる者を覚さざる可んや。彼が覚るに及ても、亦我が有る所を分つて以て之に予(あた)へるに非ず。皆彼れ自(みずか)ら此の理有り。我れ但(ただ)能く之を覚すのみ」。

末主客ノチガイアルゾ。仁ガ四ノ者ヲ兼テイルユヘ、仁者ノ本心ヘダテナイナリニ、ウヤマフベキ人ヲミテ敬ヒ、悪ムベキ人ヲミテ悪ミ、理トシテ知リ覚ヘザルコトナイゾ。其知リ覚ヘルヲ指テ仁ト云ト、仁ノ仁タル正指デナイ。マヅ仁ハ何トヨム字ゾト云ト、ヨクシレタコト、イトヲシムトハ訓《よ》ミテ、シルトハ訓マヌ。字書ヲ考テモ、知ト云訓ハナイ。「仁*者有レ勇」ハ仁者ノ本心ヤマザルナリニ千万人ニ敵シテモヲソル丶コトナク、文*山ノヤウニ何ヤウニヲドシテモムシテモ屈スルコトデナイハ、君ノハナレラレヌ本心ナリニ、ドコマデモアノヤウナゾ。「有*レ徳者有レ言」ハ徳アル人ハ身ニ実ニ有ルナリガ言ニ出ルユヘ、病者ノ病ヲハナスヤウニ、自然ニ詞ニ味ガアル。其勇ヲツカマヘテ仁ト云。言ヲツカマヘテ徳ジヤトイヘバ、マ*ツカイサマゾ。伯逢モ胡*伯逢ト云テ、湖南ノ一家ゾ。論ニ知覚之浅深一云云ハ、南軒ノ上蔡ノ知覚ハアサイ知覚ジヤナイ、深ヒ知覚ガ仁ジヤト云ル丶ハ、アチラノワルイ説ヲ証文立テ、成就シテヤラルルト云モノゾ。精神ハ性根ノド*ミズニ、ウヅタカウハツキリトシテアルヲ云。ソレヲ得レバ天地ノ用ハ我ガ用ニテ、天地ノ理ノ我ニハツキリトシテヒヾカヌコトハナイト云ハ、甚ダ高妙デカラ、ソレダケガ至極仁ノ意味ニワルイ。仁者ハ天下ノ理ニ明ニシテ、ヤツパリ己ガ身ヲツ丶シミ、己ヲタカブラズ、郷*党ニアリテ「恂《じゆん》々如《たり》 似《れり》ニ不レ能《る》言《こと》 者《に》ニ」トミヘル。仁者ノ藹然タル仁愛ナリデ、又*罔《くらまさ》ントシテモドフモシイラレズ、*桓魋《かんたい》ガコロサフトシテモ、「天生《なせり》ニ徳《を》於予《に》一、桓魋其《れ》如レ予《を》何《せん》」ト云。顔*淵ノ「不《ること》レ違《わ》如《し》レ愚《なるが》」ノ、「拳*々服膺」ノト云、アソコガ仁者ノ気象デ、千載如レ見ニ其人一ゾ。未ニ嘗《て》識《ら》ニ其《の》名義《を》一ハ、仁ハイトヲシム、智ハシルト筋ヲ立テ、サテ仁ニシテ兼《ぬる》レ智《を》コトヲシ

仁者有勇・有徳者有言　論語、憲問「子の曰く、徳有る者は必ず言有り。言有る者は必しも徳有らず。仁者は必ず勇有り。勇者必しも仁有らず」。

文山　文天祥。南宋末の忠臣、字は宋瑞、号は文山。元に対して転戦したが終に捕えられた。幽閉三年の間出仕を拒絶して屈せず死刑となった。獄中の長詩「正気の歌」は和漢の志士に愛誦された。靖献遺言巻六にあり。

マツカイサマ　正反対。

胡伯逢　名は大原、字は伯逢、胡寅(号は致堂)の子、宋の儒者。湖南学の説を固守した。

ドミズ　どんよりとくもったり濁らない。

郷党　論語、郷党「孔子郷党に於て恂恂如たり。言ふこと能はざる者に似れり」。集註に「恂恂、信実之貌。似ニ不レ能レ言者一、謙卑遜順不下以ニ賢知一先中人也。郷党、父兄宗族之所レ在。故孔子居レ之、其容貌詞気如レ此」。

罔ント　論語、雍也「宰我問て曰く、仁者は之に告て井に仁(ひと)有と曰ふと雖も、其れ之に従はんや。子の曰く、何ん為れば其れ然らん。君子をば逝(ゆ)かしむべし、陥しいるべからず。欺くべし、罔(くら)ますべからず」。

桓魋　宋の司馬、孔子を殺そうとした。この句は論語、述而篇。

顔淵　孔子の愛弟子、名は回。論語、為政「子の曰く、吾れ回と言ふこと終日、違はざること愚なるが如し。

退て其の私を省る、亦以て発するに足れり。回や愚ならず」。集註に「不ㇾ違者、意不二相背一、有二聴受一而無二問難一也。私謂二燕居独処一、非二進見請問之時一。発謂ㇾ発二明所ㇾ言之理一」。

拳々… 中庸八章「子の曰く、回が人と為りや、中庸を択び、一善を得れば、則ち拳拳として膺(むね)に服(つけ)て之を失はず」。両手で物を大切に捧げ持つように、常に心中において離さず守ること。

放蕩 わがままきままにして身の修らぬこと。

頓悟 底本「頓語」、諸本により訂。仏教でいきなり究極の悟りに至る教え。

トソンド 軽はずみ、或は途方もないこと。

中和 中庸の徳の至り。中庸一章「中は天下の大本なり、和は天下の達道なり。中和を致(きわ)めて、天地位し、万物育(やしな)はる」。

参賛 中庸二二章「唯天下の至誠能く其性を尽すことを為す。…能く物の性を尽せば、則ち以て天地の化育を賛(たす)くべし。以て天地の化育を賛くべければ、則ち以て天地と参(まじ)はるべし」。朱注に「賛猶ㇾ助也。与二天地一参、謂下与二天地一並立為上ㇾ三也」。

麟鳳 きりんとほうおう。共に霊獣。聖人の治世の瑞祥としてあらわれると伝えらる。

ハヾナ 広大な。

カラシトムナガル 枯らしたくない。

ラヌゾ。又其精神ニドフシテナルヤラ、功夫ノシヤウヲトカズニ初カラ精神ト云テハ、何トモ身ニナラフヤウガナイユヘ、ソレカラサキハ老荘ガ放蕩*、釈氏ガ頓悟*ノヤウニナル。功夫ナシニヤラフトスルユヘ、トソンド*ニナラネバヲカヌゾ。天地之用即《はち》我之用ト云ハ、聖人《の》道明ニ徳大ニシテ、不ㇾ忍ノ心ナリニ民ヲ治メ教ヲ施シテ、中和*参賛*ノ功デ、遂ニ天地ノ気モ和シ、麟鳳*モ見《あら》ハルヽニ至テハ、ソコデ天地之用即《ち》我之用トハ云ルヽゾ。サモナシニ、ハヾナ*コトヲモイヤリタマデヽハ、ナニノヤクニタヽヌコトゾ。

又論《ず》二仁説《を》一

来教《に》云夫《れ》其《の》云云

又公ナスジヲ云ルヽゾ。天地万物ト一体ガ仁ジヤト云ハ、天地ノ心ノ所ㇾ有《る》ヲ看ヨ。何ホド物ヲ生ジテモ〳〵、天地ノ尽ルコトハナイ。蘊ハ、ツヽモレテアリテ何ホドデモ出ルコト。生ノ字ヲ朱子ノトカルヽデ、ヤムヲ得ズシテ云テミラレタガ、ハヾヘヒロゲテ云テ、真味ヲシラヌゾ。生ハ、ハヾヘモテユクコトデハナイ。今アノ天地ノ坱然《おうぜん》タル生ㇾ物ノ心ノ気象ヲミヨ。物ヲソダテタガリ、カラシトムナガル*、アイラシイ意味親切ノヤマレザル処アル、其心ナリニ生々シテ無窮ゾ。人モコレヲ得テ生ル、物モコレヲ得テ生ル、故ニ、不ㇾ忍ト云ヌサキカラ不ㇾ忍ノ心ノカタマリタ身ゾ。ソコガ仁ジヤトイヘバヨイニ、天地ノ生々シテカギリナイナリニ、人モ物モ生ルヽユヘ、万物一体ニヘダテズ愛スルガ仁ジヤト云ルヽハ、生ノ字ガハヾヘヒロガリテ、未発之愛ト云味ハナイゾ。仁只是《れ》愛之理人皆有《り》ㇾ之、然ニ気ガ偏ナカ、私ガアルカナレバ、身ニアリツヽヒヾカヌユヘ、ソコヲ去レバ公デ、適《ゆく》トシテ愛セザルトコロナイガ、初ヨリ愛之理ノ身デ、私ノヘダテナケレバ、一人ニ対シテモ、天下万物ニ対シテモ、其生レ物本心ナリデ一体ナユヘ、ソコデ一体トハ云ル丶。ソレヲ*ソウ〳〵アハシテ一体ト云コトナレバ、ソウ〴〵合サネバ愛ノ理ハ云レヌニナルゾ。*佀《じ》ハ与レ似同ジコトデ、示スト云コト。*「文集」ニ「答ニ胡広仲一書」ガ、マ一条アルガ、コレト相発スル精ヒ説ゾ。欲《して》レ改《んと》レ之《を》云云、今ノ「仁説」ハ改メラレタ本サフナ。今ノ本ニハカウ云コトハミヘヌゾ。克斎ハ*石子重ノ*斎号デ、朱子ノ付ラレテ*記ヲ書レタ。ダタイ克ト復ト相発シテアルコトジヤヲ、克ノ一字ニツメテ端的ニ語ラレタゾ。ソレガ「仁説」ヨリヨイトアルコトジヤガ、ソコニ合点マイラヌコトアル。我身ニ私サヘナケレバ、天下一統ニヘダテズミヘルガ仁ジヤト思ハル丶ガ、万物一体ト云旧見ガドコ迄モハゲヌユヘゾ。仁ノ字ノ合点ノシヤウ、体認ナサレヤウノ指図ヲ申シマセウ。将《もって》三公《の》字《と》与《を》二仁《の》字一云云ハ、公ノ字ハ私意ノヘダテナイコトトスマシ、仁ノ字ハイトヲシク忍ビラレヌ意味トスマシ、カウ分明ニシテヲイテ、ソコデミヂンモ意ニワヅラハシイコトナイ。私ナイ心上真味ノスレアイカラ親切ナル処ガ身トトモニヲボヘラル丶。公ハタレモカレモヘダテナイコトジヤト云ト、イトヲシヒトモ何トモナイ無情ナ心ユヘ、ソレデモスマズ、本心忍ビラレザル心デモ、私ノヘダテアルト、恥カシイコトモ其ヤウニ汗カク様ニ思レヌ。其ヘダテナイ心ニナリタトキハ、ドフ心上ノ味ハアルゾト云ト、ソコニ*ホツコリト不レ知不レ覚、意味滋味親切ナ、サリトテハト思フトコロガアル。ソコガ両字相近キ、親切タルトコロゾ。私意ナイナリノ仁、仁ナリノ私意ナイヲ、公モ仁モ一ツニ云ト、程子《が》所三以謂《える》二以レ公《を》便《ち》為《る》レ仁《と》之失《を》一ゾ。

ソウ〳〵　総総。ひっくるめるさま、全部。そうぞうとも。
文集　朱子文集巻四二。
佀　「似」の古字。
石子重　名は墩、字は子重、号は克斎。朱子の友人。「中庸集解」及び文集等の著あり。
斎号　書斎の呼び名。
記　漢文の文体の一。客観的に事を記述する叙事を主とし、議論を交えるのを変体とする。宋以後は変体の方が多くなった。「克斎記」は朱子文集巻七七所収。
ホツコリ　あたたかなさま、ほこほこ。

又看《ば》ニ仁《の》字《を》一当《に》下幷《せ》ニ義礼智《の》字《を》一云云、コレガ手トリテ*ク丶メルヤウナ端的明白ナ教ゾ。恥カシイ方ヘトクト義ニナル、敬ノ方ヘトクト礼ニナル、知覚ノ方ヘトクト智ニナル。ドチヘモニジルコトナラヌ、ニジルコトナラヌト、仁ヲ愛デトカネバナラヌ。仁ノ包《かね》ルト云モ、マヅ愛ト知リテ、其ナリニカネル処ヲシレバヨイニ、何モ角モカネルガ仁ジヤト云ハ、ム*セフゾ。又謂《う》ミ体用一源一云云、南軒ノ仁ハ、全体カネルト云タイ合点カラカウ云ハル丶ガ、コレハ義デモ礼デモ、皆カウゾ。ダタイ恥アル生《れ》付《き》ユヘ恥ル、敬フ生付ユヘ敬フ、皆内外一致ゾ。仁バカリガカウジヤト云コトデハナイ。ソレ〴〵ノ持マヘノスジヲトイテ、仁ハイトヲシムコトトスマシテ、内外一致ヲイヘバヨイガ、只カウ云テハ、体用一源ハ道体ノ根ヲヌイタ目アテノ字ユヘ、ハヅル丶コトハナウテ、仁ト云スジハミヘヌ、ムセウト云モノゾ。

答*ニ呂伯恭一

仁説近《ころ》再《び》改《め》定《む》云云

公ト知覚トノ仁ノチガイノ吟味ハノコルコトハナイガ、又呂伯恭ノ説ヲノセラル丶ハ、仁ハ聖門教誨ノ標*的大切ノ文字ジヤヲ、カヤウニアカハダカニシテミセルハ、「論語」ノホネヲヌイテミセルヤウナモノユヘ、学者ノ*躐等《ろうとう》ヤマイニナリサウナモノトアル。「仁説」惣体ニアヅカル吟味ノタメゾ。此説固《より》太《だ》浅《く》少《し》ニ含蓄一ハ、ナニモカモトキアケテ、*アサハナダナヤウナゾ。乍レ去拙者ノ存ジヨリハ、トカク一生ノ目アテトスルハ何ヲ目アテニスルゾナレバ、仁ノ一字ヨリ外ナウテ、古人ノ教ハ幼少ノ時分カラ此名義ヲ知テ、コレヲ目

ク丶メル　言いふくめる。

ムセフ　無茶。

答呂伯恭　朱子文集巻三三所収。下同じ。元禄の師説に「此ハ呂伯恭ノ、仁説ヲアヤマリトモ、チガフタトモ云レハセヌガ、古ヘヨリ聖賢大切ニトカル丶仁ヲ、カヤウニ云テハ、含蓄ノ味ナク、浅ハカニナラウトアルコトユヘ、ソレヲ辨ゼラレタ書ゾ」。

標的　目あて。

躐等　順序によらずに等級を飛び越えること。

アサハナダナヤウナ　新甲本九乙本斯別本「アサハカナヤウナ」、高本「浅ハカナダヤウナ」、無丁本「アサハカヤウナ」、新丙本「浅ハカナヤウナ」、無戊本「アサハカヤウナ」。下句(次頁)は無戊本の訛を除き諸本皆「アサハナダニ」。アサハナダは浅縹色のことであるが、ここは浅はかの意。

アテニスルコトゾ。白直ハ、スラリトシテ、モツテマワラズニ、スグニキコヘルコト。分明ハ、マギレモナイコトヲ云。浅陋ハ、仁ノ実ヲ知ズニ、アサハナダニ博《く》施《して》済《すくうこと》衆《おおし》ノ、博愛ジヤノト、知レタ通リヲトクヲ云。玄空ハ、亀山・上蔡ノヤウニ広大高妙ニ云コトゾ。上下ハ、一向ニアサイデモナク、一向ニタカイデモナイコト。走作ハ、アチコチトワキゾレノスルコトヲ云。得ル処ノ浅深ハ学者ノ用力ニヨル。ナンデアレ真実ニカウデナケレバト云名義ハ、明ニ目アテ立テアル筈ゾ。着実云々ハ、タシカニジツカ〳〵トシテユクコト。仁ノ仁タル名義ハ明《か》デモ、着実ニ身ニフミフマネバナラヌゾ。聖門ノ学者求《むる》レ仁《を》トイヘバ、皆其名義ヲサトリ得テ、其身ニナリタイト、実ニソコニイタラント求ムルゾ。仁ハ聖人ノ平生目アテトシテキカサルルユヘ、初ヨリ名義ハサトリテイレドモ、何トシテモハヂル心モアリ、ヘダテル私モアリテ、其心ガ得ラレヌユヘ、ソコヲ得ルヤウニ求ルゾ。得ヤウハ存養ト省察トノ両端デ、聖門ノ平生ノ教ハコレヨリ外ナイゾ。故ニ「論語」中ニ、カウ云ガ仁ジヤト仰ラル、コトハナイ。仁ハ平生講習シテ名義ハ知テイルユヘ、顔子ニハ「*克《かち》レ己《わたくしに》復《かえる》レ礼《に》」ヲ教ラレ、*仲弓ニハ「出《るには》レ門《を》如《くす》レ賓《の》」ヲ教ヘ、*樊遅《はんち》ニハ「愛《す》レ人《を》」ト教ル。仁ニ入ヤウノ道ヲ教テ、仁ト云ワケハ仰ラレヌゾ。今ノ人ノヤウニ、仁ガ公ヤラ愛ヤラ何ヤラシラネバ、汲々トシテセイ出シテ求メテカラ、シラヌコトヲ目アテニシテ、ナンノアテドハナイゾ。向望ハ、ワキヒラミズニ、ソレヘト目ジルシアルコト。愛説ハ、ア、アソコジヤガ、アソコヘナリタイモノジヤト云コトゾ。味シメテ思入テ云コトヲ云。今日カヤウニカハヒキムイテ書テミセルハ、古人ノ次第〳〵ニ自得スルニ比スレバ、アサハナダナガ、古人ハ

克己復礼　→二六三頁注

仲弓　孔子の門人。姓は冉、名は雍、字は仲弓。論語、顔淵「仲弓仁を問ふ。子の曰く、門を出るには大賓を見るが如くし、民を使ふには大祭を承るが如くし、己れが欲せざる所、人に施すこと勿れ。邦に在ても怨み無く、家に在ても怨み無し。仲弓が曰く、雍不敏なりと雖も請ふ斯の語を事とせん」。

樊遅　孔子の門人。名は須、字は子遅。論語、顔淵「樊遅仁を問ふ。子の曰く、人を愛す」。

初ヨリ仁ノ名義ヲ知テイルユヘ、「仁説」ガナウテモスムガ、今日ハ仁ノ仁タルワケヲイハネバ、タレモ仁ト云ガ何ゴトヤラシラズニイルユヘ、不レ得《る》レ已《やむことを》処ガアルゾ。コレモ拙者ノ新シク云デモナク、ダタイ伊川ノ旨デ、愛ノ身ニ生得テイル真味ヲ*サヽフドテ精クトイタマデゾ。劄ハ、中《なか》カラホゼクリ出スコトヲ云、*ソゲノ立タトキ針デハネ出スヤウナヲ劄ト云。界分ハ、仁ハ仁、義ハ義ト、ソレ〴〵ノ分ヲワカツコト。脈絡ハ、イトヲシヒ性ジヤユヘイトヲシヒ情、ウヤマフ性ジヤユヘウヤマフ情ト、スジ〴〵ヲワケルヲ云。ソレデ「仁説」ハ功夫ハカマハヌト云コトデハナイ。「仁説」ト云デ、仁ノ仁タルモチマヘノ大根ヲアカシテキカシテ、其功夫ニ至テハ、已ニ「論語」ニ明ナルコトゾ。侵過ハ、ソコヲカマハズフミ付テサキヘノリコスコトヲ云。仁ト云カラハ、「論語」ガ求レ仁ノ用《るの》レ功《を》地ユヘ、ソコヲノケテハイハヌゾ。

答二呂伯恭一
所《の》レ論《ずる》克己之功云云

呂東萊ノ云分ハ、克己カラデコソ仁ハ身ニ得ヨウコトナレ。我力ヲ用ズシテ仁ヲ示セバ、身ニ及バヌコトヲサトルヤマイニナルトアルコト。名義ハ、仁ハイトヲシムト云コト。*気味ハ、イトヲシムト云身ニ切ナ、ツメリテ痛ヒトヲボユル身トモ自然ノ味ヲ云ゾ。ヨギナイ身ニ切ナ忍ビヌ味ヲ得タ字ゾ。下落ハ、*ウチツクコトヲ云。初《より》不レ謂《わ》下只用《い》二云云、「仁説」ニ力ヲ用レバ克己ノ功ハカマハヌトハ申サヌ。又克己サヘスレバ仁ノ名義ヲアキラメイデモヨイト云コトハナイ。コナタノヤウニイヘバ、私ニカツト仁ニナルトコソ仰ラルヽ

サヽフ　指そう。

ソゲ　とげ。

気味　元禄の師説に「気味ト云ガ親切ナ字ゾ。本艸ナドニ草木ノ気味ト云コトガ云テアル。梅ノ酸、塩ノ鹹ト、自然トアレガモツテイル真味親切ノ味ヲ気味ト云。親ニハ孝、君ニハ忠ト云ハ、理デ云タモノ。アノ身カラ自然ト、イトヲシイノ、大切ナノトヲモハルヽ、真実真味ノモツテイル味ガ仁ノ気味ト云モノ。此気味ヲシラネバ実徳ハシラレヌゾ」。

ウチツク　落ち着く。

ガ、仁ガ何ヤラ知リモセイデ、私ニカチサヘスレバヨイト云テハ、何ヤラワケハナイゾ。中間有《り》下云々上ハ、マヘニノル条ゾ。其ハ甚ノ字ノアヤマリゾ。然《に》克己之誨《おしえ》云云ハ、克己カラデナウテハ仁ハ得ラレヌトアルコトハ、此段ハ敬ンデ承タマハリ届ケタトアルコトゾ。

仁説問答終

仁説問答序

コレヲサキヘヨム筈ナレドモ、マヅ仁ノ名義下落*アリテ後ヨマネバ、ドフモ読メヌ序ユヘ、ソレデ後《あと》ニ読ムゾ。

*玉山講義《に》云孔門説《きたまうは》ニ　仁《の》字《を》ニ云云

歴聖相伝ノ言ハ、「尚書」ニ歴々ト書シテアル。ツマル処道ニ二《ふたつ》ハナイガ、義理ノ過不及ナキタヾナカヲ中ト云、義理ノコレヨリ上コサフヤウナイイタリカライヘバ、皇極ト云。孔門ニ至リテハ、ゼン〳〵ニ其上ガ切ニナリ、其上ガ精《う》ナリ、己《レ》ニ得ル処ノ真味真実本心自得ノ根ヌケデナケレバ、中デモ皇極デモ皆己ニアヅカラヌユヘ、道徳真味ノ身ニ得ル目アテニ仁ノ一字ヲ示サレタルゾ。サシアタリ学者ノ無《き》ニ余義ニ受用功夫トナリテ、中ト云モ極ト云モ、己ヲハナレズシテ得ルノ目アテトナサル、ユヘ、カヤウナル処デ孔子*ノ堯舜ニマサル一端ヲミルゾ。然レバ孔子ヲ学ブ者求レ之コトヲ知ヒデハ、孔子ヲ学ブデハナウテ、コレヲ求ルニナリテハ、何ヤラシラズニ求メフヤウハナイ。先ヅ仁ハイトヲシムト云字ジ

下落　落着、すますこと。

玉山講義　朱子が紹熙五年十一月に玉山県の邑宰司馬邁の請いにより県庠に於て仁義元亨利貞等の名義について行なった講義。道学の要を簡明に発明せる文として特に崎門学派で尊重される。元来単行されず、朱子文集巻七四に収められていたが、それを文集から表章し、それに関聯する文を附録三巻に編し、寛文十二年会津藩が初め木活字で付印し、その後間もなく附訓整版を以て刊行した。藩主の保科正之編と題するが、実際は闇斎の編になると推定されている。

孔子ノ…　孟子、公孫丑上に「宰我が曰く、予を以て夫子を観れば堯舜に賢れること遠し」。

ヤト名義ヲ合点シテ、イトヲシムト云ハカウジヤト、身ニ切ナ意味ヲ体認シテ、ソコデ功夫ハ用ラル、ゾ。理会ハ、トクトノミコムカラ云。体認ハ、身ニウケツカマヘテ身トトモニ味《う》カラ云。ムカフノ理デスマシヅクナシニ我身ニウケテ、身ナリカラシテトメテミルコトゾ。コレデ仁ノ仁タル真実ノ持マヘガスミテ、ソコデソレニ至ルノ道ハ、コノ心ヲ失ハヌヤウニ、ソコナハヌヤウニ、平生身ニ養ノ敬、コノ心ヲ推シテ人ニ及スノ恕、コノ心ヲ害フ*己《わたくし》ニ克チ本法ノ礼ニ復ル、「論語」中ニ求レ仁ノ方ヲ教ヘ示スニ、シラゲ〳〵テコノ三段ヨリ外ハナイゾ。理会体認ハ、コレヲ知ルコト、敬恕克復之功ハ、コレヲ行テ身ニ得ルコト、コレガ朱先生「仁説」ヲ作スノ旨ナリ。誠《に》能《く》従《て》二事《に》云々一、カヤウニ云ル、モ、サア「仁説」ヲヨンデ仁ガスミタト云ヤウニ思フト、果シテ東*萊ノ遠慮ノヤウニナルガイヤナユヘゾ。間ハ、ドコトサ、ヌ詞ゾ。コレニツキ先*生ノ毎々丁寧ナハナシデ、コノ間ハ、「論」「孟」ニ仁ヲ云ノ間ト云コトデハナイ、学*而ヨリ堯曰ノ間、梁*恵王ヨリ尽心ノ間ヲ云テ、「論」「孟」ヲ平生無《く》二間断一シゴト、シテハ此書ヲヨミ、此書ヲ読テハ「論」「孟」ヲ味*ヒ、クリカヘシ〳〵カウシテユクナリニ、義理トトモニ熟スルト、ドレカラドフト云コトハナイ、艸木ノ日ニ暖マリ雨ニウルヲフテ、イツトナシニホ*コヘテクルヤウニ、惣体ノモメアフ中カラホコヘテ、仁説ノ味ヲ覚ヘテクルコトゾ。サモナウテ仁ノコトバカリヲヒキヌイテシリタト云テハ、キツウイヤナコトゾ。南軒ノ「言*仁録」ヲセラレタルヲ朱子ノ異見メサレテ、コレナレバ「論語」デモ仁ヲトカヌ章ハヤクニ立ヌニナル、タヾサヘアサウナリタガル学者ノ風ジヤニ、イヨ〳〵アサハカニナルトアルノコトデ、南軒モ「言仁録」ヲヤ

己　諸本皆「私」。

東萊　→二五四頁注「呂氏」

先生　山崎闇斎を指す。

学而ヨリ堯曰ノ間　学而は論語の首篇、堯曰はその末篇。

梁恵王ヨリ尽心ノ間　梁恵王は孟子の首篇、尽心はその末篇。

味ヒクリカヘシ　斯別本無丁本新丙本九甲本「ヒクリヤカシ」。

ホコヘテ　よく生育する、繁茂する。

言仁録　張南軒は孔孟仁を言う所を類輯して注を下し、「洙泗言仁録」を編した。

メラレタ。カウシタコトジヤニ朝鮮ノ李晦斎*ガ「言仁録」ガ伝ラヌガ残念ナト云テ、「求仁録」ト云書ヲアミタハ、サテ〳〵笑止ナコトジヤトアルノコトゾ。気味、意味、意思、滋味、皆朱子ノ仁ヲトカル、大切ナ文字ジヤガ、「仁説問答」中ニ気味ノ字ハアツテノコリハナイ、「語類*」ニアルガ末ニノセラレモセヌユヘ、コ、ニ入タトアルコトゾ。滋味ト云ハ、*シタルウア、ムマイ味ジヤト云コトゾ。サレバ孔子ノ御言《おことバ》ニ仁々ト外ニ求ルコトハナイ、私意ニヘダテラレテ遠ヒヤウナガ、ア、今マデハソデナカツタ、ソレミヨ、ソコガ忍ビザル本心ゾ、其ナリヲ全フ成得《り》ルマデノコト、ソレミヨ、仁ハヨソカラサスコトハナイゾ。嗚呼旨《うまい》哉ト云モ、他ノ書ノ序トハチガイ、ア、ムマイト云、アノムマイ味ヲ云ズシテ、身トトモニ得ヨトアル親切ナル意ゾ。上浣ハ上旬ノカヘコトバゾ。

仁説問答序終

右講説始《りて》二于宝永丙戌*四月十二日《に》一、而終《う》二于同年同月廿四日《に》一。

又論*《ず》二仁説《を》一

昨承《わる》レ開三論《することを》仁説之病《を》一云云

承ト云ハ、アノ方カラ此方ヘウケタト云コトバゾ。預二御状《ニ》一ナドト云預ルト云語意ゾ。此方デハ聞タト云コトヲ慇懃ニ云ヲフドテ、此字ヲウケ玉ハルト訓《よん》デ使ハ誤リ也。南軒ハ全ク仁ノ包《か》ネザルコト無キ公ノ筋ヲ主トシテ説テ、愛ノ実ヲ知ラレヌゾ。愛ト云ヘバ少ナ

李晦斎　名は彦迪、号は晦斎。李朝十六世紀中期の儒者。

語類　文会筆録四之一に「愛の理心の徳は通書の徳は愛むを仁と曰ふより来る。愛の理は即ち心の徳の意思滋味親切なる処」と。

シタルウ　甘い。斯別本無丁本「シタヽルフ」。

丙戌　宝永三年(一七〇六)。

又論…　底本小甲本小乙本小丙本新甲本新乙本には、以下朱筆圏点が行間に附されている。これは巻末の若林強斎の書簡に言う如く、強斎の加筆である。但し本書にはこの圏点は省略した。

コト、何《に》モ角モ不レ残《サ》包ネルデ無テハ仁デナイト思ハレタルゾ。ソコガ朱子ノ意ニ安《やすんじ》ナイトアリテ、已ニ条具シテ返答セラレタルゾ。条具ト云ハ、一条々々事*ガキヲソナヱタルコトゾ。領ハ、ウケ取リ得タルト云様ナルコトバゾ。具暁《にさとる》ハ、ツブサニウケ玉ハリ届ケタルト云コトゾ。今度又御状ヲ得テ、ツブサニウケ玉ハリ届ケマシタ。サレドモ兎角前ヘ申シタルトヲリノ所ハ合点ナサレズ、ヤハリ公ノ筋ヲ説ルレバ、前ノ病ト同ジ事トキコヘル。拙者今度返答申スモ前ヘ申シタル通リヨリ外ナイ。前ヘ申シタル通リニ因テ、クリカヘシテ其旨ヲ申サフズトアルコト也。謹テ按ズルニ、程子仁ヲ云ヘルノ説ハ大*分ナレドモ、ツヾマル所ノ肝要ヲ撮《とつ》テ云ヘバ、数言デ尽テアルゾ。其程子ノ説ノ肝要ヲ此ニ挙テ論ズルゾ。程子ノ言ニ本《もト》カウ続テアルデハナイガ、要言ヲツンデ此ニ四言ヲ挙ラレタルゾ。マヅ生*之性ト云ハ、生ミノマヽノ仁ノ本体生ルヽナリニ生得テ、未《だ》《ざる》レ嘗《なめ》サキヨリ甘ミガ砂糖ニ得テ有リ、酸ガ梅ニ得テ有ル如ク、未《ル》レ哀《しま》サキヨリ惻隠不レ忍親切ノ心アリ、マダ忍《び》ラレヌトイハヌサキカラ生ルヽナリニアル、アレガ仁ノ本体ゾ。ソレガ哀《し》キニ触テハ涙トナリ、恥ニ触テハ汗*トナリ、事ニ応ジ物ニ接《まじわ》ルナリニ、直グニ義理自然ノヤマレズ忍ラレヌ心ヲ愛ノ情ト云。其ナリヲ日用ノ事実デ云ヘバ、親ニ孝ト云ヒ、兄ニ悌ト云。日用人道ナリニイトヲシムナリノ孝トモナリ、イトヲシムナリノ悌トモナルゾ。此三言デ仁ノ本然ト、情ト、日用ト、残ル所ナウテ、惟《ただ》々愛ノ一言デ、アタリマヘ〳〵ヲイヘバカウゾ。日用カラ云テモ、本然カラ云テモ、内外表裡仁ノ指シ処コレヨリ外ニ云コトナウテ、愛《イトヲシミ》ノ性、愛ノ情、愛ノ日用、内外表裡一貫一体ノ仁ゾ。然ニ私意ニ隔ラルレバ、本心已ニ害セラレテ、

事ガキ　箇条書。

大分　数の多いこと。

生之性　二程遺書・二程全書一九（近思録、道体・孟子、告子上「仁人心也…」の集註にもあり）「問ふ仁と心と何ぞ異なる。曰く、心は譬へば穀種の如し。生る之性は便ち是れ仁。陽気発る処は乃ち情なり」。底本小甲本小乙本新甲本新乙本無丙本九甲本はこの段の上欄に「按ニ生之性ハ、本ト穀種ノタトヘニテ、穀種ノ未ダマカザルサキヨリ、マイタラバハヱント云ヤウニ、熬米ノヤウニハナウテ、ミズ〳〵トウルハシウアルヲ云。先生ノ此説ハ、愛ノハヱヌイテイルト云コトヲ切ニサトサウトアルコトデ、ヲツトツテ文意ニカヽハラズ云ルヽゾ。然ニ其旨ハカハルコトハナイ。読者審レ之」と標記さる。これは恐くは本講の筆録者若林強斎の記入であろう。

汗　底本「汁」、諸本により訂。

大事ニ… 重大な非常のときにこっそりと逃げるの意か。

日用ノ義理モ行ハレヌゾ。君トシテ侈《おごり》ニ隔ラルレバ、民ノ傷ガナントモナウテ、下ヲ虐スル政ヲ行ヒ、臣トシテ身ニ私スレバ、君ノ事ガ切ニ思ハレズシテ、*大事ニ狭間《サマ》ヲクグル。子トシテ身ヲ楽ニ居リタケレバ、親ノ老ガ何トモナウテ、朝夕奉事スルコトナラズ、往《く》トシテ皆然リ。ダタイ生ノマヽ生レ得タル不レ忍之心ナレドモ、私ニヘダテラルヽト、衣ヲ間《へだ》テヽ、ツメレドモコソ〳〵トシテ覚ヘラレヌ様ニ、甘艸ニ他味ガ雑ルト甘キ味ノ実ガ行ハレヌ様ニ、甚ケレバ親ノ病モ何トモナシ、民ノ飢モ覚ラレズ。ソレヨリヨウテカラガ不便ナト云テモ、身ノ飢ル様ニナシ、気ノ毒ナト云テモ、身ノ病ム様ニナシ、義理ト思ツヽ身ニシミ〴〵ト思ハレズ、コソ〳〵トスル様ナルハ、ソレダケガ隔テルモノガアルゾ。ソレ故ニ親ニ不孝ニスル何ゾワケガアリ、民ニ虐スルナニゾワケガアリ、何ゾ一ツ〳〵隔テラルヽワケノ指スコトガアルモノ。ソレヲ克去《ちる》ヤウニシ〳〵シテ、身ニ欺クコトモナク、恥ルコトモナク、心ニ一点毛頭ワヅラハサルヽコトナケレバ、夫ノコソ〳〵トスルヤウニナク、ピツタリト親ガ愛《いとおし》ク、ピツタリト民ガ不便ナリ、ピツタリト不義ガ恥シク、ピツタリト義理ガ好マシクナル。サフナルヤウニシテユク功夫ヲ公ト云。公ト云ハ、南軒ノヤウニダヾビロウ天下ヘヒロガルコトハイハヌゾ。只我心ノ親ニ向テモ、君ニ向テモ、ヘダタルコトモ、ワヅラフコトモナイヤウニ克去《ちり》〳〵スレバ、心上気象ガコソ〳〵スルコトモ気ニカヽルコトモナイヤウニアルヲ公ト云。サアレバ親切忍ビラレヌ心ノ我身ニシミ〴〵ト離ラレヌ様ニアルガ、体スルト云モノゾ。粗キコトハ云ニ不レ及、随分義理ノ上ニ残ル所ナフテモ、其心上ノ味ガ身ヲツメツテ痛《み》ヲ知ル様ニ覚ラレネバ、ソレホドガ隔タルト云モノ、体スルトハイハレヌゾ。此四言ガ程子一代仁ヲ説ル、要言ゾ。前《の》三言ハ、仁者生ル之性也ト、而《して》愛《は》其情也ト、孝悌《は》其用也トヲ云ゾ。コレデ本原ト情ト日用ト三《つ》ノ場処ヲ指テ仁ノ名義ヲ示サレタルゾ。後《の》一言ハ、公者所ニ以体《する》レ仁《を》、猶《お》《し》レ言《が》ニ克《ち》レ己《にて》復《に》レ礼為《すと》レ仁《を》也ヲ云。コレハ仁ニ至ルノ功夫ノシヤウゾ。コレデ残ル所ハナイゾ。

指意之所レ在ハ、不レ忍本心ノ愛ヲ仁ト云コトハ、本体デ云ヲフト、情デ云ヲフト、日用デ云ヲフト、ヅンド指ス処ノ意思ハ此ニアルト云コトハ、ドチラヘドフシテモチガフコトナイヲ云ゾ。愛ナリノコレハ本カラ云タコト、愛ナリノコレハ末カラ云タコトト云主意デ、辞ハチガフテモ、愛ナリニ場所〳〵デ云。指意之所レ在ハ、ドチラヘドフ云テモ異ナルコトハナイニ、ソレヲ考ヘズシテ、愛ハ情、仁ハ性、不レ可ニ以レ愛為レ仁ト云ハ、性ト情ト混乱スナト云コトジヤヲ、アゲクニハ仁ハ愛デハイハヌ、性ジヤト云テ、性情キレハナレテ各別ノモノニナルゾ。葉ハ根ナリノ葉、根ハ葉ナリノ根ジヤニ、根ノナイ葉、葉ノナイ根ニナルゾ。以レ公為レ近《しと》レ仁《に》ハ、仁ハ成徳、公ハ功夫、私己ニ克《ち》去テユケバ、次第〳〵ニ成徳ノ地位ニ至ラルヽユヘ、近シトアルコトゾ。ジヤニ南軒ハ親ニモ私ナク、君ニモ私ナク、天下全体愛セザルコトナキヲ公ト思テ、スグニソレガ仁ノ体ヲ指シテ最《も》深切ナトアルコトゾ。然レバ此体ト云ルヽモ、仁ノハヾカラ云ハレタルゾ。仁全体ノシルシカライヘバサフモ云ハルヽガ、己ガ身ニアリテ本心真味ノ愛ノ実ニハアヅカラヌゾ。殊ハ、*スキトト云語意ゾ。絶シテト云ト同コトゾ。コレヲコトニト訓《よむ》ハアヤマリ也。コトニハ特ノ字ゾ。大根ガ仁ジヤニ因テ、其情ガ触ルニ随テイトヲシク、触ルニ随テカナシイゾ。然ドモ本然ヲシラザル

スキト　すっきりと、すっかり。

モノハ只イトヲシミカナシム計リヲ仁ジヤト云ユヘ、土カラ上ヲ木ジヤト思テ、根ヲ知ラヌト同《じ》コト、何トシテモ本然ガ知リ難ヒユヘ、性ヲ説クモ道ヲ説クモ、相手ヲトリワケデ説クバカリゾ。仁義ハ天下道徳ノ名ジヤノト云テ、根バヘ自然ノ身ニアルコトヲ不レ知、事実ノ上カラ指ス計《ばかり》ゾ。礼ヲ説クモ知ヲ説クモ亦然リ。塩ノ鹹ハ皆知レドモ、根バヘ自然ニ塩ノ持テイル本然ヲ得知ラヌ。ソコヲ知レバ膾《なます》ノ鹹《からき》モ汁ノ鹹モ、アノ嘗《なめ》ヌサキヨリ持テイル鹹味ノドコ迄モ貫《く》ト云コトヲ知ルゾ。皆愛ノ事実ノ上バカリデ仁ヲ知テ、未発本然ノ愛ノ山出シノ仁ヲ知ラヌゾ。ソコヲ知レバ、日用デ云テモ情デ云テモ、其ナリノ貫《く》コトヲ知ゾ。聖人平生ノ詞ニハ教学ヲ主トシテ示サル、ユヘ、仁ヲ説ル、ト云テモ、日用孝弟ノ上ニテ示サレテ、本然ニハ及バヌゾ。然ドモ其学モ進ミ、本然ヲ知ルホドノ地位ニ至レバ、ソコデハ仰セ聞サル、ゾ。*子貢ノ「言《えるは》三性与《とを》二天道一不レ可二得《て》而聞《く》一」ト云ヘルモ、其学ガ進デ本然ヲ仰セ聞サレタルヲウケ玉ハリテ歎ゼラレタル言ゾ。サホドニ日用ノ義理モ明ニナウテハ、本然ヲ説キ聞サレフ様ガナイ。サモナウテ驟《にわか》ニ本然ヲ説ケバ、*下学上達ノ旨デハナイゾ。ソレヲ不レ知シテ孝弟慈愛ノコト計リデ、本然ハナイト思ハ大文盲ナルコトゾ。カウ合点シテ後世ノ者ノ仁ヲ説《く》ヲ見レバ、「*大全」「*蒙引」「*存疑」ノ説、*陸象山・*王陽明ガ説、其外*末書諸儒ノ説、皆スツキリト根バヘ自然ノ生ノマヽノ本心ジヤト云コトヲ説タルハナイ。其間ニ詳略ノ説ノ異ハアレドモ、*大根ノ抜ヌ二ノ輪ナコトハ皆同《じ》コトゾ。ヅンド人ノ身ノ骨モ肉モ皮モ毛モ水カラ生《はへ》テ水ニソダツ、アノ天地生レ物之心ナリニ生《はへ》ヌイテ、生レ物之心ナリノ不レ忍身ニ生レ得テイル大本ハ知ラヌニキワマリタルゾ。

子貢ノ… 論語、公冶長「子貢が曰く、夫子の文章は得て聞くべし。夫子の性と天道とを言へるは得て聞くべからず」。

下学上達 論語、憲問に「子の曰く、天を怨みず、人を尤(とが)めず、下学して上達す。我を知る者は其れ天か」と。まず人の日常の卑近な道を学び、序にしたがって漸次進んで深奥な天理に達すること。

大全 「四書大全」「五経大全」「性理大全」。明の永楽帝勅編、朱子学派の諸説を合輯。以後盛行した。

蒙引 明の蔡清著「四書蒙引」。

存疑 明の林希元著「四書存疑」。

以上諸書は我が国でも和刻本が刊行され、江戸前期流行した。朱子学派の注である。

陸象山 名は九淵、号は象山。朱子と同時代人、心即理の理一元論を唱え、朱子と対立し、王陽明の先駆となった。

王陽明 名は守仁、号は陽明。明中期の儒者。心即理知行合一を以て朱子学に対立する陽明学をたてた。

末書 もとの本を祖述敷衍注釈したり、或いは類似を増続改編せる類の末派亜流の書。

大根ノ抜ヌ二ノ輪 意味未詳。或いは「大根ノ抜ケタ二ノ輪」か。

イヂツイタ　意地をはった。

スボウ　みすぼらしく。

但或蔽《はれば》ニ於有《る》レ我之私《に》ニ云々、ドフシテモ我ト云モノガ身ニ切ナルモノ故、我ト云ナリニ私シテ、ドコ迄モコレニ隔ラレテ、体カラ云テモ用カラ云テモ、本体自然ノナリニ一盃ニ得イカヌゾ。ソレ故其私己ニ克《ち》去テ本法ノ礼ニ立《ち》モドリ〱スレバ、体用全体、其意味気象ガ、ナニ、ワヅラハサレテ気味ワルイコトモナク、*イヂツイタコトモナク、義理自然ノナリニ親切ニナルゾ。廓然大公ト云モ、旨ヲ得ネバメツタニハヾヒロウ富士《の》山カラ世間ヲナガメル様ニ思ヘバ、ソデナイゾ。私意ホドキタナイモノハナイユヘ、人心ノ*スボウ快ヨクナイハ、ソレニヘダテラル、カラゾ。其私意サヘナケレバ、義理自然ノ心ガワヅラハサル、コトモ、気味ワルイコトモナイ。ソレヲ廓然大公ト云ゾ。公ト云ハ私己ヲ克去ルノ功夫ニシテ、ソレナリニ私己《を》克去テ一点ノワヅラフコトナキ効ヲ廓然大公ト云ゾ。ソコデハ義理ノ本心ニ瑕《きず》ツカズシテ、場ゴト〱ニ行ハル、ゾ。血脈貫通ハ愛ノ筋目ガドコ迄モキレズマギレズ行ハル、ヲ云ゾ。程子ノ説ノ旨ハカウシタコトゾ。公ト云ヲカウ合点セズニ、天下全体我身ト思フタガヨイノト思ヒナシデ云テモ、我心ニ私意ガ去ズバナントセフ。私意ヲ去レバ、其心ガスグニ親一パイノ心ニモナリ、民一パイノ心ニモナリ、我身ヲハナレズシテ、万物一体ノ心ニモナル。サナシニ事デ事ヲ尽サフトシテハ、気象意味ガ我ト思ヒヤウデイカズ、皆強テシタモノゾ。情根《す》ニ於性《に》一ト云ハ、梅ハ梅ノ根ナリノヤウニ生ズル。愛《いとし》ヒト云ハ愛ヒ根ガアレバコソ愛ヒ情ガアル。ソレヲ愛ハ仁ハ尽サヌ、仁ハ性ジヤ、公デコソ仁ナレト云ハ、根ハ梅ジヤガ、芽ハ桃ジヤト云ヤウナルモノゾ。未発ハヘヌキノ愛ヲ不レ知シテ、愛ハ少ナコトト思ハル、カラゾ。其上公ハ仁ニ至ル功夫デコソアレ、何モ角モノコサズアマサズヘダテヌガ仁ノ体ジヤト云コトデハナイゾ。

来喩所レ謂云々、愛ハワザデ、天下全体私ナシニ何モ角モヘダテヌ、ヒキウケルガ仁ジヤトアルコトナレバ、仁ハ物我ノ私ナイコトデ、愛ハ惣々ヲ残サズ愛スル道具ニ聞ヘルゾ。

*コナタノデニ考テ見ラレヨ。此二言ノ内、イヅレガ仁ノ真実ノ正味ヲ指《さし》タルモノゾ。以ニ愛無《きを》レ不《こと》レ溥《あまねから》為《れば》ニ仁之体《と》一、則チ情ニ感ジテ天下コト〳〵ク愛スルト云上カラ云ハネバナラヌユヘ、博施《クして》済《うことおおキ》衆ヲ為レ仁《と》、博愛ヲ為レ仁《と》ヤマイト同コトゾ。コナタノ見処ガコレホドニヒロガリタ、トデモナイヤウニハゴザアルマイ。又以下公《にして》ニ天下《に》ニ而無《きを》中物我之私上便《ち》為《れば》ニ仁《の》体《と》一、則《チ》真味親切不レ忍不レ容《いれ》レ已《やむことを》ノ心ハナウテ、何モ角モヘダテズ公ニヲモフタガヨイト、タヾ思ナシナリバカリデ見ハラシタモノ。サレドモドコゾデハ親ニ怒ラル丶カ、ドフゾスレバ背ハ腹ニ易ラレヌト云ヤウニ、病根ガ出ネバヲカヌゾ。況ヤナニトシテ惣々ヘ愛ノ及ブマデニイカフ様ガナイゾ。但々仁ハナンノコトナイ、生ミノマヽナリノ生レ物之心ナリノハヘヌキノ心ゾ。惟々公デ私意ナケレバ、ハヘヌキノヤマレヌナリガ身ニ全ヒゾ。ダタイ鼻ニハ香臭ガ生ミノマヽナリニ切ナガ、邪気ガ入ルト覚ヘガナイ、邪気サヘ去レバ、ダタイノナリニヒトリ香臭ガ切ナゾ。ニヲイノヘダタラズ、ドコヘモ貫クヲ仁トハイハヌ、ニヲフハ情、情モ本体、本体モ情ユヘ、ニヲフヲハナレテ云コトハナイガ、マダニヲフトイハヌサキヨリ、ハヘヌキノニヲフガ、コヽガ仁ゾ。ソノナリニドコマデモ貫クトハ云ゾ。此体ノ字、程門ニ於テ仁ヲ示サルヽノ大切ノ字ゾ。「語*類」「近*思録」ノ部ニ説ガアルガ、マギレガアリ。体*骨之体ニ為テ、公ナレバ仁ノ体骨ヲ得ルト云説アリ、サフデハナイゾ。

コナタノデニ　あなた御自身で。

語類　巻九五に「問仁之道只消レ道ニ一公字一。公是仁之理。公而以レ人体レ之。故曰レ仁。竊謂仁是本有之理。公是克己功夫到処。公所ニ以能仁一。所謂公而以レ人体レ之者、若レ曰下己私既尽、只就ニ人身上一看中便是仁上。体猶レ骨也。如ニ体レ物不レ可レ遺之躰、貞者事之幹之類一。非ニ体認之体一也。曰公是仁之方法。人是仁之材料。有ニ此人一方有ニ此仁一。蓋有ニ形気一便具ニ此生理一。若無ニ私意間隔一、則人身上全体皆是仁。如無ニ此形質一則生意都不ニ湊泊一。他所謂体者便作ニ体認之体一亦不レ妨。体認者是将ニ此身一去ニ裏面一体察。如下中庸体ニ群臣一之体上也」等の体認体骨に関する論の語が多い。

近思録　→二八一頁注「公而…」

体骨　体格骨格、物事の基本主要の構造組織。骨ぐみ。

又体認之体ニ見タル説アリ、ソレデハ功夫ノ字ニナリテ、コヽノ能ノ字ガキコヘヌ。能ト云ハ不レ勉シテ飢テ食ガ口ニ切ナリ、寒《こごえ》テ衣ガ身ニシミ〳〵ト覚ラルヽヤウナヲ云。公ナレバ外カラヤトフコトモナク、衣ゴシニ癢《かゆ》キ処ヲ不レ搔ニ膚ヲジカニ搔ケバ快《こころ》ヨイ、快ヨイ身ノダタイハヘヌキユヘ快ヨイ、其快ヨイ身トモ自然ノ身ニアルガ、体スト云モノゾ。ワケ理屈ヲイヘバ、快ヨイト云ヨリ云コトハナイ如ニ、義理ノナリハカワルコトハナウテ、アノ義理自然ノナリニ、身ナリニヤマレヌ身ガ体スルゾ。癢ヲ搔テ快ヨク、膚ノ寒テゾツトスルト云ヨリ外云コトナウテ、アノ意味親切ナル処ノ、ワケ云ヅクナシニ、ヤマレヌ身ナリガ体スルト云モノゾ。サレドモコヽヲアカサフドテ、アナガチニ親切ニ云ガ、仁ヲ説《く》ニキラフコト也。只ナントモナウ寒《い》ト身ガゾツトスル、アノナントモナシニゾツトシテヤマレヌヤウニ、親ニモゾツトシ、君ニモゾツトシテ、身トトモニヤマレヌ味ヲ合点スベシ。非中因《て》レ公《に》而《して》後《に》有《に》上也ハ、南軒ノ旨デハ公デ仁ガ出ルニナルゾ。ダタイ本有ノ仁ナレドモ、私意隔ラルヽユヘ、私意ヲ去レバ、ダタイノナリニ身ニ全ヒゾ。ダタイ燃ル火ガ熜《くすぶ》ルユヘ、熜モノヲ去レバ、ダタイノナリニ自然ニ燃ルト同《じ》コトゾ。子貢ヤ南軒ナドハ、タヾヒロウヘダテヌナリヲ見ラルヽユヘ、惣々ヲ愛セザルサキハ、人ノ身ハ木石ノヤウニ、ナントモナイモノニナル。ソレデハ性善ト云モ不レ済《すま》、寂滅ト云モ尤《も》ニナルゾ。天地自然ノ心モ生ノ一字ニアリ、性情本有ノ徳モ愛ノ一字ニアリ。コレナケレバ天地モ性情モ命脈キレテツブレルゾ。公《にして》而以レ人《を》体《す》レ之《に》ト云ハ、公ニシテカラ後、人ノ身ニ体スルト云コトデハナイ。ソレデハ南軒ノアヤマリト同コトゾ。前ニ云通リ「語類」ニ説ガアリ、又「文集」ニ自筆ニ書サレタル説モアレドモ、ソレモ相手ホドニトカレタルゾ。コヽノ説ガ至極ゾ。私ヲ去レバ、親ノイトヲシク子ノカワユイガヘダテナイガ公デ、タヾサフヘダテナイト云計リデハ仁トハイハヌ。其イトヲシイ、カワユイ、ドフシテモ不レ忍ヤマレヌ、人ノ身カラモツテ、身ナリノハヘヌキガ、以レ人体レ之ゾ。ソレガ即チ仁ナリ。公ニシテ而後ト云コトデハナイ。人ノ身ト云モノガカワユイ、無二余義一悲ヒト涙ガ出ル、恥シヒト汗ガ出ル、至親至切ノ吾ガ身ナリノハヘヌキ自然ノ本心ナリデ仁ゾ。其ナリガ私ナク公ナレバ、ヲキモナヲサズスグニ吾身ナリ仁ゾ。南軒ノ旨ハ、何モ角モ全体ヘダテズシテ、後《のチ》人デ体スルトアルコトゾ。看ハ、コレミヤト、人ニミセルコトヲ云。ヤハリ人ノ字ノ裏面デ仁ノ意味ヲ見タガヨイ。以レ人体レ之ト云ガ、ハヘヌキノ身ノモノト立テヲイテ、ソレガ公ナレバ、スグニソノナリガ仁トアルコトゾ。漢以来愛*ヲ以テ仁ヲ説クコトヲ程子ノ非トセラルヽハ、本然ヲ不レ知シテ情ヨリサキニ根ハナイト思ユヘ、ソレデハ性善モナウナリ、ワザノ上バカリデ善ガミユルニナル。ソコヲ辯ゼラレタルゾ。其弊ヲ矯ルト云テ、アゲクニ愛ハ仁デナイト云ヒ、仁ハトイヘバ天下平等ニヘダテヌコトジヤト云テ、汎然トシテ仁ノ仁タル落チ着《き》ノ処ナク、性情キレハナレ各別ノモノトナル。「矯《ためて》レ枉《まがれるを》過《すぐる》レ直《すぐなるに》是亦《も》枉《れる》而已矣」ト云ハ古語*也。西ヘユガム壁ヲ西カラカフバリ*スギテ東ヘユガムト同コトゾ。其弊ハ学者朝カラ晩マデ仁ヲ云テ、万物一体ガ仁ジヤ、「西銘*」ノ旨モ何モ皆サフジヤト云テ、仁ノ仁タル真実正味ノ名義ハシラズ。其上又天地ノ心タル所ハ生ノ一字、性情ノ徳タル所ハ愛ノ一字、コレ有テ造化ノ功モ行ハレ、コレ有テ日用ノ道モ出ルニ、ソレトモニ昧《くら》カラシム。カヤウノ程子ノ

愛ヲ… →二六六頁注「愛ハ情…」

古語 「越絶書」越絶篇叙外伝記・仲長統「昌言」等に出典。

カフバリ 強張り。家等の傾斜を支え防ぐためにあてがう材木。

西銘 宋の張載(横渠)撰。もと「訂頑」と称し、「砭愚」(東銘)と共に学堂の東西二窓に掲げられた箴銘で、程伊川の意見で今の如く題を改めた。共にもとその文集にあったが、朱子が西銘に注を作ってから、東銘と離れて単行された。天地は我が父母、人類は我が同胞と、人倫の孝、万物一体、その根源たる天の命に従い安ずべき境地を簡古勁切の筆を以て一元的に表現し、宋学の中に極めて高い地位を占めている。直方・絅斎・尚斎は各その注や講義を著している。

旨デ有フ様ガナイゾ。ソレユヘニ又カヤウニ詳ニ陳《のべ》テ申シ進ズルトアルコト也。ノブルト云ニモ、述ノ字ハ昔アルコトヲ今ノブルト云コト、陳ノ字ハ一々シキナラベノベルコトヲ云ゾ。

*右宝永*庚寅十一月廿四日講説〈時《に》余丁《あたり》二*外憂《に》一、居《る》二于*湖山之間《に》一。此日偶以レ有レ故往《き》レ京《に》、謁《す》二先生《に》一。会《す》三先生講《ずるに》二此書《を》一。因《て》録《すること》レ所《を》レ聞《く》如《の》レ此。惜哉不レ得二全備《を》一焉。〉

上《たてまつる》二絅斎先生《に》一書〈此雖《も》レ不《と》レ応《べから》レ雑《す》二入于師説《に》一、而*以《て》乙其所下嘗附《て》中于又論《する》二仁説一講義一編《の》紙尾《に》上、以《て》呈《する》二諸《を》先生《に》一者《なるを》甲、故《に》今亦仍《よって》レ旧《に》而不《と》二敢《て》改易《せ》一云《う》。〉

先日ハ出京仕《り》、奉《り》レ与《り》二「仁説」《の》別シテ大切之条御講習《に》一、大幸之至《りに》奉レ存候。先年ノ記録一通清書仕《り》、可《く》レ奉《る》レ入《れ》二尊覧《に》一存罷《じり》在候得共、未《だ》レ得二余力《を》一、草本ノ通《り》ニテ御座候。今度出席拝聴仕候ニ、先年トハ*各別ニ親切ニ、於《ては》二仁《の》名義《に》一相応ニ得心無《く》レ疑候。故ニ先《ヅ》右一編清書仕《り》、奉《り》レ求《め》二正《を》左右《に》一候。遠方ニ罷《り》在《り》、且《ツ》*世累疾病ニ被《れ》レ礙《さまたげ》、全篇始終不レ仕《ら》、残念之至《り》ニ御座候。尤トモ記録略誤ノ処不レ少ト存候。一々御*批誨可レ被二下置《しか》一候。朱点ハ、勿論於《て》二尊説《に》一取舎仕《る》ニテハ無二御座一候。尊意別テ開諭被レ成処ノ意味滋味親切ノ処、未発之愛ノ根バヘ処ハ、別シテ不《と》レ可《から》レ不《る》レ知《ら》奉レ存、尤《も》愚昧《の》不《る》レ及《ば》義ニテ候得共、是亦格物ノ一端ト存候。万一於《て》二尊意《に》一相合《ひ》候処モ御座候哉、賜教奉レ仰《ぎ》候。尊説ノ中ニ曰、コヽヲサトサウドテアナガチニ親切ニ云ガ、仁ヲ説ニキラウコト也、只ナントモナウ寒《い》ト身ガゾットスル、アノナントモナシニゾツトシテヤマレヌヤウニ、親ニモゾツトシ、君ニモゾツ

右　無戊本、以下の奥書及び書簡なし。小丙本、この奥書を「右一編宝永庚寅十一月廿四日録也」に作り、次条奥書なく、葉を改めて書簡を掲ぐ。高本新丙本は書簡なし。

庚寅　宝永七年(一七一〇)。

外憂　父の喪。

湖山　琵琶湖畔の山手。若林強斎は当時大津郊外微妙寺の空坊に住し、一家を支えて苦学していた。

以其所嘗附　斯別本高本新丙本九甲本「以嘗附書」。

各別　斯別本「格別」。

世累　世間のわずらい。

批誨　批判と教誨。

トシテ、身トトモニヤマレヌ味ヲ合点スベシト御座候。カヤウノ処扨々《さてさて》大切ニ奉レ存候。義理分明、*優柔饜飫《えんよ》スルニ非ンバ、只言語ニテ*切緊ニ云ナシ、心上ニテサフ思ナシ置キ候ヲ不レ免ト奉レ存候。御講習ノ*前霄、「*論語」季氏使三閔子《びんし》騫《けん》為《ら》二費《の》宰一章ノ、閔子返答ノ語意、謝上蔡ノ説ノ誤ナド御物語御座候モ、加様ノ旨ト奉レ存候。コレヲ以テ平生仮初ノ言語ノ上ニテ考ヘ候ニ、中々難キ義ニテ御座候。兎角居敬窮理、平生*涵養純熟ノ処ヨリ得ルコトト奉レ存候。左様ニテ御座候哉、御批論奉レ願候。折節紙コト〲ク尽キ申候故ニ、故紙ヲ綴リ書シ申候得者《えば》、見ヘ難キ処モ御座候。無礼之至《り》、御宥免被レ成可レ被レ下候。恐惶謹言。

十二月八日　若林*進居　拝

*仁説問答師説畢

優柔饜飫　ゆたかにゃわらかで食に飽くこと。ゆったりと落ちついて着実に十分に学問修養すること。二程遺書(近思録、為学)に「伊川先生の曰く、古の学者は優柔厭飫、先後次序有り。今の学者は却て只一場の話説と做し高きを務るのみ。常に杜元凱が語を愛す。江海の浸し膏沢の潤すが若く、渙然として氷釈け怡然として理順ふ。然して後得たりと為す」。

切緊　切迫。

前霄　前夜。

論語…　論語、雍也「季氏閔子騫をして費の宰為ら使む。閔子騫が曰く、善く我が為めに辞せよ。如(も)し我を復(また)する者有らば、則ち吾必ず汶(ぶん)の上(ほとり)に在らん」。季氏は魯国の上卿(家老)。費はその邑。閔子騫は孔子の門人、名は損。汶は魯の北斉との境の川。子騫は季氏の無道を嫌って仕官を潔しとしなかった。

涵養　水がじわじわとしみ込む様に、だんだんと修養すること。

進居　小乙本「ユキヤス」の振仮名あり。小丙本この次に「上／絅斎先生」の二行あり。小甲本「上」の朱筆補記あり。

仁説…　奥書及び書簡を欠く本を除き、小丙本斯別本高本九乙本この尾題なし。

絅斎先生仁義礼智筆記

（浅見絅斎）

絅斎先生仁義礼智筆記

仁義礼智ハ、人ノ性ノ名デ、人心ノ固有ノ天徳、我ニ生《はえ》ヌイテ有生付《あるうまれつき》故ニ、是ヲ穿鑿シテ云ノ、吟味ヲスルノト云コトハナイゾ。唯其《ただその》生付ヤウニナルヤウニスルヨリ外《ほか》ナイコトゾ。然ルニ、今ノ世ニ成テハ、其我ニ有《る》持前ノ仁義礼智ト云モノヲ根カラ合点セズシテ、生レタ後ニ人ノモメ合テ出来タヤウニ覚《おぼえ》タリ、又ハ学行ノ目《め》当定木《あてじょうぎ》ノヤウニ覚テ居ル。ヂヤニヨツテ、先《まず》其名義モ、又ドウシタコトヤラ、歴歴ノ程*門諸子・朱*門諸子ト云ヘドモ、誤モ有ソウナ。先ヅ一《ひとつ》ヅツ文字ニ付テ詮義シタガヨイ。

仁、惣ジテト云内ニ、別《わけ》テ仁ノ字ノ旨ガ得ガタシ。前ニ云通《いうとおり》、程門ノ楊*子・謝*氏、朱門ノ陳*北渓ナドモ、見害《みそこの》フテヲカレタ。マシテ其以後ノ学者、曾テ仁ノ意味ハ知ラヌ。山崎先生ニ至テ、初テ発揮シ出サレタコトゾ。第一、仁ヲ説クニ、理屈ラシイ、サツパリトシタ道理ゼメノコトヤ*、又ハ広大浩*然ノ気ヲ説クヤウニスルコトハ、殊《こと》ノ外《ほか》嫌フコトゾ。仁ヲ説クニ、何モ殊勝ラシイ事モ、理屈ラシイコトモ、広大ラシイ事モナイ。仁ト云ヘバ、天地自然、各《おのおの》一物一物備テ持テ居ル意味ゾ。何デ有《あろ》フト、其持テ居ル意味ヲ仁ト云コトゾ。カフジヤニ因テ、何モ理屈ラシイコトハナイ。先《ず》天下ノ道理ハ文字ニ持テ居ルモノゾ。夫ヲ文字ヲスマサズニ、理ヲ呑《のみ》コモウトスルコトハナラヌ。先《ず》仁ノ字ハ、桃仁ノ、杏仁ノ、

程門　北宋の程顥(号は明道)・程頤(号は伊川)兄弟、所謂二程の門下。

朱門　南宋の朱子の門下。

楊子　北宋の楊時、号は亀山。程門の高弟。仁は物我一体と説く。

謝氏　北宋の謝良佐。↓二一六頁注「謝上蔡」

陳北渓　名は淳、学者称して北渓先生という。朱子の門人。その著「北渓字義」(性理字義)二巻は程朱学派の術語の解注で、朱子学概論として用いられたが、崎門学派はこの著に批判的である。

ヤ　底本虫損、今補。

浩然ノ気　孟子、公孫丑上に「我善養二吾浩然之気一」と。天地の間に流行する至大至剛なる精気。

梅仁ノト云テ、アノ実中《の》ノ仁*ヲ云。アノ様ナコトデ、仁ノ字ノ意味ヲ合点シタガヨイ。蒔《まか》ヌ先カラ、煎大豆《いりまめ》デナク、土石ノ如クナラズ、何時モ種《うえ》タラバ、生《はえよ》ウト云様ニ成《なり》キツテ有テ、イフ〳〵トシテ温ヲ含デ有ル、アソコガ仁ノ意味ゾ。夫デ、山崎先生以来ノ相伝ニ、仁ハ理デ説《とか》ヌコト、意味デ説コト、梅仁杏仁ノ中ニ数千丈ニ成テ花咲《さき》実ノルモノ悉ク、アノ中ニ含デアル、コヽガ仁ノ、万理ヲス*ベタト云ガ、アヽシタコトゾ。アノ杏仁梅仁ナド云《う》仁ノ字、古昔聖賢*ノ明ナ上カラ見取テ、名ヲ命ゼラレタコトソウナゾ。

先ヅ、仁*ハ心之徳、愛之理トアリ。徳ト云ハ、外カラ添タコトデナシ、付《つけ》タコトデ無ク、我ニ持切《もちきつ》テアル、屹《きつ》ト備ヘテ居ルコトヲ云。梅ノスク*、砂糖ノアマイト云ガ、微塵《みじん》外カラ添タコトデナクテ、根生《ねばえ》自然ニハヱヌイテ居ル意味ゾ。トカク何デ有フト、人ノ身ナリニ持テ居ル意味ゾ。コヽヲ発シテ、「中庸*」ニハ、仁ハ人ナリトモ云テ有。人体ベツタリト持テヲル意味ガ仁ゾ。夫デ、義モ、礼モ、智モ、心ノ徳ト云《い》サフナモノヂヤニ、仁ニカギツテ、心ノ徳ト云。ドウナレバ義礼智ト成ハ、先《ず》カウシタ意味ガ有カラゾ。火ノ全体持テ居ル意味ハ、モユルト云ヨリ外ナフテ、物ヲ焼ク火ニ*モナリ、温メル火ニモナリ、兎角ベツタリト持テ居ル意味ナリノ働《はたらき》ゾ。スレバ義礼智モ、皆仁ト云ナリノ行ハルヽ所ゾ。人心ノ妙用、持テ居ル処ノ根抜《ねぬき》ジヤト云ハ、心之徳デ聞《きこえ》タガ、サラバ、其正味ハドウヂヤト云ヘバ、コヽノ理ト云コトゾ。天地物ヲ生ズル心而已《のみ》。トカク生《み》出サフ〳〵トスルガ、天地生抜《はえぬき》ノ心ニ成テ有《る》ガ、人デ云ヘバ、心ノ意味ニナツタモノゾ。依テ意思シミ〴〵ト愛ト云《う》肌アヒ処ハ発《お》コル所ヂヤガ、愛《いつくし》マヌ先カラ、ホツリト*満《みち》切テ有《る》、人ノ身ニ持テ居ル生身《なまみ》ゾ。ヨツテ

仁 果実の中心にある芽となる部分。たね。

スベタ 統べた。

聖賢ノ… →二九五頁注「生之性」

仁ハ心之徳… 孟子、梁恵王上「孟子対て曰く、王何ぞ必しも利を曰はん。亦仁義有るのみと」、集註に「仁者心之徳、愛之理。義者心之制、事之宜也」。→二六七頁注「愛之理」

スク 酸っぱい。

中庸… 二〇章に「仁者人也」、朱注に「人は人の身を指して言ふ。此生理を具て、自然に便ち惻怛慈愛の意有り。深く体して之を味はば見るべし」。

ニ 底本虫損、今補。

ホツリト ぽってりとの意か。

突《つけ》バ痛ヒガ、未《まだ》ツカヌ先カラ、痛カラフト云ヤウニ成《なり》切テ有ル、コヽノ味デ未発ノ愛ト云ヲ合点シタガヨヒ。何デモ、偽《いつわり》カザリナフ、*貞心ナリカラワキ出タ処ニ、ムゴラシヒ様ナ、イヤラシイ様ナ肌ハナイモノゾ。夫ガ後ニ成テハ凡人ノ事故ニ、人欲ガ害スレドモ、其発所ヲ見レバ、毎《いつ》モ未発ノ愛ノ味ガ覚ラルヽ。造化ナリカラ生ミ出サレテ間ノナヒモノヲ見ルニ、柳ノ芽ハリデ見テモ、草ノ萌へ出デ見テモ、花ノツボミデ見テモ、鶏ノ雛デモ、犬ノ子ノヂヤレルヲ見テモ、スベテ、天地カラ生《うみ》出サレタ処ニ、イタイケニ可愛ラシウ無イモノハナイ。是ガ則《ち》、天地*生元ノ元気カラ発シテ間ノ無ヒモノ故ゾ。ヨツテ居ル処ノ正味ハドウヂヤト云ヘバ、愛ゾ。夫ヲ直《すぐ》ニ愛ト云ヘバ、今日物ヲ愛スルコトニ紛《まぎ》ルヽ故、未発ノ愛ヲ語ラルヽコト、愛ノ生抜《はえぬ》キト云心デ、愛之理ト云。朱子ノ、此理、道理理屈ノ二ツデハ無レドモ、暫ク云ヘバ、愛スルノ理屈ト云様ニ見ルト悪《わる》ヒ、唯愛ナリノ、*人作デナイ、天理ヂヤト云コトデ、理屈ヅメニセヌガヨイ、ト仰ラレタ。是ガ天理ヂヤト説《とく》ト云旨ゾ。カウ生抜テ、*ホヤホヤトシタ、*ニツトリトシタ、シミ〴〵ナリノ生抜ノ仁ガ直ニ親ニ向テ、親《おや》イトシヒトモナリ、君ニ向テ、君大切トモナル。枝葉ニ成テ、名ハカハレドモ、元《も》トハ一ツノ仁ゾ。コヽヲソコナヒヤブルコトヲ見《る》ト、ヤハリ其シミ〴〵ヂヤニ因テ沙汰ノ限リト、羞悪ノ心。親イトフシイトナルカラ、麁末《そまつ》ニシラレズ、朝夕《の》威儀、夫々ノ程ヨイカラ云ヘバ、恭敬ノ心。此生タ意味有カラ、能《よく》知覚スルハ、智。勿論、*偏ニ云《いおう》ズレバ、四ツニ分テ云コトナレドモ、専ラ云ヘバ、一箇ノ仁ノ字ニ*キスル。朱子ノ、*惻隠ノ心有テコソ羞悪ニモナツタモノナレト仰ラレタガ、此コトゾ。

貞心　或は真心の誤写か。

生元　生命の本源。

人作　人為。

ホヤホヤト　湯気の立った様な温い、所謂できたてのほやほや。

ニツトリ　柔和な、ゆったりとしたさま。

偏ニ云ズレバ　偏言。下の「専ラ云ヘバ」(専言)の対語。程朱学の術語で、分析的に言うを偏言、総合的に言うを専言。

キスル　帰する。

惻隠…　孟子、公孫丑上、人皆有不忍人之心章(→六九頁注)の集註。

時ニ此《この》心ノ徳、愛ノ理ト云字、誠ニ有難キ御註解デ、程子ト云ヘドモ、是ホドニハ仰ラレナンダゾ。其外ニ*周子ノ、「徳《は》 愛《いとおしむ》 ヲ仁ト云《う》」ト仰ラレタ、是ガ朱子ノ説ノ淵源ゾ。徳ト云ガ究《きわめ》テヨイ。愛計《ばかり》デハ道理ノ生抜《はえぬき》デナヒ、又徳トバカリデ云テハ、何ノコトヤラ知レヌ。徳愛ト有テ能《よく》聞ヘル。我《がは》仁ノ*敵薬《てきやく》ヂヤト云モ、僅ニ我《がが》有《る》ト此意味ハ皆ヌケル。タトヘバ朋友ノコトヲ、彼ノシミ〴〵デ難義ニ思テモ、手前ガイカイセハヂヤト云《う》我ガ出ルト、ツイシミ〴〵ノ味ガヌケル。身ナリガ仁、身ナリガ我、別デナイ。夫《それ》孔子ノ*克己ノ字ガ、仁ヲスル己ニヨルト云ガ己ノ字デ、身ナリガ仁、身ナリガ人欲、人欲ガ出ル、直《すぐ》ニ仁ガキヘル、人欲ニ克《かつ》、直ニ仁ニナルゾ。面々ノ様ニ、人欲甚《はなはだし》ト云ヘドモ、夫ナリニ猶《お》此意味ハヌケズト有。チヤウド作リ松ナドノ様ニネジ曲テ有テモ、芽ヲ出ス時ハ、捌《さばいて》モ上ヘ高々ト伸ビヤフトスル如シ。夫ナリヲ又引撓《ひきたわ》メルニ依テ毎《いつ》モ伸ル時節ハナイ。孟子ノ四端ヲ上《あげ》テ仰ラレタハ、アマリ人ガ*仁ハ内ナリ義ハ外ナリト云故ニ、アゲテ仰ラレタデコソアレ。其実ハ、孺子ノ井ニ落ル時、初テ仁ノ意味ハ見ユルデハナイ。平生イツモ芽切テ有レドモ、ツイ邪《ねじ》ムゾ。色欲ヤ利欲ノ心モ惻隠ナリニ起《る》コトモ有ガ、夫ガ*筒イガミノ鉄炮デ玉ヲウツ如ク、*タイ打ノ気質ガ暗《くら》ンデ居ル故ニ、惻隠デ有ナガラ、*トデモ無イ処ヘ向クゾ。コヽガ別ニ詮儀スルコトゾ。先《ず》何デ有フト、仁ト云ヘバ、ドコ迄モ、愛ト云ヲハナサ*ズ語ルコトゾ。オツクルンデ云時ハ、未発已発ヲカネテ仁ト云コト、未発ハ仁ノ体、已発ハ仁ノ用、孟子ノ「*仁ハ人心也」ト仰ラレタガ、コウゾ。中ニ持テ居ル未発ノ物ハ体、夫ナリノ外ヘアラハル、ハ用ゾ。其中ニツイテ偏ニ云ヘバ、未発ノ愛ガ仁、是ガ体、已発ノ愛ガ惻隠、

周子… 通書「徳は愛(いとおし)むを仁と曰ひ、宜(よろし)きを義と曰ひ、理(おちおち)あるを礼と曰ひ、通ずるを智と曰ひ、守るを信と曰ふ」。↓一〇〇頁注

敵薬 とり合せによっては互に毒になる薬。或はくいあわせ。

克己… ↓九五頁補記「四勿」

仁ハ… 孟子、告子上の性についての告子との論争の箇所参照。

筒イガミ 筒がゆがんでいる。

タイ 「ダタイ」(本来)の訛写か。

トデモ無イ とんでもない。底本トに「ソカ」の朱筆傍記。

ズ 底本「ヌ」、今改む。

仁ハ人心也 告子上に「孟子の曰く、仁は人の心なり。義は人の路なり」、集註に「仁者、心之徳。程子所㆑謂心如㆓穀種㆒。仁則其生之性是也。然但謂㆓之仁㆒、則人不㆑知㆔其切㆓於己㆒。故反而名㆑之曰㆓人心㆒、則可㆛以見㆚其為㆘此身酬㆓酢万変㆒之主㆖、而不㆙㆑可㆓須臾失㆒矣。義者、行㆑事之宜。謂㆓之人路㆒、則可㆘以見㆗其為㆓出入往来必由之道㆒、而不㆖㆑可㆓須臾舎㆒矣」。

是ガ用。孟子ノ四端根心《ねごころ》ノコトヲ仰ラレタガ、此旨ゾ。仁義礼智、具ヘテ語ル時ハ、イツモ偏言ト云テ、別ノコトデハナイ、ヤハリ所レ言ナリニ付テ分タモノゾ。愛《いとおし》ムナリノ生《え》抜《き》ギヤト云コトヲ合点セ*ズニ居テ、楊亀山、物我一体ナレドモ、ソウ云テハ、カンジンノ、カノ桃仁杏仁ノト云様ナ、我ニ生ヘヌイテ居ル、生身《なまみ》ノ旨ガヌケル。孔子ノ仁ヲ仰ラル、ニ、毎《いつ》デモ、己ト仰ラレタコトゾ。此外段々ニ詮儀ドモ多シ。

*義ハ心之制、事之宜《よろしき》ト有ル旨ゾ。制ト云ニ、禁制ト云心ト*裁制ト云心ト二ツ有。此制ハ裁制ゾ。裁ト云ハ、タツト読《よむ》。物ヲ二ツニタチ切ルコトヲ云。衣服ヲ拵《こしらえる》ニ、袖ハ袖、裔《すそ》ハ裔ト、夫々ニサツパリトタチ分ルコトゾ。制ト云ハ、サフ裁分《たちわけ》ルナリニ、是非ニサフハサ、ヌ、カフハセヌト、心ニキツカリサバキノ付《つく》ヲ云。ドコ迄モノ*ヘイホウニ無放蕩ニナイ、*撫肩ニナラヌコトゾ。何デ有フト、イカナコトニモ、サウハセヌト、心ニ屹《きっ》トサバキアルヲ心之制ト云。事之宜ト云ハ、親ニ事ルデモ、君ニ事ルデモ、事処デモ、イト程ヨヒ、是デヨイト云ガ有。是ガサバク上デ云コトデハナヒ、サバカヌ先カラ、心デ裁制スルナリガ、直ニ向ノチヤフドヨイニ成テ有。夫デ朱子ノ、此宜ノ字ヲ*不用之用ト仰ラレタ。譬バ、此病人ハ*補中益気《えきき》湯《とう》ト、ヅシリト心デ*唀ナリガ、テウド病気ニ的当シテ有ガ、事之宜ゾ。心之制ト云ハネバ、世間ナリノ宜デ有フヤラ知ヌ。事之宜ト云ハネバ、曲尺合《かねじゃくあい》ガナイ。夫デ、礼ハ外へ著《あらわ》レ、義ハ内外ヲカネルト云ガ、コウシタコトゾ。イカナコトニ逢テ*モ打果サネバナラヌト云ガ心ノ性デト云ナリガ、テウド事義ニカナフテ有。孔子デ云へバ、*衛ノ霊公ノ不礼ヲ見テハ、暫時モ止《とどま》ラレヌト思テ、道中デ飢《る》コトヲ省ズニ、早速立退《か》セラ

ズ　底本「ヌ」、今改む。

義ハ心之制…　↓三〇七頁注「仁ハ心ノ徳」

裁制　孟子、公孫丑上、問夫子加斉之卿相章の集註「義者人心之裁制」。

ノヘイホウ　↓二六四頁注

撫肩　ぴりっとした厳しいところがない様。

不用之用　無用の用(荘子)。無用のようにみえて、かえって大用をなすこと。

補中益気湯　疲れがちで汗のでやすい虚弱体質にきく漢方薬。

唀　「誘」の俗字と推定されるが、ここでは義に合わず、何かの字の誤写であろう。或は嘯(うそぶく)か。

モ　底本「ハ」、今訂。

衛ノ霊公…　論語、衛霊公に「衛霊公問二陳於孔子一。孔子対曰、俎豆之事、則嘗聞レ之矣。軍旅之事、未二之学一也。明日遂行。在レ陳絶レ糧、従者病、莫二能興一。子路慍見曰、君子亦有レ窮乎。子曰、君子固窮、小人窮斯濫矣」と。集註に「愚謂、聖人当レ行而行、無レ所二顧慮一」と。

レタガ、*アナタノ御心ナリノ性デ、万世カラ見テモ、非判《ひはん》云《い》様ナイ事義ガ叶フテ有ゾ。伯夷叔斉ガ首陽山ニ隠タト云ガ、キツイコトノ様ナレドモ、周ノ粟トテハ、イカナコトニモクラハヌト云ガ、伯夷ナリノ性デ、オキモ直サズ万世ノ君臣ノ曲尺合ニ成《る》程ノ宜ゾ。コトニ、是ハアトヲ以テ論ズルコトヂヤガ、我ニ持テ居ルナリ、可《き》レ死《す》場、死《ぬ》マジキ場、ドフモ*スツペリトハシラレヌト云心ガ、我ニ生《え》抜《い》テ居《る》。コフシタモノガ生抜テ居《る》故ニ、*蹴付テクレル食ハ、死スレドモ喰ヌト云、了簡マゼヌニ出テクルゾ。オサヌ先ノ判カラシテノ判ヲ、ソウ触《ふるる》ナリニ発スルガ、ジタイサウ有《る》故ゾ。コヽヲ義ト云。是又別ニセンギドモアリ。

*礼ハ天理《の》節文、人事《の》義則ト有ゾ。周子ノ説ニ、*ヲチヲチ有ヲ礼ト云トモ仰ラレタ。兎角礼ト云ハ、ドコ迄モ、夫々程ヨヒ、筋道分レタ、キツカリト、カフデコソ有レト、場ナリノ付《つけ》所デ云。親ヲ愛ムト云ニモ、朝ハコフツカヘテハ、夕ハカフヤスメテ、口上ハコノ位ニ云テ云、考ルコトイラヌニ、自然ニ程ヨヒアヤワケ、則《のり》ガ有ル。君ニ事テモ、手前《の》位カラモ、容貌カラモ、チヤウド是デヨヒト云筋道分レタ文《あや》ガ有。外《そと》カラ見テモ、心ニ落合テ、アヽ有テコソト云ハルヽ処ガ有モノゾ。コウ云ヘバ、礼ハ外ニ有ル様ナレドモ、其《の》カフデナフテハト云《う》法曲尺、アヽ有テコソト云曲尺ガ、直ニ人々ノ身ナリニ生抜テ居ルゾ。其行ルヽ所、外ヘ行ルヽナリデ著レ見《え》ルコトゾ。ヲチ〳〵アルト云ガ、イツモ同ジコトト云レヌ。ヅンド高《い》ハ高ナリ、卑《ひくい》ハ卑ナリ、又細《こまか》ニ云ヘバ、ワレハワレ程テウド夫々ニ有ガ、理ト云モノゾ。是ガ正味ゾ。天理節文ト云ハ、此方カラ、了簡才覚デ、カフガヨカラフ、ワルカラフト云デナク、ヅンドアナタナリ自然ニ、イヤモ異義モ云レヌ節文ガ有ゾ。節ハ竹

アナタノ　あのかたの。孔子を指す。

スツペリ　取り残すもののないさま、さっぱりとするさま。

蹴付テ　孟子、告子上「一箪の食、一豆の羹、之を得れば則ち生き、得ざれば則ち死す。嘑爾(じこ)として之を与れば、道を行くの人も受けず。蹴爾(しゅくじ)として之を与れば、乞人も屑(いさぎよ)しとせざるなり」。

礼ハ…　論語、学而「有子曰礼之用、和為ㇾ貴」の集註に「礼者天理之節文、人事之儀則也」。義則は「儀則」が正しい。きまり、おきて。

ヲチヲチ…　条条。理のこと。通書「理曰ㇾ礼」。↓三〇九頁注「周子…」

シヲリ〳〵　折目筋目。

イラウ　人為的な潤色。

曲礼…　曲礼はこまかな或は行事に関する礼法。経礼は大綱の礼。礼記、礼器に「礼有レ大有レ小、…故経礼三百、曲礼三千、其致一也」と。また中庸二七章に「優優大哉、礼儀三百、威儀三千」、朱注に「礼儀経礼也、威儀曲礼也」と。

トント　まったく、すっかり。

恭敬ノ心　孟子、告子上に「恭敬之心礼也」と。

ノフシト云字デ、*シヲリ〳〵程ヨヒコト、文ハ節類ノ文《あや》ガラノコトゾ。チョツト立ニモ、工面デカフセフト云レヌ、イヤモヲ、モナイ天理ナリ自然ニ、夫々ノ紋ガラ、テウドヨイト云曲尺《かねじやく》合《あい》有。ミヂン*イラウコト無ヤフニ、自体サフ成テ有ガ、天理ノ節文ゾ。

人事《の》義則ト云ハ、ソノ節文ナリガ、直ニ人事ニ有テ、威儀用法調《ととのつ》テ、誠ニサフ無フテハト、人々ノ心ニ思ハル丶、人ノ人タル形、恰好ゾ。此礼ガワカル丶デ、上下尊卑ノナリガ立《たつ》。内外其分ル丶、礼ガハヅレルト、根カラ人ト云所ハ無イ。其天理ナリノ節文ガ、*曲礼三千、経礼三百ト成テ、*トントカフ有テ、人其ガ主スルドコニ指《さし》ツカヘモ無フ、法曲尺トナルガ、人事ノ儀則ゾ。僅ニ礼ガスグルカ足ヌカスルト、天理生抜《えき》ノ節文デナイ、モハヤ、人ノ心ヘソムケテクル。故ニ人事ノ儀則ニナラヌゾ。是ガ安イコト、拵タコトデナヒ、人々生付ナリジヤニヨツテ、ヅンドサフ有ベキヲチ〳〵ガ違ト、モハヤドフモ尤《も》ト云レヌコトナルゾ。天理節文ト云テ、親ヘハ親ナリ、君ヘハ君ナリ、余義如在ナク、カフジヤト云節文ガ見《え》レドモ、人事ノ儀則ト云ハネバ、今日人々心ニウケゴウ所ノ礼ノ正味ガ見ヘヌ。人事ノ儀則ト云テ、今日行ル丶ナリニ、夫々ノ儀式ガ立テ、宜キ筋ガ明ナ、然レドモ天理節文ト云ネバ、又夫ガ何ニ本ヅイタト云コトモナク、人々ノ得テ勝手デ立タ儀則デ有フ様知ヌ。天理ト云テ、根バヘ自然ノコトナリガ見ヘ、人事ト有テ、直ニ今立テ有《る》ナリガ知レル。カフ天理人事トハリ合テ、ヌケメナフ、礼ノ字ガ知レルゾ。*恭敬ノ心、礼ノ端ト有モ、コ丶ノ心ニヒヾキ切テ有《る》端ヲ端的ニ語ラレタモノ。仁ノ著《あらわれ》ト云モ、我心ニ持テ居ルナリガ、サマ〳〵ノモヤフヲナシテアラハレタト云コトゾ。我心ニ持テ居ル意味ノ行ル丶処ハ礼デ

大刀折紙　刀を鑑定した極め書き。折紙は横長に二つに折ってある紙。

ホドニ　接続詞、それ故。
黄勉斎　→一一四頁注

ガナ　疑問詞と共に用いて、不定のままでおく意を表わす副助詞。

智蔵　易、繋辞上一一章に「神以て来を知り、知以て往を蔵せり。其れ孰れか能く此に与からんや」。

見ヘタゾ。ミヂン犯スコトナラズ、ノリコスコトナラヌト云ガ礼ノ情デ、ヅンド天理ノモリ付ニハヅレヌカラ、人々行義ノ様デコソ有レト云ナリニナルゾ。軽イ*大刀折紙一ツデモ、ジタイ、コフ受取《る》、渡スベキ持前、モリ付ケナリデ、サフ受取《り》渡シスルナリガ、人事ナリノ行儀ト成テ居《おる》コトゾ。是ガ右ニ云ヤフニ、外ニ有《る》ヤフナレドモ、外ニアラワレタモノデ語ラネバ聞ヘヌガ、僅ニ礼義ヲハヅスト、心ノ意味ガホツコリトセヌ。我ニ生抜《えい》テ居ルコトヲ合点シタガヨイ。

此礼ノ字、*ホドニツイ見違有ルコトゾ。夫ハ*黄勉斎ノ説ニ、天理節文ハ、天ニ有テ、日月星辰、象ヲ垂レ、位ヲ定《さだむ》、山川草木、下ニ連リ、其位ヲ定メ、象ヲ垂ル、ナリガ、アレ見ヨ、ミヂンモナイデナイカ、是ガ天理ノ節文。サレバ人事ノ儀則ト云ハ、人ニアツテモ、又父トナリ、子トナリ、臣トナリ、サテ父ハ父ノヤフニ、子ハ子ノヤフニ、夫々威儀用法イヂラレモセズ、生抜テ居ルデナヒカ、是ガ人事ノ儀則ヂヤト云云《いい》ブンゾ。是ガ済ヌ説、ナゼナレバ、礼ト云ハ、ジタイ性ノ名ゾ。人ノ性ノコトヲ説ルニ、何ンニモ天理造化ヲモチ来テ云コトハイラヌ。夫ハ天人一致ノ旨ヲ明ストキナドコソナレ、人五性ノコトヲ云ニ日月造化ヲ持、是デ云コトデハナイ、是ハ勉斎見ソコナイゾ。定テ初年ノ説デ*ガナ有フト、先儒ノ評ゾ。天理ト云モ、ヤハリ人事ノ中ノ事ナレドモ、細工デナヒ、天ナリ、生抜ヂヤト云コトヲ明シタモノゾ。

*智蔵スト云旨ヲ、主ニシテ語ルコト、蔵ノ字ハ、元蔵《かく》スト読ム字ゾ。蔵スト云ハ、何モナイナレバ、蔵ストハ云レヌ。サテ又、其有《る》物ガ外ヘ著《われ》レバ、固ヨリ蔵スデナヒ。中ニ有

ガ　底本「ヤ」、今改む。

ドンミリ　曇む、暗くてどんよりしているさま。

ケツセン　未詳。或は闕然か。

ソラ　誤写あるか。

バ有デ、伺フ様モナク、端ノ見《え》ヌガ蔵ゾ《かくす》。天下ノ道理ノ、ツマリツマツタ至極妙用ノ、ツマツタト云ガ、ドウナリト云《い》様ガアレバ、ナリガ有ニ依テ何トゾ云ハル丶ガ、端ノ外へ見へズ、伺ベキ様ナヒ間カラ、妙用ノ至極ヲナスニヨツテ、爰ガ妙用至極ノ場ハ見へテ、サテドウト云レヌコトゾ。畢竟動ケバ、モハヤ仁トカ義トカ礼トカ名ガ付クガ*、未レ動先ハ、何ト云《お》フヤウガ無ヒ。シタガ寂然不動ト云《う》ヤフナ、シヅマリカヘツテヲルデハナイ。何モ只ワザノ見へヌ、蔵《かく》シテ有ガ、智蔵ゾ。時ニ、コ丶ガドンミリ*トシテ有《る》カ塞《ふさい》デアルト、至神至妙ハサテヲキ、根カラ云《い》ヤフガナヒ。至神至妙ナルニヨツテ見レバ、照《てり》切テ有、ヒヘ切テアルトハ見へテ、サテ其模様ハ見へヌ。カフ云間カラ奇妙不思儀ノコトガ行レルコトデ、其治テ静ナルハ、蔵ストナラデ云ヤフナヒ。コ丶ガ究《きわめ》テ説《き》ニクヒ。何トナリト詞ノ下サル丶ハ、蔵デナヒ。云ハル丶ダケハ云テ見テ、道理ケツセン*、ツマツテハ、サテ其ソラ*ノ見ニクヒ場ヂヤニヨツテ、カフ云取テオイテ、サテ推テ云へバ、人々自《み》其旨ヲ可レ得コトゾ。然ドモ、其蔵スト云ガ、今蔵シタ筋ト、蔵《し》タ中ヨリ初テ出ル、首尾両端ニ見ユル、是ニツイテ推テ見レバ、智ノ旨ガ得ラル丶コトゾ。夫故ニ、蔵二于往《に》一、知二于来《に》一ト云テ有リ。来タコトヲタクハへ蔵シ、フル丶ナリニ□ヂヤニヨツテ、人々デ云へバ、実ニ究理ダケノ蔵ゾ。是カラ万事万化ヲ織《おり》出スコト、故ニ「論語」ニモ、毎々《つねづね》仁智ハリ合セテ、大事ニ云テ有。「中庸」ニモ智ヲ第一ニ語テ有。聡明睿知モヲシヒロゲテノコトデハ有レドモ、ツメテ見レバ、全ク智ノ力ゾ。仁トアラハル丶モ、智ダケノ力量ゾ。ジタイ蔵デナイト、惻隠セウヤフモ、羞悪セウヤフモナイ。其妙ハスベテ智蔵ニアル。マゼテ云コトデナイケレドモ、造化デ見テモ、*貞ト云ガ万化ノ根ニナツテ有ル。*収斂終タ処ガ、オキモナヲサズ、発生ノ旨ゾ。夫デ、智ヲ首尾ニカタルト云ガ、終ルトコロト始ル処トヲカネテ居ル故ゾ。*邵氏ノ、一動一静ハ至妙ナルモノナリ、一動一静ノ間ハ至妙至妙ナルモノト仰ラレタ、面白イコトゾ。一動一静ト云ガ至妙ジャガ、一動一静ノ間ハ、□ナリテ、万化終始、故《に》至妙々々ト、賛シテヲカレタコトゾ。「易」ノ繋辞ニ、仁*著《にあらわれ》用蔵《にかく》ルトアリ、智ト不㆑云、用ト有ガ妙ゾ。「*本義」《に》、用ハ機緘ノ妙ヲ云トアリ、今云タ旨ゾ。機ハ*弩弓《どきゆう》ノ引金ノコト、緘ハ状ノ封目《ふうじめ》ノコトゾ。昔ハ状ノ封メヲヌウタ故、緘ト云ゾ。引金モカケテ有トキハ、未《いまだ》発シハセヌガ、ハナスト矢ヲ出スモノヲ含テ居ルヲ兼ルト云。緘モ、許多ノ用事ヲ書《かき》ヲハツテ封《じ》コメタ、終ヂヤト云ナリニ、ヒラキトクト、許多ノ用事ノ埒ガスミ治《おさまる》ゾ。皆此首尾ヲ兼テ有。方位ヲ云テモ、北方ニ物ヲ云テ有。是ガ理ノ二ツナイ故、造化デ云テモ、何デ云テモ、其通リ終タト云ナリニ、直ニ頭ヲ出《だし》テ居ルナリゾ。ドコ迄モ、終タト見レバ、ヒヨロ〳〵ト端ノアマツテヲルト云ガ、天地生元《の》源、人心ノツイニ、クラマヌ元《も》トゾ。ドコ迄モ終タカト見レバ直ニ頭トナリテ有、蔵シテハ有ナガラ直ニ芽ガ動テ有。数デ云テモ、*三一三十一、九々八十一ト、ドコ迄モ、一《ひとつ》ヅツアマル、是ヲ*算者ガ究タガルガ、皆本理ニ徹セヌ故ヂヤト、先覚ノ説ゾ。此一ツ宛《ずつ》ドコ迄モアマルト云ガ、造化デ云ヘバ、草木枯《かれ》落タ中ニ、モハヤ、柿ノ実ノ核子ガ有ル。終ル場ニイツモ一ツ宛始ガ有、コヽガ人心妙用ノ源《みなも》ト、天地造化ノ織始《おりはじめ》、鬼神ノカクレ家、ト筮ノ勘定場、兵学*握機ノスミ処、人物生々ノツナギ、神仙ノ秘区、天地ノ秘密ゾ。学術《の》根源、手ヲ下ス処、全《すべて》コヽニアリ。鬼神*来格ノ

貞　元亨利貞の天地の四徳の一、正しくて固しの意。朱子語類巻六「如㆓乾四徳㆓元最重。其次貞亦重。以明㆓終始之義㆒。非㆑元則無㆓以生㆒。非㆑貞則無㆓以終㆒。非㆑終則無㆓以為㆑始。不㆑始則不㆑能㆑成㆑終矣。如㆑此循環無㆑窮。此所謂大明㆓終始㆒也」。↓二五八頁注「元亨利貞」

収斂　収穫。

邵氏　北宋の儒者邵雍、字は堯夫、康節と謚さる。易の数理を以て宇宙論を展開し、その哲学思想を詩に賦し、一新体を開き、その象数論は二程子に影響を与えた。「皇極経世書」「先天図」「観物篇」「伊川撃壌集」等の著あり。

仁著用蔵　易、繋辞上五章「顕㆓諸仁㆒、蔵㆓諸用㆒」。

本義　朱子撰「周易本義」。本義は「顕㆓諸仁㆒、蔵㆓諸用㆒」に注して「顕自㆑内而外也、仁謂㆓造化之功㆒、徳之発也。蔵自㆑外而内也、用謂㆓機緘之妙㆒、業之本也」と。

弩弓　いしゆみ、矢または石を発射する大じかけの弓。

三一三十一　珠算の割算九九の一。

算者　算術家。

握機　大切なところを握り持つこと。

来格　来り至る。

妙、人心感応ノ機、スベテ是ニヨッテ出ヅ。サレバ仁智交際ハ万化ノ機軸ト、深《い》哉。コレヲ本トシテ段々詮議ドモ多シ。

文政乙*酉年於東武借得山口氏写之

深栖光亨

乙酉年　文政八年（一八二五）。

劄　録（浅見絅斎）

中国辨（浅見絅斎）

〈参考〉中国論集（佐藤直方）

割録 全

*予、平日応接答問の際、*間居読書の間、以て*感偶して発する所、以て*講説して得る所、以て*省察して得る所、以て読誦して得る所、以て時に随つて手記し、他日の*遺忘に備へて、其の得失を考へ、其の進否を験《ため》さんと欲すること有る者甚だ多し。病惰*多冗《たじょう》、*宿意を償《つぐな》ふこと能はざる者、之を久しうす。頃《このごろ》事益《ますます》繁く、軀《み》愈《いよいよ》罷《つか》る。自《みずか》ら顧《おも》ふ、稍《やや》*晩境に臨み、余日幾《いくばく》も無くして、間《まま》諸生と茶を煮《に》て*泛談《はんだん》す。固より俗雑無用の論に及ぶこと少しと雖も、*然に日往《ゆ》き時邁《す》ぎ、終に*誰過の戒を犯す。比日《ちかごろ》気冷かにして夜永し。因て一二の書生に命じ、予が為に代書草写せしめ、将に且つ論じ且つ集め且つ校し且つ省みて、以て前日或は遺忘して、考験を失するの悔を免れんとす。故を以て録初めより体制無く、辞《ことば》和漢を雑へ、得るに随つて書し、問ふに応じて記し、唯通ずるを主として録す。凡例を立て篇目を分ちて、一家の書を成さんと欲するに非ず。因て且《まさ》に*割録《さつろく》と題すと云ふ。

宝永*丙戌晩秋廿六日夜　絅斎識

予。平日応接答問之際。間居読書之間。所以感偶而発。所以講説而得。所以省察而得。所以読誦而得。有欲以随時手記。備他日遺忘。而考其得失。験其進否者甚多焉。病惰多冗。不能償宿意者

予…　慶本この序なし。
間居　ひまで手すきでいること。
感偶　ふと心に感じ浮ぶこと。
講説　講義。
省察　深く考えて反省する。
遺忘　忘れること。
多冗　ごたごたしたくだくだしいことが多い。
宿意　かねてから抱いていた日ごろの希望。
晩境　晩年。
泛談　ひろく色々なことを談ずる。
然　B本「然覚」。
誰過　ただ（誰は或は唯に作る）無為に日月をすごすの意か。斯甲本無乙本「誰カ過リ」、九甲本「誰カ過ツ」と訓む。
割録　サツロクは慣音、正音はトウロク。随筆、随録の意。
丙戌晩秋　三年陰暦九月。

久之。頃事益繁。軀愈罷。自顧。稍臨晚境。余日無幾。而間与諸生煮茶泛談。固雖少及俗雑無用之論。然日往時邁。終犯誰過之戒焉。比日気冷夜永。因命一二書生。為予代書草写。将且論且集且校且省。以免前日或遺忘。而失考験之悔焉。以故録初無体制。辞雑和漢。随得而書。応問而記。唯主通録。非欲立凡例分篇目。成一家書也。因且題劄録云。

宝永丙戌晩秋廿六日夜　絅斎識

*割録

*天地《あめつち》ノ開《ひらき》ソメニシ道ナレバ今モ其儘天地ノ道
其儘ニ有《ある》天地ノ道ナレバ行末マデモ天地《あめつ》チノ道
天地ノ開シ時モ一ナレバ*道ニイヅコカ二ツアルベキ

古ヨリ道ニ異ナル道ヲバ異端ト云《いい》、邪説トコソ云ヘド、真《まこと》ノ道ヲ説ク人モ、我ヨ人ヨト争如《あらそうごとく》ニ、各《おのおの》我説ヲ云*張テ、天地自然ノ義理真実ノ道ヲ明《あか》サントセズ。異端邪説ハ謗《そし》リ*笑《わらう》ト云共《いえども》、天地一貫日用常行ノ実理ヲ公ノ心ヲ以《もつて》日用人道ノ正脈ト知ザル*コトコソ悲キ。予*常々此所ニ感ジ嘆ク心アリテ、詞《ことば》ハヒナナレド、偶《たまたま》右ノ三首*ヲ詠ゼリ。或人側ニ在テ訝《いぶかり》テ云ルハ、常々*承《うけたまわ》ルハ、仁ハ天地万物ヲ残サズ最愛《いとおし》ミ隔《へだて》ヌヲ旨トシ、義ハ一ツ〳〵ノ筋メヲ立《たて》テ、是非ノ実ヲ正シ、邪正ノ分ヲ明《らか》ニスルヲ義トスルト*候ヘバ、只今ノ物語ノ如ニ、公ノ心ヲ以《て》道ノ隔ナキノミヲ宗《むね》トスルト御坐候ヘバ、墨子ガ兼愛シ、釈氏ガ平等利益善悪不二ノ紛《まぎ》レモノニナリ申ス可《き》*ヤト存ゼラレ候。去《され》バノコトニテ候。既ニ道ト云ヘバ、道ト云字*ハ聞ヘ候。左候ヘバ東ヘ往ク道ハ東ヨリ外ナク、西ヘ往ク道ハ西ヨリ外ナク、親ヘハ孝、君ヘハ忠、*一筋〳〵ノ筋メノ通リ、道ノ初ヨリ自然ニ付テ有ㇾ之候故ニコソ、親ヘノ道ハ孝ヨリ外ナク、君ヘノ道ハ忠ヨリ外ナク、一筋〳〵*見候ヘバ、一筋ト極リテ余ノコトニ紛レズ、一ツ〳〵有《ある》ナリデ、全体ヨリミレバ隔ナク、天下一統ノ道ニテコレナク候ヤ。然共少モ私コレ有候ヘバ、東ヲ好《このむ》者ハ西ノ道ヲ知ラズ、北*ノミヲ愛スル者ハ南ノ道ヲ

割録　斯乙本「絅斉識割録」、B本内題なし、慶本「講習余録巻之一」。
天地ノ…　B本、以下の歌三首平仮名。B本この歌の前に「詞ニシナハナケレトモヲレカ感シタ歌カアル書ヘシ」の句あり。
道ニイヅコカ　斯乙本「いつこか道の」。
張テ　B本「タク」。
笑ト云共　B本「笑ヘド」、無乙本「笑ヘトモ」。
コト　B本なし。
常々　斯乙本小本B本「常ニ」。
ヲ　B本「ハ」。
承ルハ　B本「承候ハ」。
候　慶本「承候」。
ヤ　底本「カ」、諸本により訂。
一筋　小本B本「其一筋」。
ハ聞ヘ　高本京本九乙本「ワキマヘ」。
見　B本「ニ」。
ノミ　斯乙本B本「ノ道」。
マデ　斯乙本小本「意迄」、B本「意」。

知ザレバ、其ナリニ直《すぐ》ニ私ト云モノナリ。親ニ事ル道ヲ知テ君ニ事ル道ヲ勤《つとめ》ザレバ、親ニ事ル道ハ道ノ様ナレ共、其《それ》*マデニテ道ト思ヘバ、己ガ好ムナリノ道ユヘ、直ニ私ナリ。左アレバ一ツ〳〵ノ道ヲ辨《わきま》ヘズ、只隔ナキヲ道トシテ皆同ジ様ニ訳《わけ》モナクスルナレバ、其モ亦私ナリ。始ヨリ終《おわり》、竪横《たてよこ》十文字、道ノ一字明ナレバ、全体一*原ノ道ニシテ、一ツ〳〵ノ道モ其中ニアリ。左故ヘニ一筋ニ私シテ余ノコト知ヌハ勿*論、全体知ヌハ道ノ字ニ非ズ。全体ヲ広フ説テ、一《つ》々ノ筋メヲ知ザレバ、是モ亦道ノ字ニ非《あらず》。道ノ字ノ字義明ナレバ、初ヨリ兼愛平等利益善悪不二ノト云コトハ道ノ字ニ聞ヘズ候。故ニ「中*庸」最初ニ性・道・教ノ三字ノ文字ノ義理ヲ大事ト説キ、其デ直ニ道ノイタレル理*ニ自《お》ラ外ナラズ候。近世ノ学ハ加様ニ聖賢ノ天地自然ノ義理ニ名ケ置レタル字義ヲ知ズ。字ノ吟味スレバ、只字*彙ニテ字ヲ引《ひき》、俗*書ニテ字ヲ見*ル如ク、字ノ義理ト日用トハ別ト存ズル、浅猿《あさまし》キコトノ嗟《なげく》ベキコトニ*ヤ。卑キ者モ道ノ字ヲ知ラズ、高者《き》モ道ノ字ヲ知ズ。道ノ一字ノ義理明《らか》ナレバ、自《お》ラサシヌキナク、兎角疑ベキ様モ、異義云ベキ様モ無《き》コトニ候。左候*ヘバ異端邪説ノ我儘ヲ云テ私意ヲ争モ、トカク初ヨリ道ノ字ヲ不レ知ナリ。是ニ付《き》長々シキ物*語候ヘ共、指当《さしあた》リ如レ此ニ候。故ニ朱子格物ヲ大切ニ教ラル、モ、一《つ》々ノ道ヲ知ネバ全体ノ道明《か》ナラズ。理*一分殊ハ程子以来道体発明ノ道理ノ詞ニテ候。分殊ハ一《つ》々ノ道筋、理一ハ全体ノ道筋、理一分殊ノ一言、道ノ一字ヲ説タルコトニテ無レ之候ヤ。是尤《もつとも》要切ノ詞ニテ候。日用ヲ主トシテ説候《き》ヘ共、日用ノ実ハ是ニ尽《つき》申候。朱子ヲ学ブ者モ理一分殊ヲ口癖ニ申候ヘ共、広フ空《そら》ヲ詠《なが》メ遠ク余処《よそ》ノコトト思イ、眼前日用ノ本*原是ニ過《すぎ》ザルコトヲ知ズ候。日用ヲ主ト

一原　小本B本「一源」。源を同じうすること。
勿論全体知ヌハ　斯乙本「全体を不知は勿論」、慶本「勿論タトヒヨノスチヲシリテモ全体ヲ知ラヌハ」、小本「勿論全体ヲ不知ハ勿論」。
中庸…　中庸巻頭に「天命之謂レ性。率レ性之謂レ道。脩レ道之謂レ教」と。
理ニ　斯乙本小本「理モ」。
字彙　字引き。或は当時広く使用された、明の梅膺祚が編集した画引き字書「字彙」一二巻を指すか。
俗　B本なし。
見ル　慶本以外のB本「知ル」。
ニヤ　斯乙本「なり」。
候ヘバ　底本斯甲本「候ハ、」、諸本により訂。
物語　無乙本「物語ニ」。
理一分殊　現実の万物は形は千差万別であるが、一物それぞれ宇宙根元の理を賦与されて成ったものであるから、現実の差別から見れば分殊、同源の理からは理一という。
本原　無乙本無丙本「本源」。

云ヘバ　小本B本「云ヘトモ」。
思ヒミダリニ　底本「思タリ」、諸本により訂。
タ　小本斯乙本無乙本「タル」。
本然　小本斯乙本無甲本「本然ヲ」。
ソレ　高本「高ソレ」。ソレは中道からそれているの意。
浅ハナダ　浅薄なこと。

スト云*ヘバ、本然道体ハ与《あずか》ラザルコトノ様ニ思*ヒ、ミダリニ高過《たかすぎ》*タ様ニ云モ本*然知ラズ候。トカク道ノ字済《すみ》サヘスレバ、疑《う》コトモナク惑《まどう》コトモナシ。道ノ字知ネバ高《き》ヲ云モソ*レ、卑キヲ云モ浅*ハナダナリ。トカク此字義ヲ知*レ。

○*又或人来テ云ルハ、山崎先生ハ朱子一流ノ学ヲ説《とき》、如《く》レ形《の》精《くわし》ク得ラレ、今日朱子ヲ学ブ者ノ法《のり》*ナリ。其山崎先生ノ学ヲ幸ニ学レ候段ハ大切ナル御コトニ候ト云*。余云ルハ、其ハ一通リ吉《よき》合点ノ様ニ候へ共、大ナル合点ノ誤ニテ候。朱子一流ノ学トハ全ク無コトニテ候。道ハ天地全体ノ道、人々一人〳〵得ル所ニシテ、古今宇宙ノ間ニ*得ル所変ルコトナキ、是道ニテ候。其変ルコト無《なき》ノ無疵《むきず》ナルヲ聖人ト云。其ヲ学ブヲ学者トコ*ソ申セ、其ヲ無疵ニ得学*ビタル人ヲバ孔丘ト云《いい》、朱熹ト云《う》。其朱子ヲ慕テ我　国ニシテ其道ヲ得ラレ候へバ、山崎先生ヲ仰《ぐ》コトニ候。我等如キ勿論言ニ不レ足候へ共、山崎先生朱子流*ノ学ヲ得ラレ候ヲ物好キニ一派ニスル合点無レ之候。トカク人ノ道ニ候へバ、其人ガ其道ヲ無疵ニ得ラレ候へバ、何人ニモセヨ其人ヲ師トスルコトニ候。陸*学王*陽明ガ学ヲ受聞《うけきき》申サレ候故、其風俗ニ**マブレテ御申候コトニ候。世ニ朱子ノ学ト称シ候者ヲ見《る》*ニ、朱子ノ外ニ学*アレ共、朱子学ヲ学ブト思《う》合点ユへ、外ノ学ヲ聞ケバ又心*ウツリ致シ、又一流ノ説ヲ聞ケバ、其モ一*通リノ様ニ存候。朱子ノ学ハ天地宇宙ヲナラシ物*指シ定規ノ自ラカユ可《き》コト無《き》如*クアル故ニ、天下万世ノ則《の》リ共ナリテ有《る》コトニ候。拙者初《め》トシテ朱子ハ此方ノ親類ニテモナク、山崎先生モ先*祖ニテモ一門ニテモ兼*テ近付ニテモ初ハ無コトニ候。反復詮*議致《し》候ニ物*指ノケテ直グナル者是無ク、*分廻《ぶんまわ》シノケテ円*キモノ是無ク、赤*キニ火ヨリ無レ之、寒*キニ着《る》物ヨ

知レ　小本無甲本斯乙本「知ルヘシ」。
○　諸本「一」、下同じ。
ナリ　B本「トナリ」。
云　斯乙本B本「云人アリ」。
ニ得ル所　小本斯乙本この句なし。B本「其得ル所」。
コソ申セ　高本京本九乙本「申候」。
学ビタル　小本斯甲本斯乙本「伝ヘ学ヘル」、高本京本九乙本「学ヒキタル」。　**流**　斯甲本無丙本「一流」。
陸学　小本斯乙本「陸象山」。→二九八頁注「陸象山」
王陽明　→二九八頁注
ニ　B本「ナリニ」。　**マブレ**　まみれ。
見ニ　小本B本「見候ニ」。
学　小本斯乙本「学ハ」。
心ウツリ　底本「心写リ」、今訂。
一　B本「其」。
物指シ　小本斯乙本「尺度」。底本「物指キ」、諸本により訂。
如ク　小本無甲本「如ニ」。
先祖…近付ニテモ　小本斯乙本「此方ノ一門ニテモ先祖ニテモ兼テノ念比ト云コトモ」。
兼テ　B本「兼テノ」。
詮議　底本「全義」、諸本により訂。
物指　小本斯乙本「尺ヲ」。下同じ。
分廻シ　小本斯乙本「規ヲ」。
円キ　小本「円ナル」。
赤キニ　斯甲本「熱キニ」、小本斯乙本無甲本「明ナルハ」、無乙本「明イハ」。

寒キニ　小本斯乙本「寒キニハ」。
親ニ　B本「親ニハ」。
コト　小本斯乙本無甲本無乙本「君ヘハ忠ヨリ無之」。
ナシ左アル故　小本斯乙本「ナイユヘ」。
我ノ…モノ　小本斯乙本「我カ立ヌユヘ」。
片ツラ　片釣る、一方に偏する。
モ　慶本「カラ」。
我慢　底本「我満」、諸本により訂。斯乙本「我慢も」、小本「我慢ヲ」。
ヲ　他のA本「モ」、B本「テモ」。
様ニ　小本無甲本無乙本高本京本九乙本「ヤウ」。
尚　諸本皆「独リ」。
一派　斯甲本無丙本「一流」。
モ　底本脱、諸本により補。
説　B本「云」、下同じ。
ヲ　小本斯乙本「ニ」。
ト有　小本斯乙本「シャト云」。
熱キハソデナイ　小本斯乙本「ハ熱ト云ハソデナイ」。B本「ハアツキハツテナシ」。
テモ　小本斯乙本無甲本B本「モノモ」。
デモ　小本斯乙本無甲本B本「デ」。
モ　小本無甲本斯乙本なし。
ヲ　小本斯乙本無乙本「ナルコトヲ」。
トナリ　斯乙本「なり」。小本B本「ノナリ」。
ハ　小本斯乙本B本「ナレハ」。
学ニ　小本斯乙本「学ヲ」。

リ無レ之、親ニ*孝ヨリ無レ之*コト、学ト云ヘバ是ヨリ外ナシ*。左アル故仰《ぎ》慕イ十分学ビ*伝タキハ其レ故ニ候。孔子ト云ヘバ実《は》知ザル者モ我*《が》ノタ、ザル合点ナモノ。孔子ノ天地全体ニ道ノ片ツラ*ザルコトヲ知ザル者無レ之。朱子ト云ト世近ク書ガ新イ故、学ヌ以前モ*人々我*慢出《いだし》、正味ノ学ヲ*セヌ先ニ様々ノ邪説雑説ニ奪レ候故、真実ニ学ビ課《おお》セル者ナキ故、自ラ異流ノ陸王ガ徒ノ様ニ*ナルモノ出候ヘバ、尚*一*派ノ様ニ思《い》候。実学ヲ御存《じ》無レ之故ニ候ヘバ、笑止ナルコトニ候。朱子ニ於ハ此人ナル可キ、朱子一派ニ於ハ此人ト云テ称セラレ候*モ可笑《おかしき》コトニ候。此心得別シテ専要ニ候。乍レ去朱子ノ学天下ノ則ト成ザルニ不審有レ之候ハヾ、相応ニ御尋《ね》有レ之ベキコトニ候。

○仁義礼智ハ天ニ在テハ四時ヨリ外ナク、人ニ在テハ此四《つ》ヨリ外ハ竪横十文字無レ之、日用ノナリガ直ニ人ノ生《れ》付《い》タナリ、生付タナリガ日用ノナリ、其故本然ヲ説*《とく》時ハ性命ヲ主トシ、日用ヲ説《く》時ハ日用ヲ以《て》説《く》。「論語」「孟子」ヲ読メバ、仁義礼智ハ日用ノ語ナルヲ*、朱子ノ性ノ名ト説レタルハ違イト有*《ある》。火ノ熱《あつ》キハ日用ナルニ、火ノ生付熱*キハソデナイト云様ナル論ハ、イカニ道ヲ知ザレバトテ可笑《おかしき》コトナリ。去共近年朱子ヲ学ブト云テモ*、仁義礼智ハ性ノ名デモ*、日用ハ仁義礼智ヨリ出ルト思《い》、目ヲ塞ギ我心ニ察シテミルモ*、是モ亦日用性命一体ヲ*知ザル浅マシキコトナリ。大抵道ハ本然ナリガ日用ト*ナリ、日用ノナリハ皆本然。聖賢ノ人ヲ教ヘ学ヲ説《く》時ハ本然ハ詞ニ自《お》ラ出ヌ。「論」「孟」ニ説《け》ルハ人道日用平生ノ物語ユヘニ本然ニ不レ及ニ有レ之ヲ知ズシテ、本然ニ及《ば》ネバ仁義礼智ハ性ノ名デ無ト云《え》ル、カホド浅薄《あさはか》ナルコトハ*毎度云ル通リ字義ニ不レ明、聖賢ノ学ニ*精ク学ザル先ニ様々ト邪説ニ引レ、ウロタヘ*タルナリニ迷ヘバ、加様ナコトモ云*出ルトミヘタリ。乍レ去畢竟学ニ志アル者*少キ故ナリ。*余リ道ノ違タルモ聖学ヲ実ニ知ザルモ苦ニナラザル故、病気ニ*薬違イシタルヲ案ズル程ニ、志ノ実ニ知タフナキ故*ゾ。「*朝《に》聞《く》レ道《を》夕《に》死《すとも》可也」ト*云語アレ*ド、道ガ聞《き》タキト、タキノ字付ル人モアリ難《き》モノナリ。故ニ世俗ノ仏道ニ惑《まどう》様ナル浅薄ナルト同《じ》コトデ、浄土天台禅宗ト云ヘド、ドレモ吉悪《よしあ》シナシニ塗《まぶ》レタナリニシテ居《おる》。其ハ笑ヘド、我道ノ真実ヲ知ズシテ酔生夢死シテ*覚ヘヌコソ悲キ。近比ヨリ「*性理字義」ヲ講ジテ、其字義ノ吉シ悪《し》ヲ説ント*思ハ、加様*ノ心ニコソ感ズレ。近年性理ノ学ト云ヘバ、日用孝弟忠信仁義礼智ノ学デ無《い》ト思《う》。トカク此《の》*ヲヲヒハゲザル内ハ、孔朱ノ道、天地全体ノ*道モ、手遠ナルコトニナル可ゾ。嗟《なげ》カシキコトナリ。

○*薛《せつ》文清《の》「*読書録」ハ初学ノ読《み》テ然《る》ベキカト問*ヘル人アリ。文清ノ学朱子以来ノ人デ、*本然ノ学ニ於テ間然スルナキ人、「読書録」ハ其自得ノ見処デ、朱子ノ*蘊ヲ得ラレタ説ドモ多《し》。去ド文清一人ノ自得ノ心ニ浮ミタルヲ自《み》録シテ置レタルコト故、今初学ノ是ヲ読《よみ》、我未《だ》*一ツ〳〵「小学」「四書」「六経」ノ学ヲモセザル内《うちに》、加様ナ自分ノ見処ニテ書タルコトヲ見習ヘバ、只肝要ノ*捌《さば》キ惣体ノ合点ノミニ心広クナリ、見処ノ学ニソレ、未ダ*大根ノ*済《すま》ザルニ高上ノ学ノ吟味致《し》タフナリ、「*論語」学ビザルニ我ト仁ノ了簡ヲ*云タフナル、皆学ノ高ソレニナル病ナリ。全ク人ノ筆記加様ナル書ハ初学ノ先ヘ読ハ、我心ノ高ブリ発明ヲデカシ、*ヲツ取テ物ヲ云様ナ癖ツクモノナリ。「四書」「近思録」ノ間一章ノ文義*済ヌ者ガ高上ナルコトヲ云テ、前輩ヲ議シ、朱子ノ学ヲ知タル様ニ*高ブル学者多シ。朱子《の》格物ノ教ニ

タル 小本斯乙本B本「ル」。
出ル B本「出ス」。
少キ故ナリ B本「マレナユヘ」。
余リ B本、下文の「苦ニ」の前にあり。
薬違イシタル 斯甲本斯乙本小本「薬ノ違イタル」。
ゾ 小本無甲本「ナリ」。
朝聞… 論語、里仁の語。
云語アレド B本「語リアレハ」。
ド 小本斯乙本「トモ」。
覚ヘヌ 小本斯乙本「覚サル」。
性理字義 朱子の門人陳淳の著。二巻。命・性等の程朱学派の用語の字義を解説。崎門派は本書をあまり評価しない。絅斎が宝永三年九月から翌四年五月にかけての本書の講義を若林強斎が筆録せる聞書がある。
思ハ 小本斯乙本「ヲモフ」。
ノ 小本斯乙本「ナル」、他の諸本「ナ」。 **ヲヲヒ** 覆い。
道モ 底本「道ニ」、諸本により訂。
薛文清 →一〇五頁注「薛敬軒」
読書録 一一巻続録一二巻。薛瑄が読書の際、心に得る所を随時語録体に記し、修身治国の要道を説く。門人閻禹錫の編次になる。
ヘル 底本等「ハル」、諸本により訂。
本然ノ学 程朱性理学の道の根源本体論。 **蘊** 奥そこ。蘊奥。
一ツ…ノ学 小本斯乙本なし。
捌 底本「拐」、今訂。下同じ。
大根 小本斯乙本B本「大学」。

従イ、一ツ〳〵*面々ニ「四書」「六経」ノ間ノ*文義*ノ熟*スルト、「読書録」ヲ読デモ、*旨ヲ得、我《わが》気ノ付ザル処モ得ル*ゾ。加様ナルコト、書ヲ読ノ前後次第ト知レ。加様ナル類ノ正キ書デサヘ有ニ、「*伝習録」「*明道録」ノ様ナル前輩ヲ議シ、高上ナ埒明《らちあき》スギタルコトヲ聞ト、一字済ザル内ニ高上ナ気象ニナリ、*義理精《くわし》ク吟味セヌ身ニナルコト必然ノ理ナリ。

右四条九月二十六日夜*初会　会主　*若林進居

「小学」ノ教ハ人ノ身ヲ守リ世ニ行ベキ日用ノ大法正道ヲ幼少ヨリ教示《え》シ、其年相応ノ宜キヨリ次第〳〵ニ教ヘ成シテ、人柄ノ*大格根本ヲ立ル様ニ*一統ニ教アルコトナリ。左アルニ因《より》親ハ孝スルモノ、君ハ忠スルモノ、夫婦ハ別アルモノ、身ハ恭謙ナルモノ、凡《そ》身ノスワリ安ズルナリニ余念ナク惑ヒナク疑ナク雑リナク、初ヨリ斯《こう》スルモノジヤト云ナリニ、平常ノ茶飯衣服ノ指《さし》定リタル格式ノ如ニ思ナシテ居《る》様ニ根本コレアリ。其ヨリ次第〳〵ニ年ユキ身モ成長スルナリニ、ソロ〳〵ト次第〳〵ニ其精《しき》ヲ究《きわめ》、其上〳〵ノ吟味ヲシテ、常ハ常ノ精ク、変ハ変ノ宜キヲ*残リナク究《め》得テ、愈々以《ての》彼大法正道ノスハリナル、処熟シ、研《みが》ク処明ニナリテ、終ニ身ノ徳成就ノ至《いたり》トゾナル。後世ノ腹ノ内ヨリ仏道ニ疑ナキ様ニナリタ*ル如クニ自然ト教ナリニ風俗ノ立《ち》、余念ナイ。是「小学」根本ノ養ナリ。「小学」「大学」ノ次第両《ふたつ》ニ分ル、ト有モ、本ノ養、大法正道ノ本不ㇾ立シテ何ヲ精クス可様《き》モナク、精クス可《き》身ノ本モナシ。其*ユヘ本ヨリ次第〳〵ニ立テ行《く》ナリニ其上ノ義理精ク、日用自ラ研ケテユク。初ヨリ去《さら》バ「小学」仕《し》マイタル程ニ、是ヨリ「大学」ト云ノ、切ツギタル如ク際立《きわだつ》コトアル可コトナシ。其故、朱子「*小学《の》」題辞ニ「*培根達支」ト木一本ニ喩《たとえ》テ示《さ》ル、。

ノ　諸本皆なし。
論語　小本慶本斯乙本高本京本九乙本「未ダ論語」。**ヲ**　諸本皆なし。
ヲツ取テ　意のままに。直ぐに。高圧的に。**文義**　B本「文学」。
高ブル　斯乙本「云」、B本「云タキ」。
面々ニ　小本斯乙本なし。
文義　斯乙本慶本無乙本高本京本九乙本「義理」。
ノ　小本「ニ」。他の諸本なし。
スルト　小本斯乙本「スレハ」。
旨　小本斯乙本「其旨」。
ゾ　小本斯乙本「事アリ」、B本「コト」。
伝習録　三巻。王陽明の語録。陽明学の基本書。
明道録　明の陽明学者羅汝芳撰「近渓子明道録」八巻。
義理　小本斯乙本B本「道理」。
初会　B本「初会録」。
若林進居　若林強斎。
大格　大体の骨格。大なる根本法則。
一統ニ　総体に。
残リナク　無乙本高本京本九乙本「会得」。
ル　底本なし、諸本により補。
ユヘ　斯乙本「故に」、B本「ユヘテコソ」。
小学題辞　朱子の序。→一九六頁注
培根達支　根を底本等「養」、諸本・原文により改む。「学を建て師を立て、以て其の根に培(つち)(か)ひ、以て其の支(え)(だ)に達す」。

根ヨリ生《はえ》タルナリ・ノ「小学」ニ育ツヨリ外ニ、去バ是カラ花ニスベキ支《えだ》ニスベキト切レ変タルコト有ベキコト無《し》。「小学」ヲ読《む》者是ヲ知ザル故、「小学」ニ八歳十五迄ノ教トアレバ、一生成人ノコト皆載テ有ヲ疑ハ其誤ナリ。去共又先《まず》大法正道ノ根本ヲ立ルスベヲ不レ知シテ、猥《みだり》ニ「小学」デ元亨利貞ノ精キ沙汰、仁義礼智ノ精キ理ヲ説タガルモ、先ニ云其年相応〳〵ノナリニ大法正道ヲ熟スル旨ヲ知ズ。凡ソ人ハ成人ノ上トテモ先《ず》其人ノ身ヲ立《る》ノ大格ヲ知コト第一ノ要務ナリ。大格ト云ハ幅広ク大ナルコトノ分《わけ》ニテ無《し》。只先《ず》人ノ子ナレバ親ヲ最愛《いとおしむ》ト云大格ノ本立タルヲ云。*国取一城ヲ持《もっ》人ハ先《ず》国ノ百姓ヲ我育ツルト云大格、何ゴト有テモ城ヲ失《わ》*ザル大格、夫婦ハ男女ノ道ノ大格、是皆如レ此ノ類幼少ヨリ老死ニ至マデ浅深前後ノ変リナク、頓ト一ニテ貫タル道、是即大格ノ謂ナリ。其大格ヲ幼少ヨリ紛レナク余ノコトニ雑リナキ内ヨリ、スベナライ〳〵教ル故、一生ノ大格ノ根本立《たっ》トハ爰ヲ云ナリ。然共年ニ過《ぎ》タル精《しき》コトヲ詮議シ、眼前指当《さしあたって》ノコトヲノケテ、其変ナルコトヲ詮議スレバ、忠孝ノ道ヲ説ケ共、大格ニ非ズ。其故精キニ似タレ共、却テ暗ク、高《き》ニ似テ却テ実ノ得ル処ハミヘズ。気象人物皆ソデナキハ爰ニ失《う》故ナリ。古ハ只真平《まつひら》ニ余念ナク此教ノ儘ニ習イ込《こみ》修行スルヨリ外ナク、偶々ソデナイコトヲ云出シ紛ラス者有レ之レバ、*造言ノ刑乱民ノ刑ナドト云テ、邪説ノ者ハ其儘刑罰アリテ、只治レル処ニ偶々盗人アレバ刑罰アル如ク、全体ニ紛ルヽコトモ騒グコトモ無リシ故、風俗ノ厚ク、人倫モ自ラ際立テミユルコトモ無テ、自然ト孝弟忠信ニ安ズル。古ノ書伝ヲ考テミルベシ。後世ハ風俗ノ大格立ザル上*ニ異端邪説ノ害甚キ故、其異端邪説トツレテ、自ラ我トク説モ騁《はせ》過ギ、精明高上ニ理ヲ説

国取一城ヲ　B本「国ヲトリ一城ヲモ」。

ザル　斯甲本小本斯乙本無甲本九甲本「サルノ」。

造言　ねなしごとを言う。

ニ　諸本殆どなし。

ネバ快《こころよか》ラザル様ニ風俗有レ之、*下学上達ノ旨ヲ失《い》、古人教法ノ風俗立《たち》難シ。孟子以来程朱ニ至リ、極テ異端邪説ヲ払イ辨ジ、世ノ惑ヲ啓《ひらく》コトハ本ヨリ切ナレ共、彼《の》大法正道ヲ明《ら》メ、一生其ナリニ成熟*スル教ハ全ク古人ノ教法一貫ニシテ、「小学」「四書」「近思録」ニ歴々タリ。読《む》者其ヲ不レ知シテ、邪説ヲ辨ズルコトヲ不レ知者ハドチモ付ズニ云ナシ、正道ノ味《くら》ムコトハ憂トセズ。大格正道ヲ目当トセザル者ハ又平生只抓《つか》ミ合《う》如《く》云《い》ガチ、高名ニ肱ヲ張リ気ヲ激シテ、真実ノ是非ヲ明《あき》ラメ明白端的ニ立《て》レ正《を》闢《ひらく》レ邪《を》スベヲ不レ知。其誤一《つ》ナラズト云共、大旨根本《ノ》目当違《う》故トミヘタリ。

〇政務ノ学ハ尤《も》人ノ大業、聖賢常ニ示ス処ナリ。然共聖賢ノ説《く》所、大旨其要領切務ヲ挙テ其施為政術ニ及コト希《まれ》ナルハ、其要領ヲ*得テ各其力ノ至ル処ヲ尽セトナリ。譬バ「*敬《つつしんで》レ事《を》而信《あり》」ト有モ、事ノ捌《き》様、信ノ立《て》様、「節《して》レ用《を》而愛《す》レ人《を》」ト有モ、用ノ節シ様、人ノ愛シ様、眼前今日其身ニ引受ル時ハイカ様ニ事ヲスベキ、加様ナルコト見ル*ニ付《け》聞ニ付、風俗ノ宜ヲ計リ利害ノ実ヲ究メ、次第〳〵ニ熟セザレバ、只広フ要領ヲ得テ直《すぐ》ニ治ラルヽモノト思ノミニテ、何ノ実事ノ用ニ立難シ。ヤヽ共スレバ儒学ヲスル程ノ者、民ヲ愛シタラバ吉《よか》ラフ、徳デ治タラバ吉ラフ、仁政ヲ施タキモノジヤ抔《など》ト云様ニ*惣矩《そうがね》斗リニテログセノ様ニ云ヘド、指当《さしあた》リ盗人溢《あぶ》レ者ノ*盛ニ、土民百姓ノ年貢未進ニ*ヒヅメラレ、国用ハ繁ク用ベキ財ハナク、指当リ十年ノ先イカヾスベキ手モミヘザル様ナル国アリテモ、徳ヲ以《て》化ス可《き》モ仁愛ヲ施《す》モ、イカ様ニ処ス可《き》コトモ、其事実実政ノ吟味ハナイ。*処スル所ノ宜《よろしき》ヲ能々《よくよく》詮議セザレバ、中々*一《と》刃モ立コトニテ無《し》。其故孔子ノ居*ニハ我ヲ不レ知ト云、若《もし》爾ヲ用《いる》、何ヲ

下学上達　論語、憲問「子の曰く、天を怨みず、人を尤(がと)めず、下学して上達す。我を知る者は其れ天か」。身近かなことから漸次学んで、自然と上達して深奥な道理に達すること。

スル　B本「スル処ノ」。

得テ　B本「見トリ」。

敬事…　論語、学而「子の曰く、千乗の国を道(おさむ)るには、事を敬(つつし)んで信あり、用を節して人を愛し、民を使ふに時を以てす」。

ニ　底本なし、諸本により補。

惣矩…　総轄的な物差し。総論(原理)ばかりで各論(具体策)のないこと。

盛ニ土　斯乙本B本「盛ニ出」。

ヒヅメ　責め苦しめる。

処　慶本「其処」。

一刃　底本等「一派」、B本により訂。

居ニハ…　論語、先進「子路・曾皙・冉有・公西華、侍坐せり。子の曰く、吾が一日も爾より長たるを以て吾を以てすること毋れ(遠慮することなかれ)。居(平居)には則ち曰く、(人が)吾を知らずと。如(も)し或は爾を知らば則ち何を以てせんや」。

以センヤト仰ラル、モ、懐手《ふところで》ニテ世間ノ吉シ悪《し》ハ云ヘド、去バト云ニ実功アルベキ政事トミヘザル故ナリ。凡《そ》学者ハ政務ノコトハ勿論ナリ、何ゴトニテモ根本ノ学ヲ捨テ、余事ニ一日ヲ移サル、程ノ余業ニハ未及《だば》ザル内ハ、一義一事デモ事ノ宜《よろしき》コト、凡《そ》公事ノ捌《さばき》様、凡《そ》田地ノ宜《き》、器物ノ宜キ、凡《そ》変ニ処スル物語、凡《そ》田夫老人ノ物語デモ、仮初《かりそめに》モ身ニ知《り》得ル様ニスベシ。左ナケレバ我一門一家ノ*コトモイカ様ノ変アルベキ*コトモ知ズ、イカ様ノ事ニ臨テモ、又平生トテモ既ニ学ベバ、其事ノ義理ノ宜キ処シ様、其コトノ埒ノ明ケ様、往《く》トシテ我責《せめ》ナラザルコトナシ。身ノアル処ハ顔子ノ貧キ身ナレ共、其ナリノ事業ト云モノナリ。毎《いつ》ゾ〳〵ト先ヘニジリ、余事ニ託シテ置バ、眼前既ニ我コトナラザレバ、何《いつ》カ*我コトト云時アルベキ。志アル者モ少ニテモ学ザレバゼヒナシ、*学ベバ其益*ナケレバ薬貯テモラザルモ同《じ》コトナリ。

○*格物ノ物ノ字コソ目出度《めでたけ》レ。此一字ヲ天下後世ノ学者知ザル故、様々ト空論虚議ニ失ヒ、想像*億度ノ見、我ハナシト云共、物ヲトラヘテ其物ノ実ヲ吟味セズシテ中《ちゆフ》ニテ皆推《し》測リ工夫スル、必《ず》了簡発明出テ、面々ノ気質ノ得《う》処ノ如ニ見立《みたて》出来ル*コトアルモノナリ。指当リ文字ヲ書コトモ、目ヲ閉《とじ》工夫シテ加様ニ書タキモノ、加様ニ手ノ風吉《よか》ルベシ、ドノ手悪シ、ドノ手吉ルベシト、取《と》ツ置《おい》ツ考テミテモ、直ニ手ニ取リ字ヲ書キミレバ、格別存念ト違モ*ノ、格別似寄ラズ、写《うつら》ヌモノナリ。況《や》孝ノ忠ノナドト云様ナル日用ノ実、何トテ直ニ経《へ》、直ニ吟味セズシテ手ニ入ベキ。何ゴトニテモ其コトヲ経、其物ニ付テ*自我《じか》ニ吟味ヲシ、其物一ツヲ吟味仕詰《しつめ》〳〵スルヨリ外ハ無筈《き》ナリ。世ニ「大学」ヲ読ト云共、物ノ字ヲ

コトモ 慶本「中ニモ」。
コト 諸本皆なし。
我コトト 慶本「成ト」。
学ベバ 慶本「学ヒテ」。
ナケレバ 慶本「ナキハ」。
格物 大学の八条目の一つ。「知ることを致(きわむ)ることは物に格(いた)るに在り」。朱注に「致推極也。知猶レ識也。推ニ極吾之知識一、欲ニ其所レ知無レ不レ尽也。格至也。物猶レ事也。窮ニ至事物之理一。欲ニ其極処無レ不レ到也」。絅斎には「大学物説」(宝永三年跋刊)、「大学物説講義」(写本)の著がある。
億度 正しくは「臆度」。あて推量。
コトアル 底本脱、諸本により補。
ノ 底本脱、諸本により補。
自我 直(じか)の宛字。直接。

知ズ。其故心学者ハ毀《そし》レ共、其身ニ義理ノ実明《あか》ズ。陸学ハ毀レ共、依《り》レ旧《に》君臣ノ吟味明《か》ズ。*馬融ガ「*忠経」モ吉ト云、「孝経」モ一通リ看《み》タト云《いう》分デ、孝ノ字ノ吟味、忠ノ字ノ吟味ニナリ、少モ我ニ明ズ、人ニ説べキ様ナシ。況ヤ其身ニ守《まもる》処ノ実尚以《なおもて》モノ*サシナキ身ノナリナレバ、誤ラザル所ナシ。ヤフ〳〵ニ詮議ヲホシ詮議シ*詰ルヲ格物ト云ハ余程ヨキ合点ナレ共、其《れ》共ニ空ラニテ詮議シ、取ツ置ツ詮議スルコトヲ云マデジヤニ、物ノ字ヲ離ズ、理デ吟味スルト云ズニ、物デ吟味スルト云物ノ字ヲ知ザル故、「大学」根本ノ*体段ウカト*ヌケテ行《く》ユヘ、物ノ字ノ旨依レ旧俗学共《とも》ナリ、異端共ナル。然《れ》共一朝一夕ニ直ニ得べキニモアラズ。其ユヘセカズ撓《たゆ》マズ次第〳〵ニ手ノ及《ぶ》処ヨリ経テユケバ、次第〳〵ニ我得ル処心上ニ少ヅヽ、ナリト*矩ノ覚ヘ出来《る》ト、心上ノ*覚ヘ各別ノ効《しるし》アリ。予久ク「大学」ヲ反復シ、幾度カ人ノ為ニ説ク。只物ノ字ノ吟味ヨリ「大学」全部ヲ得コト、反復スルヨリ外ナシ。此字ヲ知ズシテ、我ガ大名国主ノ為ニ用ラレタラバ、天晴《あっぱれ》政務ヲ説べシ、天下ノ御尋アラバ申べシト思ハ、覚束《おぼつか》ナキ生《なま》兵法大疵ノ基イタル可《き》コト著シ。

○*楮幣《フダ》*使イノコト、必《ず》国貧ク又ハ私欲深キ主人取立《る》コトナリ。先《ず》貧キ国ハ最早借べキ借金モ所ナク、伐《きり》尽スべキ山林モナク、取方モ緊クシテ、其ヨリ緊ケレバ、百姓ノ続カザルガミヘテ有故、仕ル可《べき》様モナク、家中モ相応ニ*其役目ヲ勤レバ、衣服身上共ニ知行ヲ減《へ》スべキ様モナケレバ、一国中ノ金銀ノ取聚ム可《き》様ナキ時、国ノ権ニテ我領内ハ石ヲ金ニシテ使ヘト国主ノセラル、上ハ、*宜様《よろしき》ニナル合点迄ニテ、少ノ紙ニ印判ヲ押テ国中ヘ売レバ、国中ノ金*セラズシテ自ラ上ヘ集リ*寄ル。其積リヨリ外ナシ。然共其金銀皆我国中ノ金銀ニ

馬融　後漢の大儒。
忠経　「孝経」に擬して忠を説き、馬融撰鄭玄注と題するが、恐らく宋代の偽撰。
サ　底本「ナ」、諸本により訂。
詰　底本「詀」、諸本により訂。下同じ。
体段　物の構成上の大体の布置組織。
ヌケテ　無乙本「カケテ」。
矩　諸本「尺」。
覚へ　底本「学へ」、諸本により訂。
楮幣　紙幣。
使イノ　B本「ツカフ」。
其　底本なし、諸本により補。
宜様　B本「ヨロシ用」。
セラズ　せきたてない。
寄ル　無乙本高本京本「ヲル」。

テ、其ヲ直ニ国ヲ離レ他国ノ借金ノ用ニ立《て》、或ハ手前ノ*調物《ちょうもつ》*用却万事ニ使イ出セバ、跡ニハ紙ノ札残ル斗リナリ。其ハ又相応ニ国ノ者共ノ商イ他国ヨリ金銀*ヲ集ル故、減ルコト無《し》ト云共、皆考浅《あさき》コトナリ。他国ヨリ商イニテ入《る》金、国ノ*浮キ所務、材木等、百姓ノ売物、布機《はた》、処ヨリノ土産《の》物*カケテ能《く》々繁昌ノ処ト云共、集ル金皆ガ皆迄国ニ入《る》モノ*デナシ、又集ル程ノ金皆国主ヘ取モノニテ*モ無《し》。面々ノ相応ノ買物ニテ下々他国ヘ出ス金大分ナリ。況《や》国主ノ大ナ身代《しんだい》ニ借銭ノ利息国ノ入用ニ使コトナレバ、何カタマルベキ様ナシ。詰ル処当坐マカナイノ政ニテ、末カケテ吉《よき》様ニト云分別ハナキ者ナリ。其故国変《が》ヘノ時ハ下ヲ欺《あざむき》、下ニ有程ノ金銀ヲ易ヘ〱ニシテ、紙クヅヲ処ニ置《おき》、有程ノ難義ヲニジリノク。大抵武士タル者ノセザル*義ナリ。況ヤ其間其紙*札ノ損ネ紛失ノ費《ついえ》幾バクト云コト無。若《もし》天下一統ノ紙札ナラバ金銀通用ノ碍《さわ》リ有レ之マジ。然共是モ畢竟スル処金銀ハ天地ノ精粋ノ*妙器ユヘ、自ラ義理人心共ニ重ズル処、*殊ニ珠玉同然ニ伏シタルモノ故、古ヨリ金銀ヲ以《て》諸物ノ本トスル。若《もし》紙ヲ以金銀ノ代《かわり》トスレバ、天下一統ノ金銀ヲ上ヘ集《む》ルマデニテ、下ノ力次第ニ痛《む》*ナリ。況《や》遠方万里ノ間紙札ノ損ネ諸事ノ弊、国々所々ヘ行《き》亙《る》ベキ様ナシ。皆通用ニナラザルコトナリ。宋ノ比《ころ》茶《さ》引《いん》ナドトテ多《く》コレ有ハ今云《いう》カハセ切手ノコトナリ。是ハ公儀ノ茶、公儀ノ*米綿等ノ類遠方ノ公儀ノ蔵々ニ是アルヲ、都デ商売人入札ノ様ニシテ公儀ヘ*金ヲ指《さし》上《あげ》、其切手ヲ受テ先ニテ受取コトヲ引子ト云。其故茶引務トテ役所*ノ極《きまり》テアル。是ハ勝手吉《よき》コトナリ。是ヲ紙札ノコトト思者アリ。其ハ誤ナリ。「*大学衍義補」ニ楮幣ノ法ノ部一株アリ。銅楮ノ法ト云。銅ハ銭、楮ハ紙札ノコト、明ノ時モ銭ト*楮ニテ通用《す》。是アレ共毎々

調物　みつぎもの。
用却　費用。
ヲ　斯乙本「の」。
浮キ所務　工面して作り出した雑税収入。**カケテ**　加えて。
デ　諸本「ニテ」。一五行目同じ。
モ　諸本なし。**義**　B本「不義」。
札　底本脱、諸本により補。
妙器　小本B本「妙益」。
殊ニ・ナリ　諸本なし。
米綿　小本「木綿」。
金　無甲本B本「銀」。
ノ極テ　斯甲本「マデ」。斯乙本B本「キハマリテ」。
大学衍義補　宋の真徳秀の「大学衍義」を補い明の丘濬が編せる一六巻。大学の義を古人の言行事蹟をあげて演繹し人君の修身治国の書とした。
楮　小本「札」。**公事**　訴訟ごと。
モ　底本なし、諸本により補。
征リ　税をとり立てること。
出頭人　君側に侍って政務に参与する臣。
御為者　苛政をなして主君のために金銀米銭をせめ取る成り上りの家臣。
ニ　諸本「へ」。
日損　B本「旱損」。日でりで収穫が減ること。
十年　斯乙本B本「十年二十年」。
左様ニ　諸本「左程ニ」。
セブル　せびる。
先ナキハ　慶本「外ナキハ」。
指合　さしさわり。

*公事《くじ》出来、下ノ痛ミトナリ、別シテ贋金《にせが》ネヨリモ*贋致《いたし》ヨキ故、大分ノ咎人《とがにん》出来、毎々ノ穿鑿ノミナリ。不レ貧シテ私欲ノ国守ハ勿論右ノ通ノ利害ヲ積リテスル。別シテ早ク国損ネルモノナリ。畢竟スル処民ト云字ヲ唱ル故、君ト云字ガ聞《え》ルスベヲ知ズ。詠《なが》メ互《わた》シ下ノ*征《と》リ様城攻《ぜめ》スル様ニ思案シテ*出頭人*御《お》為者《ためじゃ》ヲ抱ヘ、日ニ身ヲ切リ口ニ*喰《くらう》様ナ浅マシキコトヲ仕《す》ルコトハ苦々シキコトナリ。然共先祖ヨリ有来ル借金或ハ節々ノ国替・*日損・水損・凶年ニ値《あい》テ甚痛《だいたみ》切タル国モアリ。加様ナル国ハ別シテ其主人家老タル者ノ身ヲ倹ニシテ民ヲ労《いたわ》リテ、民ノ数ノ多《く》ナリ、国ノ入用ノ少キ様ニシ、五年*十年ノ内ヲ用テナリト立《て》直ス可計《べきはかり》ゴト有可《き》コトナリ。*左様ニ志ヲ各別ノ根本ヨリ用テ為ント欲ルノ人アラバ、何程ノコトナリト、処スルコトナラザルコト無《き》筈ナリ。只今迄ノナリニヨリ変ズルコト無《け》レバ、毎《いっ》マデモ同《じ》コト故、詰ル処イロ〳〵ニ様ヲ変《え》、品ヲ変《え》テモ下ヲ*セブルヨリ*先ナキハ其故ナリ。孟子ノ嘆ク言ノ如シ。加様ナルコトハ広ク世ニ対シテ説ケバ、遠慮*指合《さしあい》モ有ベケレド、学者ノ為ニ説ケバ如レ此。其余此類是ヲ以《て》推《し》テ見《る》ベシ。

○*播州赤穂ノ敵討ノ物語世上ニ隠《かくれ》ナキコト勿論ナリ。間々是ニ疑アル者有レ之由ニテ、四十六人ノ者其主人ヘノ忠義ハ余義ナキ様ナレド、*天下ヨリ許《し》置レタルヲ討ハ天下ヘ対シテノ*不義ナリト云。其ヨリ様々ノ附会ノ説共有レ之テ、此者共ノ忠義ヤ、*共スレバ埋《も》レントスルコトコソ浅マシケレ。*或人其ニ付其忠義ニ非ルノ辨ヲ仮名書ニシテ我知レル者ノ方ヘ伝ヘ来シ、我説ク所ハ如何ナド聞《か》マホシキ由聞及ビ、其書タルヲ一覧*スレバ皆*大矩《おおがね》ノ立ザル議論ナリ。此一マキノ物語*所々ノ書付共ヲ寄《せ》ミレバ、「*介石記」「*忠義記」ナド云ル様

播州… 慶本この条なし。この義士論のみを抽出せる写本が「絅斎先生四十六士論」「忠士筆記」等の題で単行され、甘雨亭叢書別集・赤穂義人纂書・本大系二七巻(近世武家思想)所収本がある。単行の文はこれと詞章に出入があり巻末に増補があるから、後で補訂されたものか。赤穂敵討の評価について、崎門学派では佐藤直方と絅斎とで意見が両極に対立。本論は同門の先輩を憚って名を出さないが、直方の「四十六士論」に対する反駁である。直方や三宅尚斎の論(四十六士論・奥氏問目先生朱批・浅野吉良非喧嘩論・或人論浅野臣討吉良先生朱批・重固問目先生朱批・三宅先生問目稲葉正義朱批・再論四十六士・佐藤直方四十六人之筆記)は、韞蔵録巻一五・赤穂義人纂書・本大系二七巻所収本を参照されたい。

天下 徳川時代、将軍幕府を指す。

ノ 底本なし、諸本により補。

共 B本「モ」。

或人 佐藤直方を指す。

スレバ 斯乙本「するに」。

大矩 根本基礎となる大標準大法則。

所々ノ 底本なし、諸本により補。

介石記 著者未詳。書名下に「此一書東武一向宗某寺住僧著作云」と記。この仇討の実録。赤穂義人纂書所収。

忠義記 「忠義実録」等、類似の書名を有する実録が種々あるが、どれを指すか明らかでない。

ナル書付、彼方此方ヨリ寄来《よせ》ル。書生ニ命ジ全巻トシテ其後ニ其辨ヲ著サントスレド、未《だ》其暇ニ及ズ。今略《ほぼ》是ヲ辨ジテ其備《そなえ》トセントス。夫《それ》上野介私意私慾ヲ以《て》内匠頭ヲ激怒シ、晴ナル殿中人前ニテ恥辱ヲ与ヘル如ニスルハ、君ヲ後ニシ己ヲ恣《ほしいまま》ニスル*罪誅《ちゆう》ヲ容《い》レズ。譬《たとい》内匠頭初ヨリ討ズト*云へ共其罪逃ル可ラズ。若《もし》誅ニ及ズンバ其位ヲ退テ可ナリ。其禄ヲ奪テ可ナリ。然共内匠頭ニ於ハ*私忿ニ勝《たえ》ズ、公廷ヲ*憚ズ、卒爾ノ振舞是モ亦夥キ越度《おちど》ナリ。然共一点一毫公儀ハトモアレ憚《る》コト無ノ心有レ之ニ非ズ。兼々《かねがね》ト云《い》、其日ノ恥*辱ト云《い》、*忿激心ヲ炎《もや》シ、前後ヲ顧ニ暇アラズシテ、是ヲ*切テ、上野介*逃タル故、俄ゴトニテヱ存分ヲ遂ズ。若《し》存分ニ切得タラバ其儘自害スルニテ有べシ。自害ノ間ニ及ズンバ、其座ニテ御成敗ニ預《る》べキ合点勿論ノコトナリ。然ラバ大法ヲ以云へバ、自分同士ノ喧嘩両成敗ノ法ナリ。若又内匠頭大礼ノ場ヲ乱リタルヲ科トセバ、只乱リタルニテ非ズ。皆上野介私意ニテ加様ニナルコトナレバ、内匠頭成敗ニ与レバ、上野介モ成敗ニ与ルべキ筈ナリ。然共一時事ヲ執《とる》*人々詮議*コ、ニ及ズシテ、只内匠頭大礼ノ場ヲ乱《る》ノ罪ヲ以《て》誅セラレ*テ、相手上野介ハ其分ニ*テ*少モ刑罰ノ体モ無レバ、内匠頭死《の》ハ上野介ガ為ニ討レタル者ニ極ル処余義ナキコトナリ。然バ内匠頭*ノ臣子タル者内匠頭先太刀ノ刃ヲ遂テ上野介ヲ討ザレバ、大義何《いっ》マデモ済《すま》ズ。是只我主ノ相手ヲ*主ノ討ント欲スル存念ノ通ニ討タルマデニテ、全ク上へ一点ノ怨、一毫ノ*手指《ざ》ス存念無レ之コト明ナリ。上ヨリ許置《し》*ル、ハ其分ト云ハ大体ノコトナリ。我君タリ親タル者ノ敵ヲ上ヨリ許置ル、程ニト云テ、上ニ憚リ討ザルト云大義無レ之。曾我十郎五郎工藤祐経ヲ討タルハ、頼朝ハ許シ*テ置《け》共、我親ノ敵ヲ討《っ》。是全ク不忠ニ非ズ。*然共頼朝

罪…容レズ　その罪死刑に処しても足りない。
云へ共　斯乙本「いふ共」、B本「モ」。
私忿　私の鬱憤。
憚ズ　高本京本九乙本「不顧」。
辱　底本脱、諸本により補。
忿激　はげしく怒る。
切テ　B本「伐テ」、下同じ。
逃　B本「立逃レ」。
人々　底本「人ニテ」、諸本により訂。
コ、ニ　斯甲本「コマカニ」。B本「ノコ、ニ」。
テ　底本「タ」、諸本により訂。
少モ　底本なし、諸本により補。
ノ　諸本なし。
主　B本「主人」。
手指ス　手出しをする。
ル、ハ　斯甲本B本「ルレバ」。
テ　斯甲本B本なし。
然共　無乙本「然ニ」。

ニ怨アルトテ其ヨリ直ニ切込タル体、是ハ大不義不忠ナリ。其モ頼朝へ対シテノ仕業ハ不義不忠、其前ノ親ノ敵討タル*ハ其*ニテ不忠ニ非《ず》、忠孝欠《かく》ル所ナシ。跡ノ過《あやまち》ニテ前ヲ掩《う》ハ、*功過不二相掩《いわ》一ノ旨ナリ。大石ガ仕業ハ始終上ニ対シテノ仕業全ク手指《す》コトナシ。自害ニモ及ズ、面々ノ首ヲ指延ベテ上ニ任セ奉ル義、内匠頭平生上ヲ奉ズル忠義ノ心ヲ得タル者ト云ベシ。次第ニ此者共ノ始終明ニナリテ、上野介*跡モ其不忠ノ体ニ処セラレ、四十六人ノ者ノ跡々モ大ヤウニテ、少モ*族罪ニモ及ズ、墓所ヲモ許サレタル体、其忠義自然ト明ニ聞召《しし》分ラレタルトミヘ、事ヲ執《とる》人モ聞分ケ有トミヘタリ。是如レ此コトハ別ニ*紛《まぎ》ロシキノ精キノ穿鑿ナシ、学ブモ学ザルモ天下一統明ナル義理ト云モノナリ。ナマジイニ学問ダテヲシ、珍キコトヲ高上ニ云タガル者ハ色々ノ意アリテ、異論ヲ説《とく》者モ広キ中ニハ有ベシ。其論取《る》ニ不レ足。又其書ニ云ルハ、大石以下ノ者共直ニ泉岳寺ニテ自害シタラバ、「小学」*善行ノ類ニモ入《る》ベキニ、其儘死ナザル故ニ不義ナリト云。是又何共跡先《あとさき》訳ノ立ザル云分ナリ。譬《たとい》泉岳寺ニテ死ナザル、義理ニ*非《ず》共、トカク主ノ敵討タルガ忠義ナリ。其死ル死ナザルハ跡ノ吟味、曾我兄弟ガ不忠不義ノ吟味ト同コトナリ。況ヤ自害セズ、太刀刀ヲ捨《て》、乞《きつ》ト大目附ノ*御方へ人ヲ以申上《てげ》、公儀ノ儘ニ身ヲ差上ル段、始終神妙従容タルコトナリ。泉岳寺ニテ自害スレバ、善行ニ入《る》トアレバ、前ノ上野介ヲ主ノ敵トシテ討タルハ不義ナリト云*コトハ又義理ニナルニヤ。是程跡先揃《そろわ》ザル云分ハ無。又其書曰《に》、上野介ヲ討タルハ、内匠頭上野介ヲ討損イタルコトニテ、上野介ガ討タルコトニテ無《し》。其ヲ*主ノ敵ト*云ハト云。是別シテ「春秋」ノ旨ヲ知ズ、*浅ハカナル論ナリ。如レ此ナレバ、*趙盾《ちょうとん》ガ我*甥ノ主ヲ弑シタル

ハ　底本脱、諸本により補。
ニテ　B本「マデ」。
功過…　功は功、過は過として、ごっちゃにしないこと。前句の「前ヲ掩ハ」では意味が通ぜず、単行の「四十六士論」が「前ヲヲホハザルハ」と作るのが正しい。
跡　上野介嫡子義周は、義士に切腹を言い渡した日に、襲撃された時の処置が悪いとの理由で、知行地を没収して諏訪藩預けに処された。
族罪　家族に罪が及ぶこと。
紛ロシキ　高本京本九乙本「マギラシキ」。
善行　朱子の「小学」の篇名。
非　B本「アタラス」。
御　底本なし、諸本により補。
コト　B本なし。
主　無乙本京本九乙本「上」。
云ハト云　高本「云カタシト」、京本九乙本は空格。
浅ハカ　B本「アサマシキアサハカ」。
趙盾　春秋時代、晋の霊公は不徳、正卿趙盾は屢ゝ諫めたので、公は盾を殺さんとした。盾は国境に逃れたが、盾の甥趙穿が霊公を弑したのを聞き、還って襄公の弟を立てて成公としたが、君を弑した賊を討たなかったので、春秋(宣公二年)は「晋趙盾弑二其君夷皐一」と記して、深く執政の臣を責めた。
甥　B本「姪」。

ヲ幸トスルヲ*、趙盾ガ直《じき》ニ弑シタルト孔子ノ書レタルハ誤ナルベシ。我人*ヲ殺シ、其為ニ討レタルハ、其人ヲ敵トセズシテ誰ヲ敵トスベキヤ。直ニ討レタルニテ無レバ敵トセザルト云ハ、扨々義理ノ*昧《くら》キ論ナリ。頼朝ガ、親ノ義朝ハ長田*ニ討レタルガ実ナレ*ド*、義朝《が》敵トシテ平家ヲ討タルハ、直ニ殺タルニテ無レバ、平家ヲ敵トスルハ悪シト云可《き》ヤ。皆大義ヲ知ザル者ノ云分ナリ。此類甚多コト故、挙《あぐる》ニ暇アラズ、一ニテ合点スベシ。又内匠頭ハ剣術ニ昧《くら》シ。切損イタルハ浅マシキコトナリ。上ノ御用ニ立可《つから》ザル者ト云《う》云分、是又可笑《おかし》キコトナリ。尤《もっとも》直ニ切殺シ、剣術吉クバ何角《なにか》アルベキ。然共俄ナルコトニテ心セキ、況《や》上野介*逃《げ》歩ケバ、其間無レ之コトハ不幸ナリ。一足モ逃タル様子ミヘズ。是ヲ用ニ立ザル者トテ御成敗有ハ、上野介逃ル臆病者*、何ノ用ニ立ベキ。詰ル処上ノ事ヲ執《とる》衆ノ捌《さばき》ニ疵ヲ付ズ、吉《よき》様ニ云ナシ*度《たき》心ヨリ加様ニ義理ヲ付*テ云ヨリ外ハ無トミヘタリ。其故様々ノ付ラル、程ノ付ニクキ理ヲ取付云立テニシタル迄ニテ、正味皆用ニ立ザルコトナリ。只一ツ上ノ許置ル*、ヲ*背《そむく》ト云一《つ》ヲ、愚俗ハ惑《まどう》モノ有《れ》共、其ハ先ニ云様ニ親ノ敵ヲ上ヨリ許置ル、程ニト云テ、為《る》レ子者撃可《つから》ザル理ナシ。是ハ上ニ背《く》*ニテハ無。親ノ敵ハ上ヲ顧コト無ユヘ、上*ニ背《く》様ニ跡ハミユレ共、*瞽瞍《こそう》人ヲ殺サバ舜負テ逃ルト同コトナリ。意アリテ上ニ背《く》ニ非ズ。何程親謀反ヲ起スト云テモ親ノ命ニ不レ従、親ト共ニ死《ぬ》ル迚《とて》モ謀反ヲ不レ起ルト云、君父同然ノ義理ナリ。是亦親ニ背ト云モノニ非。畢竟君臣父子ノ大義明ナラザル故、私意ニテ*云ルノミニテ、皆理ノ不明ト云モノナリ。又其書ノ一言ニ、別シテ陋《いやし》キ鄙狭ナル議論アリ。四十六人ノ者共何方ヘモ有付《ありつき》様ナク、加様ノ敵討ヲ拵《こしらえ》、其故知行ニ有付《ありつく》様ニシタルト有《ある》。

ヲ　底本脱、諸本により補。
我人ヲ…討レタルハ　この句意通り難い。単行の「四十六士論」は「我主人人ヲ打損ジ、其為ニ主人殺サレタレバ」に作る。人はB本「主人」。
昧キ　B本「ウスキ」。
長田　→二三〇頁注
レ　底本「ル」、諸本により訂。
ド　B本「ハ」。
介　底本脱、諸本により補。
者　無乙本「ニテ」。
ナシ　無丙本九甲本「ケシ」。
付テ云　B本「ツケル」、他の諸本「付ケ云」。
ル、　斯乙本「たる」。
背　B本「討」。
ニテ　B本「デ」、下同じ。
ニ　底本「ヲ」、諸本により訂。
瞽瞍人ヲ殺…　→二六〇頁注
テ　底本脱、諸本により補。

扨々キタナキ云分ナリ。此者共ノ始終ノ仕業是程残《る》所ナク一命ヲ棄《すて》、書置マデ仕《し》タルモノニ、*古金買《ふるかねかい》ノ云様ナルキタナキコトヲ云ハ、皆此者共ノコトヲ云消シ、上ニ背《く》ト云ヲ云立ニシ、其ニ疵付ヌ様ニ云タキ迄ノ云草ニ加様ノ浅マシキコトヲ云タルトミヘタリ。況ヤ仮初ナガラ大身ノ大屋敷ニ家来大分ニテ扣《ひか》ヘ其*要心有《ある》処ヘ四十六人ニテ忍*込《み》、一人モ命活《いき》テ帰ント*云望アル可ヤ。其ヲ知行ノ望有《る》ト云ハ、別シテウロタヘタル議論ナリ。然バ畢竟上ヨリノ執事ノ衆ノ捌キ様ハイカヾシテ然べキヤ。此義ハ私家ノ論トハ云乍ラ、上ヲハカラフニ似タリ。姑《しばら》ク*先ヅ其他ノ瑣細ノ議論有ド、皆右ノ大矩《おおがね》ニテ吟味スベシ。尚折々此咄ハ*説ベシ。大義ノ大ノ字ノ合点肝要ト云ルコト、「*遺言」ノ講義ニモ*云ル通リニテ、事ノ体変レバ、事ノ体《てい》変リタルニ付《つき》大義有《る》故、大義ノ二字ハ総矩《そうがね》ニ当ルコトト合点スベシ。

右五条十月二日夜*録

*会主 杉山*直達

*一学者問《え》ルハ、敬ハ心ヲ守《る》ノ法ニシテ、*求《む》二放心《を》一共《とも》云《い》、*主一共云、*一心ノ主共云《う》、毎々示《さ》ル、処悉ク挙《る》ニ及ズ。然ニ「論語《に》」「敬《つつしんで》レ事《を》而信《あり》」ト有ハ、只其コトニ向テ其コトヲ敬《つつし》ムノ旨マデトコソミヘ候処《に》、「*集註」ニ*敬ハ「主一無適之謂」ト有レ之候ヘバ、是ハ先ヅ心*デ敬ミ得テ、其心ヲ以《て》事ヲ捌《き》候故ニ候ヤ。*曰《く》、是皆近代敬ヲ知ザルノ誤ヲ受テ*左様ノ疑有レ之候。此義「*敬義内外説」ニ*残《る》処ナフ明シ有レ之候。大旨朱子ノ学ヲスル者、敬ハ聖学ノ要領一大事ノ心法ト有*ヨリ、トカク何角《なにか》指置《さしおき》、我心ヲ存スルハ主一無適ノ工夫ト覚へ、主一ノ工夫ハ我心《の》余念ナク、心上ノ存スル*コトト云ヨリ、其処ヲ只精ク察シ審ニ説*テ、其工夫ノ至リハ、ジツト心ヲ存シテ其心*ニテ物ヲ捌《き》事ニ広ク応ズルトノミ*存ジ、是皆心ノ本然ヲ不レ知故ナ

古金買 屑鉄や古道具を売買する商人。古道具屋、古金屋。
要心 斯甲本「用意」。小本「思」。
込 B本「入リ」。
云 底本脱、諸本により補。
先ヅ 底本「待ツ」、諸本により訂。
説 無乙本「談」。
遺言 絅斎著の「靖献遺言」。絅斎自身による講義の聞書もある。
云ル 小本斯乙本「述ル」。
録 B本「会録」。
会主…達 九乙本この六字なし。
直達 通称は宇右衛門。伊勢の人。絅斎門人。無乙本高本「某」。
一 斯甲本高本京本九乙本斯乙本小本なし。
求放心 一〇〇頁四行目参照。
主一 小本斯乙本「主心」。→九六頁補記「朱子云…」
一心ノ主 大学或問に「敬は一心の主宰にして万事の本根なり」と。
集註 朱子撰「論語集註」。
敬ハ 底本脱、諸本により補。
デ B本「ヲ」。
曰是 高本京本九乙本「日比」。
左様ノ B本「ソノ」。
敬義内外説 絅斎撰、刊本あり。宝永四年の絅斎自講の聞書も伝わる。
ニ B本「ニテ」。
ヨリ B本「カラ」。
コト B本なし。
テ 底本脱、諸本により補。
存ジ B本「存候」。

テ　九甲本「シテ」。
怒　底本斯甲本「恕」、諸本により訂。下同じ。
ナリ　B本「身ナリ」。
アリ　諸本「アル」。
模様　小本斯乙本「様ニ」。
無　斯甲本「無コト」。
色　B本「事々」。
深浅　諸本「浅深」。
心ヲ　B本「心ノ」。
散ヌ　B本「散ラサヌ」。
易キ　高本京本九乙本「ヤスキハ」。
先へ　底本「先ニ」、諸本により訂。下同じ。
取レ　B本「ツラレ」。
喜　B本「ウレイ」。
ノ　小本斯乙本B本「ヲ」。
正心　大学、伝七章に「謂ふ所の身を脩ることは其の心を正うするに在りとは、身忿懥する所有れば、則ち其の正きを得ず。恐懼する所有れば則ち其の正きを得ず。好楽する所有れば則ち其の正きを得ず。憂患する所有れば則ち其の正きを得ず」。章句に「程子曰、身有之身当レ作レ心」、また「心有レ不レ存則無三以検二其身一。是以君子必察二乎此一而敬以直レ之」と。
ヘ　B本「人ノ」。
コト　B本なし、下同じ。
ロク　底本「六」、今訂。B本「実」。ロク(陸)は水平なこと、ゆがみなく正しく完全なこと。
主一…**無適**…　↓一〇二頁注

リ。心ハ人ノ身ト共ニ生*テ、聞ツ見ツ物ヲ云ツ、喜《ぶ》モ*怒《る》モスベテ自然ト物ニ応ズル*ナリニ初ヨリ自然ト身ト共ニ生《れ》付テ有モノナリ。目ノ自然トミヘル様ニ生付テ*アリ、耳ノ自然ト聞ル様ニ生付テアリ、手ノ自然ト持ル、様ニ生付テ有《ある》。皆本然ノ実同《じ》コトナリ。其故心ノ存不存ニ気ヲ付テ心デ心ヲ存セントスル理ハ無コトナリ。鏡ノ明ナル譬モ其旨ヲ得ズシテ、只心ノ物ニ応ズル譬ト斗《ばか》リ存ズル。精《か》ラザル知リ様ナリ。鏡ノ初ヨリ明ナルナリニ自然ト有ガ本然ナリ。其故ニ一ト云ハ心ニ一ナル*模様、事ヲ離テ一ナルト云コトハ心ニ*無ナリ。ミル物アレバ、ミル物ナリニ目ノ散ネバ、其*色ナリニ目ノ存スルト云モノ。聞コトアリテ聞コトナリニ余《の》事雑ラズ余《の》事ニ分レネバ、其コトナリニ耳一ナリ。親ニ事《つかえ》レバ事ルナリニ雑《まじり》ナク分レズ浮《うか》トセネバ、親ナリニ心一ナリ。凡《そ》大小*深浅其コトナリ〳〵ニ浮トセズ放レザレバ、其コトナリニ一ナリ。其一ナルナリガ即《ち》心ノ本然ナリ。初ヨリ*心ヲ一ニシテ*散ヌ様ニシテ物ニ接《まじわ》ルト云理無レ之。其内ニ散*易キ心ナリ、放レ易キ心ナレ共、其コトニ繋《つなが》レ其コト故ニ散ザル心アリ。其ハ其コトナリニ事ニツラレ居ト云ハ、自ラ考レバ、主客彼此ノ別能《よく》ミヘルモノナリ。左故ニ敬ハ一心ノ主ト云モ、事々ニ臨《のぞむ》ナリニ*先へ誘レ、余事ニ*取《ら》レ、情欲ニ取レ、怒ニ取レ、*喜ニ取レ、覚《おぼえ》ナシニナリテ失《う》故ニ、其失《うせ》ザル*ノ敬ト云ハ、其コトナリ其物ナリニ不レ散不レ失《せ》ニ因テ敬ト云。其故「大学」ノ*正心ハ固《もとよ》リ敬ノコトニテ、怒《る》処アリ恐《る》処アレバ心ヲ失ト有モ、其ナリニ覚ナシニ取ル、故、其敬ノ情ナリニ惣体*へ覚ヌ様ニナラザル様ニト云教ニテ、可レ患《うれう》コトナリニ患イ、可レ喜*コトナリニ喜《び》、可レ怒コトナリニ怒リ、其事ナリニ自然トアルハ心ノ本然ノ*ロクナリ。其故程子ノ*主一ト云モ無適之《を》謂《う》レ一《と》、

我手ニ　自分自身で。自分ひとりで。手はデの宛字で助字。
コト　斯乙本小本B本なし。
物　諸本なし。
ヨリ外　B本「スルヨリ外ニ」、慶本「サスルヨリ外ニ」。
事ナリ〱　B本「事々」、慶本「其事ナリ〳〵」。
ニ　底本脱、諸本により補。
ナリ　B本「ノコト也」。
要　B本なし。
事　B本なし。
ヘ　底本「ニ」、諸本により訂。下同じ。
シテ　B本「ト」。
悩サル、　諸本「ヤマサル、」。
ヲ　高本京本九乙本「ニ」。
ヨリ　斯乙本B本「ヨク」。
曰　B本「或曰」。
ヲ　小本B本なし。
可　B本「ヤ」、慶本空格。

心ガ*我手《わがで》ニ心斗リ適《ゆ》クト云*コトデ無シ。適ト云ハ西トカ東トカ恐ルトカ患《え》ルトカ何ナリト角《か》ナリト、其時々ノ場ナリ事ナリニ取《とら》レテ適《く》ナリニ適クト云モノ。物*書ク時ハ物書クヨリ心ハ聖賢モナシ。親ニ向ト親ヨリ外聖賢ノ心ナシ。軍《いくさ》スルト軍*ヨリ外聖賢ノ心ナシ。其故敬ハ其心ヲ得タキ為ノ工夫故、何ゴトニモセヨ其場ナリ〳〵事*ナリ〳〵ニ*失《せ》ズ散ラザル様ニ取立《て》省ミ持直シ〳〵シテ其事ト共ニ失セザル様ニ習ヘバ、自然ト心自然ノ専一ニナル。此処極テ敬ノ肝要々領ナリ*。一心ノ主宰ト云《い》、心法ノ要*領ト云ハ、天下ノ事心ニ与カラザルコトナク、心カラ応ゼザルコト無《き》故、天下ノ事*一事デモ二事ニテモ、事ナリ〳〵ニ本領ヲ失《せ》ザル為ノ工夫ナリ。初ヨリ心ヲ先*ヘ存シテ事ニ臨《む》ト思ユヘ、事ニ臨《む》心一ツ、先ヘ心ヲ存セフト云心一ツ、先ヘ心ガドギマギシ*テ却テ端的切実ニ覚ヘザル故ニ、敬故ニ心ヲ悩*サル、ト云モノナリ。若《もし》又応ベキコトモナク、接《まじわ》ルベキ人モミヘザル時ニ、自然ト心静ナレバ、静ナル場ト云モノナリ。静ナレバ静ナリニ、ムサクサト心ノ散ザルハ、其ナリノ一ト云モノナリ。心斗リヲ存スルト云コトハ無コトナリ。心ヲ*存スルト云ヘバ、直《すぐ》ニ事ナリヨリ外ナキモノナリ。此処*ヨリ省ラルベシ。左ナク候ヘバ一生敬ニ力ヲ用ラレ候共、却テ心究屈ニナリ、事ニ塞《ふさ》ゲラル、様ニナリ、心上ニ一物アル様ニナリ、平生心ヲ塞グ斗リニテ、一生心ヲ得コトハ成《なり》難キモノナリ。曰《*く》、只今ノ御示シ極テ親切端的目先ノ蔽イヲ取タル如ニ塞《が》リホドケ候。去共又静ニシテ事ナキ時モ明日仕可《すべき》コトヲ*思ハデ叶ヌコト心上ニノリ候時ハ、是又静ナル時、静ナル場ニアラザルコト浮ミ候。是モ亦雑念ト云《い》、離レタルト可*レ申コトニ候ヤ。然バ静ナル時ハ何ノコトナク余念ナク心ニ感ズルコトヲ取除《とりのけ》ル様ニシ

得ト　無丙本九甲本「チクト」。
静ナル　底本脱、諸本により補。
日ノ　底本「白ナ」、諸本により訂。
叶ヌ　底本「叶ヌコト」、諸本により訂。
ト　B本「ト云」。
千　B本「十」。
ノ　斯甲本小本「ソ」。
トバツキ　あわただしく騒ぎ立てる。
心　B本「身」。
コト　無乙本「テ」。
云サマ　言うや否やすぐ。
テ　諸本なし。
立　無乙本以外のB本「カタル」。
ナ　B本「ニナル」。
場々　B本「場コト〳〵」。
スベル　底本等「スエル」、斯甲本無甲本無丙本九甲本慶本小本斯乙本により訂。
コト　B本なし。
事ヲ　無乙本高本京本「事ノ」。
ヲ　底本脱、諸本により補。
タガル　B本「語ル」。
独リ　底本等「尚」、斯甲本無甲本斯乙本小本B本により訂。
極テ　B本なし。

テ然ルベキヤ。曰、是又先ノ合点ヲ得*《とく》ト得ラレザル故ナリ。静*ナル時ニ明日*ノコト思ハデ叶*ヌ、此事イカガス可《き》コトト云ハ、其コトヲ思ハデ叶ヌコトナリ。静ナル時ニ思ハデ叶ヌコト直ニ事ト云モノ、眼前ノコト出来ネバ事デ無ト云コトナシ。其間用ニ立ザル雑念、アラレモ無コト様々心ニノリ、彼此思ハ、大形《おおかた》我心ノ霊ニ候ヘバ、是ハ雑、是ハ思ハデ叶ヌコト、是ハ斯ト*、身ニ覚ヘガ惣体ニアルモノナリ。其故イカ様ノ手ヒドキ閙《いそがし》キ時モ閙キ様ニ閙キナリニ紛レヌ様ニ千*事ニモ百事ニモ応ズレバ応ズル筈ノ其々ナレバ、散ルト云モノ*デ無《し》。其故ニ気ヲイリ、其故ニトバ*ツキ、其故ニ紛レヽバ、其ナリノ取《ら》ルヽナリ。又静ナル場ニアレバ静ナル筈ナリニ余事ニ散ズ、又一念端ナシニ心上ニ浮ネバ、何カ今日ノ事ニ残《る》コトハ無カ、何カ学ニ残コトハ無カ、父母ノ勤《つとめ》、主人ノ勤、「小学」ニアル「退《ては》思《うは》レ補《わんことを》レ過《を》」静ナル時ノコトナリ。事其々大形自然ノ情ノ覚ヘテ、是ハ可レ思コトト有ハ、其ガ直《すぐ》ニ思ナリノ事ト云モノナリ。加様故ニ万事ノ根本一心*ノ主宰ト云*コト二《つ》ノ様ナレ共、一事ナリ。然共本領根本ト云*《い》サマ、万事ノ無《い》サキニ心ヲ存スルハ、事ヲ離テ心斗リヲ存スル故、家ヲ離*テ太極《だいこく》柱ヲ立*《る》様*ナ故、家ガ立ヌ。屋根カラミテモ太極柱、壁カラミテモ太極柱、場*々其繋《つな》ギ有故、太極柱ト云。其デ全体ヲスベ*ルト云ナリ。必《ず》々敬ト云カラ心ヲ先ヘスエルト云ハ大ナル違、事ト心トハ一ナリ。先ト云コトモ跡ト云コトモ二《つ》ト云コトモ無《なし》、一体ノモノ故、分ク可《べき》様無*コトナリ。事ヲ離テ心ヲ見《みよ》フト云コト無。釈氏ハ事*ヲ離レ心ノ虚霊ナモノ*ヲミテ事ヲ離タ*ガル故、独*リ寂滅、独リ世用ヲ棄テ、独リ心ヲ死ナス様ニセネバナラヌ。此処極*テ親切、此処天子ヨリ庶人、事毎ニ敬《つつしま》ヌト、天子ハ身ヲ亡《うしな》イ世ヲ失《い》、庶人ハ身ヲ亡《ほろぼ》シ家ヲ失《う》。一事トシテ敬マザルコトナキ場ナキヲ可レ知。敬ハ書物読《よむ》以上ノ者ノコトト思故、一*ハネ高フ子細ラシフ云故、眼前ノ敬ミヲ離ル。此*処《の》端的切務ノ場ト可レ知。尚此上ハ行々《ゆくゆく》云《う》可レ共、朱子《の》「敬斎箴」ノ旨、孔子ノ存養ノ旨、尽《ことごと》ク一以《て》貫ク。コヽガ違《う》故、何モ敬ヲ別ニ語《る》様ニ二《つ》ノ様ニナルコトニ候。能々《く》察セラル可シ。

右一条十月七日夜録　　会主 *松井泰菴〈*復姓河合〉

天地自然ノ音アツテ天地自然ノ詞トナレバ、其*土地ノ五音各自然ト*分ル。人ノ形ノ其土地〳〵ニテ不レ同ト同《じ》コトナリ。然共人ノ手足耳目等ノ全体ハカタニテ押タル如ク変ラズ。五行音モ亦五音ノ品ハ同コトナリ。何《いか》ントナレバ陰陽即五行ナレバ、陰陽ヲ離テ人ナク、五行ヲ棄テ、品《しな》ナシ。其*声ニ応ジテ其形自《お》文字トナル。是亦天地自然ノ理ナリ。左アレバ其国々ノ文字、其国々ノ自然ト始レバ、其文字*モ亦自然ノ形ナリ。仁義礼智ハ唐土ニテ始リシ文字、イトヲシ*ム・ヨロシ*フシ・ウヤマフ・シリワクルト云ハ吾国ノ詞、其理ハ即《ち》五行ノ理ナリ。譬《たとい》イカ様ノ国有《り》トテモ、此五《つ》ニ過ルコトナキ、*此本然一*定ノ*言ナリ。吾国モ上古神*聖ノ世ヨリ相伝ル文字有ト聞ヘ侍レ共、其家ニ秘シテ世ニ広ク伝ラズ。何トゾ前代ヨリ次第〳〵ニ文字数アリテ吾国ノ文字ト云コトアラバ吉《よか》ルベシ。去ドアナタノ文字ヲ用テ我理*デ説モ、天地一定ノ理サヘ明ナレバ、変ルコトナシ。其間日本ニテ始ル近年ノ字共有レ之。其分ハ随分用タルガ吉《よし》。儒書ヲ学付《びけ》タル者ノ云ルニ、魚扁ニ占ト云字ハ、アユト読ハ字書ニ無レ之*字也、日本ニテ出来タル字ナレバ、是ハ書ベカラズト*云。皆名分ヲ*モ知ラズ、皆儒書ヲ学ブ理ヲ不レ知シテ迹ニ拘リタル誤ナリ。*神功皇后三韓退治ノ時ヨリ筑紫ノ

ハネ　B本「分」。
処　底本脱。諸本により補。
松井　絅斎門人。伝不明。B本「松居」。
復　B本「又」。
土　底本脱、諸本により補。
分ル　無甲本九甲本小本斯乙本B本「カワル」。
声　B本「音」。
モ　諸本なし。
ム　諸本「ミ」。
フシ　斯甲本小本斯乙本B本「ク」。
此　無乙本「コト」。
定　B本「体」、下同じ。
言　B本「実」。
聖　底本「霊」、諸本により訂。
デ　B本「ヲ」。
字也…知ラズ　底本脱、諸本により補。
云　B本「云ハ」。
モ　B本なし。
神功皇后　この故事は、日本書紀巻九、摂政前紀夏四月の条にあり。

浦ニテ鮎*ヲ釣テ軍ノ吉凶ヲタメサレシト云《う》故事有ト云ナレバ、是即吾国ノ正字ナリ。其外和字、俗語歌書等*ニモマヽ有レ之。手扁ニ刄ト云字ヲ*サテト読タルハ何《いつ》ノ比ヨリ始シヤ。其字義慥《たしか》ナラネ共、用来レバ仮字語ノ発語ニハ用テ吉《よき》筈ナリ。加様*ナル字聞《きく》タビ見《る》タビニ記録シ置*テ知ベキコトナリ。辻ト云ル字、十文字ニ之遶《しにょう》ヲカケタル様ニカク*、此字モ和字ナリ。是ハ四辻《は》十文字ノ如ニ有ニ因《より》昔十字ト書タルヲ仮名ニテ乚ノ字ヲ書《き》、其ヲ直ニ之遶ノ様ニ書タルナリ。十ノ字唐音ニテ、ツンノ音《こえ》ナリ。其故ツン字ト書タル字ナリ。唐ノ詩ニ「十*字街頭吹《く》二尺八《を》一」ト有モ此コトナリ。是有来《ありきたる》説此通リナリ。然共和詞ニ物ノ寄《より》集ル肝要ノ処ヲモ津ト云、ツヂト云モ寄集ル地ト云コトナルモ不レ知、其故十字ト書テツヂト唱*ル。加様*ナルコトモ是迄ノ物語ヲ覚《え》用タルガ吉シ。或人云ルハ和字ニハ音ナシ、イカヾト云*ルハ、凡《そ》音ニテ呼ハ*唐詞*ナリ。其故自《お》詞ノミニテ音ハ無《き》筈ナリ。若《もし》*音ヲ付呼《けび》タキ時ハ何トゾ天下ノ御吟味ニテ和字《を》僉索《せんさく》シテ悉ク音ヲ付ラレバ、天下通用トナルベシ。今ニテ私ニ音ヲ付呼モ由ナシ。若《し》詩ナドニ作ルカ詞*ニ作リ、仮ニ音ヲ付呼タクバ、鮎ノ字ハセン、辻ノ字ハ十ト唱《となえ》ル、仮ノ唱可《し》レ然《る》ト覚ル。

○日本ニテ四《つ》足ノ物ヲ喰ヌト云コト、神道ノ忌《いむ》処トテ世《に》甚《だ》穢《ら》ハシキ様ニシテ喰ズ。是固ヨリ惑ナリ。去共平生食ニ事モ*欠ズ、自《お》ラ土地ニ少レバ、喰ベキ様ニ*無レ之筈ナリ。其身ノ病気養生等ニテ其為ニ用ルコトハ各別ナルベシ。又日本ニテ平生犬豕等ヲ食ザルヲ唐土ニ似ヌト云テ悔*ム者アリ。是モ亦考ナキ詞ナリ。是天地自然ノ風土ノ体如レ此。唐ノ土地ハ九*州極テ広ク、深山高嶽自然トサマ〴〵ノ獣ヲ生ジ、又惣体ニ牛羊ノ類イ多シ。其《れ》ホ

鮎　鮎は国字ではなく漢字であるが、意味は日本のアユではない。
等　B本なし。
サテ　B本「サテモ」。
ナル　B本「ノ」。
置　小本B本「抜」。
ク　底本脱、諸本により補。
十字…　禅林句集、乾の「十字街頭吹レ笛」を指すか。
唱ル　B本「唱ルナラシ歟」。
ナル　B本「ノ」。
云ルハ　B本「云ルソ」。
ハ　小本斯乙本「ヲハ」。
詞　斯甲本小本「音」、斯乙本「韻」。
音ヲ　無乙本以外のB本「スヘテ」。
詞　唐の中期に起り、宋に盛になった楽歌、塡詞、詩余。
モ　B本なし。
ニ　斯甲本無甲本無丙本斯乙本「モ」、B本「ニ風俗」。
悔ム　B本「譏ル」。
九州　シナの古伝説によるシナ全土の九区分。或はシナ全土の意。

スキト　すっきりと。
フ　斯甲本Ｂ本「コト」。
如此　Ｂ本「如此也」。
家礼　「文公家礼」五巻附録一巻。儒家の礼法儀章の書で、朱子の著と題するが、後人の仮託といわれる。浅見絅斎は之を校点して出版し、若林強斎には「家礼訓蒙疏」の著がある。
深衣　衣(上着)と裳(もすそ)とを続けて仕立てたシナの貴人の日常着。
幅巾　一はばの布で作った頭巾(ずきん)。隠士等が用いた。
カヅキ　頭にかぶること。
乗タル　小本斯乙本「アリタル」。
ワキテ　格別。
水　淡水。
河水江水　黄河・楊子江の水。
デ　斯甲本無甲本無丙本九甲本「ニテ」。
ハ…同ク　Ｂ本「形同コト」。
ニ　小本斯乙本Ｂ本「ニテ」。

ド又海殊外《ことのほか》遠《く》シテ海魚ノ分スキト*無レ之。河北河南ノアタリ関西長安ナドト云ルアタリハ一代ニ海ヲミズ海魚ヲ知ザル処多シ。東南海近キ処コソ海斗リニテ海魚ヲモ見《る》ナリ。塩ナドモ海ノ辺リハ海塩ヲ食《い》、其余山池ナドニ塩ノ涌《わく》処アリテ天下ノ食トナル。是天地自然物ヲ生ズレバ一物毎ニ飲食ノ道備ラザルコト無《き》故ナリ。其故《お》自牛羊豕ノ類制シテ食フ*。其土地自然ノ当然ナリ。日本ハ自ラ獣少ク、平生ノ食ニ当ツベキ様無レバ、又海近《き》故、海魚大分ニ出、人ノ食トナリ、牛馬ヲ一代咶《ねぶら》ネ共、老人ヲ養《う》飲食ノコト随分美食ニ事欠《く》コトナシ。是モ亦土地自然ノ当然ナリ。其故自然ト四足ノ物ヲ食コトヲ用《い》付《け》ザル故、穢ハシキ様ニ人情ニ穏ナラザル、是モ亦自然ノ風土ノ気象ナリ。去ド先云ル如ク是ヲ食ヘバ祟ルノ、是ヲ用ヌモノナド云コトヲ云テ忌《み》嫌《う》様ナルコトモ又理ヲ知ザル故ナリ。只天地自然アテガフナリノ平生ノ食、其国々ノナリニ何トナク其処ニ出タル通リガ、其アテガイノ通《り》故、其ニテ人ノ腹ノ養イ脾胃ノ受《け》様ロノ味皆相応ナレバ、即《ち》天地ノアテガイト云モノナリ。其外衣服ノ拵《こしらえ》様、家ノ立《たて》様、器物ノ拵様、皆如レ此*。身ニ着《る》ト云理ハ天地理一ニシテ、着物ノ拵様ハ其土地次第ナリ。口ニ食ハ天地ノ間理一ニシテ、喰物ノ違ハ其土地ナリ。余皆是ニテ可レ推《す》。世ノ儒書ヲ学ブ者理ヲ学ズシテ書ニ移サル、故、皆名分ヲ知ズ。義理不レ明、聖賢ノ詞ノ理一ツモ学タル益ナシ。「家礼*」ヲ読《む》者モ「家礼」ノ深衣*ヲ着、幅巾《ふくきん》*ヲカヅキ*スルコトヲ吉《し》ト思《う》誤《り》皆同コトナリ。大凡魚ノ名本草ニ乗タル*字ハ日本ノ字ニ合タルハワキテ*少シ。唐ノ魚大形水*ニ生ジタル魚ニテ、河水江水*ニ出タル魚ニ名付ル斗リデ*、海魚如レ形少シ。鯉・鮒・アユ・ウナギノ類ノ様ナルモノハ*能《よく》形同ク諸事一ナレバ、其残リハアナタニ*河ノ魚ノ名付タルヲ日本ノ海魚ノ名ニモテクル故、大根ガ違タゾ。河豚ナドモ河水ヨリ出ユヘ河豚ト云ヘバ海魚ニテ*唐ノハナシ*。其余如レ此ノ類勝《あげ》テ云可ラズ。惣ジテ本草ノ学*能《く》々吟味精《しか》ラザレバ、和訓ヲ残ラズツクベキト云程、ソデナイコト多シ。桜ナドモ如レ形日本ニテハ花ノ第一トシアシラヘド、唐ノ詩ニ桜ヲ*賞翫スルコト*ミヘズ。山崎先生ノ「*桜ノ考」残《る》処無《く》故事モ挙テ有レ之。何サマ大形其類トミヘタリ。然共強テ同コトトシ難《き》ハ、其《れ》々土地ノ生《はえ》様違ヘバ、ゼヒ共同《じ》コトト云難シ。桜ト云ル字モ本《もと》桜桃トテ桃ノ一類ニテ、其実平生ノ果*ノ喰モノニ用《もちゆ》。其故祭ノ供ヘ物ニモ時*物ノ数ニ入テアリ。其ヲ略シテ桜ノ字斗リ書*タルコト詩ニモ詞ニモアリ。日本ニテハ桃ノ字ヲ付テ呼コト曾テナク、桜斗リヲ我地ノサクラノ*コトニ用ユトミヘルマデナリ。加様ノコトハ其々ノ土地ノ変リト済シ*テ置テ吉《よし》。松梅等ノ様ナル明《か》ナルモノハ和漢一ニシテ、本草ニモ能《く》ミヘテアリ。柏ノコトハ棺ノ木ニ甚《だ》吉《き》コト、「家礼」ニモミヘタリ*。此木何トゾ日本ノ木ニ知タキトテ様々詮議アリテ、是又山崎先生土佐ニヲハセシ時杣人ヲカタラヒ悉*ク吟味アリケレド、大形檜ノ類トハ知レテ、シカト知レタル木ミヘズ。是モ畢竟日本ニハ柏ノ大木ナシ。本草ニアル側柏《そくばく》ト云ルモノ、此方ニ*テ云ル柏心《びやくしん》ノ木ノコトト云。是ハ成程其通トミヘタリ。此方ノ柏心ニ大木ノ*棺槨《かんかく》ニモナル可《き》木ミヘズ。去ド朽ヌ木好《よ》キト云コト故、日本ニテ本槇ホド吉《き》木ナシ。加様ナルコトモゼヒ共柏木用ヨト云コトニ非ズ。強キヲ用ヨト云コトト可レ知。柏ノ木ノ大木ナルコトハ唐ノ書ニ孔*子ノ冢ニ生ヘタル柏ノ木ノ大木ナルコト、其外書*々柏ノコトナレバ、大木ノ体ニ書テアリ。其土地〳〵ノ体ト心得《る》ベシ。槇ト云モ真木ト書《き》、強キ木故、作リニツキ*マキト唱《え》

ニテ…ナシ　慶本「ニアラズ」。
ナシ　B本なし。
学　斯甲本無乙本「字」。
ヲ　B本「ヲ如此」。
コ　慶本以外のB本なし。
桜ノ考　闇斎著「桜辨」。一本「桜之記」とも題す。
果ノ　慶本「果ノ如ク」。
時物　時節に相応した物。
書　B本「書来」。
コトニ　B本「花ノヤウニ」。
シテ置テ　A本「シオクデ」、斯乙本「しおくが」。B本「シオクコト」、
タリ　B本「テアリ」。
悉ク　小本「委ク」。
ニテ　底本「テ」脱、諸本により補。小本斯乙本「テ」。
棺椁　ひつぎ。椁は外側の棺、棺は内側の棺。他の諸本、椁を「槨」に作るが、同字。
孔子ノ冢…　冢は底本「冡」、諸本により訂。五雑組「孔廟中檜、歴二周秦漢晋一幾千年…今雖レ無二枝葉一而直幹挺然不レ朽不レ摧、生意隠隠未二嘗枯一也、聖人手沢其盛衰関二於天地気運一、此豈尋常可レ得二思議一乎」。
書々　B本「諸書」。
キ　慶本以外のB本「ケ」。

タルモノナリ。是亦日本ニテ重宝ノ木ナル故、能《く》知《り》置《く》ベキコトナリ。

右二条十月十二日夜録*　会主 *花安某

ツネト云字、常ノ字アリ、経ノ字アリ、恒ノ字アリ、彝ノ字アリ、庸ノ*字アリ。是皆不易ノ旨也。然共各其名ニ因テ其ツネタル処ノ主意ヲ*能ク可レ知コト肝要也。毎《いつ》マデモ変ラザルヨリ常ト云。惣体ノ竪筋トナリテ変ラザルヨリ経ト云。古今始終押互《おしわたっ》テ変ラザルヨリ恒ト云。人ノ身ニ具リテウルハシク、誰トテモ同ジ如*ニ変ラザルヨリ彝ト云。平生日用茶飯布帛ノ*如《く》、何モ珍《し》カラズシテ変ラザルヨリ庸ト云。此五字其々ノ立ル処ニ従テ、必《ず》人道全体ノ骨子要領トセザルコト無。棄《て》テモ破リテモ紛《まぎ》ラカシテモ惑《まどわ》シテモ、イカ様ニ狂ハセテモ、天地自然ノ*ナリニ*打付《うちつく》ナリ、即《ち》是ツネナリ。其故ツネノ徳ヲ結構ナル徳*ナルトテ、是ヲ則リ*トセヨト云ニハ非ズ。天地ヲ以《て》云ヘバ、自然ニ天ハ上ニ居《おり》、地ハ下に居《る》。万物ハ生ズルナリヨリ外実理ノ本然ナキ故、其《それ》ナリノツネナリ。人道ヲ以《て》云ヘバ、親ミヨリ父子ノ打付《き》ナク、義ヨリ君臣ノ打付ナク、ドチラヘドフシテモ、ソフ無《なら》デハナラザル様ニ、天地自然ノナリニ有ナリヲツネト云。是ニ一点ノ見ゴトナルコトヲ加レバ、ツネヲ作ルト云モノ。*是ヲ一点外レントスルモ、ツネヲ逃ル丶ト云モノ。外レテモ逃テモ詰《つま》ル処其ナリヨリ外無《なき》ニ因テツネナリ。堯舜ノ世モ桀紂ノ世モ仁ヨリ外ニ打付ナシ。其イカニト云ヘバ、堯舜ノ拵ヘタルニテモ、桀紂ガ敗リタルニテモナシ。民ヲ治ルニ治ルナリノ様ニ打付ケバ、堯舜ノ様ニナリ、治ルナリノ様ニセネバ、桀紂ガ*様ニ乱*ル丶筈、詰ル処仁ノ一字ニ*打付《か》ネバ済ヌト云コトナリ。昼寐テ夜興《おき》テ居《る》様ニ何程シテモ詰《る》処昼ハ寐ラレズ、夜ハ興テ居ラレ

録　B本「会録」。
花安　伝不明。
字　底本脱、諸本により補。
能ク　底本脱、諸本により補。
ニ　B本「ニテ」。
如　B本「如ニテ」。
ナリニ　底本斯甲本「ナリ」、諸本により訂。
打付　落ち着く。
ナル　底本斯甲本脱、諸本により補。
ト　B本「ニ」。
是ヲ　B本「ニシテ」。
様ニ　B本「如クニ」。
ル丶筈　諸本「ルレバ」。
打付　B本「ヲチツカ」。

ヌ。其ナリガ自然ノ埋ユヘニ其ナリガツネ也。其ガ即《ち》天地ノ本源自然ノ誠ナリ。其ユヘ「中庸」ハツネト云字ヲ発スル書ナレ共、詰《る》処天道人道共*ニ*誠ノ一字ヲ以《て》「中庸」ノ枢紐トスルモ此旨ナリ。天道モ人道モ自然ノ二字ナラデハ、皆理ノ実ニテナシ。否《いや》共応《おう》共紛レモ意ヲ付《る》コトモ無ナリ。ドフナリ共打付《ちく》ナリ*ヲ見《る》時ハ自然ノナリ、其ナリガ毎《いつ》マデモ変ヌナリナレバ、ソコガ実理ノ本然ト云モノナリ。是ヨリミレバ、父子ノ親モ万世誰ガ*抱ヘネ共、親ノ子ノト云ナリハ毎《いつ》マデモ同コト、*君臣ナリモ皆同コト、*自然ナリニ打付《く》故変ザルト云旨ヲ不レ知シテ、只常道ガ*結構ナルコトトバカリ云ヘバ分外ニ常道ガ立テイク様ニ聞ヘル、皆本然ヲ知ザル故ナリ。此旨平生ニ体認シ審察シテ自ラ得《う》様ニスベシ。只是モ加様ニ云《う》理屈デ誠ニ訳ガソフジヤト*済シテハ又其《れ》ナリニ浅ハナダナルコトナリ。聖賢相伝ルノ道学ノ主トスル処モ五倫ヨリ外無《き》モ、是デ無《け》レバ人道モノリニテナキ故ト云コトニテ無《し》。斯ヨリ外打付ヌ自然ノナリガ此通《り》ユヘ、其通ヲ失ズシテ教ルガ*聖賢ノ学ノ正キト云モノナリ。

○「大学」ノ道平生云ル*如ク、聖人ノ教是ヲ棄テハ無レ之コト勿論ナリ。余「大学」ノ説ヲ抑《と》学ビ初《そ》メショリ今ニ*至マデ反復習熟シ、次第〳〵ニ只縦横十文字浅モ深モ高モ下モ、格物ノ二字ノ様ナル万世学者ノ目当ハ無コト弥《と》覚《え》侍ル。*此比《ごろ》モ遠方ヨリ来レル人*ニ*戒テ云ルハ、トニ角ニ面々自分ノ学問ニナリテ*ハ、則《の》リヲ取《る》処無シテ我自見ル所多キ故、自然ト私ノ了簡自分ノ発明ヲ云様ニナルコトハ勿論ナリ。去共格物《の》二字ノ矩《かね》ヲ失ザル程ノ合点アレバ、吉《よし》*理ハ進ズ*共、私ノ*了簡出《る》コト無ルベシ。皆世ノ学者ノ誤ルハ只*字面ナリヲ浅フ其ナリニ看《る》ハ勿論俗学ノ一通《り》ナリ。書ヲ読《み》義ヲ精ク知タキト思ツヽ、読メバ、読《む》中ニ見ヘテ来《る》理、

ニ　A本なし。
誠　中庸二〇章「誠者天之道也、誠レ之者人之道也」。
ヲ　B本「デ」。
抱ヘネ共　かばわなくとも。
君臣　B本「君臣ノ」。
自然　B本「自然ノ」。
結構…分外ニ常道ガ　底本無丙本脱、A本により補。B本「結構ナルトバカリ云ヘバ自然ニ常道ガ」。分外は限外。B本の「自然ニ」が是か。
済シテハ　諸本「スメバ」。
聖賢ノ学　B本「聖学」。
如ク　B本「如クニ」。
至マデ　諸本「至テ」。
此比　B本「頃日」。
ニ　諸本「ニモ」。
戒テ　B本「戒ヲ」。
ハ　B本なし。
理ハ　B本「理ノ」。
共　B本「トテモ」。
了簡　B本「了簡ノ意」。
字面　B本「字面ノ」。

独《り》必《ず》アレバ、ミヘテ来ル理、我《が》真味ヨリ出《る》ユヘ、必《ず》心ニ親切ニ覚ヘルモノ也。其故何ト意ヲ付ネ共、人ニ云ズシテ我ト面白《き》モノヲ得タル様ニ*自《み》其説ヲ思テ*居《る》モノナリ。其《れ》必《ず》我《が》気質ノ器用ナル方ヘミヘテ来《る》故、日用ニ応ジテミテモ、得タル方ノ理ヘヒタト其旨感ジ易キ故、*自一分ノ見処トナル種子ナリ。此邪気虚ニ乗ズル如ク、不レ覚不レ知ソレテユク病コ、ニアリ。只其書ニ*ヨリ、ドフ云コトノ理ゾト、アナタノ語ノ済《すむ》様ニ、字ノ済様ニ、済ヌコトハ字ヲ考《え》、ミヘズバ問イ、本文ナレバ本文ナリノ只違ヌ様ニ、浅ク共其字面ノナリノ直《すぐ》ニミヘル様ノ合点スル様ニスル。是ガアナタカラ此方ヘ受タル様ニ理ガ明テ*来ル。是ガ格物ノ正脈ナリ。其ユヘ格物ト云ハ、物ナリニ理ノ済《む》様ニ〳〵ト云コト*ヲ格物ト云。其ヲ知ズ、物ノ理ヲ*究ル、格物ト云ト同ジ様ナコトデ、其物ノ理ヲ我ト此方ニテ工夫シテ、発明デ其物理ヲ究ルト思ト、我カラ物理ヲ究ルニテ、物ナリニ我ニ知ラスルニテ無《し》。物ナリニテ我ニ知スト云ヘバ、我ハウカトシテ物ニツラレテ我《が》知《る》*コト無《き》様ナレ共、我知ルナキ故ニ物ニテ究レバ、物ヲ究ルダケ程我智ガ研《みがけ》ル。是少《し》ノコトナレ共、格物ハ物ナリニ究テユクト云コトナルヲ、物ノ理ヲコチカラ*究ルハ、我手《わがで》ニ知ヲ究ル、致知ヲ*飛《び》越《え》説《く》ト云モノナリ。我心上ヲ心上ノ明《か》ナル様ニスルハ致知ナレ共、心上ヲ我手ニ明《か》ニセントスレバ明ニナラズ。一ツ〳〵ノ物ノ詮議ヲシ物ノ実ヲホスナリニ心ガ明テ来ル効《しるし》ハ物次第ニスル故、致知ノ工夫ハ格物トアルコトナリ。今障子紙ヲ裁《たた》ントスルニ、直ニ物指《ものさし》ニテ障子ノ骨ノ寸ヲトリ、コチラノ紙ヘアテ、、物サシト障子トヲヒタトセリ合シテハ合セ、比ベテハ合セテ見、独《り》外レヌ様ニ心ニ覚テクレバ、尺障子トラヘテ吟味スルナリニ、心ノ明クト云モノナリ。其

自其説ヲ　小本斯乙本「身トトモニ悦ハシフ」。
居　B本「クル」。
自一分　自分一個。
ヨリ　B本「ヨク」。
来ル　B本「来ルガ」。
ヲ　B本「ナルヲ」。
究ル　B本「究メルガ」。
コト　諸本なし。
究ルハ　斯甲本小本斯乙本B本「究ムルコトト思フト大格(B本、大カタ)格物ノ旨デナシ物理ヲコチカラ究ムルハ」。
飛越　高本京本「コシラヘテ」。

頃日　Ｂ本「皆」。

ホシ　ほごす。ほぐす、解明しつくす。

カ　京本九乙本「ガ」。

ニナル　無乙本以外のＢ本「ヲスル」。
空論　Ｂ本「異論」。
トデモ無　とんでもない。
ヲ　無乙本なし、他のＢ本「只」。
学者ハ学問　Ｂ本「学問（無乙本「学者」）ハ学問テ」。
シテ　Ｂ本「ナリ」。
思ヒ・思イ　Ｂ本「ヲモフ」。
僉　底本「全」、今訂す。

ヒネバ　小本「セネバ」。意味未詳。

ニ　Ｂ本「モ」。

心ノ明キ様ハ何時モ尺障子無シテ、我心上ニ尺障子ナリニ、ソレ心ガ明《あい》タト云モノナリ。*頃日「遺言」デ云如ク、君臣ト云モノニテ僉索シテキカス。左アレバ君臣ト云物デ、尺障子ナリニ、ツキ合セ寄セ合テ、古今ノ君臣ノ故事節義ノ咄聖賢ノ説ヒタト寄《せ》合セ、不審ヲカケ、疑ヲ付、*ホシテ行《く》ナリデ、吾心ニ次第〱ニ君臣ノナリガ心ニ明《あき》、一座ナレバ一座ナリ、二座ナレバ二座ナリニ、君臣ノ義ガ心ニアク。ソレ「遺言」ト云書ニテ君臣ト云物ヲ吟味スルデ、我心ノ理ニナルデハ無《ない》*カ。此物ノ一字ガ直《すぐ》ニ業事《わざとこと》トノナリジヤト云コトガ只大事ノ旨ナリ。「大学」ノ学ヲスル者、物ノ字ノ親切ヲ不レ知、物ナリト云コトヲ離テ理ヲ究ル論*ニナル故、様々*空論異説ヲ云テ、*トデモ無《なう》ナルハ物ノ字ヲ知ザル故ナリ。物ノ字ヲ知ヌ故、学ブナリニ知ヌナリ。天下ノ書《を》読テモ、公事一ツノ咄ニナリテ動《か》ズ。「六経」「四書」*ヲ皆読テモ、父子ノ間一ツ合点ユカズ。*学者ハ学問取テ置物ニ*シテ、今日ハ学問出スコトデ無ト*思ヒ、我乍《ながら》学問ハ高上ナルコトデ、学問デ云義理ハ各別ナ時ニ出スト*思イ、指当リ目前ノ物ヲドフセフ斯《こう》セフト云コト無《い》。物ナリデ一ツナリト*僉索スレバ、其《それ》ナリデ心上ガ明クト云モノナリ。物ノ字ヲ知ヌ者ハ仮初ノコトモウカ〱トシ、ナリ合ニ気ガ付ヌモノナリ。尤《も》事ニ因《り》左様ニセリ詰《つめ》〱云コトニテモ応接ノ間左様ニ云コトモ無《い》ガ、物ナリニ*ヒネバ、心ノ明ヌ覚ガ有ト、仮初ニ善コト聞テモ、我ト失ヌ筈。仮初モウカトシテハナラヌ。百姓ハ百姓程ノ耜《すき》ノ持《ち》様ニ気ガ付《く》筈。トカク身相応ノタケ程ニ失ヌ筈。陸象山・王陽明・老子・釈氏皆物ノ字ナシ。故《に》無実無用ト云モ物ノ字無《き》コト也。「大蔵経」七千余巻*ニ物ノ字ナキ故、田ヲ耕《す》用ニモ飯喰《う》用ニモ立ズ。空ナルヨリ先ハナイ。空ハ物ナキ詞ナリ。俗儒ノ数千巻ノ書ヲ読テモ、初ヨリ何ノ益ナク、*飯付《めしつぎ》ノ飯ノ無《い》ト同コト、物ノ無ト云モノ。其デ何《いっ》モ云如《く》、「六経」ノ間物ノ字別シテ多《く》云テ有《る》。其ヲ詰テ物ト云テ有。能々《よくよく》ノコトト可㆑知《る》。学者ノ病ハ今日眼前ノ*自我《じか》ナコトヲ熟スルコトヲ不㆑知。及ヌ〳〵ト云テ過ル故、相応ノスベキ場デモ、学問ハ各別ノ様ニ思《い》、仕《す》ル程ノコトハ俗向ナコトヨリ無。左云テ子細ラシフ見処立テ、我身高上*ニモチ、各別ノ身ト云コトモナシ。相応ニ吟味セネバ越度アリ。ナゼナレバソラデ云斗リニテ自我《じか》ノ物デ吟味シツケテ行《ゆか》ヌ故ナリ。此外ハ平生「大学」ニテ説ク通《り》ノコトナリ。ソコヲ能《く》合点スベシ。朱子ノ*補伝ニ「即《ついて》㆓凡《そ》天下之物《に》㆒」トアレバ、大ナコトジヤ、人々ノ及《ぶ》様ニ説《く》ベキヲ、人々皆天下ノ物ニ即テナルモノカト、近年ノ異学者云ルト云モ、*取《と》付《つけ》モナキ可笑《おかしき》コトナリ。物ト云カラハ天下ノ物、物デ無コトナシ。何カラナリト、主持《もっ》ト主ト云物、手書クト手ト云物、ドフナリト相応カラ云ヘバ、一ツ〳〵窮テ行《く》ト云モノ。一生ノ内皆明ケバ吉《よし》。十ノモノ一《っ》ナリト明ケバ、其ホド目ガ明《あい》テ死ヌル*ト云モノ。左ナシニ抓《つかみ》テ云ヘバ、高上ト云モカラ也。平実ト云モカラ也。何モ実《み》ノ有コト一《っ》モナシ。*一草一木皆有㆑理ト云《う》日用ノ間、其場ニ当リ其事アラバ、皆其理ヲ察シテ見《る》ガ吉《よき》筈ナリ。医者ナレバ甘草人参一草一木ナレバ吟味*セネバ贋*ニダマサル*ル。サレ共日用ヲ捨《て》テ一草一木ノ吟味セヨト云コトニテ無ハ、「或問*」九ケ条ニ遺《のこ》ル処無《ない》ニ、近年異《イ》説ヲ唱ル者トクト紙半枚モ熟セヌザマデ一草一木ノ条斗リヲ*ミテ、左様ナ妄言ヲ云モ浅猿《あさまし》キコトハ云ニ及ネ共、学者ガ暗キ故、其説ニ涎ヲ流スコト、去トテハ世ノ学ノ卑キ段笑止千万ナルコト也。只格物ノ二字ハ理ヲ究ルコト斗リ云テ行ノコト無ト云。皆浅薄《あさはか》ナル故也。爰ガ明《か》ネバ残リ七*目

飯付　飯びつ。

自我　じか(直接)の宛字。

上　底本脱、諸本により補。

ノ補伝ニ　B本「大学ノ」。補伝は、大学章句に格物致知の所の伝五章は亡逸したとなして、朱子が新たに作って補った。

取付モナキ　途方もない。とんでもない。

ル　底本脱、諸本により補。

一草一木…　大学或問「求㆓之情性㆒、固切㆓於身㆒、然一草一木、亦皆有㆑理、不㆑可㆑不㆑察」(程氏遺書一八・近思録三にも収)。

吟味　B本「人参モ」。

贋ニ　B本「マセテ」。

サルルサレ共　底本「サルレ共」、諸本により補訂。

或問九ケ条　朱子著「大学或問」。B本「或人問ヘルケ条」。

ヲ　底本脱、諸本により補。

七目　大学の八条目のうち、格物以外の七条目。

敬　無乙本以外のB本「致」。
カキト　無甲本小本斯乙本無乙本「ハキト」。
ニ　諸本なし。
字　慶本以外のB本「ツネ」。
一ニナル　B本「一々大キナル」。
シ　諸本なし。
一統　全体。
利　B本「理」。
捌ク　小本斯乙本B本なし。
サバケル　無甲本無丙本「其サバケル」。
ヲ　B本「テ」。
商人　A本「商買人」、B本「売買人」。
割テ　B本なし。
買　小本斯乙本「買タ」。
貯メ　諸本「蓄ハヘ」。
ノ　底本脱、諸本により補。
富ヲ撞　富突、富籤に同じ。多数の富札を売り出し、それと同様の番号札を箱に入れ、箱の小孔から錐を突き入れ刺ったものを当りとして賞金を与え、残額を興行者の収入とした。
少ニ　B本「少々」。
一二十両　無甲本無丙本九甲本「三十両」、斯甲本高本小本斯乙本B本「三十両五十両」。
早テ　諸本「早キ」。
利　B本「理」。
来　B本「来リタル」。
僅デ　B本「外デ」。

モ明ズニ居《る》。爰が明ケバ七目モ一《つ》ニ続イテ行《く》コトヲ知ヌコソ悲キコト也。予学ニ於《て》得ル処ハ無レ共、只此物ノ字ノコトハ何卒天下後世ノ学者ニモ孔子朱子ノ旨ヲ明ラメサセ度《たき》ト思コトノミナリ。総ジテ経書ヲ読ニ、物ノ字ノ如《き》、敬*ノ字ノ如《き》、日月ノ如ク、看版ノ如ク、是程明《か》ニ聖賢ノ示スヲ、サラリト理ヲ究《る》コトトミテ、其字ヲカキト*眼ヲ明テミル性根ナク、志モナキ故、左程ニコミ入《る》コトヲ知モセネバ、望《み》モセヌ。是モ向《さ》キニ云*ル如ク、ドチラヘシテモ物ノ字ナリニ自然ニ打付《うちつく》。物ノ字モ聖賢ノ拵《こしらえ》タルコトニテナク、自然不易ノ字*也。

○政ヲ為《する》者ハ、カサヨリ一*ニナル処斗リミヘテ見互ス故、皆ヲロカニシ*テ本法ノ実ヲ失フ。国モ天下モ一統*ノ民ヲ相手ニスルヨリ外ノコト無。左アレバ金銀財用ノ利*ノ上ヘ聚ルモ、皆一人《ひとり》〱ノ民ノ細カナルナリヲ寄セネバ聚ラヌモノナリ。今大坂・堺・膳所《ぜぜ》等諸国ノ津ヨリ大分ノ米共百石千石商売人買テ、其金銀取聚メ捌《さば》ク。其捌*クサバケル*実ヲミレバ、又其株ノナリヲ*又割《わっ》テ糴《か》イ、又其ヲ商人*細カニ割テ*売リ、一石ヲ一斗ニシ、一斗ヲ一升ニシ、一升ヲ一合ニ割テ京中諸民ノ食イ物ト面々ニ買*コト也。スレバ高ニ括リテ商売スル者モ大分ノ金銀貯*メタル者ナレ共、何程大分ニテモ聚ル処ハ京中小割ニテ食フ者ヨリ寄セネバ聚ラザルモノ也。左アレバ諸民一升ノ上ニテ一勺ノ違ハ高ニ積《み》夥《しき》コトナレバ、諸民一人〱ノ*痛ミヲ助ルモ痛ヲ増スモ、諸民惣体ノナラシヲ不レ知モノハ曾テ其合点ハセズ。頃日世俗ニ富ヲ撞《つく》ト*云テ三銭五銭金銀ヲ大分ニ持運ビテ一処ニ集メ、其内ニテ次第〱ノ高下取分ヲ立テ、*少《わずか》ニ三匁ノ銀ニテ一人ニテ一*二十両取来ル者アリ。博樗《ばくち》ヲ打タルヨリ盗ヲスルヨリ早*テ利*ナル故、前後ヲ顧ズ持運ブ。勿論世俗ノスルコトナレバ云ニ足ネ共、去共

抓取　ぼろ儲け。
様　B本「様ニ」。
代ナシ　物品を売って金に代える。
ニ　斯甲本小本斯乙本なし。他の諸本「ノ」。
玉加ニ　まじめに、つつましく。
身ヲスル　身すぎをする。
頓テニ　斯甲本斯乙本「頓テ」。
義　B本「コト」。
何トゾ　B本「何ホト」、斯乙本「何そ」。
止　B本「事止」。
ニテ　B本「ニ」。
トゾ　無丙本九甲本B本「トシテ」。
ケラレ　底本「レバ」、諸本により訂。
也　B本「ヨリ」。
ハヾ　斯甲本斯乙本「ヘバ」。
高　B本「高ガ」。
十　底本脱、諸本により補。
ノ余リ　B本「ワケ」。
レバ　斯甲本以外の諸本「ルハ」。
云ヘバ　諸本「云ト」。
ナル　B本「ナル也」。
身　身分。
用舎　遠慮。
密ニシテ　B本「カヘ」。
以上ノ　B本「シテ上ノ」。
以　B本なし。
得　B本「アハ」。
日夜　斯甲本小本B本「月夜」。
ヲドモリ　積もり積もった結果。
買賖　掛買い。代金後払いで買うこと。

財用ノコトハ天下ノ心ナレバ、是等モ皆国家ノ大事ト云モノニテ有。頃日モ其ハ何ホド取テ*来、其ハ*僅デ大分取タル物語上下騒《ぎ》立テ、*抓取《つかみとる》*様ナル面々利欲ノ心ニナリ、家職ヲ忘《れ》、家業ヲ*代《しろ》ナシ、面々其利ヲ得ント欲《す》ル。先《まず》利ヲ得コトハ差置《き》、第一ノ損ネハ家職ヲ勤メ身ヲ謹テ過ル心ガ浮レ心ニナリ、心ソハツキ、最早地道*ニ*玉加《たまか》ニ*身ヲスルコト仕《し》トムナキ様ニ、上下ノ心粗末ニナルベキコト第一根本ノ損ネナリ。*頓《やが》テニ加様ノ*義御制禁モ有カ、*何トゾ口論云《いい》ゴト等有テ*止マバ、其跡*ニテ失タル者大分利ヲ取タル者共ニ此次ハ何*トゾ抓取コト有ベキト面々ニ入ザルコトニ知慧付*ケラレ、博《ばく》チ打ヌ者モ博チ打タキ心ニナリ、親ノ物盗ヌ者モ盗タキ様ニナルコト眼前ナリ。是風俗ノ根ノ損ネル大病*也。扨《さて》指当テノ利害ヲ以《て》云*ハヾ、譬バ一人シテ五匁ヅツ持テイキ、六千人ノ人ヲ寄《せ》ルト、銀*高三十貫目ナリ。一番ニ五十両取《とる》ヨリ七*十番マデノ次第ノ積リヲ聞ト、大率十貫目*ノ余リタル体也。其余十八九貫目ハサキノ集ル処ニ置《き》来テ此方ヘ反ラヌコトミヘタル通リナリ。只其内十貫目余ハ此方ヘ戻*レバ幾タリノ手ヘ渡ルゾト*云ヘバ、一ヨリ七十番マデナレバ、ヤフ〳〵七十人前ノ利ト*ナル。サアレバ残リ五千九百三十人ノ五匁ヅツノ銀ハ皆アノ方ヘ棄テ、来《る》ト云モノナリ。如レ此ナレバ今日モ持ユキ明日モ持ユキ、京中ノ銀マワリ〳〵テ皆持ユキ、一所ニ棄テ、来《る》ト云モノナリ。其内少《すこし》*身ヲ持タル者ハ互ノ名ヲ恥《はじて》*用舎《ようしや》アリテ使ハストテモ、名ヲ変《かえ》事ヲ*密ニシテ遣スナレバ、中ヨリ*以上ノ身上ナ者ハ少キ筈ナリ。中ヨリ*以下ナ者米屋ヘ遣ス銀、宿賃ニナス銀、其内欲ニ惑イ、*得ザルニ悔ムト、迹先ヲミズ、有《ある》物ヲ質ニ典《ヲキ》、無キ物ヲ仮《かり》、其利ヲ若《もし》モ得ンカト*日夜ニ金子拾《う》様ニ思テ遣シ〳〵スレバ、其《の》*ヲドモリハ*買賖《ガカリ》

ノ損*其身ノ*ヒシヨリサキナルコト無。左アレバ京中ノ金銀楮幣《フダ》ツカイテ、ヒトリ其処ノ銀
減ル如ニ、買賒《がか》リニ売タル者ノ難義、質ダネ失フ難義、其ホド財用ノ*利害ノ早キ丈《だけ》、失《うしない》
*ノ早《い》コト目ニミヘタルコト也。*天狗頼母子トテ以前*ヨリアル風俗ナレ共、見ルヲ見真似ニ
見《み》狎《なれ》テ左程ニ思ズ。天下*ノフズ者、身ヲ勤ザル者共、力ヲ不レ用シテ得ル利ヲ貪ル者共
ノ悪事ヲスル種ハ皆加様ノ*横《よこ》ナル利ノ種ナシノ財ヲ得ント欲スル風俗ヨリ起ル。左アル故
ニ盗人譎《カタリ》者ノ類《たぐい》一度ニ抓取《つかみどり》*ヲスル心ニテ得タル金銀ユヘ、游女狂イ博《ばく》チ打ヌ者一人モナ
ク、実用ノコトニ使フコト千ニ一ツナシ。其上勤テ得ザル金銀ユヘ失《う》コト早シ。博奕ハ天
下ノ御制禁、頼母子ハ京都ナドハ御制禁ナリ。加様ナルコトハ騒動人寄セスルコトナレバ、
畢竟御制禁ノ例ニナルベシ。是等小ヲ集《め》大トシテ小民ノ惣痛ミニナル理、是ニテ可レ知。
トカク小ヨリ集ラネバ財用ノ寄ラザル故、小民ヲ恤《めぐ》マネバ政ノ立ザルコト、不便ガルト云
迄デ*ナイ、事実ガ斯《こう》ナケレバ行ヌ。*文王《の》鰥寡孤独ヲ愛スルモ、加様ナルコトヲ以ノ*故ナリ。
只不便ガルト云モ殊勝ナルト云マデニテ無。人ノ家ノマカナイモ、*大立《おおたつ》タコトノ、米モ喰
ズニ居《る》コトモナラヌ*コト、薪ヲ買ズニ居《る》コトモナラヌ。何トナク惣体ノ費少ヅツニテモ高
ニムスベバ夥キモノナリ。百姓ノ年貢万事ノコトモトカク上カラ下ヘ流ルヽモ、大ヨリ次
第々々ニ細カニナリ、下ヨリ上ヘ聚ルモ、小ヲ寄セ〳〵テ大ニナルコトヲ知ネバ、大株ブ
デ彼レ此スルハ小民ノカケカマイ無ト思ハ、大ヲロカナルコトナリ。政務ノ学トカク加様
ノ物ニテ吟味セネバ、其事実ヒヌモノナリ。

右三条十月十九日録　　会主　*薗知命

其　B本「モ」。
ヒシ　破滅。無甲本B本「ヒン」。
利害ノ　底本脱、諸本により補。
ノ　底本「フ」、諸本により訂。
天狗頼母子　賭博の一種。曲物(まげもの)に一から十五番までの木札を入れ、錐で突き当てた者が金を得る富つきの一類。
ヨリ　底本脱、諸本により補。
ノフズ　野風俗。野放図、横着。
横　よこしま。
スル　B本「スク」。
ナイ　B本「ナク」。
文王…　孟子、梁恵王下に「老而無レ妻曰レ鰥、老而無レ夫曰レ寡、老而無レ子曰レ独、幼而無レ父曰レ孤。此四者天下之窮民、而無レ告者。文王発レ政施レ仁、必先二斯四者一」と。
故　諸本「コト」。
大立タコト　大事なこと。
コト　諸本「モノ」。
薗知命　絅斎門人、伝未詳。「常話雑記」に見える薗長安、「常話劄記」に見える薗久左衛門は皆同人か。B本「薗某」。
春秋　五経の一。春秋時代のことを魯国中心に編年体で書いた史書。孔子の撰と信じられた。
通鑑　「資治通鑑」の略称。宋の司馬光が主任となって編した、春秋後の周末から五代に至る編年体の史書。
国語　三巻。春秋列国の国別の史書。著者は古く左丘明とされたが、不明。

凡《そ》古今記録ノ法三ツアリ。年月甲子ヲ続ケテ「春秋*」「通鑑*」ノ如ニスルヲ編年ト云。一人〳〵ノ伝ヲ別ニ書クヲ紀伝ト云。又其外ニ軍《いく》サ一ツ又ハ何ニテモ其コト一通《り》ヲ一篇トスルヲ記録共《とも》事記共云《う》。大旨此三《つ》ニ外《はず》レザルモノ也。「春秋」ハ編年ノ体也。「書経」ハ事記ノ体也。「国語*」「戦国策*」モ事記ノ体ナリ。「史記」「漢書」等ハ紀伝ノ体也。「史記」以来*、「二十一史*」皆紀伝ノ体ヲ主ニスル故、編年ノ法廃レテ治乱盛衰ノ次第見難《し》ト云ルコト、朱子、袁機仲*ガ「通鑑紀事本末」ノ序*ニ記セリ。記録ノ学*ヲスル者是ヲ知ザレバ筆ヲ執《り》ガタシ。舎人親王ノ「日本紀」編年ノ体也。其故其迹ヲ継グ「続紀*」「後紀*」等皆相続テ、我国歴代ノ跡次第明ニシテ後世仰グ処也。「保元」「平治」「源平盛衰記」「太平記」等ニ至テ、元《もと》事記ヲ主ニシテ書タルナリニ年月ノ次第モミユル様ナレ共、元編*年ノ体ヲ主ニセザル故、前後見難ク、事ノ係《つな》ギ〳〵読《む》者能々思合セ係ギ合サネバ知リ難シ。其故南朝正統モ慥《たしか》ニ主トセズ、又京都ノ次第モ南朝ヲ主ニセズ。皆名分ノ学不ルレ明ユヘ、只人ノ読テ面白ガルコトヲ主ニシテ、実録ノ次第ヲ主ニセザル故也。只編年ノ法ニハ*年切リニ書ク故、其事*次ノ年ニワタレバ其間ニ*余ノコト入タガル故、「太平記」ノ如ク、其事ノ本末ヲ一編ニシル*シタル所*、編年ト相発スレバ尚《お》見ヨシ。又編年ノ法ニハ国家ノ治乱事実ニ関ルコトハ載テ、人々一分細カナルコトノ載ラザル故、紀伝ノ法一人〳〵シテ仕切タルモ無テ叶ヌ。所詮*編年ヲ主ニシテ事記・紀伝両《ふた》ツヲ其助トスレバ記録ノ法残《る》処ナシト可レ知。「王代一覧*」「日本通*紀」等、近年儒者ノ書タルモノ、体ハ編年ノ体ニテ、ナル程吉《よけ》レ共、載ル処ノ事実ニ皆誤*アリ。且甚《だ》略又ハ雑ニシテ可レ疑コト多シ。畢竟名分ノ学研《みが》ケズ、其上加様ノ天下一統ノ記

戦国策　三三巻。戦国時代の縦横家の策略言行を国別にしるした書。漢の劉向の編。
以来　底本脱、諸本により補。
二十一史　史記から元史に至る正史二十一部の総称。
袁機仲　宋の史家、名は枢、字は機仲。平生資治通鑑を愛誦し、「通鑑紀事本末」四二巻を編し、通鑑の史実を事件一篇に分類配列して、事実の始末関係をわかりやすくした。
序　B本「跋」。朱子文集によれば跋が正しい。
学　底本「字」、諸本により訂。
続紀　続日本紀。
後紀　日本後紀。
編　底本「紀」、諸本により訂。
ハ　B本「一」。
事次　無乙本以外のB本「アト」。
ニ　諸本「ヘ」。
ルシ　底本斯乙本なし、諸本により補。
所　B本「ユヘ」。
詮　底本「全」、諸本により訂。
王代一覧　「日本王代一覧」七巻。林春斎(恕)著。和文で記した神武天皇より正親町天皇に至る簡便な編年体史、寛文三年刊行され、江戸時代広く用いられた日本通史。
日本通紀　「本朝通紀」前編二五巻後編三〇巻。長井定宗著。元禄十一年刊。神武天皇より天正十八年に至る通史。　**ニ**　B本「ハ」。

録ハ皆有レ志テモ、理明ニシテモ、下トシテ成難《りき》コトアリ。古今ノ事蹟ユヘ、天下ノ秘書紀伝ノ書残ラズ考ザレバ得難キユヘ、自《お》乗《る》ベキコト乗ラズ、考ベキコト知リ難キ故、匹夫ノ力ニ及難《び》シ。「通鑑」モ司馬温公天子ノ文庫ヲ悉ク*授ラレシ故成就シタゾ。去ド温公ノ学曾テ治乱名分ノ学明ナラザル故、*正統ノ誤甚多シ。其故朱子《の》「通鑑」デ直《すぐ》ニ「*綱目」ニ立ラレショリ、編年ノ次第明ニシテ事実モ精ク、是非得失三綱五常ノ名分モ残《る》処ナシ。天下古今ノ大切ノ書ト云べシ。吾日本モ神武天皇以前ハ尚矣《シ》。人王以来編年紀伝ノ書ニ即《つい》テ其是非得失ノ筋メヲ正シ、朱子《の》「綱目」*ノ如ニナラバ、尤《も》大切ノコトナルベシ。山崎先生、「倭鑑」ヲ編《あみ》カケ置レツレ共、*東武ニ「*本朝通鑑」出来ト聞テ其儘焼棄《き》ラレシ由、物語リアリ。其一二言、「*江戸紀行」ノ詩集ノ詩ノ序ナドニ遺レリ。平生其委キ物語聞ニ不レ及、可レ惜。別シテ「太平記」*等ノ目録モ甚《だ》三綱五常ノ名分ヲ失タル書法有レ之。セメテ目録ナリ共書法ヲ吉《よく》立タラバ、「綱目」ノ余意ヲモ遺サル可コトナルベシ。是ニ付《つき》常々心係《がけ》モ*アレ共、未《だ》筆ヲ執《る》ニ暇アラズ。姑《しばら》ク此思入レヲ書留ルコト如レ此。

○親房ノ「*神皇正統記」、南方ヲ正統ニシテ高氏ガ罪ヲ正サレタルコトコソ、卓絶ノ見、万世ノ則ト云べシ。或人云ルハ、「正統記」ノ書、皆正統ノ筋メヲ失タル天子ヲ其儘正統ニアシライタルコソ誤ナルト云リ。是皆無稽ノ説也。親房其時々ニ生*ジテ其時々ノ天子ノ旨ヲ得テ、悉ク正統ノ諡《おくりな》ヲ改《る》ナラバ、イカ様共名分ヲ正シ書ク*コトナルべシ。千載ノ後ニ生レ人臣ノ身トシテ、神武以来ノ天子ヲ、*是ヲ天子ニスべキ天子ニスマジキト云コト、*ナル可《き》ヤ。如レ此ナレバ、我儘ニ天子ノ系図ヲツリカヘ、我儘ニ今新ク編立《あみたつる》ト云モノ也。已往ノ

授　斯乙本B本「アヅケ」。

正統　正しい系統を受け継いだ天子や王朝。

綱目　朱子撰「資治通鑑綱目」の略名、五九巻。資治通鑑によって、別に義例を設けて綱(大要)と目(細目)とに分けて改編し、正統非正統の別を分ち、褒貶の徴意を寓した。

ノ　B本「ノ体ノ」。

東武　江戸。

本朝通鑑　前編(神代)三巻、正編(神武―宇多)四〇巻、続編(醍醐―後陽成天皇)二三〇巻。幕府の命を受けて林羅山(正編)・林春斎(前・続編)が、朱子の通鑑綱目にならって編纂した漢文体の国史。

江戸紀行　闇斎が万治元年三月江戸に行き、八月京に帰った往復の紀行の詩集「遠遊紀行」(万治元年刊)中の狐崎に於ける詩の序に「狐崎是梶原夷滅之地也…吾欲レ修二倭鑑一而未レ成焉、今試筆レ之曰、正治二年春正月、鎌倉梶原出奔誅二于狐崎一、且題二小詩於斯一、以為二人臣之戒一云」と。

等　B本なし。

アレ　B本「スレ」。

皇　底本「后」、諸本により訂。

ジテ　B本「レ」。

コト　底本なし、諸本により補。

ヲ　斯乙本外の諸本「ハ」。

ナル　B本「アルベキコトナル」。

是非*ハ已ニ*定リタル跡ナレバ、*是ニ我詞ニテ立直ス可《き》コトナシ。其代々ノアシライタルナリニシテ、其得失是非ヲ其*下ニ辨ズル*ハ可也。我心ノ是非ノ通ニ天子ノ名ヲ変《かえ》位ヲ仕《し》変ヘ*スルハ、我慰ミニ我家ニテ独仕《りし》テミルト云迄ナリ。如レ此ニシテ吉コトナラバ、朱子ノ「綱目」*ニモ、悉ク前代ノ天子トナリテ筋メヲ失イ、君ヲ弑シ父ヲ弑シテ奪タル者ノ*諡号位共ニ皆奪《い》棄ラル可コトナルニ、過タルコトヲ今詞ニテ奪テモ、過タル善悪ハ最早仕直スコト無レバ、其ナリニテ是非ヲ辨ジ置レテ万世ノ鑑トセリ。若《もし》左様ニ後世ヨリ我思《う》如《く》ニ天子ヲ*変《え》位ヲ編《み》直サル、モノナラバ、「綱目」ノ書法ヲ以《て》善悪ヲ示《す》コトハ初ヨリ入《ら》ザルモノ。朱子ノ好キノ通《り》ニ古今ノ天子モ何モ仕直シタルガ吉筈也。全ク史伝ノ訳モ名分モ知ザル大文盲ノ説共也。「正統記」*ハ尤《も》マ、説宜《よか》ラザルコト、今少云ベキコト*有ハ、其ハ一事一代*〱ノ上ノコト也。全体*ハ正統ヲ立テ、書《れ》タル処大ナル功也。或人予《が》此説ヲ聞テ*問ルハ、是ハ誠ニ尤ナルコト也。乍レ去朱子三国ノ正統ヲ後世ヨリシテ蜀ニ与《え》、唐ノ*則天ガ位ヲ奪《え》ルモ、其儘中宗ノ在《あり》処ヲ*年々立《て》置レタルハイカニ。扨《て》又今親房モ高氏京都ヲ天子ノ正統トアシラフニ、ゼヒ共南方ヲ正統トセラル、モ、皆跡ヨリ計ライタルニテ有レ之マジキヤ。曰《く》、*是《は》又大ニ違タルコト也。三国ノ時ハ天下三《つ》ニ分レテ互ニ正統ヲ争フ。其故ニ後世ヨリ其筋メヲ得タルヲ正統ト立コト、*是名分ノ得タル*処、後世聖賢ノスル処自《お》ラ其是非ノ定規トナル筈也。又唐ノ則天モ、則天ガ位ヲ奪タレバ*奪タナリニ大書シテ、則天ガ奪タナリヲ直ニ悪人ノ鑑トセリ。然共直《じき》ノ天子生キテ在《れ》バ、即《ち》其天子ノ在処ヲ記シテ唐ノ*正脈絶ザルコトヲ記ルセル、是尤《も》少モ事実違ヘザルナリニシテ*正統ノ正キヲ示《す》旨*尤《も》明ナリト云ベシ。吉野ノ正統即《ち》

ハ　B本「ヲ」。
定リ　B本「立」。
是ニ　B本「今」。
下ニ　B本「ナリニ」。
ハ　B本「ガ」。
スル　B本「タル」。
ニモ　B本「皆」。
諡号位　B本「ヲコリ禄位」。
変　B本「シカヘ」。
ハ尤　B本「ノスルノ」、慶本「ノスルトコロノ」。
有　慶本外のB本「アルコト」。
〱　底本なし、諸本により補。
ハ　慶本外のB本「ノ」。
問　B本「云」。
則天　則天武后。唐の高宗の皇后。姓は武。高宗の死後、中宗・睿宗を廃立し、自ら即位して国号を周と改め、政を専らにすること十五年に及んだが、その老病に及んで宰相張柬等兵を挙げて退位を迫り、中宗を復位せしめた。通鑑綱目は武后の簒奪を認めず、その間の天子を中宗と記した。
年々　底本なし、A諸本により補。
是又　A本「是ハ又」、B本「是モ又」。
是・処　B本なし。
奪タ　B本「即天ガ奪タ」。
正脈　B本「血脈」。
正統　底本「正脈」、諸本により訂。
尤　B本なし。

後醍醐ノ御子孫ノ続キナレバ、即《ち》手ヲ付《つけ》ズ*ノ正統ナルニ、高氏京都ニテ別ニ帝ヲ立《て》、是*デケサントスル。其世ニ生テ其実ヲ正シ吉野ヲ正統ト立《る》コト、已往ノ天子ノ名ヲ我儘ニ変ルト*ハ各別ノコト也。是等皆名分ノ学ト云モノ。加様ノ学ニ明ナラザレバ、トカク何程理ヲ云立テモ、皆名分ヲ不《る》㆑知素人《しろうと》ノ記録*僉索ト云モノ。皆理斗リ聞ヘテ、曾テ正統ノ説ニ用ラレズ。其故朱子《の》「綱目」ハ何デ有フト、隋《の》煬帝ノ如《きの》君父ヲ弑シタル者モ、其時煬帝ト諡スレバ其ナリニ書テ、其善悪是非ハ書法論説*デ是ヲ正シ置ルレバ、*直ニ万世ノ鑑トナル。大書シテ天子ノ名ニ昔書タル通リヲ書タルトテ、其ガ根カラ正キ天子ナルトテ許スト云コトニ非ズ。*方孝孺ナド正統論ヲ書レタレ共、此旨ヲ知ズシテ、ヒタト昔ノ*定リタル跡ヲ色々ト正統ニスルノセヌノ仕変ルノト云説*アリ。皆理斗リ学ンデ史伝名分ノ学ノ全体ヲ不《る》㆑知《ら》故也。其余云可《き》コト有《れ》共、尚《お》往々ニ其事ニ因テ述*ブベシ。先《まず》加様ノ大矩《おおがね》ヲ知《る》コト肝要也。

○「*集義和書」ト云ル*心学者ノ書ニ、楠正成ハ北条ガ臣ナレ共、天子ノ為ニ働ハ関東ニ叛《く》モ苦《から》ザル由ヲ書リ。扨モ名分ノ学ヲ知ザ*レバ浅マシキ義論ナリ。*天ニ両ツノ日ナク、土ニ両《ふたり》ノ王ナク、*普天《の》下王臣ニ非ルナシ。如《く》㆑此天子ノ正統目出度ク都ニアリ〳〵ト御坐アルニ、頼朝ガ世ナドト思ルコト甚《だ》以《て》*スベ無コトナリ。其上頼朝ハ本《もと》総追捕使ニ命ゼラレタレバ、文王ノ*西伯ナドト云ルモノニ略《ほぼ》似タリ。頼朝天子ヨリ拝領ノ国ノ外ニ我*家来タル者可㆑有コトナシ。頼朝次第ニ天子ノ権ヲ竊《ぬすみ》、天下ヲ覚ズ知ズ天下ノ権ヲ竊《む》様ニシタル覇術詐謀ヨリ加様ニ成《り》ハテ、、天下ノ諸士ヲ下知スル様ニ成タルコトヲ、直ニ頼朝ガ臣タルト思ルコトサヘ浅猿キコトナルニ、況ヤ北条ハ頼朝ガ舅ニテ家来ナリ。是頼朝ガ権ヲ次第ニ竊《み》、

ノ　無甲本無丙本高本京本九乙本「シテ」。

デ　斯甲本高本京本九乙本慶本「ヲ」。

ハ　底本なし、諸本により補。

僉索　底本「全索」、諸本により訂。

デ　諸本「ニテ」。

直ニ万世　B本「只下世」。

方孝孺　↓二一四頁注「方遜志斎」

定リ　B本「立」。

アリ　底本「ナリ」、諸本により訂。

ブベシ　底本なし、諸本により補。

集義和書　熊沢蕃山の主著の一つ。正成のことは同書巻一(本大系三〇巻)にあり、蕃山は「正成も北条と君臣の礼はなく候」「天子より外に主君なく候。主君よりの仰なればたのまれ申たるといふ事にてはなく候」と言っており、絅斎は蕃山の論を誤解している。

心学者　江戸前期では、心の修養法を重んずる程朱学・陽明学の新儒学を指したが、ここでは陽明学者の意。

レバ　斯乙本「るは」。

天ニ…　礼記、曾子問に「孔子曰、天無㆓二日㆒、土無㆓二王㆒」。

普天…　孟子、万章上に「詩曰、普天之下、莫㆑非㆓王土㆒、率土之浜、莫㆑非㆓王臣㆒」。

スベ無　斯乙本「忌べき」。

西伯　↓二一八頁注

家来　B本「家ニ得」、慶本「家ニ伝」。

頼朝ガ子孫ヲ絶シ、都ヨリ三将軍ヲ迎《え》、年タケヌ内ニ逐上《おいの》ボセ、了《つい》ニ北条ガ天下ノ権ヲ竊《む》様ニシタル、別シテ乱臣賊子ノ又乱臣賊子也。然バ天子ヨリミレバ、頼朝ハ天子ノ権ヲ竊《み》タルモノナレバ、凡《そ》天下ノ諸士天子ノ為ニ罰ス可《き》者也。頼朝ヨリミレバ、北条ハ別シテ頼朝ガ家ヲ絶《たや》シタル者ナレバ、頼朝ヲ主人ト思《う》者ハ尚《お》以《て》罰ス可《き》者也。加様ノ抜《き》レ根《を》塞《ぐ》レ源《を》ノ吟味ヲ不レ知、加様ニヒタト人ガ竊ムト、竊ムヲ主人トシ*テ、根本*ヲ吟味セヌト、「遺言」ニ云ル如《く》、世ヲ取サヘスレバ君臣ノ義ト思《い》、盗人ニ家ヲ盗レテ其ヲ主人ト仰《ぐ》者ト、*七巻目ニ書タルハ其為ナリ。恐有《る》コトナレド、只今トテモ天子ヲ崇《あが》マヘ天子ノ御名代トシテ天下ヲ東ヨリ御下知アルハ、古西伯ノ事体ノナリニテ、*上下如《く》レ此穏ナレバ、十分古王代ノ時ノ様ニ天子ノ権コソ無レ、頼朝ガ何トナク竊タル体トハ抜群違テ正キコトナリ。是ヨリサキハ今日尚《お》敢テ言《う》処ニ非《ず》。学者各自《み》察シテ自《み》吟味シ得テ可也。

○頃日誰トナク儒者ノ書簡等ニ、東武ノコトヲ東都ト書ル者有《る》コソ、名分第一ノ誤《り》、三綱五常ノ旨ヲ失イ、其上*御当家ヘ対シテ、天子ヲ崇マヘ奉リ玉フ旨ニモ背《そむけ》ル罪人ト云ベシ。忠孝ヲ専ニセヨト、御制札ニモ出タルコトナレバ、日本ノ正統平安城ヲ主トシテ天下一統シタルナリニ、東武ヨリモ重ジ玉フコト、第一是天下ニ忠孝ヲ示ス大根本ノ天地ニ愧《はじ》ザル正キ旨ナルコト、爰ニ在《る》コトナレバ、別シテ学者ノ表章シテ尚《お》後世ニモ伝ベキコトナルニ、只加様ニ都ト云ヘバ、上ニモ御悦《び》アリテ、己ガ佞ヲ售《う》リ諂《へつらい》ヲ容ル本トナルトコソ思ツレド、却テ不学ノ者ナラバ、左様ノ浅猿キコトハ云《い》出スマジ。去バ不義ヲ以《て》上ヲ悦バスト義ヲ以上ヲ尊《ぶ》トハ、孰《いずれ》カ上ヲ敬フト云ベキ。加様ノ名分ヲ上ニ失ハセマスル様ナルコトヲ以《て》上ヲ

テ　諸本なし。
ヲ　諸本「ノ」。
七巻目　靖献遺言巻七は、節を守って生涯元朝に出仕しなかった保定容城の処士劉因の事蹟詩文を掲ぐ。
上下　B本「上下ニ」。
御当家　幕府徳川将軍家。

尊ビ諂《う》コトハ、君ヲ賊スルノ類ニ非ヤ。古平ノ将門奥州ニテ謀反ヲ起《し》、天下後世ノ朝敵揃《ぞろえ》ノ第一ニアシライ、記録ヲ読《む》者モ今ニ至《り》悪ミ賤シムルコト歴然タルニ、*然ニ東都ノ字ヲ称スレバ、只今将門ガ不忠不孝ノ心ト天地雲泥ナル御徳*義ノ治体ヲ詞一言デ**似寄タルコトヲ云《る》コソ浅マシキコト也。文字千字ニテモ何ノ得失ナキ詞モアリ、又文字一字ニテ大義ノ損ネ大義ノ立《たつ》ニナルコトアリ*。学者ノ理ヲ究《め》ザレバ叶ハザルコト加様ノコトニテ可レ知。文字一字ノコトニテ歴々ノ忠臣義士骨ヲ砕《き》身ニ変《え》テ争タルコト、「遺言」ノ中ニ載《せ》置《き》タル胡《こ》*澹菴《せんあん》・*富《ふ》弼《ひつ》ノコトナド能々《よくよく》可レ考。一字ノ義ガ何ノ熱気ニモ冷《ひえ》ニモ立ザルコトニテ全体ノ思ガエニナルコト夥キ変ナリ。世ニ歴々ト名《な》乗《のる》儒者、文章ヲ以《て》自《み》任ズル学者モ多トミヘタレド、加様ノコトニ*何ノ思ヒ咎メモナク、セメテ正スコトニ*テハナク共、珍キコトノ様ニ新キコトノ様ニ思《い》、杓子定木ニ我モ見習ヒ書ク者、尚《お》以《て》人心亡ビタル者ト云ベシ。加様ノコトモ事*ヲ執《とる》人聞キ其責《せめ》ニ値《あう》べキモ知ネド、世ニ広メテ毀《そし》ルト云デモ無《し》。存念ノ通《り》ヲ学者ノ為ニ記ルセルコト也。能有《く》レ志者可レ省《ル》。其余以レ是推《し》考ヨ。兎ニモ角ニモ三綱五常ノ学ト云コト暗《ク》ナリ、只孝弟忠信〳〵ト云《いう》トボケタル心学者、仁*斎ガ流《たぐ》イ圭*角ヲ刓《つぶ》シ義理ノ筋メナシニ殊勝ニ云ヘバ、誰迚《とて》モ指当リ聞ヘタルコト、指当リ柔カニ入《り》ヨキコト、愚俗ノ惑《う》コト有ガ、ソレハ云ニ足《ら》ネバ、義理ヲ主トシテ学ブ者角《かど》刓*シテ果《はて》ル様ニナラザル様ニ能々心得《る》べキコトナラズヤ。

○軍書ハ八*陣図ニ至極セリ。其コト甚《だ》長レバ、一朝一夕ニ説《く》コトハ難《け》レ共、去《れ》ド八陣ノ図トテ又一*通リ唐流ノ軍ノ図ト云コトニモ非ズ、又世間ノ陣ヨリ委ク各別ト云コトニモ非

二然二　B本「少モ」。
徳　B本なし。
デ　諸本「ニテ」。
似寄　B本「マヨフ」。
アリ　B本「コレアリ」。
胡澹菴　南宋の名臣、名は銓、字は邦衡、号は澹菴。対金強硬論者で、宰相秦檜の講和策を攻撃して流され、孝宗の即位後中央に復帰した。その疏は靖献遺言巻六に引載。
富弼　北宋の名臣、字は彦国。范仲淹に引き立てられ、契丹(遼)・西夏との外交問題に手腕を発揮し、後宰相となり、仁宗朝の名臣の一人とされたが、王安石の新法に反対して左遷された。契丹への外交文書の献納の二字を死を以て争って拒いだことが、靖献遺言巻六引載の胡銓の疏中にも見える。
二何ノ思ヒ　B本「ミテヲモイ」。
ニテハ　底本「テ」なし、A本により補。B本「マデハ」。
事ヲ執人　事を為す責任者、当局者。
仁斎　伊藤仁斎。三八六頁参照。
圭角　言語動作にかどがあって、人と融和しない様。
シテ　B本「レテ」。
八陣図　八種類の陣立ての兵書。太古風后の作ったと称するものから孫呉・孔明の作と伝えるもの、大江維時が唐から伝えたというもの、色々の種類がある。
一　底本脱、諸本により補。

ズ。凡《そ》軍ヲ行イ陣ヲ立ルハ、国々ノ風土風俗有《り》来ル勝手ニ因《り》、其地ニ因《り》其時ニ因《り》、海*モアリ平地モアリ山モアリ川*モアリ騎馬モアリ歩《かち》武者モアリ城モアリ野陣モアリ、一《つ》トシテ一様ノ体ナク一体ノ形ナシ。然《れ》共往《ゆく》トシテ八陣ノ体ニ本ヅカザルコトナシ。八陣ヲ不レ知シテ八陣ノ旨ヲ自然ト得テ、能《く》陳ヲ立《て》備ヲ立ル者アリ。又軍陣ニ精キトテ、八陣ノ制ヲ不レ知シテ、軍敗ル、モアリ。学ニテ云ヘバ、「大学」ノ八*目縦横十文字人ノ道ヲ学ブ者ノ外ル、コトナラザルト同コト也。其故「武*備志」「登*壇必究」ノ類、其外呉子*ガ兵経ノ類ハ*八陣ノ説様々精フアリ。皆入《いる》コトニテ、扨《て》皆アノ分*デ済《む》ト云ヘバ、八陣一通《り》ノ済セゴトニナリテ活*法ナシ。天*地風雲竜虎鳥蛇ノ八《つ》ハ八陣ノ札印《しる》シノ様ナルモノニテ、名ニテ呼タル斗リナリ。「易」ノ八卦ニテ呼テモ、八《つ》*アル名ナレバ同コト也。大抵軍ハ奇・正ノ二《つ》ニテ、正ハ本也、奇ハ末也、正ハ常也、奇《は》変也。天地風雲ハ正キヲ主トシ、竜虎鳥蛇ハ奇ヲ主トス。人ノ身モ*必左右前後アリ、城ニモ左右前後アリ。野陣ニモ左右前後アリ。左右前後ハ四ノ正也。其左右前後ノ西向テモ左右前後、東向テモ左右前後、北向テモ左右前後、南向テ*モ左右前後、自由自在ニドチラ向テモ左右前後ニナルハ奇也。天地ノ数モ五行ニテ立テアレバ、五行ハ即《ち》四也。天ニ四時有テ四ト立テバ、必其四時ノ働キ変化自在、時ニ因テノ変アリ、是奇正ノ体也。人ノ身ニ*モ一人ノ身ニモ八陣アリ、前*ヲ拒グト後ニ心ヲ付《つけ》、左ヲ拒ト右ニ心ヲ付、四方ノ外*ニ四ノ隅アリ、是皆透《すき》マナシニ*心ヲ付ザレバ、必其スキマヨリ人ニ討ル、コトアリ。城モ其通リ也。正成ガ千《ち》磐《はや》破ナドガ八陣ノ*備ヲ得タル故、敵*ヨリ攻《め》入《る》ベキ様ナシ。吉*野笠*置後《うし》ロヨリ破ル、ハ、八陣ノ四正四奇ノスキマ有《る》故也。諸葛孔明・岳飛ノ軍*ノ破タル

海　B本「川」。

川　B本「洞」。

八目　B本「八条目」。

武備志　二四〇巻、明後期の茅元儀の撰。武備に関して歴代の故事論説を編した兵事の百科全書の如し。

登壇必究　四〇巻、明万暦頃の王鳴鶴編の兵書。

子　B本「氏」。

ハ　諸本なし。

分　B本「学」。

活　底本「治」、諸本により訂。

天…蛇　各八陣の陣形の名、魚鱗・鶴翼・長蛇・偃月・鋒光矢・方円・衡軛・雁行と称するもある。

ア　底本「ナ」、諸本により訂。

モ　B本「ニ」。

テモ　B本「テモコレ」。

ニモ　小本斯乙本B本「モ」。

前　B本「一人身ニテモ前」。

外　高本京本九乙本「身」。

ニ　B本なし。

ノ備ヲ　B本「ヲソナヘ」。

ヨリ　斯甲本無甲本九甲本無丙本「ヨリシテ」、小本「ヨリミテ」。

吉野　元弘の変の時、護良親王は元弘二年十一月吉野で兵をあげたが、翌年二月落城。

笠置　京都府南部、木津川に臨む山上の要害、元弘の変の時、後醍醐天皇はここを行在所としてこもった。

ノ　B本なし。

コト無ハ、平生四正四奇ノ備《そなえ》明《か》ナル故、入《る》ベキ透マナシ。人数五人デモ*百万*デモ同コト也。是先《まず》八陣ノ図ノ相伝ノ大義也。是ニ付《つき》六十四陣ノ推《おし》様、六十四陣ノ変法ノ立《たて》様ハ、精キ習アリ。旗色ノ立様*等、*蔡季通ノ朱子*ヨリ相伝ル説アリ。是ハ俄ニ述《べ》難シ。然共此大意明《か》ニナケレバ、推《し》様熟シテモ用ニ立ズ。去共大義ヲ知テモ、推《し》様陣列ニ精クナラネバ用ニ立ヌ。往々学者ノ余業ニ静ニ語《る》コト有ベシ。

○日本ノ軍書ノ内、古《いにしえ》*義経鬼一法眼ガ虎ノ巻ヲ得ラレタルト云ハ、二相*悟道ノ伝ト云。次第〱ニ伝来シテ*桜山入道ガ手ニ渡リ、其ヨリ楠ニ伝受シタリト云。世ニ「*南木全書」ト云軍書アリ。中ニ揣キ詞マゼタル詞アレド、二相悟道ノ正脈其内ニ残タルコトアリ。世ニ「吉野軍記」トテ、義経ノ書トテ相伝ルアリ。是皆其遺法也。是等モ八陣ヲ学ズシテ、暗ニ八陣ニ符合シタル旨アリ。凡《そ》軍法ニ限ラズ、天下万事常ト変ト一ニシテ二、二ニシテ一、体用一源ト云ハ道体本然ノコトニシテ、其旨ノ有ザルコトナシ。其故正ノ外ニ奇ナク、奇ノ外ニ正ナク、只一致ナルモノナリ。八陣ノ中、陣ニ*握奇ト云テ、是八陣ノ本原也。八陣ノ中ニ握奇アリト云説アリ、八陣ノ中ニ一《いち》立《て》テ九陣ト立ルト云説モアリ。是ニモ軍家ニ夥キ辨論アレド、八陣モ九陣モ只一致ナルコトヲ知《り》ヌカザル故也。是皆習アリ。其余日本ノ近年用ル「*雄鑑抄」「*雌鑑抄」ノ類、其旨ヲ得タル所モアリ、得ザル所モアリ。又余日アラバ、是ヲ推《し》説《く》ベシ。世ニ軍学ヲスル者多《け》レド、根本ノ義理ニ明ナラザル故、只軍法者ト斗リ成《り》、*本原ヲ失《う》故、其理ト共ニ明ニ不レ知シテ、只其跡ニ泥ンデ其法斗リ*ヲ知《る》様ニナルハ、根本ノ学ナキ故也。

百万　B本「百万人」。
デモ　諸本「ニテモ」。
等　底本なし、諸本により補。
蔡季通　宋儒。名は元定、字は季通、号は西山。朱子に従って遊び、朱子敬して老友を以てす。「蔡西山先生八陣図説」の著伝わる。
ヨリ　慶本以外のB本「ヘ」。
義経…　義経が一条堀河の陰陽師の法師鬼一法眼から一六巻の秘伝兵書(「六韜」を指すという)を得た話は、義経記巻二の「義経鬼一法眼が所へ御出の事」等にあり。
悟道　B本「五道」。
桜山入道　伝不明。架空の人物か。
南木全書　楠木正成に仮託せる「南木家伝全書」「南木三伝書」「南木伝書聞書」「南北武経」(刊本)等の兵法書が、江戸初より行われた。
握奇　軍陣の名。幄機ともいう。風后撰と仮託せる「握奇経」にあり、記中の「握レ機制レ勝」の語から名づく。唐の独孤及の八陣図記による仮託と思われ、宋以後兵家の祖とする所となった。
雄鑑抄・雌鑑抄　江戸前期の甲州流軍学者北条氏長著の「兵法雄鑑抄」「兵法雌鑑抄」。
本原　B本「本末」。
ヲ　底本なし、諸本により補。
山科道安　絅斎門人、法眼。近衛家

右六条十月廿四日夜録　　会主 *山科道安

世ニ伝ル所ノ「*七書」、武書ノ簡要トシテ軍学者*ノモテハヤス。去共「孫子」「司馬法」ノ外ハ大旨偽書也。周ノ大*司馬総軍大将ニテ、其家ニ伝ル軍*法ノ遺書也。其故皆*節制ノ陳ニテ、律ヲ主ニシ法ヲ明ニシテ備ヲ以《て》第一トス。其機ニ応ジ変ニ*宜フスルハ、其*口伝心授ニテ其家ニアリ。又軍図其外軍略等ノ*書定テ其家ニ悉ク有《る》可レ共、今ハ伝ラズ。黄帝ノ「握奇経」、是異国ノ軍法ノ第一ノ*祖也。八陳モ皆是ヨリ出ル。是等モ皆大司馬ノ官ニ伝ヘ来《る》トミヘタリ。「如二戦之陳一」ト「*周礼」ニ載テ有モ、陳図ヲ以《て》*云ルト「語類」ニ説アリ。節制ノ陳、*制ヲ主ニシテ*機ニ応ズルノ軍ハ諸葛孔明ノ八陳全ク伝ヘタリ。凡《そ》天地ノ間静ナルニ居テ動ヲ制スル、是不易ノ道、治乱大小何ゴトモ是ニ本ヅカザルコト無シ。「不レ戦而勝」ト云コト軍術ノ本トスルハ、サキヲダマシ見セ勢ヲシ*テ勝《つ》コトヲ云ニハ非ズ。備ヘ堅固ニ根本立テバ自《お》敵ノ我ヲ可《き》レ破《る》様ナキコト、戦ザル先ニ備リテアリ。其故孫子ガ「*以《て》二己*之不《を》レ可レ勝勝《つ》レ人《に》」ト*云ルハ此コト也。其故節制ノ陳ト云テ奇ヲ不レ用ルニハ非ズ。節制ノ至《り》ヨリ自然ニサキノスキマ我ニ写リテ有《る》処ヘ奇ヲ用レバ、初ヨリ可《き》レ勝《つ》*先《さき》我ニアリ。其故名将ノ戦ハ皆*家計ヲ作《なす》ト云。先《まず》手前ノ城ノ要害ヲ堅固ニシ、手前ノ国ノ上下安《き》様ニシ、根本ノ立ツ様ニ毎《いつ》トテモ目当トスル。皆節制ノ陳ヲ本トスル故也。信玄ナド如《く》レ形《の》功者ニテ、軍ヲ練リ軍略ニ明《か》ニテ、陳備ヘ前後左右節制ヲ主ニスル道ニ明《か》ナル処有《れ》共、軍斗リヲ主ニシテ全体根本ノ備ヲ主ニセザル故、城郭堅固ナルコトヲ後トシテ屋形作ニシ、敵ヲ国ヘ踏込セヌヲ手柄トスル男立ノ気象ナル故、ヤフ〳〵我一代気張ツテ立タルマデニテ、其子勝頼亡ル時ニ

熙(豫楽院)の行状を家熙の口授或いは見聞に随って筆録せる「槐記」を編す。

七書　武経七書、兵法七書といわれる七部の兵法の古書。孫子・呉子・六韜・三略・司馬法・尉繚子・李衛公問対。北宋以来の称。

ノ　諸本「之ヲ」。

司馬　周代、六卿の一。軍事を司る。

法　B本「兵」。

節制　ほどよく規律のあること。

宜フスル　B本「応スル」。

口　底本脱、諸本により補。

書定テ　B本「書タテ、」。

祖　B本「極」。

周礼　夏官司馬に「中春教二振旅一。司馬以レ旗致レ民。平二列陳一、如二戦之陳一」。

云ル　B本「アツル」。

制　B本「正」。

機　B本「奇」。

テ　底本なし、諸本により補。

以己…　孫子、形篇の「昔之善戦者、先為レ不レ可レ勝、以待二敵之可一レ勝、不レ可レ勝在レ己、可レ勝在レ敵…」を要約す。即ち我が方を誰もうち勝てない態勢に固めて、敵が誰でも勝てる態勢になったすきを待って破ること。

之　底本なし、諸本により補。

云ル　B本「スル」。

先　底本「先ニ」、諸本により訂。先兆の意。

家計　B本「我謀コト」。

至テ逃歩キ、*タヽズムベキ処モナクシテ国ノツブレタルハ、尤《も》勝頼親程ノ器量ナキ故ニテハアレドモ、信玄ノ時*ヨリ要害ノ地ヲ見立《て》、兵粮沢山ニ軍用自由ニ*シテアラバ、中々信長五年三年攻《せめる》トモ自由ニ潰《つ》ブル可《き》筈ナシ。易キコト、小田原氏康ノ跡氏政・氏直ナド勝頼ニ優《まさり》タル大将ニテモ無レ共、城名城ニテ兵粮要害慥《たしか》ナル故、秀吉攻取《せめとる》ニ了《つい》ニ戦ニテハナラズ、ダマシテ取《ら》レタル*也。氏政今少《し》器量アリテ欺《あざむき》ヲ受ザル程ニ有テ、上下一統ニ城ヲ堅*ク守ラバ、此時秀吉存念ニハ俄ニナルマジ。正成程ノ名将ニテモ、千磐屋《ちはや》ノ城ヲ根本トセザレバ、天下ノ兵ハ受《け》難キ故、何ガ差置《しき》、此城ヲ堅固ニ拵タルハ其為也。其故代々子孫ノ後マデモ打続キ堅固ナルハ其故也。漢《の》*蕭何《しょうか》長安ノ城ヲ夥ク作《り》タレバ、高祖ノ甚《だ》気ニ入ザリシニ、蕭何如レ此ナラザレバ天下ヲ威服スルニ足ズト云*ル、節制ヲ知*レル格言也。ヤ、共スレバ儒者ノ詞ニモ、堯舜ハ土階《の》ニテ治リ、仁者無敵ナドト云ルコトヲ引《き》、殊勝ナルコト斗リ云ル、皆不レ知レ時《を》不《る》レ明《かなら》ニ*于治体《に》一之*駭言《がいげん》也。古ヘ時スナヲニ世穏カニシテ夷狄ノ攻《る》モ少ク、其上堯舜ノ徳ユヘ自《お》治レ共、早《はや》夏ノ時*ニ至テ*夏后相ヲ羿《げい》弑セル時、最早可《き》レ防《ぐ》様モ有ザリシモ、時変様々ニ違ヘバ、其時ニ宜《き》ニ従テ全体ノ立《つ》様ニスルコト、必シモ軍ヲシテ勝マデハナシ。其故軍ヲスルハ節制ノ根本ノ備ヲ吟味スルコト極テ大事也。扨《さて》其兵ヲ用ルノ道、士卒ヲ引廻スノ旨、時ニ因テ宜*ヲスルノ道、山ニ因《より》海ニヨリ、敵ニヨリ時ニヨル、忍《しのび》ノ使イ様、駈引ノ心得、加様ノ軍略ニ与ルコトハ「孫子」ノ書ニ遺《る》コトナシ。世ノ「孫子」ヲ学ブ者、大格「孫子」ノ軍書タル用ヲ不レ知、只地道ニ説《き》、*理ヲ精ク説《き》、事ヲ備ヘテ説キ、広ク演《のべ》テ説《く》コトヲ主トスル様ニテ、皆理屈ホシニホシテ済ス。全ク「孫子」ガ妙用ノ本意*ヲ得《る》モノ少シ。

タヽズム…アレドモ　底本無丙本九甲本なし、他の諸本により補。
ヨリ　底本無丙本九甲本脱、他の諸本により補。
シテ　斯乙本「だに」。
ル　底本脱、諸本により補。
堅ク　底本なし、諸本により補。
蕭何　漢の高祖の創業の功臣。
云ル　B本「云リ」。
レル　B本「タル」。
治体　諸本「全体」。
駭言　愚かな言葉。
時　諸本「代」。
夏后相　夏王朝の王。この時夏衰え、有窮の后羿が相を逐って夏の政に代り、寒浞を用いて大臣としたが、寒浞は国政を専らにし、羿は家衆に殺され、また浞は子の澆をして夏后相を弑せしめて国を奪った。
宜ヲ　B本「宜ク」。
理　B本「詞」。
ヲ　諸本なし。
集注　「孫子集註」一三巻。宋吉天保編明黄邦彦校。寛文九年の和刻本がある。
直解　「武経直解」一二巻。明劉寅撰。我が国では室町後期より用いられ、古活字版や寛永二十年刊の和刻本がある。
講義　「七書講義」四二巻。金施子

軍書ハ機ノ一字ニ極リテ、全ク機ノ字ハ手ヲ見セズシテ勝ノアルコト、是一大事也。其デ「*集注」「*直解」「*講義」ノトテ、常ノ「四書」「六経」ノ理ヲ説《く》様ニ精《しら》ゲテハ*能聞《く》ヘテカラ、最早手ヲ見セテ*碁ヲ拍ツ様ナル者、勝負ノ用ニ立ズ。凡《そ》勝負ト云ハ機ノ一字ニ与リ、手ヲ見セヌト云一ツニテ勝負ノ立《つ》コト也。去ド詭《いつわり》ヲ設ケ*タラスト云テ、手ヲミセヌト云コトデナイ。勝負ノ*形明ナレバ、自然ニ其機ノ已ニアル処、ソコヲミセヌト云コト也。此機ノ字ノ合点ナシニ軍書ヲ読《む》故、無正《むしよう》ニ王者ノ軍ノ、孫子ガ道ト*云ヘバ、仁義礼*智ノ筋《たち》ヲ云ヘバ、カイシキ軍書ノ学ノ旨ニ非ズ。其故「孫子」ヲ読ハ、黙シテ知リ時ニ臨デ働ク妙ヲ得《る》ニ非レバ、孫子ニ非《ず》。人ニ説《く》トテモ只一言二言ノ間ニテ不レ言シテ喩ス如《く》得ル*様ニナケレバ、語ラレズ。「孫子」ニ十三家ノ註トテ「集注」アリ。其他近比「*彙解」トテ如レ形「孫子」ノ注多キ書共有レ之。一《つ》トシテ理ノ聞ヘザルコトハ無レ共、皆市町ニテ公事ノ談合スル様ナ*云シラゲニナリテ、太平無事ノ時懐手ニテ軍咄《いくさばなし》スルニハ吉《よし》、勝負ノ実ニ至テハ、加様ニシラゲテ用ニ立コトナシ。其間ニ*曹操ガ注アリ。只二言三言ニテ説テアリ。其説如レ形端的親切ナル、孫子ガ看タラバ、扨モトウナヅク様ナルコト*アリ。曹操ガコトハ謀叛人悪逆ナ者ナレ共、トカク軍書勝負ノコトニ其議ハ入ヌ。仁義ノ軍ノ、王者ノ軍ノト云ハ徳義全体ノ又其上ノコト、イデ軍ト云ニナリテハ、少モ左様ナル殊勝ラシイ打挙《うちあが》リタルコトニテ吟味ナラズ。仁者無敵ト云ルモ、徳義ノ効ヲ云ルモノ也。軍ト云ヘバ、武王ニテモ如レ形節制ノ陳ヲ立テ、*牧野ノ軍モ妄ニ取カ、ラズ*ニ備ヘ*ヲ以《て》不レ戦シテ勝ノ体ヲ立ラレタルモ、皆太公望ノ*教ト ミヘタリ。其上不忠ノ軍ハセヌガ吉《よし》、忠義ノ軍ハシタガ吉。勿論仁義義理ナリノ軍ヨリ*ハ

美撰。鎌倉時代我が国に将来され、室町江戸時代を通じて盛行したが、却て漢土では亡逸した佚存書。古活字版、寛永十一年刊、文久三年刊官版の和刻本がある。

能聞ヘテカラ　B本「アラキュヘトカク」。

碁　底本「基」、諸本により訂。

タラス　誑す。B本「タマス」。

ノ形　B本「カタテ」。

云ヘバ　諸本「云ハ」。

智ノ筋　B本「楽タテ」。

様ニナケレバ　B本「如クニアラサレハ」。

彙解　「武経全題彙解」(八巻附将略集要一巻。清陳裕撰。清順治十四年序刊)を指すか。

云シラゲ　こまごました弁論。

曹操　三国魏の始祖。権謀に富み、詩をよくし、後漢末に袁紹を破り、流浪の漢の献帝を擁して魏王となり、呉・蜀と鼎立した。その子丕が帝を称し魏を建ててから、武帝と追尊さる。魏武帝注「孫子」三巻は孫子の現存最古の注。

アリ　諸本「ナリ」。

牧野　河南省にあり、殷都の南郊。周の武王は諸侯をここに会して殷を伐ち、戦って大勝した。

ニ　諸本なし。

ヲ　底本脱、諸本により補。

教　B本「効」。

ハ　底本なし、諸本により補。

無笘《き》ナレ共、軍ノ吟味ニナリテ毎度〳〵ヘバリ付タル様ニ仁義ノ軍王者ノ軍ナド云ハ、ヲボコナルコト也。何程悪人ニテモ軍ノ上手ナレバ勝ガ実也。方正学*ホド徳アル人ナレ*共、加様ノ吟味ナク、只徳ヲ以《て》化*スルコトヲ平生云レタル斗リニテ、永楽ニハ了《つい》ニ打負テ悉ク殺レタルゾ*。勿論其ナリガ忠義ノコトハ全キ人ナル故、其*ニテ方正学ノ疵ニテハ無レ共、軍用ノ吟味ハ*節制ノ法平生ニ緊《きびし》クバ、加程ニムデ〳〵*トハ*潰《つぶ》レザル笘也。其故予竊ニ思ルハ、「司馬法」*ハ正ヲ主トシ、「孫子」ハ奇ヲ主トシ、正奇本末此両書ニテ立タリ*。去共正ハ直ニ奇ヲ含《み》、奇ハ直ニ正アルハ勿論ナリ。屡々「孫子」ノ書ヲ読タキト人云ヘド、加様ノ訳ユヘ、中々地道ナルコトノ義理ラシキコトハ少モ*云レザル故、下地学術根本不《る》レ立上ニハ軍学妄ニ説《き》難シ。其余ハ*「三略」勿論、「孫子」ナドノ中ヨリ其意ヲ竊テ黄石*ノ書*ニ寄*セテ作タルモノ也。「六韜」モ戦国ノ比古*軍ノ法ヲ伝タル者太公望ニ託シテ作タルトミヘタリ。「呉子」ハ別シテ作《り》物也。其説皆浅近也。「太宗問対」ハ尚《お》以《て》*皆古ノ軍書ノ旨ヲ竊テ書タル者也。文字ト云《い》軍意ト云《い》、軍書ノ骨髄ハ「孫子」ノ如ナル者ナシ。其故韓信*デモ張良*デモ「兵法《に》曰《く》」ト引ハ皆「孫子」ノコト也。「孫子」ヲ十三篇ニ仕立《したて》タルモ曹操ガシタト云。左様ナルコトモアルベシ。去ド十三篇ノ名モ久《き》コト也。曹操ガワザニテ篇目ヲ分ツ斗リニテ有《る》可ラズ。其他軍書ノ重宝ナル者ハ「武備志」*程吉《よき》モノハナシ。是ハ不レ遺《さ》不レ余《さ》武備ニ与ルコトヲ備*タル故、博ク考ルコトノ遺ラザルノ重宝也。其他軍書大分アレド、皆事少ナニスル者ハ事遺リ、我家ノヲ*伝タルハ余ノヨ*キコト不レ載《ラ》、皆一偏ニテ備《ら》ザルコト多シ。皆明朝ニ至テ軍学ノ科第*スル者共ノ為ニ編《あみ》タル書多シ。其故弥ガ上ニ*首書《かしらがき》ヲ添《そえ》、跡カラ注ヲ増

方正学　方孝孺。→二一四頁注「方遜志斎」

ナレ共　諸本「ニテモ」。

化　B本「和」。

タルゾ　B本「タリ」。

其ニテ　B本なし。

ハ　B本なし。

ムデ〳〵　全く何もできずに意気地なく。

潰レ　B本「ツブサレ」。

司馬法　兵法七書の一。法の字は底本脱、諸本により補。

タリ　B本「タルトヲモヘリ」。

少モ　無乙本慶本以外のB本「サモ」。

ハ　B本なし。

黄石　張良に圯上で兵書（「黄石公三略」）を授けたと伝える老人。張良はこの兵書を読み、漢の高祖の参謀となって天下平定を助けたと伝える。

ノ書　B本「公」。

寄　底本「寓」、諸本により訂。

古　B本「ナル」。

皆　底本なし、諸本により補。

韓信　漢の高祖の天下平定を助けた武将。蕭何・張良と共に三傑と称された功臣であるが、天下定った後、謀叛の嫌疑で誅殺された。

張良　漢創業の謀臣。

武備志　→三五七頁注

備　無乙本以外のB本「不残備」。

ヲ　無乙本慶本以外のB本「コト」。

ヨキ　底本なし、諸本により補。

シ、只詳ニ精クスルヲ吉キ書トスルハ文章書《き》ヨキ為也。後*ノ軍用ノ用ニ働ク為メ夫ノ機ノ字ノ妙味ヲ得難シ。軍意ヲ能《く》ミレバ其中ニモ可レ取コト多レ共、全体末*書ダラケニテ聖賢ノ意ミヘザルト同コ*ト、各軍書ハ軍書ニテノ正脈有レ之。此根本ヲ得テ其ヨリ次第〳〵ニ余業アル時ハ、城ノ拵《え》様、石垣ノ積様、馬*出シノ仕様、縄*張ノ張《り》様、鎧ノ作リ様マデモ吟味スルハ吉シ。軍学*ノ根本ヲ得ズシテ、只左様ノ末々ノコトヲ学ビ、軍*法者也トテ故実ヲ教テ嬉ガルハ皆末也。其故乱世ニ軍ニ能《く》克テ、天下ヲモ得ル大ナルコトヲモ仕《する》*者ニ軍*法者ト云者ノ成タル例《ため》シナシ。兵法使イノ指南スル者ニ人ノ軍崩シタルコトヲ仕《し》タル者*無シ。是軍法知《ら》ヌデモナク、兵術ニ熟セザルニテモ無レ共、其タケ一杯ニテ、根本大格ノ大矩《おおがね》明《か》ニ無レバ、皆其タケ程ヨリ外働ズ。左*アル故格物ノ学*ハ兎角其コトニ付《つき》其物ニ付テ精クスル様ニ、何ゴトニ限ネ共、先《ず》義理ノ大*根本ヲ主ニシテ、推《し》テ事ニ及《ぶ》ヲ尊《ぶ》ハ此故也。

右*一条十月廿九日夜録　　会主　若林進居

定家ノ「百人一首」ニ天智天皇ノ御詠ヲ載タルコソ定家一代ノ功ナルベシ。仮初モ*和*歌ハ鬼神ヲ感ジ、夫婦ヲ和ゲルナド云ル妙用アレバ、凡《そ》三綱五常ノ教、自然ノ情ニ感ジテ不レ已《ま》、三十一字ノ詞ニ著*ル、。是自《お》天子ノ民ヲ憐《あわれみ》ヲハシマス仁ノ大徳ワキテ大切ナルコトナレバ、天子ノ御身トシテ民ノ秋田ニ露ニ袂ヲヌラシテ骨折労《いた》ハルヲ読玉ヘルコソ君徳仁愛ノ至リ詞ノ外ニ著レテ、今ニ至マデ誦ム者辱ナク仰《ぎ》尊ビ奉ル心コソ止難《やみがたけ》レ。延喜ノ帝ノ寒夜ニ御衣ヲ脱《ぬが》レ民ノ寒サヲ知召《しろしめ》シ、仁徳天皇ノ高屋《たかきや》ニ登テ民ノ烟ノ賑イニケリト悦セ玉フモ同一ノ心、親切語ル共詞ニ述《べ》難シ。去共其ヨリ後打続キ加様ノ帝王ノ目出度《たき》御詠ヲ載

科第　官吏登用試験。
首書　頭注。
後ノ　B本「何ノ」。
末書　もとの本を祖述或いは注釈した本。
コト　他のA本「コト也」。
馬出シ　人馬の出入を敵に知られぬように城門前に造る土手。
縄張　建築の敷地に縄を張って建物の位置を定めること。兵法では特に城郭の設計をいう。
ノ　他のA本なし。
法　無乙本慶本以外のB本「術」、慶本「兵」。
モ　諸本なし。
軍法者　無乙本以外のB本「軍兵者」。
者　慶本以外の諸本「モ」。
左アル　B本「ソレ」。
学　底本「字」、諸本により訂。
大　諸本なし。
右一条…　B本は、この行の次にA本系では巻末(四一〇頁四行目)にある「此録ノ名ヲ…ト云ヘシ」の奥書が存する。
モ　無丙本B本「ニモ」。
和歌ハ…和ゲル　「古今集」の紀貫之の序にあり。
著　底本「着」、諸本により訂。下同じ。

セ、君道ノイミジキコトヲ知シメ、其ヨリ打続キ君臣・父子・夫婦世ノ常ノ教トナリテ人心ノ感ズ可《き》コトヲ択デ載《のせ》マシカバ、我国*三百篇ノ詩ニモ不レ恥ル書ナル可《き》ニ、只歌ノ風体詞ノ優ナルヲ撰テ、婦人ノ歌ト云ヘバ大旨恋ノ歌ヨリ外ナルハ希《まれ》也。去共歌ハ自然ノ情ヲ歌《う》コトナレバ、仮初モ義理ラシキ歌ノミヲ歌ト云ニハ非ズ。其間或ハ世ヲ遯《のが》レ、或ハ風景ヲ述《べ》、或ハ古ヲ*感ジ今ヲ思様《う》ナルコト共、是即《ち》人ノ情自然ノ感ナレバ、尚以《おて》余所《よそ》ナラヌ感*心アルコト也。*毎《いつ》トナク其中ニ人倫日用*ノ教モ切ニコソ覚ユレ。*順徳院ノ御詠ヲ巻軸ニ載タルハ、是《を》以《て》古今ノ変感慨《の》アル処、君タル人ノ鑑ム可《き》コト、*人臣タル者ノ誓ム可《き》コト、千歳ノ余*憾、是《を》以《て》面白《き》コトニ侍リ。予歌ノ学ニ於ハ未レ尽レ心《を》、*サレ共古今ノ大体ヲ以是《て》ヲ考レバ、人心自然ノ感*ニ漏ルコト無コト*ダニ明《か》ニ知レバ、何レノ情カ通ゼザルコト有《ある》。サレバ世間、「万葉集」比《ころ》ノ歌ヲ誦《よ》メバ、*淳質朴素、固《もとよ》リ後世ノ*巧ニヤサシキ様ナルコトハ少ケレ*ド、自然ノ美シキ処、自然ノ情ノ切ナルコト、中々巧ニシタル歌ノ似寄《る》ベキコトモ無《し》。其ヨリシテハ人丸《ひとまろ》ノ歌時代ト云《い》其名人ト云《い》、自《お》後世ノ不レ可レ及、自然ノ意味*云ニ言ノ葉モナキ妙アリ。ヨシ人丸程ニ*コソ無レ共、其比ノ歌ハ大抵皆然也。*能因ガ白川ノ関ノ歌モ能々《よくよく》得意ノ歌ト云ル歌ナレド、一点ノ巧*ニ一点*ノ*アヂラシキコト無シテ、長*旅ノ道スガラ日数経タル思入レ言外ニ溢ル。只如《く》レ此吟*詠自然ノ情ノ覚ズ人ヲシテ感ゼシムルコソ、性情ノ発ト*ハ云可レ。*「詞花」*「金葉」ナドノ如ク様々ノ文《かざ》リ巧《たくみ》タルコトロシナ斗リニテ、真情自然ノ自ラ骨髄ヨリ出ルノ妙感ジ難シ。凡《そ》詩歌ハ自然ノ情故ニ、風ノ冷カニ雪霜ノ寒クシテ身ニ切ナルゴトクニ、心ヲ用《る》コトモナク*力ヲ入《る》コトモナク、覚ズ知ズ已マレザルノ真情コソ情ナレ。左ア

三百篇ノ詩　詩経は詩三百篇あり。
感　底本「惑」、諸本により訂。
心　B本なし。
毎　B本「何」。
ノ教モ　B本「ヲ教ルモ」。
順徳院ノ御詠　百人一首の院の御製「ももしきやふるき軒ばのしのぶにもなほあまりある昔なりけり」。
人　諸本なし。
憾　B本「恨」。
サ　底本なし、諸本により補。
ニ　底本なし、諸本により補。
ダニ　諸本「ダモ」、斯乙本「だにも」。
淳質朴素　すなおで飾りけがない。
巧ニ　斯甲本斯乙本「巧ミ」、B本「巧テ」。
ド　慶本以外のB本「バ」。
云ニ　B本「云テ」。
コソ　B本なし。
能因　平安中期の歌人、中古三十六歌仙の一。俗名橘永愷。「都をば霞と共に出でしかど秋風ぞ吹く白河の関」(後拾遺集巻九)は人口に膾炙す。
ニ　B本なし。
ノ　無甲本無丙本九甲本小本斯乙本なし。
アヂ　味。趣ありげなこと。
旅　B本「途」。
詠　底本「味」、諸本により訂。
ハ　B本「コソ」。
詞花　「詞花和歌集」一〇巻。崇徳上皇の院宣を受けて仁平年中に奏上せる勅撰和歌集。

レバコソ人情自然ノ感モ有ニヨリ詩歌トハ云《う》。其ヲ枕*ヲワラシ眉ヲ顰《ひそ》メ、只人ノ聞テアヂニ作タノ巧ニシタルノト、思*入景*気ノ追*従《ついしよう》一種ヲ専ニセバ、何カ吉《よか》ルベキ。「古今集」以来、名歌ハ様々多シ。去ド其中ニテ時代〳〵ノ違ハ勿論有レ之。次第〳〵ニ巧ニ流レ、艶《つや》ニ過タルコト、自然ト古ヲ去《る》遠《き》ノ弊也。去ド今トテ古ニ帰*《る》可ラザル*ニ非*レバ、歌ヲ家*トスル人*ニハ能《く》其心得有ベキコト也。歌ノ吉《よ》シ悪《あし》ハサモアレ、神祇釈教恋無常ト云様ナル極リタル篇目何レノ集モ皆其目録ヲ受テ編《あみ》集ルモ、其間*人ノ教トモナリ、風*俗ノ助《け》共ナルベキ歌モアレド*、皆其中ニ巻《き》込《め》ラレテ、大格ヒ*キ、コトナレバ、撰ム人能々*眼明《か》ナラザレバ得難シ。夫《それ》歌ハ当《トヲ》時出*雲八重垣ノ神詠ヨリ初ルトアレバ、釈氏ノ教無常ノ歌ナドト云コト何シニ有べキ。恋ノ歌モ夫婦ノ教ノ損ヌルハ是ヨリ始《る》コトニテ、「伊勢物語」「源氏物語」皆其習シヲ承テ、タ*ワシキ教ノ第一ナレド、歌読《よむ》人ノ大切*ノ書トアシラヒ、相*伝《る》コトト伝テモテハヤスコソ、イミジカラヌコトナレ。我国神聖ノ教モ次第〳〵ニ其人有テ、人倫日用ノ教ニ明ナル様ニト説《き》ナサバ、自《お》詠歌*モ自然ノ人倫日用ノ情*ニ与ル如《く》ニモ有《る》可レド、歌人ハ歌ノコト斗リ研《みがき》テ、大格義理明ナラザル故、根本ヨリ不レ知コトナレバ、如レ此*モ怪レズ。左アル故凡《そ》人タル者ハ、義理ノ根本ニ明ナラザル者ハ、何ヲ説テモ何ヲ云テモ、根ナキ花ヲ見《る》如ク、目*モラザル尺ヲ見《る》如ク、一《つ》トシテ其則《のり》ヲ得《る》コト難《き》ハ是故也。若《もし》余日モ有ラバ、古今ノ歌ノ集ヲ寄セテ、何様《さま》歌ノ四五百千首モ取集メ、只今相伝ル歌ノ病、歌ノ読方等ニ拘ラズ、只性情自然ノ止《やま》レズ、人倫風俗ノ効《しるし》共ナルベキコトヲ一巻ニシテ、幼キ子共女子ナドニハ習ハセタラマシカバ、今ノ「百人一首」ヲ誦《よみ》得ル如《く》ニ、自《お》心ニモ恥《じ》、訳ヲモ知テ、小

金葉 「金葉和歌集」一〇巻。白河法皇の院宣による勅撰和歌集。

ナク 底本なし、諸本により補。

枕ヲワラシ 枕を割る。枕を砕く、苦心する。

思入 思いつき。

景気 人気評判。

追従 おべっか。B本「ツクロイ」。

帰 慶本以外のB本「カワル」。

ニ B本「ニモ」。

非レバ 斯甲本無丙本「非ス」。

家トスル 家学家職、或いは専門とする。

人ニ B本「人々」。

間 B本「間ノ」。

風俗 B本「習ハシ」。

ド 底本「共」、諸本により訂。

ヒキ、 底本九乙本「ヒ、キ」、諸本により訂。

々 底本なし、諸本により補。

出雲八重垣 須佐之男命が出雲で櫛名田比売を娶り須賀の宮を作りたまいし時の歌「八雲立つ出雲八重垣妻籠みに八重垣作るその八重垣を」(古事記)。和歌の初めと言い伝える。

タワシキ みだらな。色好み。無甲本小本斯乙本「ウルワシキ」。

ノ書 底本脱、諸本により補。

相伝 B本「相伝ノ」。

モ B本「テ」、慶本「ニテ」。

ニ与ル B本「アツマル」。

モ B本「ニ」。

目モラザル尺 目盛りのない物さし。

学ノ教ノ一筋ニモナル可《き》コトトコソ覚《ゆ》レ。

○詩モ、国ヲ阻ツレド、唐《もろこし》ノ人倫自然ノ情ノ止《ま》レザルコトヲ、上下ノ隔《へだて》ナク都鄙遠近ノ変リナク、思ノ哀キニ感ジ、嬉キニ移リ、情ノ止レザルナリヲ*歌出《い》タル者ナレバ、我国ノ和歌ト一毫ノ変リモ*無《なき》人心自然ノ情ノ感ヨリ外ナシ。左アル故三百篇ノ詩モ何ヲ巧ニ*作《る》ト云コトモ不レ知、何ヲ文《かざ》リテ人ニ見ゴトニ思ハス可ト云コトモ無《く》、吉《よき》モ悪《き》モ情ノナリヲ*覚ズ知ズ止レヌナリニ歌タル者也。左アレバコソ人心ノ善悪自然ノタケモ是ニ因テミヘテ、学者平生所レ養ノ得ル*ダケノ自然ノ情モ加様ナコトニテコソ、タメシ共ナレ。又人倫骨肉ノ間ニ居《り》、君臣治乱ノ変ニ関《あずか》リテモ、其身ニ受当リタル者ハ、千載一心ニ感慨アル可レバ、自《お》義理ノ発、忠孝自然ノ誠ニ止レザルモノナレバコソ、「*可《し》ニ以《て》興《る》ニ」共仰セラレタルコト也。去*アレバ学者存養自然ノ情デ*シルス可ハ、詩ノ様ナル親切ナル者無レバ、孔門ニ*於《て》詩ヲ*学《ぶ》第二段ニ非ズ。孔子ノ伯*魚ニ教《え》玉ヘルモ左也。次第ニウツロイテ、漢ノ古*詩十九首ノ詩*ナド、「*離騒経」ナドノ詩*ナドハ品ハ変レド、性情自然ノ止レザル処ノ体ハ古ニ変ラズ。世衰ヘ徳薄シテ、加様ノイミジキ味ハ知ズシテ、詩ヲ作《る》ト云コト始リテ、ヒタト其ナリヲマネビ、其ヲ*業《わざ》ゴトニシテ、後*々ハ*沈約《しんやく》・宋*之問ノ比ヨリ律*詩ト云モノ始リ、同字ヲ使ハセズ、対句ニ拘リ、四声ノ吟味緊クシテ、マンザラ*箱刺《はこさし》タル如ニ作リ立ル。自然ノ情ト云詞一言ニテコソ、詩歌ノイミジキ教ハ有ニ、全クカイサマニ至極ノ力ヲ用《い》、至極ノ苦ニテ作《り》立テ、人ノナラヌ処ヲア*ヂニ字ヲ用《い》、人ノ云ザル処ヲ巧ニシ*、汰手《だて》ナルナドト云。後世ニ至テハ全ク一藝ノ浅マシキコトニナリ、別シテ人ノ義理ヲ学《ぶ》心ヲ浅マニナシ、人ノ忠孝真実ノ情

歌出タル　B本「歌ニ出シタル」。

モ　底本なし、諸本により補。

ニ　B本「テ」。**ヲ**　B本「デ」。

ル　斯甲本小本「タル」。

可以興　論語、陽貨「子の曰く、小子(門弟)、何ぞ夫の詩を学ぶこと莫き。詩は以て興る(志意を感発す)べし、以て観る(得失を考え見る)べし、以て群る(和して流れず)べし、以て怨む(怨て怒らず)べし、邇(ちか)き父に事へ、遠き君に事へ、多く鳥獣草木の名を識る」と。

アレ　底本なし、諸本により補。

デ　無丙本九甲本B本「ヲ」。

於　諸本「在ツテ」。

学　B本「学ブコト」。

伯魚　孔子の子、名は鯉。論語、陽貨「子伯魚に謂て曰く、女(なんじ)周南・召南(詩経の首篇)を為(まな)びたるか。人にして周南召南を為びずんば、其れ猶ほ正しく墻(かき)に面して立つがごときか(何も見えず、一歩も行くことができぬ)」と。

古詩十九首　文選に収録された作者未詳の五言古詩十九首。古来五言の冠冕として賞讃さる。

詩　底本「歌」、諸本により訂。

離騒経　「楚辞」のこと。

詩　B本「体」。

業ゴト　特別の練習や技能を必要する動作やものごと。

後々　斯甲本斯乙本無乙本「後ニ」。

沈約　六朝梁の武帝に登用され宰相

ヲ作《つくり》モノニスル器トナルコソ浅シケレ。其故偶《たまたま》経学ニ志アル者ハ詩文著述ヲ学《ぶ》ト云テ、一生ノ学ヲ仕《し》損フ戒トナル。滔々皆是也。詩ハ本《もと》学者ノ性情ノ学ト云ヘバ、詩ヲ作《る》モ吉《よし》ト云ルハ聞ヘタル様ナレド、後世詩ヲ作リ慰ニシタガル者ノヨキ辞ノ誘《かこつけ》也。左故ニ今詩文ニ馳タル*ハ、戒タルガ至極吉《よき》筈也。若《もし》己ガ理明《か》ニ学モ既ニ立タラバ、自然ノ情ノ止レザルコトハ自《お》歌ニテモ詩ニテモ自然ノ感ニ止レザル時アルベシ。勿論作リ様、文字ノ並《べ》様、韻ノフミ様、*平仄ノ置《き》処モ余業ニ覚テ居タルハ吉《よし》。此ニ泥《なず》ミテ根本ヲ失ト、詩ハ同ジ字ニテ、古今ノ違ヒ、大ナル害ヲ招ベシ。天下太平ノ御蔭ニテ棊ヲ打暮ス者モアリ、遊楽ニテ暮ス者モアリ、詩文ニテ一生ヲ送ル者モアリ。一《つ》トシテ義理人倫ノ目ノ明《あく》ベキ様ナシ。太抵我国モ中古以来ハ華美ナル方ニ流レ、*「白氏文集」「文選」抔《など》ヲ大切ノ書ニアシライ、*「本朝文粋」ナドノ様ナル華美ナルコトノミ文章ノ至《り》ト覚ル様ニ大旨ナリタルハ、皆義理ノ根本ノ学行レザル弊也。ヨリニヨラバ*少出《し》モス可レド、是*ゾ一ツ君臣ノ吟味ノ則ニスベク、父子ノ吟味ノ捌《さばき》ニナル可《き》ナドト云様ナル*文章如レ形大切也。其余ハ皆*浮屠ノ輩、*古註ノ*集註ナドニテ「論語」「孟子」ヲ済セ、文章ヲ書クモ、皆義理事実ノ吟味無レ之、偶儒者《と》ト*名乗《なのる》輩モ大旨浮屠ニ免タルハ無レ之。山崎先生近代ニ興リ出《いで》、始テ聖賢義理ノ学ヲ明メテ異端邪説ノ辨ヲ発セラレシヨリ、今日義理ノ学ト云コト尚《お》地ニ落《ち》ザルハ、豈非《ず》二大幸《に》一乎。

○或人云ルハ、今*トテモ*余業モアリテ、若《もし》詩ナドヲ*性情ニ*感ジテ作《る》コトアラバ、イカ様ノ体*宜カルベキヤ。去バノコト先ニモ云ル通リ、情自然ノ安《き》ナリニ出《る》コトナレバ、今マデ絶句ニ作《り》得タル人ハ自《お》絶句*ナリニ情ノ*詞出ベシ。歌ニ得タル人ハ歌ナリニ情ノ自然ニ感ジ

となり治績をあげ、六朝を通じて最も博学多識の学者文人で、深く声韻を究め、「四声譜」を著し、当時詩韻の標準となった。

宋之問　唐の詩人。当時沈佺期と名を斉うし、律体を創め、世にこれを沈宋体という。

律詩　近代詩の一体。八句から成り、第三・四句と第五・六句が対句をなし、一定の格律(平仄排次の法)のあるのを要件とする。

箱刺　箱を組み立てること。

アヂ　味。気のきいた。

シ汰手ナル　B本「シタテタル」。汰手は「伊達(だて)」の宛字。

ハ　B本「ヲ」。　**平仄**　諸本「仄平」。

白氏文集　唐の白居易(楽天)の詩文集。我が国では特に平安時代、単に「文集」と称して盛んに愛読された。

本朝文粋　一四巻、藤原明衡編。嵯峨天皇から後一条天皇の間の名文を文選にならって分類撰集せる平安中期の日本漢文集。

少出モ　B本「少ハ書モ」。

ゾ　底本なし、諸本により補。

文章　B本「文字」。　**浮屠**　僧。

古註　宋以後の程朱学派の経書の注(新注)に対し、漢唐の「十三経注疏」等の注を指す。

集註　ここでは朱子の論語(孟子)集註ではなく、古注の魏何晏「論語集解」や漢趙岐「孟子注」、その疏たる梁皇侃「論語義疏」などの十三経注

出ベシ。今若《もし》詩ヲモ世ニ則ヲ立テ云ベクバ、古詩ノ体コソ然ベケレ。句数ニモ構ハズ、同字ニモ嫌《い》ナシ、仄平ノ構ナシ。只心ノ有ノ儘ヲ写シ、六カシキコトモナク*、又韻ヲ蹈テ語ヲ揃ヘバ*、只ノ文章ニテモ無《く》、詞モ平生《の》文字ニテモナク、詩ノ情自然ノ詞使イ自《お》アレバ、尚モ「文選」ノ古詩十九首*ノ体ヲ得テ作ラバ然ルベシ。唐ニハ詩文ヲ以《て》及第*ヲシ、天下ノ風俗トナレバ、其間ニ合《あわさ》ネバ、指当テナラヌコト有ベシ。我国上古ヨリゼヒ共ドノ詩ニ作ネバ及第ヲサ*セヌト云コトモ無《く》、誰ガ戒ル共碍《さわる》コトモ無レバ、立直スマデナク、只古詩自然ノ情ヲ歌ヘバ、自《お》吉キ筈ナルヲ、強チニ絶句律詩ナラデハ不レ作シテ、唐宋ノ唾ヲ咶《ねぶ》リ、ゼ*ヒ其マネヲスルコソ浅マシケレ。朱子モ絶律*大分作ラレタレ共*、極テ古詩ニ於テ南渡*以来ノ一人也ト詩話ニ称シタルモ、朱子平生ノ主トスル処ヲミルベシ。人情ニ感ズルニ*、自《お》山ノコト水ノコト何ゴトニモセヨ、同ジ心出ル、詞モ同ジ詞出ルコト、此作タルコトニテモ拵タルコトニテモ無ニ、同《じ》字使イハセヌト云程可笑《おかしき》コトナシ。皆藝ナレバ、必其ナリノ法式ヲ立《て》ザレバナラザル様ニナル故、皆詩歌トテモ其通リ也。其中ダヽクサニ前後揃*ヌ益《やく》ニ立ヌコト重ヌルコト、跡先揃ヌコトハ独宜《りようしう》スルガ吉シ。是ハ常ノ文一ツ書クモ其也。是ヲ過テハ三百篇ノ風体ホド自然ノナリハ無レ共、今トテ時代違イ詞違ヘバ、是亦作リテ*学ブハ、作*ルニ似タレバ、只今日自然ノ情ノ止レザルヲ主トスルコト第一ト知《る》ベシ。

○山崎先生嘗*《て》物語ニ、日本大様ノ礼式ニ関《あずか》ルコト、ヤヽ共スレバ有職ノ家ナドニ、我家ニ其秘事アリ、我家ニ*大事ノ習アリト云。問ヘバ言ズ、言ネバキシマカス*、以外《もつてのほか》ノ僻《ひが》ゴト也。天下一統ノ礼ナレバ、天下一統ノ礼書タルベシ。若《もし》故実有テ相伝ルノ制法アラバ、早

疏の正義の類を指しているか。
名乗ル B本「ナル」。**トテモ** 無丙本九甲本B本(慶本を除く)「トテ」。
モ 底本なし、諸本により補。
性情 B本「性情自然ノ情」。
ニ 底本脱、諸本により補。
宜カル B本「ヨロシクアル」。
ナリ B本「ノナリ」。
詞 B本「詞ニ」。

モ 底本なし、諸本により補。
ヘバ 斯甲本小本斯乙本B本「ヘレバ」。
首 底本「章」、諸本により訂。
及第 科挙の試験に合格すること。
サ B本なし。
ゼヒ B本「是非トモ」。
絶律 底本「律詩」、諸本により訂。
共 諸本「ト」。
南渡 宋が金に侵略され、北シナを放棄して高宗を立てて臨安(杭州)に都したこと。以後を南宋という。
ニ B本なし。
揃ヌ 底本「揃ヌハ」、無甲本無丙本九甲本B本により訂。斯甲本小本斯乙本「揃ヌコト」。
テ B本「コトヲ」。
作ル B本「作リ」。
嘗 B本「常ノ」。
ニ B本「ニハ」。
キシマカス じらす。
淡海公 藤原不比等。不比等は大宝律令・養老律令の撰定に与った。

ク世ニ顕シ、天下ノ法トスレバ、相伝ル人ノ功ト云者也。然共今日*淡海公ノ令・延喜式・弘仁格等ホド明白正大ナル天下ノ法式ナケレバ、是ヲ捨テ色々ノ秘事ヲ云ヘバ、大形天下ノ証文ニ立《つ》可ラザルコト著シ。鑿《ほ》リ穿《うがち》求ルニ及ズ。若証文ニ可レ立コト有テ、加様ナ礼ノ書ノ補《おぎない》共ナラバ、何卒早ク出シテ天下一統ノ風俗ノ助ト*セヌ、*暗《き》コトト云ベシ。凡《そ》秘スルト云ハ私也。其間ニ其人ニ非ズシテ妄ニ伝ルト、四方山ノ物語ノ如ニ沢山ニ云散ス如キハ、瀆《けが》シ侮《る》コト*アルハ、是ハ*敬ノコト也。軍術等ニ至テハ、敵味方ノ勝負ノ機要ニ関《あずかる》コト故、妄ニ不レ発コト、是自《お》*機事不《れば》レ密《なら》失《う》レ事《を》ノ旨ナル故、是ハ格別ノコト也。去ド是又仮初ノコト*ヲキシマカシ、人ノ*財ヲ求《る》ノ助《け》ニスルコトハ無《き》コト也。是*雅言ニ屢々云リ。

右四条十一月五日夜録

会主 杉山*直達

*井田ノ法*什一ニシテ、是周ノ大法、孟子以レ是《を》説《く》二王政《を》一。是固ヨリ聖王ノ制スル処、不レ可二間然《す》一。然共古ハ地広シテ民少ク、軍大将ハ大司馬掌《つかさどり》テ、其兵粮軍兵諸事ノ*仕立テハ、悉ク賦役井田ノ内ヨリ出《いづ》。其故什一ニ非レバ、百*乗千乗ノ軍役不レ調。是皆車戦ヲ主トシ法ヲ主トシ*テ極ル処、其故朝廷ノ禄ヲ割《わり》遣スモ、地方ニテ取《る》者ハ皆乗数ニテ受《る》故、其知行ヲ取《る》者即《ち》其知行ダケノ軍ノ大将トナリ、其ヲ又都ノ総大将総*頭トナリテ引廻スコト、国々ノ割モ其通リナリ。周ノ末ニ至《り》乱国トナリ、兵革止《む》時無レバ、自《お》兵粮足《ら》ズ、軍用続カザレバ、ヒトリ什一ヲ守《る》コトナラザル様ニナリ、井田ノ法モ其ナリニ、又百姓持《ち》量ノ田地マデモ悉ク年貢ヲ取《る》様ニナリタル也。其上耕《す》者ノ中ヨリ軍兵ヲ仕《し》立《る》コトナルニ、軍兵トナル者次第ニ多《く》ナリテ、耕《す》者少クナリ、*都城下ノ*武衛*ノ軍次第ニ多《く》ナリ、悉《く》軍制ノ乱《れ》ヨリ段々費《え》

セヌ B本「セヌハ」。
暗 B本「ウキ」、斯乙本「惜き」。
アルハ B本「アレハ」、慶本「ナレハ」。
敬 慶本「不敬」、無乙本右傍に「不ノ字脱カ」の校注書入あり。
機事不密… 機微の事は慎密なるべし、しからざれば他にもれて成功を敗る。易、繫辞上伝「幾(＝機)事不レ密則害レ成、是以君子慎密而不レ出也」。不密は慶本以外のB本「察セサレバ」。
ヲ B本「モ」。
財 B本「我」。
雅言 平素常に口にしている言葉。
直達 B本「某」。→三三五頁注
井田ノ法 本条の前に斯乙本「絅斎識割録之下」の題あり。周代に施行されたという耕地を授ける法で、全農地を国有とし、一里四方を井の字の形に区画して百畝ずつに九等分し、中央の一田を公田とし、周囲の八田を八家に分け、公田は八家の共同耕地でその収穫を租とした。
什一 十分の一の租税。
仕立テ B本「シタク」。
乗 兵車の数の単位。兵車一台に甲士三人・歩卒七十二人・車士二十五人がつく。
テ・頭 底本なし、諸本により補。
都城下 B本「何トナク都ノ城ナト」。
武衛 警護。
ノ軍 B本「モ」。

造作 出費。
其分ニテ そのままあって、それとは別に。
呉起 戦国時代の兵法家、衛の人。魏に仕えたが、楚に逃れて用いられ、その強兵に尽し、「呉子」の作者とされる。
孫臏 戦国時代斉の兵法家。孫子の子孫といわれる。
蒙恬 秦の始皇帝の将軍。匈奴征伐に功をあげた。
白起 戦国時代秦の将軍。
商鞅 戦国時代衛の公子として生れ、公孫衛ともいう。刑名の学を好み、初め魏に仕えて用いられず、秦の孝公に仕え、富国強兵を目ざす集権統制の大変法を断行して功をあげたが、その政は過酷で、孝公死後車裂きの刑に処された。
阡陌 あぜみち。
ナリ 斯甲本小本斯乙本B本「ナシ」。
植 斯甲本小本斯乙本B本「田ヲ植」。
ニ・ニ B本「ハ」。
大府 B本「太尉」。
万乗 B本「百乗」。
テ 底本「ニ」、諸本により訂。
也 底本なし、諸本により補。
程張… 宋の程明道・程伊川兄弟と張横渠。朱子語類巻六七「程先生幼年屢説、須レ要ニ井田封建一。到ニ晩年一又説レ難レ行。見ニ於暢潜道録一。想是它経ニ歴世故一之多、見ニ得事勢不レ可レ行」。

多《く》ナレバ、如レ此破ル、筈也。周ノ末ニナリテ次第〳〵ニ衛護増長シ、其上ニ又民間ノ兵ヲモ駆《かり》催ス故、往《ゆき》戻リノ*造作皆軍用ノ為ニ費シ果ル。車戦ノ法モ自《お》騎馬トナリ、大司馬ノ官ハ*其分ニテ、国々ニ*呉起・*孫臏《そんぴん》・*蒙恬《もうてん》・*白起ノ類出来テ、兵ノ練《ねり》様軍ノ振廻シ各別功者ニナリタル故、天下ノ勢只武ニテ争《う》ニナリ、了ニ秦ノ始皇ニ至リ、武力一種ニテ天下ヲ取固ム。此時ニ至テ井田悉ク*商鞅《しょうおう》ガ政ヨリ破《れ》テ、*阡陌《せんぱく》モ皆ナラシテ田地ト*ナリ、不レ残《ら》不レ余《さ》*植付テ日々ニ新田ヲ開《く》様ニ仕ムケテ、一々田地ニ付テ緊キ年貢ヲ取《る》様ニナリ、天下ノ兵甲ヲ悉ク取集テ都ノ武衛ノ軍ノ外*ニ立ザル様ニシテ、軍ノ入《る》時*ニ直《すぐ》ニ都ヨリ大将ニ大軍ヲ授テ、民間ノ軍役ノコトスキトナキ様ニスル。漢ニ至テ左右ノ軍法立テ、武衛ノ軍ヲ平生立ル。*大府ノ官是ヲ統テ、周ノ大司馬ノ体ノ如《く》立《っ》。是ヨリ天下民間ニ軍用ニ可レ立者ヲ取撰テ稽古ヲサセ、軍兵ニ用《る》様ニシテ、古ノ千乗*万乗ノ軍役ノ法弥《いよいよ》以《て》無レ之。其故田地ノ法皆古ノ貢法ニナリ*テ、仁君ハ薄ク取《り》、暴君ハ緊ク取《る》。是ヨリ後世マデ皆其通《り》*也。去バ古《え》文王ノ民ヲ愛スル旨ニ戻ラザラン合点ナラバ、イカ様共其宜《は》有レ之コト也。*程・張ノ井田復シタキト有モ、大根天下一統古ノ如ニ仕立タキトノ思入ヨリ出タルコト也。其故晩年ニハ此事行レ難《し》ト宣《のたまえ》ルモ、加様ノ曲折甚《だ》多《し》。然ヲ少々書ヲ読《み》儒ト称スレバ、必《ずイ》井田〳〵什一〳〵ト云コトヲ跡先ノ辨《わきまえ》ナク云。皆書生ノ*常談ト*云テ、何ノ実用ノ穿鑿考《え》ヲ得タルコトナシ。日本ナドハ初ヨリ武衛ノ官都ニ在テ、士卒モ皆国々処々ノ精兵ヲ択ミ*絶《すぐ》レタル者ヲ教テ、平生武士ト究置《きわめおき》、国々ニハ其守護職ノ軍兵其処々ニ屯シテ非常ヲ制スルノ体ヲ立テアリ。是漢ノ時代唐ノ府兵ノ体《と》大様同コト也。其故諸国ニ何ゴト有テモ、軍大将ヲ都ヨリ仰付ラレ、勅命ヲ得テ討《っ》レ之。源平ノ両家*時ニ其盛ナル者也。其故自《お》*十四ニテ無レバ、軍役不レ立。其ヨリ次第〳〵ニ上ニ私ノ争アレバ、私ニ武士ヲ頼《み》戦ヲスル様ニ、次第〳〵ニ武ノ権*弘クナリ、都ヨリ諸国ノ兵ヲ統ル源兵両家自然ト威強ク権盛ニシテ、了《つい》ニ王家ハ衰ヘ、武家全体ノ権ヲ統《る》コト頼朝以来ミヘタル通《り》也。自レ其以後ハ全ク武士国ヲ捌ク故、一人ニテモ軍兵多《き》様ニ兵粮ノコト欠ザル様ニ、大分知行ヲ遣シテ吉士《きさむら》イヲ抱ル様ニ風俗ナル故、天下一統ノ知行十四ノ分ニテハ中々不レ足、*大形ハ十四ト云ヘド、七八上下ニモ及《ぶ》程ニナラシ成テ、民食ハ麦ヲ喰《い》野菜ヲ喰《う》ヨリ外ノコトハ無ニ究ル。皆地ニ付テ直ニ年貢ヲ取《る》。是*亦貢法ノナリ*ナレ共、古ノ貢法ハ田地ノ割《り》付《け》正シテ、年貢ノ究メ明《か》也。其故田地ヲ皆上ノ田地ノ名ニテ、下ノ者我儘ニ売買ヲスルコトナラズ、妄ニ分テ子孫ニ与《る》コトナラズ。其故力アル百姓モ妄ニ一人トシテ大分田*地ヲ持コトナラズ。力ナキ百姓モ田地ヲ失テウロタヘルコトナシ。皆上ヨリ田地ヲ捌《く》故也。後世ハ田地ヲ民ノ自分ノ物ニシテ私スルコトナル故ニ、力ナキ百姓ハ皆田ヲ売《り》質ニ置《き》、其余ハヤフ〳〵ト*当作《あてさく》*ヲ作リ、人ノ物ニテ食ム故、力アル百姓ハ日ニ驕リ、力ナキ百姓ハ次第〳〵ニ多《く》ナリテ流浪スル。是ヨリ貧賤ノ違《い》夥《しき》コトニナリ、兎モ角モ変ズルコトナラザル様ニナリタリ。或人云ルハ、其有レ力ト云《い》無レ力ト云ハ、田地ノ法正クバ、左様ノ違《い》共ニ有マジキコトト云。固リヨキ不審ナレ共、人ノ気質不レ斉《ひとしから》、又幸不幸其々ニアルコト古今ノ違ナシ。其故田地ノ割付ハ同コトニテ、アテガイ取方モ違コト無レ共、或ハ病者ニテ続カザルコトモ有、或ハ早ク果テ、子共年ユカザルモ有、或ハ子共多シテ養ニ難義スルモアリ、或ハ水損*日損ニ因テ*稼穡セザルモアリ、或ハ火事等ニ逢

常談 きまり文句。
云テ B本「シテ」。
ミ 底本「ニ」、諸本により訂。
時ニ B本「コトニ」。
十四 十分の四の租税。
弘ク 無甲本小本斯乙本B本「強ク」。

大形 B本「大法」。

亦 底本なし、諸本により補。

ナ 底本「ケ」、諸本により訂。

地 B本なし。

当作 耕作者を指定して作らせること。
ヲ B本「ニ」。

日損 B本「旱損」。日でり。
稼穡 底本並にA本二字空格、B本なし、斯乙本により補。

テ借銭出来《る》モアリ、其外種々ノ変有《る》コトミヘタル通《り》也。其ヲ上ヨリ見流シニシテ処セザル故、皆下ニテ兎角才覚スレバ、独《り》貧ナル者ハ田ヲ失イ、又幸アリ勤《つとめ》*強キ者ハ皆其余リ有《る》故ニ、其私欲ヲ以《て》人ノ安ク売ル田ヲ*買集メ、歎ク処ヲ質ニ取テ集ル故、皆如《く》レ是抜群ニ違イ出ル。其故古ハ病者ナル者ハ上ヨリ見立テ其身上続ク様ニ処シ、子共多《き》者ニハ相応ニ又田地ヲ分《わけて》取立テ、災ニ逢タル者ニハ其々ニ*合力アリ、*保々ヲ立テ*互ニ患難ヲ恤《めぐ》ミ合《い》、身上ヲ取立《て》合《い》、公儀ノ田地ヲ不レ失様ニシテ、イカ様共*ノタツ様ニ上ノ財用ヲ惜ズ、風俗能《く》堅ル様ニ*見《み》次《つぎ》合《う》様ニ*スル故、少モ貧富ノ*大様狂コトナシ。其間ニ又不届者アリテ奢ヲ極メ、又ハ奢リ〳〵無用ノ費《え》ニテ田地タヽザレバ、其者ヲ或ハ成敗、或追《は》放等ニテ田地ハ上ヘ取返シ、又吉《き》者ヲ置《く》様ニスル。如レ此ナレバ貢法ニシテ処シ様吉《け》レバ、少モ井田ノ法ト変ラズ。況《や》後世人多《く》シテ田少《き》コトナレバ、田ノ耕ヘサル可《き》処ヲ随分開《き》、植《え》付《け》ラル可《き》処ヲ植ルコト、是天地自然ノアテガイナリ。左モ無シテ井田ノナリヲ可《き》レ立*縄手ニ地ヲ費シ、可《き》レ開《く》処モ開ズ、植べキ処モ植付ズ、其々ニ由断ナク*勤セザル故、自《お》例ノ豪民共我儘ヲシ、隠田ヲ拵ヘ、人ノ田ヲ占《め》取リ、其余リニハ商ヲシ、町人ノ職ヲ奪《う》様ニシテ*壟断ノ計*ヲ一統ノ常トシ、カシコキコトノ様ニ互ニ見習ヒ教ヘ合《う》。其故痛ム者ハ日ニ痛《み》、*ホタヘル者ハ日ニホタヘテ、奢《おごり》ノ止コトモ無レバ、又貧キ者ノ痛ミノ日ニ哀レナルコト止コトナシ。士農工商ノ四《つ》*デ天下ハ*共スギニテ有《る》者ヲ、農一ツニテ商モ固メ、ドチモ*外サヌ様ニスレバ、工商ノ痛ム可《から》ザル様ナシ。工商ノ農ヲ兼ル者ハ自《お》ナキ筈ナレ共、其中ニ商人ハ又自分ノ様々ノ私ナル天下ノ財ヲ一人ニ奪フ*壟断ヲスルコト農ヨリ功者ナル者ナレバ、是又上ヨリ処スルコト無レバ、

強キ　B本「ヨキ」。

買　底本「売」、諸本により訂。

合力　金品を施し与えること。

保々　五人組の如く、納税防犯などに連帯責任を負う隣保組織。

互ニ　斯甲本小本斯乙本「爰ニ」。

ノタツ　成長する。

見次　見継ぐ。力をそえて助ける。

スル　B本「ナル」。

大様　B本「大根」。

縄手　あぜ道。

勤　斯甲本小本B本「ツトメサセ(B本「ス」)ルヤウニ」。

壟　底本「龍」、諸本により訂。下同じ。

ヲ　B本「ハ」。

ホタヘル　ふざける、つけあがる。

デ　諸本「ニテ」。

共スギ　もちつもたれつの世渡り。

外サヌ　B本「ツブサヌ」。

壟断　B本「相談」。

彼《の》*奢ル者ハ日ニ奢ル、痛ム者ハ日ニ痛《む》ノ弊皆同コト也。只工斗リハ自身《み》*ヲ勤テ食ヲ食ム故、風俗必《ず》律義ニシテ、大ナル私ヲ得セヌ者也。其故別シテ食ヲ求《る》コト艱難ニテ、皆彼奢ル者共ノ痛メトナル。去共其間ニ金銀*銭財等*ノ手前ニテ拵ヘルモ工ノ役トハ云ヘド、是ハ又天下ノ利ノ権ヲ掌ル故、農工商共ニ及《び》難キ私*ヲスレバ、利ヲ貪《る》コト勝手ヨシ。是亦処スルコト無レバ、天下ノ痛《み》是ニ関ル。然バ「大学」ノ*平ノ一字、能《よく》吟味無レ之テハ政ノ則《のり》立ザルコト、能《く》々是ニテ可レ知《る》。凡テ政ヲスルハ徳ヲ以《て》化スルト*云ハ、皆*饆々《まま》喰ハフノ学者ノ云コト也。上ノ徳アレバ自然ニ下ノ化スル*ハ勿論大本ナレ共、民ノ痛《む》処ノ*吟味モナク、政ノ吉シ悪シノ実*モ構ズ、只下ヲ可愛ガルノ、下ヲ猫撫声ニテ不便《ふびん》ガルノ、孝行ナル者ニ金ヲヤル様ナルト云コトニテ、嫗嗅《うばかか》ノ涙流シ、当分殊勝ガラルヽコトヲ努テ、君子ノ治ルナリト思ハ大盗人カ、左無レバ大《の》愚人也。其故今日ニ付テ今日ノ弊《ついえ》ヲ知リ其宜《よろしき》ヲ知《る》ヲ、格物ノ吟味ト云。左モ無シテ、只古法ヲ持《もて》キテ、*今ノ世ニ行ハザルヲ悔ミテ、謡ニ歌*フ様ニ云ル儒者皆同ジ様ナル、国家ノ益ニモ学問ノ益ニモナラザルコトト思ベシ。

右一条十一月十日*夜録　　会主　*河合泰菴

「小学」ノ教ハ人道一生ノ根本、是ヲ捨テ聖賢ノ道ニ進ムベキ端ナシ。*立教ハ教学ノ大法也。*明倫ハ教学ノ実也。*敬身ハ明倫ノ主也。行ハ明倫ニ尽《き》、本ハ敬身ニテ立《つ》。此ナリノ次第ニ成就スルヲ「大学」ト云。宇宙ノ間、無レ本シテ成《なる》モノナシ。「大学」ノ「以レ脩《る》レ身《を》為レ本」モ、「小学」ノ敬身、即《ち》「大学」ノ脩身トナル。「中庸」ノ*九経脩《る》レ身《を》モ然リ。「論」「孟」全体皆無レ不レ然。其故「小学」ヲ不レ知バ「大学」ヲ不レ知ト云者也。此旨朱子、「小学」「大

奢　底本「奪」、諸本により訂。下同じ。
ヲ　B本「ニ」。
銭財　B本「財宝」。
ノ　無乙本慶本「ヲ」。
ヲ　底本なし、諸本により補。
平　大学の八条目の一「平天下」。
云ハ　B本「云コト」。
饆々喰ハフノ　諸本「マヽクヲナル」。小児のがんぜない様の形容。
ハ　B本「ト云ハ」。
吟味モ　底本「痛ム」、無丙本九甲本「イタミモ」、他の諸本により訂。
モ　底本なし、諸本により補。
今ノ　B本「全ク」。
フ　底本「ノ」、諸本により訂。
夜録　斯乙本なし。
河合　初め松井氏を冒し、後本姓に復す。泰庵、一に養庵。伝未詳。
立教・明倫・敬身　小学の篇名。
九経　天下を治むる上に常に行わねばならぬ九種の大きな道。中庸二〇章に「凡そ天下国家を為《おさ》むるに九経有り。曰く、身を脩め、賢を尊び、親を親み、大臣を敬ひ、群臣に体し、庶民を子のごとくし、百工を来し、遠人を柔げ、諸侯を懐つく」と。

序　底本「序ノ」、諸本により訂。
云ニ　B本「已ニ」。
道心　B本「人道」。
コト　B本なし。
見ナスニ　B本「云ニ」。
意　B本「主意」。
基ト云ルモ　底本斯甲本無丙本九甲本なし、他の諸本により補。
モ　B本「ニ」。
真実　小本斯乙本B本「真実ノ」。
大　B本なし。
思孟　諸本「孟思」。
ノ説ル、　B本「トナル」。
只　底本なし、諸本により補。
テ　B本「シテ」。
明メ　底本「明メ」、諸本により訂。
問ル　B本「論スル」。
ハ　底本なし、諸本により補。
ヲ　底本なし、諸本により補。
曰　B本「云ハ」。
者　諸本なし。
レ　底本「ラ」、諸本により訂。
人心　B本「人臣」。
事親…　孟子、離婁上「曾子曾皙(曾

学《の》」*序・「或問《に》」反復説《き》明《か》シテ、「文集」「語類」此旨ヲ発スル者、雅言甚《だ》尽《せり》矣。山崎先生朱子ノ学ヲ明シ、「小学蒙養集」「大学啓発集」ヲ著シテ、只此所ヲ肝要第一トシテ天下後世ニ示ス。「小学」ヲ不レ知者ハ言ニ足《たら》ズ。「小学」ノ書ヲ信ジ、「小学」ノ書ヲ読ト云共、只幼少ノ子共ノ悪《あし》クナラザル様ニ、幼少ノ時ノ育テ様ノ親切ト思イ至極ト思《う》。勿論幼少ノ教ハ*云ニ及ザレ共、是即《ち》人心*道心一生ノ大根本ナルコト、此書ヨリ重ク此書ヨリ大事ナル*コト無コトヲ不レ知。初ヨリ子共ノ書ト*見ナスニヨリ、何ゴトモ浅ク軽ク説テ吉《よし》ト思フ、皆「小学」ヲ不レ知故也。又大根本ノ書タルコトモ不レ知、又「小学」ノ教ナルコトモ忘レ、只義理ヲ精ク穿鑿シ、「論」「孟」「中庸」ノアシライノ如ク、仮初モ義理精微ヲ説《き》、仮初モ是非善悪ノ詳ナルコトヲ云ント欲スルハ、大根本ノ教ノ養《やしない》*意ヲ不レ知、皆「小学」ヲ不レ知故也。根本ト云ルモ*基《もと》ト云ルモ皆合点ト思《え》共、皆只一生ノ育チ上ル処ノ根ジヤニ因テトマデニテ、分明的実ニ此処ニスワリノ本無《き》者ハ、一生全体ノ学ノ根ナキト云ノ旨ヲ知抜《しりぬか》ザル故、存養ノ学共ニ議シ難シ。予前日格物ノ物ノ字ヲ集メケル*モ、物タル根本、身ニ立タル其物ノ吉シ悪《あし》、其物ノ*真実是非善悪邪正ノ吟味ヲ、毎《いつ》マデモ疑ナク狂ナク、愈《と》日用ノ間惑《い》ナク違《い》ナキ様ニト精《しらげ》ルコトヲ格物ト云。其物ノ字ヲ「小学」ノ物ノ字ニテ其物ノ吟味ヲスルコト也。スレバ物ノ一字ハ「小学」ノ実、「大学」ノ実、少モ浮タルコトナク、少モ仮《かり》ナルコト無ク、少モ離タルコトナク、端的眼前ノ実体、実用実地実功ノ正味ノ字也。只此所*大切務ノ要領タリト知テ、平生ノ学、爰ヲ失ヌ様ニ心係《こころが》クベシ。コヽニ得レバ、兼々云《う》、身ヲ離《れ》、事ヲ離《れ》、日用ヲ離テ敬ヲ説《く》ベキ所ナキト云コト、能《く》合点ユクベシ。「易」ヨリ「春

秋」ニ至テ数千歳ノ聖人ノ詞、物《の》一字也。「大学」ヨリ「中庸」ニ至テ、孔・曾・思*・孟亦物ノ一字也。周・程・張・朱ノ*説ル、処、亦物ノ一字也。是只*ヲツクルメテ云ントテ*総高ヲ云ニ非ズ。是ヨリ上ハ、自《み》明《ら》*メ自《み》察シテ、自得シテ可也。

○或人問*ルハ、譬バ主人ノ讎《かたき》ヲ討《うち》、其節義ヲ全スルハ、忠義ノ者ゾト褒《ほむ》ルハ、ホムルコトニテハ*有マジ。凡《そ》君ニ仕ル者ハ君ノ敵ヲ討ハ常ノコト也。其ヲ*強チニ忠義ト珍キ様ニ云コトニ不レ可レ有ト云。予答《えて》曰《く》*、其モ亦忠義ヲ不レ知ノ評判也。無《き》コトヲ始テ仕《し》、仕《す》マジキコトヲ仕《せ》バ、忠義共言可ラズ。忠義ト云コト、即《ち》常ノ君ニ事《つかえ》ルノコトト云コトヲ不レ知故、左様ノ忠義スル者ヲ忠義シタリト褒ルハ、変リタルト思ハ、忠義セヌガ常ナル故、少ノ変リ様ナレ共、風俗皆利ヲ懐キ君ニ仕ルガ常ナル故、忠義ト云コトヲ一際分《ぶん》立テ珍コトト思故、却テ忠義ヲ不レ知者*ト云モノ也。扨《さて》又全体忠義ノ俗ナキ中《うち》、君ヲ後ニシ親ヲ遺《す》ツル者ノミナ*レバ、能《く》其道ヲ尽シテ其道ヲ失《わ》ヌ忠義ヲセバ、天下ノ人*心ニ感服シ是ヲ称美スル段、是亦人ノ自然ト忠義ノ心有《る》ニ因テ也。其ヲ不レ珍コトト高上ラシフ云モ烏散《うさん》ナル心入也。然バ孟子ノ「事*《うること》レ親《に》如《き》二曾子《の》一者《は》可也」ト云テ、各別ニ不レ褒《ほめ》。周公ノ周ヲ治《むる》モ、*臣子ノ所《ノ》レ当レ為者各別非《ず》二無《き》事《に》一ト程子ノ説ル、コト奈何ト云ル。其ハ向《さき》ニ云ル如ク、曾子ノ孝モ仕《す》マジキコトヲ仕《する》ニ非ズ、孝子ノ親ニ事ルノ道也ト云ルコト。又周公ノ各別ノ功有テ、成王ヨリ天子ノ礼楽ヲ許《さ》レタル故ニ、周公ノ忠ト云テ、君ニ事ルノ道*ノ外ヲ仕《せ》ラル、*コト無《し》トアルコト也。曾子ノ孝、周公ノ忠ト云*テ、別ニ褒*ルコトニテモ称スルコトニテモ無ト云ニハ非ズ。世俗ノ義ハ言ニ足ズ、只ナマジイ学ヲ知《り》、議論ヲ耳ニ聞《き》重ネタルニ因《り》、左様ノシヤレタル裏《う》

子の父)を養へるに必ず酒肉有り。将に徹せんとして、必ず与へん所を(余りを誰に与えんかと)請へり。余り有りやと問へば、必ず有りと曰へり。曾晳死す。曾元(曾子の子)曾子を養ふに必ず酒肉有り。将に徹せんとして与へん所を請はず。余り有りやと問へば、亡しと曰ふ。将に以て復た進めんとす(余りはまた親に進めて人に与えることを欲せず)。此れ謂ふ所の口体を養ふ者也。曾子の若きは則ち志を養ふと謂ふべし。親に事ふること曾子の若き者は可也」と。集註に「程子曰、子之身所二能為一者、皆所レ当レ為、無二過レ分之事一也。故事レ親、若二曾子一可レ謂レ至矣。而孟子止曰二可也一、豈以二曾子之孝一為レ有レ余哉」と。

臣子…　易伝、師卦九二の伝(近思録、政事引)に「世儒魯周公を祀るに天子の礼楽を以てするを論ずること有り。以為へり、周公能く人臣為すこと能はざるの功を為れば則ち人臣用ることを得ざるの礼楽を用ゆべしと。夫れ是れ人臣の道を知らざるなり。周公の位に居れば、則ち周公の事を為す。其の位に由て能く為る者は皆当に為すべき所なり。周公乃ち其の職を尽すのみ」。

道ノ外　B本「全体」。

コト　B本「ヨリ外」。

云テ　B本「ヲ」。

ル　B本「タル」。

ラへ廻リタル一際《ひときわ》カエテ物云タリ、仔細ヲ云タキ病必《ず》付《く》モノ也。諺ニ所謂身《み》ガ旨《うまし》ト云ヘバ骨ガ旨《し》ト、一《ひと》ソレソレテ人ヲ驚シ、高上ナル義論ラシク*思ル丶段、大私意大愚癡ト云ベシ。悪ヲ悪メバ善ヲ好《み》、善ヲ好ザレバ悪ヲ不レ悪《ま》、サキノ如ノ問ノ通《り》ナレバ、忠義ノ者ニ感服スルコトナク、其ハ知レタルコトヲトソシラヌ顔ノ合点也。又君ヲ弑シ盗ミヲスルモ、ソシ*ラヌ顔ニテ悪ムコト無レバ、好レ善悪《む》レ悪仁義ノ本心ハ無ト云モノ也。加様ナル処*、心術ノ害、義理ヲ学《ぶ》ノ惑《い》*、夥キ損ネト云《う》可シ。一事ニテモ善《い》コトスル者ハ、毎《いつ》マデモ称美シ法《のっと》ル可《き》コト也。其故朱子平生ノ政ヲシ物ヲ書《き》留《め》行レケルヲミルニ、已ニ墓表*ヲ書キ已ニ行状ヲ書テモ、其人ノ一善*ニテモ記ス可《き》コト遺《のこ》レバ、甚《だ》恐テ跡ヨリ書《き》添《え》、民一人ノ吉《よき》コトモ世ニ没スレバ嗟《なげか》レ、一人*忠義ノ者モ埋レテアレバ、公義ヘ申上テ其祠ヲ立《て》世ニ表スル様ニセラレシハ、皆好レ善秉《とる》*レ彝《いを》ノ人心一統ノ則トスルニ非ヤ。去バ劉因モ親父*以来書留《め》ラレタル手帖ニ付タル、元ノ乱ニ逢《あい》宋ノ末ニ仮初*ノ貞女ノコトモ何程微ナル者ノコトモ、大切ノ編書同然ニ書留《め》、世ニ著シ残サル丶。是皆忠孝天下一統ノ心、我モ善ヲ好メバ人モ好ミ、人ノ善ヲ没セズシテ後世ニ残ス。皆面々ノ任ト可レ知コト也。近世学者ノ風俗ヲミルニ、互ニ訐《あば》キ合《い》、互ニ謗《そし》リ合《い》、藝者ノ非《そし》リ合《う》様ニ門ヲ立《て》私ヲ構ヘ、善ヲ称セザルノミナラズ、人ノ善ヲ没シテ快《こころよし》ト云。其間偶《と》善ヲ称スルコトアレバ、我身ニ関ラズ、我私ニ凝《さわ》ラザル泛然《はんぜん》*トシタルマデノ*物語ニテ、「太平記」ヲ読テモ*、草双紙ヲ読様ニ、我ハ高キ目ヨリ見下ス様ニ思イ、楠ナドノ咄モ弁慶ガ手柄咄モ金平*咄モ同ジ様ニセ丶ラ笑フ様ニ云ナス。近代心学者等ノ体タラク皆大様此風俗也。如レ此ナレバ三綱五常ノ学、誰《が》役目トシテ世ヲ*開キ、誰《が》任

ラシク　底本「ト」、諸本により訂。

ソシラヌ　B本「ソレミヌ」。

処　B本「段」。

惑　底本「感」、諸本により訂。

墓表　死者の略歴等を刻し、墓に建てたもの。

一善　B本「一言」。

一人　B本「一人ノ」。

秉彝　人が天の常道を執り守る。

親父…　靖献遺言巻七を処士劉因にあて、因が撰せる「孝子田君墓表」を引載す。その文中に「先人嘗手下録金源貞祐以来致二死於其所天一者十余人上云々」とある。

仮初ノ　斯甲本小本B本「仮初ノ烈夫仮初ノ」。

泛然　漠然。

マデノ・モ　底本なし、諸本により補。

金平　元禄前、浄瑠璃正本で流行した主人公の名。坂田金時の子で剛勇無双、それを主題とした武勇談が浄瑠璃・歌舞伎や草紙で流行した。

ヲ　B本「ニ」。

トシテ後世ニ伝ベキ。其故先学ノ善悪理ノ是非ヲ聞ニ不レ及、大格其心ノ下卑浅猿《あさましき》コト一《つ》モ俗人ノ則トス可《く》感服ス可《き》義論無レ之。能《く》々省ミラル可《き》コト也。其*故上国ヲ取《り》位高キ人、学ヲ好《む》ノ質ナキニ非ズ、義ニ可《き》レ励《ム》人ナキニ有ネ共、偶《と》学ヲ聞テモ、詩文雑説ノ外ハ加様ノヨシナキ体ヲ見*ナシ、トカク武士ノ、学ヲ慭《なまじ》イニセザルガ吉《よき》ト知ヌ旨ニテ存スルハ、尤《も》左アル可《き》コト也。左様ノ*スコビタルコトヲ云テ人ノ学ヲスル心ヲ進《ま》セザル様ニスルヨリ、只詩文ヲ作《ら》セテ一座ノ慰《み》ト云ルコトハ吉コトニテハ無《れ》共、棊将棊連歌俳諧ナミニテ害浅シ。能《く》々心得ラル可《き》コト也。

○夷狄*中国ノ辨、予クリ反シ人ニ説《き》、又辨論《ロン》ニモ著シ置ケバ、紛《まぎ》ル、コト無レ共、片側ニ儒書ヲ見《る》*ヨリ、中国夷狄ノ名ヲ知リゼヒ共日本ヲ夷狄ト云タガル人アリ。予其故其人ノ為《に》云ルハ、日本*モ*王仁以後唐ノ書渡リタリ、儒書渡《ら》ザル*先ノ時ハ何ト云ベキト云。其人能《く》屈服シテ帰ル。是浅キ説ナレド、始ヨリ余《の》国アルヲ不レ知レバ、中国共夷狄共自気《お》ガ付ズシテ、只我ナリニ清《すめ》ル者ハ天トナリ、濁ル者ハ地トナリ、我《が》大八洲ヲ上古ノ聖神開《き》ソメ玉フナリニ天地日月ヲ戴クヲ安ジテ他念ナキニ、儒*書故左様ノ惑《い》ニナリタルコト浅猿コト也。去共毎《いつ》モ云如ク儒書ノ理ハ即《ち》天地ノ理ナレバ、理ノ咎《とが》ニ有ネバ儒書ノ咎ニ非《ず》。唐土《もろこシ》ヨリハ唐土《シ》ヨリノ天地日月、我国ヨリハ我国ヨリノ天地日月、往《く》トシテ*中ニ非《る》コトナシ。其風土ノ善悪ハ人ノ長短強弱アル如クナレバ、其国ノ天地日月戴《く》ナリニ構フコトナシ。其ハ其力ヲ用テ変ジタルガ吉《よし》。其為ニ天地自然ノ理ノ開ケタル書アレバ、其理即《ち》我理ナレバ、彼此ノ嫌《い》ナシ。我理正ケレバサキノ理モ亦取タルガ吉シ。日本天地以来開ケシ以後ハ国ノ*幅幘《はたバリ》ノ縁《へ》リ

故　底本「上」、諸本により訂。

ナシ　斯乙本「なれ」。

スコビタル　ひどくこましゃくれた。

中国ノ辨　本書「中国辨」(四一六頁)及びその解題参照。絅斎は、中国夷狄は地理的区画の風土に固定された不易の名称ではなく、道徳風化の価値評価によるもので、風俗悪しくなれば中国も夷狄となる。儒書に日本を夷狄と記してあるのをそのまま受けとる無自覚を憤慨して、中国夷狄という語を用いるよりは、窮極は「中国ト云名トモニツメテイヘバイラヌモノテ、是モ唐ノマネニナリ候、不レ得レ已シテ唐ノナリデ云ハバ、吾邦ヲ主トシテ中国ト云ベケレト中ス事ニ候」(浅見絅斎答跡部良賢問目)となる。

ヨリ　B本なし。

モ　底本「ニ」、諸本により訂。

王仁　応仁朝に百済から渡来した博士で、我が国に論語・千字文等の諸典籍を齎したと伝えられる。

先ノ　B本なし。

書　底本「者」、諸本により訂。

中　B本「タ、中」。

幅幘　幅員。はば。

ハ東ノ方ナドニ蝦夷ト上古ヨリ唱《え》来リ、ヱミシ〳〵ト云ルハ、末々ノハタバリノ国ノ詞《ことば》也。唐ノ幅幀ヲ*夷狄ト云《い》、日本ノ幅幀ヲヱミシト云也。日本ノヱビスト云ハヱミシト云訓*同訳《じわけ》也。其デ日本ノヱミシト云訓ハ日本ノヱゾノアタリヲ云。ヱミシト云訓ヲ唐ヨリ日本ヲミル訓ニ当《あつ》レバ大ナル違也。理ヲ学ズシテ書斗リ学ブト*、是ノミナラズ、其害多《し》ト知《る》ベシ。

右三条十一月十六日夜録　　　　会主　山科道安

*忠《まめやかに》告《ゲて》善《く》道《みちびく》レ之《を》、忠ト云*ハ、底心ヨリサキノ人ヲ大切ニ思ヒ、何トナリ共、何ト哉ト*意地モナキ心底一杯ノ実ナルヲ云《う》。善《ク》道《ク》ト云ハ、其人ヘ云《い》聞セ様ノ訳《わけ》聞ヘ安ク、其説《とき》ホドキノ否《いや》ト云レヌ事ワケ明《か》ニシテ、理ノ詰リタル譬ヲ引モ、余処ナラズ*其身ノ覚《え》アルジツクリト吞込《のみこみ》安ク、其云立ル道理ニ*勿論其人ノ身ノ為《め》其人ノ左無テ叶《わ》ザル当リ前ノ旨ヲ以テ引《き》入《れ》進メ諫《いさめ》スルヲ云。心忠ニ無レバ、人我ヲ不レ信《ぜ》。説吉カラザレバ、人我詞ヲ聞込《む》ニ惑フ。去バ人ヲ悟スノ理ハ能《く》明《か》ニシテモ、能《く》人ヲ悟スコト又其ナリノ格物ノ場也。学記*ニ云ル如ク、「善《く》*教《る》レ人者如《し》レ攻《るが》二堅木《を》一」トテ、俄ニ気ヲセキテ大小刀*ニムリニ削ントスレバ、果《は》敢《カ》行《いき》ダケ木モ損ネ小刀モ損ネ、其作ル処ノ物成ルコト不レ能。ソロリ〳〵ト削レバ*、易キ処ヨリナリヲ付《つけ》、時々ノ其々ノ道具ニテ毎《いつ》トナク次第〳〵ニ削リ行ケバ、了ニハ思《う》儘ニ出来《る》モノ也。「近思録《の》」政事ノ部ニモ「納《*ること》レ約《を》自《よりす》レ牖」ノ一段ナドモ*皆其旨也。去ド又味ニ云廻シ過《ぎ》テ、アラレヌ迂《う》疎《そ》ヲツキ、アラレヌ偽リヲツキ、サキヲ誑*シ、追懸テ我言ヲ聞入《れ》サスルハ、是ハ機術ト云テ、辦口佞言ニ渉リテ、言ノ則《のり》ニ非ズ。予ガ知レル年成ノ人、我支配ノ百姓ニ身持奢テ不《る》レ勤《め》*者有ケレバ、何トナク召寄《よびよ》セ語ラレシハ、其方共ニ心付《る》コトアリ。只今ヨ

ヲ　底本「ハ」、諸本により訂。

訓　B本「訓ト」。**ト**　斯乙本「事」。

忠告…　論語、顔淵にあり。

云　B本なし。

ト　斯甲本小本斯乙本「ト我モ」、B本「ナト我モ」。

ズ　底本「ヌ」、諸本により訂。

ニ　B本「ハ」。

学記　礼記の篇名。

教人者　原文「問者」。

小　底本「木」、諸本により訂。下同じ。**バ**　B本なし。

納約自牖　「納」は底本A本「入」、B本・原文により訂。近思録、政事(易伝巻二の引)に「坎の六四(易の坎の六四の爻辞)に曰く、樽酒簋弐缶を用ひ約を納(い)るること牖よりす(簋は飯を盛る器、缶は瓦器、約はむすぶこと。牖は室のあかりをとる処。人臣君の信任を得るには質実なるを要す。燕享の時は只一樽の酒、二簋の飯にて、瓦器を用いるが如し。言を進めて君に結ぶにはその明処よりして吾が言を聞き入れ易からしめるの意)。終に咎無し。伝に曰く、此れ言ふこころは、人臣忠信善道を以て君の心に結ぶ、必ず其の明なる処よりすれば、乃ち能く入る。人の心蔽ふ所有り、通る所有り、通る者は明なる処なり。当に其の明なる処に就て之に告ぐべし。信を求めること則ち易し。故に約を納るること牖よりすと曰ふ。能く是の如くなれば、則ち艱

リ乞食ニナリタル*可レ然ト思フ。其者共驚《き》、是ハ如何ナル御差図ニテ御座候ヤラン。何共ヱ呑込《み》申サヌ*由云ケレバ、去バノコトヨ、其方共ノ身代一年ナラシテ十分世中《の》吉キ時作*徳十石前後ノ持《ち》量也。只今其方共身《の》持ノ様子ヲ以《て》ミレバ、母親ヲ養《い》妻子ヲ育《やしな》イスル余義ナキ*入用ノ外、朝夕酒ヲ過シ棊ヲ打歩キ、田地ヲ*ソデニ致《し》、仕《す》マジキ脩理ヲシ、彼此トスル費何ト積《つもり》テミテモ、一年ニ*カイ取《とり》一二石程ハ不足ノ算用明《か》ニミヘテアリ。去バ十年程ノ内ニハ兎角田地ヲ質ニ入ズンバ、外ニ続べキ仕業《しわざ》ナシ。其時ニハ*元立《もとだ》テノ田地*ハ人ニ取ラレ、外ニ可レ営《む》コトナクナレバ、母親妻子共手ニ手ヲ引テ乞食ニ出《る》ヨリ外ハ有マジ。スレバ只今ヨリ喰《う》物モ不自由ナル物ヲ喰《い》、着ル物モ不自由ナル物ヲ着、遊《ぶ》コトモナラズ、棊打コトモナラズ、脩理シタキ処モヱ脩理セズ、是モ其ナリノ乞食同然ト何レモ思《う》筈也。去共今奢テ正真ノ乞食ニナレバ、最早其ナリニ*路頭ニ立死《てぬ》ヨリ外ハナシ。吾所レ云ノ乞食ナドハ不自由ニシテ居《る》ナリ*デ常住ノ苦トスレバ、毎《いつ》マデモ田*モ不レ失、母モ妻子モ見立ラル丶、家モ不レ失、此《これ》乞食ニナレト云コトヨ。次第ニ其効吉《よく》ナラバ、其ナリノ福人トナルモ外ノコトモナシト云レシカバ、何レモ感服シテ帰《り》、其ヨリ身持平生ヲ改テ立直《て》リタル者多《し》。加様ノ詞モ能《く》其者相応ノ諭シ故、早ク耳ニ入タリ。又其主人ノ家老タル人此人ト一*類タリ。此人ハ如レ形小身ニテ、纔ニ四十石ノ身上ナリ。去*共上下彼此十二三人ノ人其々ニ養テ、尚《なお》身上ニ余沢アリ。彼家老ハ五百石ノ身上ニテ、何ト借銭スレドス*リ切テ難義ニ及《ぶ》。其故此*家老タル人ニ人ヲ以《て》諫《め》ラレシハ、大分ノ禄ヲ得乍ラ家中ノ目当共ナル位ニ居テ如レ此ノ体本意ニ非ズ。職分ヲ失ル弊能《く》考アルベキコトト申サレケレバ、其家老タル人ノ返答ニ、去

險の時と雖も終に咎なきことを得るなり。且つ君の心荒楽に蔽はるるが如き、唯だ其の蔽ふや故なるのみ。力めて其の荒楽の非を詆(そし)ると雖ふとも、其の省みざるを如何ん。必ず蔽はざる所の事に於て、推して之に及ぼせば、則ち能く其の心を悟す。古より能く其の君を諫る者未だ其の明なる所に因らざる者有らざるなり。故に訐直強勁なる者は率ね多く忤(さから)ふことを取て、而して温厚明弁なる者は其の説多く行はる。唯だ君に告る者此の如きのみに非ず。教を為す者も亦然り。夫れ教は必ず人の長き所に就く。長き所の者は心の明なる所なり。其の心の明なる所従りして、入て然して後推して其の余に及ぶ。孟子の謂ふ所の徳を成し才を達する、是なり」。

モ 斯甲本小本斯乙本B本なし。

誑シ B本「タラシスカシ」。

者 B本「者トモ」。

リ 底本「ル」、諸本により訂。

ヌ B本「ザル」。

作徳 自作農が年貢米を納めた残余の得分、或は小作人から取る小作米。

入用 B本「入目」。

ソデニ致 おろそかにする。

カイ取 要約。

元立テ 種となる元本。

ハ B本「ヲ」。

路 底本「頭」、諸本により訂。

デ B本「ヲ」。

バ其御諫ハ大慶ニ候《え》共、其人ハ本《もと》何ゴトモ仕合《しあわせ》吉ク、福ノ神ノ付タル人也。其故小身ニテモ*手前豊カ也。我ニハ福神付ザル故、スリ切《きる》トアレバ、此人云ルハ、去バ其コトニ候。手前ニハ何ト考《え》候テモ、福神ハ付不レ申候。福神付申候ハヾ、存《じよ》寄ラザル首尾出来、家老ニモナリ、加増ヲモ取《り》、金銀ヲ拾フコトモ可レ有候へ共、左様ノ類少モ覚ナク候。能《く》々スリ払イ*作取《つくりと》リ四十石ノ身代、御存知*ノ通《り》ニテ候。去共貧乏神一ツモ家内ニ無《く》候ユヘ、加様ニ*カツヘニハ及不レ申候。左様ニ仰セラル*、家老衆ニハ貧乏神大分付居《り》申ス処、此方ノ目ニハ能《く》ミヘ申候。先《まず》茶ノ湯ト云貧乏神数年御狎《な》染《じみ》トミヘ候。其故数奇屋ノ飾リ利久ノ道具芦屋ノ釜、仮初ノ生ケ花モ一輪ニテモ値ヒ六《むつ》カシキ花ヲ用《い》、其ニ付《つき》互ノ数奇屋振舞ニテ大分ノ*入レ立テヲ致《さ》レ候、是一ツ。又庭ズキト云貧乏神御懇意トミヘテ候。又是ニ*海石樹木*泉水布《し》キ砂金魚銀魚ナドマデ種々ノ貧乏神ノ末孫共ヲ召《よび》集メ馳走セラル丶、是一ツ。又女色ノ貧乏神*ワキテ親キ様子トミヘテ候。此*仕業*口説《くどく》申《す》ニ不レ及。別シテ武士ノ気ヲナマラセ、万ノ務《め》事ノ妨《さまたげ》ヲ入レ、衣服器物ニ至《る》マデ一トシテ軽キ費ナシ。明日ニテモ国ニ何ゴト出来候共、此貧乏神ト一番ニ*駈《け》アルカル可《き》コト必定ニ候、是一ツ。又造作*ヲ好ル、貧乏神平生ニ談合相手トミヘテ候。是又其費云ニ及ズ候。是ニ付《つき》其出入ニ無用ノ人大分ニ有レ之、米穀ノ費何程ト限ラレズ、其余《の》ゴザ〱シタル貧乏神ハ最早数《え》ルニ及ズ候。其故却テ一言ノ諫ヲモ可《き》レ云根生《お》ヒノ出入ノ者ハ皆福神ノ種類ニテ候故、悉ク手ヲ引テ出入セザル様ニ、具足・鑓・長刀・大小等ノ武具ノ要意、武藝ノ励ミ、政ノ善シ悪《し》ハ悉ク家老*第一ノ福ニテ候へ共、皆只今ノ貧乏神ト*申合サレ、悉ク棄《て》果《て》ラレ候。加様ニ候イテ、スリ切《きり》難義セラ

モ　底本「ヲ」、諸本により訂。

一類　同族。**共**　諸本「ト」。

スリ切　金銭などをつかい果すこと。

此　小本斯乙本B本「此人」。

手前　家計。暮し向き。

作取り　年貢を納めず、耕作した所の全収穫をわが物とすること。

知　底本脱、諸本により補。

ニ　底本「ニハ」、諸本により訂。

ル丶　底本「ル丶ニハ」、無丙本九甲本「ル丶ハ」、他の諸本により訂。

入レ立テ　自分で費用を負担すること。

海石　怪石の意か。

泉水　B本「泉石」。

ワキテ　斯乙本「つきて」。

仕業　斯乙本「義」。

口説　くどくどしく。

駈　B本「ニケ」。

作　底本「化」、諸本により訂。

老　B本なし。

ト　B本「ヨリ」。

レ、身分ノ*省ミ無レ之候ヘバ、根本第一ノ家老職ト云福神大根ヨリ見棄《て》ノキ候ヘバ、右ノ貧乏神ノ存分ニ了ニナリ可レ申*候。加様ニ申ス拙者共ニ吾コトハミヘ不レ申候間、手前ニ貧乏神トミヘ候者ト懇意ニ候ハヾ、何時ニテモ御指《さし》下サル可《く》候。早々断リ申《し》、逐出シ可《く》レ申候由シ返答致《さ》レシカバ、此人甚《だ》理ニ服シ感心セラレ、次第ニ其諫ニ従《わ》レ、又其説ヲ聞《く》人毎ニ余義ナキ訳ヲ自《み》信ジテ相互ニ戒《いましめ》シ。勿論詞ハ浅ク俗ナル様ナレ共、其理ノ余義ナク、其場処ノ切ナルコト、是又例ノ物ノ字ノ事実ニ能《く》叶ル詞ナル故、角《か》ク記シ侍ル。

○理ト気トハ不ニ相《い》離《れ》一、二《つ》アラザルコト、平生聖賢程朱ノ旨歴々タレバ今更云ニ及*ザレ共、気ハ形アルモノ故、其ナリ〳〵ニ形《かた》付テ、自《み》ラ吾ト変ル能ハズ。理ハ無レ形ユヘ、無《く》ニ往《くとして》而不《る》レ変《ら》、神ニ妙万物《に》一ト云*、其コト也。周子《の》「通書*」ニ「動《て》而無《く》レ静《なること》、静《にして》 而無《きは》レ動《くこと*》者物也。動《て》而無《く》レ動《くこと》、静《にして》 而無《きは》レ静《なること*》者神也」、神ハ即《ち》理ノ無レ形シテ無レ不レ変ノ理ノ儘ナルヲ云。気以《て》成《して》レ形《を》而理《も》亦賦《うくる》焉、質《の》上ヨリミレバ、理気無《き》レ二《つ》ユヘ、気弱《け》レバ弱ナリニ理生付《うまれつき》、強レバ強ナリニ理生付《く》、是即《ち》物也。去共弱キ気ナルモノ、我ト弱《き》ヲ能《く》知テ、其弱ヲ改《め》強《き》ニナラントシ*、毎《いつ》マデモ弱キニ安ゼザル、是即《ち》又直《すぐ》ニ其理ナリ。如《く》レ此理ハ理ノ儘ニ*自由自在ニ働クユヘ、了ニハ理ノ如ニ弱ヲ強ニシ、強キヲ和カニ仕立《て》直ス、是即《ち》理ナリニ気ノ行ルヽ実、是即《ち》神也。常人ハ気ナリニ理ノ働クヨリ外ナシ。学ンデ勤ル者ハ理ノ様ニ気ヲセントスル。是《これ》理気一《にして》而二、二而一ノ妙也。格物ノ物モ、其理ヲ不レ知レバ、吾《が》知《る》理*ダケヨリ外、物ノ働《き》ナシ。其故其物ニ即《つい》テ其物ノ神一杯ノ理ヲ究《め》ユケバ、其物吾《が》理*ニナリ場毎ニ働ク、気ハ物也。此筆ノ理、王*羲之マデモ*持テ居《る》理アリ。吾《が》物ノ理ノ済《すみ》様、吾《が》知ル丈《だけ》ヨリ外、

身分ノ B本「自分」。

申 底本「見」、諸本により訂。

及ザレ共 B本「不及」。

云 B本「ハ」。

通書 周敦頤(濂渓)の主著。もと「易通」と称し、易の通論であるが、四〇篇から成る小篇ながら「太極図説」と相い表裏し天地人を一元に貫通する宋学の理論構成の基礎をなした。

者 B本・原文なし。

シ 底本なし。諸本により補。

ニ B本「テ」。

理ダケ B本「理ノタケ」。

理ニ…気ハ B本「理ナリニ場ゴトニハタラキ筆ハ」。

王羲之 東晋の書家。楷草書は古今に卓絶、書聖といわれる。

モ B本なし。

其物ノ理動カズ。色葉《いろは》切リナルモアリ、消息程ノモアリ、又其ヨリ上ハ、*稍《ようよう》人ノ手本トナル程ナルモアリ、大文字程ナルモアリ、*八分字ダケナルモアリ。スレバ物ヨリシテ我ヲヨクスルコトナラズ、我ヨリ物ノ理ヲ窮《め》ユクヨリ無《き》ニ極ツタリ。我窮ルナリニ筆ガ動ケバ、我窮ルダケニアル理ハ神也。スレバ物ハ形有テ易《かわ》ラズト云共、吾理ノナリニ不レ易コトナシ。スレバ其詰リハ理気一ナルコト、コ、*デ明《か》也。此旨兎角要領切実ノ義理ノ主意也。能《く》々明《か》ニスベシ。

右二条十一月廿一日夜録　　会主　山科道安

大凡《おおよそ》政ハ能《く》下ノ情*ヲ上ニ達シ、上ノ心下ニ達ス、此間一ツモ隔《へだて》アリ、少モクイ違ヘバ、堯舜文武ノ政ヲス*ルト云共、セザルト同ジ。コ、ニ暗キ人ハ、上ノ高《き》ヨリ詠《なが》メ亙シテ、下ノ痛ミヲ不レ知、下ノ欺クヲ不レ知、下ノ已ニ乱ル端アルヲ不レ知。左アル故ニ直ニ下ノ者ニ触《れ》流《し》、下ノ者ヲ手ニ係テ引廻ス役目ヲ皆賤キ役トテ、人柄ヲ不レ択、*施ス処ノ仕置下ニ達スルモ達セヌモ吟味ナシ。是程明ナル効《しるし》ハ無レ共、其ミヘザル社《こそ》悲キコト也。凡《そ》此旨天下万事皆一体也。去バ大将ノ下知明《か》ニ勇気強《し》ト云共、其真実ノ勝負ヲ決スルハ只士卒ノ戦一《つ》ニアリ。其故能《く》*下卒*ヲ義理ヲ教《え》戦ヲ教テ、衣服食物吾子《を》育ツル如ニスル、皆名将ノスル処也。其故孔子ノ詞*ニ*モ、「*以《もちいて》ニ不《る》レ教《え》民《を》一戦《う》、是謂《う》レ棄《と》レ之《を》」トアルハ、此コト也。「易」ノ比《ひ》ノ卦、地ト水トノ象也。ピツタリト合付テ隔《つ》ベキ様ナキモノ、水ト土ト程一体ナル者ナシ。其故*天下ノ人ヲ親《む》コトヲ*此卦ニ述タルモ、*能《く》旨ヲ明ニ可レ知コト也。物ヲ*尺トルニモ、一《つ》サキノ止《とま》リヲミスエテ、其迄ト間ヲ打テバ、其間ノ*セ、ナコセナノ*入割ハ何程有テモ、

稍人ノ　B本「楷字ノ」。
八分字　篆書と隷書との中間の、漢字の書体。
デ　斯甲本小本斯乙本B本「ニテ」。
ヲ・ル　諸本なし。
施　小本斯乙本B本「其施」。
下　B本「士」。
ヲ　慶本「ニ」。
ニ　無丙本以外のA本なし。
モ　B本なし。
以不教民戦…　論語、子路にあり。戦の字底本脱、今補。底本諸本「謂之棄」に作る、今訂。
天下ノ…　比の卦の象に「地上有レ水比(密附して隙なき象)。先王以建ニ万国一、親ニ諸侯一」。
此　B本「比ノ」。
能旨　小本「其旨」、斯乙本「皆其旨」、B本「能其旨」。
尺トル　長さをはかる。
セ、ナコセナノ　あれやこれやの意か。
入割　入り組んだ事情。
目付　目じるし。
一　第一、一番、最も。
トボサキ　木の枝の先、こずえ。
是ヲ　B本なし。
見付　九甲本B本「目付」。
コセナノ　B本なし。
ク　底本なし、諸本により補。
味　底本「味ニ」、諸本により訂。

詰ル処眼ニスエタル目*付け違うコトナシ。左アル故文王ノ鰥寡孤独ヲ先ニスト有モ、是ガ民ヲ治るノ一*ち*トボサキノ目付処也。是*ヲ其所ヲ得る様ニサヘスレバ、其ヨリ上ハ不レ及レ言うに、是ヲ見*付トシテ政ヲ立レバ、其間のセ、ナコ*セナノ妨ハ、皆其々ニ捌ケ、其々ノ病残る処ナク*吟味*ヒルモノ也。ナゼ此四の者救レヌゾト吟味カケテミヨ。我奢ガ妨ニナレバ、其ヲ去るガ吉《よし》、其を無用ト*打止めタガル者ハ政ヲ害フノ者トミヘテアリ。左アレバ田地ノ法、凶年ヲ救フ政、盗賊ノ防ぎ、軍術ノ法マデモ全体其為ナラザルコト無レバ、自《お》一統ノ政皆一致ニ、上下隔ラヌ者也。上ヨリ見卸スナリニ政ヲスルト、下ヨリ見上ルナリニ政ヲスルト、同ジ善キ政ニテモ各別効《しるし》ノ違うハ是故也。左アルトテ最*明寺ナドノ様ニ潜《ひそ》カニ直ニ歩*キテ捜し出スト云コトニ非ズ。直*ニ見出*シテ歩ケバ、此見出タル斗リニテ、毎年〳〵直ニ見出シニ歩ネバ、何迚モ心許ナキコト不レ絶、況や四海ノ広き、一人ノ目ノ能くミル処ニ非ず、其間スベキ政ヲ隙《ひま》ニシテ置ネバナラズ、最明寺ガ様ニシタルハ、下ノ情ヲ塞ガラ不ル様ニトスル為ニ非ズ。次第ニ頼朝ノ権ヲ竊《ぬすむ》ユヘ、北条ニ不レ従者アルカト伺イ歩テ、其上ニ肝ヲ潰《つぶ》サセテ、諸国ノ大名ヲヒルマセテ已ニ従ハス巧みヨリ起タルコト也。只上下ノ塞ラザル目*付ヲ眼ニスエタレバ、一度モ*四海ヲ望ネ共、吾家内ヲミル如ニアル筈也。左モナク只段々ニ用ル処ノ吟味モナク、遙ノ谷底ヘ石ヲ打つ如ク政ヲシタル分デハ、如何ニシテ下ノ実ヲ上ニ達スベキ様アルベキ。

○青*砥左衛門ガコト「北*条記」ナドニミヘタル通りナレバ、質*直材幹ナル人物トミヘタリ。然共北条家頼朝ノ子孫ヲナミシテ、世ヲ已ガ家ニ移サントスルコトヲ不レ諫コト本意ナケレ。其ヲ不レ知レバ愚昧ノ至り也。知テ不レ言レバ不忠ノ至り也。孔子、冉求《ぜんきゅう》・子路ヲ具*臣ト云

ヒル　尽きる。果てる。慶本「ナル」。
ト　B本「ト云テ」。
最明寺　北条時頼。最明寺は時頼が建立して隠棲の寺とした建長寺山内の寺。諸国行脚をして民情を察したと伝える話は北条九代記巻九等にみえる。
歩キ　底本「歩ニキ」、諸本により訂。B本「見アルキ」。
直ニ　B本なし。
シテ　B本「ニ」、無乙本「テ」。
目付　諸本「目アテ」。
モ　諸本なし。
青砥　藤綱。鎌倉幕府の時頼頃の剛直廉潔な名吏。滑川に銭十文を落し、五十文の費用を使って探させた逸話が伝えらる。慶本この条なし。
北条記　浅井了意著「北条九代記」一二巻。時政より貞時に至る九代の事跡を記した。別名「鎌倉九代記」。
質直材幹　実直で才器あること。
具臣　定員を満たすだけの無能の臣。論語、先進に「季子然(魯の家老季子の一門、子路冉求を家臣とする)問ふ、仲由(子路)冉求は大臣と謂ふべきかと。子の曰く、吾れ子を以て異なる問を為んと、曾(すなわ)ち由と求との問なり。所謂る大臣は道を以て君に事へり、不可なれば則ち止む。今由と求とや、具臣と謂ふべし。曰く然らば則ち之に従はん者(言うままに従う)か。子の曰く、父と君とを弑すには亦従はざるなり」。

テ、己ヨク君ヲ正スノ大臣ニ非ト有コトナレ共、弑《しいす》㆓父《と》与㆑君《とを》㆒ニハ不㆑従ト許《さ》レタルハ、此コト也。「遺言」ニ載セタル*荀彧《じゅんいく》、曹操ヲ助テ共ニ漢ヲ簒《うばう》ノ罪ニ陥《り》タルコト*、皆此誤也。張*子房、陶淵明ノ一段ニ、於《て》㆓大《なる》者《に》㆒無《け》㆑所㆑立《つ》レバ、何程見ゴトナルコト有テモ用ニ立ザルコトヲ載タル、皆加様ノコトニテ可㆑知。「*忠孝類説」ニ*今井四郎兼平ガコトヲ*非《そし》リタル、皆同義也。可㆑惜コトハ青砥モ今井モ初ヨリ勇烈剛直、左程ノ非義ノ仕業《しわざ》ニ陥タキ望ハ可㆑有筈ハ無レ共、此三綱名分ノ学ヲ不㆓聞《き》*知《ら》㆒ユヘ、同《じ》世俗ノ泥ニマブレテ、終ニ身ヲ具臣ノ列ニモヱ入ザルコソ可㆑憐コト也。是ニ不㆑限古今記録*ヲ読ニ、纔ニ義ノ一字ニ明ニ三綱大義ノ大矩《おおがね》ニ合点サヘアラバ、楠斗リニ忠義ノ名ヲ得サスマジキ人柄幾ラ*トモ挙テ不㆑可㆑計《かぞう》。其故余「遺言」ヲ編《あめ》ル、存養省察ノ精密練熟ノ意ヲ可㆑言ト云ニ非ズ。先《ず》何デモアレ、為《る》㆑人者ノ大土台石居《いしず》エノ大矩ヲ辨ヘサセ、治乱ヲ貫《き》常変ヲ徹シテ、己一生ノ第一等ノ守ル処ヲ失《わ》ザラ使《め》ント欲ル故也。去ド存養省察モ只此心ヲ存養シ、只此心ヲ省察スルナリ*ノ習ヨリ外無㆑之。近代儒者トテ歴々ニ禄ヲ得、俗学ノ外経学ヲ*以テ名乗ル人多レド、全ク三綱五常ヲ主トシテ説ク者不㆑見《え》。左アル故《に》経書モ皆殊勝ナル書ノアシライ、左ナケレバ文字言句ノ翫ビ斗リニテ、稍々《ようよう》ト民ヲ愛スルノ仁政ヲ施**スタチヲ云テ、夫ノ張良・諸葛亮ナドノ様ナルコトハ外《と》辺《へん》ニノセズ、又其ハ史伝デノ沙汰ト覚テ居ル。「孟子」ニモ「中庸」ニモ五倫ヲ主トシテ有ハ何ノ為ゾヤ。上《あ》ゲ句《く》ニハ張良モ道体ヲ知ヌノ、諸葛孔明モ管*仲ヲスカル、ノタチヲ云テ、嘗テ聖門デマゼヌ者ノ様ニ*目八分ニ云ナシテ置《おく》トボケタル儒者モ*アリ。道体ヲ知ヌハ其学ノ至《り》ノ*上ノ詮議、管仲ニ比シタルト云ハ是亦其学ノ粗キ故、其ハ十分ノ至《り》ヲ持《ち》

荀彧　後漢の名相荀淑の孫。曹操の謀士となり、能く群雄を削平してその功を為さしめたが、操が九錫を加え簒位の地をなさんとするに及び、彧ひとりこれを非とし薬を飲んで死した。その評は靖献遺言巻一にあり。

コト　B本「ハ」。

張子房　張良の字。諸本「張良」。その評は靖献遺言巻三にあり。↓補記

忠孝類説　絅斎著。

今井　木曾義仲の乳兄弟、義仲四天王の一人。義仲が義経範頼の軍に敗れて近江粟津に逃れ、義仲に自害をすすめたのち壮烈な戦死をとげた。

非リタル　底本「非シタル」、他のA本により訂。B本「非リタルモ」。

知　底本なし、諸本により補。

ヲ　京本「ノ書ヲ」。

ト　底本なし、諸本により補。

ナリノ　小本斯乙本なし、斯甲本無甲本「ナリヲ」。

以テ　底本なし、諸本により補。

ス　B本「スノ」。

タチヲ　小本「タケヲ」、斯乙本「たけの」。

管仲…　三国志、蜀列伝に、孔明は「毎自比㆓於管仲楽毅㆒」と。

目八分ニ　人を見下すさま。

モ　底本「共」、諸本により訂。

上　B本「尺」。

陋巷　せまく汚ない裏町。論語、雍也「子の曰く、賢なるかな回や、一簞の食一瓢の飲、陋巷に在り。人は

来テ疵ヲ云ト云モノ也。何程顔子ホドノ位ニテモ、此三綱大義ノ大矩失《い》タレバ、彼陋巷*ノ楽モ非人*ノ日南北向《ひなたぼっこう》シテ余ノコト知ヌモ同*ジコトニテ、何ノ用ニ立ベキ。古人ノ立《て》レ身《を》制レ心《を》スル所ヲ考ミレバ、皆此大格ヲ主トシテ立タル人間共ナリ。其人間ノ第一番ハ孔子ニテ、其旨ニ叶タルヲ考レバ、泰伯文王至徳ヲ以《て》三綱ノ立タルナリヲ誉《ほめ》、伯夷叔斉首陽ノ餓ヲ以《て》三綱ノ立タルヲ誉《め》、陳文子*ガ馬ヲ惜ズ棄テノキタルヲ清ト*云テ仁ヲ不レ許*、陳恒*弑《こうす》二簡公《を》一ルニ沐浴シテ請《う》レ討レ之、子路名*不レ正ノ教尤《も》明ニシテ、了《つい》ニ衛ニ死《た》ルコト三綱ヲ失ルノ嘆キ甚シ。堯舜以来ノ道ノ失ルヲ引ウケ、春秋二百四十二年ノ間乱臣賊子ヲ厳ク名分ヲ正シ、書法ヲ以《て》誅スル。別シテ三綱ヲ維持スル、日月雷霆ノ如ニ天下後世ヘ明ニ響《き》亙リテ示《し》玉フ。朱子一生此旨ヲ得テ、又「通鑑綱目」ヲ制シテ、夫*ノ日月雷霆ノ明ニ響《き》亙《る》ヲ受《け》継テ、周ヨリ五代ニ至《る》迄ヲ悉ク書法ヲ立テ、是ヲ後世ニ残シ、「白*鹿洞掲示」「小学《の》」明倫、何レカ綱常ヲ主トシテ教ザルコト有ル乎。某竊《か》ニ「遺言」ヲ編テ、「小学《の》」君臣ノ部ノ附録ト云ルモ慮外ナル様ナレ共、実ハ吾説*ニ非ズ、即《ち》聖賢歴々ノ旨ナレバ如レ是。余ノ綱常ノ説共*皆此例ト可レ知。後世ノ武士タル者モ学*ヲ好《よ》キコトトマデ聞テ、加様ノ面々ノ家*第一ノ守《り》トスル三綱ノ学ノコトト不レ知ハ、皆世ノ啓《ひら》キ教ル者ノ第一等*ヲ失《う》所アル故、武士ハ武士ノナリ、又学問ハ学問別ノコトト思ルモ、知ネバ理《ことわ》リ也。嗚呼、世ノ学者ト共ニ是ヲ嘆キ是ヲ啓テ、学ノ飲食衣服ノ如ナルコ*トヲ使《め》レ知《ら》タキコト、余ガ私ニ非ズト云ルハ、為レ此也。

○孔子*、「春秋」ノ書ヲ作テ千歳ノ後、孔明《の》「出*師ノ表」アリ。孟子、養*気ノ論ヲ発シテ数千歳ノ後、文*山《の》「正気ノ歌」アリ。聖賢古今其効《しるし》ノ著明端的、曾*子一貫ノ旨ヲ得テ孔子

其の憂に堪へず。回や其の楽しみを改めず。賢なるかな回や」。

非人　遁世の沙門、または窮民・乞食。

モ同ジ　底本なし、諸本により補。

陳文子　春秋時代斉の大夫、名は須無。論語、公冶長「崔子(斉の大夫)斉の君を弑す。陳文子馬十乗有り。棄てて之を違(さ)る。他邦に至て則ち曰く、猶ほ吾が大夫崔子がごとしと、之を違る。一邦に之て則ち又曰く、猶ほ吾が大夫崔子がごとしと、之を違る。如何んと。子の曰く清し。曰く仁なるか。曰く未だ知らず、焉んぞ仁を得ん」。

ト　B本「トハ」。　**許**　B本「与」。

陳恒　B本「陳成子」。斉の実力者の大夫、字は成子。論語、憲問「陳成子簡公を弑す。孔子沐浴して朝し、哀公に告(もう)して曰く、陳恒其の君を弑す。請ふ之を討んと。公の曰く、夫の三子(時に魯の政を専らにせる三家)に告げよ。孔子の曰く、吾が大夫の後に従ふを以て、敢て告さずんばあらざるなり。君の曰く夫の三子の者に告げよと。三子に之きて告げり。可(き)かず。孔子の曰く、吾が大夫の後に従ふを以て敢て告さずんばあらざるなり」。

名不正ノ教　→補記

夫ノ　底本「又夫ノ」、諸本により訂。

白鹿洞掲示　→補記

ニ　B本「ニモ」。

共　斯甲本B本「モ」。

ノ眼前一唯ノ学ヲ発セル、同日ノ談ト云ベシ。嗚呼、至《れるかな》矣哉。

○或人云ルハ、三綱五常ノ教、右ノ御物語ノ通ニ候ヘバ、*仁斎仮初ニモ孝弟忠信〳〵ト云ルモ同旨《じ》タル可《き》ニ、何トテ*郷原乱徳ノ類ナドトテ、其浅鄙人ヲ誤《る》コトヲ非《そし》リ玉ヘルハ如何。曰《く》去バノコトニテ候。彼仁斎ガ云ル孝弟忠信ハ皆只殊勝ニ世間向《き》ノ最愛《いとし》ガリ結構ヅクニテ、嫗嚊《うばかか》ノ挨拶云様ニ柔和愛敬ヲ*ホケ〳〵トスルコトヲシアフ*迄也。其故只咎メズ逆ハズ、ドチラヘシテモ厚キ様ニ頼シキ様ニスルナリノ上*デ、取ツ置ツ云ヨリ外ノコトナシ。平生道ノ字ヲ愛シテ理ノ字ヲ不ㇾ好ルモ、道ト云ヘバ、*常行平易ノ行ヲ主トシテ、夫ノ孝弟忠信ノ筋*ニ能合《くう》故也。少モ理ノ字ヲ云ヘバ、其孝ハドコカラドコ迄モドフスルガ吉《よき》、*ドフセザルガ吉、忠モ加様ニスルハ不忠、加様ニスルハ忠ト、是非善悪ノ事実ヲ本末サラヘ、精粗ヲ*干《ほ》シテ、真実ノ*通ノ不ㇾ誤《る》吟味ニナル故、自《おのず》ト否《いや》ガル筈也。道ト理ト両ツナシ。道ハ日用ノ則ヨリ云《い》、理ハ其道ノ道タル真実ヲ云ヘバ、理ニ非レバ道ニ非ズ、道ニ非レバ理ニ非《ず》。聖人平生ノ教ハ皆日用常行ノ教ナレバ、自《お》ラ道ノ字全体ノ則ノ筈也。此道ノ字ノ真実ヲ知ント欲レバ、其是非善悪ノ実ヲ正ズシテ、最愛《いとし》ガリサヘスレバ孝ノ道ト思テソデナキ孝ヲシ、君ヲ愛スレバ忠ト思テ君ヲ賊《そこな》フ道ヲシ、子ヲ育ルヲ道ト思テソデナキ育様《て》ヲス*ル。皆道ノ是非善悪ノ実ヲ*不ㇾ知故、道ト思ヒツ、道ニ非ズ。左アレバ学ヲ以《て》道ヲ真実ニ明ラメタキモノ、理ノ字ヲ不ㇾ知シテ何トテ明クベキ。若《もし》孔孟世ニ出テ、理ノ字ハ入《ら》*ズ、道トサヘ云ヘバドチヘシテモ吉《よき》ト云ヘバ、老子モ釈氏モ孔子モ皆*目《め》モラヌ尺ト云モノ也。其故左様ニ*云孔子ハ無筈《き》也。去程ニ仁斎ガ所ㇾ説《く》ノ「*字義」ノ説共ヲ読ニ、皆我手《わがで》ニ只「論」「孟」ノ

ヲ 他のA本「フ」、B本「ハ」。
家 B本「我」。**等** B本「ノ守」。
コト 底本なし、諸本により補。
孔子 慶本本条なし。
出師ノ表 靖献遺言巻二にあり。
養気 浩然の気。道義に本づいた正大剛直の気。孟子、公孫丑上に見ゆ。
文山 名は天祥。↓二八六頁注
曾子一貫 ↓九六頁補記

仁斎 伊藤仁斎。
郷原 俗人に受けのよい偽善者。論語、陽貨「郷原徳之賊也」。
ホケ〳〵 ひどくぼけて正体ない様。
迄 B本「コトマテ」。
デ 無乙本以外のB本「ヲ」。
常 B本「当」。
ニ 諸本なし。
ドフ B本「サウ」。
干シ あらいざらい徹底的にさらいあげて。
通 B本「道」。
ル 諸本なし。
不知故…理ノ字ヲ 底本なし、諸本により補。
ズ 斯甲本無甲本斯乙本九乙本「ヌ」。
目 B本「目ノ」。
云 高本京本九乙本「云コト」。
字義 伊藤仁斎著「語孟字義」。論語・孟子を主として他の儒書に見える重要な用語に対し、仁斎が独自の説明を下した、仁斎学の概論総論ともいうべき主著の一つ。

字ヲ以《て》「論」「孟」ノ書ノ明ク様ニヒタトヒネクリ廻シテ義理ヲ味イ出ス。随分東西ヲ不《る》㆑知初学ノ見テハ詞《ことば》付《つき》能《く》「論」「孟」ニ合タル様ナレ共、何ヲ一《つ》父子ノ道モ君臣ノ道モ政事ノ法モ詮議ヲホシテ、是*ゾ何*国ノ浦端《ば》*へ持《もて》イテモ、イカ様ノ変*ヲ処シテモ、是ヲ以《て》法トスベキ詞、*随分捜シテ一《つ》モナシ。皆物ニ因テ其真実ノ理ヲ吟味セザル故、象山・陽明ナドガ書ト同《じ》コトニテ、只同コトヲ色々ニ云タルマデニテ、是ニテ何ガ明ク共、何ガ違*ヌ共、目鼻ヲ付テ云ベキ*コトナシ。皆理*ヲ侮ル罪也。*道ハ活物、理ハ死物ト云コト*ヲ云モ、腹ヲカヽヘタル可笑《おかしき》コト也。其活物ノ道モ、ソフスベキ筈ノ理ナレバコソ道ト云。早ヤ仁斎*目カラ朱子ノハソデナシ、我*ノハ吉シト*云モ、皆是非善悪ノ詮議ナレバ、理ニ非レバ道ノ一字初ヨリ無面目ニテ、老子ノ用ニモ立《て》、釈氏ガ勝手ニモナリ、又儒者ノ説モノニモ*ナリ、仁斎ガ云口ニモ合ヘバ、其ハ道ノ字、只*ナマコヨリ棒ノ如ニテ目鼻モ付ズ、ドチラヘドフナリト只日用ノ行フ*処ナリガ道ト斗リ云ナレバ、初ヨリ*ドフ行ヒドフ行ヌト云*ノ詮議ナラズ、左アレバ異端ノ道ハ道ニ非ズ、孔孟所㆑説《く》ガ道ジヤト云ナラバ、其ガ早《はや》理ニ非ヤ。其故、「語孟字義」ノ中ニ我手《わがで》ニ云詞ニ理ノ字ダラケ也。何トテ死物ヲ以《て》我手ニ嫌ナルコトヲ説《く》ゾヤ。此皆程朱ノ学、天地人倫ノ本末始終ノ実ヨリ明ニ*説キヌキテ、「論」「孟」ノ「論」「孟」タル所ノ真*実本原ヨリ明ニシテ、「論」「孟」所㆑説ノ正脈即《ち》実理実道ノ天下万世ノ則《のり》タルコトヲ、天地孔孟ノ再《び》不《ル》㆑易《かわら》旨ヲ天下後世ニ示ス所ナルヲ不㆑知シテ、理ノ字ヲ説ケバ、日用ヲ主トセザル様ニ思ナシテ、*宋朝ノ禅学ヨリ出タルト云ヘルハ、我家ノ大根本ノ*估《こ》券《けん》ヲ人ニ盗レテ、我物ニ非ト云、天下古今ノ愚者ナリ。*況ヤ明ニ朱子ノ理*ノ字ヲ説ル、当然、所㆓以然《る》㆒ト

ゾ　小本斯乙本「ヲ」。
国　底本「ク」、諸本により訂。
ヘ　底本「マテ」、諸本により訂。
ヲ　B本「ニ」。
随分　B本「随分ト」。
ヌ　B本「タ」。
コト　底本なし、諸本により補。
ヲ　B本「ノ字ヲ」。
道ハ活物…　語孟字義巻上理に「道字本活字。所㆔以形㆓容其生々化々之妙㆒也。若㆓理字㆒本死字。従㆑玉里声。謂㆓玉石之文理㆒。可㆔以形㆓容事物之条理㆒。而不㆑足㆔以形㆓容天地生々化々之妙㆒也」。
云モ　B本「イヘルト云コトモ」。
目カラ　B本「目カテ」、慶本「自カラ」。
ノ　B本なし。
ナリ　慶本以外のB本「アリ」。
ナマコヨリ　B本なし。
処　B本「所ノ」。
ドフ行ヒ　底本なし、諸本により補。
ノ　B本なし。
説キヌキテ　底本脱、諸本により補。
実　底本「味」、諸本により訂。
宋朝　語孟字義、理に「大抵宋之一代、禅学大行㆓于天下㆒、文武百官男女老少、凡識㆑字者皆莫㆑不㆑学㆑禅、故儒者習㆓聞其説㆒、而不㆑覚自以㆓其理㆒解㆓吾聖人之書㆒」と。
估券　土地等の売り渡し証文。
況ヤ明ニ　B本なし。
ノ字　B本「学」。

両端ヲ立テ説ケバ、日用ヲ主トシテ本然ヲ明シ、本然ヲ以《て》日用ノ則ヲ説ク。此ヨリ可《き》ㇾ加《う》コトモ可《き》ㇾ減《へらす》コトモ無《き》精密ノ旨ヲ少モ考ヘ味《い》モセザル先ニ、加様ノ浅キ説ヲ云出シ、未《だ》読書モ*ロクニセザル書生共ヲ集メ、己ガ説ヲ以《て》聖賢ノ書ヘ可ㇾ入モノ、道塞ゲヲシテ欺《く》*コト、可《き》ㇾ悪《む》ノ罪可ㇾ謂ㇾ不《と》ㇾ可二勝《て》言《う》一矣。去ド其説元浅近低卑ナルコトナレバ、左ノミ挙テ辨ズルニ足ネド、其ダケ人ノ迷《う》モ笑止ナル故、問ニ応ジテ*只如ㇾ是。只程朱不ㇾ欺ㇾ我コトヲ不ㇾ疑シテ、横ニ義理ヲ生ジ*半パニ発明ヲ*出サンヨリ、「小学」「近思録」「四書」*真実ノ味、真実ノ則《のり》、*己レト覚ルマデ*ニ吟味講学スベシ。左アレバ是等ノ紛々ノ説共自《お》不ㇾ*足ㇾ言《うに》コトヒトリ見ユベシ。

*右四条十一月廿六日夜録

後醍醐天皇鎌倉ヲ征スル起リ、*遊君亀菊ニ与ラル、田地ヲ高時入道抑ヘケルヨリ事起リ、是ヨリシテ遂ニ大乱起リテ、終ニ高時入道ヲ亡《ほろぼ》サル。或人問ルハ、如ㇾ此ナレバ、本《もと》王統ノ衰《おとろえ》ヲ嘆キ天下ヲ王政ノ昔ニ復セラル、本意ニ非レバ、此時ノ官軍ト云ルモ、皆名分ノ義戦ト云難カルベシヤ。曰《く》、是皆名分大義ノ吟味不《る》ㇾ足故ナリ。此等ノ問、凡《そ》保元平治以来武家権ヲ執テ上ヲ蔑《ないがしろ》ニシ、王政ノ衰ルコト数代、天子ノ憤リトナリ、彼ニ付《き》此ニ付《き》無ㇾ不ㇾ然。*後醍醐院ノ御征伐モ其始ル意趣ハ此等ノコトノミノ様ナレ共、全体北条上ヲ無《なみ》スル罪此等マデモヒヾク故ナリ。其故何レヨリニテモ其端*ニテ正統ノ大義ニ非ル*ナシ。尤《も》大賢君ナラバ、初ヨリ*声《ならし》ㇾ罪《を》正ㇾ名《を》シテ天下一統ノ大義ヨリ政道仰付ラル可レ共、其程ニ非ルハ天皇ノ徳*タケナリ。何ニモセヨ天子ノ、人ニ与ル恩賞ヲ己ガ権ヲ以《て》抑ヘテ奪フ罪ハ*異ナル

ロクニ　B本なし。
コト　B本「コトコソ」。
只　B本「マヽ」。
半パ　B本「半途」。
出サンヨリ　B本「出サズシテョク」。
真実ノ味　底本なし、諸本により補。
己レ　慶本以外のB本「コレ」。
ニ　底本なし、諸本により補。
足　斯甲本小本斯乙本「及」。
右四条…　↓補記
遊君…　遊女。遊君亀菊の件は後醍醐天皇の時にあらず、後鳥羽院の承久の乱の時のことで、高時は義時で、事は「承久記」に見える。九乙本、醍醐を「鳥羽」に、高時を「義時」に見せ消を以て訂す。
後醍醐院　B本「後鳥羽院」。
ニテ　B本「ミナ」。
ナシ　B本「コトナシ」。
声罪　罪を大に世にあばいて非難する。
タケ　ある限り。全部。限度。
異　斯甲本以外のA本「事」、B本「事小」。
ノ　底本なし、諸本により補。
楊国忠　楊貴妃の親戚、楊貴妃を通じて玄宗にとり入り、相となる、安史の乱で四川に蒙塵の途中、楊貴妃とともに殺さる。
ノ是非　底本なし、諸本により補。
趙盾　春秋時代晋の元帥。↓三三三頁注

ト云共、全体*ノ上ヲ無スルノ病症罪ノ名茲《ここ》ニアレバ、加様ノ吟味ハトカク大矩《おおが》ネヨリミテ、左様ノ瑣細ナル吟味上ルニ不レ足。唐《の》玄宗楊貴妃ヲ寵愛シ、*楊国忠ニ任セショリ、安禄山ガ謀反ヲ起スコト始レリ。去共既ニ天子ヘ対シ謀反ト云名アレバ、唐ノ臣子タル者其軍ノ起リ*ノ是非ヲ問ニ不レ及、トモアレ賊ヲ討テ天下ヲ復スル、此忠臣義士ノ大義ナリ。凡《そ》「綱目」ノ書法皆然リ。「春秋」ニ晋《の》霊公ホドノ悪君ニテ、シカモ其悪ヲ諫テ正サントスル*趙《ちょう》盾《とん》ヲ殺ントスルヨリ事起《り》、且《つ》盾ガ*身《み》自君ヲ弑セントスル業モナク立ノキタル迹ニテ、其姪趙穿《せん》霊公ヲ弑シタルヲ、孔子*董狐ガ筆ヲ立テ、「趙盾弑《す》二其君《を》一」ト書シ置ル*。君臣名分ノ厳ナル、以レ是可レ知。或《あるひと》又曰、然ラバ君ノ罪*ヲ諫メ、左様ノ遊君ニ田地ヲ与ルヲ停《とど》メル心アルモ、皆其時ニ当テハ義ニ背クベキヤ。曰、其ハ高時全体君ヲ無《なみ》シテ、*是斗リデ君ヲ諫ル心可レ有害ナシ。是クドク云ニ及ザルコトナリ。真実ニ君ヲ救ント思ヘバ、楚ノ*鬻拳《いくけん》ガ以レ兵諫レ君シコトサヘ法トスルコトニハ有ネ共*、不レ得レ已《やむを》ノ心ニ出レバ、後世君子猶不レ為二不忠《と》一。平相国清盛ガ*白河ノ帝ヲ怨テ流シ奉ントセシヲ、其子重盛兵ヲ寄セ、清盛我儘ノナラザル様ニシテ、了ニ父ニ君ヲ逐《う》ノ罪ヲ取《ら》セ不リシハ、是亦不レ得レ已ノ計、忠孝両《ふたつながら》全スルノ仕業ナリ。去ド加様ノ義、ヨク〳〵昏乱ノ君父ノ非ヲ諫《め》カネ、何卒君父ノ大罪ニ陥ザル為ト云赤心ヨリ出レバ、忠孝ノ名ヲ不レ失。孟子ノ云ル、*伊尹ノ志アラバ可ナリ、伊尹ノ志無レバ奪也ト云ルト同コトニテ、再《び》是ヲ法トシ学ベキト云コトニハ非ズ。況《や》高時已ニ在テハ暴*虐*驕侈ヲ究メ、上ニ対シテハ跋扈悖逆ヲ致《す》コト一日ニ非ズ。後鳥羽院以来王統ノ賊臣タルコト著シケレバ、天皇ノ思召立《ち》豈限《らんや》二偶然《たる》遊君《の》一事《に》一哉。只軍ヲ起サル、端ヲ何

身　B本なし。

董狐　春秋時代晋の史官、直筆を以て知られた。

ル　底本「ル、ニ」、諸本により訂。

罪　B本「非」。

是　B本「アレ」。

鬻拳　春秋時代楚の大夫。文王を強諫したが、きかれず、兵を以て之に臨み従わしめた。拳は吾は君を脅すに兵を以てす、罪これより大なるはなしと言って遂に自ら足をたち切る刑に処した。楚人之を大伯と称す。後に王巴師を禦ぎて敗れ、還るに及び、拳国に納れず、王遂に黄を伐ちて破り、還って疾を以て卒す。拳王を夕室に葬り、己もまた自殺す。

共　斯甲本斯乙本以外のA本B本「ト」。

白河　「後白河」の誤り。

伊尹ノ志　伊尹は湯王をたすけて、夏の桀王を滅して、殷朝を建てた功臣。孟子、尽心上「公孫丑が曰く、伊尹の曰く予れ不順に狎れしめじと、太甲を桐に放ち、民大に悦ぶ。太甲賢なり。又之を反へし、民大に悦ぶ。賢者の人の臣と為れるや、其の君賢ならずんば、則ち固より放つべきか。孟子の曰く、伊尹の志有れば、則ち可なり。伊尹の志無れば、則ち簒へるなり」。

虐　斯甲本無甲本小本斯乙本「忍」、無丙本九甲本「君」、B本「悪」。

驕侈　たかぶりおごること。

ニテモ誣《カコツケ》ラレタルトミヘタリ。其段ハ始《はじめ》云ル如ク大賢君ナラバ、其征伐ノ名ノ正キ様アルベシ。然共大賢君ニ非トテ、其罪ヲ正サレマジキ筈ナシ。或《あるひと》又曰、然バ今日ノ事体又如何アル*ベキ。曰、高時ガ時ハ天下王政ノ体ナルヲ、頼朝総追捕使ニ托シテ次第ニ権ヲ竊《む》ユヘ、其罪難《し》レ逃《れ》二賊名《を》一。其後次第ニ朝廷衰テ正統*不レ絶ト云共、王政ノ権後醍醐ノ時*ト甚変リ、今改テ王政ヲ竊ムト云*デアラネド、次第ニ流レ衰テ天下皆武士ノ争トナリ、終ニ一統ノナリト定リシコト、家康公ノ功ニ有テ、朝廷ヲ敬ヒ正統ヲ重ジ、天下ノ権ヲ御名代トシテ預リ分ニテ捌キ下知セラ*ルレバ、君臣ノ名固ヨリ正クシテ、僭乱悖逆ノ体トハ雲泥ノ変リアリ。然レバ今何ノ由シモナク、只天下ノ権ヲ取《ら》スマジキトテ、亡サル可コト可レ有義理ナシ。若《もし》其思召立アレバ非義ナリ。万一武家ヨリ天子ヲ無シ、朝廷ニ叛逆ノ体立タバ、是又武家ノ大罪、高時同*事タルベシ。左アル故諸国ノ君ニ事ル者モ皆天下正統ノ陪臣タル合点ナレバ、仕ヘテ義ヲ害フコトナシ。是ヨリ上ノ義ハ*非二敢《てに》所一レ可レ言。扨《さて》関東ヲ東都ト云ル如キノ非義ナルコト、名分ノ罪人ト云ル、加様ノコトニテ可レ知。是即《ち》関東*ニ諂《へつらい》テ尊ブ*処ナレ共、即《ち》又家康公上ヲ尊《び》名ヲ正シ忠孝ノ教ヲ立サセ玉フ大罪人ト云ベシ。名分ノ学不レ明レバ、何ヲ学テモ皆目当ナシノ*弓ト*可レ知コト、加様ノ義ニテ*モ省ル可《き》コトナリ。

○身ノ動《き》様ヲ道ト云。道ノ動《き》様ヲ不レ知レバ身不レ動《か》、其故学ブ。此古人ノ学ノ本意ナリ。後世ハ学ト云コトヲ各別吉キコトニシテ、聞慣《ききなろ》*フヨリ身ノ動様ノ合点ヲ*知《る》。是後世学ノ人ニ於ル体ナリ。其故古ハ*ヒダルキヲ救フ為ニ飯ヲ焼《たく》コトヲ詮議シ、寒キ故ニキル物ヲ拵ルコトヲ詮議スルト同コトナリ。其故*常ト云。後世ハワキテ*珍饍美食ヲ玩《もてあそ》ブ如ク、一際立テ

ベキ　B本「ベキヤ」。
不絶　B本なし。
ト　B本「分」。
デ　B本「ニ」。
ルレバ　B本「ル、ハ」。
事　斯甲本小本斯乙本「輩」。
非　B本「不」。
ニ　諸本多く「ヲ」。
処　諸本「様」。
弓　B本「分」。
可　底本「不」、諸本により訂。
モ　底本なし、諸本により補。
フ　底本「ㇷ」(コト)、諸本により訂。
知　慶本「シラズ」。
ヒダルキ　ひもじい。
常　底本脱、諸本により補。
珍饍　めったに見ない料理。
ノ　B本なし。
夜　底本脱。諸本により補。
諸葛亮　孔明。靖献遺言巻二は「漢丞相武郷侯諸葛亮」。
三代　夏殷周の三代の王朝。
ス　九甲本慶本「タ」、無乙本小本斯乙本「ヌ」。
陶淵明　名は潜。六朝時代の東晋の詩人。宋が晋の位を簒ってから徴されど仕えず、その年号を用いなかった。靖献遺言巻三は「晋処士陶潜」。
許衡　宋末元初の朱子学者。字は仲

奇特ナルコトヲスル様ニミユル。其故日用ノ学ヲシ乍ラ、日用ト甚遠《だ》シテ、仕《し》テモ仕《せ》イデモト思様《う》ナルハ、コ、ニ本末*ノ相違アル弊故ナリ。

右二条十二月二日*夜録

是非得失ヲ論ズルニ、大矩《おおがね》ニテ吟味スルモアリ。張良・*諸葛亮ナドノ君臣ノ大義、*三代以下ノ名ヲ許シ、楠ガ官軍ノ主トナリスル*如キ、是ナリ。余ノ人倫皆是ナリ。*陶淵明ノ君臣ノ義、*許衡*ガ元ニ事ルガ如《き》、平生ヲ論ズレバ、許氏ハ全体存養力行ノ人トミユレ共、夷狄ニ事ルノ身ヲ失ノ全体、一生ノ名義ニ背ク故、陶淵明ヲ以《て》云ヘバ、自惰楽《じだらく》ナルコト多レ共、魯*斎ヨリ大矩ヲ得タル*人ナリ。一*筋ヲ以《て》論ズルアリ。管仲ガ仁、兼平ガ武勇ノ如《き》、是ナリ。又孔明ト云共、*劉璋ヲダマシ取ハ非ナリト云ル如《き》、是也。一節二節ノ非アレ共、全体ノ大矩ニ疵付カザルアリ。即《ち》孔明ノ劉璋ヲ取《り》、張良ノ項羽ヲ天下*ヲ分ケ取ニスルダマシヲ使フ如キ、是ナリ。一節ノ非ニ因テ全体*ノ害アルアリ。「遺言」ニ載ル*薛方ガ王莽ヲ堯舜ニアシラフテ不レ仕、後漢ノ*陳寔《ちんしょく》ガ宦官ノ葬礼ニ出タル如《き》、是ナリ。大矩アシケレバ、余ハ取ニ足ザルアリ。凡《そ》背レ君之臣、失レ身之妻ナドノ平生ニ可《き》レ観《る》コトアル如《き》、是ナリ。又時ニ因テ全体ヲ棄《て》、只其一《つ》ヲ撮《つま》ミ取テ入用ノ則ニスルコトアリ。曹操ガ軍法、*范質ガ子弟ヲ戒ル書ヲ「小学」ニ取《る》如キ、是ナリ。凡此類皆其主トスル所ノ旨ヲ能辨《く》フベシ。不レ然バ必一事一*節ノ是非ヲ大矩ヘモテキテ相マゼ*ル様ニ必ナルモノナリ。相マゼヌガ吉キトテ、大矩ヨケレバ、其ヲ許スモ悪シ。又大矩アシキトテ、其ヲ取ザルモ悪シシ。一事一時ノ吟味ニテ主意ヲ不レ知者ハ、トカク格物ノ吟味ナリ難シ。加様ノ吟味ヲ不レ知者ト平生ノコトヲ話シテモ、

平、号は魯斎。元の世祖に仕え重用され呉澄と共に元の二大家と称さる。

ガ　諸本なし。

斎　底本「斉」、諸本により訂。

人　斯甲本「コト」。

筋　B本「節」。

劉璋　後漢末益州刺史劉焉の子、焉の卒後、位を襲って益州に拠ったが、劉備に奪われた。

ヲ分ケ取　京本高本「ノ分トリ」。

ノ　B本「ニ」。

薛方　字は子容、斉の人。前漢末の清名の士の誉れがあった。王莽国を簒い、これを安車を以て迎えたが、方は堯舜上に在り、下に巣由あり、今明主方に唐虞の徳を隆にす、小臣箕山の節を守らんと欲すと言って謝し、莽は強致しなかった。靖献遺言巻一にあり。

陳寔　字は仲弓。後漢の党人の名士。勢力者の宦官の張譲の父の葬に名士の往く者なく、譲甚だこれを恥じたが、寔は独り往いて弔した。後党人を誅した時、譲はこれを多として、寔を宥した。靖献遺言巻一にあり。

范質　五代末宋初の人。宋の太祖、魯国公に封ず。廉介を以て自ら持す。戒書は小学、外篇、嘉言に掲載。

節　斯甲本斯乙本「筋」。

ル　底本「スル」、諸本により訂。

譬バ　B本なし。

某丈某　底本「某文某」、九甲本小本

*譬バ*某丈某ハ手ヲ能書《く》ク人、奇特ト*誉レバ、其反答《へんとう》ニ、手ハ書ルレ共、イカイウソツキジヤノ、挨拶ガキカヌト云コトヲ、*ヱテ雑《まぜ》タガル。又*某人短気ナル人ニテ事ノ害アリト云ヘバ、其代《かわり》ニキツフ律義ナ人ナリトテ云マゼル。夫《れ》天下ノコトハ一物一理アレバ、先《ず》其一《っ》*デヨキハヨキト知タルガ吉シ。悪キハ悪キニシタルガ吉シ。*「悪《にくんで》而知《り》二其善《のを》一、好《て》而知二其悪一」ト云ル、已ニ小学ノ比ヨリ是非得失ノ吟味ノ方ヲ教ヘ、次第〳〵ニ古今ノ人物ヲ論ジテ、其是非ヲ分ツ。「春秋」「綱目」ノ学ト云ヘ共、此ナリノ至善ト云ヲ詰《つめ》ルハ、其コトナリ。其故*相手左様ノ吟味ヲ聞耳モ持ザル人ノ前ニテハ、其ニ*関《あずか》ル是非ヲ不レ説ガヨシ。必云出サヌ先ヨリ、*テキト総体ヲモテキテマゼル顔付《き》気象自然トミユルモノナリ。ゼヒ不レ得レ已《やむを》褒《ほめ》デ*叶*ヌ誤ヲ説ネバナラヌ場ナラバ、総体ハ如何*ナレ共、此コトハヨシトナリ共悪キトナリ*共、*ナラシノ前置ヲ能《く》云テ、サキノ云分ノ後手《こて》ニナラヌ様ニ惑《う》*コトナキ様ニ云ベシ。是皆言語ノ則ナリ。*自《お》ラサキノ聞《き》手明ナキ人ナレバ、此コトヲ誉《ほめ》バ、必其人*ノ総体ヲ吉《き》方ヘ思ナスカト、面《おも》変リシタガルモノ也。悪キモ同コト。其故グズ〳〵ゴデ〳〵ト其弊《ついえ》ナキ様ニ辞ヲソロヘウメテ行ントスレバ、畢竟ノ真是真非ハ不レ明《なら》シテ、サキノ惑増ス。加様ノ義、只平生ニ付テ*能《く》察シ、能《く》吟味スベシ。

○「易」ニ「*言有レ序」ト有。此序ノ字極テ親切ノ旨アリ。譬バカイ取テ、平生ノ挨拶ニテモ、何ホド其コト斗リ*デ急グトテモ、先《ず》久ク不レ逢ル人ガ差当リ*ノ礼義ヲ不レ言シテ、*ツクホウモナク云コト自然トナラヌモノナリ。然バ此ヨリ深コト、此ヨリ大ナルコト、尚以《て》次第〳〵其場*〳〵平生ニ能習イ熟スベシ。其故*直言ハ吉*コトナレ共、*ヤクダテナキ様ニナリ、

ト　B本(除無乙本)により訂。B本「ソンゼウソレ」の振仮名。丈は尊称。
ト　B本「ノコトト」。
ヱテ　慶本以外のB本「ヱテハ」。
某　B本「其」。　**デ**　B本「ヲ」。
悪而…　礼記、曲礼(小学、内篇、敬身にも引)に「愛而知二其悪一、憎而知二其善一」。　**相手**　B本「数年相手」。
関ル　B本「アハザル」。
テキト　必ず、きっと。
ヌ　斯甲本小本斯乙本B本「ズ」。
ナレ　B本「アレ」。
共　B本「テモ」。
ナラシノ　均しの、一般的な。
コト　諸本「ノ」。
自ラ　B本「トカク」。
ノ　底本なし、諸本により補。
能察シ　慶本以外のB本なし。
言有序　易、艮卦六五「其の輔(つら)に艮(とど)まる。言(こと)序(ことわり)有て、悔い亡ぶ」。言語を慎み秩序あるの象。輔は頬骨、口舌を指す。
デ　B本「ヲ」、斯甲本なし。
ノ　底本なし、諸本により補。斯乙本「差当りて」。
ツクホウ　「つぎほ」(言葉をつぐきっかけ)か。B本「ツキシホ」。
〱　B本なし。
直言　思う所をありのままずけずけ言うことば。
コト　慶本以外のB本なし。
ヤクダテ　底本及び諸本「ヤリタテ」、無乙本により訂。

温言 おだやかにやさしいことば。
言忠信 論語、衛霊公「言忠信、行篤敬なれば、蛮貊の邦と雖ふとも行はれん」。忠信は誠実でまごころがあり、言行一致なること。
出辞気 論語、泰伯「辞気を出して斯に鄙倍を遠ざく」。辞気は言葉と声気。鄙倍は卑しく道理にそむくこと。
ハ B本なし。
只 小本以外のA本「惟」。
ニ B本「ニハ」。
居 諸本「入ル」。
習レヒトリト B本「習ヒトクト」。
共ニ B本「トトモニ」。
モ B本なし。
ヤ 底本「カ」、諸本により訂。
メ 底本無丙本九乙本「ノ」、諸本により訂。
スルハ 斯乙本「ぬれば」、慶本「ヌルハ」。
デ B本「ニテ」。 **ノ・ノ** 諸本なし。
吉ク 慶本以外のB本「ヨリ」。
近ヅキ B本「進ミ」。
ヲ B本「テ」。
立リ 底本「立ナリ」、諸本により訂。
立 無乙本以外のB本「立ノ」。
日々 無乙本「日用」、高本京本九乙本「日月」。 **アク** B本「アリ」。
不助… 孟子、公孫丑上「必ず事とする有り、而して正(あてに)すること勿れ。心に忘るること勿れ。助け長ずること勿れ」。正はその効を預め期する。
気 浩然の気。 **、** 諸本なし。
*温言ハ吉コトナレ共、訳《わけ》ナキニ流ル、。古ハ*言忠信、*出《す》ニ辞気《を》一――ナドトアル*ハ、皆*只一事ノ辞ノ云様ヲ聞テ、ソフ覚テ其通ニセヨト云コト*ニ非ズ。平生直《すぐ》ニヒタトソフ習イ*居《いる》コトナリ。其故日ニ重リ月ニ*習レ、ヒトリト吾《が》心上気象モ養レテ、視聴言動共ニ平生*共ニ吾《が》人柄風俗共ニ各別ノハダヘニナル、存養ノ実処トハ此コトナリ。後世存養ノヨキヲ聞テ不レ知者モ無レ共、致知*モ存養モ孝弟忠信モ能《く》済シテ置テ、其時々ニ其理ノ様ニスルコトトノミ思故、依レ旧《に》テ理ニ*ヤトハレテ身ノ動クマデニテ、吾ト共に得ル効《しるし》ミヘズ。武士ノ中ニ住*メバ、武士ナリニ辞モナリ*スルハ、風俗ニ養ル、ト云モノナリ。然共能々風俗不レ宜《から》レバ、辞付《つき》ハ尋常*デモ、辞ノ品真味ソデナキ故、尋常ナル辞ニテサモシキコトヲ云ニナル。存養ハ風俗ヲ頼《たのみ》ニスルコトナク、吾ト吾手《わがで》ニ風俗*ノ立《たつ》様ニ養《い》立ルノ道ナリ。古天下ニ「小学」*ノ行ル、時ハ、全体風俗吉キ故、天下ノ人柄大格ノ下地*吉ク、学ニモ*近ヅキヨキハ、尤《も》風俗ノ好キヲ尚ブ処コ、ニアリ。其ナリニ面々ノ自分一分ノ風俗自然ト己ニ立《つ》様ニ学*ヲ仕入レル故ニ、身一分ノナリノ存養ノ実モ*立リ。学者ヲ以《て》云ヘバ、己ニ自《み》*立《つ》風俗無レバ、存養ノ力無《き》ト云モノナリ。云《い》損イタルコト、辞ノ序ナクシテ弊アリツルコト、*日々何ゴトニ因ズ、骨肉世上応接ノ間ニモ覚ヘ有ベシ。スレバ序ノ一字ヲ以《て》平生ニ省ミ習ザレバ、毎《いつ》マデモ其悔アル筈ナリ。俄ニ効《しるし》ヲミントス可ラズ。又ナリ合《やい》ト思ベカラズ。已ニ誤タルハゼヒナシ、懲《こり》テハ察シ、習テハ熟シ、一ノ吾ニ其惣体ノ目当*アクト、*不レ助不レ忘スル、コ、ガ必有レ事《とする》ト云モノナリ。必有レ事トハ、*気ヲ養ノ為ニ孟子ノ云《わ》ル*、ナレド、平生訳《わけ》ナシデナク、ドフナリ共其筋一通リ吾仕ゴトナリト、身ニ責《せめ》トシテ居コトハ、皆事ナリ。其故

事ノ字ハ、事トスルト点ヲ読ベシ。「*集註」其通リナリ。只広ク身ニハ其事アルト云ニテナシ、常住ノ仕事ガ有ト云コトナリ。

○「*明徳記」ニ、*山名伊豆守謀叛*ヲ思《い》立《ち》、家臣*小林民部ニ其コトヲ告《つげ》談合ス。小林涙ヲ流シ極メ諫ム。山名了ニ不レ用。小林其翌日ノ戦*ニ討死ノ合点ニテ、*山名□ト云合セ、一番ニ*岩神通《り》ノ手ニ戦イ、一人ナリ共カケ通リ、*公方ノ陣ニテ戦イ死ントセシニ、*大内義弘長刀ノ達者故、了ニ一人モ通サズ、小林モ義弘ニ討レテ死ス。此コトヲ挙《て》、山崎先生ヘ如何ト相尋シニ、先生云ルハ、極テ諫ルハ固ヨリ好シ、公方ノ陣ヘ駈入テ*死ルハ心得ヌ*コトアリ。其故又然ラバ極《め》諫テ死《す》ルマデヲ限トシ*タニテ有ベク候*ヤト問ヘバ、其ヲノケテ何カ可《き》レ有トノ答ナリ。小林ガ合点ハ少モ山名ガ謀反ニ従《う》*ニ非ズ、只無用ト諫ルカラハ、吾君ヲ大切ニ思ユヘナリ。少モ身ヲカバイ軍《いくさ》ヲ扣《ひか》ヘタキ*合点無レ之ユヘ、却テ諫《め》用ラレヌ*上ハ、モノ、見ゴトニ公方ノ陣ヘ駈込テ討死シテ、吾主ヲ大事トシ身ヲカバハザルノ存念ヲ明ニシテ、最早世ニ生キテ居ザル*コトヲ示タルマデナリ。是等皆少モ私邪ノ心ハ無レ共、身ノ一分ノナリヲ立派ニスルヨリ*出ル誤、是ヨリ下ハ主ノ吾言ヲ不レ用ニ慣ル気アリテスルモ有、其ヨリハ小林ハ増*ヌル様ナレ共、五十歩百歩ノ違、武士ノ名ヲ以《て》身ヲ立《て》意気ヅクニテ、平生*ノ義ヲ吟味*セヌ誤、真実君臣ノ大義ヲ不レ知コト可《き》レ嘆《く》コトナリ。「太平記」ニ、*名和伯耆ガ*三木《ぼく》一草ノ辞ヲ聞テ討死シ、甲州勝頼ノ長篠ノ合戦ニ、*馬場美濃守諫ヲ聴レザルヲ悔*ミテ我身ヲ引ニ非ズ、明日一番ニ討死*スルモノハ我ナル可ト云ル*、皆誤ナリ。譬《たとい》*後《おく》レタル名ハ取ベシ、主人ニ激シテ、代々恩ヲ得テ其家ト共ニ存亡スル程ノ身ノ吾身一*分ノ嫌《きらい》*ヲヨ

集註　孟子集註「必有レ事焉、有レ所レ事也。如下有レ事ニ於顓臾一之有上ㇾ事」。
明徳記　義満が山名家の内紛に乗じて挑発し、山名氏清・満幸等が明徳二年起した反乱を義満が討伐した顚末を叙した戦記。三巻。乱後ほどなく記されたと言われる。
山名伊豆守　山名氏清は民部少輔陸奥守で、伊豆守ではない。明徳記は陸奥前司或いは奥州と記す。
ヲ　諸本「ノ」。
小林民部　明徳記には小林上野守義繁とあり、民部ではない。
ニ　B本なし。
山名　A本二字空格、B本空格せず。明徳記によれば山名上総介高義。
岩神通　京都の二条大宮通りの左。神はB本「上」。**公方**　将軍足利義満。
大内　南北朝室町初の武将。周防・長門・豊前・石見の守護となり、明徳の乱で和泉紀伊の守護職を併せ、朝鮮との交易で富をたくわえ、また南北朝合一に功があったが、後義満の意に逆って討伐され、堺にて戦死。
死ルハ　無丙本斯乙本「死スルハ」、B本「死タルハ」。
コト　B本「コトト」。
タニテ　斯甲本斯乙本「タルニテ」、小本「タルマテニテ」、B本「タルテ」。
ヤ　底本「カ」、諸本にて訂。
ニ　慶本以外のB本「ニハ」。
合点　B本「合点テ」。
ヌ　諸本「ザル」。**コト**　B本「ナリ」。

ケ、*身分ノ名ヲ流スマジキ*マデニ、如レ此ニシテ大事ノ主ノ先途ヲモ不ニ見届《け》一、怨テハ死シ、*激シテハ死シ、嘆キテハ死シスレバ、敵ニ得ヲ付《つけ》、主ニ損ヲサセテ、吾恥辱ヲ洒《すす》グ斗リ*ハ、君臣ノ義ノ字、何トテ済ムベキ。左アル故義ノ字ニ明ナル武士ハ必妄《みだ》リナル喧嘩ヲセズ、平生其合点ニ身*ヲ立ル故、恥辱ノ名モ不レ取。*佐久間玄蕃ガ志津《が》嶽ノ合戦ハ大ナル場ノ誤ナレ共、生捕ラレ*テ不《る》レ屈《せ》ハ丈夫ノ仕業ナリト、「*大和小学」ニモ褒ラレタル*ハ是故ナリ。凡《そ》君ニ事ヘテ*委《す》ニ其身《を》一ト有《る》委ノ字、加様ノ吟味マデヲ経ズシテ君ニ打任《うちまか》ス*コト云ヘバ、何ノ義ノ字ノ詮議ナシ。然ラバ*不《れば》レ可《なら》則《ち》去《る》*トハ如何ト云ヘバ、其ハ前ニモ云如ク、平生吾存念ノ如ク君ノ使イ様用イ様合ザレバ、身ヲ致シ*事フベキ様ナシ。何ホド頼レテモ余義ナク思テモ、*本科ノ医者ニ外科ノアシライニテ腫物ヲアテガヘバ、療治ノシラレザルト同コトナリ。見放シ難レバ善キ外科ヲ引*付ハスベシ。我外科ニアシラハレテハ、サキニ益ナク、己ヲ辱ムル、可《き》レ為《す》様ナシ、*如在ニアラズ。不レ可則去モ、其ナラ*置《おき》ヤト云テ、*カラハナチニ物ヲ直切《ねぎり》テマケネバ置《く》様ナル地位気象トハ各別ナリ。又*大変大節ニ*臨ミ、国ノ存亡只今ニ有ト*云時、何ホド諫ヲ不レ聴ホドニトテ、最早去《る》ノノクノト云場《の》ニテナシ。敵ニ礫《つぶ》テナリ*共打テ、主ノ為ニ働キ死ルガヨキ筈ナリ。加様ノ義、皆君臣ノ物ニ格《いた》ルト云吟味ニ与ルコト、尤《も》切要ノ義ナリ。唐ノ*張巡睢陽《すいよう》ノ戦ニ自害セザルモ、後レタルニ非ズ。文山ノ執ヘラル、マデ戦タルモ、主ヲ思《い》宋ヲ存シタキノ一念ノ忠義ノ実ナリ。近代武士ノ義ノ吟味ハ、只後レヲ不《る》レ取ノ、名ヲ汚サヌノト云マデニテ、詰《る》処小サキ一分ノ意気ヅクヨリサキナルコト*ナク、大矩ニアテ、云ベキコト無ハ、皆此誤ナリ。楠ナドハ加様ノ名ニ拘ハリ意気マ

出ル　B本「出ルノ」。
ヌル　九甲本「ナル」、B本「タル」。
ノ　諸本なし。**セヌ**　B本「スル」。
名和伯耆　名和長年。
三木一草　結城（ゆうき）・伯耆（ほうき）・楠木（くすのき）の「き」で三木、千種（ちくさ）の「くさ」で一草と言った。→補記
馬場　信勝。武田氏の勇将。天正三年長篠の合戦に戦死。
悔　京本高本九乙本「恨」。
スル　B本「シタル」。
ル　底本「リ」、諸本により訂。
後レ　B本「憶シ」。**一分**　一身の面目。B本「ノ分」、慶本「我自分」。
ヲ　無乙本以外のB本「ハ」。
身分　慶本「自分」。**マデ**　B本「タメ」。
激シテハ死シ　慶本以外のB本なし。
ハ　B本「ソ」、慶本「ニテ」。
ヲ　高本京本九乙本以外の諸本なし。
佐久間　盛政。玄蕃允と称す。柴田勝家の妹の子。賤ケ嶽の戦に先鋒となり、急襲の勝に乗じたが、勝家の撤退勧告をきかず敗軍の端をなした。のち農民に捕えられ、斬殺された。
テ　B本「テモ」。
大和小学　山崎闇斎著。朱子の「小学」にならって和漢の嘉言善行を和文にて記す。同書明倫第二「佐久間玄蕃が大路をわたされし時に申し所存こそ頼母し」。**ハ**　B本「コト」。
委其身　身をまかせる、仕えること。委をB本「致」に作る。下同じ。
コト　底本なし、諸本により補。

デノ人間ニテハ無レ共、公家衆ハ全体マヽ喰ハフノ様ナル体ニテ、何ゴトヲ云テモ迚《とて》モ用ラレズ、高氏ハ西国ヲ駆リ催シテ来ル、其禦《ぐ》ベキ道ヲ云ヘド、*坊門《の》宰相如キタワケヲ尽ス故、最早生キテ天子ノ御難義ニナリ玉フベキヲ見《る》ニ忍ズ、惣並ミニ泥ニマブレテ居ラレズ、世《の》中今ハ是マデト存《じ》切タル心、其感慨不《る》レ忍《び》ノ嘆キ、千載ノ忠義ノ人ノ涙ヲコボスニ勝《たえ》ザル親切ノ忠臣ナリ。去バ此世中、今ハ是マデナリト思テト書ル段コソ、*記録ノ能《よく》得タル、*思《う》トハ辞ニ著ルヽ、上ノ余詞ナレバ、楠ガ真言ナルベシ。此モ*此楠ガ忠義ノ心ヲ不レ知者ハ、最早是キリニテ吾モヨイ*死デ取タガ増シト、アグミ果テ思《い》棄タル様ニ取レバ、大ニ楠ヲ不レ知ト云ベシ。*倦々*惻怛《そくだつの》忠徹《する》二日月《に》一ノ*心、誠ニ此一言ニアリ。扨又残念ナル処モ此一言ニアリ。此上乍ラ七十騎ニテモ駈《け》ヌケテ、イツ迄モ七代生レ変リテモ朝敵ヲ亡シタキト云辞ノ存念ヲ遂ゲバ、楠ガ*材略ニテ大和河内ニ引込テ其時ヲ待タバ、不レ成《ら》ハイツ迄モ天命、勿論云ニ及ズ、何様ノ義モ仕《し》出ス可《き》コトナリ。此即《ち》屈原ガ*宗国ノ亡ルヲミルニ不レ忍シテ*汨《べき》羅《ら》ニ身ヲ*沈メラシ心ト事ハ変リテ同日ノ談ニシテ、*忠ニシテ過《すぎた》ルト議セラルヽモ、此ニアリ。又千載ノ一人ト称セラルヽモ、此ニアリ。嗚呼、君臣ノ義ノ吟味不レ精シテハ*扨々ナリ難コト、加様ノコトニテ*知ベシ。

「思ト云ハ辞ニ著ルヽノ余詞ナ*レバ」ト云詞《う》ノソヒタルハ、思トアル故、後世其旨ヲ不レ得者不レ審《ニセ》シテ、思ト云カラハ、側ヨリ知《ろ》フ様ナイガト云《う》者必《ず》有タガル故、其防ギノ為ニ加様ニ仰セ置ルヽト有コト也。

右三条十二月六日夜録

不可… 礼記、内則「四十始仕。…道合則服従。不レ可則去」。
トハ B本「ト云ハ」。
シ B本「シテ」。 **本科** 内科。
引付 紹介。 **如在** 手ぬかり。
置ヤ よせやい、やめてくれ。無乙本以外のB本「置ヤレ」。
カラハナチニ やりっぱなしの意か。B本「アフハナチニ」。
大変大節 生死存亡にかかわる大事変大事。 **臨ミ** B本「臨ムニ」。
云 B本「アル」。 **共** 他のA本「ト」。
張巡 安禄山の乱に許遠らと睢陽(河南省)を死守、反乱軍の南下を防ぎ、落城後斬殺された。
ナク 斯甲本「ナシ」、他の諸本なし。

坊門宰相 藤原清忠。正成の献策に反対した。
記録 太平記の記述を指す。↓補記
思トハ ↓補記
此 斯甲本B本なし。
死デ 死出の山、死出の旅の略。
倦々 情厚くねんごろにして、どこまでも離れぬさま。
惻怛 いたみ憂え悲しむ。
ノ心 B本「心ノ」。 **材** B本「才」。
宗国 本家とする国。楚を指す。
汨羅 汨水と羅水の合流点、湖南省にあり。
ヲ 底本なし、諸本により補。
忠ニシテ… 朱子の楚辞集註、序(靖献遺言巻一引)に「原之為レ人、其志

忠ノ一字、心ノ実有テ其義ヲ尽スヲ云。大抵義ノ一字、紛レ易ク、明ニスル者鮮シ。故ニ変乱ノ時身ヲ摧《くだい》テモ主ノ為ニ不ㇾ惜者多シ。*亀井・*片岡・*兼平如キノ者、主ニ離レズ付《き》マトヒテ、了ニ僅ナ主ニ疎《うと》キ心ナシ。死生ノ場ニテモ身ヲ不ㇾ惜、尤《けな》ゲニ主ノ供シテ死ル。其心ハ*自ラ聖賢ノ云ル所ノ忠ニ恥ルコトナシ。然共可ㇾ惜コトハ義ノ字ヲ不ㇾ知ユへ、義経都ニテ*一分ニ院宣ヲ蒙リ、*宗盛ガ聟トナル様ナルコト有テモ、諫ルスベ*ヲ不ㇾ知。奥州ノ戦モ其ヨリシテ終ニ*兄ト敵対ノナリニテ死ス。然共義経ハ尚モ頼朝始ヨリ忌ミ悪テ、罪アル罪ナキヲ不ㇾ論殺ス合点ニテアル上ナレバ、*恕スベキ処モアリ。兼平ニ至テハ全ク木曾院ノ御所へ対シ反逆ノ乱臣賊子ノ手伝ヲシテ、終ニ頼朝ノ為ニ朝敵ノ名ニテ主ヲ殺*レケルコソ大義ノ暗キ、大一《だいいち》浅マシキコトナラズヤ。左アル故、忠ノ心有テ忠ノ義明ナラザレバ、毎《いつ》トテモ忠ノ字ニ疵付ク。其故忠ノ字ノ吟味云ザル者無レドモ、只頼シ*ク親ヲ棄《て》主ヲ棄《て》テモ我方《われがた》ヲスル者ヲ忠節ト呼コソ、不埒不明ノ至ナリ。前ニ云ル小林民部モ兼平ニ比スレバ、一段義ノ字明ニミユレ共、諫ニ不ㇾ死シテ謀反ノ先手ニ馳《せ》込《み》死ルハ、アタラ主ノ為ニ棄ル命ヲ共ニ不義ノ名ニ死ルコトコソ、ウタテケレ。乱世ノ風一*人ニテモ味方ニナルヲ互ニ悦《ぶ》時故、ドチ*ラヘドフナリ共シテ*手下ニ働ケバ、忠ノ字ヲ許ス様ニ*自《おの》ヅトナリテ、全ク忠ノ字ヲ失*コトヲ不ㇾ知。「大学《の》」至善ノ章ニ「為《ては》㆓人《の》子《と》㆒止《まる》㆓*於《に》孝㆒」トアル、*五ノ題目モ頓ト常行不易ノ大目ノ目当ヲ立テ、其物ノ吟味ヲセヨト有コトナリ。ソレ何トシテ伝者ノ旨可ㇾ知ゾト云へバ、至善ノ章ニ加様ニ云《い》並テ目当トアレバ、其孝ト云《い》忠ト云ノ不ㇾ遺《ラ》疵*ナイ義一杯*ノ明《か》ナルヲ以《て》コソ、至善ト云字ハ云ル、筈ナリ。左モ無レバ何様ノ乱世ニテモ*何様ノ暗キ

行雖㆘或過㆓於中庸㆒、而不㆖可㆓以為㆒ㇾ法、然皆出㆓於忠ㇾ君愛ㇾ国之誠心㆒。原之為ㇾ書、其辞旨雖㆘或流㆓於跌宕怪神怨懟激発㆒、而不㆖可㆓以為㆒ㇾ訓、然皆生㆘於繾綣惻怛不ㇾ能㆓自已㆒之至意㆖」。

扨々 B本「サキ〳〵ノ」。

知 B本「ミル」。

ナレバ 底本「ナルベシ」。諸本により訂。

亀井 六郎、名は重清。義経の家臣。

片岡 八郎とも経春ともあり、また太郎経春等ともいわれ、義経の家臣。

兼平 ↓三八四頁注「今井」

自ラ 無乙本以外のB本なし。

一分 その人一個の分際。

宗盛 平時忠の誤り。

ヲ 斯甲本小本斯乙本「ヲモ」。

兄ト B本なし。

恕 底本「怒」、諸本により訂。

レ 無乙本以外のB本「セ」。

ク B本「キ」。

人 慶本以外のB本「ツ」。

ラ B本なし。

手下 斯甲本小本斯乙本B本「吾ガ手下」。 **自ヅト** B本「自ラ」。

コト B本なし。

於 底本A本なし、B本・原文により補。

五ノ題目 大学、伝三章、至善に「詩に云ふ穆穆たる文王於(ああ)緝熙にして敬て止まる。人の君と為ては仁に止まり、人の臣と為ては敬に止まり、人の子と為ては孝に止まり、人の父

者モ、親ニ孝、君ニ忠ト云コトヲ不レ知者可レ有ヤ。去バ忠ニ止《ら》*ント、吾今マデ覚テ居《る》忠斗リニテ尽サントスレバ、果シテ義経・木曾ガ家頼ノ様ナル失アリ。然レバ吟味ヲシ古今ヲ調ベテ、其一チ善クシテ仕損イナキヲ、師ニ問イ友ニ吟味シ、平生ニ胸ノ間ニ紛レナク気《き》仕《づか》イナク、何時モ*寒キニ*着物、飢タルニ飲食ノ如ニ、心ニ*キツカケ有ホドニ明《あから》メ得タラバ、何ト変ジテモ、イカ様ノ場ニテモ、已レト疑ナク身ガ立《ち》*マワラル丶、筈ナリ。是*物*ト立テ、其物ノ理ニ吟味シテ格《いた》レト有コトノ教、扨々明ナルコトナリ。「大学」ノ教不レ明《る》、世ノ人倫風俗ノ暗キトハ加様ノコトニテ可レ知。然共天下一統ノ学問加様ニ指《し》当リノ日用端的ノ吟味トハ不レ知、一事ノ場ニ臨《み》、其事ヲ初ヨリ何共合点ガイカズバ、ミヂンモ理ヲ不レ付ニ居レバ、「*不《を》レ知《ら》為《す》レ不《と》レ知《ら》」ニテ吉レ共、人ノ必《ず》平生ニ惣体面々ナリニ覚テ居《る》義理ノ総矩《かね》、何トナリ共アルモノナリ。其ヲ能《く》吟味スレバ、気質ノクセモアリ、又日比先入ノ説共ニ、義理ノ捌キグセツイテ有モアリ。又推量強ク発明ダテヲシタガルクセ有テ、強テ義理ヲ付《け》来リタルモアリ。又一二*事ノ*コトノ見聞ニ因テ其見聞シタルコトニ類シタルコトアレバ、直ニ其ヲ定木ニ云モ有。此皆面々方ノ義理ニテ、聖賢天地自然ノ則ヲ得テ、古今事実是非聖賢所レ説《く》ノ大法大義ノ墨矩《すみかね》ニアテタルコトニテ無レ之レバ、只吾手*《がで》ニ云マデノコトナリ。ヨシ私意ナクシテ云トテモ、覚ヘナフシテ云、同《じ》コトナリ。程子ノ云ル雖*レ無《しと》二邪心一不レ合*《わ》二正理《に》一レバ即《ち》妄ナリ。邪心ナシト云共、物ノ字ノ吟味明ナラザレバ、覚《おぼえ》ナクシテ云分ハ、皆ソデナキコトト、詰リヲ*云ル説也。此矩ヲ以《て》人ノ説ク処、処スル処ヲミレバ、紛ル丶コト無モノナリ。其ヲ以《て》是非ヲ正シ*テ吾心ニノラザルコトハ、吾ト理ヲ付《け》ズ、真実ノ吟味ヲ*シ

と為ては慈に止まり、国人と交ては信に止まれり」。
ナイ B本「ナク」。**杯** B本「マイ」。
モ 底本等なし、斯甲本小本斯乙本B本により補。

ン B本「レ」。
モ 底本「ニモ」、諸本により訂。
ニ 諸本なし。
キツカケ 切りつける如き気勢。
マワラル丶 無丙本斯乙本「マワル丶」、無乙本「マハル」、他のB本「スハル」。
是 底本「是ト」、諸本により訂。
物ト 大学の格物致知のこと。
不知… 論語、為政「子の曰く、由よ、女(なんじ)に之を知ることを誨(おし)へんか。之を知るを之を知ると為す、知らざるを知らずと為す。是れ知れるなり」。
ニ B本「大」。
コトノ 底本なし、諸本により補。
吾手ニ B本「我ガチ」。→三三七頁注
雖無… 程伊川易伝の无妄の卦(近思録、為学に引)にあり。
合 底本「為」、諸本により訂。
ヲ 底本なし、諸本により補。
シテ B本「シテミテ」。
ヲ B本「ヨク」。

タガルガヨシ。又義ノ*字斗リ知テ、本心ニ病ム処アレバ、勿論其義己ニ出ルニ非ズ。勿論忠ノ字ニ尚以《て》遠シ。其故古《え》忠ノ字ヲ論ズル、義ニ合ザレ共、小々大義ノ損ネニナラザル程ナレバ、心ノ実ヲ取テ不《る》レ捨《て》アリ。是皆本ヲ論ズルノ論故ナリ。心実ナレバ義ノ損ネ苦カラズト云コト有べキ筈ナシ。格物致知ハ義ノ字ヲ明ニスル吟味、誠意正心脩身ハ心ノ実ヲ得ル為ノ功夫ニテ、物ノ字ヨリ明ナラザレバ、心ノ実ニナルベキ正味ナシ。其故物ニ格《いた》ルニ始ラザレバ、何ニ*実ナルベキ意*モナシ、何ニ*ヒヅムベキ心モサヽレズ、何ニ損ネテアル身モ脩《む》べキ指処《さす》ナシ。余義ナキコトナリ。トカク縦横十文字精粗細大格物ノ教ホド離レラレザルコトナシ。加様ノ旨ヲ不レ知シテ、「大学」ヲ委《くわし》フ説クノ、八目ヲ捌クノト云モ、何共合点ノイカヌコトニテ、異学雑説ノ為ニ迷ザルべキ*証据ミヘズ、兼平ガコトヲ格物*デ話セバ、各別*耳ヲ取テ鼻ヲカム如ニ、余処《よそ》ノコトノ様ニ聞《き》ナシ、広ク天文地理文字穿鑿*ヲ密クシテ、格物ト云ヘバ左モ有ソフニ覚*ル。皆近代俗学浅近ノ習ショリ加様ニナリテ、「*或問」ノ一段モトクト不《る》レ見儒者ヤ、共スレバ、朱子ノ学ヲ精クスルノ、「大学」ヲ詳ニスルノト云ル、能《く》々自省《みる》べキ*コトナリ。

○頼朝*ホド雄略ノ名将ハ少シテ、残忍*忌刻又類ナキ愚将ナリ。吾一人平家ノ為ニ殺サレザル故、終ニ平家ヲ覆シタルコト、身ニ覚タルヲ見懲《みごらし》ニシテ、平家ノ子孫ヲ遺サズタヤスノミナラズ、己ガ骨肉兄弟マデ忌悪《いみにく》ミテ様々ノ罪ヲ拵テ脅シ殺スコソ浅マシケレ。梶原ガ讒ハ勿論其罪無《き》レ所レ逃《るる》コト云ニ及ザレ共、頼朝根本底意ニトテモ範頼・義経ヲ育テヽ置《く》合点ニ非ズ。只サヘ加様ニ忌《み》嫌イ心許ナキ最中ニ、讒人共其意ヲ伺イ知テイロ〳〵ト義経

字　底本「学」、諸本により訂。

ヒヅム　ゆがむ。

モ　底本なし、諸本により補。

実　無甲本無丙本九甲本小本斯乙本「実ニ」。

証据　B本「正脈」。

デ　諸本「ニテ」。

耳ヲ取テ鼻ヲカム　全く不釣合なことの形容。

ヲ密ク　B本「ニキビシク」。

ル　B本「ヘ」。

或問　朱子撰「大学或問」。

コト　底本なし、諸本により補。

ホド　慶本以外のB本「ホドノ」。

忌刻　人の才能をねたんでむごくあたる。

ノ一*分ニ立チ*、頼朝ノ忌嫌フ心ニ当ル様ニ云イナ*ス程ニ、ナジカハタマルベキ。初ヨリ忌嫌フト云証据ニ*ハ、範頼何ノ譏セラル、コトモナク、初ヨリ鎌倉ヘ帰テ別条ナキヲ、義経ガ様ナルコトヲ仕出スナド追掛*タルコトヲ無理ニ云遣シテ終ニ自害ニ及ブ。木*曾義仲ガ子モ*我聟ニシテ殺レ之*。是ヨリ子孫見《る》ヲ見マネニ骨肉相殺《す》ヲ家法ノ如ニシテ、実朝頼家ヲ弑スレバ、悪*禅師又実朝ヲ殺シ、悪禅師モ亦不レ得レ免*レ死。義*経ノ子モ軍ヲ起シテ殺サレ、終ニ一人モ刃ニ死セザルハ無シテ、一人モ義ニ死スルハ無レ之。悪禅師斗リハ親ノ敵ヲ討タルト云モノナレ共*、骨肉相殺ノ不幸イミジキコト共云難シ。カホドニ己ガ骨肉マデヲ自《み》切テ吾ト吾子孫ヲ亡ス程ノコトカト思ヘバ、己ガ妻ニ惑イ、北条一家ノ者共ニ猫ニ鰹節ヲ預ケ、敵ニ刀ノ柄ヲ渡《し》タル様*ニシテ終ニ奪レタル、是豈大愚将ノ実ニ非ヤ。譬《たとい》頼朝ヤ*タケニ思フ共、清盛入道ヨ*ク己ヲ謙シ上ヲ敬イ、源平ノ士ニ礼義ヲ尽シ、重盛ヲ主ニシテ、公家一統ノ御政ヲ助ケバ、東国ノ武士何ト首《あた》マヲ挙《ぐ》ベキ。木曾義仲ナドモ勅命ニ従《い》、平家ニ親ミヲ求ニ暇アラザルベシ。清盛悪逆ノ極リ切ルマデハ、其サヘ東国ノ源氏モ頼朝ナキ内ハヱ背ズ。況ヤ右ノ如ニ朝廷ノ政ノ明ニ、重盛如ノ礼義正キ大将アラバ、頼朝百人アリトテ、可*レ起端ナシ。頼朝尼将軍ノ名分ヲ正シ、北条ニ奪レザルコト早ク明ニシテ、大権ヲ和*田・秩父等ノ家ニ任シ*、吾生*キ世ニ能《く》天下ノ風俗ヲ打付《うちつけ》、天子ヲ敬イ諸士ヲ撫バ、頼家・実朝不君ナリト云共、左*ホドニホイナク跡タユベキ様ナシ。邪気虚ニ乗ジテ入《る》ト云ル辞古今ノ名言ナリ。北条ガ家モ亦真実ニ頼朝ノ家ヲ重ジ、朝命ヲ大事トセバ、義貞・高氏ガ輩アリ迚モ、自《お》ラ下知ニ従ヨリ外ハナキ筈ナリ。古今ノ惑己レニ亡サルベキスキマ有コトヲ

一分ニ立チ　意味未詳。
チ　斯甲本小本B本「テ」。
ナ　底本「サ」、諸本により訂。
ニ　B本なし。
タルコトヲ無理　底本無丙本九甲本なし、他の諸本により補。
木曾義仲ガ子…　義仲の長男義高を長女大姫の聟としたが、義仲を攻め殺した後、殺害。時に十二歳。
モ　小本斯乙本B本(慶本以外)「トモ」。
之　B本なし。
悪禅師　公暁、源頼家の子。鶴岡八幡宮別当。父の仇討と称して実朝を斬り、三浦義村の部下に殺さる。
免　底本等なし、無甲本小本斯乙本により補。
義経　頼家の誤りか。長子一幡・三子栄実共に幕府反乱に利用され殺さる。
共　諸本「ド」。
様　B本「如ク」。
ヤタケ　いよいよ勢いはげしく勇み立つさま。
ヨク　底本等「ヨリ」、九甲本B本により訂。
可起　底本等「可逃」、斯甲本無甲本小本斯乙本により訂。B本「スヘキ」。
和田・秩父等　和田義盛・畠山重忠等。四一〇頁一四行以下参照。
シ　斯甲本無甲本B本「シテ」。
生キ世　生きている時。
ホド　底本「様」、諸本により訂。

不レ知シテ、只忌《み》嫌フモノヲスキトナキ様ニシテ不《る》レ乱《れ》様ニト思《う》。是ホド暗《き》コトナシ。左アラバ頼朝ガ平家ヲ討タルハ、父義朝ガ敵ヲ討ノ大義ハ是又僻事《ひがごと》ナリヤ。去《され》バノコトナリ。頼朝*ハ、義朝ガ敵ナレバ*何《いず》クマデモ清盛ヲ*不《る》ニ共《に》戴《か》レ天《を》ガ大義ナリ。平家ハ又上ヲ敬イ己ヲ謙《へりくだ》リテ己ガ家ヲ不《る》レ失《わ》様ニスルガ、己ガ家ノ大義ナリ。其ハ*各《の》分ニシテ、論ジテ相悖《もと》ラザルガヨシ。吾ト侈《おごり》テ敵ニ討ル、様ニシテ、頼朝ガ為ニ親ノ敵ヲ討ル、ガ平家ノ大義ニ非ズ。根本義朝親ノ為義ヲ弑セルヨリ其骨肉相害スルノ風俗如レ此。天命名分可レ恐コトニ非ヤ。況《や》頼朝平家ヲ滅シテ、終ニ総追捕使ヲ望ミ、天子政務ノ権ヲ奪フ計ゴト、是亦*作《る》レ俑《ようを》ノ罪人、世変ノ主タル、豈可ニ勝《て》言一哉。其余ハ可ニ推《して》*而知《る》一。

○木曾天子ヘ反逆ノ罪ナクンバ、頼朝其儘味方ニシテ存ス可キヤ。曰、不レ然。ドチラヘシテモ頼朝ノ所レ忌《む》、別シテ木曾ニアリ。其分ニ*シテ立《て》置《く》コトナキ筈ナリ。トテモ頼朝ガ為ニ潰サレテ死《す》ルナラバ、好*キ反逆ノ云立ニシラレザル様ニシテ、天子ノ為ニ大義ヲ立テ死セバ、天下後世マデモ忠義ノ軍ト云ル、可キニ、別シテ其故惜*ベキコトナリ。大旨成敗利害ヲ以《て》義理ノ則トスレバ、皆跡ガ*立タ敗タト云コトヲ以《て》論ズル故、大義必《ず》不レ明。*朱子、「左伝」ノ病ヲ論ゼルモ、皆如レ此。トニカクニ義ノ字ノ吟味、天下一統ノ正脈タルコト不レ明レバ、此弊多シ。下ヨリ上ニ事ルノミナラズ、上ヨリ下ヲ処スルモ、義ヲ失ヘバ、必《ず》乱ヲ招モ如レ此。

○小松ノ大臣《おとど》、清盛*相国タルニヨリ内大臣ニ任ゼラ*ル、、是誤也ト云吟味アリ。是勿論ナリ。去共此時ニ当テ如レ此ナラザレバ、却テ己*ガ父ヲ正シ骨肉ヲ制シ公家ヲ宜ク取持ベ

ハ　B本「ハ清盛ハ」。
何ク　諸本「何国」。
不共…　礼記、曲礼上に「父之讐、弗ニ与共戴レ天」。父の讐は同一の天地に生息せしめず、必ず求めて殺さねばならぬ。
各　底本斯乙本「名」、諸本により訂。
作俑　俑は葬に従う木偶、終には生きた人を殉死せしむる端を開くに至る不仁の甚しきを孔子が悪んだ故事から、善からざる例を始める意。
而　底本なし、諸本により補。
シテ　諸本なし。
キ　底本「シ」、諸本により訂。
ベ　諸本なし。
立タ敗タ　B本「立ヌ敗ヌ」。
朱子…　朱子語類巻八三「左氏之病、是以ニ成敗一論ニ是非ニ而不レ本ニ於義理之正ニ」。「左氏有ニ一箇大病一。是他好以ニ成敗一論レ人。遇ニ他做得来好一時、便説ニ他好一。做得来不レ好時、便説ニ他不レ是。却都不ニ折レ之以ニ理之是非一。這是他大病。叙レ事時左氏却多レ是」等。
相国　太政大臣・左大臣・右大臣の唐名。
ル、　慶本以外のB本「ル、モ」。
ガ　諸本なし。

キ　底本「シ」、諸本により訂。
殿下の乗合　平家物語巻一にあり。重盛の次男資盛が鷹狩の帰り、摂政藤原基房の参内に行き会ったが下馬の礼をとらず、恥辱を受けた。清盛

＊キ権威ナキ故、不レ得レ已《やむを》シテナラレタルコトモ有ベシ。＊殿下ノ乗合等、其外前後ノ旨ヲ以ミレバ明ナリ。若《もし》第一等ノ賢者ナラバ加様ニ無《く》共、父ヲモ＊位ヲ引下ゲ、一家ヲモ正シテ、其身モ加様ニ高位ニ任ゼザル様ニモナル可レ共、其ハ其ホドノ徳義ニ非ト知べシ。然共全体朝廷ノ体ヲ正シ、天子へ忠義ヲ致シ、父ノ悪逆ヲ吾一生君臣ノ変ニ至ラセザルハ＊、大忠孝ト云べシ。只此ヲ主ニシテ論ズ＊ル可ナリ。

右四条十二月十一日夜録

軍ニ旺寄ト云コトアリ。即《ち》＊旺相ノ法ナリ。＊軍配ノ法ニ、方角・＊日取《ひどり》・年取ニ因テ取コト、子ノ年ハ仕《し》懸《かけ》ル軍ハ正月吉ク、丑ノ年ハ＊二月吉ク、寅ノ年ハ三月吉《し》ト云。去共春ヲ待レズ＊シテ春ヲ過タル戦ハ又方角ヲ主ニシテ、子ノ年ハ北ヨリ南ニ向テ＊討テ吉シトスル如シ。残リ皆此例ナリ。旺ハ其気ノ主トナリ盛ナル最中ヲ云。月取・日取モ如レ此。是ハ軍家ノ天文暦法ノ筋ニテ用《る》コトアリ。又是ニ拘ハラザル急ナル合戦図＊ノ好キ時ハ、却テカイサマニ用テ敵ノ由断ヲ討ツ時モアリ。士卒ノ心ヲ一統シテ頼モシク思ハセントテハ、如《く》レ形《の》＊是ヲ名乗テ用ル時モアリ。先《まず》ハ旺相ノ制法・年月・方角ニ因テ右ノ通ナリ。扨《さて》名将ハ軍ノ体ヲ知リ、軍ノ図ヲ考ルニ、其時〳〵ノ旺寄ヲ知コト第一トス。譬バ赤壁＊ノ戦、曹操ホドノ雄略智謀ノ者百万ノ軍ヲ率《い》、只一息ニ呉ヲモミ潰サントカヽル。然共諸葛呉ニ勧テ終ニ敗《る》レ之《を》。呉ヨリ曹操ヲウケテ戦ニ、此時ハ呉旺寄ナリ。操ガ軍ハ百万ト云共、其実ハカサニカ＊ケテ取集《め》、勢大分ナリ。扨劉備ニ勝テ存《ぞんじ》ノ外《ほか》ノ操ガ仕合、最早呉バカリ攻ルハ、大小大分ノ違トミヘテ、手前ノ労＊ヲ不レ省《み》、旅＊軍久ク客＊トナリテ、兵粮ノアテド＊モナクカヽル。是呉

これを聞いて憤り、荒武者に命じて基房の参内を待ち伏せて乱暴狼藉を働かせた。平家の悪行のはじめと言われる。重盛後にこれを聞いて、資盛や家人を厳しく戒めたという。

モ・ハ 底本なし、諸本により補。

ズル 斯甲本「ズルコト」。

旺相 陰陽家で、五行の気の消長を旺・相・死・囚・休と称し、その旺盛なるを旺相という。これを四時に配し、事を行うには旺相の気に乗ずべしと。俗に時を得るを旺相、時を失うを休囚という。

軍配 軍隊の配置進退等のかけ引きの指図。

日取 底本「最」、諸本により訂。

ハ B本「ニハ」、下同じ。

シテ B本なし。

テ 慶本以外のB本「ヲ」。

図 思うつぼ、あつらえむきの好機。

形 底本「此」、諸本により訂。

赤壁 湖北省嘉魚県の東北、長江の岸、三国時代呉の孫権と劉備の連合軍が魏の曹操の大軍を破った所。この戦により江南の大部分は孫権に帰し、その後劉備は巴蜀を得て、天下三分の形が生じた。

カサニカケ 上から威圧して。B本「カサヲカケ」。

労 B本「方」。 **旅軍** 軍隊。

客 本国から遠く他国に出征していること。

アテド 目当て。底本以外のA本

ノ軍ヲカサニテ恐《おど》シ*立ルカ、十ガ七《つ》孫権降参ヲスベキト*タテノミタル頼ミアリ。存《じ》ノ外孫権《の》*軍ソヽラズ、引《き》受《け》戦テ江南ノ要害*ノ備《え》慥《か》ナレバ、操ガ望《む》処ノ虚勢ニテシスマス*図、皆違ヘリ。呉ハ元《もと》主軍ニテ、飽マデ操ガ人馬ノ疲レ兵粮ノアテドナク、数月ヲ持タル戦ノ根無レ之ヲ孔明見スカシテ、「孫子」ヲ引《き》、「*強弩之末不レ能レ穿《つ》二魯縞《を》一」ノ語ヲ引《き》、ゼヒ共防*ギ戦ヘト権ニ勧ラレショリ、権モ名将タル故、了ニ其旨ヲ以《て》克《かつ》レ之《に》。是呉ニハ初ヨリ根本強ク、大将・士卒モ一《ひと》軍《いくさ》モセズシテ、ハヅミ切タル処ニテアリ。固ヨリ兵粮万事コト欠コトナク、其ニ又劉備・孔明此度前ノ*俄カ負ノ軍ヲゼヒ仕返サント十分ノ勇気立テアリ。此乃《ち》皆此方ニ旺寄アリ。*符堅ガ謝玄ニ敗ラレシモ是ナリ。又吾国ノ戦ニ、*高氏西国ヨリ大勢ヲ催シ都ヘ攻《め》上ルヲ、前ノ高氏ヲ西国ヘ攻《め》下シツル例ニテ、兵庫神崎ノ辺*マデ向ヘ戦ヘトアルハ、大ナル誤*リ、高氏攻上ル時ハ、義貞西国ノ戦一《つ》モ慥ナル勝利ナクテ、高氏已ニ十分*前広ニナリ上ル*処ナレバ、全体《の》旺寄高氏ニアリ。其故正成不レ戦シテ叡山ヘ*行幸ナシ奉リ、我ハ河内ニ帰リ、敵ノ旺寄ヲ受ズニ各別ニ疲ラカシテ、其衰ヘヲ討ベキト*ハ、是《これ》旺寄ヲ奪《う》ノ戦、十分ノ図ニ当レリ。赤坂・千《ち》岩《は》破《や》ノ合戦モ、鎌倉未ダ盛ナレ共、奢ヲ極メ気アマヘテ天子ヲ侮リ諸侍ヲ*ウハナグル体ヲ見スカシテ、已ニ旺寄ノスタレタルヲ知ヌク故、籠城ニテアグミ疲カラカシテ、天下官軍ノ味方ヲ多《く》*スル様ニ根本ヲ*固《く》スル合点、是皆旺寄ヲ奪ノ略ナリ。其他木曾ガ宇治川ノ戦、皆鎌倉ノ戦《いくさ》日ノ出ノ旺寄ナレバ可レ防様ナシ。川ヲ隔テ防グ分ハ用ニ立ズト*イヘド、左ニハ非ズ、只旺寄ヲ得タル合戦ニ川斗リヲ頼テ防ベシトスル故、海ノ如ナル川ニテモ、大勢ノ中ニ川ヲ越ス程ノ勇者必《ず》ナキコト無《し》。一騎川ヲ渡レバ最早味方

「アタテ」、B本「アテ」、下同じ。
立ルカ 慶本「立テ、」。
タテノミタル 慶本「アテノミシタル」。アテノミは他人のふところを当てにして酒飲むこと。
ソヽラズ 浮きたたず。
ノ 諸本なし。
ス図 底本「ヌソ」、無丙本九甲本「スゾ」、他の諸本により訂。
強弩… 強い大ゆみで発射した矢石も力の尽きた末は魯国の薄絹を貫く力もない。英雄も衰えては何事も成し得ない。漢書、韓安国伝。
ギ 底本「セ」、諸本により訂。
俄カ B本「ニワカニ」、慶本「ニツノ」。
符堅 五胡十六国時代の前秦の王。華北統一を実現し、中国統一をめざし百万の大軍を率いて南下、これをむかえた東晋の謝安は甥の謝玄をして淝水に陣した符堅を撃破せしめた。
高氏 底本「尊氏」、諸本により訂、下同じ。
マデ B本「ニテ」。**リ** B本「ソ」。
前広 B本「マヘコロ」。
処 B本「時」。
行幸 B本「行幸ヲ」。
ハ B本「云」。
ウハナグル 見せかけだけ威圧する。B本「ウソナグル」。
スル B本「アル」。
固スル 諸本「シメタル」。
イヘド 底本「共」、諸本により訂。

ノ負ナリ。赤松*円心桂川*ヲ念ナク越タレ共、六波羅ノ勢強キ間ハ了ニ攻《め》落サレズ、赤松亦退ヌ。*去共六波羅ノ大将、河野・陶山《すやま》程ノ勇将ヲ持乍ラ、赤松引《く》処ヲ追ツスガフテ*幾度モ*平攻《ひらぜめ》ニ攻《め》潰サズ、六波羅ヲ攻落サレヌ分別斗リヲシテ、赤松ニ見スカサレヌルコトハ、将ノ*拙キ故ナリ。此等旺寄ノ説、只場ニ因《り》時ニ因テ其盛衰主客ノ大分ヲ見テ、手前ノ戦ヲ討カ備ルカノ図ヲ究ルコト、此ニアリ。「帰師*勿《れ》レ遏《とどむる》」ナドト云ルモ、負軍《まけいくさ》*ニテナク、只軍ノ図ヲ見テ由有《よし》テ帰ル軍ヲ追手ノ如ク強テ戦テ利ヲ得ントスル故、此方ヨリ旺寄ヲ先ヘ送ルト云モノ也。別シテ受太刀ニナリタル軍ハ、極テ敵ノ旺寄ヲ避テ奪テ虚ヲ撃《つ》ノ吟味ナクテハ、皆負《け》ナリ。

○頼政ガ宇治川ノ戦、皆南都ノ衆徒今少ニテ間ニ不《る》レ合コトヲ惜メ共、畢竟負戦ナリ。平家ノ旺寄未レ尽、譬《たとい》此時小々勝タリ共、衆徒ノ分トテ、都近ニ大敵ヲ受《け》、何トテ諸方ノ源氏ノ吾ニ付《く》ヲ待ベキ。其上已ガ意趣ヲ以《て》高倉ノ宮ヲ勧《め》、諸方ノ源氏ヲ相催シテ、*マタハナイナル平家ヲ亡サントスル、極テ事体ヲ不《る》レ知愚将ナリ。終ニ宮ヲモ殺害ノ目ニアハセ申シ、謀反ノ御名ヲカヅケ申ス、極テ罪人ナリ。宮*タトヒ位*ヲ嗣セ玉フ名分アリトテモ、既ニ天子ノ位定リタレバ、吾立筈也トテ軍ヲ起《さ》ルレバ謀反ナリ。漢ノ*戻太子同然ナリ。況《や》頼政、宗盛ニ意趣アラバ、待受テ討果スカ、左ナクバ手ヲミセズ六波羅ヲ焼討ニシテ生死ヲ決スルカニテコソ可《き》レ有《る》。意趣次《の》手ニ平家ノ傲リヲ鎮ル云立ニテ吾大欲ヲ遂ントシ、由ナキ宮ヲ勧《め》、鼻ノ先ナル端的ノ戦*ヲ負テ、三井寺ノ衆徒ト短キ夏ノ夜*シマラヌ長談合ヲシテ逃ゲ歩キタル分ニテ、何トテ其功有ベキ。宮一夜御寝ナラザル故落馬シ玉フホドノ弱

赤松　則村、薙髪して円心。播磨の守護。元弘の乱に大塔宮の令旨を受けて挙兵、摩耶山に六波羅勢を破り、勝に乗じ一撃京都に入ったが、六波羅を攻め落すことができず退く。後の高氏の六波羅攻に大功あり。後に足利方に属した。
桂川　京都市右京区桂町を流れる川。
ヌ　B本「ク」。
テ　底本「ニ」、諸本により訂。
平攻　一気に攻めること。
ノ　他のA本なし。
帰師…　底本「師師」、諸本により訂。帰途にある軍。孫子、軍争「餌兵勿レ食、帰師勿レ遏」。
ニテ…只軍　B本この句なし。
マタハナイ　またなし、これにまさるものはないの意か。「マダハナイ」で、待ったをかけられないの意か。
タトヒ　底本「使令」、諸本により訂。
ヲ　B本「ニ」。
戻太子　武帝の太子、名は拠。巫蠱が長安に流行し、偶ゝ武帝病み、江充が祟り巫蠱に在りと進言したので帝充を以て巫蠱の獄を治めしめた。太子充と隙あり、充は宮に入って蠱を求め、太子の宮で木人を得ること多しと言った。太子懼れて充を捕えて斬り兵を発したが、敗走して自殺した。**ヲ**　B本「ハ」。
シマラヌ　底本「ノ扨ラヌ」、諸本により訂。
モ　底本斯甲本九甲本慶本なし、他

の諸本により補。
衆徒 底本「徒衆」、諸本により訂。
御輿ブリ 安元三年山門(比叡山)の衆徒が神輿をかついで上洛し、内裏に乱入しようとしたので、平重盛三千余騎を以て三つの門を、頼政は三百余騎にて北の門を固めた。無勢な北の門から入ろうとした衆徒に、頼政は使者を以て窮境を訴え、重盛の門の方から入り給えと申し入れた。衆徒は、頼政は歌道にすぐれた武士なるに今恥辱を与えるのはいかがと同情、重盛の固める待賢門へ向った。
徒 底本なし、諸本により補。
怪鳥 仁平の頃と応保の頃と二度殿中で鵼(えぬ)を射て退治した。
己 B本「ノミ」。
競滝口 北面の武士。源三と称し、渡辺氏。 **ヲ** B本「ハ」。
持 底本「得」、諸本により訂。
コト B本なし。
最後ノ歌 埋木の花さく事もなかりしに身のなるはてぞかなしかりける。
ナル 底本脱、諸本により補。
モ B本なし。 **意** B本「心」。
マ 慶本以外のB本「マモ」。
河 底本「川」、諸本により訂。安徳天皇は高倉天皇の皇子、後白河院の孫。 **是** B本「終ニ是」。
バ B本「バコソ」。 **マセ** B本「ミ」。
セ 斯甲本無甲本九甲本小本斯乙本無乙本慶本「ケ」、無丙本高本京本九乙本「キ」。

キ君ヲ、縦《たとい》平等院ニ一日休マセ申ス共、イカデ又馬上ナルベキ。セメテモ宇治橋ヲ日雇ニテモ足軽ニテモ云付《け》引落サセ、一足モ早ク宮ヲ輿《こし》ニモ*乗セ申《し》、南都へ指《さし》急ガバ、トク*衆徒ニモ逢《い》、戦モ今少《し》手際ナルコトモ有ベシ。去共宇治橋已ニ破ル丶程ナレバ、勢田伊賀越等ノ道モナジカハ通ラルベキ。宮ノ御存命トカク立ベキコトミヘズ。頼政保元ノ乱ニモ源平ノ勝負ヲ見合《みあわせ》テ居テ手出シヲセズ。只*御《み》輿《こし》ブリニ歌ヲ読テ山門ノ衆*徒ヲ首尾ヨク慊《スカ》シタルト、*怪鳥ヲ射タルト、是*己平生得意ノ手柄トミユル。士卒ノ恩ハヨキ者トミヘテ、*競《きおう》滝口ガ様ナル吉キ士*ヲ*持タレ共、アタラ一命ヲ由ナキ軍《いくさ》ニ果タル*コト、惜《き》コトナリ。*最後ノ歌、或人《の》云ルハ丶、身ノナル果ハアハレナリケリト云ハ丶、天晴ト云コトト取ガヨシト、マダ頼政贔負ニ云ル人モアリ。是モ皆非ナリ。花咲ヌ木ナラバ実ナルコト有マジキニ、花咲ヌダニ嘆ク可ニ、実ノ*ナル果マデ*モ哀レナリト自嘆スル*意ナリ。上ノ句、花咲コトモ無レ共ト云ハ丶、左モ有ベシ。無リシニト云辞ハ其語意トミヘズ。頼政是ヲ天晴《あっぱれ》ト思ヘバ、尚以《て》愚将ナリ。最後ニ敵ニ殺サレズ、詰リテ自害スルハ武士ノ常、是何ノ天晴ナルコト有べキ。忠孝ノ用ニモ立《ち》、大義モ明ニ、軍ノ駈引モスキ*マナク手強《てごわ》キ上ニ、首ニ縄ヲ係ラレ生捕ラレテ打ル丶共、武士タル者《の》、何ノ可レ恥コトアラン。若《もし》死スベキ場有テ後レテ不《ん》レ死《な》バ、其ハ怯《つたな》キ共云ベシ。加様ノ吟味、皆忠孝ノ訳《わけ》不吟味ナル故、毎度有レ之ト可レ知。

○安徳天皇ハ清盛ガ女ノ腹ニテ、白*河法皇ノ御子、清盛已ガ驕リニ任セ、*是ヲ位ニ即《つけ》申ス。左有*バ是ハ正統ノ君ニ有《る》可ラズ。西国ニテ沈*マセ玉ヘルモ、皆平家ノ類ナリト云ル人アリ。是又大ナル誤ナリ。腹ハ誰ガ腹ニモセヨ、歴然法皇ノ御子ニテ位ニ即《つか》*セ玉ヘバ、正《マサ》シキ帝王ナリ。是ヲノケテ可レ立御子アル*トハ、其ハ法皇ノ子ノ*立様ノヨシアシノ吟味ナリ。既ニ父ノ法皇天下ノ日嗣ヲ譲セ玉フ子ナレバ、何分ニモ天子ナラズ*ト云可ラズ。平家西海ニ供奉シ奉《れ》ルハ、清盛ガ孫ニテ吾《われ》方ノ天子ト思ル故ナリ。去共此時ニ有テ都ニノコシ置テ、三種ノ神器*ヲモ留置《とめおき》、スゴ〳〵ト平家斗リハヱ西国へ往ザル筈ナリ。義経平家ヲ攻《め》潰ス軍ハ手際ナレ共、元頼朝残忍ノ人ナル故、安徳ノ海ニ没シ玉ヘルモ、兼テ所存ノ前ナル故、憚ル処ナシトミヘタリ。左ナクバイカ様ニナリ共救イテ都へ還《ら》シメ、又法皇ノ勅意ニテ院ノ御所ニアシライ、外ニ君ヲ可レ立コトモ可《き》レ有ヤ*、残念ナルコトナリ。去共此時ノ勢*モ其時ニ不レ生《れ》レバ、事体ミヘズ。只頼朝残忍*ノ心、義経無遠慮ノ段ハ、只今モ明*ニミヘタリ。或人云ルハ、如レ此ナラバ安徳帝御成人ノ上、*如何《いか》様ノ変有テ源氏ヲ亡《ぼ》サルベキ謀可《*き》レ有モ不レ知、如何ト問。去バコレ皆アトノ利害ノ積リニテ、眼前ノ名分大義失《う》事ハ違ヘ共、冉求今*顓臾《せんゆ》ヲ不レ伐《うた》バ、後世必為《たらん》二子孫之患一ト云ルト同意《じ》ナリ。清盛安徳ヲ帝位ニ即ケテ、天子ノ外戚ニテ天下ノ権ヲ盗ントスル、勿論罪人タ*リ。法皇ノ御子ニテ已ニ天皇ノ位ニ即《つき》玉ヘルハ、清盛ガ孫ナリトテ、一クルメニ西海ニ没シ玉ヘルヲ、平家没落ノ中ヘ入テ置モ、頼朝別シテノ*罪人ナリ。然ラバ唐ノ太宗ハ親ノ合点ニテ後ニ立タルニ*非ヤ。曰《く》、是*ハ太宗親ノ立タル太子ヲ己ガ儘ニ弑シテ、太祖ニ強テ己ニ譲ラセタルモノナリ。宋ノ理宗如キモ如レ此。是等ノコト、皆其一ツ〳〵ニテ其正統ノ吟味ヲセザレバ、例斗リニテハ*云レザルコト多シ。

右三条十二月十六日夜録

ル・ノ　底本脱す、諸本により補。
ズ　底本「ヌ」、諸本により訂。
ヲ　底本なし、諸本により補。
ヤ　B本「カ」。**モ**　B本なし。
忍　底本「念」、諸本により訂。
明　底本「時」、諸本により訂。
如何様　底本「加様」、諸本により訂。
可有　底本「アル」、諸本により訂。
顓臾　魯に保護された附庸の国名。魯の公室を侵して自分の領地をひろげていた季孫の領地たる費の近くにあった。↓補記
タリ　斯甲本九甲本「也」。
ノ　B本なし。**ニ**　B本「ニテ」。
是ハ　B本「スレバ」。**ハ**　諸本なし。
小松殿　平重盛。無乙本慶本「小松大臣」、他のB本「小松内大臣」。
命乞　平家物語巻三に、重盛は熊野に父入道の悪心を和げ天下の安全を得しめんが為に重盛の寿命を縮め給えと祈念した。
ヘ　底本なし。諸本により補。
タル　底本「ナル」、諸本により訂。
清経　平重盛の三男、左中将。平家が太宰府を緒方惟義に追われ、豊前国柳が浦に落ち、清経はここで投身自殺した。平家物語巻八太宰府落・謡曲「清経」等参照。
ヨリ　慶本以外のB本「ヨリハ」。
心ヲ　底本無丙本九甲本なし、他の諸本により補。
又　底本なし、諸本により補。
燈籠　重盛は東山に四十八間の御堂

*小松殿父ノ暴虐ヲ痛ミ、世ノナル果《はて》ヲミルニ不レ忍、熊野へ参詣シ*命乞ヲシラレタル一段、其コトノ虚実ハ云ニ不レ及、加様ノ義有レ之レバ、皆忠ニシテ不《る》レ学ノ弊ナリ。勿論吾終ニ父ヲ諫《め》ヲ、セ難キ体故、処スベキ様モ無レバ、忠心ノ己ト不レ忍処ナリ。去共父子君臣ヲ兼タル大義ノ場ナレバ、損ネタル上ハ又其上ヲ力ヲ砕《くだ》キ死《して》而後已《やむ》ニテコソ有ベケレ。身ヲ逃レタキ所存ハ有マジケレ共、身ヲ潔《いさぎよ》フセント欲シテ、大倫ヲ忘ノ弊*へ流レ易シ。可《き》レ惜コトナリ。屈原汨羅ニ沈《み》、宗国ノ亡《ほろぶる》ヲ見ニ不レ忍ト同心*タルベシ。*清経ガ船ヨリ身ヲ投タルハ、只骨肉或ハ討レ或ハ離レ、西海ニ漂イ、モハヤ行末ノ悲サニ、最早面白ラヌ浮世ノ果《はて》、生キテウイメヲミン*ヨリ、死シテヤル方ナキ*心ヲ苦マ不ルガ増《まし》ト思比ベテ死セルマデニテ、君臣父子ノ止レザル訳モナシ。只匹夫匹婦ノ首クヽリタルト同コトナリ。*又小松殿*燈籠・*金渡ノコトハ、是皆不レ学ノ弊ナリ。或人云ルハ、如《き》レ此仏道ノ非ニ惑イ真実ノ道ヲ不レ知人ナレバ、其忠孝トテモ心許*ナキ、如何。是不レ然。其忠孝ノ得ル処ハ*天質ノ得ル処、孔子ノ所謂*善人ノ類ナリ。唐ノ*顔真卿*平生仏学ニ惑イ、俗*風ノ著述ノミナルコト多シ。然共大節ニ臨《み》、天下一二ヲ論ズル忠義ノ人ト呼ル、。是皆天質ノ美、即《ち》善人ノ実ナリ。此義、*朱子顔魯公ノ帖ニ跋セル文ニ能《く》論ジテアリ。凡《そ》「綱目」中、忠孝ノ人等*ヲ道ヲ以《て》論ジ、学ヲ以《て》吟味スレバ、中分*ナキハ無レ共、其ハ一人前ノ見ル所知ル所ノ精察*ノ論ナリ。聖賢ハ学ト気質ト一体ニナリテ、真実ニ*有道ノ人ト云ハ、又別段ノ穿鑿ナリ。小松殿ノ吟味ニハ、其仏学ノ非ハ非ノ通ニ*シテ、全体ノ忠孝ニマゼテ論ジタルハ悪シ。凡《そ》人物是非ノ吟味能可レ知レ之。其忠孝ノ道共ニ又其上ヲ好マバ、勿論其上ノ道有ベケレ共、是又聖賢ニ合ザ

を建て、一間に一つずつの燈籠を掲げ、毎月十四・十五日に供養を行なったので、世間では燈籠の大臣と呼んだ。平家物語巻三燈炉之沙汰。

金渡 重盛は黄金三千両を中国の育王山に寄進し、後世をとぶらわせた。平家物語巻三金渡。

ナキ 斯甲本無甲本小本斯乙本「ナシ」、B本「無」。

天質 B本「天資」、下同じ。

善人 論語、述而「子の曰く、聖人は吾れ得て之を見ず。君子者を見ることを得ば斯れ可なり。子の曰く、善人は吾れ得て之を見ず。恒有る者を見ることを得ば斯れ可なり」。集註に「恒常久之意。張子曰有レ恒者不レ弐二其心一。善人者志二於仁一而無レ悪」「張敬夫曰聖人君子以レ学言。善人有レ恒者以レ質言」。

顔真卿 唐の忠臣。その雄勁な書風は書道史上新しい道を開いた。剛直のためしばしば左遷されたが、玄宗の朝安禄山の乱に平原の太守として、兵を集めて奮戦し大功を立て、後に吏部尚書・太子少師となり、李希烈が反せし時、勅を奉じてこれを諭したが捕えられ、帰属のすすめに応ぜず、三年の監禁の後に殺された。文忠と諡し、時人尊んで魯公という。

平生 B本「平生ハ」。

風 底本「学」、諸本により訂。

朱子 朱子文集巻八一「跋顔魯公栗里詩」。 **ヲ** B本「ハ」。

ナキ　底本「ハナキ」、諸本により訂。
察　B本「密」。
ニ　慶本以外のB本なし。
シ　B本なし。

○清盛…　底本改行せず、また条を改めず。諸本により訂。
己　慶本「コレ」。
至テ　無乙本以外のB本「アタリテ」。
屈メ　他のA本「屈シテ」、小本B本「カヾメ」。
類ナキ　B本「無類ノ」。
照鑑　神や仏が照して見ていること。
知盛　平清盛の子。大納言。勇名あり、壇の浦に戦没。
教経　平教盛の子。能登守。性驍勇、壇の浦では義経を追い、遂に入水。
景清　平氏。軀幹長大、膂力に富み、伯父大日坊を殺したので悪七兵衛と称された。平家の侍大将として奮戦し、壇の浦の戦後平知忠の挙兵に参じ、後頼朝に降ったが、断食して死す。その武勇は後世文学演劇の好材料となった。
キ　底本「ナキ」、諸本により訂。
ナシ　底本及びA本脱、斯乙本B本により補。
方　B本「法」。
族　B本「統」。
家康　徳川氏は新田氏の後と称する。
ニモ　九甲本斯乙本小本「モ」、B本「ニ」。
シ　無丙本九甲本小本斯乙本B本

ルヲ以《て》人ヲ棄ニナル。其中ニ如在ナクシテ義ニ害アルコトハ辨ジタルガヨシ。

○*清盛上ヲ凌《しのぎ》下ヲ虐スル効《しるし》、不忠不孝ノ風俗*己ヨリ本ヅク故、小松殿ホドノ人有テ、不レ終《え》レ命《を》シテ憂ヲ以《て》死《す》ルニ*至リ、西海ニ漂フ時ニ*至テモ、宗盛終ニ生捕レ、頼朝ニ腰ヲ*屈《かが》メ飽マデ未練*類ナキ有様ニテ、先祖一家ノ首《かしら》トナリテ無《き》レ恥殺《さ》レ様ヲシタル体、*照鑑明ナルコトニ非ヤ。其他海ニ没シ戦イ死シタルモ有共、已ヲ得ザルモアリ、迚モ生ク可身ナラズシテ死タルモアリ。*知盛・*教経ナドハ其中ニ勇気不《ル》レ失体《ハ》、尚《なお》武将ノ余習アリ。其余諸士ノ中ニハ、只*景清一人ゾ誠ノ忠義不屈ノ者ト云ベシ。平家ノ潰レ口是マデナリ。左有バ平生ノ忠孝ノ風俗ヲ立ルコト国家ノ先務ト云可《く》シテ、其先務ノ本ハ其根本タル人ノ立ル処示《す》処ニ始ラザルコトナシ。「太平記」ニ少々新田一統ノ諸士ト名付タル者ニ後メタ*キ体ナル者一人モ*ナシ。凡《そ》宮方官軍ナドト称スル者往々皆然リ。上ノ政*方ニ背キ、高氏虚ニ乗ジテ已ガ乱賊ノ悪ヲナシ、新田一*族大旨亡《び》シト云共、終ニ其忠義ノ至リ天命ニ棄ラレズ、人心ニウセズ有故、終ニ*家康公興起シ、天子ヲ尊《び》、諸方ヲ安ジ、家々ノ筋目ヲ立《て》、惺窩ナドニ軍務ノ忙シキ間*ニモ講書ヲ聞召*シ、政務ノ書ヲ極テ精クシ、林家ヲ儒官ト定《き》メ、其上ニ孔子釈奠*マデ立テ行ル丶。其故学問日ニ新ニ月*ニ盛ニシテ、終ニ学ノ正脈ヲ得タル山崎先生ノ如《き》者世ニ出ル。是皆非《ず》ニ偶然《に》一。後漢ノ光武学ヲ尊テ名節ノ士盛ニ出、諸葛孔明如《き》*ノ人終ニ忠義ノ天下後世ニ表スル人出タリ。宋ノ太祖学ヲ尊テ終ニ程朱ノ出タルモ、皆徒《ただ》ナラザルコトナリ。然レバ愈《と》聖学ヲ尊《び》、風俗ヲ養《う》様ニ有マシカバ、国家太平万世*忠孝ノ風イミジカルベシ。高氏ガ天子ヲ蔑ニシ、私意ヲ以《て》*同姓ノ義貞ヲ攻《め》亡シテ一旦強テ将軍号《の》ヲ盗タリト云共、十五代ノ間一代モロクニ治メ得タルハナシ。皆又己ガ下ノ乱臣賊子ニ陵《しの》ガレ殺レ、応仁・明徳*ノ乱ニハ只木*マブリノ遺サレタル様ニナリテ、其末終ニ平氏信長ニ潰サレタル*モ、天命ノ応ズル処不ニ偶然《なら》一ト云ベシ。其間、茶ノ湯ヲ始《め》猿楽ヲ弄ビ、忠孝ノ似*タル仕業仕置風俗、上下共ニ事欠切《かきれ》タル有様ナリ。赤松ナドモ天子ヲ背《そむき》、高氏ニ付テヨリ、子孫其風俗ヲ習テ骨肉相殺《し》、君臣弑逆ノ禍終ニ今跡形モナキ者トナリ、一族ノ内*一人忠義ヲ以《て》生死シタル者無レ之。楠一統ノ者ハ忠義*ノ志ノ丈夫ニナキ者一人モ無レ之。是皆忠孝ノ教《え》家ニ立《つ》故ナリ。去バ今日ノ御制札ノ第一番ニ忠孝ヲ専ニセヨト有《る》教、吾国神聖*ノ本原、堯舜・孔孟・道学ノ要領、此一言ニ帰セザルコトナシ。然共天下ノ学者俗儒ト云《い》、邪説ト云《い》、此二字ヲ目当トシ、其学ヲ立《て》、此二字ヲ以《て》天下国家ノ為ニ可《き》レ説《く》志アル体見ルコト鮮《すくな》シ。極テ考アル可《き》コトナリ。

此*会九月廿六日ヨリ始リテ、今年ハ終ヘヌ。日往《ゆき》月来《り》、年我ト与《とも》ナラズ。尚是程ヲ其間ノ幸ト覚ヘヌレバ、暫ク其心ヲシルシ侍ルコト如レ斯。

十二月廿一日　　絅斎識

右二条幷跋同日*夜録

右*何レモ十五条ヲ一冊トナスベシ。

一*条〳〵ノ首《はじ》メ圏ヲ以分ツベシ。

凡テ何条ト云コトヲ巻首ニ書スベシ。

「サレ」。
奠 底本等「尊」、他の諸本により訂。
月 慶本以外のB本「日」。
ノ 諸本なし。
世 底本以外のA本「歳」。
同姓 新田・足利は共に源氏。
明徳 「文明」の訛か。
木マブリ 木まもり、樹に取り残されて最後まで残った果実。
モ 底本「ニ」、諸本により訂。
ノ似タル…置 B本「ニタルシワサヲシキ」。
内 B本「間」。
義 底本「孝」、諸本により訂。
神聖 皇祖皇宗を指す。
此会… この跋文、底本以外のA本平仮名。
同日 B本「十二月廿一日」。
右… 斯甲本この一行平仮名。斯乙本、以下の識語なし。
一条… B本は以下の五項の識語なし。但し次頁の第三項「此書ヲ後ニ…」は三八八頁九行目「右四条…」の次にあり、書き出しを「惣シテ此書後ニ…」に作る。第四項「此ノ録ノ名ヲ…」は三六三頁一一行目「右一条…」の次にある。

此書ヲ後ニ合類ニシタガ吉ラフト云テ、類々ヲ合セテ編ム様ニスルコト有ベシ。此講*ヲ始シ旨デナイ。只序モナク、色々ニ*マジヘテ物語リヲスル。是ガ此書ノ旨ゾ。合類ニスルコト極テ此書ノ旨デナイト云コトヲ能々《く》覚テ、後ニ左様ニナラヌ様ニスベシ。

此録ノ名ヲ講義余録ト云ベシ。手前ノ主トスル所ノ存念ハ晝*ノ講ニ其存分ヲ云コトナレ共、講習ニハ尽サレヌコト有故、其余意ヲ加様ニ物語スル故、晝ノ講義ノ余録ト云旨ニテ、講義余録ト云ベシ。

又曰、余録ト云ヘバ、本録マダアル様ニ聞ヘル。ヤハリ割録ト云ガ穏カデヨイゾ。

追*録

丁*亥ノ秋ノ末ニ*気力不快、偶《と》「信長記*」ヲ読テ興亡ノ跡ヲ論ゼルヲ見ニ、盛衰治乱ノ跡ハ固ヨリ然リ。然共皆其跡ヨリ云《い》並テ効《しるし》ヲ以《て》理*ノ善悪ヲ付ル故、其間正キ者モヨキニ立《て》難ク、正ラザル者モ其義*ノ名ヲ免レザルニナル。頼朝父子僅ニ*三代ニシテ亡シニ、舅北条時政自然ニ権ヲ執《る》ト書ケルコソ、ワキテ愚ナルコトナレ。頼朝伊豆ニテ北条ガ娘ニ媒ナクシテ溺レシヨリ此*カタ、北条自《お》頼朝ヲ介抱シ、諸事権柄北条ガ儘トナリ、尼将軍ト云レ、終ニ頼朝ノ子孫ヲ亡シ、北条ノ権ニ移シ取ル巧《たくみ》*歴然トシテ、其子孫ニ至リ代々其意ヲ承《うけ》、和田・畠山如キノ頼朝以来大切*ノ大家ヲ難題ヲ云*カケ亡シ奪シコト、是即《ち》漢ノ呂后*、唐ノ則天ガ業ト一轍ノ跡ナルニ、自然ニ権ヲ執《る》ト有コトコソ不明ノ論ナリ。又高氏権威ニ募《つの》リ、少々不義顕*レケレバ、義貞ニ仰セテ伐セラルヽト有。少々ノ不義トハ何ゴトヲ云ニヤ。加様ノ

此講　斯甲本小本「予此講」、B本「予ガ此講」。
ニ　B本「ヲ」。
晝　底本「書」、諸本により訂。下同じ。

追録　以下の条B本なし。
丁亥　宝永四年(一七〇七)。
ニ　諸本なし。
信長記　もと太田牛一が記せる信長の一代記を小瀬甫庵が加筆再編せるもので、八巻。
理　B本「義理」。
義　B本「不義」、慶本「不義ノ名ヲマヌカル丶ニナル」に作るは是か。諸本この句に訛誤あり。
ニ　諸本なし。
此カタ　B本「以来」。
巧　B本脱。
切　無丙本九甲本B本「功」。
云　諸本「シ」。
呂后　漢の高祖の皇后。高祖の天下統一を助けて功があったが、高祖の死後、呂氏一族を諸侯に封じ、政権を独占して権力をふるった。
顕レ　B本「アラソヒ」。

コトモ皆大矩ヲ崩*シタルコトナリ。高氏ガ不義ヲ少々ト云ハヾ、不義ナル者ハ有マジ。凡《そ》「盛衰*」「太平記」以来、記録ノ書幾《いくら》等ト云コトヲ不レ知、皆五十歩百歩ノ違マデニテ*、大本皆世俗ノ論ズル義理武略ノ尚トム*業ヨリ外《ほか》不《る》レ知《ら》人ノ編タルコト故、権度*曾テ明ナルコトナシ。仏道ノ惑有テ書タルナドト云ハイソ*ナルコト也。仏道ノ惑ナキコトマデモ皆筋メヲ失イタル書法ノミ也。去バ読《む》ニツラキ書ヲステ、、嘆ズ可《き》コトノミ多シ。世ノ儒者ハ又ナマジイニ見《る》処高キ顔ヲシテ、如《の》レ此記録ノ書ハ儒者ノ取上テ云コトモ無《き》様ニ思イ*、是即《ち》日用ノ実、義理モ道モ是ヲ離テ論ズ可《き》コトナキヲ知ヌコソ浅マシケレ。如《く》レ此ナレバ場ヲカヘ各別ノ道ヲ行《う》時ヲ拵ネバ、三綱人倫ノ吟味モナキト云モノナリ。「北条九代記*」ト云ル近代*ノ書ノ目録ニ「後醍醐天皇御謀反ノ事」ト書タルヲ見テ、思*ヒ尤《とが》メル者モナク、辨ズル者モ無レ之。三綱五常ノ学能々《く》暗《き》コトヲ可レ知。左アルニ*ヨリトカク真実ノ綱常ノ学ニ不レ明レバ義理ノ権度無レ之故、不レ読サキニ、其書加様ノ筋メナキコト著シキト可レ知。只セメテモ記録ノ事実ヲ相違ナキ様ニ書置カバ、辞ハ賤ク共、何時ニテモ是非邪正其人ニ逢ハヾ明ナルベシ。其サヘ一偏ヲ信ジ、吾耳ヲ耳トシテ他ヲ不ニ聞入《きれ》一、吾私ヲ私ニ立テ、記録ノ間マ、差引有レ之。是別シテ可《き》レ恨《む》コトナリ。

右*借ニ若林進居之本ニ而写レ之

復*斎*山本信義謹書*

附*録

夫《それ》天人ノ道ハ一也。人ヨリ云ヘバ人道ト云《い》、天ヨリ云ヘバ天道ト云《う》。天道ハ元亨利貞ナ

崩シ　B本「ツブシ」。
盛衰　源平盛衰記。
テ　小本斯乙本無乙本慶本「シテ」。
ム　諸本「フ」。
権度　はかりと物さしと。軽重長短をはかること。
イソ　底本「ウソ」、諸本により訂。沖に対して磯の浅いことから、未熟卑近な意。
イ　B本「フ」。
北条九代記　→三八三頁注「北条記」
代　小本斯乙本B本「年」。
思ヒ　B本「重ク」。
ニ　底本なし、諸本により補。
右…之　斯乙本B本なし。
復斎…書　B本なし。斎を底本「斉」、諸本により訂。
山本　名は信義、号は復斎。摂津の人、絅斎に学び、兼て垂加流神道を修め、講説を業とし、享保十五年没。
書　小本「録」、斯乙本「記」。
附録　無丙本九甲本この下に「以下強斎先生草本無之」の小書あり。斯甲本無乙本以外のB本、以下の条なし。

リ。人道ハ仁義礼智ナリ。是《を》以《て》聖人ハ人ナリノ天也。教ル者ハ教ヘナリノ天也。治ル者ハ治ルナリノ天也。日用ハ日用ナリノ天也。自レ古六経道学ノ伝、ミヂンデモ天人ノ筋メノ相離ル、ト云コト、相違フト云コト、ウノケノ先ホドモ無ハ、一々天ニ合セ、一々不《る》レ違様ニ*テハ無レ共、聖人本然ノ天ヲ全《まつとう》スレバ、自《お》ラ身ナリ自然ノ天ナリ。去バ以レ此《を》道統ノ書ヲ見ニ、皆不《る》レ然コトナシ。「大学」ノ明徳ハ固ヨリ天ニ得《る》処ノモノナリ。「論語」ノ仁ハ固ヨリ天地生レ物ノ心ナリ。「孟子」ノ仁義ハ固ヨリ陰陽ノ性ナリ。「中庸」ノ天命之性ハ固ヨリ直ニ名乗テアリ。一章一句ノ間、一言一字ノ細カナルニ至マデ、皆其貫ク処ニ非《る》コトナシ。孟子没シテ後、孟子ノ伝ヲ継モノハ周子ナリ。周子没シテ後、其伝ヲ継モノハ程・張ナリ。全体皆此旨ニ非コトナシ。其中ニ「太極*」「西銘*」ノ両書ハ孟子以来未《る》レ発《せ》道学ノ淵原ナリ。「太極*」ハ天道本然ヨリ静ヲ主トスルヲ以《て》敬ノ人道ノ本源タルコトヲ発セリ。「西銘」ハ直ニ生付《れき》ナリノ身カラ天地ノ父母ヲ呼テ、日用常行ナリニ敬ノ実用ヲ以《て》天ニ事ルノ道ヲ説《け》リ。「太極」ハ天ヨリシテ人、「西銘」ハ人ヨリシテ天、天人相発シテ本然ノ学術表裏一致ナルモノナリ。然バ「論語」ハ孔子一生人ヲ教ル書ナレバ、別シテ天命本原*ヨリ説クベキ筈ナレドモ、天命本原ノ説ハ少モ仰ラレヌハ、直ニ「西銘」日用常行ノ実*ヨリ自《お》天ニ至ルノ道ニシテ、所謂「下学*而《して》上達」スルモノ是ナリ。故ヲ以《て》根本本原ニ本ヅイテ自然ニ発シテ仰セラル、時ハ、「獲*《う》二罪《を》於天《に》一」ト云《い》、「欺*《んや》レ天《を》乎」ト云《い》、「天生*《なせり》二徳《を》於予《われに》一」ト云ヒ、覚ズ知ズ人ノ身ヲ名乗《る》トキハ、必《ず》系図ノ根本ヲ云如ク、父母ヲ呼出ス如ク、人ヨリシテ不《る》二相《い》離《れ》一ノ天、往《ゆく》トシテ不レ然コトナシ。其ユヘ能《く》天ヲ知モノハ人ノ道ヲ尽シテ自然

ニテハ　無甲本小本斯乙本「ニスルデハ」。

太極　周子著「太極図説」。↓一〇一頁注

西銘　↓三〇二頁注

太極ハ　底本脱、諸本により補。

天命…ドモ　底本無丙本九甲本脱、他の諸本により補。

実ヨリ自　無甲本小本斯乙本「実ナリヨリ」。

下学…　論語、憲問。↓三二七頁注

獲罪…　論語、八佾。

欺天乎　論語、子罕。

天生…　論語、述而。

ニ天命ニ叶ヘバ、不《る》ニ相離《れ》一ノ天、自《お》外ニ求《る》コトヲ不レ待、天ヲ不レ知者ハ高妙ト云イ、広大ト云、各別離レテ天ヲ説《く》ユヘ、天ヲ尊《ぶ》ノ旨直ニ天ヲ賎ムニナリ、天ヲ崇《あが》マヘルノ意直ニ天ヲ侮《ど》ルニナル。天道ヲ説モ、皆人ヲ離テ説ユヘ、其流《れ》異端邪説ノ天ヲ尊《ぶ》様ニナリ、本然相貫ノ妙愈*《と》失ヒ愈《と》離レ、聖学天人ノ妙ヲ失《う》。是ヲ以《て》聖人人ヲ教ル、道体本原ヲ指セバ、必《ず》天ニ本ク。学術常行ヲ説ケバ、ミヂン天ヲ雑《まじえ》ザルモノハ、天ヲ天トシ人ヲ人トシ、二《つ》ニ分ルニ非ズ。只人道ノ尽ルナリカラ天ヲ知ヨリ外ナシ。不レ得レ已シテ人ノ惑ヲ暁《さと》ス時ハ直ニ本然ヲ以《て》説《く》モアリ。「大学」ノ致知格物、「中庸」ノ戒慎恐懼、皆人道ノ学術ヲ主トシテ云ルモノ也。「孟子」デハ直ニ知*《り》レ性《を》知《る》レ天《を》ヲ以《て》格物致知ヲ説《き》、存心養性ヲ以《て》天ニ事ルトシ、仁義礼智ヲ以《て》天ノ我ニ与ルトシ、天ノ尊*爵トスル者ハ、異端日々ニ盛ニ、人道日々ニ衰ヘ、全ク天人ノ間相離レ相乱ル、故、不レ得レ已シテ本然ヲ以《て》説ク。是レ周子《の》「太極」ノ旨ナリ。以レ此《を》推レ之《を》セバ、凡《そ》「六経」「四書」「近思録」ニ至リ、天道ヲ主トシテ説ク者ハ、周子ノ旨ナリ。人道ヲ主トシテ説モノハ、張子ノ旨ナリ。親ヨリ子ヲ呼出シ、子ヨリ親ヲ呼出シ、親子天人相離ヌ、至親至切ノ極処也。箕*子ノ洪範ハ直ニ天人不《る》ニ相離一ノナリデ教ヲ立ル。去共天人相離ヌト云ハ、本然ヲ云ヘバ其通リナレ共、人道日用ヲ主トシテ云ヘバ、毎度相離ヌ〳〵ト云ヘバ、必《ず》天ツ*リテ、日用当然、仁義礼智、孝弟忠信、居敬窮理ノ実ヲ以《て》眼前今日実行実用ヲ主トシテ説《く》ノ切ナルニ不レ如。其故能《く》聖学ヲ知テ読メバ、洪範ト云共日用ノ学ナレ共、洪範ノ様ナルコトヲ主トシテ説ケバ、ドフシテモ日用平日*ノ教、意味気象、朝夕茶飯ノ如ニ験アリ難《き》故、聖賢ノ教ハ、三綱八目、「論語」「孟子」「中庸」ニ説ク如ク、

愈失ヒ　底本なし、諸本により補。

知性…　孟子、尽心上「孟子の曰く、其の心を尽す者は其の性を知る。其の性を知れば則ち天を知る。其の心を存し其の性を養ふ。天に事ふる所以なり」。集註に「以二大学之序一言レ之、知レ性則物格之謂、尽レ心則知至之謂也」。

尊爵　尊い位。孟子、公孫丑上「夫れ仁は天の尊爵なり」。集註に「仁義礼智、皆天所レ与之良貴、而仁者天地生レ物之心。得レ之最先、而兼二統四者一。所レ謂元者善之長也。故曰二尊爵一」と。

箕子ノ洪範　↓九六頁補記「洪範ノ九疇」

ツリ　上へつり上って、日用から離れること。

日　無甲本小本斯乙本「実」。

高遠ニモ不レ馳《せ》、世俗ニモ不レ溺《れ》、前ヲ見合セズ、先キヘモニジラズ、日用実行ニ付テ、*其《それ》ナリケリニ上達スレバ、天人不二相離一之妙其中ニ在《り》。孔子ノ「三*十《にして》而立《つ》」ト云モ、日用実行ヲ主トシテ其ナリケリニ、「五*十《にして》而知《る》二天命《ヲ》一」ト云地位ニハ至ル。コレヲ不レ知シテ、屢々天ヲ説《き》、仮初ニモ天ニ本ヅクコトヲ云ハ、不レ知レ学不レ知レ道ト云モノナリ。「中庸」ホド道体本然ヲ発シテ、天人ノ旨ヲ発*セル書ハ無レ共、全体「中庸」ト云名ヲ立テ、ミヂンモ是デ天道ヲ知レノ、天道ヲ説ケノト云コトハナイ。是天人道学ノ大旨ナリ。下学ハ人ナリ、上達ハ天ナリ。去共下学而上達ト云ヘバ、下学ヲ離ズシテ自然ニ天命ノ妙ハ有《る》筈。敬トサヘ云ヘバ、自然ニ天命ノ可《き》レ畏《る》コト心上ニアリ、持テ居《る》ナリデ己ガ心上ニ天ガ有。コレ一ツデ天人不二相離一コトヲ可レ知。平生講習ニ其旨ヲ云共、毎々云ヘバ、天人ノコト猥《みだり》ニナル故、天人ノコトヲ説《く》時ハ此旨ヲ得テ、天ヲ説《く》時ハ天ヨリ外ナク、人ヲ説《く》時ハ人ヨリ外ナク、学ヲ説《く》時ハ学ヨリ外ナク、道ヲ説《く》時ハ道ヨリ外ナク、仁ヲ説《く》時ハ仁ヨリ外ナイト云コトヲ知テ学ブ。是則《ち》循序之方、知*《る》レ所《を》二先後《する》一ノ旨ナリ。是ヨリ上ハ次第〳〵ニ旨ヲ得ネバ遽《にわか》ニ云レヌコト、此旨ヲ得テ、平生乱《みだり》ニ説《く》コトデ無《い》ト合点スレバヨイ。得サヘスレバ、自然ニ相発シテアラハルヽ者也。今日ノ賀ニ諸生ノ為ニ説《く》。

*元禄辛巳正月十五日口授スト云。

山本*信義 謹録

天保九年二月廿有六日畢業味斎*

建部長俊

其ナリケリ　それはそれとしてそのままで。
三十而…・五十而…　論語、為政。
セ　底本「ス」、諸本により訂。
知所…　大学の経に「物本末有り。事終始有り。先後する所を知れば、則ち道に近し」。所は底本「所以」、小本斯乙本なし、他の諸本により訂。
元禄辛巳　元禄十四年(一七〇一)。元禄二年三月から絅斎は東山の亭または寺で月会を行い、本条の講もその時の講義筆録で、「天人一道講義」等の題名で単行の写本もある。
山本…録　底本等なし。無甲本小本斯乙本により補。
斎　底本「斉」、諸本により訂。

補記

張子房(三八四2)　靖献遺言巻三陶潜「朱子曰…是以大者既立、而後節概之高、語言之妙、乃有下可二得而言一者上。如二其不一レ然、則紀逡唐林之節非レ不レ苦、王維儲光羲之詩非レ不二脩然清遠一也。然一失二身於新莽禄山之朝一、則其平生之所三辛勤而僅得二以伝一レ世者、適足レ為二後人嗤笑之資一耳」。

名不正ノ教(三八五6)　論語、子路「子路が曰く、衛の君、子を待て政を為(せ)ば、子将に奚をか先んぜんと。子の曰く、必ずや名を正さんか。子路が曰く、是れ有るかな。子の迂なることや。奚の其れ正さん。子の曰く、野なるかな、由や。君子は其の知らざる所に於て蓋し闕如す。名正しからざれば則ち言順はず。言順はざれば則ち事成らず。事成らざれば則ち礼楽興らず。礼楽興らざれば則ち刑罰中らず。刑罰中らざれば則ち民手足を措く所無し。故に君子之に名づくること必ず言ふべし。之を言ふこと必ず行ふべきなり。君子其の言に於て苟もする所なきのみ」。→一八九頁補記「衛輒」

白鹿洞掲示(三八五10)　白鹿洞は江西省南康府にあり、唐初の賢士李渤が創めたといわれる書院があったのを南康軍に知となった朱子が復建し、学規を掲示し、且つ書生の為に講義した。闇斎はこの学規は朱子の倫理学門の要綱を示したものと重んじ、その集註を編して表章し、慶安三年「白鹿洞学規集注」を刊行した。以後崎門学派では頗る重んぜられ、絅斎を始めその講説が多い。

右四条…(三八八9)　B本この行の次に「凡十四条コレハ巻首ニ書ヘシ」、次行に「惣シテ此書後ニ合類…ナラヌヤウニスヘシ」の奥書(無乙本のみこの次に「此録ノ名ヲ…穏テヨイソ」の奥書を朱書にて附記)を記し(A本系では巻末四一〇頁一行目以下)、次に「講習余録巻之二終」と尾題あり。次に丁を改めて「講習余録巻之三」の内題あり。

三木一草(三九四16)　足利高氏が九州より再挙東上し、正成湊河に討死して、官軍利あらず、新田義貞等京都にての決戦を前にして参内から退出し軍に臨むに際し、太平記巻一七山門牒送二南都一事に「諸軍勢、大将ノ前後ニ馬ヲ早メテ、白鳥ノ前ヲ打過ケル時、見物シケル女童部、名和伯耆守長年ガ引サガリテ打ケルヲ見テ、此比天下ニ結城・伯耆・楠木・千種頭中将、三木一草トイハレテ、飽マデ朝恩ニ誇タル人々ナリシガ、三人ハ打死シテ、伯耆守一人残タル事ヨ。ト申ケルヲ、長年遙ニ聞テ、サテハ長年ガ今マデ討死セヌ事ヲ、人皆云甲斐ナシト云沙汰スレバコソ、女童部マデモカ様ニハ云ラメ。今日ノ合戦ニ御方若討負バ、一人ナリ共引留テ、討死セン者ヲト独言シテ、是ヲ最後ノ合戦ト思定テゾ向ケル」と。

記録(三九六5)　太平記巻一六正成兄弟討死事に「此勢ニテモ打破テ落バ落ツベカリケルヲ、楠京ヲ出ショリ、世ノ中ノ事今ハ是迄ト思フ所存有ケレバ、云々」。

思トハ(三九六6)　この句の前に、無乙本以外のB本は「此詞ノソヒタルハ思フトアルユヘ後世其旨ヲ得ザルモノガ不審シテ思フト云カラハソバヨリシテ云ヨフハナイガト云モノ必アルユヘ其フセギノ為ニカヤウニ仰ラルトアルコトゾ」を挿入(A本系では本条末にある)。

顓臾(四〇六11)　論語、季氏に「季氏将レ伐二顓臾一。冉有季路見二於孔子一曰、季氏将レ有二事於顓臾一。孔子曰、求。無二乃爾是過一与。夫顓臾昔者先王以為二東蒙主一、且在二邦域之中一矣。是社稷之臣也。何以伐為。冉有曰、夫子欲レ之。吾二臣者皆不レ欲也。孔子曰、求。周任有レ言曰、陳レ力就レ列、不レ能者止。危而不レ持、顚而不レ扶、則将焉用二彼相一矣。且爾言過矣。虎兕出二於柙一、亀玉毀二於櫝中一、是誰之過与。冉有曰、今夫顓臾固而近二於費一。今不レ取、後世必為二子孫憂一。孔子曰、求。君子疾三夫舎レ曰レ欲レ之而必為二之辞一。丘也聞、有レ国有レ家者、不レ患レ寡而患レ不レ均。不レ患レ貧而患レ不レ安。蓋均無レ貧、和無レ寡、安無レ傾。夫如レ是。故遠人不レ服、則脩二文徳一以来レ之。既来レ之則安レ之。今由与レ求也、相二夫子一。遠人不レ服而不レ能レ来也。邦分崩離析而不レ能レ守也。而謀レ動二干戈於邦内一。吾恐下季孫之憂不レ在二顓臾一而在中蕭墻之内上也」。

〈参　考〉

中国辨

浅見安正

中国夷狄ノ名、儒書ニ在リ来ルコト久シ。ソレ故吾国ニ有テ儒書サカンニ行ハレ、儒書ヲ読《ム》ホドノ者、唐ヲ以《て》中国トシ、吾国ヲ夷狄トシ、甚シキ者ハ、吾《れ》夷狄ニ生レタリトテクヤミナゲクノ徒有レ之。甚シイカナ、儒書ヲ読《み》ム者ノ読様ヲ失ヒテ名分大義ノ実ヲ不レ知コト、可レ悲ノ至ナリ。夫《れ》天、地《の》外ヲ包《み》、地、往《く》トシテ天ヲイタヾカザル所ナシ。然レバ、各其土地風俗ノカギル処、各一分《ぶん》ノ天下ニテ、タガイニ尊卑貴賤ノキライナシ。唐《から》ノ土地、九州ノ分ハ、上古以来打ツヾキ風気一定《いちじょう》相開ケ、言語風俗相通ジ、ヲノヅカラ其《それ》ナリノ天下也。其四方ノマワリ、風俗ノ通ゼザル処ノ分ハ、ソレ〴〵ノ異形異風ノテイナル国々、九州ニ近キ通訳ノ達スル分ハ、唐ヨリミレバ、ヲノヅカラ辺土マハリノ様ニミユレバ、九州ヲ中国トシ、ソトマハリヲ夷狄ト称ジ来ル。ソレヲ不レ知シテ、儒書ヲ見、外国ヲ夷狄ト云《い》サマ、アルトアラユル万国ヲ皆狄夷ト思ヒ、カツテ吾国ノ固ヨリ天地ト共ニ生ジテ他国ヲ待コトナキ体《てい》ヲ不レ知。甚アヤマリ也。

或《ひと》曰《く》、此説尤《も》明《か》ニ正シク、千歳ノ曚ヲヒラク、名教ノ益、何カ

コレニシカン。去《さり》ナガラ可《き》レ疑《う》事有。一々問《わん》レ之。夫《れ》唐九州礼義ノサカン道徳ノ高大ナルコト可《き》レ及《ぶ》事ナシ。然レバ中国主ニシテ夷狄コレヲシタフコト、ヲノヅカラ其体相応タルベシ。曰《く》、先《まず》名分ノ学ハ道徳ノ上下ヲ以《て》論ズルコトヲキ、大格ノ立様《たてよう》ヲ吟味スルコト第一也。サレバ徳ノ高下カマハズ、瞽瞍《こそう》ノ頑トイヘドモ舜《しゅん》ノ父タルコト天下ニ二ツナシ。舜、吾父ハ不徳也トテ吾トイヤシミ、天下ノ父ノ下ニツケント思フ理ナシ。唯己ガ親ニツカヘ終ニ瞽瞍《の》豫《よろこび》ヲ底《いた》シテ、却テ天下ノ父子定ル様ニナリタルハ、舜ノ親ニ事ルノ義理ノ当然也。サアレバ、吾国ニ生レテ、吾国タトヒ徳不レ及トテ、夷狄ノ賊号ヲ自《み》ラナノリ、トカク唐ノ下ニツカネバナラヌ様ニヲボヘ、己ガ国ノイタヾク天ヲ忘ル、ハ、己ガ国ヨリ道盛ニ行ハレ、吾国ヲ他国ノノリトモスル合点ナキハ、皆己ガ親ヲイヤシムル同前ノ、大義ニ背キタル者也。況ヤ吾国天地ヒラケテ以来、正統ツヾキ万世君臣ノ大綱不変ノコト、コレ三綱ノ大ナル者ニシテ、他国ノ不レ及《る》処《ば》ニアラズヤ。其外武毅丈夫ニテ、廉恥正直ノ風天性根ザス。コレ吾国ノスグレタル所也。中興ヨリモ数《しばしば》聖賢出デ吾国ヲヨク治メバ、全体ノ道徳礼義、何《いずれ》ノ異国ニ劣コトアラン。ソレヲ始ヨリ自《み》カタハ者ノゴトクニ思ヒ、禽獣ノ如クニ思ヒ、作リ病《やまい》ヲシテナゲク族《やから》、アサマシキコトニアラズヤ。コレヲ以《て》見レバ、儒者所レ説《く》ノ道モ天地ノ道也、吾学ンデヒラク所モ

天地ノ道也。道ニ主客彼此ノヘダテナケレバ、道ノヒラケタル書ニツイテ其道ヲ学ベバ、其道即《ち》吾天地ノ道也。タトヱバ火アツク水ツメタク、烏黒ク鷺白キ、親ノイトヲシク君ノハナレガタキ、唐ヨリ云モ吾国ヨリ云モ天竺《てんじく》ヨリ云モ、互ニコチノ道ト云コトナキガ如シ。ソレヲ、儒書ヲヨメバ唐ノ道〳〵トテ、全体風俗トモニセウネヲウツサレテ、手ヲアゲテ渡ス様ニ思ヒチガヘルハ、皆天地ノ実理ヲ不レ見シテ、聞見ノセバキニウツサル、故也。

或《ひと》曰《く》、コレ尤《も》イチジルシ。去ナガラ九州ノ大国、吾《が》日本ノ小国、何トシテ同ジ口ニアルベキ。曰《く》、コレ亦前説ノ通リニテ、何ノ疑ノコトナシ。左様《さよう》ニ云ハヾ、セイノ高キ親ハ親ニテ、小男《こおとこ》ノ親ハイヤシイニナルベキヤ。大小ヲ以《て》論ズルコト、全ク利害ノ情ヨリ出ル故也。況《や》万国ノ図ヲ以《て》見レバ、唐ノハヾワヅカ百分《の》一ニモ不レ及、唐ヲ十ホド合セタル国イクツモアリ。ソレヲ中国ト立テ唐ヲ夷狄トイハヾ、唐人服センヤ。

或《ひと》曰《く》、コレモ亦明白也。然《る》ニ「周礼《*しゅらい》」土圭《どけい》ノ法有《あり》テ、日月ノ景《かげ》ヲハカレバ、嵩高山《すうこう》中国ニアタリ、日月ノ景全キトイヘバ、天然自然ノ中《ちゅうに》非《ず》ヤ。曰《く》、ソレモ亦唐ノマン中ニテイヱバ其通《り》也。日、赤道ヲグルリトマハレバ、赤道ノ下通リ、何《いず》レカ日影ノ中ニアラザラン。所々ニテ日中ノカゲヲハカレバ皆同ジコト也。且呉楚《ごそ》ノ地ナドハ古《いにしえ》夷狄ノ地ニテ、「孟子」ニモ南蛮鴃舌《げきぜつ》トソシリテアリ、「春秋」ニモ夷狄ニアシラフテアリ。サレドモ周末呉楚次第ニ繁シテ唐《から》トハリ合《い》、秦漢以後、歴々ノ中国トナリ、南北朝以来ハ天子ノ都トナリ、後ハ朱子ナドモ建人ナレバ則《ち》古呉楚ノ地ニテ、今ハ中国〳〵ト云《う》ノカブ也。スレバ唐ノ地開闢以来ソロ〳〵ト切《り》ヒロゲ、其声教威勢ノ及ブダケホドヅヽヒロガレバ、一天子ニテ統《べ》治ルナリヲ中国トタテ来リタルモノ也。此末韃《だつ》ノ地、天竺ノ地モシダイ〳〵ニ治リテ、唐ノ天子ヨリ江南ノ如《く》ニナラバ、唐人ノ口ヨリハ皆中国ト云ベシ。土圭ノカゲノセンサクモイラズ、唯風化ノ及ブ処ニテ云ヨリ外ノコトナシ。且三苗《さんびょう》ノ国、淮夷《わいい》狄徐戎《てきじょじゅう》ノ類《は》則《ち》九州ノ境内ニテ其マヽ夷狄ニシテアリ、況《や》万国ヲビタヾシキ国ナレバ、舟車ノ不レ及処、又何様ノ聖賢者有テ治ルモ不レ知、ソレヲアタマカラ唐ヲ中国ト云カラハ、ヒシト夷狄トアシロウテイヤシムコト、甚《だ》以《て》偏私也。

或《ひと》曰《く》、是亦誠《に》異議ノイハレザルコトナリ。去ナガラ「春秋」ノ説ヲ以《て》見レバ、中国ノ教ニシタガウハ中国ヲ以《て》アシライ、夷狄ニテ変ズルコトアタハザレバ夷狄ニスルトアレバ、風化ノ及ブ所皆中国ト云コト明《なる》コトニ非ヤ。曰《く》、ソレナレバ唐九州モ皆衽《じん》ヲ左ニシ言侏離《しゅり》ナラバ、トント夷狄ト名ヅクベキヤ。徳ヲ以《て》夷狄トイヱバ、九州モ徳アシケレバ夷狄ニナリ、日影ヲ以イヱバ、九州ヨリ外ニ徳堯舜ニ成テモ夷狄ト云《う》名ハハゲヌニナル。コレ皆矛盾ス。

亦大小ヲ以云ヘバ唐ヨリ大キナル国アリ、開闢ヲ以云ヘバ各国メン〳〵ノ開闢也。ドチヨリドフ論ジテモ、唐ヲ中国トシ其外ヲ皆夷狄トイヤシムコト、一ツトシテ理ノ通ズルコトナシ。是《これ》皆儒書ヲ読ム者ノ眼ガ不レ見、不識不大之弊也。

或《ひと》曰《く》、加様《かよう》ニ聞バマギル、事更ニナシ。然ラバ聖人中国夷狄ノ説ハカイシキワケナシニ吾国ヒイキニ私ヲ以《て》謂《い》テ、今聖賢ノ道ヲ学《ぶ》ノ者、皆用ヒザル処カ。曰《く》、是《これ》前ニ云《う》如ク、其国ニ生レテ其国ヲ主トシ、他国ヲ客トシテ見レバ、各其国ヨリ立ル処ノ称号アル筈ナリ。道ヲ学ブハ実理当然ヲ学《ぶ》也。吾国ニテ「春秋」ノ道ヲ知レバ則《ち》吾国即《ち》主也。吾国主ナレバ天下大一統ノナリ、吾国ヨリ他国ヲ見《る》、則是孔子ノ旨ナリ。ソレヲ不レ知、唐ノ書ヲ読《む》カラ唐ヒイキニ成テ、兎角唐カラ詠《なが》メル日本ノナリニウツリ覚ヘテ、兎角夷狄〳〵トアチヱツラルヽ、合《が》点《てん》バカリスルハ、全ク孔子「春秋」ノ旨トウラハラ也。孔子モ日本ニ生《る》レバ、日本ナリカラ「春秋」ノ旨ハ立《つ》ハヅナリ。是則ヨク「春秋」ヲ学ビタルト云者也。スレバ今「春秋」ヲ読デ日本ヲ夷狄ト云ハ、「春秋」ノ儒者ヲソコナウニハ非ズシテ、能《よく》「春秋」ヲ読ザル者ノ「春秋」ヲソコナフ也。是則柱《コトヂ》ニ膠《にかわ》シテ瑟《こと》ヲシラブルノ学ト云《う》物、全ク窮理ノ方ヲ不レ知者也。

或《ひと》曰《く》、如レ此ナレバアスガ日唐《から》ヨリ堯舜文武ノ様成《る》人来テ唐ヘ従ヘト云ハヾ、従ハザルガ可《き》レ然《る》乎。曰《く》、是云ニ不レ及コトナリ。山崎先生嘗《かつて》物語ニ、唐ヨリ日本ヲ従ヘントセバ、軍《いくさ》ナラバ堯舜文武ガ大将ニテ来ルトモ、石火矢《いしびや》ニテモ打《ち》ツブスガ大義也。礼義徳化ヲ以《て》シタガヱントスルトモ、臣下トナラヌガヨシ、是則「春秋」ノ道也、是吾天下之道也ト云ヘリ。甚《だ》明《か》ナルコトニテ、許*魯斎ガ宋ノ徳デ服サセンズルガアヤマリト同《じ》コト也。古ヨリ遣唐使ヲツカハサレ、足利ノ末ニ唐ノ勅封ヲ拝受スルハ、皆名分ヲ不レ知ノアヤマリ也。若《し》唐ニ従《う》ヲ吉《ヨシ》トセバ、吾国ノ帝王ノ号ヲモシリゾケ年号ヲモ不レ用、毎年〳〵唐人ノ草履取ニハイツクボウテ、頭《アタマ》アゲヌガ大義ナルベシ。ソレナレバ吾親ヲ人ノ奴僕トシ乱賊ノ名目ヲツケ踏《み》ツケイヤシムル同《じ》事ノ大罪也。況《や》各国ニテ各其徳治《ま》レバ、各国ニテ道行ハルヽ、ナリニテヨキハズ也。漢唐以来徳ノ是非カマハズ、兎角唐ノ下ニツケバヨイ国ジヤトホメテアルハ、皆唐国ヲ主トスルヨリ云タルモノナリ。吾国モ吾国ヲ主トシテ、他国従《い》ツケバナデヤスンズルガヨシ、此方ヨリシユルニ非ズ。ソレユヱ、唐ヨリ日本ヲトラフトスルモアヤマリ、日本ヨリ唐ヲ取フトスルモ無理也。扨亦三韓国ノ如キハ、吾国ヨリ征伐シテ従《え》タル国ナレバ、其《の》為ニ今ニ吾国ヘ使ヲ通ジ、寄服スル。是吾国ノ手柄《てがら》ナリ。亦三韓ノ国ヨリ云ハヾ、面々ノ国ヲ立テ主トスルガアノ方ノ手柄ナリ。吾親ヲ無理ニテモ人ニアタマヲハラセヌガ其《の》子ノ手柄ナリ。人ノ親ハ其親ヲ人ニアタマヲハラセヌガ手柄也。面々各々ニテ其国ヲ国トシ、其親ト親トスル、是天地ノ大義ニテ、並《び》行ハレテモトラザル者也。

或《ひと》曰《く》、然ラバ何レノ国ニモセヨ、天主ノ如キ国、其外キハメテ風俗アシキ韃靼ノタグイナドハ如何可《き》レ有。曰《く》、サレバノコト、前ニ云通リ、皆其国ノ心ガケアルモノハ、其国ヲ道ヲ以《て》明ラメ風俗正シクナレバ、舜ノ瞽瞍底《す》ニ豫《よろこび》ヲ一ト同《じ》コトナリ。去ナガラ其《の》問トモニ徳ヲ以云故也。風俗ハトモアレナンデアラフト先《まず》吾国ハ吾国ナリノ天地也。其説前《に》云処ノゴトシ。

或《ひと》曰《く》、然ラバ日本ヲ中国トシ、唐ヲ夷狄トシテヨカランカ。曰《く》、中国夷狄ノ名、ソレトモニ唐ヨリ付タル名ナリ。其名ヲ以《て》吾国ニ称スレバ、ソレトモニ唐ノマネ也。唯吾国ヲ内トシ異国ヲ外ニシ、内外賓主ノ辨明《か》ナレバ、吾国トヨビ異国ト云ヘバ、何方《いずかた》ニテモ皆筋目タガハズ。此《の》他云ベキコトアレドモ、皆前ノ筋ニテヲセバ往《く》トシテ不レ明コトナシ。予《われ》前《に》日本ヲ中国トシ、異国ヲ夷狄トスルコトヲ*講義ニノブトイヱドモ、中国夷狄ノ字ニ付テ紛々ノ論多ケレバ、今又名分ヲツメテ論ズルコト如レ此。

或《ひと》曰《く》、然ラバ孔子世ニ出テ、兎角唐ハ中国ナリ、ドコモカモ外ハ皆夷狄ト云ハヾ如何。曰《く》、ソレガ孔子ノ旨ナレバ、孔子ト云《え》ドモ私也。吾親ヲ兎角キタナソウニ云《う》ガ道ジヤト云バ、孔子ノ言デモ用ラレヌ。サレドモ孔子ナレバ必定《ひつじょう》左様ニ云ハヌハヅ也。其《の》証拠ハトイヘバ、「春秋」ガソレナリ。其旨前ニ云処ノ如シ。*劉因中国之一段モ、劉因ガ日本人ナレバ則《ち》日本ガ吾本国ニシテ異国ニ仕ヘザルハヅ也。義理ハ其時其地ソレ〳〵ノ主トスル当然ヲシルコト、是「*中庸」ノ精義第一也。サレドモ儒者、中国夷狄ノ説滔々《とうとう》トシテ皆然レバ、今更ニハカニ合点ノ明ニ可レ有コトナケレドモ、此義大名分、大正統、三綱五常、君臣彼此ノ大分大義、コレヨリ大キナルコトナケレバ、此スヂ明ナラザレバ、儒書ヲヨンデモ皆乱賊ノ類ニヲチ入ルコト、極メテナゲクベキコト、能々《よくよく》可《き》レ詳《かにす》者也。畢竟中国夷狄ノ字、儒書ニアルカラシテ加様《に》マドフ。儒書ヲヨマザルトキハ其マドヒナシ。大凡《おおよそ》儒書ヲ学ンデ却テ害ヲマネクコト、湯武ノ君ヲウツコトクルシカラズト云ヒ、柔弱ノ風ヲ温気ト云《う》様成コトイクツモアリ、皆儒書ノ罪ニ非ズ、儒書ヲ学ブ者ノ読《み》ゾコナイ、義理ノ究《きわめ》ゾコナイ也。聖賢、天地ノ道ヲヒラキ万世ニ示セバ、儒者ノヤウナルケツカウナル義理ハ云ニ不《れ》レ及ドモ、学ビソコナヘバカヨウノ弊アリ。ヨク〳〵カヘリミ極《きわ》ム可コトナラズヤ。

此大条*元禄辛巳十二月廿一日改《め》シルス。

周礼土圭ノ法　周礼、地官大司徒に「土圭の法を以つて土の深浅を測り、日景を正し、以つて地の中を求む」とある。土圭の土は度と同じで、はかるの意、圭は珪で玉、玉製の計器。一年中の日かげの長短を測って四季の運行を定める器具。

許魯斎　劉因と同時の人で劉因と並ぶ学者であったが、蒙古族の元朝のはじめ、その招請に応じて仕え国子監祭酒となった。

講義　絅斎の自著自講の「靖献遺言講義」（元禄二年自跋）巻七、処士劉因。本論に対し旧稿にあたる。

劉因　南宋の末に生れ朱子の学を修め、蒙古の元朝の初め世祖の招きを拒んで、貧困の中に生を終えた。劉因の生れた保定の地は、宋の前の五代の時、石敬瑭の晋の所領となり、その後も遼・金の所領となって、ついに漢族王朝の宋に属せず、そのまま宋が亡んで元の世となったものである。

中庸　底本「中唐」、今訂。

元禄辛巳　元禄十四年（一七〇一）。

中国論集

佐藤直方

○直方先生*「華夷論断《に》」曰《く》、学者、中国夷狄ノ論紛々《ふんぷん》タリ。皆一偏ノ説ヲ立テ主張スルヨリシテ、初学ノ惑ヲ起セリ。元来中国夷狄ト云《う》コトハ中国ノ聖賢ノ言ニシテ、天地全体ノ地形ニツイテ立《て》タル也。「周礼」土圭ノ法、世々ノ聖賢ノ論説語類等ニ詳《つまびらか》也。何ンノマギレモナキコトニテ、俗学者モ辨ヘ知レルコト也。然《る》ニ近時吾党ニ此論出テ、或《は》道徳ノ盛衰ヲ以テ中国夷狄*ヲ分チ、或ハ各国面々ニ中国夷狄アリト云テ、遂ニ古聖賢ノ成説ヲ用《う》ルコトナシ。

垂加先生神道ヲ主張スルヨリ、日本モ中国也ノ論アリテ、程子ノ天地無ニ適《しゆくとして》不レ為《るはら》レ中ノ語ヲ以テ証トシ、朱子ノ説ヲ可《し》レ疑《う》ト云ハレシコト、「程書抄略」上巻細字ノ中ニ見ヘタリ。是ヨリシテ学者雷同シ、中国夷狄一定ナキノ論多シ。尤《も》中国ハ礼義之教、風俗正シ、夷狄便《はすなわち》在《り》下人与《ととの》ニ禽獣ニ之間《に》上、所《ゆえんなり》ニ以終難《にき》レ改《め》ト朱子モ云ハレタナレバ風俗アシキハ知レテアレドモ、然レドモ夷狄ノ地ニ生レテモ少連大連ノ様ナル人モアリ、中国ニ生レテモ桀《けつ》・紂《ちゆう》・盗跖《とうせき》ガ様ナルモアレバ、夷狄ノ地ニ生レタ人モ義理ニ従テ勤メバ聖賢ニモ至ルベシ、何ノナゲクコトアランヤ。「論語」子欲《す》レ居《らんと》ニ九夷《に》一、君子居《らば》レ之《に》、何《の》陋《か》之有《ら》ンニテ可《し》レ考《う》。武王ノ箕《き》子《し》ヲ朝鮮へ封ジラレタヲ看《み》ヨ。畜生国へ封ジタルト云ニ非ズ。今道徳ノ盛衰ヲ以テ中国夷狄ヲ云ハヾ、「*論語」ノ夷狄之有《るは》レ君、不《る》レ如《くにあら》二*諸夏之亡《きが》一也ノ語、「*孟子」ノ陳良《は》楚《の》産也ノ所、其外ツカユルコト多カラン。*中国《にして》而用《うれば》二夷狄之礼《を》一、則《ち》夷《とす》レ之《を》ト云タル、礼義ヲ責《め》タルノミニテ、中国ヲ変ジテ夷狄ノ地ニスルト云ニ非ズ。道ハ行《わ》レフト行レマイト、中国ト云ハ是カラ爰《ここ》ト一定シテアル也。釈ノ師錬《しれん》ガ、天文ヲ以テ日本ヲ世界中ノ最上国トシ、唐《から》天竺ヨリモスグレタルト「元《げん》亨釈書《こうしやくしよ》」ニ書《き》記シヲイタヲ、尤《とも》ナリト思テ雷同シタル儒者モアリ、皆小知ノ妄説也。中国夷狄ト云ハ、根本聖人ノ立言ニテ外《ほか》ノ国デハ云ハヌ事ナルニ、儒書ヲ読ンダカニテ、中国ハ善、夷狄ハ悪ト云事ヲ知テ、我生レシ国ヲヒイキスル存念ハ殊勝ナレドモ、天下ノ公理ヲ知ラズ、聖賢《の》成説ヲ変化スルニ陥ルハ、苦々《にがにが》シキコト也。中国夷狄ヲ道徳《の》盛衰デ云ハヾ、今ハ唐ガ中国、今ハ朝鮮ガ中国ト、ヒタト場所ガカワルベシ。人ガ何程不徳不義ナルトテ、真ノ犬馬トハ云ハレヌ。ワルナリニ人ハ人、犬ハ犬也。猿ガカシコキトテ、タワケノ人間ト同ジコトトハ云レヌ、鸚鵡《おうむは》能《く》言《うも》、不《る》レ離《れ》二飛鳥《ヲ》一ナリ。義理ニハヅレタルヲ推シテ禽獣也トハ、徳ヲ責タモノナリ。コノ合《が》点《てん》ヲ地形へ移シテ中国夷狄ノ辨ヲ合点スベシ。文王武王ノ様ナル聖人ガナクテモ、中国ノ名ハカワラヌゾ。浅見安正「正統論」ニ、正統ハ義不義、徳不徳ノ吟味ハ入ラヌト云テアリ。中国モ丁《ちよう》ド其《の》合点ニテ、マギル、コトハナシ。

偖《さて》南蛮ニ聖人ガ出テモ、夷狄ノ地ニ聖人ガ出タト云モノ也。其南蛮ノ聖人ガ数世聖人デ相継デ南蛮ヲ化シ、中国ノ風ノ様ニナルコトハアルベシ。然レバ中国ハ土地ノヨイ所ユヘ、古ヨリ聖賢ト名付ル人、ヒタト出生スルト見ヘタリ。中国ヲヨイト云モ宜《む》ベナリ。コレヲ知ラズニ唐ニハ聖賢ハ有レドモ、土地ガワルイ故ニ、堯舜ノ禅授、湯武ノ放伐ノ様ナルコトアリト云《う》人アリ。愚ト云ベシ。或人、君臣ノ大義ヲ明サントト思フ存念ヨリ、我生《れ》シ国ヲ君父ノ国ト敬ヒ尊ブノ親切ガスギテ、中国ヲ夷狄トシ、叛逆人ノ湯武、牛食ノ孔孟ト云《う》激切ノ論出タリ。是偏説也。孔孟ヲ尊敬スル人コレヲ聞テ、此ハ狼藉ナル云様ナリトイキドヲリ、我出生シタル国、中国ニ非ズト云《い》サマニ、辨者ヲ批斥スル。甚シ、激論ノ過ルト云ベシ。兎角太極ヲ主君ニシテ各国皆家中ト合点スレバ、位ノ高下、禄ノ大小夫々ニ定テアレバ、ヒイキシテホメスギルコトモナク、ニクイト云テ一尺ノ者ヲ五寸ト云コトモナラヌ。黒ハ黒、白ハ白ト定テアレバ、私意ヲ以テ息《い》キ筋ヲハリ、白ヲ黒、黒ヲ白ト云テ、中国夷狄ノ名ヲツケカユルハ、愚之甚《しき》也。王荆公ガ虱《しらみ》ヲ捻《ひね》リタルトテ中国ノ太夫高位ノ人皆虱ヲヒネルニテモナシ、楊雄ガ天禄閣カラ落タトテ唐ノ儒者皆腰ヌケ臆病ト云ニモ非ズ。蘇我《そが》ノ馬子《うまこ》ガ天子ヲ殺シタルトテ日本ノ大臣皆天子ヲ弑スルト云デモナク、義朝ガ父ヲ殺シタルトテ日本ノ武士皆親ヲ弑スルト云ニモ非ズ。風俗《の》盛衰ハ其時其人ニヨルコトナレドモ、愚ナル人ハ、日本ヲ君子国ト誰ヤラ云タルトテ、堯舜三代ノ治ニマサルト思ヒ、曾子ノ死期ニカレコレ云ハレタルヲ見テ、賢人ノ死期ハ皆曾子ノ様ナル筈ト思ヒ、垂加先生ノ九月十六日ノ死ヲ神明ニ通ジタト云ヒ、周公旦ノ武王ノ命ニ代《つ》タト云ヲ聞テ、鬼神ニ祈レバ病人悉ク快復スルト信ジ、積善之家有《り》二余慶一ト云ヲ見テ、子孫繁昌ヲ求ムル筈ジヤト云ノ類、書籍ヲ読タル人サヘ往々其感アレバ、無学ノ人ハ不レ足《ら》レ責《むるに》。トニモ角ニモ道理明弁ニナキハ学者ノ大患也。

或《ひと》曰《く》、中国夷狄ノ分ハ、論断明白ニテ何ノ疑モナキコト也。倭日本ニ生レタ人、唐ヲウラヤミシタハヌ筈ト云ハ、無学ノ人ハ其通リナレドモ、今聖賢ノ書ヲ読デ居敬究理ノ学ヲスル人ハ、唐ヲウラヤミシタフベキコト也。如何トナレバ、四書六経ハ中国ノ書ナレバ、文字ノ意味、文義ノ法、日本ノ式目庭訓《ていきん》ノ抵《てい》ノ文字デハ、聖賢ノ意ハウカヾハレヌ筈也。譬バ程朱ノ才徳デモ、日本ノ歌ノコトバト情《こころ》ニ通ズルコトハ、日本ニ生レタ人ノ様ニハナイ筈也。四書六経ヲ終身ノ業トスル人、文字ニ通ゼザルハ、大ナル遺恨ニアラズヤ。対《て》曰《く》、コレハ的切至極ノ論ナリ。予モ数十年以前ヨリ其存寄《ぞんじより》アツテ、何卒《なにとぞ》日本口《ぐち》ヲ忘レテ唐ノ書ニ通ジタキト心ガクルトモ、未ダハキト通ゼズ。日本ノ前輩宿儒、何モハキトシタ人ナシ。精力ヲ尽シテ考タラバ、通ズルコト大方《おおかた》ニハナルベキ也。扨唐ノ書ヲカラズニ、日本ノ書デ天地自然ノ道ヲ求ムル書アラバ幸ナル事ナレドモ、吾不才、イマダ其書ヲ考ルコトナキユヘ、弱年ヨリミツケタ儒書ヲ日本口ナガラ読デ道ヲ求ムル外ハナシ。然《る》ニ吾人、書ノ看《み》ヤフガ麁《あら》ク、精力ノ用ヒ様ガカヒナク、奮発ノ意少ナク、其上、品々ノ路草《みちくさ》ニ日ヲ暮シ、酔生夢死ニ終ルハ口惜《くちおし》キ事ニ非ズヤ。〈*一本此ノ下ニ、朱子に言有り、曰く、日月逝く、歳我に与《ゆる》さず。丈夫の志有る者、豈当《あにまさ》に此悠々泛々徘徊猶豫を為し、以て其身を老ゆべけんや、と。*三宅重固の中国夷狄の説を読み、宿懐に合はざるを嘆じて、嘗て論ぜし所を記して一学友に与ふ。夫れ道の盛衰、人の徳否を以て、中国夷狄の分と為すは、近時神書を学ぶ者の言にして、尤も吾*が党の学者に望む所に非ず。重固、此に於て其の所論と吾が鄙説とを再考し、以て非を訂《ただ》し是《ぜ》に従ふの訓を蒙らば、幸甚なり。*正徳癸巳季春　直方書。〉

〇或人、「論断」ヲ看テ曰《く》、一学者【欄外注―一本作二重固一】ノ説ヲ看ルニ、中国夷狄ヲ地形ト道徳ノ二筋アルト云ヘバ、地形ノ義ヲ知ラヌニテモナシ。山城《やましろ》ヲ中トシ奥羽ヲ夷トスル説モアレバ、専《ら》ニ道ノ盛衰、風俗《の》美悪デ云トハ見ヘズ。答《て》曰《く》、其《の》二筋アルト云ガハヤ非也。中国夷狄ヲ最初ニ定タル聖人、二筋アルト云ヘルニ非ズ。其後ノ聖賢ノ説ニモ見ヘズ。色々ノ説ヲ立テ中国ヲ一定セヌ方ニ云ハ、自分ニ拵《こしら》ヘタ説ナレバ、公論ニアラズ。実ハ、中国トハ唐九州ノコト、夷狄ハ四辺ジャト心中ニハ自然ト理会シテヲレドモ、吾邦ヲ夷狄ト云ヘバ疎遠ニナルト云親切ノ情ニクランデ、偏説ヲ主張ス。心中独知ノ所ヲ省察シタトキニ、唐ヲ夷狄ジャトハ思ハヌ筈也。唐ヲ中国ニシ又夷狄ニシ、朝鮮日本ヲモ中国ニシ夷狄ニスルト云ナラバ、天竺南蛮韃靼モ中国ニスル筈ナルニ、アレヲバ中国ニ陝《せま》イト云ハ私論也。仏者ノ方《かた》ニハ天竺ヲ中国ト云《う》説アリ。偖《さて》唐ヲ夷狄ニシ外《ほか》ヲ中国ト云ハ、ケツシテ地形デハ云ハレヌゾ。唐ヲ中国、外ヲ夷狄ト云ハ云ニクキコトハナシ。人心ノ自然ヲ見ルベシ。宜《むべなる》哉、中国夷狄ト云コトハ、聖人、天地全体ノ中ヲハカツテ中国ヲ中国トシ外国ヲ夷狄ト定メヲケリ。ソノ成説ヲ変ズルハ不《る》㆓忌憚《せ》㆒之甚《だし》矣。聖人ガ我《が》生国ヲホメテ中国ト云《い》、外ヲ夷狄ト賤《いや》シムト云ハゞ、聖人私意ノ甚キト云モノ也。今ヨク合点シタル人ハ、唐ハ中国、日本ハ夷狄ト古昔カラ一定シテアルト雖ドモ、外ノ夷狄ハシラズ、日本ニヲイテハ唐ニモヲトラヌ処アリ、我ハ日本ニ生レタレドモ、実ニ学問ニ志ヲ立テバ聖賢ニモ至ルベシ。*其時ハ唐中国デモハヂ入ルベシト心得ベシ。畢竟此論ノ起リ、日本ヲ中国トシ唐ヲ夷狄ト云カラ出タレバ、根本已ニ差《たが》ヘリ。故ニ彼此コモ〳〵窒礙《ちつげ》シ、色々ノ激論紛々ナリ。疾《とく》ト心気ヲ平ニシテ思量スベキコト也。

或人云《う》、今日本カラ云ハンニ、天地ノ内ドコカシコト美悪ヲ定ル筈ハナシ。風俗ハ時ニヨレバ、ヨクモアシクモナル。天地之間ドコデモ中ト云ベシ。程子ノ説ノ通リ也。然レバ唐ヲ中国ト一定スル筈ハナシ。世々ノ聖賢ノ中国夷狄ト云ヘルモ、昔カラノ定名デ云ハレタモノナルベケレドモ、道理ナシニ雷同シラレタト云ベシ。畢竟、唐天竺日本南蛮、甲乙ナシニ云ガ道理之公ト云タラバ如何。答《て》曰《く》、夫ナレバ根《ね》カラ中国夷狄ト云コトヲ云ハ無用之言也。然レバ、最初ニ中国夷狄ト云コトヲ云出シタルハ始《めて》作《る》㆑俑《ようを》ノ類ニシテ、妄説ノ元祖ト云ベシ。夫ナレバ「大学」「論語」「孟子」「中庸」ニ*中国ヲ云《は》雷同妄説ト云モノカ。ヲカシキコト也。〈一本ニ此下ニ有㆓一条㆒。或人曰、孔曾思孟が雷同妄説ニナルガイヤナトテ、道理之公ハツブサレマイ。唐ヲ中国トシ外国ヲ夷狄トシタ天罰ニヨツテ、孔曾思孟モ雷同妄説ノ咎ヲカフムラレタト云モノニシテヲイテハ如何。答曰、孔曾思孟ヲ天地ノ罪人ニシテモナントモ思ワヌ人ナレバ、ソレニハ論ハナイ。何トゾ、トクト了簡シテ孔曾思孟ノ罪ニナラズ、中国夷狄ノワケモ立ヤウニハナルマイコト乎。イカニシテモ苦々シキ様子也。或人曰、コナタモヨク了簡アレカシ。孔孟ガ罪人ニナラル丶ガ気ノ毒ナト云テ、我生国ヲ夷狄ト云ワセルコトハナラヌ。此方ニ不快ニ存ズル、向後講論モイタサレヌト云。答曰、孔孟ガスタツテモカマワヌト云ナレバモハヤ云ベキ方ナシ。直方書。〉

○或人問《いて》曰《く》、日本ハ小国ナレドモ、天神七代地神五代以来、神道ト云《う》結構ナル教アリ。去ニ因テ、神道ヲ学バヌ人ハ日本ニ生レタ益ナク、神明ノ御心ニモ叶《かな》ハズ、子孫繁昌スルコトモナシ。日本ハ古来ヨリ神国ト云テ、万国ニスグレ結構ナル国也。直方先生答曰《く》、唐土天竺南蛮ハ何国ニテ候ヤ。日本計リ神国ニテ各別結構ナル所ジャトハ、誰人ノ定メヲキタル事ニテ候ヤ。神国ノ*神ト云ハ、他邦ニハナキモノニテ候ヤ。天地ノ中、人ノ外ハ皆鳥獣ノ類ニテ、賤キモノ也。人ハ万物之霊ナレバ人国トコソ申《す》ベキニ、人ノ外ノ神ト申《す》事心得ガタク候。天照大神大己貴《おおなむち》ノ類ハ、人ニテハ無レ之候ヤ。偖我ガ生レシ邦ヲバ、売薬ヲスルモノ、様ニ、我計リヲヨシト云テ自慢スルコトニテ候バ、秦ノ始皇ガ先祖ニ諡《おくりな》スルヲ禁ジタルト同事也。夫ナレバ天下之公理トハ不レ被《もうされず》レ申候。譬ヘバ今舜ノ講釈ヲナサレルニ、後妻ニ溺レテ実子ヲ殺スハ義理ノ当然ジャト云ベキヤ。ソレハ不義デワルイト云ハヾ父ノ事ヲソシルニナリ可レ申ヤ。神道者ノ様ニ善悪是非ニカマワズ、メッタニ我邦ヲ尊信スルガヨキト云ナレバ、学問モ入リ不レ申候。是程ノワキマヘナクシテ、メッタナコトヲ被レ申候筈ハ無レ之候ヘバ、神道者ノ被《る》レ申ニモ子《し》細《さい》コソアラン、承《うけたまわりたく》度候。

扨《さて》神道ニハ五倫ヲ立テ、ツヽシミ申候哉。五倫ノ中二倫三倫ハステ、モクルシカラズトノ事ニ候哉。五倫立テ、教候ハヾ、唐ノ聖賢ノ道ニ違イハアルマジク候。此《の》所承度候。偖神道ニ伝受ト云テ、密《ひそか》ニ申聞《か》スル事アルト承候。*土金《つつしみ》ノ伝ト云ハ神道ノ根本ジャト合点シテモ、実ニ力ヲ用ヒテコソ心身ヲサマリ可レ申候。タヾ聞タ計リニテ、人欲ニ克《か》ツト云コトナクバ、何ノ用ニモ立ヌコトニテ候。神ノ名ニモ伝授アルヨシ承候。唐デハ、孔子ヲ孔子、孟子ヲ孟子ト云タルニナンノ伝授モナク候。ケ《か》様《よう》ノコト儒道ト相違シタルコトニテ候。然《る》ニ儒神一致ト被レ申候ハ合点不レ参候。

偖《さて》又、日本ハ中国ニシテ万国ニ勝レタリト神道者ノ云ハ、心得ガタキコトニテ候。中国ト云ハ、古来ヨリ地形ニヨッテ一定シタルモノ也。勿論中国ハ道明《か》ニ風俗モヨシ、夷狄ハ風俗アシケレドモ、根本*、中国夷狄*ト定リタルハ地形ヲ以テ云、風俗善悪デ云ハヌナリ。

日本ノ古記ヲ考ルニ、我邦、帝王ヲ始メ皆同姓ヲ娶テ后ニソナヘタルアリ。其外姉妹ヲ后ニ備ヘタルモアリ。是レナレバ、聖人ノ教《え》ヲカレタル夫婦ノ道ニ違申候。偖臣トシテ君ヲ弑《し》テ、其君ノ弟ヤ子ヲ取立テ天子ニスルコト多シ。父ヲ殺サレ兄ヲ殺サレテ、其殺《し》タ臣ノ差図ニ付テ天子ノ位ニ備ハリテ、ソレヲ恥トハ思ハズ、讐《あだ》ヲ報ルノ義*モナシ。父兄ヲ殺シテ其子弟ヲ又主君ニシテ、ソレナリノ君臣ノ交リヲスルコトアレバ、万国ニスグレテ君臣ノ義正シトハ云ガタシ。偖日本ハ一姓ニテ天下ヲ有《ち》テ、他姓ノ人ヘ渡ラヌト云テ、結構ナルコトト云ヘドモ、正統同姓ノ兄ヤ弟ヤ従兄弟ヲ追《い》ノケテ天子ニナルハ、他姓ヲ追ノケタルヨリ甚シキ也。神武天皇以来姓ハカワラネドモ、弑逆簒奪挙《あげ》テ数フベカラズ。譬バ今兄ヲ殺シテ其跡ヲ取タル人アランニ、同姓ジヤニヨツテ苦シカラヌト云ベキヤ。我ハ殺サズ臣下ガ殺シテ其跡ニ我ヲ立タト云デハスマヌコト也。如レ此ナレバ、日本ハ却テ後世ニ五倫ノ法ヒラケテ、上古ハ五倫ノ法ハキト立《た》ヌト見ヘタリ。然ニ学者、日本ノ旧記ヲ見ナガラ、此ヲワキマヘヌハアサマシキコト也。扨又女子ニテ天子ノ位ニノボルコト、聖人ノ道ニハナキコト也。牝鶏《ひんけい》ノ晨《あした》スルハ家ノ索《つく》ル也ト、聖書ニハ戒メヲカレタレバ、マシテ天子トナリ万機ノ政ヲサバクハ晨スルノ甚*シキ也。

孟子ノ陳良楚産也　孟子、滕文公上に曰く、陳良は楚(当時の南蛮に当る)の産まれなり、周公仲尼の道をこのみ。北のかた中国に学ぶ。北方(当時の中華の地に当る)の学者で彼を超え得るものはない、と。

一本　「韞蔵録」の編者稲葉黙斎が参考した異本である。以下原漢文。便宜上、訓読して書下した(平がな)。

三宅重固　三宅尚斎のこと。

正徳癸巳　正徳三年(一七一三)。

吾・其時ハ…心得ベシ・ニ中国・ノ神・本・狄・モ　底本脱、無窮会本により補。

土金ノ伝　闇斎の垂加神道の伝授、もと吉川神道に出る。土(つち)と敬(つつしむ)との音通にもとづき、土がしまると金になる、という意。闇斎の朱子学が敬を第一とするのに通ずる。

甚シキ也　この下に「程子曰…」「林氏鵞峯文集曰…」の二条(漢文)が引用してあるが、繁をさけて録しない。

直方先生華夷論断曰…　「韞蔵録」巻之十四、小野信成編の「中国論集」(宝永三年十月上浣)は、はじめに、前録の浅見絅斎の「中国辨」の中国夷狄論を摘記して批判した荻濃祐重の文を録し、ついで「華夷論断」および三宅尚斎らしき人および神道者の中国論に対する直方の批判文を録している。そしてそのあとさらに浅見絅斎の正統論に対する直方の批判の文を録して、併せて「中国論集」と名づけてあるが、ここではこの正統論に関する部分は捨てた。

ヲ分　底本脱、無窮会本により補。

論語ノ夷狄之有君…　論語、八佾の語。その意味は、夷狄の国でも君主があるならば、諸夏(中華の国ぐに)に君主が亡いのよりはましである。

諸夏…楚産也ノ所・中国而…ノミニテ　底本脱、無窮会本により補。

学談雑録（佐藤直方）

雑話筆記（若林強斎談　山口春水記）

学談雑録

一儒士来テ曰《く》、「大*学或問」ニ、或《いは》勢《い》匹夫ノ賤《なる》モ、堯ニ舜《に》其《の》君民《ヲ》一スルハ学者分内当然ノ事ナリト云ヘリ。然レバ学者ノ事業ハ大ナルコトニテ、中国聖賢出生ノ国デモ、其人ハ指ヲ折テ数フルナレバ、甚《だ》難キコトナリ。況ヤ我邦ニテハ往古ヨリ、其《の》任ニアタル学者ハ勿論、其ワケヲ知タル学者モ聞《き》及《ば》ズ。今《いま》国君《の》民ヲ治ルニ、志アリテモ治ル仕形《しかた》ヲ知ラズシテハ、下手ノ碁ヲ打ヤウニテ善キ政アルマジケレバ、志バカリニテ下民恩沢ヲ蒙ルコトハナキハズナリ。シカレバ志ノアル国君大夫ハ、其治道ヲ学者ニ聞テナサル、ガヨケレドモ、治道ヲ心得タル学者世ニナキトキハ如何《いかが》スベキヤ。

対《こたえて》曰《く》、コレハ的実ナル論談ナリ。夫レ聖賢《の》国家天下ヲ治ルノ道、四書六経ニ詳《つまびらか》ナリ。ソレヲ知ルハ固《もと》ヨリ学者ノアタリマヘナレドモ、ソレニ眼ヲツケテ書ヲ看《み》ル人、世ニ希《まれ》ナリ。記*問詞章ノ学者ハ論ズルニ足ラズ、道学ヲ務《つとむ》ルト称スル学者モ、孔孟程朱ノ意ヲ知ラズ、文字ノ味ヲ理会スルコトナケレバ、俗学ニ流レテ詞章ノ学者ト五十歩百歩ナリ。シカレバタマ〳〵政治ニ志アル国君アリテモ、其《の》志ヲ遂《とぐ》ル術ナケレバ只自己ノ細工ニテ、ツマリハ私意ニ帰スルナレバ、ノコリヲヽキコトナリ。何事デモ其術ニ達シタ人デナケレバ、仕形《しかた》ノヨキト云コトハナシ。曲藝ニ至ルマデ皆ソレ〳〵ノ達人アレバ、自分ノ細工ニハナラヌコトトナリ。兼好《けんこう》ガ水車ヲ宇治ノ里人ニツクラセタルノ事見ルベシ。

或人曰、ソレナレバ国君ニ志アツテモ、何ノ益モナキコトナルヤ。

対曰、コレモヨキ不審ナリ。ソコニコソ深キ味アリ。カタリテモ聞《き》ウケラル、意ノ親切ニウツルベキハ、ハカリガタケレドモ、我《が》思フアラマシヲ述《のぶ》ベシ。志ノ字ハ、古ハ之*心ト書テ、ユク心ト云コトナリ。後世ニ志ノ字ニ書カヘタモノナリ。人ノ心ノドレヘナリトユキヲモムクハ、其事ヲ必《ず》スベシト思《う》ナリ。必《ず》スベシトハ思ハズ、タヾウワノソラニフト心ノソレヘウツルハ、志トハ云ハレヌ。小人ノ人欲ニヲモムキユク心ノ実ナルヲ考テ、君子ノ義理ニヲモムキユクノ親切ナルヲ知《る》ベシ。君子《は》喩《さとり》ニ於義《に》一小人《は》喩《る》ニ於利《に》一ノ語ハ、コヽノアヤヲ仰《せ》ラレタリ。今《いま》上君ノ下民ヲ愛シ、困苦ヲイタマシク不便《ふびん》ニ思《おぼ》シメス心ノ親切アレバ、何トゾシカタハアルマイカ、ト至切ニタヅネラルヽハヅナリ。如《し》レ保《つが》二赤子《を》一、未《だ》《ず》レ有《ら》二学《んで》レ養《うことを》レ子《を》而后《のちに》嫁《する》者一ノ語ニテ可《あじわうべし》レ味。此《の》志サヘ実ニ立テバ、自然ニ其感応アルハヅナリ。ドウゾ〳〵ト思フ心デ「大学」ヲ看レバ、ウワノソラニ見ルトハ各別ナリ。ソレカラ疑モツキ、ソロ〳〵スジモ見ヘ、文字ニモ心付《こころづき》アリ、人ノ学談ヲ聞テモ心ニコタヘ、身ニシタシクコタヘル意アリ。ソコガ善*端発見《はつげん》、千里ノ行、一歩ノ本ナリ。コレカラハ、漸々《ようよう》ニ拡充ニ至ルハヅナリ。此志ガ上君ニスコシニテモアルト、下ヘハソノマヽウツルモノナリ。俗ニ上《かみ》一人ヨリ下《しも》万民ト云。周子曰、天下之衆、本《もと》在《り》二一人《に》一、道豈《あに》遠《からんや》　乎哉、術豈多乎哉トハコレナリ。同気相求《いめ》、同声相応《いず》ト云モコレナリ。極《きわめ》テ云ヘバ、堯ノ舜ヲ得、湯王ノ伊尹《いいん》ヲ得、高宗ノ傅説《ふえつ》ヲ得、文王ノ太公望ヲ得《うる》ノ類、大小浅深ノ異アレドモ皆此意ナリ。上君ノ志立《たっ》タ上ニハ、自然ニ下ニ其人出来《いでく》ルハヅナリ。牡丹菊花ノハヤル時ハ、イロ〳〵ノ花ノ品多ク出来ルニテ見ルベシ。無情ノ物サヘ感応アレバ、人ハ同《じ》ク性善ナレバ、必定《ひつじょう》其感応アルハヅナリ。シカレバ天下国家ノ君タル人ノ志立ツヨリ外ニ政治ノ根本ハナシ。上君ニサヘ其心アルト、下ニハ次第ニ其人ガ出来ルナリ。「近*思録」治体ヲ考ベシ。コノ勢ニ乗ジテハ学者モ道理ヲ識ルヤウニツトメテ、聖賢道学ノ意ヲ合点シ、孔孟周程張朱ノ門牆《もんしょう》ヲウカヾフヤウナルベシ。

　或人聴テ甚《だ》感悦シ曰、イハレヲキケバ、面目《めんもく》トハカヤウナコトニテアルベシ。「孟子」ノ性善ノ章、数年来見テモ、タヾウカト思フテ心ニコタユルコトナシ。今日ノ論説ヲ承《わ》リ、性善ノ章ガ心ニノツタヤウニ存ズルナリ。マコトニ実ニフミタツ意ガアレバ、人ガ人ノ道ヲスルニナラヌハヅハナシ。世ノ中ニハ、ナリニクイ人ノ欲ヲサヘ、イデナサウト実ニ思ヒコンデスレバ、ヨロシカラヌ事ナレドモ願ヲトヽノユルコトアリ。況ヤ道ハ天地自然ドコニツカヘサハルコトナキニ、タヾ自己一心ノ思立《おもいた》ツ処ガカイナキユヘナリ。向後《こうご》、読書ヲスルニモ、ハキト目ヲサマシテツトムベシ。

曰、ソレホドニキヽウケラルヽハ驚《き》入《り》タルコトナリ。ソノ心ノ勢ヒノタルマヌヤウニ、日々ニ功夫ヲ用ラルベシ。「孟子」性善ノ章ヲ、其心ノアタヽミノヒヘヌウチニ熟復シテ、一章ノ大旨ヲ識得アルベシ。珍重々々。

或人曰、フト政事ノ義ヲ問ニ、学者用《うる》レ力《を》ノ方ヲモ承リ、本望不《る》レ過《ぎ》レ之《に》ナリ。吾等ナドモ年来学ニ志アリ、聖賢ノ道モケツカウナルコトトハ思ヒナガラ、実ニ其道ニ至リタイト思フコトナシ。今日「孟子」性善ノ章ヘ引ツケテ教ヲサレタルニヨツテ、心ニコタヘテ目ノサメタル意地《ここち》アリ。吾人読書学問ヲスルト云ヲ見ルニ、心身ノ垢ヲハライスツル意ハナシ。皆ナグサミゴトノヤウニテ、学者ト云ヘバ詩文章ヲ作リ、古事来歴ヲ記《おぼ》ヘ、鐘ノ銘ヲ書キ、諸家ノ系図ヲ書《き》、甚シキハ名乗《なのり》ノ文字ヲ反《かえ》シテ吉凶ヲ云、歳旦ノ詩ヲツクラザレバ学者ノ一分《いちぶん》ノタヽヌヤウニ思ヒ、其外俗人ノモテハヤスコトヲ同ジ様ニスキコノミ、終身ノスル事一ツトシテ聖賢ノ気象少シモナシ。コレデハ万巻ノ書ヲ看テモ、皆無用ノ事ナリ。向後、終身ノ事業ハキト志ヲ引立ベシ。

曰、考ヘツケラルヽヲモムキ至極親切ナリ。其志タルマヅツトメラルヽニヲイテハ、日新アルベシ。見処ノアルト云モ、其スジヲタシカニ知ルコトナリ。子貢ノ性天道ヲ聞《か》レタト云モ、其知見ノ成熟シタルモノナラン。予《われ》年来ナゲクコトアリ。学問ヲ一藝トシテ儒者・医者・仏者・天文者・軍法者・歌道者・誹諧師・陰陽師《おんみょうじ》・碁所ノ類ト一同ニ思フハ、クチヲシキコトナリ。上《かみ》天子ヨリ下《しも》庶人ニ至マデ、学者デナケレバナラヌ。人ト云モノハ学ガナケレバ天地人ノ三才ニナラヌナリ。藝デナキヲ知ルベシ。「大学」ニ自《より》ニ天子ニ至《るまで》ニ庶人《に》一、壱是皆《いつしに》以《て》レ脩《むるを》レ身《を》為《す》レ本《と》、コレニテ明白ナリ。修身ハ学デナケレバナラズ、ソノ学ト云ハ古ハ一ツデ、マギルヽコトナシ。聖賢所レ説《とく》ノ学是レナリ。後世ニ至テ学ノ品多クアリテ、ソレ〳〵ニ一家ヲ主トシ流派アリテ、聖学ヲ務ル人《ひと》世ニ希ナリ。其《の》聖学ヲツトメヌ学者ヲ俗儒ト云テ、程朱ノイヤシマルヽナリ。世上禄仕ノ儒者、十ニ七、八ハ俗儒ナリ。故ニ国政ノ事ニハ一向用ニタヽズ。其許《そこもと》ニ云《い》立《て》ラルヽ類ノ事バカリニテ仕官シ、実ハ医者ニハヲトリ、人ノ用ニ立ツコトナシ。ソレユヘニ其国ノ家老用人《ようにん》ヲハジメ、儒者ハ政事ノ用ニ立ツモノニ非ズト思フユヘニ、仕官ノ儒者ガアツテモ、ソレヘ政事ノ相談スルコトナシ。モシタマ〳〵相談シテモ、道理ヲシラヌ俗儒ナレバ、ハキトシタ論説ヲ云出スコトモナラズ、時勢人情ニ遠《く》シテ、今日ノ適用ニ叶《かな》フコトヲヱ云ハヌユヘニ、イヨ〳〵儒者ハ用ニ立ツモノニ非ズト思フモニクカラヌコトナリ。顔子ノ一箪食《たんのし》一瓢《の》飲、ミヅカラカシヒデクラス身ニテモ、天下ヲ治ルノ道ヲ問ハレタハ、学者ノ任ナルユヘナリ。後世ノ学者ハ書ヲ読ムコトバカリニテ、知見ハタラキハ俗人ニモヲヨバヌホドナレバ、実ニ天下ノ游民ト云モノナリ。朱子、「大学」ノ講釈ヲ天子ノ前ニテシラレタ「経筵講義」、サテハ天子ヘアゲラレタ「行宮便殿《あんぐうべんでん》ノ奏劄《そうさつ》」、此二書ヲ看テ、学問セネバナラヌト云《う》所ヲ考《え》知ルベシ。其学問ガ、後世ノヤウナ学問デナキモ明白ナリ。学者ハ窮シテ下ニ居テモ、治国平天下ノ事業ハ合点シテヲラネバナラヌコトナリ。只今デモ上君ヨリ召《めさ》レテ政事ヲタヅネサセラルヽトキニ、カネ〴〵知テヲラネバ対《こたえ》ルコトナラズ。軍《いくさ》ヲ見テ矢ヲハグト云モノニテハ、用ニタヽヌコトナリ。「論語」先進ニ孔子ノ弟子衆ヘ、居則《*れば》曰《う》、不《ざる》二吾《を》知《ら》一也《と》、如《もし》或《あらば》レ知《るもの》レ爾《なんじを》則何以《を》哉《てせんや》、トヲ、セラレタルヲ看ヨ。家老ニナツタラバ見習テイタソウト思フテハナラヌコトナリ。志アル学者ナレバ、我《が》仕形《しかた》ヲ人ニ見習ハセルナリ。「小学」嘉言ニ、云々可《し》二為《すに》レ政《を》不《る》レ在《ら》二人後《に》一矣ヲ看ベシ。時ノ遇《グウ》不遇ハ天命ナリ。何時デモ我ヲ用ル人アラバト、其具《そなえ》ヲ身ニ持テ居ルガ学者ノ当然ナリ。其許《そこもと》ノ感発ヲ遂ゲテ、君子ノ大道ニ進マレヨカシ。孔明臥*竜ノ意ナリ。俗学者ノ意得《こころえ》デハ、臥猫ニモナラレヌナリ。

サテ又、上君ノ人ヲ用ラルヽモ、此合点デナケレバ家中ニ人才ハ出来ヌハヅナリ。「四書」ノ講釈ヲキカルヽモ、信長ノ穴山梅雪ヲ朝夕ノ咄シ伽《とぎ》ニシ、秀吉ノソロリト云者ヲ出頭サセテ世上ノ事ヲキカルヽヤウナル意ナレバ、ナグサミ一通リナリ。道理ヲ合点スルタメニハナラズ。漢ノ劉備ノ孔明ヲタヅネテヨバレタルガ、人ヲ知タト云モノナリ。劉備ノ古キ臣下ニ、関羽・張飛・趙雲ナドノ類、歴々ノ臣アルニ、三十歳ニモ足ラヌ孔明ヲ聞出シテ、ハル〴〵遠キ所ヘ迎《え》ニ往テ蜀ノ長臣ニシラレタルハ、一器量アル人ナリ。劉備ノヤウナル志アル君ナレバ、今一事ヲナスニモ凡人ノ手ギハトハチガフナリ。子共ヲ養《い》立ルニモ、タヾカハユイ、フビントバカリ思フテ、成長ノ後一器量アルヤウニソダテネバ、用ニ不レ立。又先祖ヘ対シテモ不孝ナリ。「論語」ニ愛《して》レ之《を》能《く》勿《からんや》レ労《すること》乎、忠《にして》焉能《く》勿《からんや》レ誨《おしうること》乎トハ、ソコヲ云タルナリ。家中ノ幼児ドモヲ、ソノ合点デ其父兄ドモガ養《い》立レバ、成長ノ後ハキト君ノ用ニ立ホドニナルハヅナリ。草花ヲ植《うえ》テ、冬ノ中ニ手入ヲシ霜ヲヽヒナドヲスレバ、春ニ至テ花容甚《だ》盛ナリ。況ヤ人ニヲキテヲヤ。家中ノ諸士、子共ハ我《が》子トバカリ思フユヘニ、養育ニ心ヲツケヌナリ。我子モ君ノ臣ナリ。子ヲ用ニモ立ヌヤウニ仕立テヲイテ、家督相違ナク下サレテ有難キト云フハ、恥ヲ知タ士《さむらい》ト云ガタシ。義理ヲヨク考レバ、其《の》子共ヲソダツルハ至テ大切ナコトナリ。我子ナガラ君ノ物ヲアヅカリタト同《じ》事ナレバ、人ノ父タルモノ、深ク意ヲツクベキコトナリ。サテ君ノ為《た》メナレバ、我子ヲサヘ一器量アルヤウニソダテルハズナルニ、其身一分《いちぶん》不才不行ナルハ甚《だ》不忠ナリ。実ニ君ニ事《つか》ヘント思フ人ハ、ウカト日ヲ送ルハヅハナシ。別シテ其家ノ長臣ハ、ナベテノ諸士トハチガフテ、ハキト君上ノ為ニナル志ナクテカナワヌコトナリ。天下国家ノ長臣ヲ家相《かしよう》執権ト云。相ハ、助ルトヨミテ君ノ政ヲナサル丶ヲ助ル任職ナリ。君臣合体ト云モサシアタリ長臣ヲ云ナリ。長臣ガハキト志立テバ、諸士ハソレニ従テス丶ムモノナリ。君ノ志立《たつ》タ上ニ長臣ガ助ヲスレバ、イヨ〳〵君ノ志モス丶ム、政事モスラ〳〵トト丶ノフハヅナリ。長臣ニス丶ミガナケレバ、下ヘ及ブ処ガカイナシ。サアレバ次第ニヲトロヘ、君ノ志スサミテアトカタモナイヤウニナルハ、ノコリヲ丶キコトナリ。シカレバ天下国家ノ長臣タル人ハ其任甚《だ》重シ。君ノ志ノタルム所ヲ引立ルハ長臣ナリ。外ノ人ノナラヌコトナリ。「論語」ニ大臣《は》以《て》レ道《を》事《え》レ君《に》、不可《なれば》則止《やむ》、ハ是ナリ。我身ノ利害ニカマハズ、一筋ニ国ノ為ヲ思《う》臣ヲ忠臣ト云。俗人ノ忠臣ト云ハ仕形《しかた》ノ上バカリデ云、心上デ云コトヲシラズ。忠ノ字、中ノ心ト書タ字形ニテモ其意ヲ知ベシ。此志ノアル長臣一人デモアレバ、ハキトシタコトナリ。況ヤ二、三人モ同忠ノ長臣アレバ、君ヲ引立、諸士ヲハゲマシ、下民ノ風俗ヲ美ニスルコトハ、ナルベキナリ。君モ善、臣モ善*、其子孫下民モ善ナレバ、天下国家ノ幸コレニスグル事ナシ。天下太平、国土安穏トハ、カ丶ル事ヲコソ云ベケレ。或人感歎再拝シテ帰ル。

大学或問　朱子の著。なお、堯二舜其君民一とは、君も民も聖代だった堯舜の世のようにする、という意。

記問詞章　記憶と文章づくり。朱子学では、立身出世や一身のたのしみのためだけで、道学をそこねる学問だとした。道学は修己治人の学術。

之心　之心↓志。之はゆくの義。

善端発見　孟子、公孫丑上「(人の性は善である。)惻隠の心は仁の端(あらわれ)、羞悪の心は義の端、辞譲の心は礼の端、是非の心は智の端なり。…我れに四端あり、これを拡充すれば天下を保つに足る、拡充せざれば父母に事ふるに足らず」。

近思録　朱子らの編集した道学語文集。治体はその中の一編。道学とは、道を目指す学術で、すぐ後の、孔子・孟子、そして宋の周濂渓・程明道・程伊川・張横渠・朱子の道統によって伝えられた、とされる。

居則曰…　仕官していないときは、おれの才能を知って登用するものがいないというが、さて知って登用する人がいたらどうするんだ。
孔明臥竜　徐庶が三国の蜀の劉備に諸葛孔明を推薦して臥竜なりと曰った。よって劉備は孔明に三顧の礼をつくして登用した。
臣モ善　底本にはなし。佐藤直方全集本による。

○*天《の》命之謂《をう》ㇾ性《と》云々、何デモ天ヲハヅレルコトナシ。無《し》二性外之物一ト云、是ナリ。其《それ》天ハ理ト気トニシテ形而上下ノ異《ことなり》アリ。儒者ノ道ハ其ノ理ノ方ヲ主トシテ、気其中《の》ニアリ。気ヲスツルト云ニアラズ、コヽニ色々ノアヤアリ。異*端ハ気ヲ専《もつぱら》トシテ理ヲシラズ。然レバ天地ノ全ニアラズ、偏ナリ。天地ノ間、理気トモニスツルコトナラズ。異端、気バカリ云テツカユル所アルユヘニ、色々トマゼカヘシテ、空《くう》ト云字デ蓋《おおつ》タモノナリ。理ハ分派条理アツテキウクツニテ自由ニハタラカレヌユヘニ、理障ナリトシテノガレタモノナリ。其気バカリデユカヌトキニ、カノマゼルスジカラ高上《こうじよう》ナ事ヲ云コトアリ。ソコガ儒者ノ無*極ノ真ニマギルルコト有《る》ユヘニ、弥《いよいよ》近《くして》ㇾ理《に》而大《に》乱《る》ㇾ真《を》ト云ナリ。本方ノ理ニハアラザレドモ、理ニマギルヽ所アリ。理気ノ二ツナケレバナラヌユヘニ、異端ガ理ヲステヽモ、ソノ理ニ似タモノヲ杖ニツカネバハタラカレズ。故ニ師弟ヲ云テ父子ノ如クニスルハ仮《か》リモノナレド、アレガナケレバタヽレヌユヘナリ。儒者ノハ理気ト立テ、ソレ〳〵ノサバキガアツテ、ツカユルコトナシ。鬼*神ノ説モ、気デスム所ハ気デスマシ、気デスマヌ所ハ理デ云。我《わが》マヽノヤウナレドモ、スグニ天地自然ノ理ナリ。タトヘバ人ノ路ヲ行《ゆく》ニ、左ノ足バカリニテモ右ノ足バカリニテモ行《か》レズ。異端ハ片足デ行ト云タモノナリ。然レドモユカレヌユヘニ、一方ノ足ノ代リニ木カ竹ニテ足ヲコシラヘタレドモ、後ニ附《け》タ仮リモノナレバ、根本《こんぽん》ノ足ノヤウニハタラカレズ、不自由ナリ。コヽガ理ノ似セモノナリ。儒ノ方ニ不自由ナルコトハナシ。ソコヲ順ト云。如《く》ㇾ右《の》ニ理気二ツニテ、ソレ〳〵ノ道ノ立《つ》ヲ一理トクヽツテ太極ト云、理ノ尊号ナリ。ソコヲ、太極ハ本然ノ妙ナリト云。其理ハ順デ悪ハナシ。ソコヲ性善ト云。周子、誠《は》無《し》ㇾ為《すこと》、幾《きざしに》善悪《あり》ト云。陰陽カラ善悪ハ有《る》ナリ。如《かくのごとく》ㇾ此スマシテヲケバ、異端ガ何事ヲ云テモ惑フコトナシ。退*之ナドハ、コヽガクラキユヘニマドフタリ。異端ハ条理ヲ悪《にく》ンデ、メツタニ一ツジヤト云テ、善悪不二、邪正一如ト云、窮理ヲイヤガルモコヽナリ。王*学ヲ禅意ト云モ、イヤトイハレヌコトナリ。サテ見所ナキ儒者ハ、条理分殊ノ方ハコヽロヘテ、カノ一理ヲ知ラヌユヘニ、事物ニマトワレテ居ル。

程*門ノ衆、禅意ニ流《れ》ラレタト云モ、俗儒ニテナキユヘナリ。世上ノ実学者ニハ、異端ヘ流ルキヅカヒハナキコトナリ。故《に》朱子ノ、今ノ儒者ハ異端ノ見処ニヲトリタルト云ハレタリ。程子ノ一理ノ方ヲヒタト説テ、分殊ノ方ハアマリトカレヌト云モコヽナリ。コヽハ儀式学問ノ徒ノ知ルコトニアラズ。サテ理気ノ二ツノモメアイノアヤデ道理ハスム。天理人情ノアヤヲ知《しら》ヌ人ハ、合点ユカヌハヅナリ。「語類」ニ、先生笑曰《てく》ノ、黙ノ、良久《しばらくして》曰《く》ノ、トアルモコヽノ意ナリ。学者ハトカク見処ノナキハ用ニタヽヌ。朝《あしたに》聞《けば》レ道《を》夕《ゆうべに》死《すとも》可《なり》ノ章、可《し》ニ幷考《せう》一。李*初平二年《にして》覚悟《す》ノ意ヲ知《しる》人希《まれ》ナリ。程子所謂《いわゆる》、読《みて》ニ論語孟子《を》一而不レ知《ら》レ道《を》、所謂雖レ多亦奚《なにをか》以為《さん》ノ語、可《し》レ見《る》。世上ノモノシリ学者、無用ノ長物ナリ。理シリ学者デナケレバ孔孟ノ徒ニ非ズ。可《し》レ思《う》。

天命之謂性云々　中庸、首章「天命、これを性と謂ふ。性に率《したが》ふ、これを道と謂ふ。道を修むる、これを教と謂ふ」。無性外之物は程伊川の語。
異端　仏教・老荘など。
無極ノ真　朱子学の祖とされる周濂渓の太極図説の語。これに対する朱子の解に、「無極之真、二(気)五(行)之精」の語がある。無極の真は即ち陰陽五行の理と一つであるのに、二五を捨てて真だけをとりあげて空とするのが異端である、とする。
鬼神ノ説　祖霊などの幽冥の存在と此の現世の人との関係交渉を説く。

退之　韓愈。仏教を排撃して流刑にあい、のち泣きごとをいう。
王学　王陽明の学。**程門ノ衆**　程子の門下の衆、謝上蔡など。
李初平　たいした学問はなかったが、周濂渓の言を聴き二年にして覚る。

○或《あるひと》曰、生知安行トハ云ヘドモ、舜《しゅん》ノ農民ノ時ヨリ天地ノ間ノ道理ヲアキラカニシラルヽト云ハ、合点ユカヌコトナリ。孝悌等ノ人倫ハサモアルベキコトナリ。山川草木マデノ理ヲ明細ニ知リワキマフルコトハ、学問ノ功デナクバナリガタキコトナルベシ。

曰、太極、万理ソナハツテアレバ、ソノ太極ト合一ノ聖人ナレバ、万理皆知《る》ハヅナリ。天理ト人ト二ツナレバ知ラレヌハヅナリ。天理即聖人、聖人即天理ナレバ、万理ヲ皆知ルハヅナリ。「孟子」ニ舜明《にして》ニ於庶物《よろずのに》一察《す》ニ於人倫《を》一ト云ヘル、是ナリ。凡人モ道理ハ同ジモノナレドモ気質ニヲヽハレテヲルユヘニ、ヲヽハレタルホド理ガクラムナリ。ソノヲヽハレヲノケルガ学問ノ功ナリ。故《に》曰、学ハ窮《め》レ理《を》変《ずる》ニ気質《を》一ヲ貴トスル。サルユヘニ天地自然ニアル道理ハ、聖人ハヲノヅカラ知ルハヅナリ。礼式・作法・官職・楽器等ノコトハ其時々ナレバ、聖人デモシラヌコトアレバ、老*子ニ問《う》ハヅノコトナリ。大本ノ道理ガ明《か》ナユヘニ、ナンデモチヨツトキクトソノマヽ通ズルナリ。*耳順《みみしたがう》ナリ。舜ノ如《し》レ決《するが》ニ江河《を》一ハ、ソノハヅナリ。今我人《われひと》、学問シテ道理ノウツリカイナキハ不幸ナルコトナリ。就《なかんずく》レ中甚《だ》不通ニ、ウツラヌハ、カナシキコトナリ。世上ニウツラヌ学者多シ。気質ノ蔽深《ふかし》ト云べシ。ソレガ何程《なにほど》力行シタレバトテ、足ナヘノ途《みち》ヲ往《ゆく》ヤウナモノナリ。コヽデ知ノ重《き》ヲ見《る》べシ。道ヲ聞、性天道ヲ聞、ナドノ大切ヲ知《る》べシ。*老莱子ヲバ学問ノ上デハ貴トセズ。王学謹厚ノ学者ノカイシキシラヌコトナリ。知ノヒラケヌ学者カラハ、*見識アル学者ヲ禅意ト思ハ、我長《わがた》ケニ及バヌユヘナリ。吾党ノ学者、於レ此ハキト合点シテ聖学ヲツトムべシ。五十年書ヲ読デモ俗知ヲハナレズ、グヅ〳〵トリチギニ孝悌忠信ヲツトムルト思フテ居ハ、アサマシキザマナリ。我邦儒学ヲスル人、コヽニ見処アル人幾人ゾ。吾友此意ヲ得テ孔孟程朱ノ書ヲ看タラバ、意思別ナルべシ。此意ヲ得ネバ、万巻ノ書ヲ読デモ用ニタヽヌ。俗学ノ徒ハ固《もと》ヨリ不《る》レ足《ら》レ論《ずるに》ナリ。王子ガ朱子ヲ知《ち》ヅリナ人ト思フ筈ナリ。学者ガコヽヲ知ラズシテ、アノ人ハ実底《じってい》ナノ、人ガラガヨイノ、孝心ナノ、無欲ナノ、色欲ノ心ガウスイノ、誰々ヘモ懇意ナノ、タノモシキノ、ヒザヲナヲサレヌノ、能《のう》・アヤツリヲ見ヤラヌノ、人ヲシカラヌノ、人ヲトガムルコトナイノ、衣服飲食ノ好ミガナイノ、ト云テ聖学ノ人ト思フハ、カイシキナコトナリ。司馬温公ノ「通鑑《つがん》」ヲ書《き》立《て》ラルヽニ、草稿ニ一字モ略字ヲカヽヌト云テ甚《だ》称美スルノ類、世儒ノ云コトナリ。孟子ノ書ヲ読デ孟子ノ徳ヲシラヌ知ナレバ、何ゾ聖学ニ取ル所アランヤ。退之ガ学デサヘ、求《むる》レ観《んと》ニ聖人之道《を》一者《は》、必《ず》自《り》ニ孟子一始《めよ》ト云タ。返ス〳〵トテモ聖賢ノ書ヲ読ナラバ、コヽヲ大切ニ考べシ。「*中庸語類」曰、大知之人《は》、無《し》レ待《つ》ニ乎守《るを》一、只是安行《す》ト。此義、知レ之者希《まれなり》 矣。

○天地之大徳《を》謂《い》レ生《と》、生々《を》謂《う》レ易《えきと》ナレバ、人ハ生《いき》タモノナリ。「近思録」ノ道体、皆イキテ流行スルナリ。人欲ハ死物ナリ、天地之流行ニアラズ。*曾点ノ章ノ註、曾点之学、人欲《の》尽《きる》処、天理流行《す》、見ルべシ。故ニ敬ハ人ノ心ヲ生カスナリ。放心ハ死ナリ。一陰一陽無《き》ニ間断一モ生タモノナリ。死敬活敬、可《みるべし》レ見。「易」ニ君子終日乾々《とは》、*不《ず》レ息《やま》ニ於誠《に》一。天

老子ニ問 孔子が礼を老子にたずねたという故事がある。
耳順 聞いたままで理解する(論語の語)。
老莱子 至孝、七十にして親のために嬰児の戯をなす。その行いは至善。
見識アル… 後世、朱子学を陽儒陰仏と評するものがあった。
中庸語類 朱子語類、中庸の部。

行《は》健《とは》、一息ノ間断ナシ。*川上之歎モコヽナリ。漢以来、儒者皆不レ識《ら》二此《の》義《を》一。*純《にして》亦不《る》レ已《やま》也。コレカラ見レバ、*未発已発ノ工夫ニ間断ハナキ筈ナリ。「中庸」二十六章、至誠無《し》レ息《やむこと》ヨリ文王之所二以為《たる》一レ文也マデ、生々積累ノ意、誠ハ死物デナキ所、看《る》ベシ。仁ヲ動デカタル親切ヲ考ベシ。周子ノ一者《とは》無欲《なり》ノ親切、可レ味《あじわうべし》。仏者ハ心ヲ死ナシタモノナリ。ウツトリトシテヲル人ハ放心ナリ。ナニホド行儀ガヨクテモ、此心ガ生キネバヤクニタヽヌ。世ノ実学者ト称スル人ハ、コヽガスキト合点ユカヌユヘニ、心法ト云コトヲシラズ。*今泉五郎右衛門ハ、李初平トハ違フタモノナリ。五郎右衛門ニ覚悟シタコトハナイ。カフ見レバ、敬ガ始終ノ要《かなめ》、聖学ノ基本ナリトハ云ナリ。敬カラユカネバ、仁モ間断アツテ私欲アリ、勇モトヾカヌ、知モウワバシリテ根ニ入ラヌ。尊《んで》二徳性《を》一而道《よる》二問学《に》一トハ、コヽヲ云ナリ。*伊藤源助ガ、持敬ノコトヲスキト云ハズニ実行ト云ヲ看ヨ、俗学ナリ。一《ひとつも》見処ハナキ筈ナリ。

曾点ノ章ノ註 論語、先進に、曾点は孔子にその志望する所を問われて、暮春、若者や子供と温泉につかり、風にふかれ歌って帰ることといった、という。その朱子の集註。 **乾々** 健強不息。
川上之歎 論語、子罕「(孔)子、川上に在りて曰く、逝(ゆ)く者はかくの如きか、昼夜を舎(お)かず」。集註に「天地の化、往者過ぎ来者続く。一息の停なし、これ道体の本然なり」。
純亦不已 中庸の天・聖人の徳を形容する語。
未発已発ノ工夫 中庸に、喜怒哀楽の未だ発せざるところ、已に発するところ、とあり、ここにおいて存養省察の工夫をする。
今泉五郎右衛門 駿河国の人で孝行のかどで有名。
伊藤源助 伊藤源佐。仁斎のこと。

○道理ヲシラヌ人ハ、死ダ人ヲテウホウガル。ウバ・カヽノ仏ヲ尊信シ、本邦ノ禰宜《ねぎ》ノ神社ヲ尊信スル、同ジ。生《いき》タ人コソ*調法《ちょうほう》ナレ、死ダ後ハ何ンノ調法ハナシ。聖賢ヲ尊信スルハ、其《の》言行ヲ尊信シタモノナリ。孔子ホドノ聖人デモ、言行ガ一ツモ残ラネバ調法ハナシ。異端ノ徒ガ仏神ノ力ヲタノミ、病ヲ除キ貨福ヲ求ルハ、カイシキ愚ナルコトナリ。生《いき》タ人ハ妙薬デモ覚ヘテ云テキカスルコトモアルベシ、死ダル人ガナントスルモノゾ。我死後ニ我子孫ヲ人ガ討殺スコトアリテモ、ナントモシカタハナシ。死デ後ニ子孫ヲ守ルベキコト、可レ笑。生キテヲル善人知者ヲタヅネ出シ求ルノ合点ハナクテ、用ニモタヽヌ死ダ人ヲ馳走スルハヲカシキコトナリ。古ノ聖賢ヲ看ヨ。死ダ人ヲ尊奉スルコトハナシ。我先祖ヲ祭ルハ、一気ノシタシミユヘナレバ、是ハ各別ノコトナリ。ソレトテモ、調法ニシテ我人欲《がじんよく》ノタスケニハセズ、アナタヘバカリノ尊敬ナリ。日本デ神ヲ尊敬スルハ、皆我一分ノ冥加《みようが》ヲ求タモノナリ。仏徒ノ仏ヲ馳走スル意ト同ジ。程子ノ信《じて》レ人《を》而不レ信《ぜ》レ理《を》ト云ハレタモ此意ナリ。今《いま》孔孟ノ真跡《しんせき》ヲ持テモ金銀ニハナル、我心身ノ徳、学問ノ益ニハナラズ。楠《くすのき》ガ帯シタル剣ヲ持テバ武辺ガナルト思ヒ、四十六人ノ鑓《やり》ヲ所望スル様ナコトハ、アサマシキコトナリ。歴代聖賢ノ真跡ヲ揃ヘテ所持シテモ、我《が》志立《た》ネバ学問ハナラヌ。世上ノ墨跡ヲコノム人ニ売テ相応ニ生業《なりわい》ヲシ、知音《ちいん》懇意ノ貧苦ヲ救フマデノコトナリ。弓矢ノ守リ神ノ談、可レ笑。盛久ガ千手観音ニタスケラレタヲ見テ尊信スル武士ハ、道理ノ場ノ用ニハタヽヌ。コヽヲヌケル人学者ニサヘ希《まれ》ナレバ、況ヤ無学ノ人ハ論ズルニ足ラヌコトナリ。人品《じんぴん》ガワルフテモ名言アレバ調法スル。「論」「孟」ノ注ニ、東坡*ガ説ヲノセタリ。人品ガヨクテモ妄言ヲ云ヘバソシルニテ合点スベシ。王学者ハ此意ヲシラザルユヘニ、妄言バカリ云者ヲモ忠信底《てい》ナレバ調法ガル。人ノ忠信ガ我進徳ノタメニハナラズ。忠信ノ人ト語リ、忠信ノ人ノ様子ヲ聞バ、ソレニ化シテ我心身ガ道ニスヽム益アリト云ヘドモ、毎日「論」「孟」ノ書ヲ読デモ我志ガナケレバ、少シモ化スルコトハナシ。況ヤ「論」「孟」ニ及バズ、俗人ノ少《し》バカリノリチギナト云《う》分デ、何トシテ我進ム益アルベキヤ。コノ様ナル味ヲシル人デナケレバ道学ハカタラレズ。阿弥陀《あみだ》ガ我ヲ十万億土ヘ迎《え》トラフト誓願ヲ立テタトテ、難有《ありがた》イ辱《かたじけな》イ御仏様ジャト云ハ、ドウシタワケモナキコトゾ。我志ガ立ネバ何程仏ガ思フテモナラヌト云コトヲシラヌ。仏モ人々ノ志ノ立《つ》ト立《た》ヌヲモワキマヘズニ、我名ヲ唱ヘタラバ決定《けつじよう》極楽ニ往生サセフ、迎《え》トラフト云ハ、楚《そ》忽《こつ》ノ至リナリ。願フモノモヒケウナコトナリ。我ヲ極楽ヘヤラフト云《う》ヲウレシガルハ、今国君デモ貨福人デモ、ナンノコトモナキニ、我ニ金ヲ十万両ヤラフト云ヲウレシガル様ナモノナリ。志アル人ガ、我ツトメモナク大分ノ金ヲ人ニウクル筈ハナシ。コレデ考《え》見ヨ。今日師弟トナツテ講習スルニ、師ガ我ヲ君子ニシテクレルコトガナルニキハマレバ、孔門三千人皆顔・曾ノヤウニナラルヽ筈ナリ。トカク弟子ノ方カラナラネバ成就セズ。ナラフト思《う》人ノ勤ノ上ニ、師ガ差引《さしひき》ノ差図《さしず》ヲスルナリ。師ダノミヲスル学者ハ、タノミハナイ。兎ニ角ニモ己ガ自立デナケレバナラズ。故ニ学ハ自己ノ立志ガ第一ナリ。「大学」ノ伝、皆自明《みずからあきらかにする》也ノ意、「中庸《の》」末章、慎独、可レ考。吾嘗《て》言《う》、師ニキクハ十ニシテ二、三ナリ、七、八ハ皆弟子ノ力量ニアルコトナリ。「小学」ニ夫指引《は》師之功也、決《して》レ意《を》而往《くは》則須《く》《べし》レ用《う》二己《が》力《を》一、難《し》レ仰《ぎ》二他人《に》一矣ト。学者思《え》レ之《を》。

調法 便利、重宝。役にたつ。
東坡ガ説 論語・孟子の朱子の注に蘇東坡の説が引用してある。東坡は朱子によって異端に近い雑学とされている。

○天地ノ間理気ノ二《つ》ナレバ、常ト変トアル筈ナリ。常ハ理ナリ、変ハ気ナリ。冬寒夏暑ハ常ナリ、時アツテ寒暑ノ不《ざる》レ時《なら》ハ変ナリ。吉凶・禍福・寿夭・貧富ノ異モ皆同ジ。常理デ云ヘバ、人ハ皆聖賢ノ筈ナリ。サテ其気ガナケレバ人・物モ生ゼヌ。ソノ気ニ清濁アルユヘニ、賢知愚不肖ノ別アリ。平生云ヤウニ、不ノ字ガ気ノ変ナリ。父母ニ孝ヲスルハ定理ナリ、不孝ナルハ気ノ変ナリ。性善ハ定理ナリ、不善ハ変ナリ。士《さむらい》ノニゲヌハ理ナリ、ニグルハ変ナリ。ソノ変ガアルユヘニ、学問ガナケレバナラヌ。朱子所謂、反《かえり》二其同《に》一而変《ず》二其異《を》一也トハコヽヲ云。其同トハ定理ノコトナリ、其変トハ気変ナリ。聖人モ気ヲハナレハセネドモ、理ガ主トナツテアルユヘニ、不ノ字ノ変ハナシ。気ヲ理カラサシツコフ故ニ、気ニマゲラレズ。凡人ハ理ガ立ヌユヘニ、気ニマゲラルヽ。人心道心ノ義モコヽニアリ。聖人上《かみ》ニ立テバ理カラヲサムル故ニ、下《しも》ノ風俗モソレニ化シテ皆善ナリ。聖人ノ御代ニモワルイ人アルハ、カノ変気ガアルユヘニ悪人モアリ。凡人ガ上ニ位スルト理ガナキ故ニ、下ガワルウナツテ善ハヒタト減少シテ、世上一同ニ不ノ字ニナルナリ。夫レガ禽獣ニナツタト云モノナリ。故ニ衰世ニハ常理ノ人ガ希ニシテ、不ノ字多シ。百人ノ中《うち》九十八、九人腰ヌケナレバ、一、二人ガ武辺者ト云テ調法ガルナリ。*比屋可《し》レ封《ず》ナレバメヅラシカラヌナリ。世ニバケモノ・ウソツキモアレドモ、聖人定理ガ立テアレバ惣躰デヲシテユク故ニ、化者《ばけもの》アツテモマゼズ、妖怪モナキ筈ナリ。学者ノ見処アルト云ハ、コノ常理ヲタシカニ知ルコトナリ。*朝聞レ道ノ章、可レ考。異端俗人、理ヲ外ニシテ気ノ変ヲアリガタガル、神明ト云テカタジケナガルハ、皆気ニマカレタモノナリ。凡人ハ、理ハ固有シテヲレドモ気ガワルキ故ニ、不ノ字ニナツタモノナリ。故ニ学問ハ、変二化《する》気質《を》一デナケレバ用ニタヽヌ。漢唐ノ学者ニコノ変化ノ学ガナイゾ。*十室之邑、忠信如レ丘云々モ、コヽヲ云タモノナリ。*無声無臭ノ理ニツマルヲ可レ見。異端ハ理ガナキ故ニ、気ノ妨《さまたげ》ヲイヤガルカラ捨身出家スルナリ。皆気ノ方バカリナリ。仙人ノ術モ気ヲ保ツバカリナリ。吾儒ノ道ハ、五倫ノ中《うち》色々ノ苦労ナル事アツテモ、ソレヲノガレウトハセズ、其事ノ当然ノ理ノヤウニスルナリ。苦労ヲマヌカレントハセザルナリ。世上ノ理ヲカマハヌ人ヲ気随《きずい》トハヨク云タリ。已ガ一身ノコヽロヨイヤウニトシタモノナリ。人事ハ人ガスルハヅニ定タモノナレバ、ノガレフトハセヌ筈ナリ。釈迦ガ生老病死ノ苦ヲ厭ヒテ雪山《せっせん》ニ遁レタハ、理ヲシラヌ故ナリ。ソレカラ万々世ノ毒ヲ流シタモノナリ。今病人ノ夜伽《よとぎ》ヲスルハ気ノツマルコトナレドモ、伽ヲスル筈ノ人ナレバスルコトヲイヤトハ思ハヌ筈ナリ。理ヲ慥《たしか》ニシラヌ人ハイヤガルナリ。タヾ四書ノ文字ノ上デ理ト云コトヲ知タ分デハ用ニハタヽズ。已ガ心ニ得ヌ人ハ、理ヲ実ニ知タトハ云ヌナリ。ウハツラヲ知タ知リ様ハ、シラヌトスコシモチガワヌナリ。近時ノ大儒ガ、「論」「孟」ニ理ノ字ナシ、理ノ字ハ聖賢ノ主トスルコトニ非ズ、宋儒ノ見《けん》ノタガイナリト云、可レ笑之甚《しき》ナリ。ソレデモ文章ニヒタト、何ノ理、カノ理ト書《く》ハ、ヲカシキコトナリ。理ノ字デナケレバ一日モ立ヌト云コトヲ知《ら》ヌハ、「論」「孟」ヲ知ヌノ甚《だし》ト云ベシ。王陽明ガ妄説、可レ見。今学者ガ禄ヲ求《め》、身ヲコヽロヨクシタキトテ出家ヲタノミテ禄仕スルハ、理ヲシラヌノ甚《だしき》ナリ。学者ハ独立特行、何ヲモ頼ムコトハナシ。人ヲ杖ニツクハコシヌケナリ。神ヲ頼ミ仏ニネガイヲスルハ、*ウルタイモノト云可シ。

右段々ノ説ヲ合点シテ自由ニ取リマワシ、心意ニノツタ人ガ見処アル学者ナリ。ヲズ／＼サシ足ヲシテ書ヲ読ミ、聖賢ノ説ヲ其地頭ニ就テサバクコトノナラヌ学者ハ、終身書ヲ看テモ眼ノ開ケルコトハナシ。今日ノ*生産ニスルバカリナリ。孔孟程朱ノ本意ニ差《たが》フト云ベシ。学者深思《くえ》レ之。

比屋可封　漢書の語。聖賢の世には諸侯とすべき人が軒なみにいる。
朝聞道　論語、里仁「朝に道を聞かば夕に死するも可なり」。
十室之邑…　十戸ほどの小村にも忠信なること丘(孔子の自称)の如きはあろうが、学を好むこと丘の如くではあるまい。論語、公冶長の語。
無声無臭　中庸三三章「上天の載(こと)は無声無臭」。理を形容する語とされる。　**ウルタイモノ**　ウロタエモノか。　**生産**　もうけ仕事。

○「論語」《の》苟《も》志《せば》二於仁《に》一矣、無《し》レ悪《しきこと》也ノ章、極メテ言ヘバ、「孟子」ノ仰《ぎて》不《ず》レ愧《はじ》二於天《に》一、俯《して》不レ怍《はじ》二於人《に》一ノ意ト同ジ。学者天ニ対シテ愧ザルト云ハ大ナルコトナリ。鼴鼠《えんそ》ノ日ヲイヤガルヤウニ、天ニ対シテ恐レカヾムコトアレバ、人ノ人タル所ハナキナリ。聖賢ニ至ラザルウチハ、気質ノ蔽スキト去ルコトナケレバ、シソコナイヲスルコトハアルベケレドモ、心中ヨリツクリ出ス悪事ナク、苟志ニ於仁一矣サヘスレバ、天ノトガメニハアハザル筈ナリ。矣ノ字、也ノ字ノ意ヲ見ルベシ。今日凡夫ノ上ニテモ主君ニ事《つかう》ルニ、シソコナイ不調法ハユルサル、ガ、心中ヨリ君ヲナイガシロニスルハ、ユルサレズ。何程ノ軍功事功アツテモ、心中ニ君ヲアナドル意アル、ニクキコトナリ。為《りては》ニ人臣一止《とまる》ニ於敬《に》一ハ、至極シタルコトナリ。然レバ学者、天ニ対シテニゲカクル、意ナキホドニ、一分ノ守《り》アレバ天地人ノ人ニシテ不《る》レ失《わ》ニ於令名《を》一ノ人数ニ入ベシ。古人、学問ノ成功ヲ天ヘ禱《いの》リ頼ム意アルハ、大ナルコトナリ。「*程書抄略」ニ管子ノ語ヲ引テ、天ノタスケアルコトヲ云。「*読書録」ニモ此意アリ。親切ナルコトナリ。心中ニ私アツテハ、天ノタスケヲ頼ム意ハナキハヅナリ。舜ノ天ヘナゲキ、周公ノ天ニイノリ、孔子ノ*匡《きよう》人如ニ予《せん》何《を》一、朱子ノ雨ヲイノリ晴ヲ禱ル類、皆心中微塵ノ私ナク、天ト一ナル所ヲ看《る》ベシ。其ヨリ下、*庾《ゆ》黔《けん》婁《る》ガ父ノ病ニイノリ、*王祥《の》氷ヲ剖《わつ》テ双鯉出ルノ類モ、私意ナシニ一味ニ出タルナリ。其徳ノ大小厚薄ハアレドモ、天ヲ相手ニシ私意ナキハ同《じ》事ナリ。ソレ故ニ其感応アリ。世俗ノ富貴ヲイノルハ全ク私意ナレバ、決シテ感応ナキハヅナリ。コノアヤヲ知《ら》ズニ、私ナキ人ノ禱リテ感応アルヲ見テ、我モ〳〵トイノルハ、ヲカシキコトナリ。聖賢君子ノ公ノ意ヨリ祈ルハ、同気相求ノ感アル筈ナリ。我心中ノ実不実ニハカマハズ、祈レバ必《ず》其効アルト思テ、災ヲ除キ福ヲ求メ、禰宜山伏ナドヲ頼ミ、*元三大師ヘイノルノ類、笑ベキノ甚《しき》ナリ。

サテ聖賢君子ノ祈《る》ニハ感アルナラバ、何事モ皆祈ヲ以テスベキコトナルニ、祈ルコトモアリ、祈ラザルコトモアツテ、マヅハ祈ヲ用ルコトマレナルハ何ゾヤ。聖賢君子ハ人事ノ当然ヲツクスノミニシテ、天ニ祈《る》ハ希ナリ。凡俗ハ人事私意ニ任セテ、ハヾカル所ナクメツタナコトヲシテ、天地鬼神ヘ取付《き》ツカミツク様ニ祈《る》ハアサマシキコトナリ。獲《うれば》ニ罪《を》於天《に》一、無《し》レ所レ禱《る》也。聖賢君子ノ祈ハ其心ニ私ナキユヘニ、必《ず》其応アリ。凡俗ノ利欲デ祈《る》ハ感応ナシ。卜筮《ぼくぜい》ノ感不感モ同ジ。聖賢君子ノ占ハ必《ず》其応アル筈ナリ。「*左伝」ノ占ノ様ニ利欲ノ証拠ニシテハ、決シテ応ハナキ筈ナリ。

後世ノ祈禱、其感応モナキコトニ無用ノ骨折《ほねおり》ト云ベシ。

サテ凡人ニテモ、私心ナク一筋ナレバ感応アル筈ナリ。父母ニ鯉ヲ進ゼタキト切実ニ思フテ取リニ出タルニ其応アルハ、其筈ナリ。コレモ、アレバヨイナドト、アヤブム心アツテハ感応ナキ筈ナリ。アルモノヲ取テクル様ニ、其誠ガツマレバ必《ず》其感応アル筈ナリ。祭祀ノ感格*モコレト一意ナリ。□□□□学者、此味ヲ知ル人希《まれなり》矣。「論語」子之所レ慎《む》ノ註、*斉《さい》之為《たる》レ言斉《せい》也、将《に》レ祭《らんと》而斉《し》二其思慮之《の》不《ざる》レ斉《なら》者一以交《わる》二於神明《に》一也、誠之至《るとして》与レ不《る》レ至《ら》、神之饗《うくると》与《と》レ不《る》レ饗《け》、皆決《わかる》二於此《に》一モ、コヽヲ云タモノナリ。吾不《ば》レ与《あずから》レ祭《に》、如レ不レ祭《ら》ノ章モ、此意デ考ベシ。「小学」ノ*愾然《がいぜん》必有《り》レ聞《くこと》二乎其歎息之声《を》一モ、コレニテ知ベシ。俗儒ノトウトガルスジトハチガフタコトナリ。可《き》二明《かに》弁《ず》一也。今日ノ学者、日用之間、心中ノ実不実ニ目ヲツケテ其力ヲ用ル人ナレバ、慥《たしか》ニ徳ニ入ル筈ナリ。数千巻ノ書ヲ読デモ、我ニ省ミテ実不実ヲ看ルデナケレバ、君子之徒ト云ハレズ。吾輩宜《べし》二深思《しくう》レ之。サテ主君ニ願テ、加禄立身サセテクダサレト云士《さむらい》ハナシ。況ヤ鬼神ニ祈テ福禄ヲ求ムル理アランヤ。

或《あるひと》曰、古ノ賢人君子天ニ向テ祈レ雨祈レ晴、或《は》周*公ノ武王ニ代《る》ヲ祈《る》ハ如何。

曰、ソレハ我身ノタメヲ祈ルニ非ズ、人ノタメヲ祈《っ》タモノナリ。我身ヲヨクシテクレヨト云《う》祈ハ理ニ非ズ。傍輩ノタメニ君ニ願ヲ云テヤルコトアルト同ジ。我身ノコトヲ祈ルハ乞食ナリ。伯夷叔斉ノ乞食セヌヲ見ルベシ。

或曰、コヽニ人アリ。貧困甚シク、旦夕ノ艱苦アルトキ、朋友ノ中ヨリ財禄アル朋友ヘ合力セヨト心ヲツケテ、合力アラバ受《け》ンヤ。

曰、ソレハ他人ヨリノ志ナレバ、ナル程受《く》ベケレドモ、心付タ人ガ我ニ告《げ》テ、コナタノ貧苦笑止*ニ思テ、某《それがし》ノ所ヘ告知《つげしら》セテ合力アルト云ハヾ、夫ハ受《け》ヌハヅナリ。夫レハ我口カラモラハネドモ、貰フタト同意ナリ。初不下請《こわれて》二於病者《に》一而後禱《ら》上也トハ、ソレヲ云ナリ。我ニ知ラセズニ、アチデ心付ケタデハナイカト云ハ人外*ナコトナリ。朋友相周《めぐむ》ノ義アレバ受ルハヅナリ。従《り》レ隗《かい》始メヨト云ハ戯言同前ナリ。記覧ノ徒ハ、コノ様ナコトヲマガホニナツテ尤*ガルハ、ヲカシキコトナリ。明道ノ伊川・横渠ヲ一番ニ書付《け》ラレタトハ違フタコトナリ。惣ジテ我身ノ艱苦ヲ自《み》ラクヤミナゲクハ、有レ志人ニ非ズ。他人ノ艱苦不幸ヲ見テハ笑止トナゲクハ天理ナリ。火事ニ逢タル者ノ艱難ナル躰ヲ見テ、サテ〳〵フビント涙ヲナガシテアハレムハ、聖賢ノ仁心ナリ。タトヘ今度ノ類焼天命ナリト安《ん》ジテ、少シモナゲカヌ者アツテモ、聖賢ノ難*キヲ聞テ、鈍ナコト、類焼ニ逢タトテ、夫ガホヘヅラカクコトカ、トハ思ハヌ。上君ノ難キヲ聞テハ、御仁心ト感ズルナリ。ソレナラバ我困苦ヲナゲクカト云ヘバ、夫ハナゲカヌ。コレデ他人ノタメニハ祈ル、我身ノタメヲバ祈ルコトナキヲ見ルベシ。人ノ上ノ難儀ヲ見テナゲクハ、本心ノ発ナリ。我身ノ憂苦ニ堪ズニ、コレハ如何ナルコトゾト、世ヲウラミ身ヲカコツハ乞食ナリ。所謂人不レ堪《え》ニ其憂《に》一也。人ノヨキヲホムルハ義ナリ、我身ヲホムルハ自負ナリ。天理人欲ノ分ヲ見ルベシ。千万ノ書ヲ読デモ、此様ナアヤヲ知ズニ、タヾ書《しょ》ガスンダ、文字ガスンダト思フ人ハ、俗人ト趣ヲ同《じ》スル学者ナレバ、歯牙ニ掛ルニ足ラザルナリ。吾友深察《くせよ》レ之。

程書抄略　山崎闇斎が程子の語文を選集した書。
読書録　明の朱子学者薛瑄の著書。
匡人如予何　論語、子罕の語。孔子が匡で危険におちいったとき曰った、天は斯文の伝達を自分に託している。匡人それ予れを如何できようか。
庾黔婁・王祥　ともに二十四孝の一人。

元三大師　民衆道教の神。
左伝の占　左伝に占の記事は多い。みな君侯が事を起すの利不利を問う。
感格　祭る子孫の誠に感じて祖霊が来り格（いた）る。
斉　斎戒のこと。下の斉は斉整。
愾然…　心中に満ちたおもいが気息に出ること。ここは礼記、祭義の語。
周公ノ…　書経、金縢。武王に疾病あり、周公は三王の廟に身を以て武王に代らんと祈る。
笑止　気の毒きわまる。
人外　世間づきあいからはずれた。非常識な。　**尤ガル**　尤（とが）ムルか。
難キ　歎キの誤り。次行の難も同じ。

○俗人ハ戦場デヒロイ首ヲシタ様ナルモノナリ。自分ノ手柄ハナク、幸バカリナリ。富貴ニシテ妻子病気ナシ、仕官首尾ガヨイ、火事ニ逢ヌ、終身気ノ毒ナコトニアハヌ、御目出度アヤカリタイ、子孫繁昌、子共衆皆有付*カレタ、逆《さかさ》ナ憂ニアワレヌナドト云類、皆仕合《しあわせ》幸ナリ。自分ニ克己シテ人欲ヲ去リ道理ヲ明《あきらか》ニシタト云コソ、高名《こうみょう》手柄トハ云ベシ。凡人ノハ、人欲ノハ*ヾヲ為《スル》ヲ結構ナコトニスル、アサマシ。「老子」ガ功成《り》名遂《げて》身退クト云ハ、人欲ノハヾヲ云タモノナリ。学者モコヽノ窟ヲマヌカレネバ、孔孟程朱ノ徒デハナシ。吾人、ハキト志ヲヒキム*クベキコトナリ。「孟子」ノ三*楽ヲ云ハレタ所ヲ考ベシ。我《が》一分ガ人ノ道ヲツクシテノ上ニ、アノ三楽アルコトナリ。朝聞レ道ノコトナシニハ、根ガクサツタモノナレバ楽ノセンサクハナイ。父母兄弟息災デモ、我一分ガヘボクタナルニハ論ハナイ。故ニ君子《に》有《り》二三楽一トハ云ハレタ。小人有二三楽一トハ云ハヌ。ソノ身ガ君子デナケレバ、何程目出度コトアツテモ隣ノ宝ヲカゾユルト云モノナリ。

サテ「孟子」ノ三楽ヲ考ヘテ見ヨ。君子有二三楽一、而王《たること》二天下《に》一不二与存《あずかりそんせ》一焉トアリ。君子ナレバアノ筈ナリ。凡夫ハ、天下国家ヲトルナレバ何モウレイ気《の》毒ハナシ、タヾ己ガ長命ヲ願フテ、不義淫乱ヲ永クシタイト思フ外ニハ望ミハナイ。秦ノ始皇ガ長生不死ノ薬ヲ求タモ夫《それ》ナリ。君子ハ我身ノ外《そと》ノコトハ何ンデモ、是非カウシタイト望ミハセヌ。君子《は》*素《して》二其《の》位《に》一而行《い》、不レ願《わ》二乎其外《を》一。三楽ノ註ニ林氏曰、此三楽者、一《は》係《り》二於天《に》一、一《は》係《る》二於人《に》一、其可《き》二以自《てみ》致《す》一者、惟《ただ》不レ愧《はじる》不レ怍《はじ》而已《のみ》、学者可《けんや》レ不《る》レ勉《め》哉。サテ〳〵旨《うまい》哉、自致ノ二字、今日学者ノ二字符也。右ノ所ニ志ノ立ヌ学者ハ「太平記」ヨムモ同《じ》コトナリ。サテ「孟子」ノ二章デトクト考《え》見ヨ。我ニ備ツタ仁義礼智ノ外ハ、何デモ大切ニ是非トハセヌゾ。去《さる》ニヨツテ此四徳ヲバ、是非〳〵シヤリムリニ求ルナリ。コヽヘ目ノツイタ人ガ学者ト云モノナリ。吾人深ク心得ベシ。

サテ志ヲ立テ道ニヲモムクコトガ、人ヲ頼ミ世上ヲ見合セテスルコトデハナシ。一念セウトヲモヒ立テバ、ドコニ障《さわ》リモナクナルコトナリ。己《が》心シダイニナセバナラル、コトナリ。何ンノ憚《はばか》ルコトモナケレドモ、凡夫ノ哀シサハ、ウジツイテ居ナリ。いざかへりなんもとの都へト云句ニ、思ひ立《つ》心の外に道もなしト付《け》タ意ハ親切ナリ。サテ如レ此道理ヲハキトスマシテ置テ見ヨ。武運長久ヲ祈リ、神仏ノ加護ヲタノミ、悪事災難ヲハラヒ、富貴万福ヲ祝シ、鬼神ニ求メ冥加ヲ願ノ類ハ、浅マシキコトニ見ユルナリ。我一心、志ノ外ニ何モ頼ムコトハナシ。君子ノ鬼神ニ祈ルモ、我身ヲ祈《る》コトハナイ。臣子迫切之情、天地山川五祀モ人ノタメナリ。民ヲ新《あらた》ニスルコトハアリ、人ニ新ニシテモラウコトハ聖賢ノ書ニナシ。*新民ノ使ノ字、見ルベシ、自新ノ自ノ字ハ民ノ力ナリ。軍陣ニハ、踏込《む》計リナリ。殺《さ》レヌ様ニシテ、人ニ首ヲ貫フノ、矢ヨケノ、ト云コトハナイ。一商人曰、妻ノ*シキ金子《がね》デ身ヲ立ント思フハ腰ヌケナリ、自分ニカセギ出スデナケレバ用ニタヽヌ、人ヲ頼ンデ商《あきな》ヒシテハ、ノダツコトハナイ云云。奇特ナコトナリ。サテ学者ガ、聖賢ニナリ様ハ知テモ、志ガ立ネバ、君父ノ敵ト見付テ得《え》討《うた》ヌ様ナモノナリ。何程知テモ行ネバ役ニタヽヌ。然レバ志ノ立タ人ガ仕様ヲシラヌハ、又残念ナリ。

有付カレタ　かたづく。　**ハヾ**　威勢、羽ぶり。　**ヒキムク**　引き向ける。
三楽　孟子、尽心上。父母兄弟の無事、天に愧(は)じ人に怍(は)じるところなし、天下の英才を教育する、の三。
君子素其位…　中庸一四章。素は、現在の地位身分に即して。
新民ノ使ノ字…　大学章句に、既に自らその明徳を明らかにし、さらに推して人に及ぼして、その旧染の汚を去ら使(し)む、とあり、そして、自ら新にするの民を振起す、とある。
シキ金子　敷銀。持参金。

○世上スベテ云事ニ、アノ人ハ慥《たしか》ナ人ジヤ、非義ヲスル人デハナイト云ハ、ヲカシキコトナリ。凡人ハ其時ニアタツテ人欲ガ出ルト非義ヲモスルゾ。人欲ノナキ時ハ、盗ヲシ偽《いつわり》ヲ言フ心ハナケレドモ、其時々ノ出来モノナリ。慥ナトユルシテ、大キナダマシニアフコトモアリ。凡人ハ、何時イカヤウナ心ガ出様《でよう》モシレヌ。コヽヲユルサヌガ自《ら》守《る》ナリ。賢人君子ノ目利《めきき》デ慥ナ人ヲ取出サレタラバ、大ナル違ハアルマジ。大抵ノ人ノ目利デハ請取《うけとら》レヌ。世々ノ大名士大夫ガ主君ニウラガヘルヲ見ヨ。貧ノ盗ニ恋ノ歌ナレバ、サリトテハタノマレヌハ凡人ナリ。自己ヲモ頼《ま》レヌト思フテ謹ムベシ。アノ人ハナンタルコトニモコヽハ慥カナ、ト云程*メツタナコトハナイ。我心サヘ頼レヌ。コヽハ兼好ガヨク云テヲキタ。何時如何様ナル心ガ出来ヤウヤラン知《れ》ヌ、扠《さて》モ口惜《き》コトカナト。自《み》イタメ戒ムル心アル人ハタノモシ。他人ヲサヘタシカナト定ムル目利ナレバ、我身ノコトハ至極タシカニ思フラン、ヲカシキコトナリ。古歌ニ、いくたびか思ひ定めてかわるらん頼むまじきは心なりけり、能《く》*コヽロミタルナリ。朱子曰、本領分明義理明白、閑時《は》都《すべて》如《し》レ此《の》、説《いて》及《んでは》レ至《るに》レ臨《むに》二小利害《に》一、便《すなわち》靠《たより》不《ず》レ得、此則尤《も》可《し》レ慮《る》。

メツタ　滅多。迷妄。
コヽロミタル　本当のところをさぐる。

○学者、吾若キ時ノ昔ヲ思出シテシタフ事ハ、*カイシキナコトナリ。学問デ進《すすみ》ガアレバ、若キ時ノワケモナキコトハ、身ブルイシテイヤナ筈ナリ。年寄テ、若キ時ノ淫楽ノ游ヲ思出ス、志アル人ニアラズ。昔舟游山ニタワケヲシタコトヲ、ナツカシフ思フ人ハ不レ足レ論矣。老テモ少《すこし》ニテモ進ミガアラバ、其進ミヲヨロコブ筈ナリ。旧友ヲシタフモ、学ノ進ダ人ヲバシタフタルガヨシ。学不《る》レ進《ま》人ハシタフコトハナイ。道ヲ求ル人ハ、少ニテモ進ム方バカリヲ思《う》筈ナ

リ。孔子、不レ知《ら》ニ老之将《に》《するを》レ至《らんと》 云レ爾。可レ味也。甲午季冬*
十二日、有《りて》レ所レ感《ずる》 而書レ之。

カイシキ 皆式。まるで(はなしにならぬ)。
甲午季冬 正徳四年(一七一四)十二月(旧暦)。

○小人ハ至テ愚ナルモノナリ。我身ヲ馳走スルタメニ、君父ヲモ殺ス。身ニ非義ヲサセ、偽ヲ云ハスルハ、至極我身ヲ害フコトナルニ、ソレヲ我身ノ馳走ニナルト覚ヘテヲル。君子ハ、身ニ非義ヲサセマイト思《う》カラコソ大切ノ一命ヲモスツルニ、小人ハ少ノ利欲ニ大切ノ一命ヲモ失フ。トカク愚ナモノナリ。其愚ヲ改メテ明ニナラフト思ヘバ、学問デナケレバナラヌ。其学問ト云モノニ色々ガアツテ、愚ヲナヲス学問ハ世上ニ希ナリ。何ヲスルヤラ、ウロ〳〵トシテ一生ヲクラス、其様ニ学問ヲシテモ聖賢ヲ学ブト思フハ大愚ナリ。一《ある》君子曰、コヽノ男ハ何ヲスルゾ、学問ヲスル〳〵トハ云ヘドモ、ヒヾタワケニナルハ、ドウシタコトゾ、ハキト志ヲ立テ、カシコウナル合点ヲセヨ。男曰、サテモ〳〵ウツカリトシタコトカナ、学問ヲタヘズツトメナガラ、カシコウナラフ〳〵トハ思ハズニ、知ラヌコトヲ知ルコトト計リ思フテ、カシコサハ誰ニモ譲《ら》ヌ合点デ、我ハタワケジヤトハ思ハズ、人ニマサツタト計リ思テ居ルハ、扨モ〳〵大タワケカナ、コレデハナラヌ、一思案イタソフト云。口ノ上計デ云タニモセヨ、此程ニ合点スルハ、ウツカリトシタ男デハナイ。

○世俗ノ暦ノ日ヲ見ルコト甚《だ》愚ナリ。日ニヨイワルイト云コトハナイ。スル筈ノコトナレバ、イツデモスル、セヌ筈ノコトナレバ、天社鬼宿*デモセヌ。婦取《よめとり》、婦入《よめいり》花ノ縁モヲカシキコトナリ。「周礼《しゆらい》」ニアルハ、世俗ノヲ用タコトアリ、カヽワリハセヌ。猟較《りようこう》、儺《だ》デ可レ見。陰ヲ悪、陽ヲ善ト云ハ、「易」デ象ヲ云タモノナリ。天地自然ノ理ニハナイコトナリ。令月吉辰ト云モ、祝《しゆく》シタコトバナリ。田苅ノヤウナタワケタコトハナイ筈ナリ。旅行出立ノ日ヲ見ルコト、国主城主ノ歴々ヘモ仏者カラ日ヲ書テヤル、ヲカシキコトナリ。天子ノツカヒ日モヲカシ。鬼宿天社、日本国中ノ人ニ皆ヨイカ。吉凶ハ天ニアリ、ソノ人各々ニアリ。同日ニ嫁シテ一人ハ死シ一人ハ栄ル類、イヅレノ方ヘ向テセウベンセヌ類、可レ笑。灸ヲスルニサヘ日ヲ見ル、急ナ時ハカマワヌノ義ヲ云モヲカシ。味噌ヲ煮ルニモ、煤払《すすはら》ヒニモ日ヲ見ル、ナニタルタワケガ仕出シタコトゾ。事ハジメ、事ヲサメトテイカキヲ竹ニツラヌク類、挙《あげ》テカゾヘガタシ。神道ノ一ツ火トボサヌ事ノモトナリノ類、クチヲシ。日月蝕ヲ知《ら》ヒデモスム。明道先生ハ、易ノ加倍ノ事サヘ忘レタト云レヌ。雷ノ起ル処ヲ知タトテ、五倫ノ用ニハタ、ヌ。知テ用ニタ、ヌコトヲスルタワケ学者多シ。

天社鬼宿　天社は天赦、万事吉なる日。鬼宿日（にち）も同じ。以下すべてこの類。あとの猟較は獲物の多少で吉凶を定める。儺は鬼やらい。

○史書ノ類ニ書置タルコト、聖賢君子ノコトハ各別、其外ノコトニ嗚呼《ああ》ト感ズルコトハスクナイ。「東鑑《あずまかがみ》」「太平記」等ニ、ナニカ一ツ感ズルコトアルヤ。「太平記」ニ小《お》山田《やまだ》ガ馬ヲ義貞ニカシタヲ、青麦ノ報ジヤトテ殊勝ナコトニ書タ。アレガナンノ殊勝ナルコトゾ。青麦ノコトナクトモ、主君大将ノ難ニ及ブヲ見テ、シラヌ顔シテヲラレフカ。聖賢ノ筋ハソウデハナイ。昔時《ムカシ》我ニアシクアタラレタ君デモ、其場ニ望《のぞん》デハ、主君ノ命《いのち》ニカワルガ義理ナリ。此筋デ「太平記」ヲ見ヨ。胸ノワルキコト計《ばかり》ナリ。世俗見知ノアサマシキ、不便《ふびん》ナルカナ。朱子ノ言ニ、「左伝」一部ノ書ニ、*正《して》二其義《を》一不レ計《はから》二其利《を》一ノ語ホドノコトガナイト云テアリ。

正其義…　董仲舒の語。

○君ヨリ臣下ニ念比《ねんごろ》懇意ヲ云テ*辱《かたじけ》ナガラスルハ暗君ノ仕形《しかた》ナリ。家臣ハ大小トモニ悪キコトアレバ、キツト制禁シ訶《しか》ル計リナリ。善《よき》事ハ家臣ノ仕ウチナリ。ヨイコトヲシテ、ホメラレウ、褒美《ほうび》ヲ取フト思フハ、日雇取《ひようとり》ナリ。家中ガ其風ニナツテハ、士風日々ニ衰ルナリ。ソフスルカラハ上君ノ方ニ、無理ヲセヌ様ニトヒタト自省《み》ルナリ。大抵ノコトデハ浪人モサセズ、又加増モヤラズ。其中ニ人才ニヨツテ役儀ヲ云付ルコトハアリ。少《し》ヨイコトアレバホメルコトデ、上ノ威ハ軽クナリ、下ノ欲心ハ長ズル。シカルコトハ、大キナコトデモ筋ノ余リタガハヌ不調法過チノ罪ハ軽クシカリ、少ナコトデモ私意カラ出ル罪ハ重クシカル。奥《おく》方《がた》ヨリノシカリ、ホメ、褒美ノアル家風デハ、正シキ仕置《しおき》ハ決シテナラヌ。此サヘ合点スレバ、大方ニ仕置モナル筈ナリ。但、此器量ニアタル主君希《まれなり》矣。是ヲ聞テ、ソフト合点シテ勤メラル、君ナレバ頼《たより》アリ。サテ*出頭人アル家中ハ、一向正《しき》政ノタノミハナシ。

辱ナガラ　恐縮して。
出頭人　君主のお気に入りの臣。

○祭テクレヨカシト思フ鬼神ハナケレドモ、本ヲ重《おもん》ズル人ガ親切ノ意デ祭レバ、自然ニ其感応アリ。コチニ誠ガアレバ、アチニモ感ズル理アリ。此所、儒仏ノマギレアリ。餓鬼ヲシトフテ祭ルト云ハ仏意ナリ。我身ハ祖考カラ来タト思フテ祭ルハ儒ナリ。*総脳ノ所ナイトモ云、アルトモ云ハコヽナリ。須《すべからく》可二深《く》考一。此意ヲ知ヌカラシテ儒学ヲツトムル人モ、鬼神ガ淋シフテ待テ居ルト云意ニナル。ソウデナイト云ヘバ、又程子ノ内感ノ様ニ、アチニハナイ、コチニハアルト云テ、在《り》二帝之左右《に》一ノ語ヲ得《え》スマサヌ。鬼神ノ吟味ハコヽ一ツナリ。可レ味々々。

総脳　肝腎かなめのところ。

○ヒダルイヲスク者ハナケレドモ、面白ヒコトニハ、ヒダルイヲ忘ルヽ。忘《れ》二寝食《を》一、三月不レ知《ら》二肉《の》味《を》一也。死ヲスクモノハナケレドモ、勇者ノ義ニアタツテハ、死《ぬ》ルコトヲ忘レテヲル。一番首ヲ取ル時ニ、ヲヅ〳〵サシアシシテユキハセヌ。鹿ヲ逐《おう》者不レ見レ山《を》之意ナリ。

○道ノナキ時ハ、君子ハ引込ンデ働《か》ヌ。ソレヲ小人カラ見テハ、グズ〳〵シテ埒《らち》ノ明《か》ヌト云。目アキト盲目トセウギヲ指シテ、蠟燭ノ消タ時、目アキガシバラクサヽズニ居タレバ、座頭ガ目明キハ不自由ナモノト云タト同コトナリ。鼠ハクラガリニ目ガ見ヘテ、物ヲ齧《かみ》ヤブル。小人ノカタチナリ。*王陽明ガ事理ヲ外ニスルハ、鼠ノ性ヲ得タルカ。

王陽明ガ事理ヲ…　陽明は心即理といって心のままに理があるという。

○一儒士、富士ノ焼《け》タルヲ論ジテ云、古昔《むかし》モアツタコト、別ニ凶事デナイト云。コレガ物知《ものしり》ノ物不レ知《ら》ト云モノナリ。古昔君父ヲ殺シタコトアツタホドニ、今殺シテモクルシカラヌト云《わ》レウカ。愚ナ人ハ、サテハ古昔モアツタコトカト云テ、メヅラシカラヌコトニ思フテヲル。此類、世人ニ多ナリ。

○或人政ヲ論ジテ曰、コチノ家ニ先代カラナイコトジヤホドニ、セマイノ、ナルマイノト云。先規先例ヲ引《ひく》筋ナリ。難《じて》レ之《を》曰、軍陣《ぐんじん》ノ時ニ、コチノ先祖ニ一番乗ヲシタ例ガナイト云テ、人アトニハイカヾンデヲルカ、可レ笑。

○世上ヲ見レバ、陰ノハビコリハ強《く》テ害ヲナス、陽ノハビコリハ少ク弱フテ害ヲナスコトハナシ。人ノ上デモ善人ハ少ク、悪人ハ多シ。善人ハ盛ニナリガタク、悪人ハヒタトフヱル。悪人ハ人ノ害ヲナシ善人ヲソコノフ、善人ハ人ノ助ケヲナシ、人ヲ毀《そこな》フコトナシ。悪人ハ善人ヲニクミイヤガル。己ガ人欲ヲ立ルタメナリ。善人ガ悪人ヲコラシイタメルハ、人ノタメニナルナリ。美女ハ悪女ノカタキト云ヘドモ、悪女ヲ美女ガ敵《かた》キニスルコトハナシ。家中デモ、善人ヲ悪人ガサキスツル様ニ疾《にく》メドモ、善人ガ悪人ヲ裂《サキ》捨ル心ハナイ。笑止ナト思ヒ、ドウゾ善道ニス丶メカシトコソ思フ。悪人ハ善人ノ根ヲタヤシタイ程ニ思フ。聖人ノ四夷ニ迸《しりぞ》ケルハ、国家ノ妨《さまたげ》ヲスルユヘナリ。一分ノ私デハナイ、大勢ノ人ノ害ニナルユヘナリ。サテ悪人ニハ荷担《かたん》スルモノ多シ、善人ニハ、クミガ少イ。ドウシテモ正不《は》レ能《あたわ》レ勝《つことに》レ邪ニナル。哀哉《しいかな》。「易」デ君子小人ニ属スル、宜《うべ》ナリ。理計《ばか》リデ云ヘバ、悪ハ本然デナイユヘニ、タ丶ヌ筈ナレドモ、気上ニアラハレタ所デハ、悪ガ勝ツナリ。故《に》大抵ノコトデハ道ニ進ムコトナシ。有レ志之士、宜《べし》レ思《しくう》レ之。

○人ハ勝負事ヲスクモノナリ。碁モカケ碁ヲスク。カケ的《まと》同ジ。其中ニ、負ルハイヤガリ勝ヲ好クナリ。大名《だいみょう》ノ出頭人モ皆、主人ヨリカシカフナイ様ニ諛《へつら》フ。知ガ君ニマサレバ君ガイヤガル。御尤《ごもっとも》々々トホムルデ君ガヨロコブ。夫故ニ大名ノ伽《とぎ》ヲスル人ハ、カシカウテモバカヲツクル。是モ君ガ勝ヲトル心カラナリ。コ丶デ舜ノ大知ガシレル。我ヲヨイト思フ君ハ明君デハナイ。可レ慎《しむ》。

○名言格言ヲ云トテ称美スルハ、至極デナイ。道理ノ全体ヲ知タ人ハ、名言格言ヲ平生ニ云ナリ。徳成就セヌ人ノ間《ま》ニヨイコトヲ云タヲ、名言格言ト云ナリ。孔孟ノ語ニ名言格言ト取出スハナイ。夫《かの》、人不レ言《わ》、言《えば》必《ず》有《る》レ中《あたること》ナリ。古今以《もって》為《す》二名言一ト《と》云ハ、荘子ナドノ云タ言ヲ云。我等式ノ云《う》言ニハ、名言ト云テホムルアリ、其代リニ妄言妄説アリ。

○今志アリテ仁政ヲスルニ、学者相応ニ其効アル筈ナリ。聖賢ノ政ハ人ヲ愛スルニ極レバ、何モ紛《まぎ》レテシニクイコトハナイ。*伯《は》者《しゃ》ノ政ハ拵《こし》ラユル故ニ、其程ガ知《れ》ズ。人モダマスカト思フ。聖学ノ筋ニハムツカシイコトハナイ。ズカ〳〵スルナリ。後世ノ政ハ、上ノ損ヲセヌヲ根《ね》ニシテ下ヲダマス手段アル故ニ、ドレ程ノ寸尺カ知レヌ。ドウシテモ実ガナケレバ、下カラ上ヲ*ツモル所アレバ、令モ行ハレヌ。是デ見レバ、目前明カニ知レタコトナリ。サテ其器アル人ヲ用ヒヌハ、君ノ目ガアカヌユヘナリ。孔子顔子魯ニ在リ。孔子致仕デモ吉月ニ朝ストアレバ、平常登城シテ、役人衆モ知リテ居レドモ孔子ヲ用ユルコトナシ。孟子モソレナリ。

然レバ下ニ隠レテ居ル賢者ヲ聞出シテ召用《しよう》ルト云ハ、目ノアイタコトナリ。世ノ庸君ガ人ヲ用ヌハ其筈ナリ。目ガツブレタルナリ。

伯者 覇者。

ツモル 見当をつける。臆測する。

○或《あるひと》曰、窮《む》レ理《を》ト云《い》、理無《にし》レ窮《まり》ト云ハ矛盾スル、如何。

対《こたえて》曰、窮理ハ学者ノ工夫、一事ノ上無《き》ニ過不及一中《ちゅう》ノ場ヲ知ルヲ云。事理当然之極ト云ガ是ナリ。理ノ的中ヘ極《きわめ》到ルヲ云。理無レ窮ハ、天地生々ノ理ノ無レ窮ガ、理ノ妙用ノ尽《ツキ》ヌヲ云。其味無レ窮モ、ツマリノナイヲ云ナリ。根ニ于《して》理《に》一而生《きる》者、浩然《として》無《し》レ窮《り》モ是ナリ。香車《きょうしゃ》ノドコマデモ行ク意ナリ。形アレバ尽ル期アリ。夫レデ無声無臭ナリ。元亨利*貞、循環而不レ已《やま》、誠之実也。又云、理無レ窮者、体之本然、窮レ理、学者之用《うる》レ力《を》也。キワマリト、キワムルトノ見、分ツベシ。

元亨利貞 易の語。春夏秋冬ということし。

○或人曰、「語類」、問《う》、有ニ此理《れば》一便《すなわち》有ニ《りという》是気一、似《たり》レ不《るに》レ可《から》レ分《つ》ニ先後《を》一。曰、要レ之也先《またまず》有レ理ト。此《の》也先有レ理トハ如何。

対《えて》曰、理ノ気ニ先ダツハヨク知レタコトナリ。今其許《そこもと》ハ、座敷ヲ建《たて》ラル、。アノ座敷ノ建タヌ前ハ何モナイ広野デハナイカ、其時ニ座敷ト云モノハナシ。今度建ラレタレバコソ座敷ハアリ。形気ハアトデミユル。理ハ形ナケレドモ、座敷ノナキ以前ヨリ座敷ノ理ハアリ。*沖漠無《む》朕《ちん》、万象森然也。既ニ形アルト理ヲウケネバナラヌ。理ハ形ナキ故ニ受《る》所ハナイ。座敷建タ後ニ理ノナイト云デハナイ、理ハ有無合一ナルモノゾ。故《に》*言《うは》ニ有無《を》一諸子ノ陋《せまき》也トハ云ヘリ。サバキヲ知《しら》ヌウチハ、性理ノ論ハナラヌ。

沖漠無朕万象森然 虚静にして形もなきところ、そこにもう万象がちゃんと具わっている。一理万理をいう。

言有無… 理は有形無形以前のこと、有形無形をただちに有と無に分けて思うのは間違い。

○心ト云モノノ大切ナト云ニ付テ、道理ヲ知ネバナラヌ端的アリ。今義理ニ感ジテ発スル心ハ、道理カラ出ルナリ。利害ニ感ジテ発スルハ利心ナリ。義理ニ感ズルコトハ、衆人ニモアリ。自然ノ理ナリ。然ドモ君父朋友ノ恩ニ感ズルハ、凡心デハ十ニ八、九ハ利心ナリ。義理ニ感ズルハ道心ナレバ、凡人ニハ希ナリ。平生ニ義理ノ講習ニソメバ、理義ノ心出ルナリ。平生ニ義理ノ講習ナケレバ、理義ノ発《おこり》少キ筈ナリ。破レタ太鼓ハ不レ響《か》。習《ならい》与《と》レ性成《る》ナレバ、義理ノ学ニ疎《うと》キ人ハ日々汚下、沈ム筈ナリ。愚益《ますます》愚ノ筈ナリ。横渠曰、書維ニ持《す》此心一《を》、一時放下《すれば》、則《ち》一時徳性有《り》レ懈《おこたること》ト。学者宜ニ深思レ之。

〇一商人曰、火事ニ逢テ迷惑セツナケレドモ、死ナズニ生テ居ノデ堪忍ガナルト云。

予云、ソレマデガ俗情十分ナリ。其上ハ俗人ノ知ヌコトナリ。学者ハ其上ヲ知ネバナラヌ。

商人曰、命ヲ棄ルヨリ上ノコトガ何ガアラフゾ。

予云、学者ノハ、命ハステヽモ義理ガアルノデ堪忍ガナルト覚悟シテ居筈《る》ナリ。「孟子」ノ所レ欲《する》有《り》下甚《しき》ニ於生一者《より》上ト云テヲカレタナリ。理ニ違ヘドモ是《これ》ガアルト云《う》カヱ物ハナイ。人ハ死デモ理ハ潰《つぶ》レヌ。形ナキユヘナリ。仏ハ人ヲ不生不滅ト云。有レ形モノノ滅セヌコトハナシ。理コソ不生不滅ナルモノナレ。聖賢ノ世ニ在ルハ、ドウナリトモナル筋ニ安《ん》ジテ居ル。桂馬《けいま》ガ飛《とば》レネバ飛ズニ居ル。ナラヌコトヲ無理ニセフトハ不レ思。学者モコウ合点スレバ、貧賤憂戚ニ心ヲ動《か》スコトハナシ。朝《に》聞《き》レ道《を》、知《りて》而信ズルガ此所ナリ。学《んで》至《る》レ不《るに》レ尤《とがめ》レ人《を》、学之至也ト云ハ、親切ナルコトナリ。是カラ見レバ、学者厭《いといて》ニ貧賤《を》一求《むるは》ニ富貴《を》一、愚ナルコトナリ。朱子曰、学者不《れば》下於ニ富貴貧賤上《ニ》一立定《せ》上、則是入《りて》レ門《に》便《すなわち》差了《たがえり》也ト。立定ノ二字、可レ味。

商人嘆ジテ曰、学者衆ハトウトキモノカナ。

予云、斯言《そのことば》切ニ中《あたる》ニ吾人之病《ニ》一焉。可レ恥之甚《しき》也。人ノ命ホド大切ナモノハナイ。何ニモ替《かゆ》ルモノハナイニ、義理ニハ一命ヲカユルナレバ、扨義理ハ尊ヒモノナリ。天即理而已《のみ》、其尊無レ対。宜レ味レ之。スレバ出処ノ理ニ違《タ》ヒ、元《げん》ノ*許魯斎ガ如キハ不レ足レ論矣。許魯斎ヲ学者ガ信ズルハ、浅間シキコトナリ。

許魯斎… 中華の道のためとて宋を滅した蒙古族の元の朝廷に出仕した。

〇或曰、天地ノ間ノ事ニハ、色々変リタル推《おしはか》レヌコトアリ。

曰、夫レガ気ノ変ナリ。星隕《おちて》為《る》レ石《と》ハ、訳《わけ》ハ合点セネドモアレヲ不審ハセヌ。雀大水ニ入テ蛤トナル、蜥蜴《とかげ》ノ雹ヲフラス、訳ヲ知ラヌハ、其理ガスマヌト云モノナリ。コノ類ハ、スマネバスマデヨイ。伊川ノ雷ノ起ル処ヲ知《ら》ヌ説デ看ベシ。日用五倫ハスマネバナラヌ。変ハ済《す》マイデモ害ハナイ。常ガ主ナリ。武士ノヒケヲ取テハ堪忍セヌハ常理ナリ。面ヲハラレテダマツテヲル人アリ、ソレハ変ナリ。変ヲ立テタガル人ハ、ハラレテモ大事ナイト云ハンガ、事物之変ハ、程子ノ此亦一種ノ道理也ト云ヘルデスンデヲル。天地ノ中ニアルナレバアル筈ナリ。折節《おりふし》アルコトハ、常デハナイ。常デアルマイト、アレバアルナリ。凡人ノ云コトニハ、ウソガ多シ、実ニアルハアル筈トスマス。其変ガアルトテ、常理ヲツブスコトハナラヌ。愚者ハ、常理ヨリ変ヲ尊ブ。仏氏ハ変ヲ尊ビテ常理ヲ賤シム。平常デナイコトヲ嘻《ウレ》シガツテ臂《ひじ》ヲ張ル、浅猿《あさま》シ。変ツタ話ヲ聞タガルハ、知ニクラキ所アルト知ベシ。

○或人曰、致《せば》二中和《を》一天地位《し》焉、万物育《す》焉ノ道理ハキコヘテ、今端的ニカウト見ユルコトナシ。一気ナレバトテ、天ト人ト違《チゴ》フテヲレバ、細引《ほそびき》ヲ動スヤウニハ思ハレヌ。曰、近キコトヲ以テ譬《たとえ》テ云ベシ。三味線ノ上手、鼓笛ノ上手ナレバ、其音ガヨシ。名馬デモ下手ガ乗ルト、得《え》アユマヌ。聖人上ニ位シテ、万物ソレ〳〵ノ自然ノ理ニ従ガフテ治メタラバ、天地感化アル筈ナリ。竜ガ雲ヲ興シ、蜥蜴ノ雹ヲフラス類、畜生サヘ同気感《ずる》アリ、況ヤ人間ヲヤ。人間ノ道理ヲ尽シタ人ガ天下ニ立テ治《め》タラバ、イカニモ人物ハ云ニ及ズ、山川草木モ感アル筈ナリ。去《さる》ニヨツテ致《し》二中和《を》一タ聖賢デモ、上ニ位スルコトナケレバ、広キ位育ハナシ。悪人ガ上ニ立《て》バ、天下万物ワケモナフナルヲ見ヨ。後世ノアリサマデモ見ヘタリ。「文言」ニ同声相《い》応《じ》、同気相《い》求《む》、聖人作《おこりて》而万物覩《みゆ》トアルヲ考ヨ。明君ノナキユヘニ天下ノ風俗アシキ、眼前ナリ。

或曰、何デモ人間ノ知デナラヌコトハナイニ、アホウデクラスハ浅猿《あさま》シ。

予曰、人ノ知慧デナラヌコトハナイニ、今ノ太夫*ノウロツクザマ、ニガ〳〵シキコトナリ。

太夫　大夫、たゆう。高官。

○人ノ一心ニ万理具《わ》ルト云ハ、明ナコトナリ。天地日月、其外何デモ、其ナスワザ〳〵ガアリテ、天ガ地ノスルコトヲ得セズ、地ガ天ノスルコトモナラズ、陰ガ陽ノ態《ワザ》ナラズ、火ガ水ノワザナラズ、類々皆《みな》然リ。人ハナンデモナラヌコトハナイ。致《せ》二中和《を》一バ天地位《し》焉、万物育《す》焉、人倫明《か》也。火ガ入用ナレバ火ヲ用《い》、水ガ入用ナレバ水ヲツカフ、木ハ木ノ用ニ使ヒ、土ハ土ノ用ニツカフ。何デモナラヌト云コトナシ。其ナスモノハ心ナリ。其心ニ形アルカト云ヘバ形ナシ。方寸虚ナリ、太極《の》体段也。邵子ノ、心ヲ為《す》二太極《と》一モコヽヲ云ナリ。太極ハ理ナリ、理ハ形ナシ、夫デ万変ノ働キハナルナリ。心ニ形ナキ故ニ、万物ヲサバクナリ。妙《なり》二衆理《に》一ト云ハ是ヲ云ナリ。聖人之心、一理渾然、是ナリ。日月デモ、ハヤ形アルダケ、心ノ様ニ万変ニ応ズルコトナラズ。於レ此人ノ尊キヲ可レ見。日月ヲ人ヨリ尊《し》ト云ハ俗見ナリ。然ルニ人モ又、欲ニ蔽ルレバ其理ノハタラキナキユヘニ、妙二衆理《に》一ニスルコトナラズ。人者《は》天地之心ト云《う》、是ナリ。心ト事ト一ナルヲ可レ見。此意カラ見レバ、*王学ハ一向妄ナリ、人ノ心ニ具ル理ヲ外事ト云テステルハアサマシ。人之為《す》レ学《を》、心与レ理而已矣トハ、イヤト云ハレヌコトナリ。周子ノ、物則不《れど》レ通《ぜ》、神妙《は》二《にす》万物《を》一ト云モ、コレヲ云ナリ。朱子ノ注ニ、有《れば》レ形則滞《る》二於一偏《に》一ヲ可レ見。無声無臭、是也。

王学　王陽明の学。次項の王氏も陽明のこと。

○金ガ余ルト云テ、無用ニ費《ついえ》ハセヌ筈ナリ。多《い》トテ、滅《メッ》多《タ》ニ人ニヤラフ様モナイ。金ノナイ人ガ道具ヲ買ハ、人ノ金ヲヌスムニナル。金ガ多ケレバ志ガソコネルト云モ、合点ノナイ人ノコトナリ。少シ合点シタ人ハ、志ノソコネルキヅカイハナイ。志ガソコネヌカラハ、無イヨリ有ルガヨイ。「洪範」ニ食貨ヲ主トシ、「大学」《の》生《ずるに》レ財《を》有《り》二大道一ナド見ルベシ。刀ヲ差シテ居トテ、メッタニ人ヲ伐《き》ルコトハセヌ。人ハイナコトニ惑ヒテ居《る》ナリ。士《さむらい》ノ命ヲ滅多ニステウ様ハナシ。又惜ミテ、棄マイト云コトモナイ。惜メバ敵ニ降参スル、惜マネバ喧嘩腕立シテ犬死ヲスル。コヽデ当然ノ理ヲ知ラネバナラヌトハ云ナリ。義理ヲミガケバ外へ馳《は》セルト王氏ガ云モ、コヽヲ知ヌユヘナリ。磨《みがき》テ外へ馳《せ》ヌガ朱子流ナリ、磨《みがか》ズニ妄ヲスルガ王氏流ナリ。

或人曰、聖賢ノ語モ悪フ心ユルト悪イト云。

予曰、ワルフ心得ズニ、聖賢ノ正意ニ心得ルガ学ナリ。食モ、クヒ過ルト食傷スル、クワネバ死スル、コノアヤハ知レヨイコトナレドモ、見所《みどころ》ナイ学者ハ此所ガ明白ニナイ。仏氏ノ五戒ヲ立《つ》ルモ、コヽヲ知ヌユヘナリ。夫故ニ、脩《むる》レ道《を》之《を》謂《う》レ教《と》コトガイルナリ。「*中和集説」ニ脩道教ヲ朱子ノ克己復礼デ云ハレタルニ、山崎先生ノ感アルモコヽナリ。仏氏ハ修為ヲカラズニ、ナリ合《あい》ニスルユヘニ、邪正一如、善悪不二ト云。吾儒ハ、脩為セネバ自然ノ道ニ合ヌユヘニ真《と》与レ妄ヲ知リ、取《り》レ善《を》去《る》レ悪《を》也。*裁成輔相モコヽニアリ。*陸王ガコノアヤヲ知ラヌ故ニ妄ヲ云ナリ。不レ信《ぜ》人間《じんかんに》有《りとは》二古今一ハ、是ヲ云《わ》レタナリ。「中庸《の》」首ニ、道体自然ヲ発明シテ三*ノ中ニ教ヲ入レタハ、自然デナイモノヲ入レタ様ナガ、コノ教ガ品節ナレバ、スグニ道ノ自然ナリ。ソコヲ克己復礼ノ脩為デ云ハル、ガ朱子デナケレバナラヌ。朱門ニモ二、三人ノ外ハ、コノアヤハシラヌ。近時ノ俗儒、夢ニモ知ラヌコトナリ。山崎先生有レ感焉、則《ち》日本之一人也。コレニツケテモ可レ惜々々。正*徳丙申正月十日、偶《たまたま》有レ所レ感《ずる》而記レ之、時《に》有《る》二楊子雲一夫《か》。

中和集説　山崎闇斎の撰集。脩道教は、中庸の「天命、これを性と謂ふ。性に率(したが)ふ、これを道と謂ふ。道を修むる、これを教と謂ふ」の第三句。　**裁成輔相**　易、泰、象伝。適宜に処理してもののいのちを成就する。
陸王　陸象山と王陽明。　**三ノ中ニ**…　↓前注「中和集説」
正徳丙申　正徳六年(一七一六)。

○士農工商トモニ人参《にんじん》不二自由一ユヘニ死ニ及ブ時、一家親族ノ合力ニテモタラヌ時ハ、遺恨ナル筈ナリ。養《い》レ生《を》喪《して》レ死《を》而無《きは》レ憾《うらみ》、王道之始也トアルヲ看ヨ。人参下直《したね》ナラバ仁政ノ一端ナラン。下直ニナル仕方アルベキコトナリ。此等ニツイテモ、知ヲ開クコトヲ務ムベシ。学者ノ書ヲ読ハ、知ヲ開クタメナレドモ、書ヲ読デモ知ノ開ヌハ、労《して》而無レ功也。「語類」一、問、学者講二明義理一之外亦須《べし》レ理二会《す》時政《を》一、凡事当《べし》四一一講明《シ》使《しむ》三先有《ら》二一定之説一、庶《ねがわくは》他日臨《んで》レ事不《ざらん》レ至《ら》レ墻*《するニ》面《ニ》。曰、学者若《もし》得《バ》二胸中義理明《ナルを》一、従《り》レ此去量《して》二度事物《ヲ》一、自然泛《あまねく》応《おうじ》曲《つぶさに》当《あたらん》。人若有《らば》二堯舜許多聡明《の》一、自做《お》二得《しん》堯舜許多《の》事業《を》一。若要《セバ》二一一理会《ヲ》一、則事変無《く》レ窮《り》、難《く》二以逆《あらかじめ》料《り》一、随レ機応レ変、不レ可二預定《す》一。今世文人才士、開《けば》レ口便説《き》二国家《の》利害《ヲ》一、把《とれば》レ筆便述《ぶるも》二時政得失《の》《ヲ》一、終済《にし》二得《ン》甚《なんの》事《ヲ》一。只是講二明《し》義理《を》一、以淑《よくし》二人心《ヲ》一、使《バ》下世間識《にる》二義理《を》一之人多《カラ》上、則何患《ぞえん》二政治之不《るを》レ挙《がら》耶。

墻面　目のまえに壁が立ちふさがる。行きづまる。

○実*盛ガ錦ノヒタ、レヲ着テ討死スルハ何ノ為ゾ。己ガ官位ニナイ衣ヲ着ルハ非礼ナリ。曾子ノ易簀《えきさく》ノ意カラ見レバ、サテモ愚ナコトナリ。故郷ヘ錦ヲ着ルトハ何タル義理ゾ。惣ジテ此筋ノ取違ヘ多シ。義*経ノ弓ヲ取《とら》レヌト云、雑兵ノ手ニカ、ラヌノト云、意皆同ジコトナリ。*忠信《ただのぶ》ガ芳野山ニテ義経ノ鎧ヲ着、毛受《メンジュ》庄助ガ芝田ガ鎧ヲ着ルハ理ノアルコトナリ。太公望ガ渭浜《いひん》ニ釣ヲスルト、今ノハゼ釣トガ同《じ》コトデハナイ。太公望ノハ漁者《すなどり》ノ生業《なりわい》ナリ、今ノハゼツリハ楽ミノ慰ミナレバ、心中ハ天地ノ異ナリ。今*ノ漁人ノ釣リヲスルハ、ハゼ釣ヲ浦《うら》ヤム。太公望ハ浦ヤミハセヌ。

「語類」ニ園*雖レ佳《しと》、而人心荒《る》ト云モ是ナリ。仙人ノ碁ヲ打ハ、タワケヲスルト云モノナリ。舜ノ耕ハ、骨ハ折ドモホヘ頬《づら》デハナイ。コ、ノアヤヲ知ラヌウチハ、経学ハウツラヌ。

実盛…・**義経**…・**忠信**… 源平盛衰記の人物の評論。
今ノ漁人… 生業の漁者のこと。
園雖佳… 陶淵明の「田園まさに荒れんとす」を下敷きにした語。

○平井氏曰、頼朝鶴岡《が》八幡ヲ馳走セラレテ何ノ応護アルヤ。一ツモシルシハナイ。モトヨリ王位ヲ蔑《ないがしろ》ニシ、惣追《そうつい》捕《ぶ》使《し》ニナリタルハ、僭ノ至極ナリ。其罪デ子孫滅却スル筈ナリ。天子ヲ微々ニシタハ、八幡ノ神霊ニ合《あわ》ヌ筈ナリ。鶴岡八幡ハ、頼義ノ阿部貞任《さだとう》・宗任《むねとう》ヲ亡シタ後ニ勧請《かんじょう》シテ後《のち》、義家ノ武衡《たけひら》・家衡ヲ亡シタ時ヨリ段々馳走シテ、源氏ノ氏神トアヲグ。頼義・義家ハ朝*家ヲ守リタル人ナレバ、神霊ノ感アル筈ナリ。其後、為義・義朝天子ニ弓ヲ引タ故ニ、為義ハ子供八人マデ殺サレ、義朝ハ臣ニ殺サレ、惣領悪源太ハ縛リ首ヲウタレ、朝長ヲバ義朝殺シ、蒲《の》範頼・九郎義経及ビ木曾父子モ頼朝ニ殺サレ、タマ〱頼朝ガヨイ様ナレドモ相模川デ落馬シテ死スト云《い》、或ハ結城七郎ニ殺サレタルトモ云、皆々身ヲ全《まっとう》スルコトナシ。頼朝、惣追捕使ノ非義ユヘニヤ。頼家・実朝モ人ニ殺サレ、実朝ハ八幡ノ神前ニテ殺サレ、遂ニ国家ヲ北条ニ奪レタルサマヲ見ヨ。神罪恐ルベシ〱。平井氏之言、可《し》レ謂《う》ニ格言《と》一矣。

朝家 天皇家。

○仏者曰、我道ハ功徳《くどく》甚大ナリ、宝筐《ほうきょう》印*陀羅尼《だらに》、千手陀羅尼、広大ノ功徳アリト。

予曰、仏道ハ手近ク調法ナコトナリ。我儒道ハ、何程ノケツカウナ書ヲヨンデモ、トカク其人ガ踏込ンデセネバ役ニ立ヌ。四書六経ヲ何千遍読デモ其功徳ハナイ。兎角其人ガ実ニ心力ヲ用ヒテ勤メネバ験ハナイ。譬ヘバ臆病モノガ正宗ノ刀ヲ持タ様ナモノナリ。神道ノ祓《はらい》ノヤウニ、*タカマノ原ヲ読ト悪事災難ヲノガル、ノ、仏道ノ念仏ヲ唱ヘルトイカ様ナ悪心ナ人デモ成仏スルナドト云、アタ、カナコトハ儒道ニハナイ。故ニ儒神仏、道異《こと》也トハ云ゾ。イカ様ナ悪心ナ人デモ、念仏ヲ唱ヘルト成仏スルナレバ、結構ナタヤスキ教ナリ。儒教ハ中々大抵ノ事デハナラヌ。血ヲ吐ホド精力ヲ用ヒネバ、賢人君子ニハナラレヌ。夫デ世上ノ人ガ、ナリヤスイ仏道ヲスルト見ヘタリ。

陀羅尼　真言。諸の障礙を除く呪語の長きもの。

タカマノ原　高天原。日本神道の祝詞の初句。

○「西銘《は》*」以《て》レ孝《を》明《す》レ仁《を》、以レ仁非レ明レ孝、「訂頑*」ハ不仁ヲ正シタモノナリ。不仁ハ天理ニ背タモノナリ。然バ一編ノ主意、仁ニ在ル、知ルベシ。天理ニ背カヌヲ孝デ云。如何ト云ヘバ、今微賤ノ下人《げにん》デモ、盗ヲシ人ヲ殺シ、不義無道ヲシテ天理ヲ思ヒ出サヌモノモ、我父母ヲ滅多《めった》ニ押付テ構ハヌト云コトハナイ。親ナレバ無理ナコトヲ云テモ、マヅハキ、シタガフ。親ニ先ダツテ路ヲアユミ、食物ヲクラフト云意《こころ》モナシ。況ヤ少シ物ノ合点シタ人ハ、父母ヘ対シテハ何事モマヅ従フ意アリ。天理ニ違フテ何トモ思ハヌハ、学者サヘ夫ナレバ、況ヤ無学ノ人ハ云ニ及バズ。天地ト云ヘバ形体デ云、ヒロク、バツトスルユヘニ、人々ウツカリト思フ。乾坤ノ性情ハ意思デ真剣ニ近キ故ニ、人々ノ心ニ肉身ノ父母トウツル方ヘ近シ。故ニ子ガ親ニ孝ヲスル意ナレバ、天理ニ違《タ》フテ不仁ハナイハト示シタモノナリ。コヽニ親切ノ意、退渓*ノ九ノ吾ノ字ニ意ヲ付《け》タモ、此所ヲ見付タモノナリ。夫故朱註モ、父ニ事ル孝ヲ以テ事レ天ノ道理ヲ明シタモノナリ。コヽノ意ニナツテハ、漢唐以来ノ学者ノ知ラヌコトナリ。然バ義朝ガ父ヲ殺シ、信玄ガ父ヲ追放スルハ、至極ノ不仁ナリ。申生其《はれ》*恭ナリヲ引《く》モ親切ナリ。仕形ハ舜ト違《チ》フテ、父ノ非ヲアラハスニナル故ニ、舜ニ比シテ及バヌノ我ヲカマワズ一味ニ父ニ従フ意ハ申生ナリ。仕形ハ舜ト違《チ》フテ、父ノ非ヲアラハスニナル故ニ、舜ニ比シテ及バヌノ論アレドモ、ソレハ事《の》上デ云タモノ、張子ノ「西銘」ヘ引《か》レタハ、孝心ハ申生ヲ至極トシタモノナリ。父ニ少モ背ヌ、東西南北、唯令《に》之従《う》ト云ニ、申生ノ様ナハ類ハナイ。ソレガ舜ノナラヌデハナケレドモ、父ノ我ヲ殺サフトシタ時ニ、アチコチ才覚デノガレタヲ見ヨ。事《うる》レ上《に》ハ残ル所モナフテ、父ノ悪ヲアラハサヌ所ハ勿論ナレドモ、父ノ令ニ従フタ所ハナヒ。朱注ノ天之申生也ヲ見ルベシ。サテツメテ云ヘバ、舜ノ才覚デ逃レタルハ孝ニ帰シ、申生ノ逃レズニ死シタルハ父ノ悪ヲアラハシテ不孝ニナル所アリ。夫レヲ知ラヌ張子デハナイ。然レバ意味アリ。申生ノヲ肉身ノ父ニシテ見レバ、不孝ニ帰スルノ疑アリ。天理ニトリカヘテ見レバ、申生ノ様ニ従フデナケレバ天理ニ合トハ云ハレヌ。殺レ身成レ仁ニヒシトアタルナリ。朝聞レ道ノ意、可レ見。コウ済《すま》シテヲイテ朱子ノ注ヲ看ヨ。サテモ〳〵ナリ。カフシタ朱子ノシテヲカレタ「四書」ノ解註ヲ、「大全*」「蒙引*」ナドノ類ガアチコチト云ハ、猫ノカラザケナリ。況《や》又、此《の》方《の》不《る》ㇾ通《ぜ》二於文字《に》一愚儒乎《をや》。

西銘・訂頑　張横渠の短文。訂頑は東銘ともいう。その趣旨の議論。
退渓　李朝朝鮮の李滉。九ノ吾とは、西銘の文に「天地之塞は吾が其の体…民は吾が同胞…大君は吾が父母」など、吾の字が九つある。
申生　西銘に孝子として引く。父の晋献公の愛妃がその子を太子に立てようとして、申生は公を殺そうとしていると讒し、公は申生を殺そうとする。申生は弁解せず、そのまま自殺する。
大全・蒙引　四書大全・四書蒙引。朱子の注を敷衍したもの。闇斎は末書・末注としてしりぞけている。

○或人、一商人火事ノ時、火ヲ消ス働ヲ称シ、曰、信実《しんじつ》ノ力行アレバ人ガ感服スル。アレガ踏込デシタユヘニ、大《おお》勢《ぜい》モ感動シテ屋根ヘノボル。タヾ知ノアルト云《いう》分デハ人ガ感動セヌ。コレラデモ力行ノ結構ナルヲ可ㇾ見。

曰、ナル程、真実ノ行アレバ其誠ニ人ノ感ズルハヅナリ。ソコニワケノアルコト、王学ノタラヌハソコニアリ。本《もと》其商人ガ知見アツテ了簡《りょうけん》ガヨイ故ニ、諸人皆尤ト同《どう》ジタモノナリ。イカニ真実ニ踏込デシテモ、ワケモナイ火事ノタメニヨカラヌコトヲシテハ、人ノ感ハナキ筈ナリ。アレハ何タルタワケヲ云ゾ、何ヲスルゾト云テ、人ガ同心セヌ筈ナリ。其端的ヲ見ヤレ。知見ガ第一ナリ。勿論ヨイ了簡ガツイテモ、踏込《ま》ネバ用ニ不ㇾ立、踏込デモヨイ了簡ナケレバ、タワケノ名ヲ取ル。ドチラデモ偏デハ用ニ不ㇾ立。ウチニ知見ガ先デハアルマイカ。或人不ㇾ答。

○学者見所ノナイウチハ本知ハ開ケヌ。譬ヘバ本分ノ開《け》タノハ、箱根ノ関所ヲ越タヤウナモノナリ。長崎迄行《く》ニモ手形ハ入《いら》ヌ。見所ノナイハ関所ヲ越ヌナレバ、江戸ト箱根トノ間ワヅカ二十里計《ばかり》ノ内デ、アチコチスル様ナモノナリ。二十里ノ内デ、五里七里箱根ヘ近遠ノ別ハアレドモ、五十歩百歩ナリ。今、天下ノ学者ニ政ヲサセタラバ、箱根ヲ越テスル人アランヤ。一学者ガ出テ堯舜ノ御代ニシヤウト思フテモ、何ノ事功モナシ。下手碁打ノ会合ニ強弱ハアレドモ、手ヲナヲスニ至ラヌウチハ五十歩百歩ナリ。学者ガコヽニ目ガツカヌ。孔門ノレキ〳〵ヲサヘ、曾点ノ見所カラ見テハ、子共ノ様ニ思フナリ。京ノ名所ヲ図デ見タハ役ニタタヌ。

○諸侯ノ上デモ、馬・弓・鎗《やり》・兵法ナドノ師ヲバ師ト云テ尊ブコトアレドモ、学問ノ方デハソウナイハ、異《い》ナコトナリ。弟子トハ父兄ノ方カラ云コト、門人トハ一家一門ノ意ナレバ、情義重キコトナリ。惣ジテ手形証文デ交ルハ、曲藝ノ上ノコトナリ。道学ノ上ニ誓紙証文ハナイ。仏氏ノ*払子《ほっす》モ証文ナリ。我サヘ道ヲ合点スレバ、人ノ知《る》不レ知ニハカマハヌ。惣ジテ請状《うけじょう》手形ハ皆下鄙《げび》タコトナリ。奉公人モ、シカトシタ士ノ上ニハナイコトナリ。中間小者《ちゅうげんこもの》ニハ、請人・人主・取逃・欠落、彼是《かれこれ》ノ証文アリ。孔門以来ニ聖賢ノ学ニ、シルシヲヤルコトハナイニテ知ルベシ。日本ノ神道ニモ誓紙手形アルハ、後世ノ失ナラン。日月ノ運行ニ隠スコトハナイ。「論語」曰、二三子以《て》レ我《を》為レ隠《すかすと》乎、吾無《し》レ隠《す》乎爾《なんじに》、見ルベシ。金銀ヲカリルニモ証文手形アリ。朋友道義ノ交デ金銀ヲ用《よう》ニ立《たつる》トキニ、手形証文ハセヌ筈ナリ。妾ヲ置キ、或ハ遊女ノ交リニハ誓紙手形アリ。媒者アツテ双方礼デ交ル夫婦ニハ、手形証文ハナイ。軍法ニモ手形証文ノアルハ、ダマシ隠スカラシテノコトナリ。曲藝ノ弟子ノ証文、父母ノ恩ト*同ジト書クハヲカシキコトナリ。養由ホド弓ノ上手ニ仕立ラレタト云テ、ソレガ父母ノ恩ト同ジコトニテアルベキヤ。恥シラズト云ベシ。サテ釈氏ノ払子モ後世ノ謬リナルベシ。釈迦ガ*捻花微笑《ねんげみしょう》ノ筈ナリ。コレカラ考テ見ヨ。誓紙ヲサセテ人ニモノヲ教ルハ、上品《じょうぼん》ノ人ノセヌ筈ノコトナリ。

払子　禅宗で道を伝える証拠に払子を渡すことがある。衣鉢の類。

同ジト書クハ　底本は「同ジ兎角ハ」。佐藤直方全集本による。

捻花微笑　釈迦が阿難陀に以心伝心したときの仕草。

○眼鏡《めがね》ノ掛所ガ違フテハ、盲者ニハヲトリタルモノト云ニ付テ、書肆《しょし》ニ語テ曰、人々利害損得ノ方ハ、蚤《のみ》トリ眼《まなこ》ニナツテ細《こまか》ニ看レドモ、不義ヲ吟味スル方ハ目ガネヲハヅシテ、ヲフヨウニ看ルハ、口惜キコトナリ。譬ヘバ一商人、魚ヲ買フ時ニ、アマリシワイ男ユヘニ魚ヲ吟味スルトテ眼鏡ヲ掛テ見テ、代何程ト云。魚売マケズニ外ヘ出テ、シバラクシテ帰テ最前ノ魚マケマセフト云。彼《の》シワキ男其魚ヲ見テ、コレハ今見タ魚デハナイ、最前ノ大ナルハ他人ニ売テ、小キヲ持テ来テ身共ヲダマス、沙汰ノ限リト云テ呵《しか》ル。魚売大ニハラヲ立テ、サテ〳〵コナタハ人ヲ盗人ニサシラル、カト云。亭主猶怒リテ、大ヲ小ニ取易《とりかう》ルハ盗人デアルマイカト云。魚売以《て》ノ外《ほか》腹ヲ立テ、此男ヲ盗人ト云ヤルカトツカミツク。余リ声高《こわだか》ニナルユヘニ、隣人来テ取サヘアツカフテ、両方ノ云分ヲ聞ク。段々ヲ聞ヒテ隣人笑曰《て》、両方トモニ如在《じょさい》ハナイ。是ハ料簡違《い》ナリ。最前魚ヲ看ラレタトキハ、眼鏡ヲ掛テ見ラレタユヘニ魚ガ大キニ見ヘタモノナリ。後ニ眼鏡ヲハヅシテ居レタ所へ魚ヲ持テ来テ見セタ故ニ、前方《まえかた》ヨリ小ク見ヘタモノナリ。魚売モ取易へハセズ、亭主ノ取易タト云ハルヽモ、無体ニ云掛《いいがかり》ヲシタデモナイ、アヤマチハ眼鏡ニアリ。惣ジテ眼鏡ト云モノハ、大事ノモノナリ。ツカイ場ガワルケレバ、ニガ〳〵シキコトニナル。亭主ノ本商《をアキノフ》ニモ、買ニ来タ所へヤルハ落丁モ見ズ、ソコネモ見ズ、麁相《そそう》ニシテヤラルヽ。其代物《だいもつ》ヲ取時ニハ、金ガヨイカ悪イカ、重イカ軽イカト、眼鏡ヲ掛テ吟味セラルヽ。両替商ヲスルモノガ、人ニ掛テヤル銀ハ軽クヤリ、我方へ取ハ重クトルト同《じ》コトナリ。コナタモ他へ書物ヲヤル時ハ、随分念ヲ入テ悪イヲバヤラヌ様ニト眼鏡ヲ掛ラレテヨシ。

コレニツイテ国家ノ政ヲスル役人衆ノ仕形ヲ見ニ、皆眼鏡ノ掛場ガワルイト存ズル。上カラ下へ被《くださるる》レ下時ハ麁相ニ吟味ナシ、眼鏡掛ズニ被レ下。下カラ上へ上ルモノハ、サテ〳〵細ニ吟味ヲカケ、眼鏡ヲ掛テ看ラルヽ。百姓カラノ米ヲ納ルモ同ジ。何事モ下へノシカケハ薄ク、上へ取ル方ハ厚シ。哀ムベキカナ。上下トモニ眼鏡ノ掛場ヲ明ムベキコトナリ。君臣父子夫婦朋友ノ交リモ是ナリ。学問ハ為《ため》レ己《の》ニスルガヨシ、政事ハ為レ人《の》ニスルガヨイト云モ此意ナリ。慎ムベシ。吾嘗戯《てれ》ニ云、古之為《る》レ政《を》者《は》為《にす》レ人《の》、今之為《る》レ政《を》者《は》為《にす》レ己《の》、明《にするは》ニ明徳《を》一為レ己《の》也、新《しくするは》レ民《を》為《なり》レ人《の》也、本末前後也《と》。後世ハ何事モ古人トウラヲモテニナル。ア*ハレムベシ。

アハレム　心が痛む。

○致《*せば》二中和《を》一、天地位《し》焉、万物育《す》焉ナレバ、天人地ノ気、流通シテ無二間隔一。湖水ノ中ノ衆魚ノアギトヨリ出ル水一マイノ如シ。然レドモ祭祀感格ハ、其筋々デナケレバ感ゼヌ。人ノ一身モ、一ツヾキナレドモ筋々条理アリ。其筋々デナケレバ灸モ通ゼズ。人間一人、頭上カラ脚下マデ一枚、ト云テ条理ナキハ仏見ナリ。理*一分殊ヲ見ヨ。其筋々デ感ズルコト、イヤト云ワレズ。天子《は》祭二天地一、諸侯ノ無レ後《チ》ヲバ諸侯ガ祭レバ、其筋々デ感ズル。孔子ヲ学者ノ祭ルハ、学文デ通ズル。条理ヲイヤガルハ異端ナリ。

致中和…　中庸の語。致中和は人(聖王)のこと。それで天地万物が成就する。

理一分殊　程伊川の語、朱子学の柱。一理は即ち万理、万理は即ち一理。

○道理ヲ見付テ信ズルハ大キナコト、朱子ノ説ガカウアルト、夫ヲ力《ちか》ラニシテ今日ノ持守ニスルモ余程ノコトナリ。

子夏篤《く》信《ずる》二聖人《を》一ノ方ナリ。貧ハ士之常ト云語ヲ一ツキツト守テモ大キナコトナリ。孔孟程朱ノ語ヲ杖ニツイテ、タヲレヌ程ニ学問ヲスレバ本望ナルコトナリ。今時学者ハ盲者ノ杖ナキ様ナルモノナリ、無《し》レ所レ不《る》レ至《ら》矣。*延平ノ艱難ニアタツタ時、古人ノ艱難ニアフタヲ思ヒクラベテ、ソレヲ杖ニスルノ言、可レ考。得《て》二一両句《を》一喜《ぶ》ト云ハ、大キナコトナリ。

延平 李延平。朱子の師。

○老《い》ヌレバ、目モカスミ、歯モヌケ、手足モ不自由、耳モ聞ヘズ、段々衰ルハ眼前ナリ。心計《ばか》リガ、衰ヘマイト思フハ愚ナルコトナリ。目ノカスムハ眼鏡デタスケ、耳ノ聞ヘヌハ高声、或ハ文字ニ書テ見スルタスケアリ。心ニハ眼鏡モナシ。是ヲ考テ、存養主静、心ヲ放失セヌベキコトナリ。

○四十六人ヲ上杉殿ガ人数ヲ出シテ討《た》ル丶筈ト人々云。コレデ能《よ》ク知レタコトナリ。上杉殿ガ四十六人ヲ残ラズ討レテモ、公儀ヨリ上杉ヘタ丶リハナイ筈ナリ。コレデ考見ヨ、主ノ讐《あだ》デナイト云ハ、シレタコトナリ。復讐ノ義ニ定タコトナレバ、四十六人ニ上杉殿ヨリ手ヲサスコトハナラヌハヅナリ。君父ノ讐討ガ事期ナイニナルナリ。

○我ニ知ガナケレバ、人ノ知ヲ取コトハナラヌ。人ガヨイコトヲ云ヲ聞テ、夫ヲマネテスルハヨケレドモ、其人ガヨカラヌコトヲ云ヲ、悪イト選ブ知ガナケレバ、悪イコトヲ善ト聞テスル。舜ヲ大知ト云ハ、人ノ善ヲ取《る》故ナリ。人ノ長ヲ取テ、短ヲ取《ら》ヌト云デナケレバ益ハナイ。故ニ我ニ見知ガナフテハ、*老僧大儀ニナルナリ。

老僧大儀 禅の問答の語。御苦労さま、無駄骨折りでした。

○学者ノ格物致知セヌハ、河豚《ふぐ》汁《じる》ヲ食フヤウナモノナリ。決断ガナイ、人ノ言ニウロツク。千人ニ一人アタロウト、中《あた》ルモノナリ。鬼神ノ意ナリ。サテ事々物々ヲキハメイデモ、道ヲ知ルト云コトアリ。是ヲ合点スル学者ハ、大抵ノコトデハナイ。

○或曰、儒仏ソロハネバ偏ナリ、ドチモ捨ラレヌ。曰、偏ト云ハ全ニ対シテ云。太極一理ガ陰陽トナル、是デ全也、独陽独陰ナレバ偏ナリ。人ノ両足ノ様ナモノ。儒ト仏ハ、本《もと》チガフタモノナレバ一理デナシ。人ノ足ト我足ノ様ナモノナリ。ヘツラハヌトヘツラフト、二ツナケレバ偏ナト云テハスマヌ。狼狽《ろうばい》ノ意ニナル。理一分殊ヲ合点スベシ。

○王陽明ガ、格致ノ工夫ハ入ラヌ、良知アレバ自然ニ人欲ハ知《ら》ル、ユヘニ、心ノワルイヲバ其良知デタヾシ、マロクニスル、是ガ人欲ヲ去テ天理ニ純ト云モノナリト云。何ノコトモナイ、安イナレドモ、ソフハナラネバコソ、古聖賢ノ色々ノ教アリ。人欲ト知レバ其儘ソレガ去《ら》ル、ナレバ、*「大学」ノ工夫ハ入《いら》ヌ。マサシフ悪イト知テモ人欲ヲ得《え》ハラハヌハ、知ルコトノツマラヌユヘナリ。能知タコトハ、行モトヾクモノナリ。聖賢君子、悪人小人、イロ〳〵有リ。生知安行ハ、良知良能ト云テスムベシ。其外ハ、其分デハスマヌ。ドウスレバ聖賢ニナルゾト云ヘバ、成《り》様ガアル筈ナリ。ソノ仕形コウスルト云コトヲ知ラズニ、ナントエ夫ガ下サル、ゾ。其仕形ヲ知ルガ知ナリ。其知ル所ガ詰《つま》ラネバ、悪イト知テモ払フコトガナラヌ故ニ、致《きわむ》ルノ工夫ガ入ルナリ。譬ヘバ火事ハ消スモノト知テモ消《し》様ガアリ、父母ハイトシガル筈ト知テモ、イトシガリ様アリ。ソレ〴〵ノ仕形ハ知ラネバナラヌハ、イヤト云レヌナリ。譬ヘバ禄仕ヲ願《う》ハ学者ノ道デナイト云コトヲ知タ学者ガ、スヂメモナイ禄仕ヲ願《う》ヲ見ヨ。ワルイト知テモ行ニハ出ヌ所アリ。夫ヲ致知ノナイトハ云ナリ。アタマカラ願ヲ悪イト知ラヌハ俗人ナリ。我《が》弟ヤ甥ヲ出家ニスルヲバ、学者タルモノノ善イトハ思《わ》ヌケレドモ、人欲ガアル。歴々ノ学者ガ子弟ヲ出家ニスルヲ見ヨ。行ト知トハ別ナリ。コノアヤヲ知ラズニ、人皆可《し》三以為《てる》二聖人一ト云ハ、タワケナリ。致格トモニキワムルト訓《よめ》ドモ、致ハ心知ヲキワムルコト、格ハ事物ヲキワムルコトナリ。「易」ノ窮理ト云モケツコフナコトナレドモ、「大学」ノ格物ホドニハナイト云ハ、物ハ事也、事ヲ直《ジ》キニツカマヘテキワムル故ニ親切ナリ。尤《も》理ノ外ニ事ナケレバ、窮理ト云テモ事ヲハナレハセヌケレドモ、理ハ形ナキ故ニ、空ニナガレル病ヒアリ。仏ハ事物ヲ棄ル故ニ空理ナリ。儒者ノ学ヲ、実学実理ト云ハ是ナリ。知之非《す》レ難《きに》、行之惟難《し》トハ、知行ノ大抵ヲ云。工夫ノ実ヲ詰《め》レバ、行ヨリ知ガ難《かたい》ゾ。「大学」《の》知《る》レ止《るを》ノ難キヲ見ヨ。*老萊子デモ行ノ上ハ聖賢ノ心ニモ恥《はじ》ヌ、道理ヲ知ルコトハ俗人ナリ、コ、ノアヤヲ知ル学者希ナリ。兼好法師ガ「徒然草」ニ、万《よろ》ヅニ其道ヲ知ルモノハ、ヤンゴトナキモノナリト云。王陽明ニハマサリタルナリ。王陽明ガ妄論ヲ、文字ヲトクト知タ人ハ、トホウモナイト合点スレドモ、文字ノ力ナキ人ハ、ハキト知リカヌル。今タレデモ紛《まぎ》レズ合点スルコトアリ。児女ノモツ団扇《うちわ》ニ、ハンジモノト云アリ。其筋々ヲ知ラヌモノハ一向ニ合点ユカヌ、其筋ヲ知タ人ハ大方訳《おおかたわけ》ノ聞ユル様ニ云ホドクナリ。事物ニ至ルノイヤト云ハレヌヲ見ベシ。良知ト云テハスマヌ。ソレ〴〵ニ、ナレタコトニハ其知開ケルモノナリ。物《は》猶《ごとし》レ事《の》也ノ切ナルヲ看ベシ。*浅見安正嘗《かつて》語ニ鈴木正義一曰、学問セバ、トカク格物致知シテ知ルコトヲ主トシ、精出スベシ。行ト云ハ知タコトヲ行《おこなう》ナリ。知ヌコトハ行フコトナラヌ。行ハ知ヨリ一歩モ出ザルモノナリト。吁《ああ》、誠ニ然リ。王陽明ガ妄論ハ、孩児《あかご》ヲアザムクノ術ナリ。知ラズニ行フハ、俗ニ所レ謂《いわゆる》胡椒丸《ま》呑《のみ》ナリ。陽明モ天地自然ニ知ト云モノヲ生レツイテヲルニ、ソレヲ使フマイトハ、ドウシタコトゾ。心モ目モ口モ手足モ、一身ニアルモノハ皆、使ハヌト云コトハナイ。陽明モ口デ言ヒ、目デ見、手足ヲハタラカスハ、使フタモノデハナイカ。ナゼニ心許リツカハズニ、良知ニマカセテ置ゾ。

或曰、陽明モ知ヲ使ヌデハナイ。良知ト云ハ、知ヲ使フタモノナリ。

曰、良知ハ自然ニソナワリタルモノデ、手足ノアルヤウナモノナリ。ソレヲ人ガ使フノデ、ハタラキハアリ。備リテアルト云テ、心ヲツケテ使フコトナクバ、手足モアレガデニハタラクト云ハネバナラヌ。ソノ良知ヲ働カシザマニ心ガ理ニクラケレバ、トホウモナイコトヲスル。良知ガワルイコトヲセヌト云ハヾ、世上ノウソツキ盗人ハ何デスルゾ。アレラニハ良知ハ備ラヌカ。

或曰、人ニ良知ノナイト云コトハナイ。ウソツキ盗人ハ、人欲ニクラミテ理ニ違《タ》フタモノナリ。良知ノトガデハナイ。

曰、ソレナレバ、朱子ノ窮理誠意ノ工夫ガイヤト云ハレヌ。其人欲ニクラム人ガアルユヘニ、ソレヲナヲソウタメニ、古ノ聖賢ガ学問ト云モノヲ拵《こし》ラヘテ、人ニ合点サセタモノナリ。朱子「大学」ノ序ヲ読デ可レ知。

大学ノ工夫　格物・致知・誠意などの大学の八条目。
老莱子　→四三五頁注
浅見安正　浅見絅斎。

○士農工商トモニ、年ノ暮ニハ一夜明ケタラバドコモカモヨカラフ〳〵ト思フテ、行水《ぎょうずい》シテ身ノ垢ヲ落ス様ニ思《う》モノナリ。サルユヘニ元日カラ、ムセフニ目出度〳〵春ヂヤ〳〵ト云、ヲカシキコトナリ。何ガ目出度ヤラ、愚ト云ベシ。学者ハ心得アルベキコトナリ。今年モ去年ノヤウニ暮スデアラフカト、恐レ謹ム筈ナリ。孝子愛《おしむ》レ日《を》ノ語ハ、親切ナト云ベシ。古歌ニ、何をして身の徒《いたずら》に老ぬらん年の思はむことも*やさしき、コゾ今年同ジ心ニ暮ニケリ又来ル春モ同ジ身ナラン、こぞもあし今年もさぞなあしからん同じ心に老をそふれば、徒《いたずら》につもる齢《よわい》も限あれば風に落葉の残る身もなし。予嘗曰、学者知《りて》レ恥《ずるを》二於人《に》一、而未《だ》レ知《ら》レ恥《ずるを》二乎理《に》一、則何《ぞ》至《ル》レ道《ニ》之望《アラン》哉、不レ恥二於屋漏《を》一、不レ恥二*所生《を》一、仰《ぎては》不レ愧《はじ》二於天《に》一、俯《しては》不レ怍《はじ》二於人《に》一、是乃《ち》学者之所レ当《き》レ恥《ず》也。孔子曰、士志《して》二於道《に》一、而恥《ずる》*二悪衣悪食《を》一者、未《だ》レ足《ら》二与《ともにはかるに》議一也。吾友、思レ之。

やさしき 佐藤直方全集本「はつかし」。
所生 父母のこと。
悪衣悪食 底本は「悪衣」なし。佐藤直方全集本による。

○学者ハ自己ノ理ヲ信ズルデナケレバ本《ほん》ノコトデハナイ。聖賢ヲ信ズルハ、ヨイハ善イケレドモ、我理ヲ信ズルニハ及バヌ。曾子・子夏ニテ見ルベシ。程子曰、信《じて》レ人《を》而不レ信《ぜ》レ理《を》。神道者ノ神明ヲ信ジテ、アソコヘ取付クハ、本ヲ失フタモノナリ。人々有下尊《き》二於己《より》一者上、天理也、其尊《きこと》無レ対。我心ヨリ外ニ頼ミ力ニスルコトハナイ。*明明徳ノ三字、章句ノ自字《の》、宜《べし》レ味《う》レ之。

明明徳ノ三字… 大学のはじめに「大学之道、在レ明二明徳一、在レ新レ民、在レ止二於至善一」。その朱子の章句(注釈)に「言ふこころは、既に自ら其の明徳を明かし、また推して以て人に及ぼし…」。

雑話筆記

此記録ノ中ニハ、堅ク他ヘ泄《もら》シ不レ申ヤウニトテノ御咄《はなし》モ彼是有レ之候ヘバ、左様ノ箇条ハ除キ申シ度キコトニ存候ヘドモ、亦其内ニハ先生ノ思召ヲ窺フベキコトモ有レ之ユヘ、記シ置タルコトニ候。然レバ先生ヲ崇信ノ同志ノ人ハ、格別ノ義安リニ他エ泄レ申サヾルヤウニ、拙者没後トテモ御取計可レ被レ下候。

宝暦*辛巳秋　*山口春水書

辛巳　宝暦一一年(一七六一)。

山口春水　名は安固、別号は艮斎、兵学を好む。小浜藩士。明和八年(一七七一)没。

雑話筆記　上

*己亥《きがい》正月八日

予曰《く》、昨日ハ*白馬《あおうま》ノ節会《せちえ》ヲ拝見仕《つかまつり》候。幸ニテ辱《かたじけな》クモ天顔《てんがん》ヲ親シク拝シ奉リ候次第如々《しかじか》ニテ候。

先生曰、サテ〳〵*冥加《みようが》ニ叶《かなわ》レタルコトニ候。数十年在京申候ヘドモ、彼是《かれこれ》ト取紛《とりまぎ》レ、未ダ御節会ヲモ拝セズ候。ヨキ家ヅト*ト云イ、殊ニハ天顔ヲ拝セラル、コト難レ有《ありがたき》コトニ候。天照太神《あまてらすおおみかみ》ヨリ御血脈今ニ絶《たえ》セズ統々《とうとう》ツガセラレ候ラヘバ、実ニ人間ノ種ニテ無レ之《これなく》候。神明ヲ拝セラル、如ク思ハル、ノ由、左《さ》コソ可レ有《あるべき》コトニ候。我国ノ万国ニ勝《すぐ》レテ自讃スルニ勝《た》ヘタルハ、只《ただ》此ノ事ニテ候。余リニ難レ有物語リ承《うけたまわ》ルニサヘ感慨ヲ催シ候。返ス〳〵モ尊ク覚ヘ候。

曰、昨日ハ近衛様*内辨《ないべん》ヲ御勤《おつとめ》ニテ候。*束帯《そくたい》威儀ノ正キト申スハ此上可レ有《あるべし》トモ存ゼズ、誠敬ノ至リカクコソ可レ有レ之コトト、是又感心仕候。

曰、ナルホド〳〵、左《さ》コソ可レ有レ之コトニテ候。扨《さて》ソレニ付テ笑《おかし》イ咄《はなし》有レ之候。余リニ*天孫綿《めんめん》々トシテ不レ絶《たえざる》コトヲ云フトテ、*今ノ神道者《しんとうしゃ》ナド云者ガ、我国ハ神国ヂヤニヨツテ其筈《はず》ヂヤト云ガ、是ハ愚カナコトニテ候。丁度*愛宕《あたご》ノ札《ふだ》ヲハツテ我家ハ焼ヌハヅヂヤト云ニ同ジク候。イヅクンゾ*湯武アラザルコトヲ知ランヤ。其《の》上神国ガソレホド*アラタナコト

己亥　享保四年(一七一九)。
白馬ノ節会　節会は宮中における節日の催しで、天皇が臨席し、宴を賜わる。正月七日の節会には、春にちなんで馬寮のあおうま(白馬)を引いてこれを観た。春の色はあお(青)。
冥加ニ叶レ…　神仏の加護を得る。
家ヅト　自分の家・家郷へのみやげ。
内辨　節会などの催しに、内裏に居て諸事を司った上席の公卿(けい)。なお近衛は五摂家の一。
束帯　宮中において文武百官がつけた公式礼装。
天孫綿々　天照大神いらい天皇家の血統の連綿として絶えざること。
今ノ神道者　当時の吉田神道・渡会(わたらい)神道の類か。
愛宕の札　京都の西北方の愛宕神社＝愛宕権現は防火の守護神、そこで発行する火よけの御札。
湯武　中国、殷(いん)の湯王・周の武王。儒教の伝説では、民生を救うとて前王朝の主君を討伐し新王朝を建てた。闇斎学ではこれを臣下の反逆として非難した。「拘幽操」など参照。
アラタナ　あらたかな。神仏の霊験(れいげん)の明顕すること。
王室季微　皇室の威勢が衰微した。季は末細りのこと。

ナラバ、何トテ今日ノ如ク王室*季微《きび》ニハナリ下ラセラレ候ヤ、是レモ山崎氏ノ門人ニテ候ガ*谷《たに》丹三郎《さぶろう》ト云男、神道ヲ主張シテ説クトテ、日本ハ北*極紫《し》微宮《びきゅう》ノ帝座ニ当リタユヘ王統タエヌ道理ヂヤト申シ候。此等ノ説ミナウ*ツケタルコトニテ候。前ニモ云通リ、我国ノ自慢ト云ハ、衰ヘタリト云ヘドモ幸ニ御血脈ガタヱイデ、唐《から》ノ*堯舜《ぎょうしゅん》ノ受禅《じゅぜん》、湯武ノ放伐ノ如クナルコトナイト云迄《まで》デコソアレ、今日デハ*本願寺ノ勢ホドニモナキ王室ヲイカメシク云モ片腹《かたはら》痛ク候。或ハ日本ハ神国ヂヤニヨツテ獣《けもの》ヲ喰ハヌト云者有レ之候。是レ又何ノ理ゾヤ。ダ、イ日本ノ*国ノナリヲ知ラヌユヘニ云コトニテ候。近ク云ヘバ、「日本紀」ニ云云、禽獣ノ肉ヲ喰タルコト有レ之候。日本ニテ祭祀ニ獣ヲ用ヌハ、垂仁帝ノ皇女*倭姫命《やまとひめのみこと》、伊勢《いせ》ノ五十鈴川《いすずがわ》ニ鹿ヤラノ死《ん》デ流レテ見苦シカリシヲ見テ、穢《けが》ラハシキ物ナレバ向後ハ神明ヘ獣肉ヲバ供《そなう》ベカラズトオジヤツタガ*権輿ニテ、神道ニ獣ヲ用ヒヌ由《ヨシ》、女性ノ*ギヤウ〳〵シキ心ヨリ左《さ》モアルベキコト、拠《よりどころ》アル説ト存候。サテ日本ノ国ノナリガ小国デ細長キユヘ、国々海ノ入組マヌ所スクナク、魚肉ニテ人ノ食ニアマリアルユヘ、*老者ヲ養フニモ何モ事闕《か》ゲズ、ソレユヘ獣ヲバ自《オのずから》不レ用候。唐土ナドハ地広ク、*程子ノ御座ナサレタ河南ナドニテハ海トハハル〴〵隔リ居候ユヘ、塩肴干肴《しおざかなほしざかな》ニテモ中々《なかなか》不《る》二相達《あいとどか》一ヤウニテ、獣ノ肉ニテナクテハ肌膚《きふ》ヲ肥《こや》シ老人ヲ養フコトガナラヌ故ニ、自《お》獣ヲ喰ハセネバナラヌコトニテ候。ソレヲ知ラヌユヘニ右ノ様ナコトヲ云アリキ候。

曰、高諭ノゴトク可《き》レ有《る》二御座《ござ》一コトニテ候。但魚ヲ以《て》食ニタリ候ハヾ、獣ヲ殺スコトハ*君子ノ庖厨《ほうちゅう》ヲ遠《とおざ》クル心カラハ、獣ハ好カヌ方ニテ可レ有レ之存候。

谷丹三郎　谷重遠、号は秦山。高知生れの国漢学者。享保三年(一七一八)没。「秦山集」などあり。

北極紫微宮　北斗のさらに北、極北。天帝の座所とされている。

ウツケタル　空虚な、馬鹿な。

堯舜ノ受禅湯武ノ放伐　儒教によれば、王朝の交替すなわち易姓革命は歴史の常態である。中国では禅譲と放伐のちがいをきびしく評価するが、闇斎学派では両者とも「万世一系、皇統綿々」の立場からこれを否定する。

本願寺　浄土真宗の本山。東西両本願寺があり、東本願寺は徳川家康の命により建てられた。全国に多数の末寺をもち、幕府勢力と結託してその体制を護持して、勢威をふるった。

国ノナリ　国の地理風土、国民の風俗習慣。

倭姫命…　倭姫命世記、崇仁二十五年の条。

権輿　事のはじまり。

ギヤウ〳〵シキ　おおげさな。

老者ヲ養フ　儒教の徳の一つ。父母を養う。「孟子」など。

程子　北宋の学者、程明道・程伊川の兄弟。河南(省)の出身。朱子学の根幹をたてた。

君子ノ庖厨…　孟子、梁恵王上「君子の禽獣にたいするや、その生を見てはその死するを見るに忍びず、その声を聞きてはその肉を食ふに忍びず。是のゆゑに君子は庖厨を遠ざかる」。

曰、イカニモ〳〵、其理有レ之候。サテ予《われ》神道者ノ非ヲ辨ズルニヨツテ、*頃日或人来テ、然ラバ神道ハイカヾ思フト問候ユヘ、イヤトヨ神道ト云コトニ*間然スルコトハ無レ之候。日月ノ運行モ四時ノ行ル、モ、火ノ熱イモ水ノツメタイモ、目ノ見ルモ耳ノ聞クモ、*鳶飛《とび》魚躍ルニ至ルマデモ、往クトシテ皆神明之道ナラヌコト無ケレバ、是ニ*兎《と》角《かく》ノ詮義《せんぎ》ハナイコトニテ候ヘドモ、只神道者ト云者ハ、此本根ヲ知ラヌノミカ、品々《しなじな》*邪辞詖《ひ》言《げん》ヲ以テ*寖《ようや》ク俗ヲ惑ハスニ至ルユヘ、是ヲバ勉メテ辨ジ候。但日本ノ神道ト云モノハ孔孟之道トチガフテ今日ニ切《せつ》ナラヌ処アル様ナモノニテ候。子《し》細《さい》ハソノカミ天地開ケテ人文*未レ詳《つまびらかならざる》トキハ、人ノ質朴ナナリニ上古ノ聖神、教ヲ設ケラレテ、其時ハ丁度ソレニテ民モ合《が》点《てん》シテ天下モ泰平ニ候。シカルニ世ハ次第ニ文明ニナルニ、続テ賢聖之君ガ起ラセラレヌユヘ、人文ノ開タナリニ*切《き》リモリシテ今日ニ切ナ様ニ教ル人ガナクテ、只上古ノ質朴ナ時代ノコトガ今少シク残リテアルヲ、所謂《いわゆる》神道者ガヒネクリ廻シテ色々ノ傅《ふ》会《かい》ノ説ヲ申スニヨリ、其害モ出《いで》来リ候。シメ縄デ家ヲ治メフトシタリ、祈禱祓《はらい》デ天下ノ政ヲヤラフトカヽリ候ユヘ、ツイ神《み》巫《こ》山伏ノ所作トナツテ、今日ノ文明ナ人ニハ*一刃《ひとは》モ合《あい》不レ申候。唐土デモ*伏羲《ふつき》氏始テ易《えき》ノ八卦《はつか》ヲ画イテ陰陽自然ノ妙数ニヨツテ彼《かの》イツハリナイ質素ノ俗ヲ導カレ候ヘドモ、次第ニ人文ノ明《あきらか》ニナルニ応ジテソレデハイケヌ折柄《おりから》、堯舜ノ如キ君ガ起テバ*典楽《てんがく》之官、司《し》徒《と》ノ職ヲ設ケラレ、三代ニ至テツイニ大小学ヲ建テ教ラレ候。ヅンド天地之開クルナリニ教ヘタモノユヘ、今日ノ人道ニ切ニ候。アレモ、モシ伏羲ノ卦画バカリ有テ、今日チヨツトスルコトモ卜筮《ぼくぜい》〳〵ト云フナラバ、丁度今ノ日本ノ神道者ニ同ジク候。コヽガ日本ノ神道

頃日 先日。
間然スル すきがあって非難する。
鳶飛魚躍ル →四七六頁注「中庸費隠ノ章…」
兎角ノ詮義 ああかこうかとの吟味、取調べ。
邪辞詖言 孟子、公孫丑上「詖辞にはその蔽はるる所を知る、…邪辞にはその離るる所を知る」。詖辞は偏った言論。 **寖ク** 次第に。
詳 こまかい所まで備っている。
切リモリ 切は岡本「裁」。易、泰卦、大象「后(みき)以つて天地の道を裁成し天地の宜を輔相(たすける)して民を左右(みちびく)す」にもとづく。
一刃モ合不申 全くかみあわぬ。役に立たない。
伏羲…八卦ヲ画 易、繫辞下伝にもとづく。陰陽自然ノ妙数とは、陰は偶数(⚋)、陽は奇数(⚊)。⚊⚋を三重して二の三乗、八卦を成して天地人の道をあらわす。
典楽之官… 朱子の大学章句序にもとづく(一〇頁)。典楽之官は民謡管理官、司徒ノ職は文化教育官。三代は夏殷周の「聖代」。小学は王公から庶人までの子弟が八歳で入学し、しつけを受ける。大学はエリート子弟が十五歳で入学し、修己治人の道を学ぶ。
佐藤氏…説 佐藤直方の「湯武論」の論旨にあたる。
三宅丹次 崎門三傑の一人、三宅尚斎。

ノ今日ニ切ナラザル所以ニテ候由申《し》候ヘバ、或人会得《えとく》申シ候《い》キ。

扨此間*佐藤氏堯舜ノ受禅、湯武ノ放伐ヲ辨ゼラレタ説ヲキヽ候。是レハ*三宅丹次同座ニテ被レ講《こうぜられ》候由、丹次甥ノ儀兵衛ト云者ガ咄ニテ候。儀兵衛モウイタコトヲ云男ニテモ無レ之候ヘバ、再伝ナガラモ左ノミ大違イハ有ルマジク候。佐藤氏ノ云分ニハ、湯武ノ放伐ハ雨降ノ花見、堯舜ノ受禅ハ晴天ノ花見ヂヤ。言《いうこころ》ハ、天気ガヨケレバ雪駄《せった》懐手《ふところで》デ花ヲ見ル、雨ガ降レバ簑笠《みのかさ》着テアシダハイテ花ヲ見ル。身ゴシラヘハ遇処《う》ニ循《したご》フテノコト、花見ル所ニカワリハナイ。甲冑《かっちゅう》着テ天下ヲ有《たも》ツモ、*衣裳ヲ垂レテ天下ヲ有ツモ、遇フ処ノ違マデデ同ジコトヂヤ。然レバ堯舜・湯武、*易《かえれ》レ地《を》バ皆然リ、文王武王モ易レ地バ皆然リヂヤ。*伯夷ガ扣《ひかえ》レ馬《を》テ云タモ、御無用ヂヤト云コトデハナイ、先《まず》マタシヤレト云タコトヂヤ、ト申サルヽ由。此説ヲキイテ愕然《がくぜん》ト驚キ候。佐藤氏ナドガ个様《かよう》ニ*ウロタヘ申サルベキトハ思ヒガケモナイコトニテ候。晩学ノ我等カク申スハ如何《いかが》ニ候ヘドモ、トカク是ハ佐藤氏ノ老耄ト存ジ候。左ナクテ个様《かよう》ナ不届《ふとどき》ハ申サレ間敷《まじく》候。*格物ト云モ*窮理ト云モ、只《ただ》一ノ*目当《めあて》ハ君臣父子ノ大倫ヨリ外無《く》レ之候。其君臣ノ吟味ガ右ノ通リニテ候ヘバ、其余ハ云コトモナク候。往々学者ガ*湯武ニ疵付《きずつ》ケトムナイ、*回護スル*シトリガアル故ニ、*有無ニ*此手ノ工面《くめん》ヲ云タガリ候。*ハダテヽ、辨ズルコトモナク、*孔子ガ「論語」ニ文王ニ有テ至徳ト仰ラレ、泰伯ニ在テ至徳ト仰ラレ、武ヲ評シテ未《だず》レ尽《さ》レ善《を》トアル。スツテモコケテモ未ノ字ガハガサレヌ。*曾子、「大学」ノ旨ヲ伝テ至善ヲ明カサレタニハ、堯舜モ出デズ湯武モ出ズ文王デ仰《おおせ》ラレタガ、文王デナケレバ至善ヲ明《あか》サレヌユヘニテ候。コヽガ孔子万世ノ師タル処ニテ候。斉《せいの》

衣裳ヲ…　無為にして、武力によらずに天下を統治する。語は易の繋辞下伝にもとづき、黄帝・堯・舜のこと。

易地　遇フ処ノ違マデというのと同じ。条件のちがい。

伯夷ガ扣馬テ…　史記、伯夷列伝。周の武王がその君、殷の紂王を伐つ時、伯夷叔斉の兄弟は「馬を扣(ひ)いて諫めて曰く」、臣の身で君を弑するは仁でない。「拘幽操」参照。

ウロタヘ　戸まどう。道理にまよう。

格物・窮理　事物についてその固有の理を究明し把握する。理は万物万様であるが究極は人倫道徳の理に帰するとされている。格物は大学八条目の第八。大学、伝五章(一三頁)。

目当　ねらい、眼目、標準。

湯武ニ…　湯王・武王は儒教では聖人とされている。

回護スル　こじつけて弁解擁護する。

シトリ　湿り。因習、執着の意か。

有無ニ　是が非でも。何はともあれ。

此手ノ工面　こんなやり方の無理算段。

ハダテヽ　ことあらためて。

孔子ガ論語ニ…　「(周の文王)天下の三分の二を有するも殷(の暴君、紂王)に服事せり。周の徳は至徳と謂ふべきなり」(泰伯)。「泰伯(文王の伯父)は至徳と謂ふべきなり。三たび天下を(文王の父に)譲り、名をとどめず」(同上)。「子、韶(舜の楽)は美を尽し又善を尽せりと謂ひ、武(武王の楽)は美を尽せるも未だ善を

*陳恒《ちんこう》ガ君ヲ弑《しい》セルコトヲ御聞ナサレテハ、七十ニ余リ致仕シテ御座ナサレタレドモ沐浴シテ朝シテ、討ゼント御請《こい》ナサレ、「*春秋」ヲナサレタニハ、仮初《かりそめ》ニモ*春王《はるおう》正月ノ*天王ノト仰セラレタデ、*金輪《こんりん》ザイ君臣ノ名義定リ、*臣タル者ノ至善ハ敬デ、*ホツテモ君ニ手向《てむかい》セヌハヅト云コトガ青天白日ヨリモ明カニ候。然ルヲ文王モ武王モ同ジ様ニ覚ヘテ、易《かえれば》レ地《を》皆然ランノ、簑笠デモ花見ル処ハ同ジコトヂヤトハ何ゴトゾ。伯夷ガ云分ヲ評ジ様ノ*ニヤツイタコト、兎角申サレズ候。去ル心学者ガ狂歌ヲヨミ申候、言ハ妄リナコトナレドモヨミ得テ*的当《てきとう》ニ候。放伐ヲモツトモトイフソノ人ハ何ニツケテモ*心モトナシ。何ト心モトナクハ無レ之候ヤ。尤《もっとも》、*順《い》二天命《に》一応《ず》二人心《に》一、ヤムニヤマレヌ、アヽセネバナラヌ時勢デガナ有《り》ツラフナレドモ、君ヲ放伐スルト云コトハ、我等ゴトキノ者ノ心ニサヘ何分ニモ肯《うけがわ》レヌ、ロニ云サヘイマハシキコトナルニ、何トテハドチラモ同ジコトトハ云ハレ候ヤ。

人ニ由テアレバ、*権道ト云テ、又アヽモナクテ叶《かな》ハヌコトヂヤト申《す》ヂヤガ、是亦心モトナキ人ニテ候。常道権道トテナラベテ云ヘバ道ガ二筋アルニナリ候。権ト云コトヲ*ヒタト云タガリ、時勢ノ勝手ニ用タガルハ、皆大根《おおね》ニ一物《いちもつ》クサイ物ガアルユヘニテ候。ドコマデモ臣トシテハ君ニ手向《い》ハセヌト云《いう》切リニテ候。放伐ノミナラズ、堯舜ノ受禅トテモドコニスイタ処ガ候ヤ。アノ*三年避ケラレタナリデ、順ナコトデハナイト云コトガ紛《まぎ》レノナイコトニテ候。コウ云ヘバ湯武ハ*滅多ナ人ノ様ニキコヱ候ガ、ソコニテ候、順二天命一応二人心一デアヽ、無ケレバナラヌ*苦《にが》リ切タ時節ニ生レ合セラレタ、*笑止千万ナ、不幸ナ湯武ニテ候。左レドモ*微塵《みじん》天下ニ心ナク一心打貫イテ*兎《うさぎ》ノ毛私心ナク、トントカウナケレバナラヌト云

尽さずと謂へり」(八佾)。

曾子大学ノ旨ヲ… 大学は、朱子学では経と伝とに分け、経は最初の一章で孔子の言、伝はこれに対する曾子の注解で十章に分かれるとする。経の「至善に止る」の伝に「詩に云う、穆々たる(徳深き)文王…」と。

陳恒ガ… 論語、憲問「陳成子(陳恒、斉の大夫)、(斉の)簡公を弑す。孔子沐浴して朝し(魯の)哀公に告げて曰く、陳恒その君を弑せり、之を討たんことを請ふ」。事は左伝、哀公十四年。斉は魯には他国であるが事が天下の大義名分にかかわること故孔子は要請した。朝は君前に出ること。

春秋ヲナサレタ 孔子が「春秋」を編定した趣旨は、内外の分、君臣父子の義にもとづき、乱を撥(おさ)めて正しきに反(かえす)にあった、というによる。

春王正月 編年史体の「春秋」は「〇公〇年、春(秋)…、王の正月(二月)…」という形で記事している。天下は天の命じた王＝天子を頂点とする秩序の世界であるという趣旨。

天王 天子のこと。もとは王とだけいったが、「春秋」では諸侯が王を僭称したので、区別して天王と称した。上下の名分を正したのである。

金輪ザイ 金輪は仏説、大地の基底の大輪、その底。徹底して。

臣タル者ノ至善… 臣下は君を助けて道を行い民生を養うを至善とする。

事理ヨリ、大公明白、天下万世*オツパレテノ放伐デ、一毫《いちごう》之人欲ナシノ放伐ユヘ、トモニ聖人デ、コヽニマダ処シ様モ有ラフニ、コヽガヌケタト云コトノアル湯武デナイ故ニ、聖人タル処ニ疑ヒモ無レ之候。

サテコヽハカウデ、サラバ文王ニクラベテ見レバ違ヒ幾《いく》バクゾヤ。コヽガ文王ニ至徳トアリ武王ニ未ダトアル所ニテ候。若シ文王ヲシテ武王ノ場ニオラシメバ、処置イカンアランモハカリ難シ。日本ニモ上古ニハ桀紂《けっちゅう》ニモ劣ラヌ様ナ悪王モ有ル様ナレドモ、湯武ナキ故今日万国ニ冠タル君臣ノ義ノ乱レヌ美称ガ有レ之候。*朱子へ義剛ト云人ガ、武王ノコトニ付テ、*徴子ガ賢アリ、如何、ト問タレバ、朱子眉ヲシバメテ答ヘラレナンダト云モ、コヽニドウモ云《い》ホドカレヌ処アル故ニテ候。去ルニヨツテ、湯武ノ放伐ハ天地ノ大変、一度有タハ有タレドモ、モ一度トハ*ホツテモナイ事ト見スエネバ、何時主弑《しゅうごろ》シガ出来《る》モ知レヌコトニテ候。

曰、高論心伏仕候。サテ何人ノ説ニテ候ヤ、*長田《おさだ》庄司《しょうじ》ガ義朝《よしとも》ヲ討タハ大義ヂヤ、世上主弑《ごろし》ト云ハ大キナ誤リヂヤ、至テ理ニ当タコトヂヤト申《す》論コレアリ候由、ノミコミ不レ申《され》候。長田、右ノ辨《わきま》ヘアツテ義朝ヲ討タルト云コト終《つい》ニ不二承及《うけたまわりおよばず》一候。当時ノ勢、*頼義・義家東征ヨリシテ関東士《の》ハ皆源家ヲ主人ノ様ニ仰ギ候コト分明ニ候。然レバ長田ガ主弑デナイト云ハ幸*ニシテ云マハサルヽデコソアレ、彼ガ心頭主弑ニチガイ無レ之候。若《もし》義朝ガ本ノ主人ナラバ弑スマジキ長田ニテ候ヤ。然レバ*跡《あと》デミレバ、義理ニモセヨ忠節ニモセヨ、名分ハトモアレ、彼ガ実情ハ主弑ニ微塵チガイ不レ申候。如《き》レ此長

ホツテモ どうしても、絶対に。
ニヤツイタ 確固とせず、めめしい。
的当 ぴたりと言い当っている。
心モトナシ たよりにならない。あてにならぬ。
順天命応人心 易、革卦、彖伝「湯武、(天)命を革(あら)(た)めて、天に順ひ人に応ず」。
権道ト云テ この論、佐藤直方の「湯武論」にもある。権とは常道原則にもとづきつつ情況次第で変則の措置をとること。
ヒタト 単純、一途(いち)(ず)に。
三年避ケラレタ 堯帝が死んで三年間、天下は父母の喪に服するごとくであった(書経、舜典)。
滅多ナ 無茶な、よい加減な。
苦リ切タ 困難きわまる。
笑止千万 全く気の毒な。
微塵天下ニ心ナク いささかも天下について野心をもたず。
兎ノ毛 兎の毛ほども、全く。
オツパレテノ オツは強意。ハレテは晴れて。公然たるの意。
朱子へ義剛… 二〇六頁七行目「問泰伯…」(朱子語類巻三五)参照。
徴子ガ賢… 殷の紂王暴乱、兄の徴子は紂王を諫め、ついに去る(書経、徴子・論語、徴子)。その徴子がいるのに周の武王が紂王を放伐して天下をとったのは如何、という意。
ホツテモナイ ホツテモは到底。決してない、あってはならない。

田ガコトヲ精出シテ云分ケシテヤル心底、コレ亦彼《かの》狂歌ニ云ヘル、心モトナキ人ト存ジ候。

曰、ナルホド〳〵、尤《もっとも》ナ料簡《りょうけん》ニテ候。

曰、*斉《せいの》管仲ガ桓公ヘ仕《つか》ヱシハ何ゴトニテ候ヤ。勿論兄弟ノ分ハ有ㇾ之候ヘドモ、マノアタリ我旦那ヲ殺シタ人ヘ何ノ面目アツテ仕ヘ候ヤ。公子糾《きゅう》ガ討死《うちじに》ト云ナラバ、ソレマデノ覚悟ニテ可ㇾ有ㇾ之候。

曰、是亦尤ニ候ヘドモ、管仲ガ公子糾ヲ助テ桓公トセリ合フタガダヽイ兄ヘノ手向《てむかい》ヂヤニヨツテ、甚ヨカラヌコト也。右ノ非ヲ悔テ桓公ヘ過《あやまち》ヲ改メテ仕タコトデ、*王珪《おうけい》・魏徴《ぎちょう》トハ大《おおい》ニチガフタコトニテ候。

曰、然ラバ桓公ヘ仕ヘタルコトハ暫ク許シ可ㇾ申候ヘドモ、管仲ト云者ノ行作心底、ドフミテモクダラヌ男ニテ候。然レバドコマデモ*孟子ノ論ゼラレタ様ニテ疑ナク候ニ、何トテ「*論語」ニハ数言ノ美辞ヲ施サレ候ヤ。或ハ其功ノ大ナルヲ称セラレタト申シ候ヘドモ、若《もし》功業ニ目ガツキ候ヘバ、学ノタバネハヌケ申候ヘバ、此説モ亦信用申シガタク候。

曰、ナルホド不審尤ニ候ヘドモ、時勢ヲハカルニ、アノ時楚《そ》ハ未ダ中国ノ俗ニ化セズ、夷《い》狄《てき》ニテ候キ。兵勢甚《だ》強ク天下敢テ手向スルコトモナラズ、斉ト云ヘドモ敵対スルコトアタハズ、如何ニモ危イコトニテ、既ニ周室ヲモ窺《うかが》ヒ候。此時ニ管仲、桓公ヲ助ケテ楚ヲ討ズンバ、中国ハ*眼前ニ*被《かぶりを》ㇾ髪左《にする》ㇾ衽《じんを》ノ俗ニナリ可ㇾ申候。其上*周王南遊シテ不ㇾ帰コト、包茅《ほうぼう》

長田庄司… 源義朝、六波羅の合戦に平家に敗れ東国に落ちる途中、尾張国野間で長田忠致のため入浴中を刺された(平治物語)。荘(庄)司は荘園職員。

頼義・義家 源頼義―義家―義親―為義―義朝。頼義・義家は朝命により陸奥の国を平定。

幸ニシテ云マハサルヽ うまく言いのがれをいう。

跡デ 実際にやった行為から。

斉管仲ガ… 春秋時代、斉の襄公殺され、庶弟の小白と糾とが位を争い、兄の小白即位して桓公となる。桓公は糾をその庇護者の魯に強請して殺させ、さらに糾の守役の管仲をも殺そうとしたが、桓公の守役の鮑叔牙の意見により、かえって大夫とした。管仲は桓公につかえて、覇業を遂げさせた(史記、斉太公世家)。

王珪・魏徴 二人とも唐のはじめ高祖の命令で建成太子に仕え、太子の弟の有能で名望ある世民＝太宗を除こうとした。かえって建成太子が除かれて太宗が即位し、二人とも太宗に認められて仕え諫臣として功ありと称された。論語、憲問の集註に、程子曰く、管仲が弟の公子糾を助けて兄の公子小白と斉の位を争ったのは不義で、だから後に小白＝桓公に仕えたのは兄弟長幼の義についたものだ。王・魏は、兄の建成太子に従

ノ貢《みつぎ》ヲ致サヾルコト、終ニ其罪ヲ問ゥ人無ㇾ之候ニ、管仲コレヲ*声《ナラ》シテ征伐イタシ候。「春秋」ノ中ニアレホド名義サツパリトシタコトハ無ㇾ之候。是ヨリ楚国ツイニ頭ヲ挙ズ、中国、中国タルコトヲ得申候。是等ノ功業ハ聖人御称美ナクテ叶ハヌコトニテ候。

曰、ナルホドソコモソフアルベク候ヘドモ、孔子、文王・泰伯ニハ至徳ト仰ラレタヤウナ*コト処デ考候ニ、兎《と》角《かく》管仲ニ美詞ヲ加ヘラレヌトテ事ノ闕《かく》ルコト無ㇾ之候。其上*豈匹夫匹婦為《なす》ㇾ諒《まことを》云云、此語ノ気味ナドトカク甘《う》マフ肯《うけが》ハレズ候。

曰、イカニモア、コソ仰ラルベキコトト、始ヨリ思フベキコトニテハ無ㇾ之候。ナルホドツイミレバドフヤラスカヌ様ナ処ニテ候。先ヅソコ元《もと》ノ如キ料見《りようけん》アツテ然後アノ処ヲヨク見オヽセバ、弊《ついエ》アルマジク候。アノ処ハ学全体ノカ*ネニナル処ニテモ無ㇾ之、只管仲切リノ論ニテ候。聊《いささか》*心モチモ可ㇾ有ㇾ之候。タヾ管仲ガナリデ見テオクコトニテ候。

曰、王珪・魏徴ハモト太*祖ノ臣ニテ、建成太子ノ*傅《も》リニ付ケオカレ候。然レバ建成死シテ、太祖、太宗ヲ太子トナサレ、太宗即位ナサレタニ依テ亦両人ガ太宗ニ仕ヘタ。何ノ不義不忠モナク、仕《つかえる》モ不ㇾ仕モ只太祖ノ命ノマヽ、ナルノミヂヤニ、シカルヲ*朱子反復シテ主人ノ敵《かたき》ニ仕ヘタヤウニ論ゼラルルハチト不吟味ヂヤト云説有ㇾ之候。如何。

曰、サタノカギリノ説也。ソレガ邪説ト云モノニテ候。建成、太子ヲ以《もつて》称スルハ何事ニテ候ヤ。明日太祖ガ目ヲフサガルレバ、言《わ》ズニ建成ハ天子ニテ候。況ヤ太子ナキ時ハ国ノ根本カルイ故ニ、*儲君《ちよくん》ト云テ格別ニ立テ、幾人兄弟ガ有テモ皆ナラビ連《つら》ナルコトヲセズ。

いながら、太子を殺した弟の世民＝太宗に仕えたのは義を害うもので、後に太宗に対して功ありとても、罪を贖うに足らぬ、とある。

孟子ノ… 管仲が斉の桓公を助けて諸侯を周に統合した功業は、仁政の王者なき時代のものにすぎず、尊ぶべきものでない旨、孟子、公孫丑上。

論語… 「子曰く、管仲、桓公を相(たす)け、諸侯に覇たり、天下を一匡(一正)せり。民は今にいたるまでその賜を受く。管仲なかりせば吾れは被髪し左衽せん」(憲問)。

眼前ニ すぐにも。

被髪左衽 髪型をととのえず、衣を左まえに着る。夷狄の風俗とされた。

周王… 左伝、僖公四年。斉が楚を伐つに際し管仲の曰く、楚は周王に祭祀に必要な茅の束(底本「白皂」。岡本・原典により「包茅」に訂。酒をしたたらして神を祭る)を三年も献上していない。又かつて周の昭王は漢水(楚の地)を渡って溺死したと、その責任を問う。

声シテ 声罪のこと。相手の罪を公開揚言する。

コト処デ 岡本「コト」の二字なし。

豈匹夫匹婦… 論語、憲問に孔子、管仲が旧主を殺した桓公に仕え「天下を一匡」したことについて、「豈匹夫匹婦の諒(盲目的な義理立て)を為し、知る人もなく溝瀆に自経するがごときものならんや」と評した。

俗ニ云ニモソノ*宗領デナケレバ若殿若旦那トモ云ヌハ、コヽニ別段ナワケアルユヘニテ候。然レバ兄弟ト云ヘドモ太宗ハ臣也、建成ハ君也、イヤオヽ云レヌ名分アルカラハ、建成ヲ弑《しいし》タ人ハ誰デ有フト主ノ敵《かた》キ、況ヤ其傅《もり》タル者、オメ〳〵太宗ヘ仕ヘタガ尤《もっとも》デアルベク候ヤ。其様ナ説ヲ唱ル人ハ太《おおい》ニ辨ジタルガヨク候。只衆論、功利ニ目ガハナレヌ故ニ、*有無ニ*仕合《しあわせ》ノヨイ勝手ナ方ヘ道理ヲ付タガリ候。和漢*一徹ニテ候。

曰、何人ノ説ニテ候ヤ、*干戈《かんか》ヲ以《て》天下ヲ取ル人ニ*光武ニ越タルハ無レ之候。只光武一人正キ由、確論ト存ジ候。

曰、*山崎先生ノ説ニテ候。畢竟湯武ノ放伐ニ*左祖《さたん》セヌ心カラノ論ニテ、他人ノ見得《みえ》イタラヌコトニテ候。

曰、*鬼神ノ説ヲ承リ候ニ、来格《らいかく》ヲ云ヘバ*輪廻《りんね》ノ説ニナリ、*造化ノナリニチガヒ申候。亦来格ハセネドモト云ト、鬼神ヲ祭ルハ此方《のほう》ノ心*ユカシヂヤト云ニナリ、何事モ作リ事ニナリ申候。此ノ疑惑ガホドケヌユヘニ別《べっし》テ誠心モ起リ申サズト存候。コヽガ*烏乱《うろん》ニ御座候テハ、*神主《しんしゅ》ヲ立テモ異《い》ナモノニ存ジ候、云云。

曰、尤ナコトニテ候。先《ツ》*カイ取テ云ヘバ、鬼神ノ理ヲモ合点《がてん》シテ神主ヲモ立ルハ何カ有ラフナレドモ、鬼神ノ理ガオチネバ神主ヲ立テモ益《やく》ニタヽヌト云コトデハナク候。一日モナクテ叶ハヌコトガラハ、先《ず》神主ヲ立テオケバ其カラ自然ト誠敬モイタリ、*忽然ト黙契スル筈ノコトニテ候。去レドモ両親アツテ*浮屠《ふと》ナドヲ信ジテ一向ニ合点ノナイニ、自分ハ神主ヲ立ルト云コトハ何トヤラ犯シ陵《しの》グニモナリ可レ申候ヘドモ、左モナク*端ノ開ケタ父母

カネ　かねじゃく。基準、標準。
心モチ　心用い。配慮、考慮。
太祖　唐高祖のこと。
傅　守り役、輔佐役。王珪・魏徴をさす。
儲君　君の副の意。太子のこと。
朱子反復シテ…　四七〇頁注「王珪・魏徴」に引いた程子の説につづけて、朱子は、管仲は功ありて罪なし、故に聖人その功を称す。王・魏は先ず罪あり、而して後に功あり、以て相掩うべからず、という。

宗領　総領。一族の長、ひいて長子のこと。
有無二　どうしても、遮二無二。
仕合　うまく合わせる。うまく仕組む。**一徹**　岡本「一轍」に作る。
干戈　たて・ほこ。武力のこと。
光武　後漢光武帝、劉秀。前漢劉氏を亡ぼした王莽の新を亡ぼし、劉氏を再興して後漢を創建した。
山崎先生ノ説　文会筆録四之一。→二二八頁補記「嘉先生ノ…」
左祖　左の肩を脱ぐこと。賛成し加担する。史記、呂后紀にもとづく語。
鬼神ノ説　鬼神来格または感格説のこと。鬼は人鬼、祖霊をいう。神は天神地祇。格は至の意。誠敬をもって祭れば鬼神が到来する、との説。
輪廻　仏説の転生輪廻。人は身は亡滅しても業識は亡滅せず、天・人・畜生など六道に転生してやまぬ、と

ナレバ、*アナタノ御指図《さしず》ノ出ルヲ待テオルコトデハ無レ之候。随分コナタヨリ勧メテ存命ノ内ニ過ヲ改メサセマスルガ何ヨリノ孝行ニテ候。ソレヲ空《むなし》ク過スハ至テ残リ多イコトニテ候。神主ノコトハ暫ク止メテ他ノコトデ見タガヨク候。木一本デ見テモ、葉ハ枝ニ根ザシ枝ハ幹ニ根《ねざ》シ幹ハ根ニ根ザシ申候。推テ云ヘバ、根ハ種ニ根ザシ種ハ又親木ニ根シ居申候。タトヒソノ親木ハ朽果テアトモナクテモ、此木ノ根本タル理ハ歴然トシテ在《る》レ之《に》コトデ、*此理アル処必《ず》此気アルハヅニテ候。然バ親木ヨリ幾タビ生々シテモトント理気貫通シテオルコトハ明ニ候。*ノコリ何デ云テモ同ジコトニテ候。シカレバ人モコレデ合点シタガヨク候。我身ハ父母ニ根ザシ父母亦天カラ降タモノニテモ無レ之候ヘバ、又其父母ニ根シ生々スルナリニ源ニ推セバ、皆由テ来ルコトナイ人ハ無レ之候。然バ*祖考既ニ死スト云ヘドモソノ理気一貫シタ子孫ニテ候ヘバ、其由テ来ル本源ノ祖考ヲ*封植セデハ叶ハヌコトニテ候。草木スラ其根本ヲ封植セネバ枝葉立ズ候。況ンヤ人トシテ祖先ノ神明ヲ祭祀セズシテスマフ様無レ之候。是ガ人道ノ本ヲ厚クスルト云モノニテ候。是レ神主ヲ建ネバナラヌ、其一ツ。

扨コレガ先祖ノ神明ヂヤト云テ、死後ニ祖考ノ知リモセヌ法師ノ付タ名ヲ雕《ほッ》タ今ノ所謂位牌ニテハ、ドフモ神明ノ来格セフ様無レ之候。先《ヅ》*日月ヲホリツクベキ様ガナシ、雲形《くもがた》ガ有ラフ様ナシ、蓮花ニ乗セフ様ガナシ、膠《にかわ》ヤ漆《うる》シノ穢《け》ガラハシイ物デ塗リ廻ソフ様ナシ、金箔デ*ダビヤウワケナシ、何カラ見テモ角《か》カラ見テモ一ツモ理ニ合タコト無レ之候。近キコト*水精《すいしょう》デ火ヲ取レバ火ガウツル。水精ニ似タ石デモイカナ火ハウツラヌ。是デ浮屠ノ位

いう考え方。

造化ノナリ　人・物の生成消滅は一気の自然のうごきの結果にほかならない、という考え方。

心ユカシ　心行かし。気休め。

烏乱　あいまい。

神主　儒家で死者の姓名・位階などを記し祠堂に祭る霊牌のこと。

カイ取テ　かき集め、要約する。

オチネバ　落着(十分に理解)しないならば。

忽然ト黙契　忽然は前後の因果関係の不明なこと。黙契は言語文字などの表現を超えて意思を会得すること。

浮屠　仏陀(ぶっだ)と異字同音。

端ノ開ケタ　分別がつく。

アナタ　先方。ここでは両親のこと。

此理アル処必…　理あれば気ありとは朱子学の常談。一時の具体的な物もすべて普遍の天理にもとづいている、という。

ノコリ何デ云テモ　そのほか何について言っても。

祖考　考は亡き父。先祖代々のこと。

封植　土を厚く積んでその上に樹を植える。墳墓をつくり祭ること。

日月ヲ…　以下、仏式位牌が神主としてふさわしくない点を列挙する。

ダビ　だめる、色どりする。

水精　水晶。凸レンズのこと。

牌デハ何ノ益ニタヽヌガ見ヘタコト。幸ニ朱子ノ「家礼*」ニ、何時モ製《こし》ラヘラルヽ様ニ仕《し》テアルコソ珍重ナレ、神主ヲ立テデ叶ハヌコトニテ候。其神主ハト云ヘバ、長モ幅モ厚サモ皆天地自然ノ妙数ヨリ出テ、一ツモ此*方ノ細工ナク、実ニ神明ノ寓スル処ニテ候。是神主ヲ可レ立《つ》ノ一ツ。

サテ勢ナキコトヲ申サレ候ヘドモ、ソコニハ少モカマヒナイコトニテ候。人々ノ分限相応ニ我心頭ノ安ズル処ガ即《ち》礼ノ節文、神明ノ受ル処ニテ候ヘバ、別ニ祠*室ヲ立ル勢ガナケレバセイデモヨシ、珍膳デ祭ルコトガナラネバソレモナクテモヨイ、上《かみ》天子ヨリ下《しも》埴*生《はにう》ノ小屋マデモ、人々相応ニトカク神主ハオカネバナラヌコトニテ候ユヘ、卑シキ者ハ竹ダナデモツリ、焼*塩デナリトモ、人々相応、心ノ安ンズル様ニ為ルガヨク候。心ノ安ズル処ガ即神明ノ受ル処カラハ、ソコニツカヘハスコシモナイコトニテ候間、ドフナリトモナリ次第ガヨク候。

扨《さて》*鬼神ノ来格スルハドフナレバ、右ニモ云タ通リ、人ノ血気ハカギリアルモノニテ、死スレバ*魄《はく》ハ土ニ帰シ魂ハ気トトモニ遊散シテ、コレガノコツテアルノ何ノト云コトノナイハ知レタコト、サテソノ先祖ノ血気ト我《が》血気ト二物デナク、我血気ノヨツテ来ルハ一糸髪モ先祖ノ血気中ヨリ生出《うみだ》サヌ物ハナイユヘニ、トント一貫一枚ニテ、先祖ノ神明即自己之神明ニテ候。然レバ我ヨツテ来レル所ノ理アル処必由《ずよつ》テ来ル気アルモノデ、ソコニ天地自然ノ寸尺ヲ用テ清浄ニ制シタ神主ヲ立レバ、即先祖ノ形体ニヒトシクテ、其ノ血気相貫《つらぬき》タル子孫コレニ誠敬シテ向ヘバ同気相感ジテ、コヽニ其神明来格セデ叶ハヌコトニテ候。

家礼　朱子の撰と称せられる、家に関する礼儀の書「文公家礼」五巻、附録一巻。

此方ノ細工　人間の才覚。

祠室　祖先の霊を祭る室。

埴生ノ小屋　粘土・赤土のところに建った小屋、劣悪な住家。貧しい庶民のこと。

焼塩　食用塩のこと。粗塩を素焼の壺に入れ、焼いて精製する。

鬼神ノ来格スルハ…　鬼神の来格するのはどういうことかと言うと。

魄ハ…魂ハ…　人を物質面と精神面とに分け、魄といい魂という。人死すればそれぞれ天と地に帰向する、という。

ソノ来格スルハ、遊散セルモノデモナク又他ノモノデモナク、即我ヲ生《ミ》出シ来タ神明ニテ候。此上ガドフモ云ハレヌ味ニテ、輪廻《りんね》デモ何ンデモナク、感格スルノ理分明ニ候。惣ジテ鬼神ノ説ハ*幽明ノ理ニテ、妄リニ人ニ語レバ必ズ惑ヲ生ジタリ、又ハ上皮《うわつら》ノ見取《みと》リニナリ申候ユヘ、タヤスク云ハヌコトニテ候。*程子ヘ謝上蔡ガ問ハレタレドモ、一向ニ御答無レ之。ソノ故ヲ問タレバ、答ヘザルガ即チ鬼神ヲ諭《あか》スヂヤトアルコトニテ候。

去レドモ其元《そこもと》ノ尋ネ様、余義ナイコト也。其上神主ト云物ニツイテノコトナレバ、畢竟*格物ノ筋ニテ候ユヘ、誰人ニモ妄リニ如レ是ニハ申サズ候ヘドモ、暫ク大段ヲ語ルベク候。先ヅ鬼神ト云テ何ゾ格別ニアルコトニテハ無レ之、ヤツパリ理気*ハナレヅクナシニ云コトニテ候。四時デ云ヘバ、春ニナレバ、暖カデ花ガ咲テ鶯ガ啼イテ風モ長閑《のどか》ニ霞ガタナビク、夏ト云ヘバ、炎熱甚シクテ草木モ青ミ繁リテ諸虫ガ蠢《うご》メキテ雷霆ガ轟《とどろ》キ驟雨ガスル吹風モ暑クテ、秋ニナレバ、涼キ風ガ吹来テ草木モ凋《しぼ》ミ枯レ雁ガ来リ虫ガ啼ク霜露モ降ル菊ガ開ク、冬ト云ヘバ、寒ク*シミワタリテ雪霰ガ降ル木葉《このは》ガ落ル水ガ涸ル、ト云ヤウニ語ルハ気ヲ説クナリ。春ハ陽気既ニ動キテ万物各《おのおの》始ヲ成《なす》ノ時ヂヤニヨツテ、雨露湿《うるおし》レ之《を》風日開レ之、ソコデ*発達シテ花モ咲ク氷雪モ消テクル、夏ハ陽気既ニ盛ンニ上リ逼《せま》ルユヘ、発脱シテハ雷トナリ雲トナリ百物各繁茂スル、秋ハ微陰既ニ生ジテ炎熱ヲハラヒ陽気ヲ*駆《か》ルユヘ、草木モ枯レ果実モ熟スル、冬ハ陰気上ニ盛ンナルユヘニ、雨モ凝《こり》テハ雪トナツテ降リ万物*斂《れん》蔵《ぞう》シテ魚虫モ*蟄伏《ちっぷく》スル、ナド語ルハ理カラ云筋ナリ。其理気ハナレヅクナシニ此天地ノ活《いき》々《いき》トシテ、春ト云ト、ドフシタコトヤラ千枝*万朶《ばんだ》ガムカ〳〵トシテ花ヲ咲カセ香ヲ飛シ百

幽明ノ理　易、繫辞上伝に幽明之故(こと)の語あり、一気が集って形に現われるのが明、散じて形に見えぬのが幽。人については、生存は明で、死亡は幽。幽明は一気の集散のみ。

程子ヘ謝上蔡ガ…　謝上蔡、名は良佐、字は顕道、上蔡は号。程明道・伊川兄弟に学ぶ。ここの程子は明道。程氏外書一二の語にもとづく。

格物　→四六七頁注

ハナレヅクナシニ　離れてしまった形でなしに。

シミ　凍み、締(し)み。固く凍りつく。

発達　発は開く。達は通ずる。

駆ル　追い立て、追い出す。

斂蔵　収蔵。活動がおさまり活動の結果をたくわえる。

蟄伏　虫が活動をやめ地中に潜伏すること。

万朶　朶は垂れた花ぶさ。

千鳥ヲ囀《さえずら》セ霞ヲ棚引セ氷雪ヲ融化スル、夏ト云ト、誰ガスルトモナク日光火ノゴトクニナツテ雷霆《らいてい》ヲ轟《とどろ》カシ雨ヲ起シ雲ヲ起シ草木ヲ繁ラセ、秋ト云ト、ソヨリト*西風ヲ吹カセテ炎熱ヲ吹払ヒ木葉ヲ黄バミカラシ月光ヲ清《きよく》シ雁ヲ南ニ飛セ霜ヲ降ラセ菊ヲ開カセル、冬ト云ト、山モ川モシミワタラセ以《もって》ノ外ニ雪ヲ降ラセ諸ノ生物ニ息ヲモ上ゲサセズ、カクスルカト見ル中ニ*冬至《とうじ》ト云ト、今マデ潜リ収リテ*気ガ無キガ如クアリツル草木ニモ、ムツカト気精ヲ持セテニツコリト笑ハセル。サテモ*著《いちじる》シイ*神妙不測ナド云ハ、是鬼神ヲ説クト云モノニテ候。理ヲ云デナク気ヲ云デナク、理気ハナレテ云デナク、*理気妙合シテ流行スルナリニ何ト云コトトナク活《い》キ〳〵トシテ*霊ニスサマジイ著シイ処ヲ指シテ鬼神ト申候。水火デ云ヘバ、アツイツメタイ上ル下ルト云ハ気ヲ云也。水ハ陰ヂヤニヨツテ下ルハヅ、ツメタイハヅ、火ハ陽ヂヤニ由テ上ル筈アツイ筈ヂヤト云ト理ヲ云ニナル。ヤツパリ其理ヲ離レヅクナシニ、水ト云ト*イカナ水デモ下ヘ流ス、イラフトヒイヤリトサセヌト云コトナク、火ト云ト燃《もや》サヌト云コトナク、チツトイジツテモヒリ〳〵トサセルト云ガ鬼神ゾ。日月ノクル〳〵運《めぐ》ルハコノ気アリコノ理有テ運ルデハアレドモ、サテモ幾千年ノ間モ微塵タユミトヾコホリナク運転スルト云ハ鬼神ニテ候。一呼吸デモホツト云ト露ニナル、フツト云ト風ニナル、最早*一年ノコトスンダト思フトニツコリト梅ヲ笑ハセル、最早立秋ヂヤト云ヤイナヤ松風ヲザワ〳〵云セル、皆鬼神ノシワザニテ候。ユヘニ*鬼神ハ造化ノ跡《あと》ト云イ、又二気良能ト云コト、皆此意デ、*「中庸」費隠ノ章ニ、鳶《とび》飛《び》魚躍《る》ト云モ此処ヲアカシタモノニテ候。アソコモ、鳶ハ陽物ユヘ天ニ飛ブ、魚ハ陰物ユヘ淵ニ躍ルト云ト理ヲ説クニナル。ア

西風　五行説によると秋は方角では西方に当る。

冬至　一年の陽気が尽き果て陰気のきわまる時。その時すかさず陽気がまた萌ざす、という。

気　元気、精気、生気。すぐあとの気精も同じ意。

著シイ　隠れもなくはっきりしている。

神妙不測　見聞により理知によっては測知把握できぬ微妙なはたらきのあること。

理気妙合シテ…　天地人物の造化を理解しようとして、人智は理と気とに分けてみるが、実際は理と気とは一つの造化流行の二つの側面にすぎない。これを妙合という。

霊ニスサマジイ　霊はくしび、霊妙不可思議。スサマジイは日常的な心情を超え打ちひしぐ感じ。

イカナ…　どんな水でも水は下へと流れくだる。

一年ノコトスンダ　四季の最後の冬も終った。

鬼神ハ…二気良能　中庸一六章の章句「程子曰く、鬼神は天地の功用にして造化の迹なり。張子曰く、鬼神は二気の良能なり。愚謂ふに、二気を以て言へば、鬼は陰の霊、神は陽の霊なり。一気を以て言へば、至り伸ぶるは神、反り帰するは鬼なり。其の実は一物なるのみ」。

中庸費隠ノ章…　中庸一二章に「君

レハ何ノコトナシニ鳶ハヒヨロ〱ト云テ天ニ飛ブ、魚ハピチピチトハネテ淵ニオル、ガ*ンザリト見ヘタアノ活キニ活キカヱツテオル処ヲミヨ、アレガ鬼神ノ妙用、道*体流行スル処ヂヤハト云コトユヘ、ソノ下ニ曰《く》上下《に》察《あきらか》也、ト有レ之候。トカク此塩梅《*あんばい》ガオチネバ「近*思録」ノ道体ノ説モ皆死物ニナツテノケ申候。タトヘバ図*法師ノ耳目口鼻モ五臓六腑モ微塵モ人ニチガイハナケレドモ、此精神ガナイト云ト同ジコトデ、道体ヲトク処ニハミヂンチガイハナクテモ、此ノ活キ〱ト活テヲル塩梅ガウツラネバ塩漬ノ道体ニナツテ何ノ用ニ立不レ申候。ト云テ、コノコトヲ始ヨリ語レバ必《ず》学者ヲ誤ルコトユヘ、先ヅ気ハ気ノ筋デナリ次第吟味ヲツメ、理ハ理ノ筋デ成《なり》次第穿議《せんぎ》シテ、其上ニ此意味ヲ得ルガヨク候。

サテ先祖ノ神明ト云モヤツパリ此筋デ我ヲ生ジタ神明ニテ候。タトヘバ今天地ニ梅ノ樹ガタヘテモ梅ノ理気ノ存スル如ク、先祖ノ形気已ニ遊散シテモ子孫ノ形気貫イテ神明ノ存スル処有レ之理ニテ、此理アレバ此気アツテ、其子孫神主ヲ立テ、誠敬ヲ尽セバ、遊散スルモノ廻リ来ルデナク、他ノ物来リ感ズルデナク、其子孫ノ誠敬ナリニ其神明ニ感格シ来ルモノ有レ之候。石ト金トヲ打合セバ忽《たちまち》コヽニ火ヲ生ズルヤウナ塩梅ニテ候。此ヨリ詳ニハドフモ云レヌコトニテ候。

曰、鬼神来格ノコト、已ニ命ヲ承リ候。サテ当*時ノ養子タルモノ祭リ候テモ神明感格スベク候ヤ。

曰、今ノ養子ト云コト、タエテ理ノナイコトニテ候。養子ヲスルモ沙汰ノカギリ、養子ニイクモ沙汰ノカギリニテ候。来格スルノ理、勿論無レ之候。

子の道は費にして隠なり」(章句「費とは用の広きこと、隠とは体の微なること」)といい、詩経、大雅、旱麓の「鳶飛びて天に戻(いた)り魚は淵に躍る」の句を引き「其の上下に察(あきら)かなるを言ふ」と。章句に「以て化育流行、上にも下にも照著なる、すべて此理の用なるを明かすなり」と。

ガンザリト見ヘタ 明白直截の意か。

道体流行 朱子学の用語。本体である道、それがはたらいて事物にあらわれ出る。

塩梅 物事の様子、有り様。

近思録 朱子・呂祖謙が北宋の周・張・二程の要語を一四門一四巻に編した、朱子学の経典。その第一巻が道体門。

図法師 模型の人体像。

当時ノ 今どきの。

曰、然ラバ、已ニ養子タル者、此理ヲサトラバイカヾ可レ仕《つかまつる》ヤ。

曰、イカヾシテヨキト云コトモ無レ之候。家ヲ去レバ続《つ》グ者ナシ。名字ヲ改メテモ人ノ家ヲ犯シ取テオル、且*公命ノユルサヌ所ナリ。トカク定タル処置無レ之候。只何トゾシテソノ血脈ノ人ヲ尋テ代《かわる》レ之《に》ヨリ外ハ無レ之候。其代ル者有レ之マデハ祭祀ノ礼ヲ闕《か》グコトモナラヌコトニテ候へバ、代《る》者有レ之マデハ我ガアヅカリトシテ祭ルコトニテ候。アヅカルト云デ不レ得レ已《やむをえざる》ナリノ義理ノ当然ユへ、祭レ之テモ苦シカラズ、心頭モ亦安ジ候。

曰、師匠ヲ祭ルハイカヾ候ヤ。

曰、師ヲ祭ルト云ハ先祖ヲ祭ルトハ大ニ違ヒタルコトニテ候。或ハ其ノ子孫ノ祭ニ、主タル人ノ祭ルニツイデ焼香デモシタリ、又ハ其忌日ニハ恩徳ノ大ナルヲ忘レヌ処カラ酒色ヲ禁ジナドスルマデノコトニテ候。自分ニ神主ヲ立テ祭ルコトニテハ無レ之候。

曰、聖像ヲ祭リ候ハ何故ニテ候ヤ。

曰、是亦大ナル誤リニテ候。*唐玄宗始テ文宣王ノ号ヲツケ祭ラレショリ、*四科十哲ヲ立テ祭ルガ唐ノ常例ニナリ申候。其上日月ヲ紋所《もんどころ》ニ絵《えが》ケル服ヲキセ天子ノ冠ヲ着セテ木像画像ナドニスルコト、以《もって》ノ外ナコトニテ候。アレホド名義ヲ正サレタル孔子ノ神明、コレヲ安ンジテ御受ナサレフヤ。キワメテ愚カナコトニテ候。*周ノ天子、魯侯ニ命ジテ被《られ》二仰《せ》付《け》一候トテモ、決シテ孔子不レ可《る》レ受《からく》処ニテ候。唐土猶《なお》シカリ、況《や》 於《おいてをや》二 本朝《に》一。異国ノ神ヲ祭ルコト、甚《だ》礼ヲ失イタルコトニ候。

二月廿二日、見《まみゆ》二先生《に》一。坐隅ニ、*素《そ》履《り》往《きて》 無《なし》レ咎《とが》、ト云掛物アリ。*ヨツテ曰《く》、此掛物ヲ

公命　家督相続許可の命令。

唐玄宗…　玄宗の開元二十七年(七三九)、孔子に文宣王と追謚した。

四科十哲　論語、先進にもとづく。徳行の顔淵・閔子騫・冉伯牛・仲弓、言語の宰我・子貢、政事の冉有・季路、文学の子游・子夏。以上の十人を孔子廟に配祀した。

周ノ天子魯侯ニ…　孔子は魯の生れ。魯国は周の天下の中の一国だった。

素履往無咎　易、履、初九の語。その象伝に「素履之往、独行レ願也」と。

ヨツテ曰　これは強斎の語。

モラヒ候。文字甚ダ宜《よろ》シク、別シテ悦ビ候由ナリ。曰、素履トハイカナルコトニテ候ヤ。

先生曰《く》、右ハ「易」ノ履ノ卦ノ字ニテ候。素ハ平世ダ、イノコトニテ候。平生素《もと》ヨリ履《ふみ》行《おこなう》ゾナラバ、タトヒ変異ニ遇フトモ何ノ咎カアラント云コトニテ候。無レ咎ノ効ヲ得ルコトハカタク可レ有レ之候ヘドモ、人コノ素履ナクテハ何ノ用ニ不レ立コトニテ候。故ニ、素履ノ二字ハ生涯ノマモリト可レ致《す》旨、先ヘモ謝シ遣シ候。

サテ今日*垂加《しでます》霊社ヘ供タル御酒ノ由ニテ到来申候、イタヾカレ可《き》レ然《る》由、即《チ》先生手水《ちょうず》ヲツカヒ服ヲ改メ神酒ヲ戴《いただき》、諸生及ビ予ニモ及サル丶也。

曰、垂加ノ社ハイヅクニ候ヤ。

曰、*下御霊《しもごりょう》ノ中ニ有レ之候。前《ま》ヘハ少《ちいさ》キ祠ニテ有レ之候処、先年吉田殿*ヨリ被二相咎《あいとがめられ》一、小社モ崩サレ、今ハ*庚申《こうしん》ノ社ノワキニ*相殿《あいどの》ノヤウニシテ有レ之候。少《ちいさ》キ札ニ垂加霊社ト書付有レ之候。コレハ已ムコトヲ得ザル故ニ、右ノ通リ処《しょ》シタルコトト相見ヘ候。サテ庚申ト云コトヲ*束《つ》ガモナイコトニ世人心得居申候。庚申ト云ハソノヤウナコトニテハ無レ之候。アレハ*猿田《さるた》彦《ひこ》ノ大神ノコトニテ候。日本ハ*日ノ神ノ道ニヨツテ立タル国ニテ、日ノ神ノ道ハ猿田彦ノ教《へ》導カセラレテ国家ヲモ教ラレタルコトニテ候由、「*日本紀」ニモ、吾《は》是《れ》猿田彦ノ大神也ト自称ナサレタルコト有レ之候。大神ト自称セラレ候コトハ、外ニハ無レ之候。畢竟御徳ノ大ナル処カラ自然トコウ仰セラレタルモノト相見ヘ候。然レバ猿田彦ハ日本ノ道学ノ祖ニテ候。仍《より》レ之《に》山崎先生常ニ其徳ヲ慕ハレ候由。サテ猿田彦ノ神ヲ祭ラフナレバ

垂加霊社　垂加は神道家としての山崎闇斎の号。これを祭った社祠。「すいか」とよみ、また「しでます」とよむ。倭姫命世記、雄略二十三年の「神は垂るるに祈禱(ネギゴト)を以て先と為す。冥は加ふるに正直を以て本と為せり」の垂・加の二字をとって名づけたもの。

下御霊　下御霊神社。京都市中京区にあり、吉備聖霊などを祭る。

吉田殿　闇斎の神道の宗家。卜部家。

庚申　庚申(かのえさる)の日に祭る。祭るのは仏家では青面金剛、道教では三尸、俗には三猿などと異るが、神道では猿田彦の神。

相殿　主祭神があり、これに合祀・配祠するかたちで祠ること。

束ガモナイ　いわれもない。よいかげんな。

猿田彦ノ大神　猿田彦神。神話で、天孫瓊々杵尊(ににぎのみこと)が降臨のとき先導した神という。のち嚮導神・道祖神とされた。

日ノ神　天照大神。

日本紀ニモ…　日本書紀、神代巻の天孫降臨章。天孫降臨の際、天八達之衢(あめのやちまた)に異相の神あり、天鈿女(あめのうずめ)に問わしめるに「吾名是猿田彦大神」と答え、「吾先啓行(アレ先タチテ道ヒラキ行カン)」と言ったという。

庚申ノ日ヂヤト仰ラレテ、庚申ノコトハ山崎先生ヨリ明ニナリタルコトニテ候。ソレユヘ右ノ通リ処シタルモノト相見ヘ候。下御霊《しもごりよう》ノ神官ニモ先生ノ伝ヲ受タル者モ有レ之故ニ右ノ通リニテ候。其上時勢ノ已ムヲ得ザルニヨリ如レ此ト相見ヘ候。

曰、猿田彦ノ神、サホド貴キ神ニテ日ノ神ノ道ヲモ教導《え》カセラル、コトニテ候ニ、山崎先生ヲ相殿抔《など》ニ致シ候テモ不《る》レ苦《から》コトニテ候ヤ。

曰、サルニヨツテヤムヲ得ザルカラ処シタコトソウナトハ申スコトニ候。別ニ社ヲ建ヲクコトガ可レ成候ヘバ、ソレニ越タルコトハ無レ之候。但唐《から》ニモ孔子ヲ道学ノ祖トシテ祭リ、其道ヲ伝ラレタル人ハ*顔・曾・思・孟ヨリ*周・程・張・朱ニ至ルマデモ従祠スルコト有レ之候。日本ニモ日ノ神ノ道ヲ教タルハ右申ス通リ猿田彦ノ神ガ祖デ、其道ヲ伝タル人ハ*舎人《とねり》親王ノ以後ハ山崎先生ヨリ外ハ無レ之候。シカレバ唐《から》ノ程朱ヲ従祀スル例ニ比シテ見レバ、先生ヲ猿田彦ニ従祀スルモ亦一筋有レ之コトニテ候。

曰、垂加《しでます》霊社ト社ノ字ヲ付候ハイカナルコトニテ候ヤ。

曰、スベテ神道ヲ全ク伝テ其徳アル人ニハ社号ヲ許スコト有レ之由。先生御存生ノ節ハ垂加翁ト申シ候。御没後ハ即《ち》垂加霊社ト称スルコトニテ候。*卜部《うらべ》ノ繁兼《しげかね》ノ伝ヲ*吉岡維足ガ伝ヘ居候テ先生ニオシヱタル由ニ候。

曰、神道ニ、サルト云コトガ有レ之、甚大切ノ詞ニテ候。サルハアシキコトヲサリテ善キコトマサル、ト云コトニテ、彼《の》*去《る》二旧染之汚《おを》一ノコトニテ候。*猿ヲサルトトナヘ申スユヘ、猿ヲ以コノ旨ヲ明シタモノニテ候。猿田彦ト云モ右ノ旨ニテ候。コノ様ナコトハ*アザトヒ

顔曾思孟　孔子の弟子の顔淵・曾参、孔子の孫で曾子の道を伝えたという子思、子思の道を伝えた孟軻。これは朱子学の重んずるところ。

周程張朱　北宋の周濂渓、程明道・程伊川兄弟、張横渠および南宋の朱子。孔孟の道統を伝えたと朱子学でいうところ。なお従祀とは相殿というがごとし。顔曾などの従祀は南宋高宗のとき、周程などのは理宗のときという。

舎人親王　天武天皇の第三皇子。太安万侶(おおのやすまろ)らと日本書紀を撰著した。なお闇斎に「庚申考」(垂加草附録)の著がある。

卜部　卜部神道の宗家で、吉田とも称した。

吉岡維足　吉川惟足(きつかわこれたる)の誤り。以下同じ。元禄七年(一六九四)没。萩原兼従に吉田(卜部)神道の口伝を受け、新たに吉川流神道を創始。これが幕府の神道方(寺社奉行所管)をつとめた。

去旧染之汚　朱子の大学章句の語句。平生の悪習による人性の汚染を除去する。↓二七頁注

猿ヲサルト　猿(田彦)―去ル―(庚)申(サル)。

アザトヒ　アザトイ。小才のきいた、あさはかな。

ヤウナコトニキコヘ候ヘドモ、古昔質朴ノ教ニテ、即《ち》聖人ノ教ト相発シ候。妄リニ他言ナドハ無用ノコトニテ候。

曰、神道者ガ専ラ我道ヲ主張スルト云*サマニ、儒者ガ唐ノ道ヲ取テキテ取合シテ説クガ沙*汰ノカギリヂヤ、我国ハ自《おのずか》ラ我神明ノ道ガソナハツテ有テ、他ノコトヲマゼルコトハナイ、ソレデハ集合*ト云モノヂヤナド申候。一通リハキコヱタ様ニ候ヘドモ、トクトスミ不レ申候。理ニ二ツナイカラハ、人ヲ治ルノ道ニ唐土流日本流ト云テ格別ナコトガ二通リ有フヤウハナイコトニテ候。シカレバ神道ヲ説クナリガ自然ト聖人*ノ道ト相発《し》候ユヘ、相照シテ説クニ何ノ害可レ有レ之候ヤ。チカイコト唐土ノ火ト日本ノ火トカワリガナイユヘニ、ドチカラ云テモ熱《あつい》トヨリ外云ハフ様ハ無レ之候。火デ熱《い》ト云ト唐土流ガ交ツテワルイトハ云レヌコトニテ候。丁度ソレト同ジコトデ、道モ無レ二ユヘニ自《お》相発スルコトニテ候。山崎氏ノ神道ヲ伝ヘタル人モ、多ク此旨ヲ得ヌカラ、儒書ヲ引付テ説ガワルイナドト、ウツ*ケタコトヲ申シ候。

曰、山崎先生ノ門人ニモ、滅*多《めった》ニ神道ズル人モ有レ之候。又佐藤*氏ナドハメツタニ破セラレ候。山崎氏モ晩年ニハ神道ニ迷ハレテ、儒書ハイラヌ、何モ角《か》モ神道デスンデヲルナドト云イ、或ハ此間《このあいだ》*神道ノ如々《しかじか》ノ伝《でん》ヲ得テ柱ニ札ヲハツタレバ鼠ガ暴《あ》レナンダナドト云ハレタ、去リトハ笑《おか》シイナンド云ル、由、承リ候。此等ハ皆全《まった》カラヌ論ニテ候。惣テ聖人ノ詞ハ渾然タル玉ノ如クニテ、ドチカラ見テモズレガナク候。ハヤ*賢者ノ言ハ明辨ナガラ一筋ヲ明ニ辨ゼラル、中ニ、ドウシテモ偏《かたより》ハ少シヅ、有レ之モノニテ候。然ルニ吾国ノ神道

云サマニ　いうとすぐに、短絡して。

沙汰ノカギリ　話にならぬ。

集合　習合。異る宗教を附会し折衷する。

聖人ノ道　孔子の道、儒教。

ウツケタ　阿呆、馬鹿な。

滅多ニ　むやみに、根拠もなく。

佐藤氏　佐藤直方。

神道ノ…伝　伝承、秘伝。呪語のごときものもある。

ハヤ…　賢人の言となるともう…。

ノ不《ざる》レ盛《んなら》ノミナラズ、中古弘法《こうぼう》・伝教《でんぎょう》ナド云浮屠《ふと》ノ為ニマゼカヘサレテ、果《はて》ハ法師ガ政柄ヲモ取リ捌《さば》ク様ニナリ降リテ、其神道ハ漸ク吉岡維足ガタグイガ片ホヂケ*ニ伝ヘノコシテ、*神祇官《じんぎ》ノ吉田殿ハト云ヘバ文盲無物ノ風情《ふぜい》ノ時節、先生興ツテ其伝ヲ得テ深味ヲ黙契シテ、此道ノ不レ行《おこなわれざる》ヲ憾《うら》ミ嘆イテ、奮激シテ云ハレタコトユヘニ、少シヅヽノヒヅミハアル筈ノコトニテ候。或ハ、此道ノコトヲ人ニサトスニハ、畢竟聖人ノ道ト同ジコトデ聖人ノ道ヲ待ツコトデナイ、近イコト*聖学未《いまだきたらざる》レ来ノ先自《おのずから》有《り》ニ此《の》神明之道一テ何ニ不足モナカツタカラハ、是レニ他ヲ仮《か》ルコトハナイ、ナドト云レマイコトデナク、是ハ一時ノ議論ト云モノニテ候。ソレヲトント真《ま》ウケニスル故ニ、「論語」「孟子」モイラヌト仰ラレタヤウニキコヘ候ヘドモ、全体虚心平気デ先生ノ書ヲ見レバ、「伊勢ノ記*」ヤ「藤ノ杜ノ記*」ナドデモ、イサヽカ其様ナ旨ハ無レ之候。コレデ先生ノ見所ハミエテ居申候。シカルニ一場ノ話説ヤナドノチヨコスカシタコトヲ言質《ことばじち》ニ取テ辨別スルハ、大ニ隘陋《*あいろう》ナコトニテ候。只何ノコトナク山崎先生ヲ全体デ見レバ知レタ事ニテ候。当時ノ人、日本ノ道トハ知リナガラモ、第一相伝スル者モナク、ヤウヤク維足ヅレニ残ツテアルヤウナコトユヘニ、誰レモ此道ノ精微ヲ知ル人ナクナリ来ルウチニ、聖人ノ書ガ追々《おいおい》渡リテ、神書トハチガフテ田舎マデモ講釈スルヤウニナリ、ソレカラシテ見レバ、トント目ゼメニ*吟味ツマツテ一言一事迂遠ナコトナク、皆生板《*なまいた》ニ釘ヲ打ツヤウニキコヱテオル処へ、神道ノコトヲキヽ、或ハ神代巻ナ*ドヲ見レバ雞卵ノ様ナモノガ芽ヲフクンダノ、葦《*あし》ノ目ノヤウナモノヲ是ヲ国常立《くにとこたち》ト云ノ、或ハ天《あま》ノ浮橋《うきはし》ノ上カラ海中ヲ矛《ほこ》デサグラレタレバシタヾリガ凝テ磤馭盧島《おのごろじま》トナツテ、ソレ

片ホヂケ　一知半解、生半可。

神祇官　大宝令により設置され、卜部氏(吉田氏)これに当る。神祇の祭祀・亀卜などを司る。

近イコト　てっとり早く言って。

伊勢ノ記　「伊勢大神宮儀式」の明暦元年序(垂加草巻一〇)

藤ノ杜ノ記　「藤森弓兵政所記(ふじのもりゆずえまんどころき)」(垂加草巻六)。

隘陋　一方的な偏見。

目ゼメニ　順序段階を厳格にふんで。

生板ニ釘　ことの容易なること。

神代巻ナド　以下は日本書紀、神代巻の天地開闢章・四神出生章などの記事にもとづく。

葦ノ目　葦の芽(あしかび)。

カラ国ヲ生ンダノ山ヲ生ンダノ、鬚《ひげ》ヲヌイテ杉ノ木ニシタノ、小用《こよう》シテ川トシタノ、頭ニ牛馬ガ出来タノト云ヤウナコトガアル故ニ、コレナントシタコトゾト疑フマデモナク合点ガイカヌユヘニ、神道ハ埒《らち》モナイ夢物語ノヤウナコトヂヤト、トント打破《うつちゃ》ル気ニナツタモノニテ候。経書見タ目カラハソウ見ヘルハヅノコトニテ候。去レドモソウ云テ神道ヲ形付ルガアラヒ*工面《くめん》ニテ候。

*唐土ノ道ハ、*伏義《ふっき》八卦《はっか》ヲ画セラレテヨリ聖賢カワル〳〵起リ時ト与《とも》ニ行ハレテ、其ナリヲ史官コレヲ記《しる》シテ「書経」トナリ、*三代行《いて》レ之《を》礼楽トナシ、*文王コレニ辞ヲ係ケ、*孔子コレニ伝《でん》ヲ作リ、*民歌レ之《ヲ》テ「詩」トナリ、孔子処二置《して》之《を》一「春秋」トナリ、コレヲ門人ニ教《え》語《り》テ「論語」トナリ、曾子講《じ》レ之《を》テ「大学」トナシ、子思言《い》レ之《を》テ「中庸」トナシ、孟子言《いて》レ之《を》*七篇トナリ、*程子コレヲ云テ「易伝」トナシ、朱子言レ之「*本義」トナシ、「*近思録」「*通《つ》鑑綱目《がんこうもく》」トナシ、「家礼」トナシ、如レ此ニ次第〳〵ニ聖賢興テ時ニ順ヒ勢ニ因リ、ソレ〴〵筋道ヲ分テ道体ハ道体、学術ハ学術、政事ハコフ、治体ハコフ、治法ハコフト、天地ノ開クルト共ニ義理ヲツメテトントアカリヲ走ルゴトク*ホシテオカレタモノ故ニ、見ルニツケ聞ニツケ尤《もっとも》ニナイコトハ無レ之候。然ルニ神道ハダ、イ聖学ノゴトク全《まっと》フナイコトハ云ニモ及バヌナレドモ、上古ノ神聖ノ天地ノ妙用ナリニハタラキ、妙用ナリニ教ラレタコトハ、暗ニ聖学ノ旨ト相発シテ*ミヂン違イハナイコトニテ候ヘドモ、ソノ以後不幸ニ賢聖之人コレヲ演説スルコトナク、適《たまたま》伝ヘタル者モ口授《くじゅく》口伝《でん》ノヤウナコトデ全《た》カラズ、尤《もっとも》文字ニ疎《う》トイ俗ユヘニ書キ記《しる》シテオクコトモ下手《へた》ナリ、上古聖神ノ質朴ナリノ道ガ直《じき》ニ今

工面　工夫。ことの解決のための手段を講ずること。
唐土ノ道ハ…　以下、朱子学でいう儒教の道統の創始継承を述べる。
伏義八卦ヲ画…　↓四六六頁注
三代　夏・殷・周の三王朝。
文王…　周の文王が易の六十四卦の占辞をかいた。
孔子…　孔子が易の注釈=十翼を書いた。
民歌之テ…　詩経の国風は春秋時代の諸国の民歌集。
七篇　「孟子」七篇。孔子の論語、曾子の大学、子思の中庸、孟子の孟子を、朱子学では四書とする。
程子…　四書の道が宋の程子により復活継承されたとする朱子学の道統説による。程伊川の易伝、六巻または四巻。
本義　朱子の周易本義。
近思録　↓四七七頁注
通鑑綱目　朱子著「資治通鑑綱目」五九巻。司馬光の資治通鑑に本づき義例を立てて編述。
ホシ　ほごし。ほぐ(解)す、究明しつくすの意。
ミヂン違イハナイ　わずかのちがいもない。

日ヘマデキテ、ソレヲ今日ノ文明ナ目カラ見テハ合点《がてん》イカヌハヅノコトニテ候。去レドモソノ合点ノイカヌト云ハ右云通リノコトデ、筋ニカワツタコトハナイコトニテ候。近イコト、「易」モ辞ノアルハ文王以来デコソアレ、其前ハヤハリ*香《こう》ノ図ヲ書イタヤウナ卦画《かかく》バカリデ、国常立《くにとこたち》ハマダ文字モアルガ、「易」取出シテ*伝義モナニモトリノケテ、アノ卦画バカリニシテ、コレデ天地万物ノ道マデモ含蔵シテオルト云テハ、ヤワカ誰カ信用スル者ガ可レ有レ之《あるべき》ヤ。今ノ神道ト云ハ真《まこと》コノ如クニテ候。「易」ニ*鬼ヲノスルコト一車ナド云コトガ有レ之候。此等ハナント神代巻ニドコガ違ヒ候ヤ。此味ヲ知ラズニ妄リニ神道ヲ破スルハ大ニアヤマツタコトニテ候。但*寧テ云テミレバ、シメ縄引テ祓《はらい》ヲスル様ナ*神道ヨリハ合点ガイカヌト云切リデ、微塵怪イコトヲ受付ヌハ、面白イ方ニテ候。*程子ノ「易伝」ヲナサレテ、卜筮合点イカヌト仰ラレタモ、易ハ御存ジナイデハアレドモ、又大キナ手柄デ、コヽガマタ万世ノ師タル所ガアルト存候。

曰、*絅斎《けいさい》先生モ常ニ言フ、*倭姫命《やまとひめのみこと》ノ、左ヲ左トシ右ヲ右トシ、左ヲ右ヘウツサズ右ヲ左ニウツサヌト仰ラレタハ、即チ*居敬ノ工夫ナリ。鑑《かがみ》ヲ以テ教ラルヽハ*窮理ノコト也。神道モ此ノ様ニ演説スレバ甚ヨケレドモ、左《さ》ハナクテ左ヲ左トスルハ正直《せいちょく》ノコトヂヤト云切リデ、理ニ暗イカラ、ヱシレヌコトヲ云様ニナルユヘニ、却テ俗ヲ惑ハシ、近頃《ちかごろ》痛マシイコトヂヤ、トアルコトニテ候。

曰、今世神道ヲ学ブ者ガ、*伊勢流ハ水デ*コリヲカク、吉田流ハ湯デコリヲカク、アレガヨイノコレガワルイノナド、此様ナコトヲ云ガ笑止ナコトニテ候。此事ヲ絅斎ガ聴カレテ、

香ノ図…卦画　香ノ図は、源氏香の図をさすか。源氏香は縦もしくは横に五線を画して図を作り、五十二図となすもの。易の八卦六十四卦は陰**--**陽**一**の両種の画の組合せ。

伝義　程の易伝・朱の周易本義。

鬼ヲ…　易、睽卦、上九の爻辞。鬼は亡霊。亡霊が車一台にのっている。

寧テ　不詳。寧ロか、強テか。岡本「寧デ」。

神道ヨリ　神道寄り。行き過ぎ神道。

程子ノ易伝…　程伊川の易伝は卜筮の占いを説かず、専ら道理を説く。

絅斎先生　浅見絅斎。

倭姫命…　倭姫命世記、崇神六十年に「墨(キタナキ)心を無くして、丹(ヨキ)心を以て、清く潔(イサギヨ)く斎(イマハ)り慎(ツツシ)み、左の物を右に移さず、右の物を左に移さずして、左を左にし右を右にし云云」。

居敬・窮理　朱子学における修道の二本柱。

伊勢流　伊勢外宮の神官渡会家の神道。渡会神道。南北朝の家行にはじまり、江戸初期延佳に成る。儒仏を習合。

コリヲカク　神仏に祈願するに際し水を浴びて身心の垢をさり清める。

自分ガ流義ハ熱イトキハ水デコリカク、寒イトキハ湯デコリヲカクト戯レラレ候。面白イコトニテ候。

曰、祓《はらい》ト云ハ悪ヲハライ去ルノ詞《ことば》デ、国天下デハ逆乱ヲハライ乱俗ヲハライ善ニ復スルコト、身ニ在テハ人欲ノ蔽、*気稟《きひん》ノ拘ヲハライ善ニ復スルコトニテ候。*中臣《なかとみ》ノ祓ト云モ古ノ政《まつりごと》ノコトヲ云タモノヂヤト云コトニテ候。是亦悪ヲ祓去テ善ニ復スルノコトヨリ祓ト云タルコトニテ候。シカルニ今ハ御幣《ごへい》ヲ切リテ身ヲハラフノ、厄《やく》祓ヒヂヤナド云ハ、*ツガモナイコトニテ候。*但神道ヲ論ズルコトハ無レ之候。今ノ所謂神道者ハ以ノ外ノ乱民ニテ候。

曰、絅斎先生ニハ何トテ*神道ノ伝ヲ受ラレズ候ヤ。

曰、経学ニ精ヲ出サレ候ユヘ、余力ナク、其伝ヲモ得ラレズ候ト相見ヘ候。平常聊《いささかも》神道ヲ破セラル、様ナコトハ無レ之候。絅斎先生神道ノ伝ヲ受ラレ候ハヾ、今ノ山崎氏ノ伝ト云テ人ヲ惑スヤウナコトニハナルマジク候ニ、近頃《ちかごろ》残念ニ候。絅斎ハ佐藤氏ト無二ノ間ニテ候ニ、佐藤氏ハイカナルコトニテ妄リニ神道ノコトヲ破セラレ候ヤ、疑シク候。山崎先生ト中《なか》悪クナラレタルモ此コトヨリト相聞ヘ候。去レドモ个様《かよう》ノコトハ佐藤氏ニ参会セネバ知レヌコトニテ候。三宅氏ハ佐藤氏ト心易ク候。イカヾ思ハレ候ヤ。最前《さいぜん》*三宅氏ノ甥、神道ノコトヲ尋ラレ候ユヘ、愚意申シツカハシ候。其以後何ノ沙汰モ無レ之候。

曰、三宅氏モ神道ヲ信ゼラレ候様ニハ不二相聞一候。曾《かつ》テ云レ候ハ、山崎氏ノ師匠*維足《これたる》ガ神道ノ達人ニテ候由、アレガ神道ノ達人ナレバ神道ト云モノモ人事ニ無レ益《き》モノノ

気稟ノ拘　天性の発露を拘制する生れもった気質のゆがみ。

中臣ノ祓　大祓の祝詞。中臣氏が司った。闇斎に「中臣祓風水草」の著あり。

ツガモナイ　わけもない、無意味な。

但　単純に。

神道ノ伝　師の闇斎の垂加神道の伝授。

三宅氏ノ甥　三宅尚斎の甥、儀兵衛。四六七頁参照。

維足　→四八〇頁注「吉岡維足」

ヤウニ思ハレ候、惟足ヲモ存ジ候ガ、随分何ノ用ニモ立ツマジキ人ト相見ヘ候由申サレ候。

曰、先輩ノコトヲ云ハイカヾニ候ヘドモ、大切ノ神道ノコトヲ論ズルニ一人ノ人品ヲ以テ云ハ麁《あら》イコトニテ候。左様ニ云ヘバ、易ノ先天ノ図*モ邵康節《しょうこうせつ》・朱子ノ手ヘワタツテコソ明ニナツタレ、其前ハ陳図南ト云道者ガドウシテヤラ伝ヘテ覚テイタコトニテ候ガ、人ヲ以《て》論ゼバ、先天ノ図モ太極ノ図*モ合点ガイカヌト云ハルベク候。サテ維足ハ何様ノ人カ存ゼズ候ヘドモ、卜部《うらべ》家ノ神道ヲ覚テ居タレバコソ、山崎氏モ其伝ヲ得ラレテ、古《いにしえ》ノ神道今日ニ明ナレ。是ヲ以観レバ維足ノ功ハ莫太《ばくだい》ナコトニテ候。

曰、其元《そこもと》、帰期*モ次第ニ逼リ申候ユヘ、个様《かよう》ノコトモハナシ置候。先第一ニハ書会*ガヨキコトニテ候。輪講ニナリトモ又ハ其元引ウケテ講ズル様ニナリトモシテ、是ヲタヤサヌガ何ヨリノコトニテ候。サテ間暇ニハ只々書ヲハナサヌガヨク候。書ヲ放レルト、怠ラヌト思フテモイツノ間ニヤラ物バナレガスルモノニテ候。サテ*自分ノ好イタヤウナ料見《りょうけん》ガ出テ笑《お》カシイモノニナリ申候。書ノ読ミヤウノ次第ハ、四書・「小学」・「近思録」ハ旦夕《たんせき》食ヲ喰フト同ジコトニテ候。ソノ余ニハ五経ヘ及ブモ人々ノ力量次第ノコトニテ候。史類モ読マデカナハヌコトナガラ、「綱目」ガ諸史ノ骨子ニテ候ユヘ、是ヲヨク読メバ他ノ史ニワタラヒデモ先ヨク候。「通鑑《つがん》」ヲ読《む》ノ法ハ只々「凡例*」ニ熟スルガヨク候。「凡例」ニ熟セネバ「通鑑」読ンデモ読マヌ同然ニテ候。依レ之、四書・「小学」・「近思録」・五経ニ次デハ此「凡例」ヲ小児ノ素読ニモサセタガヨク候。「凡例」ハ書ヌイテオクガヨク候。追*テ

易ノ先天ノ図… 伏羲先天卦位図。宋の邵康節(名は雍)が道士の陳図南(名は摶)の学を伝えて作製した、八卦を方位に配当した円形の図。これにもとづく邵の先天象数の学は朱子の「周易本義」にも継承されている。

太極ノ図 宋の周濂渓が道家に伝わった図をもとに作製した宇宙展開の図。その「太極図説」は天道人道を総合して説述する。これに対する朱子の注解があり朱子学の源流の一つ。

帰期 筆記者の山口春水は小浜藩京留守居加番で、在京勤務の期限が来て国もとに帰る(享保四年)。

書会 読書会。

サテ… そうすると。書をはなれると。

凡例 司馬光が資治通鑑を編述した凡例を、子の司馬康がまとめて釈例一巻としている。

追テ可下候 後日わたしましょう。

可《く》レ下《す》候。サテソノ余ニハ四子ノ書ニ熟スルガヨク候ヘドモ、是ハ大略「近思録」ニ載リアルガ精粋ニテ候。見所モナクテ四子ノ書ミレバ必惑《まどい》ヤスク候。四子ノ学ヲ集テ大成ナサレタハ朱子ニテ候ヘバ、只々明ケテモ暮テモ朱子ノ書ニナヤムガヨク候。サテ「論語」ヲ読ムニハ序説カラ見ネバ益《やく》ニ立ヌト同ジコトデ、朱子ノ書ヲヨムニハ朱子ノ為レ人《ひととなり》ヲ知ラデ叶ハヌコトニテ候間、帰国以後講釈ナリトモシテ「朱子行状」ノハヤルヤウニ為ラレタガヨク候。即今梓《し》行《こう》ニ有レ之候。サテ「行状」、如レ形《かたのごとく》スミニクイモノニテ候。是亦問目ニテ毎《ごと》レ字ニ尋ラルベク候。左《さ》候ハヾ一ツノ書ガ出来可レ申候。サテ「朱子文集」、ヨク改オキ申候。重ネテ校合《きようごう》モセラルベク候ハヾ、的便ニツカハスベク候。其余、ヨミ申サレ可《き》レ然《る》書ハ追々下シ可レ申候。折々参会申候ハヾ互イニ益モ可レ有レ之ニ、隔居遺恨ニ候。

曰、世人開《けば》レ口《を》、居敬窮理〳〵ト云コトニテ候ヘドモ、此旨ヲトクト得タル人少ナク候。試ニ論ジ見可レ被レ申候。

曰、嘗テコレヲ疑ハシク存候テ相伺ヒ、被《され》二仰《せ》聴《か》一候ヲ覚テ居候。其節相伺候ハ、学ニ致知力行ト云《い》或ハ克己存養ト云旨ハサモ可レ有レ之候。居敬窮理ト云コトハ右ノタグヒトハ品《しな》カハリタルコトノ様ニテ、シカモ居《り》レ仁《に》由《る》レ義《に》ト云トモチガヒタルヤウニ存ジ候旨ヲ申候ヘバ、被二仰聞一候ハ、甚ダ烏乱《うろん》ナ云分ニテ候、凡ソ学ノコト、仁義ヲハナレテハ一字モ云コトナク候。其内ニ、心徳ヲ損《そこな》ハヌヤウニ全体ヲ養立テ、ノダツヤウニスル功夫ハ、スベテ存養ノコトニテ即《ち》仁ノ事、何デモ相手ヲ取テ筋目ヲ吟味シテ病ヲ駆《かる》ノ工夫ハ、スベテ克己ノコトニテ即《ち》義ノ工夫ニテ候。力行ト云ハ仁ノ工夫、致知ト

四子　朱子学の基礎をなす。↓四八〇頁注「周程張朱」

ナヤム　悩む。苦労すること。または、よくなじむの意か。

序説　朱子の論語集註の序説で、孔子の略伝が述べてある。

朱子行状　弟子の黄幹の作。一巻。

梓行　出版。梓は木版に使うアズサの木。

スミニクイ　修得卒業がむつかしい。

問目　箇条書の質問書。

朱子文集　「晦菴先生朱子文集」百巻、続集一一巻、別集一〇巻、目二巻。

改　吟味、検討。ここではテキストの吟味のこと。

校合　異るテキストを参照して校訂する。またはいわゆる校正。

的便　岡本「帰使」に作る。

世人　朱子学、崎門学の人々のこと。

居仁由義　孟子、尽心上「居レ仁由レ義、大人之事備矣」。

甚ダ…　以下は山口春水が伝える強斎の語。

ノダツ　伸び立つ。成長する。

智ハ義ノ蔵　朱子文集巻六八玉山講義に「智は又是れ義の蔵」と。たとえば佐藤直方の「智蔵論」に「理ノイキタモノ、理ノナリガ知ジヤ」。

文行忠信　論語、述而「子、四を以て教ふ。文と行と忠と信」。

博文約礼　論語、雍也「君子、博く文を学び、之を約するに礼を以てすれば、亦畔(そむ)かざるべし」。

丑三月五日　四八六頁にあるように春水は己亥(享保四年)に国もとに帰った。丑は即ち辛丑、享保六年。

先書　以前におくった書簡。

云ハ義ノ工夫ニテ、礼ハ仁ノ著見スルモノ、智*ハ義ノ蔵ニテ候。居敬ト云ガ又心徳ヲ全クスル仁ノ工夫、窮理ト云ガ又智ヲ研クノ筋ニテ義ノ功夫ニテ候。其致知力行ト云ニハ知ガ先ニアリ、居敬窮理ト云ニハ敬ガ先ニアルハ、ドフナレバ、学ハ知ラネバ行レヌコトユヘニ工夫ノ序《を》語ルトキハ致知ガ先ニアリ、又居ト云《え》バ常カラ云《い》、窮ト云バ有レ事上デ云《う》コトユヘニ居敬ガ先ニ出申候。シカレドモ、右云タ品々ハ申スニ及バズ、或ハ文行忠信*、或ハ博文約礼*ナド云コトマデモ、凡ソ学ノ事ハ皆仁義ノ両端ノ工夫ノ外ハ無レ之由仰ラレ、此旨ヲ覚《おぼえ》居申候。

曰、先《ず》ソレホドノ合点ナレバヨク候。

丑*三月五日

先生曰、サテモ〳〵先年離別ノ時ハ、イツカ再会イタスベキト存ジ候ガ、ウツリ来リ、又互イニ無レ恙《つつがなく》対顔イタスコト、悦ニタヘズ候。

曰、再ビ拝顔仕リ辱《かたじけな》キ次第ニテ候。併《しかし》先年別《るる》ニ望ンデ、同ジ貌《かほ》ニテ上《あが》ツテハ御満足ニナイト被レ仰候。今両年ヲヘダテ拝顔仕ルト云ヘドモ、犬ノ年ヲトリタルニ均《ひと》シキコトニテ無《き》二面目一次第ニ候。且《かつ》*先書ニ申上ルゴトク、母ニワカレ候時、永期相慎《む》コト呉々仰下サレ候ニ、不実ユヘ相守ルコトモ無レ之、罪戻《ざいれい》申シ尽シガタク、今日拝顔申上様モ無レ之候。

曰、其事ヲモ噂サ申候。勿論力不レ足、守リノ立ヌヲヨイトハ申サレズ候ヘドモ、此等ノコトヤ、モスレバオ、イカクスヤウニナリタガリ候。アリ体ニ申シ聴《きかせ》ラレ候処、日頃ノ志ユヘト感心スル処モ有レ之候。力ノタラヌ処ヨリ踏《ふみ》損ゼラレタ上ハ無二是非一候。*以往ノ工夫ガ大事ニテ候。サテ御老母御不幸、無二是非一候。*老大人御無レ恙ノ旨、何ヨリ悦シキコトニテ候。*某生ニモ不仕合《ふしあわせ》ノ由、驚入候。其元《そこもと》ノ書面デミレバ*天年ヲ終ラレタトハ相聞《あいきこ》ヘ候ヘドモ、孫子タルノ心、天年ヂヤト云テ悼戚《とうせき》残念ノ厚薄可レ有レ之ナラネバ、心底ヲ存ジヤリ痛々シク存候。但*何《いずれ》モ助力ニテ葬事無二遺恨一由、セメテノコトト存候。

曰、ソレニツイテ問目指上ゲ候ヘバ、御加筆被レ下、会得《えとく》仕候。右ノ類《たぐ》ヒニ時勢ヲ斟《しん》酌《しゃく》仕ラネバ処シガタイコトドモ御座候。第一、*君ノ祖先、私ノ先祖トモニ、通俗月々*精進《しょうじん》、仏参《ほとけまいり》仕候。公令ニテハ無レ之候ヘドモ、ソウセネバナラヌ味ニテ候。是ハイカヾ可二心得一候ヤ。

曰、風俗デセネバナラヌナレバ毎月ノ精進モ仏参モヤツパリ人並ニ為ラレタガヨク候。ソレホドノコトヲ人モ怪シムヤウニ角《かど》ヲ立ルハ下手ナコトニテ候。一概ニハ云ハレネドモ、俗ニスルコトデ吾モセネバ味ノワルイヤウナコトノ軽イコトハ、人並ニヤツテ棄タガヨク候。独立シテ俗ヲカマハヌト云ハ事ニヨルコトニテ、*ソコラデ云コトニテ無レ之候。但表向ハソレ、*内証ハ心次第ノコトニテ候。ナマジイニ内証マデモソフ心得テオレバ、反ツテ悪シキコト多ク候。精進ナラバ精進デオルハヅガ、*水《みず》アヱデモシタリ油《ラ》アゲデモ喰ヱバ、ソレハ精進日デ*ナイヨリハ美味ヲ嗜ムニテ候。其上月期ト立テ、精進モスル位ヒナラバ、謡《うたい》モ諷《うた》ハヌハヅ、人ト笑談モ遠慮スベキコトヂヤニ、ソコラノ慎モナケレバ、愈〻狎《な》レ穢

以往　今後。
老大人　相手の父親のことをいう。
某生　ある男、というほどの意。
天年　天寿。
何モ助力ニテ　誰もが助力したので。
君ノ…私ノ…　主君の先祖・個人の先祖のまつり。
精進　魚肉鳥獣を食せぬなど、仏教式の服喪。
ソコラ　そんな場合。仏式の月々精進、仏参のこと。
内証　本心、内心。
水アヱ　鳥魚の肉、野菜の類を酒・酢であえたもの。
ナイヨリハ　ないどころか。

トカク　なんと言っても。

朔望　一日(ついたち)と十五日、旧暦の。

饌　飲食の供えもの。

慭イニ…為ダテ　無理にもこしらえて用意する。

望拝　遠方にあってはるかに拝する。

茶湯　神仏に供える湯茶の類。

旦那寺　その家が先祖の墓を設け供養してもらっている寺。

尤　ことに、そのほかに。

素饌　精進料理を供える。

ル、ニナリ申候。*トカク死日ハ一年ニ一度ヨリ外無レ之候。

曰、然ラバ今日道理ニカナフ様ニ俗ニ順ヒ礼ヲ制シテ処置セフナレバ、イカヾ可レ有レ之ヤ。

曰、ソレハ大事ノ詮義《せんぎ》ナレバ今日チョツトハ申ガタイ。

曰、私家ノ神主《しんしゅ》ノコトハ兄某且《かつ》小妻ニ備《つぶ》サニ申シ置候。个様《かよう》ニ官遊、他郷デハイカヾ可レ仕候ヤ。

曰、ソレハ紙牌《しはい》ヲ立テ、*朔望《さくぼう》、拝ヲナシ、佳節ニハ酒果ヲ供ヘ、忌日ニハ*饌《せん》ヲ供ルハヅノコトニテ候。但シソレハ爰元《ここもと》デハナリガタイ事体ニテ可レ有レ之存ジ候。*慭《なまじ》イニソレヲ為《し》ダテヲシテ、公用ナド出来《いできた》リ粗末ニナレバ如何ニテ候間、*望拝ト云テ朔望ニハ其方《そちら》ニ向フテ香ヲ焚キテ拝シ、忌日ニハ紙牌ヲ立テ*茶湯《ちゃとう》デモ為《す》ルクラヒ可レ然候。紙牌ハソノ時々ニ焼テ棄ルコト。望拝ハ何モナシニ其方ニ向フテ拝スルマデノコトニテ候。紙牌ナレバ其間ノ床《とこ》可レ然候。ソノ処置ハ合点ニテ可レ有レ之候。

曰、*旦那寺《だんなでら》ニ主君ノ先祖ノ墳墓有レ之、*尤《もつとも》浮《ふ》屠《と》ノ建タ位牌ト云モノ有レ之候。墓所ハマコトラシク覚ヘ候ヘドモ、是ハ通例月々ニハ不レ拝候。又浮屠ノ位牌ヲ拝スルハ固ヨリウソラシク覚ヘ候。コレハイカヾ可レ仕ヤ。

曰、ソレモ先キニ云トホリ人並ガヨク候。但墳墓ハ行テ拝スル味トハ旨ガ違ヒ候。御別条ハナイカナド御懐《なつか》シキ心ナリカラ御見舞ヲ申スニテ候。是等ノコト古昔モ有ツタト見ヘテ、程子スラ忌日ニハ*素饌《そせん》ナサレテ相国寺ヘ御参詣アリタ、ト云コトニテ候。世ノ勢ガドフモ不レ得レ已《やむをえざる》カラハト云筋カラコウアルコトニテ候。イカ様ニモナラウナラバ好ムコトハ無レ之コトニテ候。止ムコトヲ得ヌ上カラノ工面《くめん》ニテ候。相国寺ナレバ*本《ほん》ノ神主ガアラフ様ナシ。然レバ程子モ定メテ浮屠ノ位牌ヲ拝セラレタニテ可レ有レ之。

曰、爾来*広木兄ノ音信ヲ不レ承《うけたまわらず》候。イカヾ候ヤ。

曰、ナルホド息災ニ候。但シ其元上京候ハヾ必《ず》早速上ル心ニテ居申候ガ*イナコトニナリ申候。*アチラカラ云ヘバ幸、コナタカラミレバ不幸、今マデハ伯父ニカヽリ居申候ユヘ上京自由ニテ候処、一家共《とも》タツテト申《し》、別家ヲ為レ持《もたせ》母ヲ養ハセ候。母ヲ養フハヨケレドモ上京不自由ニナリ、学業半加《はか》ドリ申マジキヤト気ノ毒ニ存候。第一、自分ガ*気ノ毒ハ、文蔵ガオル中ハ、昼ハ事多ク、ナリガタク候ユヘ、夜々ニ「近思録」・「中庸」・同*「或問《わくもん》」「輯略」ナドノ口授ヲ申付テ、寝ラレヌトキハ何《い》ツト定メズ夜中デモ夜明デモタヽキ起シテ書カセ候。「近思録」モ*致知ノアタリマデ出来タカト覚ヘ候。コレヲ代ツテ勤ル者ナク、力ヲ落シ申候。文蔵キハメテノ丈夫者ニテ候ユヘ、ソコハヨク勤メタコトニテ候。

曰、*文次郎兄ハイカヾ。

曰、日々ノ勤学于レ今《いまに》怠リ不レ申、ヨホド形《か》タモツイタ方ニテ悦《び》申候。

曰、*橋口兄ハ頼モシク相見ヘ候ガ。

曰、ナルホド〳〵今モ頼モシク候。御国元デモ其元《そこもと》唱誘《えう》ユヘカ同志ノ人モ少々出来タルト相見《え》珍重ニ候。但先書ニ、某生コト、チヨト申コサレ候。心疾ト相キコエ、甚《だ》心元ナク存候ユヘ、*書中ニ、薬療ノミニテハ験《しるシ》有ルマジク候、但平生*漫々地ニ静養スルコト肝要ニ

本ノ神主　本当の、儒教流の位牌。

広木兄　広木文蔵忠信。

イナコト　異なこと。

アチラカラ…コナタカラ…　一面では…他方では…。

気ノ毒　当惑、迷惑。

同或問輯略　「中庸或問」一巻・「中庸輯略」二巻。いずれも朱子の編撰。

致知　近思録十四門のうち第三門。

文次郎兄　浅見文次郎安直。

橋口兄　橋口善介。

書中ニ　自分(強斎)から春水への返書のこと。

漫々地ニ　ゆるゆると。

テ候。「*自省録」答二南時甫一書は、治す二心疾を一ノ良法也、徐《ゆるゆる》と読ミ候ヤウニ御進メ、尤ニ候。近比《ちかごろ》面白コトニテ候。答二李中久一書、是ハ「*朱書節要」ノ終リニ載レ之、熟読尤ニ候。退渓之学深厚ナルコト可レ見候由、申入タルコトニテ候。ソノ義伝ヘラレ候ヤ。

曰、某生コト、先ずハ廃学ト相見候。殊更ヤガテ旅行仕リ候。中々私ナドノ力ニテ救ガタク候。ソレユヘ御書中ヲ相伝ルニモ及バズ候。マタ時節可レ有レ之ヤト存ジ候。

曰、ナルホド〱。ソレナレバ責付ヌガヨク候。只棄ズ*漸ヲ以テ引返スガヨク候。随分セカヌヤウニ、棄ズ心ヲ付ラルベク候。

曰、サテ*某生コト不埒《ふらち》千万、可二申上一様モ無レ之候。

曰、サレバノコト。但シ心疾ト相キコヘ候ユヘ、相考ル処ワルフシテ、道中ニテ炎熱ニアテラレツナドセラレタラバ変事出来リ可レ申ヤト、是ヲ無二心元一存ジ候ガ、其元ヨリ無レ異《かわりなし》ニ江戸着ノ段被《され》二申聞《しか》一、安心申候。ミナ若気《わかげ》ユヘノコト、咎《とが》ムルコトモ無イコトニテ候。サテ又*某生ヨリ「孟子」ノ問目越サレ候。*義利之辨ガサツパリトセズ、ヒヨンナコトヲ申越サレ候ユヘ、有増《あらまし》ヲ申シツカハシ候。コレハ学術ノ枢要切緊ナルコトニテ候ヘバ、*批《ひ》答《とう》ニツイテ反復詮義《せんぎ》モアレカシト存ズル処、其以後何ノ沙汰モ無レ之候。イカヾ候ヤ。*義《ぎ》者《は》宜《ぎ》也ト訓ズルユヘ、宜ヲ義ト云合点デ、義ハ事ノ首尾ヲ合スコトノ様ニ呑込マレ候ヤト存候。義ヲ取リ舞《まわ》シテ説ケバ宜トモ訓ゼラルレドモ、宜ガ直グニ義ヂヤト云ヤウニナルト以《て》ノ外ニテ候。其外「*易」ニアル利ノ字ノヤウナコトモハシ〲見ヘ申シ候ガ、イカナル合点ヤラト存ジ候。

自省録・朱書節要　朝鮮李朝李退渓(名は滉、一五〇一―七〇)の編著の「自省録」(巻一のみ)と「朱子書節要」二〇巻。朱子の論書の選録を主としている。両書とも闇斎が高く評価し、彼の学問の形成に大きく取り入れたもの。答南時甫書・答李中久書はもとより朱子が門弟に与えた書簡。

漸ヲ以テ…　だんだんと本心に引きもどす。

某生　岡本「松田清八」と傍書あり。

某生　岡本「牧野信蔵」と傍書あり。

義利之辨　辨は弁別・区別。論語、里仁にすでに、君子の意識は義にあり小人の意識は利にあり、と言い、孟子には下述のごとく開巻第一章、梁恵王上に、この仁義と利との弁別選択の原理的重大性を強調した問答がある。

批答　下のものの意見や報告に対し上のものがその可否を判定して答える文章。

義者宜也ト訓ズ　古訓。中庸章句二〇章にも「義者宜也」。宜とは万事具合のよいこと。訓とは説明・解説。

易ニアル利ノ字　易、乾卦、文言伝に「利は義の和なり」という。

某生　岡本「信蔵」と傍書あり。

好勇…　孟子、梁恵王下に、斉宣王が自分は勇・財・色を好むから天下に王たりがたい、というに対し、孟子は、そのこころを他人に及ぼせば即ち天下に王たる道である、と言った。某生の合点では、天下に王たることが即ちまた利であるということになる。
独リ　ひとりでに、自ずから。
張儀・蘇秦　戦国時代の外交弁舌家。国益の擁護拡張のために他国に対して道義をたて前とした弁をふるった。
鍛錬　実地の学習。
佐和山　滋賀県彦根の東の山。城あり、関ケ原合戦後井伊家に与えられ、のち彦根藩の所領となる。浅見絅斎・若林強斎のゆかりの地。
半助　岡本宣就。上泉秀胤に小笠原氏隆流兵法を学び、彦根藩主井伊直孝の軍師となる。代々半助を通称とする。
日取時取リ　日の吉凶・時刻の吉凶の選択。
孤虚　兵家が方位や日取りについて用いた、吉凶を卜う術。十干と十二支との配合にもとづき、十二支のいずれかを孤または虚と定め、これを凶とする。「握奇経」を書いた風后による「孤虚」二〇巻があったという。
旺相　陰陽五行家の説。五行の各について、その気の消長を旺・相・死・囚・休の五段階に分け、旺相に当れば時を得るとし、休囚に当れば時を失うとする。
天官ズツテ　天官は星を官階に擬して序列したもの。ここでは天文や天時。天文天時になずんで。
明ニ在テ　よくわきまえ知っていて。

曰、其事ハダヽイ彼方《あなた》ニテモ申シテ見タコトニテ候。「孟子」ノ首章、王何《ぞ》必《ずしも》謂《わんや》レ利《を》也、亦有《る》ニ仁義一矣而已《のみ》ノ句ヲ、*某生合点ハ、*好《み》レ勇《を》好《み》レ財《を》好《む》レ色《を》ノ論ト同ジヤウニ順デ説レタコトデ、孟子ノ語意ハ、ナゼ初カラ利トオシヤルゾ、ソレデハ反《ッ》テ利ノ得ラレマセヌ、利ヲバカマハズニ此仁義ヲ行ハルヽト彼《かの》利ハ独*リ成就シテ得ラレマスルト説カレタト云合点ニテ候キ。其外、利者《は》義之和ト云コトニモ心得タガヒモアツタソウニ相聞へ候。其以後御批答ニテ会得《えとく》仕リタ趣ニ相聞へ候。

曰、ソレハ先ヅ珍重ニテ候。アソコガソレナレバ孟子ハ張*儀・蘇秦モ同ジコト、散々ノモノニナリ申候。

曰、兵学ノ筋ニツイテ伝ヲ受ケ申候コト有レ之候。其書モコレアリ候。然レドモ鍛*錬ノ上ニテ伝ヲウケタコトニテ無レ之ユへ、会得シガタキコトドモ有レ之候。此コトハ御相談ヲ仕リタク候。

曰、ナルホド、合点ノイクコトナラバ其伝ヲモ受ケ料簡モアラバ相談申ベク候。但シ兵学ト云ヘドモサマ〴〵アルコトトキコヱ候。*佐和山《さわやま》ニ岡本半助ト云人有レ之候。是ハ名高キ*半助《の》子孫ニテ、于レ今《いまに》兵学ノ家ニテ候。然ルニ岡本氏代々可笑《おか》シイ心疾ヲ病ミ出シテ早世申シ候。ソノ訣《わけ》ヲキケバ、此兵学ガ全ク*日取時取《ひどりときどり》リニカヽツテオル流デ、ソレカラ右ノ心疾モ引出シタモノトキコへ候。*孤虚《こきょ》・*旺相《おうそう》モ兵学ノ中ニアルコトヂヤト云合点ナレバヨイニ、コレヲ大切第一ノ事ト心得テ天*官ズツテキタモノユへニ、ソレカラ可笑シイ疾ニモナツタモノトキコへ候。元祖半助ハ*明《カ》ニ在《っ》テソノ惑ハナカツタレドモ子孫ハ只其枝葉ノコトニナツタトキコヘ候。アノ「孫子*」ガ夫《れ》兵者《は》詭《き》道也ト云味ガ其ノヤウナコトデアラフ様無レ之候。

曰、私ハ鍛練仕リタルコトハ無レ之候ヘドモ、相伝仕リタル旨ハ中々左様ノコトニテハ無レ之、甚《だ》面白キコトニテ候。伝ヘ候者《は》、「孫子」ノ道ノ字ヲ説テ云云。其外深秘相伝ノコト云云。此等ノ説デ見レバ、必岡本氏ノ兵学ノヤウニハ無レ之コトト存ジ候云云。

曰、ナルホド面白ソウナコトニテ候。其義ハ猶ソノ書ヲ以相談可レ申候。道ノ字ノ云分《いいぶん》、見ル処有ルコトト相聞《え》、面白ク存ジ候。但シ其元ノ話《シ》ノ口先モマダ詭道ノ旨ヲ得ズ、世上デ云《う》イツワリアザムクト云様ナ合点トキコヘ候。ソレデハ面白ク無レ之候。アノ「孫子」ガ夫兵者詭道也ト云タ処ニハ甚《だ》味ノアルコトデ、言ガタイ処ヲヨク云タコトデ、コノ味ガ詭ノ字デナケレバウツラヌコトノ、サテコレヲ理屈デ説クト詭デ無レ之候。面*々黙契セネバナラヌコトニテ候。先《まず》詭ト云ハドウトモカウトモ一決セヌ、手ノ見ヱヌコトニテ候。コレデナケレバ必勝ノ妙ヲ得ラレヌコトデ、コヽガ大将ノ一心ニ蔵《おさむ》ル大切ノコトニテ候。風*后ガ「握奇経」ト云モノ有レ之候。言イ伝ルハ、風后ハ黄帝ノ軍師デ、其人ノ書ヂヤト申シ候ガ、ソレハシカトシタコトハ知レ不レ申候。何カハ知ラズ、ズンド古書ニテ、面白イ書ニテ候。何ヨリモ先ヅアノ握《ル》レ奇《ヲ》ト云ヲ表題トシタガ兎*角云ハレヌコトニテ候。惣体世間デ奇ノ字ノ旨ヲトクト知ラズ、況ヤ握奇ト云コトナドハイ*サヽカ詮義《せんぎ》ヲセヌコトニテ候。先《ず》機*ト云ハ*弩弓《どきゆう》ノヒキ金ノカ、ツテオル処ノコトニテ候。コヽガ動カントシテ未《いまだうごかぬ》レ動処デ、ドウ動カフヤライツ発セフヤラ端末ノアラハレヌ者ニテ候。未ダ弦《つる》ヲカケヌ処モ機デナシ、発シタ処モ機デナシ、可《く》レ発《す》シテ未《だ》レ発《せ》、未レ発シテ将《スル》レ発《ント》ノキザシアル処ガ機ト云モノニテ、

孫子ガ… 孫子、始計「兵は詭道なり、故に能あれども不能を表示す」。詭はあざむく、たがえちがえる、の意。

面々 一人ひとりが。

風后ガ握奇経 風后は伝説上黄帝の大臣。「握奇経」一巻はその兵法書という。実は唐の独孤及の「八陣図記」にもとづく偽託の書。

兎角… あれこれと言い切ることのできぬ妙味がある。

イサヽカ… すこしも考究しない。

機 握奇経は握機経とも書かれている。

弩弓 弩は引金のしかけ(これが機)のある弓で、矢・石をとばす。黄帝の創作と伝える。

此機ノ字ヲカラクリト訓ズルモ此意ニテ、発動ノキザシヲ含デオルカラ機ト云タモノニテ候。*喜怒哀楽ノ未レ発ハ静、感《ずる》レ物《に》ハ動、其動静ノ静ヲ云コトデハナク、将レ動未レ動処ノコト、コレデヨク機ノ字ヲ合点シタガヨク候。然ルニ握ルレ奇ヲト云タガ面白イコトデ、即《ち》機ノ字ノ旨ニテ候。コノドウ動カウヤラ*ヅンド手ノミヘヌ、シカモ定ラヌナリナ物ヲ、ヒシト握テ我物ニシテオルト云ガ大将一心ノ*釆幣《さいはい》ニテ、コヽニ千転万化、無窮之勝ヲ制スル処ガ有ルコトニテ候。何ト握奇ト云タハ面白ク無レ之候ヤ。

曰、機ノ字ヲ云ハヌデモナク候ヘドモ、只発動ノ係ル処ヂヤト云マデノ合点ニテ候。今日御物語ヲ承リ始テ機ノ字ノ合点ガ参リタ様ニ覚ヘ候。機ノ字全ク活《いき》テオル味ト存ジ候。

曰、ソレ〳〵、能《よく》合点。機ノ字ハトント活キニ活キカヱツテオル字ニテ候。サテ「孫子」ガ詭ト云タガ、*必至ト握奇ノ旨ヲ得テ我物ニシテ云タ言ニテ候。右ノ通リ云テクル中ニ、詭道ト云ヒ握奇ト云ヒ、言ハ異ニシテ其旨ノ黙契シタ味ガキコヱ可レ申候。コヽガ「孫子」ガ用《もちい》レ兵ヲテ妙ニ至ツタ処ニテ候。サテ兵ヲ動ス段ニナツテハ、堯舜デモ文王・孔子デモ、彼詭道デナケレバナラヌコトニテ候。コヽノ味ガ甚ダ大切ナコトニテ、ウカト聞クト大ニ聞誤ルコトユヱ、終ニ誰レニモ此コトヲ話シ不レ申候。今日幸ニ話シノ端モオコリタユヘ、斯クハ申スコトニテ候。必《かならず》々他ヘ物語リ無用ニテ候。心得タガイ可レ有レ之コトニテ候。

曰、*至極仕リ候。ナヲ反復ノ上、不審ノ所可二申上一候。サテ先年ハ*沢山ニ存ジ候テ上京仕リ候テモ、早々御見舞モ不二申上一、徒《いたずら》ニ年ヲ過シ候。幸ニ又罷《まかり》上リ候ヘバ、コノ

喜怒哀楽ノ… 中庸首章「喜怒哀楽之未発、之を中と謂ふ。発して節に中(あた)る、之を和と謂ふ」。周濂渓の通書に「寂然不動は誠、感じて遂通するは神、動きはしたが形にあらはれぬ、有と無との間、これが幾(機)」と。

ヅンド ズンド。打消の語を伴って、まったく…ない。

釆幣 大将が士卒の進退を指揮する具。また指揮すること。

必至ト ひっしと、ひしと。ぴったりと間隙なく。

至極仕リ 十二分に承知する。

沢山ニ… 多くのことを計画して上京したが。

度ハ外事*ヲ投却シテ随分相勤ル覚悟ニテ候。兼テ申上候通リ官事繁多ニ候ヘバ、時節ヲキハメテ*罷出候コトナリガタク候。折々隙《ひま》ヲ見合セ参上可レ仕候ヘバ、別段ニ御講習ヲナサレキカサレタク相願ヒ候。

曰、イカニモ此方モ其合点ニテ、其元上京次第何ゾヨム工面《くめん》ニテ候。

曰、左《さ》様候ハヾ弥《いよいよ》此義ヲ相願ヒ候。其中、在京中篇ヲ終リ候書ニテ無レ之テハ残念ニ候。先年「大学」*経文ヲ承リ候ヘバ、此度《このたび》ハ伝文ヲ承リ候ガ次第ヨク可レ有レ之候ヘドモ、コレハ荒増《あらまし》御話シヲ承リ筆記仕リオキ候ユヘ、コレヲツナ*ニシテ講義ヲ仕立、経文ノ如ク御覧ニ入、御加筆被レ下候ヤウニ仕タキ所存ニテ候。次デハ「論」「孟」ト存ジ候ヘドモ中々在京中ニ終リ申マジク候。此義ハ品ヲ踰《こ》ヘタ*コトニテ候ヘドモ、此度ハ何トゾ「中庸」*ヲ承リ度存ジ候。コレモ「或問」「輯略」マデハ及ビナク存候。先ず章句*ノ大旨ヲ何トゾ承リ度候。

曰、拙者カネテ存ズルモ「大学」ノ伝文ト存候。然レドモ只今段々ノ工面ヲ承レバ、再会ノ期モ知レズ、其上「論」「孟」ハ其力サヘアレバ問目デノ吟味モナラフコトニテ候。「中庸」ハ兼テモ申ス様ニ学術ノ帰宿要領ノ書ユヘ、中々問目ナドデハイケヌコトニテ候。余義《よぎ》ナキ志願ニテ候間、イヨ〳〵「中庸」開巻*可レ申候。但シ是ハ等ヲ踰タコトヂヤト云コトヲ踏マヘテ聴カレタガヨク候。其元、ユルリトシタ*コトナレバノリコヱテ中々「中庸」トハイカヌコトニテ候。

外事　学道以外の余計な用事。

キハメテ　とりきめて。

大学経文…　四書の中の大学(もと礼記の中の一篇)は、朱子学では、まず孔子の言を曾子が述べた経一章、そして孔子の旨を曾子が述べて門人が記した伝十章より成る、とされている。

ツナ　綱。基礎、柱。

品ヲ踰ヘタ　品は岡本「等」に作る。学問上の段階を飛びこえた。

中庸　前文の大学・論語・孟子とならんで、中庸を加えて四書と呼ぶ。中庸は四書中最も高深とされていた。

章句　朱子の「中庸章句」のこと。

開巻　書物をひらく。読みはじめる。

ユルリトシタ…　気をひきしめてやらないと、品(等)ヲ踰ヘタ中庸学習などむつかしいぞ。

三月十日　同じ年(享保六年)の。

詭ノ字ハ孟子ニモ　孟子、滕文公下に、御の名人の王良が下手な射猟者のために馬車を御した。法規どおりに御したら一日かかって一つもとれなかった。詭遇して御したら一朝で十とれた、とある。集註に「詭遇とは不正に禽(獲物)に遇ふなり」。

応事接物　事物に応接する。ものごとに対処する。

則　孟子の原文では「範」の字。

先ヘ構フ　結果の利害をあらかじめ計算して態度をとる。

取リマハシ　考えのつけ方。

間ヲ渡シ　其場かぎりの都合をつける。

ケモナイホウガラナ　気もないほう殻な。からっぽで何の気配もない。

オゾイ　悪がしこい、ずるい。

公事巧ミ　公事は金銭などについての訴訟ごと。訴訟上手。

手　やり口、手口。

戦国ナドノ説…　中国の戦国時代の説。荘子や名家の、人知による判断を相対的な、したがって相互に転化しうるものとする説があった。

*三月十日

曰、先日詭道ト云コトヲ仰ラレ候ヘドモ、打カヘシテ承ルコトモ無レ之候。先ヅ*詭ノ字ハ「孟子」ニモ出タ字デ、「孟子」ニアル趣《おもむ》キヲ考ヘ候ニ、御《ぎょ》ノ事ニ限ラズ*応事接物ノ上ニハ兎角義理当然ノ*則《のり》在ツテ、則《のり》ニ従ヘバ裕《ゆたか》ニアル筈也。ヨシハ裕ニ有ラフトアルマイト*先ヘ構フコトナシニ身ノ則《の》リニ従フテ行フハヅヲ、身ノ則リニ構ハズニ、其場〳〵ニ従フテドウナリトモ先ノ手首尾ノヨイヤウニ間《ま》ヲ合ハシテユクガ、王良ガ云タ詭遇ノ旨ト存候。「孟子」ニアルハ个様《かよう》ナ味ニテ候ヤ。

曰、ナルホドソノ通リデ、チト*取リマハシガチガイ候。詭遇ト云ハドウナリトコウナリト向フナリニ首尾ヲ合スト云マデヾ、身カラ云ノ先カラ云ノト云詮義ハ入リ不レ申候。其上「孟子」デハ範ト云ニ対シテ云タコトデ、殊ニ詭遇ト遇ノ字ヲ帯テ云コトユヘ、ドウナリト*間《ま》ヲ渡シテ見苦シカラフトキタナカラフト獣サヘ得レバヨイト云コトニテ候。又「孫子」ガ云タハ別ノコトデハナケレドモ、ソウ云味ニテハ無レ之候。「孫子」ガ旨ハ握奇ノ旨ヲ詭ノ字ヲ仮《かり》テトイタモノニテ候。詭ノ字ヲイツワリトヨムカラシテ、甚コヽノ味ガ紛《まぎ》ラハシク見ニクウナリ申候。先ヅ同ジイツワリト訓ム字ノ中ニテモ、虚ノ字ハダヽイ*ケモナイホウガラナコト、誕《たん》ノ字ハ実ニ過ギテ云コト、チヨツトサワツタヲ握《にぎ》リ拳《こぶし》デクラハシヲツタト云ヤウニ仰山《ぎょうさん》ニ云ナスコト、詐《さ》ノ字ハ*オゾイ、巧ミナコト、*公事《くじ》巧ミナド云ヤウナ類ニテ候。偽ハ真ノ字ニ対シテ云字デ、似セルコト。詭ハ先ヅ詐ノ字ニ似テ又詐トモチガイ、只ドフトモコウトモ*手ノ見ヱヌコトニテ候。*戦国ナドノ説ニ、黒イガ白イヂヤ、白イガ黒ヂヤ、黒イニヨツテ白イガ白イ、スレバ黒イガ即白イト云モノ、白イニヨツテ黒イガ黒イ、スレバ白イガ即チ黒イヂヤ、知アルガ無知、無知ガ知ヂヤ、知ノ実ハ無知デ、無知ノ実ハ知ヂヤト云ヤウニ、ドチラガドフヤラテンガマンガニ*一定ノナリノナイコトニテ候。俗ニテンガマンガト云ルイニテ候。コレガ、*一定ノナリガ見ユルナリ勝ヲ失フナリニテ、ヅンドコヽノ測リ知ラレヌガ詭道、即《ち》握奇ノ旨ニテ候。事実デ云ヘバ、懸《かか》ルヤラ引クヤラ夜討ニクルヤラ伏兵ヲ為ルヤラ、ドフトモコフトモヅンド手ノ見ヱヌコトニテ候。コヽガ先日モ云トホリニ、ワルウスルト匿《カ》クシテ見セヌニナリ、又ハ常住ダマシテスルコトノヤウニナリ申候ガ、ソレナレバ匿クシテ見セヌノ、常ニダマシヲ打ツノト云形ガ見ヱ申候。仁ノ術ト云術ノ字ノ説キガタイモ此ノ味ニテ候。

畢竟握奇ノ旨ヲツメテ云ヘバ知ノ妙用ニテ、知ノ蔵《かく》レ潜《ひそま》ツテアルト云モノデ、*知蔵ヲ兵法デハ握奇ト云テ知ノワザナリニ蔵《かく》レテオルコトニテ候。ソレデ握奇ト云ヘドモミナ格物ダケノコトニテ候。何ント云テモ格物ダケヨリ外ノ握奇ハ無レ之候ユヘ、湯武ハ湯武ナリノ握奇、*斉桓・晋文ハ桓文尺《だけ》ノ握奇ニテ候。コヽヲ詳《つまびらか》ニ説ケバ握奇デナシ詭道デナシ、黙会セネバナラヌト云ハコヽノ味ニテ候。アノ「握奇経」ハ定メテ古《いにし》ヘ*大司馬ノ家ニ伝ハツテ深秘ノ書ニテ、中々常人ノ見ルコトハナラナンダコトニテ可レ有レ之候。定テ大司馬ノ家ニハ様々ノ書モアラフ、其中デモアレガ枢要ノ書デ*有ツラガ、何トゾシテ後世ヘ残ツタト相見ヘ申候。惣ジテ天下ノコトニ秘スルト云コトハナイコトニテ候ヘドモ、只兵ハ秘スル上ニ妙用ノアルコトニテ候。宋朝ノ*宗沢ガ*岳飛ニ云レヤウハ、足下百戦百勝ノ様子ヲ見

一定ノナリ　きまった形、規定。

一定ノナリガ見ユルナリ…　形があらわれてくるともう勝を失うようになるものなので。

知蔵　↓四八八頁注「智ハ義ノ蔵」

斉桓・晋文　斉の桓公・晋の文公。春秋五覇の代表的二公。覇とは武力で周の天下をまとめること。

大司馬　周の官制で武官の長の名称。

有ツラ　岡本「有リツラン」。

宗沢　北宋の末、徽宗・欽宗の二帝が金によって捕獲されたのち、南宋の東京(開封)留守となって威望あり。

岳飛　宗沢の部将として金軍と善戦したが講和派の秦檜の手でしりぞけられ獄死した。

続通鑑　清の畢沅撰「続資治通鑑」二二〇巻。司馬光の「資治通鑑」をつぎ宋元二朝四一一年間の史事を記す。高宗建炎元年の項。

城取陳取備立　城の構え・陣の構え・陣の排置。陳は陣と同じ。

直解ヤ講義　兵書七種をまとめて「七書」といい、中に「孫子」がある。七書には金の施子美の「七書講義」一二巻と明の劉寅の「七書直解」一二巻等がある。

ル二古ノ名将ト云ヘドモ及ガタシ、只恐ラクハ古法ニヨラズ、故ニ我秘伝ヲ授クルト云テ、古ノ良将ノ定ムル処ノ良法ヲ集テ一巻トシテ岳飛ニ見セラレタレバ、岳飛一通リ見テ指戻《さしもど》サレタユヘ、宗沢ノ云ハレ様ニハ、将軍心ヲ留テ熟《よ》ク見ヨ、トアルコト也。其時岳飛ノ云分ニハ、ナルホド一通リハ聞ヘマシタガソレデハイケヌトアルニツイテ、其訣《わけ》ヲ尋ラレタレバ、岳飛ノ云ハル丶ハ、運用ノ妙ハ存《す》二一心《に》一トナリ。此一言ノ対《こたえ》ニサバカリノ宗沢モ我《が》ヲ折テ歎伏セラレタト云コトガ、「*続《ぞくつ》通鑑《がん》」ニ相見ヘ候。此等ガ実ニ握奇ノ旨ヲ得タ云分ニテ候。勿論修行ハ*城取《しろどり》・陣取・備立《そなえだて》カラ格物シテユカネバナラヌコトデハアレドモ、ソレヲ兵法ト心得テオルハ拙《まず》イコトニテ候。此味ヲ知ラズニ「*直解」ヤ「講義」ナドハ経書ヲ説クヤウニ「孫子」ヲ理屈デ説イタモノユヘ、片腹ノ痛イコトニテ候。アノ「孫子」ノ書ノナリヲミルニ神妙不測ナ説キヤウニテ候。「*集註」ニハ古ノ名将、*曹操・*李靖《りせい》ナドガ註ガ挙ゲテ有レ之候。ソノ説キヤウヲ見ルニ、字義捌《さば》キデハナク、皆旨ヲ得テ引《き》トリ〳〵説テ有レ之候。*魚腹浦ノ八陣ヲ桓温《かんおん》ガミテ常山ノ蛇ヂヤト只一言デ説タナドガ、深ク*八陣ノ旨ヲ得タト云モノニテ候。ソレヲ天地風雲、竜虎鳥蛇ト分ツテ、方位ハドフデノ、八卦ニアテ丶ノナド云切リデオルハ、実ハ兵ヲ知ラヌ者ノコトニテ候。サテ此ハナシハ先日モ申ス通リ必々他人ヘ咄シ無用ニテ候。心得チガイ有レ之候ハヾ、大ニ心法ヲアヤマリ可レ申候。

曰、先日ノ問、ツマビラカナラズ、肝心ノコトガ抜ケ申候。*祖考ナド忌日ハ如何処セラレ候ヤ。

曰、*正忌日ニハ*一位ヲ*正寝ニ出シ饍ヲ居《す》ヘ、兄弟ドモ打ヨリ焼香仕ル工面ニテ候。

集註 宋の吉天保が孫子の注釈十種を集録した「孫子十家注」一三巻。
曹操 魏王、武帝。後漢末の大乱を鎮定した。魏武帝撰を称する孫子注が伝えられている。
李靖 唐の太祖太宗に仕え大いに武功あり。「李衛公問対」という兵法書が伝えられている。七書の一。
魚腹浦ノ八陣…常山ノ蛇… 晋書、桓温伝「諸葛亮が八陣の図を魚復平沙の上に造る…桓温見て此れ常山の蛇の勢なりといふ」。桓温は晋の武将で軍功あり、後に簒奪を謀りやがて病死した。これは西の蜀を征した時のこと、蜀の諸葛亮が石を並べてつくった八陣図を見たのである。常山蛇勢とは、孫子、九地に「善く用兵するは率然の如し、率然とは常山の蛇なり、首を撃てば尾至り、尾を撃てば首至り、其中を撃てば首尾ともに至る」。常山とは恒山、五岳の中の北岳。魚腹は魚復の誤写、四川省にある。
八陣 軍陣の八型。古来種々あり、下文の天地云云は握奇経にあり、魚復平沙に諸葛亮が図したのは洞当・中黄などの八型。その他に方位・八卦に配当するものもあった。佐藤直方の韞蔵録巻之八、太極講義並易数八陣説を参照。
祖考 祖は先祖、考は亡き父。
正忌日 仏式でいう祥月命日。
一位 当該の死者の神主のこと。
正寝 表座敷。

曰、ナルホド、ソレガヨク候。但シ*斎《さい》ノコトハイカヾ。

曰、斎ヲ仕ルト云ホドノ所存ハ無レ之、只前夜ヨリ精進ニテモ仕ルマデノ合点ニテ候。

曰、ソレハチト略《し》スギ候。三日斎スルハ*古制ニテ候間、三日ノ斎ガヨク候。左レドモ古制ノ斎ノヤウニハ時勢ナラヌコトニテ候。コレモ*心喪ノ旨ニテ心斎スルガヨク候。前三日ノ間ハ無レ拠《よんどころなき》コトハセウコトモナシ、先ナリタケ宴楽ノ席ヘ出ヌヤウニ、*臭ノアシキ物ヲ喰ハヌヤウニ、酒ヲ飲マヌヤウニ、魚鳥ニテモ生マ〱シキ物ヲ喰ハヌヤウニ、淫事ヲ避ケ、ナラフナラバ寝処ヲカユルガヨシ。固ヨリ手前ヘ客ヲ招キ酒宴楽遊セヌヤウニ、謡《うたい》ヤ小歌モウタハヌヤウニ、読書講習ノ外ハ先ハ静ニシテオルヤウニ、此位ノコトハセフトオモヘバナルコトニテ候。ソレモ老人ナドノ相伴《しょうばん》トカ、何トゾ止ムコトヲ得ヌナラバ、魚鳥モ喰ヒ、ソノ余ノコトモヤツパリ心ニハ忘レネドモ止ムコトヲ得ヌト云事体ナレバ不レ苦《くるしからず》。ソノ内淫事ト酒トハキワメテ避ルヤウニ為ルガヨク候。乾肉ナドハ強イテサクルニ及バズ。只身ヲ穢サヌヤウニシテオルコトニテ候。

曰、左様ホドノコトハセウト思ヘバナルコトニテ候。向後ハ何トゾ少々ヅヽナリトモ仕習ヒ候ヤウニ可レ仕候。サテ*主人ノ忌日ハ。

曰、君ノハ*方喪ト云テ父ノ喪ニ較《たく》ラブルコトニテ候ヘバ、忌日モ右ノ格ニナゾラヘ、料《りょう》見《けん》可レ有候。サテ我先祖モ親疎ニ従フテソレ尺《だけ》ノ*降殺《こうさい》有レ之候ヘバ、君モ先ヅ四代ト云ウチニソレ〱ノ殺《そ》ギ可レ有レ之候。其中ニ又其国ノ*大宗ガアルモノニテ候。コレハ*四代ノ数ニカマハヌコトニテ候。

斎　祭祀に際しての食事などの身心のつつしみ。
古制　たとえば礼記、祭義に「斎すること三日」。
心喪　師の死に際し、服喪の規定がないから、正式でなくひそかに父の喪にならって服喪する(礼記、檀弓上)。
臭ノアシキ物　にら、にんにくの類。
主人　主君。
方喪　君の死に際し、父の喪にならって服喪する。喪服はつけない。方は比例の意(礼記、檀弓上)。
降殺　服喪において親から疎にうつるにしたがって服制・期日など軽減する。殺は衰、減少の意。
大宗　王公の家において大功のあった祖先の称。大は太の誤り。
四代ノ数　父、祖、曾祖、高祖か。

曰、主人ノ忌日、三日斎《い》ミシテサテ当日ハイカヾ。

曰、望拝可レ然ヤ。ソレモ望ム方ガナシ。坐席ノ上坐ガ可レ然ヤ。ソレモ私宅ナレバ恐アリ。コレハドフモ処シヤウ無レ之。可レ嗟《なげくべき》コトニテ候。今日デハ只如レ此ニ慎《つつしん》デオルガ主人ノ斎ヲスルニテ候。

曰、当日ノ寺参リハイカヾ可ニ心得一候ヤ。

曰、浮屠《ふと》ノ建タル位牌ニ何ノ神霊ノアルベキイワレ無レ之候。此寺詣リヲセネバ俗ニモトリ異ナモノニナルユヘ、*一太刀《ひとたち》アテヽ通ラネバナラヌコトヂヤト云マデコソアレ、心ニアヅカルコト曾テ無レ之候。

曰、月忌ハイカヾ。

曰、曾テ構イナイコト。但*老大人ナドノ心ニサワルヤウナコトナラバ*茶湯《ちゃとう》デモスルガヨク候。惣テ神へ事ルノ道、煩ラハシキヲキラフ事ニテ候。煩シケレバ狎《な》レ褻《けが》ル、ニ至リヤスク候。

曰、元日・*上巳《じょうし》・端午《たんご》・七夕《たなばた》・*重陽《ちょうよう》、ソノ時節モテハヤス物ヲソナフルコトモトヨリニテ候。*八月朔日ヲ武家ニテハ節句ト同ジヤウニ致シ候。コレモ節句ニ可《く》レ准《ず》候ヤ。

曰、勿論ノコト。

曰、*在所ノ祭リ、其外*八月十五夜、九月十三夜、七月十五日ノ類、俗ニモテハヤスコト多ク候。是等ハイカヾ。

曰、芋《いも》名月ニハ芋ヲ薦《すす》メ、豆名月ニハ豆ヲ薦メ、所ノ祭ナラバ、京都デハ鯖《さば》ノ鮨《すし》、田舎

方　方向。

一太刀アテヽ…　軽くつきあって通りすぎる。

老大人　父親のこと。

茶湯　↓四九〇頁注

上巳　陰暦三月はじめの巳(み)の日。中国の古、春祓の日とし又遊戯した。後来は三月三日とする。

重陽　九月九日。九は陽数。

八月朔日　八月一日。八朔と通称する。町方農家いずれでも祝った。また徳川家康の江戸入城の日とて武家では格別の日とされた。

在所　居住している地区。

八月…九月…七月　名月(芋名月)、後(のち)の月(豆名月)、および盂蘭盆会の日。

デハ赤豆飯《あずきめし》、ナニニテモ其所《ところ》々ニモテハヤス物ヲ*奇麗ニシテ、今日ハ祭リ、今日ハ此事ト告テ薦ル宜《よろ》シク候。其外一家親類ヨリ来ルモノニテモ奇麗ナラバ先ヅ御前ヘト云様ナ家風ニ仕ナスガヨク候。

曰、朔《ついたち》ニハ*櫃《ひつ》ヲ開キ、*望日、廿八日ニハヒラカズ候。佳節或ハ不時ニチヨツト物ス、ムルトキハイカヾ。

曰、*晨謁《しんえつ》ナドニコソ毎日ナレバ櫃ヲ開クハ煩ラハシキト云コトニテ候。其余ハスベテ開テ薦ルガヨク候。毎晨《あさ》茶*初尾《はつほ》ヲ上《たてまつ》ルナラバ日々ニハ開キガタク可レ有レ之候。

曰、処々ニ氏神ト云モノ有レ之候。私ガ在処ノ氏神ハ鉤姫《かぎひめ》大明神ト申候。此神霊ノコトヲ承レバ、嘗《て》*源三位《げんさんみ》頼政《よりまさ》、鵺《ぬえ》ヲ射タ恩賞ヂヤト有テ若狭《わかさ》ノ矢代《やしろ》ト云処ヲ下サレ、領シテ居申候。然ルニ*二条院讃岐《にじょういんのさぬき》ト云ハ頼政ノ女子、不行儀ナルコト有レ之、矢代ヘ追下シオキ候。其頃、我袖ハ、ノ倭歌ヲヨメルトヤラ申テ、沖ノ石ト云石モ猶海中ニ有レ之候。コレハ傅会《ふかい》ノ説ニテモ可レ有レ之歟、トカク讃岐ガ霊ヲ祭タヂヤト申候。家中挙《こぞ》ツテ*麻上下《あさがみしも》デ社参仕リ候ヘドモ、私ハ終ニ社参不レ仕候。コレニツイテ同学ドモト前方《まえかた》議論仕リ候。私存ジ寄《り》ハ、尊キ神ナラバ何ガサテ参詣可レ申候ガ、頼政ノ女子ナレバダ、イガ此方ハ*賞翫ニモナシ、其上淫婦トアレバ*自分ニ在テモ恥テ為ザル処ナリ、ナンノ意義有テ男児タルモノ上下ヲ着テ拝礼可レ申ヤ。若シ*狄人傑《てきじんけつ》ヲシテ今日ニアラシメバ必除去《のぞきさ》ルベシ、ト申タコトニテ候。此等ノコトハイカヾ可二心得一候ヤ。

曰、イカニモ〳〵、拙者モ其元ノ論ニ左袒《さたん》スベク候。狄人傑アラバニテ候。但俗説ニ*江

奇麗　清潔。また見事。

櫃　神位、位牌などを安置する箱の類。

望日廿八日　陰暦の十五日と月末。

晨謁　毎朝の拝。

初尾　岡本「初穂」に作る。初物(はつもの)。

源三位頼政鵺ヲ…　平家物語四に、源頼政が、近衛天皇の時、雲中の怪鳥を射落した、とある。頼政はのちに平清盛に抗し、ついに自殺した(治承四年〔一一八〇〕)。

二条院讃岐　二条天皇に仕えた歌人。うたに因んで、沖石の讃岐と称せられた。千載集、恋二「我が袖は潮干に見えぬ沖の石の人こそ知らねかわく間もなし」。小倉百人一首に入る。

麻上下　近世の武士庶民の礼服で、肩衣(かたぎぬ)と袴と。なお羽織は肩衣の略式。

賞翫　尊重すること。

自分　わが身内。

狄人傑　狄仁傑。唐の臣。司法官として厳正中正、有能。淫祠を除く。七〇〇年没。

江戸ノ神田…　神田明神社。平将門は関東に新皇を称し、天慶三年(九四〇)に死んだ叛将。

戸ノ神田ハ平ノ将門《まさかど》ヂヤノ、*四条ノ御旅所《おたびしよ》ノ菅者殿《かんじやでん》ハ土佐坊正尊ヂヤ、ソレデ*誓文《せいもん》バライヲ為ルナド云ツタヘ候。以《もつ》テノ外ノコトニテ候。神田ハマサシキ素盞烏尊《すさのおのみこと》也。菅者殿モ素盞烏尊ニテ、今ノ誓文*バラシト云コトヲ*松下ケンリンガ某ノ書ニ辨ジタハ、誓詞ヲマタヌ正直ノ神ト云コトデ、実ハ*誓文返シト云コトニテ、サテ祇園《ぎおん》ト御旅所ト二所ニアルハ神道ノイワレ有レ之コトヂヤト云コトニテ候。此タグイノコト甚多ク候。コトニ何姫彼姫《なにひめかにひめ》ト姫ノ字ヲ付テ云ニハ、マ、天照太神ヲ鎮メ祭タガ有レ之モノニテ候。其上*大明神ト云モ讃岐ニハ結構スギタホドニ、トクト古事ヲモ吟味可レ有レ之候。サテ其イワレノスマヌマデハ*ホツテモ参詣ハナラヌコトニテ候。

曰、処々氏神ト云ニ*神明ヂヤノ*八幡《はちまん》ヂヤノ云タグヒ多ク候。然ルニ皆天子ノ*大宗廟ニテ候ヘバ、私式ガ妄リニ神前ヘ近ヅキ拝ミ申スコトハ甚勿体《もつたい》ナキ様ニ存ジ候ユヘ、*ムサトハ拝ミ不レ申候。イカヾ可ニ心得一候ヤ。

曰、ナルホドソウモ見ユレドモ、又我国ノ風俗ガ、*アナタノ御影《おかげ》デ今日ガ立テオルト思フカラ仰ギ尊トミ、或ハ年頭又ハ旅立《たびだつ》トキハ身ヲキヨメ難レ有《ありがたし》ト思フ心デ拝ムコト、ナンノ非礼ト云ホドノコト無レ之候。コトニ伊勢ノゴトキハ日《ひ》ノ本《もと》ノ主ノ御神ニテ、御子孫綿々トシテ今日ニ至リ、一人トシテ此御神ノ恩徳ヲ蒙ラザル者ナク、上下貴賤ユルシテ参詣スルコトモナルヤウニ仰付オカル丶カラハ、アナガチ非礼ト云コトデモナク、且神道ノ筋ニオイテモ戻《もと》ルコトナイコトナレバ、サノミ理屈ヲコネルコトモ入《ら》ザルコトニテ候。色々ノ立願ヲシタリ諸願成就ノ*絵馬《えま》ヲ掛ルヤウナコトコソイカガナレ、上下貴賤オシナベテ、

四条ノ… 京都四条京極祇園。御旅所は神輿渡御祭のときの一時奉安殿。菅者殿は官者殿・冠者殿と書く。土佐坊正俊＝常陸坊海尊(源義経の従者)を祭るとは俗説。正尊は誤り。

誓文バライ 商人などが一年の詐悪を払うため十月二十日に祭り、大売出しをする、恵比須講のことで、恵比須は商売の神、京都では四条京極に参詣した。

バラシ 岡本「バラヒ」に作る。

松下ケンリン 松下見林、名は秀明、大阪の学者で高松藩に仕えた。国学・古典に博通し、「異称日本伝」などを著す。元禄十六年(一七〇三)没。

誓文返シ 誓約文証文などは不要であるとて返却すること。

大明神 鉤姫大明神のこと。

ホツテモ 決して、どうしても。

神明 神明の社。天照大神を祭る社の特称。

八幡 八幡大神。応神天皇を祭るという。

大宗廟 宗廟は先祖を祭祠する社。

ムサト 無分別に、軽率に。

アナタ あなたさま。神々のこと。

絵馬 祈願や報恩のこころで社寺に奉納した、馬などをかいた額。さらに奉納の額の類をすべて絵馬という。

アナタガ我国ノ主《ある》ジデ、アナタノ御影《おかげ》デト、今ニ人心ニ徹底シテオル処ガ、何カハ知ラズ著《いちじる》シク難レ有処ニテ候ヘバ、右云通リ斎戒シテ可レ拝レ之コトモトヨリニテ候。サテ煩シク近付カヌハ本ヨリノコトニテ候。

曰、*取リ交ゼタル話シニテ候ガ、*大津ノ御蔵所ハ風致ノ処ト相見ヘ候。矢橋《やばせ》ヲ船ニテワタルトテ遙ニ望ミ見申候。嘗テ三井寺《みいでら》法師ノ申候ハ、今*加賀ノ太守ノ屋敷ノ処ガ*京極殿《どの》ノ時分ノ大津ノ城ニテ候由、其頃三井寺モ*石田ニ組スベキヤトテ人質ヲ取ラレ、貧乏鬮《くじ》ヲトツテ老僧一人児《ちご》二人鬮ニ取リアタリ、城ヘ入リ申候処、諸人ハ鉄炮ノ音ニテ色ヲ失フト云ヘドモ彼老僧ハ泰然トシテ居ル故ニ、士ナドモ恥入タト称美申候ガ、実ハカナツンボウニテ候ヒシ由。*逢坂《おうさか》ノ方ヨリ*大石炮ヲ打カケタトキ少シキコヱ候ヤ、彼老僧、此軍《いくさ》ホド鉄炮ヲ打ヌ軍ハナイ、今只一ツ鳴ツタト申候由、此コト三井寺ニテ咄《はな》シ伝《つたえ》候由。其後右ノ城ガ今ノ膳所《ぜぜ》ヘ引ケ申候由。*漸《ようやく》百年ノ間ノ変化、驚入タルコトドモニテ候。サテ世間ニカワリタルコトハ聞及レズ候ヤ。

曰、イカサマ*佐和山ニハ騒動ノコト有リ候由承リ候。書付モ見申候云云。

曰、サレバソノコト、此義甚無ニ心元《こころもとなく》一、未ダ委細《いさい》ヲ不レ存候ユヘ、寝食ヲ安ンジ不レ申候。此ノコト必《ず》々他言《たごん》有レ之間敷《まじく》候。ダヽ、イ此庵原《あんばら》主税ハ知行《ちぎょう》八千石取リ、木俣《きまた》清左衛門ト両人ハ国ノ*宗臣、国トトモニ存亡ヲ同フスルノ人ニテ、シカモ主税妻ハ*当掃部《かもん》殿ノ*従弟カ姪《めい》カヤラニテ、*旁《かたがた》イワレアルコトニテ候。イカナル仔細ニヤ、去ル五日ニ*大小《だいしょう》ヲ取上ラレ、家老役三千石取リ候沢村角右衛門ト云者ニ預ケラレ候由為レ知《しられ》申候。コノ主税ガ*家長《おとな》ハ野

取リ交ゼタル… はなしはそれるが。
大津ノ…矢橋… 琵琶湖八景の一、矢橋の帰帆のこと。矢橋から大津の打出浜に向う舟中からの美景をいう。御蔵所は直轄領。
加賀ノ太守 加賀藩主の前田家。
京極殿 豊臣から徳川への移行の際、大津城には京極高次がいた。高次は淀君の従弟、そして徳川に組した。
石田ニ… 石田三成は豊臣方。
逢坂 逢坂山または逢坂の関。山城(京都)と近江(滋賀)の境にある。
大石炮 火薬仕掛けの大砲。もとは石を弾とした。
漸 だんだん。
佐和山 佐和山から彦根に移った藩主井伊家のこと。
宗臣 代々の家臣。
当掃部殿 井伊家は代々掃部頭を称した。当主(現在の城主)は井伊直惟(なおよ)、当時三十歳すぎ。
従弟 岡本「従妹」に作る。
旁 いろいろと。
大小 刀と脇差。武士の佩刀。
家長 乙名。譜代の後見役。

村新左衛門ト申シテ、絅斎門弟ニテ、志モ有レ之、出処《しゅつしょ》モ見事ニ、取捌《とりさば》キ中々疎忽無レ之者ニテ候。*当春下リ候時ノ咄《はなし》ニ、主税コト器量余リ有テ血気ツヨク候ユヘ、タマ〳〵ハ*太過ナコトドモ有レ之*気ノ毒ト申シタマデデ、聊《いささ》カ左様ノ変《へん》ノ可レ有様子ハ不ニ相聞一。ナニトゾカワリモアレバ拙者モ聴クワケノコトニテ候。新左衛門コト、主税若年ヨリ後見ヲシテ傅《も》リ立、今此首尾ニ至ルマデ何ユヘウカトシテ居タコトゾ。附託ノ責ヲ受テモリ立《て》タ主人ヲ、*コノ極ニ為《し》ナシテ、何ンノ面目アリテ*人前ハ致スベキヤ、トツ、ヲイツ思テミテモ、コレホド怪シキ疑ハシキコトハ無レ之候。只恐ルヽ処ハ、当掃部殿随分利発ニハ有テ年若《としわか》也、木俣モ老成ノ人トハキコヱズ、庸材《ようさい》ソウナリ。主税モトヨリ年若也。国ノ不幸危急ノ秋《とき》ニアタリ申候ユヘ、互ヒノ若気《わかげ》ヨリ出来タコトカ、ソレナレバマダ恥シイコトトハキコヱ不レ申候ガ、何トハシタコトゾト存ジ候。

ダ、イ佐和山ハ、祖宗ノ風ヲ追フテ随分質素ニテ武ヲ講ジシマリ切タ家中ニテ候処ニ、不幸ナコトハ当掃部殿ノ*兄子早世ニテ、是カラ家法ガ崩レ申候。早世メサレタ掃部殿ハ先祖*直澄《なおずみ》ノ風義アル人ニテ、随分質朴ニ、下ヲ撫《なず》ル心モアツシ。先年上使トシテ上ラレタトキモ中々シツポリト*ソヽケヌコトデ、頼《たの》モシク候処ニ早世ユヘ、*親《おや》掃部殿直光《なおみつ》ト申ガ再ビ出テ国務ヲ取ラレ候。此人ハ代々ノ家風ニ違ヒ、只結構ナ華麗好キナ人ユヘ、コレデソロ〳〵ト家風モアシクナツタニ、二度マデノ仕置ユヘ、家中モ奢テ困窮シ*内証モ薄クナリ申候。ソノ已後家中ガソヽケテキタコトニテ候処、只今掃部殿ハ早世メサレタノ弟ニテ候ガ、家中今ニオチツキ不レ申、毎年五人三人ヅヽ、暇《いとま》ノ出ヌコトモナク候。親掃部殿ヲ隠居メサ

当春下リ候時　今年の春自分が国もとに京都から帰ったとき。
太過ナ　やりすぎの。
気ノ毒　心配な、むねがいたむ。
コノ極　こんなひどいこと。
人前ハ致スベキ　面目が立つか。
兄子　井伊直恒、宝永七年(一七一〇)八月相続、十月死去。
直澄　初代彦根城主直政の孫、井伊直澄、延宝四年(一六七六)没。
ソヽケヌ　乱れてばらばらにならないこと。
親掃部殿直光　直興(なおおき)の誤りか。当主の親、先代の彦根藩主直該(なおもり)の致仕後の名。享保二年(一七一七)没。
内証　一家の財政、くらしむき。

レテ善翁*ト申シ候ガ、死去後三年ヲ待ズシテ普代*《ふだい》ノ者ナド暇《いとま》ヲヤラレタモ有ﾚ之候ユヘ、何カハ知ラズ、ミナ〳〵眉ヲ顰《ひそ》メ居申候。万万一尤《もっとも》ナ暇《マ》ノヤリ様デモ、親ガ死デ三年*モスギヌニ家久シイ者ニ隙《ひマ》ヲヤツテ追ヒ出スハ何トカト存ジ候キ。当掃部殿ハ右ノ通リノ上、両大臣モ年若ユヘ、兼テ*危ク存候。此主税コトハ世間ニ云器量者ニテ候。善翁殿在世ノ時、家風衰ヘ家中モアシクナリユクコトヲ、年寄《としよつ》タ者モ是ヲ心ニモカケズ只ウカ〳〵トシテ居申候ニ、此《の》主税十八カ九ノ年、善翁殿ノ御前《ごぜん》ヘ罷出《まかりいで》、委細ニ其《の》趣《おもむき》ヲ申上ゲ諫諍《かんじよう》シテ、ソレデ善翁殿モ目ガ醒メテキテ、チト奢リモ休《や》ミ申候。又当掃部殿、昼夜ノキラヒナク鷹野《たかの》・河狩リニ出ラレタコトノ止ンダモ、此主税ガ諫メ申候由。其外数度諫言モ仕リ、武気モアリ才力モアリ勇気モ余リ有テ頼《たのも》シキ人ニテ候ガ、只怨《うらむ》ラクハ不学ニテ大臣ノ体ヲ知ラヌ男ニテ候。ソレユヘ、善翁殿ノ時ノ花車*ヲ古風ニカヱソフト為《す》ルナリガ血気カラ出テアライユヘ、カルハヅミニケヤケイ*コトモ有ﾚ之様子ニ相見ヘ候。イカナルワケ候ヤ気ヅカハシク存候ユヘ、トカク善助ヲツカハシ、様子可《うけたまわるべし》ﾚ承ト存候。

曰、私義モ年来ヨイカワルイカ読書モ仕リ、殊ニ先年教誨ヲ蒙リ候以後ハ、何トゾト存ジ候ヘドモ、今ニ形《カタ》ノ付タルコトモ無ﾚ之、此間《このかん》ツク〴〵ト存候ニ、今マデノ学問ノ致シ方デハ形《タ》ノ付ヌハヅヂヤト存候。タトヘバ書ノ上デモ談論スルトキモ、父母三年ノ喪《も》ノコトヲ云ヘバ、知レタコト父母三年ノ喪ハ聖人ノ教ト云ヒ、人情ノ実ト云ヒ、ドフモ息《や》マレヌコトヂヤトナルホドソフ思テ左様ニモ申セドモ、退テ自己ノ欲スル処ヲ観レバ、中々三年ノ喪ヲツトムルホドノ実心無ﾚ之候。スベテノコトガ是デ、書ヲ

善翁　直興の号は全翁。
普代　譜代。代々仕えてきたもの。
親ガ死デ三年　論語、学而などにも「三年、父の道を改むることなし」。
兼テ　まえまえから。
花車　華奢。
ケヤケイ　ケは異。異様な、変っている。

読ミ義理ヲ講ズル処ハ次第ニヨイヤウニナリ候ヘドモ、イツマデモ自己ノ功夫ニナリ不レ申候。コレデハイツマデモ埒《らち》ノ明ヌ筈ヂヤト存候。

曰、学者*泛然《へんぜん》トシテ書ヲ看過シ自反ノ功夫少ナキハ古今ノ通病《つうへい》ニテ候。ソコラニ省察有レ之ハ至極ノコトニテ候。然ル上ハ、気ノ付ヌウチコソ是非ナケレ、気ガツイテカラハソウナイ様ニトツテカヘサルベキコトニテ候ニ、今ノ其元ノ語意ハ、将来モ亦如レ此上達ナイヲ尤《もっとも》ト尤《とが》ヲ以往ニ付テスマサル、様ニ相キコヘ候。ソウシタコトデハ甚《だ》拙者望ヲ失ヒ候。

曰、ナルホド仰ラレ候通リノコトニテ其ノ段モ料見仕《つかまつ》リ罷《まか》リ在《あり》候ヘドモ、出ルマ、ニ申上、一ツモ其言ヲ践《ふみ》不レ申候ユヘ、妄リニ*キザダテニモ不《ず》レ被《られ》二申上《しげ》一、実ニ存ズル趣ヲ申上候。但シ此段ヲ申上候ハ、将来ヲ敬ミタキ存念ユヘノコトニテ候。此上ハ幾重《いくえに》モ御教誨ヲ蒙リタク存候。書ヲ見ルコトヤ事ニ処置スルコトハ、年ユヘカ稍《やや》と前ヨリハヨイカト存ズルコトモ有レ之候ヘドモ、ダ、イノ根情《こんじょう》ガドフモスマヌモノニテ御座候。

曰、イカニモソウ有ベキコトニテ候。カネテモ申ス様ニ、存養ノ筋ハソロ〳〵トナルモノデ、言語モ行事《こうじ》モシホラシフハナルモノニテ候ヘドモ、ソレハナニホド見事《みごと》デモ、ダ、イニ*ドミガ有テハイツマデモ君子ノ膚ヲ得ラレヌコトニテ候。ドフシテモ*ウツキリトシタ者ニナライデハ、天ノ照鑑ニ愧《はじ》ヌ人ニナツテ死スルコトハナラヌコトニテ候。ソノウツキリトナイハ品々アルコトナレドモ、ツメテ云ヘバ色カ利カ名カ、此三ツヨリ外ニハナイモノニテ候。飲食男女ハ*平生服御ノモノデサテコレホド節制シガタイモノハ無レ之候。古《いにしえ》聖賢ミナ這裏《このうち》ヨリ工夫ヲ為シ出《いだ》シ来ルトアレバ、コ、ガ大切ナコトニテ候。

泛然ト…看過シ　うかうかと…読みながし。

キザダテ　わざとらしく、もっともらしく。

ドミ　どんより曇る、にごりがある。

ウツキリ　鮮明な。すっきりした。

平生服御　日常茶飯と同じ。服御は衣服車馬。

サテ先日*艮《ごん》ノ字ノ旨ヲ面白ク思ハル丶、*別号ニ付タイトアルコトデ、存養ノ筋ハ目当《めあて》ガヨクキコヱ候。然レドモ、只存養バカリデ彼克己《のこくき》ノ工夫ガ無ケレバドウシテモウツキリト無レ之モノニテ候。ソノウツキリトナイハ、大源名利カ色欲デ、サテ*面々ニ別シテ病ノ甚シイ処ガアルモノニテ候。*曾子ノ三省モアレ三ツデ万事ガスムデハナク、右ノ三ツガ、曾子ノ心カラ省ラル丶、所ニ不足ガ有ニツイテ个様《かよう》ニ功夫ヲセラレタモノ也。スベテ古人ノ功夫ノ為方《しかた》ガミナ我病気ノ甚シキ所ヲ取テヒシグコトデ、一ツ取テヒシグコトガナレバソレダケノ力量ガ出来テ、ソレダケノ学ノス丶ミニナルコトニテ候。此病気ヲ打ヒシグコトヲ得《え》セズニ、*義理モ行ヒナガラ我欲ノ方ヘモサハラヌヤウニト云ヤウナナマヌルイ工夫デハ、中々イクコトニテ無レ之候。*謝上蔡ガ珍イ硯《すずり》ヲ得テヒタト此ヲ愛スル心ガ発《おこ》ツテ、邪魔ニナツタレバソノ硯ヲ微塵ニ打砕《くだ》カレタト云コトモアリ。又物ヲ善ク書タイ欲ガ有タレバ一管六文ノ筆デ書イタト云コトモアリ。此等ハ甚シイヲカシイヤウナコトナレドモ、*大体デハ根抜《ねぬ》ケガナラヌユヘニテ候。トント踏ミ込ンデ*二念ヲツガヌヤウニセネバイケヌコトニテ候。自分モ嘗テ書物ノヨゴレルコトガ風《ふ》トイヤニナツテ、混《ひ》タト撫摩《なでさ》スルヤウニナリ、ウツケタコトヂヤト存ジテモ又ハ発《お》コリ〱シテ、トカク心ニ息《や》マレズ候。其頃或人ノ咄シニ、*キクタント云法師ハ新シキ書ヲバ先初カラクル〱ト巻イテ表紙ヲモミイタメテ、如レ此《こう》シテ見ルデピン〱トセイデヨイト申シテ、新シイ書ヲ見ルニハ必《ず》ソウスルト云コトヲキ丶、コレハヨイコトト存テ、ソレカラ書ヲトルト無理ニクル〱ト巻テ見候ヘバ、彼《かの》書物ノヨゴレルヲイヤニ思フ心ガノキ申候。ドウシテモ甚シイホドニイカネバ克己ノ工

艮ノ字　艮は易の卦の名。艮とは止の意。当然の地にしかと止まり、私欲をおって人や物に迷い煩うことなき旨の卦。

別号　山口春水の別号は艮斎。

面々ニ　各人めいめいに。

曾子ノ三省　論語、学而「曾子曰く、吾れ日に三たび吾身を省みる。人の為めに謀りて忠ならざるか、朋友に交はりて信ならざるか、伝へられたるを習はざるか」。

義理モ…我欲ノ方ヘモ　朱子学では天理＝義理と我欲＝人欲とを相いれぬものとして峻別する。

謝上蔡ガ…　不詳。

大体デハ　大雑把な、よい加減のやり方では。

二念ヲツガヌ　欲念が断ちきられずひきつづくようなことがない。

キクタン　岡本「菊潭」に作る。

夫ハ形《カタ》ノツカヌモノニテ候。禅学ガ、随分道理モワルシ工夫モワルケレドモ、トカクコヽニ力ヲ用イテコヽノ詮義ガ精《くわ》シイユヘニ、ドウシテモ位ガ高ク候。アノ様ナコトニテ合点可レ有レ之候。其元《そこもと》ニモ兎角自己ノ*病根ヲホシテソレヲ取テシメル功夫ヲメサレ可レ然候。

曰、病気ヲ申セバ、持タヌ病気モ無レ之候。其内尤《も》病気ノ治シガタキ有レ之候。多言ニテ御座候。タマ〳〵ニハ心付《き》、嗜《たし》ナンデ見申候ヘドモ、腐《くち》タ縄デ奔馬ヲ繋イダヤウニテ、心ガ付テオルウチハ左モナイヤウニ候ヘドモ、ソノ手ノ下ヨリヌケ申候。ソレカラ*支《わか》レタリ誕《いつわつ》タリスルコト、覚ヱヌウチニイクラモ可レ有レ之存候。ソレユヘ、「*言箴《げんしん》」ヲ読メバ貌《かほ》ガ赤フナルヤウニ存候。サテ其多言ナラシムル処ニハイヤナ味ガ御座候。私、生レ付気ガ盛ンニ御座候ユヘ、*シト〳〵ト心ニコタエテ*言《は》顧《みる》レ行《を》ト云ヤウニ申ガタク、*滑稽《こつけい》ナド申ヤウニテ只*狂言奇語ガ申タク候。コレモ心ガウワツイテ居テヂツチリトスワラヌユヘト存候。サレドモコレ等ハ存養ノ足ラヌ筋ニテ、心ノ内ニハ慚《はず》カシイコトハ無二御座一候ガ、人ニ向フト説キトフナル根本ハ、*為《ためにする》レ己《の》ノ合点デナク、向《う》レ外《に》気象カラト存候。トカク向《むこ》フズツテ自己ノ反求無レ之処ニテ、畢竟ハ利発ガ人ニ見セタイ味カラト存候。是カラ心ノ守リガ抜ケ申候テ、百事不善ニイタルヤウニ存候。

曰、ナルホド、キコヱ申候。ソレハ*カイトツテ云ヘバ矜《ほこ》ルト云コトニテ候。ソレハ甚《だ》治シ難イ病気ニテ候。云ヘバ*名ノ筋カラ出ルコトニテ候。

曰、如《く》レ仰《おおせの》私モ左様ト存ジ候。利欲モツヨク候ヘドモ、是ハ自己ニ恥シイト云息《や》マレヌ者ガ御座候ユヘ、制シ易イヤウニ覚ヘ候。色欲最モサカンニ御座候ヘドモ、是ハ心

病根ヲホシテ　悪念を全部根こそぎ。

支レタリ誕タリ　すぐあとの「言箴」の中のことば。ことばは、簡易にすぎると虚誕になる、煩瑣にすぎると支離滅裂になる、という。

言箴　程伊川が視聴言動の四についていましめた四箴の中の一つ。ことばが逆に心を妄動させること、ことば一つで大きな吉凶が分れることなどをいましめている。

シト〳〵ト…　しっとりと心にひびいて。

言顧行　中庸一三章「言は行を顧みる、行は言を顧みる」。実行以上の言葉はないか、言葉のとおりに実行しているか、と反省する。

滑稽　人情の機微をうがったうまい語り口。

狂言奇語　狂言は冗談口。奇語は綺語で、虚飾のことば。

為己　論語、憲問「古の学は己れの為めにし、今の学は人の為めにす」。集註に「為己とは己れに得んと欲するなり、為人とは人に知られんとするなり」。

カイトツテ　とりまとめて、要約して。

名　虚名、虚栄。

ハトモアレ形《チ》デ踏違ヘヌコトハ亦ナリヤスイコトニテ候。只名ヲ好ム心カラ心ガ向フズリニナリ外ズリニナリ、イツト定メズ言語上ヨリ崩レ申候処、ドフモ取リ留メ難ク候。此間《このあいだ》同役ト閑話ノ序《つい》デ私申シ候ハ、先年在京ノ時ノコトヲ存ズレバ、若気《わかげ》ノ多イコト、意思気象ノワルカリシコト、兎角申シガタク、思出シテモ汗ノ出ルヤウニ存候。但个様《かよう》ニ申セバ只今ハヨイヤウニ候ヘドモ、依テレ旧ニ*小人ニテ候。御奉公ト云イ、足下先年ノ芳情ト云ヒ、此度ハ何トゾ*其元《そこもと》ノ助ニモナリ、不レ足《たらざる》処ヲ補ヒ申度《したき》所存ニテ候ヘドモ、*ダヽイノイガミ直《なお》リ可レ申トモ不レ存候。申マデハ無レ之候ヘドモ無《く》二心置《き》一異見ヲ加ヘ給リ候ヤウニ、ト申候ヘバ、同役申候ハ、ソコニ遠慮イサヽカ無レ之候。旧交ト云イ、コトニ互イニ善ヲ責ルガ交ルノ道デ、オキモナヲサズ御奉公ニテ候ヘバ、互イニ心底ヲ尽シ可二申談《しはなす》一候。サテ無遠慮申サバ、其元ハ多芸ト云、学力ト云、決断ノ才ト云、*此元《ここもと》ナド被二相勤一候ニハ余リアル器量ト存ジ候ガ、一ノ疵《きず》ニハ気象ノツヨイカラ、*活略《かつりやく》ニ過ル処ガ相見ヘ候。サテ又学力有テ多芸ナ処カラ、*孫譲ノ気象スクナク矜《ほ》コル気味ガ相見ヘ申候。此両事ガ少シ工夫ガ足ラヌヤウニ存ジ候旨、申候。*旦暮参会仕ル同僚ノ申ヤウモ、先生ノ察セラルヽ如クニテ候。ココハイカヾ功夫ヲ可レ仕候ヤ。

曰、同僚ノ言ハ*頂上ノ針ト存候。其元ニ於テハ無《く》二比類一過分ナ言ニテ候。能《よく》操守可レ有レ之候。サテ*津田氏、サホドノ人トハ不レ存候。ヨクモ被レ申候ト不《ず》レ堪《たえ》二感心《に》一候。近頃《ちかごろ》〳〵頼モシク候。サテ其元ノ功夫ハ、*言先《ことバさキ》デトメテモトクト直リニクヒコトニテ候ヘドモ、言

小人　私欲にひかれること多く、徳の薄き、くだらぬ人間。君子の対。
其元ノ助ニモナリ　あなたのご援助にもあずかり。
ダヽイノイガミ　根本の邪曲。
此元ナド　私どものやっている役目などは。
活略　岡本「濶略」に作る。おおまか。
孫譲　遜譲。
旦暮　朝晩に。平生いつも。
頂上ノ針　頂門の一針。頂門は針灸術のツボで百会。このツボに鍼をすると頭脳精神がひきしまる。
津田氏　注意を与えた同役の名であろう。
言先デトメテモ…　ことばの上だけのことにしたのでは内心まではよくなりにくいのだが。

ニ慎《む》ナリガ直《すぐ》ニ内ヲ養フノ工夫ニナリ申候ヘバ、先《ず》言語上ニテ必至ト御慎可レ有レ之候。言テワルイハ言フ上デトメルト云ガヌキサシノナイ*端的ノ旨ニテ候。御用向ハ辨論シ尽サネバナラヌコトニテ候。又其元ニテ講習有レ之ハ是亦結構ナルコトニテ候。是ニヒカヘルコトハ無レ之候。手前ニテ拙者トノハナシハモトヨリ義理ノ討論ニテ候。*此三ツヲ除テハ、云ハデ叶《かな》ハヌコトノ外ハトント云ハヌト可《く》レ被《る》レ立《て》候。工夫ノ文字ハ寡黙ノ二字ニ落着《おちつき》申候。コレヲ坐右ニハリ付テナリトモ、此二字ニ恥ヂヌヤウニ御心得可レ有候。マヘニモ申ス通リ、トカク情欲ヲアシラウハ、ナマヌルフテハイツマデモ根ガ抜ケヌ者ニテ候。大勇力ニテ克《かち》去《ら》ネバイカヌコトニテ候。*「大学」ノ明徳ノ伝ニ克ノ字ノ出タガコヽニテ候。コヽニ形《カタ》ガツカイデハ男児トハ申サレズ候。ヨク料見可レ有レ之候。

*神代巻ニ伊諾尊《いざなぎのみこと》ガ伊冊尊《いざなみのみこと》ニ御訣《わか》レナサレテ思召《おぼしめし》ワスレラレナンダレバ、ナミノ尊《みこと》ノ幽霊ガ出テ何ト払ラヘドモ〴〵トカク慕イ来テハナレナンダトアルハ、情欲ガヘバリ付テキテ、何ントシテモ又ハオコリ〳〵、並ミ〳〵ノコトデハ兎角根ノ抜ケナンダ勢ニテ候。ソノ時ナギノ尊千引《ちびき》ノ*盤《いわ》ヲ以テ坂路ヲ絶チ塞《ふさ》ガレタト有レ之候。千人シテモ引ウゴカサレヌ大磐石《だいばんじやく》デ坂路ヲ絶チ塞グトアル味ヲ考ラルベク候。大勇猛ノ精力ヲフルフテトント克己ナサレタツヨミ、ドウモ申サレズ候。カクノ如ク志ヲ立テテ、克己シ去ライデハ何ンノ益《やく》ニ立不レ申候。義理ノ方モソムカヌヤウニ又情欲モ行ル、ヤウニ見合セ分別《ふんべつ》ニワタツテハ、スツキト欲心ガ勝ヲトツテキテ、イツデモ後手《ごて》ニナリ申候。神道ニ*シラニギテアヲニギテヲ以祓《はらい》トスルト云コト有レ之候。祓ト云ハ身心ノ汚《けがれ》ヲ除去《き》ルコトニテ候。ニギテハ幣ノコ

端的ノ　ぎりぎりの。

此三ツ　御用向ハ弁論・講習・義理ノ討論、の三つ。

大学ノ明徳ノ伝ニ克ノ字　大学章句、伝之首章（明徳を説く曾子の語、という）に「康誥に曰く、克（よ）く徳を明らかにす。…帝典に曰く、克く峻徳を明らかにす」。克は章句に能のこととしている。克服して勝ちとる。「大学講義」四九頁八行目参照。

神代巻ニ…　日本書紀、神代巻、四神出生章。伊奘諾尊と伊奘冊尊の間に生れた火の神カグツチに冊尊が焼かれて身まかり、諾尊は我ガウルワシキ妹（いも）をとなげき、その身のまわりに身を投げて泣き悲しむ。冊尊を追って黄泉（よもつくに）に至りその寝姿の穢れを見て逃げ出すと、冊尊が執拗に追いかけ（これが情欲ガヘバリ付テ、ハナレナンダ、幽霊）、泉津平坂（よもつひらさか）に至る。諾尊はついに絶妻之誓を立て、千人所引磐石（ちびきのいわ）で坂路を塞いだ。

盤　岡本「磐」に作る。

シラニギテアヲニギテ　日本書紀、神代巻に、天照大神の天岩戸がくれに際し、天の香山（かぐやま）の五百箇真坂樹（いおつのまさかき）を掘りおこし、上枝中枝にタマとカガミを、そして下枝に青和幣（あおにぎて）白和幣を懸けたらして祈ったという。白は穀（かじ）の皮で、青は麻で製した。後世の御幣はこれにもとづく。

トデ、アヲニギテシラニギテトハ青白ノ幣ヲ申候。サテ畢竟汚ヲ去ルコトユヘニ、ソレカラシテ*唾《つば》キヲハクコトモニギテト申候。口中ノムサクサト汚ラハシイ時ヤ又ハムサイ物ヲミテハ、カツ〳〵ト云テ唾キヲ吐キ申候。アノツバキヲカツト云テ吐《はい》テステルデアトノサツパリトスル味ノ様ニ、心ノドミテムサイヲサツパリト除去ルデナケレバナラヌコトニテ候。カルイ様ナコトノ面白イコトニテ候。「大学」*デモ毎々申タトホリ、天理人欲、君子小人ノワカル、処ハ、コ、ニアルコトニテ候。

曰、先年罷上《まかりあが》リ候以後、上達コソナケレ、ナリ下リ可レ申トハ不レ存候処、ヨク〳〵心ガ暗ラミ候ト相見ヘ、右ノ様ナニブイコトヲ申上候。只今御教誨ヲ蒙リ、酔ノ醒ルヤウニ存ジ候。

曰、珍重《ちんちよう》ニテ候。近頃《ちかごろ》面白イ話シニテ候。話シヲセバカクコソアリタキコトニテ候。章句文字ノ吟味《ぎんみ》ニ筋ヲハツテ論ジアイ*簡冊ニ日ヲスゴスハ、真ニ可レ惜《おしむべき》コトニテ候。サテ下《した》役人《やくにん》ヘハ何ヲカ講ジキカサルベキヤ。

曰、何《いず》レモ未ダ講書ヲキカヌ者ドモニテ候ニ、入組《いりくん》ダ長々シキコトニテハ会得《えとく》仕ルマジク存ジ候。ソノ上学問ノ惣括《そうくく》リヲ知ライデハ何事モスマヌコトト存候ユヘ、「*白鹿《はくろく》洞掲示《どうけいじ》」ト存ジ候。

曰、ナルホド、尤《もつとも》至極ノコトニテ候。自分モ次第ニ気魄ヲトロヘルヤウニ覚ヘ候ユヘ、随分精ヲ出シテ講書相ツトメ候。前ハ月ニ二、三日ハ休日ヲ立候ヘドモ、コレモ右ノ通リユヘ相止メ、日々講習相ツトメ候。眼疾ノ位*ハカワルコト無レ之候ヘドモ、時アツテ気分ア

唾キヲハクコトモ…　神代巻の前頁の箇所の一書には、天岩戸がくれをもたらした素戔嗚尊の罪を祓うべく、その唾(つばき)を白和幣とし、洟(よだり)を青和幣とした、とある。

大学デモ　「大学」の講義のときにも。

簡冊　書物のこと。

白鹿洞掲示　朱子の撰「白鹿洞書院掲示」。五代に江南廬山の下に建てられたこの書院が、朱子がこの地の長官として赴任して再興され、以後永く学術の一中心となった。朱子は学規を設けこれを掲示した。五教・為学の序・修身の要・処事の要・接物の要の項目を挙げ、その趣旨を示した。五百字にも足らぬこの文章に朱子学の要領が示されているという。なお崎門学派ではとくに重視され、闇斎の「集註」、絅斎の「考証」「師説」などが書かれている。

位　程度。

シク、或ハ久シク跪坐*スレバ足ノシビレル味ガ有レ之候ユヘ、色々相考候処、畢竟眼疾ヨリオコルコトニテ候。ソレユヘ方々ヘノ書談*モ皆代筆申付候。前ハ気精《きしょう》モスグヤカデ何ゴトデモナシ得ラレフヤウ様ニ存候ガ、コトノ外ヨワリ申候。

三月十二日

曰、今日ハ「中庸*」開巻可レ申ト存ジ候ヘドモ、無レ拠《よんどころなき》故障有レ之、三、四日ハ講習ヲヤメ申候。ソノ子細《しさい》ハ、先日モ申候佐和山ノサハギ*イカニシテモ無二心元《こころもとなく》一候ガ、未ダ委細ヲ不レ承、ソノ上高宮*ノ伯母モ定メテ此等ノ騒ヲ承リテハ心細ク可レ存候。先日ヨリ反復シテ料見イタスニ、兎角自分ガ参ラネバスマヌ事体ニテ候ユヘ、今日出足《しゅったつ》申ス積リニテ候。定テ十六、七日頃ニハ可二罷帰《くりる》一候。其節入来*可レ有レ之候。

曰、佐和山ノ様子ハチト相キコヘ候ヤ。

曰、ナルホド隠密《おんみつ》ノコトハ存ゼズ候ヘドモ、一ツ二ツヅ、知レテクルコト有レ之候。先日モ推量ニ申シタ通リト相キコヘ候。近頃《ちかごろ》主税*コトハ惜イコトニテ候。十四歳ノ時ニ国中干損*ノ見分《けんぶん》ニ組下《くみした》ノ者ガ云付ラレテ出ルト云案内ニ参リタレバ、主税出会《であわせ》、自分下屋敷*《しもやしき》ニ野水ヲ取リ入レ泉水トシテ、ソレヨリ又田ヘ流レ出ルヤウニシテ有レ之候、親《おや》助右衛門ガ致シヲキタコトユヘニ其通リニイタシオキ候、个様《かよう》ノ節ノ邪魔ニナルコトニテ候ハヾ早速打ツブサセ可レ申、ト申ニツキ、右組下ノ者、アノ少年ニテコ、ニ心付アルハ近頃タノモシイトテ家中*《かちゅう》ヘモ申ツタヘ、一家中只コノ主税ヲ頼モシク思ヒタル由。且又十五歳ノ時、人

跪坐　正座のこと。

書談　手紙による談話。

中庸開巻　「中庸」の講釈のしはじめ。

サハギ　岡本「捌(さば)キ」に作る。捌キは処理、始末。

高宮ノ伯母　不詳。高宮は彦根(佐和山)と同じ滋賀県の犬上郡。

入来可有之候　お訪ね下さい。

主税　庵原主税。五〇四頁参照。

干損　旱害。

下屋敷　郊外などに設けた別宅の類。

家中　藩の家臣一同。藩中。

モ云ハヌニ独云《りう》分ニハ、家筋ナレバ追テハ政ヲモ取ルヤウニ可レ被二仰《せ》付《け》一候、ソレニハ学問セイデハナラヌコトヂヤト申シテ、綱斎《けいさい》弟子ガ両人マデ家中《かちゅう》ニ居申候ヲ招イテ、其砌《そのみぎ》リハタヘズ講書ヲキヽ申候ガ、其後家来《けらい》ノ大方源助ト云者ヲ使ニシテ礼ヲ厚フシテ弟子ノ約*ヲナシ、彼モ綱斎ノ門人分ニテ候。其ノチ何トシタカ、一*人ハ曾テ不レ参候由。今度ノ事義ヲトクトキケバ、先日モ申シタ通リノ豪傑ナ男ユヘ、世間デ云若気《わかげ》ノ色ニフケル方ヨリ事*ヲコリ候ヤウニ相キコヘ候ガ、近頃アイシライヤウデ、其程ノ器量者ニテ候ヘバ、又一旦ニモ改メ可レ申ニト空《むなし》イコトヲ追恨申候。或時掃部殿大盃ニナミ〳〵ト酒ヲウケテ主税ヲ呼出シ一息ニホシ主税ニ下サレタレバ、主税推シ戴キ又ナミ〳〵ト受ケテ一息ニホシ、サテ相願ヒ候義御座候、御前《ごぜん》ノ御盃ヲ被レ下テハ難レ有奉レ存候ユヘ只今ノ通リニ被レ下候、私平生カツテタベ*不レ申候ヘドモ、難レ有上ハマダ何ンボウモ可レ被レ下候、シカルニ御前ニハ御器量*モ有レ之、上《あが》ルコトニテ候ヘドモ、御盃ヲ下サル、者ノ中ニハ甚迷惑ヲ仕ル者可レ有レ之候、御前ニモ当分ハ苦シカラズ候テモ、積ンデハ御養生ニアシキ筈ニテ候、シカレバ向後ハ小盞《しょうさん》ニテ上《あが》リ候様ニ致シタク候、此御盃ハスグニ*私拝領可レ仕トテ、懐中イタシ退キ候由。此ホドノコトモ申スハ主税一人ニテ候。今少シノ年ヲ仮《か》シタゾナラバ、アツパレナ大臣ニナルベキモノヲト存候。其外、善翁殿ヘ諫諍、当掃部殿ヘ直諫度々ニテ候由云云。サテ野村新左衛門事、被《るる》二仰《せ》渡《さ》一ノ時、志アル*御請《おう》ケヲ申候由、先イサ、カ心ヲ安ンジ申候。

弟子ノ約　綱斎との師弟のちぎり。

一人ハ曾テ不参　綱斎のもとに本人がいくことはなかった。

事ヲコリ　事がつまり、打開の道がなくなる。

タベ　酒をのむ。

器量　ここでは酒量のこと。

スグニ　このまま。

御請ケ　命令・処分などに対しこれに応ずる旨を誓うこと。

廿一日

曰、佐和山へ参リタガ聞シニカワルコト無レ之候。佐和山ハ*上下《じょうげ》*アキレハテテ居申候。主税父子トモ家中ノコトカ民ノコトナレバ*引カケテ大切ニシタ者ニテ候ガ、其恩徳人ニ入ルコトフカク候ヤ、国中*ウスヒキ歌モウタフ者無レ之候。佐和山へ参ツテミレバ*キヨウガリハテタ様子ニテ候。新左衛門ニ会フコトハ*サテヲキ文通モナリ不レ申、ヤウ〳〵新左衛門家内ノ者へ書通ヲ致シ帰リ候。若シ書ナドヲ読ムコトガナラウナラバ云テコシ候ヤウニ、モシ又追放ニテ候ハヾコナタへ参リ候ヤウニト申シオキ候。コヽ、デコソコノヤウニ打明ケテ申セ、佐和山デハ*ハビレニ出スコトモナラヌ勢ヒニテ、此上ガドフモスマヌコトト申候。父母ノ国ト云イ故旧知音《ちいん》ノ人モ多ク候ニ、カクマデナリハテタカト*余所《よそ》ノ如クニ不レ存候。心アル人ハモハヤ*脈ガ上《あが》ツタト存ズル様子ニテ、国中一人モ*心服セザル体《てい》ニテ候云云。此外様々話シアリ、略レ之。

　曰、ツラ〳〵学術ノコトヲ存ジ候ニ、トカク底入《そこいれ》ナク、*実ニ無レ之候。ソレユへ、以往云タコト、其時ハ尤ト思フテモ、ソノ意思気象ガソデナシ、其ナス時ハアツパレト思フテモ、アトカラ見レバ*ヲカシイ様デ、ドウモコヽガスミ不レ申候。

　曰、ソレハ全ク存養ノ力デナケレバイカヌコトニテ候。ソコガ*手ニ入テクレバ学ハ大キナ上達ニテ候。知ノヒラクルモ上達デナイデハナケレドモ、ソコガ*打《ち》ツイテ*シトヤカニ手ニ入テコイデハ、イツマデモ*我勝気ニテ候。至テ大切ナ、*イカヌ所ニテ候。*サアト云トギシ〳〵スルヤウニナリ、ギク〳〵スルヤウニナリ、ト云テ、ユルメレバ全ク忘ルヽニナリ、

上下　士分の者も民間のものも。
アキレハテテ　途方にくれて呆然としてしまっている。
引カケテ　自身の身にひきかぶって。責任として。
ウスヒキ歌モ…　意気消沈し気ぬけしていること。
キヨウガリ　興ざめのこと。あきれる。
サテヲキ　もちろんのこと。
ハビレニ出ス…ナラヌ勢ヒ　毛のさきほどでも表沙汰にできない状況。
余所ノ如クニ…　人ごととは思えぬ。
脈ガ上ツタ　脈搏が絶える、絶望だ。
心服セザル　心底納得できぬ。
実ニ無之　真実でない。
ヲカシイ　うたがわしい。
手ニ入テクル　わがものになる。身につく。
打ツイテ　落ち着いて。
シトヤカ　落ちついた様。しっとりと。
我勝気　底本のまま。
イカヌ　ゆかぬ。うまく行かぬ、むつかしい。
サアト云ト　事があってさあと意気ごむと。

ドウモ＊俄《にわ》カニイカヌコトニテ候。＊「近思録」存養ニ　云云トアルガ其コトニテ候。ヨク〳〵功夫可ㇾ有ㇾ之候。只々＊ソコガイケヌコトニテ候。此度＊帰路湖水ヲ船ニテ渡リ申候ニ、比良颪《ひらおろし》ニアテラレ横浪ニナリ舟中ヘモ波ヲ打《ち》込《み》今モクツガヱルヤウニ危キコト度々ニテ候。乗合ノコトユヘ、船中ニハ武士モアリ法師モアリ順礼モアリ町人モアリ様々ニテ候処、イヅレモ酔ツブレ、武士モ吐逆ヲスルヤラ、首ノアガル者一人モ無ㇾ之、法師ハ＊西瓜ノヤウニナリ居申候。自分ハ幸ニイタムコトナク折々《おりおり》＊細工ナドシテ居申候ヘバ、風波ヤヽ治マリタトキ、彼法師ヤウ〳〵ニヨロボイ出デ、サテ〳〵驚キ入申候、私モ腹ハ板ノヤウニナリ候ヘドモ、コナタニ恥カシクテ今マデコラヘ居申候ト申ニツイテ、此細工モヤルセナサデ御座ルト云テ居《おき》申候ガ、ヨワヌハヨシ、サテヨワヌニツイテ＊イナ＊慢ズル様ナ味ガ出テ、イカサマ平生ノ＊養《い》ノ効ガヤレト思フヤウニナリ申候ユヘ、アツヽアブナイ心ヂヤ、チトヨイトハヤ此様ナ心ニナル、コレデハナニモ益《やく》ニ立ヌト、独リ恥シク存候。此処甚《だ》イキニクイ処ニテ候。サテ「白鹿洞」ハイカヾ。

曰、先夜マデニ修身之要マデヨミ申候。イヅレモ甚ダ辱《かたじけな》ガリ、不ㇾ相催《あいさそわざる》者モ打ソロヒ参リ承リ候。

曰、先ヅソレナレバ珍重ニテ候。

七月廿九日晩

先生曰、此度＊在所ニテ＊「小学」内篇ヲ講ジ終リ候。聴衆ニハ武士モアリ百姓モアリ色々

俄カニイカヌ　おいそれとは埒があかぬ。

近思録存養ニ　この下、底本では一行分の空白。

ソコガイケヌ　底がいけぬ。徹底しない。

帰路湖水ヲ…　佐和山から京への帰途の琵琶湖舟上。

西瓜ノヤウニ　坊主頭で顔がまっさおで、ころがっていた、ということか。

細工　手なぐさみの仕事か。

イナ　異ナ。あやしげな、いかがわしい。

慢ズル　自慢する。

養ノ効ガヤレト…　いかにも存養のききめがあったのだ、と気がついてうれしがるをいう。

在所　故郷。佐和山のことか。

小学　この「小学」は小学書ともいう書物。六巻。朱子の旨をうけて門人が撰した。内篇・外篇にわかたれ、学童のための儒教礼教の入門書。稽古は内篇の第四。

浮屠一向　仏教の一向宗。一向宗は一向一念宗すなわち親鸞・蓮如の浄土真宗のこと。

薪水ヲ取リ　炊事の世話をする。

明六ツ　卯の刻。午前六時。

孟子浩然章　孟子、公孫丑上に、浩然之気(身に充満する盛大流行の気)を説き、至大至剛にして且つ義と道に合する、とする。

一段ノコト　格段によろしい。

加州　加賀の国。加賀藩前田家。

能太夫　能楽の家元の人。一般に能楽師をいう。金春は能楽四座の一。

ニテ候。其内稽古篇ヲ読ムニ至テ何レモ興起感発スルコト甚ニテ候。在所ハキハメテ*浮屠《ふと》一向ノハヤル処ニテ候ガ、急ニ我《が》ヲ折テサテ〳〵今マデダマサレテ居タト云タグイ多ク候。一向坊主年来講習ヲ願申候ヘドモ許サズ候ヘバ、此度ハ堪《たえ》カネ隣家ヲタノミ墻越《かきね》シニ聴キ申タル由ニ候。在所ニテハ叔母ガ家ハセマク候ユヘ、別《の》家ヲ一軒ウケ取リソコニテ講習相ツトメ候。食物ヲ人ガ世話ニスレバ心ヅカイ有レ之ユヘ、召連《めしつ》レ候直次郎、美濃《みの》ヨリ出迎候文蔵ナドト共ニ*薪水ヲ取リ申候。日々*明六《ケ》ツヨリ午時《ひるどき》マデ講書イタシ候。其中《うち》ニ朝飯ノ間少シ休ミ申候マデニテ候。講畢リテハ甚草臥《くたび》レ申候ユヘ、枕ニツイテ、サテ文蔵ニ口授ニテ「*孟子」浩然章、記録ヲサセ申候。コレガ終リテ各ノ幸ニテ候。サテ「小学」ハイクタビカ読ム書ニテ候処、此度ホド深切ニタツトク覚ヘタコト無レ之候。真ニ「小学」ガ活《い》キ〳〵トシテ覚ヘ候。絅斎時分ヨリ出席申ス者モ有レ之候ガ、此度ノ講習ノ如キコトツイニキカヌコトヂヤト申シ候。自分ニ覚《おぼゆ》ル処ト相叶ヒ候。「小学」ハナンノコトナクカウスルモノアヽスルモノト云マデデイサヽカ理屈ヲコネヌコトユヘ、ナンノ理屈モ義理モ云ハヌナリニ無レ窮《かぎりなき》味ヲ覚ヘ候。其元ハイカヾ被レ覚候ヤ。

曰、中々御物語ノ万分一ヲモ得可レ申トハ存ゼズ候。但シ段々ノ御教誨、又ハ最前御示シ下サレ候筆記ニテ「小学」ノ書ノ体ガ合点《がてん》参リ候ユヘ、前方《まえかた》ハヅンドコナシ難イ書ノヤウニ存ジ候処、此度読ミ申候ニハ左ノミ難レ解《きし》コトモ無レ之ヤウニ覚ヘ候。

曰、*一段ノコトニテ候。余程《よほど》ノ進ミニテ候。サテコレニツイテ面白イ咄《はなし》ガ有レ之候。先《さき》頃《ごろ》*加州ヨリ御扶持《ふち》下サレ候*能太夫金春権兵衛《のうだゆうこんぱるごんべえ》ハ、前々ヨリ手前ヘモ折々参《り》候ガ、此者ガ申スニハ、私ノ家業モ*聖楽《せいがく》ト声音ニカワリハ無レ之候処、何《ニ》ヲ申サウニモ*猿楽《さるがく》・田楽《でんがく》ナド名ガツキ口惜シキ次第ニテ候、併《しかし》タトヒ名ハ猿楽、聖学ト違ヒ、唱《う》歌ハ孝弟忠信ノコトニアラズシテ幽霊バナシデアラフトモ、曲ハ文ノ舞、武ノ舞トチガフテ*修羅ノ*カツラノト云フトモ、其*声ハト云ヘバ*宮商角徴《ち》羽ノ五音ヨリ外ナシ、其舞節ハト云ヘバ俯仰進退屈伸*疾徐ヨリ外ナケレバ、古ノ聖楽ヤ今ノ猿楽ヤ、ソノ根本ハ一ツ処カラ出ルコトニテ候。然バ古楽ニ中和自然ノ則《のり》ガアルカラハ能《のう》ニモ中和自然ノ*規矩《きく》ガナクテ叶《かな》ハヌコトニテ候。私ソノ家ニ生レ候ヘバ、何トゾ其本源要領ヲ会得《えとく》仕リタク、年来書ヲ見、*博文ニ耽ケリ申候モ、一ツハ家ノ一事ヲキワメタキカラノコトニテ候キ。サレドモツイニ是ゾト存《ずる》コトモ無レ之内、此間「*礼記」ヲ見申シ候ヘバ、忽然トシテ謡《うたい》モ仕舞《しまい》モコレヨリ外ハナイト暗《あん》ニ妙契仕リタルコト有レ之候。コレニヨツテ益〻工夫ヲ仕リ候ヘバイヨ〳〵拠《よりどころ》アツテ百事開悟仕ルヤウニ存《ず》ル旨申候ユヘ、ソレハイカナルコトゾト尋ネ候ヘバ、*九容ト云コトニテ候、手容ノ《は》恭、足容重、云云、アレヨリ外ニ*謡《うたい》ノ極意《ごくい》モナケレバ*仕舞《しまい》ノ法則モ無レ之由申候ニ付テ、拙者申候ハ、サテ〳〵其方ハ奇特ナコトヂヤ、ソレホドニ*家ノ事ニ心ヲ尽ト云モ感入《じる》処也。ソノ上ソノ九容ハ「礼記」マデモナク「*小学」ニ載《の》ツテアルコトナレバ、自分ナドハ暗《そら》ニモ覚ヘテヲレドモ、ソレホド至タコトハ曾《かつ》テ知ラナンダ。アレガ人ノ*本法ノ形ノ則《のり》ナレバ、只上下《かみしも》着テ居ル*晴《はれ》ナ時バカリノ法則デ有《ろ》フヤウガナイ。凡天下ノ事ミナ一身本法ノ*スミガネカラ仕《し》テ出ルコトデナクテイカフ様ガナイ。スレバ仕舞ヤ謡ノ上デモコノ則《の》リガカワラフヤウガナイ。依《テ》レ之《に》自分ナドノ*工夫ノ浅イヲモ思ヒアタリ愧《はじ》入《り》タルト申タルコトニテ候。

聖楽　儒教でいう聖王の楽のこと、日本でいえば朝廷の雅楽のことか。
猿楽・田楽　猿楽は中国伝来で散楽・中楽とも書き、もと笑劇の類。田楽は民間にあった田祭りの楽伎。能楽は、足利義満の頃観阿弥・世阿弥がこれらやその他を綜合して創成したとされる。
修羅　修羅物。能楽の曲のうち武将の亡霊を主役とするもの。立廻りがある。
カツラ　カツラ物。能楽の曲のうち優美な女性を主役とするもの。鬘(かつら)をつけるからこの名がある。
声　ここでは音階のこと。
宮商角徴羽　中国・日本の古楽の音階の名。
疾徐　動作の速いと遅いと。
規矩　正円を画くコンパスと直角を画くかね尺。基準=法則と同意。
博文　いろいろな書を読みあさる。
礼記　儒教経典の一つ。礼楽に関する教書集。
九容　礼記、玉藻に、身体各部の正姿を教示して「足容は重、手容は恭、目容は端(端正)、口容は止、声容は静、頭容は直、気容は粛、立容は徳、色容は荘」。
謡・仕舞　謡は能楽における語り・歌唱の部分、仕舞は仕業、舞の部分。
家ノ事　家業。家代々伝えるべき仕事・技能。
小学ニ載ツテ　「小学」にのっている

サテ其以後モ中《ちゆう》*ニ覚テオルコトナレバ取出シテ考ルマデモナシ右ノ通リニ云タマデノコトニテ打過候処、今度在所デ*彼《の》九容ノ処ヲヅンドシロフトニ合点サセルト云ニナツテ読ンデミレバ、サテモ〳〵至極ナコト、兎角申サレズ候。右ノ九字*ヲ入レカヱテミルアレガ*、聖*語ノ不思義ハ、ドウモ一字モ余ノ字ヲトリカヱテ入《い》ルコトナラズ。ツラ〳〵ミレバ、気容ハ粛ナドアル味、ドフモ云ハレヌコトニテ、サテコソ此度読ムニハ拙者モ説得《ときえ》タト覚ヘ候。サレドモカノ今春《こんばる》*ガヤウニ知ルコトハナラヌニキハマリ候。アレガ数十年ノ修行デホツボ*クシテ天地自然ノ九容ヲ身*ナリニ知《り》得タト、此方ガ知恵デ見テトツタトハ云《え》、取リヤウハ此方ガ上手ニテ可レ有レ之候ヘドモ、雲泥ノチガイニテ候。个様《かよう》ノコトデミレバ、只他念ナク年ヲ積ンダ積累ノ功デナクテハ本《ほん》ノコトハ知ラヌガ定《じよフ》ヂヤト存候。サテ今春コト、ソノ以後ハ一等モ二等モ芸ガ上リ申候ヤウニ覚ヘ、尤他人モソウミユルト云由ニテ候。コノ今春ハ今春家ノ中興ヂヤト申候。

曰、服心仕候。ソレニツイテ見レバ馬ヲ乗ルノ則《のり》亦皆九容ニテ候。一ツモ違ヒ不レ申《もうさざる》コトト存ジ候。

曰、ソノハヅ〳〵。弓デモ槍《やり》デモ兵法デモ、其事ナリニ形《なり》ハ違フヤウデ其則《のり》ハ天下ノコトヘモテイツテモ違ハヌハヅニテ候。

曰、个様《かよう》ノ咄《はな》シヲ承ルニツイテモ近頃私ナドハ風甲斐《ふがい》ナキコトニテ候。ツイニコレデヨイト存候コトモ無レ之、何トゾ〳〵ト存候テハ手ニ巻*ヲ執ラヌ日モナク、書物ノコトヲ心ニ思ハヌコトモナクツトメ申候。サレドモ、本法*ノ墨尺《すみがね》ヲ知ラヌウチハ又徳ノ

のは礼記の文。

本法 本来固有天然の法。

晴ナ時 あらたまった、正式の時。

スミガネ スミは縄墨、直線をひくすみなわ。カネは直角を画く矩。

工夫 実地の修行。

中ニ覚テ 暗記している。経書だから宙でおぼえていたわけのもの。

在所デ… 前記の、在所での「小学」の講習のこと。

九字 九容か。

入レカヱテミルアレガ わかりやすい語におきかえてみようとはしたが。

聖語 聖人のことば。「小学」の、すなわち礼記の語。

今春 金春。

ホツボク ほつほつ=ぼつりぼつりと。

身ナリニ 身体に即して。

巻 書巻。書物のこと。

本法ノ墨尺 ものごとに具わる天理。

進マヌモ*断《ことわ》リニテ候ガ、先年拝顔ヲ得テヨリハ、実ニ聖人ノ学ヲ受ケ、相応ニ知モ開ケ、合点モ仕《つ》テ居ナガラ、微塵《みじん》心法ニ形《カタ》ノツカヌト申候ハ、マコトニ男児トハ不レ被レ申候。今日ノナリガ遊山遊興ニ耽ルニテモナシ博奕《ばくち》ウツデモナシ盗人スルデモナシ、入テハ書ヲ読ミ出テハ公事ヲツトメ、其他大ソレタ不行跡《ふぎょうせき》不レ仕候ヘバ、外《そと》ノ見聞ハ左ノミ見苦シク可レ有トモ不レ存候。尤《もっとも》隠微ノ場デモ人ノ賄《まいない》ヲ受タリ後暗《うしろぐら》イ奉公スル所存カツテ無レ之候ヘドモ、サラバ心ノザマハトミレバ、ドウモ人前《ひとまえ》セラル、コトニテ無レ之候。外面ガ見事ナホド内ノ髄《ずい》ハクサリ居申ス様ニ覚ヘ候。利欲ヤラ名欲ヤラ色欲ヤラ奢《おごり》ヤラ諂《へつらい》ヤラ、サテモワルイ*根症ハソナヘテ有レ之候。*私个《か》様《よう》ナ気質ヲアテガイ候ハヾ、*ヤワカ顔子《がんし》モナルマイト存候。平生仰セラル、ガ皆コ、ノコトニテ候カト、枕ニツイテ考候ヘバ、マス〳〵自分ノ*スキマノミ見ヘテ、一切上達ノ力無レ之候。サテ他人ノ情状ノヨク見ユルカラ手前ヲ見レバ、手前ノコトハ却《かえっ》テ*我顔色ノ省《かえりみ》ラレヌヤウニ覚ヘ申候。今更申モ可笑《おか》シキコトニテ候ヘドモ、イカヾ工夫ヲ用《い》可レ然コトニテ候ヤ。

曰、余義ナイコトニテ候。サレドモソレハ其元《そこもと》一人ニカギラヌコトニテ候。ソレユヘ力《りっ》行《こう》ノ力ノ字、克己ノ克ノ字ガ大切ニテ候。ソウ気付《きづき》ノナイハ、セウコトガナシ、ソウ気付ノアツテ、ナラヌハ、皆力ノ足ラヌニテ候。但其元ノ枕ニツイテノ考ガ*ヌケニテ候。勿論涵養ハ静処ガ主ニナレバソレガワルイデハナク、枕ニツイテハソウ工夫セネバナラヌコトデハアレドモ、*応接ノ場ヲヌカシテオイテ枕ニツイテハクヤミ、クヤミナリニ起《おき》レバ仕損《しそん》

断リ　理の当然。

根症　岡本「根性」に作る。

私个様ナ気質ヲ…　気質は生れ付いた道徳的素質。私のような気質を身にうけたのでは、の意か。

ヤワカ…　まさか、万が一にも。顔子は孔門で徳は第一の顔淵。万が一にも顔淵のような人物にはなれないだろう、の意か。

スキマ　欠点。

我顔色ノ省ラレヌ　自分のこととなると、自分の情状をよく見きわめることができない。

ヌケ　水の漏れぬけるところ。

応接ノ場　応事接物。事物に対応する場合。前の「静処」に対していう。

ジ仕損ジテ枕ニツイテハ又悔ミスルハ、常住《じょうじゅう》アトカラ悔ヲ云テ通ルト云モノニテ、生涯上達ノ功立《ち》ガタク候。サテ*身ナリハヨケレドモ心ノ動ガワルイト有レ之候ヘドモ、身ノ動《く》ナリニ念慮モ動クモノニテ候ヘバ、念慮ノワルイハ身ノワルイニキハマリ候。サレバコソ外ニ制シテ内ヲ養フトモアリ、毎度事実デ〱ト云コトニテ候。事実デセヌ功夫ハイツモ*スマタヲ打ツニナリ申候間、コヽヲヨク合点可レ有レ之候。枕上ノ*省存ハ儒者ガ兵法ノ勝ヲ見付タト同前デ、云セテキケバ聴《みみ》ヲ驚スヤウナレドモ、サラバト云テ*真剣ニナルト目眩《くる》メキ膝慓《ふる》ヒ心迷フテ、何ノ用ニ立不レ申候。事実デスル工夫ハ常住真剣ノ勝負ト同ジコトニテ、射《ユミイ》ルコトハ射ル上デ仕《し》果《おお》セ、馬ノルコトハノル上デ仕《し》習ネバ、イツマデモ畠水練《はたけすいれん》ニテ候。サテ真剣ノ勝負ハ*イヤナト同ジコトデ、事実ノ功夫以《もって》ノ外*大義ナモノニテ候。サレバコソ力行トモ云《い》克己トモ云コトニテ候。ソレガ*スラ〱ナルコトナレバ、力ノ字、克ノ字ハイラヌモノニテ候。其元《そこもと》ノヤウニ考テ工夫スルト、常住観念瞑目シテヤルヤウニナリテ、ハテハ禅学ノヤウニナルモノニテ候。然ルニ力ノ入レヤウ、克《かち》ヤウ有レ之候。其元ノヤウニ只君子ニナリタイ賢者ニナリタイト大ツカミニ思テハ中々ナラヌモノニテ候。

アソココヽニ一法有レ之候。「論語」ニ*曾子日《に》三省《かえりみ》ラレタトアルコト、イカヾ合《が》点《てん》候ヤ。アソコガワケノアルコトニテ候。*一《いっ》チヨイコトヲ云タコトナレバ忠孝ノコトハ無レ之候。又アレデモ何モ角《か》モスムコトトモ不レ被レ申候。ソレニ*三ト限ツテ省《かえりみ》ラレタハドフゾ。マダ右ノ外ニモ事ヲ限テ工夫セラレタ類多シ。皆コヽノ旨ニテ候。古人ノ学ノ仕《し》方《かた》ハ皆アヽシタコトニテ候。只バツトヨイコトセウト思フテハ中々ナラヌモノニテ候ユヘ、先自己ノ病ノ第一

身ナリ　外面の行い。

スマタヲ打ツ　要所をはずれる。

省存　省察存養。静処の工夫。

真剣ニナルト　いざ実戦の立合いとなると。

イヤナ　岡本「イナヤ」に作る。即刻、ただちに。絶体絶命の場をいう。

大義　大儀。重大な、ゆるがせにできぬ、労苦のかかること。

スラ〱　するすると、苦労なしに。

曾子日三省…　↓五〇八頁注「曾子ノ三省」

一チヨイコト…　イッチは一番、一等。最も切実なこと。今の自分に必要な戒めを考えるのだから、忠孝などというおおげさなことは言わない。

三ト限ツテ…ドフゾ　三つだけの反省をされたのはどういう意味なのだろうか。

甚シイ処ヲ一事二事キワメテ、是ヲコウ直《なお》サウトヅ*ンド一向《ひたむき》ニ力ヲ用ルモノニテ候。曾子ノ如キモ猶《なお》三ノ事ニアキタラヌ処アツテ三ヲ反省ナサレ候。アレガ約*ヲ守ルト云モノニテ候。シカルニ其元ハ力量曾子ノタグイデナクテ望ム処ハ百行皆立《て》ル合点ニテ候。ナラヌ筈ノコトニテ候。スレバ功夫ハトカク箇ニ約ニ、自分ニ於テハ何カラ取テカヽラフゾ、先ヅコヽヲト科目ヲ立テ、ソレカラ形《かた》ヲ付ルヤウニスルモノニテ候。サテ此一事ト目当《めあて》ヲシテ工夫ヲスレバ、其ノ事バカリデ外ノコトハ皆埒《らち》ガアカヌカト思へバ、ソノ一事ガ形《かた》ガツクト惣々ガ形《かた》ガツクモノニテ候。ソノ一事ヲ忘レネバ跡《あと》ノコトニ心ガハナレヌモノニテ候故ニ、一事トオモヘドモ全体ノ功夫ニナルモノニテ候。全体ト思フテハ十方ガ敵ノヤウニテ、一事モ形《カタ》ガツカヌモノニテ候。コレガ克己力行ノ学ノ大眼目、端的ニテ候間、其元モ自反シテ是ヲト立テ、其一事ヲイ*ヤカヲウカ形《かた》ヲ付ラルベク候。一事ニ克《かつ》コトガナル味ヲ覚ユルト、外ノコトモ皆ソレダケヅヽ克タルヽモノニテ候。立《つ》*レ誠《を》ト云ホド広大ナコトハナイニ、脩《めて》レ言《を》立《つ》レ誠《を》ト有レ之候。立《つ》レ誠《を》ヤウナ工夫デモ、ソノ仕方《しかた》ハヅンドヂ*カナ言語ヲツヽシムト云様ナ上カラ仕《し》テ出ルコトニテ候。コレデ此味ヲヨク合点可レ有レ之候。ヅンド、懸空ニナイヂカナ指《さ》シ近イコトカラシ*ヤリムリ必*至リト念願ニシテ為抜《しぬ》クコトニテ候。サテ又コレガ万事ニアルコトニテ候。仔*細ハ、「論語」ノ中へ御門人方ノ語ヲノスルト云ハナミ大体《たいてい》ノコトニテハ無レ之候。ナニガ聖人ノ言ヲ万世へノコス為ニアツメラレタ中ヱ門人衆ノ語ヲ載《の》スルハ、ヨ*ク〳〵至極ノコトデナクテハ載セラレヌハヅニテ候。シカルニ子夏ノ大*徳《は》不レ踰《こえ》レ閑《のりを》、小徳《は》出入ストモ可ナリ、ト云《う》言ガノセテ有レ之候。小徳ハカマハヌ大徳サヘ

ヅンド すっくと。ためらうことなく。

約ヲ守ル 孟子、公孫丑上に、北宮黝の勇は子夏に似て必勝を期す。孟施舎の勇は曾子に似て畏懼なきを主とす、といい、さて、孟施舎は約を守るものだとしている。集註に、約とは要＝肝腎かなめのところ、という。

イヤカヲウカ 否か応か。

立誠ト云ホド… 「辞を脩(ととのえ)て其の誠を立つるは業(仕事)に居る所以なり」とは易、乾卦、文言伝の句。

ヂカナ 身近かな、卑近な、いまいまの。

シヤリムリ 差理無理。是が非でも、否応なしに。

必至リ ↓四九五頁注

仔細ハ もっと詳しく言うならば。

ヨク〳〵 よほどのこと、万やむを得ぬこと。

大徳不踰閑… 論語、子張篇。

女一巻… 女論語(漢、曹大家の撰)などにある女の心得の全部、とはいかないまでも。

ヨケレバト、外ハイラヌト云コトデハナケレドモ、先《ず》大本ノ者ガ立タ上ノ小事ニテ候。学ブト云カラハ大デモ小デモ義理ナリニセネバオカヌト云ハ土台デ、サテ先コレガ肝要眼目デ、何ハドウ有ツテモ先コヽガト云処ガ立ネバ、役ニ立《ち》不ㇾ申候。タトヘバ女ハ先《ず》貞節ガ立《た》イデハ、少々ノ難《なん》クセハアラフトモ、ソコハトモアレ、先《ず》貞女デナクテハト云ヤウナモノニテ候。勿論貞女ハ貞女デモ綻《ほころ》ビ一ツ縫フコトノナラヌト云デハスマヌハスマネドモ、ナニハドフデモ先貞女ナレバト云コトニテ候。*女一巻ノコルコトナクテモ不義ヲハタラカフナレバ、其ノ余ハヅント益《やく》ニ立不ㇾ申候。コフシタコトガ万事ニアルコトニテ候。コレ等ヲモヨク合点可ㇾ有ㇾ之候。コレハ親ニ事ヘ君ニ事ヘ下ニ臨ミ官ニ居ル上ヘ、一事〳〵ノ上マデモスツペリトアルコトニテ候。枝葉ノコトヲ棄ルデハナケレドモ、先コヽヲト云《う》キメ処ヲ目当トシテ守リモ立ルヤウニスルモノニテ候。此レ皆前ニ云タト同筋ノコトニテ候。コウ云《う》合点ガナイト、四方八面万事万物ミナ敵ニミヱテ、ドコヘ切リカヽラフヤラノ様ニナルモノニテ候。近イコト武芸スルデモ、アレニモカヽリコレニモカヽリ、アレモ為タシコレモ習タシト思タデハ、ナンニモ形《かた》ガ付キ不ㇾ申候。ヨシ為テミテモ力ガタラヌモノニテ候。一事ニ達スレバ其ナリノ働ガ全体ヘヒヾクモノニテ候。

解説

解題

阿部隆一

山崎闇斎に始って、江戸時代三百年にわたり、全国にその学流が伝播し、その学統を堅く守った闇斎学派の多数の著作の中から、この学派の思想の各面の全容を網羅典型的に理解せしめる代表作を選んで、この一冊に収載することは、極めて困難である。この場合始祖の代表作を多く選んで収めるのが通例で、また適切である。しかし闇斎の著書は表章編纂書が大部分で積極的に自説を概括して宣明せる著に乏しく、この派の特徴をなす聞書類の伝存は僅少である。闇斎の学を敷衍拡充し委細を尽して大成したのは直方・絅斎・尚斎の所謂崎門三傑で、その著書筆録聞書の伝存は多く、以後はその忠実な継承と認められる。従って所収書の編輯として、闇斎及び三傑の講義聞書類から、崎門学の大綱をなす性理の原理論、敬、大義名分の三方面を代表するものを選択し、この派の特色と言える語録を僅かながら附することにした。また闇斎の表章書を首に置き、それに対する三傑の講説を並列して掲げたのは、重複の嫌いを免れぬが、師説を継承敷衍しながらその性格に応じて微妙に分派してその特色を各自発揮せしめ発展して行く径路と差異を比較対照し得る如く計った為である。しかし仁説については、紙幅の関係上絅斎のみに止めて、直方・尚斎の講説を割愛せざるを得なかった。

思想著作の資料としては当人自ら執筆せる文が一等資料たることは言うまでもない。しかしここに敢て講義の聞書を主として採録したのは次の理由からである。後述の如く、自説を詳細に述べるのはこの講義の間に行われるのがこの学派の慣例で、その筆録は講師の訂正加筆を経ることを常例としているので、自著に準じ得ること、しかもその和文は思想表現の学術論文の和文としては独特の極めて注目すべき価値を有すること、従来この聞書類が殆ど写本で伝って容易に入手し難く、且つ聞書の性格と現存本の殆どが江戸後期の写にかかり、転写の間に生ずる訛脱が多く、一本では殆どテキストの正確を期し得ない事情がある。従ってなるべく未刊本を選び、現存本の殆ど全てを博捜対校して正確な校本を提供して学界の欠を補うとしたからである。

しかし以上の編輯目標は特に本書の紙数の制限から必しも達成されたとは称し難く、不本意な結果とならざるを得なかった。特に絅斎の著を多く採って、闇斎・直方・尚斎に薄く、崎門の全思想内容を構成する各面を必ずしも網羅していないとの批評は甘受せねばならぬ。しかし闇斎・直方についてはその全著作をほぼ収載せる日本古典学会編の「山崎闇斎全集」(昭和十一―十二年刊、昭和五十四年増補再印)、「佐藤直方全集」(昭和十六年刊、昭和五十四年増補再印)、尚斎の主著には故岡直養氏の校刊本があるのは幸である。従来の崎門研究の文献上の不備を些少とも補わんとした微志を諒とされ、その不敏を恕されれば幸である。

なお以下の解題に於ては本の形状大きさを示すに美濃判を大、半紙判を半と略称し、その寸法や表紙については底本以外は概ね省略し、所蔵者名の下に本文頭注に記せる校訂参照本の略称を小字で括弧内に記し、江戸時代の写本は、江戸前期或は幕末を除き、単に写、明治以後の写は近写と表記した。

大学垂加先生講義　山崎闇斎講

巻首の前書に記されている如く、延宝七年闇斎六十一歳の十一月七日に講を始め、大学の経伝文並に朱子の章句・或問の字義大意について講釈し、翌年に終った講筵の聞書である。巻首に筆録者の「延宝七年己未霜月十四日夜燈下書之」と署せる漢文序と「文会筆録」の趣旨を説明せる漢文の前書があるが、筆録者名は署されず、文中に推測し得る徴証もない。

しかし底本巻尾の識語によれば、祖本は闇斎の垂加神道の高足梨木祐之の家より出たとあれば、闇斎晩年の垂加神道伝授の門弟による筆録と思われ、この聞書は内容から見て、口授そのままの筆記というよりは、かなり整斉を加えて編輯されているようである。上欄に略記されている講義日附によれば、七日に始り、十三、十六、十九、廿二、廿五、八(廿八の誤写か)、十二月一日と続いて経一章の講が終わり、次に「延宝八庚申正月十六日」と記して伝首章が始り伝九章に止って、以下がなく、伝に入ってからの講義日附は標記されていない。講義日附の廿二日は「廿二闕」と標記されているのは、十九日で経一章の経文の講が終り、廿五日の講は経一章の「或問」の中途から記されているから、従って恐らく廿二日は「或問」の初の部分が講じられたが、この筆録者が当日欠席した為に、その部分の聞書が欠けたことを意味するのであろう。最後の伝十章を欠いているのは、講義が未了であったわけでなく、伝承の間に逸失したものと思われる。

闇斎の大学についての見解は、「文会筆録」巻三、朱子語類・文集の中から大学の経旨を発明せる要語を選んで輯次せる「大学啓発集」六巻、「辨㆓大学誠意章句三字之異㆒」(垂加文集巻二収、文集未収の大学に関する遺文少しあり)等に明かであるが、殆ど引用に止って、自説の注解をあまり附していないので、初学者には理解し難い憾みがあった。本講はそれを踏まえて簡潔平易に説明してあるので、闇斎の解意が積極的に闡明されている。筆録者が前書に「看大学、必以章句或問爛熟之、而朱説之詳、又可審之啓発集也」、「筆録ニ吟味ヲノセ啓発集ニ出タル説ハ載ニ及ズ」と記している如く、本講義を十分に理解する為には、朱子の章句・或問・文会筆録・大学啓発集を参照しながら読むことが望ましい。

本講は闇斎の大学の注解、寧ろ実質は朱注そのものの忠実真っ当な解釈をよく明示し、また経の深意を啓く関鑰節処の字を摘出して精微を玩味せしめているとともに、闇斎が章句・或問を準則として朱子学末派の理窟穿鑿を一刀両断して純粋な朱子の真意に復帰しようとした学風を形成するに至った闇斎独得の内在的批判の方法を実地に示していることも注目して深く味うべきである。本書は小浜藩校信尚館旧蔵の小浜市立図書館蔵本以外に伝本が発見されず、闇斎の経書講義の実相を詳細に伝える稀有の資料として極めて貴重である。

（底本）小浜市立図書館蔵江戸末写　半一冊。薄茶色布目表紙（二四・四×一七・四糎）。書題簽に「大学垂加先生講義　完」と。料紙薄葉斐紙。字面高さ約二〇糎。毎半葉一三行毎行字数不等。四二丁。所々上欄に本文同筆を以て「或」「伝」等の見出し、出典の標記、講義日附や追補の書入があり、経伝・章句・或問の正文数字を摘録した標記には○或は▲を冠して区劃とし、「チャフド」の如き語には傍線が附さる。この書入は後人の加筆ではなく、恐らく原本にあったものと思われる。奥書に、

右山崎先生大学説一篇不記何人所録予得諸／三木氏三木之先世学神道於梨木祐之而此／篇属於其伝書也然則疑梨木氏所録也因謄／写以俟其可左験者云／嘉永辛亥季冬　　後学上原正福謹識

と。この本は嘉永四年上原正福の手写本に非ずして、その重写本であろう。正福は西依成斎門下の川島栗斎に学び、立斎と号し、近江高島郡の人、大津に住し、安政元年歿。年六十一。崎門系の図書をよく筆写している。首に「信尚館」（小浜藩の江戸藩邸の藩校、山口菅山を教授とす）、「山口平姓蔵書」の印あり。

本然気質性講説　山崎闇斎講　遊佐木斎筆録

山崎闇斎が朱子学の根本命題たる本然の性と気質の性とについて、極めて平易に説いたもので、何時の講義か不明である。末に「遊佐好生記聞」と記されている如く、遊佐好生、号は木斎の編録になる。木斎は名は好生、仙台の人、闇斎の門に学び、仙台藩の儒官となり、俊秀の後進を多く教導し、仙台藩の崎門学派・垂加流神道の祖となった。享保十九年歿、年七十七。管見に入った本書の諸本は左の如し。

（底本）慶応義塾大学附属研究所斯道文庫蔵江戸末写　半一冊。本文共紙表紙（二三・五×一七糎）、仮綴。書題簽「本然気質説講説」。字

面高さ一九・五糎。毎半葉一〇行毎行字数不等、片仮名交り文。本文三葉半。奥書に「吾友楠本君翔丈所贈之本也／貞方研(印)」。「成田蔵」「晦堂蔵弆」の蔵印首にあり。幕末の平戸の崎門の儒者楠本端山の嗣子晦堂(名は正翼、字は君翔)旧蔵本。

(校訂参照本)小浜市立図書館蔵(小乙本)文化五年写　大一冊。水色水玉表紙(二七・五×一六糎)。字面高さ二一・五糎。毎半葉一一行。書写奥書「文化五年戊辰十一月廿四日／謹写」。底本と同種。

同蔵(小丙本)写　大一冊。淡縹色表紙(二七・五×一九・五糎)。字面高さ二二・五糎。毎半葉一一行。底本と同種。

同蔵(小甲本)写　大一冊。淡代赭色表紙(二六・七×二〇・八糎)。浅見絅斎著「聖学図講義」と合綴。題簽及び扉に「本然気質之性講説　垂加翁／聖学図講義　絅斎先生」と題す。字面高さ二二糎。毎半葉一四行、朱句点が附さる。「若州邸学」「山口平姓蔵書」の印あり。小浜藩の崎門学派の儒官山口菅山等旧蔵。底本と字句に小異あり。

新発田市立図書館蔵(新本)江戸末写　大一冊。栗皮表紙(二七×二〇・二糎)。題簽「山崎先生本然気質性講説」。字面高さ二〇・五糎。毎半葉一〇行。

他に無窮会平沼文庫に写本二部(共に野田剛斎「本然気質之性」等と合写)が蔵さる。

敬斎箴　山崎闇斎編

敬の崎門学に占める重要性については後述の通りで、闇斎は朱子の「敬斎箴」を朱子文集より表章し、朱子及び熊氏・呉氏・明の呉訥の注を小字双行を以て挿み、考異を附し、朱子以下数儒の敬斎箴に言及せる文を附録とした。その成立は自跋によれば慶安辛卯四年三十三歳で、それに序を附して公刊したのは明暦元年三十七歳の時である。本書の呉氏等の注は、宋の熊節編熊剛大集解の「新編音点性理羣書句解」二十三巻(寛文八年刊の和刻本あり)、それを承けた「性理大全」に収録され、恐らくそれ等を参照したものであろう。しかしこの注は朱子の本旨にそわないとの批評が絅斎・尚斎等の講説に述べられ、闇斎自身も後年その旨を門弟に語ったことが伝えられている。

明暦元年序刊本　大一冊。題簽「敬斎箴」。首に「明暦改元夏四月十三日／闇斎山崎柯敬義序」と署せる「敬斎箴序」を冠し、巻末二格を低して「辛卯《ノ》冬至日闇斎書《ス》」と署せる自跋を附す。双辺(二〇・八×一六糎)無界七行一三字、注小字双行、返点送仮名音訓連続の竪点附刻。版心白口双黒花魚尾「敬斎箴　(丁付)」。刊記はなく、刊年が記されていないが、序年を刊刻年と看做して恐らく支障あるまい。本版のこの初刻本は従来全く気づかれていなかったが、三原市立図書館の楢崎正員手沢本中にこれを見出し、後に無窮会にも一本架されているのを知った。闇斎の初めの諱は柯で後に嘉と改めた。本書の現在の流布伝本は全部といってよい程僅少の改訂を施した次の覆刻本である。

(底本)江戸前期刊　大一冊。前掲本の忠実な覆刻であるが、ただ次の点が改訂されている。序の署名の「闇斎山崎柯敬義序」の「闇斎」の二字を削り、「柯」を「嘉」と改め、「山崎嘉敬義序」とし、巻末自跋の冒頭の「柯令《テ》三野中千《ヲシテ》」の五字を「予教《テ》三二三子《ヲシテ》」、終りの方の「千也勿」を「小子勿」、署名の「闇／斎書《ス》」を「敬／義跋《ス》」と改めている(七九頁)。他は版式ともに一見識別し難いほどの忠実巧妙な覆刻である。後掲の楢崎正員が闇斎の講説を書入した本は比較的早印のこの再刻本で、恐らくその書入は闇斎生存中と考えられる。従って明暦元年版が刊刻後あまり年をへだてぬ闇斎生存中に火事か何等かの事故で板木が失われたので、覆刻再刊したものと思われる。本版にも覆刻版があり、これがかなり後まで刷りを重ね、伝存本の多くはこの覆刻後印本で、出雲寺松柏堂の奥附のある所謂垂加霊社叢書本の如きもそれである。本書は斯道文庫蔵の本版を底本とした。「続山崎闇斎全集」下巻所収本は本版の影印。

新発田藩刊　大一冊。前掲本の忠実な翻刻。刊記はないが、崎門学の信奉者たる新発田藩主溝口浩軒が刊刻せる闇斎校点本の一つで、板木が今も新発田に残っている。単辺(一九×一四・三糎)無界七行一三字、注小字双行。版心白口双黒花魚尾「敬斎箴　(丁付)」。藩が盛に崎門関係の出版を行った安永年間か天保頃の刊であろうか。

敬斎箴講義　山崎闇斎講

闇斎の講義筆録の現存するものは極めて少く、此はその稀有の一つである。伝存本は底本とした蓬左文庫蔵「道学資講」巻一〇三所収本と高知県立図書館蔵天保五年山内豊熙手写本の二部のみである。前者には「闇斎先生講説」と題し、後者の奥書には佐藤直方の識す所にして山崎先生口授と伝えるが、「或曰恐偽書也」と疑念も挟んでいる。しかし内容を検するに、闇斎の講義とみなして適わしい所が多く、矛盾する点は見出せない。享和三年桜田虎門著「敬斎箴国字解」には、本書が「闇斎先生云」として摘録引載されている。何時頃の講述か不明であるが、闇斎晩年の講説と断じて支障あるまい。高知本の奥書に「直方之所識」とあるが、本書の筆録には直方派のそれに類似共通する文調が感ぜられるから、伝えに拠る所があるのであろう。蓬左文庫・高知図書館の両本間には出入異同があり、共に往々訛脱を免れない。

（底本）名古屋市蓬左文庫蔵江戸末写「道学資講」巻一〇三所収本。「道学資講」とは、名古屋の藩儒中村得斎（名は政永、中村厚斎・習斎兄弟以来の家学を承く）が幕末、崎門学派の諸著作を網羅蒐輯して書写せしめ、四〇〇巻首目一巻四〇一冊に編した一大叢書である。この巻一〇三には他に「敬斎箴筆記」（三宅尚斎）、「敬説筆記」（佐藤直方）、「敬之略説」（友部安崇）、「動静工夫筆記」（佐藤直方）の敬に関する諸著が収められている。香色布目表紙（二三・五×一五・八糎）。字面高さ約一八糎。毎半葉九行。「朱子学大系」第十二（昭和五十二年刊）に翻印がある。

（校訂参照本）高知県立図書館蔵（高本）天保五年山内豊熙写　大一冊。縹色布目表紙（二六・五×一八・二糎）。書題簽「敬斎箴講義　全」。左右双辺（一九×一四・三糎）有界一〇行白口単黒魚尾印刷罫紙使用。巻首「敬斎箴講義」と題す。奥書に、「此一巻伝言直方之所識而／山崎先生口授也／或曰恐偽書也／享保丁未之歳春二月十六日／山地新保敬謹写去《云歟》／天保甲午歳十二月五日／藤原豊熙写之」と。書写者の豊熙は土佐藩十三代の藩主山内豊熙で、好学にして江戸後期の崎門学の耆宿たる小浜藩儒山口菅山を屢々江戸藩邸に招いて講授を受けた。嘉永元年卅四歳を以て早世した。

閽斎敬斎箴講説

広島県三原市立図書館蔵。江戸前期刊「敬斎箴」(第二次版)に閽斎の講筵に侍した楢崎正員が講説の要旨を欄外行間に書き留めたもので、その書入を摘録編輯して標記の仮題を附したものである。正員は忠右衛門と称し、元和六年備後三原に生れ、薬種業を営み勤勉産をなしたが、卅有余にして感ずる所あって道を求め、延宝元年京に上り、初めて閽斎に見えて入門し、実業の傍ら学を修めた。閽斎はその晩学ながら求道の篤きに感じ、老友を以て遇し、絅斎語録に「山崎翁恪字ノ義ヲ門人ニ告グ、時ニ正員坐ニアリ、翁曰ク此忠右衛門ノ如キ是ナリ」と。閽斎は「贈ル二楢崎正員ニ一序」に「吾ガ老友備後ノ国人楢崎正員質性謹恪、始不レ識二文字ヲ一、自憂ヒ不ルヲレ免レ為ルコトヲ二酔生夢死之人一、勤苦シテ読ムレ書ヲ一年、有テ二一年ノ工夫一、而覚三天地之外無ヲ二復タ他道一也。昔李初平年老、欲レ読シテトレ書ヲ而無レ及コト焉。遂聴コト二周茂叔ノ話ヲ一二年乃悟スレリ。可レ謂二偉人ト一矣。今正員読書之力全勝レリ二於初平ニ一。若親シク聴カバ二茂叔之話ヲ一、則其所レ得為ン二如何ト一哉。雖レ然猶幸ニ周氏之書存セリ焉、正員玩索シテ終ヘバレ身ヲ、則朝ニ聞夕ニ死シテ得レ正ヲ而斃レン、不二亦可ナラ一矣乎、因序シテ以贈ルレ之ニ、延宝六年季春二十二日垂加翁山崎敬義」と励している。正員はまた郷党の公共事業に尽し、その余沢今に及び、晩年三原城主に進講し、元禄九年享年七十七を以て歿した。子孫よく家業を継承して積善の家今も三原に繁昌している。正員の蔵書は悉く三原市立図書館に寄贈保管されている。閽斎の著編刊本の類の世に伝存する多くは後印本であるから、この楢崎文庫の早印原装本の数々はまことに貴重である。

今残る他の閽斎講義筆録は語調やや平板に流れ、閽斎の激烈厳峻な性格の反映を見るに乏しき感を抱くが、この書入は極めて簡単であるが、閽斎の気象口調をよく活写し、その講義の実況を生き生きと髣髴せしめるものがある。

敬説筆記　佐藤直方述

直方の敬の説は主静に傾き、静坐を存養の工夫とした。本講義筆録は前掲の閽斎の「敬斎箴講義」等を収めた蓬左文庫蔵「道学資講」巻一〇三所収本以外に伝本を聞かず、何時の講述で、何人の筆録にかかるか詳かになし得ない。この道学資講本には往々訛脱を見るが、参照本がないので、旧のままに従った。直方は静坐を重んじたので、その学説中には随所に言及する所が多い。静坐を主とした筆録には「主静説」(韞蔵録巻四収、道学資講巻一〇三本は「動静工夫筆記」と題す)、「静坐説筆記」(跡部良賢筆録、韞蔵録巻一一収)、また門人柳川剛義が朱子語類中より静坐に関する説を摘録拾輯し、直方が考閲を加えて享保二年の序を与えた「静坐集説」(享保二年名護屋風月孫助刊)等があり、参照されたい。

直方敬斎箴講義

直方が朱子の語類文集中から為学の要諦に関するものを編録して、学者講学の立志奮励涵養の資とした「講学鞭策録」(貞享元年刊)には「敬斎箴」の全文が引載され、また直方自身の講義を筆録せる「講学鞭策録講義」がある。その中から「敬斎箴」の箇所のみを抜いて標記の如く仮に題して掲載した。筆録者名講義年月を明かにしないが、「佐藤直方全集」の解題には「姫路から伝つたもの」と記さる。

(底本)田原担庵(石井周庵の門下、昭和十三年歿)手写本を影印せる「佐藤直方全集」所収本。

(校訂参照本)無窮会織田文庫蔵(無本)写　半二冊。毎半葉一二行。扉に「鞭策録講義 佐藤直方先生」と題す。朱筆句点が附さる。大倉精神文化研究所にこの本の昭和八年影写本一冊あり。

大阪大学附属図書館懐徳堂文庫蔵(阪本)写　半三冊。毎半葉一二行。

絅斎先生敬斎箴講義　浅見絅斎

崎門派諸氏の敬斎箴講義の中で、最も詳細精徴を尽して余蘊なしと言い得よう。宮城県立図書館蔵の「絅斎先生敬斎箴口義」と題する、仙台の崎門の儒官田辺楽斎(名は匡敕、家学を受く、文政六年歿)手写本一冊の巻頭は、

天地ノ間ニ生シテ人ノ人ト立テヲル形リハ身ニアリテハ耳目鼻口ト云身ノソレ〳〵ノ筋目ノ身カラハ父子ノ君臣ノト皆上下貴賤交ルナリノ筋目アリ凡ソ物云一言ノナリモ皆人倫日用ニヒヾイテ居ル見ルモ聞クモ動モ立モ人ノ身カラ出

ヌ義理ハナイ義理デ立ヌハ人ノ身デナイ此一ツ〳〵ノ義理察シテ一ツ〳〵ノ用ニ立ル程ノ功務ナケレハ一ツ〳〵義理察シ一ツ〳〵身ヲ察スルト云モ皆一身ノ心ノ根本カラ行ハル、日用モ心アリテノ日用也耳目モ心アリテノ耳目ナリ気ニヒカレ習ニ染ルト其根本流ル何ヲシテモ義理デナイ人ノ身程天地ノ義理ノ備リタ無シ聖人天地万世ニ則リ出ルモ心法ト立テ是義理ヲ学ブノ正脈ニナツテヲルソレテコトカハリ場ニヨリ時ニヨレト今其根本ノ易尚書ノト云ニタカイニアヒノコトニシメラル、人倫カラ云テモ学カラ云テモ此心法ヲ得テ聖人伝ルコト也……

と記され、その全巻を本講義と比較するに文章こそ違っているが、趣旨内容引例引文順序はほぼ一致するから、同講義の筆録者を異にする聞書の如く思われる。ただその本は筆録者が未熟であったせいか、意の通じかねる所が多く、且つ講説の委細を尽していない。同本の奥書に、

元禄八年秋諸生請曰願　先生講習敬斎箴則大幸矣　先生曰宇宙之間千変万化無不本於敬而已然今講習之而諸君不実用其力則固無益矣諸生皆同謹受教　先生若許一席則大幸不可言耳　先生再三不得辞遂講焉諸生皆以倭字記録焉

と。この講義が元禄八年絅斎四十四歳の秋に開かれ、聴講者が皆それぞれ聞書を筆録したことが記されている。ここに掲載した本講義がその際の筆録の一つであったとも考えられる。しかしこの学派で最も重んぜられた「敬斎箴」については絅斎は幾度か講義を行ったであろうし、同じ人の講義であるから、その趣旨内容が相互に共通類似することは言うまでもない。現在筆者の見る限りでは絅斎講と断定し得る敬斎箴講義はこの他に次の二種がある。一は大阪大学図書館懐徳堂文庫蔵写本「絅斎先生常話劄記」半一冊に他の絅斎著四種と共に合写附綴され、巻頭に「敬斎箴　宝永戊子閏正月二日」と題され、絅斎五十七歳の講若林強斎筆録である。但し折施蟻封の所に止って、以下がない。他は加藤謙斎筆録「絅斎先生夜話」の中に見える。共に簡単な聞書である。本書掲載の本講義には伝本三部が知られ、底本とした斯道文庫本にのみ「絅斎先生」と題署され、「右絅斉《（ママ）》先生講説若林進大《（ママ）》之筆記直請之摸写之」の本奥書を有する。この奥書から本講義の筆

録者は若林進七（強斎）の如く見える。しかし強斎が絅斎の門に入ったのは、元禄十五年前後とされているから、もし本講義が元禄八年のそれとすれば、この聞書をとったのは強斎ではなく、別人となり、強斎がその講義録を手写して置いた本を強斎に直接請うて書写したと解さねばならぬ。勿論本講義が強斎入門後の強斎筆録本と推定しても左程支障はない。しかし本講義聞書はよくできているが、強斎筆録としては些少暢達の気味に欠ける感がせぬでもない。後考を俟つ。絅斎講義を承けた講義の系統に享保十五年の若林強斎の講義を沢田一斎が筆録した「敬斎箴師説」（小浜市立図書館二部、無窮会二部、大阪大学図書館懐徳堂文庫、大倉精神文化研究所蔵、皆明和二年小野鶴山の跋文を附す）がある。

（底本）慶応義塾大学附属研究所斯道文庫蔵天明三年写　半一冊。香色表紙（二四×一七糎）。書題簽「絅斎先生敬斎箴講義　全」。巻首「絅斎先生敬斎箴講義」と題す。字面高さ一九・五糎。毎半葉一二行。朱筆句点、間々墨筆の片仮名振仮名竪点が附さる。本文末（跋の前）に「右絅斉《ママ》先生講説若林進大《ママ》（「丈」或は「七」の誤写か）之筆記直請之摸写之」、巻末に「右絅斉《ママ》先生講説若林進大《ママ》之筆記直請之摸写之」の本奥書、その裏葉に「于時天明三癸卯初夏写之」の書写奥書あり。前表紙見返に「曷（或は「日羽」か）書記」の陰刻墨印が鈐さる。

（校訂参照本）無窮会織田文庫蔵（享本）享保十四年写　大一冊。書題簽「敬斎箴師説」。内題なし。毎半葉一五行。前の方には間々朱引朱圏点朱句点が附さる。「享保十四己酉十一月十五日」の奥書は書写年紀か。首副紙に若林強斎門人の沢田一斎（名は重淵、京の書肆風月堂庄左衛門）の蔵印たる「奚疑斎蔵書」の印あり。

同蔵（無本）写　半一冊。書題簽「敬斎箴筆記」。内題「敬斎箴」。毎半葉一五行。所々朱筆校字書入さる。大倉精神文化研究所にこの本の昭和八年影写本一冊を蔵す。

敬斎箴筆記　三宅尚斎

尚斎の筆記と題する他の注釈類の著作と同様、本書も字句の出典を記し字義を明かにして、諸説を引き簡潔に自説を附した所に特徴がある。底本とした斯道文庫蔵本と他の多くの諸本とを比較するに、後者には皆多少の増補が見られる。恐らく前者が初稿本で、他本は後に追筆を加えた増補本であろう。斯道文庫本は尚斎生存中の正徳二年の書写と思われるから、成立はそれを下限とし、即ち五十二歳以前の著と思われる。

(底本)慶応義塾大学附属研究所斯道文庫蔵正徳二年写　大一冊。淡茶褐色表紙(二六・七×一八・七糎)、外題「敬斎箴講義」。内題尾題なし。字面高さ二二・五糎。毎半葉七行。巻末書写奥書に「正徳二辰十一月朔日清書之於赤坂寓居」と。裏表紙見返右下端に「進斎」の墨筆署名がある。無窮会織田文庫に、正徳二年の奥書をも写せる明治五年広津知徳写本(「三綱領口義」その他と合綴)大一冊あり。

(校訂参照本)無窮会織田文庫蔵(無本)写　半一冊。書題簽「尚斎先生敬斎／箴筆記」。巻首「敬斎箴　三宅尚斎先生」と題す。毎半葉一一行。大倉精神文化研究所にこの昭和八年影写本一冊あり。

蓬左文庫蔵(蓬本)写「道学資講」巻一〇三所収本。内題「敬斎箴筆記　三宅重固」。毎半葉九行。朱筆句点勾点が附さる。上欄に「蕃案」の崎門派の名古屋藩儒中村習斎の書入も移写さる(一九七頁注)。国士館大学附属図書館楠本文庫にこの本の明治十七年転写本一冊架蔵。

慶応義塾大学附属研究所斯道文庫蔵(斯本)近写　大一冊(強斎講「玉山講義」と合綴)。双辺有界一二行、白口単魚尾藍色印刷罫紙使用。扉題「敬斎箴講義　全」。内題「敬斎箴筆記　尚斎先生」。

その他増補本系に九州大学附属図書館蔵楠本碩水手写本半一冊(元禄五年佐藤直方講「論語弘毅章口義」と合綴)あり。

拘幽操　山崎闇斎編

大義名分が崎門学の大黒柱であることは後述の通りである。名分の大綱は父子君臣の大義にして、この大義に悖れば、細行は修っても人倫忽ち倒壊する。君臣の義のぎりぎり決着の心情を表現し尽したのが、この韓退之の「拘幽操」であるとする。拘幽操とは唐の韓退之が、周の文王が罪なくして、紂王に羑里に幽囚された時、微塵も君を怨む意念なく、ただ君を思う已むに已まれぬ惻怛の心情を推察して、文王に代って詠じたもので、「韓昌黎集」等所収(その所収巻次は諸本によって異るが、恐らく闇斎が使用したと思われる「朱文公昌黎先生文集」系本では巻一)の「琴操十首」の第五に該当する。程子はこの操を、この好文字漫りに観るべからず、文王至徳の心を言い出し尽すものと注目した。闇斎はこの「拘幽操」の原文に程朱の言二条並に自跋を附して表章公刊したのが本書である。本書を闇斎が何時編刊したか、跋に年紀が署されず、また刊年もないので不明であるが、延宝六年入門の遊佐木斎がその自伝「紀念録」に闇斎にこの本を購入して読めと勧められたことを記しているから、恐らく寛文末延宝初以後に降るものではあるまい。本刊本には初刻とその改修との二種がある。闇斎跋文の末が現行本の殆どは「夫《レ》然《シテ》後《ニ》天下之為《タル》二君臣一者定《マル》矣遂附《ニ》《ルト》二程朱之説《ヲ》于操後《ノ》《ヘニ》一云」となっているが、筆者の見た範囲では三原市立図書館蔵楢崎正員書入本は同版ながら、ただ「者定《マル》矣」が「者可《シ》二以定《マル》一矣」と違っている。即ち正員書入本が初刻本で、その後間もなく闇斎自ら改訂を加えたのが現行本であろう。ここでは通行の修本を底本とした。

大義名分を闡明にした崎門派の著書としては誰しも先ず思い浮べ、広く普及したのは浅見絅斎の「靖献遺言」であるが、稲葉黙斎は「拘幽操講義」(寛政八年講)の冒頭に、「拘幽操ヲ先ヅ一トロニ言ヘバ、靖献遺言ノ奥ノ院ナリ。靖献遺言ノ書ハ、士気ヲ奮ツテ名教ヲ立ツル至極ノ書ゾ。然レドモ靖献遺言ヲ読ンデモ、コノ拘幽操ノ奥ノ院ヲ知ラヌト、意気慷慨ノ腕コキト云フバカリニナル。ソレデハ肝心ノ処ガヌケル。其ノ奥ノ院ト云フハ、何ナレバ、文王ノ御心ナリ。ソコヲ知ラズ、只意気慷慨バカリニテハ、タヾノ奴ナリ。丁度学問ガ知モアリ行モヨク、知行アリテモ存養ガナケレバ、道統ノ伝ニアヅカラヌ様ナモノ。ナンボ靖献遺言デ振ツテモ、文王ノ御心ヲコヽゾト取ラネバ、其ノ本ガナイ」と述べ、若林強斎が「孔子ガ論語ニ文王ニ有テ至徳ト仰ラレ、泰伯ニ在テ至徳ト仰ラレ、武王ヲ評シテ未レ尽レ善トアル。スツテモコケテモ未ノ字ガハガサレヌ」(雑話筆記 四六七頁)、「日本デハ君臣ノ義ガ大事。君臣ノ義ガ根ニナリテ教モ立チ、学モコヽニ根ザシタモノ。コヽヲハヅシタ学ハ益ニ立タヌゾ。何程桀紂ノ様ナ君デモアナタ様ヲト戴キ切ツテヲル心デナウテハ益ニ立タヌ」(当舎修斎筆録「雑記」)と語っているのは、崎門派に於けるこの「拘幽操」の占める地位と意義をよく示している。

(底本)江戸前期刊修印(京都 武村市兵衛) 大一冊。四周単辺(一九・七×一三・七糎)無界、本文毎半葉五行毎行八字。附は七行一四字。版心白口単黒魚尾「拘幽操 (丁付)」。返点送仮名竪点附刻。巻末左端に「二条通松屋町武村市兵衛刊行」の陰刻刊記がある。全集続下に影印所収。本書は慶応義塾大学附属研究所斯道文庫蔵本を使用。

拘幽操附録　浅見絅斎編

君臣の大義名分論は必然易姓革命湯武放伐の是非を繞る論議を招来し、それが古来繰り返し続いた。本書は「拘幽操」と放伐論に関する程張朱並に諸儒の説を編輯し、闇斎の表章を輔翼したもので、元禄辛未四年(絅斎四十歳)の自跋を附す。

(底本)元禄五年刊(京都 寿文堂) 大一冊。題簽「拘幽操附録」。単辺(二〇・五×一五・五糎)無界、毎半葉九行毎行一八字、返点送仮名竪点附刻。版心白口双黒魚尾「拘幽操附録 (丁付)」。巻首「拘幽操附録」、末に「拘幽操附録終」と題さる。末に「元禄辛未夏六月上弦日/浅見安正敬書」の「書《ス》二拘幽操附録《ノ》後《ニ》一」を附し、その末葉左下端に「元禄五年壬申仲夏寿文堂刊行」の陰刻刊記を有する。寿文堂は前掲「拘幽操」の版元たる京の武村市兵衛で、闇斎の著編書は多くここから発行された。この両書は元来別個に単行されたのであるが、本書が出てから——本書は当初からそのつもりであったかもしれぬ——両書合印の一冊として発行された。従って両書の伝本の殆どは合印本で、それぞれの単行本は少く、底本とした斯道文庫蔵本も合印本である。本版にも跋文の末の方が「精熟《シ》於于其中《ニ》」に作る原刻本と、「于」を■の墨格で抹消した通行の修本との二種あり、絅斎の宝永四年講の「拘幽操師説」には「□□(於于)タマ〳〵筆耕ノアヤマリゾ」と見える。

本書は本学派で極めて重んじられたから、諸家の講説や注書の著編が多い。故内田周平氏は此等の注書のうち、闇斎編校「拘幽操」、絅斎講若林強斎筆録「拘幽操師説」、講者未詳「拘幽操講義」、講者未詳「拘幽操口義」、絅斎編「拘幽操附録」、山宮雪楼（維深）輯注「拘幽操輯註」を「拘幽操合纂」（昭和十年、東京 谷門精舎刊）に、闇斎編「拘幽操」、直方講丹下元周筆録「拘幽操辨」、稲葉黙斎（寛政八年）講花沢文二（林潜斎）筆録「拘幽操講義」、桜木誾斎（寛政三年）講熊野篤行（饒田実斎）筆録「拘幽操師講」、尚斎著「拘幽操筆記」、留守希斎（友信）著「拘幽操困学録」、絅斎（宝永四年）講若林強斎筆録「拘幽操師説」、講者未詳「拘幽操講義」、小出惟知集解「拘幽操集解」を「拘幽操合纂続編」（昭和十三年同上刊）の二冊に収めて校刊した。参照されたい。ここには三傑の講説三種を掲げることにした。

拘幽操辨　題佐藤直方講　丹下元周録

原本の現所在が明かならず、他に伝本がないので、「佐藤直方全集」所収の影印本を底本とし、内田校本を参照した。全集の解説に「最近大阪の森信三氏の手に依つて発見されたもので、内田遠湖翁の『拘幽操合纂続編』中に入れられてから世人が遍く知る所となった。先生の国体論は本書に依つて知ることが出来る。（中略）本書もと闇斎門人森川知信が社中の講義学話を録したる『儒書聞書』中に収録せられたもの。丹下元周名宗清、京師人、初め闇斎に学び後先生に学んだ人」と。この本の奥書によれば、直方の講義を丹下宗清が筆録した聞書で、「貞享丙寅閏三月六日書写」は森川知信が書写した年紀を示すものと受けとれる。この講義は貞享丙寅三年を溯ること遠くない頃と思われ、貞享三年は直方三十八歳である。この聞書は直方の著編聞書類をほぼ網羅せる「韞蔵録」全五編にも洩れて知られず、此が紹介された時その内容口吻は直方の講説としては意外の感を与えた。国体論湯武放伐論に関しては直方の主張はその著書から見る限り絅斎等と頗る異っていたからである。「湯武論」に於て直方・尚斎が述べる如く、湯武の放伐は已むを得ざる非常の時と場に於ける権道で、大賢以上のみがなし得る所で、凡俗の了見を以て妄に批議すべからず、万人に示す教えとしては、権道を立てず、あくまで万代不易の常道、「拘幽操」の文王を以て範とすべきで、この両点を混淆してはならぬというのが直方の主張である。

従ってこの「拘幽操辨」の趣旨は直方の放伐容認論と原則上は矛盾せず、直方と雖も経道を以て説くべき拘幽操を講ずればその主旨は絅斎等と帰趣を一にするであろう。その意味では本聞書を直方講としても一応支障はない。しかしその講じ様と口調や細部の所説は直方の他の講説とは全く異質で、絅斎のそれである。その点で此を直方の講述と断定するには疑惑を呈さざるを得ぬ。特に「湯武論」に於て直方が「夫ヲタワケタ諸生メラガ、有難イ、常道カラ見レバ湯武モハリツケ人ジヤ、鹿クラヒノ唐人メ、我邦正統万々世ノ御目出度風ヲシラセタイト云テ、何ヤラ書物ヲ作テ板行サセテ、諸人ノ眼目ヲ塞グ」(二二一頁)と激しくきめつけた対象は、実にこの「拘幽操辨」の末尾の「湯武孟子ハ謀逆人、イキバツケニカケテモ大事ナイト云コトゾ。……日本デハ伊弉諾……ノ天祚ヲウケテ、……王ノチガフト云コトハナイゾ」(二一四頁)ではないか。「湯武モハリツケ人ジヤ」の言葉のあるのは伝存本ではこの聞書の外には見当らない。「湯武論」が直方の著たることが明確である以上、この「拘幽操辨」を直方の講述とすれば矛盾撞着を来すこと著しい。ただ問題は遙か後世のならともかく、直方生存中の貞享三年とそのやや前の闇斎・直方門人が此を直方の講説としている奥書のあることである。この奥書を信ずれば、その文面からはこの聞書は直方の講義を聴いた丹下元周の筆録と受けとられ、その如く従来解されて来た。しかし元周は実際聴講して筆録したのではなく、直方講説と聞いたこの聞書を単に書写し、「右佐藤氏直方雅丈講説丹下元周録」と記したのであるまいか。この「録」は単なる書写の意味に解されぬでもない。実際は絅斎の講説を直方のと誤り伝えられたのではあるまいか。この奥書には何等かの行き違いが伏隠しているように思われる。但し暫く旧に従って直方の講述として掲げ、後考を俟つこととする。

湯武論　佐藤直方　三宅尚斎

殷の湯王、周の武王の放伐を認めない浅見絅斎等の主張に対する批判である。享保三年(その翌四年七十歳にて歿)九月上京していた直方の談を岩崎直好が筆録した文、それを読んだ尚斎の跋、その年の十二月までの間に本論に関して直方・

尚斎の間に交わされた文を輯録したものである。岩崎直好は後に復姓して味池氏、号は修居或は守斎。尚斎の姉の孫で、尚斎門下であるが、初め絅斎・直方にも学んだ。伝本には単行の写本と稲葉黙斎(正信)の編校になる「韞蔵録」巻一六所収本とが存する。

(底本)小浜市立図書館蔵寛政十年写「韞蔵録」巻一六所収本。栗皮表紙(二四・二×一六・六糎)、半五冊。単辺(一九×一二糎)有界一〇行、白口単黒魚尾印刷罫紙に写さる。巻末奥書に「寛政十戊午四月十七日摸写畢■／■蔵本」と。墨で塗抹された箇所は「館林藩／二村恭剛」の如く読める。「山口平姓蔵書」「信尚館」の蔵印。即ち小浜藩江戸邸藩学信尚館、藩儒山口家旧蔵本。

(校訂参照本)無窮会織田文庫蔵(無本)嘉永三年清水通亭写　半一冊。「家康公御文」「山城守書状」「海防私策」と合写。毎半葉一一行。諸本の第三番目の「湯武身レ之聖人ニ至タト……」と、次の直方の「戊戌(享保三)初冬於長嶋為一学者言之」の二条を巻首に置き、次に「湯武之論」と題して、諸本巻首の「佐藤先生曰経権ノコト……」(享保三年九月十四日夜)、「武王紂ヲ討……」(同九月十七日)、戊戌九月十八日尚斎跋、次に「湯武論」と題し、「泰伯三譲……」(末の直方跋はあるが、尚斎の前書はない)、次に「我邦皇統ノ相続テ……」を置く。但しその末尾の「謀叛ノ心ヲツギ玉フタコトナラバ……」以下がなく、「答張元徳」の注文の正信按に引かれた「立教一提……義合有去絶」(二二五頁)の六行が記さる。この本は黙斎が「韞蔵録」の校注に於て「旧本」と称した系統に属するようである。奥書に「享保六辛丑年季秋朧／通亭謹写」とあるが、合写の諸書の書写年は全て嘉永三年であるから、享保六年の年紀は祖本の本奥書と見るべきである。大倉精神文化研究所にこの本の昭和十二年影写本一冊あり。

大阪大学附属図書館懐徳堂文庫蔵(阪本)嘉永二年写　大一冊。外題に「湯武論」と記されているが内題なく、首に仁義礼に関する筆記三丁が附綴さる。毎半葉一三行。奥書に「嘉永二酉歳春四月／関政彰」と。黙斎の校注があるから、「韞蔵録」所収本の転写である。「万里文庫」「平安大江氏蔵」の印記、大江文城旧蔵本。

内閣文庫蔵(内本)「韞蔵録」巻一六所収写本。寄合書。毎半葉一二行。

佐藤直方全集(全本)「韞蔵録」巻一六所収本。奥平栖遅庵門下の忍藩士藪田重達手写本の影印で、書写奥書に「武州忍城藩臣　本主藪田重達所蔵／天保三壬辰年季冬十九日写畢」と。

校訂に参照しなかったが、他に東京都立中央図書館井上文庫蔵寛延四年原田敬勝写本半一冊(奥書「右湯武論自酒井修敬丈借而写之／享保九甲辰歳閏四月中澣　渋井忠告謹書／寛延四辛未初夏需於江口氏摸写之／原田敬勝／(印)(印)」)、大倉精神文化研究所蔵写本半一冊、同蔵明和五年真野豊綱写本半一冊(「五常訓解」「楠正行記」と合写)がある。

拘幽操師説　浅見絅斎講　若林強斎筆録

本講は巻末にある「右絅斎先生説而若林先生所筆記也」の奥書の如く、絅斎の講義を強斎が筆録したもので、何時の講かは明かでない。絅斎は度々拘幽操を講じたらしく、本講のほかに現存本で見る限り、絅斎講と断定し得るものが後述の如く二種を数え得る。相互に参照して補足し得る点が多い。君臣父子の大倫は天理自然の動かそうも変え得ようもない本心に根ざすことを強調し、その絶体の忠を説き、論理明徹にして格調が高い。

(底本)小浜市立図書館蔵写　半一冊。茶褐色表紙(二五×一六・七糎)。内外題とも「拘幽操師説」と題す。字面高さ約一九糎。毎半葉九行。朱引朱筆句点が附さる。

(校訂参照本)小浜市立図書館蔵(小甲本)写　半一冊。五性・小学題辞・忠信進徳章の講義録と合写。字面高さ二〇・五糎。毎半葉一一行。

京都大学附属図書館蔵(京本)文政五年深栖光亨写　半一冊。単辺有界一三行、白口単黒魚尾印刷罫紙使用。朱引朱筆句点濁点が附さる。奥書に「此書大嶋氏借而写之于時文政五壬午年季秋／深栖光亨(光亨之印)」。「深栖」「深栖蔵書」の印記。

写者の光亨は西依成斎の門人にして小浜藩の国老であった緝光の男で、崎門派の書を多く書写している。

内田周平編校「拘幽操合纂」所収本（内田本）　底本不明。田崎仁義編「近世社会経済学説大系　浅見絅斎集」（昭和十二年刊）所収本は内田校本の翻印である。

小浜市立図書館蔵（小別本）「絅斎先生雑記」所収写本。絅斎著作の小篇を多数輯録せる寄合書の半四冊、その第三冊収。字面高さ約廿糎。毎半葉一二行。前掲諸本と比するに、同じく「右絅斎先生所説而強斎先生所筆記也」の奥書を有し、文辞の大半は一致するが、出入異同が頗る多い一種の異本である。未だ整斉を経ざる草稿の系であろうか。本書の校訂には一条を参照した（二三三頁注）以外は、その他の異同は省いた。

九州大学中国哲学研究室蔵寛政五年奥野寧斎写本一冊、その重写たる同蔵写本一冊、並に京都大学附属図書館蔵弘化五年奥埜行方写本一冊は、皆「大学伝五章講義」「仁説大意」「責沈文師説」と合写され、共に奥書に「右拘幽操師説大学伝五章講義仁説大意責沈文師説四録合為一冊而西山光忠之蔵書也小林利安得而蔵之予在高宮講書之暇閲之則大学伝五章講義已録其所得焉余三録者所録雖未可知疑絅斎先生所講乎故謄写而蔵之云　寛政五年癸丑十月十二日　寧斎奥野篤之謹謄写」と。講者名等を記していないが、内容語調から絅斎の講述と思われ、仮にそうでないとしても、師承を受けた若林強斎の口義たることは間違いない。本講を補足する所が多いので、頭注に「別本、拘幽操師説」と題して、抜萃して掲げた。

もう一つの絅斎の講義は「拘幽操師説強斎先生所録　宝永丁亥八月廿八日」と題し、宝永四年八月廿八日に開講、九月七日、十三日、廿六日の講述を若林強斎が筆録した聞書で、講述は絅斎の編になる「附録」にも及んでいる。但し附録は強斎が欠席した為か、前六条を欠いている。伝本は前掲の小浜市立図書館蔵写本「絅斎先生雑記」第二冊所収本を知るのみであるが、内田周平編校「拘幽操合纂続編」所収本は同種である。内田本の底本は不明であるが、小浜本と欠字も同じで、全く同系のようである。この聞書は印本があるので補記しなかったから内田本によって参照されたい。

拘幽操筆記　三宅尚斎

尚斎の他の筆記類と同じく、出典をあげ諸家先輩の説を要約し自説を附したもので、奥書によれば元禄二年二十八歳の著である。現存本は尚斎が歿前年の元文四年七十九歳の冬留守友信に授け、それを友信が書写した本に基づく。友信、字は希賢、号は希斎。東奥の人、尚斎に学び、遊佐木斎の養子となったが後に復姓して大坂に講授し、明和二年歿、年六十一。

(底本)無窮会織田文庫蔵写　半一冊。茶褐色表紙(二三・三×一六・三糎)。字面高さ一八糎。毎半葉一〇行。「新発田藩邸学問所」「柳田氏図書印」「家蔵」の蔵印。崎門学を以て藩学となした新発田藩の江戸藩校旧蔵本。

(校訂参照本)内田周平編校「拘幽操合纂続編」所収本(内田本)　底本未詳。本書底本と同種の如し。

仁説問答　山崎闇斎編校

仁を求め、仁を行うことは儒教の終始を貫く目標である。朱子哲学体系の構成上、仁は四端を兼ね、性情理気体用が総摂貫通される枢軸を成しているから、先ず仁の何たるか仁の名義を理解することが、仁を体認して仁を行う関鍵となる。しかるに朱子が仁に言及する所は頗る多岐にわたる。闇斎は朱子の仁説の精髄を示したものとして、朱子文集巻六七所収の「仁説」一篇と朱子語類巻一〇五所載の「仁説図」をぬいて表章し、この仁説について、友人の張南軒・呂東萊との間で往復弁論せる書牘六篇を文集より選んで附し、寛文戊申八年(五十歳)五月の自序を冠したのが本書である。自序に仁の意思滋味親切なる処に熟復せよという言葉は仁を概念化せず、仁を生きたものとして微妙に把握表現し得て注目すべきで、この思想が次の絅斎によって祖述大成されている。

闇斎が本書を公刊したのは、自序の年紀から寛文八年と思われるが、その前に既に「仁説」と「仁説図」のみを表章校刊した僅か五丁の小冊子がある。双辺無界、版心粗黒口三黒花魚尾「仁説　(丁付)」。八行一六字。句点返点送仮名竪点附刻。その本は編者名を題していないが、図の末に「柯按仁説。載於朱子文集。図。出於語類。妄謂図。蓋仁説問答之際。指画示之也。因附于説後」とある。柯は闇斎が嘉と改名しない旧名であるから、本書が闇斎の編になることが判明し、その訓点もほぼこの「仁説問答」と一致する。柯按の文の左に「村上平楽寺開刊」の木記がある。恐らく慶安明暦年間三十歳代の編であろう。増補改訂を加えたこの「仁説問答」が出たので、自ら行われず、伝本極めて稀れで、「続山崎闇斎全集」下巻に影印さる。ただその板木は後まで残ったらしく、斯道文庫に後表紙見返に発行書房として、江戸日本橋須原屋茂兵衛以下大坂堺筋豊田屋宇左衛門に至る八軒の書肆名が印された奥附と「朱子仁説」なる題簽を有する江戸後期の後刷本がある。但し末の「仁説図」がない、欠丁か或はその箇所の板木が亡失せるか。本書の講説には、次掲の絅斎の師説を始めとして三宅尚斎の「仁説問答筆記」、若林強斎の「仁説問答講録」、久米訂斎の「仁説問答講義」等がある。

(底本)寛文八年序刊(京都　寿文堂)　大一冊。題簽「仁説問答　全」。単辺(二一・六×一六糎)無界、版心白口「仁説問答(丁付)」。本文毎半葉八行一六字、返点送仮名竪点附刻。巻首「仁説問答」、末「仁説問答終」と題し、尾題下「寿文堂刊行」の刊記あり。但し「二条通松屋町武村市兵衛刊」の陰刻刊記を有するのが初印(三原市立図書館蔵)。「続山崎闇斎全集」下巻に影印、「日本倫理彙編」巻七に翻印。本版には「朝倉儀助」の刊記を有する江戸後期の覆刻版があり、その板木は後に京の尚書堂堺屋仁兵衛、大阪の河内屋儀助、大阪の柏原屋武助等に転々と移り、明治年間まで刷印が重ねられた。

仁説問答師説　浅見絅斎講　若林強斎筆録

「仁説問答」の講義で、次の三次の講義聞書と強斎が絅斎に呈せる書簡一通から成る。

㈠奥書に「右講説始于元禄癸巳十月七日、而終于同年十一月七日」と。現存伝本皆「癸巳」と記すが、元禄には癸巳の干支はなく、癸酉(六年、四十二歳)、辛巳(十四年)、或は癸未(十六年)の誤りか。筆録者不明。

㈡奥書に「右講説始于宝永丙戌四月十二日、而終于同年同月廿四日」と。宝永三年五十五歳の講。次の強斎の書簡から強斎の筆録にかかることが判明する。

㈢奥書に「右宝永庚寅十一月廿四日講説」。宝永七年強斎は父の喪に服して近江の自宅におったが、偶々上京し、この講義に会して書き留めた聞書で、「又論仁説、昨承開諭仁説之病云云」の一条のみである。

㈣上絅斎先生書。強斎が㈡㈢の聞書草稿を絅斎に呈して朱批を乞うた時に添えた書簡。

本講義は絅斎晩年の講で、朱子学の複雑難解な形而学的思想論理をかくも徹底的に推究分析し、ぎりぎりまで嚙み砕き、しかも平易明晰な言葉と格調の高い文脈を以て表現していることは驚嘆すべきである。ウブな生命の純美な情操がみずみずしく全巻に貫流して仁の意思滋味親切の処が理気性情峻別の理屈立てを絶して湧溢洽浹する感を抱かしめる。

三回の講義は各自独立した別々の講義であるが、同じ講師の口述であるから勿論趣旨を同じうし、自ら重複する箇所があり、どの講義も絅斎の仁説を知ることができるが、三篇相互に補充する所がある。伝本の多くが四篇を収めているのは意義がある。初学者には元禄の講の方が用語の説明等は分かり易いかもしれぬが、宝永の講の方が緊密練熟の気味があるので、本書は紙幅の都合上、残念ながら㈠を割愛し、㈡以下を収め、㈡を補足すると思われる㈠の箇所を「元禄の師説」と標して頭注に摘録した。また㈢には、㈣の書簡に「朱点ハ勿論於尊説取舎仕ニテハ無御座候云々」(三〇三頁)とある如く、筆録者の強斎が附した朱筆圏点がついている。此は重要であるが、本書では印刷の制約上省かざるを得なかった。

(底本)慶応義塾大学附属研究所斯道文庫蔵写　大一冊。茶褐色表紙(二七・六×一四・五糎)。巻首「仁説問答師説」、末「仁説問答師説畢」と題す。字面高さ約二四糎。毎半葉一六行。朱筆句点朱引朱圏点が附さる。「元禄の師説」には、本文とは別手の朱筆を以て上欄行間に往々「阿波岡本維孚按ニ」「孚按」という批語が書入されている。「岡本氏図書記」の蔵印あり。岡本維孚の伝は詳かならず。「孔子ノ易有太極ト仰セラル、モ、一陰一陽之謂道ト仰セラル、モ…」の文の右旁に「以下理気混シテ云フ恐ラバ(マヽ)気ヲ認メ理トスルノ疾アラン佐藤氏絅斎ノ学ハ気ヅル人情ヅルト云テ評セシモ誣ニアラザルニ似タリ」と書入られている。絅斎の講説に対しては直方派から理から気情に傾偏しているとの批判の出るのも当然と思われる。
(校訂参照本)慶応義塾大学附属研究所斯道文庫蔵(斯別本)写　半一冊。外題「仁説問答口義」。毎半葉一一行。元禄講なし。巻首「仁説問答　絅斎講義　若林進居打聞」と題す。末に「絅斎先生一貫章口義」を合綴。所々「審斎云」「篤静云」(尚斎門人多田東渓か)「畏斎云」等の批語を記せる附箋が貼附され、「牛窪蔵書」の朱印、「牛窪蔵書」の墨署がある。

小浜市立図書館蔵(小甲本)写　大一冊。首尾題底本に同じ。毎半葉一六行。朱句点朱引が附さる。「山口平姓蔵書」「若州邸学」「信尚館」の蔵印あり。

同蔵(小乙本)写　大一冊。元禄講なし。毎半葉一二行。朱筆句点朱引が附さる。

同蔵(小丙本)写　大一冊。宝永七年講と強斎書簡のみを収む。外題「又論仁説講義」。内題「仁説問答講義」。双辺無界、白口単花黒魚尾印刷罫紙使用。毎半葉一一行。朱筆句点朱引朱圏点が附さる。巻末に「甲辰八月四日夜終」とあるは書写奥書か。「山口平姓蔵書」「若州邸学」「信尚館」の印記。

新発田市立図書館蔵(新甲本)写　半二冊。首尾題底本と同じ。毎半葉一〇行。少しく「黙云」の注記校語書入が存する。稲葉黙斎の手筆の如し。元禄癸巳の奥書について、「黙云元禄無癸巳之年。恐書写之誤。有己巳翁三十八歳有癸酉四十二歳有己卯四十八歳有癸未五十二歳。按此講義恐癸巳五十二歳之講義歟。次巻講義五十五歳之講義而其間不相遠也」と。脱誤がかなり多い。「家蔵」「新発田道学堂図書印」の印記あり。

同蔵(新乙本)写　大一冊。題簽「絅斎先生仁説問答講義全」。首尾題底本に同じ。毎半葉一六行。朱筆句点朱引が附され、「家蔵」「新発田藩邸学問所」の印あり。

同蔵(新丙本)写　大二冊。題簽「絅斎先生仁説問答講義」。元禄講なし。巻首に「仁説問答　絅斎講義　若林進居打聞」と題す。宝永三年講を上冊とし、下冊は宝永七年講・強斎書簡並に佐藤直方の「仁説」(闇斎朱批)を収め、ただ宝永三年講の闇斎序の部分を誤って強斎書簡の後に置いてある。朱筆の校字圏点句点の書入あり。

京都大学附属図書館蔵(京本)写　大一冊。外題「仁説講義　浅見絅斎著」。巻首「仁説問答筆記」と題し、宝永三年の講のみを収め、その闇斎序の部分以下を欠く。毎半葉一一行。巻末に「浅見安正先生口授/三宅尚斎/仙石/享保七壬寅正月二日　金子希亭徳辰/(中略)/享保丙辰年春二月　大江貞恭」なる八行の識語が附記さる。頗る訛脱が多い。

高知県立図書館蔵(高本)写　大一冊。毎半葉二〇行。元禄講なく、強斎書簡は題のみで、本文を欠く。

九州大学附属図書館蔵(九甲本)写　大一冊。毎半葉一二行。元禄講なし。外題「仁説問答師説」、尾題「仁説問答　畢」。「柴田蔵書」の印。

九州大学中国哲学研究室坐春風文庫蔵(九乙本)写　半一冊。外題「仁説問答師説」。毎半葉一〇行。元禄講なし。

無窮会織田文庫蔵(無甲本)写　半一冊。首尾題底本に同じ。毎半葉一五行。前半と後半と筆写を異にす。他の諸本と少異あり、且つ誤脱が多い。「岡本家」の蔵印。

同蔵(無乙本)写　大一冊。巻首「仁説問答師説」と題し、元禄講のみ収む。毎半葉一二行。朱筆句点朱引が附さる。

無窮会平沼文庫蔵(無丙本)写　半一冊。首尾題底本に同じ。毎半葉一二行。「内田氏図書記」「周平之印」の印記。

同蔵(無丁本)写　半一冊。外題「仁説問答聞書　完」。巻首「仁説問答　絅斎講義　若林進居打聞」と題す。宝永三年講のみを収む。毎半葉一五行。「遠湖図書」の印。

同蔵(無戊本)明治五年写　大一冊。外題「仁説問答筆記 尚斎先生 絅斎先生」。首に「仁説図考　尚斎先生」及び「仁説問答筆記　絅斎先生」を写し、次に宝永三年講と宝永七年講を収めるが、三年講の闇斎序と奥書を欠き、七年講の「又論仁説」の小題を脱して、前に直接連続せしめ、その奥書も脱している。書写奥書に「明治五歳壬申孟夏二十四日夕陽卒業　宮嵜則孝」と。

以上三部内田周平旧蔵本。

校訂に参照しなかったが、本書には、大倉精神文化研究所に、弘化四年写大一冊（奥書「右仁説問答師説者望楠軒遺蔵即強斎先生之真蹟而今伝蔵于信尚館者也坂野氏嘗請菅山先生模写之矣利行借得於坂野氏謹写之　弘化四丁未四月下浣　渡辺利行」と）、明治四年写半一冊（宝永三年及び七年講を収録。奥書に「右絅斎先生仁説問答講義請原本於為斎朽木翁原本出於湯坂村真行氏写焉原本既有誤字亦闕有疑者依然因旧而已于眨明治辛未仲秋八月上浣写了斎藤貞識」と。「上総萱場禎治郎主」の印あり）、明治十九年服部富三郎令写半一冊（宝永七年講と強斎書簡を収む。奥書に「享保戊申之春二月中旬自平瀬子借覧因謄写一通以備参考云　三月晦一校　明治丙戌三月借読令子亮謄写　悔庵主人」）の三部が蔵さる。

絅斎先生仁義礼智筆記　浅見絅斎講

儒学の根本概念たる仁義礼智の定義を簡潔に説明した講義聞書である。哲学は基礎概念にその人独自の明確な定義を下し、その概念理念を組織的に積み重ねることによってその全思想内容の体系を構成するものである。従ってその哲学大系の大綱をなす重要概念の定義を解説することがその哲学思想内容全体を要約理解せしめる概論となる。儒学を体系化した程朱性理学にあっては、朱子の門人たる陳北渓の「性理字義」以来、理学入門書としてこの形をとる著作が多く現われ、それが我が国にも影響し、朱子学派のみならず、その批判をなした山鹿素行の「聖教要録」、伊藤仁斎の「語孟字義」、荻生徂徠の「辨名」等も皆字義によって各自の思想大系を概論宣明したものである。本聞書は片々たる小冊ながら、朱子崎門の性理論の最も簡潔なる入門概論書と称してよい。かかる概論は往々所謂概念観念的な図式の形骸に堕し易いのに拘らず、本講は俗語を混えたる平明なる言葉を用いた柔軟明暢なる文章と相まって、生き〳〵とした緊切な論理の運びと練りに練られた涵養の蘊蓄から来る余韻を漂わし、叙述し難き智蔵の幽微なる機要を余蘊なく解明する表現の如きは心にくい趣がある。本講は何時の聞書か不明であるが、老練な口授の内容から見ても、恐らく晩年のものであろう。絅斎のかかる基本概念の字義の説明から入る性理入門書は前掲の「仁説問答師説」の外に、小論に「愛之理心之徳説」(阿部吉雄著「日本朱子学と朝鮮」中に翻印あり)、「性理字義講義」(宝永三―四年講強斎筆録)等がある。本篇と同類の講説で同題名の「仁義礼智師説」(斯道文庫蔵、阪大蔵「仁義礼智之説」、九大蔵「若林先生仁説」、小浜市立図書館蔵「仁義礼知説」と題す)には著者名が記されていない写本があるので往々絅斎講とされ、「寛政辛亥(三年)季秋初六日」の刊記を有する木活字本は「絅斎先生四性説」と題している。しかし此は若林強斎の講説である。

(底本)文政八年深栖光亨写　半一冊。濃褐色表紙(二三×一六・四糎)。書題簽「絅斎先生／仁義礼智筆記」。単辺(一八×一二・五糎)有界一三行、白口単魚尾香色印刷罫紙使用。朱筆の句点圏点が附さる。一一丁。巻首に「絅斎先生仁義礼智筆記」と題す。書写奥書に「文政乙酉年於東武借得山口氏写之／深栖光亨」と。「章斎」「衣錦尚絅」「深印光亨」「有不為斎」の蔵印あり。手写者の光亨は前述の如く小浜藩士、この本は奥書によれば山口家より借鈔した由であるから、祖本は望楠軒伝来本であったのであろう。明治の懐徳堂の漢学者伊藤有不為斎(介夫)旧蔵本。本書はこの本の外に伝本が知られず、些少誤写や闕字の空格を免れないが、対校本がないので、全て旧に拠った。

劄　録　浅見絅斎

本書は、絅斎五十五歳の宝永三年九月廿六日の自序に述べられている如く、九月廿六日から十二月廿一日に至る十七回の講述の余話四十九条を若林強斎以下の門人が交替で筆録した聞書を編輯したものである。絅斎塾に於ける定例の講義は殆ど四書・近思録・小学や闇斎表章書等の書物を教科書とした講義であったらしいが、本書の主題は、教科書によらず、種々の題目にわたり、「手前ノ主トスル所ノ存念ハ昼ノ講ニ其存分ヲ云コトナレ共、講習ニハ尽サレヌコト有故、其余意ヲ加様ニ物語」(自跋　四一〇頁)ったものである。絅斎は塾に於ける定例の講義以外に、「月会」と称して、毎年大よそ正月、三月、十月を定会として、東山の亭や寺を借りて、特別の講筵を開き、その後師弟共に東山の風光を楽しむのを例とした。この月会は元禄二年(卅八歳)三月から歿年前の宝永七年(五十九歳)まで続いたようで、その筆録が残っている。この宝永三年の冬には考える所があって、昼間の定例講座の外に、夜間の特別講座を開いたものであろう。

崎門の学の弊は、その講習の範囲が狭く、心法修身の工夫に跼蹐して、広く歴史・文学・政治経済の現実面にわたらず、即ち格物に疎いことにあるとは一般の批評である。しかし絅斎は本書に「格物ノ物ノ字コソ目出度レ」(三二八頁)と、事々物々の「何ゴトニテモ其コトヲ経、其物ニ付テ自我ニ吟味ヲシ、其物一ツヲ吟味仕詰〳〵スル」(同上)ことが肝要で、物の一字を忘れれば、全て空論虚議に失うことを強く主張し、絅斎はこの年十二月には「大学物説」を刊行している。絅斎がかかる講話を試みたのも深くここに意を用いる所があったのであろう。本講の主題話柄は多様で、心法はもとより詩文・歴史から経世論にわたり、日用現実の諸問題に関する絅斎の見識を見ることができ、格物を実地に示したものである。この意味で本書は崎門派に於ては異色の書と言うべく、広く読まれたらしく、伝存の写本が比較的多い。

本書の伝存諸本は大よそ二種に分れる。一はここに底本とした系統(以下A本と称す)で、「劄録」と題し不分巻である。他(以下B本と称す)は率ね内題なく、巻頭の和歌の前に「詞ニシナハナケレトモ云々」(三二〇頁注)の詞書があって、和歌三首が平仮名で記され、十月廿九日の条の末(三六三頁)に底本巻末識語の第四項が記され、十一月廿六日の条の末(三八八頁)に底本巻末識語の第三項を記し、「講習余録巻之二終」、次に改丁して「講習余録巻之三」と題する。両本互に辞句に出入異同が見られ、B本は原則として「附録」がない。A本の巻末識語の「又曰、余録ト云ヘバ、本録マダアル様ニ聞ヘル。ヤハリ劄録ト云ガ穏カデョイゾ」がB本になく、詞章はA本の方がやや整っている所から考えれば、本書は初め自序にいう如く「劄録」と題し、途中「講習余録」と改め、後に再び前に返って「劄録」と定めたようである。従ってB本が初稿で、A本はそれに修訂を加えた本と思われる。本書はA本を底本とし、B本をも参照対校し、異同を注記した。

A本系

(底本)慶応義塾大学附属研究所斯道文庫蔵天保九年写　大一冊。茶表紙(二六・五×一九糎)。字面高さ二二・五糎。毎半葉一一行。巻末書写奥書に「天保九年二月廿有六日畢業昧斉(ママ)　建部長俊」と。

(校訂参照本)慶応義塾大学附属研究所斯道文庫蔵(斯甲本)写　大一冊。毎半葉一七行。朱筆句点が附さる。附録なし。安井朴堂旧蔵本。

無窮会織田文庫蔵(無甲本)近写　半一冊。単辺有界一四行、白口単黒魚尾印刷罫紙使用。

無窮会平沼文庫蔵(無丙本)弘化二年写　半一冊。毎半葉一三行。序のみ朱句点返点を附し、校字書入あり。書写奥書に「弘化二乙巳春三月写　高常」と。「遠湖図書」印。内田周平旧蔵本。

九州大学附属図書館蔵(九甲本)文政六年山科元晃写　半一冊。刷毛目表紙。書題簽「講義劄録 全」。毎半葉一二行。奥書に「右鈴木安右衛門借沢田一斎所持之本而写之書也予乞鈴木氏而謄写之云　安永八年己亥五月五日　奥野篤之謹書』文政四年辛巳秋八月三日以奥野先生自筆之本写之』右借益斎中村君之本与男元強写之　文政六癸未年四月　山科元晃(印)(印)』中村内記源姓名誠之字安節号益斎住夷川中町角」と。「仙寿院蔵書」「碩水蔵書」の印記。幕末明治の平戸の崎門派の儒者楠本碩水手沢本。

小浜市立図書館蔵(小本)安永三年写　半一冊。毎半葉一二行。追録の末に「安永三年午十月廿五日敦賀於官舎写之」(次行の署名を墨で抹消)の書写奥書あり。底本等の以上諸本と文辞に些少の異同があり、間々B本系と一致する所あり。

慶応義塾大学附属研究所斯道文庫蔵(斯乙本)写　大一冊。外題「絅斎識劄録 全」。毎半葉一一行。朱筆句点が附さる。この本は本文はほぼA本系であるが、巻首「絅斎識劄録」、十一月十日記の井田の法の条の首に「絅斎識劄録之下」と題し、諸本と異って平仮名交りで記されている。辞句も底本等と少しく異同が見られ、時にB本系と一致する所がある。巻末に追録・附録が附されるが、追録前の識語はない。従来活版本として流布している「日本経済叢書」「日本経済大典」所収本(近世社会経済学説大系「浅見絅斎集」所収本も同本に拠る)は底本を明かにしないが、ほぼこの本と一致し、同種と認められる。同書の「識割録」の書名は意味不明で「識」は衍字と疑われていたが、実は「絅斎識す割録」を誤読したことが判明する。

対校に使用しなかったA本系に属する写本に次の諸本がある。

東京都立中央図書館加賀文庫蔵写　半一冊。附録なし。

国立国会図書館蔵写　半二冊。追録前の「一条〳〵」以下の識語及び附録なし。

慶応義塾大学附属研究所斯道文庫蔵(斯丙本)写　大一冊。他の諸本と異り、外題「講義余録 全」、序の首を「講義余録序」と題し、序末の字句を「因且題講義余録」に作り、首の和歌のみを平仮名で記し、各会の日附筆録者の識語は諸本毎条末に記されてあるのに、この本は再会の十月七日の条より以下首に置いてある。十二月十六日の記に止って以下なし。錯簡欠脱や字句に訛謬が多く、辞句にB本系と一致する所がある。

蓬左文庫蔵写　半二冊(道学資講巻三五一・三五二)。前掲本と同種。藍・墨両様の中村習斎(蕃政)の書入が移写されている。以上二本は或はB本からA本に改修される中間の一本か。

B本系

(校訂参照本)京都大学附属図書館谷村文庫蔵(京本)写　大一冊。毎半葉一五行。小口書「講習余録全」。

高知県立図書館蔵(高本)写　大一冊。外題「割録」。毎半葉一五行。

九州大学中国哲学研究室坐春風文庫蔵(九乙本)明和九年写　半一冊。外題「講習余録」。毎半葉一五行。巻末書写奥書に「右明和九年西依墨山先生ニ受ケテ写シ畢」と。

無窮会織田文庫蔵(無乙本)写　大一冊。扉題「割録」。一五行。A系本を「一本」と称してそれとの朱筆の校字が書入され、附録あり。

慶応義塾図書館蔵(慶本)明和九年写　特大一冊。後補題簽「浅見先生講習余録 全」、扉「講習余録」、巻首「講習余録巻之一」と題す。自序なし。毎半葉一二行。朱筆句点朱引が附され、朱墨両様の校訂が書入れらる。巻末に「明和壬辰初冬日　蘇門山人」と署する「訂正講習余録跋」ありて曰く、「講習余録ハ浅見先生講席ノ余話ニシテ聖学切要ノ書ナリ惜ムラクハ其書義理通解シカタキモノ半ニスキタリ頃日多本ヲアツメテコレヲ参考スト云ヘトモ元本席上ノ雑話ヲ聞書シタル物ナル故全体文章正整ナラス其上脱簡錯乱多ク且魚魯焉馬ノ誤リモ不少読者巻ヲ終ルニ由ナシ先輩コレヲ愁テ傍書ヲ加ヘ朱簡ヲ附スト云ヘトモ疑ヲ欠キ言ヲ慎ムノ故ヲ以テ輙クコレヲ訂定スル人ナシ是ヲ以テ書面益繁雑ニシテ読者ヲシテ心目昏惑シテ趣意ヲ理会シ得ルコトナカラシム(中略)是ニヲイテ其固陋ヲ忘テ妄リニ僻案ヲ用ヒ強テ其疑ヲ定メ惑ヲ解キ衍ヲ抜キ脱ヲ補フ見ル人我ヲ責ルニ僭譭ヲ以テシ我ヲ誹ルニ杜撰ヲ以テスルトキハ吾逃ル所ナキコトヲ知ル(以下略)」と。即ちこの校合は他本との対校ではなく、蘇門山人の臆断による訂正である。

対校に使用しなかったB本系に、蓬左文庫蔵「道学資講」巻三五三・三五四所収半二冊(巻首「講習余録／浅見先生説」と題す)、国立国会図書館蔵写本半一冊(巻首「講習余録巻之一」と題す)がある。

中国辨　浅見絅斎

前掲「劄録」のシナを中国と呼び我が国を夷狄と称するを不可とする主張(三七七頁)は、此より前、絅斎が「靖献遺言」を公刊して間もない、元禄元年冬から翌年正月にかけて行った自著自講を筆録せる「靖献遺言講義」(門流によって寛延元年刊行)巻七処士劉因の項に述べられている。その後元禄十三年から十四年にかけて、江戸の跡部良賢(直方に学んだが、後に垂加神道を深く信じ、直方と絶交)から本問題を始め神道・正統論等について累次質問があり、相互に質疑弁駁を交わした。良賢はその頃はまだ直方に従学し、その質問も直方の意を受けて行ったようである。その間の答問の往復書簡を輯録したのが「浅見絅斎答跡部良賢問目」(或は「絅斎答問書」)である。それが契機となって、本問題について先の元禄二年の講義の文を改修したのが本論である。末に「此一条元禄辛巳十二月廿一日改シルス」の奥書があり、元禄十四年五十歳の執筆である。寛延刊「靖献遺言講義」には旧文に続けてこの改訂文が併録されているが、この本に比し、校者が世を憚った為か、激烈な字句が多少緩和されている。

(底本)慶応義塾大学附属研究所斯道文庫蔵享保元年写　半一冊。栗梅色地空押行成後補覆表紙(二三・五×一五糎)。字面高さ二〇糎。毎半葉一三行。巻首「中国辨　浅見安正」と題し、末に「此一条云々」の本奥書、次に「時尓享保丙辰四月八日/備後州福山住藤井源右衛春孝/写之」の書写奥書あり。

他に大倉精神文化研究所蔵写本、無窮会蔵享保二年写本、国立国会図書館蔵元文二年写本、蓬左文庫蔵「道学資講」巻三六〇所収本(「中国夷狄辨」と題す)等があり、翻印本に「勤王文庫」第壱編所収本、近藤啓吾校訂本(『桃李』昭和三十一年十一月号収)がある。

中国論集　佐藤直方

絅斎の中国夷狄論や正統論は崎門学派内に波紋を投じて論争を惹起し、特に直方派から批判が起った。跡部良顕からの質問辨難があったが、改定の「中国辨」が出るや、直方門下の荻濃祐重(荘右衛門と称し、号は甃巳斎、備後半坂の人)がそれを一々批難せる「批改定中国辨」を書き、直方が絅斎・尚斎の説を批判せる「華夷論断」その他の筆録が成った。直方門人の小野信成が直方の中国・正統論の論説を編輯し、宝永丙戌(三年)十月上浣の跋を附して「中国論集」と名づけたのが本書である。此を稲葉黙斎が「韞蔵録」の巻一四に編入して流布した。ただ韞蔵録巻一四の「中国論集」は祐重の「批浅見安正改定中国辨」を首に置くが、信成の編がそうであったのか、それとも信成のは直方の論のみの輯次に止って、黙斎が新たに入れたのか、信成の跋文からは詳かでない。直方の論は華夷論断に始るここに掲載した筆録の次に、絅斎の正統論に対する批判文、直方の批評入りの祐重の絅斎の正統論への批判文が続き、最後に信成の跋文を附するが、ここには省略した。祐重の「批改定中国辨」に対しては友部安崇の「夷狄辨」(宝永七年正月)、絅斎・直方の両論については尚斎の「中国夷狄説」(宝永七年八月)及び正徳三年季春の直方の尚斎の論への批判に対する同年五月の返書等がある。以上の諸論は京大研究室蔵「中国辨」、宮内庁書陵部蔵「崎門雑著」、新発田市立図書館蔵「中国夷狄論」等の写本に収録されている。絅斎の正統論に対する直方の態度は経・権両論を雑揉すべからず、「湯武孟子ヲ謀叛人ノヤフニアシロウテハスマヌコトナリ。安正コレ程ナコトヲ知ラヌテハナケレトモ正統ヲ親切ニ云ントテ云スギタモノナリ。朱子謂所激論害事是也。学者宜深思之矣」(韞蔵録巻一四「中国論集」末尾注文)というにある。

絅斎は祐重等の論難に対し反論を発表しなかった。ただ強斎所録「絅斎先生語録」の中に、「中国辨ヲ五郎左衛門ガ弟子ガ批ヲ書イテ、甚ダ悪口ヲ云ヘルトナリ。ソレニ友部武右衛門ガ跋ヲ書イテ辨ジタルトナリ。武右衛門ツマル処ノ云分ニ、両方トモニ神道ヲシラヌ故ヂヤト云ヘルトナリ。其批ヲ見スベキト尚斎云ヘル故、手前曰、手前ノ云処ミナ理ニアタルコトモアルマジケレバ、其是非ヲ云ヘルヲ見テ、益ニナルマジキモノニ非ズ。然レドモ此批見ルニ不レ及。イカントナレバ、悪口ヲ云ヘルト云ヘバ、義利ノ是非ハノケテ大俗情ヨリ出ヅレバ、モハヤ是非ノ吟味ニ及ブコトニアラズ。手前ノ大学ノ弁ニモアマリキタナキ詞ヲ云故、此方ノ弁ニモソレニアタル詞アリ。コレサヘオトナシキ事ニアラズト思フナリ」と見える。直方の中国論・放伐論に対する強斎の反論は山口春水筆録「雑話筆記」にある。

(底本)小浜市立図書館蔵寛政十年写「韞蔵録」巻一四所収本。

(校訂参照本)無窮会織田文庫蔵写「韞蔵録」巻一四所収本。

学談雑録　佐藤直方述

禅宗は不立文字を標榜し、悟道の境を端的に示す師の坐臥進退一言一動の日常の言語動作そのものから全身全人格的に丸ごと具体的に学びとろうとしたので、師の言行を平易な日常語で記録し、これを語録と称して重んじた。その風が宋代儒家に及び、特に程朱学に於ては門人の筆録編纂になる語録は本人自らの著編書と並んで重要な地位を占めるに至った。その影響をうけ、崎門学派にあっては、講義の聞書と共に、師の随時の言行を記録することが慣例となり、幕末に至るまで引き継がれた。語録は学談とも言われ、その編録書は夥しい数に上り、この学派の考察研究には欠くべからざるものである。談論風発の直方にはその性格上特にこの学談語録の類が多く、その直接の著作よりは寧ろこの方にその真面目を察知し得る点が多いと言っても過言ではない。ここに掲載せる「学談雑録」は「韞蔵録」巻三に収められ、筆録編者年紀を記していないので、明かではないが、附録末条の文中に享保丙申即ち元年(直方六十八歳)の年紀が見えることやその内容から見て、晩年の口述と思われる。但しここには末の附録六条は省いた。「日本倫理彙編」巻七にも翻印あり。

(底本)小浜市立図書館蔵寛政十年写「韞蔵録」巻三所収本。

(参照本)佐藤直方全集収「韞蔵録」巻三(影印道学協会校刊本)所収本。

雑話筆記　若林強斎述　山口春水筆録

山口春水が京都留守居加番詰として在京中親炙せる師の強斎との答問や談話並に日常の行蔵を書き留めておいたものを後になって二巻続録三巻に編したものである。首に「宝暦辛巳(十一年)秋　山口春水書」と署せる序があり、続録も首に同文の序、末に本書執筆の由来を記せる宝暦十一年秋の跋を附する。上下二巻は享保四年・六年の記事で、続録は春水入門の時より筆を起し、年月の順によらず強斎の言行答問等が記されている。春水は名は安固(初名は重固)、通称は団次郎、後荘右衛門、又荘左衛門と改め、艮斎とも号し、若狭小浜藩士。春水は行政官であったが好学の志が高く、京で良師を求めたが会わず、強斎に見えて初めて群疑を消滅して中心信服し、官務の間望楠軒に出入して教えを受け、強斎亦その器を愛してその女を妻わせた。諸奉行を勤め大に治績をあげ、晩年強く請うて致仕し読書以て徒に授け、明和八年歿、年八十。

春水は藩の教学振興を念とし、同門の小野鶴山を藩儒に推薦し、強斎歿後の望楠軒講主西依成斎を賓儒に招いた。小浜藩が強斎死後の望楠軒を援助し、火災等により終に再建が困難となった望楠軒を実質上藩校順造館に引き継ぎ、成斎の嗣墨山をその教官に迎え、崎門学を以て藩学を統一し、江戸後期新発田藩と共に崎門学の二大拠点となるに至ったのは春水の功による。春水の男は皆崎門学を奉じて儒官となり一門幕末まで家学を継ぎ、中でも孫の菅山は江戸藩邸の藩校信尚館にあって講授し、稲葉黙斎等の崎門の諸老凋落後の同派の耆宿と仰がれ四方より従学する者が多かった。

本書は強斎の儒学神道の諸説その逸事動静を活写し得て詳細、強斎語録としては最も依拠すべきである。ここには上巻のみを掲げ、下巻及び続録三巻を割愛したが、岡直養(次郎)校訂「強斎先生雑話筆記」(昭和十二年刊)に全巻が諸氏所記「望楠所聞」、当舎修斎筆記「雑記」の語録等と共に収められている。

(底本)小浜市立図書館蔵写(山口春水自筆か) 半五冊。艶出縹色表紙(二三×一六・三糎)。字面高さ一八・五糎。毎半葉一〇行。「若州邸学」「信尚館」の印記が鈐さる。

(参照本)岡直養校刊本(岡本)。

崎門学派諸家の略伝と学風

阿部隆一

山崎闇斎

闇斎、諱は嘉(初め卅歳代は柯)、字は敬義、幼名は長吉、通称は嘉右衛門、闇斎と号し、神道の霊社号を垂加という。元和四年(一六一八)十二月九日京都に生れ、天和二年(一六八二)京都に歿した、享年六十五歳。闇斎が寛文十三年即ち延宝元年(五十五歳)に執筆せる「家譜」があるので、以下主として同書により諸家の闇斎伝を参照して要約することとする。

曾考は播州の人、祖父(法名は浄泉)は播州宍粟郡山崎村に生れ、木下肥後守家定に仕え、父はその長子、天正十五年泉州岸和田に生れ、少より主君家定の側近に侍し、家定歿後、嗣利房に仕え、清兵衛或は三右衛門と称し、四十七歳去って浪人となり京に住い針医を業とし、五十五歳浄因と号し、延宝二年歿、享年八十八歳。母は佐久間氏、名は舎奈、近江安比路に生れ、寛文十一年歿、享年九十一歳。男女各二人の四人を生み、長男は夭し、闇斎は末子であった。

闇斎自ら「家譜」に父母の行状を述べていう。父の性は正直にして謙遜、武志あり、少時より古筆の三社託宣の一幅を所持し、朝夕に誦し、掛ける時は必ず盥漱して道服袴を着し、闇斎が幼時之に触れるや叱せられ、闇斎も父の命により幼時より託宣を誦した。祖母は孫の姉弟に常に、諺に身は一銭目は百貫という如く、善く字を習え、字を識らざれば盲同然、書を読まざれば向う所を知ることなく、目無き者と同じとよく言い聞かせた。母は窮居貧困の浪人暮しの中に両親を養い幼児を育てる苦労は他人の堪える所ではなかった。よく子を愛したが性は厳格、慢遊を好み飲食を放にすれば呵嘖せざるなく、常に鷹は饑えても穂を啄まず、士夫の子当に志を尚くすべしと戒めた。気位の高い浪人の敬神好学の庭訓と厳格な躾は闇斎に深い影響を与え、その生涯の方向を指示している感がある。闇斎の幼少年時代は鼻っ柱の強い暴れん坊で、近所隣鼻つまみの悪たれ小僧であったが、記憶力は抜群であった。困りはてて寺にやることになり比叡山に上した。「家譜」に寛永六年、嘉十二歳、父君命じて清兵衛と呼ぶとあるから、寺に入ったのは十二歳後であろう。しかし依然才を負うて放恣、厄介視されていたが、土佐公子がその秀逸に目をつけ、妙心寺に転ぜしめ、薙髪して絶蔵主と称した。しかしその驕傲悍る所なきは変りなかった。十九歳の頃土佐に移り吸江寺に寓した。吸江寺は野中兼山の旦那寺で、兼山は兼てその才を大に奇として同寺の嗣主に擬そうとして土佐へ呼んだと伝える。土佐に移ったことが一生の転機となった。

土佐の地には夙に天文年間南村梅軒が土佐に入って吉良氏の為に四書の新注を講じたのが所謂南学の端緒である。その学は忍性・如淵・天質に伝わって、共に新注の学を講じ、天質の門に谷時中が出て、朱学を唱え、従遊する者が多く、藩の執政小倉三省・野中兼山はその高足であった。闇斎は三省・兼山と交り、亦時中に学び、儒書に接するに至った。廿三歳空山(黄山谷か)の書に本づいて三教一致の論を作ったが、寛永十九年廿五歳朱子の書を読んで、仏学の非を覚り、儒に帰さんとした。しかし国法之を禁じて容易に果せず、大に国君の怒りをかい、終に土佐を逃れて京に帰って還俗し、「正保三年丙戌春三月五日壬子、以二父君《ノ》命《ヲ》一復《テ》二本氏《ニ》一、而以レ嘉《ヲ》為レ名《ト》、字《シテ》曰《ヒ》二敬義《モリヨシト》一、以レ闇《ヲ》号《ヅケ》レ斎《ニ》、称《シテ》呼《ブ》二加右衛門《ト》一」(家譜)と。京に帰ったのが廿五歳なのか、正保三年廿九歳の間なのか、明かでない。正保三年の秋朱子の「感興詩」を「重陽日　闇斎書」の跋を附して刊刻した。此は無点無注本であるが処女出版である。

翌四年而立の歳を迎えて、朱子の排仏の説を朱子文集・語類から抜いて「闢異」一巻を編した。此は異端排撃に止らず、朱子の白鹿洞学規を掲げ、居敬窮理を論じ、仏を脱して儒に帰した自己の体験と正学の方向を積極的に説き、闇斎学の最初の宣言と言うべきである。今後十年間無名の学者として朱子そのものの原点を求めて朱子学派への内在的批判と朱子の真醇精髄の教説を表章する編纂に専心沈潜する窮居生活が続く。この年の四月「周子書」の編が成った。闇斎は京に戻っても依る所が無かったので、野中兼山はその志を憐みその才を愛して、京に宅を買い与え、米塩薪水の資を助け、書生数人をして受学せしめたという。慶安三年卅三歳「白鹿洞学規集註」、翌四年「敬斎箴」の分註附録を撰し、陸王の学を批判せる朱子の文を輯めた「大家商量集」はこの前後の編と思われ、承応二年卅六歳鴨脚氏を娶って妻帯した。

明暦元年三十八歳「春始開《テキ》二講席《ヲ》一、先《ヅ》小学《ニ》次近思録《ニ》次四書《ニ》次周易程伝、二年冬十二月二十一日乙未講畢《シル》」と。既に少数ながら弟子に教を授けていたのに、始て講を開くと「家譜」に明記したのは、一家を成す自信を抱き、闇斎学開講を天下に宣言した意をこめたのであろう。この年「敬斎箴」を上梓し、翌二年「孝経外伝」を輯次し、「孝経刊誤」と共に開板、「感興詩考註」(明暦四年刊)の編を終える。「朱子社倉法」の編はこの前後か。三年四十歳「倭鑑」(通鑑綱目・范氏唐鑑にならった国史、未完)の起草に際し、正月七日書紀の編者舎人親王の廟を藤森に詣でて詩を賦した。これより先の明暦元年十二月に「伊勢太神宮儀式」両巻に序して「神垂以二祈禱一為レ先冥加以二正直一為レ本」と記しており、三年二月伊勢参宮に出発、三月帰京早々八幡宮に参詣。この頃日本人としての自覚、神道への関心の旺然たる様子が看取される。翌万治元年四十一歳、政治の中心地であった江戸に驥足を伸さんとし、二月京を発し江戸に遊び、幸に笠間藩主井上正利、大洲藩主加藤泰義の知遇を受けて、井上侯編「堯暦」に序を書し、加藤侯の為に「省斎記」及び「加藤家伝」を撰し、帰路参宮をなして、八月帰京。この頃より名漸く顕われ、以後毎年江戸に出講、京・江戸間を往復することとなる。この江戸行の往復の詩を輯めて「遠遊紀行」と題し、この年、小学に倣って童蒙婦女の為に和漢の嘉言善行を録せる「大和小学」の著が成った。翌二年の東遊の詩を編して「再遊紀行」とし、翌三年「武銘考註」を撰編して敬義の二字の由来を示した。

寛文五年四十八歳、幕府の執政会津侯保科正之の聘に応じて賓師となり、十二年侯薨ずるまで七年間、侯の眷遇は極めて厚く、闇斎の献替の功も亦頗る多かった。その間闇斎の盛名大にあがり、四方より遊学する者が増加し、例年の京・江戸間の往復、講義著述に寧日なかった。この年会津公を助けて、朱子の玉山講義を表章し、それに関する朱子の文を抄して附録となせる「玉山講義附録」を編し、翌六年「会津風土記」の編に与り、七年四月江戸にて疾に罹って帰京、病間「洪範全書」を輯校、八年「仁説問答」を表章、会津侯を輔け「二程治教録」、九年「伊洛三子伝心録」を編し、同年五月「小学蒙養集」「大学啓発集」の編成り、十年五十三歳「近思録」を校点刊刻、「小学」「四書」の校点もこの前後と思われ、皆後儒の注解を除いて、朱子の旧に復した。十一年五十四歳、正之は闇斎を招く前に吉川惟足から神道の伝授を受けていたので、その縁により闇斎も惟足に学ぶ所があり、神書を渉猟し、九年秋の東遊には参宮の際に中臣祓に画期的な研究をなした度会延佳の弟子の大宮司河辺精長に中臣祓の伝を受けていたが、この十一年の冬江戸で吉田神道の伝を惟足から受け、十一月垂加《スイカ》霊社《シデマス》の号を蒙り、惟足が之を書し、闇斎自ら「神垂祈禱冥加正直我願《ハクハ》レ守《リ》之《ヲ》終《ルマデ》レ身《ヲ》勿《ン》レ忘《フコト》」と賛し、「藤森碑銘」を作り、以後独自の神道説を唱えるに至る。この年臘月佐藤直方が入門。翌十二年「中和集説」「性論明備録」を輯次、「沖漠無朕説」もこの前後に成ったと推定される。八月江戸に下り、会津に行き「会津神社志」の編纂に参与して序を草した。時に正之は江戸邸に病臥していたが、父病むの報を聞き帰京、十二月正之薨じ、翌延宝元年五十六歳、正月会津に赴き、侯の葬儀を修め、行状を撰し、碑銘を作り、六月京に帰り、「程書抄略」を編した。

以後晩年のほぼ十年間は京を離れることなく、講義著述に専念し、延宝四、五年に浅見絅斎、八年には三宅尚斎が入門し、門弟に俊英を得て崎門活況を呈した。二年父浄因歿し、三年「易経本義」、五年「易学啓蒙」を校点上梓して朱子の旧に復し、「本朝改元考」の著、「朱易衍義」の輯編、「張書抄略」、翌六年「蓍卦考誤」、七年「周書抄略」、八年「朱書抄略」の編成って刊刻された。「桜辯」「魯斎考」「経名考」の編、「朱子訓子帖」「責沈文」「朱子行宮便殿奏劄」の表章、「孟子要略」の輯次は何時成立刊行したか詳かでない。「拘幽操」は寛文末延宝間の刊か。天和二年六十五歳春病む。病中にも小学・家礼・近思録・四書・五経並に濂洛関閩の諸子の書を読む毎に得る所を札記し、朱子末流を批判して以て朱子の真説を闡明にするに至った生涯の撮録を編せる「文会筆録」二〇巻に校訂の筆を加えて止まなかったと伝えられる（本書は翌三年に発行）。しかし終に起つこと能わず、九月十六日易簀、廿日黒谷の先塋の側に葬り、墓表に曰く「山崎嘉右衛門敬義之墓」と。神道の門人は下御霊社境内に祠を建てて配祀し、後故あって闇斎が常に崇祀せる猿田彦の庚申祠に移して配享した。

闇斎の講義口授の聞書は当時かなり筆録されたと思われるが、現在伝わるものは、ここに収載せる「本然気質性講説」

「大学垂加先生講義」「敬斎箴講義」の外には、「小学考」二巻(外題「小学入耳記」、延宝六年講、浅井重遠(琳菴)筆録、宮内庁書陵部蔵)「山崎先生語録」(室田義方録、小浜市立図書館蔵)が知られるにすぎない。神道関係には「風葉集」「風水草」「中臣祓風水鈔」「中臣祓大事」「垂加中訓」「舎人親王事並系図」「口授極秘」「持授抄」「垂加社語」「三科祓事」「神代巻講義」(浅見絅斎録)「神代巻抄」(桑名松雲等聞書)等がある。闇斎の詩文遺著を輯めた全書に、跡部良賢編「垂加文集」七巻続四巻拾遺三巻(正徳四・五・享保九年刊)と植田成章編「垂加草」三〇巻附録三巻(享保六年序刊)の二種が編刊された。後者の巻四の「遠遊紀行」「再遊紀行」、巻一二—二六の「文会筆録」は既刊の板木を流用し、前者にはなく、その他詩文三十有余篇の収載については両者相互に出入がある。

山田慥斎(名は連、字は思叔)著の「闇斎先生年譜」(天保九年跋刊)は先行の年譜・行状を参照考証して確拠あるものを採録した篤実な闇斎伝である。同書は闇斎歿年の天和二年の条に、春疾にかかり病中なお「文会筆録」を校訂した記事に続けて叙して曰く、

門人に語りて曰く、我が学朱子を宗とす。孔子を尊ぶ所以なり。孔子を尊ぶは其の天地と準ずるを以てなり。中庸に云ふ、仲尼は堯舜を祖述して文武に憲章すと。吾れ孔子朱子に於て亦竊に比す。而して朱子を宗とするも亦苟も之を尊信するに非ず。吾れ意ふに朱子の学、居敬窮理は即ち孔子を祖述して差はざる者なり。故に朱子を学んで謬る、朱子と共に謬るなり。何の遺憾か之有らん。是吾れ朱子を信じて、亦述べて作らざる所以なり。汝が輩堅く此意を守つて失ふこと勿れ。(原漢文)

と。この言葉は闇斎の学風をよく示している。闇斎の朱子に対する態度は宛も信徒が宗祖に対する如き宗教的信仰に類する。全て朱子を尺度としてその準則によって判断批判し、毫もそれに外れざらんことをこれつとめた。藤原惺窩に始り、幕府の文柄を執った林羅山以下寛文延宝以前の日本の儒学界は、中江藤樹等の陽明学の唱道はあったにせよ、それは極めて少数で、大勢は圧倒的に朱子学を奉じていた。それならば最初の提唱者でもない闇斎が朱子学を強調するのは一世を風

靡する大勢に乗ったまでで何ら異とするに足らず、世に闇斎学派と言われる一学派を成立せしめた所以とその特徴は何処にあるかと思うかもしれぬ。

朱子学が我が国に入ったのは鎌倉時代であったが、鎌倉室町時代は仏教に圧せられて漢学は不振を極めていたので、朝廷の博士家以外専門家が殆どいないという極めて層の薄かった我が漢学界は新学に対し敏感速急に即応することはなかった。しかし、朱子の新注は室町末までには清原の如き明経博士家を始め各層にかなり滲透して新古折衷の状態で、慶長元和の新時代を迎え、惺窩・羅山等が朱子学を標榜して学風一変し、儒仏その所を替えるに至ったのである。関が原の戦によって天下一定して太平となるや、名は武門の政とはいえ、実質は官僚文治の制となったので、武技一辺を以てしては天下の仕置きは勤まらず、文事は士たる者の日常必須の業となった。此は急激な図書需要の増大を喚起して、近世初期に漢籍の輸入は夥しいものであった。しかし当時の通交事情と鎖国の制からしてその数量は国内の全要求に比すればしれたものので、到底国内の需要を充すには足らず、我が国で唐本に基づいて翻刻せる所謂和刻本の出版が盛況を極めて、一般に流布使用されたのは国産の和刻本であった。

この江戸前期に我が国に将来された漢籍は当時大陸で流布販売されていた、即ち万暦崇禎頃の明末の刊本であったことは言うまでもない。何時いかなる処でも同じであるが、曠世の大学者が現れその学派が長期間流行すれば、始祖の学に対して屋上屋を重ねる末流末派の祖述敷衍書の氾濫を来すものである。朱子学が南宋後期大勢を占めてから、朱子の経注や性理の学に対する諸家の研究注解書の輩出は至れり尽せりとなり、明初永楽帝は宋元の程朱派諸家の注説を網羅類輯せる性理大全・五経大全・四書大全を編輯せしめて、科挙の課業書とした。此は程朱学派諸氏の汗牛充棟の諸著から原文を抜粋類聚してあるから、諸説を通覧要約するには甚だ便利であるが、生きた思想を丸ごと一生命体として把握し難く、要するにダイジェストである。しかも明の学風はこの大全にさらに字義出典に至るまで親切丁寧に標注を附して敷衍し、細を穿ち微を鑿った煩瑣疲弱の態に輪をかけ、観念空虚化の極に落ちていたのである。かかる雑砕な明の朱子学末書が江戸初期我が国に流れ込んで流行し、寛永から寛文の半世紀の間に出版された数多い和刻本を一覧する時、巨巻の三大全は勿論のこと、享保の江戸中期以降は殆ど読まれなくなり、今から見るとかかるものまでと思うほど明の煩砕な朱子末書の数々が刊刻されているのに一驚するであろう。細字密行の廿八巻廿四冊の「四書大全」に至っては元禄までに六種の版種を数え、いかに盛行したかを想察し得る。「性理大全」七〇巻五一冊は早くも承応二年に上梓されたが、朱子学の本幹たる「朱子語類」一四〇巻六〇冊は遅れて寛文八年、「朱子文集」八〇冊は正徳六年になって上刻されている。しかも前者は闇斎門下の鵜飼石斎・安井真祐の点で、後者は浅見絅斎点である。従って江戸前期までの我が国の朱子学は殆どが四書集註やその末書、言わば大全を通じての講習であって、純粋に朱子の文集語類を精読検討したわけではない。朱子学末派に対して俊英豪傑の士が慊らなくなるのは当然である。山鹿素行・伊藤仁斎・荻生徂徠は青年時代かかる明の大全風の朱子学を学びその洗礼を受け、而立に達した寛文に至って、それを批判して一家を成したのである。それは明の大全流朱子学に対する批判と言った方がより正確である。闇斎の学はこの古学復古派の動きとは外面は正反対の如く見えるが、内面はその軌を一にして発した明朱子学末派に対する復古革新運動と言うべきである。

剛烈鋭敏な闇斎は末派朱子学に疑問を抱き、朱子の著作そのものを精読比較した結果、朱子後の諸説がいかに卑浅で朱子から外れているかを看取し、また朱子自身の思想そのものにも生長形成の階次があり、特に語類はその性格上その時その場その問者の程度の制約のあることに注目し、朱子の定説真面目は奈辺にあるかを追求して、宋元明諸儒の諸書を渉猟比較吟味して、一切の夾雑物を篩にかけ、徹底的に洗浄して、醇乎純正なる朱子の真説を闡明にしようとする、辞句の校勘を超えた思想的価値判断による批判作業を全程朱学派に対して行ったのである。此は朱子学徒たる以上当然せねばならぬ作業と思うかもしれぬが、それは後から見た批評でコロンブスの卵である。特に当時の日本にあっては劃期的な業績で、禹域本土にあってもかかる純粋徹底的な朱子学の内在的批判は稀有である。この点を故内藤湖南博士は闇斎学の最大の特徴と注目し、その功績を力説称賛された(「先哲の学問」等所収「山崎闇斎の学問と其の発展」)。

宋学の思想は太極性情理気体用等の概念から出発して緻密な論理の操作と思索を積み上げた形而上学である。それを当時の我が学界は自ら思索せずに、哲理の結果を公式的教条として受けとり説明するに止る皮相の域にあった。闇斎はその哲学的思辨と正面から四つに組んで自ら思索し、皮を破り肉を裂いてその心臓に肉薄したのである。剛毅厳粛な性格は明末朱子学派に対する峻烈な批判となり、その鮮明なる旗色は当時の学界に強烈な印象を与えたのである。朱子学の特に窮理尽性の哲理に対する研究が江戸前期の啓蒙期に於て皮相浅薄の域に滞るのは已むを得ぬ所であるが、江戸時代を通じてあれだけ朱子学が瀰漫したに拘わらず、崎門以外にはその本格的な思索研究は一向に行われなかった。それは我が国民性が精緻煩瑣なる哲学的思考を得意とせず、寧ろそれを実践躬行に害ある空論虚学と蔑視する傾向が強かったこと、反朱子学の古学派が早く現われその影響も与って力あったと言い得よう。とも角、反朱子学派の服部南郭が「宋儒の窮理説、豈其の宗旨を極め易からんや。今人四書註すら猶ほ且つ之を精しうする能はずして、亢顔自ら朱学を称するは、一笑を発すべし。此の邦朱の意を得たる者は、其れ唯山崎闇斎か」(原漢文)と語ったと「先哲叢談」が伝えているが、正に的言と言い得よう。それだけ崎門学というのは江戸時代まことに異色ある存在であったのである。

闇斎の立場からは朱子の真説を闡明にすれば、もはやそれに加うべき何物もなく、述べて作らずとなる。従って闇斎の著作は殆どが上記の思想的校勘の基盤に立脚し、朱子の浩瀚なる著作の中からその思想の精粋を選んで表章せる編纂、朱子が志しながら未完成に終ったか或は逸失した遺書をその趣旨を忖度し、類推を以て材を朱子の文に採って輯次して復元を計った編纂、朱子学の基本図書たる「四書集註」「小学」「近思録」「易経本義」「易学啓蒙」等を後人の注や増改を刪正して、その旧形に復した校訂訓点から成っている。その編纂の態度と見解はその各書に附された序や跋に簡潔に述べられている。そこに闇斎の識見思想を見ることができる。闇斎の享受が客観的に見て間口の宏大にして奥行の邃密なる朱子の全容を純粋に全面的に表章しているか否かについては勿論議のある所であろう。それは今さしおき闇斎は朱子のいかなる思想を特に採って力説強調したのであろうか。

闇斎の字たる「敬義」の名はその学の体を余蘊なく明示標顕している。敬義の出典は易経の坤卦文言伝の「敬以《テ》直《クシ》レ内《ヲ》、義以《テ》方《タニス》レ外《ヲ》」の句に拠る。程伊川はこの語を極めて重んじ、度々引いて説をなし、朱子之を承けている。闇斎は晩年の延宝八年に編せる「朱書抄略」に跋して言う、

敬以て内を直くし義以て外を方にす。八箇の字一生之を用て窮らず。朱子豈我を欺かんや。論語に君子己を脩むるに敬を以てする者は敬以て内を直くするなり。己を脩めて以て人を安んじ以て百姓を安んずる者は義以て外を方にするなり。孟子に身を守るは守の本なる者とは敬以て内を直くするなり。君子の守は其身を脩めて天下平かなる者とは義以て外を方にするなり。大学の脩身以上は内を直くするの節目、斉家以下は外を方にするの規模。明命赫然として内外有ること無し。故に明徳を天下に明かにせんと欲す、中庸九経に身を脩むるなり、賢を尊ぶなりとは此れ内を直くするの事。其の余は則ち外を方にするの事なり。誠は自《み》ら己を成すのみに非ず、以て物を成す所なり。己を成すは仁なり、物を成すは知なり、性の徳なり、内外を合するの道なり。故に時に之を措《おい》て宜し。夫れ己を成すは内なり、物を成すは外なり。是の故に程子の曰く、敬以て内を直くし義以て外を方にす、内外を合するの道なりと。又曰く、敬義夾持して直に上り、天徳に達すること此自りすと。夫れ八字の用窮まらざること此の如し。朱子我を欺かず。(原漢文)

と。心は一身の主宰、万事は一身から始り各人の交渉応接の場たる家国天下に至るまで、結局は心に発し、心は万事を貫き万理を統べて万物の主宰たるものである。この心は衆理を具えて万物に通ずる虚霊不昧の明徳を賦与されているが、私欲の汚染によって明を失う。心は操れば存し、舎つれば亡って出入時なきものである。このともすれば放れんとする心を取り戻し〳〵、反復身に入り来たらしめ、常に明鏡の万物を映すが如く醒々たらしめる修養の工夫、即ち心法が敬である。敬は心を常にキチット保つ、敬を主一無適という如く、心を一事にじっと向けてうか〳〵せぬキットした態度を厳として執ること、即ち己を持するの道である。此が敬以て内を直くすることで、この心から発して万物万事に応接する行動をしてその宜しきを得しめるのが義である。義は心の明徳の働き、即ち是非を知る知による。心は体、知はその用と言い得る。

心は衆理を具えて万物に通ずるが、人欲の汚染が明徳の光りを曇らすならば、静坐黙考人欲を絶てばよいではないかと思うかもしれぬ。しかし心に体用両面あれば、それに応じて敬の心法と併せて、知の工夫即ち窮理を説くのが朱子学の特徴である。窮理の法は大学の八条目の格物致知である。天下の万物理あらざるものなく、逐物逐事についてその理を格《いた》(格は至也)して、その理を窮めることその極所に至れば、万物に応じ得る我が知識がそれだけ致(致は推し極めること)され、理が我がものとなり、知の光りが磨かれる。格物とは学問であって、学問によって知明かに、知に規定される行動はその宜しきを得る。知なければ行動は盲目の暗中摸索である。知を致して我に究められる対象物の理は、外から新たに別に我に附加された如く見えるかもしれぬが、顧みれば元来我に賦与されている衆理に外ならず、格物によって我に復したものである。本来我になければ通じようも知り得よう筈もなく、彼の理と我の理とはもと〳〵一理の分殊せるもの、我が本来の一理に反って我より発すればこそウもムもなく、感と応と響きを合せ、我と物とに間断なく、外から矯抑する作為の牽強附会ではない。敬立って内直く、義形われて外方、義外に形わるるのは外に在るに非ず、敬義既に立てば、行うこと所として宜しからざるなく、施すこと所として周からざるなく、即ち内外を合するの道である。

敬義夾持の道は居敬窮理であって、程子は涵養には須く敬を用うべし、学に進むときは則ち知を致すに在りと言い、朱子は居敬と窮理は鳥の両翼、車の両輪の如く一も偏廃すべからずと繰言している。人の一挙手一投足から始る悉くが一身の主宰たる心の働きであるから、是非を判断してその宜しきを得る義即ち知の格物究理の学問も亦心の働きである。従って心が定らず、敬に非ざれば、学問も正しきを得ず功を完うし得ない。勿論実際は、敬の工夫が完成してから次に窮理格物に入るというわけでなく、両者交錯し互に相い発し、よく理を窮めれば居敬の工夫益々進み、よく敬に居れば格物の工夫益々密になり、相互に循環通貫している。しかし敬は万事を成立せしめる根基、徹頭徹尾人の日常万事について離れず一貫するものである。従って朱子は「敬の一字は聖学以て始めを成して終りを成す所の者」(大学或問)、「大学の序固より知ることを致むるを以て先と為し、程子未だ知ることを致めて敬に在らざる者は有らずと発明せり。尤も力を用うる本領親切の処を見る」(文集三八)、「古人直に小学の中より涵養成就す。所以に大学の道只格物より做し起せり。今人従前此の工夫無し。但だ大学格物を以て先と為すを見て、便ち只思慮知識を以て之を求めんと欲して、更に操存の処に於て力を用ゐず。縦使ひ窺ひ測り得て十分なるも亦実地の拠る可き無からん。大抵敬の字は是れ徹上徹下の意、格物致知は乃ち其の問節次歩を進むる処のみ」(文集四三)、「敬の一字は万善の根本、涵養省察格物致知種種の功夫皆此より出て、方に拠り依ること有り」(文集五〇)と、事の先後の序を以てすれば、居敬は窮理の先、その本となる。しかし朱子は両者の兼備を強調し、格物の功をあげたること古今稀れなる人であるが、朱子の如き大器に非ざるこの学派の徒は率ね居敬に傾き易い。此が朱子学に対する批判の焦点の一つである。

闇斎学の特徴はその厳厲な性格から、常に物事の本始へときし〳〵と迫め寄り肝腎要めの根源へとひし〳〵とせり寄って、本始を堅く操守し、本末先後の序次の純粋性を首尾の全過程にわたって徹上徹下せしめようとし、それを妨げ害し汚す一切の夾雑を排除するにある。従って敬義を標榜し、居敬窮理の兼綜を期することに変りはないが、敬に第一の重点を置き、内直ければ外必ず方、体立つときは用自ら行わるの傾向が極めて濃厚となるのは必然である。闇斎は「蒙養啓発集序」に「夫れ聖人の教小大の序有て一以て之を貫く者は敬なり。小学の敬身大学の敬止以て見る可し。蓋し小大の教は皆以て五倫を明かにする所にして、而して五倫は則ち一身に具る。是の故に小学身を敬むを以て要と為す。大学身を脩むるを以て本と為す。君子己を脩るに敬を以てして親義別序信に止れば、則ち天下の能事畢ぬ」(原漢文)と敬が万事に先行する根本であることを強調している。なお闇斎は「文会筆録」巻七之三(易)に於ても、易文言伝の「敬以直レ内義以方レ外」に関し、程張朱の説の外に読書録・居業録・易蒙引の説を含め凡て卅五条を引いて詳細に考検している。その中で「程朱専ら心を指して内と為すの説之有り、喫緊切要と為す。但し易の本指に非ざるなり。朱子或は窮理を以て義方を説けり。亦本指に非ざるなり。各自ら詳《ミ》を致して可なり」、また「語類に曰く、敬以て内を直くす、是持守の工夫。義以て外を方にす、是講学の工夫と。又曰く、敬以て内を直くし、義以て外を方にす。只是此二句格物致知は是義以て外を方にすと。嘉謂ふ、此義方の説本指に非ざるなり」(原漢文)と、身を外に含める程朱の説と共に、義方を格物致知窮理の講学の工夫と解する朱子の説をも易の本指に非ずと断定していることは洵に注目すべきである。かくの如く朱説を非として自説を強硬に主張する如きは闇斎としては全く異例と言わざるを得ない。いかに敬を重視したかが判明する。「文会筆録」巻三大学の条の結尾には「八条目は明徳新民の事、其の道至善に止るに在て、伝者之を釈して敬みて止ると曰ふ。恂慄は敬の中に存するなり。威儀は敬の外に著はるるなり。此れ則ち八条目皆敬に由る」(原漢文)と、格物致知を敬に包摂せしめている。

闇斎学派の学風を構成する大黒柱の一つは大義名分を明かにし、之を厳粛に遵守することである。道徳倫理の人倫の体系はその要素たる徳目の同等並列から成るものではなく、本末先後上下重軽の差次を有する秩序体系である。人は同時に東西に足を踏み出すことはできぬ。現実の行動は一方向への決定を選択せねばならない。義は具体的な時処位に応ずる裁制であるから、平等の宗教と異り、是非善悪の取捨差別の選択を要件とする。義は仁に発するが、仁は義によらねば現実界では具現されぬ。仁やヒューマニティのみを甘く高唱して義を忘れた本末先後の秩序感覚が弛緩麻痺すれば、道徳の頽廃を兆し、この現世は成立し得ずして崩壊する。我と我が君との自個内分のみならず、我が親と人の親、我が君と人の君、我が国と人の国、この内外自他の分を明かにする必要がある。我が父を父とし、我が国を国として立て、互に並び立ってこそ、大義相い悖らず、自他共に立つ人倫のこの世が成立維持されるのである。大義名分論には自己とその所属する団体社会民族の主体性の自覚が常に基礎となっている。宋は金の侵略、外来文化たる仏教の滲透と儒教の精神的無力化、この政治文化両面に亙る漢民族の独立自主が脅かされていたので、この危機感に刺戟誘発されて、大義名分論は宋学の重要な綱要となっている。江戸初から外来文化たる宋学を熱烈に享受しそれを我がものとして摂取し、自主的な学問思想が形成されるに伴って、その自主的な態度そのものが同時に祖国への反省と自覚を生じせしめ来るのは必然である。大義名分論は内にあっては尊皇論、外に対しては中国文化への主体性確立の動きとなって来たのである。

闇斎が門弟に対し、もし孔子を大将とし孟子を副将として日本に攻め来たらば、諸君如何となすと訊くや、黙して答えず、闇斎声を励まして、これと奮戦して孔孟を虜にするのが孔孟の道と叱咤したことは、「先哲叢談」等に引かれて、人口に膾炙している。闇斎が神道を深く信じ、垂加の一派を開いたのはこの民族的自覚精神の発現であった。幼時から父君の命で三社託宣を誦した庭訓家風が深く薫染していた闇斎にとってはこの民族的自覚と神道との結合は極めて自然なものであったと思われる。神道は素朴原初的なる宗教心情の発現に止って特別なる教義理論が未だ成立しない段階で、高度の宗教が入って来たので、先進の宗教の教義を以て理論組織化され得る素地性格を元来大に有しているものである。仏教に理論化され、次いで鎌倉末南北朝から漸次儒教の宋学の影響が混入して来た。闇斎はこの伊勢・吉田神道を承けて、敬と五行説を以て神道を理論化したものである。闇斎の国史への関心は最初の正史たる日本書紀に向うのは当然で、当時書紀は神道家の吉田家の専門であった。国書の勉強が神道への傾斜を促進したことも考えられる。垂加神道は以前の儒家神道に比し当時としては最も進んだ合理的な理論体系を成したとは言っても、垂加流の根本教義である土金の伝の如きは、あらゆる宗教的心情の根源は帰依畏敬の情に発するのであるから、垂加流が敬を本とする旨趣はよく理解できるが、それを土と敬とが和訓が近似する所から教義を組織立てるのは語呂合せに類し、牽強附会を免れない。当時の知識人の知的水準は既に奈良平安鎌倉の比ではない。崎門の高足たる直方・絅斎等が闇斎を崇敬すること極めて厚いと言っても神がかりと感じて追従して行けなかったのも無理はない(垂加神道については本大系39に「近世神道論」があるのでここには省略)。

闇斎の学は極めて厳格なる道徳至上主義である。敬に始って、動機手段結果を一貫して徹上徹下窮理尽性の当為の道に則って実践躬行することを期し、道徳の純粋性を求め、それを汚す一切の駁雑を排そうとする。常に本を求めて堅く操って守るので、その学を道学と称し、この態度のない記誦暗記の学文を俗学と蔑視して、清節を磨いた。この崎門の高唱する趣旨は何人と雖も重んずるであろう。しかし醇粋徹底の迫急な追求は複雑微妙なる生きた現実に応ずる時、往々形式的論理、直線的硬直に走る陥穽に落ち入り易い。崎門派は余力あれば学ぶべき詩文博覧は禁じはしなかったにせよ、史子集書の泛閲、詞章の遊戯を厳戒して、小学・近思録・四書の道学書の講習に凝神して道源の論に沈潜するが、体を守って用に達せず、道学先生の美は仰ぐべきも実務経世の才に疎く、寡聞狭陋峭刻の余弊はえて免れなかった。

述べて作らずとは闇斎以来のこの学派の伝統であるが、いかに述べるかは講義の間に行われた。闇斎が刊刻せる著書の殆どが朱子の主著の校点かその表章であった如く、以後の諸氏の刊行著編書の多くはその補充の編纂書と言うべく、それ等は講義の教科書用であった。その講義の中に師説を紹述して自家蘊蓄の見解を詳論し、その口述を忠実仔細に筆録した門人の聞書を検閲して筆記者の理解の度を考査すると共に朱批を加えて補刪訂正を施して正確を期した。此を講義・口義・筆記、絅斎学派では特に師説と称して、弟子から孫弟子へと代々継承重写されるのが慣例となった。闇斎が青少年時代禅林に在った為か、この口述聞書の体式は特に室町時代から禅林に流行した仮名抄に倣ったもので、文体様式共に抄物の余風を後まで遺している。講説の筆録と共に宋学に於ける語録盛行の影響を受けて、師の言行遺事逸話を書き留める語録の編纂も盛んであった。従って崎門諸家が朱説を如何様に述べたかの積極的な見解や学説の委細はこの講義語録によって明かになるのである。江戸時代を通ずる崎門諸家のこの講義書・語録の伝存本は極めて夥しい数量に上る。しかしこれ等の書は写本で伝わり、その中で江戸時代に上梓されたもの、或は明治後に刊行されたものは極めて微々たるものである。此が崎門学の研究を困難ならしめ、その全容の評価を往々偏らせている一因ともなっている。

闇斎派も当時漢学界一般の習慣と同じく、表向きの正式な学術論文は漢文を以て記している。しかし講義聞書は口述を忠実に筆録する性格上室町時代の仮名抄と同じく、達意を旨とし潤色を飾らぬ素朴平易な仮名文で、俗語を混え、擬態語が多く、文語と口語の中間にある。崎門諸儒が詞章を軽んじて漢文操觚の才に拙く、漢文を巧みに書き得なかった為に和文を以てしたと評し、或はその和文の俗陋なるを笑うかもしれぬ。しかし朱子学の難解煩瑣精緻な哲学思索論理をかくも明解平明に解説し、精妙的確に生き〳〵と和文で表現し得たのは、それを完全に咀嚼摂取せる自主的な精思涵養の努力と練磨蘊蓄の深厚なるのを表示するものである。外来の儒学をいかに自得したかは平易明晰な国語に表現し得るや否やがその端的な証左となる。生き〳〵した和文を以て難解精妙な形而学的理論を表現したのはこの学派の記念すべき功績の一つと評価したい。平易明晰にして格調の高い講義録は浅見絅斎講若林強斎筆録を以て白眉とする。この学派も絅斎を頂点として強弩の末は活力を失い徒に類型を墨守踏襲して、心学講釈の類に堕するに至ったものがある。

闇斎門下六千人との称は勿論白髪三千丈式の誇張であるが、門生は頗る多かった。その師道は至って厳、直方・絅斎はその戸に到れば心緒獄に下るが如く、戸を出れば虎口を脱する如く大息し、連日怒詈を喫して精力つき、之を久しうすれば応に死に至るべしと思ったが、今海内かかる師は他になしと思い定め、相い共に堅苦して師事したと語っている（先達遺事）。門人は儒学と神道の両面或は兼修に分れる。その高足をあげれば、保科正之、直方・絅斎をこの門に紹介した福山の永田養庵、仙台崎門の祖となった遊佐木斎・桑名黙斎、神道を兼修し垂加草全集を編した広島の植田成章、土佐の黒岩慈庵、水戸の彰考館に入った鵜飼錬斎、その弟の称斎、桑名黙斎門の栗山潜鋒、絅斎門下の三宅観瀾は相ついで彰考館に勤め、初期の大日本史編纂には崎門学派の貢献が多く、土佐の谷秦山は闇斎歿後絅斎に兄事し、神道も修め、幕末まで続いた土佐崎門派の基礎をなした。しかし特に傑出したのは佐藤直方・浅見絅斎・三宅尚斎の三人で世に崎門三傑と称される。

闇斎は書を講ずるに、その要領を語って細密ならず、書生或は訓詁を問えば、字書にありと一喝され、寛文頃までの一般士人の教養知識の程度は未だ低く、朱子の高度の性理の理論はなかなか門人に理解され難かったので、その講義は平易浅近であったと語られている。闇斎は開拓者であり、その路線を敷き土台を固め家屋を建てたが、その内部造作の細部については装備が整うに至らなかった。直方が門下の稲葉迂斎に「闇斎先生見二佐渡州有二金気一。既辨験定。而至下熟二知礦脈一。施二钁鑿発之功上。則吾与二十二浅見安正俗称在」（墨水一滴）と語った如く、その精微については三傑に大成され、崎門は三人の性格に応じてその学風を拡張分派して全国に伝播して行った。寛文享保の間豪俊の士各崛起して派を立て異を唱えて甲論乙駁活況を極めたが、その後は漸次相互の長短が認識されるにつれて、殊更旗色を鮮明に掲げて敢て異を競う風は薄れた。その中にあって崎門派は道統を重んじ師説を守り、道学俗学を峻別して団結が固く、異色が目立った。しかし潔癖厳苛の余り師弟同門間にも妥協を許さず、破門義絶が相いつぎ、江戸後期の新発田藩の崎門の渡辺豫斎をして「吾党学者。不レ能下智以観ニ諸先輩大同処一信ズレ之。故論ニ其小異処一最刻薄。所ニ以同門異ニ戸一。気象尤不レ好也」(吾学源流)と嘆ぜしめた如くであった。

神道の伝授は正親町公通・梨木祐之・出雲寺信直・渋川春海・大山為起等によって集成され、公通から玉木正英・跡部良顕・吉見幸和等が出た。橘家の兵家流神道の伝をも受けていた正英は垂加流に欠けていた秘事行法の面を拡充して大に勢力を張ったが、著しく巫祝の色彩を濃厚にせしめた。これに対し良顕は始め佐藤直方の熱心な門人であったが後義絶して、江戸に於て親友の伴部安崇と共に神儒一致の闇斎の神道思想を大に弘め、幸和は闇斎が朱子末派に加えた批判法を転用して伊勢・垂加神道の根本経典たる神道五部書が偽書たることを考証して垂加神道を離脱せざるを得なくなったが、闇斎の精神をよく継承してさらに明徴ならしめている。公通等闇斎直門人歿後は多くが直接か間接か正英の門に出入しその影響を受けているが、その門に谷川士清・松岡雄淵・竹内式部等が出た。強斎にも学んだ雄淵は「神道学則日本魂」を出版し、巫覡神道の陋を批判したので、正英から破門された。以上とは別系に闇斎に神道伝授を受け、家学の天文暦学の上に土御門神道を大成した渋川春海があり、神儒兼修者には闇斎・絅斎・春海に学んだ土佐の谷秦山、公通から伝授を授けられた絅斎門の山本復斎、絅斎の高足若林強斎、復斎の門に「日本学則」の著者上月信敬がいる。垂加神道は正英によって巫祝社家神道の色彩を濃くしたことがあったが、その大勢は秘伝巫覡に陥らず、万世一系の皇統を仰ぐ我が国を神国とし、絶体の忠誠を教義の骨髄とする精神的思想的方向に発展して伝えられて行った。

佐藤直方

直方は五郎左衛門と称し、字や号はなかった。これは当時の習慣としては全く珍しく、自身清国に行っても五郎左衛門で通すと豪語した。慶安三年(一六五〇)備後福山に生れ、享保四年(一七一九)七十歳を以て江戸で歿した。父は福山藩水野侯の家臣七郎兵衛、致仕後休意と称した。直方は始め同藩の闇斎門人の永田養庵に学び、寛文十年廿一歳の四月養庵に伴われて上京、闇斎に入門を請うたが、学力不足ではねつけられて帰郷、之を恥じて発憤勉励、翌年再び上京して翁に見えた。時に鵜飼金平座にあり、偶々本屋が唐本の二程全書を持参して来たので、直方に読ませた所、頗る渋滞したので、闇斎は怒って書を金平に投げて読ませ、金平は開巻序文をすら〳〵と読みこなして、明人文を作るも亦浮靡と批評までした。闇斎は読書は彼の様でなければならぬ、汝の様は何だと叱りつけた。そこで直方は居すわって言う、嘗て坊主の一切経を誦し、堂塔を建立する者を見た、しかし彼は必しも仏界に至らぬ、小生の切なる志は成仏にある、聖学も亦同じではござらぬかと。終に入門が許されたと伝えられる（先達遺事）。

入門後の勉強はすさまじく、後から入った絅斎と共に闇斎の寵異を受け、「闇斎性急。特罵二門人遅鈍者一。及三直方安正輩来談二玄理一。始怡笑。其妾密嘱二直方一曰。願君与二浅見一日接二徳音一。不レ然無レ奈二主公鞅鞅不一レ楽」（同上）と言われるに至る。延宝元年廿四歳帰郷して小学を講じ、翌年闇斎門下の美濃松平氏の国老槇七郎左衛門の招きで江戸に赴き、翌年京に帰り、再び闇斎の塾に通っていた。一大守が闇斎に講官の推薦を求めたので、闇斎は満座の群弟子を前にして甲は直方、乙は安正、この二人は恐らく公の招聘には応ぜず、他は擢用に足らずと答えたと言う（同上）。闇斎は晩年益々神道に傾き、直方・絅斎等は肯わず、門生の間に葛藤が生じ、また闇斎が敬義内外説に於て、内は心身、家国天下を外と解したのに対し、直方・絅斎は内を心、身以下を外とする従来の説を執って承服しなかったので、不興を買い、終に破門されるに至った。此は崎門派の有名な事件で、事は延宝八年前後の頃であろう。同門の植田成章等は「叛門論」を書いて直方等を攻撃した。しかし直方・絅斎共に闇斎を崇敬して、その学の後継を以て任ずること終生変らなかった。直方は以後十年に亙る京都に於ける堅苦刻励の日が続く。

闇斎易簀の翌年の天和三年卅四歳の夏槇七郎左衛門の為に、その宰地美濃文珠村に赴き、ここで為学の綱要に関する朱子の語を輯せる「講学鞭策録」（翌貞享元年刊）を編す。貞享二年「排釈録」（翌三年刊）を編し、四年「辨伊藤仁斎送浮屠道香師序」（「異学辨」と題し元禄四年刊、絅斎の序及び訂修を加えて正徳三年改訂再刊）成り、元禄二年四十歳朱子の文集語類から鬼神の説を選出せる「鬼神集説」（刊）、朱子の語類文集より四書章句と相い発すべき語を抄せる「四書便講」六巻

(元禄五年刊)、四書大全・四書蒙引から纔に按考と為すに足るものを採取して両書の益なきを警めんとして「大学全蒙択言」(刊)を編した。元禄四年四十二歳旧主水野侯の招きにより江戸に下り、翌年三月京に帰らんとするに際し、侯は五十人扶持を贈り、固辞したが聴かれず、翌六年になって漸く請が許された。

元禄七年四十六歳厩橋の酒井侯の招聘により江戸に下り、その賓師となった。以後歿するまで江戸にあって講授に専念した。この間伊勢崎の酒井侯、伊勢長島の増山侯、肥前の土井侯、館林の松平侯、遠江の西尾侯、出羽の佐竹侯、彦根の井伊侯等の請に応じて進講し、学を求める門人頗る多かった。正徳二年六十三歳四書及び周程張朱の書から聖学の要諦となる語を選び「道学標的」(正徳三年刊)を編す。享保元年六十七歳冬至の日二百卅字の文を草し、「二三子有レ志二於聖学一矣乎無乎、若果有二其志一、則堅二立脊梁骨一、可三以願レ学二孔孟一矣」と、高足の稲葉迂斎・野田剛斎・永井隠求の三人に与えて激励期待した。「佐藤先生冬至文」と称される。享保三年六十九歳七月京に遊び、また彦根、伊勢長島、名古屋等に書を講じ、十月江戸に帰った。剛斎・隠求が共に謁して久しぶりの帰京故、定めし旧友と会って旧情を慰められたかと問えば、「不レ爾。余楽下与二英妙才子一談上。不三曾愛二故老朽腐、攢レ眉尤悔的一」(先達遺事)と。翌享保四年八月十四日唐津藩邸に於ける講義中発作に仆れ、十五日遂に起たず、享年七十歳。直方派は以上の「鞭策」「排釈」「鬼神」を三部書、或は「標的」を加えて佐藤派の四部書と称して重んじた。直方は江戸に移ってからの後半生は短い筆記の外は、殆ど編著はなさず、講義と教育に専念したが、門人の筆録になる講義録や語録はその数が頗る多い。孫弟子の稲葉黙斎は生前刊行の編著以外の、遺文講義録語録の類の殆どを蒐集して「韞蔵録」一六巻拾遺三〇巻続拾遺六巻四編五巻に、黙斎の門人尾関当補は遺を拾って五編一〇巻を編して全書となした。それとは別に闕名者の編になる「韞蔵録」五編六巻(国立国会図書館蔵写本)がある。その外に自著自講の「道学標的講義」「講学鞭策録講義」やその他の「韞蔵録」未収の聞書筆録類写本が幾つか伝っている。その著編聞書書類の細目は省略する。未収書もかなりあるが、詳細は「佐藤直方全集」を参照されたい。

直方は性豪宏、容魁偉長身、眼彩人を射、皓歯玲玲、雄辯懸河、比喩に巧みにして湧くが如く、談論人をして飽かしめなかった。その学風は道体に向って獅子の如く跳躍し、皮を裂き肉を傷り、本体にむしゃぶりつく概がある。道体を洞見しては、その大段気象を人の意表をつく譬喩を以て述べ語って尽きる所がない。その講説は道体心法の工夫に徹底して他に渉らず、その講ずる所は四書・小学・近思録等に限り、例外に詩経が見られるにすぎず、絅斎が通鑑綱目を精読すること無慮四十二回に至った如きをにが〳〵しく批難している。博覧に力めず純乎として究理尽性の道学に終始して他を顧みない。佐藤派四部書は道源体得の目標を明示し、それに向って脇目も振らず一途に勇躍猛進するのを鼓舞激励する書である。

直方は師の闇斎と異って師弟の礼を厳にせず、快活洒脱、見る所甚だ高いが、例を日常卑近にとる辨論は聞く者を魅了して、講席にある間は道源に入って宿疑が渙然氷釈する境地にあらしめる。その学は訓詁事実を考証して組織体系的に論述する如き、所謂学術的ではなく、寧ろ頓悟に近く、禅問答を聞く感がある。学習者は一旦興起して高峻を望見しても、退いては近く登るべき階梯を得ない懼れが生ずる。直方に兄事すること極めて深かった三宅尚斎は直方を批評して曰く、

直方先生気稟宏濶穎悟、故に其学苦まずして至る。中年学勤めず進まず。属纊前十四五年、学を好むの篤き、手巻を釈かず、人と語るに小近四子に非ざれば未だ曾て口舌に載せず。才の穎なる、辨の敏なる、終日人と学を談じ、譬喩百端、殆ど人をして踴躍自得せしむ。実に東方の一人のみ。憾む所のものは、其学小学四子近思の間に止まりて、近思録致知篇に載する所の先賢の語に脗合せざるもの多し。而して其識見の徹未だ能く精微に入るや否やを知らず。其道を談ずる、所謂壁を隔てて聞くべきものに庶幾し。其天命本然の妙を発明するもの、今世に存せず。（黙識録　原漢文）

直方は怜悧穎敏、理を見ることまことに俊敏であるが、情に溺れ流されることを嫌い、その信ずる理を執って万事を仮借することなく一刀両断して讖弾辛辣を極める徹底的な合理主義者であった。孔孟程朱の道は天地不易、万国普遍の道にして和漢の差なし、孔孟の教を我が国の情に合わせるのは理に合わぬ、論語を以て我を律すべきである。赤穂四十六士は義士に非ず、湯武放伐は大賢以上のこと、大賢以下の我々の議すべき所に非ず、有徳者天位に即くべき理から万世一系は定理に非ずとするのも、畢竟その合理主義徹底のしからしめる所である。直方は言わばしゃれ者でシニカルにして人を食

った所がある。聖賢の出ない我が国は合理主義が徹底せぬ、要するに田舎者とする。「日本ノ武士道ハ論語カライヘバ田舎者ダ。本学者ハ日本ト云口上ハ出サヌゾ」(韞蔵録拾遺巻九、享保三年録)と、国粋主義は田舎者が肩をいからし肘を張る体のものである。「靖献遺言モワルイ書ダゾ」(同上享保二年録)と言い切ったのは、絅斎の学識は十分認めても、田舎者の愚直な野暮丸出しはとても見ておれぬというわけである。直方は今の流行語で言えば、さめた人である。日本の学者でこれ程さめた人は全く珍しい洵に独異の存在である。

直方の門も盛況で、野田剛斎・永井隠求・稲葉迂斎を高足とし、剛斎の門下に幸田誠之が出た。特に始め尚斎に学び晩年の絅斎の講筵に短期ながら侍した迂斎は三傑なき後強斎と東西に並び、その子に黙斎あり、共に長命にして著書が多く、二代に亙って崎門の耆宿として門流極めて広かった。黙斎の学は奥平栖遅庵から三上是庵、ついで石井周庵と明治まで継承され、黙斎は中年後仕を絶ち父の門人の多かった上総清名に隠棲したので上総の郷士地主階層の間にその学が幕末まで続いた。迂斎門下の村士玉水の門に岡田寒泉・服部栗斎が出て、栗斎門に桜田虎門がいる。越後新発田藩主溝口浩軒は好学にして迂斎に師事し、迂斎歿後は剛斎・誠之や尚斎門下の久米訂斎に通問し、また黙斎と訂斎門の宇井黙斎と交り、特に稲葉黙斎とは親しかった。有為の藩士をして上の諸氏に従学せしめたので、新発田藩には直方・尚斎の両派が合一して、崎門を以て藩学を統一し、藩校道学堂は小浜の順造館と共に崎門の二大拠点となって明治に至っている。

浅見絅斎

絅斎は名は安正、重次郎と称す。承応元年(一六五二)八月十三日に生れ、正徳元年(一七一一)十二月一日歿す、享年六十歳。家は世々近江高島郡の郷士で京都で医を業とした父俊盈道斎の次男として生れ、兄道太郎(道哲)は医者となり、三男吉兵衛は京で米商を営んだが後に帰郷して浅見家を相続し、四男の又兵衛は他姓を継いだが後に復姓し、五男仁兵衛は早世した。父はかなり財産を蓄え長男次男の二子を出世せしめようとして、当時の名士に費用を省みず見えしめたという。兄道哲は山脇道立に医を学び、絅斎も医を習って高島順良と名乗り、その間仁斎の門を叩き、また軍学も学んだと伝えられている。

絅斎が闇斎に入門したのは、直方を闇斎に紹介し、絅斎とも懇意であった永田養庵の勧めによった。絅斎は延宝五年十二月に成立した闇斎の「張書抄略」の浄書に参加し、同六年「博施済衆章筆記」を闇斎に呈して朱批を仰いでいるから、その入門は延宝四、五年(廿六歳)の頃と思われる。それまで絅斎は既に詩を作り、入門の日闇斎から近頃書いたものがあるかと尋ねられ、楊亀山が蔡京の推挙で仕えたことを論題にして書いたと答えたことを自ら語っている所を見ると、既にかなりの素養があり、特に出処進退の節義に早くも関心を抱いていたことは注目すべきであろう。入門後闇斎の厳刻な指導によく応えて刻苦勉励した美談は名高い。闇斎の批正を受けた稿には上記の外に「顔淵問仁章筆記」「義者心之制事之宜也筆記」がある。しかし不幸にして延宝八年前後頃直方と共に破門された。ただ若林強斎がこの破門事件につき「是ヨリシテ佐藤氏ハ何ト御心ニ叶ハヌトテモ神道ノ事ハ呑込ミ難シトノ儀ニテ愈〻師弟ノ間ソコネ、詰マル所絶門セラレタル趣ナリ。絅斎ハ神道ノコトアナガチ排擯セラル、ト云フ事ニテモナカリシ故、絶門ト云フ事ハ無カリシカドモ、何トナク師弟ノ情合宜シカラズ、御対面ナドモナシ。左レドモ朔望ニ闕カサズ御機嫌ハ伺ハレタレドモ、シカ〳〵取次イデクレル門人モ無レ之様ナル首尾ニテアリシト也。此上ナガラ絶門ノ名無レ之ハ珍重ノ事也。其頃ハ垂加翁神道ノ事ヲ専ラ引立テ御崇敬有レ之、正親町殿ナド最モ尊信アリシ頃ナレバ、絅斎ナドハ誠ニ外様アシラヒノ様ニナリテアリシト見エタリ」(山口春水筆録「雑話筆記」続録一)と語っている所を見ると、破門されたのは直方で、絅斎はその巻き添えを食って、表向きの破門はされなかったにせよ不興を蒙り、神道派の門人の妨げも入って、実際は破門同様であったようである。

延宝七年廿八歳、六月土佐の谷秦山が上京して絅斎に従学し、十月に闇斎に入門しているから、既に少数の書生に教授していたらしい。同年「論玉斎胡氏所図邵子天地四象説」、翌八年「卦変諸説」(翌年再改)、翌天和元年卅歳「李退谿先生西銘考証講義」に朱批を書入し、「太極図説筆記」「大学忠信筆記」が成る。翌二年九月闇斎歿したが葬に列るを得ず、香をたき拝跪して罪を神霊に謝したという。この年「三貴章集註考証」を執筆、翌三年朱子行状の講会を行い、「許魯斎論」

（一名「読書録筆記」）を草し、翌貞享元年卅三歳、朱子行状・白鹿洞掲示を講義し、「朱子行状考」「白鹿洞掲示考証」（享保十六年刊）「孀婦説」（一名「再嫁説」）を撰し、この年「靖献遺言」を起草。二年「大学伝三章説」「止於敬説」を執筆、三年父道斎卒す。この頃より入門する者が増したらしく、錦小路に住っていたので塾を錦陌講堂と称し、歿する迄京を離れることなくここで著述講義教育に精励した。四年「靖献遺言」八巻の稿成って上梓。翌元禄元年卅七歳、十月靖献遺言の講義を開き、翌二年閏正月終講、その筆録「靖献遺言講義」（寛延元年刊）成り、「忠孝類説」もこの前後の著か。三月十二日月会を開き塾生に大学の旨を説き「因字之辨」が筆録された。以降毎年塾の定例講義とは別に概ね正月三月十月に東山の亭や寺を借りた月会を開き東山会と称し、特別講義を行った。この会は晩年まで続きその聞書が編せられた。「読定性書筆記」「東山会記」を草し、十二月「辨大学非孔氏之遺書辨」を刊行。三年「批釈奠策」「跋投壺格」「講席箴」を執筆、翌四年四十歳「拘幽操附録」（元禄五年刊）「伊川先生四箴幷附考」を編刊、「喪祭小記」「論語筆記」（漢文）「蓍卦考誤蓍図辨」「作用是性筆記」を撰し、この頃より「朱子文集」の加点を始めたらしく、実際出版されたのは歿年の正徳元年八月である。五年「氏族辨証」を刊行し、「大戴礼記」を校点開版、六年「六経編考」を上梓し、八年「敬斎箴講義」、九年「東山会筆記」「円山文会筆記」「批大学辨断」（元禄十年刊）成り、伊藤仁斎の「語孟字義」に批評を書入（「語孟字義辨批」）し、十年「文公家礼」を校点刊、十一年「論語川上章筆記」「東山会記」「読家礼」、十二年「春秋左氏伝口義」（加藤謙斎筆録）「大学伝五章講義」（大月履斎筆録）「大学綱目全図」「孟子梁恵王篇講義」、十三年「大学補伝或問講義」「世系筆記」「南軒先生孟子講義序附録」（一名「南軒義利辨」）「足利尊氏弑二品親王論」成り、十四年五十歳「喟然章筆記」「中国辨」を撰し、「論語講義」「天人一道講義」（山本復斎録）「辛巳歳初会筆記」が筆録され、昨年来跡部良賢・多田亀運等と交わした答問の書翰を輯せる「浅見先生答問書」が編さる。十五年、昨年開講の「楚辞師説」、十三年開講の「易学啓蒙講義」（「啓蒙補要解師説」「蓍卦考誤師説」を附す）「壬午正月望日初会筆記」「壬午三月望日東山会筆記」、十六年、昨年開講の「大学講義」、続いて「大学或問講義」「中庸師説」「癸未初会筆記」「東山会筆記」「雑説四条・五条」「三才筆記」「辨綱目以魏徴為諫議大夫書法発明」、翌宝永元年五十三歳「近思録道体講義」「小学講義」「社倉法師説」（強斎筆録）「白鹿洞掲示師説」（天明七年刊）「易経本義講義」が成る。この年正月門人に有名な赤心報国の太刀を示して曰く、「元禄甲申元旦　礼某レ某レアリ。先生タチ長刀ヲトリテ曰、長刀ヲコシラヘタ。看ヨ、静ヤウノ長刀ハコレナリ。コノ鍔ハ漢南《カラナミ》ノ鍔ナリ。表ニ赤心報国ノ字ヲホル。字ヨシ」（強斎筆録「絅斎先生語録」）と。二年「玉山講義師説」（強斎筆録）「家礼師説」が筆録さる。この年四月廿九日「絅斎説」を撰し、絅斎と号す。臘月朱子語類会を開き「語類会約」を執筆、その前後の朱子語類等の俗語注解の劄記を強斎等が「常話方語」と題し輯録す。三年「近思録師説」（昨年開講）「責沈文師説」「程子論性諸説師説」（強斎筆録）「劄録」（一名「講習余録」）「東山会筆記」「当然記録」が成り、「大学物説」を編刊。「大学明徳説」の編刊もこの前後か。四年「当字之説」「性理字義講義」（昨年開講、強斎録）「拘幽操師説」（強斎筆録）「敬義内外説師説」「西銘解師説」「易学啓蒙講義」、五年「敬斎箴（講義）」（強斎筆録）「大学明徳説講義」、六年「易学講習別録」（強斎筆録）「聖学図講義」、七年「一陰一陽講義」（一名「東山講義」「対待流行講義」）「孟子師説」（五年開講）「仁説問答師説」（強斎筆録）「大学伝首章克明徳講義」（強斎筆録）、翌正徳元年六十歳「二程治教録師説」（浅見勝太郎筆録）「浩然章筆記」が筆録された。この年仲冬病革まり十二月一日易簀、鳥辺山延年寺墓地に葬る。

絅斎在世中の刊と思われる「精一集説」「程子論性諸説」「知止能得考説・三綱八目考説」「父母存不許友以死説」「敬義内外説」「孝経刊語附考」（絅斎の名を題していないが、或は絅斎の編か）はその成立年刊年が明かでない。詩・和歌、序・跋・記・書・賛・銘・祭文等を除き、その成立年が詳らかならざる撰述書講義録は次の通りである。

薛氏易要語　薛氏画前易説　啓蒙著数諸図　繋辞伝参伍考証並範数説　易類説　正義乾坤六子説　変卦反対図　六十四卦相生図　易学筆記　顕諸仁蔵諸用　著卦考誤左数右策左右皆策説　掛切図　過揲掛切方円図　原卦画　河図説
河洛五行叢説　与谷重遠論著卦考誤書　絅斎先生易学啓蒙序口義　河図数生出講義　周易本義私考　朱易衍義講義
伏羲八卦図講義　伊洛淵源新増師説　家礼紀聞（強斎筆録）　家礼冠昏師説　喪祭略記　拘幽操師説　洪範師説　小学大

意講義　小学六藝口義　小学略説　小学筆記（強斎筆録）　詩経講義（至巻五、加藤謙斎筆録）　仁説問答師説（元禄末講）
仁説問答筆記　仁義礼智筆記　浅見先生祠堂考　赤穂四十六士論（忠士筆記）　朱子行状師説　春秋胡氏伝講義（山本復斎筆録）　出師表考異　西銘参考　薛氏西銘諸説　性論明備録師説　太極説　大学物説講義　大学定静近道筆記　答山科教安論誠意書　大学辨　大学或問敬説講義　大家商量集講義　大小学年数考　大小学年数諸説　中庸二十五章筆記
中庸未発已発説　中庸未発已発体用筆記　中庸一誠而已説　哀公問政師説（強斎筆録）　中庸二十六章如此者不見云々文義　答佐藤直方論中庸不睹不聞書　中庸説　執中説　天問日月説　孟子註仁義講義　孟子不動心講義　一貫章口義
（山本復斎筆録補）　愛之理心之徳説　玉山講義師説　四箴附考師説　省試顔子不弍過論　冲漠無朕筆記　剣術筆記
漏刻水櫃法　李陵論　論桐葉封弟辨　絅斎先生諸図等
易経本義・易学啓蒙・四書・小学・近思録・太極図説・西銘・白鹿洞掲示は幾度か講義がなされたので、講年の明かな上記本の外に各々別種の講義筆録が存し、中には絅斎か強斎の講か識別し難いものがある。詩文和歌雑著を輯めた「絅斎先生文集」には闕名者編不分巻と味池修居編十三巻本の両種が存し、語録には「常話劄記」（強斎録）「絅斎先生語録」（強斎録）「絅斎先生夜話」（加藤謙斎録）「浅見先生学談」（多田亀運録）「絅斎先生常話雑記」（強斎録か）がある。

絅斎と直方は同じ闇斎門下ながら、その性格学風は正に対照的である。三宅尚斎は、

直方先生は極めて穎悟、其学苦まずして成る。其才辨快濶、人の共に儔するなし。故に其門人の学をなす、精微を探らず。直方先生書を読むこと甚だ簡にして六経に及ばず。唯四書小学近思録を談ずるのみ。故に其徒の学甚だ固陋なり。絅斎先生は生質朴強、其学博うして極めて精し。故に其徒の学も亦観るべし。因りて謂ふ、三千子の伝ふる、曾子にして子思孟子の学を生む。我輩須く後学を誤らんことを慮かるべし。（黙識録巻三　原漢文）

と批評している。その学風は「絅翁論談。理致周密。首尾通徹。……翁講レ書。字字句句極詳細」（先達遺事）とは諸家の評の一致する所である。若林強斎が師の学を為す態度を「絅斎ハ下地ニ力ノ余リアルノミナラズ、其学問ガヅント見取デナ

ク、目ゼメニ推シツメル気象ユヱニカノ山崎先生ノ端ヲヒラカル丶。其端ニツイテハ、目ノコニ推シキハメ〳〵ナサレタトミユル。ソレデ先生モ義理ノ精微ハ重次郎ヂヤト仰セラレタ由ナリ」（雑話筆記巻二）と語っているのは、その学のよって来る所以をよく示している。この態度は若い時から一貫し、絅斎が延宝六年廿七歳の時闇斎に提出して批正を仰いだ「博施済衆章筆記」等の問目筆記について、強斎は前に続けて「絅斎仁義ノ問目ニ先生ノ批答ナサレタガ有レ之、ソレヲ見候ニ、ヒツシ〳〵ト朱子ノ字註ヲ持ツテキテ、ソレカラワリ出シワリクダキシテノ問目デ、先生甚ノ御褒美ナリ。又佐藤氏ノ仁説ヲミルニ、ワルイデハナケレドモ、トカク事物ヲハナレテ見取思入レカラ云ハル丶コトデ、尤ヨイ筋ヲキカレタモノユヱ、フリハセネドモ、アソコラニ絅斎ノ仕立ト甚チガウタ所ガ相見候。カウシタシダラデ有ツタモノユヱ、ソレデ門人ノ中デモ相嫉ムコト多ク有ツタサウナガ、皆実意ニハトカク、先生ノ血脈ヲツイダ者ハ絅斎ト心ニハ服シテキタト云フコトニテ、外デモ略ヽ其ノハナシハキクコトニテ候」（同上）と語っている。

絅斎は上記の著書聞書の類が示す如く、易・四書・小学・近思録から闇斎の表章書の大部分について、即ち朱子学の居敬窮理の体用両面の各般にわたって周到綿密な精覈の結果を緊切な論理と平易明晰な言葉を以て、針の急所を打ち灸の壺にすえるが如く、ぴしり〳〵と義理の微妙枢鍵の所を闡発し出して、理路整然と要約論述し、闇斎が創啓樹立した学を精熟大成している。朱子は居敬格物を車の両輪偏廃すべからずとしたが、闇斎学派がとかく居敬に拘拘して格物を窮理尽性の反証視しがちであるのに対し、絅斎は格物の物の字を特に重視し、「格物ノ物ノ字コソ目出度ケレ」（劄録）、「火ナレバ燃ル、水ナレバ流ル丶ト、メン〳〵ノ持マヱガアツテ主意ノナリガアル。当然ノ則トハ自然ノアタリマヘガアツテ、ヒトリヤメルノヤメマヒノト云コトナシニ、イヂラズマギレズ天然自然トアル。コレニ理ノ字ヲ不レ云ニ物ナリデ合点セヨ。理トイヘバモ一ツワキヨリモテクルヤウニキコユルゾ。孝ノ字ヲモテキテ父子ノ間ヘアトカラツケテハユカヌ。ワヅカニ父子ト云ヘバ、ソノマヽナリニ親《シタシミ》ノナリゾ。ソレガ当然ノ字ゾ。別シニ理ノ字ヲ云デハナシ。天地カラ云テモ、天地ト云モノガアレバ、オノレト造化ヲ覆ヤウニアル。人カライヘバ、子トイヘバ、ヲノレト親ヲ養フナリニ生レツイテアルゾ。大デモ小デモ其トヲリゾ。理デバカリスマシテ置タデハ事実ニナツテウゴカヌゾ。物ノ字ガ大事ゾ。理ヲキハムルトモ道ヲ知ルトモ不レ云シテ、物デ云ムネガアルゾ。当然ト云ムネノ当ノ字ノノツピキノナラヌトコロヲ知レ。タヾ、シカルベキトスマシテヲヒテハヤクニハタ、ズ。此旨ヲ知タモノ、朱子以来ニ多ハナシ。タヾ薛文清ノ読書録当然ノ説ホドクハシク云タハナシ」(元禄十三年講「大学補伝或問師説」)と、格物を離れては全てが空論となり、異端となると厳く戒めていることは注目すべきである。「蓋空言ヲ以テ義理ヲ説クハ、実ニ其事歴ヲ挙テ閲スルノ尤親切ニシテ、感発興起余リアルニシカズ」(靖献遺言講義)が「靖献遺言」を編ましめ、「絅斎尤愛二綱目之書一、校讐討論、……無慮至二四十二回一」(墨水一滴)のも、是れ皆格物である。尚斎が「博学精義、所謂通儒全才者也」(黙識録巻三)と評した所以である。

絅斎が特に強調し且つ生涯の行蔵を以て示したのは学問即ち人倫の根幹を大義名分を正すことにおいたことである。日本人としての大義名分を具体的に明確にした点にある。「靖献遺言」は崎門学派内を問わず広く普及し、後世この書の感化は極めて大きく、闇斎学派即大義名分の印象を一般に与えた程である。絅斎が元禄十二年六月上京して入門した多田亀運に語った言葉は絅斎の思想学問を貫く精神をよく伝えているので、やや長文であるが、煩を厭わず引用しよう。

問、学問ヲイカンシテツトメンヤ。先生曰、故郷ニ父母アリヤ、妻子アリヤ、心中イカン思フヤ。曰、盛夏炎烝ノ節ナリ。故郷ニ父母アリ、妻子アリ。常ニコレヲ思フノミ。先生曰、ソレ則明徳ナリ。他ニ求ル所ナシ。四書六経ト云ヘドモ、タヾソノ心ヲ知ンタメノ書也。世儒タヾ書ニノミ心ヲ労シテ、聖賢ノ意味気象ヲシル者ナシ。道ハ書ニヨラズ。今日一文字ヒカヌモノニモ忠ヤ孝ヲ云キカセテ、ソノマヽ合点スルデナケレバ道ニアラズ。書ニヲイテギンミスレバ、大学ノ大ノ字一字モサラリトハ説カレズ、アサクシテハ知ラレヌ事ナリ。其書ヲギンミスルハイカントナレバ、君ヲ大切ニイトヲシク思ヒ、父母ヲ大切ニイトヲシク思フ心一スヂニ思コムトコロノミ。小学ヲミヨ。学問ヲシタ者バカリ忠孝ヲツクスヤ。下賤ノ一文字シラヌ又者ガ忠ヤ孝ヲ尽シタルモノ多シ。コノ心生レツイテ天カラ受得タルトコロニシテ、聖人モ凡人モカハリナキトコロゾ。聖人凡人トナルハスコシノチガヒゾ。明徳ノアルユヘタレモ善ト悪トシラヌモノナシ。善ヲシレバソコガ明徳ニシテ、ソノトヲリニ行バ、聖人トカハルコトナシ。ソコヲ不善トシリナガラ、ヲシカクシテスルユヘニ小人ゾ。ヲシカクスモノハナゼナレバ、気質人欲デカヽハサレ蔽フ故ゾ。ソレデ格物致知ハアルゾ。誠意ノ工夫ヨケレバ、天地ノ間キラリトミヘテ、明ニ万理ガミユルゾ。ナニモカモ疑ハナキ者ゾ。只人ハ誠実ガ本ナリ。母ノ子ニ乳ヲノマスルニ抱キカヽヱテノマスルハ、カハイヒト思フノミ。子モ母ヲシタフ心ノミ也。コレヨリ外ニ仁ノ意ハナイゾ。道ト云モコヽゾ。ソコデ子ガワルサスレバ、ツメリタヽキテナカセ、病アレバ灸ヲシテヤル、アツガツテナクゾ。メイワクガリケレドモ、本コノ心子ヲ悪ンデスルニアラズ、イトヲシイカハイヽト思フ心カラスルゾ。コレ聖人天下ノ民ヲ思フ心コレニカハル事ナシ。コノ心ニ一毫ノマジリモノハナイゾ。ソレユヘ道ハ近ク教ヘ近ク心ニシルデナケレバ道トハイハレヌゾ。聖人ノ意味気象ヲシラネバ学問トハイハレヌゾ。ソレヲ知タモノハ異国ニモスクナシ。日本ニハナヲ開闢ヨリコノカタナイゾ。山崎嘉右衛門殿ナラデハナイゾ。ソレデ聖人ヲヨフ知タメイヨナ人ゾ。常々ノタマフ処只右ノ意ゾ。学問ハ名分ガタヽネバ君臣ノ大義ヲ失フトノ玉フゾ。此意ヲ世人ニシラセント思フテ、ヲレガ靖献遺言ノ書ヲアラハシ出シタゾ。コノ書ヲヨクミヨ。聖人ノ大道、嘉右衛門殿ノ心、コノ書ニアリ。又称呼文ヲ書テ門弟ニ示ス。コレヲミテ名分ヲ正スガ学問ノ大切ナ処トテ、コノ書ヲアタフルゾ。聖賢ノ道ハ尊ムベシ。ソレヲシサイラシク経書ヲイタヾキナドシテ尊ハ、ソレガ異端ト云モノゾ。日本ニ生レテ今太平ノ時ニアフテ、上ノ御恩デ心安ク居リ生命ヲ養フ。異国ノヒイキスルハ大キナ異端。今デモ異国ノ君命ヲ蒙テ孔子朱子ノ日本ヲセメニ来ランニハ、ワレマヅ先ヘスヽンデ鉄炮ヲ以孔子朱子ノ首ヲ打ヒシグベシ。道ガタツトキ〔ト〕テ異国人ヘ降参シ、或ハ其家臣トナルハ大ナル不忠モノゾ。コヽガ君臣ノ大義ト云モノゾ。靖献遺言只此意ヲ述ルゾ。世儒書ヲ読テ心異国人トナリ、深衣幅巾ヲ着シ、異国ノ人ノマネヲスル事、正道ヲ知ラザルガ故ナリ。孔子朱子ヲ鉄炮デウチコロスガ孔子朱子ノヨロコビ玉フ処ゾ。尊信シテシタガヒツカバ、却テ不忠トヲモイ玉フベキゾ。コヽガ学問ノ大意ナレバ、江戸ヘ帰テ、此旨ヲ学友ヘ談ズベシ。ヤガテ靖献遺言ノ仮名抄ヲ書テ板行サセ、人々ニ此意ヲシラセント也。（多田亀運筆録「浅見先生学談」）

朱子学は気の偏を直くし、情の汚を洗って理を究めて本来の性に復そうとするのであるから、気と情をとかく嫌う。しかるに絅斎の著書を見るに、人の生れながらに持った已むに已まれぬ情を手がかりとし、寧ろそれに基づいて立論する所が極めて多い。絅斎は朱子が仁即ち「天地物を生ずる心」「仁は愛の理心の徳」というのは、仁は生れ立てのほか〳〵したような気味のもの、「トカク生出サフ〳〵トスルガ、天地生抜《はえぬき》ノ心ニ成テ有ガ、人デ云ヘバ、心ノ意味ニナツタモノゾ。依テ意思シミ〴〵ト愛ト云肌アヒ処ハ発コル所ヂヤガ、愛マヌ先カラ、ホツリト満切テ有、人ノ身ニ持テ居ル生身ゾ。ヨツテ突バ痛ヒガ、未ツカヌ先カラ、痛カラフト云ヤウニ成切テ有ル、コヽノ味デ未発ノ愛ト云フ合点シタガヨヒ。何デモ、偽カザリナフ、貞心ナリカラワキ出タ処ニ、ムゴラシヒ様ナ、イヤラシイ様ナ肌ハナイモノゾ。……造化ナリカラ生ミ出サレテ間ノナヒモノヲ見ルニ、柳ノ芽ハリデ見テモ、草ノ萌ヘ出デ見テモ、花ノツボミデ見テモ、鶏ノ雛デモ、犬ノ子ノヂヤレルヲ見テモ、スベテ、天地カラ生出サレタ処ニ、イタイケニ可愛ラシウ無イモノハナイ。是ガ則、天地生元ノ元気カラ発シテ間ノ無ヒモノ故ゾ。ヨツテ居ル処ノ正味ハドウヂヤト云ヘバ、愛ゾ。夫ヲ直ニ愛ト云ヘバ、今日物ヲ愛スルコトニ紛ル、故、未発ノ愛ヲ語ラルヽコト、愛ノ生抜キト云心デ、愛之理ト云。朱子ノ、此理、道理理屈ノ二ツデハ無レドモ、暫ク云ヘバ、愛スルノ理屈ト云様ニ見ルト悪ヒ、唯愛ナリノ、人作デナイ、天理ヂヤト云コトデ、理屈ヅメニセヌガヨイ、ト仰ラレタ。是ガ天理ヂヤト説ト云旨ゾ。カウ生抜テ、ホヤホヤトシタ、ニツトリトシタ、シミ〴〵ナリノ生抜ノ仁ガ直ニ親ニ向テ、親イトシヒトモナリ、君ニ向テ、君大切トモナル」（絅斎先生仁義礼智筆記　三〇七―八頁）と、仁を親を慕う子の心、子を慈しむ親の心、仁とは物を生まん〳〵とする心、路傍の草木でもへし折ると汁が出ていたいたしく、「イヤラシサウニヲモハルヽ、アノアイラシウ、シホラシウ、生タガルワザヨリ外ナイナリニ、人心自然ニウツル処ノ意味ナリニ、自然ト心トスルナリヲ看ヨ。マヅ其生レ物ノ心ナリニ生ズル物ユヘ、一身全体、生ズル心ノカタマルナリニ心トスル、ソレユヘ親トイヘバイトヲシク、子トイヘバカワユク……カウイヘバ理デ云ヤウナガ、理デ云コトデハナイ。アノシホラシクアイラシク、シミ〳〵ジク〳〵トシタル意味ヲ看ヨ。ヅント生レ物ナリノ心ガミユルゾ」（元禄講「仁説問答師説」）、いとおしいとか恥しいとかが「身トトモニシミ〳〵ト生付テ、自然ト忍ビラレヌ意味ガ仁ゾ。ソレデ心ノ生ノマ、ナリニカウ立テアル、カタギノ正味真味ノ実体ヲ仁ト云ゾ」（同上）という、そう感ずるほか、よそから有無の入る余地のない、純粋生え抜きの情の感じ正味に仁の本源を把握する。この身と共にしみ〳〵と生れ付いて、しみ〳〵と忍びられぬ本然自然の情の純粋発現を日常行動に首尾一貫透徹せしめようとする。絅斎は純粋な情を重んじ、理という言葉を誤解をさけて極めて慎重に使用し、理づめに把えることを嫌っている。絅斎の思想には或る意味で情緒的な色彩が極めて濃厚である。此は朱子学の一般傾向からは頗る異色のある享受態度である。日本の思想の流れの一つには、人間のもって生れたやむを得ざる人情を肯定し、それを否定しがちな思想に反撥を示す特徴が見られる。この点で絅斎は甚だ日本人らしい朱子学享受をなしていることは注目すべきである。

　絅斎は師道の厳格なること闇斎にも過ぎ、気象の厳厲なること師にも勝ると評される。学は筋を立てて正すを本旨とする。従ってあくまで理を以て規正し、情に於て忍びずとも義絶をも敢てせねばならぬ。学問の道では情のこわい人となるのである。しかし絅斎は実は情の人である。こまやかにしてやさしい、ウブそのままの生え抜きの情を生涯失わず、それが巧まずして流露している。子のなかった絅斎は兄の子の甥や姪に温い愛情をそそぎ、苛刻の如く見える師弟の間に水魚の情が通い、青年時代の素朴な漢詩や和歌にはほのかな詩心が秘められ、元来は文藻豊かな天分を有していた人である。絅斎の理致周密論理精緻というのは平板なる形式論理のそれを意味するものではない。それは恰も世話女房のやさしい心とそれから発した賢い智慧が痒い所に機敏に手がとどく如く、純粋感情から生え抜いた明晰な知が千緒万端の条理を生命の論理さながらに文を分ち節を解いた脈絡のすみずみまで清純な鮮血が滾滾と貫通周流して止まらざる趣がある。堅苦しく理一点ばりの如く見える絅斎の朱子学にはみず〳〵しいロマンチシズムが強く流れ、爽かな情熱が溢れている。しかし絅斎の思想を生命あらしめるのは、この情のみではない。

絅斎は弟子の強斎に対し、「自分ガ学問ト云ヘバ、嘉右衛門殿ノ落穂ヲヒラウテ其説ヲ取失ハヌ様ニスルヨリ上ノコトハナシ。徳行トテハ皆ガ知ラレタ通リ如レ斯カラトウシタ者ナリ。何一ツ取ル所ハナイガ、只出処ノ一事ニ於テハ、生涯毫末モ恥カシイ事ハナイトアルコトニテ候」（雑話筆記巻二）と語ったと伝える。絅斎は禄仕はおろか大名のみならず、堂上からの招きにも終生応ぜず、処士の身を通した。我が国の大義名分に学者として堅く操り守る所があったからである。出処の一点については師闇斎に対してすら慊焉たるものがあったであろう。貧困の中に節を変えず、鳳闕の下に学を講じ、赤心報国の長刀を帯び、夙に起きて駆馬数回以て体を鍛え、一旦緩急あらば宮門を死守して、草莽の身も心も我が大君に献げまつらんと覚悟し、京を離れず、此を去ること一歩なれば、死も其の所に非ずと称して生涯を貫いたのである。近思録の為万世開太平章を講じ、「卒呼二聴徒一曰。吾今日為二諸生一講解去。亦是為二万世一開二太平一」（先達遺事）と。道を以て任ずる真の学者としての責務感、この気節気魄が弟子から孫弟子へと伝えられ、「靖献遺言」は遠い漢士の忠士義士の遺言を青史遺編の中から拾い、事蹟の大略を編して、絅斎の自説を何ら附したものではなかったが、その精神はその生涯の清節行蔵の裏付けと共に学派を超えて喧伝され、幕末維新の志士にして本書を懐にしなかった者なしと言われる如く、感化薫染漸時四方を風化し、終に万世の為に太平を開くに至ったのである。絅斎の学問を生き〳〵と精彩あらしめ、人の心を動かして止まぬ所以はやさしくこまやかな情と清冽厳烈なる義との渾一にある。日本人生え抜きのウブな情操が朱子学で錬り鍛え磨き切られた清醇結晶が絅斎の学問と生涯である。闇斎学の凡ゆる構成要素を大成した点では絅斎を推さざるを得ず、この学統が崎門派の典型の如き印象を一般に刻したのも故なきではない。

絅斎の門からは義烈の俊英を輩出した。上述の如く絅斎の聞書の和文が精周詳細を極めて格調が高いのは聴講の筆録者に強斎の如き学力が高く、呼吸の合った弟子を擁したことが大に与っている。絅斎の高足には鈴木貞斎・小出侗斎・三宅観瀾・山本復斎・大月履斎・若林強斎等があり、貞斎は谷秦山と共に土佐に、侗斎は名古屋に、中山専庵・大和田玄胤は秋田に崎門の伝統を永く伝え、観瀾は禄の為に水戸藩に仕えたとして門籍を删られたが絅斎の精神を大日本史編纂に生かし、水戸学に影響を与えた。強斎・復斎が絅斎門下の双璧と言われたが、復斎は帰郷したので、京にあった強斎が絅斎の学統の中心となり、その望楠軒に於て多くの人材を育成したことはその項に於て述べることにする。

三宅尚斎

尚斎、諱は重固、幼名は小次郎、また丹治と称した。寛文二年(一六六二)正月四日播州明石城下に生れ、寛保元年(一七四一)京都に歿した、行年八十歳。祖先は播州高砂の人、別所氏の老臣、父重直は松平山城守忠国家臣の養子となり、平出氏を冒した。尚斎には兄二人(伯は長姉の婿)弟一人姉二人があった。延宝六年十七歳父を喪い、翌年上京し、遺命により医を習い、平出友益と称した。翌八年十九歳闇斎に入門し、三宅氏に復姓、束髪して雲八郎、後改めて儀平と称した。天和二年廿一歳闇斎歿し、直方・絅斎に兄事した。貞享二年廿四歳藩主松平氏の総州古河への移封に伴い兄二人は移ったが、母が移転を欲しなかったので弟と西に残った。翌年次兄の喪に遭い、夏に母を奉じ弟と共に江戸に移り、美濃加納藩の支家戸田家の客分になった。此は同家の老臣で同門の槇元真の配慮によるもので、市中に一屋を借りて子弟に教授した。翌三年「大学劄記」、四年「鬼神来格辨」、元禄二年廿八歳「拘幽操筆記」、翌三年「慎術説」(元禄八年追記)を撰す。

この年九月老中忍藩主阿部豊後守正武に禄仕し、近侍班に列し講官に任じられた。六年卅二歳「氏族辨証附録」(享保十年追記)を撰した。七年三月と八年五月の二回将軍綱吉が忍侯邸に臨んだ際に進講、時服を給わる。十年卅六歳「座右箴」を草す。時事意に満たず、進言納れられず、この頃より以後度々致仕を請い病に託して蟄居することもあったが、許されなかった。宝永四年四十六歳、前年より病に託して頻りに辞を乞うたので、藩主大に怒り五月十四日夜急に召して一室に幽置し、廿二日忍城に檻送して獄に繋いだ。三年の幽囚中読書筆硯の使用も許されず、足衰耗して膝行刑に就く醜態を懼れて毎食後圜墻の中を巡歩し、他は終日静坐裡に旧日得る所の理義を熟慮し、尚斎独得の思想となった理気象数鬼神来格の理に会得する所あり、偶々得た釘を以て指を刺し、滴血を小木片につけ、密かに貯えた落し紙に思索に得たる所と幽囚に至った経緯とを認めた。六年四十八歳、将軍綱吉薨じ大赦あり、諸藩之に準じたので二月忍領及び江戸に行住することを禁じて釈放された。下総本荘市中に寓して吉田三左衛門と称し、獄中血書せる草稿を浄写して、主著となった「狼疐録」三巻、「白雀録」一巻を撰した。後に「狼疐録」中の「祭祀説約」を抽いて「祭祀来格説」と題して単行された。

翌七年一家を携て京都に上った。時に四人の幼児と産褥後病弱の夫人を抱え貧窮艱難を極めたが泰然として学を講じた。やがて漸く名聞えて従学する者が増え、官に告げて帯刀して丹治と称した。同年「中国夷狄説」「尚斎先生大学仮名筆記」「尚斎先生講絅斎先生聖学図」を執筆、翌正徳元年五十歳「為学要説」、二年「太極図説口義」「同姓為後称呼説」「物猶事也説」「大学忠信説」、三年「易学啓蒙筆記」(享保十五年追補)「康誥曰如保赤子一節」「中夷論」「家礼講義」「木主題名説」「喪服制度考」「祔位祔祭諸図」、四年「洪範全書続録」(享保十八年補)、五年五十四歳「説字義詳講開巻講義」「読孟子求放心章筆記」(元文元年追記)、主著の「黙識録」が成り、翌享保元年「馮貞白以朱子云々筆記」、二年「曾子曰三省章三字伝不習之辨」「太極図説筆記旧説」を執筆。直方を介し唐津侯より招聘されたが応ぜず、三年「読洪範全書筆記」(元文四年改補)「太極辨」「湯武論」「答稲葉正義書」、四年「中庸分画説」(享保十七年追補)「曾点章大意」(享保十五年追記)「大学正心章有所説」「定而后能静」、江戸の佐藤直方に従学する嫡子一平に与えた教戒書(享保八年佐竹侯に仕えることになった一平へ心得を諭した書簡等と共にその真蹟の写しが「蔵笥遺言」と題さる)、五年「辨若林氏洪範全書問目書」「八条目欲先在而后説」「仁説図考」を撰す。この年水戸から幼君の師輔に望まれたが、推挙者が急逝して沙汰止みとなった。翌六年六十歳「大学三綱領口義」(大下逸斎筆録)「大学誠意章講義」(大下逸斎筆録)「朝聞道章口義」「礼和章」(享保十七年追補)「論父在為母夫為妻死三年不娶之義」「殤服考」が成立した。先年より土佐藩の老臣山内規重が幼君の賓師として招聘しようとし、初め再三固辞したが、規重の大志あるを聞き終に応じてこの年四月初京を発し、途中長島藩主河内守正任は船を艤して之を城に迎え、学談夜半に及び、下旬江戸の土佐藩邸に入り侍読進講に力め、その間唐津侯・秋田別封の佐竹侯に見えたが、八月規重が病歿した為に辞意を決し、十月帰京した。

享保七年「白鹿洞書院掲示講義」(今泉義方・野田剛斎編録)「大学講義」が筆録され、土佐藩の月俸を辞し、八月佐竹侯の招きにより東行、八年正月帰京、四月亦江戸に行き九月帰京、以後他出禄仕せずして老境に入って撰述にいよ〳〵専念し、この年「神主題名考」「祭異姓無後者説」「祭祀来格説口義」(石当翼斎筆録)が編され、「祭祀略礼」「論功用之神妙用之神」(享保十二年追記)「春秋伝序徳非禹湯説」「書社倉志後」、九年「易学啓蒙本図書筆記」(旧稿の改訂)「大学講義」「克己銘」「仁義説」「批策(孔子追王釈奠説)」(享保十・十四・十六年追記)、十年「用神主説」「神主題名議」「啓蒙伝疑筆記」(旧稿の改訂)「読中庸輯略筆記」「論孟集註置圏説」「書味池修居読管仲召忽章筆記後」、十一年「家礼筆記」「潔静精微説」「孟子筆記」(この前後か)「性相近也章」(享保十六年追筆)「家礼祔位考」、十二年「易経本義筆記」「大学続筆記」「父母喪止於三年説」(元文二年追記)「読大学書説」「王世貞家礼或問須知抄略」、十三年「小学筆記」「聖人徳有優劣説」「一貫章筆記」、十四年「読近思録筆記」(元文二年追記)「知蔵説」「論孟子養気之論発前聖所未発」「父母存不許友以死説考」、十五年「朱易衍義筆記」(旧稿の改修)「孝経刊語筆記」「白鹿洞掲示筆記」(元文五年追記)「仁説問答講義」「四端七情辨」「手足並用不害主一説(主一主事説)」を撰した。この年長島侯が尚斎に謀った社倉が竣工したので、社倉の記を作り、十二月旧君忍侯が人をして恩意を致し、他日江府に至らば必ず邸に来れとの懇命を伝えしめ、尚斎大に喜びて拝辱した。翌十六年七十歳「易学啓蒙筆記続」「読西銘筆記」「中和集説筆記」(十七年追記)「以直報怨説」「以直報怨説答天木」「子謂韶章筆記」「易学啓蒙口義」「尚斎先生鬼神語録」(留守希斎筆録補編)「大学口義」(北沢遜斎筆録)「尚斎先生与岩崎翁論仁説」、十七年「曾点章与多田篤静」、十八年「易経本義筆記続」「大学章句筆記」が成った。この年書堂を西洞院に建て、一を達支と曰い、一を培根と称し、古の大小学の遺意を寓し、「培根堂達支堂記」「答或問培根達支」を作り、十一月遷居。十九年「仁説問答筆記」「大学或問筆記」「中庸章句筆記」「通書筆記」(この頃か)「太極図説筆記」「太極図説講義」(山本尚于等筆録)、廿年「内外賓主説」「論朱子礼知字解」、翌元文元年七十五歳「易経本義筆記続々」「易学啓蒙筆記続々」「論王蠋忠臣不仕二君貞女不更二夫語」「岡野氏為天木氏執心喪考」が成った。この三月先に旧君より賜った赦命を謝する為に江戸に下り、旧君及び世子に見え互に旧を談じ涙下り、侯の待遇頗る厚く五月江戸を発して帰った。二年「君子之過也如日月食焉云々」「中庸序道心人心説」「論語読法筆記」「大学講義」(前年開講)、三年「復竹内氏書」「立不中門説」、四年「克己章筆記」「中庸続筆記」「復読中庸首章説筆記」、五年七十九歳「朱子論語集註収伯玉不対而出之事説」「性論明備録筆記」「論冲漠無朕条」を撰す。この年六月腹脹を患い十月少しく浮腫あり、翌寛保元年正月二十九日易簀し、新黒谷紫雲山に葬られた。享年八十歳。ちなみに尚斎の高弟で女婿たる久米訂斎は、山宮維深の「尚斎先生小伝」の行年八十を八十一の誤りとしている(「祭祀来格説」附録跋)。訂斎はこの小伝の生年について言及していないから、歿年は寛保二年となる。「日本道学淵源録」は訂斎の説と一致する小川晋斎手写本行状の寛保二年説を頭注に掲げ「恐是」と記している。是非は後考に譲りたい。

成立年の明かならざる尚斎の著書論説聞書には次の如きものがある。

伊洛淵源録筆記　訓子帖講義　孝経刊誤口義　詩経筆記　詩経物産　詩経大意講義　六藝口義　髻説　牢説　借父耰鉏考　郷尊説　尚斎先生問目　性論発端一節私解　大学図説筆記　大学国字筆記　大学語類知止能得辨説　中庸章句講説(白鳥良輔筆録)　中庸講義　中庸或問筆記　知蔵論筆劄　弟及記　都鄙往来書簡　方領考説　漏鼓数説　与三執事書

〔易関係〕著数諸図　明著策　邵子四象八卦交生説　黄勉斎生行一様説　論五行　上下経上下反対六十四卦図説　与天木時論神化変化　乾卦九二九五説　憂虞説　五行生也説　象伝卦変十九卦本義程伝　四角卦説　朱子答袁機仲解

〔論語関係〕尚斎先生一貫章大旨　仲弓問仁章　喟然章　川上章　我未見好仁者章　君子博学於文章　吾十有五章　下学上達章　孝弟以求仁章筆記　己字説　克己章　論孟仁字注偏言専言前後筆記　答多田氏管召君臣之分　再論管召君臣之分　論語口義

〔家礼関係〕附祠堂考後　殿屋四注厦屋両下説　大宗小宗諸図　舅姑服論　喪服考　君臣喪服　心喪応事考　嫡男喪式　先嫡生男喪式　誌石碑之考　殤考説　立祠堂設神主　深衣考　立嗣以弟説　生子式(長谷川某筆録)

文集に編者未詳の「尚斎先生文集」、語録に享保七年から元文五年間の談話の久米訂斎筆録「尚斎先生雑談録」がある。

尚斎は絅斎・直方歿後ほぼ三十年、十七歳後輩の強斎よりもなお九年生存し、老境に入ってから益々多数の著編を続々と完成して教えて倦まず、八十の長寿を保ったので、崎門派の最長老と仰がれ門人四方より集り、影響する所頗る多く、崎門の学は尚斎に至って全備すと評された。尚斎は性剛直であるが、直方・絅斎の長短に鑑み自ら戒めて温厚正実の人格を陶冶した。両先輩の個性が極めて強烈なるのに比すれば、尚斎は平々淡々として極めて地味である。

尚斎は獄中三年静思に沈潜して独得の神秘的な理気象数祭祀卜筮の論を立てた。天はただ理と気のみ、その気も亦理の質、要するに一の理で、気は聚散あるが理は消散なく万古を一貫して不滅である。天地の間万物の運行は千万世に亙って一毫の差繆なく、本原一定の規矩なるものがあり、吉凶禍福は有生の初めに既に定まる。往を蔵し来を知るは精神の妙である。往事は理に根ざして生じたるもの、従ってその事已に消散してもその理は滅せず、滅せざるの理を以て往事を求むれば、理に循って生じ、往事我が神上に洋々と彷彿し来る。未来は未だ来らずと雖も一定の規矩によって初めより定まるもの、已に定まるの理を以て之を推せば、未来の吉凶理に循って我が神上に歴々と著見する。此が知蔵説である。気は一貫不滅の理に根ざして生じ理に循って凝って聚まるもの、死は気の散じたるもの、天地と祖考と我とを貫通する一理は生々窮まりなく、祖考は死しても理は不滅なるを以て、神主を立てていますが如き敬を致し、その理を以て之を天地に求むれば、祖考の理再び凝り聚って復活し来り、我が精神の聚まる処祖考ここに洋々彷彿たり。此が祭祀来格説である。この説は神秘的にして理解し難い所があったので、崎門学派内に大きな影響を与えたとは称し得ない。

尚斎の学の大体は闇斎の説を祖述敷衍注釈し、細密に整備したことにある。上記の尚斎の著編書から察せられる如く、易・詩・四書・小学・近思録・家礼以下闇斎表章書の道学必読書の殆ど全部に亙って厖大な巻数に上る詳細な筆記類を撰述した。その筆記はその体式を闇斎の「文会筆録」に倣った札記式で、筆録・朱子文集語類を中心にして程朱派諸儒の説を参照引用し、字句の出典を索求し、重要の所は漢儒の解と朱子の解とを比較し、また朱説にも形成階次に応じて変転のあることを紹介し、いずれを定説とするかは主に筆録の判断に依拠し、或は直方・絅斎の説を挙げて之を商量し自説を附し、詳密細覈を尽している。従って尚斎の学風は所謂学術的と言い得よう。稲葉黙斎の「先達遺事」に、好学の長島侯は直方の講義を聞き、訓詁故実ぬきで理を意表に抜く玄談を大に喜んでいたが、直方が歿したので尚斎を招いた処、その口談は極めて詳密で、あの説はああ、この説はこう、甲の説と乙の異論とその是非は知らず、更に考量の要あり等と言う風に引用の羅列ばかりで、会心の妙なく欠伸に堪えず、遂に学を厭うに至った伝聞を記している。確に尚斎の学風は専門家には有益としても一般人には退屈で細瑣煩砕の反面は免れない。左の崎門三傑評は大方の見解を代表していると称し得よう。

栗斎服氏嘗謂。崎門諸子。佐藤子知見透徹。才力絶倫。而不レ屑二読書一。浅見氏所見正大。学亦精博。而自任太過。三宅氏質行有レ余。研理亦密。但規模聡明。不レ及二二子一。又謂。学二程朱子一而弗レ差者。其唯三宅氏歟。（「吾党源流」服子行状。「日本道学淵源録」巻四より引）

或問。今吾党尊二信佐藤浅見二子一鮮。而称二尚翁一者多何也。曰。佐藤浅見二子。峻絶高妙。聞二其緒言一。難レ倣二自家受用一。多不下与二第二着之見一相入上。加レ之其言行之大者。人々不二必詳一レ之。至二尚翁一。則有二四子六経筆記一。読二其書一。得レ益為レ大。故今信二尚翁一者。非レ尊二信其道徳一。多以二遺書一為二階梯一。猶下世儒以二大全蒙引一資中其講説上。若以二尚翁行実自律一。其学徳固別色。而悚二動人一。豈如二今日一哉。（渡辺豫斎著「吾学源流」）

尚斎は学規は厳であったが、師弟の間は和やかで懇篤に教誨応答し、長命であったから門人が多く、主な高弟は天木時中・久米訂斎・味池修居・山宮雪楼・多田東渓・留守希斎・蟹養斎・北沢遜斎・加賀美桜塢等である。訂斎の門には板倉震斎・宇井黙斎が著われ、震斎は藩主浩軒の左右にあって新発田藩崎門派の中心となった。黙斎の門は千手廉斎・千手旭山・月田蒙斎・楠本端山・碩水兄弟と幕末明治に続き、旭山の孫弟子に橋本左内がいる。蟹養斎は名古屋に崎門学を興し、中村習斎・深田香実・細野要斎へと明治まで続き、遜斎の弟子に小川晋斎、桜塢の門に山県大弐が出ている。

若林強斎

強斎は名を進居、進七（或は新七）と称し、晩年寛斎とも号す。書斎名を望楠と言い神道の霊社を守中と号した。延宝七年(一六七九)七月八日京都に生れ、享保十七年(一七三二)京都に歿した。享年五十四歳。家は武田信玄の臣で、滅亡後近江に来り子孫の再び武士として仕官するのを望んでいた。父正印(小字を弥太郎)は始め佐和山に住み、母歿後京に移り、医を業とし、強斎は姉二人の次に長男として生れた。元禄十四年父君寿誕の日に強斎が誌せる「若林家譜」によれば、父は性剛毅にして孝、子女が飲食を恣しいままにし、外で群児と慢遊すれば訶責し聴かざれば杖し、強斎に三種の大祓及び奉幣の儀を伝え、毎朝遙かに大神宮を拝せしめ、我が家世々士大夫であったが今草莽にあって殆ど尽滅せんとす、汝父祖の志を遂げて先祖の令名を顕わせと励ましたという。強斎の幼少年時代の生活は何不自由しなかったが、廿歳の頃父が失明し家計は急に苦しくなった。強斎が絅斎に入門したのは元禄十五年廿四歳頃と推定されている。それ迄の履歴は明かでない。

　強斎が絅斎に就いた約十年間、失明の父を抱えた一家を背負った貧困の中にありながら、よくそれに耐えた堅苦の勉強は言語に絶したものがあった。宝永元年廿六歳十二月絅斎から「若林某実名説」を与えられ、易文言伝に由来する「進居」(ユキヤス)の諱を得て、従来の正義を改名した。宝永四年廿九歳絅斎から二月十一日に始り同六年五月十四日に終った易学伝授を受け、その記録が「易学講習別録」である。その間宝永六年卅一歳の春父が疾にかかり、京都では暮しが立たず、大津郊外微妙寺の空坊に移った。父の看護をしながら自らも病がちであったが、隔日に三里の道を錦陌講堂に休むことなく通い通し、その頃が困窮のどん底であった。友人にもし大津海道で倒れた者があれば自分だと思えと言ったという。絅斎も丈夫という者は新七がことであろうと門人に洩らしたと伝えられ、強斎の号を与えた。宝永七年卅二歳正月父正印卒し、翌正徳元年十二月には絅斎が歿したが、疾にあって葬儀に列することを得なかった。翌正徳二年卅四歳、病い全快した強斎は上京して師歿後の処理に当った。絅斎は兄道哲の長子勝太郎(持斎)の大成を期待して強斎に後見を依頼したが、この年勝太郎も若死した。絅斎の学統と学堂の継続は高足の山本復斎と強斎に遺命されていたが、復斎は郷里の摂州魚崎に帰らねばならぬ理由があった。従って絅斎の門人等は強斎に改めて益を請い、学堂の復興継続を願ったので、強斎は新にささやかな塾を設け帷を下すことになった。以後歿するまで京都を離れず、講義育英に専念することとなった。

正徳五年卅七歳「社倉法幷附考講義」(浅見文次郎筆録)、翌享保元年卅八歳「敬義内外説筆記」、二年「中庸或問講義」(開講)、三年「拘幽操師説」「大家商量集師説」「大学経文講義」(浅見文次郎筆録)「大学師説」(山口春水筆録)「答梅津某問目」、四年「詩講義」の講義筆録成る。翌五年、尚斎輯次の「洪範全書続録」について尚斎が闇斎説を改めた点等を批判せる「洪範全書問目」廿三条を尚斎に呈し、尚斎から逐条辨駁並に返翰があり、強斎は更に返翰を贈ったが、尚斎からは返答がなく、この論争はうち切られた。翌六年「中庸章句師説」(山口春水筆録)「感興詩講義」(浅見文次郎筆録)「楚辞講義」(享保二年開講、浅見文次郎筆録)「孟子浩然章講義」(広木文蔵筆録)「西銘解口義」、七年「伊洛三子伝心録師説」(六年開講、浅見文次郎筆録)「伊洛淵源録師説」(元年開講)の筆録成り、「笏訓訣」を執筆。八年四月近江高島を訪れ、多賀社に詣でて諸生の為に神代巻を講じ、「神代巻開講師説」(浅見文次郎筆録)が録され、「磤馭盧島筆記」を草し、「家礼訓蒙疏」の撰述がなった。本書は歿後天明元年に刊行された。秋に性論明備録を開講、その記録が「性論講習記録」(沢田成熙録)で、翌九年四十六歳「近思録筆記」(享保四年開講、浅見文次郎筆録)「神道劄記」「神道夜話」の聞書が成る。門人山口春水の紹介で、春水が伝授を受けた祇園社社司山本主馬から神書を附与され、その研究に没頭す。書斎を「望楠軒」と称したのはこの頃らしく、その由来が春水の「雑話筆記」続録巻二に左の如く記されている。

○先生堺町ノ書斎ヲ望楠ト名附ケラレシ事ノオコリハ、或時参上御物語申上グル節、楠木正成ノ言ニ「仮リニモ君ヲ怨ミ奉ルノ心発ラバ、天照大神ノ御名ヲ唱フベシ」ト申サレタル由、賀茂ノ蔵書楠氏ノ書ニ有レ之旨、山本主馬物語有レ之タル旨ヲ申上グレバ、先生殊ノ外御感心有レ之。サ様ノ心術ユヱアノ大功業ヲモ立テラレ、今日ニ至ルマデ斯人ノ忠誠諸人感涙ヲナガス事也トテ、シバ〳〵嗟嘆ナサレ、其後楠氏ノ書ヲ得タリ。ナルホド賀茂ノ蔵書ニ有レ之書ノ由也。右ノ書ノ内ニ其許物語ノ正成ノ言モ有レ之トノ御物語ニ付、何トゾ右ノ書拝見仕度シト申上グレバ、大切ノ書ナレドモ其許モ仕宦ノ事也。可レ示トテ御見セ下サル。即チ写シ返上ス。

○其後先生御物語ニ書斎ヲ望楠ト号シタリ。我ガ国士臣ノ目当ハ、彼ノ楠氏ノ一語ノ外是ナキ事也。平生拙者身ノ守リニモト思フニツキ、楠氏ヲ仰ギ望ムノ合点ニテ、書斎ヲ望楠ト号ケシ也。

初め望楠は強斎個人の書斎名であったが、何時しか「望楠軒」が強斎塾の名となった。それは強斎生存中からである。

享保十年四十七歳、玉木葦斎より三科祓の講を受け、その聞書「三科祓説」を筆録して葦斎の校閲を求め、且つ「玉籤集」を得、「風水草」を書写し、八月九日山本主馬より神道の相伝を受け「守中」の霊社号を授かる。「性論明備録師説」(九年開講)「神道大意」「神代巻」「仁説大意」「近思録講義」(本年開講、終講未詳、浅見文次郎筆録)、十一年「大家商量集師説」「易学啓蒙師説幷著卦考誤録」(浅見文次郎筆録)「朱易衍義師説」「易学講習別録」(沢田一斎筆録)の聞書成る。十二年、玉木葦斎に勧め、その著「玉籤集」「原根録」が古道を迷わすことを懼れ、之を森蔭社前で焼かしめた。「記原根録玉籤集篋」「蓁訓伝」を執筆。十三年五十歳「性理字義師説」(十二年開講)「論語師説」(九年開講、沢田咸熙筆録)「中庸輯略師説」(沢田一斎筆録)「家礼口義」、十四年「中庸或問師説」(十三年開講、沢田一斎筆録)「易経本義師説」「大学序経文講習」、十五年「玉山講義附録師説」(十三年開講)「近思録師説」(十三年開講、浅見文次郎筆録)「敬斎箴師説」(沢田一斎筆録)「中臣祓師説」(沢田一斎筆録)が筆録された。この冬滋賀の錦郡に一屋を借り、滝津亭と名づけ門下両三生を伴ってしばしば訪れた。十六年「滝津亭記」を執筆、「大学経文師説」(岡見某筆録)「土金訓解」(松岡雄淵筆録)「たむけの説」の聞書が成った。とかく多病の強斎は冬より不快がちで衰弱がひどく、「書置条々」「譲証文」の遺言書を認めた。翌享保十七年五十四歳正月廿日易簀、遺命に従って大津の小関五本桜の先考の墓側に葬られた。成立年代未詳の著書聞書の類は次の通りである。

延平李先生師弟子答問師説　感興詩考註師説　近思録十四目講義　近思録師説(沢田一斎筆録、他に別種の聞書あり)
孝経刊語師説　論俗孝経　書経集伝講義　朱子行状師説(沢田恒斎筆録)　小学師説　仁説問答講録　仁義礼智師説(「若林先生仁説」等とも題され、寛政三年刊木活字本は誤って「絅斎先生四性説」と題す)　西銘講義(西依成斎筆録)　靖献遺言講義　楚辞附考　大学師説(沢田一斎筆録か)　大学序講義(浅見文次郎筆録)　大学或問師説　中庸師説　敬格致明之説　行宮便殿奏劄師説　父母在観其志之章説　孟子講義　菊理媛筆記　足土根記　守中翁神道筆記

詩文歌を輯めたのは岡直養編「強斎先生遺艸」四巻(昭和十一年刊)、語録に山口春水筆録「雑話筆記」二巻続録三巻、当舎修斎筆録「雑記」、諸門人筆録「望楠所聞」、筆録者未詳「貫川記聞」がある。

血脈という言葉は仏教語であるが、絅斎と強斎との間は正に血脈そのものである。学風のみならず、その気象行蔵に至るまで凡ゆることがかくも相似しているのは稀有である。強斎は絅斎を紹述し、禁裡守護を念じ、熱烈な尊皇論を鼓吹して生涯処士として貫いた。絅斎の講説聞書が崎門中抜群なるは、一は筆録者の強斎の力である。講者名を題しない絅斎派の講説聞書は絅斎講か強斎講かの識別は極めて難しい。強斎の講説は絅斎の説を忠実に祖述しているが、その講には襲用似続にありがちな惰性の気味が些かも見られず、精気に溢れている。ただ強斎は中年にして神道の伝受を承け、その色彩を強くしている。しかしその神道は玉木葦斎等によって巫祝社家の秘伝行法が混入されて来た垂加神道を社家神道に堕せしめず、闇斎の初志に復して、敬神尽忠の道に徹せしめた。従ってその門流からは節義尊皇の士を多く出した。

強斎門の高足は山口春水・沢田一斎・西依成斎・小野鶴山・松岡雄淵等である。竹内式部は雄淵に学んだが、望楠軒にも出入した。強斎歿後鶴山が望楠軒の講主となったが、春水の請によって小浜藩に招かれたので、成斎が継ぎ、やがて養子墨山に譲ったが、墨山が小浜藩の儒官となった為に再び帰り、九十六歳で歿するまで気力旺盛些かも衰えることなく望楠軒を守った。歿後望楠軒は実質上は小浜藩校の順造館に引き続がれ、小浜藩には成斎・鶴山・墨山の門下が頗る多く、山口・西依両家は幕末まで一門家学を伝え、特に春水の孫で鶴山の祭祀をついだ山口菅山が傑出し、江戸藩邸の信尚館に教授して、土佐侯を始め諸侯及び四方より従学する者が多く、梅田雲浜・有馬新七等の志士もその門下である。成斎の門には古賀精里・尾藤二洲・鈴木潤斎・奥野寧斎等が出て、寧斎の門は川島栗斎から上原正福へと続き、幕末明治の中沼秋水・葵園兄弟は潤斎の孫弟子に当る。鶴山の門人中山菁莪は秋田に、戸部愿山・箕浦江南は墨山門の宮地為斎等と共に土佐にこの学統を幕末まで伝えた。絅斎門人大和田玄胤の曾孫平田篤胤は、漢学は菁莪に学んだ。

闇斎学と闇斎学派

丸山真男

一

この巻は「山崎闇斎学派」という題になっていて、「山崎闇斎」ではない。闇斎ほどの巨人が何故、独立の巻をなさないかを怪しむ余地はある。解説者は編輯技術上の考慮のことは与り知らない。けれども闇斎の場合は、「学派」として一まとめにして扱うことには、実質的に見てもそれなりの根拠があるように思われる。まず、いわば消極的な理由の方から挙げるならば、闇斎研究者には周知のとおり、闇斎の残した厖大な文献にもかかわらず、その中で通常の意味における「著作」と称すべきものの占める比重はいちじるしく低い。量的にいってもっとも大部な『文会筆録』二十巻の大部分が『朱子語類』『朱子文集』『学庸或問』『中庸輯略』その他程朱門の諸著や、朝鮮の李退渓集、さらには二十四史から雑家までの広汎な書籍の引用から成っていることがまさにその徴証であり、その中での闇斎の直接的見解は章節の末尾に「嘉謂」とか、「嘉按」とかいう書出しではじまるパラグラフに時たま窺えるのみである。孔子のいう「述而不作」が経学にたいする闇斎の基本的態度であった。また四書及び朱註にたいして闇斎の附した訓点——いわゆる嘉点——は、わが国の訓点史上、大きな足跡を残したが、その思想的意味は朱説にあくまで即して、これについての末疏を原則的に否定し、『大全』『蒙引』などの権威的注釈書をも「昏塞却甚」(文会筆録三、全集上巻)としてきびしく批判した、といういわば程朱学原典主義にある。[1] そうした末疏否定の個々のケースについての具体的根拠、さらに朱子自身の所論についても未定説と定説とを区別した理由、いな『小学蒙養集』『大学啓発集』『大家商量集』その他などの数多くの編纂物に際して、そもそも厖大な「原典」から何を基準として選び出したか、何故、経書の特定の章、あるいは、存養・克己・未発已発等の特定のカテゴリーの解明に集中したか、といった重大な問題になると、結局のところは闇斎の高弟、浅見絅斎・佐藤直方や遊佐木斎などが「講義筆記」「師説」「問答筆記」というような形で残した口述の伝承に殆ど委ねられている。それは四書や『近思録』だけでなく、『拘幽操』とか『敬斎箴』とかいった、短文ではあるが崎門の基本テキストになったものについても同様にあてはまる。つまり闇斎の学問と思想は、基本的には闇斎の門弟の媒介を通じてしか開示されないのである。そうしてこれと同じパターンが、たとえば絅斎とその高弟若林強斎との間に、また直方と稲葉迂斎・野田剛斎らとの間に、あるいは尚斎と久米訂斎との間に、さらに若林強斎と山口春水との間、迂斎とその子黙斎との間、幸田子善と佐藤尚志との間に、というように順次反覆される。いずれの場合にも、門弟による講義筆記・雑話・学談といったオーラルな形の資料が、その師あるいは祖師の学問と思想を知るうえでの、大きな手掛りとなっている。これは崎門学派を江戸時代の他の儒学派と区別する重要な特徴といわなければならない。そこにどういう思想的含意があるかということは追々明らかにされよう。さし当っては、闇斎学の理解には、その高弟、あるいは孫弟子、孫々弟子の筆録が決定的な意味を持っている、という事実に注目すれば足りる。

闇斎学が闇斎学派ぐるみにしかアプローチしがたい、という事実を別の表現でいえば、これほど「学派」らしい学派は江戸儒学のなかでも珍しいということにもなる。ごく現象的な例であるが、江戸儒学についての事典とか、『儒林源流』とかいった類の書に載っている学派の分類図を見ればよい。そこでは殆どの場合に、闇斎派または「敬義学派」は、他の朱子学派から――いや南学派からさえもとり出されて、独立項目の扱いを受けている。姓氏系図を思わせるようなこうした師弟の系統図式は学問の道統というよりは、むしろ秘伝の口授相伝を伝統とする教義神道にふさわしい。といえばひとは直ちに、闇斎学における垂加神道という、反《アンチ》儒学でなくても非《ノン》儒学的な側面を思い浮べるであろう。むろん垂加神道という分野をかかえこんでいることが闇斎派の大きな特色であるにはちがいない。けれどもそれが崎門派を他の程朱学派から区別しているすべての原因ではない。崎門の中で神道的側面を学問的教養としてはほとんど認めず、程朱学に徹しようとする純儒派系にしても、たとえば稲葉黙斎が「朱子学ト云（ヘ）バ、新助殿（室鳩巣）モ貝原（益軒）モコノ内へ入ル。道学ト云ト此二人モ入ル事ハナラヌ」(2)（黙斎先生学話下、巻之七、東大図書館蔵）と語っているように、「道学」の名をもって自派を程朱学一般から劃している。「道学」という名称自体は、むろん闇斎派の独占用語ではなく、語の起源から言っても、他の儒者とくに朱子学者の間に広く流通しているが、崎門派にとってはそれは並々ならぬ峻厳な意味合いを蔵する自称であった。(3) しかもこうした特別視は崎門の自己認識だけでなかった。闇斎と同時代、また後世の朱子学者の間でも、「崎門派だって？　あの連中はちょっと特別だ」というイメージを共有していたし、陽明学や古学など、思想的にヨリ異質な立場から「遠望」する光景においても、敬義学派は朱子学陣営のなかでも一きわ鮮明な隈取りをもった一団として視野に浮び出たのである。

　こうして十七世紀後半にすでに門弟六千人といわれる一大学派(4)を形成した崎門は、歴史的な継続性においても近世にその比を見ない。その学統は連綿として明治以後にまで、ほとんどきれ目なく継承されている。維新という大変革をいかに理解するにしても、幕藩体制の解体と、怒濤のような西欧文明の流入が、学問所・藩校といった制度的なレヴェルにとどまらず、イデオロギーの比重の上でも、またヨリ日常的な言説における儒教的範疇の流通度からいっても、おしなべて江戸儒学に致命的な打撃をもたらしたことは、いまさら贅言を要しないであろう。こうした打撃を蒙った点で維新後の崎門派ももちろん例外ではない。にもかかわらず、江戸儒学の諸派のうち、学派としてもっとも早い立直りを近代日本で見せたのは崎門派であった。その様相を冒頭に紹介するのは歴史的順序としては逆であるが、それが「天下の大勢」激変後の全体状況のなかでは見過されやすいような細々とした存在だけに、かえって右にのべた継続性を証示することになろう。

明治十六年に、三上是庵（名、景雄。松山藩儒）門の石井周庵が中心となり、同志相謀って「道学協会」を興し、同年十一月から『道学協会雑誌』という月刊雑誌を刊行しはじめた。[5] 三上是庵は奥平棲遅庵（忍藩侍講、のち致仕して玄甫と称す）に学び、棲遅庵は稲葉黙斎門であるから、いわゆる学統からいえば、佐藤直方派に近い。そうして『道学協会雑誌』の第一号に載った「発行の主意」には「抑ゝ吾　邦山崎闇斎先生出デ特立ノ才ヲ負ヒ、遺経ヲ奉誦玩索シテ遂ニ聖学ノ蘊奥ヲ窮メ、能ク其真正ノ伝ヲ得ラレタリ。（中略）俊傑ノ高弟、佐藤浅見三宅三先生ヨリ以降、各々其門流ニ在テ……」云々と述べて儒教一般ではなく、とくに敬義学に「遂ニ能ク風化ノ万一ヲ裨補シ、道学ヲ無窮ニ伝フルノ域ニ達センコトヲ庶幾スル而已」という任務を課した。そうして協会は同時に、崎門の遺書刊行に当り、直方墳墓再興の義金の余剰を基として、『韞蔵録』の活字版の刊行をアピールし、雑誌自身にも、たとえば第四十五号（明治二十年九月二十五日刊）からは、三宅尚斎の『狼疐録』を分載している。ただ「道学遺書」の刊行方針及び、「遺書」に載った諸先輩墓所一覧をめぐって、明治二十四年に「道学協会」は分裂したが、『道学雑誌』と名を改めて以後の号（発行者は周庵から池田謙蔵に変った）にも、引続き稲葉黙斎の『白鹿洞学規講義』とかその他、闇斎学の基本学習文献が連載され、また、崎門の重要人物の伝記の刊行に当るなどの活動が見られる。闇斎派が伝統的に力説して来た「闢異」（異端排撃）の精神も、たとえば『道学雑誌』第十一号（明治二十六年八月二日刊）の論説には、『国民之友』における徳富蘇峰の論説をとりあげて、「巻ヲ開ケバ家族的専制ト題セル、……一読顰蹙、実ニ慨嘆憫笑ニ堪ヘザルモノアリ」と口をきわめて痛罵し、「甚ヒ哉（ママ）、渠レガ西洋ノ糟粕ニ心酔シテ是非ノ明ヲ失ヒ、迷誤惑溺底止スル所ヲ知ラザルヤ……若シ渠レガ説ク所ノ個人制ノ極端迄行ハシメバ、社会ハ禽獣ノ域トナリ、父ヲ無ミシ君ヲ無スル乱臣賊子ノ巣窟ト変革センノミ。（中略）焉クンゾ春秋筆誅ノ例ニ倣ヒ、直方（漢書朱雲伝の尚方を直方にもじったのであろう）斬馬剣ヲ借リテ邪説ヲ斬断シ、其余ヲ警醒セシメザル事ヲ得ンヤ」と軒昂たる意気を示したのであった。闇斎学派の人名別百科辞典ともいうべき『日本道学淵源録』(初名『本朝道学淵源録』、大塚観瀾・千手旭山編校)が、「続録」とあわせて七巻として成ったのが天保十三年であり、月田蒙斎・楠本端山を経て、明治三十三年に、端山の弟の碩水と、嗣子君翔によってさらに「続録増補」(二巻)が行われ、岡直養が全体を再編輯し併せて十一巻を活字刊行したのが、実に昭和九年であった、という事実は象徴的である。『淵源録』(以下増補版もふくめて日本道学の四字を略して引用する)の天保版の序に「擬二之於伊洛淵源之録一」とあるによってその意図が窺われよう。ここでも「雖レ純二奉朱学一、不レ入レ門者不レ録」という編輯方針が貫かれた。程朱「道統の伝」はこうして闇斎派の「道学」によって、いわば二重に道統化されて脈々と昭和に至ったわけである。

このような闇斎学派のいわば自己完結性と、その歴史的継続性は、闇斎学派にたいするある固定したイメージを生む原因となった。そうしたイメージは、学説の内容といったこみ入った次元でよりは、ヨリ容易に認知できる「学風」とか、行動様式の次元で一般化するのがいつの世でも通例である。「京都の学風」を闇斎によって代表させて、いち早く貝原益軒が述べた偏狭性の問題や、荻生徂徠が『訳文筌蹄』において嘲弄的に語った、権威主義的な師の講釈と、その謦咳、撃節までもひたすら模倣しようとする門弟の態度などは、江戸時代の中期以後、知識世界では崎門の特徴として反覆指摘された。しかもこれに類似したレッテルは必ずしも反朱子学の陣営から貼付されたとはかぎらない。たとえば伊・物の学の排撃の点では崎門にひけをとらない懐徳堂、中井竹山も、天明二年、黄門菅公への建議で、「……山崎家ハ、書籍ノトリアツカヒ、四書、小学、近思録、朱子文集、語類ニ止マリ、五経、朱子綱目ニテサヘ、アマリワタリ申サズ、ソノ外ノ諸書歴史等、タヘテ禁ジテ、学者ニ見セ申サズ。(中略)学問修行ト申セバ、タダ書ヲ講説スルノミ、学徒モタダソノ聞書ヲスルバカリニテ外ニ何ノ伎倆モナク」「諸事イカメシクノミナリユキ、風ナキニ波ヲ起スコトニナリ、忿戾ノ矜ニ陥リ候」とのべて、「何ブン学術ノ御エラミハ、山崎派ニテコレナキ朱学ト御求メ遊バサルベク候」と、朱子学のなかからわざわざ「山崎派」だけを除外している(竹山先生国字牘六)。こうした外部からの「悪しき」イメージの集大成(?)として著名なのが、那波魯堂の『学問源流』(寛政十一年版)であろう。摘記すれば、

凡(ソ)読ム所ノ書、数種ニ止マリ、歴史子書ノ類ハ一切ニ読(ム)ニ益ナシトテ禁レ之、玩物喪志ノ義ナリトテ、文章ニ力ラヲ用ヒズ、已ムコトヲ得ザルニ至テハ、平生所ニ読習一ノ書中ノ字ヲ集メ、(中略)唯、四書朱注・近思録ノ類ヲ専ラトシ、(中略)其少シニテモ敬義ノ説ニ不レ合者ハ、邪説トシテ退レ之、(中略)其師説ニ至テハ、講義・講録トテ、其辞ヲ一一国字ヲ以記レ之、互ニ写シ取テ秘本ノ如ク蔵レ之、其説ヲ信ゼザル者ニハ猥リニ是ヲ示サズ。是故ニ(闇斎学以外の)他ノ学者ハ、同ジク程朱ヲ学ブト称スレドモ、少シノ異同ナキコト能ハズ。其中、詩文ヲ好ムアリ、不レ好アリ、博覧ニ志スアリ、発明ヲ専ハラトスルアリ。(之に反して)敬義ハ説ニ従フ人ハ、十人ハ十人、百人ハ百人、幾誰《イクタリ》ニ聞テモ印シ出セル書画ノ如ク一様ナリ。平生、学談ヲ以テ、他門ノ人ニ交ハラズ、唯其同朋ト交ハル而已ナリ。

ここで挙げられている反詩文主義・師説の絶対化・学習文献の狭隘さ・異説への不寛容・閉鎖性と排他性というような流通イメージがどこまで「正確」かどうかは一まず保留して置こう。まさに同じ傾向について価値判断の電極をきりかえれば、まったく反対の意味づけも可能なのである。たとえば師の権威主義と、それにたいする門人の劃一的行動様式《コンフォーミズム》(合唱でなくて斉唱!)の指摘にたいして、崎門派ないしは崎門シンパは胸を張って反問するにちがいない——師が道の先導者なら、どうして師のさし示す方向に忠実に従うのが悪いのか、何故に、真理に向って劃一化することが非難されるのか、と。一例をあげれば、若林強斎に師事し、その「望楠軒」の統を継いだ西依成斎(名は周行、字は子誠)の「行状」は、その門人によってつぎのように称えられる。「……其治ニ経義一也ヤ、篤信ニ其師一而不レ弐ニ其説ヲ一。(中略)門人録ニ其口義一、較ブレバ二之於其師説ニ一無下不ル二吻合セ一者上」(淵源続録巻之五、四〇丁オ、又は事実文編第二、三九六—七頁)。さらに近くは、平泉澄編著『闇斎先

生と日本精神』（昭和七年刊）においては、まさに右の那波魯堂の言を引用して、「門下幾千人に及び、流伝二百年に亙るといへども、甲乙相等しく、前後趣を同じうする、まことに壮観といふの外はない」（三三頁）と讃嘆されているのである。

闇斎学派の思想史的意義と役割について、近代日本の崎門シンパによっていわば通説化された一種の「流出論」的説明もまた、その「自己完結」的な、また「通時的」様相の関連現象にほかならない。学祖もしくは教祖としての山崎闇斎の人格と思想に内在した「精神」が脈々として門人から門人へと継受され、一路発展して王政復古の一大原動力となった、という想定がこれである。いうまでもなく、それは戦前の「国体論」イデオロギーと緊密な協奏をかなでた。天人唯一の肇国の由来と、それに基づく君臣父子の大義を闡明し、尊王斥覇と華夷内外の名分を顕彰した闇斎学の「真髄」は、徳川二世紀の星霜を貫いて、幕末尊攘論となって噴出し明治維新の鴻業を翼賛した、というような論調は、前記、平泉氏の編著だけでなく、糸賀国次郎『海南朱子学発達の研究』（昭和十年）、後藤三郎『闇斎学統の国体思想』（昭和十六年）、伝記学会編『山崎闇斎と其門流』（増補版、昭和十八年）等々の研究書の基本底流をなしており、一々引用の煩に堪えない。しかも注意すべきは、こうした論調はけっして「非常時」の文献に限られてはいないことである。たとえば浅見絅斎の没後二百年の明治四十二年に、絅斎に従四位の贈位があったのを記念して挙行された行事を録した『絅斎先生遺著要略・絅斎先生二百年祭典紀事』（大正三年）という冊子がある。その中で絅斎の及ぼした「影響」を述べた一文(6)では、「先生が勤王論の影響の広大なることは、前章に述ぶる所によりて明かなり、されば此には其の学派に属する著明なる事実を列叙すべし」として、㈠「先生の学は、水戸学に影響せり」（以下略）、㈡「先生の説は、土佐に感化を及ぼせり」（以下略）、㈢「先生の学は、秋田藩を感化せり……（平田）篤胤が勤王の思想は、必ずしも皆本居宣長より得たるに非ずして、先生より来りしものあること、亦推知すべし」、㈣「宝暦の勤王事件の発頭人たる竹内式部は、先生の学流を汲むものなり、左に其の系図を掲げん」（以下略）、㈤「頼山陽の勤王思想は、其の叔父にして少年時代の師たる尾藤二洲より出づることは、世、之を知れり」

(以下略)、㈥「嘉永安政時代に於て、勤王志士の首領たりし若狭の梅田雲浜と、薩摩の有馬新七とは、共に先生の学統に属するものなり」(以下略)、㈦「(冒頭略)福井藩に於て橋本景岳(左内)の師たる吉田東篁は……亦共に先生の学流に属して可なり」と列挙し、改めて学派全体の系統図を示したのち、㈧として「顧ふに王政興復の偉業は、水戸藩の大日本史、並に其の学風、国学の三大家(中略)及び高山彦九郎、蒲生君平、頼山陽等諸氏の唱道鼓吹したるもの、相和し相聚り、以て之を馴致醸成したるが如しと雖も、其の間に在りて、京都を本拠と為し、一脈相伝へて、勤王の始終を成せるものは、実に山崎闇斎の学派なり」云々と結んでいる。つまり幕末尊攘論の系譜として通常挙げられる水戸学も平田派国学も、ここでは結局はすべて闇斎から若林強斎の望楠軒学統への流れ、あるいは垂加神道の発展のなかに位置づけられ、関係づけられるのである。

このような包括的な「影響」論にたいして、水戸の史学で大きな役割を演じた立原翠軒の学統はどこか、とか右に再度にわたって挙げられる頼山陽の思想と文学が、(春水ならともかくとして)どこまで崎門の伝統で説明できるか、といった個別的な揚げ足とりをする余地はいくらもあろう。また、ほかならぬ崎門の「君臣の大義」論が、どのような政治的ディレンマを内包しているかは、のちに改めて触れる。むしろそうした包括的「流出論」が尤もらしく通用して来たこと自体が、さきにあげた『道学淵源録』の徳川—近代を通ずる継続的な編纂の事実とならんで良かれ悪しかれ、「学派ぐるみ」の崎門学の鮮明な隈取りを象徴的に表現しているわけである。

二

けれども、マイナス・イメージとプラス・イメージに共通して想定されている闇斎の学問=闇斎学派の学問という等式は果して内容的にもそれほど当然に通用するであろうか。複数の崎門学者、または闇斎学の諸傾向のかわりに、単一の闇斎学の存在を、それほど自明の前提として出発できるだろうか。「私はマルクス主義者ではない」といったのはほかならぬカール・マルクスであった。この言葉は、思想=世界観というものが特定人格の手を離れて社会的に流通する瞬間に、ほとんど不可避的に負わねばならぬ宿命を暗示している。マルクスは同時代の様相をみてすでにこの言を発しているわけであるが、これが、思想や学説の歴史的発展となると、一層問題は複雑化するであろう。実際に、崎門派を、江戸時代の他の程朱学派からさえ自他ともに区別し、別格に位置づけるほどの完結性と連続性も、一歩その内面に立ち入って具体的様相をみると「一枚岩」どころか、むしろ団結のルーズな他の学派よりもはるかにはげしい緊張と対立が同門に渦巻いている光景が立ち現われる。前述のように、闇斎はこれこそ闇斎学を代表するといえるような思想的著作を世に出していないし、四書や『近思録』など崎門の根本経典について註釈書を刊行することさえ、意図的に行わなかった。それだけ、有力門人による闇斎学の人格的継承というパターンが崎門の伝統となった。それは一見、闇斎と闇斎学派との、また闇斎学の歴史的展開を通じての、自己同一性の強固な保証のように映じる。が、実はそこにも両義性が伴ったのである。なによりも、闇斎の講義筆記を残し、それに基づいて師説をコメントし、あるいは談話を通じて師の思想と学風を語った直門の錚々たる学者が、師闇斎にまさるとも劣らぬ強烈な性癖の持主であったということが、すでに闇斎学の内容的な同一性について容易ならぬ事態を予想させるのに十分である。果せるかな、闇斎の晩年に至って、「寵異最至」(先達遺事)といわれるほど闇斎が目をかけた佐藤直方と浅見絅斎の二人が、師から絶門もしくは準絶門の処置を受けるという事件が発生した。[7]しかもこの事件の波紋は、闇斎没後にむしろ一層拡大し、植田良背・跡部光海など神道傾斜派は相ついで直方と義絶している。二人の絶門の内包する思想問題は改めてとりあげるが、ともかく世に崎門三傑[8]というけれども、三宅尚斎が入門したのは彼の十九歳のときであり、しかもそれから三年経つか経たぬに闇斎は世を去っていることを考慮するならば、彼と他の「二傑」とを、この時点で同格視するわけには行かない。とすれば、直門のうちの最俊英ともいうべき直方と絅斎とが、そろって絶門に追いやられ、師の葬儀に参列することも叶わなかったのは、何としても瞠目に値する問題ではなかろうか。そのうえ、当の直方と絅斎との相互関係にしても「初其交如二兄弟一」(尚斎、黙識録巻之三)といわれるほど親交を結んでいたのが、晩年には論争にも第三者の書簡の仲介を要するほど、事実上の絶交に立ち到った。[9] 尚斎はこれについて、「絅斎、直方ト義絶メサレシモ、旧故如レ此アルマジ。意ニカナハズバ、学問センサクコソ無用ナレ。文通ハ有タリトモナニカ苦シカルベキヤ。コレトモ(この文の先行個所で、二人が闇斎から絶門されたあとの態度がよくないと述べているので、それとともにこれも、の意)後世ノ手本ニナラヌ」(尚斎先生雑談録、乾、国会図書館蔵)と批判しているが、皮肉なことにその尚斎自身が『洪範全書続録』の著をきっかけとして、若林強斎と絶交の破目に陥った。強斎もその師、絅斎に劣らぬ剛毅峻峭な性格であったが、この対尚斎事件について弟子の山口春水に、自戒とも弁解ともつかぬ感想を次のように語っている。

平家弱シ、去レドモ弱キナリニ一族睦ジクシテ、生死モ同ジクスルト云フ様ナ形ナリ。源氏ハ何レモ弓矢ノ道賢ク、勇武ハ余リアルヤウナレドモ、一族門葉相傷ヒ相害シ、トカク睦ジカラズ。ソレデ源氏ノ友喰ト云フ。浅間敷キ事也。然ルニ垂加翁ノ門流、学術窮理ノ力ハ各所レ可レ見アルヤウナレドモ、和順ニ一如セズ。彼源氏ノ友喰ニ似タリ。面々可レ慚事ト思ヒ、随分手前モ此筋ヲ謹ミタル処ニ、不レ計ラ此間手前モ友喰ノ仲間ニ陥リ是非ニ及バザル事ト存ズル也。

(強斎先生雑話筆記巻三、二〇丁オ、昭和十二年刊本)

「林家之阿世、崎門之絶交」という言葉がある。「世儒之言」というだけで、誰がいつごろいいはじめたかは分明でない(参照、淵源録巻之四、四丁オ)が、これほど江戸時代朱子学を代表する二つの在り方を寸鉄の言を以て表現したものはなかろう。要するに、崎門を他の学派から区別せしめた閉鎖性と排他性は、まさに崎門の内部においても機能していたわけである。

崎門の自己完結的な「一大学統」の内包する逆説はそれにとどまらない。絅斎・直方・尚斎・強斎あたりの段階では、何といっても、同じ師説が「大物」によって継承されたところに惹起される分岐であった。けれども学派の歴史的発展は殆ど不可避的に亜流化を伴う。[10] しかも崎門の場合は、師の道統を継ぐという形において、師への人格的同一化の志向が一きわ強いだけに、劃一化と異化という両傾向もまたヨリ矮小な形態で再生産されて行くのである。稲葉黙斎は嘆じていう、「吾党学者、不レ能下智以観二諸先輩大同処一信中之、故論二其小異処一最刻薄、所二以同門異戸一、気象尤不レ好也」(渡辺予斎、吾学源流)。亜流化と矮小化がセクト主義的傾向を促進することについて、『先哲叢談続篇』にも同じ観察がある。「安永天明之間、江戸崇二奉山崎氏一者、菫菫若二晨星一。雖下間有中守二其遺訓一者上、多乏《シク》二学殖一、不レ肆《ハ》二文詞《ヲ》一。蓋自《リ》三佐藤直方、浅見絅斎、三宅尚斎之徒、相尋《デ》帰《セシ》二乎泉下《ニ》一、授受屢変、伝統不レ一《ナラ》。流分《レ》派別《レテ》、不レ能レ無《キコト》二小異同一」(巻之七、服部栗斎の項)。

こうして崎門三傑のそれぞれの亜流によって「同門異戸」の傾向が押しすすめられると、どういう事態が現出するか。

佐藤子洞二見道体《ヲ》一、句々妙理響。後儒依二其口調一、徒《ラニ》誦説、是道体之訓詁《ナリ》。浅見子欲下厳二名教一振中士気上、作二靖献遺言《ヲ》一、後学徇レ時附レ勢之輩、徒《ラニ》講二此書一、是「遺言」之訓詁《ナリ》。三宅子至誠懇惻、験二得《シテ》鬼神感通一、以著《ス》二祭祀来格説《ヲ》一。吾儕以《テシテ》三軽薄疎心曾《テ》無二忠誠一、時《ニ》或《ハ》及レ説二感通親切《ノ》処一。是「祭祀」之訓詁《ナリ》。茲《ニ》知《ル》漢唐(の学の)説夢正在二今日一也《ト》。自《リ》二吾父師(稲葉迂斎を指す)既没《シテ》一、道学墜《チタリ》二于地一矣。(吾学源流)

これは「三傑」の著作と内容を知らないと一寸理解しにくいが、要するに三傑の学統が、それぞれの師の学風を汲々として遵守することによって、各々の形態に沿った訓詁学に堕して行くさまが語られているわけである。もともと闇斎学にあっては、「書生或挙二訓詁一、問《ヘバ》二之函丈《ニ》一、闇斎直《チニ》云、在《リト》二字書一」(先達遺事)というエピソードが端的に示すように、聖人の道の「体認」(朱子学の用語で、崎門がとくに強調した言葉)を忘れた訓詁注釈や記誦詞章は、玩物喪志としてとくにきびしく斥けられていた筈であった。まさに思想史においてしばしば現出する「反対物への転化」の一つの例証がここにある。

いずれにせよ、敬義学派の歴史的軌跡は、一路脈々として発展し、滔々たる大河をなして幕末に至った、というような単純なものではなさそうである。それは周囲から、くっきりとした輪郭で境界づけられた一大学派であり、またそのことを誇りながら、同時にその内部には、一種の無限のセクト化の傾向を当初から内在させていた。ヨリ厳密にいえば、そこには斉一性と分裂性との両義性がはらまれており、そうした姿態においてのみいきいきと実存する学派なのであった。

どうして崎門においてそうしたダイナミズムが働くのか。

> 元来、崎門ノ諸子ノ中ニテ、浅見佐藤ノ両子ノ如キハ、豪傑非常ノ材ナレドモ、余リニ資質ノ峭厲ナルヨリ、議論モ行事モ詭激に過ギテ、中正ヲ失ヘルコト頗ル多シ。ソハ直方ガ朱子ノ答二李敬子一書ニ泥ミテ、赤穂ノ四十六士ヲ賊ナリト言ヒ、絅斎ハ三宅観瀾ガ水府ニ仕ヘタルヲ責テ、道ノ為ニスルニ非ズト言テ、直チニ門人ノ籍ヲ削リ、又直方、絅斎ト出処ノ議論合ハザルヨリ、遂ニ多年ノ交ヲ絶チ、終身通問セザリシ類ハ、孔門ニモ朱門ニモナキ風ニテ、褊狭ノ議ヲ免ルベカラズ。（養子鄙断、大橋訥庵先生全集下巻）

というような大橋訥庵の説明——つまり、崎門の「褊狭」を「資質ノ峭厲」に帰するような説明は、通俗的で通りはよいけれども、実は解釈になっていない。「資質」から来る同門間の齟齬は大抵の学派に見出される。たとえば蘐園の直門においても、太宰春台などは「資質峭厲」に近い性格であり、だからこそ、彼は平野金華などの頽唐派とは肌が合わず、実際にも春台は蘐園内のそうした文人趣味を批判してやまなかった。にもかかわらず、ここでは「絶門」や「絶交」は顕在化せず、また周囲の話題にもなっていない。敬義学派の場合、たしかに闇斎や「三傑」のような大物については、数々の逸話が語るような強烈な個性や峻峭な資質も「絶交」の破局に導く作用をしたにはちがいない。けれども、閉鎖的・排他的・不寛容といった「資質」を前もって具えたものが、たまたま崎門の旗幟の下に集うというような偶然事が、その後も引続いて重なり、「同門異戸」の特徴を形成するということがどうして起りえようか。むしろ事態は逆の方向から捉えるべきであって、闇斎学に内在するある種の思考と感受の様式が、その門に学ぶ者を程度の差こそあれ、一定の気質にまで鍛えあげ、相似た行動様式を刻印するのである。

問題の所在をさらに崎門派自身の言葉のなかから探って見よう。佐藤直方は交友の二種類について次のようにいう。「吾党諸生、有二以レ学交者一焉、有二以レ故交者一焉。以レ学而交者実道義之友、而終身之交也。以レ故而交者、則雖二日講会而読レ書、非二同志之学友一矣。昔、程張二夫子、会二興国寺一而言旧日有二底人一講二此事一。此乃可レ謂二同志之学友一也」(示二三子、韞蔵録巻之二)。崎門の同志は人間関係の縁故による直接的なつき合いではなくて、あくまで「道学」を媒介とした友であり、またそうであらねばならない。絅斎に比べて、性格も洒脱で淡白であり、「無レ厳二師弟之礼一」(淵源録巻之二、四丁ウ)といわれた直方にしてこの言がある。若林強斎はさきにのべた三宅尚斎との断交の経緯を遺憾としながらも、門弟山口春水が和解の労を取ろうとしたのに対して、「御心付ハ余儀ナキ事ナレドモ、御無用ノ事ナリ。ナゼナラバ、手前友喰ヲイヤガルモ、学術義理ノ為ナリ。三宅氏ト見ル所ノ義理同ジカラザル所アルニヨリ、右ノ始末也。然ルニ其義理ハ所レ不レ合ハ除イテ置イテ、只睦ジク交リタレバトテ、ソレハ俗人ノ交リト同ジ事、何ノ詮モナキ事也」(前掲、雑話筆記巻三、二〇丁ウ―二一丁オ)と答えている。義理(=真理正義)をさしおいてマアマア交際を続けるのは「俗人」であって、道学の徒のとるべき態度ではない。相手の三宅尚斎も、直接に強斎との間の問題についてではないが、一般論として、「門友ヲ義絶スル事、ナルホドアルベキ事也。道ヲ以テ合モノナレバ、カウナクテカナハヌ事也。朱子モ一両人モ義絶ナサレシ也。世間ノ者ガ、『山崎先生ガイラヌ義絶メサレタ故、絅斎ヤ直方ナドガ、義絶義絶トヤカマシイ』ト俗人ハシカ(叱)ルケレドモ、自然ニアルハヅゾ」(前掲、雑談録、乾)として、道のためにする義絶を原則的に肯定し、かえって「崎門の絶交」にたいする「俗人」の非難に反撃している。降って稲葉黙斎も絶交の典型例をふりかえりながらその背景についてこう語る。

垂加佐藤不二相合一、出《ヅ》二於敬義内外一、而《ニ》　其実《レドモ》習《ハ》合之事也。浅見佐藤絶レ交者、乃所二崇尚一異レ趣也。可下就《テ》二二家編集書一而知ル之也。尚翁与二若林一絶レ交、雖レ出二洪範之説一、畢竟亦左二祖神学一故也。此五君子《ノ》、皆学脈上之事也。後来学者《ノ》、

多以二私怨一不二相容一、亦可レ醜《キトス》也。（雪梅草、孤松全稿第三十三巻）

こういう崎門派の説明には事態の美化による自己弁護がない、とはいいきれない。一体、義理・学術による交友と「縁故」の友人とを現実にそれほど峻別できるか、逆に「絶交」が「私怨」とまでいわずとも、感情問題の混入なしに果して純粋に「学脈」上の理由にとどまったか、を反問する余地はあるだろう。現に右の黙斎も、絅斎・直方相互の絶交について、双方の門人が、とくに相手方の師を未見の門人が、先入見で放った誹謗によって事態が悪化したことを認めている。[11]ただそれは、ここでもそういう生臭い人間関係が働いているというまでのことで、いわば自明の事柄に属する。むしろ問題は崎門の人間関係において、学理・義理が占める相対的比重にあるのである。感情問題の混入はそうした「学理」の役割の大きさと必ずしも矛盾しない。むしろ場合によってはまさに「道」へのコミットの強さゆえに、人間的愛憎は一層亢進するという関連が見られよう。

もちろん道・学脈を媒介とする人間関係が、「絶交」への傾斜をもつには一定の前提条件が存在する。なにより「真理は一つしかない」というテーゼがそれである。こういうテーゼ自体は古今東西の宗教に殆ど共通しているし、また学問的立場としても珍しくはない。ただ宗教的信仰にしても、それが神学的体系化を伴わなければ一つの真理をめぐる解釈が多様化しても、多くの場合分裂までに立ち至らずにすむ。けれどももしそうしたテーゼが、「体系」の個々の字句、個々の範疇にまで貫徹されるならば、一つの真理は無限に細分化され、したがって無限の異化傾向をはらむことになる。学問の問題としていうならば、数学的・自然科学的命題のように、科学上の「約束」にしたがった検証手続きによって真偽の結着がつく場合には、むろん人間関係は原則的に関与しないし、また社会科学においても、研究者の意識において、己れの人格と研究対象とがはじめから分離されていて、認識の結果が認識主体の在り方=生きざまに逆流するという事態がおよそ考えられないような場合には、むろん一切の事柄は己れの外の世界の出来事を出でない。したがって、たとえ「一つの真理」という前提に立った論争が起っても、それは対象についての「見解の相異」として討論はそのまま滑らかに進行する。けれども経験科学においても、それが「世界観」に定礎されていることが共通の自覚になっているならば、そこには自分自身のトータルな人格が賭けられている。したがって認識の対立を「外界」の出来事に封じ込めておくわけには行かないだろう。こうして経験的検証の不可能な教義やイデオロギーをめぐる論争は、どうしても人間あるいは人間集団を丸ごと引き入れるような磁性を帯びることになる。それは、関与者の知的・道徳的水準によっていかようにも矮小化され、あるいは醜悪な相を帯びるかもしれない。しかし教義＝イデオロギー論争のすさまじさを単に嘲笑し、あるいは自分はそうした厄介な問題には無縁だと信じられるのは世界観音痴だけである。その凄絶さから目をそむけずに、右のような磁性に随伴する病理をいかに制御するかが、およそ思想する者の課題なのである。

儒学はいうまでもなく、修己治人を本質とするイデオロギーであり、また学問である。したがってそれは本来的に、たんなる対象的認識にとどまりえず、知行に相渉る性格をもっている。そうして程朱学が漢唐訓詁学から鋭く自らを区別して精緻な形而上学的体系を構築したとき、右にのべたような世界観闘争のダイナミズムの条件はことごとく出揃っていた。濂洛関閩の学をめぐって、激烈で壮絶な思想的対立と分裂が南宋以後に惹起されたことは、ひとの知る通りである。むろん科挙制度と集権的官僚制を社会的政治的背景に持っていた中国や李氏朝鮮の場合と、わが幕藩体制の場合とは、そうした学派闘争が政治的「朋党」的闘争とからみ合う仕方と度合において、同一に論じることはできない。けれどもその反面、程朱学がまさに唯一無二の真理としての「聖人の道」の体系化であるために、中国渡来のこの全体的な世界観に日本の学者が全人格を賭してコミットしようとすれば、そこには中国や朝鮮の儒者には起りえないような容易ならぬ深刻な思想問題が待ち構えていた。それは闇斎学だけが直面した問題ではもちろんなかった。ただ、同じく朱子学を学習するといっても、それが出処進退への自己規律として、行住座臥の己れの身の処し方として主体にはねかえる程度がそれほど強くなければ、「唯一の真理」へのコミットと、その体系細部への滲透がはらむ解釈の多義性は、闇斎学派の場合のように鋭角的な内部的対立としては立ち現われなかったであろう。むしろ、程朱学のスコラ的な論理や範疇を、知識＝情報レヴェルで受取って「博識」を誇ることも出来た筈である。事実、林家によって代表される朱子学は概してそういう性格をもっていた。してみると、「林家之阿世、崎門之絶交」という諺言は、おそらくその言葉を唱え伝えた人々が意識していたよりもはるかに深い意味において、同じ学問・教義にたいする接近の対極的なタイプを物語っていたことになる。

植田玄節（名、成章。号、艮背又動山。通常、字の玄節で呼ばれる）といえば、直方・絅斎の破門事件で一方の立役者になった人であり、闇斎の「忠臣」とも「佞臣」ともいわれる（参照、稲葉黙斎、評植田玄節批水足氏所著山崎先生行実、淵源録巻之一、一七丁ウ及一八丁ウ）。玄節は事件とともに、直方・絅斎に絶交状を贈ったが、神道に強く傾斜したために結局、三宅尚斎とも疎遠になった。唐崎彦明（名は欽、広陵と号す、彦明は字。尚斎門）が、同郷で玄節の家学を継いだ義子、伊助と会ったところ、伊助は彦明に向って、「聞、子従二三宅丹治《ナル》者一（丹治は尚斎の名）学。丹治素《ト》与二浅見佐藤一友《トシ》善。直方姦、安正愚。丹治亦恐《ラク》為《メニ》レ之《ガ》所《ル》レ誤《ラ》。子盍《ゾ》三早改図《リテ》学二闇斎正統一耶」と忠告がましいことを言った。彦明は顔色を正して答えた、「闇斎正《ノ》統《ハ》、学規・文会筆録、詳《ニスレバ》レ之《ヲ》足《レリ》矣。豈待《タン》二子之贅《ヲ》一乎」。そうしてこれを機に伊助と「遂不二復相見一」（先達遺事による）。またしても「絶交」である。ついでにいえば、唐崎彦明は、徂徠学にたいする闢邪の書『物学辨証』の著者である。さらに右の伊助の言にある「直方姦、安正愚」という表現は、義父玄節がまさに、直方と絅斎の破門事件について彼が「真相」なるものを述べた『叛門論』や『批水足安直撰山崎先生行実』（淵源録巻之一所収）において、それぞれこの二傑に与えた形容を踏襲したものにほかならない。義絶に至った伊助と彦明との右の問答では、「闇斎正統」という言葉が論点《イッシュ》の核心として、はしなくも表現されている。闇斎学の「正統」は何か――この問いこそ、以上縷々のべて来た崎門の学風、そこでの斉一と分裂との両義性、を内面から規定している契機であり、「一つの真理」をめぐるコミットメントをめぐって無限に進行する排他性の基底にある動力であった。それは、闇斎学の程朱学としての正統性と、闇斎学（の内部）における正統性とをともに内包していたのである。

三

唐崎彦明と植田伊助とがともに闇斎の「正統」という言葉を用いて争ったとき、彼等はたまたまの思いつきでこの表現を使ったのではない。闇斎学派において学理とか学脈とか道統というのとほぼ同じ意味で、「正統」という言葉はしばしば登場する。二、三の例をあげれば、「朱子者、孔子以来之一人、而道学正統之大賢也。批二議之一者、元明以来迂儒俗学之庸人也」（跋蓁蕪辨、韞蔵録巻之二）と直方が伊藤仁斎を批判していうときの「正統」がこれであり、稲葉迂斎の「学話」にも「トカク道ヲ任ズル人ノ異端ヲ闢（ク）ハ、天理ノ当然已ムニヤマレヌ事ナリ。芸者ノ流義ヲ争フヤフニ思ヒ、ヲトナシイヤウナ説ヲ言ハ卑下ノ見識ナリ。聖賢ノ公平正大ノ心ニ凡俗ノヤフナ偏長ハナキ事ナレドモ、ヂヤクハイ（弱輩）ナホド世話ヤカルルハ、丁ド医者ノ病人ヲ見立チガフタヲ『欲ゲノアルデハナイ、少ノ見チガイハ其通』ト云サマニ、大切ノ病人ニ其薬ヲ用ラレハシマイゾ。伊洛ハ四先生デ聖学ハ正統闡明シタモ、ココニアル事也。（中略）綱常ヲ任ズル合点ノ学者ハツキリト辨（ゼ）ネバ叶ヌ事ナリ」（巻之二、近思録大意、宇井弘篤録、筆者蔵）とある。また、若林強斎も、山口春水が孟子の「一夫の紂を誅するを聞く」というような個所についての疑問に悩んだが、結局孟子は「ヅント堯舜以来ノ道統ヲツガレテ孔子ト一致一枚」だと悟ったというのにたいして、「云ハルル通リ、孔子ヤ顔子ナドニ比シテミテハ、ソレハ同ジ様ニハナイハズナレドモ、ソコハトモアレ、ヅント孔門ノ正統タル所ハ貫イテヲルコトナリ」（前掲、雑話筆記巻二、二三丁オ―ウ）と答えている。当の強斎の「望楠」の号を難じて、『吾学源流』（前掲）に「若林何故直以二正成一為二標準一。道学之伝、果然耶、窃有レ疑三其無二道体之見一也。雖レ然、闇斎習合、絅翁遺言（絅斎の靖献遺言を指す）皆有レ漸、遂以至レ此。（中略）荻野祐重軽ニ絅翁一、三宅氏詆ニ若林子一、皆守ニ程朱正統一耳」という場合も、所論の内容的当否はさておいて、「正統」という用語はさきの諸例とまさに同じ意味に用いられている。右のいずれの場合にも共通しているのは、一定の教理・教義がまず前提されて、その学問ないしはイデオロギーの「正統」が論じられているということである。つまりそれはヨーロッパ語でいうオーソドクシーにほぼ対応しているといえよう。それだけなら事は簡単に見える。ところが同じ正統の語が使われる場合でも次の用例になるとどうか。「朱子集ニ次小学一、以ニ父子之親一為レ先。而山崎先生編ニ朱書抄略一、以ニ君臣之義一為レ先、此階ニ後来ノ靖献遺言一也。絅斎雖レ続ニ垂加翁遺意一、而翁之心不ニ如レ此狭一也。雖三若林之徒、祖ニ述絅斎正統論一、而絅斎之学、非レ如三彼末流之信ニ巫祝一也。嗚呼所ニ従来一漸也。豈可レ不レ思哉」(三郎稿、孤松全稿巻一)。これは所論としては、(イ)闇斎が朱子における父子と君臣との人倫関係の順序を逆にしたこと、(ロ)絅斎の『靖献遺言』は、この闇斎の立場を祖述したが、師より一層狭隘になっていること、(ハ)さらに絅斎の弟子、強斎からその門流にいたるとその神道的側面はついに巫祝の迷信に堕したこと、が語られているわけである。後で再説するように、「所ニ従来一漸也」——つまり当初の僅少の偏向の契機が歴史的発展とともに肥大して明白な異端性を露呈する、というテーゼは、古今東西のオーソドクシーの立場が常用する論法であるが、黙斎の右の所論の当否も差当っての問題ではない。それよりも注目したいのは右の文で「祖述絅斎正統論」といわれている個所である。この場合の「正統論」は、絅斎学のオーソドクシーを意味しているのではない。それは具体的には、絅斎が『靖献遺言』や『劄録』で強く打出した日本の皇統一系の君主制の讃美であって、『神皇正統記』がいうのと同じ「正統」である。ただ北畠親房の場合は、朱子学の大義名分論との思想的関連は必ずしも明らかでないが、絅斎においては、明白に、朱子が『通鑑綱目』で展開した「正統論」を理論モデルとし、その華夷名分論を背景とした、朱子学的規準からみても日本の政治的伝統が中国にたいして優越していることが強調された(この点も後述)。

つまりここにはもう一つちがったレヴェルの「正統」概念が登場している。後者の意味での正統は、一定の教義・イデオロギーの真理解釈や祖述をめぐる論議ではない。それは中国史において、帝位継承または王朝の交替が、「筋目正しく」行われたか、それとも不当不法な簒奪や弑逆に基づいて権力が奪取されたか、という論議であり、さらにたとえ簒奪によって開始された王朝でも、現実に九州を合せて一統した実を示せばそれを「正統」とすべきか、あるいはいかに「実」力を失い、偏土に遷都した君主又は王朝でも「名」を保つかぎりそこに正統を認むべきか、という問題である。司馬光の『資治通鑑』や、これに対する朱子の『綱目』だけでなく、宋代に活潑に展開された正統論は、欧陽修の『正統論三首』、蘇東坡の『正統論三首』、劉弇の『正統覇統』、陳師道の『正統論』、畢仲遊の『正統論』等々いずれも、この後者の意味での「正統」を対象としている。こうした正統論は、特定の統治者あるいは統治体系が、単なる暴力支配に拠らずに、成員の服従を徴求しうるための資格づけ、つまり政治学や社会学でいう支配の Legitimacy; Legitimität という問題の一つの歴史的表現と考えられる。現に維新のはじめ、福沢諭吉は『文明論之概略』のなかで「国に『ポリチカル・レジチメーション』と云ふことあり。『ポリチカル』とは政の義なり。『レジチメーション』とは正統又は本筋の義なり。今仮に之を政統と訳す。即ち其国に行はれて普《あまね》く人民の許す政治の本筋と云ふことなり」(巻之一)と言って、やはり正統の語をこれにあてている。折角、福沢の造語した名訳「政統」が言葉としてその後定着しなかったのは残念であるが、それはともかく、右の二つの正統概念のまぎらわしさを避けるために、便宜上、教義・世界観を中核とするオーソドクシー問題を以下、O正統と略称し、これにたいし統治者又は統治体系を主体とする正統(狭義の神皇正統記的な「正統」論に限定せず、それをも政治的正統問題への一つの解答として内包する)論議をL正統と呼ぶことにする。

教義や世界観の真理価値を前提としているO正統の対語は漢語では、異学・異端・異教・邪説である。この場合、Orthodoxy の対語としての Heresy 又は Heterodoxy と比較すると、たとえば「異端」は論語に初出する(為政篇)が、それは程朱学において「非聖人之道而別為一端、如楊墨是也」(朱子集註)と定義されているように、狭義のヘレジーだけでなく、仏教のような異教 Paganism をも広く包含している。けれども儒学史においても正統意識が亢進すると、「吾道中之異端」(詹陵、異端辨正)つまりまさにヘレジーに対応する用語となり、実質的にも、その「闢邪」に比重がかかって来る。崎門学においても、事は同様であった。

他方、儒学史において、L正統論に対立する用語は、すくなくも第一義的には異端や異教ではない。宋学において多く用いられたのは、覇統(章望之)・閏統(欧陽修その他)・僭偽・簒賊などの表現であった。その個々についての論議にはいま立ち入らないが、言葉からしていずれも統治者あるいは統治体系の変動にかかわるものであることは直ちに理解されよう。要するにL正統のレヴェルでの正統論議は、儒学とくに濂洛関閩の学における政治史あるいは政治哲学の領域で起った問題である。日本古典学会から昭和十六年に刊行された『佐藤直方全集』の編者序文に、つぎのような言葉がある。「広く今日の崎門学界を視るに、概ね絅斎派を以て正統と為し、慷慨激烈、靖献遺言を講じ、楠公を崇拝し、以て崎門学の精髄を得たりと為す。崎門学の伝統果して然るか、吾人窃かに疑なき能はず。正統論は尚し、然れども是れ豈崎門学の全部ならんや」云々。右に「絅斎派を以て正統と為し……」とあるのは、むろん、「絅斎派を闇斎学の正統と考え……」という意味で、つまりO正統を指している。これにたいして「正統論は尚し」と後論にいうのは、王朝的正統論、つまりL正統の問題と解さなければ、「是れ豈崎門学の全部ならんや」という文が意味をなさない。この序の筆者がどこまでこの二つのレヴェルの「正統」の区別と関係を意識していたかは分明でない。けれども崎門学を論じたこのような短文のなかに、はしなくも右の二様の用法での「正統」の語が登場するのは興味なしとしない。言葉の混乱として片づけるにはあまりに深い含蓄がそこにはあるからである。

O正統とL正統とがレヴェルを異にし、主語・主体を異にする概念であるからといって、それは両者が無関係だということにはならない。むしろこの二つの「正統」問題は、東西古今のさまざまの宗教・教義・世界観においてさまざまの態様でからみ合って来た。「わが王国はこの世のものに非ず」、「カイゼルのものはカイゼルへ」を本質とするキリスト教の歴史においても、O正統をめぐる教義的対立が――つまりそれ自体としては非政治的な教義をめぐる対立や抗争が――政治的闘争に転化し、あるいは国際的な宗教戦争にまで発展したことは周知のとおりであるが、その際、特定の政治権力が己れのイデオロギー的な基礎づけとして、キリスト教を援用すれば、O正統レヴェルの抗争はL正統レヴェルのそれと交錯するのは避けられない。況んや、俗権がキリスト教、あるいはその特定教派を「国教」化する場合は、なおさらである(皇帝教皇主義《ケザロパピスムス》など)。これがイスラム教ともなれば、「政教一致」が教義のなかに組み込まれているから、二つの「正統」の関連と交錯はヨリ高度に現出せずにはやまないであろう。

当面の対象である儒学においてはどうか。それは畢竟、治国平天下の学である。そこでは他の主要な世界宗教のどれにもまして、O正統とL正統とは一層必然的な内面的連関で結ばれている。さきに煩をいとわず、二つの「正統」のレヴェルの区別に触れたのも、儒教におけるそうした両者の構造連関を見るためにこそ、まずそのレヴェルのちがいを承知しておく必要があると考えたからである。宋学のように、壮大な宇宙論の体系を発展させ、また修己治人の「修己」に非常に大きなウェイトを置く立場にあっても、右のことはなんら例外でない。宋学をにぎわした、呉蜀魏のいずれが漢王室の「正統」を継承するかをめぐる活潑な論議、春秋学と結合した正統規準の論争が、遼金などの「夷狄」の外圧の下での、北宋から南宋への推移というなまなましい政治状況を背景として生れたのは、ひとの知る如くである。けれども朱子学の「正統論」はそうした直接的な政治的動機をこえて、そのトータルな世界観の一環として構築されたものであった。尹起莘の撰した『資治通鑑綱目発明』に、朱子『綱目』の精神を「其大経大法、如尊君父而討乱賊、崇正統(L正統を指す)而抑僭偽……貴中国而賤夷狄、莫不有繫于三綱五常之大」と述べているように、正しい学問の確立が王朝のL正統を基礎づけるためにも不可避の課題とされた。その前提には、清の一朱子学者の用語を仮りれば、堯舜禹湯文武においては「学統」

と「治統」(福沢の「政統」という言葉と奇しくも類似している点に注意)との両面での正統の本来的な一致があり、春秋以後戦国への展開は、そうした一致の欠如態であるという認識がある(参照、熊環川『学統』五十三巻、康熙二十四年、とくに王新命の序)。正しい「学統」が見失われ、異端邪説が横行すれば、「治統」も混迷し、弑逆簒奪が踵を接する。したがって、乱離の天下を安定し、倫理綱常を正すには、まず思想=世界観の領域で、闢邪を通じて道統を闡明しなければならない、というのが、程朱学の基底に流れる根本確信であった。『近思録』の構成で「辨異端」の篇を結章のすぐ前においたのもこうした信条を物語っている。そうして闇斎がその処女作ともいうべき『闢異』において、「程朱之門、千言万語、只欲レ使下学者守二正道一闢中異端上而已矣」(続全集中巻)と宣言して以来、崎門の学者はそれぞれ師の精神に忠実に、まさに崎門の存在理由を賭けて右の二重の意味での「正統」の投げかける思想的課題と格闘し、それをあくまで日本の歴史と風土のなかで追究しようと試みた。

四

闇斎が『闢異』において念頭においた主たる異端はこの点でも程朱学をそのまま踏襲して、楊・墨・老荘とくに仏教であった。そうして近世の儒教一般がそうであるように、仏教は崎門内でもひきつづき異端の名で呼ばれている。けれども闇斎の直門の活躍した元禄以後の段階では、仁斎学、つづいて徂徠学というような、おそらく闇斎が想像もしなかったような、ヘレジーが急速に擡頭した。敬義学の熾烈な正統(O正統)意識は当然にこれに闢邪の刃を向けねばならない。闇斎が青年期にあれほど必死に身をふりほどいた仏教は、すでに絅斎にあっては「問、仏氏ノ異端ハイカン。曰、聖人ノ道ヲシレバ、ドウノコウノト、トリ上テ云ニモ不レ及モノゾ。ラチモナキモノゾ」(浅見先生学談、慶大斯道文庫蔵)と一蹴されるイデオロギーにすぎない。それに代って絅斎は、伊藤仁斎の『大学非孔氏之遺書辨』にたいしてこれを逐条ごとに反駁した『辨大学非孔氏之遺書辨』を書き、また『語孟字義』にたいしても『語孟字義辨批』でこれを批議した(ちなみに絅斎は、植田玄節が直方・絅斎破門事件に関連して思わせぶりに触れているように、仁斎学からの転向者である(12))。資質峻峭な絅斎にたいして洒脱不拘、一見徂徠に似た性格でよく対比される直方も、正統護持と闢異の激しさの面では絅斎や若林強斎にひけをとらない。やはり仁斎にたいして直方は『辨伊藤仁斎送浮屠道香師序』で「仁斎直斥二程朱一、自以二孔孟正脈一任、則其自視為二如何一。而至下蒙リ二異端竺徒之印可一相得懽甚上。何其聖学之衰也。余又観下其所レ作『大学非二孔氏之遺書一辨』及『語孟字義』上、彼於二大学語孟一文義尚不レ通。何及二其理之当否一乎。以レ此妄二議程朱之説一、無二忌憚一之甚」(韞蔵録巻之一)と痛罵する。その識語に、「能く言ひて楊墨を距ぐ者は聖人の徒なり」という孟子の有名な言葉をひいて已れに擬しているのを見てもその意気込みが窺われる。まさしく事は右の文にあるように、「孔孟正脈」を争う問題に——しかも日本を生誕地とする「吾道中之異端」(前掲、異端辨正)への闘争に、転化したのである。蘐園の学にたいする反批判を題名に冠したおそらく最初の書物である『非徂徠学』の著者、蟹養斎(名、維安)は、三宅尚斎門の醇乎たる崎門派であった。元文・宝暦前後からの崎門の文献にはいたるところ、伊・物の学の翳が蔽いかぶさっている。闇斎学におけるいわば即自的《アン・ジヒ》の正統は、闇斎学派においては対自的《フュール・ジヒ》なそれに変容せざるをえなかったのである(13)。

それでも、陸王の学や日本の古学にたいしては、崎門派は鋒をそろえ、鼓を鳴らして、一様にその聖人の道からの偏向と逸脱を責めることができる。けれども、「真理は一つ」という正統思考に内在する前提は、さきに見たようなダイナミズムによって、崎門派の内部に、闇斎学における正統性への問いとしてはねかえって来る。その問いは闇斎学のあらゆる側面で発せられるから、可能性としては程朱学解釈の微細な範疇にまで細分化され、崎門派のいかなるセクトもこれから免れることはできない。けれども、何といっても闇斎学の正統性(O正統)をめぐる最大の問題性は、その神道との出合いであり、とくにそれが垂加神道という教義として発展したところにあった。ここでも論点はL正統と深くかかわって来るが、混交を避けるために、まず世界観——宇宙・社会・人間・己れ自身の意味づけ——としての程朱学の受容を中心として述べよう。

この場合、たんに神儒一致というテーゼを掲げることなら何もとくに崎門学の特質とするにはあたらない。それは近世初期において林羅山にはじまって、中江藤樹、貝原益軒、熊沢蕃山、山鹿素行など、程朱学にかぎらず江戸儒学に広く見られる主張であり、むしろ室鳩巣のような、神儒一致論のあからさまな否定論者を探し出すことの方が困難なほどである。他方、教義神道の側でも、中世から近世にかけての転換は、両部神道から、伊勢神道・吉田神道・吉川神道への流れに露わに見られるように、「習合」の相手を仏教から儒教へと切りかえて行った道程であったのである。もし闇斎学派における神道との出合いを、右のような儒学と神道との双方の側からの「交歓」と区別するものがあるとするならば、それは神道の経典や個々の口伝・秘伝(神籬磐境とか土金伝とか)にあるというよりは——そうした面では垂加神道は先行する教義神道との連続性が強く、また経典の本格的な編纂と確定は闇斎の没後に開始されたといってよい——むしろさきに辿って来たような正統思考の内包する普遍性と全体性の要請を果して、またどこまで神道の「信仰的真理」にも貫徹できるか、という課題にたじろがずに立ち向った点に求めるほかはなかろう。どうして聖人の道と日本の神道とが「一つの真理」として共存できるのか。

凡そ「雑信」とか「習合」とかいう名ほど崎門において嫌悪された言葉はない。これは神道を排し、もしくは深入りしなかった、「三傑」のような儒学派だけでなく、垂加派系統においても同様であった。崎門の中の神儒兼学派に分類される加藤章庵(名、延雪。号、晦養堂)の『初学式目』には「学戒ニ雑学一、書戒ニ雑書一、交戒ニ雑人一、談戒ニ雑語一、事戒ニ雑務一、心戒ニ雑念一、是入ニ真儒一之方也」という言葉がある(淵源続録巻之一、三三丁ゥ)。まことに崎門のピューリタニズムを象徴的に表現しているが、同じ『式目』に「神道者、日域之儒教也。儒教者、震旦之神道也」といっている。ここまで儒教と神道との互換性を全面的に命題化しなくても、「易ハ唐ノ神代巻、神代巻ハ日本ノ易ジヤ」というのが闇斎の常言であった、と浅見絅斎が語っている（前掲、雑話筆記巻五、七丁ォ）。この場合重要なのは、林羅山などの、神道は即ち王道というような命題と異って、神代巻なり「神道」なりが日本独自の道を独自に語っており、易なり儒教の経典は、唐の道を独自に語っているのであって、いずれか一方から他が借りたり、輸入したのではない、という前提があることである。つまり、純神道と純儒教（具体的には程朱学）とがあって、内容的に両者は妙契（冥々の神秘的契合―附会でなくて符合）によって普遍的な「一つの真理」に合流すると考えられる。「蓋宇宙唯一理則神聖之生、雖㆓日出処日没処之異㆒、然其道自有《オ》㆓妙契者㆒存焉。是我人所㆑当㆓敬以致㆒㆑思也」（洪範全書序、全集上巻）。この「妙契」論こそ、闇斎学派において、雑信や習合のきびしい排撃と「日本の道」としての神道の積極的な弁証または容認との両立の拠りどころであった。

もちろん、主観的に習合を排することと、教説に客観的に習合がないかどうかとは別問題である。闇斎がいかに、たとえば、イザナキ神がカグツチ神を斬って五段にしたくだりについて、「此ヲハヤ（易と書経洪範の）河図洛書ノ五ト丁度同ジコトジヤト云ヒタガル。ソレガ則両部習合ノ事デワルイ。（中略）ソレヲソウ附会スル様ナコトデハナイ」（神代巻講義、続全集下巻、本大系39巻）というように極力「附会」をしりぞけ、「儒書ニドウ云テアラフト、何ト云テアラフト、ナニト云事ハナイ。日本ノ神代ノ道ガコウゾ」（同上）と、儒教からの神道の独立を力説しても、寛文十一年の『藤森弓兵政所記』にすでに現われているような、土地之味《ツツシミ》、土地之務《ツツシム》の、朱子学における「敬」との語呂合せ（それは惶根尊《かしこね》↓カシコミ、ツチ（土）シマル↓金↓ツツシミ（神代巻講義）というように宇宙論から倫理説にわたって垂加神道に頻発する）が「附会」でない、という議論は江戸時代でも説得力に乏しかった。そもそも「道則大日孁貴之道、而教則猿田彦神之教也」（神代巻風葉集首巻）という大命題からして、アマテラスを堯舜に、猿田彦神を孔子に比定したところに生れたことを見抜くには必ずしも本居宣長や平田篤胤による、垂加神道におけるからごころ的「附会」にたいする痛罵を俟つまでもなかった。程朱学の精緻な形而上学で鍛錬された崎門の重鎮が、神道のこうした神学的脆弱さに無自覚な筈はない。むしろその疑問が、直方・絅斎の絶門事件まで表面化しなかったのは、皮肉にも闇斎が、まさに雑信排撃の立場から、講説と教義の説明において、「垂加翁、儒書を語るや、一言も神道のうはさなし。神道をかたれるや、半句の儒書の沙汰なし。別席にあつて、別人の話を聞が如し」と谷秦山（名、重遠）が語っている（俗説贅辨）ように、二つの「道」を截然と分離し、しかも神道門人には程朱学をいわば必須学習の課目として課したのに対し、儒学「専攻」者には神道の聴講を強制しなかった、という「使い分け」を実行していたから、と思われる（参照、三宅尚斎、書討論筆記後、淵源録巻之一、五二丁ウ）。その際の闇斎の内面の心理は憶測するほかはない。けれども、闇斎の最晩年に至って、こうした形態は維持されながらも、神道門人は程朱学の講義（つまり共通講義）において、急激に聴講席の上席を占めるようになったのは事実のようである。それは「山崎先生ノ絅斎直方ナドヲ、マヱハ上座ニオリタモノゾ。神道ニトノカウノト云ヨリ、下座へオヒヲロサレタルハ、神道主張ノ誤ナリ」という尚斎の談話（前掲、雑談録、乾）に暗示されているし、これと独立に、稲葉迂斎は「山崎先生、神道が盛ニナリテ、神道ノ弟子ハ上座ニヲイテ、神道伝授得タ人ハ末座ニヲレリ。直方先生云、今日モアホウナモノガ大分上座シテイタト[14]」と例の嘲弄的な調子の直方談を伝えている（浜見録巻之一、東北大狩野文庫蔵）。絅斎も直方も、たかが席次のことで大げさに争うようなけちな根性の持主ではないが、右のエピソードは、雑信排斥の原則をくずすことなしに、闇斎が神道派にかける比重を最晩年に至って重くしたことを少くも物語るであろう。これは、直方・絅斎の入門時にすでに闇斎が吉川惟足から霊社号を授与されていた以上、いまさら神道問題が絶門事件のイデオロギー的背景とは考えられない、という一部の説への反証ともなる。神儒分離の「使い分け」で隠蔽されていた問題が晩年に表面化したのである。易文言伝の敬義内外にかんする、師と直方・絅斎との解釈の衝突（延宝七、八年ごろ）はこういう時期と背景の下に起ったのであり、しかも「敬以直内」の内は、心ではなくて大学の修身以上であり、「義以方外」の外は斉家以下を意味するという闇斎独自の解釈は「敬」

の範疇の神道的理解と内面的に結びついている。そこへ持って来て、若林強斎の語る一老人神道者説伏事件が重なって、師との関係は破局に立ち入ったのであろう。しかしこの破門事件の思想的背景についてはこれ以上は立ち入らない[15]。要は直方にとってはもちろんのこと、絅斎にとってもその「妙契」論にもかかわらず、垂加神道の教義は到底程朱学と対等の比重において考えられていなかった、ということである。

絅斎によれば「今ノ神道者ガ、唐ノ敬ハ工夫デ、日本ノ敬ハ道体デ高イト云。加右エ門殿(闇斎)ニ聞(キ)ナガラ、コノヤウニ文盲ナコトヲ云(ヒ)出ス、笑止ナコト。加右エ門殿ノ禅道(神道の誤写)トイヘドモ、ドウデモ両部シュ合ヲキラフテ、同気ノ間ノ抑揚ガ大過デアツタ。ソレヲアレラ(垂加派)ガキキソコナフテ、本意ヲシラヌ」(絅斎先生遺書二、二六丁ゥ、東北大狩野文庫蔵)、「鬼神ノ道ト云ホドケツカウナコトハナケレドモ、神ノ字ヲアタマニカブラセテ道トスルユヘ、ソレカラナガレテ神子、カンナギノヤウニナル」(同二、二七丁ォ)、「(絅斎)先生、神道者ノ弊ヲ仰セラルルニ因テ、山崎先生ノ語ヲ挙テ仰ラルルハ、民部(出雲路信直を指す。「垂加門下神学第一」といわれた)ナドハ禰宜ト云モノナリ。(中略)理一ナレバ習合ト云コトモナイゾ。(中略)今ノ神道者ハ、コチハ何流ヲ伝タノカ流ヲ伝タノト云計デ、一モ一定ノ理ノアクギンミ(吟味)ハセヌ。アサマシキコトゾ」(同三、八丁ゥ)。ここでは「習合」の排撃は明確に、理一＝一つの真理という正統の立場によって貫かれ、それが垂加神道派の批判の根拠になっている[16]。

これが高弟、若林強斎になると、神道への傾斜は一段と明確になる。彼は「日ノ神ノ道ハ猿田彦ノ教《ヘ》導カセラレテ国家ヲモ教ヘラレタルコト」であり、したがって「猿田彦ハ日本道学ノ祖」であるとして、庚申祭の意味をもはっきりと肯定する(雑話筆記巻一、本書四七九頁)。けれども、その強斎においても、「理ニ二ツナイカラハ、人ヲ治ムルノ道ニ唐土流日本流ト云テ格別ナコトガ二通リ有(ラ)フヤウハナイコトニテ候」という基本命題は同じで、むしろ「山崎氏ノ神道ヲ伝ヘタル人」が「我国ハ自ラ我神明ノ道ガソナハツテ有」るから「儒書ヲ引付ケテ説(ク)ガワルイナドトウツケタコトヲ申シ候」(同右、四八一頁)と垂加門に反撃する。師の絅斎が「経学ニ精ヲ出シ」たため神道学習まで手がまわらなかった、といって強斎が惜しむのも垂加神道には道統としては継承者がついに出なかった、という認識からなのである(同右巻三、一六丁オ)。では、普遍的な真理のなかで、儒学あるいは程朱学と日本の神道とは、たんに「妙契」とか「相発」とか抽象的にいう以上に、どう関係づけられるのか。この点で強斎は、イデオロギーについての一種の興味ある普遍史的な発展段階説を提示する。さきにのべたように、日本の神道はもと中国の易と本質的に同じであった。ところが、中国では、その後「聖賢カワルガワル起リ」、唐虞三代、文王、孔子、子思、孟子、程子、朱子と、その古伝を発展させ、「時ニ順ヒ、勢ニ因リ、ソレゾレ道筋ヲ分テ、道体ハ道体、学術ハ学術、政事ハカフ、治体ハカフ、治法ハカフト、天地ノ開クルト共ニ義理ヲツメテ」行ったのにたいして、日本の神道の場合は不幸にして賢聖人が出ず、したがって体系的な整備の過程を辿らなかったために、「上古聖神ノ質朴ナリノ道ガ直ニ今日ヘマデキ」た、というちがいが生じてしまった。したがって「ソレヲ今日ノ文明ナ目カラ見テハ合点イカヌハヅノコトニテ候」(同右巻一、四八三―四頁)、つまり、「文明」の段階の産物である経書を見た目では「埒モナイ」ようにみえるが、だからといってこれを頭から否定するのは間違いで、「オボコ」なものはそれなりに尊重せよ、というわけである。実はこれと同じ見解は絅斎にすでに胚胎している。「上古神明ノ時ノ事ユヘ神代ト云。朱子モ上古聖神ト仰ラルル。天人ノ間不レ遠。人道ノヒラケザルトキハ、自然ナリ。ユヘ神代ト云。(中略)故ニ易ハ神道ゾ。(中略)ソレガ次第ニ文化開ケルト亦、其時ナリニヒラケル」(絅斎先生遺書三、九丁ウ)。したがってイデオロギーとしての神道というのは、「上古ニカフ云事ハナイ筈」であり、ただ「上古、聖神ノナサレタナリヲ後世デヨブユヘゾ」(同右)。これはむしろのちの国学の考え方に近似している。ただ、「文化開ケル」歴史にたいして、肯定的態度で臨んでいるのは、もちろん程朱学への発展を絅斎が意識しているからであった。こうして特定の民族や文化《カルチュア》をこえた普遍史のなかに位置づけられることによって、神道も儒教もそれなりの段階において「一つの真理」を表現することになる。あれほど「妄リニ神道ヲ破スル」儒学派を攻撃した若林強斎に、「シメ縄引テ祓ヲスル様ナ神道ヨリハ、合点ガイカヌト云切リデ微塵怪(シ)イコトヲ受付ヌハ、面白イ方ニテ候」(雑話筆記巻一、四八四頁)と、逆説的言辞を用いてまでの、巫祝的神道への攻撃があることは注目されてよい。絅斎も強斎も所詮、儒教的合理主義の洗礼を浴びた子であり、彼等と直方や尚斎との差は、この「道の普遍主義」に関するかぎり、後世の垂加派学者が強調するほど隔たったものではなかった。

もちろん、佐藤直方は、同じく闇斎の「宇宙一理」を継承しながら、トータルに世界観としての程朱学を肯定し、トータルに神道を――したがって「妙契」論をも――否定する。「宇宙之間一理而已。固不レ容レ有ニ二道一矣。儒道正則神道邪、神道正則儒道邪、(中略)豈有ニ両従之理一乎。先生之雑信、吾不レ識ニ其義一也」(討論筆記、韞蔵録巻之二)。「雑信」の否定という師の教えは鋒を逆さまにして闇斎自身に向けられる。といっても、元禄十三年、つまり闇斎没後十八年の後に書かれたこの『討論筆記』は、全体としては「一文人」の書(具体的には大高山芝山の『南学伝』を指すものと見られる)における、闇斎にたいする「陽褒陰貶」をはげしく弾劾し、「近世山崎敬義先生、尊ニ信朱子一、得ニ於其書一。而博文之富、議論之正、実我邦儒学正派之首倡也」というように、闇斎に最も高い位置づけを与えた讃辞《オマージュ》なのであって、上記の批判はその附論として書かれたものである。そうして神道それ自体についても、ここでは直方はその究極的意義にたいする判断は慎重に保留しつつ、しかも最後に「何ぞ私にその好む所に阿り、師門を議するの嫌を避くるを得んや」(原漢文)とのべているように、崎門内神道派からの嫌疑――どころか憎悪に近い反撥(17)を意識しながら、敢て師への個人跪拝よりは、師の説いた「真の」道への忠誠を撰びとる態度を表明したわけである。(18)

けれども看過してならないのは、そこで紹介されている、直方らの主張にたいするつぎのような攻撃である。「夫生ニ于我国一、而尊ニ異邦之道一、猶下不レ敬ニ其親一、而敬中他人上。忘ニ神明之恩一、失ニ君臣之義一、不孝不忠莫レ過ニ於此一矣。盍《ゾ》ル三速改而反ニ其本一乎」。これは昔日、敬義先生に親炙していた「或人」の発した疑問であって、具体的に誰かは言及されていない。しかし直方自身も闇斎先生が、我国の道――具体的には書紀神代巻・中臣祓などに現われている日本の「神国之教」――に従わないのは「異邦人之子」であって、父母の子とはいえない、と断ずるに至ったところに、到底ついて行けない師の「行きすぎ」を見るのである。日本人として日本の道を忘れて「異国の教」に従うのは、不忠不孝の「異邦人」であるという語調は、実はついこの間までわれわれの周囲に喧々囂々と鳴りわたっていた響きであった。右の或人は必ずしも浅見絅斎ではなかろう。しかし程朱学に普遍的な真理を見た絅斎が、直方と「毫釐千里」の差となって袂を分った大きな契機はまぎれもなくここに根ざしていた。「吾国ノ神、唐ノ神トカワルト云フ事ハ、ミナトボケタルユヘナリ。(中略)天皇地皇ト云ヘルノ名号、唐ノ上古ニモアリ。(中略)唐ノ国ハ人物モサカンニ、地境モ大ナル故、聖人相ツヅキ、天地自然ノ道ニモトヅイテ人道綱常ノ教ヲ立ル故、鬼人神明ノ道モ正大精明ニテ、奇怪邪僻ニ流レズ。日本ハ只、神道妙用神秘ニナガレテ浅陋ノ学トナル」(答跡部良賢問目)とまでいって、「吾国ノ神」とその道の唯一特別性という神道派主張を斥けていた絅斎をして、『靖献遺言講義』や『劄録』に見られるような――そうして望楠軒学統において漸強音となったような――日本主義へと惹きこんだ磁力の正体は何か。事柄はトピック的次元になるけれども、闇斎の臨終をめぐって三宅尚斎はつぎのような話を娘婿の久米訂斎に語っている。「山崎先生、死ニ臨デ女ノ手ニ死ヌルハ本意ナラネドモ、諸侯知行トリトハチガヒ、貧ナレバヤムコトヲ得ヌトアラバ、尤ナリ、ナンゾヤコレガ日本ノ道ジヤト。ココデ少モ迷ヒアルデハナケレドモ、偏ヘニ神道ノツイヱ(弊)也。然レドモ外デハ云レヌ事、此坐而已ノハナシナリ」(前掲、雑談録、乾)。神道派の植田玄節は同じ話を、「(闇斎の)遺命曰、男子不㆑死㆓於婦人之手㆒、婦人不㆑死㆓於男子之手㆒、是異国之礼也。我邦不㆑然」(淵源録巻之一、一四丁オ)と肯定的に伝えている。尚斎が「外デハ云レヌ事」と念を押したのは、それがとくに師の臨終にまつわる話だからかどうか今一つ明白でない。けれども、日本の道と「異国」の道(あるいは礼)とをめぐって、何かすでにタブーめいた気配が崎門に漂っていたことが感じられる。

この問題は、後述するL正統のテーマと実質的にはからみ合っているが、差当って、普遍的な「道」と、日本・中国というような特殊の民族・国家（この二者は元来別個の範疇であるが、具体的文脈では等視されている）との関わり方——つまり道の普遍主義と民族・国家の特殊性との関連という観点から接近してみよう。

浅見絅斎の「聖賢ノ道ハ尊ムベシ。ソレヲシサイラシク経書ヲイタダキナドシテ尊（ム）ハ、ソレガ異端ト云モノゾ。日本ニ生レテ今太平ノ時ニアフテ、上ノ御恩デ心安ク居リ生命ヲ養フ。異国ノヒイキスルハ大キナ異端、今デモ異国ノ君命ヲ蒙テ孔子朱子ノ日本ヲセメニ来ランニハ、ワレマヅ先ヘススンデ鉄砲ヲ以孔子朱子ノ首ヲ打ヒシグベシ。（中略）ココガ君臣ノ大義ト云モノゾ。（中略）世儒、書ヲ読テ心異国人トナリ、（中略）異国ノ人ノマネヲスル事、正道ヲ知ラザルガ故ナリ」（前掲、浅見先生学談）という論は、『先哲叢談』などでは、闇斎が弟子に、孔孟が日本へ攻めて来たならば、孔孟を捕虜にするのが孔孟の道だ、と語ったというエピソードとなって人口に膾炙し、外来イデオロギーに盲従しない日本人の主体性を示す美談として近代日本の教科書にまで載った。けれども、中国論と神国論で絅斎の論敵となった直方自身も、右のような、国際関係における日本の自主性についてはあまりにも当然の事理とし、孔孟が軍事的手段で他国を侵攻すれば、それは孔孟が自らの「道」に矛盾する行動をとるのだから、「道」に従ってこれを撃破すべきであり、ただ、孔孟がそういう自己矛盾的行動をとる筈がない、という答えで酬いている（韞蔵録拾遺巻之七など）。中華・夷狄の名称も、徳の高下、風俗の良否、土地の広狭にまったく関りなく、文王・武王の様な聖人がなくても中国は中国であり、日本も唐に劣らぬところがあるので、学問して聖賢に至るなら、唐中国も恥じるだろう、という（中国論集）。中華・夷狄論争については、絅斎自身も論争の過程でその名称を用いること自身が「唐ノマネ」であって、大事なのは異国の書や教に盲従しないで、日本人は日本を「本位」にして考え、行動することで、それが即ち朱子学の大義名分の精神なのだ、という。つまり華夷の名称論はそれ自体あまり生産的な問題とはいえない。むしろ、日本人は日本を「主」とし、異国を「客」とすべきだという内外名分の考え方と、道を国家本位に立てるなら、南蛮天竺それぞれに自国の道を尊重すべきことになり、結局は「道の相対主義」に陥るではないか、という考え方とが実質的な対立をなしているのである。

問題の所在を簡明に照すためには、崎門神道派における徹底した特殊主義《パテイキュラリズム》のイデオローグを登場させるのが手取り早い。日本の道、何国の道という考え方は結局道の多元主義に行きつく、というさきの『討論筆記』にある直方の論と同様の疑問を三宅尚斎は谷秦山にむかってぶつけた。「若又我国に生付たれば是非其国にては其道が正道と申事に候はば、天竺にては仏教を正道と可レ仕哉と存候」。これにたいして秦山は平然として「沙汰に不レ及(中略)やすい事、主君を殺すも事によりて不レ苦と申候道、去(る)方に有レ之候。此方(日本を指す)より見申候時は、以の外の事と存候得共、其国の人は中々申とも聞不レ申、聖人の正道じゃと申候。剰、他国にもばかもの御座候て(日本における湯武放伐是認論者を暗喩する)同意仕候。如レ此に候へば、天竺衆の世話までを何としてやき可レ申候や」と返事する(享保三年一月四日付、秦山先生手簡巻下)。尚斎が「神道者の、すわといへば我国我国と申事こまり申候。理窟申候へば、人々公方様を申出す時、だまらねばならぬと同じ事に候」と歎ずれば、秦山は「……公方様にだまらねばならぬこと、是私にあらず、道理の当然なり。江戸に仕る人は公方様を本にすべきなり。国に仕る人は其国主を本にすべきなり。日本の人は天照大神を本にすべきなり。唐の人は孔子を本にすべきなり。是が道理の至極なり。貴様も日本人なり。然に、天照大神をすてよ、孔子を本にせよ、とはあやまり甚にあらずや」(同右、六月七日付手簡)と戒める。地域的「特殊主義」とともに、こうして人間関係の親疎遠近のモラルもさまざまのレヴェルで設定されざるをえない。東洋精神を西洋南蛮の道に対置すれば、東洋のなかで唐《から》と日本とを対置し、さらに日本のなかで、江戸と土佐とを対置するというように、地域と人間の「所属」関係は無限に細分化しうる。そうしておのおののレヴェルにおいて、ヨリ遠い普遍は「抽象的」であり、ヨリ近く個別化された特殊は「具体的」と見られる(血縁的「身うち」は、この意味でもっとも「具体的」である)。具体的な「くに」(土佐なら土佐)は「うち」であり、江戸は「外」である以上、近くの具体的な「くに」を差し置いて江戸を慕うのは以ての外の心掛けである。この地域と集団の「所属」主義は、佐藤直方の「或云、儒者衆ハキ(異)ナ事ニテ唐ノマネセラルル。日本ニ生レテハ日本ノ道ヲ学ブ理ノ当然也。先生(直方)曰、日本ノマネヲシタケレドモ、日本ニ論語ヤ大学ノ如キ教ナキ故也。サテ貴殿ハナゼニ江戸ニ生レテ土佐ノ鰹節ヤソノ外ノ遠ヲコノ(好)マルルゾ。サダメテ江戸ニナキ故ナラン。学者ノ唐ヲマネルモ、日本ニナキ故也。ソレノミナラズ、ゴセフ(後生)ヲバナゼネゴウゾ。アレモ天竺ノ教也」(迂斎先生学話巻之一、余論、正信録、前掲本)という揶揄とちょうど百八十度対極にあって、見合っている。

鰹節は土佐産だから土佐に「所属」し、土佐の「伝統」であるという、発生論と意味妥当論との同一視が「道」の特殊主義を特徴づける(したがってこの「論理」に従えば、たとえばキリスト教を、西洋の――いわんや西洋の国の――伝統とか、西洋「内発」的な宗教とかいうのは間違いになる。キリスト教はオリエントに生れた宗教だからである)。それとともに三宅尚斎の「天地に無レ二候へば、道も無レ二候」を、谷秦山は「唐から日本をながめて申たる言にて無レ之候哉」とし、「他国一味の御心と存候。以の外の事にて候」と批判するように、およそ「客観性」への志向などというものは空虚な抽象で、具体的にはそれは特定の外国からの観察だ、と断ぜられる。「我等存候道と云からは、我国を主に、他国を客に仕候事、本当と存候」(同右手簡巻下)であって、ここには日本を主体としてみるか、「外国」を主体として見るか、という二者択一しかない。日本の主体性――もしそういう表現を用いれば――とは、日本を中心とした内外親疎遠近の世界像以外には考えられないのである。こう見るならば、佐藤直方にとっては全く心外な、「実に異邦人の子なり」という、さきのような断罪も、秦山的な所属主義と特殊主義からはきわめてナチュラルな評価といわねばならない。

それでは、直方に代表される程朱学の全面的受容の上に立つ「普遍主義」と、秦山的な「特殊主義」との間に立って、浅見絅斎的な「妙契」論はどういう思想的=論理的な位置を占めるか。絅斎も、程朱学に基づいて自ら描いた「聖学図」

を講義して「コレヲハヅレタ学問ハ、唐デモ日本デモ妄言邪説ゾ」「通ニ遠近一(聖学図中の句)ト云ハ、唐デモサウ、日本デモサウ、万国全体皆然リ。(中略)兎角此カネ(尺度)ヲハヅレネバ、万国何方ヨリ説テモ皆一理也」(諸先輩国字筆記、聖学図講義、一二丁ォ―一四丁ォ、新発田藩刊本上)というように、「道」の超国家的普遍性の前提に立っている。したがって中国論争においても、「儒書所レ説ノ道モ天地ノ道也。吾学ンデヒラク所モ天地ノ道也。道ニ主客彼此ノヘダテナケレバ、道ノヒラケタル書ニツイテ其道ヲ学ベバ、其道即吾天地ノ道也。タトエバ火アツク水ツメタク、烏黒ク鷺白キ、親ノイトヲシク君ノハナレガタキ、唐ヨリ云モ吾国ヨリ云モ天竺ヨリ云モ、互ニコチノ道ト云コトナキガ如シ」(中国辨、本書四一六―七頁)という立場を堅持する。そのかぎりで直方や尚斎と異るところはない。谷秦山が猛然、この師説に反撃するのは見易いことである。絅斎が、「天地の道は日本の唐のと、茶碗薬鑵の様にくらべ候物にては無レ之候。若只以ニ風俗国体一くらべ候はば、君臣正統の外、人倫諸事和漢の違、今少御考可レ有候」と申送った(元禄十一年五月朔日付)のにたいし、秦山は「爰ニ天地ノ道トアリ、後ニ天地ノ正統ト仰ラレ候。毎々天地ノサタ(沙汰)ヲ仰ラレ候ハ、日本ヲアガメトモナク、唐へ御引付ナサレ候、半分ノ計略ニテ、如レ此仰ラレ候ト存候。(中略)扨々先生唐人イカイ御へツラヒ、唐ヨリ近々御加増御取可レ被レ成候」(同右手簡巻上)と罵倒しているように、秦山の徹底した特殊主義から見れば、情ないかな折角の『靖献遺言』の著者も、直方や尚斎と一つ穴のむじなにすぎない。右の絅斎の言葉に、君臣正統(つまりL正統のレヴェル)とあるまさにここで絅斎と直方とは決定的に分岐するのであるが、その論理的基礎づけにおいて、やはり秦山は絅斎を許すわけにゆかない。「若天地の正統をのけて、正統のつづけ様一派有レ之候はば、夫れ孔子朱子も皆々うそつき、山崎氏も其通に候」という絅斎に反して、秦山の立場は「天地ノ正統ハ即君臣ノ正統、君臣ノ正統ハ即天地ノ正統ナリ。本朝ハ、君臣ノ正統正シケレバ天地ノ正統正シ。西土ハ君臣ノ正統不レ立故ニ、天地ハアリナガラ正統ハ不レ立。果シテ孔子朱子ハウソツキ玉ハズ。山崎先生拘幽操已ニ旨明ナリ」(同右)ということになる。

この論争でO正統とL正統との混交があるのは、崎門派に通有のことであって、異とするに足りない。むしろ二人の真の争点は、「天地の道」の普遍的基準から日本の皇統一系の優越性を弁証しようとするか(絅斎)それともそういう国体を超越した道を前提にすること自体が倒錯だと考えるか(秦山)にある。そうして、好むと好まざるとにかかわらず、日本の記紀神話の構造は、普遍的規範主義に立つ絅斎の「妙契」論にとっては不利にできているのである。何故なら、そこでは天地の開闢神話はそのまま葦原中国とその統治者についての国産み神話に直結し、天つ神はアマテラスに、アマテラスは歴代皇統に系譜的に流れこんでいるからである。中国儒教の(中華思想をふくむ)「道」にいかに漢民族の人種中心主義《エスノセントリズム》があろうとも、そこでの天道や天命は、堯舜をふくむいかなる具体的君主からも超越した理念であり、現実の君主や王朝がそれによって価値を裁かれる規準である。日本書紀の冒頭にある天地開闢神話の下敷になった中国の書籍あるいはそこでの「神話」は儒教、いわんや程朱学がまったく歯牙にかけない雑書であり、説話である。宇宙と世界の誕生についての古伝や説話(盤古伝説など)は、理気の形而上学とも五倫五常の倫理規範ともなんら必然的な連関に立っていない。これにたいして、天つ神が国生みの神へ、「国」生みの神が「統治者」としての皇室の祖神へ、と系譜的に連っている日本神話に依拠するあらゆる日本主義は、皇祖神をそのまま世界神にまで普遍化して、日本を「万国の親国」とするか、それとも、世界から断絶し、普遍—特殊の論理とは無縁な閉鎖的な独自性にたてこもるか、いずれかの方途を辿るほかないし、現に辿って来た。この日本神話の構造的特質を前提とする崎門の日本主義からは、平田国学を俟つまでもなく、天に二日なき以上、「天子モ万国ニ御一人ノハズゾ。スレバ異国ノ天子ト云フハ諸侯ノ格デ、本天子トハ云ハレヌ」(強斎、雑話筆記巻九、望楠所聞、三九丁オ)という帰結が必至であり、その前には、超国家的超民族的な普遍的な真理と正義とが具体相として、中国では儒教に、日本では神道(その名を用いると否とにかかわらず)に内在し、両者の間に「妙契」があるという立場は、色褪せたものになろう。妙契論の楯の反面は、儒教も神道も部分的誤謬と部分的不正義を含み、二つの具体的な道と国家とは、両者をともに超越した基準に照され、曝されることを意味する。天道と人道との照応や「合一」ならともかく、垂加派のかかげる「天人唯一」は妙契論の前提とは論理的についに相容れないのである。

「絅斎先生ノ仰セラレタハ、已ガ云フコトヲ儒者ガ聞ケバ神道ニ惑ウタト云フ、神道者ガ聞ケバ神道ヲ忘ルト云フ、ト度々仰セラレタ」と若林強斎が語る（雑話筆記巻九、七丁ウ）ように、絅斎は、一方、直方的な（絅斎からいわせれば教条主義的な）普遍主義と、他方、程朱学に神道の「羽翼」以上の位置を認めようとしない垂加派の日本主義との間に、いわば夾撃されている已れの位相を自覚していた。にもかかわらず、『靖献遺言講義』にあるような激しい口調の日本中心主義——各国が自分を中心とし、他を夷として扱えば、それぞれの立場が「すれあう」けれども、そのすれちがいがむしろ正しい「義理」なのだ、という主張——は、たんに直方らとの対立を禅譲放伐問題にとどめずに、絅斎をヨリ秦山的な方向に近づけているように見える。「異国ノヒイキスルハ大キナ異端」という絅斎の前掲文のなかの「異端」定義は、もはや普遍的な教義解釈（O正統問題）をめぐる異端論を逸脱して、自国を「ヒイキ」するか、それとも「異国」にいかれるかという、国別の二者択一の形での問題提起に絅斎がいつしかすべりこんでいることを示している。何故、号を持たないのか、「書物デモ唐ヘヤルトキ」具合が悪いではないか、と問われて、「ヲレハ唐ヘイツテモ、五郎左衛門ジヤ」（迂斎先生学話巻之一、前掲本）と答え、崎門内では例外的に字《あざな》も号もなしで通した直方、あるいは「唐ノモノヘ今、道ガト（説）キニクイ。朝鮮人デモ見ヨ、アツチガモト（元）ナレドモ、イ（異）ナ事ゾ。ソノハヅゾ。天竺、仏法モトナレドモ、ダンダンニコツチヘキテ、今天竺デ仏法ハトカレヌヤウナモノゾ」（五編韞蔵録巻之二、説話聞書、八八丁オ—ウ）として、道の発生と唐国（あるいは天竺）の現実とを明白に区別する直方をも「日本ニ生レテ……異国ノヒイキスル」異端の仲間に絅斎が入れたかどうかは分らない。けれども前述のように、三宅尚斎に「他国一味の御心」の嫌疑をかけるほどまでに、道を「くに」に所属させる世界像が「道ニ主客彼我ノヘダテナ」しとする絅斎をも惹きつける強力な磁性を帯びていたのは否めないだろう。

ここにはおそらく二つの契機の相乗作用が働いている。一つは上下尊卑親疎という差別原理がそもそも儒教倫理の内容をなしていた、という問題である。君臣、父子、夫婦、兄弟というような特殊人間関係を抜きにした人間一般という問題は基本的には儒教倫理のなかで占める座を持たない。右のような特別関係をこえた人間への倫理は、五倫五常の基本倫理を推し及ぼすという形でのみ適用されるから、当然他人は自己(或は自己と同一化《アイデンティファイ》した集団)からの親疎遠近に応じた取扱方しかなされないし、むしろそうしなければ、墨子の「兼愛」に堕すると考えられる。ただの人間とか個人というのは抽象概念にすぎず、「具体的」には日本民族とか君とか臣とかいう、特殊関係としてしか存在しない、というのが、差別倫理の基本的前提である。世界中どこに住み、どのような具体的状況にいても、人間は個人として不可侵の人権をもっているという思想の定着を近代に入ってからも執拗にはばんだ一つの大きな背景は、自然の感情・本能に裏打ちされたこうした親疎遠近の倫理があった。とするならば、「人ニモ親ガアリ、我ニモ親ガアル。人ノ親ノ頭ハハラルトモ、我親ノ頭ハハラレヌ様ニスルガ、子タル者ノ義理ゾ」(同右講義巻之七、処士劉因条)という絅斎の説く「義理」を原則的に否定できる儒者はいないだろう。これはディレンマ状況における選択の問題であるが、他人の親と我が親とをこえた普遍的正義の基準に照して、ある状況では逆の選択をするのが当為となりうるという考えは、そもそも成立の余地がなく、優先順位は親疎の特別関係に従ってはじめから決定されているのである。こうした倫理内容の特別主義に関するかぎり、崎門のなかの代表的な普遍主義者である佐藤直方もなんら例外ではありえない。儒教世界観自身の超地域的、超国家的妥当性の問題と、その「五倫」という人倫のとらえ方に内在する特別主義とは混同されてはならないのである。

しかし第二に、こうした特別主義は日本の歴史的、風土的条件の下では、道を「くに」に所属させ、親疎遠近の世界像が「くに」を単位として結晶するという思考の傾斜となって現れる。中華夷狄という、もと文化概念を中核とする範疇が、日本ではすぐれて国家・国民のレヴェルにおける、「よそ」の国にたいする、我が国という関係において捉えられるのは、その一つの系にすぎない。前にも触れた「くに」概念の多層性、「くに」が郷土から統治者・政府の意味までも包含するという重畳性――がどんなにこの「うち」「よそ」の親疎差別倫理に複雑な相を与えるかはここで説かない。ただ、インドシナ難民問題や亡命者の問題にたいする関心度の低さ(「他人事《よそごと》」観)によって国際的批判を浴びる今日の日本人に、「人の親」を「我が親」から差別する絅斎を、いや「天竺衆の世話まで」もやけないという谷秦山を、簡単に哂う資格があろうとも思われないのである。

五

敬義学派は朱子学を「日本化」した最初の学派といわれる。それは大局的に言って間違いとはいえない。しかし、もし敬義学が朱子学から学んだものを華夷内外の名分論とか、君臣の大義とかいった倫理的=政治的側面だけに重点を置いて見るならば、それは敬義学にたいする公平な接近でもなければ、全体的な理解にもならない。前節において検討した普遍と特殊の問題にしても、崎門は――少くも崎門の俊傑たちは、それを程朱学の術語でいう理気論の形而上学に照し、『近思録』の編成でいえば、「道体」の基礎哲学的範疇にまで掘りさげて追究しようとした。敬義学の江戸時代からの悪評の的となった、テキストの狭隘さ、しかも四書なら四書の特定章や特定パラグラフを反覆講究するというやり方も、それが目的にとって最良の手段であったかどうかは別として、狙いは「狭く深く」の精読主義によってしか経書の哲学に迫りえない、という確信にあった。そこに敬義学の最良の面を、たんなる狂信やその反対の、博識のための博識から区別する所以があった。経学の基本範疇についての崎門の個々の解釈に立ち入るのは、この解題の範囲を超えるが、これまでとりあげて来た正統の問題についても右のことはあてはまるのである。

主よ主よと唱える者が必ずしも真のイエスの徒ではないように、正統を声高に呼号し、異端排撃に血道をあげることだけでは、その帰依する道の正統性の保証にはならない。どんな世界宗教にも、また普遍的世界観にも、正統・異端の問題が生ずるが、それぞれについて正統(むろんO正統)となりうる立場には、政治的・経済的・社会的条件とは別に、一定の思想的条件が存在する。それは教義内容の実質的相異をこえ、さまざまの宗教や世界観を横断して共通する思考パターンとしての正統適合性の問題である。この問題についての一般論はむろん本稿の課題ではないので、ほとんど独断的に結論から出発するほかないが、要約すればこういうことになろう。

宇宙・世界・人間への意味賦与としての世界観が世界観としての全一性を具えるためには、両極性の統一という条件を充さなければならない。これはニコラウス・クサヌスによって、反対の一致(coincidentia oppositorum)と呼ばれたものにほぼ該当するし、用語のあまりの俗流化に倦厭の感を抱かなければ、矛盾の弁証法的統一といってもよい。この両極性又は対立性の具体的形態はそれこそ教義・宗教によって異なる。正統・異端の教義論《ドグマティーク》を典型的にくりひろげたキリスト教について例示すれば、イエスにおける神性と人性との矛盾の統一が問題の核心にあるが、その土台のうえに、人間の「原罪」と良心、内面性と儀礼、山上の垂訓における敵にたいする「無抵抗」と十字軍的正義、俗権の聖化(あらゆる権威は神より来る)と抵抗権(人に従わんよりは神に従え)――そうしたさまざまの二元的な緊張がはらまれる。こうした両極性の一方の契機のアンバランスな亢進が、正統からみた異端の思想的特徴である。なぜそうした亢進が起るか、といえば、矛盾し対立する契機の持続的な緊張に堪えないで、いずれか一方の排棄や断念によって一元性を獲得しようとしたり、または究極目標への一挙の飛躍によって問題を解決しようとするからである。こうして、絶対者との直接な神秘的合一、早急な一挙主義、生活態度の極度の単純化、心霊の純粋性と無規律性への憧憬、などが古来、異端化される思考傾向の共通の特質となる。逆になぜ正統的思考パターンにおいて、「一致」や「合一」が必須になるかといえば、いうまでもなく秩序の一元性と、先に述べて来たような「一つの真理」の要請とが対応しているからである。もし単一の真理が崩壊するならば、それは正統思考にとっては宇宙と世界のおそるべき混沌《カオス》への解体を意味する。一方では、泥沼のような無秩序へ通じる真理の多義化にいかに歯止めをかけるか、他方でしかし、「二つの真理」への固執によって、世界の豊饒性を枯渇させ世界解釈の全体性《カトリシテイ》を喪失する危険にどう対処するか——それ自体がまた矛盾の統一の問題に立ち帰ることになる。[19]

正統の思考パターンが特徴的にあらわれる二元的な対置あるいは「矛盾」の問題に沿って、程朱学から範疇をアト・ランダムに列挙すれば、太極と陰陽五行、理と気、未発と已発、理一と分殊、体と用、性と情、存心と致知、道問学と尊徳性、敬内と義外、修己と治人等々みな然らざるはない。これらの範疇は相互に重複し、また細分化される（たとえば孟子のいう惻隠以下四端の「情」と、喜怒哀楽などの「情」との間の「区別と統一」の論理のように）。しかし、当面の問題にとって大事なのは、そうした個々の範疇の意味論ではなくて、朱子哲学の全体構造を貫いている集中と拡散、内面性と外面性、先験的契機と後天的契機、分析と直観、日常卑近と高遠、客観的対象化と実践的反求といった反対方向への磁力の共存、及び「非連続の連続」という思考傾向に着目することである。この平衡の喪失または切断が、偏内異端（仏教・陸王学など）と偏外異端（申韓の道など）、高遠異端と卑近異端、記章異端と窮行異端というようなさまざまの形態に堕するわけである。そうした対極性のなかに位置づけられてはじめて体用一源とか「内外を合するの道なり」あるいは「高卑を一にするの道なり」というような命題の、言葉だけでない重みが理解される。その意味では陸王の学から浴びせられる「支離の弊」という批判は、却って朱子学における対立の統一という思考パターンを逆照射している。朱子学が一旦は「偽学」の烙印を押されながら、結局は陸王の学にたいして「道統の伝」を代表しえたのは、むろん諸々の歴史的社会的条件はあるにしても、右のような正統の思考パターンにヨリよく適合していたからである。

闇斎学はたしかに朱子学を日本化したが、それは朱子学の日本化であったかぎりにおいて、右のような思考パターンをまさに朱子学の思想構造から学んだ。それも必死に学んだ。崎門派の、「道」へ賭けた一途の情熱にもかかわらず、その学習方法や程朱学理解に見られるある種の平衡感覚とか、矛盾する要素を同時に一つの真理として表現しようとするところから生れる逆説的命題とかは、深くそこに根ざしているように思われる。「学問ハ急イデ成ラズ、ブラ付テ成ラズ、タスキガケデソロソロ往ク事ト直方ノ釈レタ、至極ノ言也」(迂斎先生学話巻之一、前掲本)とか、「中庸ハメイヨフ(面妖)ナモノ。金ガホシイデモナシ、イラヌデモナシ。女房ガホシイデモナシ、イヤデモナシ。キツフホシイトヲモヘバ人欲、イヤニ思ヘバ異端(仏教を指す)也」(韞蔵録巻之十三、永井行達録)等々の、直方の逆説的比喩は、しばしば彼の禅的傾向として説明される。けれどもそれには次のような補注が必要だろう。第一に、こうした逆説が通念を超えた真理を表現する場合に発せられるのは何も禅学に限らないし(山上の垂訓は逆説に充ちている!)、それは「急がば廻れ」というような日常処世の諺にも見出されることである。第二に、闇斎学における反対方向性の共存と、矛盾の均衡の論理は、右のような平易な箴言だけでなくて、経学の、あるいは経書の諸範疇の位置づけなり解釈なりのいたるところに滲透している。それは直方あるいはその学統には限らないが、便宜上まず直方に即して挙示してみよう。直方は朱子学の理気論を、つぎのような、二つの「偏向」の間に位置づける。

一つは禅によって代表される仏教的異端である(念のためにいえば、「異端」は、右の文例の場合のように、仏教とか老荘とかを――つまり異端とされる特定対象を指す場合と、正統=異端のダイナミックスにおける異端の思考様式を指す場合と、二つある)。仏教が理を憎むのはその「分殊」の面である。「異端ハ条理ヲ悪ンデ、メツタニ一ツジヤト云テ、善悪不二、邪正一如ト云、窮理ヲイヤガルモココナリ」。一々事物に即して窮理するのは「キウクツ(窮屈)ニテ自由ニハタラカレヌユヘニ、理障ナリトシテノガレタモノナリ」。気の中に働く理を忌避するところから「高上ナ事」をいい、無極の真とまぎらわしくなり、そこを程子が「弥近レ理而大乱レ真矣」と言った。仏教の「捨身出家」つまり世間逃避《ヴェルトフルフト》とその高遠性にたいして、「吾儒ノ道」は「五倫ノ中色々苦労ナル事アツテモ、ソレヲノガレウトハセズ、其事ノ当然ノ理ノヤウニスルナリ」。世間内的な苦労

(「克己」と「力行」)からの逃避は「己ガ一身ノココロヨイヤウニトシタモノ」で、「世上ノ、理ヲカマハヌ人ヲ気随トハヨク云タリ」(またしても俗言による暗喩である)。けれども他方でこれと正反対の偏向がある。「見所ナキ儒者ハ、条理分殊ノ方ハココロヘテ、カノ一理ヲ知ラヌユヘ、事物ニマトワレテ居ル。程門ノ衆、禅意ニ流(レ)ラレタト云モ、俗儒ニテナキユヘナリ。世上ノ実学者ニハ、異端ヘ流(ル)ルキヅカヒハナキコトナリ。故(ニ)朱子ノ、今ノ儒者ハ異端ノ見処ニヲト(劣)リタルト云ハレタリ」(以上、学談雑録、韞蔵録巻之三、本書四三三—九頁)。つまり「理気ノ二ツノモメアイノアヤデ道理ハスム」のに、「異端ハ片足デ行(ク)」として、この矛盾の統一の「全体性」を喪っていずれかの偏向に傾くことに異端化の思考を見る。もし直方が「禅意」に傾いているとすれば、それは、日本の精神風土では右の「実学者」的偏向、つまり理一よりは分殊への偏向の方が強い、という彼なりの戦略的判断があるからである(軍学への執拗な批判にも同じ判断が流れている)。邪正一如を排する際の、直方の仏教理解が正しいかどうか、また、直方の立場が「二つの偏向」から客観的に免れているかどうか、はまた別問題であり、右のような志向の基底にある思考パターンに着目すれば足りる。

こうした正統思考パターンで見落してはならないのは、両極性の間の平衡が、けっして機械的な中間的立場を保持することを意味せず、また、異端からの弁別が、単純に「一線を劃する」ことで足るような安易なものではない、という点である。それは朱子学における中庸の基礎づけに端的に現われている。朱子がその道統を系統的にのべ、異端論を体系的に展開したのは集註のなかではまさに『中庸章句』においてであった。朱子学の、したがって又敬義学における四書学習の順序としては、大学・論・孟・中庸という階梯が厳守されたが、それは中庸がもっとも難解な形而上学的範疇を含むからだけでなしに、O正統の論理の基本命題をこの書に見た故にほかならぬ(右の学習順序を無視して中庸の究極真理に飛びつくことが、そもそも前述した「一挙主義」にあたる)。矛盾しあるいは対立する二つの契機のいずれをも捨象せず、いずれをも一方的に肥大させずにその平衡を保持する、というのがつまりは中庸なのであるが、これは「未発之中」の解釈の問題としても、また実践徳目(いわゆる「時中」)としても、微妙きわまる困難な課題を課する。こうして——これまた古今東西の正統思考に共通するところの二つのテーゼが右の課題の系として生れる。一つが『中庸章句』の序にある程子の言、「弥近理而大乱真矣」(直方の引用に既出)である。楊墨や申韓のように、はじめから異端らしい異端は直ちにそれとして弁別される。真理と異端とが明確な一線で区別されるようなら、そもそも困難はおこらない。反対方向性の共存を内包したバランスは毛筋ほどの差で崩れるからこそ、真理に近接してまぎらわしい異端ほど、ますますもって危険なのである。ギボンが『ローマ帝国衰亡史』で、劇的に、しかし教義史としてはやや単純化して描き出した、キリスト論をめぐるアリウスとアタナシウスとの論争——後者がニケア信条の解釈においてついに正統化された経過は、homoiousios(キリストは神と相似である)とhomoousios(キリストは神と同一である)との間のちがい、つまり"i"というたった一字の相異をめぐって展開された。それは正統と異端の間の、やがては巨大な溝渠を露呈する距離が当初はほとんど識別しがたい差として開始されることを象徴的に物語っている。儒教の伝統では「毫釐千里」(詳しくいえば「毫釐之失差以千里」)という成句で、この正統思考の第二の系を表現する。けれども、毫釐千里なればこそ、正統の生々とした保持は、紙一重の差で異端に踏みこむ「観念の冒険」を賭さなければならない。前例に見た直方の「世上ノ実学者ハ異端(=仏教)へ流ルルキヅカイハナキコトナリ」という「実学者」批判を見よ。「禅意」からの安全地帯に最初から晏如として身を置いている実学者にどうして理一分殊の弁証法が分ろうか。「虎穴ニ入ラズンバ虎児ヲ得ズ」というのは、直方が学問の心掛として好んで用いた格言であり、「今時ノ学者ノ書ヲ読ムノハ、川ヲ隔テテ鎗ヲ合セル様ナモノナリ。踏込ンデ突キ殺ス意ハ少モ無シ」(講近思録為諸生記、韞蔵録巻之五)。稲葉黙斎も、程朱学の正統性自体が、矛盾の止揚の動的な過程として生れたことを、儒学の発展史として物語る。「漢唐文字訓詁デ学ヲシタユヘ、二程ノ書デ義理ヲ高上ニ云ハレタ。ソレカラ又、程門メツタニ高(ク)ソレルユヘ、朱子ノソコヲ矯テシカ(叱)リテヲカレタモノ。ミナ時ニヨツテ矯メタモノ也。今日ノ学者が朱子朱子ト云テ、メッタニ平ナ事斗リ云ハフトスルト、ツイ俗儒ニナリテシマフモ、漢唐カラ段々ノ勢ヲ考テ見ルト、今度ハ吾党ノ学者ガ俗儒ニナル番ニ当テキタ。（中略）一ツ其合点デハツキリト学ブガヨイ」（学話下、巻之九、前掲本）。漢唐訓詁学と程子形而上学との対立の統一として成立った朱子学の平衡性を、それ自体、静的に維持しようとする瞬間に、正統は「俗学」に顚落する。「吾党ノ学」にたいする危機感と、それに基づく自己批判が、見事に正統の論理のゆえに表明されている。崎門のリゴリズムとは、たんに狭義の倫理的厳粛主義ではなしに、中庸の保持とその逸脱との、間一髪の差の自覚から生れる精神的態度にほかならない。

浅見絅斎の経学へのアプローチにも基本的にこの論理は貫徹している。同じ中庸の位置づけについて絅斎はいう――子思は孔子曾子の道を伝えながら、何故にもっぱら中庸を説いて、仁については語らないのか。それは、絅斎によれば「異端ノ為ニマギラカサレズ、万世邪説ニタヂロガサレヌ惣カネハ、中ノ一字デナケレバ、道ノ筋目チガフユヘ、道統正脈ヲ語ル時ハ中庸ト云」「中庸ハ異端ヲ相手ニシテ、吾道ノ精微ヲツクシテ語ルホドニ別シテココガ大事ゾ」（絅斎先生遺書一、三五丁オ）。さきにあげた『中庸章句』の朱子の問題意識の適確な把握である。仁と義との関係も、こうした対立の統一として捉えねばならない。すでに闇斎において見られる、仁は「不立派」なものであり、義は「立派」なものである、という逆説的な定義が、直方によって「面白シ」として紹介されているが（韞蔵録拾遺巻之十）、絅斎は両者の関係をつぎのように説く。孔子の段階では仁は義を包含する全体性を具えていた。「仁ノ全体ト云ヘバ自ラ仁義全イゾ。孔子ハ全ク身ニ得ル目当ヲ仰ラルル」。ところが「孟子ノ時分ハ身ニ得ルハ勿論、ハヤ学（ブ）カラガ異端邪説ニマギルルユヘ、義ト云ヲ立ネバ、仁ト云カラガ人ノ存ジチガヒニナリテ、兼舜（兼愛の誤記であろう）ト云タリ、慈悲ト云タリ、平等ト云タリスルユヘゾ」「義字ニ至テハドウモヨリツカレヌスサマジイ字ゾ。ハヤ釈迦ヲツカマヘテ、『ナント人タル者ガ人倫ヲハナレテヨイカ、浄梵王ノ太子デイテ、親ヲ棄テ去ハドウゾ』トトフモ、イゴカレヌ。（中略）コレミヨ、義ノ字ガ出ルト、異議云事ナラヌ」「仁ノ全体デ云ヘバ仁ノ一字、仁ハ筋目デイヘバ義ノ一字ニシテ、又其仁義ニツイテ両端ヲ兼ツクセバ、礼智モ亦其中ヨリ分チ出ス迄ゾ」(同右遺書一、二八丁オ)。孔子における「渾然」とした、いわば「即自《アン・ジヒ》」の正統が、孟子において異端邪説と対決した「対自《フュール・ジヒ》」の正統となり、「義」の附加が必要となった。異端の発生がはじめて「ドグマ」の確定と精密化を促すという、正統の一般法則を絅斎は計らずもここで提示している。絅斎が仁よりもむしろ義に重きを置いた、という解釈は、その意味で必ずしも正確とはいえまい。仁と義とのそれぞれの位置づけの仕方をとってみれば、絅斎の所説は他の程朱学者と共通している。ただ、仁が「全体性」を代表しているまさにそのゆえに異端への顚落の危険性を内蔵しているという感覚が、絅斎の警戒心を磨ぎすましたのである。『靖献遺言』の著者で、慷慨窮行の処士としての絅斎だけを知る者は、たとえば彼が中庸の冒頭節にある「君子戒慎乎其所不睹、恐懼乎其所不聞」の解釈、とくに「不睹不聞」と「未発已発」の範疇との関連について、佐藤直方と交した四通の書簡において、『章句』『或問』はもとより『語類』『文集』にわたって、一字一句ほとんどスコラ的ともいうべき「精微ヲツクシ」た論議を展開している(同右、五三丁オ以下)のに意外の感を懐くかも知れない。しかし絅斎はあくまで朱子学者として「絅斎先生曰、陸王之学、只是厭二分析一、而好二渾合一、故、泛然慕二義理一者《ナリト》」(黙識録巻之三)といわれるように、「分析」をとびこえて一挙に渾合に至ろうとする傾向を批判し、道の全体性の保持のために敢て「支離」の危険を冒す途を選んだまでのことである。絅斎は絅斎なりに、一方では窮理の客観主義的偏向と、他方では「神道ノ正直ト云ハヨイ事ナレドモ、是非邪正ノ吟味ナケレバ(中略)心ニ邪気ノナヒ《(イ)》ヲ貴ミ、気象ノスズ(清)シイ事ヲ教ルバカリデハ、心上ニケガレハ無クテ、事実ハ何事ヤラ知レザルゾ」(同右遺書一、三二丁ウ)という神道批判に窺われるような心情主義的な(つまり「気」のレヴェルを出でない)偏向と、この二つの谷の間の、か細い尾根を渡ろうとしていたのである。

もちろん、正統の思考パターンが要請する両極性の平衡を志向することと、特定の思想家において、その平衡が達成されているかどうかということは、繰返しいうように、別問題である。むしろ、それが間一髪のバランスの問題であるがゆえに、現実にはその思想家の気質や環境に制約された意図しない偏向、あるいは多少とも意図的な選好、による傾斜が現われざるをえない。とくに、それぞれ反対側から見て己れの逆方向への中庸の逸脱が目立つのは当然の現象である。こうして相互の「偏向」呼ばわりが、正統論議には殆ど必ず随伴する。若林強斎は直方の「仁」説について、「佐藤氏ノ仁説ヲミルニ、ワルイデハナケレドモ、トカク事物ヲハナレテ見取思入レカラ云ハルルコトデ……アソコラニ絅斎ノ仕立ト甚チガウタ所ガ相見候」(雑話筆記巻二、二七丁オ)と批評するが、他方、直方系の迂斎や荻濃重祐などによれば、絅斎の『靖献遺言』とその講義こそ、まさに「事物」に捉われて『近思録』の道体への洞察にまで及ばぬ傾向を集中的に表現していることになる。それよりも興味があるのは、『浜見録』に見られる、絅斎と直方にたいするつぎのような規定である。「三宅(尚斎)先生ハ、(中略)浅見先生ハ厚フ出ル、直方先生ハ理斗デ云ハルルト、両方ヲ兼トラルル。放伐モ改革ノ道理デアルハヅト直方先生ハ出ル。浅見先生ハ『拘幽操』ノ意デ云ユヘ、ドチヘシテモ放伐ハワルイ方デ云」。そうして稲葉迂斎自らは「凡テサ(冴)ヘルト実ガ少クナリ、実ガアルトサヘヌ。(司馬)温公ハ実也。故ニサヘヌ。張南軒ハサヘタ人ユヘ実ガスクナイ」といい、別の個所で同じ形容を用いて、「直方先生ノサヘタモ、三宅先生ノ厚イモ、ドチラモ害ガアル」と断じている(以上、浜見録巻之一、前掲本)。ここでは、三宅尚斎の位置が二つの談の間にずれがあって今一つ明瞭を欠くが、それ自体、他の場合と同様、他の「二傑」にたいする尚斎の折衷的立場を示しているとも見られる。いずれにしても、直方の「冴え」と絅斎の「厚」又は「実」という、それぞれの特徴づけは、まことに鮮かに両者の思考の傾斜を照し出してはいないだろうか。何故「ドチラモ害ガアル」と迂斎が考えたかは分らない。それはあるいは迂斎の健全な平凡さのせいかもしれない。たしかに、直方の「冴え」も絅斎の「厚実」も、論理的に、また歴史的にそれぞれ代償を伴わずには済まなかった。この両方向の傾斜のテストケースとして登場するのが、「君臣の義」及びそれにからむL正統の論議である。明治以来、崎門の思想といえば必ず特筆大書され、それだけ陳腐になったテーマがこうして正統の思考様式を追究する路線に浮上して来ることになる。

六

君臣の義はいうまでもなく、「義」という規範によって結ばれた君臣関係の倫理であり、したがって、そこには君の道と臣の道という二つの側面がある。「君使臣以礼、臣事君以忠」という孔子の言葉(論語、八佾)はその両者の双務性を古典的に表現しており、朱註はここに「君臣以義合者也。故君使臣以礼、則臣事君以忠」という尹氏の言を引用して「則」という字で一層、義を以て合する君臣の双務性を明らかにしている。ただ臣道の側面から見ると、君臣の名分を厳にするという大前提があるから、君主にたいする不服従、いわんや抵抗はよほど特別の事態のない限り、君臣の義に反すると見做されるわけである。この「特別の事態」のなかには君主の暴政や失政の問題も含まれる。そこで通常は「君臣の義」論議は、君臣関係だけでなく、君民関係をもまきこんだ統治のL正統のテーマと分ち難く提起されて来た。ただここでは叙述の便宜上、両者を分ってまず、狭義の君臣関係の面からとりあげてゆく。

君臣関係の相互性は、いわゆる諫争の問題において、もっとも前景に立ち現われる。礼記曲礼篇の「三諫而不聴則逃去」という君臣の義と、「三諫而不聴則号泣随之」という父子の親との対照はその好例である。それは論語の「大臣者以道事君、不可《(聴)》則止」(先進)から、孟子の「君之視臣如土芥、則臣視君如寇讎」(離婁下)にまでエスカレートした。もとより「義」の観念における君臣の相互制約は規範の内容に、前述のように上下の分という秩序価値の、正義価値への優位が含まれている以上、けっして「道の前の平等」を意味するわけではない。けれども君父に関しては君臣義合、父子天合というのがどこまでも原始儒教の本質である。唐から宋へかけての政治史的発展は、君主絶対権の強化の過程であり、それを反映して、君臣の義における双務性の契機が一層後退したのは否めないが、『拘幽操』及びその程朱解に現われているような、君父と臣子とを同列化して、絶対忠誠を強調する見解を、果して朱子学体系の一般命題にまで拡張できるかどうかには問題があろう。そのテーマは本稿の立入るかぎりではない。むしろ、『拘幽操』の解にさえ明白な、程朱学における規範的性格が、どこまで「理」のレヴェルで捉えられているかを問うならば、ここでも崎門内の分岐は、闇斎の直門の段階ですでに歴然と現われる。相対的に「教条主義」的解釈を代表するのはやはり佐藤直方である。[20]

「君父同ジコトト云ヘドモ、君ト父トノ別アレバ、ソレ程ノ違ヒハアル筈ナリ。君ト云モノハ天下中ニイクタリモアリ。事ヘテヲルウチハ、君一人ニシテ外ニハナケレドモ、イトマヲトレバ他人ナリ。(中略)浪人シテモ其君一人ガ君ジヤト云コトニ非ズ。孔子モアレコレ仕ヘタマヒシコトアリ。王蠋ガ不レ事二二君一ト云ハ、君ノ仇ニ事ヘヌ方ヲ主トシテ云タモノナリ」(忠孝不両全辨、韞蔵録巻之五)。いかにもドライな議論のようであるが、直方も君主を自分の都合でとりかえてよい、というのではなく、「事ヘテ義理ニ合ヌコトアッテ不レ得レ已主君ヲ取カユルコトハ君子モスルコト」であり、これに比べて「父ノ如キハ天地ノ間タダ一人」だから、異姓養子が絶対に不義となる(同上)、という原則的な対照を述べているのである。この点では三宅尚斎もまったく同じ立場をとる。「君臣以レ義合、不レ可《キカレ》則去。是天地之常経、古今之大義、不レ可レ易《フ》者也。然《レドモ》世之在レ上之人以為《ラク》、如レ此則其情之疏《ナル》、何以棄二其身一尽二其心一矣《ト》。而以《テ》下阿諛逢迎浮智辨佞、奔二於事《ニ》一、赴二於功一之士《ヲ》上、為《シ》二左右輔弼之良臣《ト》一、不レ知下不レ可《カレ》則去之士而後能致二棄レ身尽レ心成レ事、立中功《ヲ》於義合之君《ニ》上矣」(白雀録序、淵源録巻之四、一四丁オ)。諫めて聴かれなければ去るのが「常経」であり、「道」の命ずる義務なのだ、という尚斎の言葉には、忍藩主阿部正喬にたいする直諫と退隠が因をなして宝永四年五月、突如投獄され、辛酸を嘗めた彼の運命と重ね合せると痛切なひびきがある。[21]他方、父子天合の系である異姓養子の禁については、温厚な性格の尚斎も徹底して不寛容であり、この原則の履行について門人にいかなる言訳も許さなかった。

しかし、「不可則去」についての君父の対照に関していえば、崎門内の対立は、主として儒学系と垂加神道系の間に見られる[22]のであって、絅斎=強斎系と直方系との間にそれほど原則的なちがいは存しない。むしろ三宅尚斎が養子の禁の基本倫理について強い影響を受けたのは、浅見絅斎の『氏族辨証』からであった。ここでも「本朝の道」を唐国の道から別つのに懸命な渋川春海(名、算哲、又順正)や谷秦山の場合よりは、思想史的にヨリ興味があるのは、あくまで「道」の哲学的基礎を程朱学に求める絅斎らに見られる、意図を超えた思考の傾斜である。君臣の義の核心を『拘幽操』的な臣子の一方的忠誠に求めようとする志向は、「義」の情緒化を導き出さずにはやまない。絅斎の『拘幽操師説』講義は、紂王にたいして、「微塵君ヲ怨(ム)ル心無ク、『我ヲ思フ人ヲ思ハヌ報ニヤ、我(ガ)思フ人ノ我ヲ思ワヌ』ト云タ様」な「繾綣惻怛ノ心」(本書二三二頁)に文王の至誠と忠義の真髄を見出し、いささかでも自分の意にちがった主君の仕打があると、あれだけ奉公したのに「サリトテハキコエヌコトヂヤ」と思う僅かな一念が「スグニ君ヲ弑スル心」(同二三〇頁)につらなるという。毫釐千里の感覚にはちがいない。けれどもここでの古歌の引用にすでに露呈している心情主義への傾斜は、門弟若林強斎になると、「恋ト云フガシミジミノコト、恋慕フハ必ズシモ夫婦男女ノ間バカリデナイ、親子デモ君臣デモ兄弟デモ朋友デモ恋慕フハ同ジコトヂヤ」「吾ガ国ハ忘草(住吉神社の神供としての恋忘草の伝)ヲ以テ吾ガ国ノ道ヲ示シ、異国ハ已ノ一字ヲ以テ仁道ヲ示ス。不レ約而妙契、宇宙一理、天地一理カウシタモノゾ。……歌書ニ恋ノ部ヲ立ツルト云フガ此ノ筋ゾ。……其ノシミジミガスグニ道理ゾ。(湯武)放伐ハ道理ハ聞エテモシミジミデハナイ。殷ノ頑民ハ道理ハ聞エイデモシミジミゾ。召公周公ハ道理ハ聞エテモシミジミデハナイ。此ノシミジミガ本ノコト、……ヅントコレガ忠孝ノ正中ゾ」(以上、雑話筆記巻九、一一丁ウ―一二丁ウ)として、「道理」よりも「シミジミ」を選択し、君臣の義を「シミジミ」の恋愛感情に等置するまでに立ち到る。「義を以て合する」という客観的規範性の契機[23]は著しく稀釈されて、むしろ、釈迦も孔子も無用とし、鍋島公へのひたむきの忠を「片思い」の恋愛に喩えて強調した『葉隠』の思想との差は紙一重となる。右の個所で、強斎が日本の歌書における「恋部」の設定の伝統を引照しているのはきわめて示唆的である。中世の恋歌や恋物語に表現される

「もののあはれをしる心」こそ、後に本居宣長が、「教のなきこそ尊けれ」として「当為」的命題の範疇的否定を導き出した起爆剤であった。日本「神話」から芸術的ファンタジーを読みとるかわりに、つまる所は漢意的な倫理＝政治的教説を腐心して抽出する強斎らは（他の垂加神道派も含めて）宣長から見れば、「イデオロギー」からの離脱の過渡的段階に位置づけられよう。けれども恋情を五倫の「本」にまで拡張解釈するような、聖人の道の日本的修正主義が、直方・尚斎系から見れば「理」の規範主義のはなはだしい逸脱と映るのは想像に難くない。徳治的、又は天命的正統性（L正統）によってしか基礎づけられない禅譲放伐論において、この乖離と背反とは決定的な様相を呈するのである。

ただ、君への絶対忠誠を強調する絅斎にしても強斎にしても、「君」は直接には武士的主従関係における主君を意味していた。そこに幕藩体制下において、「君臣の義」を説く際の大きな問題性があった。前述した三宅尚斎の投獄事件を京都できいた浅見絅斎は、「朋友ノ義理ヂヤト云テ、（獄中から）ヌスミ出（ス）ヤウナ事ハ、大（キ）ナ不義也。ソレナレバ大ハ不忠ユヘ、三宅氏ハ上ニ事ル心ニ背キ、サシアタリイヤシキシカタ（仕方）ナリ。此方ヨリ云テヤルハ、外ノ事ハナヒ、正気歌ト云三字ヨリ外ハナイ。ソレヨリサキハ、此方ノカマフ事ハナイ。アナタ（先方）次第ゾ」。むろん、尚斎の実弟平出甚蔵（諱を改め直経）は肉身だから、救出に努力するのも自然だが「此義ハ外ヨリスス（勧）メラレヌ事ゾ」、事態緊迫したなら「権威アル衆へ頼デ、マヅ其死ヲノバサスルヤフニスルガ、コレハ三宅氏（ノ）本意デハナケレドモ」、実弟としては止むをえない。紂王の嬖臣を介して贈物をしてまで幽囚の西伯を助けようとした話（史記にある）と同じで、臣子の身としては当然でも、「サレドモコレハノリ（矩）ニハナラヌゾ」（以上、絅斎先生遺書三、前掲本）と所感を述べている。ここでも『拘幽操』とイメージを重ねて、絅斎なりの「義」を打出そうとしているわけである。『拘幽操師説』で絅斎が、「加増」とか「一人扶持」とかに言及している（本書二三〇頁）のは、たんに説得の便宜上の比喩でないことが知られる。[24]

こうした武士的階層制への「君臣の義」の適用は、将軍のうえに天皇を最高権威として置く「尊王の大義」の主張を以てしても、質的に問題を転換させるものではない。すでに、闇斎は「天上ノ事ハ只今ノ禁裏也。物ヲ平グルハ剣ヲ以テキリタイラグルハ、昔ノ素戔嗚、大己貴ノガ、今ハ将軍ガソノハナリゾ。ヅント神代カラ日本ハカフシタコトゾ」(神代巻講義)として、幕藩体制を弁証していたが、「関東の地を踏まず」(文会雑記)の逸話によって後世、尊王論者に追慕された絅斎も、「天子ニ対シテムホンヲ起スモノアレバ、下知ヲマタズニ天子ノカトウド(加担人)スル筈。将軍ノ、天子ヲ退(ク)合点アレバ、至極イサメル筈ゾ。天子カラ将軍ヲ亡ストアルニモ、ツカヌガヨイ。ナゼナレバ、ツミガナイ。今、ケ様ナ武家ノカゲ(蔭)デ治タコトユヘ大切ト思フゾ。近衛殿ナドノ力デハイカヌゾ」(常話雑記、日比谷図書館加賀文庫蔵)という基本的立場を持した。こうした闇斎＝絅斎による武家政治の肯定は、その裏返しの林羅山の尊王論とともに、歴史的文脈の中で見れば、なんら異とするに足りない。時代ははるかに下った本居宣長の皇国《すめらみくに》の道にしても、天皇→将軍→大名→藩士という順次的な委任《ことよさし》の体系として幕藩体制の統治は末端まで聖化されていた(玉くしげ等)のであるから、『拘幽操』的な絶対忠誠とは、天皇からの委任の明白な撤回がないかぎり具体的にはこの階層を、順次下から支える随順の政治倫理として現われるほかはない。それは危機的状況においては、中国のような中央集権的官僚制の下では起りえない、複数の忠誠義務の間の相剋を醸成することになる。これこそ幕末の動乱において全国的規模で各藩に現実化したディレンマであった。

石見浜田藩、松平氏は天保七年館林から移封されたが、稲葉黙斎は、館林時代に藩校を道学館と命名し、この三字は「後来、伊物文辞之徒、或雖レ覩二面目一、豈得二入而講レ書哉」と語った(淵源録続録巻之五、二五丁ウ)だけあって、黙斎に師事した初代斉厚以下、歴代藩主厚く敬義学に帰依し、藩学が崎門で固められた藩の一つである(ちなみに、黙斎は「学統」からいえば直方系であるが、学説では必ずしも直方に同調せず、しばしば『拘幽操』を講義し、『靖献遺言』の軽視に反対した)。しかし、慶応二年、第二次長州征伐に加わって戦敗れ、城も焼失して、翌三年、藩主以下鶴田に転封になった。転封後の学風・教程も闇斎学一辺倒で、黙斎門の重鎮を父にもった、時の家老尾関隼人(名、当遵)は自らも奥平棲遅庵に師事した。彼は戊辰戦争において藩兵が官軍に抗した罪を朝廷に問われ、家老としての責を負って自決した。「君臣の義」のディレンマの生んだ無数の悲劇のささやかな一例であった。

若狭における崎門学の拠点、小浜藩は「寛政異学の禁」に先立つこと八年の天明二年に、闇斎学以外の異学を禁止して、教学の思想的統一を行ったところである。しかも小浜には「望楠軒」の学風が支配し、そこを継いで幕末尊攘論の先駆的な犠牲者となった梅田雲浜も小浜藩士であった。けれどもここは名にしおう譜代の酒井氏が代々続いて幕末に至った藩である。酒井忠義は京都所司代として朝幕間の調停に奔走し、幕府の忌む所となって罷免せられ、その子忠氏が後を襲ったが、鳥羽伏見の戦では、官軍方の津藩兵と刃を交えた結果、入京を禁じられるなど、つぶさに忠誠の相剋を体験した。望楠軒の学統を以てしても、藩の動向をして、尊王の大義に徹し、「順逆を誤」らせなかったとはいい難い。

北越における崎門のもう一つの牙城となっていた新発田藩[25]は戊辰戦争に際し、「北越諸藩、多く東北軍と連盟して王師に抗す。新発田藩其間に介在して孤立援なし。而して能く勤王の節を完うす」(坂口五峯、北越詩話巻六)といわれる。けれども内乱の渦中におけるその現実の行動は曲折に満ちていた。明治元年正月には、徳川慶喜討伐のため朝廷から出兵を促され、二月、藩兵は官軍として入京したが、五月、再転して、奥羽同盟に加入した。そうして七月、官軍が松崎と太夫浜に上陸するや、三転して官軍の先導をつとめた。「新発田藩に於ける山崎学」の論者はこの点に言及して、「史を論ずる者、或は云ふ、『表裏反覆恰も娼婦のそれの如くに節義を売り、誓約を破る』と。然るに之を以て首鼠両端と評し(中略)たるは、いかにも温当(ママ)を欠くものである。新発田藩は始終一貫勤王であつた。(中略)只此の一時(奥羽同盟加入を指す)を以て新発田藩を非議するは、これ新発田藩の学風と藩民の根本思想と、戦時外交に対する認識の不足(!)より生ずる大なる謬見と云ふべきであらう」(伝記学会編、山崎闇斎と其門流、増補版所収)と弁護している。もちろん「初困二賊徒駆迫一、後苦二官軍供億一」(青木青城明治元年上書、蒲生褧亭著、近世偉人伝所収)という新発田藩のディレンマを日和見主義と断ずるのは酷である。第一、右のいずれの藩の場合においても、その選択や決断をすべて崎門学に帰するのは、本稿の初めに述べた「顕彰」的な含意の「流出論」を裏返しただけであって、事態の単純化であることには変りない。ただ、崎門的な君臣の義や、『拘幽操』的な絶対随順の臣道が、危機的状況において必ずしも一義的な実践行動を指し示さなかったのも否みえない事実であろう。

七

既に紙幅の余裕がないので、L正統の問題については、ただ若干の論点を崎門派に即して補説するにとどめておきたい。「徳治主義」という言葉は、しばしば法家の「法治主義」と対立する儒教政治哲学の特質と考えられて来た。それはそれで間違いとはいえない。論語の著名な「道之以政、斉之以刑、民免而無恥。道之以徳、斉之以礼、有恥而且格」(為政)にはそういう含意がある。けれどもL正統の問題として「徳治主義」をいう場合には、それはたんに、徳で統治するか、それとも法で統治するか、という政策レヴェルの問題にはとどまらない。それは、徳が統治するかどうかという問題である。つまり天命を受けた有徳者又は賢哲者のみが君位を資格づけ、逆に不徳者または「不肖」者は君権を、あるいはその相続権を喪失するという思想である。徳の有無は具体的には「仁政」に現われるし、仁政が施行されているか否かは、具体的には人民の向背に現われる。その場合、人民の向背は天命の在否の徴証《シンプトム》であって、書経泰誓篇に「天視自我民視、天聴自我民聴」というのはその意味である。したがってそれは、人民が自由に表明した意思が究極的に統治形態を決定する、という意味での人民主権的正統性とは区別されねばならない。にもかかわらず、ここでも重要なのは、「天」がいかなる個別的、具体的な君主あるいは王朝からも超越しているという点である。堯舜以下いかなる聖王も「天」となんら血統的系譜関係に立っていない。それは「民族宗教」といわれるユダヤ教の最高神ェホバがユダヤ人やユダヤの王の祖神でないのと原理的に同様である。何故この当然の理が当面の論点に重要かといえば、崎門内の神道派といわず、儒教の「日本的」

修正主義者は、『大学章句』や『中庸章句』の序にある「継天立極」を見事に読みかえるからである。「継天」も「立極」も朱子の造語ではないが、彼が「自上古聖神、継天立極而道統之伝有自来矣」(中庸章句序)として、これを成句としたのは、いうまでもなく、天道もしくは天の意思を継承して、「道」の規準を立てた、という意味で、道統(O正統)の由来を説くにあった。だからこそ、右の句の直後に、堯の舜への、また舜の禹への「禅譲」の例が出て来るのである。これをたとえば、「人君ハ天地ノ宗領、乍レ憚吾ガ国天照大神ガ直グニ天地ノ御宗領デ、継レ天立レ極テシ聖神ユヘ、万世ト雖モ正統(L正統)ノ変ゼラルルコトハナイ筈ゾ」(強斎先生雑話筆記巻十、望楠所聞、七丁ゥ。同様の読みかえは垂加派の文献に頻出する)というように、「天」を皇祖神に直結し、天照→瓊瓊杵尊→歴代皇統という血統的連続の正統性の引照基準として「継天立極」を持出す解釈と対比すれば、彼我の意味の異質性は明らかであろう。むしろ儒教ではまさに天の超越性のゆえに、極限状況においては、易の下経彖伝で「天地革而四時成、湯武革命、順於天而応於人」として定式化されたように、暴君放伐が義とされるのである。このL正統をめぐる彼我の対照はさきに見たような、宇宙開闢が「国生み」のなかにビルト・インされているような日本神話の構造の問題と、いうまでもなく内的に連関している。

易姓革命の思想は表見ほどには君主制を現実におびやかすものではない。なにより古典ギリシャ・ローマの場合と異って、古代中国は君主制(又は王政)以外の政治形態を経験しなかった。そうして君主制は東西を問わず相続制と結びついている。したがって天命的正統性の下でも、通常の場合には、血縁に従う王位継承が行われる。不肖の子でなく、賢徳者に禅譲するのは、況や賢徳者による暴君放伐が義認されるのは、あくまで非常事態に限られる(放と伐とは意味が異るが、ここでその点に立入る必要はない)。禅譲放伐の正統性の前提にあるのは、春夏秋冬の規則正しい自然の循環と、平天下の「秩序」との間の相関と調和という思想である。桀・紂のような暴君はこのシステムの調和を攪乱することによって、君主の資格を喪失して孟子のいう「一夫」(梁恵王下)になり果てる。「革命」とはこの一夫を放伐してシステムの秩序を回復することにほかならぬ。マックス・ウェーバーが易姓革命を伝統主義革命と呼んだのはその意味であろう。徳治的正統性を原理化した孟子は、同時に、「唐・虞、禅、夏后・殷・周、継。其義一也」(万章上)として、禅譲と相続とを、ともに天命によって義認したのであった。けれども、非常事態が常態の本質を決定するというカール・シュミットの命題は、とくにL正統に妥当する。L正統はもともと「事実」関係と区別された権理根拠《ケスチオ・ユリス》の問題であるから、一旦緩急の場合にしか誰の目にも露わな形では発動しない。逆にいえば、通常の状態では隠蔽され、もしくは曖昧なL正統の原理を、非常事態は閃光のように照し出すのである。

堯舜の禅譲説話にしても、湯武による桀紂放伐説話にしても、知識世界の間では殆ど常識であった。そうして君臣の義から見て果してそれが義認されるかどうか、という漢儒以来久しい経学の争点も、江戸儒学においては一般に知られていた。けれどもこの争点をあくまで日本の「皇統一系」の正統性に照し合わせて、同じ学派のなかで具体的に議論を交したのは闇斎門が最初であり、また同じ学派の内部に、これほどはりつめた対蹠的立場をかかえこんだ点では唯一であった。そこに単に経学の抽象論としてでなく、また、ルーティンの職業意識で徳治と仁政をきまり文句として繰返すのでなく、良かれ悪しかれ、已れの人格を「道」学に賭けた崎門派の特色が鮮明に浮び出て来る。

皇統一胤・一王一種等々の名で呼ばれた日本のL正統の特色づけを、徳治主義と調和させる「論理」には大きく言って二つの系列があった。一つは、闇斎が「雖レ為二無道之君一、伝二賜神器一則是有徳之君也。此神器与二玉体一一而無二分別一故也」といい、これに垂加直門の正親町公通が「御身ト神器ト一ツナレバ、悪王トテモ徳ハ身ニアルナリ」と附註している(口授持授合編、続全集下巻)ような、神器に徳を象徴させる仕方である。しかしこれはすでに智・仁・勇を三種神器にふりあてた林羅山に見られるように、とくに崎門を特徴づける面とはいえないし、また神器の有無と正閏論との関連については、就中、南北朝内乱を具体例として、崎門をはるかにこえた範囲の問題になっていた。崎門の内部で神器論を展開したのは主として神道派であって、「三傑」以下の儒学派もしくは、儒学基礎派において引照基準になったのは、やはり経学の範疇論及び、宋学をにぎわした「正統論」であった。便宜上、後者からさきに簡単に触れよう。

浅見絅斎がこの問題で、朱子の『綱目』あるいは明の方孝孺の正統論議を援用するのは、中国の古来からの王朝交替の歴史に照して、一つの基準によって王位または王朝の継承を説明するのに、宋学でさえ成功していないことを見抜いたからである。春秋学に由来する大居正と大一統のいずれを相対的に重視するか、によって、具体的な王権又は王朝の正統性の有無についての見解が、宋学内部で分岐するのは、そもそも徳治的(天命的)正統性の原理を放棄せず、しかも君主制に随伴する血統相続の下で、この原理を維持するところから来る当然の帰結であって、正統基準の比較考量は朱子学をふくめて、はじめから当然に前提していたことであった(むしろだからこそ、史論で正統論が意味のある議論となる)。したがって逆に「王姓一種」の正統性がヨリ優越しているという立場から見れば、放伐はおろか禅譲その他、「筋目正しい」――つまり簒奪によらぬ異姓による王位継承も、結局はL正統の基準の混乱とみなされる。方孝孺が簒臣・賊后(人民の「乱賊」から立って君となったもの)・夷狄の三者をすべて正統から除いたのを、絅斎は「一代ノ名論」となしつつ、「扨正学(方正学)ノ云足ラヌ所ガアル。是ナレバ、此三ツノ外ハ、天下ヲ円メテ穏ニ治サヘスレバ正統トスル合点ゾ。漢唐宋ノ類是也。是等トテモ根ヲ推セバ大義皆欠テ居ルゾ」といい、『綱目』ニ正統トアル程ニトテ、朱子ノ根カラ許シテ置(カ)レタルト思フハ僻事也」(靖献遺言講義巻之八、正統説)と、朱子の正統論さえ、中国の歴史的現実から来る「ヨリ少い害悪」の選択と見るのは右の理由による。しかし果して朱子は秦漢以後の王朝の正統性の判定について、それほど不承不承だったか、ということ自体が問題になりうる。観点を変えれば「天地開闢、天下ヲ取初メタ人ノ子孫ガイツマデモツヅク筈デ、ソレガ正道ジヤト云ハ心得ヘヌコト也。天下ノ主トナルハ有徳ノ人ノハヅナリ」「日本デ天子ノ御筋目ヲ立テヌクハ、国風ノ律義ナル也、徳カラシタコトデモ、神代ノ光ト云コトデモナシ。ソノ風俗ナリニ従フタト云モノ也。君ヲ尊ブノ義ヲ知テノコトデハナシ」として、皇統一系が「風俗」による幸運の結果にとどまり、なんら「義理」のレヴェルの問題ではない、という直方の批判が挙げられる所以である。直方が「天命ト云カラハ、コレニハ正統不正統ノ論ハ入ル事ニ非ズ」(以上、中国論集、韞蔵録巻之十四)というのは、L正統の問題でない、といっているのではなしに、血統の継続を中心にする正統論がL正統根拠にならないことを、まさに儒教の「道学」の正統的(O正統的)立場から主張しているのである。歴史的現実を引合に出せば、王朝交替の有無が安民や泰平とべつに必然的連関に立たぬのはもちろんのこと、「父ヲ殺サレ、兄ヲ殺サレテ、其殺(シ)タ臣ノ差図ニ付テ天子ノ位ニ備ハリテ、ソレヲ恥トハ思ハ」ぬ天子もあり、皇室内部での皇位争奪は、異姓による権力奪取よりなお「不義」ともいいうるので、日本は「万国ニスグレテ君臣ノ義正シトハ云ガタシ[26]」(以上、同右、本書四二四頁)という議論にもなって、論争はやや水掛論の観を呈する。結局、日本のL正統の優越は、たんなる王姓一系の歴史の引照でなしに、天照大神の神勅によって、君臣の分が——つまり皇統の不変が永遠に、先天的に決定されているという神勅的正統性に依拠せざるをえない。中国正統論の引照は、中国史の文脈のなかでこそ興味ある問題を提供するが、この神勅的正統性の前には十ぱ一からげにされる運命にあるのである。

儒教古典の範疇及び成句でとくに争点になったのは第一に、「経」と「権」との解釈論を湯武放伐にいかに関係づけるかにある。経権論はもと孟子の、嫂《あによめ》が溺れたとき、手で救出するのは男女親授せずの礼に反しないか、という設問に発し、漢儒が、経に反して結果が道に合うのを「権」と呼んで以来、儒学者の間で喧しい論議となり、程朱学においても必ずしも見解は一致しない。議論がこみ入るので立ち入らないが、ただ「権」には、本来、秤の意味があり、変動する具体的状況をはかって正しい行動を決定するという側面を重視するか、それとも常道でない非常手段の側面を重視するか(その二つの意味はむろん無関係でない)、によって経・権を一つの道と見るか、二分するかについて、種々な解釈の組み合せが成立する。したがって実質的な意味づけを除いては、華夷論と同様に、嚙み合わぬ論議に陥るだけである。たとえば若林強斎が「常道権道トテ、ナラベテ云ヘバ道ガ二筋アルニナリ候。権ト云フコトヲモヒタト云(ヒ)タガリ、時勢ノ勝手ニ用(ヒ)タガルハ、皆大根《オホネ》ニ一物クサ(臭)イ物ガアルユヘニテ候」(雑話筆記巻一、本書四六八頁)というのは、具体的には二筋に分けると、湯武放伐も「権」として是認され、簒奪の口実を与えることを主張しているのであるが、一元論からも放伐の肯定を導き出すことが可能であるから、経権論はどういう定義と文脈で使用されているか、を個別的に検討しないでは当面の争点の解明にはあまり役立たない。むしろもう一つの経典成句の解釈論の方が、同じ土俵での論争として注目に値する。それは、論語で、孔子が舜の楽である韶曲を「尽美矣、又尽善也」といい、これにたいし周の武王の音楽を「尽美矣、未尽善也」と評した(八佾)問題をめぐって展開される。「未尽善」というのは直接には音楽論なのであるが、絅斎・強斎ら放伐否定派は、同じ論語で、泰伯(周の大王の長子)が天下を三男の季歴に譲った説話に関し、また文王が天下を三分してその二を有ちながら殷に服事したことについて、ともに「至徳」の形容を用いた(泰伯)のを引合に出して、これを武王についての「未尽善」の語と対比して孔子の意を見ようとする。しかも『論語集註』ではまさに右の泰伯の段に、文王の例と、出陣する武王を諫めた伯夷叔斉伝説(出典は史記)とが引かれているので、愈々もって、至徳と未尽善との対照が強調されるのである。

もし崎門における道学の「毫釐千里」の感覚を理解しないならば、この論争は、書斎の中での煩瑣な観念論としか映らぬであろう。程朱学自体においても、湯武放伐や文・武の相違については、具体的文脈においてデリケートな揺れがあり、崎門の両派も、一方が『拘幽操』程朱解を援用すれば、他方は、「堯舜湯武其揆一也」という程子や、「堯舜之禅授、湯武之放伐、無適而非平常矣」という朱子(中庸或問)を引くなど、それぞれ自派に有利な言説を経学から動員する。一方が「未尽善」について「スツテモコケテモ未ノ字ガハガサレヌ」(同右、四六七頁)といえば、直方側は、もし孔子が武王の殷王朝打倒を原則的に否認するなら、どうして「未尽善」ではなくて明白に「不善」といわないのか、を問う(湯武論、その他)。上に桀紂のような暴君があり、下に湯武のような大賢以上の人がある、という非常特別の条件の下でのみ、放伐は義とせられるので、日常凡人の規範でないから、孔子も堯舜や文王の場合と区別したのだ、というわけである。雨合羽装束での花見とか、東海道が交通不能なので木曾路の悪路を通るとかいった、直方得意の比喩はひとえに非常事態と特別の条件とを強調するためであった（序でにいえば、西欧十六世紀の自然法に依拠したモナルコマキの放伐論や宗教改革者の抵抗権論も、行使の主体については厳しい身分的制約を設け、けっして、一般「人民」に容認してはいない）。そうして、絅斎・強斎側にしても、経学に依拠する限りは、前述の易象伝の湯武革命論（十翼は孔子の作とされていた）や孟子を持ち出すまでもなく、孔子が堯舜を祖述し、文武を憲章した、とある中庸の大文字から、武王だけを抹消するわけに行かぬ。武王をはずせば、周公に問題が波及し、さらに孔子が三仁の一人と称した箕子が「主殺し」の武王によって朝鮮に封ぜられたことまでが義理の上で疑問になって来る。絅斎以上の「強硬派」である強斎によっても、湯武は「苦リ切（ツ）タ時節ニ生レ合セラレタ」けれども、「兎ノ毛私心ナク、トントカウナケレバナラヌト云（フ）事理ヨリ、大公明白、天下万世オツパレテノ放伐」だから「聖人タル処ニ疑ヒモ無レ之候」（同右、四六八―九頁）と容認される所以である。ただ、「日本ニモ武烈天皇ナドノ御行作ハ、ヲサヲサ桀紂ニモ劣ルマジト見ユル暴逆ノ天皇」だったのに、「百官コラヘテ」結局「目出度キ世ニウツリタルヲミレバ、湯武ニ在ツテモ、モソツト為《シ》方モナカリシヤト思ハル、（中略）桀紂トテモ二百年三百年在位ト云フ事デモ有ルマジ」、従って「彼此思ヒメグラセバ、放伐ノ事ハ憾ナキニ非ズ」（同右巻四、二二丁ウ―二三丁オ）という結論になる。放伐が乱臣賊子の簒奪の口実になったことを絅斎派が懼れるのに対し、直方・尚斎らは、「天吏」の行動と、後世の「悪人ドモノツカミ合ヒ」（韞蔵録巻之五）の権力争奪とをあくまで区別し、むしろ、聖人の優劣の段階づけによる道の多元化を懼れる（両者ともに臣下の濫用を問題にする割合には、君権あるいは君主の名による権力の、濫用を論じないのは、前述のように「君臣の義」の双務性自体がもともと不平等だからである）。このように経学の解釈論だけをとり出すならば、両者の距離はたかだか強調点の比重の差を出でない。にもかかわらず、直方が「我邦、皇統ノ相続テ、姓ヲ易ヘ命ヲ革ルコトノナキヲ尚デ主張スルヨリ、文王泰伯ヲ推立

(テ)、拘幽操ノ意ヲ重ンジ、終ニ湯武放伐ノ意ヲ深ク探ラズ」(湯武論、本書二二三頁)といい、また右の文で強斎が桀紂と武烈とを並べているところから窺われるように、事は日本の最高レヴェルでのL正統の問題に深くかかわっていることを双方は痛切に自覚していた。それが、一方で禅譲放伐をあっさりと肯定しながら、他方で我国の皇統連綿を讃える林羅山以下、多くの儒者と、彼等とを分つ所以があった。

ここに伏在するディレンマは、複数の主君への忠誠義務の相剋ではない。またそれは君徳について是非善悪の倫理的判断をすべて棚上げにして、ただ、宝祚の連続というこれまでの「事実」を讃え、過去にありしごとく将来もあるであろうという展望によりかかって居られるならば、そもそもディレンマとして成立の余地はない。若林強斎が、歴史的「事実」のうえに寝そべる「神道者たち」のこうした楽天的態度に焦立つのはまさにその点にある。「天照大神ヨリ御血脈今ニ絶セズ統々ツ(嗣)ガセラレ」ているから、皇室は「実ニ人間ノ種ニテ無レ之候」と称える文にすぐ続けて、強斎はいう。「今ノ神道者ナド云者ガ、我国ハ神国ヂヤニヨツテ其筈ヂヤト云ガ、是ハ愚カナコトニテ候。……イヅクンゾ湯武アラザルコトヲ知ランヤ。……幸ニ御血脈ガタエ(絶)イデ、唐ノ堯舜ノ受禅、湯武ノ放伐ノ如クナルコトナイト云迄デコソアレ、今日デハ本願寺ノ勢ホドモナキ王室ヲイカメシク云モ片腹痛ク候」(雑話筆記巻一、本書四六四―七頁)。したがって、「皇統ヲ仰ギ崇ブハ勿論ナリ。但シ何時何様ノ変ガ有ラウカト、常々恐怖スルガ今日ノ当務也。日神ノ詔勅ニ違ヒノ有ラウヤウハナケレドモ、清盛モアリ、頼朝モアリ、何時将門純友ガ出ヨウモ知レズ。神代ニ既ニ天稚彦アリ。何時迄モ動キハ無イ事トオチツクハ惰リ也。甚ダ危キ事也」(同右巻五、二二丁オ)。この危機意識は、人の性、乱を好むゆえに抱くのではもちろんなく、「乱臣賊子」に恰好の口実を与えるような不徳もしくは不賢の天子の出現の可能性が、血統的正統性を前提とするかぎり避けられないからである。徳治と安民の儒教的規範主義をもはや拭いがたく已れの精神に刻みつけてしまった強斎は、「天壌無窮」の保持のために、ほとんど憑かれたように警鐘を鳴らしつづけるほかはなかった。[27] これは近代日本のラヂカルな国粋派を特徴づける一種の「国体永久危機説」の原型とも見られよう。

天命的正統性に普遍的原理を認める直方は、同じ徹底性をもって、日本のケースを天照大神の神勅という原点にまで遡及させねばやまない。天照は己れの子孫に無窮の繁栄を保証するかわりに、徳治主義革命の神勅を下すべきであった！「日ノ神ノ託宣ニ、我子孫ヲバ五百万歳守ラント被レ仰タナレバ、ヨクナイコトゾ。子孫ニ不行義ヲスルモノアラバ、ケコロ（蹴殺）ソフト被レ仰タナレバ、ヨイコトゾ」（五編韞蔵録、説話聞書、五六丁ウ）、これは、時代は下るが、一切の規範的価値判断を漢意として斥け、「良くても悪しくても」歴代の天皇を神代ながらに奉戴して来たところに、皇御国《すめらみくに》の万国にすぐれた伝統を見た本居宣長の論理（参照、直毘霊・くずばな等）と、ちょうど凹凸が逆方向から嚙み合った形でぴったりと合った日本の政治像を形成する。もちろん現実の思想史においては、直方と宣長とに代表される二つのＬ正統の純粋培養型は稀であった。崎門の神道派、あるいは神道傾斜派はここでも程度の差こそあれ、漢意《からごころ》的理念との折衷を免れなかったし、本居国学の「その後」も、さまざまな外来思想を抱擁しつつ、政治神学を再構成する途を歩んだことはここに縷説する要はない。また崎門の内部での学統としての発展は、直方＝尚斎系がきわめて有力で、初めの節に見たように維新後の早い立直りを見せたのも、この学統であったけれども、日本におけるＬ正統への執拗かつ一貫した「問い」という点では、稲葉黙斎から奥平棲遅庵への流れはむしろ直方の「冴え」から後退して、その限りで望楠軒系統との距離をちぢめている。直方の段階でさえ、『湯武論』について、「神道者ナドノシルコトニアラズ。コレヲ推テ云ヘバアタリサワリアリ」（四編韞蔵録巻五、五〇丁オ）というように幕藩体制の下においても、この問題をめぐる「気圧」は、たんに抽象的に神道を論議する場合にもまして周辺に重くたちこめていた。加えて、平田国学と並んで幕末尊攘論においてイデオロギー的基礎を与えた後期水戸学は、「儒学」の学派とはいえないにしても、その思考は儒教的規範主義に濃く彩られ、しかも神儒一致の主張に立っていた。こうした諸事情が、本稿のはじめに紹介したような、幕末尊王の大義の大合唱を敬義門からすべて導き出す説明に尤もらしさを与えたわけである。けれどもL正統についての方法的な徹底性という意味では正反対の方向から「一致」していた佐藤直方と本居宣長とは、ともに孤立的な存在にとどまったのが、事柄の楯の反面であった。そうして維新の内乱と、明治十年代の民権運動とをくぐりぬけて誕生した帝国憲法(とくに告文及び発布の勅語)と、教育勅語の「国体の精華」において、「血」と「聖徳」との二つの正統根拠は公式に合流したのである。

神勅的正統性にとって「肇国以来」の大事件となったのは、いうまでもなく日本帝国がポツダム宣言の無条件受諾によって第二次大戦を終結させたことであった。ポツダム宣言の解釈をめぐって御前会議を真二つに割り、その受諾を遅延させた最大の争点は周知のように「国体の護持」にあった。日本国民の将来の政治形態は国民の自由な選択に委ねられるという命題は、事実上の結果の問題としてでなく、正統根拠の問題として見るかぎり、万世一系の天皇が統治権の総攬者であることが「神勅」によって先天的かつ永遠に決定されているという建て前とは所詮相容れない。宣言の受諾をめぐる紛糾は結局「聖断」によって収拾された。そうして、国体護持を保証しないポツダム宣言を無条件受諾する「聖断」を疑った将校たちのクーデターは、かつて慶喜討伐の勅旨を、幼冲の天子を擁した薩長「君側の姦」の密謀として王師に抵抗した佐幕諸藩のように、また西南戦争において絶頂に達した一連の反維新政府暴動の場合のように、そうして「昭和維新」において聖意の「真の」顕現を阻む「幕府的存在」を排除しようと蹶起した反乱軍や急進右翼のように、敢なく挫折した。「君側の姦」の名分は、是非善悪の実質的基準を下から援用して、恣に君意を推し測るかぎり「臣子無説君父不是底道理」という、闇斎の顕彰した『拘幽操』朱解における随順の臣道とは抵触せざるをえないであろう。しかし、この「聖断」に与する者にも、それは神勅的正統根拠の致命的な変革を承認するが故なのか、それとも「良くもあれ悪しくもあれ」——つまり聖断内容にたいする価値判断を棚上げして、ただ聖断は聖断なるがゆえに絶対である、という承詔必謹の立場、いいかえれば「神道ニ我国ノ道ハ君徳ノ是非ヲ論ゼズトアルガ難レ有事ナリ」(強斎先生雑話筆記巻四、二三丁オ)という理由によるのか、という問いをつきつけずにはおかないであろう。敗戦の破局から新憲法制定にいたる疾風怒濤の短い期間にわずかに波頭に浮び上ったこの問いは、政治の「常態」化と経済の「成長」とともに、ふたたびその姿を没したかに見える。

ちなみに、戦争の終結を国民に告げる詔書には、「万世ノ為ニ太平ヲ開カムト欲ス」という句がある。「為万世開太平」は『近思録』の為学大要篇にある張横渠の言である。浅見絅斎は『近思録』を講じてこの個所に至ると、声を励まして聴講の門人に「吾れ今日諸生のために講解し去るも、またこれ万世のために太平を開くなり」と語ったという(28)(先達遺事)。

むすび

わが国における儒学移入の淵源の古さにもかかわらず、また日本近世の程朱学の複数的な源流にもかかわらず、程朱学を理論と実践にわたる世界観として一個一身に体認しようと格闘した最初の学派は闇斎学派であった。それは崎門派が自任したことだけではなくて、同じ儒学内の正面からの敵手であった古文辞派からも、「(服部)南郭曰、宋儒窮理説、豈易レ極ニ其宗旨一乎。今人、四書集註猶《スラ》且不レ能レ精レ之、亢顔自称ニ宋学一、可レ発ニ一笑一。此邦得ニ朱子之意一者、其唯山崎闇斎乎」(先哲叢談巻六)というフェアな評価も出されていた。稲葉黙斎は「吾党ノ学ハ、ハヅミガヌケルト役ニ立(タ)ヌ。ハヅミ斗リデ持テヲル。林家ナドハ、学者ノ事《ワザ》ガナル故、ハヅミガナクソテ(ママ)モ儒者モ通ラレルガ、吾党ノハ事《ワザ》ニモカマワズ故、惟《タダ》ハヅミ斗リデ持テオル」(学話上、巻之五、前掲本)といって、「吾党ノ学」をいみじくも「ハヅミ」という形容で特徴づけている。かしこにおいて崎門の「絶交」が林家の「阿世」と対比されたように、ここでも「ハヅミ」は林家の事《わざ》、つまりタレント性と対比されているわけである。「ハヅミ」はたしかに崎門の俊傑たちを、それぞれの仕方で「行き過ぎ」させる動力でもあった。けれども、この行き過ぎによって闇斎学派は、日本において「異国の道」——厳密にいえば海外に発生した全体的な世界観——に身を賭けるところに胎まれる思想的な諸問題を、はからずも先駆的に提示したのではなかったか。そこに闇斎学派の光栄と、そうして悲惨があった。

(1)　この意味では近世日本において経学のテックスト・クリティークの途をきり開いたのは闇斎であった、といえよう。闇斎学が程朱学を基準として元明諸儒の注疏を批判的に吟味したのに対し、仁斎や徂徠は基準をさらに漢唐以前に遡らせて、朱註をふくむ宋学をも論・孟あるいは論語以前の「原典」復帰の立場から仮借なく批判に曝した。つまり、闇斎の程朱学におけるは、古学派の論・孟又は六経におけるがごとし、という比例式が成立する。

(2)　以下、本稿の引用の仕方について方針をのべておく。まず漢文については、できるだけ和訓で読むという闇斎学の方針にしたがえば、書き下し文でもよいわけであるが、紙幅節約のために、原文のまま掲せ、日本人による漢文は、解説者の責任においてすべて句読・返点を附し、送り仮名は便宜に従った。また、崎門の特色である口語調の和文は、仮名遣いは依拠した原文に従ったが、反覆語は同字に直し、送り仮名、及び漢字化が便宜と思われるものは必要に応じて括弧を附して補った。また和文は一般に句読及び濁点を欠くので、これも適宜附した。なお崎門関係の写・刊本は通常の書誌学的な処理とは異った扱いを必要とするが、本稿では解説者が依拠した伝本の所在を初出個所に誌すにとどめた。一般書の引用は、江戸時代のものでも、日本儒林叢書・日本倫理彙編などで容易に検索できるものは、書名のみとした。引用方針として一貫していないが、簡略を旨としたので御諒承を請う。なお、傍点および括弧内の文は、すべて解説者のものである。

(3)　稲葉迂斎(名、正義。黙斎の父、直方門)は道学の名称について次のように定義している。「道学ト云フ二字ヲ手短ニ云ヘバ、『近思録』道体ノ道ノ字ト、為学ノ学ノ字(道体・為学はともに近思録の篇名)ヲ合セテ道学ト云。文字ノ出処ハト云ヘバ、外ノ書ニ求メズ、中庸ノ序首ニアル道学ノ二字(中庸章句序の「中庸何為而作也。子思子憂道学之失其伝而作也」を指す)ヲ出処トスベシ」(道学二字説、一丁オ―ウ、筆者蔵。先考遺書所収)。ただし注目すべきは、闇斎派は「若林(強斎)先生曰、異端亦有《リト》二道学一。信(稲葉黙斎)謂、虚無其道而無為其学也、寂滅其道而絶倫其学也。是老仏之道学也」(癸丑雑記、孤松全稿第三十巻)というように、聖人の道に差う「異端」にもそれぞれ「道学」があることを認めており、だからこそ力を尽して闢異せねばならぬ、という後述のような正統思考の帰結が生れるのである。

（4）　闇斎の門弟六千人という数の厖大さについては、江戸時代から疑問があったらしく、稲葉黙斎はつぎのような説明を加えている。「人疑、孔門三千、通者只七十人。闇斎門六千人、恐不《ラント》レ至レ此。余云、不レ然。当時以レ礼相見者、門人籍ニ記之一、其員自《オ》有ニ六千人一、何必《シモ》在《ラン》ニ弟子之列一。闇斎師道至厳、初見者、皆厚レ礼以見。不則不レ得レ見。一《タビ》面後不ニ相見一者、蓋亦多。其在レ洛下レ帷、天下書生、輻ニ湊京師一、恐無ニ不レ見者一。況又如ニ会津藩中一、時勢豈有下不レ見ニ闇斎一者上乎。一見記籍、其員六千人、何又疑之有」（墨水一滴）。

（5）　明治十六年という時期は、明治十四年に著名な政変が起って、大隈及び三田の福沢派が政府部内から追われるとともに、文部卿福岡孝弟の下で、儒教主義教育の復興の方針が打ち出されたことを併せ考えると、偶然以上の意味があるように思われるが、いまは推測にとどめる。

（6）　この文章は匿名であるが、『山崎闇斎と其門流』のなかの「浅見絅斎先生事歴」と同文なので、筆者は内田遠湖と思われる。

（7）　準絶門とここに言ったのは、絅斎の弟子、若林強斎によると、直方の場合とちがって、「絅斎ハ、神道ノコト、アナガチ排擯セラルルト云フ事ニテモナカリシ故、絶門ト云フ事ハ無カリシカドモ、何トナク師弟ノ情合宜シカラズ、御対面ナドモナシ。（中略）誠ニ外《ト》様《ザマ》会釈《アシラヒ》ノ様ニナリテアリシト見エタリ」（強斎先生雑話筆記巻三、一六丁ウ、昭和十二年刊本）とあるからである。けれども、この事件を彼等の反対派の側から述べた植田玄節の『叛門論』（無窮会蔵）や、『木斎紀年録』（仙台叢書四）では、直方を「正犯」とし、絅斎を「従犯」としながらも、二人の処遇をそれほど区別せず、ともに師から出入を止められたように誌している。註15参照。

（8）　「崎門三傑」という呼称がいつごろ始まったかは分明でない。が、河口静斎（名、光遠。字、子深）は室鳩巣門人であるが、「講ニ明程朱之書一、破ニ先輩之陋識一、（中略）可レ謂ニ其功偉一也」と闇斎を称えたあとにつづけて、「絅斎・佐藤二先生応ニ其響一、尚斎先生奮ニ其後一、而門人弟子散ニ在于諸国一、私淑亦不レ少云」（斯文源流）と述べている。『斯文源流』が成ったのは、寛延三年、刊行は宝暦八年なので、実質的にこの三人を闇斎門で特記するようになったのはかなり早かった、といえる。これが、たとえば、尚斎門人の石王黄裳が山田廉叔に語った言のなかでは、「如ニ三傑学識徳履之所レ及、固非ニ後学小生所レ可ニ能議一矣」（淵源録巻之四、五〇丁オ）というように、明白に三傑の語が用いられる。ただし、垂加神道派はこの呼称を（当然ながら）用いないし、また「望楠軒」系統の強い若狭では、闇斎・絅斎及び若林強斎を「三先生」と呼び、他は先生の呼称をつけない、ということを批判の意をこめて、千手興成が述べている（淵源続録巻之五、四一丁オ）。

（9）　絅斎・直方の事実上の絶交については、宝永二年、酒井忠挙が将軍の謝恩使として上京した折、賓師であった直方が三年間の父の喪のあけぬうちに随行したのを、出処を誤ったものと絅斎が断じたのが、直接の契機になったといわれる。これについて、千手興成は「本邦武家典礼、親喪以二五十日一為レ期。(中略)然学者宜三託レ病而居二喪一年半歳一無レ出也。(中略)佐藤翁従二府使一、去二父之卒一二年有小半《ナリ》。以レ是絶二旧交一亦太甚哉。不レ若《ルコトカ》二管鮑之交一遠矣」と註釈している(淵源録巻之三、五丁オ)が、この話を伝えた若林強斎は「絶交」には言及していない(雑話筆記巻九、四七丁ウ—四八丁オ)。

原因はともかくとして、絅斎と直方とは義絶同然の状態に至ってからも、互に他を尊敬すべき論敵と認めていたようである。稲葉迂斎が京で絅斎と会ったとき、絅斎は「江戸デハ、五郎左衛門へ出ヤルデ、ソレデヨイ。五郎左衛門ハ今デ一人ジヤ。情ハコハ(強)ケレドモ、アラホド《(ママ)》経理ヲノミ込ダ人ハナイ」と語り、直方は直方で、「日本神武以来、十次郎ガヨフナ文章ハナイト、本朝文粋ニモ(中略)ヨイ文モアレド、道ヲ云タ事ハ一ツモナイ。靖献遺言ナドデモミヨ、皆、道ヲノセタリ」と称していたという(浜見録巻之一、村士宗章筆記、狩野文庫蔵)。

(10) 崎門だけでなく、江戸儒学の主要な学派は、それぞれの特徴を示すような亜流化の方向を辿っている。渋井太室はいう。「惺窩以降、世所レ宗五人。羅山博而多可、藤樹約而自画、闇斎精而刻剝、仁斎醇而自尊、徂徠敏而放縦、(中略)而其為レ徒者、傚二其所一レ短、而遺二其所一レ長」(読書会意巻之中)。そうして原雙桂は右のなかの三学派についてさらにその様相に立ち入って行く。「大低本邦近時学者之習有二三弊一。闇斎之徒、概皆固陋寡学、而其行レ己亦皆偏執促迫。仁斎之徒、概皆模胡調停、学無レ有二帰着一、(中略)乏二於峻異卓立之志一(中略)如二物氏之徒一、其学皆膚浅鹵莽、而其行レ己亦多二放蕩軽薄一。(中略)此雖二其徒之罪一、三先生亦有下不レ得レ辞二其責一者上焉」(桂館漫筆)。

(11) 「若林詆二佐藤子一甚小レ之。荻野(重祐、直方門)議二浅見一甚軽レ之。亦勢之自然也。要レ之、二氏未三嘗見二二先生一、各主二張其師伝一、不レ詳二二先生造道妙処《ニ》一也」(丙午雑記、孤松全稿第十九巻)。

(12) 水足安直(号、屛山)の撰した闇斎の『行実』のなかに、闇斎の門人にたいする峻厳な指導と浅見絅斎の刻苦のことに触れ、「浅見安正、幼而親二炙先生一」(淵源録巻之一、一〇丁オ)云々とあるのに対し、植田玄節はこの『行実』を逐一、俎上に載せた『批』で、「言三自《フハリ》レ幼親二炙《セリト》于先生一者、非也。彼(安正)甫学二于伊藤源助者一。其学非レ儒非レ仏、非レ朱非レ陸、一種無稽杜撰之学也。安正遂知二其非一、於レ是帰二先生一受レ学。于レ時歳三十許。与レ予同出二入于師門一、三二四年于茲一。爾後有レ故背二先生一、而後不レ至。然此間無二苦勤下蚍、先生執レ楚責レ之之事一」と述べ、これに続けて、絅斎・直方の「叛門」についての玄節の解釈を展開する。年三十にして仁斎学の非を漸く知ったけれどやはり本物でなかった、という調子が滲み出ている(同上、一三丁オ—ウ)。

(13) すでに浅見絅斎の段階で、前述のように直接仁斎を駁した場合だけでなく、たとえば程朱学における体・用の範疇が経書にないことを一方で容認しながら、「天地万物自然ノナリガカウアルゾ。コレヲ不レ知シテ『体用一源、顕微無レ間』ト云ハ仏書ニ出テ、儒者ノ説ク事デハナイト云。サテサテトボケタル事ゾ。(中略)天ハ上、地ハ下ト云ガ論語ニナヒト云テ、無理トハ云ハレマイゾ。(中略)誰ガ云タノ云ハヌノト云、穿鑿ハナヒゾ。(中略)孔子ハ仁ノ一字ヲ説ルレバ、孟子ハ仁義ヲ兼説ク。周・程ニ至リ、太極ノ本然ヲ発セラレ、朱子ニ至テ『近思録』トナリ『玉山講義』トナリ、前聖所レ未レ発ゾ。次第次第ニ夜ノ明ルヤウニナリテクルト同事ゾ」(宝永二年四月十六日講義、絅斎先生遺書一、三一丁ウ—三二丁オ)といって、聖学の歴史的発展論に基づいて、宋学の原始儒教からの逸脱説に反撃しているのは、あきらかに仁斎学を念頭においている。これが直方・尚斎の段階になると、徂徠学を意識した発言が多くなる。尚斎は「或曰、吾党学者往往固陋不レ博、文章最拙。故学二徂徠一之徒、不レ能二相抗一。是可レ嘆」という、崎門内の徂徠コンプレックスにたいして、「余(尚斎)曰、程朱博学文章、不レ及二欧蘇一。而《モ》道之明、徳之貴、無レ有二天下抗レ之者一。道徳者不レ系二博学文章一」(黙識録巻之四)と、いわば開き直った形で「道学」の本質を再確認する。それ以後の崎門派になると、殆んど例は枚挙に暇ないが、注目すべきは稲葉迂斎が「道体ヲ釈(カ)ネバ学ノ全体スマズ。荻生・仁斎等ガ見ハ、ソコヘユキトドカヌ。然レドモ堯舜三代ハ道体ノ沙汰ナシ。思孟ノ天命性善ヲト(説)カレルハ、衰世ユヘゾ」(迂斎先生学話巻之一、正信録、筆者蔵)という論のように、伊・物の程朱形而上学批判に反撃しながら、中庸・孟子をその論争的性格ゆえに論語以前の経典にたいして相対化した徂徠の帰結を結果的に受け入れていることである。さらに、稲葉黙斎になると、詩経について、「鄭衛ヲノセテヲイタハ、勧懲ニシタ也。此勧懲ト云ガ気ガツマリ、ドフヤラ自然デナイ故、徂来カラ云カヘテ、詩ハ人情ヲ云フ也ト、ソレハ固ヨリノ事。(中略)夫《ソレ》カラシテ南郭ナドガ、詩ハ人情ニ通ズルタメト云ガ、オカシイ事ゾ。ナニ人情ニ稽古ガイロウ。(中略)徂来ヤ南郭ガ詩ハ人情ヲ云ト云ハ聞ヘタガ、孔子ノ六経ニ入レタワケハ知ラヌゾ。(中略)此勧懲ガナイナレバ(孔子は)ワルイ詩ハ抜クハヅ。(中略)河豚汁ヲ喰フテ死ダト咄ス様ナモノ、喰フナト云フ事ゾ」(小学講義、寛政元年八月六日講義、篠原惟秀録、筆者蔵)というような、きわめて屈折した形で批判を展開するようになる。つまり同じ命題を掲げ、同じ道統の精神を強調するにしても、享保以後の敬義学は、已れの否定態を強烈に意識することによって、かえってその敵手に制約され、もはや闇斎の「無垢《イノセンス》」に戻ることはできなかったのである。

(14) 神道伝授を得た者は末座に退く、というのは、儒学と神道との学習と教育の仕方の相異を象徴している。つまり儒学の場合にはもちろん学問は終生のたゆまぬ課題であるから、秘伝の伝授を得たとか得ないとかいう一回的な出来事は問題にならない。この点、及びそれに附随した「一子相伝」とか霊社号の附与とかいう神道の習慣は、崎門の「三傑」が一致して批判したところであった。

(15) 直方・絅斎の絶門事件はすでにあちこちで言及したが、ここで問題の所在だけをまとめておく。この事件には、学説の次元と、イデオロギーの次元と、門人間の人間関係の次元と三つがからみ合っている。敬義内外論の解釈についての衝突及び関連文献については すでに詳細な研究もあり(たとえば、平重道「崎門学における敬義内外の論争」(近世日本思想史研究、昭和四十四年所収参照)、ここで改めて触れない。ただ争点は易文言伝及び程朱学における経学上の「正しい」解釈は何か、にあるように見えながら、実は伴部安崇が『敬義内外考』(正徳四年の識語がある)において、「先生之門人浅見安正、悖ニ師説一、著ニ敬義内外説一。予亦初従ニ其説一。近歳受ニ先生神道之伝於源光海翁(跡部光海、名、良賢)一。翁謂レ僕曰、垂加先生敬義内外説、確然不レ可レ移。実契ニ神道磤馭盧島《オノゴロジマ》之妙旨一。宜レ致レ思也」と述べているように、師闇斎の垂加神道の側面と分ちがたく関連していた。「直内」の内を心と解するのは仏意に流れるというのが闇斎の立場であるが、これについて後世、本居宣長が、『古事記伝』においてイザナキのミソギの段の説明で、「凡て禊祓《ミソギハラヒ》は身の汚垢《ケガレ》を清むるわざにこそあれ、心を祓ひ清むと云は外《ツ》国の意《ココロ》にして、御国《ミクニ》の古《ヘ》さらにさることなし」(六之巻)といっているのが思い出される。

けれども、こうした学説や思想の衝突が破門の原因になったことを真向から否定して、事件を極力スキャンダルの方向で説明するのが、前述の植田玄節である。『叛門論』(無窮会蔵本には、享保二年六月の日付の識語がある)で彼が語る事情は、登場する闇斎直門の関係がこみ入っていて要約も困難であるが、結局、直方が遊佐木斎(名、好生)のことを、師の悪口を言った、といって中傷し、それが玄節を通じて闇斎の耳に入ったが、あとで中傷と判明して師の怒りを買い、破門になった、他方絅斎は直方と親友で、「其質固ヨリ愚昧ナル者」で「終ニ直方ニ党シテ、老翁ノ門ニ不ニ依来一也」というわけである。学説の争いというのは、まったく直方のでっち上げで、「以ニ文義不ニ相合一如何《ゾ》棄ニ絶師友之交一耶」(註12の水足安直の闇斎行実にたいする『批』の中の玄節の言)と、それ自体、尤もな原則論をのべる。この植田説は、直方の学統はむろんまったく無根として問題にしないが、玄節が「真相」の証人の一人に挙げている、当事者の遊佐好生の『木斎紀年録』(仙台叢書四)の誌すところとも細部において合致しない。たとえば、『叛門論』では、玄節が民部信直とともに闇斎にはじめて木斎の誹謗のことを告げたときに、闇斎は自若として動ぜず、かりに木斎の蔭口が事実としても「予何ゾ与カラン」と木斎の絶門を斥けたことになっているが、『紀年録』では、延宝七年五月ごろから、闇斎は病と称して木斎と面接しなくなり、木斎は同年八月、帰国に際して、師へのとりなしを、直方と信直とに依頼している。闇斎が、翌年上京した楢崎正員に、好生の自分への不信の真否を自ら訊ね、事が直方の讒言に出たことと信じて直方を甚だ悪み、直方は絅斎その他二、三人とともに師門への出入を止められた、とある。玄節が好生の誹謗を闇斎に告げたのは事実のようであるが、闇斎は正員から事情をきいて、玄節にあれは誤聞だった、と改めて語ったので、玄節は直方と絅斎に誑かされたと憤って、二人に絶交の書を送り、「因㆑是」二人は師門に出入できなくなった、という好生の筆では、玄節の「絶交」の方が、師の二人にたいする絶門に先立っているように読める。また『紀年録』では、永田養庵がしきりに直方の赦免を請い、「先生憐㆑之、令㆔之以言㆓於玄節㆒。玄節不㆑聴曰、若許㆑入㆓彼等㆒、吾不㆑得㆑入㆓於師門㆒」という一幕があり、闇斎が玄節を説得して、二人を講習には出席させないが、朔望佳節の礼には出入を許すことにした、となっているが、この経緯には『叛門論』はまったく触れず、もっぱら直方の父が事に憤慨して直方を義絶しようとしたのを、闇斎がそれはあまりに酷だとして、出入だけ許した、と述べる。しかも玄節が敬義内外は関係ない、と一方でいいながら『叛門論』でも『批』でも、「安正又敬義内外之説ヲ作リテ共ニ私見ヲ逞フス」と弾劾しているのも、語るに落ちた感がある。

それよりも不審なのは、若林強斎が再三にわたって、この破門事件を語りながら、右のスキャンダルについては一言半句も触れていないことである。強斎は狭義の垂加門とはいえないが、強く神道に傾斜し、しかも直方にたいしてはその『雑話』で見ても殆んど感情的に反撥しているだけに、もし、植田・遊佐らの語る「真相」を信じたらそれに言及しないのは不自然に思われる。強斎は敬義内外説もからんでいることを認めつつ、ヨリ直接的な原因として、闇斎が尊信していた老人の神道者が、闇斎を訪れるたびに長話になって、講義の開始が遅れるのに業を煮やした直方と絅斎とが、老人のところに論争を挑みに行ったことが、闇斎の怒りを買ったというエピソードを挙げるのである(雑話筆記巻三及び巻六)。しかも強斎は、二人の絶門後にすくなくも絅斎の方は、「御病中ナド御見舞被㆑申タサウナガ、姦邪ノ者ガアリテ忌ミ避ケタ」ので、結局「外様会釈《アシラヒ》」になった、と語り、三宅尚斎もこの事件について、「コレハ植田玄節ヤ桑名松雲、出雲路民部ナドト云モノガ、ヨホド讒ヲ云タ」(雑談録、坤)と名指しで、「君側の姦」の役割をのべている。師からの破門という一面だけが有名になっているが、「二傑」と垂加派門人との間の対立の激化がむしろ闇斎をまきこんだ形で事件が進行したという側面を無視することはできない。

(16) 絅斎と直方とは「中国論」や「正統論」においてこそ、真向から対立するが、垂加神道の位置づけについてまでそれを及ぼすのは、若林強斎以後の傾向からの逆算ではなかろうか。絅斎が師の『神代巻講義』を自ら筆写し、神道に関心を示したのは事実であるが、若林強斎が残念がるように、絅斎が経学に精を出したため神道の本格的学習にまで手がまわらなかった、ということは逆にも読める。つまり、神代巻講義を筆写までしながら、どうして絅斎は最後まで「神書」を講じなかったか、「経学ニ精ヲ出サレ」るのをさし置いて神道学習を進めるまでには傾倒しなかったのは何故か、と問うことも可能である。三宅尚斎は「アマリ絅斎先生ノ門人、神道ヲ吟味セネバナラヌ様ニ云ユエ、静斎ニ問タレバ、絅斎ノ死ルル時、若キモノハ神道ヲモ吟味セヨト云レタト。此一言ヨリ、アノ如ク誤リ来レリ」といい、「絅斎、死ノ前年ニアフタレバ、考ル書ガ不自由ユヱ、神道ニハ手ヲ付ヌトアリタリ」(以上、雑談録、坤)と語っている。一つの参考にはなろう。なお尚斎も直方ほどには神道全面否定ではない。

(17) 闇斎没後三十年も経ってからも、破門事件が尾を引くというどころか、垂加系の門人が、とくに直方にたいして憎悪を煮えたぎらせていたことは、『植田遊佐往復書』という外題の、植田玄節・跡部光海・遊佐木斎の間の書簡集(小浜市立図書館蔵)からも窺える。享保四年十二月四日付、光海から玄節宛書簡には(これは直接には垂加文集発行に関する件なのであるが)、直方が同年八月十五日に死去した旨を報じて「(光海が直方を)義絶仕候以後も方々へ参候而は、神道を譏り申候由、拙者を敵ニ仕、神道之事申破候沙汰のミ承候ニ、俄ニ病死仕候事、神罰ト存候」といい、玄節も享保五年五月八日付、光海宛書簡の追伸で、直方の死去を「日頃の不敬の神罰」と応じている。

(18) なお直方が「敬義内外モ大切ナ事ユヘ、浅見モカキ、先生(闇斎)モカカレタ。師匠ヲソシツタト云事デハナイ。道ハヲヲヤケ(公)ゾ。師親ハナイ」(五編韞蔵録、説話聞書、八七丁オ)といい、「嘉先生ノ事デモ、重次郎(絅斎)事デモ、ワルイ事ヲ云ニ、ソシルヤフニ聞モノニハイワレヌ。ソノ方ドモノ学至ラヌノゾ」(同右、一一八丁オ)として、学問的批判が人格的誹謗と異なることを力説しながら、それが混同される一般傾向を戒め嘆いているのは注目に値する。

(19) つとにパスカルはいう。「神(と使徒たち)は、傲慢の種子が異端を生じさせることを予見し、神自身のことばから異端が生じる機会を与えまいとして、聖書と祈禱書のうちに、相反する語と種子を置いた」(パンセ、第八篇、五七九節)、「信仰についても道徳についても、一見たがいにあい容れないように見えながら、その実、驚くべき秩序においてことごとく共存する多数の真理がある。(中略)異端者たちは対立する二つの真理の関係を理解することができず、一方を容認することは他方を排除することであると思いこんでいるので、一方にのみ執着して他方を排除する」(同上、第一四篇、八五九節。飜訳は松浪信一郎氏による)。十七、八世紀のラヂカルな宗教改革運動を研究したロナルド・ノックスは、キリスト教思想史を回顧して述べる。「キリスト教思想は事柄の性質上、穏和派と厳格派の二つの派にいつも分れる。サールの聖フランシスの感嘆すべき言葉を引くならば、どんな小さな魚も洩らさぬよう漁網の目を密にすることを望む人々と、捕える値打のある魚だけを捕えるために網の目を緩くしたいという人々とが、いつもいるものである」(R. A. Knox, Enthusiasm; A Chapter in the History of Religion, 1961, O. U. P., p. 46)。現代のカトリック学者ジャン・ギトンも、反対方向の異端をつぎのように規定する。「バランスと単純さをもったあらゆる教説は、右端には極端な厳格さを生むとともに、左側には、それを解体しかねないような、四方八方への弾力《フレキシビリティ》性を生むものである。この両方の行きすぎは、キリスト教のそもそもの出発からして発見できる」(Jean Guitton, Great Heresies and Church Councils, London, 1965, p. 72)。ギトンの言葉をマルクス主義の教義史に飜訳すれば、それは教条主義と修正主義との間の振子運動に該当するわけである。G・K・チェスタートンはキリスト教が、さまざまの両極性の巨大な振幅の間をくぐりぬけ、その両極の情熱の衝突のなかから不断に平衡を造り出して行った過程を何時でも異端に転化するエネルギーを蔵した、「スリルに満ちたロマンス」として描き、これを「異教」の静的でシンメトリックな調和(そのなかにはアリストテレスの中庸から仏教の「中」観念までを含ませている)と対比させる(G. K. Chesterton, Orthodoxy, A Doubleday Image Book, pp. 93–100)。教義内容を比較すれば、チェスタートンのいうところもそれなりに首肯されるが、本文でいう正統=異端の思考パターンに着目すると、彼の対比にはやや誇張があり、むしろ彼のいう正統の「逆説性」は必要な変更を加えれば、殆んどあらゆる世界観の正統思考に共通する契機として考えられるであろう。

(20) もちろん直方が相対的に「教条主義」を代表しているという意味は、彼の思想が儒教あるいは朱子学を忠実に反映している、ということでは必ずしもない。それどころか、直方が仁を説いて「惻隠ノ心デスルニ思量ハナイゾ。思量按排デシタノハ、身カラワキ出タモノデナイホドニ、ドコゾデナントゾシタトキハカハル筈ゾ」「惣ジテ仁ノ意味親切ノ所ニ理屈ハナイゾ。ナンノカノト理屈デ云ヘバ、ヒヨンナ事ゾ。一スヂニズツト出タ所ガ仁ゾ」(仁説、韞蔵録巻之四)とか、「鬼の目にも涕といふが仁の至極なり。(中略)勇士とて、はりひぢ(張肱)ばかりで、物のあはれをしらぬは鬼ばかりで涙なし」(韞蔵録拾遺巻之十)、「算用ハ義ノ方、仁ハ埒ノナイ方ゾ」(五編韞蔵録、説話聞書、七三丁オ)という説明、とくに「物のあはれ」という表現の使用などは、——直方にたいする一種の固定観念に反して——崎門におけるいやヨリ広く江戸儒学における日本的変容が、直方にもまた見出されることを示している。そういう留保のうえで教条主義的というのである。

(21) 三宅尚斎の投獄事件は「君臣の義」の崎門における極限的なテストケースであり、ある意味では、崎門学者が当事者であったわけではない、赤穂浪士事件の論争よりも大きな意味がある。詳細な経過は省くが、尚斎は元禄三年から武蔵忍の藩主で、老中も勤めた阿部正武に仕えて儒官となっていた。ところが同十六年、正武の世子、正喬の侍講となり、ついで正喬が宝永元年に襲封したころから亀裂が大きくなった。直諫が容れられないので、尚斎はしばしば致仕を請うたが許されない。『黙識録』には、退去を請う尚斎にたいして阿部侯が「臣之事レ君、不レ合則去者、似レ薄焉」(巻之四)と詰った、とある。宝永四年五月に至って、突如江戸自邸で逮捕され、厳重な警護の下に忍城に護送され、そのまま投獄された。その前に出奔者が相つぎ、それらが尚斎門人だったので、いわば教唆の嫌疑もかかったのであろう。稲葉迂斎は偶然に、逮捕される直前の尚斎を訪ねた。見ると、家具類がすべて片付けられて一物もない座敷に尚斎が端坐している。驚いてその故を問うと、「実は昨晩門人から、殿の厳しいお咎が迫っているという密告があり、出奔をすすめられたが、自分は、たとい自刎しても卑怯な行動はせぬ。家の整理をすませ捕吏を待っているが、「存養」(もと孟子に発する語であるが、『近思録』存養篇で論じられているので、崎門学の重要範疇をなした)が未熟で、胸中平日のようにはゆかない。宮部豊重は自分と同罪らしいが、居然として心を動かさぬ点で彼に遠く及ばぬ」と笑って答えたという(迂斎先生学話、淵源録巻之四参照)。尚斎は独房で厠用に支給される紙を節約し、小窓から風で舞いこんだ竹片を割って筆とし、鉄釘で指を切って著名な『狼疐録』(のおそらく断片草稿)を血書した。三年後の宝永六年二月、将軍綱吉の死による大赦で出獄したが、正式に禁錮を赦免されたのは、享保二年、尚斎五十六歳のときであった。いわれない逮捕と死の覚悟の中で、尚斎の脳裏には紂王によって羑里の獄に投ぜられた西伯のイメージと『拘幽操』の詩とが、いくたびか去来したであろう。けれども、後年(元文元年)「旧君赦命之恩」を謝するために、京より江戸に下って、当の正喬侯とその世子に謁見し、「侯懐旧流レ涙数行、先生亦不レ堪、涙下如レ霰。侍坐諸臣悉沾レ巾。……侯曰、不二相見一ルコト久矣。聞二歯徳共進信徒日多一。竊カニ喜ベリト焉。乃賜レ饗」(淵源録巻之四、二一七丁ウ)となると、そこに繰りひろげられるのは、尚斎の至誠というよりは、主君正喬の恣意的な処置とその責任とが、あまりにも安易に一席の感傷に流し去られる光景ではあるまいか。

(22) 垂加派は君臣と父子とについて、儒学派とちょうど逆な立場をとる。渋川春海はいう。「諸越《もろこし》之法には、浪人にて居者、公儀より被二召出一候事、断《ことはる》は国風候。又暇未レ出候に、カリソメの断に而立去候事は孔孟手本候。本朝には決而不二罷成一候。立去者は多(く)は打手遣申候也。乱国之時は隣国去て、本国より仕様無レ之候。只今風俗能と御工夫可レ被レ成候。是、君を天と任候故、若(し)上召出に不レ仕《へ》候は、自古(己カ)害不レ及レ申、子孫迄モ亡可レ申候へば、不孝不忠也」(谷秦山・渋川都翁、神代温義)。垂加派も右の文のように、君臣の義について直接には武士的主従関係を念頭においている。そうして、たとえば跡部良賢は「日本の陰陽五行を以て日本に生れたる人は、梅の木に梅を接《つ》ぐが如し。異国の人を以て接は、たとえば桃の木に柿を接が如し。必定つかぬはづ也。人と人との間にも日本の人は同一気也」(日本養子説、甘雨亭叢書)として、正面から養子を肯定する。そこには当然、日本人同祖説が横たわっている。これが尚斎から見ると「神道推シテ云ヘバ無レ父ト云ニナルベシ」(雑談録、坤)という結論になる。

(23) 念のため付け加えるが、客観的規範性というのは、直接的事実的人間関係から区別されて、事実上の君臣がそれに則るべき倫理的当為という意味であって、中韓的な法規範を指すのではない。朱子学においては、五倫はこうした意味での客観的規範であるからこそ、それは現実を律する理念となる。他方、朱子学では「心は性情を統べる」ものとされ、その意味で客観的な「道」と関係づけられるのであって、ここで心情主義という場合の「心」は朱子学的な寂然不動の本然の性とはむしろ対立する流動的な感情にほかならない。とかく、われわれは「心」というと、その規範的契機を無視し、他方「規範」というと、人間の内面性にたいして外在的な法規範を連想しやすいが、そういう二分法では朱子哲学の、理想主義は捉えられない。

(24) なお、君臣の義に関連して崎門内で大きな論争を惹起したトピックは周知のように赤穂浪士事件である。しかしこれは崎門をこえて同時代の主な儒者を殆んどまきこんだ問題で、あまりにテーマがひろがるので、本稿では立ち入るのを避けた。これを主題とした最近の研究に、田原嗣郎、赤穂四十六士論、昭和五十三年がある。

ただ、「論争」とはいうものの、崎門内で議論が二分した、というより佐藤直方が内匠頭の行動についても、浪士の行動についても徹底的な否定派として孤軍奮闘している感がある。直方が殆んど偏執的ともいうべき執拗さで、この問題を何度も蒸し返す情熱は率直に言って筆者には理解しかねるが、ただ直方のこの問題にたいする態度に法家的傾向を見る考えには、にわかに同意しがたい。なにより、一般論として、「権謀者ガ以レ理不レ破レ法、以レ法破レ理ト云タモノ也。(中略)理ト云モノヲ法カラクヅス事ハナラヌ。古今異レ宜、ソレガ理也。以レ法破レ理ハ権謀者ドモガ我ママセフトテノ事也」(韞蔵録拾遺巻之二十八)というのが直方の原則であり、赤穂浪士問題をこの原則の例外にしたとは考えにくい(法を以て理を破るとも、理を以て法を破らざれ、というのは周知のように近世最初の武家諸法度にあった言葉である)。若林強斎の紹介する話——直方が佐和山藩に赴いた際、家中の面々に義士否認論を散々批判されて言葉に窮し、「天下ノ御老中御詮議ノ上ニテ不届トアリテ切腹仰付ラレタ事」云々と言ったので、家中も呆れて「天下ノ御老中ノ御詮議ガ義理ノ極致ノ出ル所」というのならもはや議論無用、と物別れになった、というエピソードは、強斎の根強い反直方感情を考慮すると額面通りには受取れないし、現に、義士論について必ずしも直方に与しない稲葉黙斎も、浅見絅斎や三宅尚斎のような大物の議論にあれほど屈しなかった直方が、そんなに簡単に佐和山藩士に論破される筈がない、といって、この話を否定している(丙午雑記、孤松全稿第十九巻)。直方がこの問題で、「五郎左衛門ガ武士道シラヌ故ト、皆云ヘドモ、イカナ事、ソレホドノ事ヲ知ルマイヤウハナイ。義理ニ見所ガナイユヘゾ。今ハ幾ヲ見テ尤(モ)ノ方ヘツクゾ。ソレハ役ニ立ヌ。人々ノ云事ヲソフデナイト云カラニハ、フマヘ処ガナケレバ、イイハセヌ」(五編韞蔵録、説話聞書、一八丁オ)と語るように、彼は自分が天下の世論に抗して孤立していることを十分意識しながら、彼流の理でつっぱっている所がある。直方がいたるところで、武士の一分とか武士の意地とかいう考え方に(絅斎もそうであるが、絅斎よりはるかに激しく)批判的であることも考慮する必要があろう。さきほどの黙斎にいわせれば、「直方ノ四十六士ノ論ヲ(自分が)ワルイト云ハ、アレラヲ心ノ上マデヲ云ハルルガワルイゾ。ソレカラシテハ、山鹿(素行)ガ弟子ジャノナンノト云事マデヲ云ヤフニナル。ソフシタ事ハナイ。トカク事ノ上カラシテキメテユク事ゾ」(学話下、巻之六)として、直方が「理」のレヴェルで義士の根本動機まで疑った点を非とし、義士の行動は、直方のように『近思録』の次元で問題にすべきでなく、むしろ『小学』の問題としてやはり模範とすべきなのであった。他方、絅斎・強斎ら義士支持派も「公裁ノ事ハ我等ナド不案内、(中略)兎角議スベキ事ニテハ無レ之候」として、「窮理ノ筋」から「公裁」を除外した上での議論なのである(雑話筆記巻三、一三丁ウ)。

(25) 新発田藩では、崎門文献の刊行で著名な八代藩主溝口浩軒(名、直養)が、安永八年五月に「示入学之徒」を親書して藩校「道学堂」に掲げたが、そこには「堯舜以来、孔曾思孟周程張朱、我邦にては山崎先生以来の学筋を学び、他の学筋を雑ふ可からず」という一項があった。十一代藩主直諒(号、健斎)は停滞した学風振興のため、江戸で松崎慊堂に学んだ藩士、丹羽思亭(名、悳)を道学堂教授に起用しようとしたが、時の教授、渡辺予斎(名、予章)は「学堂の制は先公の定むる所、今にして変ず可からず。楊朱の漸、聖人之を畏る。異端一たび学堂に入らば、臣唯だ一死あらむのみ」と強硬に反対したので、ついに直諒も起用を断念した(坂口五峯、北越詩話巻六による)。

(26) なお昭和十六年に発行された『佐藤直方全集』の影印では、「中国論集」や「湯武論」その他に見える、こうした日本の「国体」に言及したところは、すべて墨で抹消されていた。

(27) 広義の崎門に入る明和事件の山県大弐は湯武放伐を仁として原理的に肯定していた。若林強斎は松岡多助との問答で「只有《ラバ》下言三我邦可二放伐一者上、卿何《ゾ》不下戮二其人一而還上」(淵源続録増補巻上、二二丁オ)といっているが、山県大弐が尊王論のゆえにこの運命から除外されるとすれば、それは倫理的な二重規準を設けることになる。

(28) なお、前述のように稲葉黙斎は、直方門がとかく『靖献遺言』をあまりに軽視するのに反対したが、同時に絅斎の本当の学問は「於二物説仁説大学補伝筆記一可レ見」といい、絅斎が大学を講ずる際に、本文にのべた『近思録』の語を引用するのを父、迂斎が親しく講席できいたが、他方、「翁(絅斎)作二靖献遺言一最用レ力。然未下嘗謂中開二太平一事業上。此処甚有二商量一。(中略)大賢所レ任、傍人自不レ知。翁之門派、恐亦不レ知矣」(吾学源流)と、絅斎に好意的な立場から述べている。『靖献遺言』の講義でこの語を引用しなかったのを重視するのは、やや深読みにすぎる感があるが、参考までに附記する。

日本思想大系 31

山崎闇斎学派

1980 年 3 月25日　第 1 刷発行
1983 年 6 月10日　第 2 刷発行
2018 年12月11日　オンデマンド版発行

校注者　西《にし》　順蔵《じゅんぞう》　阿部《あべ》隆一《りゅういち》　丸山《まるやま》真男《まさお》

発行者　岡本　厚

発行所　株式会社　岩波書店
〒 101-8002　東京都千代田区一ツ橋 2-5-5
電話案内　03-5210-4000
http://www.iwanami.co.jp/

印刷／製本・法令印刷

© 西恭子，阿部謙子，学校法人東京女子大学 2018

ISBN 978-4-00-730828-4　Printed in Japan